Saenger | Gesellschaftsrecht

Gesellschaftsrecht

Von
Dr. Ingo Saenger
Professor an der Westfälischen Wilhelms-Universität Münster

4. Auflage 2018

Verlag Franz Vahlen

Zitiervorschlag: *Saenger* GesR Rn.

www.vahlen.de

ISBN 978 3 8006 5652 3

© 2018 Verlag Franz Vahlen GmbH
Wilhelmstraße 9, 80801 München

Druck: Nomos Verlagsgesellschaft mbH & Co. KG/Druckhaus Nomos
In den Lissen 12, 76547 Sinzheim
Satz: Jung Crossmedia Publishing GmbH, Lahnau
Umschlaggestaltung: Martina Busch Grafikdesign, Homburg Saar

Gedruckt auf säurefreiem, alterungsbeständigem Papier
(hergestellt aus chlorfrei gebleichtem Zellstoff)

Vorwort

Bekanntlich ist das Gesellschaftsrecht eine äußerst »lebendige« Materie. Dies belegt zum einen die Vielzahl im Entscheidungsregister nachgewiesener aktueller obergerichtlicher Entscheidungen, vor allem aber die umfangreiche Rechtsprechung des II. Zivilsenats des Bundesgerichtshofs. Diese zeichnet aktuelle Entwicklungen unternehmerischen Handelns nach und reagiert auf Gesetzesänderungen, die in diesem Rechtsgebiet mit besonderer Regelmäßigkeit eintreten und nicht selten europäisch beeinflusst sind. Beispielhaft seien nur die Aktienrechtsnovelle 2016 und die Marktmissbrauchsverordnung der EU, deren Vorschriften im Wesentlichen 2016 in Kraft getreten sind, genannt. Dem allem trägt die 4. Auflage dieses Lehrbuchs an zahlreichen Stellen Rechnung.

Ohne vielfältige Unterstützung wäre auch die Neuauflage nicht zu verwirklichen gewesen. Zu danken ist an erster Stelle den Lesern, die sich konstruktiv zur Vorauflage geäußert haben. Ihre Verbesserungsvorschläge stellen einen besonders wertvollen Beitrag zur Fortentwicklung des Werks dar. Auch die 4. Auflage bleibt auf diese kritische Begleitung angewiesen. Ich bin für jeden Hinweis zur Verbesserung dankbar, der mich unter der E-Mail-Adresse saenger@uni-muenster.de erreicht. Dank zu sagen ist auch meinen Assistenten für ihre Mitwirkung bei der Vorbereitung der Neuauflage. Für andere mehr sei an dieser Stelle *Torsten Fitzke* genannt. Für die umfassende redaktionelle Betreuung und Bearbeitung der Manuskripte ist ihm ebenso wie *Andrea Freund* zu danken. Für die ausgezeichnete Unterstützung seitens des Lektorats des Verlags Franz Vahlen gebührt *Bärbel Smakman* Dank.

Münster, im Dezember 2017   *Ingo Saenger*

Aus dem Vorwort zur 1. Aufl. (2010)

Das Lehrbuch soll Studierenden im Grundstudium ebenso wie im Schwerpunkt-bereich den Zugang zum Gesellschaftsrecht eröffnen. Zehn Teile beinhalten nicht nur sämtliche ausbildungs- und klausurrelevanten Themen. Abgehandelt werden alle Personen- und Kapitalgesellschaften sowie nicht kapitalistische Körperschaften (1. bis 4. Teil). Auch und vor allem im Gesellschaftsrecht sind europäische Einflüsse unüber-sehbar und von weiter wachsender Bedeutung. Das gilt für die immer zahlreicheren Regelungen des europäischen Gesetzgebers ebenso wie für die europäischen Rechts-formen. Auch Scheinauslandsgesellschaften und grenzüberschreitende Kooperationen gehören zum Alltag. Dem ist der 5. Teil gewidmet. Unvollständig wäre eine Darstel-lung, die nicht auch Umwandlung, Konzern und Mitbestimmung erfasst (6., 7. und 9. Teil). Unternehmerisches Handeln ist immer auch »steuergetrieben«. Wer sich mit Gesellschaftsrecht befasst, benötigt zumindest ein Grundverständnis von Bilanzie-rung, Rechnungslegung und Unternehmensbesteuerung (8. Teil). Unternehmen kön-nen immense Werte verkörpern. Deshalb sind sie Gegenstand von Transaktionen. Der abschließende Teil ist folglich den Grundlagen von *Mergers & Acquisitions* gewidmet (10. Teil). Die Praxisrelevanz wird auch dadurch belegt, dass *M&A* an der West-fälischen Wilhelms-Universität Münster den Gegenstand eines von der *JurGrad* orga-nisierten und berufsbegleitend angebotenen Postgraduierten-Studiengangs mit dem Abschluss *LL. M.* bzw. *EMBA* bildet. Das Gesellschaftsrecht ist wie wenige Rechtsge-biete durch *Case Law* geprägt. Häufig tragen die Entscheidungen eigene Namen. Sie stehen für die richterrechtlich geschaffenen Eckpfeiler des Gesellschaftsrechts. 50 der wichtigsten Urteile sind deshalb am Ende mit ihren Kernaussagen zusammengefasst.

Münster, im Mai 2010   *Ingo Saenger*

Inhaltsübersicht

Inhaltsverzeichnis

Abkürzungsverzeichnis

BFH . . . . Bundesfinanzhof
BFH/NV . . . . . . Sammlung der Entscheidungen des Bundesfinanzhofes
BGB . . . . Bürgerliches Gesetzbuch
BGB AT . . . . Bürgerliches Recht – Allgemeiner Teil
BGBl. I . . . . Bundesgesetzblatt Teil I
BGH . . . . Bundesgerichtshof
BGHZ . . . . Entscheidungen des Bundesgerichtshofes in Zivilsachen
BilMoG . . . . Gesetz zur Modernisierung des Bilanzrechts (Bilanzrechtsmodernisierungsgesetz)
BKR . . . . Zeitschrift für Bank- und Kapitalmarktrecht
BMF . . . . Bundesministerium der Finanzen
BörsG . . . . Börsengesetz
BörsZulV . . . . . . Verordnung über die Zulassung von Wertpapieren zum regulierten Markt einer Wertpapierbörse (Börsenzulassungs-Verordnung)
BPatG . . . . Bundespatentgericht
BRAO . . . . Bundesrechtsanwaltsordnung
BR-Drs. . . . . Bundesratsdrucksache
Brüssel Ia-VO . . . Verordnung (EU) Nr. 1215/2012 des Europäischen Parlaments und des Rates v. 12.12.2012 über die gerichtliche Zuständigkeit und die Anerkennung und Vollstreckung von Entscheidungen in Zivil- und Handelssachen
BSG . . . . Bundessozialgericht
bspw. . . . . beispielsweise
BStBl. I . . . . Bundessteuerblatt Teil 1
BStBl. II . . . . Bundessteuerblatt Teil 2
BT-Drs. . . . . Bundestagsdrucksache
B. V. . . . . besloten vennootschap
BVerfG . . . . Bundesverfassungsgericht
BVerfGE . . . . Entscheidungen des Bundesverfassungsgerichtes
bzw. . . . . beziehungsweise

ca. . . . . circa
CA . . . . Companies Act
C. Civ. . . . . Code Civil
C. Com. . . . . Code de Commerce
CCZ . . . . Corporate Compliance Zeitschrift
CEO . . . . Chief Executive Officer
CSR . . . . Corporate Social Responsibility

DAX . . . . Deutscher Aktienindex
DB . . . . Der Betrieb (Zeitschrift)
DCGK . . . . Deutscher Corporate Governance Kodex
DepotG . . . . Gesetz über Verwahrung und Anschaffung von Wertpapieren (Depotgesetz)
DFC . . . . Discounted-Cash-Flow
dh . . . . das heißt
DNotZ . . . . Deutsche Notar-Zeitschrift
D&O-Versiche-
rung . . . . Directors and Officers-Versicherung
DrittelbG . . . . . . Gesetz über die Drittelbeteiligung der Arbeitnehmer im Aufsichtsrat (Drittelbeteiligungsgesetz)
DStR . . . . Deutsches Steuerrecht (Zeitschrift)
DZWiR . . . . Deutsche Zeitschrift für Wirtschafts- und Insolvenzrecht

EB . . . . Endbestand
EBITDA . . . . earnings before interest, taxes, depreciation and amortization
EEIG . . . . European Economic Interest Grouping
EFTA . . . . Europäische Freihandelsorganisation
eG . . . . eingetragene Genossenschaft
EG . . . . Vertrag zur Gründung der Europäischen Gemeinschaft in der Fassung von 2007 zugleich: Europäische Gemeinschaft

EGAktG . . . . Einführungsgesetz zum Aktiengesetz
EGBGB . . . . Einführungsgesetz zum Bürgerlichen Gesetzbuche
EGHGB . . . . Einführungsgesetz zum Handelsgesetzbuch
EHUG . . . . Gesetz über elektronische Handelsregister und Genossenschaftsregister sowie das Unternehmensregister
eing. . . . . eingehend
einschr. . . . . einschränkend
EPG . . . . Europäische Privatgesellschaft = SPE
ErfKArbR . . . . . . Müller-Glöge/Preis/Schmidt, Erfurter Kommentar zum Arbeitsrecht, 9. Aufl. 2009
ERVGBG . . . . . . Gesetz zur Einführung des elektronischen Rechtsverkehrs und der elektronischen Akte im Grundbuchverfahren sowie zur Änderung weiterer grundbuch-, register- und kostenrechtlicher Vorschriften
EstDV 2000 . . . . . Einkommensteuer-Durchführungsverordnung 2000
EStG . . . . Einkommensteuergesetz
ErbStG . . . . Erbschaftsteuer- und Schenkungsteuergesetz
EU . . . . Europäische Union
EuGen . . . . Europäische Genossenschaft = SCE
EuGH . . . . Europäischer Gerichtshof
EuGVÜ . . . . Übereinkommen über die gerichtliche Zuständigkeit und die Vollstreckung gerichtlicher Entscheidungen in Zivil- und Handelssachen v. 27.9.1968
EUR . . . . Euro
Europ. . . . . Europäisch(e, er)
EuV . . . . Europäischer Verein
EuInsVO . . . . . . Verordnung (EU) 2015/848 des europäischen Parlaments und des Rates v. 20.5.2015 über Insolvenzverfahren
EUV . . . . Vertrag über die Europäische Union
EuZW . . . . Europäische Zeitschrift für Wirtschaftsrecht
e.V. . . . . eingetragener Verein
EWG . . . . Europäische Wirtschaftsgemeinschaft
EWiR . . . . Entscheidungen zum Wirtschaftsrecht
EWIV . . . . Europäische wirtschaftliche Interessenvereinigung
EWIVAG . . . . . . Gesetz zur Ausführung der EWG-Verordnung über die Europäische wirtschaftliche Interessenvereinigung (EWIV-Ausführungsgesetz)
EWIV-VO . . . . . Verordnung (EWG) Nr. 2137/85 des Rates v. 25.7.1985 über die Schaffung einer Europäischen wirtschaftlichen Interessenvereinigung (EWIV)
EWR . . . . Europäischer Wirtschaftsraum

f. . . . . und die folgende Seite/der folgende Paragraph/Artikel
FamFG . . . . Gesetz über das Verfahren in Familiensachen und in den Angelegenheiten der freiwilligen Gerichtsbarkeit
FamRZ . . . . Zeitschrift für das gesamte Familienrecht
FDP . . . . Freie Demokratische Partei
ff, , , , , , , , , , und die folgenden Seiten/Paragraphen/Artikel
FGG . . . . Gesetz über die Angelegenheiten der freiwilligen Gerichtsbarkeit
Fn. . . . . Fußnote
FR . . . . Finanz-Rundschau
Frankfurt a. M. . . . Frankfurt am Main
FS . . . . Festschrift

GBO . . . . Grundbuchordnung
GbR . . . . Gesellschaft bürgerlichen Rechts
gem. . . . . gemäß
GenG . . . . Gesetz betreffend die Erwerbs- und Wirtschaftsgenossenschaften (Genossenschaftsgesetz)
GesR . . . . Gesellschaftsrecht
Gesellschafts-
rechts-RL . . . . . . Richtlinie (EU) 2017/1132 des Europäischen Parlaments und des Rates v. 14.6.2017 über bestimmte Aspekte des Gesellschaftsrechts

GewStG . . . . Gewerbesteuergesetz
GG . . . . Grundgesetz
ggf. . . . . gegebenenfalls
G. i. e. . . . . Groupement d'intérêt économique
GK . . . . Grundkurs
GKV . . . . Gesamtkostenverfahren
GmbH . . . . Gesellschaft mit beschränkter Haftung
GmbHG . . . . Gesetz betreffend die Gesellschaften mit beschränkter Haftung
GmbHR . . . . Die GmbH-Rundschau (Zeitschrift)
GoA . . . . Geschäftsführung ohne Auftrag
GoB . . . . Grundsätze ordnungsmäßiger Buchführung
grdl. . . . . grundlegend
grds. . . . . grundsätzlich
GrEStG . . . . Grunderwerbsteuergesetz
GRUR . . . . Gewerblicher Rechtsschutz und Urheberrecht (Zeitschrift)
GuV . . . . Gewinn- und Verlustrechnung
GuV-Kont . . . . . Gewinn- und Verlustkonto
GW . . . . Gewerkschaft
GWB . . . . Gesetz gegen Wettbewerbsbeschränkungen
GWR . . . . Gesellschafts- und Wirtschaftsrecht (Zeitschrift)

hA . . . . herrschende Ansicht
HandelsR . . . . . . Handelsrecht
HandelsR/GesR . . Handels- und Gesellschaftsrecht
HFR . . . . Höchstrichterliche Finanzrechtsprechung
HGB . . . . Handelsgesetzbuch
HK . . . . Handkommentar
hM . . . . herrschende Meinung
Hrsg. . . . . Herausgeber
Hs. . . . . Halbsatz

IAS . . . . International Accounting Standards
IDW . . . . Institut der Wirtschaftsprüfer
iE . . . . im Einzelnen
iErg . . . . im Ergebnis
IFRS . . . . International Financial Reporting Standards
i. Gr. . . . . in Gründung
iHv . . . . in Höhe von
i. L. . . . . in Liquidation
insbes. . . . . insbesondere
InsO . . . . Insolvenzordnung
IntV-RL . . . . Richtlinie 2005/56/EG des Europäischen Parlaments und des Rates v. 26. 10. 2005 über die Verschmelzung von Kapitalgesellschaften aus verschiedenen Mitgliedstaaten
IPRax . . . . Praxis des Internationalen Privat- und Verfahrensrechts
iSd . . . . im Sinne des/der
IStR . . . . Internationales Steuerrecht
iSv . . . . im Sinne von
iVm . . . . in Verbindung mit

JA . . . . Juristische Arbeitsblätter (Zeitschrift)
JURA . . . . Juristische Ausbildung (Zeitschrift)
JuS . . . . Juristische Schulung (Zeitschrift)
JZ . . . . Juristen Zeitung

KAGB . . . . Kapitalanlagegesetzbuch
KAGG . . . . Gesetz über Kapitalanlagegesellschaften
Kap. . . . . Kapitel

KapGesR ...... Kapitalgesellschaftsrecht
KapCoRiLiG .... Kapitalgesellschaften- und Co-Richtlinie-Gesetz
KG .... Kommanditgesellschaft
              zugleich: Kammergericht
KG Berlin ...... Kammergericht Berlin
KGaA .... Kommanditgesellschaft auf Aktien
KK .... Klausurenkurs
KostG .... Gesetz über die Kosten in Angelegenheiten der freiwilligen Gerichtsbarkeit
krit. .... kritisch
KSchG .... Kündigungsschutzgesetz
KStG .... Körperschaftsteuergesetz
KStG .... Körperschaftsteuergesetz
KSzW .... Kölner Schrift zum Wirtschaftsrecht
KWG .... Gesetz über das Kreditwesen

LBO .... Leveraged Buy-Out
LG .... Landgericht
lit. .... Buchstabe
LMK .... Lindenmaier-Möhring Kommentierte BGH-Rechtsprechung
L+L .... Lieferungen und Leistungen
LLP .... Limited Liability Partnership
LoI .... Letter of Intent
LSK .... Leitsatzkartei
Ltd. .... private company limited by shares

MAC .... Material Adverse Change
M&A .... Mergers & Acquisitions
mablAnm ...... mit ablehnender Anmerkung
mAnm .... mit Anmerkung
MAR .... Verordnung (EU) Nr. 596/2014 des Europäischen Parlaments und des Rates v. 16.4.2014 über Marktmissbrauch (Marktmissbrauchsverordnung)
MBI .... Management Buy-In
MB .... Management Buy-Out
MBO-Ä .... (Muster-)Berufsordnung für die in Deutschland Tätigen Ärztinnen und Ärzte
MDR .... Monatsschrift für Deutsches Rechts
ME .... Mutuelle européenne = Europäische Gegenseitigkeitsgesellschaft
MgVG .... Gesetz über die Mitbestimmung der Arbeitnehmer bei einer grenzüberschreitenden Verschmelzung
Mio. .... Million(en)
MitbestG ...... Gesetz über die Mitbestimmung der Arbeitnehmer
MoMiG .... Gesetz zur Modernisierung des GmbH-Rechts und zur Bekämpfung von Missbräuchen
Montan MitbestG Gesetz über die Mitbestimmung der Arbeitnehmer in den Aufsichtsräten und Vorständen der Unternehmen des Bergbaus und der Eisen und Stahl erzeugenden Industrie
Montan-Mitbest-
ErgG .... Gesetz zur Ergänzung des Gesetzes über die Mitbestimmung der Arbeitnehmer in den Aufsichtsräten und Vorständen der Unternehmen des Bergbaus und der Eisen und Stahl erzeugenden Industrie
Mot .... Motive
MoU .... Memorandum of Understanding
MüKo .... Münchener Kommentar
Mrd. .... Milliarden
mwN .... mit weiteren Nachweisen

NachhBG (1994). . Gesetz zur zeitlichen Begrenzung der Nachhaftung von Gesellschaftern (Nachhaftungsbegrenzungsgesetz)
Nachw. .... Nachweise

NJW	Neue Juristische Wochenschrift
NJW-RR	NJW-Rechtsprechungsreport (Zeitschrift)
Nr.	Nummer
nrfV	nicht rechtsfähiger Verein
NRW	Nordrhein-Westfalen
NWB	Neue Wirtschaftsbriefe für Steuer- und Wirtschaftsrecht
NZG	Neue Zeitschrift für Gesellschaftsrecht
NZI	Neue Zeitschrift für Insolvenz- und Sanierungsrecht
OECD	Organisation für wirtschaftliche Zusammenarbeit und Entwicklung
OECD-MA	OECD-Musterabkommen 2008 zur Vermeidung der Doppelbesteuerung auf dem Gebiet der Steuern vom Einkommen und vom Vermögen
OHG	Offene Handelsgesellschaft
OLG	Oberlandesgericht
PartG	Partnerschaftsgesellschaft
PartGG	Partnerschaftsgesellschaftsgesetz
PartG mbB	Partnerschaftsgesellschaft mit beschränkter Berufshaftung
PatAnwO	Patentanwaltsordnung
Pkw	Personenkraftwagen
plc	public company limited by shares
PublG	Publikumsgesellschaft
RegE	Regierungsentwurf
REIT	Real Estate Investment Trust
REITG	Gesetz über deutsche Immobilien-Aktiengesellschaften mit börsennotierten Anteilen (REIT-Gesetz)
RIW	Recht der Internationalen Wirtschaft
RG	Reichsgericht
RGRK	Das Bürgerliche Gesetzbuch mit besonderer Berücksichtigung der Rechtsprechung des Reichsgerichts und des Bundesgerichtshofs, Kommentar, herausgegeben von Mitgliedern des Bundesgerichtshofes, Band 2, Teil 4; 12. Aufl. 1978
RGZ	Entscheidungen des Reichsgerichts in Zivilsachen
Rn.	Randnummer
RNotZ	Rheinische Notar-Zeitschrift
Rom I-VO	Verordnung (EG) Nr. 593/2008 des Europäischen Parlaments und des Rates v. 17.6.2008 über das auf vertragliche Schuldverhältnisse anzuwendende Recht
Rpfleger	Der Deutsche Rechtspfleger (Zeitschrift)
Rspr.	Rechtsprechung
RStBl.	Reichssteuerblatt
RT-Drs.	Reichstagsdrucksache
s.	siehe
S.	Satz/Siehe
SA	Sociedad Anónima (spanisch) auch: Société Anonyme (französisch)
SARL	Société à Responsabilité Limitée
SAS	Société par Actions simplifée
SCE	Societas Cooperativa Europaea = Europäische Genossenschaft (EuGen)
SCEAG	Gesetz zur Ausführung der Verordnung (EG) Nr. 1435/2003 des Rates v. 22.7.2003 über das Statut der Europäischen Genossenschaft (SCE-Ausführungsgesetz)
SCEBG	Gesetz über die Beteiligung der Arbeitnehmer und Arbeitnehmerinnen in einer Europäischen Genossenschaft (SCE-Beteiligungsgesetz)
SCE-Ergänzungs-richtlinie	Richtlinie 2003/72/EG des Rates v. 22.7.2003 zur Ergänzung des Statuts der Europäischen Genossenschaft hinsichtlich der Beteiligung der Arbeitnehmer
SCE-VO	Verordnung (EG) Nr. 1435/2003 des Rates v. 22.7.2003 über das Statut der Europäischen Genossenschaft (SCE)

SE	Societas Europaea = Europäische Gesellschaft
SEAG	Gesetz zur Ausführung der Verordnung (EG) Nr. 2157/2001 des Rates v. 8.10.2001 über das Statut der Europäischen Gesellschaft (SE-Ausführungsgesetz)
SEBG	Gesetz über die Beteiligung der Arbeitnehmer in einer Europäischen Gesellschaft (SE-Beteiligungsgesetz)
SE-Ergänzungs-richtlinie	Richtlinie 2001/86/EG des Rates v. 8.10.2001 zur Ergänzung des Statuts der Europäischen Gesellschaft hinsichtlich der Beteiligung der Arbeitnehmer
sect.	section = Paragraph
SEEG	Gesetz zur Einführung der Europäischen Gesellschaft (SE)
SE-RL	s. SE-Ergänzungsrichtlinie
SEStEG	Gesetz über steuerliche Begleitmaßnahmen zur Einführung der Europäischen Gesellschaft und zur Änderung weiterer steuerrechtlicher Vorschriften
SE-VO	Verordnung (EG) Nr. 2157/2001 des Rates v. 8.10.2001 über das Statut der Europäischen Gesellschaft (SE)
SGB IV	Viertes Buch Sozialgesetzbuch – Gemeinsame Vorschriften für die Sozialversicherung
SGB VII	Siebtes Buch Sozialgesetzbuch – Gesetzliche Unfallversicherung
SL	Sociedad Limitada, auch Sociedad de Responsabilidad Limitada (SRL)
SLNE	Sociedad Limitada Nueva Empresa
Slg.	Sammlung
sog.	sogenannt
SPA	Sales And Purchase Agreement
SPE	Societas Privata Europaea = Europäische Privatgesellschaft (EPG)
SpruchG	Gesetz über das gesellschaftsrechtliche Spruchverfahren (Spruchverfahrensgesetz)
SRL	Sociedad de Responsabilidad Limitada, auch nur Sociedad Limitada (SL)
StB	Der Steuerberater
StBerG	Steuerberatungsgesetz
SteuK	Steuerrecht kurzgefaßt (Zeitschrift)
StG	Stille Gesellschaft
StGB	Strafgesetzbuch
StiftGBbG	Stiftungsgesetz für das Land Brandenburg
StiftG NRW	Stiftungsgesetz für das Land Nordrhein-Westfalen
StiftRReformG	Gesetz zur Reform des Stiftungsrechts
stRspr.	ständige Rechtsprechung
str.	streitig
StuB	Steuern und Bilanzen (Zeitschrift)
StuW	Steuer und Wirtschaft
StVG	Straßenverkehrsgesetz
SUP	Societas Unius Personae (Europäische Einpersonengesellschaft)
TOP	Tagesordnungspunkt
TranspR	Transportrecht
Ubg	Die Unternehmensbesteuerung (Zeitschrift)
Überbl.	Überblick
UG	Unternehmergesellschaft
UKV	Umsatzkostenverfahren
UMAG	Gesetz zur Unternehmensintegrität und Modernisierung des Anfechtungsrechts
umstr.	umstritten
UmwG	Umwandlungsgesetz
UmwStG	Umwandlungssteuergesetz
US-GAAP	United States Generally Accepted Accounting Principles
usw	und so weiter
v.	von/vom/van
va	vor allem
VAG	Gesetz über die Beaufsichtigung der Versicherungsunternehmen

Var.	Variante
VerbrKrG	Verbraucherkreditgesetz
VermAnlG	Gesetz über Vermögensanlagen (Vermögensanlagegesetz)
Verschmelzungs-RL	Richtlinie 2005/56/EG des Europäischen Parlaments und des Rates v. 26.10.2005 über die Verschmelzung von Kapitalgesellschaften aus verschiedenen Mitgliedstaaten
vgl.	vergleiche
VO	Verordnung
Vorbem.	Vorbemerkung
VorstAG	Gesetz zur Angemessenheit der Vorstandsvergütung
VorstOG	Gesetz über die Offenlegung der Vorstandsvergütung
VVaG	Versicherungsverein auf Gegenseitigkeit
VVG	Versicherungsvertragsgesetz
VW	Volkswagen
WG	Wechselgesetz
WiB	Wirtschaftliche Beratung (Zeitschrift)
WM	Wertpapier-Mitteilungen (Zeitschrift)
WpAV	Verordnung zur Konkretisierung von Anzeige-, Mitteilungs- und Veröffentlichungspflichten nach dem Wertpapierhandelsgesetz (Wertpapierhandelsanzeigeverordnung)
WpHG	Gesetz über den Wertpapierhandel (Wertpapierhandelsgesetz)
WPO	Wirtschaftsprüferordnung
WpÜG	Wertpapiererwerbs- und Übernahmegesetz
WpÜG-AV	Verordnung über des Inhalt der Angebotsunterlage, die Gegenleistung bei Übernahmeangeboten und Pflichtangeboten und die Befreiung von der Verpflichtung zur Veröffentlichung und zur Abgabe eines Angebotes (WpÜG-Angebotsverordnung)
WRV	Weimarer Reichsverfassung
zB	zum Beispiel
ZEuP	Zeitschrift für Europäisches Privatrecht
ZEV	Zeitschrift für Erbrecht und Vermögensnachfolge
ZfgG	Zeitschrift für das gesamte Genossenschaftswesen
ZfIR	Zeitschrift für Immobilienrecht
ZGR	Zeitschrift für das Unternehmens- und Gesellschaftsrecht
ZHR	Zeitschrift für das gesamte Handelsrecht und Wirtschaftsrecht
ZIP	Zeitschrift für Wirtschaftsrecht
Ziff.	Ziffer
ZInsO	Zeitschrift für das gesamte Insolvenzrecht
ZSt	Zeitschrift zum Stiftungswesen
ZPO	Zivilprozessordnung
ZRP	Zeitschrift für Rechtspolitik
ZStV	Zeitschrift für Stiftungs- und Vereinswesen
zust.	zustimmend
1. FiMaNoG	Erstes Gesetz zur Novellierung von Finanzmarktvorschriften auf Grund europäischer Rechtsakte (Erstes Finanzmarktnovellierungsgesetz)

Literaturverzeichnis – Auswahl

I. Lehrbücher und Monographien

Baetge, J./Kirsch, H.-J./Thiele, S., Bilanzen, 14. Aufl. 2017 (zit.: *Baetge/Kirsch/Thiele* Bilanzen)

Birk, D./Desens, M./Tappe, H., Steuerrecht, 20. Aufl. 2017 (zit.: *Birk/Desens/Tappe* SteuerR)

Canaris, C.-W., Handelsrecht, 24. Aufl. 2006 (zit.: *Canaris* HandelsR)

Eisenhardt, U./Wackerbarth, U., Gesellschaftsrecht I – Recht der Personengesellschaften, 16. Aufl. 2015 (zit.: *Eisenhardt/Wackerbarth* GesR)

Emmerich, V./Habersack, M., Konzernrecht, 10. Aufl. 2013 (zit.: *Emmerich/Habersack* KonzernR)

Flume, W., Allgemeiner Teil des Bürgerlichen Rechts I/1, Die Personengesellschaft, 1977 (zit.: *Flume* BGB AT I/1)

Flume, W., Allgemeiner Teil des Bürgerlichen Rechts I/2, Die juristische Person, 1983 (zit.: *Flume* BGB AT I/2)

Grunewald, B., Gesellschaftsrecht, 10. Aufl. 2017 (zit.: *Grunewald* GesR)

Habersack, M./Verse, D. A., Europäisches Gesellschaftsrecht, 4. Aufl. 2011 (zit.: *Habersack/Verse* EuropGesR)

Hirte, H., Kapitalgesellschaftsrecht, 8. Aufl. 2016 (zit.: *Hirte* KapGesR)

Hueck, A., Das Recht der offenen Handelsgesellschaft, 4. Aufl. 1971 (zit.: *Hueck* OHG)

Koch, H.-J., Gesellschaftsrecht, 10. Aufl. 2017 (zit.: *Koch* GesR)

Kindl, J., Gesellschaftsrecht, 2011 (zit.: *Kindl* GesR)

Kindler, P., Grundkurs Handels- und Gesellschaftsrecht, 8. Aufl. 2016 (zit.: *Kindler* GK HandelsR/GesR)

Klunzinger, E., Grundzüge des Gesellschaftsrechts, 16. Aufl. 2012 (zit.: *Klunzinger* GesR)

Kraft, A./Kreutz, P., Gesellschaftsrecht, 11. Aufl. 2000 (zit.: *Kraft/Kreutz* GesR)

Kübler, F./Assmann, H.-D., Gesellschaftsrecht, 6. Aufl. 2006 (zit.: *Kübler/Assmann* GesR)

Kuhlmann, J./Ahnis, E., Konzern- und Umwandlungsrecht, 4. Aufl. 2016 (zit.: *Kuhlmann/Ahnis* Konzern- und UmwandlungsR)

Märkle, R. W./Alber, M., Der Verein im Zivil- und Steuerrecht, 12. Aufl. 2008 (zit.: *Märkle/Alber* Der Verein)

Pöhlmann, P./Fandrich, A./Bloehs, J., Genossenschaftsgesetz, 4. Aufl. 2012 (zit.: Pöhlmann/Fandrich/Bloehs/*Bearbeiter*)

Raiser, T./Veil, R., Recht der Kapitalgesellschaften, 6. Aufl. 2015 (zit.: *Raiser/Veil* KapGesR)

Reichert, J. GmbH & Co. KG, 7. Aufl. 2015 (zit.: Reichert/*Bearbeiter*)

Sauter, E./Schweyer, G./Waldner, W., Der eingetragene Verein, 20. Aufl. 2016 (zit.: *Sauter/Schweyer/Waldner* Der eingetragene Verein)

Schmidt, K., Gesellschaftsrecht, 4. Aufl. 2002 (zit.: *K. Schmidt* GesR)

Schmidt, K., Handelsrecht, 6. Aufl. 2014 (zit.: *K. Schmidt* HandelsR)

Schöpflin, M., Der nichtrechtsfähige Verein, 2002

Stöber, K./Otto, D.-U., Handbuch zum Vereinsrecht, 11. Aufl. 2016 (zit.: *Stöber/Otto* VereinsR)

Tipke, K./Lang, J., Steuerrecht, 22. Aufl. 2015 (zit.: Tipke/Lang/*Bearbeiter* SteuerR)

v. Campenhausen, A./Richter, A., Stiftungsrechts-Handbuch, 4. Aufl. 2014 (zit.: v. Campenhausen/Richter/*Bearbeiter* HdB StiftungsR)

Weller, M.-P./Prütting, J., Handels- und Gesellschaftsrecht, 9. Aufl. 2016 (zit.: *Weller/Prütting* HandelsR/GesR)

Werner, O./Saenger, I., Die Stiftung – Recht, Steuern, Wirtschaft, 2008 (zit.: Werner/Saenger/*Bearbeiter* Die Stiftung)

Wiedemann, H., Gesellschaftsrecht, Bd. I: Grundlagen, 1980 (zit.: *Wiedemann* GesR I)

Wiedemann, H., Gesellschaftsrecht, Bd. II: Recht der Personengesellschaften, 2004 (zit.: *Wiedemann* GesR II)

Wilhelm, J., Kapitalgesellschaftsrecht, 3. Aufl. 2009 (zit.: *Wilhelm* KapGesR)

Windbichler, C., Gesellschaftsrecht, 24. Aufl. 2017 (zit.: *Windbichler* GesR)

II. Kommentare

1. Gesamtes Gesellschaftsrecht

Binz, M. K./Sorg, M. H., Die GmbH & Co. KG, 11. Aufl. 2010 (zit.: *Binz/Sorg* GmbH & Co. KG)

Henssler, M./Strohn, L., Gesellschaftsrecht, 3. Aufl. 2016 (zit.: Henssler/Strohn/*Bearbeiter*)

Lutter, M., Umwandlungsgesetz, Kommentar, 5. Aufl. 2014 (zit.: Lutter/*Bearbeiter* UmwG)

Münchener Handbuch des Gesellschaftsrechts, 4. Aufl. 2012 (zit.: MHdB GesR Bd./*Bearbeiter*)

Schwerdtfeger, A., Gesellschaftsrecht, 3. Aufl. 2015 (zit.: Schwerdtfeger/*Bearbeiter*)

2. Personengesellschaften

Bamberger, H. G./Roth, H., Kommentar zum Bürgerlichen Gesetzbuch, 3. Aufl. 2012 (zit.: Bamberger/Roth/*Bearbeiter*)

Baumbach, A./Hopt, K. J., Handelsgesetzbuch, 37. Aufl. 2016 (zit.: Baumbach/Hopt/*Bearbeiter*)

Ebenroth, C. T./Boujong, K./Joost, D./Strohn, L., Handelsgesetzbuch, Kommentar, 3. Aufl. 2014 (zit.: EBJS/*Bearbeiter*)

Ensthaler, J., Gemeinschaftskommentar zum HGB mit UN-Kaufrecht, 8. Aufl. 2015 (zit.: GK-HGB/*Bearbeiter*)

Erman, W., Handkommentar zum Bürgerlichen Gesetzbuch, 15. Aufl. 2017 (zit.: Erman/*Bearbeiter*)

Heidel, T./Schall, A., Handelsgesetzbuch: HGB, Handkommentar, 2. Aufl. 2015 (zit.: HK-HGB/*Bearbeiter*)

Henssler, M., Partnerschaftsgesellschaftsgesetz, Kommentar, 2. Aufl. 2008 (zit.: *Henssler* PartGG)

Heymann, E., Handelsgesetzbuch, 2. Aufl. 1995 ff. (zit.: Heymann/*Bearbeiter*)

Koller, I./Kindler, P./Roth, W.-H./Morck, W., Handelsgesetzbuch, Kommentar, 8. Aufl. 2015 (zit.: KKRM/*Bearbeiter*)

Münchener Kommentar zum Bürgerlichen Gesetzbuch, 7. Aufl. 2015 ff. (zit.: MüKoBGB/*Bearbeiter*)

Münchener Kommentar zum Handelsgesetzbuch, 4. Aufl. 2016 (zit.: MüKoHGB/*Bearbeiter*)

Palandt, O., Bürgerliches Gesetzbuch, 77. Aufl. 2018 (zit.: Palandt/*Bearbeiter*)

Röhricht, V./Graf v. Westphalen, F./Haas, U., Handelsgesetzbuch, Kommentar, 4. Aufl. 2014 (zit.: Röhricht/v. Westphalen/Haas/*Bearbeiter*)

Schlegelberger, F., Handelsgesetzbuch, 5. Aufl. 1973 ff. (zit.: Schlegelberger/*Bearbeiter*)

Schulze, R./Dörner, H. ua, Bürgerliches Gesetzbuch, Handkommentar, 9. Aufl. 2016 (zit.: HK-BGB/*Bearbeiter*)

Soergel, T., Bürgerliches Gesetzbuch, 13. Aufl. 1999 ff. (zit.: Soergel/*Bearbeiter*)

Staub, H., Handelsgesetzbuch, Großkommentar, 5. Aufl. 2008 ff. (zit.: Staub/*Bearbeiter*)

v. Staudinger, J., Kommentar zum Bürgerlichen Gesetzbuch, 15. Bearbeitung und Neubearbeitungen, 1993 ff. (zit.: Staudinger/*Bearbeiter*)

3. Aktiengesellschaft

Heidel, T., Aktienrecht und Kapitalmarktrecht, 4. Aufl. 2014 (zit.: Heidel/*Bearbeiter*)

Hirte, H./Mülbert, P./Roth, M., Aktiengesetz. Großkommentar, 5. Aufl. 2015 ff. (zit.: Großkomm-AktG/*Bearbeiter*)

Hölters, W., Aktiengesetz, 3. Aufl. 2017 (zit.: Hölters/*Bearbeiter*)

Hopt, K. J./Wiedemann, H./Assmann, H.-D., Aktiengesetz, Großkommentar, 4. Aufl. 2012 (zit.: GroßkommAktG/*Bearbeiter*)

Hüffer, U./Koch, J., Aktiengesetz, 12. Aufl. 2016 (zit.: Hüffer/Koch/*Bearbeiter*)

Zöllner, W./Noack, U., Kölner Kommentar zum Aktiengesetz, 3. Aufl. 2004ff. (zit.: Kölner Komm AktG/*Bearbeiter*)

Münchener Kommentar zum Aktiengesetz, 4. Aufl. 2014ff. (zit.: MüKoAktG/*Bearbeiter*)

Schmidt, K./Lutter, M., Aktiengesetz, 3. Aufl. 2015 (zit.: K. Schmidt/Lutter/*Bearbeiter*)

Spindler, G./Stilz, E., Kommentar zum Aktiengesetz: AktG, 3. Aufl. 2015 (zit.: Spindler/Stilz/*Bearbeiter*)

Wachter, T., AktG, Kommentar, 2. Aufl. 2014 (zit.: Wachter/*Bearbeiter*)

4. Gesellschaft mit beschränkter Haftung

Baumbach, A./Hueck, A., GmbHG, 21. Aufl. 2017 (zit.: Baumbach/Hueck/*Bearbeiter*)

Lutter, M./Hommelhoff, P., GmbH-Gesetz, 19. Aufl. 2016 (zit.: Lutter/Hommelhoff/*Bearbeiter*)

Lutter, M./Hommelhoff, P., Die Europäische Gesellschaft, 2005 (zit.: Lutter/Hommelhoff/*Bearbeiter* Die Europäische Gesellschaft)

Michalski, L./Heidinger, A./Leible, S./Schmidt, J., Kommentar zum Gesetz betreffend die Gesellschaften mit beschränkter Haftung (GmbHG), 3. Aufl. 2017 (zit.: Michalski/*Bearbeiter*)

Münchener Kommentar zum GmbHG, 2. Aufl. 2015f. (zit.: MüKoGmbHG/*Bearbeiter*)

Roth, H./Altmeppen, H., Gesetz betreffend die Gesellschaften mit beschränkter Haftung, 8. Aufl. 2015 (zit.: Roth/Altmeppen/*Bearbeiter*)

Saenger, I./Inhester, M., GmbHG, Handkommentar, 3. Aufl. 2016 (zit.: HK-GmbHG/*Bearbeiter*)

Scholz, F., Kommentar zum GmbH-Gesetz, Bd. I, 11. Aufl. 2012ff. (zit.: Scholz/*Bearbeiter*)

Schüppen, M./Schaub, B., Münchener Anwaltshandbuch Aktienrecht, 2. Aufl. 2010 (zit.: MAH AktienR/*Bearbeiter*)

Ulmer, P./Habersack, M./Löbbe, M., Gesetz betreffend die Gesellschaften mit beschränkter Haftung (GmbHG), Großkommentar, 2. Aufl. 2013ff. (zit.: Ulmer/*Bearbeiter*)

5. Europäische Gesellschaften

Selbherr, P./Manz, G., Kommentar zur Europäischen wirtschaftlichen Interessenvereinigung, 1995

Lutter, M./Hommelhoff, P./Teichmann, C., SE-Kommentar, 2. Aufl. 2015

Manz, G./Mayer, B./Schröder, A., Europäische Aktiengesellschaft, 2. Aufl. 2010

6. Wertpapierhandels- und Übernahmerecht

Angerer, L./Geibel, S./Süßmann, R., WpÜG, Kommentar zum Wertpapiererwerbs- und Übernahmegesetz, 3. Aufl. 2017 (zit.: Angerer/Geibel/Süßmann/*Bearbeiter*)

Assmann, H.-D./Pötzsch, T./Schneider, U. H., Wertpapiererwerbs- und Übernahmegesetz, WpüG, 2. Aufl. 2013 (zit.: APS/*Bearbeiter*)

Assmann, H.-D./Schneider, U. H., Wertpapierhandelsgesetz, 6. Aufl. 2012

Baums, T./Thoma, G. F., WpÜG, Kommentar zum Wertpapiererwerbs- und Übernahmegesetz, 11. Lfg. 2016 (Baums/Thoma/*Bearbeiter*)

Ehricke, U./Ekkenga, J./Oechsler, J., WpÜG, Wertpapiererwerbs- und Übernahmegesetz, Kommentar, 2003 (zit.: EEO/*Bearbeiter*)

Fuchs, A., WpHG, Wertpapierhandelsgesetz, 2. Aufl. 2016 (zit.: Fuchs/*Bearbeiter*)

Haarmann, W./Schüppen, M., Frankfurter Kommentar zum WpÜG, 3. Aufl. 2008 (zit.: FK-WpÜG/*Bearbeiter*)

Steinmeyer, R., WpÜG: Wertpapiererwerbs- und Übernahmegesetz, Kommentar, 3. Aufl. 2013 (zit.: Steinmeyer/*Bearbeiter*)

7. Sonstige

Beuthien, V., Genossenschaftsgesetz, Kommentar, 15. Aufl. 2018 (zit.: *Beuthien* GenG)

Calliess, C./Ruffert, M., EUV/AEUV, 5. Aufl. 2016 (zit.: *Calliess/Ruffert*)

Emmerich, V./Habersack, M., Aktien- und GmbH-Konzernrecht, Kommentar, 8. Aufl. 2016 (zit.: *Emmerich/Habersack*, Aktien- und GmbH-KonzernR)

Kallmeyer, H., Umwandlungsgesetz, 6. Aufl. 2017 (zit.: Kallmeyer/*Bearbeiter*)

Lutter, M., Umwandlungsgesetz, Kommentar, 5. Aufl. 2014 (zit.: Lutter/*Bearbeiter* UmwG)

Meilicke, W./Graf von Westphalen, F./Hoffmann, J./Lenz, T./Wolff, R., Partnerschaftsgesellschaftsgesetz: PartGG, 3. Aufl. 2015 (zit.: MWHLW/*Bearbeiter*)

Müller-Glöge, R./Preis, U./Schmidt, I., Erfurter Kommentar zum Arbeitsrecht, 17. Aufl. 2017 (zit.: ErfK/*Bearbeiter*)

Oetker, H., Handelsgesetzbuch: HGB, 5. Aufl. 2017 (zit.: *Oetker*)

Saenger, I., Zivilprozessordnung, Handkommentar, 7. Aufl. 2017 (zit.: HK-ZPO/*Bearbeiter*)

Schmitt, J./Hörtnagl, R./Stratz, R.-C., Umwandlungsgesetz, Umwandlungssteuergesetz: UmwG, UmwStG, 7. Aufl. 2016 (zit.: Schmitt/Hörtnagl/Stratz/*Bearbeiter*)

Semler, J./Stengel, A., Umwandlungsgesetz: UmwG, 4. Aufl. 2017 (zit.: Semler/Stengel/*Bearbeiter*)

III. Fallsammlungen

Armbrüster, C., Fallsammlung zum Gesellschaftsrecht: 11 Klausuren und über 340 Prüfungsfragen, 3. Aufl. 2013

Fezer, K.-H., Klausurenkurs im Handelsrecht, 6. Aufl. 2013

Groh, G./Naht, R., Fälle zum Internationalen Gesellschaftsrecht – Mit Bezügen zum Europäischen Gesellschaftsrecht, 2010

Hadding, W./Hennrichs, J., Die HGB-Klausur, 3. Aufl. 2003

Lettl, T., Fälle zum Gesellschaftsrecht, 3. Aufl. 2016

Martinek, M./Bergmann, A., Fälle zum Handels-, Gesellschafts- und Wertpapierrecht, 4. Aufl. 2008

Noack, U./Casper, M./Schäfer, C., Gesellschaftsrecht case by case, 2006 (zit.: NCS/*Bearbeiter*)

Saar, C./Müller, U., 35 Klausuren aus dem Handels- und Gesellschaftsrecht, 3. Aufl. 2006

Timm, W./Schöne, T., Fälle zum Handels- und Gesellschaftsrecht, Bd. I 9. Aufl. 2014, Bd. II 8. Aufl. 2014

Wank, R., Fälle zum Handels- und Personengesellschaftsrecht, 2006

Wiedemann, H./Frey, K., Prüfe dein Wissen – Gesellschaftsrecht, 9. Aufl. 2016

1. Teil. Grundlagen

§ 1 Begriff und Abgrenzung

I. Definition der Gesellschaft

Gesellschaftsrecht regelt die Rechtsverhältnisse der privatrechtlichen Personenvereini-   2
gungen, die zur Erreichung eines bestimmten gemeinsamen Zwecks durch Rechtsgeschäft begründet werden.[1] Hinsichtlich des Zwecks sind der Phantasie der Beteiligten keine Grenzen gesetzt, weder vom Gegenstand noch von der zeitlichen Dauer
seiner Verwirklichung. Die Grenzen zulässiger Zwecke bilden lediglich die allgemeinen gesetzlichen Verbote und die guten Sitten (§§ 134, 138 BGB) sowie das Kartellverbot des § 1 GWB.[2] Der gemeinsame Zweck kann nicht nur dauerhafter, sondern auch
bloß vorübergehender Natur sein. Die Gesellschafter können sowohl vermögens-
rechtliche als auch ideelle sowie eigen- und fremdnützige Zwecke gemeinsam verfolgen. Stets sind die Gesellschafter aber zur Förderung des gemeinsamen Zwecks verpflichtet. Gefördert wird dieser durch die Leistung von Beiträgen. Diese Beiträge
können in der Überlassung von Geldmitteln oder anderen Vermögensgegenständen
geleistet werden. Auch kann – anstelle oder zusätzlich zu einer solchen Einlage – die
Zurverfügungstellung der eigenen Arbeitskraft des Gesellschafters in Betracht kommen.

II. Keine Gesellschaften

Verschiedene (Personen-)Zusammenschlüsse sind nicht als Gesellschaften zu qualifi-   3
zieren und müssen hiervon abgegrenzt werden.

1. Organisationen des öffentlichen Rechts

Keine Gesellschaften sind alle Organisationen des öffentlichen Rechts (etwa Körper-   4
schaften, Anstalten und Stiftungen des öffentlichen Rechts), weil diese nicht durch pri-

---

1 *Grunewald* GesR Einführung Rn. 2, *Kübler/Assmann* GesR § 1 I (S. 1); *Windbichler* GesR § 1 Rn. 1;
 Wiedemann GesR I § 1 I 1 (S. 3).
2 BGH NJW-RR 1991, 1002 (1003); OLG Hamm NJW-RR 1986, 1487 (1488).

vatrechtlichen Vertrag, sondern kraft Hoheitsaktes oder öffentlich-rechtlichen Vertrages entstehen.[3]

2. Familienrechtliche Gemeinschaft

5 Ebenfalls keine Gesellschaft ist eine familienrechtliche Gemeinschaft als solche. Eine solche beruht teilweise schon nicht auf Rechtsgeschäft (Eltern-Kind-Gemeinschaft). Soweit sie rechtsgeschäftlicher Natur ist (Ehe), stellt sie ebenfalls keine Gesellschaft dar, weil sie sich nicht auf bestimmte Einzelzwecke beschränkt, sondern vielmehr eine umfassende Lebensgemeinschaft begründet (vgl. §§ 1353 ff. BGB).[4] Freilich können auch Ehegatten oder Eltern gemeinsam mit ihren Kindern neben der familienrechtlichen Gemeinschaft eine auf bestimmte Zwecke gerichtete Gesellschaft gründen.

Die Gründung kann sowohl durch ausdrücklichen Vertrag als auch durch schlüssiges Verhalten erfolgen. Zu beachten ist jedoch, dass für die Annahme einer (Ehegatten-)Innengesellschaft durch schlüssiges Verhalten die Verfolgung von über den typischen Rahmen der (ehelichen) Lebensgemeinschaft hinausgehenden Zwecken erforderlich ist.[5] Das ist etwa der Fall, wenn Eheleute durch Einsatz von Vermögenswerten oder Arbeitsleistungen gemeinsam ein Unternehmen aufbauen und die Tätigkeit des mitarbeitenden Ehegatten eine gleichberechtigte Mitarbeit darstellt.[6]

3. Bruchteilsgemeinschaft

6 Eine in der Praxis bedeutsame Unterscheidung ist die Abgrenzung zwischen der Gesellschaft und der Gemeinschaft nach Bruchteilen gem. §§ 741 ff. BGB.[7] Anders als bei der Gesellschaft wird bei der Bruchteilsgemeinschaft kein über das Anschaffen, Halten, Verwalten und Instandhalten einer Sache hinausgehender gemeinsamer Zweck verfolgt. Relevant wird die Unterscheidung vor allem bei der Frage der Veräußerbarkeit von Anteilen. Bei der Bruchteilsgemeinschaft steht jedem Teilhaber an jedem einzelnen Gegenstand des Vermögens ein quotaler Anteil (Bruchteil) zu. Über seinen Anteil am einzelnen Gegenstand kann jeder Teilhaber gem. § 747 S. 1 BGB frei verfügen. Zwar können die Teilhaber vertraglich vereinbaren, dass keiner von ihnen ohne Zustimmung der anderen von seiner Verfügungsbefugnis Gebrauch macht. Freilich entfaltet eine solche Vereinbarung nur eine schuldrechtliche Bindungswirkung im Innenverhältnis zwischen den Gesellschaftern und kann gegebenenfalls Schadensersatzansprüche der Teilhaber untereinander begründen. Hingegen sind Verfügungsbeschränkungen im Außenverhältnis gegenüber Dritten nicht wirksam.

7 Demgegenüber ist das Vermögen von Personengesellschaften gem. § 718 I BGB gemeinschaftliches Vermögen der Gesellschafter (sog. Gesamthandsvermögen). Den einzelnen Gesellschaftern stehen nur Anteile am (gesamten) Gesellschaftsvermögen zu. Die gesamthänderische Bindung hat zur Folge, dass Gesellschafter gem. § 719 I BGB nicht über ihren Anteil am Gesellschaftsvermögen verfügen können. Da ihre Gesellschafterrechte sich nur auf den Gesellschaftsanteil insgesamt beziehen und ihnen keine Anteile an jedem einzelnen dazu gehörenden Gegenstand zustehen, können Gesellschafter auch nicht über einzelne Gesellschaftsgegenstände verfügen.

---

3 *Kindler* GK HandelsR/GesR § 9 Rn. 5.
4 *Kübler/Assmann* GesR § 1 I 1 b (S. 1).
5 BGH NJW 1982, 170 (171); BGHZ 84, 361 (366f.); BGH NJW 1995, 3383 (3384); weiterführend dazu → Rn. 46 bei der GbR.
6 BGH NJW 2006, 1268 (1269).
7 Dazu im Einzelnen MüKoBGB/*Schäfer* Vorbem. § 705 Rn. 124 ff.

In **Fall a** geht der gemeinsame Zweck der Bauern nicht über die abwechselnde Nutzung des Mähdre- **8** schers für den jeweiligen eigenen Betrieb hinaus. Die Erträge, die unter Einsatz des Mähdreschers erwirtschaftet werden, sollen jeweils nur dem einzelnen Betriebsinhaber zugute kommen. Die drei Bauern bilden damit eine Bruchteilsgemeinschaft. Die Veräußerung des Anteils von C an D ist deshalb gem. § 747 S. 1 BGB zulässig. Da die Parteien keine Vereinbarung im Innenverhältnis getroffen haben, die den Gesellschaftern die Veräußerung ihrer Anteile untersagt, können A und B auch keine Schadensersatzansprüche wegen Vertragsverletzung gegen C geltend machen.

Anders verhält es sich in **Fall b**. Hier geht der gemeinsame Zweck der drei Bauern über die Nutzung des Mähdreschers hinaus. Schwerpunkt der gemeinsamen Tätigkeit ist die erwerbswirtschaftliche Betätigung in der Landwirtschaft zur gemeinschaftlichen Gewinnerzielung. C gehört kein Anteil am Mähdrescher, sondern er ist nur anteilig an der Gesellschaft und deren Vermögen beteiligt. Über diesen Anteil kann er aber nicht frei verfügen, § 719 I BGB.

4. Privatrechtliche Stiftung

Ebenfalls nicht zu den Gesellschaften zählt die in §§ 80 ff. BGB geregelte privatrecht- **9** liche Stiftung. Hierbei handelt es sich zwar um eine juristische Person, aber gleichwohl um keine Gesellschaft. Die Stiftung hat nämlich keine Mitglieder und ist deshalb kein Verband.[8]

5. Erbengemeinschaft

Auch die Erbengemeinschaft (§§ 2032 ff. BGB) ist keine Gesellschaft. Diese ist nämlich **10** nicht auf die Verfolgung eines gemeinsamen Zwecks, sondern nach §§ 2042 ff. BGB allein auf Auseinandersetzung gerichtet. Zudem entsteht sie auch nicht durch Vertrag, sondern kraft Gesetzes (§§ 1922 I, 2032 I BGB). Schließlich unterscheidet sich die Erbengemeinschaft von der Gesellschaft dadurch, dass ihr keine eigene Rechtspersönlichkeit zukommt.[9] Die fehlende Rechtspersönlichkeit begründet zugleich auch die fehlende Parteifähigkeit der Erbengemeinschaft, sodass nur die einzelnen Erben, nicht aber die Erbengemeinschaft, klagen können.[10]

§ 2 Gesellschaftsformen und Rechtsformwahl

I. Körperschaften und Personengesellschaften

Das BGB unterscheidet als die beiden gesellschaftsrechtlichen Grundformen den Ver- **11** ein (§§ 21 ff. BGB) und die BGB-Gesellschaft (§§ 705 ff. BGB). Alle weiteren Gesellschaftsformen basieren daher entweder auf dem Verein und werden mit dem Oberbegriff »Körperschaft« bezeichnet, oder aber sie gründen auf der BGB-Gesellschaft und unterfallen dem Oberbegriff »Personengesellschaft«. Enthalten die gesetzlichen Bestimmungen, die für eine Gesellschaftsform gelten, keine vollständige Regelung und weisen Lücken auf, ist für Körperschaften das Vereinsrecht und für Personengesellschaften das Recht der BGB-Gesellschaft subsidiär anwendbar (sog. Schachtelprinzip).[1] Im Wesentlichen sind für die Unterscheidung zwischen Körperschaften und Personengesellschaften folgende Kriterien kennzeichnend:

---

8 *K. Schmidt* GesR § 1 I 1 b (S. 4); im Einzelnen → Rn. 477.
9 BGH NJW-RR 2004, 1006; NJW 2002, 3389 (3390); *Koch* GesR § 1 Rn. 4.
10 BGH NJW 2006, 3715 f.
1 *Kindler* GK HandelsR/GesR § 9 Rn. 13; *Koch* GesR § 1 Rn. 20.

1. Grad der mitgliedschaftlichen Bindung

12 Charakteristisch für die Personengesellschaft ist ihre Abhängigkeit vom Mitgliederbestand. Der Zusammenschluss der Gesellschafter beruht auf wechselseitigem persönlichem Vertrauen. Deshalb ist für den Fortbestand einer Personengesellschaft im Regelfall die unveränderte personelle Zusammensetzung entscheidend. Zwar ist auch in der Personengesellschaft ein Gesellschafterwechsel möglich. Hierzu bedarf es allerdings besonderer vorheriger Vereinbarungen im Gesellschaftsvertrag bzw. einer nachträglichen Zustimmung aller Gesellschafter (§ 727 BGB). Fehlt die Zustimmung auch nur eines Gesellschafters, ist die Übertragung der Gesellschafterstellung zunächst schwebend und nach deren Verweigerung endgültig unwirksam.

13 Körperschaften zeichnen sich dagegen durch eine weitreichende Verselbstständigung aus und sind auf einen Mitgliederwechsel angelegt. Der Fortbestand einer Körperschaft wird weder durch Tod, Ein- und Austritt von Mitgliedern noch durch rechtsgeschäftliche Übertragung der Mitgliedschaft, Insolvenz oder Kündigung infrage gestellt. Denn für das Leitbild einer Körperschaft ist nicht der Gesellschafter als Person, sondern seine Eigenschaft als Kapitalgeber prägend. Körperschaften sind daher in der Regel zugleich Kapitalgesellschaften. Damit einhergehend ist der Grad der mitgliedschaftlichen Bindung des einzelnen Mitglieds an die Körperschaft und auch an die weiteren Gesellschafter regelmäßig weniger eng als bei Personengesellschaften.

2. Willensbildung und organschaftliche Verselbstständigung

14 Personengesellschaften entstehen durch Abschluss eines schuldrechtlichen (Gesellschafts-)Vertrages zwischen den Gesellschaftern. Kennzeichnend ist, dass die Gesellschafter die Geschäfte selbst führen (Prinzip der *Selbstorganschaft*) und für Beschlüsse der Gesellschafter grundsätzlich das *Einstimmigkeitsprinzip* gilt (§ 709 I BGB). Auch bei Vereinen und allen anderen Körperschaften ist notwendige Entstehungsvoraussetzung der Abschluss eines Vertrages, der hier aber Satzung genannt wird. Hinreichende Bedingung für die Entstehung ist, dass die Gesellschaft in das Handels- bzw. Vereinsregister eingetragen worden ist. Die Geschicke der Gesellschaft werden durch Organe wie etwa die Mitgliederversammlung, den Vorstand oder den Geschäftsführer geleitet. Dem Vorstand, der den Verein vertritt, müssen keine Mitglieder angehören,[2] diesem können auch Dritte angehören (Prinzip der *Dritt- oder Fremdorganschaft*). Für Beschlüsse der Mitgliederversammlung gilt grundsätzlich das *Mehrheitsprinzip* (§ 32 I 3 BGB).

3. Rechtliche Verselbstständigung und Haftung

15 Körperschaften sind typischerweise juristische Personen, die eigene Rechtspersönlichkeit besitzen. Die juristische Person ist Trägerin von Rechten und Pflichten sowie des Gesellschaftsvermögens. Die Rechtsfähigkeit erwerben juristische Personen entweder mit der Eintragung in ein staatliches Register wie etwa das Vereins-, das Handels- (GmbH, AG) bzw. das Genossenschaftsregister *(Normativsystem)* oder durch staatliche Verleihung (wirtschaftlicher Verein) bzw. Anerkennung (Stiftung), *Konzessionssystem.* Ihren Gläubigern haftet grundsätzlich nur die juristische Person mit ihrem Vermögen, nicht aber deren Mitglieder mit dem Privatvermögen (vgl. etwa § 13 II

---

2 HK-BGB/*Dörner* § 26 Rn. 2.

GmbHG und § 1 I 2 AktG). Umgekehrt können Privatgläubiger der Gesellschafter sich nicht an das Gesellschaftsvermögen halten *(Trennungsprinzip)*. Nur in besonderen Ausnahmefällen kommt eine persönliche Haftung der Gesellschafter für Gesellschaftsverbindlichkeiten *(Durchgriffshaftung)* in Betracht. Anders als bei Personengesellschaften kann die Gründung einer Körperschaft auch durch nur eine Person erfolgen (bei GmbH und AG, § 1 GmbHG, § 2 AktG).

Personengesellschaften sind regelmäßig Gesamthandsgemeinschaften. Sie werden seit Anerkennung der Rechtsfähigkeit der (Außen-)Gesellschaft bürgerlichen Rechts durch den BGH als (teil-)rechtsfähig angesehen.[3] Nach der nunmehr herrschenden Gesamthandslehre stellt die Gesamthand als Personengruppe ein Zuordnungsobjekt dar und kann Trägerin von Rechten und Pflichten sein, ohne jedoch selbst als juristische Person zu gelten.[4] Im Unterschied zur juristischen Person ist die rechtsfähige Personengesellschaft nicht als solche, sondern nur in der Gesamtheit ihrer Gesellschafter rechtsfähig.[5] Allerdings ist unbestritten, dass seit der Anerkennung der Teilrechtsfähigkeit der GbR durch die Rechtsprechung eine deutliche Annäherung der Gesamthandsgemeinschaft an die juristische Person erfolgt ist. Anders als die Gesellschafter von Körperschaften haften die von Personengesellschaften aber grundsätzlich akzessorisch mit ihrem Privatvermögen (§ 128 HGB in direkter oder analoger Anwendung). Auch können Personengesellschaften nicht von nur einer Person gegründet werden. Erforderlich ist stets ein Zusammenschluss von mindestens zwei Personen.[6] Scheidet der vorletzte Gesellschafter aus einer Personengesellschaft aus, liegt keine Gesellschaft mehr vor.[7]

Die Unterscheidung zwischen Verein/Körperschaft einerseits und Personengesellschaft andererseits entspricht damit weitgehend der Unterscheidung zwischen juristischer Person und Gesamthandsgemeinschaft.[8]

4. Überblick über Formen von Personengesellschaften und Körperschaften[9]

Zu den Personengesellschaften zählen   16

- die Gesellschaft bürgerlichen Rechts (GbR), §§ 705–740 BGB,
- die offene Handelsgesellschaft (OHG), §§ 105–160 HGB,
- die Kommanditgesellschaft (KG), §§ 161–177a HGB,
- die stille Gesellschaft (StG), §§ 230–236 HGB,
- die – abgeschaffte[10] – Partenreederei, §§ 489–508 HGB aF,[11]

---

3 BGHZ 142, 315 (321); 146, 341 (343).
4 *Elsing* BB 2003, 909 (910); *Habersack* BB 2001, 477 (478); ausf. zur GbR → Rn. 42 ff.
5 *Scholz* NZG 2002, 153 (156).
6 *Kraft/Kreutz* GesR B I 1 a aa (S. 34).
7 Gleichwohl kann es in diesem Fall zur Gesamtrechtsnachfolge kommen → Rn. 221.
8 So auch *Kindler* GK HandelsR/GesR § 9 Rn. 18.
9 Zur Statistik vgl. *Kornblum* GmbHR 2017, 739.
10 Durch das Gesetz zur Reform des Seehandelsrechts v. 20.4.2013 (BGBl. 2013 I 831) wurde die Rechtsform der Partenreederei mit Wirkung zum 25.4.2013 abgeschafft (hierzu BT-Drs. 17/11884 und BR-Drs. 8/13). Neugründungen sind nicht möglich. Zuvor entstandene Partenreedereien behalten aber ihre Existenz. Auf diese bleiben §§ 489–508 HGB aF anwendbar (Art. 71 EGHGB). Entsprechendes gilt für Baureedereien (§ 509 HGB aF). Die Existenz dieser Rechtsformen ist damit an die Lebensdauer der sie betreffenden Schiffe geknüpft.
11 Vgl. dazu noch in der 1. Aufl. § 8 Rn. 414 ff.

- die Partnerschaftsgesellschaft (PartG), PartGG, und als deren Spezialform die Partnerschaftsgesellschaft mit beschränkter Berufshaftung (PartG mbB, § 8 IV PartGG),[12]
- die Europäische Wirtschaftliche Interessenvereinigung (EWIV), EWIV-VO.

Körperschaften sind

- der (rechtsfähige und nichtrechtsfähige) Verein des bürgerlichen Rechts, §§ 21–79 BGB,
- die Aktiengesellschaft (AG), AktG,
- die Kommanditgesellschaft auf Aktien (KGaA), §§ 278–290 AktG,
- die Gesellschaft mit beschränkter Haftung (GmbH), GmbHG, und als deren Sonderform die Unternehmergesellschaft (UG) haftungsbeschränkt, § 5 a GmbHG,
- die eingetragene Genossenschaft, GenG,
- der Versicherungsverein auf Gegenseitigkeit (VVaG), §§ 7, 15–53 b VAG.

II. Kriterien für die Rechtsformwahl

17　Bevor sich mehrere Personen zur gemeinsamen Zweckverfolgung zusammenschließen, sind zwei Fragen zu beantworten: Zunächst ist zu ergründen, welche Rechtsform hierfür überhaupt gewählt werden darf. Sodann steht man vor der Entscheidung, welche zulässige Form zweckmäßigerweise gewählt werden sollte.

1. Zulässigkeit

18　Nicht jeder beliebige Gesellschaftszweck kann auch mit jeder der zuvor aufgeführten Gesellschaftsformen zulässigerweise verfolgt werden. Für sämtliche zulässigen – sowohl gewerbliche als auch nicht gewerbliche – Zwecke einsetzbar sind grundsätzlich die Kapitalgesellschaften GmbH (ausdrücklich § 1 GmbHG) und AG. Auch die GbR umfasst ein weites Spektrum: Diese eignet sich zur Verfolgung jedweder zulässiger Zwecke mit Ausnahme des Betriebes eines kaufmännischen Handelsgewerbes iSv § 1 II HGB (der bei Wahl einer Personengesellschaft der OHG bzw. KG vorbehalten ist).

19　Weitergehenden Einschränkungen unterliegen demgegenüber OHG und KG, die grundsätzlich ein Handelsgewerbe iSd § 1 II HGB betreiben müssen. Dabei gilt als Gewerbe jede erlaubte, selbstständige, zum Zwecke der Gewinnerzielung vorgenommene nach außen erkennbare Tätigkeit, die planmäßig und für eine gewisse Dauer ausgeübt wird und kein »freier Beruf«[13] ist.[14] Aus der Gewerbedefinition ergeben sich somit Einschränkungen in Bezug auf die Zweckverfolgung von OHG und KG. Hervorzuheben ist, dass Angehörigen freier Berufe (Rechtsanwälten, Ärzten, Steuerberatern usw) die Rechtsformen OHG und KG grundsätzlich verschlossen sind.[15] Entgegen der früher vorherrschenden Auffassung, dass diese aus berufs- bzw. standesrechtlichen

---

12　Näher zur PartG mbB → Rn. 414 ff.

13　Der Begriff ist nicht abschließend definiert; in § 1 II 2 PartGG finden sich aber Beispiele hierfür.

14　Zur Definition des Gewerbebegriffs im Sinne des HGB vgl. nur Baumbach/Hopt/*Hopt* HGB § 1 Rn. 12.

15　Indes besteht eine Tendenz zur Liberalisierung. So hat der BGH eine »GmbH & Co. KG Steuerberatungsgesellschaft« als eintragungsfähig angesehen, BGH NZG 2014, 1179, nicht aber eine Rechtsanwalts-GmbH & Co. KG, BGH NZG 2011, 1063. Weiterführend *Henssler/Markworth* NZG 2015, 1.

Gründen nicht in der Rechtsform einer Kapitalgesellschaft tätig werden dürfen, wird heute überwiegend von der Zulässigkeit ausgegangen. So sind GmbH, AG und KGaA als Rechtsformen für Wirtschaftsprüfer und Steuerberater schon seit langem berufsrechtlich geregelt (§ 27 I WPO, § 49 I StBerG). Seit einigen Jahren ist auch die Zulässigkeit der Rechtsanwalts-GmbH in § 59c BRAO ausdrücklich bestimmt, nach Rechtsprechung und herrschender Auffassung in der Literatur wird konsequenterweise auch die Rechtsanwalts-AG anerkannt.[16]

Speziell für die Angehörigen der freien Berufe wurde die Rechtsform der *Partnerschaft* geschaffen. Sozusagen als Pendant zur OHG und KG darf in der Partnerschaftsgesellschaft gem. § 1 I 2 PartGG kein Handelsgewerbe ausgeübt werden. Deren Zweck ist gerade auf den gemeinsamen Betrieb einer freiberuflichen Praxis beschränkt. Bei der eingetragenen *Genossenschaft* muss der Zweck gem. § 1 I GenG darauf gerichtet sein, den »Erwerb oder die Wirtschaft ihrer Mitglieder oder deren soziale oder kulturelle Belange durch gemeinschaftlichen Geschäftsbetrieb zu fördern«.   **20**

2. Zweckmäßigkeit

Auch bei der Frage nach der zweckmäßigen Rechtsform spielen die für die Abgrenzung von Körperschaften und Personengesellschaften maßgeblichen Kriterien eine wichtige Rolle. Darüber hinaus sind auch die Börsenfähigkeit, steuerrechtliche Gesichtspunkte, bilanzrechtliche Anforderungen sowie Kosten, Unternehmenssicherung und Image der Rechtsform von Bedeutung.   **21**

a) Von wesentlicher Bedeutung für die Rechtsformwahl ist der Aspekt der *Haftung* der Gesellschafter. Nicht nur bei global agierenden umsatzstarken Unternehmen ist es angesichts vielfältiger Risiken unerlässlich, die persönliche Haftung durch die Wahl einer Körperschaft auszuschließen. Auch für die Gesellschafter kleinerer und national auftretender Unternehmen bildet die Beschränkung der Haftung auf das Gesellschaftsvermögen häufig ein zentrales Anliegen. Dies gilt vor allem, wenn einzelne Gesellschafter lediglich eine kapitalmäßige Beteiligung halten, ohne dabei gleichzeitig Einfluss auf die Geschäftsführung nehmen zu können.   **22**

Zu bedenken ist jedoch, dass die Gläubiger haftungsbeschränkter Unternehmen häufig auf eine weitergehende Absicherung ihrer Forderungen in Form von Personal- und Realsicherheiten bestehen. Nicht nur bei der Ein-Mann-GmbH wird die Kreditgewährung nicht selten davon abhängig gemacht, dass Gesellschafter (bzw. deren Angehörige) eine Bürgschaft stellen[17] oder Grundpfandrechte an Privatgrundstücken der Gesellschafter eingeräumt werden.

b) Bei umfangreichen Investitionsvorhaben ist die Frage der *Börsenfähigkeit* der zu wählenden Rechtsform von zentraler Bedeutung, da häufig nur über einen Börsengang das notwendige Eigenkapital beschafft werden kann. Börsenfähigkeit besitzen indes nur die Aktiengesellschaft, die Kommanditgesellschaft auf Aktien sowie die GmbH & Co. KG auf Aktien. Hingegen ist die GmbH nicht börsenfähig. Große international agierende Unternehmen und Konzerne sind deshalb in der Regel als Aktiengesellschaft oder als GmbH und Co. KG auf Aktien organisiert, während bei mittelgroßen Unternehmen die GmbH verbreiteter ist.[18]   **23**

---

16 BGH NJW 2005, 1568 (1569f.); BayObLG NJW 2000, 1647; *Henssler* ZIP 1997, 1481 (1488f.); *Stabreit* NZG 1998, 452; *Schumacher* AnwBl 1998, 364.

17 Vgl. BGHZ 151, 34 (Bürgschaft der Ehefrau für einen Kredit der von ihrem Ehemann betriebenen GmbH) und BGH NJW 2000, 362 (Bürgschaft der Ehefrau für Warenlieferungen an die von ihrem Ehemann betriebene GmbH).

18 Ebenso *Koch* GesR § 29 Rn. 7.

24 **c)** Auch hinsichtlich der Art der *Besteuerung* bestehen wesentliche Unterschiede zwischen Körperschaften und Personengesellschaften. Sieht man von der Gewerbesteuer ab, gilt bei Kapitalgesellschaften das *Trennungsprinzip,* während bei Personengesellschaften das *Einheitsprinzip* Anwendung findet.

25 **aa)** Aufgrund des *Trennungsprinzips* wird hinsichtlich der Besteuerung zwischen Gesellschaftsebene und Gesellschafterebene differenziert. Körperschaften unterliegen der Ertragsteuer in Form der *Körperschaftsteuer,* welche sich nach dem Gewinn der Körperschaft bemisst. Darüber hinaus müssen auch natürliche Personen, die als Anteilseigner an einer Körperschaft beteiligt sind, ihre Einnahmen aus der Beteiligung an Kapitalgesellschaften in der Einkommensteuererklärung ausweisen und versteuern. Um einen Ausgleich dafür zu schaffen, dass diese Ausschüttungen bereits um die Körperschaftsteuer gemindert wurden, nunmehr also ein zweites Mal besteuert werden, gilt das *Teileinkünfteverfahren.*

26 **bb)** *Personengesellschaften* als solche unterliegen nicht der Ertragsteuer. Erfolg der Gesellschaft und Erfolg der Gesellschafter werden steuerlich als *Einheit* betrachtet. Dementsprechend ist lediglich der an die Gesellschafter ausgeschüttete Gewinn von diesen im Rahmen der Einkommensteuer in voller Höhe zu dem jeweiligen Einkommensteuersatz zu versteuern.

27 **cc)** Welche Form der Besteuerung und damit welche Art der Rechtsform für einen Gesellschafter *günstiger* ist, hängt von den jeweiligen persönlichen Einkommensverhältnissen ab. Für einen Gesellschafter mit hohem persönlichem Einkommen ist die Wahl der Körperschaft vorzugswürdig, da die Einkünfte nur zur Hälfte zu dem hohen persönlichen Einkommensteuersatz zu versteuern sind. Ein Kleinunternehmer mit geringem Einkommen profitiert hingegen von der nur einmaligen Besteuerung mit seinem niedrigen Einkommensteuersatz. Zu beachten ist weiterhin, dass das Steuerrecht einem schnellen Wandel unterliegt. Eine Gesellschaft sollte schon deshalb in einem Zeitabstand von etwa fünf Jahren die Frage der Rechtsform überdenken.[19]

28 **d)** Bei der Rechtsformwahl ist auch der mögliche *Buchführungs- und Bilanzierungsaufwand* zu berücksichtigen. Insoweit unterliegen Kapitalgesellschaften gegenüber den kaufmännischen Personengesellschaften strengeren Rechnungslegungsvorschriften. Denn während die Bilanz einer Personenhandelsgesellschaft lediglich die Mindestgliederung des § 247 I HGB erfüllen muss, gelten für Kapitalgesellschaften zusätzlich die Anforderungen der §§ 264 ff. HGB. Neben den umfangreicheren Gliederungsvorgaben besteht für diese die Pflicht zur Erweiterung der Bilanz um einen Anhang (§ 264 HGB). Große und mittelgroße Kapitalgesellschaften sind darüber hinaus verpflichtet, die Bilanz um einen Lagebericht zu ergänzen (§§ 264 I 1 und III, 289 ff. HGB). Außerdem ist zu beachten, dass der Jahresabschluss bei großen und mittelgroßen Kapitalgesellschaften gem. § 316 HGB durch einen Wirtschaftsprüfer geprüft werden muss. Wegen der strengeren Bilanzierungsregeln für Kapitalgesellschaften dürfte insbesondere für kleinere Familienbetriebe die Aufstellung der verkürzten Bilanz erstrebenswert sein.

29 **e)** Ganz erhebliche Bedeutung bei der Entscheidung für oder gegen eine bestimmte Rechtsform kommen auch dem mit der Gesellschaft verbundenen *Aufwand* und den daraus resultierenden *Kosten* zu. Insoweit ist zwischen der Gründungsphase und dem laufenden Geschäftsbetrieb zu unterscheiden.

---

19 BeckHdB PersGes/*Schiffers* § 1 Rn. 51.

aa) Deutliche Unterschiede weisen die verschiedenen Gesellschaftsformen zunächst in 30
Bezug auf die *Komplexität und* die *Kosten des Gründungsvorgangs* auf. Die GbR und
die ein Handelsgewerbe iSd § 1 II HGB betreibende OHG bzw. KG entstehen bereits
mit dem Abschluss des Gesellschaftsvertrags und der Aufnahme der Tätigkeit. Ein
Mindestkapital muss nicht aufgebracht werden. Bei Kapitalgesellschaften stellt sich
der Gründungsvorgang hingegen wesentlich komplexer und komplizierter dar. Der
Abschluss des Gesellschaftsvertrags bei der GmbH (jedenfalls soweit keine Mustersat-
zung Verwendung findet[20]) und bei der AG ist nicht formfrei möglich, sondern bedarf
der notariellen Beurkundung (§ 2 I GmbHG, § 23 I AktG). Auch muss der Vertrag
zwingend bestimmte gesetzliche Angaben enthalten (§ 3 GmbHG, § 23 II AktG).
GmbH und AG entstehen als solche nicht bereits mit Abschluss des Gesellschaftsvertrags und Aufnahme der Geschäftstätigkeit, sondern erst mit der Eintragung in das
Handelsregister.[21] Die Eintragung selbst ist jedoch wiederum von der Erfüllung weiterer Voraussetzungen abhängig (vgl. § 8 GmbHG, § 37 AktG). Hervorgehoben sei in
diesem Zusammenhang die Verpflichtung zur Bewirkung eines Teils des Stamm- bzw.
Grundkapitals durch die Gesellschafter (vgl. § 7 II, III iVm § 8 II GmbHG bzw.
§§ 36–37 AktG). Das Mindeststammkapital bei der GmbH beträgt mit 25.000 EUR[22]
jedoch nur die Hälfte des Mindestgrundkapitals der AG (50.000 EUR), was diese für
kleinere Unternehmen gegenüber der Aktiengesellschaft interessanter macht.

bb) Darüber hinaus gilt für die Aktiengesellschaft eine Vielzahl gesetzlicher Regelun- 31
gen, die überdies durch Richtlinien der EU stetem Wandel unterliegen. Durch die ständigen Anpassungserfordernisse entsteht auch im *laufenden Geschäftsbetrieb* ein erheblicher tatsächlicher Aufwand, der wiederum mit hohen Kosten verbunden ist.[23]
Insbesondere entstehen hohe Beratungskosten in rechtlicher, wirtschaftlicher und
steuerlicher Hinsicht. Auch aus diesem Grund ist die Rechtsform der Aktiengesellschaft faktisch nur für große Unternehmen interessant. Weiterhin ist die Bildung eines
Aufsichtsrates in der GmbH grundsätzlich fakultativ, während ein solcher bei der Aktiengesellschaft obligatorisch ist. Durch die Pflicht zur Einrichtung und Beteiligung
des Aufsichtsrates entstehen ebenfalls beachtliche Kosten, die sich nur in einem großen
Unternehmen rentieren.

Bei Personengesellschaften sind die rechtsformspezifischen Kosten tendenziell gerin- 32
ger als bei Kapitalgesellschaften. Allerdings ist zu bedenken, dass der Aufwand nicht
in erster Linie mit der Art der Rechtsform, sondern entscheidend auch von der Größe
und dem Kapitalbedarf des Unternehmens abhängt. Beispielsweise dürften die Infor-
mationskosten bei einer Publikums-GmbH & Co. KG größer als bei einer mittelständischen GmbH sein.[24]

f) Kriterium bei der Rechtsformwahl kann auch die langfristige *Sicherung des Unter-* 33
nehmensbestandes sein. Für die Wahl einer Kapitalgesellschaft spricht insoweit, dass
die Geschäftsführung auch von Nichtgesellschaftern wahrgenommen werden kann.
Dadurch ist der Bestand der Gesellschaft nicht von der Einsatzbereitschaft und -fähig-

---

20 Dazu bei der GmbH → Rn. 728.
21 *K. Schmidt* GesR § 34 III 4a (S. 1028).
22 Die sog. Unternehmergesellschaft (haftungsbeschränkt), welche durch das MoMiG in § 5a GmbHG
   eingeführt wurde, erfordert dagegen nur ein Mindeststammkapital von einem Euro; ausf. zu alledem
   unten bei der GmbH → Rn. 820ff.
23 Vgl. *Grunewald* GesR § 10 Rn. 5.
24 BeckHdB PersGes/*Schiffers* § 1 Rn. 79.

keit der Gesellschafter abhängig. Zudem ist die Erhaltung des von den Gesellschaftern zur Verfügung gestellten Kapitals bei Kapitalgesellschaften eher gewährleistet als bei Personengesellschaften. Denn während bei Kapitalgesellschaften Kapitalerhaltungsvorschriften bestehen, die eine Rückzahlung des Stamm- bzw. Grundkapitals verbieten (§§ 30, 31 GmbHG, § 57 AktG), gibt es bei Personengesellschaften grundsätzlich keine derartigen Beschränkungen. Falls der Gesellschaftsvertrag nichts Abweichendes regelt, besteht also das Risiko, dass das gesamte Eigenkapital abgezogen wird. Auch im Hinblick auf die Unternehmensnachfolge ist die Kapitalgesellschaft der Personengesellschaft gegenüber vorzugswürdig. Angesichts der Trennung von Eigenkapitalgebern und Geschäftsführung besteht die Möglichkeit, das Unternehmen auch mit Erben fortzuführen, die selbst nicht an der unternehmerischen Tätigkeit interessiert sind.

34 g) Für die Rechtsformwahl spielt – zumindest bei kleinen und mittelständischen Betrieben – auch das *Image der Rechtsform* eine nicht zu vernachlässigende Rolle. Sowohl die GmbH als auch die GmbH & Co. werden teilweise als Schutzschild gegen eine persönliche Unternehmerhaftung bei riskanten und unseriösen Geschäften missbraucht. Aus diesem Grund wird diesen Rechtsformen im Geschäftsverkehr teilweise mit einem nicht unerheblichen Misstrauen begegnet.[25] Jeder Unternehmer sollte daher für seinen Tätigkeitsbereich absehen können, ob auch in seinem Wirkungskreis solche Ressentiments seitens der Geschäftspartner bestehen.

35 h) Letztlich müssen die aufgezeigten Aspekte im Rahmen einer *Gesamtbetrachtung* gegeneinander abgewogen werden. Dabei muss der Nachteil der persönlichen Gesellschafterhaftung in den Personengesellschaften durch die beschriebenen Nachteile von Kapitalgesellschaften relativiert werden. Insbesondere bei kleineren Unternehmen dürften diese Nachteile den Vorteil der beschränkten Gesellschafterhaftung sogar überkompensieren. So ist es vielen kleinen Betrieben unmöglich, das notwendige Stamm- bzw. Grundkapital aufzubringen. Sie scheuen zudem den großen Aufwand und die hohen Kosten der Gründung sowie auch die hohen laufenden Kosten, die bei einer Kapitalgesellschaft (auch und gerade bei einer ausländischen Rechtsform wie der Limited) möglich sind. Der Vorteil der einfacheren Kapitalbeschaffung börsenfähiger Kapitalgesellschaften muss ebenfalls relativiert werden, da diese Gesellschaften deutlich strengeren gesetzlichen Vorgaben unterliegen. Als Fazit bleibt festzuhalten, dass es nicht die universell optimale Rechtsform gibt. Vielmehr handelt es sich bei der Wahl der passenden Gesellschaftsform jeweils um eine Einzelfallentscheidung, die anhand der Rahmenbedingungen des jeweiligen Unternehmens getroffen werden muss.

III. Numerus clausus der Gesellschaftsformen

36 Aus Gründen des Verkehrs- und Gläubigerschutzes ist die Wahl anderer als der im Gesetz ausdrücklich geregelten Gesellschaftstypen rechtlich nicht zulässig und besteht ein *Rechtsformzwang.* Sinn und Zweck der begrenzten Anzahl *(numerus clausus)* der Gesellschaftsformen ist es, dass Öffentlichkeit, Gläubiger und Gesellschafter bereits an der Gesellschaftsform erkennen können sollen, welche Rechte und Pflichten sie gegenüber Gesellschaft und Mitgesellschaftern haben.[26] Dennoch wird die Privatautonomie nicht gänzlich unterbunden. Eine Vielfalt dispositiver Normen bzw. nicht vom Ge-

---

25 *K. Schmidt* GesR § 33 III 1 b (S. 991).
26 *Kindler* GK HandelsR/GesR § 9 Rn. 21.

setzgeber geregelte Bereiche schaffen durchaus Raum zur rechtsgeschäftlichen Ausgestaltung. Durch ein entsprechendes »Design« des Gesellschaftsvertrags können die Grenzen zwischen Personengesellschaften und Körperschaften so sehr verwischen, dass in der Praxis Gesellschaften auftreten, die sowohl körperschaftliche als auch rein personengesellschaftliche Merkmale aufweisen. In der Praxis besonders häufig vorkommende und damit institutionalisierte *Mischformen* sind die GmbH & Co. KG und die Publikums-KG.

Bei der *GmbH & Co. KG* handelt es sich um eine Kommanditgesellschaft, deren unbeschränkt haftende Komplementärin eine GmbH ist. Die GmbH & Co. KG ist zwar eine Personengesellschaft, bei der letztlich aber keine natürliche Person unbeschränkt persönlich haftet. Dies aber ist – wie oben erläutert – ein klassisches Merkmal einer Körperschaft. Hieran wird die Verbindung personengesellschaftlicher und körperschaftlicher Elemente deutlich.[27] Eine »*Publikums-KG*« ist hingegen dadurch gekennzeichnet, dass sie eine unbestimmte Vielzahl von kapitalistisch beteiligten Kommanditisten (»Anlagegesellschafter«) anwirbt, die untereinander und zu den eigentlichen Unternehmensgesellschaftern in keiner persönlichen oder sonstigen Beziehung stehen.[28] Zwar ist auch die Publikums-KG eine KG und damit Personengesellschaft. Der häufige Gesellschafterwechsel und die damit einhergehende fehlende persönliche Verbundenheit der Gesellschafter ist jedoch gerade Merkmal einer Körperschaft (dazu bereits → Rn. 13). **37**

IV. Innen- und Außengesellschaft

Im Zusammenhang mit der Unterscheidung zwischen Vereinen/Körperschaften und Personengesellschaften steht auch die Abgrenzung von Innen- und Außengesellschaft. Die *Außengesellschaft* ist dadurch gekennzeichnet, dass sie nach dem Willen der Gesellschafter am Rechtsverkehr teilnehmen und damit Dritten gegenüber offen gelegt werden soll.[29] Bei der Außengesellschaft gibt es sowohl Beziehungen der Gesellschafter untereinander (Innenverhältnis) als auch solche gegenüber Dritten (Außenverhältnis). Eine reine Außengesellschaft, also eine Gesellschaft, deren Betätigung sich nur in Außenbeziehungen erschöpft, gibt es nicht. Treten mehrere Personen nur nach außen als Gesellschafter einer tatsächlich nicht bestehenden Gesellschaft auf, so müssen sie sich zwar nach Rechtsscheingesichtspunkten gemäß dem Recht der jeweiligen Gesellschaftsform behandeln lassen, gleichwohl existiert keine Gesellschaft.[30] Regeln die Beteiligten nur das Innenverhältnis und treten sie nach außen nicht gemeinschaftlich in Erscheinung, spricht man von einer reinen *Innengesellschaft*. **38**

Der Verein entfaltet stets rechtliche Wirkungen sowohl im Innen- als auch im Außenverhältnis und ist somit immer Außengesellschaft. Personengesellschaften können hingegen grundsätzlich auch als reine Innengesellschaften existieren. Beispiele für Personengesellschaften, bei denen es sich um reine Innengesellschaften handelt, sind die stille Gesellschaft gem. §§ 230–236 HGB, Arbeitsgemeinschaften im Bauwesen (sog. ARGE), Unterbeteiligungen und Lotto-Gemeinschaften. Personenhandelsgesellschaften wie etwa die OHG oder KG sind jedoch immer auch Außengesellschaft, da ein Handeltreiben notwendig ein Auftreten im geschäftlichen Verkehr, also gegenüber Dritten, voraussetzt. **39**

---

27 Ausf. zur GmbH & Co. KG → Rn. 420 ff.
28 BGHZ 64, 238 (241).
29 *Scholz* NZG 2002, 153 (156).
30 Vgl. *Kübler/Assmann* GesR § 3 IV 3 (S. 27); näher → Rn. 202.

2. Teil. Personengesellschaften

§ 3 Gesellschaft bürgerlichen Rechts (GbR)

Literatur: *Beuthien,* Ist die Innengesellschaft nicht rechtsfähig?, NZG 2011, 161; *Beuthien,* Setzt die Rechtsfähigkeit der GbR besondere Organisationselemente voraus? – Vergleich mit der juristischen Person, ZIP 2011, 1589; *Brox,* Zweckmäßige Gestaltung der Erbfolge im Unternehmen, JA 1980, 561; *Canaris,* Die Übertragung des Regelungsmodells der §§ 125–130 HGB auf die Gesellschaft bürgerlichen Rechts als unzulässige Rechtsfortbildung contra legem, ZGR 2004, 69; *Fleischer/Danninger,* Der Sorgfaltsmaßstab in der Personengesellschaft (§ 708 BGB), NZG 2016, 481; *Funke/Falkner,* Das Haftungssystem der BGB-Gesellschaft nach der neuen BGH-Rechtsprechung – Bestehen noch Unterschiede zwischen BGB-Gesellschaft und oHG?, JURA 2004, 721; *Gellings,* Inanspruchnahme eines Gesellschafters: Innenregress und Gesamtschuldnerausgleich, JuS 2012, 859; *Huber,* Der Ausschluss des Personengesellschafters ohne wichtigen Grund, ZGR 1980, 177; *Lutter,* Theorie der Mitgliedschaft – Prolegomena zu einem allgemeinen Teil des Korporationsrechts, AcP 180 (1980), 84; *Lieder,* Die BGB-Gesellschaft im Grundstücksverkehr, JURA 2012, 335; *Lingl,* Haftung von Gesellschaft und Gesellschaftern bei der Außen-Gesellschaft bürgerlichen Rechts (GbR), JuS 2005, 595; *Maultzsch,* Die »fehlerhafte Gesellschaft« – Rechtsnatur und Minderjährigenschutz, JuS 2003, 544; *Petig/Iglesias Gonzalez,* Die Haftung des eintretenden Sozius – Die analoge Anwendung des § 28 HGB auf die GbR, JURA 2009, 646; *Pohlmann,* Rechts- und Parteifähigkeit der Gesellschaft bürgerlichen Rechts – Folgen für Erkenntnisverfahren, Zwangsvollstreckung und freiwillige Gerichtsbarkeit, WM 2002, 1421; *Saenger,* Der praktische Fall – Handels- und Gesellschaftsrecht: Rechtsfähigkeit und Haftungsbeschränkung bei der Gesellschaft bürgerlichen Rechts, JuS 2003, 577; *Schäfer,* Vom Einstimmigkeitsprinzip zum treupflichtgetragenen Mehrheitsentscheid im Personengesellschaftsrecht, ZGR 2013, 237; *K. Schmidt,* Die BGB-Außengesellschaft: rechts- und parteifähig – Besprechung des Grundlagenurteils II ZR 331/00 vom 29. 1. 2001, NJW 2001, 993; *Sikora,* Der Ausschluss eines Gesellschafters aus Personengesellschaft und GmbH, JA 2005, 816; *Steinbeck,* Grundfälle zum Personengesellschaftsrecht (Teile I, II und III), JuS 2012, 10, 105, 199; *Timm,* Die Rechtsfähigkeit der Gesellschaft bürgerlichen Rechts und ihre Haftungsverfassung, NJW 1995, 3209; *Weiss,* § 899a – Gutgläubiger Erwerb ohne Kondiktionsschutz?, JuS 2016, 494.

Fälle: 40

a) Die Auszubildenden A und B entschließen sich, künftig jedes Wochenende gemeinsam zu Erholungszwecken an die Nordsee zu fahren. A soll in beider Namen bei V einen Wagen mieten, und die Kosten sollen geteilt werden. Bei einer Fahrt übersieht der das Fahrzeug steuernde A aus leichter Unachtsamkeit ein vorfahrtsberechtigtes Fahrzeug. Es kommt zu einem Unfall, wobei am Mietwagen ein Schaden iHv 1.000 EUR entsteht.

b) Die Informatikstudenten A, B und C haben schon häufig Freunden und Kommilitonen bei der Reparatur ihrer Computer geholfen. Als sie in der Mensa über ihre Erfahrungen sprechen, kommt ihnen der Gedanke, ihre Fertigkeiten in klingende Münze umzusetzen. Gemeinsam mieten sie von V eine leer stehende Garage an, um dort, soweit dies ihre Vorlesungen zulassen, in den Abendstunden Computer gegen Entgelt zu reparieren und auch Ersatzteile einzubauen. V fragt sich, mit wem er den Mietvertrag abgeschlossen hat und wen er gegebenenfalls verklagen müsste.

c) A, B und C schließen sich zum Betrieb eines kleinen Elektroinstallationsgeschäfts zusammen. A und B verpflichten sich, jeweils 25.000 EUR als Einlage zu leisten. Anschließend soll C, nachdem die anderen ihre Leistungen erbracht haben, weitere 50.000 EUR einbringen. Die Beiträge sollen sofort fällig sein. C verweigert später seine Leistung mit der – inhaltlich zutreffenden – Begründung, A und B seien noch nicht einmal zur Leistung ihrer Einlagen aufgefordert worden. A fragt sich, ob die Gesellschaft von C Zahlung der Einlage von 50.000 EUR verlangen kann.

d) Ausgangslage wie Fall c. Neben A, B und C ist D Mitgründer der Gesellschaft. Als Einlage soll er sein Grundstück mit aufstehendem Bürogebäude so einbringen, dass die Gesellschaft Eigentümerin wird. Dort soll der Geschäftssitz der Gesellschaft entstehen. Einvernehmlich wird die Geschäftstätigkeit aufgenommen. A fragt sich nun, ob er namens der Gesellschaft von D die Auflassung und Eintragungsbewilligung hinsichtlich des Grundstücks verlangen kann.

e) A und der im Ausland lebende B sind Gesellschafter der Z-GbR, die Handel mit Fahrrädern und Fahrradersatzteilen betreibt. A hat Alleinvertretungsmacht. Für gewöhnliche Geschäfte ist Einzelgeschäftsführung vereinbart, ungewöhnliche Geschäfte stehen dagegen unter dem Vorbehalt gemeinsamer Entscheidung. A wird ein Grundstück angeboten, dem er ein besonderes Wertsteigerungspotenzial beimisst. Ohne vorherige Rücksprache mit B erwirbt der sonst stets zuverlässig handelnde A das Grundstück in der irrigen Annahme, hierzu auch allein berechtigt zu sein. Jedoch verschlechtert sich der Grundstückswert anschließend kontinuierlich, weshalb A das Grundstück schließlich mit erheblichem Verlust wieder verkauft. Schuldet A der Gesellschaft Schadensersatz in Höhe des Differenzbetrags zwischen Ankaufs- und Verkaufspreis?

f) A, B und C betreiben gemeinsam die J-GbR, die ein juristisches Privatrepetitorium für Anfangssemester anbietet. Weil die Gesellschaftskasse leer ist, begleicht A aus eigener Tasche eine Forderung der X-OHG iHv 900 EUR für die Lieferung von Fachliteratur. Selbst nach geraumer Zeit füllt sich die Kasse nicht. Welche Ansprüche stehen A zu, wenn auch B kein Vermögen mehr hat?

g) A, B, C und D betreiben eine Pension in der Rechtsform der GbR. A und B haben Einzelgeschäftsführungsbefugnis und Einzelvertretungsmacht; C und D steht dagegen keine Geschäftsführungsbefugnis und nur Gesamtvertretungsmacht zu. Nachdem D verstorben ist, kauft C bei G wiederholt allein namens der GbR Waren für die Pension. Hat G einen Anspruch auf Kaufpreiszahlung gegen die GbR?
Abwandlung: Nach dem Tod des D wird der Gesellschaftsvertrag dahingehend geändert, dass nur noch A Geschäftsführungsbefugnis und Alleinvertretungsmacht hat, während B und C Gesamtvertreter ohne Geschäftsführungsbefugnis werden. Dennoch kauft B weiterhin bei G alleine Waren. Zwar fordert ihn A mehrfach zum Unterlassen seiner Alleingänge auf, erfüllt aber jeweils gegenüber G die entsprechenden Forderungen. Dieser nimmt daher an, B sei weiterhin berechtigterweise für die GbR aufgetreten. Als B erneut für die Pension bei G einkauft, verweigert A jedoch die Erfüllung. Kann G Zahlung von der GbR verlangen?

h) Die Dachdecker A und B haben sich mit dem erfahrenen Geschäftsmann C zur ABC-Dachdecker-GbR zusammengeschlossen. C ist alleiniger Geschäftsführer und Vertreter der Gesellschaft, A und B sind hingegen für die handwerklichen Tätigkeiten zuständig. Nachdem C mit Z einen Vertrag über die Neueindeckung des Daches seines Einfamilienhauses abgeschlossen hat, nehmen A und B die Arbeiten auf. Dabei lässt B aus Unachtsamkeit einige Ziegel vom Dach fallen, die das neue Fahrzeug des Z treffen und Schäden iHv 3.800 EUR verursachen.
(1) Hat Z Ansprüche gegen die ABC-Dachdecker-GbR?
(2) Stehen Z Ansprüche gegen A, B und C zu? Wie, wenn die GbR bereits 2.000 EUR an Z gezahlt hat bzw. der Anspruch verjährt ist?
(3) Die Ziegel treffen den ebenfalls auf der Baustelle arbeitenden D und haben materielle sowie immaterielle Schäden zur Folge. Weil die Berufsgenossenschaft den Vorfall als Arbeitsunfall anerkennt, erbringt sie Leistungen zugunsten des D. Kann D zusätzlich B bzw. die GbR in Anspruch nehmen, wenn die Voraussetzungen des § 106 III Var. 3 SGB VII (Haftungsprivilegierung im Zusammenhang mit der gesetzlichen Unfallversicherung) vorliegen?

i) A betreibt seit Jahren eine Zahnarztpraxis. Für die Belieferung mit Praxiszubehör hat X gegen ihn einen Kaufpreiszahlungsanspruch von 35.000 EUR. Nach langem Zögern nimmt A den B zur gemeinsamen Berufsausübung in die Praxis auf. Beide schließen sich zu einer GbR zusammen. B begeht bei der Behandlung des Y einen gravierenden Behandlungsfehler, weshalb Y ein Schadensersatzanspruch gegen die GbR von 5.000 EUR zusteht. Später überzeugen A und B den C davon, ebenfalls in die Gemeinschaftspraxis mit einzutreten. C erwirbt in der Folge namens der GbR von Z ein gebrauchtes Röntgengerät für 11.900 EUR. Ein Jahr später kommt es zum Streit und B verlässt die Praxis wieder.

(1) Kann Y wegen des Behandlungsfehlers des B Zahlung iHv 5.000 EUR von C verlangen?

(2) Kann X von B vor dessen Ausscheiden Zahlung von 35.000 EUR für die Belieferung des A mit Praxiszubehör verlangen?

(3) Hat Z einen Anspruch auf Zahlung von 11.900 EUR gegen B auch nach dessen Ausscheiden, wenn A und C die Praxis weiter betreiben wollen?

j) A, B und C spielen gemeinsam in einer Band und verdienen sich mit ihren Auftritten bei verschiedenen Veranstaltungen den Lebensunterhalt für ihr Studium. Bei ihrem Zusammenschluss zwei Jahre zuvor waren einige Punkte von besonderer Bedeutung, über die alle drei schnell Übereinstimmung erzielt hatten. So soll die Band nur bestehen, bis der letzte der drei das Studium abgeschlossen hat. Zudem versprach jeder ausdrücklich, während der Zugehörigkeit zu der Band nicht auf Veranstaltungen in der gleichen Stadt alleine aufzutreten. In letzter Zeit hat B aber wegen verschiedener Soloauftritte mehrfach gegen diese Absprache verstoßen. A und C sind darüber höchst erbost.

(1) Wie ist die Rechtslage, wenn A, B und C den Fortbestand der Band unabhängig von ihren Personen wollten?

(2) Wie, wenn sie das Schicksal der Band zwingend mit der Zugehörigkeit ihrer Person verbinden wollten?

Abwandlung: Zu den Soloauftritten des B ist es nicht gekommen. Stattdessen haben alle drei ihr Studium erfolgreich beendet. G hat noch einen Anspruch auf die rückständige Miete für den inzwischen gekündigten Probenraum iHv 500 EUR gegen die GbR.

I. Allgemeines

§§ 705–740 BGB umfassen die Regelungen für die Grundform der Personengesell- **41** schaft, die GbR (Gesellschaft bürgerlichen Rechts/BGB-Gesellschaft). Dementsprechend gelten die Vorschriften nicht allein für die GbR, sondern kraft Verweisung auch ergänzend für die Personenhandelsgesellschaften OHG und KG (§§ 105 III, 161 II HGB), sofern es diesbezüglich an einer gesonderten Regelung fehlt. Auf dieses »Schachtelprinzip«, wonach das Recht der GbR allgemeine Regelungen enthält und die Bestimmungen über die OHG bis hin zur KG spezieller werden, wurde bereits hingewiesen (→ Rn. 11). Freilich hält das Gesetz diesen Grundsatz nicht durchgängig ein. So verweist beispielsweise § 736 II BGB wegen der Nachhaftung des ausscheidenden Gesellschafters auf das Recht der OHG (§ 160 HGB). Zudem sind nach der von der Rechtsprechung inzwischen anerkannten Akzessorietätstheorie hinsichtlich der Haftung von Gesellschaft und Gesellschaftern die Bestimmungen der §§ 124 und 128 HGB entsprechend anzuwenden (ausführlich → Rn. 194).

Die Vorschriften über die GbR finden mangels spezieller Regelungen auch auf die Partnerschaft (§ 1 IV PartGG) und die Europäische Wirtschaftliche Interessenvereinigung (§ 1 EWIVAG iVm § 105 III HGB) Anwendung. Nach dem Wortlaut des § 54 BGB sind sie ferner auf den nichtrechtsfähigen Verein entsprechend anwendbar. Dieser missglückte Verweis ist aber durch die Rechtsprechung weitgehend zugunsten einer Anwendung der §§ 21 ff. BGB korrigiert worden.[1]

Zu beachten ist der weithin abdingbare Charakter der §§ 705 ff. BGB. Mit Ausnahme der Rechtsbeziehungen der Gesellschaft und ihrer Gesellschafter zu Gläubigern, Schuldnern und anderen Außenstehenden (Außenverhältnis), die überwiegend zwingendes Recht darstellen, stellt das Gesetz für die Ausgestaltung der Rechtsbeziehungen der Gesellschaft und der Gesellschafter also nur grobe Leitlinien auf, die einer abweichenden individuellen Gestaltung weitgehend offen stehen.

---

1 BGHZ 50, 325 (328); Palandt/*Ellenberger* BGB § 54 Rn. 1; näher → Rn. 473.

1. Begriff

42 Für die GbR ist nach § 705 BGB kennzeichnend, dass sich durch einen Gesellschaftsvertrag mehrere Personen gegenseitig verpflichten, die Erreichung eines gemeinsamen Zwecks zu fördern. Gründung und Bestand einer GbR erfordern also stets die Beteiligung von zumindest zwei Personen; eine »Einmann-GbR« ist nicht zulässig.[2] Die Gesellschafter müssen einen Gesellschaftsvertrag schließen, zu dessen wesentlichem Inhalt die Pflicht zur Förderung eines gemeinsamen Zwecks zählt. Dabei können die vereinbarten Zwecke ganz unterschiedlicher Art sein. Die GbR unterliegt insoweit keinen Beschränkungen. Deshalb kommen letztlich alle erlaubten Zwecke in Betracht, sei es, dass sie wirtschaftlicher oder lediglich ideeller Art sind. Im Gesellschaftsvertrag ist ferner zu bestimmen, wie die Gesellschafter die Pflicht zur Zweckförderung realisieren sollen. Vom Gesetz wird insoweit die Verpflichtung zur Leistung der vereinbarten Beiträge hervorgehoben, wobei nicht nur Geld- oder Sachleistungen, sondern auch die Einbringung der Arbeitskraft in Betracht kommt. Im Einzelfall kann aber auch die bloße Beteiligung genügen.

> In **Fall a** verfolgen A und B mit der Anmietung des Fahrzeugs den gemeinsamen Zweck, zusammen Wochenendreisen zu unternehmen. Ein erforderlicher Rechtsbindungswille lässt sich mit Blick auf die damit verbundenen finanziellen Verpflichtungen annehmen. Auch haben sich beide angesichts der anteilsmäßigen Übernahme der Kosten eine entsprechende Förderungspflicht hinsichtlich des gemeinsamen Zweckes auferlegt. Zwischen A und B besteht also eine GbR.

Zwischen den Gesellschaftern als Vertragspartnern begründet der Gesellschaftsvertrag eine auf Dauer angelegte Rechtsbeziehung, aus der eine besondere Treuepflicht erwächst. Diese gebietet, auf die Interessen der Mitgesellschafter Rücksicht zu nehmen (→ Rn. 136). Zudem besteht zwischen den Gesellschaftern ein besonderes persönliches Vertrauensverhältnis, das über die Treuepflichten hinaus im Grundsatz personeller Geschlossenheit der GbR seinen Ausdruck findet. Gegen den Willen eines Gesellschafters ist deshalb ein Gesellschafterwechsel nicht möglich. Dieser Grundsatz ist allerdings nicht zwingend und wird in der Praxis vielfach durch abweichende Gestaltung des Gesellschaftsvertrags gelockert.

2. Erscheinungsformen

Gewöhnlich werden verschiedene Typen der GbR unter zeitlichen Gesichtspunkten, nach dem Gesellschaftszweck und hinsichtlich des Auftretens nach außen unterschieden.

43 **a)** In zeitlicher Hinsicht stehen sich *Gelegenheits- und Dauergesellschaften* gegenüber. Die Gelegenheitsgesellschaft bildet die Ausnahme. Sie dient lediglich der Durchführung einer begrenzten Anzahl von Einzelgeschäften auf gemeinsame Rechnung. Als Beispiele sind die Fahrgemeinschaft (wenn sich etwa Kollegen bei der Fahrt zur Arbeit ein Auto »teilen«, aber auch die Situation, die Fall a zugrunde liegt), Konsortien (zB Emissionskonsortien von Banken zur gemeinsamen Übernahme von Aktien einer neu gegründeten Aktiengesellschaft und deren Platzierung auf dem Markt) oder die Arbeitsgemeinschaft in der Bauwirtschaft zu nennen. Bei Letzterer schließen sich (selbstständige) Unternehmer bzw. Unternehmen (Personen- oder Kapitalgesellschaften) zur Teilnahme an einer Ausschreibung für ein Großvorhaben und im Erfolgsfall auch zur Durchführung desselben zusammen. Da eine solche »ARGE« zumeist selbst (anders als die an ihr beteiligten Gesellschafter) kein Gewerbe betreibt, handelt es sich in der

---

2 BGHZ 24, 106 (108); *Kindl* GesR § 5 Rn. 1; MüKoBGB/*Schäfer* § 705 Rn. 60 ff.; aA *Baumann* BB 1998, 225 ff.

Regel nicht um eine OHG.[3] Auch das Abiball-Organisationskomitee eines Abitur-jahrgangs ist als GbR eingeordnet worden.[4] Hingegen hat man im »Kronkorken-Fall« einer Wochenendreisegruppe, bei der einer der Teilnehmer im Kronkorken des gekauf-ten Bieres den Hauptgewinn eines Brauerei-Gewinnspiels gefunden hatte, die GbR-Eigenschaft versagt.[5] Als dauerhafter Zusammenschluss werden Gesellschaften des bürgerlichen Rechts vor allem zur gemeinsamen Verfolgung wirtschaftlicher Zwecke gebildet. Diese Möglichkeit nehmen insbesondere die Angehörigen freier Berufe wahr, etwa in Form der Gemeinschaftspraxis von Ärzten oder der Anwaltssozietät. Für diese ist die Gründung einer Personenhandelsgesellschaft regelmäßig ausgeschlos-sen, da Vertreter freier Berufe keiner gewerblichen Tätigkeit nachgehen. Es handelt sich daher um sog. Erwerbsgesellschaften bürgerlichen Rechts, die nachhaltig und in größerem Umfang am Rechtsverkehr teilnehmen. Das jeweilige Standesrecht erlaubte früher meist nur einen Zusammenschluss in dieser gesellschaftsrechtlichen Form. Ne-ben der eigens für Freiberufler geschaffenen Partnerschaftsgesellschaft nach dem PartGG (dazu § 7) stehen ihnen heute in der Regel aber auch die übrigen Gesellschafts-formen (also auch GmbH oder AG für den Zusammenschluss von Rechtsanwälten) offen, wobei weiterhin standesrechtliche Besonderheiten zu beachten sind.[6]

b) Hinsichtlich des Auftretens nach außen ist zwischen *Außen- und Innengesellschaf-ten* zu unterscheiden. Bei der Außengesellschaft nimmt die Gesellschaft am Außen-rechtsverkehr mit Dritten teil. Dagegen entsteht bei der Innengesellschaft lediglich ein Innenverhältnis zwischen den Gesellschaftern. Am Rechtsverkehr beteiligt sich hier nur ein Gesellschafter im eigenen Namen. Er ist gegenüber seinen Mitgesellschaftern aus dem Gesellschaftsvertrag verpflichtet (beispielsweise bei einer Lotto-Tippgemein-schaft[7], bei der einer der Mitspieler allwöchentlich im eigenen Namen einen Spiel-schein abgibt). Dazu sogleich! **44**

3. Sonderformen

Da §§ 705 ff. BGB weithin abdingbar sind, haben sich eine Vielzahl von Sonderformen und atypischen Gestaltungen für BGB-Gesellschaften entwickelt.

a) So kann die GbR als bloße *Innengesellschaft* bestehen, ohne im Rechtsverkehr nach au-ßen aufzutreten.[8] Wie stets bei der GbR verpflichten sich die Beteiligten auch bei der In-nengesellschaft, einen gemeinsamen Zweck zu verfolgen. Im Rechtsverkehr tritt jedoch nur ein Gesellschafter im eigenen Namen auf. Dritten gegenüber ist dieser allein Träger von Rechten und Pflichten. Im Innenverhältnis wird verabredet, dass alle Geschäfte auf gemeinsame Rechnung der Gesellschafter gehen sollen. Da hier eine Gesellschaft besteht, sind §§ 705 ff. BGB sowie die zivilrechtlichen Spezialvorschriften, die an das Vorliegen eines Gesellschaftsverhältnisses anknüpfen, grundsätzlich anzuwenden. Ausgenommen **45**

---

3 BGH BeckRS 2009, 05200 = NJW-Spezial 2009, 173; KG NJW-RR 2010, 1602.
4 LG Detmold NZG 2015, 951; krit. dazu *Koch* GesR § 1 Rn. 2 (Fn. 2) und *Hippeli* ZJS 2015, 620 ff.
5 LG Arnsberg NJW 2017, 2421 (2422); zu Recht zweifelnd *Albers* NJW 2017, 2380 ff.
6 Für Ärzte-GmbHs ergeben sich diese aus den Heilberufe- und Kammergesetzen der Länder und den Berufsordnungen der Ärztekammern. Soweit Letztere die vom Deutschen Ärztetag beschlossene Musterberufsordnung (MBO-Ä) umgesetzt haben, ist die Gründung einer Ärzte- oder Heilkunde-GmbH unter bestimmten Voraussetzungen zulässig. Bereits seit längerem zulässig sind Rechts-anwalts-GmbHs unter den Voraussetzungen der §§ 59c–59m BRAO; schon → Rn. 19.
7 Weiterführend dazu *Fleischer/Hahn* NZG 2017, 1 ff.
8 BGH WM 1962, 1086.

von der Anwendbarkeit sind jedoch die Vertretungsvorschriften (§§ 714 ff. BGB), weil bei einer Innengesellschaft notwendigerweise keine Außenrechtsbeziehungen der Gesellschaft entstehen. Verbreitet werden auch die Vermögensvorschriften der §§ 718 ff. BGB für unanwendbar gehalten, da das Entstehen von Gesellschaftsvermögen in einer reinen Innengesellschaft nicht möglich sei.[9] Zudem wird die Innengesellschaft mit der Auflösung bereits vollständig beendet, sodass eine Liquidation nach §§ 730 ff. BGB nicht erfolgt.[10] Es entstehen lediglich Abrechnungs- und Zahlungsansprüche gegen den handelnden Gesellschafter entsprechend § 235 HGB, §§ 738 ff. BGB.[11]

Eine besondere Art der Innengesellschaft ist die *stille GbR*. Bei ihr verpflichtet sich der stille Gesellschafter, seine Einlage in das Vermögen des Unternehmensträgers zu leisten, und erhält als Gegenleistung eine Gewinnbeteiligung. Auch hier wird kein Gesellschaftsvermögen gebildet. Ferner fehlt dem »Stillen« nicht nur die Vertretungsmacht, vielmehr ist er grundsätzlich noch nicht einmal an der Geschäftsführung beteiligt. Für die Anwendung der §§ 709, 711 f., 714 f., 718 f. BGB ist daher regelmäßig kein Raum. Beteiligen sich mehrere stille Gesellschafter an einem Unternehmen, entsteht regelmäßig zwischen jedem Einzelnen von ihnen und dem Unternehmensträger eine gesonderte stille GbR, ohne dass die stillen Gesellschafter untereinander rechtlich verbunden sein müssen.[12] Bei entsprechender Ausgestaltung des Gesellschaftsvertrags ist aber auch eine mehrgliedrige stille Gesellschaft zulässig.[13] Von der stillen Gesellschaft des Handelsrechts (§§ 230 ff. HGB) unterscheidet sich die stille GbR nach den allgemeinen Kriterien zur Abgrenzung von Personenhandelsgesellschaften. Betreibt der Hauptgesellschafter ein Handelsgewerbe, liegt keine stille GbR, sondern eine stille Gesellschaft iSd § 230 HGB vor. Praktisch hat dies indes kaum Auswirkungen, sind doch die §§ 230 ff. HGB auf die stille GbR weitgehend entsprechend anwendbar.

46 **b)** Häufig ist als besondere Form einer BGB-Innengesellschaft die GbR zwischen *Ehegatten* oder anderen Familienmitgliedern anzutreffen.[14] Der Sinn dieser Konstruktion besteht hauptsächlich darin, der einen Partei gegenüber der anderen für die gemeinsame wirtschaftliche Betätigung einen finanziellen Ausgleichsanspruch außerhalb von Ehegüterrecht und Erbrecht zu gewähren. Dieser tritt neben einen etwaigen Zugewinnausgleichsanspruch und ist damit nicht etwa subsidiär.[15] Der Gesellschaftsvertrag kann ausdrücklich (etwa für den Bau eines Familienheims[16]) oder konkludent geschlossen werden. Gerade für die Annahme einer schlüssig vereinbarten Innengesellschaft ist im Einzelfall sorgfältig zu prüfen, ob die Parteien tatsächlich einen Zweck verfolgt haben, der über das übliche Zusammenwirken innerhalb der Ehe- bzw. Familiengemeinschaft hinausgeht, und es sich um eine gleichgeordnete Tätigkeit im Sinne einer gleichberechtigten Mitarbeit und Beteiligung an Gewinn und Verlust handelt.[17] Insgesamt ist hinsichtlich der Annahme einer konkludenten Vereinbarung Zurückhaltung geboten, da die Rechtsprechung hierfür hohe Anforderungen stellt. Fälle, in denen die schlüssige Begründung eines Vertrags angenommen wurde, sind zum einen die Beteiligung eines Ehegatten an der Errichtung eines Gebäudes zu Erwerbszwecken durch die Haftungsübernahme für Finanzierungskredite[18] und zum anderen die gleichrangige Mitarbeit im Betrieb des Ehepartners unter Gewinn- und Ver-

---

9 Vgl. BGH WM 1965, 793 (794); NJW 1982, 99 (100); nunmehr auch MüKoBGB/*Schäfer* § 705 Rn. 280; aA *Beuthien* NZG 2011, 161 (162).
10 BGH NJW 1982, 99 (100); 1990, 573.
11 BGH NJW 1990, 573 (574).
12 BGH NJW 1982, 99 (100).
13 BGHZ 125, 74 (77).
14 Grdl. BGHZ 8, 249 ff.
15 BGHZ 165, 1 (7 f.).
16 BGH NJW 1982, 170 (171).
17 BGHZ 142, 137 (144).
18 BGH NJW 1974, 2278.

lustbeteiligung.[19] Dagegen wurde eine konkludente Vereinbarung etwa bei der gemeinsamen Finanzierung eines Familienheimes[20] oder der Mitwirkung zugunsten der Arztpraxis des Ehegatten abgelehnt.[21]

Von der Ehegatteninnengesellschaft des bürgerlichen Rechts ist die von der Rechtsprechung entwickelte Figur der ehebezogenen oder unbenannten Zuwendung zu unterscheiden. Ihr liegt der Gedanke zu Grunde, dass die Ehegatten nicht in Form einer GbR zusammenwirken, sondern der eine Partner dem anderen um der Ehe Willen und als Beitrag zur Verwirklichung, Erhaltung und Sicherung der ehelichen Lebensverhältnisse eine besondere Leistung erbracht hat, die mit Scheitern der Ehegemeinschaft ihre Grundlage verliert und somit nach § 313 BGB zurückverlangt werden kann.[22]

c) Auch den Partnern einer *nichtehelichen Lebensgemeinschaft* steht die Vereinbarung **47** einer GbR als Grundlage eines finanziellen Ausgleichs offen, sei es durch ausdrückliches oder konkludentes Verhalten. Nach früherer ständiger Rechtsprechung des BGH konnte sogar ohne rechtsgeschäftliche Begründung einer GbR eine gesellschaftsrechtliche Auseinandersetzung der nichtehelichen Lebensgemeinschaft in entsprechender Anwendung der §§ 730ff. BGB in Betracht kommen.[23] An dieser Beurteilung hält der BGH inzwischen aber nicht mehr uneingeschränkt fest und verlangt vielmehr ebenso wie im Rahmen einer eheähnlichen Lebensgemeinschaft einen zumindest schlüssig zu Stande gekommenen Vertrag.[24] Eine solche Vereinbarung ist aber nur ausnahmsweise anzunehmen, wenn die Partner sich das Ziel setzen, gemeinsam einen wirtschaftlichen Wert zu schaffen, der ihnen gemeinsam gehören und nicht nur im Rahmen und für die Dauer der Partnerschaft gemeinsam genutzt werden soll.[25] Dabei sind jeweils die Gesamtumstände des Einzelfalles zu berücksichtigen.[26] Anerkannt hat die Rechtsprechung eine Auseinandersetzung nach den Regeln der GbR etwa im Fall der gemeinsamen Führung eines gewerblichen Unternehmens[27] sowie bei Erbringung gemeinsamer Leistungen im Rahmen des Erwerbs und der Erhaltung einer als gemeinsames Vermögen betrachteten Immobilie.[28] Dagegen hat sie die gemeinsame Darlehensaufnahme zur Finanzierung eines Grundstückserwerbs für die gemeinsamen Kinder nicht als ausreichend angesehen.[29]

d) In diesem Zusammenhang ist schließlich auch auf die *Publikums-GbR* hinzuweisen **48** (dazu im Einzelnen bei § 9). Diese Form des gesellschaftlichen Zusammenschlusses einer großen Zahl von Personen findet sich nicht selten bei geschlossenen Immobilienfonds.

4. Rechtsnatur

a) §§ 705ff. BGB verleihen der GbR nicht den Status einer juristischen Person. Ebenso **49** fehlt eine § 124 I HGB entsprechende Vorschrift, nach der die Gesellschaft selbst Trägerin von Rechten und Pflichten sein kann. Folglich entsprach es der jahrelang hA,

---

19 BGHZ 31, 197 (202).
20 BGH NJW 2012, 3374 (3375); 1974, 1554 (1555).
21 BGH NJW 1974, 2045; *Kindler* GK HandelsR/GesR § 10 Rn. 22.
22 Vgl. BGHZ 142, 137ff. zur Abgrenzung zwischen Ehegatteninnengesellschaft und ehebezogener Zuwendung; weiterführend dazu Palandt/*Grüneberg* BGB § 313 Rn. 50ff.
23 BGHZ 84, 388 (390); 142, 137 (147). Der BGH entging hierdurch letztlich dem Vorwurf, die Annahme einer konkludent gegründeten GbR laufe im Einzelfall auf eine bloße Willensfiktion hinaus. Zur Kritik an dieser Rspr. MüKoBGB/*Schäfer* Vor § 705 Rn. 83 und *K. Schmidt* GesR § 59 I 2b bb (S. 1731).
24 BGHZ 165, 1 (10).
25 BGHZ 177, 193 (200); 183, 242 (249).
26 BGHZ 142, 137 (147); BGH NJW-RR 2003, 1658.
27 BGHZ 84, 388.
28 OLG Schleswig FamRZ 2002, 884.
29 BGH NJW-RR 1993, 774 (775f.).

dass der GbR, weil ihr eine eigene Rechtspersönlichkeit fehle, auch keine Rechtsfähigkeit zukomme.[30] Vielmehr wurde sie als bloßes Schuldverhältnis der Gesellschafter mit einem ihnen gemeinsam zugeordneten Sondervermögen angesehen. Zuordnungsobjekt von Rechten und Pflichten sollten danach einzig die Gesellschafter in ihrer gesamthänderischen Verbundenheit sein. Allerdings hat sich im Schrifttum die Ansicht, dass die GbR gegenüber ihren Gesellschaftern zumindest zu einem gewissen Grad rechtlich verselbstständigt sei, immer weiter durchgesetzt.[31] Auch die Rechtsprechung hat zunehmend eine Verpflichtungsfähigkeit der GbR selbst angenommen,[32] bis sie schließlich in einem Grundsatzurteil die *Rechtsfähigkeit* der (Außen-)GbR anerkannt hat, soweit diese als Teilnehmerin am Rechtsverkehr eigene (vertragliche) Rechte und Pflichten begründet.[33] Eine Einordnung als juristische Person geht damit freilich nicht einher.[34] Deshalb ist auch ein Erwerb eigener Anteile nicht möglich.[35]

Dieser Rechtsprechung ist uneingeschränkt zuzustimmen. Grundsätzlich entspricht die Anerkennung der Rechtsfähigkeit der GbR den Bedürfnissen der Praxis. Insbesondere lässt sich der Fortbestand der Gesellschaft auch bei wechselndem Bestand ihrer Mitglieder so ohne weiteres begründen.[36] Auch in dogmatischer Hinsicht spricht vieles für dieses Ergebnis. Zum einen war es nie überzeugend, dass das Gesellschaftsvermögen als Sondervermögen ohne eigenständigen Rechtsträger existieren sollte. Zum anderen verträgt sich dieses Ergebnis mit dem Grundsatz der identitätswahrenden Umwandlung bei Personengesellschaften, weil die gewerblich tätige GbR mit einem bestimmten Geschäftsumfang automatisch zur OHG wird und damit Rechtsfähigkeit erlangt.[37] Mit dem Gesetzeswortlaut ist die Rechtsfähigkeit der BGB-Gesellschaft zwar nicht an allen Stellen in Einklang zu bringen,[38] was sich aber zum Teil damit erklären lässt, dass die betreffenden Vorschriften auf den ursprünglichen Entwurf des BGB zurückgehen, dem das Gesamthandsprinzip insgesamt unbekannt war.[39] Neuere Regelungen, zB §§ 191 II Nr. 1, 202 I Nr. 1 UmwG oder § 14 BGB, lassen hingegen erkennen, dass nunmehr auch der Gesetzgeber von der Rechtsfähigkeit der GbR ausgeht.[40] Letztlich führt diese Entwicklung zu einer begrüßenswerten Harmonisierung des Gesellschaftsrechts und einer

---

30 BGHZ 17, 340 (342); 23, 307 (313); 79, 374 (377); RGRK-BGB/*v. Gamm* Vor § 705 Rn. 4; Staudinger/*Keßler*, 12. Aufl. 1978f., BGB Vorbem. zu §§ 705–740 Rn. 64ff.

31 Grdl. *Flume* BGB AT I/1 § 4 II (S. 54ff.); *Flume* ZHR 136 (1972), 177 (184ff.); dem folgend MüKo-BGB/*Ulmer*, 3. Aufl. 1997, § 705 Rn. 131ff.; *K. Schmidt* GesR, 3. Aufl. 1997, § 8 III (S. 203ff.); *Mülbert* AcP 199 (1999), 38 (43ff.); *Raiser* AcP 194 (1994), 495 (501ff.); *Timm* NJW 1995, 3209ff.

32 BGHZ 116, 86 (Mitglied einer Genossenschaft); BGHZ 118, 83 (Gründerin einer AG); BGHZ 136, 254 (Scheckfähigkeit).

33 BGHZ 146, 341, seitdem mehrfach bestätigt, BGHZ 154, 88 (94); BGH NJW 2002, 1207; BVerfG NJW 2002, 3533. Im Schrifttum wurde diese Entscheidung ganz überwiegend begrüßt, vgl. etwa MüKoBGB/*Schäfer* § 705 Rn. 298ff.; *K. Schmidt* GesR § 8 III (S. 196ff.); *Koch* GesR § 3 Rn. 9ff.; *K. Schmidt* NJW 2001, 993 (995ff.); *Dauner-Lieb* DStR 2001, 356 (357); *Habersack* BB 2001, 477ff.; *Hadding* ZGR 2001, 712 (714ff.); abw. *Beuthien* JZ 2003, 715 (721).

34 BGHZ 149, 80 (83); *Beuthien* NZG 2011, 481 (488) beklagt gleichwohl eine zu starke Annäherung an die juristischen Personen.

35 MüKoBGB/*Schäfer* § 705 Rn. 79a und 309; aA *Priester* ZIP 2014, 245 (246ff.), der dies unter bestimmten Voraussetzungen für zulässig erachtet.

36 BGHZ 146, 341 (345).

37 BGHZ 146, 341 (344ff.); MüKoBGB/*Ulmer/Schäfer* § 705 Rn. 297; *Mülbert* AcP 199 (1999), 38 (53).

38 Vgl. insbes. §§ 714, 717 S. 1, 718 I BGB, § 736 ZPO, die jeweils von »den Gesellschaftern« und nicht »der Gesellschaft« sprechen.

39 BGHZ 146, 341 (343f.); *Flume* BGB AT I/1 § 1 II (S. 3); *Elsing* BB 2003, 909 (910).

40 BGHZ 146, 341 (346f.); *Timm* NJW 1995, 3209 (3210); *Wiedemann* ZGR 1996, 286 (289ff.).

weitgehenden Gleichstellung der GbR mit der OHG.[41] Letztere kann daher als GbR, die ein Handelsgewerbe betreibt, bezeichnet werden.

> In **Fall b** haben A, B und C eine GbR mit dem gemeinsamen Zweck des Betriebs eines kleinen Computerreparaturdienstes für Studenten gegründet. Die GbR kann entsprechend § 124 I HGB eigene Verbindlichkeiten eingehen. Folglich kann die ABC-GbR Partei des mit V geschlossenen Mietvertrags sein. Beim Vertragsabschluss wurde die Gesellschaft von allen drei Gesellschaftern gemeinschaftlich vertreten, §§ 714, 709 BGB.

Die Reichweite der Rechtsfähigkeit der GbR ist im Einzelnen noch nicht endgültig ausdiskutiert. Der vom BGH entschiedene Fall betraf eine Außen-GbR in Form der ARGE (Arbeitsgemeinschaft im Bauwesen), sodass jedenfalls reine Innengesellschaften nicht als rechtsfähig anzusehen sind. Das soll selbst dann gelten, wenn diese (sofern man dies überhaupt für möglich erachtet → Rn. 45) ein selbstständiges Gesamthandsvermögen gebildet haben.[42] Uneinheitlich beurteilt die Literatur hingegen, ob das Bestehen einer Außen-GbR für die Anerkennung ihrer Rechtsfähigkeit hinreichend ist. Während teilweise auch ein Mindestmaß an Handlungsorganisation und eine eigene Identität verlangt[43] oder gar nur »unternehmenstragenden« Gesellschaften solche Rechtsfähigkeit zugesprochen wird,[44] differenziert die höchstrichterliche Rechtsprechung insoweit nicht, weshalb letztlich einer Außen-GbR ohne Begrenzung die Rechtsfähigkeit zuzuerkennen ist.[45] Differenzierungen wären nicht zuletzt der erforderlichen Rechtssicherheit abträglich.[46]

b) Mit der Anerkennung der Rechtsfähigkeit der BGB-Gesellschaft stellt sich die Frage **50** *sonstiger Fähigkeiten und Eigenschaften* der GbR in tatsächlicher und rechtlicher Hinsicht.[47]

aa) Der Gesellschaft kann ein *eigener Name* verliehen werden, unter dem sie im **51** Rechtsverkehr auftritt. Die nur für Kaufleute geltenden firmenrechtlichen Vorschriften des HGB finden allerdings grundsätzlich keine Anwendung, sodass es insbesondere eines die Rechtsform erläuternden Namenszusatzes nicht bedarf, wie er für die handelsrechtlichen Gesellschaften nach § 19 HGB obligatorisch ist. Wird ein solcher dennoch gewählt, ist dies solange unbedenklich, wie hierdurch nicht der Eindruck einer anderen Gesellschaftsform erweckt wird.[48] Deshalb sind mit Einführung der Partnerschaftsgesellschaft als eigenständiger Gesellschaftsform Zusätze wie »Partnerschaft« oder »und Partner« nach § 1 I 1 PartGG für die GbR nicht mehr ohne weiteres zulässig. Die handelsrechtliche Bestimmung des § 24 HGB über die Fortführung des Namens bei Veränderung des Gesellschafterbestandes soll jedenfalls dann auf die GbR entsprechend anwendbar sein, wenn sich diese unternehmerisch betätigt.[49]

Umstritten ist, ob eine (Außen-)GbR Verbraucher iSv § 13 BGB sein kann.[50] Gehören der GbR nur natürliche Personen an, kann dieser wegen gemeinschaftlichen Handelns natürlicher Personen nach hM die

---

41 Krit. aber *Canaris* ZGR 2004, 69 ff.

42 Umfassend MüKoBGB/*Schäfer* § 705 Rn. 280; aA *Beuthien* NZG 2011, 161 (162, 164).

43 So noch MüKoBGB/*Ulmer/Schäfer*, 6. Aufl. 2013, § 705 Rn. 306; *Ulmer* ZIP 2001, 585 (592 f.); ähnlich *Wiedemann* ZGR 1996, 286 (290 ff.).

44 So *K. Schmidt* GesR § 58 V (S. 1720 ff.); dazu *Beuthien* JZ 2003, 969 (977); berechtigte Kritik daran bei *Habersack* BB 2001, 477 (478).

45 So auch Staudinger/*Habermeier*, 2003, BGB Vorbem. zu § 705–740 Rn. 11; *Beuthien* ZIP 2011, 1589 (1595); *Habersack* BB 2001, 477 (478); *Pohlmann* WM 2002, 1421; nunmehr auch MüKoBGB/*Schäfer* § 705 Rn. 306.

46 *Elsing* BB 2003, 909 (913).

47 Eing. zu den Konsequenzen dieser Rspr. *Hadding* ZGR 2001, 712 ff.; *K. Schmidt* NJW 2001, 993 ff.; krit. *Beuthien* JZ 2003, 715 (720 f.); *Canaris* ZGR 2004, 69 ff.; *Westermann* WM 2013, 441 ff.; *Armbrüster* ZGR 2013, 366 ff.

48 Vgl. auch BGHZ 142, 315 zur Unzulässigkeit des Zusatzes »GbR mbH«.

49 OLG Nürnberg NZG 1999, 441.

50 Zum Streitstand Erman/*Saenger* BGB § 13 Rn. 6.

Verbrauchereigenschaft zugute kommen.[51] Voraussetzung ist aber, dass ausschließlich private Zwecke verfolgt werden.[52] Andere sehen gerade in der Anerkennung der Rechtsfähigkeit einer GbR das entscheidende Argument dafür, diese grundsätzlich nicht als natürliche Person iSv § 13 BGB zu qualifizieren.[53] Dabei folgt aus der Anerkennung ihrer Rechtsfähigkeit gerade nicht, dass die GbR als juristische Person zu behandeln ist (→ Rn. 49), die den verbraucherrechtlichen Gegenpol der natürlichen Person bildet.[54] Demgegenüber scheidet die Verbrauchereigenschaft nach allgemeiner Auffassung aus, wenn neben natürlichen Personen auch juristische Personen Gesellschafter einer GbR sind. Ungeachtet der Verfolgung privater oder gewerblicher Zwecke fehlt es dann nämlich an einem gemeinschaftlichen Handeln natürlicher Personen.[55]

52 **bb)** In Bezug auf die Eingehung von Verbindlichkeiten und die Begründung von Forderungen ist zu differenzieren. Als abstraktes Denkgebilde ist die GbR selbst nicht handlungsfähig, sodass Ansprüche, sei es rechtsgeschäftlicher oder gesetzlicher Natur, nur durch die für die Gesellschaft handelnden Personen begründet werden können. Rechtlich sind die Ansprüche indes allein der GbR zugeordnet, sodass nicht die Gesellschafter in ihrer gesamthänderischen Verbundenheit, sondern die *Gesellschaft* selbst *Schuldnerin* bzw. *Gläubigerin* ist. Wird die Gesellschaft wegen ihrer Verbindlichkeiten in Anspruch genommen, haftet sie mit dem *Gesellschaftsvermögen*, dessen Träger allein die Gesellschaft ist. Den Gesellschaftern steht diesbezüglich lediglich ein in ihrem Mitgliedschaftsrecht verkörperter Kapitalanteil als Rechnungsziffer zu, über den jeder Gesellschafter nur mit Zustimmung der übrigen Gesellschafter verfügen kann. In das Gesellschaftsvermögen sind die Beiträge der Gesellschafter zu leisten und Erträge aus der gewöhnlichen Geschäftstätigkeit einzubringen. Es nimmt insoweit die Funktion einer »Gesellschaftskasse« ein. *Eigentum* an den in das Gesellschaftsvermögen eingebrachten Sachen hat die Gesellschaft. Auch der *Besitz* ist mit Anerkennung der Rechtsfähigkeit der GbR der Gesellschaft zuzuweisen, und zwar im Wege des Organbesitzes.[56] Die tatsächlich von den geschäftsführenden Gesellschaftern ausgeübte Sachherrschaft wird ihr also als eigene zugerechnet. Die frühere Annahme von Mitbesitz der Gesellschafter ist damit überholt.[57]

53 **cc)** Während sich in der Frage der Rechtsfähigkeit der BGB-Gesellschaft über längere Zeit ein Wandel in der Rechtsprechung angedeutet hatte, überrascht die Anerkennung der allgemeinen *Parteifähigkeit* der (Außen-)GbR im Zivilprozess nach § 50 ZPO, da diese lange verneint wurde.[58] Dennoch ist dieser Schritt nichts anderes als die prozessuale Konsequenz der Anerkennung der Rechtsfähigkeit. Die Gesellschaft selbst ist also Partei und hat die Fähigkeit zu klagen und verklagt zu werden. Im Einzelnen können jedoch Zweifel bleiben, da für die GbR kein Register existiert und vielfach im Vorfeld eines Prozesses nicht einmal feststellbar ist, ob es sich um eine rechtsfähige Außen- oder eine nicht rechtsfähige Innengesellschaft handelt. Gerade bei Klagen gegen eine

---

51 BGHZ 149, 80 = NJW 2002, 368 zu § 1 VerbrKrG aF; Palandt/*Ellenberger* BGB § 13 Rn. 2; Erman/*Saenger* BGB § 13 Rn. 6; Bamberger/Roth/*Bamberger* BGB § 13 Rn. 21.

52 HK-BGB/*Saenger* § 705 Rn. 34.

53 MüKoBGB/*Micklitz*/*Purnhagen* § 13 Rn. 19 ff. mwN; *K. Schmidt* JuS 2006, 1 (4).

54 Erman/*Saenger* BGB § 13 Rn. 6; Bamberger/Roth/*Bamberger* BGB § 13 Rn. 21.

55 BGH NJW 2017, 2752 (2754); Bamberger/Roth/*Bamberger* BGB § 13 Rn. 21; *Mülbert* WM 2004, 905 (912).

56 MüKoBGB/*Schäfer* § 718 Rn. 36 f.; *Flume* BGB AT I/1 § 6 II (S. 79 ff.); *K. Schmidt* GesR § 60 II 3 (S. 1779); *Koch* GesR § 3 Rn. 21; *Hadding* ZGR 2001, 712 (723).

57 So noch BGHZ 86, 340 (344).

58 BGHZ 146, 341; für das Arbeitsgerichtsverfahren BAG NJW 2005, 1004; anders noch BGH NJW 2000, 291 (292); für die Parteifähigkeit zuvor bereits Soergel/*Hadding*, 11. Aufl. 1978, BGB § 714 Rn. 52; *Wiedemann* WM 1994, Beil. 4, 3 (9 f.).

GbR können daher Schwierigkeiten entstehen, denen der Kläger am besten dadurch ausweicht, dass er zugleich auch die einzelnen (ihm bekannten) Gesellschafter der GbR verklagt. Ähnlich wie hinsichtlich der Begründung von Ansprüchen einerseits und ihrer Zuordnung andererseits ist allerdings auch hier zu unterscheiden: Die Anerkennung der Parteifähigkeit der GbR bedeutet nicht, dass diese selbst vor Gericht auftreten kann, sie besitzt also keine *Prozessfähigkeit*. Vielmehr handelt sie im Prozess durch ihre gesetzlichen Vertreter (weiterführend → Rn. 206).[59]

> In **Fall b** ist eine etwaige Klage daher gegen die GbR, bestehend aus den Gesellschaftern A, B und C zu richten. Im Prozess wäre die GbR von A, B und C zu vertreten. Für V bietet es sich an, zugleich A, B und C persönlich zu verklagen, um diese nach einem obsiegenden Urteil jeweils auch persönlich in Anspruch nehmen und hierzu notfalls die Zwangsvollstreckung in deren Privatvermögen betreiben zu können.

dd) Nach § 11 II Nr. 1 InsO kann über das Vermögen der GbR ein *Insolvenzverfahren* **54** eröffnet werden. Damit ist die Außen-GbR insolvenzfähig, nicht aber die regelmäßig ohne Gesellschaftsvermögen ausgestattete reine Innengesellschaft. Für die *Zwangsvollstreckung* in das Gesellschaftsvermögen bedarf es nach § 736 ZPO eines gegen alle Gesellschafter ergangenen Urteils. Nach Anerkennung der Rechtsfähigkeit der GbR kann ein Gläubiger aber auch mit einem (nur) gegen die Gesellschaft als Partei gerichteten Titel die Zwangsvollstreckung betreiben (→ Rn. 207).[60]

ee) Im Einzelnen ergeben sich aus der Anerkennung der Rechtsfähigkeit für das Außenrecht der GbR **55** weitere Konsequenzen. So ist ihre *Markenrechtsfähigkeit*[61] ebenso zu bejahen wie die *Grundrechtsfähigkeit*.[62]
Unklar war demgegenüber lange Zeit ihre *Grundbuchfähigkeit*. Unproblematisch kann eine GbR infolge der Anerkennung ihrer Rechtsfähigkeit Inhaberin von Grundstücksrechten sein.[63] Allerdings stellt sich die Frage, auf welche Art eine GbR im Grundbuch einzutragen ist. Der BGH setzte der länger schwelenden Diskussion zwischenzeitlich dadurch ein Ende, dass er die Eintragung der Gesellschaft allein unter dem ihr verliehenen Namen für ausreichend erachtete.[64] Kurz darauf riefen jedoch fortbestehende Schwierigkeiten den Gesetzgeber auf den Plan. Mit dem ERVGBG[65] revidierte dieser die Sichtweise des BGH und ordnete in § 47 II GBO an, dass auch die Gesellschafter der GbR im Grundbuch einzutragen sind und auf diese die Vorschriften Anwendung finden, die sonst für Berechtigte gelten. Damit ist man gewissermaßen zur Rechtslage vor Anerkennung der Rechtsfähigkeit zurückgekehrt – freilich ohne dass die Rechtsfähigkeit dadurch in Zweifel gezogen wird.[66] Ausweislich der Gesetzesmaterialien sollten Nachweisprobleme gelöst und die effektive Teilnahme von BGB-Gesellschaften am Immobiliarrechtsverkehr gewährleistet werden.[67] Nachweisschwierigkeiten mit Blick auf §§ 20, 29 GBO trafen vor allem solche GbR, die Grundeigentum erwarben und, ohne auf ein Register zurückgreifen zu können, ihre Existenz und die Gesellschafterstellung der handelnden Personen belegen mussten. Im Einklang mit der Intention des ERVGBG erachtet es der BGH es nunmehr für ausreichend, wenn die GbR und ihre Gesellschafter bei der Auflassung benannt werden und die für die Gesellschaft Handelnden erklären, dass sie deren alleinige Gesellschafter sind.[68] Zudem wurde durch das ERVGBG ein neuer § 899a in das BGB eingefügt. In Verbindung mit § 892 I 1 BGB ermöglicht dieser Gutgläubigen den Er-

59 HK-ZPO/*Bendtsen* § 51 Rn. 7. Ausf. zur GbR im Zivilprozess *Pohlmann* WM 2002, 1421 ff.; *K. Schmidt* NJW 2001, 993 (999); *Ulmer* ZIP 2001, 585 (590); *Wertenbruch* NJW 2002, 324 ff.
60 BGH NJW 2004, 3632 (3634); 2007, 1813 (1815).
61 BPatG GRUR 2004, 1030 (1031); abl. noch BGH NJW-RR 2001, 114.
62 BVerfG NJW 2002, 3533.
63 BGH NJW 2006, 3716; 2008, 1378.
64 BGHZ 179, 102 mAnm *Saenger/Oxe* LMK 2009, I, 89.
65 Gesetz zur Einführung des elektronischen Rechtsverkehrs und der elektronischen Akte im Grundbuchverfahren sowie zur Änderung weiterer grundbuch-, register- und kostenrechtlicher Vorschriften v. 11. 8. 2009 (BGBl. 2009 I 2713).
66 S. Beschlussempfehlung BT-Drs. 16/13437, 24 f.
67 Beschlussempfehlung BT-Drs. 16/13437, 24.
68 BGHZ 189, 274 (mit zahlr. Nachw. zu den zuvor abw. Ansichten der Obergerichte).

werb eines Grundstücks von einer GbR, wenn die Gesellschaft von sämtlichen im Grundbuch als Gesellschafter eingetragenen Personen vertreten wird, der tatsächliche Gesellschafterbestand jedoch ein anderer ist.[69] Lebhaft umstritten ist weiterhin die Frage, ob trotz der falschen Vertretung der GbR auch das dem Erwerb zugrunde liegende Kausalgeschäft (oftmals ein Kaufvertrag) wirksam ist. Anderenfalls sähe sich der Erwerber sogleich der Kondiktion durch die Gesellschaft ausgesetzt.[70] Ebenfalls gestritten wird darüber, ob § 899a BGB auch den gutgläubigen Erwerb von einer eingetragenen, aber tatsächlich nicht (mehr) existenten GbR ermöglicht.[71] Angesichts dieser offenen Fragen kann die Gesetzesänderung nicht uneingeschränkt als gelungen bezeichnet werden.[72]

Wegen der Rechtsfähigkeit der GbR bedarf es keiner Grundbucheintragung, wenn ein Gesellschafter seinen Gesellschaftsanteil verpfändet.[73] Im Übrigen kann die GbR Gesellschafterin einer anderen Gesellschaft[74] oder Bürge sein und auch ihre Erbfähigkeit ist zu bejahen.[75]

5. Abgrenzung

56 Abgrenzungsfragen stellen sich für die GbR insbesondere gegenüber der Gemeinschaft nach §§ 741 ff. BGB, gegenüber Formen körperschaftlicher Organisation, wie dem nichtrechtsfähigen Verein und der Vorgesellschaft, und gegenüber den Personenhandelsgesellschaften. Die Grundlage der Unterscheidung bilden die Wesensmerkmale der Gesellschaft gem. § 705 BGB, nämlich der *vertraglich* geregelte *gemeinsame Zweck* und die darauf gerichtete *Förderungspflicht*. Sind diese Merkmale festzustellen und bestimmen sie das Vertragsverhältnis, liegt eine Gesellschaft vor.

57 **a)** Im Unterschied zur (Bruchteils-)*Gemeinschaft* nach §§ 741 ff. BGB beschränkt sich die GbR nicht auf eine gemeinschaftliche Berechtigung an einem gemeinsamen Gegenstand und auf dessen werterhaltende Verwaltung oder Abwicklung (bloßes »gemeinsames Haben«), sondern ist auf die Verfolgung eines gemeinsamen Zwecks gerichtet. Dementsprechend besteht bei der Bruchteilsgemeinschaft nicht – wie zwischen den Gesellschaftern der GbR – ein besonderes persönliches Vertrauensverhältnis mit den daraus folgenden Pflichten. Zudem kann jeder Teilhaber nach § 747 BGB über seinen Anteil frei verfügen. GbR und Bruchteilsgemeinschaft können aber zwischen denselben Personen nebeneinander und unter Umständen wirtschaftlich miteinander verbunden bestehen.[76]

58 **b)** Der nichtrechtsfähige *Verein* weist gegenüber der GbR erhebliche Strukturunterschiede auf. Insbesondere ist er in der Regel körperschaftlich organisiert und auf Mitgliederwechsel ausgerichtet. Zwar ist nach dem Wortlaut des § 54 S. 1 BGB das Gesellschaftsrecht der §§ 705 ff. BGB anzuwenden. Die Rechtsprechung hat diesen Verweis aber weitgehend zugunsten einer Anwendung der §§ 21 ff. BGB korrigiert.[77] Im Übrigen können im Rahmen der Vereinssatzung entsprechend den Strukturerfordernissen

---

69 Beispiel bei *Wellenhofer* JuS 2010, 1048 (1049).
70 Zu den verschiedenen Auffassungen s. einerseits *Lieder* JURA 2012, 335 (338) und andererseits *Wellenhofer* JuS 2010, 1048 (1050), jeweils mwN. Dazu auch *Scheuch* ZfIR 2015, 825 (827f.) und *Weiss* JuS 2016, 494 (495ff.).
71 Dafür BT-Drs. 16/13437, 23, 27; zur Diskussion *Lieder* JURA 2012, 335 (340) mwN.
72 Besonders heftig fällt allerdings die Kritik von *Altmeppen* NJW 2011, 1905 (1906) aus.
73 BGH NZG 2016, 1223 (1224f.).
74 BGHZ 148, 291 (293) zur Kommanditisteneigenschaft der GbR in einer KG; s. nun § 162 I 2 HGB.
75 Bamberger/Roth/*Schöne* BGB § 705 Rn. 142; *Habersack* BB 2001, 477 (479); *Ulmer* ZIP 2001, 585 (596); anders noch BayObLGZ 1998, 100 = FamRZ 1999, 170 (171).
76 Etwa bei der Erwerbstätigkeit einer GbR auf einem gemeinschaftlichen Grundstück; vgl. OLG Karlsruhe NZG 1999, 249. Zur Abgrenzung zwischen GbR und Bruchteilsgemeinschaft schon die Fälle a und b in → Rn. 8.
77 BGHZ 50, 325 (328); näher → Rn. 473.

eines nichtrechtsfähigen Vereins durch vereinsrechtliche Regelungen Ergänzungen zu den dispositiven Vorschriften der §§ 705ff. BGB getroffen werden.[78] Letztlich haben mit Anerkennung der Rechtsfähigkeit der GbR die Unterschiede aber an Bedeutung verloren.

c) Schon im *Vorfeld der Gründung einer Kapitalgesellschaft* kommt es zu gesellschafts- **59** rechtlich relevanten Zusammenschlüssen. Hierbei ist zwischen Vorgründungsgesellschaften und Vorgesellschaften zu unterscheiden.

aa) Die *Vorgründungsgesellschaft*, die nicht alle Voraussetzungen eines kaufmänni- **60** schen Handelsgewerbes erfüllt, ist eine GbR.[79] Sie entsteht mit Abschluss eines auf die Gründung einer Kapitalgesellschaft gerichteten Vertrags. Dies ist etwa die Situation bei der Verabredung mehrerer, einen Rechtsanwalt mit der Ausarbeitung des Entwurfs für einen später zu schließenden GmbH-Gesellschaftsvertrag zu beauftragen. Die in diesem Stadium begründeten Verbindlichkeiten bleiben auch später Verbindlichkeiten der Vorgründungsgesellschaft und gehen nicht ohne weiteres auf die Vorgesellschaft oder die sodann zu gründende juristische Person über. Neben der Gesellschaft haften die Gesellschafter unbeschränkt und persönlich, jedenfalls soweit sich aus den Umständen nichts anderes ergibt.[80]

bb) Demgegenüber besteht im darauf folgenden Gründungsstadium – zwischen Ab- **61** schluss des Gründungsvertrags und Eintragung im Handelsregister (also nachdem der GmbH-Vertrag geschlossen und beurkundet wurde) – bereits eine Vorstufe der künftigen Kapitalgesellschaft. Diese Kapitalgesellschaft in Gründung oder *Vorgesellschaft* ist streng von der Vorgründungsgesellschaft zu trennen. Im Unterschied zu Letzterer ist sie keine GbR, sondern eine Vereinigung eigener Art, die grundsätzlich schon dem Recht der zu gründenden juristischen Person unterfällt.[81] Die Gesellschafter der Vorgesellschaft trifft deshalb keine Außenhaftung.[82] Sie haften lediglich der Vorgesellschaft unbeschränkt im Innenverhältnis für die mit ihrer Zustimmung begründeten Verbindlichkeiten. Die Handelndenhaftung nach § 41 I 2 AktG, § 11 II GmbHG bleibt davon unberührt. Für Verbindlichkeiten, die im Namen der Vorgesellschaft eingegangen wurden, haften damit im Außenverhältnis der jeweils Handelnde selbst sowie die Vorgesellschaft mit ihrem Vermögen bzw. nach der Eintragung die gegründete Gesellschaft, auf welche die Rechte und Pflichten der Vorgesellschaft übergehen.[83]

d) *Personenhandelsgesellschaften* unterscheiden sich von der GbR maßgeblich da- **62** durch, dass sie einen spezielleren gesellschaftsvertraglichen Zweck erfordern. Dieser muss auf den Betrieb eines Handelsgewerbes gerichtet sein (§§ 1, 105, 161 HGB). Da die GbR im Übrigen aber das Grundmodell für OHG und KG darstellt und die Vorschriften der §§ 705ff. BGB ergänzend anwendbar sind (§§ 105 III, 161 II HGB), können im Verhältnis zwischen den Personenhandelsgesellschaften einerseits und der GbR andererseits bestimmte Zweckänderungen zugleich eine Umwandlung der Rechtsform bewirken. Richtet sich der Zweck einer OHG nicht länger auf den Betrieb eines Handelsgewerbes (§ 1 II HGB), wird sie zwangsläufig zu einer GbR. Die Gesellschaft wird

---

78 Vgl. im Einzelnen *K. Schmidt* GesR § 25 II 2b und c (S. 741 f.).
79 BGH NJW 1983, 2822; OLG Stuttgart NZG 2002, 910 (911).
80 BGHZ 91, 148 (151); BGH WM 1996, 722 (723).
81 BGHZ 80, 212 (214).
82 BGHZ 134, 333 (338f.); aA *K. Schmidt* GesR § 34 III 3 c (S. 1021 ff.).
83 BGHZ 80, 129ff.

umgewandelt, ohne dass ihre Identität berührt wird. Forderungen und Verbindlichkeiten gehen ohne weiteres über (Identität der Personengesellschaften).[84] Diese Umwandlung erfolgt indes nicht, wenn die Firma im Handelsregister eingetragen ist. Denn nach § 105 II HGB sind auch kleingewerbliche Gesellschaften OHG, wenn sie als solche im Handelsregister eingetragen sind. Im umgekehrten Fall wird jede GbR, die ein Handelsgewerbe betreibt, durch Rechtsformwechsel ohne weiteres (und auch unabhängig von der Eintragung in das Handelsregister) zur OHG. Denn der Betrieb eines Handelsgewerbes ist alleiniges Abgrenzungskriterium zwischen GbR und OHG/KG. Mit dieser Neuregelung hat sich die frühere Abgrenzungsproblematik entschärft. Von Bedeutung ist aber weiterhin die Abgrenzung des Handelsgewerbes zu den freien Berufen[85] sowie zu Unternehmen, die nach Art und Umfang einen in kaufmännischer Weise eingerichteten Geschäftsbetrieb nicht erfordern (Kleingewerbe, § 1 II HGB; → Rn. 264).

63 e) Die *Partnerschaftsgesellschaft* (§ 7; → Rn. 400ff.) ist eine registerfähige Gesellschaftsform zur Ausübung freier Berufe auf Grundlage des PartGG. Die Partnerschaftsgesellschaft kann auch aus einer GbR durch Umwandlung und Bewahrung der Identität hervorgehen.[86] Sie entsteht mit ihrer Eintragung in das Partnerschaftsregister.[87] Bis zu diesem Zeitpunkt ist auf sie das Recht der GbR anzuwenden. Danach folgt sie weitgehend dem Recht der OHG, auf das das PartGG an verschiedenen Stellen verweist. Über § 105 III HGB können dabei auch §§ 705ff. BGB zur Anwendung kommen. Ein wichtiger Vorteil der Partnerschaftsgesellschaft besteht in der Möglichkeit, die Haftung auf die Partnerschaft und die mit der Bearbeitung eines Auftrags befasste Partner gem. § 8 II PartGG zu beschränken. Unter den Voraussetzungen des § 8 IV PartGG besteht darüber hinaus die Möglichkeit, Verbindlichkeiten der Partnerschaft aus Schäden wegen fehlerhafter Berufsausübung auf das Gesellschaftsvermögen zu beschränken (→ § 8 zur PartG mbB).

64 f) Für Vertragspartner in verschiedenen Mitgliedstaaten der EU bildet die *Europäische Wirtschaftliche Interessenvereinigung* (EWIV) eine weitere Kooperationsform. Sie ist auf die Erleichterung und Förderung der wirtschaftlichen Betätigung ihrer Mitglieder, nicht auf eigene Gewinnerzielung gerichtet (insoweit ähnlich der Genossenschaft). Die EWIV beruht auf einer (unmittelbar geltenden) Verordnung europäischen Rechts;[88] ergänzend ist das Recht der OHG (und über § 105 III HGB somit ebenfalls das der GbR nach §§ 705ff. BGB) anzuwenden.[89] Sie ist eigenständige Trägerin von Rechten und Pflichten und parteifähig. In der Firma muss die Bezeichnung EWIV enthalten sein.[90]

65 g) Von einem *partiarischen Vertrag* unterscheidet sich die GbR durch das Merkmal des gemeinsamen Zwecks. Im Rahmen von partiarischen Verträgen unterstützt ein Vertragspartner den anderen durch eine bestimmte Leistung, etwa eine Geldsumme (partiarisches Darlehen) oder die Erbringung von Diensten (partiarischer Dienstvertrag).

---

84 BGHZ 32, 307 (312); 69, 95 (101); Palandt/*Sprau* BGB § 705 Rn. 6.
85 Vgl. *K. Schmidt* NJW 1998, 2161 (2162); weiterführend hierzu *Henssler/Markworth* NZG 2015, 1ff.
86 BayObLG NJW 1998, 1158; näher *Sommer/Treptow/Dietlmeier* NJW 2011, 1551ff.
87 Zur Differenzierung OLG Schleswig GesR 2003, 29.
88 VO (EWG) Nr. 2137/85 des Rates über die Schaffung einer Europäischen wirtschaftlichen Interessenvereinigung (EWIV) v. 25.7.1985, ABl. 1985 L 199, 1.
89 § 1 EWIVAG (BGBl. 1988 I 514).
90 EuGH NJW 1998, 972f.

Die Gegenleistung besteht nicht ausschließlich in einer festen Verzinsung bzw. Vergütung, sondern zumindest auch in einer Gewinnbeteiligung, sodass der Investor, ebenso wie der Empfänger hinsichtlich der von ihm zu erzielenden Rendite, ein wirtschaftliches Risiko trägt. Gleichwohl verfolgen beide Parteien im Unterschied zur GbR ausschließlich unterschiedliche eigene Interessen und keinen gemeinsamen Zweck.[91] Bei der Abgrenzung im Einzelfall sind Vertragszweck und wirtschaftliche Ziele der Beteiligten zu berücksichtigen.[92] Stets wird insoweit von einer Gesellschaft auszugehen sein, wenn die Parteien eine Beteiligung des Investors an entsprechenden Verlusten vereinbaren.[93] Trotz der Gesellschaftsähnlichkeit von partiarischen Rechtsverhältnissen kommt eine analoge Anwendung der gesellschaftsrechtlichen Vorschriften grundsätzlich nicht in Betracht, da diese auf der von den Vertragsparteien vereinbarten gemeinsamen Zweckverfolgung basieren. Vielmehr greifen hier abhängig von der konkreten Ausgestaltung die jeweiligen bürgerlich-rechtlichen Sachvorschriften ein, beim partiarischen Darlehen etwa §§ 488 ff. BGB oder beim partiarischen Dienstvertrag §§ 611 ff. BGB. Als partiarischer (Dienst-)Vertrag ist typischerweise etwa das Verhältnis zwischen einem Künstler und seinem Manager gestaltet.[94] Sofern indes bei einem Rechtsverhältnis die beiderseitigen Interessen so stark miteinander verzahnt sind, dass die Anwendung gesellschaftsrechtlicher Vorschriften geboten erscheint, liegt ungeachtet der von den Parteien gewählten Bezeichnung regelmäßig ohnehin bereits ein Gesellschaftsverhältnis (häufig eine stille Gesellschaft) vor.

II. Gesellschaftsvertrag

In den meisten Fällen entsteht eine GbR durch Neugründung.[95] Die Gesellschafter **66** müssen dafür gem. § 705 BGB einen Gesellschaftsvertrag schließen, der den Gesellschaftszweck und als Hauptpflicht ihre Beitragspflichten bestimmt. Auch können sie weitere Absprachen über die Innen- und Außenrechtsbeziehungen der Gesellschaft treffen und damit die weitgehend dispositiven Regelungen der §§ 705 ff. BGB den Bedürfnissen der jeweiligen Gesellschaftsstruktur anpassen.[96] Als Vertragspartner und damit Gesellschafter einer GbR kommen nicht allein natürliche Personen in Betracht. Es können sich auch juristische Personen (sowohl des Privat- als auch des öffentlichen Rechts), Personenhandelsgesellschaften und andere GbR[97] als Gesellschafter an einer GbR beteiligen, nicht hingegen bloße Gemeinschaften wie die Bruchteils- oder Erbengemeinschaft.

1. Vertragsschluss

a) Zum Abschluss eines Gesellschaftsvertrags sind übereinstimmende Willenserklä- **67** rungen aller Beteiligten erforderlich; es bedarf also eines einstimmigen Beschlusses. Dabei müssen die Gesellschafter nicht zwingend persönlich anwesend sein und sie

---

91 BGHZ 127, 176; *Kindler* GK HandelsR/GesR § 10 Rn. 14.
92 OLG Dresden NZG 2000, 302 f.
93 BGH FamRZ 1987, 676 (677).
94 BGH NJW 1983, 1191 (1192).
95 Als Entstehungsgrund kommen neben der Neugründung auch die Zweckänderung einer Personenhandelsgesellschaft und die formwechselnde Umwandlung nach § 191 II Nr. 1 UmwG in Betracht.
96 OLG Schleswig NZG 2001, 796 (797 f.).
97 BGH NJW 1998, 376; *Kindler* GK HandelsR/GesR § 10 Rn. 29.

können sich vertreten lassen.[98] An die *Form* des Vertragsschlusses sind grundsätzlich keine besonderen Anforderungen zu stellen.[99] Daher ist auch ein konkludenter Vertragsschluss der Parteien denkbar, was etwa bei den Ehegatteninnengesellschaften oder den Gelegenheitsgesellschaften von praktischer Bedeutung ist.[100] Selbst das fehlende Bewusstsein, einen Gesellschaftsvertrag abzuschließen, ist unschädlich, solange nur die zwingenden Voraussetzungen einer GbR erfüllt sind. Ein Formbedürfnis kann sich aus anderen Vorschriften ergeben. So ist der Gesellschaftsvertrag nach § 311b I 1 BGB nicht nur dann zu beurkunden, wenn sich ein Gesellschafter verpflichtet, ein Grundstück in das Gesellschaftsvermögen einzubringen (sei es unmittelbar oder als Bestandteil eines Unternehmens).[101] Dieses Erfordernis besteht ebenfalls, wenn die Gesellschaft den Zweck verfolgt, ein bestimmtes Grundstück zu erwerben, und damit durch den Vertragsschluss bereits eine (wenn auch nur mittelbare) Erwerbspflicht begründet wird.[102] Allerdings ist die Möglichkeit der Heilung nach § 311b I 2 BGB zu beachten. Weiterhin kann sich ein Formzwang des Gesellschaftsvertrags aus § 15 IV GmbHG ergeben, wenn sich ein Gesellschafter zur Einbringung eines GmbH-Geschäftsanteils in die Gesellschaft verpflichtet. Die schenkweise Aufnahme eines Gesellschafters[103] ist hingegen regelmäßig formfrei möglich, da der formlose Abschluss des Gesellschaftsvertrags den Vollzug der Schenkung gem. § 518 II BGB bewirkt.[104]

68 **b)** Im Rahmen des Vertragsschlusses können auch *Genehmigungserfordernisse* eine Rolle spielen. Zu denken ist etwa an die Beteiligung Minderjähriger an einem Gesellschaftsvertrag, der zum Betrieb eines Erwerbsgeschäfts eingegangen wird. Hier bedürfen die Eltern gem. §§ 1643 I, 1822 Nr. 3 BGB der Genehmigung des Familiengerichts. Gegebenenfalls ist gem. §§ 1795 II, 181, 1629 II BGB ein Pfleger zu bestellen, sofern die Eltern selbst am Gesellschaftsvertrag beteiligt und damit von der Vertretung gänzlich ausgeschlossen sind.

> **Beispiel:** Vater V will mit seinem minderjährigen Sohn S (17 Jahre) einen Gesellschaftsvertrag schließen. Was ist zu beachten? Was, wenn er auch seine ebenfalls minderjährige Tochter T (15 Jahre) aufnehmen möchte?
>
> Zum Abschluss des Vertrags bedarf es übereinstimmender Willenserklärungen aller Beteiligten. Angesichts der beschränkten Geschäftsfähigkeit des S (§ 106 BGB) kann dieser die Gründungserklärung ohne Mitwirkung seiner Eltern (gesetzliche Vertreter nach § 1629 I BGB) aber

---

98 OLG München NZG 2002, 623 zur Vertretung bei Beschluss über Ausscheiden eines anderen Gesellschafters.

99 Vgl. nur BGHZ 11, 190 (192).

100 MüKoBGB/*Schäfer* § 705 Rn. 25 ff. mwN.

101 BGH NJW 1978, 2505 (2506). Ausf. zur Formbedürftigkeit im Zusammenhang mit der Gesellschaftsgründung *Wiesner* NJW 1984, 95 ff.

102 BGH NJW 1996, 1279 (1280).

103 Ob es sich hier überhaupt um eine Schenkung handelt, ist umstr.. Für die OHG hat der BGH das Merkmal der Unentgeltlichkeit mit der Begr. verneint, die Übernahme einer persönlichen Haftung sei insoweit als Gegenleistung zu klassifizieren (BGH WM 1959, 719 [720]). Ein Kommanditanteil soll dagegen mangels persönlicher Haftung des Kommanditisten nach Erbringung der Einlage einer Schenkung zugänglich sein (BGHZ 112, 40 [44]). Mit Blick auf die mit der Gesellschaftsbeteiligung verbundenen Vermögensvorteile, welche die Risikoübernahme und eigene Leistung in der Regel überwiegen, ist das OLG Frankfurt a. M. für die GbR von der Möglichkeit einer Schenkung des Gesellschaftsanteils ausgegangen (OLG Frankfurt a. M. NJW-RR 1996, 1123 [1124]); vgl. dazu eing. MüKoBGB/*Schäfer* § 705 Rn. 42 ff.

104 OLG Frankfurt a. M. NJW-RR 1996, 1123 (1124).

nur abgeben, wenn er hierdurch lediglich einen rechtlichen Vorteil erlangt (§ 107 BGB). Wegen der zahlreichen Pflichten und Risiken, die mit der Stellung als Gesellschafter der (Außen-) GbR verbunden sind (persönliche Außenhaftung analog § 128 S. 1 HGB, Pflicht zur Beitragsleistung, Geschäftsführung, Verlustübernahme), kann davon aber keine Rede sein. Selbst die danach erforderliche elterliche Genehmigung allein ist jedoch unzureichend, wenn der Betrieb eines Erwerbsgeschäfts ins Auge gefasst ist, weil §§ 1643 I, 1822 Nr. 3 BGB die Einholung einer familiengerichtlichen Genehmigung vorschreiben. Weil V daneben auch selbst unmittelbar am Gesellschaftsvertrag beteiligt ist, hindert ihn das Verbot des Selbstkontrahierens schließlich gänzlich an der Vertretung des S (§§ 181 S. 1 Alt. 1, 1629 II, 1795 II BGB). Anstelle des V muss vielmehr ein Pfleger bestellt werden (§ 1909 BGB), der die Zustimmungserklärung nach § 107 BGB abzugeben hat. Wenn V auch seine Tochter T aufnehmen will, muss diese einen weiteren Pfleger erhalten. Die Bestellung nur eines Pflegers für S und T scheitert daran, dass dieser als Mehrfachvertreter vom Rechtsgeschäft ausgeschlossen wäre (§§ 181 S. 1 Alt. 2, 1629 II, 1795 II BGB).

Leidet der Vertrag unter Abschlussmängeln, sind zum Schutz des Rechtsverkehrs die Grundsätze der fehlerhaften Gesellschaft anzuwenden (→ Rn. 79 ff.).

2. Gemeinsamer Zweck

Gegenstand des Gesellschaftsvertrags ist stets die Förderung eines gemeinsamen 69 Zwecks. Als Gesellschaftszweck kann dabei jeder erlaubte, dauernde oder vorübergehende, eigen- oder fremdnützige Zweck bestimmt werden, sofern sich damit auf irgendeine Weise eine Förderung durch vermögenswerte Leistung verbindet.[105] Haben die Beteiligten einen gesetzlich verbotenen oder sittenwidrigen Zweck vereinbart, ist der Gesellschaftsvertrag gem. § 134 bzw. § 138 BGB nichtig.[106] Bei der – praktisch überwiegend anzutreffenden – Vereinbarung von erwerbswirtschaftlichen Zwecken, stellen sich regelmäßig Abgrenzungsfragen zur OHG (→ Rn. 62). Ebenso kann auch die Verfolgung kultureller, gesellschaftlicher oder sonstiger ideeller Zwecke vereinbart werden. Man spricht dann von einer »Idealgesellschaft«. Als tauglicher Zweck für eine Gesellschaft ist dagegen eine gleichartige Beteiligung an einem Gegenstand, das bloße »Haben und Halten« einer Sache, nicht ausreichend; hier wird lediglich eine Gemeinschaft begründet. Gemeinsam ist der verfolgte Zweck, wenn die Gesellschafter solche gegenseitigen und verbindlichen Verpflichtungen eingehen, dass jeder die Förderung von seinen Mitgesellschaftern beanspruchen kann.[107] Unschädlich ist es, wenn einzelne Gesellschafter daneben weitere eigene Zwecke verfolgen. An einem gemeinsamen Zweck fehlt es aber beispielsweise bei partiarischen Verträgen oder bei Verträgen mit aufeinander abgestimmten Leistungen unter Verfolgung jeweils eigener Zwecke.[108] Prägend für die Verfolgung und Verwirklichung des gemeinsamen Zwecks ist das Zusammenwirken der Gesellschafter, insbesondere durch Leistung ihrer Beiträge.

---

105 BGHZ 135, 387 (389).
106 Die Rspr. ist insgesamt zurückhaltend, vgl. nur BGH NJW 1970, 1540 (1541); OLG Hamm NJW-RR 2000, 1565; ausf. MüKoBGB/*Schäfer* § 705 Rn. 134f.
107 BGH WM 1965, 795.
108 BGH WM 1976, 1307.

3. Dogmatische Einordnung des Vertrags

70 Eine Besonderheit des Gesellschaftsvertrags besteht in seiner zweiseitigen Rechtsnatur. Er ist nicht nur ein *Schuldvertrag*, sondern zugleich *gemeinschaftsbegründender Organisationsvertrag*.

71 **a)** Zum einen ist der Gesellschaftsvertrag schon ausweislich der systematischen Stellung der die Gesellschaft betreffenden Vorschriften der §§ 705 ff. BGB ein Schuldvertrag. Er legt den Gesellschaftern vielfältige Pflichten auf, indem er auf die Förderung eines gemeinsamen Zwecks durch die Vereinigung von Leistungen gerichtet ist. Wenn er auch nicht unmittelbar auf den Austausch von Leistungen abzielt, die in das Vermögen der jeweils Beteiligten fließen, ordnete ihn speziell die reichsgerichtliche Rechtsprechung dennoch als *gegenseitigen Schuldvertrag* ein,[109] sodass sie auf ihn neben den Vorschriften des allgemeinen Teils des BGB auch diejenigen des allgemeinen Schuldrechts grundsätzlich anwendete. Der BGH hat diese Grundsatzfrage zunächst offen gelassen und den Gegenseitigkeitscharakter des Gesellschaftsvertrags später tendenziell verneint.[110] Schließlich lehnt die Literatur die Gegenseitigkeit vor dem Hintergrund der organisationsrechtlichen Komponente des Gesellschaftsvertrags überwiegend ab. Sie verweist auf die strukturellen Abweichungen vom Idealtyp des gegenseitigen Austauschvertrags, bei dem die eine Partei ihre Leistung gerade um der Gegenleistung Willen erbringt.

72 Praktisch reduziert sich die Relevanz dieser Diskussion im Wesentlichen auf das Eingreifen der Vorschriften über den gegenseitigen Vertrag (§§ 320 ff. BGB).[111] Richtigerweise sind diese Vorschriften nur sehr eingeschränkt auf den Gesellschaftsvertrag anwendbar, insbesondere bei Gesellschaften mit mehr als zwei Beteiligten, den sog. mehrgliedrigen Gesellschaften. Raum für §§ 320 ff. BGB ist nur gegeben, wenn die infrage stehenden Rechtsbeziehungen einer synallagmatischen Verknüpfung von Leistung und Gegenleistung vergleichbar sind.[112] Das ist hinsichtlich der laufenden Verpflichtungen der Gesellschafter, wie zB den Geschäftsführungspflichten, kaum der Fall.[113] Ähnlich ist die Beurteilung in Bezug auf die Beiträge der Gesellschafter. Denn könnten bei einer mehrgliedrigen Gesellschaft alle Gesellschafter aufgrund der Säumnis nur eines Mitgesellschafters ihre Leistung zurückbehalten, würde dies zu einer Lähmung der Gesellschaft führen.[114] Sind hingegen sämtliche Mitgesellschafter hinsichtlich der Leistung ihrer Beiträge säumig, kann ein Gesellschafter – sofern er nicht

---

109 StRspr, vgl. nur RGZ 78, 303 (305); 147, 340 (342); 163, 385 (388); so auch noch BGH NJW 1951, 308.
110 BGH WM 1956, 29; WM 1959, 53 (54); NJW 1983, 1188 (1189); enger BGH NJW 2000, 505 (506): Sozialverbindlichkeiten mehrerer Gesellschafter stehen nicht im Gegenseitigkeitsverhältnis. Gegen die Anwendbarkeit der §§ 320 ff. auch OLG München ZIP 2000, 2255 (2257).
111 Letztlich hat der Streit rein dogmatische Bedeutung, da jedenfalls allg. auf die Vorschriften zurückgegriffen wird, wenn sie im Einzelfall passen. Soweit die einen von der grds. Anwendbarkeit der §§ 320 ff. BGB ausgehen und korrigierende Einschränkungen vornehmen (vgl. nur BGH WM 1959, 53 [54 f.]; Heymann/*Emmerich*, 2. Aufl. 1996, HGB § 105 Rn. 5 ff.), lehnen die anderen die grds. Anwendung ab und ziehen stattdessen §§ 320 ff. BGB im Einzelfall heran (so etwa MüKoBGB/*Schäfer* § 705 Rn. 163 ff. mwN). Eing. – insbes. zur Streitfrage der Anwendbarkeit des § 320 BGB – MüKoBGB/*Schäfer* § 705 Rn. 165 ff.; *Hüttemann*, Leistungsstörungen bei Personengesellschaften, 1998, 5 ff.; *K. Schmidt* GesR § 20 III (S. 578 ff.).
112 Bamberger/Roth/*Schöne* BGB § 705 Rn. 67; Erman/*Westermann* BGB § 705 Rn. 43.
113 BGH WM 1959, 53 (54); Staudinger/*Habermeier*, 2003, BGB § 706 Rn. 24.
114 BGH WM 1956, 29. IErg zust., aber mit anderer Begr. MüKoBGB/*Schäfer* § 705 Rn. 168.

vorleistungspflichtig und die Übrigen noch nicht einmal zur Leistung aufgefordert worden sind – seine Leistung verweigern. Dieses Recht folgt dann aber aus dem Grundsatz der Gleichbehandlung (→ Rn. 112) und nicht aus § 320 BGB.[115] Schließlich bestehen keine Bedenken daran, die Einrede des nicht erfüllten Vertrags bei einer zweigliedrigen Gesellschaft für anwendbar zu halten.[116] Obgleich sich die beiden einzigen Gesellschafter der Gesellschaft gegenüber verpflichten, folgt aus der Zweigliedrigkeit doch faktisch, dass sie sich die Leistungen auch gegenseitig zusagen.

> In **Fall c** ist ein Anspruch der GbR gegen C auf Erbringung seiner Einlage iHv 50.000 EUR aus § 706 BGB iVm dem Gesellschaftsvertrag entstanden und nicht untergegangen. Die Durchsetzbarkeit des Anspruchs ist aber ausgeschlossen, wenn C der Inanspruchnahme ein Zurückbehaltungsrecht einredehalber entgegenhalten kann. Eine Einrede aus § 320 BGB scheidet mangels Gegenseitigkeitsverhältnisses zwischen der Einlageverpflichtung des C und derjenigen von A und B aus. Hiervon ist auch nicht ausnahmsweise auszugehen, da es sich nicht um eine zweigliedrige Gesellschaft handelt. Allerdings sind A und B als Mitgesellschafter des C mit ihrer Beitragsleistung säumig und jeweils noch nicht zur Leistung aufgefordert worden. Ferner ist C nach dem Vertrag nicht vorleistungspflichtig. Daher kann C seine Beitragsleistung unter Berufung auf den Grundsatz der Gleichbehandlung der Gesellschafter verweigern.

Die Gesellschafter haben ferner kein Rücktrittsrecht gem. § 323 BGB, sobald die Gesellschaft nach außen tätig geworden und damit in Vollzug gesetzt ist. Sie können die Gesellschaft nur noch nach § 723 I BGB kündigen.[117] Eine Beschränkung der auf Rückabwicklung ausgerichteten Vorschriften findet sich auch außerhalb der §§ 320 ff. BGB, namentlich bei der Störung der Geschäftsgrundlage. Diese führt ebenfalls nur zu einem Kündigungsrecht nach § 313 III 2 BGB,[118] sofern sich nicht aus Anpassungsklauseln im Gesellschaftsvertrag etwas anderes ergibt. Überdies können sich die Gesellschafter durch die Begehung von Pflichtverletzungen in Ermangelung besonderer Gewährleistungsvorschriften Schadensersatzansprüchen nach §§ 280 ff. BGB aussetzen, bei Pflichtverletzungen im Vorfeld des Gesellschaftsvertragsschlusses gegebenenfalls aus §§ 280 I, 311 II BGB (culpa in contrahendo).[119]

b) Neben seiner schuldrechtlichen Komponente bewirkt der Gesellschaftsvertrag zum anderen, dass die Rechtsgemeinschaft überhaupt erst als selbstständige organisatorische Einheit begründet wird. Außerdem werden dort die Regeln festgesetzt, denen sich die Beteiligten im Zusammenhang mit ihrer gesamthänderischen Betätigung vorrangig unterwerfen wollen. Der Vertrag hat somit ebenso eine organisationsrechtliche Seite, weshalb man ihn als *gemeinschaftsbegründenden Organisationsvertrag* bezeichnen kann.[120] **73**

---

115 Erman/*Westermann* BGB § 705 Rn. 43 f.; Soergel/*Hadding/Kießling* BGB § 705 Rn. 45; Staudinger/
  Habermeier, 2003, BGB § 706 Rn 24.
116 HM, vgl. MüKoBGB/*Schäfer* § 705 Rn. 169; RGRK-BGB/*v. Gamm* § 705 Rn. 9; *Hueck* OHG
  § 6 II 3 b (S 55); aA Staudinger/*Habermeier*, 2003, BGB § 706 Rn. 24; *Wiedemann* GesR I § 3 II 1 b
  bb (S. 164).
117 BGH WM 1967, 419 (420).
118 BGH NJW 1967, 1081 (1082).
119 BGH NJW-RR 1988, 161.
120 Eine einheitliche Terminologie hat sich insoweit noch nicht herausgebildet, sei es, dass von einem
  »gemeinschaftsbegründenden Vertrag«, *Hueck* OHG § 6 II 1 (S. 50), einem bloßen »Organisationsvertrag«, *Würdinger*, Recht der Personalgesellschaften, 1937, 42; *K. Schmidt* GesR § 59 I 2c
  (S. 1733), oder vom »personenrechtlichen Gesellschaftsvertrag«, *Flume* BGB AT I/1 § 2 I (S. 11), gesprochen wird; vgl. dazu ausf. MüKoBGB/*Schäfer* § 705 Rn 158 mwN.

4. Vertragsauslegung

74 Finden sich im Gesellschaftsvertrag mehrdeutige Regelungen – wenn auch nur hinsichtlich einzelner Klauseln – können diese grundsätzlich Gegenstand einer Auslegung nach den allgemeinen Grundsätzen der §§ 133, 157, 242 BGB sein. Um den insoweit maßgeblichen wirklichen Willen der beteiligten Gesellschafter zu erforschen, sind neben dem Wortlaut des Gesellschaftsvertrags regelmäßig dessen Entstehungsgeschichte, Systematik sowie Sinn und Zweck zu berücksichtigen.[121] Handelt es sich allerdings um eine Gesellschaft mit weit reichendem Mitgliederbestand oder eine solche, deren Mitgliederbestand häufigem Wechsel unterworfen ist oder war (Letzteres wird bei vielen Gesellschaften durch puren Zeitablauf der Fall sein), kommt dem originären Parteiwillen infolge der zunehmenden Verselbstständigung der Gesellschaft von ihren Mitgliedern weitaus geringere Bedeutung zu und ist eine objektivere Auslegung des Vertrags zu betreiben. Daneben muss die Auslegung des Gesellschaftsvertrags stets vor dem Hintergrund der gesellschaftlichen Treuepflicht[122] und der das Gesellschaftsverhältnis prägenden Verpflichtung zur Erreichung eines gemeinsamen Zwecks vorgenommen werden. Sollte die Auslegung unergiebig sein oder die Gründer eine Bestimmung über regelungsbedürftige Punkte gänzlich übersehen haben, ist diese Lücke über die Grundsätze der ergänzenden Vertragsauslegung zu füllen. Der Vertrag ist also richterlich um den hypothetischen Parteiwillen zu ergänzen, sodass eine Regelung eingefügt wird, wie sie die Gesellschafter getroffen hätten, wenn sie den betreffenden Punkt bedacht hätten.

5. Vertragsänderung

75 Für die Abänderung des Gesellschaftsvertrags gelten die gleichen Regeln wie für dessen Abschluss, insbesondere also der Grundsatz der Einstimmigkeit. Der Grundsatz der Einstimmigkeit ist jedoch dispositiv. Die Gesellschafter können daher im Gesellschaftsvertrag vereinbaren, dass Entscheidungen auch mit Stimmenmehrheit getroffen werden können. Da die Vertragsänderung zudem formfrei möglich ist, kann die Übereinstimmung unter Umständen stillschweigend dadurch hergestellt werden, dass alle Gesellschafter eine Handhabung über lange Zeit widerspruchslos hinnehmen.[123] Ferner kann eine Vertragsänderung durch übereinstimmende langjährige Übung einer bestimmten Gesellschafterpraxis bewirkt werden.[124]

Sollen Änderungen des Vertrags durch Mehrheitsbeschluss zu fassen sein, stellt sich die Frage nach einem angemessenen Minderheitenschutz. Die Rechtsprechung hat ursprünglich den Standpunkt vertreten, dass die gesellschaftsvertragliche Vereinbarung die Geschäfte unzweifelhaft bestimmen muss, für die eine Mehrheitsentscheidung ausreichen soll *(Bestimmtheitsgrundsatz)*.[125] Ein typischer Anwendungsfall hierfür ist die Erhöhung der Beitragspflichten (→ Rn. 133). Nach zunehmender Kritik des Schrifttums

---

121 BGH NJW 1995, 3313 (3314).
122 BGH WM 1977, 1140; MüKoBGB/*Schäfer* § 705 Rn. 173: Naheliegend ist eine Auslegung, die den sachlich berechtigten Belangen der Gesellschaftergesamtheit am besten Rechnung trägt. Allg. zur Auslegung von Gesellschaftsverträgen und Satzungen *Fleischer* DB 2013, 1466.
123 OLG Köln NZG 1998, 767. Anders in der Regel bei einer Publikumsgesellschaft, vgl. BGH NJW 1990, 2684 (2685).
124 BGHZ 132, 263 (271); einschr. NJW-RR 2005, 1195: keine Vertragsänderung, wenn sich das gewünschte Ergebnis durch eine Auslegung des betreffenden Vorgangs als einstimmiger Gesellschafterbeschluss erreichen lässt.
125 BGHZ 8, 35 (41 f.); 71, 53 (57); ausf. zum Bestimmtheitsgrundsatz *N. Heinrichs*, Mehrheitsbeschlüsse bei Personengesellschaften, 2006, 69 ff.; zum Verhältnis von Bestimmtheitsgrundsatz und Kernbereichslehre auch *K. Schmidt* ZHR 158 (1994), 205 ff.

hat sie diesen Standpunkt zumindest für Gesellschaften aufgegeben, die durch die Größe der Mitglieder-zahl und die körperschaftliche Verfassung vom gesetzlichen Leitbild abweichen,[126] was vor allem für Pu-blikumsgesellschaften relevant ist. Unabhängig von der Geltung des Bestimmtheitsgrundsatzes hat der BGH den Minderheitenschutz dadurch ergänzt, dass ein Mehrheitsbeschluss ohne Zustimmung des Be-troffenen nicht in den *Kernbereich* der Rechte eines Gesellschafters eingreifen darf. Vom Kernbereich umfasst sind insbesondere bereits entstandene Ansprüche sowie Stimm-, Gewinnbeteiligungs-, und In-formationsrechte des Gesellschafters.[127] Auch nach der Kernbereichslehre muss der Vertrag aber eine Mehrheitsklausel enthalten und das zum Kernbereich gehörende Recht sowie Ausmaß und Umfang des zulässigen Eingriffs erkennen lassen.[128] In der Literatur hat sich die Kritik nach und nach zu der Forde-rung verstärkt, von dem als zu formalistisch und überholt erachteten Bestimmtheitsgrundsatz entweder vollkommen Abstand zu nehmen oder diesen zumindest einzuschränken und ihn im Ergebnis durch die Kernbereichslehre zu ersetzen.[129]

Der BGH hat daraufhin den Bestimmtheitsgrundsatz aufgegeben und klargestellt, dass diesem für die formelle Legitimation einer Mehrheitsentscheidung keine Bedeutung mehr zukommt.[130] Es erfolgt viel-mehr eine zweistufige Prüfung:[131] (1) Ob ein Beschlussgegenstand der Mehrheitsentscheidung unter-liegt, ist auf der ersten Stufe *formell* durch Auslegung des Gesellschaftsvertrags nach allgemeinen Ausle-gungsgrundsätzen festzustellen.[132] Dies gilt auch für außergewöhnliche und Grundlagengeschäfte.[133] (2) Auf der zweiten Stufe erfolgt die *materielle* Kontrolle, ob sich der Beschluss als treuwidrige Aus-übung der Mehrheitsmacht darstellt.[134] Die Unwirksamkeit des Beschlusses kann sich dabei entweder wegen eines Eingriffs in ein absolut oder relativ unentziehbares Mitgliedschaftsrecht ergeben.[135] Absolut unentziehbare, also schlechthin unverzichtbare Mitgliedschaftsrechte sind solche, die durch Vertrag we-der aufgehoben noch eingeschränkt werden können, sodass dies auch nicht durch Mehrheitsbeschluss möglich ist.[136] Relativ unentziehbare Mitgliedschaftsrechte können nur mit (gegebenenfalls antizipier-ter) Zustimmung des einzelnen Gesellschafters entzogen werden.[137] Auf einen Eingriff in den Kernbereich nach der Kernbereichslehre soll es hierbei nicht mehr ankommen. Maßgeblich ist letztlich, ob der Ein-griff im Interesse der Gesellschaft geboten und dem betroffenen Gesellschafter unter Berücksichtigung seiner eigenen schutzwerten Belange zumutbar ist.[138]

Diese zweistufige Kontrolle der Legitimation einer Mehrheitsentscheidung – formelle Auslegung und materielle Prüfung fehlender Treupflichtverletzung – erfolgt rechtsformunabhängig. Der Maßstab der Treupflicht, die in der Regel bei Personengesellschaften stärker und bei Kapital- bzw. Publikumsgesell-schaften schwächer ausgestaltet ist, vermag jeweils der individuellen Vereinbarung der Gesellschafter Rechnung zu tragen.[139] Ungeachtet dessen geht aber auch der BGH weiterhin davon aus, dass der Son-

---

126 BGHZ 85, 350.

127 BGH NJW 1985, 972 (973 f.); 1995, 194 (195); dazu *Löffler* NJW 1989, 2656.

128 BGHZ 132, 263 (268).

129 MüKoBGB/*Schäfer* § 709 Rn. 90 ff. mwN; *Hüffer* ZHR 151 (1987), 396 (407); *Mecke* BB 1988, 2258.

130 BGHZ 203, 77 = NJW 2015, 859 (861) mAnm *Schäfer* NZG 2014, 1401 ff. und *Ulmer* ZIP 2015, 657 ff. Der »Abschied« vom Bestimmtheitsgrundsatz deutete sich bereits in BGHZ 170, 283 = NJW 2007, 1685 (1686 f.) – Otto; BGHZ 179, 13 = NJW 2009, 669 (671) – Schutzgemeinschafts-vertrag II und BGH NZG 2013, 63 (64) an; s. dazu *Heckschen/Bachmann* NZG 2015, 531 (533 ff.).

131 Ausf. zu dieser Konzeption *Kleindiek* GmbHR 2017, 674 ff.

132 BGHZ 203, 77 = NJW 2015, 859 (861 f.); dazu auch *Schäfer* ZGR 2013, 237 (243 f.).

133 So ausdr. BGHZ 203, 77 = NJW 2015, 859 (861).

134 BGHZ 203, 77 = NJW 2015, 859 (861 f.); NZG 2014, 302 (304); zur zweistufigen Prüfung auch *Wertenbruch* NZG 2013, 641 ff.

135 BGHZ 170, 283 = NJW 2007, 1685 (1687); BGHZ 179, 13 = NJW 2009, 669 (671); BGHZ 203, 77 = NJW 2015, 859 (861).

136 BGHZ 170, 283 = NJW 2007, 1685 (1687); *Schäfer* ZGR 2013, 237 (257 f.); *Wertenbruch* DB 2014, 2875 (2879 f.).

137 BGHZ 170, 283 = NJW 2007, 1685 (1687).

138 BGHZ 203, 77 = NJW 2015, 859 (862); krit. zur Ausgestaltung der zweiten Stufe, auf welcher der BGH die Kernbereichslehre hier durch die »wesentlich unspezifischere Schranke des Treupflicht-verstoßes« ersetzen will *Ulmer* ZIP 2015, 657 (659); *Priester* NZG 2015, 529 (530 f.); zust. hingegen *Wertenbruch* DB 2014, 2875 (2877). Den Kernbereichsschutz als solchen hat der BGH indes nicht aufgegeben, s. ebenso *Schäfer* ZIP 2015, 1313 und *Kleindiek* GmbHR 2017, 674 (678 f.).

139 Zu der insoweit festzustellenden Annäherung von Personen- und Kapitalgesellschaftsrecht *Heck-schen/Bachmann* NZG 2015, 531 (534 f.).

derfall einer Mehrheitsentscheidung über eine nachträgliche Beitragserhöhung, die nach § 707 BGB der Zustimmung des betroffenen Gesellschafters bedarf, unverändert eine eindeutige entsprechende Legitimationsgrundlage im Gesellschaftsvertrag erfordert, die Ausmaß und Umfang einer möglichen Belastung erkennen lassen muss (→ Rn. 135).[140]

Wie beim Abschluss des Vertrags können auch bei seiner Änderung Mängel auftreten, was gleichfalls die Anwendung der Grundsätze über die fehlerhafte Gesellschaft zur Folge haben kann (→ Rn. 79 ff.).

6. Mängel des Gesellschaftsvertrags

76 Wie bei jedem anderen Vertrag können sowohl der Gesellschaftsvertrag selbst als auch die zu seinem Abschluss erforderlichen Willenserklärungen zur Nichtigkeit führende Mängel aufweisen. Dabei ist je nach der Bedeutung des Mangels danach zu differenzieren, ob nur einzelne Vertragsklauseln oder der Vertrag insgesamt von der Nichtigkeit betroffen sind.

77 a) Sofern nur *einzelne Klauseln* mit Mängeln behaftet sind, führt dies im Zweifel nicht zur Gesamtnichtigkeit des Vertrags, sondern lediglich zur Teilnichtigkeit der jeweiligen Klausel.[141] Die Auslegungsregel des § 139 BGB gilt hier grundsätzlich als widerlegt, da sie für das Personengesellschaftsrecht als nicht interessengerecht betrachtet wird.[142] Erst wenn dem nichtigen Vertragsteil für die Verfolgung des Gesellschaftszwecks eine entscheidende Bedeutung zukommt, lässt sich von der Gesamtnichtigkeit des Vertrags ausgehen, und die zur fehlerhaften Gesellschaft entwickelten Grundsätze gelangen zur Anwendung (→ Rn. 79 ff.).[143] Darin spiegelt sich die gesellschaftsrechtliche Zielsetzung wider, die Gesellschaft trotz rechtlicher Mängel so weit wie möglich als wirksam zu behandeln. Das entspricht zumeist auch den Interessen der Parteien, die nicht selten in einem langwierigen Prozess ein detailliertes und ausdifferenziertes Geflecht gesellschaftsvertraglicher Bestimmungen vereinbart haben. Die bei Teilnichtigkeit des Gesellschaftsvertrags entstehende Lücke ist durch eine angemessene Regelung im Wege der ergänzenden Vertragsauslegung zu schließen.[144]

> **Beispiel:**[145] Umdeutung einer wegen Formnichtigkeit gem. § 125 S. 1 BGB unwirksamen Einbringungsverpflichtung zu Eigentum der Gesellschaft in Verpflichtung zu Einbringung dem Wert nach oder zur Nutzung (→ Rn. 133).

78 b) Wenn der betreffende Mangel von solchem Gewicht ist, dass er nicht nur einzelne Klauseln, sondern den gesamten Vertrag betrifft, oder wenn der nichtige Vertragsteil für die Verfolgung des Gesellschaftszwecks von entscheidender Bedeutung ist, käme es nach den allgemeinen Regeln zur Nichtigkeit des Vertrags, gegebenenfalls durch vorherige Anfechtung eines der Beteiligten. Damit würde es *insgesamt an* einem *wirksamen Vertragsschluss fehlen*, womit etwaigen bereits vollzogenen Rechtshandlungen die

---

140 So ausdr. BGHZ 203, 77 = NJW 2015, 859 (860 f.) unter Rn. 10 im Anschluss an BGHZ 170, 283 = NJW 2007, 1685 (1686) – Otto.

141 Vgl. BGHZ 107, 351 (355 ff.); häufig finden sich in Gesellschaftsverträgen ohnehin sog. »Salvatorische Klauseln«, welche bei Nichtigkeit einzelner Klauseln ausdr. die Wirksamkeit des Vertrags im Übrigen anordnen.

142 BGHZ 49, 364 (365); MüKoBGB/*Schäfer* § 705 Rn. 53; *Wiedemann* GesR I § 3 I 2 c (S. 153 f.); *Wiesner* NJW 1984, 95 (99).

143 MüKoBGB/*Schäfer* § 705 Rn. 330; *Wiesner* NJW 1984, 95 (99).

144 BGHZ 47, 293 (301); OLG Rostock NZG 2000, 930 (931).

145 BGH NJW 1972, 480; 1977, 1820 (1821).

Grundlage entzogen würde. Solange die Gesellschaft im Rechtsverkehr noch nicht nennenswert in Erscheinung getreten ist, begegnet die Nichtigkeitsfolge und die hieran anknüpfende Rückabwicklung nach den bereicherungsrechtlichen Vorschriften der §§ 812 ff. BGB auch keinen grundlegenden Bedenken. Häufig haben die Gesellschafter aber überhaupt keine Kenntnis von dem Mangel und werden daher für die Gesellschaft nach außen unbedarft tätig oder setzen die Gesellschaft sonst in Vollzug. Hier entsteht eine besondere Sach- und Rechtslage, die eine von den allgemeinen Regeln abweichende Beurteilung rechtfertigen kann.[146] Zunächst mag es bereits zu einem komplexen inner- und außergesellschaftlichen Leistungsaustausch gekommen sein, bei dem sich eine bereicherungsrechtliche Rückabwicklung je nach Art der ausgetauschten Leistungen und vor dem Hintergrund gemeinsam geschaffener Werte, genutzter Gewinnchancen oder der gemeinsam getragenen Risiken und nicht zuletzt etwaiger Entreicherungen außerordentlich schwierig oder schlicht unmöglich gestaltet. Auch der Schutz des Vertrauens in den wirksamen Bestand der Gesellschaft zugunsten mit ihr im Rechtsverkehr in Kontakt getretener Dritter sowie das Interesse der Gesellschafter an einem angemessenen Bestandsschutz müssen in diesem Zusammenhang Beachtung finden.

Zur Sicherung dieser Interessen dienen die *Grundsätze der fehlerhaften Gesellschaft,* die von Lehre und Rechtsprechung zunächst für das Kapitalgesellschaftsrecht entwickelt und später auf alle Formen des Personengesellschaftsrechts (insbesondere GbR, OHG und KG) übertragen worden sind.[147] Diese setzen positiv voraus, dass ein fehlerhafter Gesellschaftsvertrag vorliegt und die Gesellschaft in Vollzug gesetzt worden ist. Negative Voraussetzung ist das Fehlen entgegenstehender Interessen Einzelner oder der Allgemeinheit. Liegen diese Merkmale vor, führt das dazu, dass die Gesellschaft nicht von Anfang an unwirksam ist, sondern nur mit Wirkung für die Zukunft beseitigt werden kann. Anwendbar sind die Grundsätze der fehlerhaften Gesellschaft nicht nur auf Abschlussmängel bei der Gründung einer Gesellschaft, sondern auch entsprechend bei einem fehlerhaften Eintritt oder Ausscheiden einzelner Gesellschafter.[148] Ob sie auch beim fehlerhaften Anteilserwerb zur Anwendung gelangen, wird nicht einheitlich beurteilt (näher → Rn. 93). Bei Mängeln im Rahmen von Vertragsänderungen sind die genannten Grundsätze nur eingeschränkt heranzuziehen, da meist nur Teilbereiche des Gesellschaftsverhältnisses betroffen sind und es vielfach mit befriedigenden Mitteln möglich ist, die Auswirkungen der vorübergehend praktizierten Abänderungen nachträglich wieder auszugleichen.[149] **79**

aa) Voraussetzung ist zunächst ein mit Mängeln behafteter, also *fehlerhafter Gesellschaftsvertrag.* Wurde überhaupt kein Vertrag geschlossen, findet die Lehre von der fehlerhaften Gesellschaft keine Anwendung.[150] Es bedarf daher zumindest auf den **80**

---

146 Anschaulich hierzu BGHZ 55, 5 (8).
147 RGZ 165, 193 (204 f.); BGHZ 3, 285 (287); 11, 190; 62, 234 (241); BGH NJW 2005, 1784 (1785). Terminologisch sprach der BGH früher noch von der »faktischen« Gesellschaft, ging später aber zur »fehlerhaften« Gesellschaft über. Übersicht bei *Ulmer* ZHR 161 (1997), 115 ff.; *Maultzsch* JuS 2003, 544. Die dogmatische Grundlage dieses Instituts wird nicht einheitlich aus den Prinzipien der Rechtssicherheit und des Verkehrsschutzes hergeleitet, sondern ist speziell im Schrifttum str., s. *Goette* DStR 1996, 266 (267) mwN. Im Recht der Körperschaften findet die fehlerhafte Gesellschaft bspw. in §§ 275–277 AktG und § 75–77 GmbHG eine gesetzliche Anerkennung, vgl. auch MüKo-AktG/*Koch* § 275 Rn. 6 f.
148 BGHZ 44, 235; BGH NJW 1988, 1321 (1323).
149 BGHZ 62, 20 (26 f.).
150 BGHZ 11, 190 (191).

Vertragsschluss gerichteter (wenn auch fehlerhafter) Willenserklärungen der Beteiligten. Daran fehlt es aus Sicht der Rechtsprechung grundsätzlich, wenn ein Beteiligter unwirksam vertreten wurde.[151]

Angesichts der Möglichkeit, den Gesellschaftsvertrag grundsätzlich formfrei und sogar durch konkludentes Verhalten abzuschließen, kann die Abgrenzung bisweilen problematisch sein und wird letztlich von den Umständen des Einzelfalls und nicht zuletzt deren Beweisbarkeit abhängen. Ergibt sich dabei, dass ein Gesellschaftsvertrag fehlt, kann sich eine Haftung der Beteiligten allenfalls nach Rechtsscheinsgrundsätzen ergeben, wenn ein »Gesellschafter« im Rechtsverkehr namens der tatsächlich nicht existenten Gesellschaft in Erscheinung getreten ist (sog. Scheingesellschaft → Rn. 202 und ausführlicher bei der OHG → Rn. 271). Die früher in der Literatur entwickelte »Lehre von der faktischen Gesellschaft«,[152] wonach auch bei Nichtbestehen eines Gesellschaftsvertrags ohne Rückgriff auf Rechtsscheinsgrundsätze das reine Zusammenwirken als Gesellschafter zur Anwendung der gesellschaftsrechtlichen Regeln führen sollte, wird heute nicht mehr vertreten. Vor diesem Hintergrund sind die Begriffe »fehlerhafte« und »faktische« Gesellschaft streng auseinander zu halten, wenngleich der Terminologiewechsel in der Rechtsprechung Verwirrung stiften mag.

81 Fehlerhaft ist der Gesellschaftsvertrag, wenn dieser nach den allgemeinen Bestimmungen von Anfang an unwirksam wäre. Es bedarf eines insgesamt nichtigen Gesellschaftsvertrags. Bei Nichtigkeit nur einzelner Klauseln greifen die Grundsätze der fehlerhaften Gesellschaft nur ein, wenn § 139 BGB ausnahmsweise zur Gesamtnichtigkeit des Gesellschaftsvertrags führen würde (→ Rn. 77).[153] Eine Fehlerhaftigkeit bewirkt vor allem die Nichtigkeit infolge erfolgter Anfechtung wegen Irrtums, Täuschung oder Drohung (§§ 142 I, 119, 123 BGB). Zudem kann ein fehlerhafter Gesellschaftsvertrag aus der Beteiligung besonders schutzwürdiger Personen resultieren, wenn Willenserklärungen von Geschäftsunfähigen oder beschränkt Geschäftsfähigen gem. §§ 104 ff. BGB unwirksam sind.[154] Trotz des mängelbehafteten Vertragsschlusses erfordern deren Schutzinteressen aber eine Modifizierung der Grundsätze der fehlerhaften Gesellschaft (→ Rn. 88). Schließlich kommen noch weitere Unwirksamkeitsgründe für den Gesellschaftsvertrag in Betracht, wie die Ermangelung einer ausnahmsweise gesetzlich vorgeschriebenen Form gem. § 125 S. 1 BGB (beispielsweise § 311b I BGB; → Rn. 67),[155] das Vorliegen eines Dissens nach §§ 154, 155 BGB,[156] der betätigte Widerruf bei außerhalb von Geschäftsräumen geschlossenen Verträgen nach §§ 355, 312b BGB[157] oder auch die Nichtigkeit wegen Gesetzes- (§ 134 BGB) bzw. Sittenwidrigkeit (§ 138 BGB). Bei den beiden letztgenannten Nichtigkeitsgründen kann sich unter Umständen mit Rücksicht auf die Interessenlage im Einzelfall wie bei der Beteiligung Minderjähriger das Eingreifen der Rechtsfolgen einer fehlerhaften Gesellschaft verbieten (→ Rn. 86 f.). In der Praxis ist bei einigen Unwirksamkeitsgründen darauf zu achten, ob nicht die Aufnahme der gesellschaftlichen Tätigkeiten eine Heilung etwaiger formeller Mängel bzw. eine Bestätigung des Rechtsgeschäfts bewirkt haben kann (vgl. nur § 311b I 2 BGB), sodass es auf die Anwendung der Figur der fehlerhaften Gesellschaft nicht mehr ankommt.

---

151 BGH NJW 2011, 66 (68); krit. *Klimke* NZG 2012, 1366 (1368 ff.).

152 Dazu *Haupt*, Über faktische Vertragsverhältnisse, 1941; *Simitis*, Die faktischen Vertragsverhältnisse als Ausdruck der gewandelten sozialen Funktion der Rechtsinstitute des Privatrechts, 1957.

153 Zur Gesamtnichtigkeit trotz Vereinbarung einer salvatorischen Klausel BGH WM 1976, 1026 (1027).

154 Vgl. nur BGHZ 17, 160 (165).

155 BGH NJW 1977, 1820 (1821); NJW-RR 2001, 1450.

156 BGHZ 3, 285 (288); BGH NJW 1992, 1501 (1502).

157 EuGH Urt. v. 15.4.2010 – C-215/08, Slg. 2010, I-2990 = NJW 2010, 1511 Rn. 45 ff. – Friz I; BGHZ 186, 167 – Friz II, jeweils zu § 312 BGB aF.

Weitere Folgen der Nichtigkeit des Gesellschaftsvertrags, speziell *Schadensersatzansprüche* nach den allgemeinen Vorschriften (etwa aus § 122 I, aus § 280 I iVm § 311 II oder aus § 823 II BGB) bleiben von den Grundsätzen der fehlerhaften Gesellschaft unberührt und vermögen im Einzelfall sogar eine vollständige Rückgewähr der eingebrachten Leistungen zu rechtfertigen.[158]

bb) Weiterhin muss die Gesellschaft *in Vollzug gesetzt* worden sein. Solange das nicht **82** geschehen ist, begegnet die anfängliche Nichtigkeitsfolge und die damit einhergehende bereicherungsrechtliche Rückabwicklung regelmäßig keinen Bedenken.[159] Nach der Rechtsprechung ist die Gesellschaft in Vollzug gesetzt, wenn Rechtstatsachen geschaffen worden sind, an denen die Rechtsordnung nicht vorbeigehen kann.[160] Hiervon sei jedenfalls auszugehen, sobald die Beteiligten Beiträge geleistet oder gesellschaftsvertragliche Rechte ausgeübt haben, sei es auch nur in der unwidersprochenen Hinnahme von Handlungen für die Gesellschaft.[161] Zur Präzisierung dieser nicht ganz eindeutigen Kriterien ist zu differenzieren: Ist die Gesellschaft im Rechtsverkehr aufgetreten und hat damit ersichtlich den gemeinsamen Geschäftsbetrieb aufgenommen, sei es durch rechtsgeschäftliches Handeln mit Dritten, aber auch durch die Aufnahme vorbereitender Handlungen, ist der Gesellschaftsvertrag unzweifelhaft vollzogen.[162] Schwieriger gestaltet es sich, wenn es bloß im Innenverhältnis der Gesellschaft zu Vollzugsmaßnahmen gekommen ist, namentlich der Leistung der geschuldeten Einlage und der Bildung eines Gesellschaftsvermögens. Während dies zum Teil als ausreichend angesehen wird,[163] nehmen einige einen Vollzug in solchen Konstellationen erst an, wenn es zu einer Situation gekommen ist, die bei rückwirkender Nichtigkeit erhebliche Schwierigkeiten der Rückabwicklung aufwirft.[164] Wieder andere halten schließlich jede bloß interne Vollzugsmaßnahme für unzulänglich, um die Lehre von der fehlerhaften Gesellschaft anzuwenden, da eine Rückabwicklung der erbrachten Leistungen in der Regel ohne weiteres möglich sei.[165]

Diesbezüglich verbietet sich aber eine rein pauschale Beurteilung. Weder kann das Erbringen der Einlage bzw. die Schaffung eines Gesellschaftsvermögens stets als Vollziehung anzusehen sein noch ist dies regelmäßig auszuschließen. Trotz hiermit verbundener Abgrenzungsprobleme bedarf es vielmehr der Beurteilung im Einzelfall, um – Sinn und Zweck der Lehre von der fehlerhaften Gesellschaft entsprechend – eine Rückabwicklung dort auszuschließen, wo sie sich praktisch nur sehr schwer realisieren lässt.[166] Bei Personenhandelsgesellschaften genügt schließlich nach hM weder die Anmeldung zur Eintragung ins Handelsregister noch die Eintragung selbst, um von der Vollziehung des Gesellschaftsvertrags ausgehen zu können.[167]

---

158 BGH NJW-RR 2006, 178 (180) zur stillen Gesellschaft.
159 OLG Frankfurt a. M. NJW-RR 1996, 101 (102).
160 StRspr, vgl. nur BGH NJW 1978, 2505 (2506); 1992, 1501 (1502); 2016, 2492 (2493).
161 BGH NJW 2016, 2492 (2493); 1992, 1501 (1502f.).
162 HM, vgl. BGHZ 13, 320 (321); Erman/*Westermann* BGB § 705 Rn. 79.
163 In diese Richtung wohl BGHZ 13, 320 (321 f.); BGH NJW-RR 2013, 1373 (1374) zur stillen Gesellschaft; so noch MüKoBGB/*Ulmer*, 5. Aufl. 2009, § 705 Rn. 331; tendenziell auch Staudinger/*Habermeier*, 2003, BGB § 705 Rn. 66 und Soergel/*Hadding/Kießling* BGB § 705 Rn. 75.
164 Bamberger/Roth/*Schöne* BGB § 705 Rn. 85; MüKoBGB/*Schäfer* § 705 Rn. 331; *K. Schmidt* GesR § 6 III 1 b (S. 148); ähnlich auch *Koch* GesR § 5 Rn. 7.
165 So wohl *Eisenhardt/Wackerbarth* GesR Rn. 440f.; *Kübler/Assmann* GesR § 26 II 2 (S. 393); *Wiesner,* Die Lehre von der fehlerhaften Gesellschaft, 1980, 117ff.
166 Ebenso *Grunewald* GesR § 1 Rn. 173.
167 EBJS/*Wertenbruch* HGB § 105 Rn. 252; Staub/*Schäfer* HGB § 105 Rn. 335; aA MüKoHGB/ *K. Schmidt* HGB § 105 Rn. 236 mwN; *Hueck* OHG § 7 III 6 (S. 98).

84 In diesem Zusammenhang sind auch die *reinen Innengesellschaften* zu erwähnen, vor allem atypische und typische stille Gesellschaften sowie stille Beteiligungen. Die Rechtsprechung hat hierauf die Grundsätze der fehlerhaften Gesellschaft ausdrücklich für anwendbar erklärt.[168] Inzwischen ist es jedoch insoweit zu einer Relativierung gekommen, als dass eine Rückgewähr der erbrachten Einlage im Einzelfall aus dem Gesichtspunkt des Schadensersatzes für möglich erachtet wird.[169] Ein Abschied von der fehlerhaften Gesellschaft[170] ist darin freilich nicht zu sehen, da diese Rechtsprechung über den konkret betroffenen Bereich hinaus kaum verallgemeinerungsfähig ist.

85 cc) Negative Voraussetzung ist schließlich, dass *keine gewichtigen Allgemeininteressen oder schutzwürdigen Belange bestimmter Personengruppen* einer rechtlichen Anerkennung der fehlerhaften Gesellschaft entgegenstehen.[171] Zur Ausfüllung dieser unklaren Formel haben sich in der Rechtsprechung mehrere Fallgruppen herausgebildet.

86 (1) So kann ein gewichtiges Allgemeininteresse betroffen sein, wenn der Gesellschaftsvertrag *nach § 134 BGB wegen Vereinbarung eines gesetzlich verbotenen Zwecks*[172] bzw. *nach § 138 BGB wegen Verfolgung sittenwidriger Zwecke*[173] (nicht jedoch bereits wegen einzelner verbotener oder sittenwidriger Tätigkeiten) *nichtig* ist. Eine Rückabwicklung vollzieht sich dann allenfalls über §§ 812ff. BGB, wobei § 817 BGB (bei Gesetzes- oder Sittenverstoß) zu beachten ist. Indes können sich die Gesellschafter gutgläubigen Dritten gegenüber nicht auf die Nichtigkeit berufen und haften nach Rechtsscheinsgrundsätzen.[174]

87 Umstritten ist, ob die Nichtbeachtung eines *Kartellverbots* (§ 1 GWB bzw. Art. 101 AEUV) durch den Gesellschaftsvertrag schutzwürdige Interessen der Allgemeinheit verletzt und damit die Anwendung der Grundsätze über die fehlerhafte Gesellschaft ausschließt. Die diese Frage bejahende Rechtsprechung[175] ist in der Literatur mit dem Argument, das Kartellverbot wolle nicht die Existenz einer Gesellschaft, sondern vielmehr das – Konkurrenten und Verbraucher beeinträchtigende – abgestimmte Verhalten unterbinden, auf berechtigte Kritik gestoßen.[176] Hierdurch werden aber gerade die Gläubigerinteressen zusätzlich beeinträchtigt.[177] Kein Bedürfnis für die Annahme einer fehlerhaften Gesellschaft besteht hingegen, wenn die Beteiligten den Gesellschaftsvertrag nur *zum Schein* abgeschlossen haben und dieser damit gem. § 117 BGB nichtig ist.[178] Denkbar ist dann im Außenverhältnis die Haftung als Scheingesellschafter. Im Innenverhältnis gilt dagegen gem. § 117 II BGB das von den Parteien Gewollte.

88 (2) In den Kreis der schutzwürdigen Personengruppen sind insbesondere *Minderjährige und sonstige nicht (voll) Geschäftsfähige iSd §§ 104ff. BGB* einzubeziehen. Deren gesetzlicher Schutz geht dem Vertrauensschutz vor. Daher können sie ohne das Vorlie-

---

168 BGHZ 8, 157, 166 f.; 55, 5 (8); 62, 234 (237); bestr.
169 BGH NJW-RR 2004, 1407 f.; 2006, 178 (180).
170 So *Gehrlein* WM 2005, 1489 ff.
171 HM, vgl. BGHZ 3, 285 (288); 55, 5 (8); Palandt/*Sprau* BGB § 705 Rn. 18a; Erman/*Westermann* BGB § 705 Rn. 75; *Goette* DStR 1996, 266 (270). Gegen eine solche Begrenzung der fehlerhaften Gesellschaft *Grunewald* GesR § 1 Rn. 177 f.; MüKoBGB/*Schäfer* § 705 Rn. 332 ff.; zuvor schon *K. Schmidt* AcP 186 (1986), 421 (448); *Schwintowski* NJW 1988, 937 ff.
172 BGHZ 75, 214 (217 f.) (Abhängigkeit eines Apothekers); BGHZ 153, 214 (222) (Rechtsberatungsgesetz).
173 BGH NJW 1970, 1540 (1541).
174 Staudinger/*Habermeier,* 2003, BGB § 705 Rn. 68; *Koch* GesR § 5 Rn. 13; die Gegenansicht kommt unter Anwendung der Regeln über die fehlerhafte Gesellschaft iErg freilich ebenso zu einer Haftung der Gesellschafter, vgl. MüKoBGB/*Schäfer* § 705 Rn. 334 und 343.
175 BGH WuW/E DE-R 2361 (2362) – Nord-KS/Xella; BGH NJW-RR 1991, 1002 (1003); OLG Hamm NJW-RR 1986, 1487 (1488).
176 *Windbichler* GesR § 12 Rn. 17; *K. Schmidt* AcP 186 (1986), 421 (449 f.).
177 Umfassend zum Kartellverbot und der Lehre von der fehlerhaften Gesellschaft *Palzer* ZGR 2012, 631 ff.; zudem MüKoBGB/*Schäfer* § 705 Rn. 334.
178 HM, vgl. nur BGH NJW 1953, 1220; aA MüKoBGB/*Schäfer* § 705 Rn. 377.

gen einer erforderlichen Zustimmung ihres gesetzlichen Vertreters oder des Familiengerichts (§§ 1643 I, 1822 Nr. 3 BGB) bzw. bei Nichtbestellung eines erforderlichen Pflegers (§§ 1795 II, 181, 1629 II BGB) nicht nach den Grundsätzen der fehlerhaften Gesellschaft gegenüber Mitgesellschaftern oder Dritten verpflichtet werden.[179] Wie sich dies für den Minderjährigen konkret auswirkt, wird allerdings kontrovers beurteilt. Unstreitig ist zunächst, dass zugunsten der übrigen geschäftsfähigen Gesellschafter kein besonderes Schutzbedürfnis besteht, sodass für sie die Grundsätze der fehlerhaften Gesellschaft gelten, sofern mehr als nur ein Beteiligter verbleibt.[180] Den Minderjährigen nun aber nach Art einer »Rosinentheorie« hieran derart zu beteiligen, dass er von den nachteiligen Pflichten der Gesellschafterstellung (beispielsweise Beitragspflicht und Außenhaftung) entbunden, bezüglich der vorteilhaften Folgen (etwa Gewinnverteilung) dagegen weiterhin einbezogen wird, wie dies in der Literatur zum Teil vorgeschlagen wird,[181] überzeugt gleichwohl nicht. Weder ist eine Trennung von Gewinnen und Risiken bzw. Verlusten immer ohne weiteres möglich noch gebietet der Minderjährigenschutz, dessen Ziel allein die Vermögensbewahrung, nicht aber die Vermögensmehrung ist, eine solche bevorzugte »hinkende Gesellschafterstellung«, bei der nur Rechte, nicht aber auch Pflichten getragen werden müssen.[182] Im Übrigen lassen sich tatsächlich erzielte Gewinne auch über das Bereicherungsrecht gem. §§ 818, 987 ff. BGB realisieren.

Darüber hinaus sind Situationen denkbar, in denen ein Gesellschafter durch *arglistige Täuschung bzw.* **89** *Drohung* (§ 123 BGB) oder durch *sittenwidrige Übervorteilung* zum Abschluss des Gesellschaftsvertrags bestimmt worden ist. Grundsätzlich finden die Regeln der fehlerhaften Gesellschaft auch hier Anwendung, und zwar nicht nur im Verhältnis zu den Gläubigern der Gesellschaft, sondern auch unter den Gesellschaftern.[183] Die Möglichkeit, die Gesellschaft mit Wirkung ex nunc zu beenden, sowie etwaige Schadensersatzansprüche aus § 826 oder § 280 I iVm § 311 II Nr. 1 BGB, bieten dem Betroffenen regelmäßig eine hinlängliche Kompensation. Im Einzelfall kann mangels entgegenstehender überwiegender Interessen allerdings ein schutzwürdiges Individualinteresse des Gesellschafters vorliegen, wenn die von ihm erbrachten Beiträge einzig dem Täuschenden bzw. Drohenden zugute gekommen sind. Hier muss der Getäuschte keine Beiträge leisten. Im Verhältnis zu Dritten bleibt die Leistungspflicht und damit die Anwendung der Grundsätze über die fehlerhafte Gesellschaft davon allerdings unberührt.[184]

dd) Als *Rechtsfolge* der in Vollzug gesetzten fehlerhaften Gesellschaft ist der Gesell- **90** schaftsvertrag nicht von Anfang an unwirksam; eine rückwirkende Beseitigung der Gesellschaft ist also ausgeschlossen. Der Mangel kann einzig für die Zukunft geltend gemacht und die Gesellschaft mit Wirkung ex nunc aufgelöst werden. Bis zu diesem Zeitpunkt bleibt sie sowohl zwischen den Gesellschaftern als auch im Verhältnis zu Dritten wirksam.[185]

---

179 BGHZ 17, 160 (167 f.); BGH NJW 1992, 1503 (1504); im Einzelnen *K. Schmidt* JuS 1990, 517 (520); aA MüKoBGB/*Schäfer* § 705 Rn. 337, wonach der Schutz über §§ 1629a, 723 I 3–5 ausreichen soll; dagegen wiederum *Koch* GesR § 5 Rn. 18.
180 BGH NJW 1983, 748.
181 So etwa *Windbichler* GesR § 12 Rn. 17; *Kraft/Kreutz* GesR D V 1c (3) (S. 212); *Ganssmüller* DB 1955, 257 (260); ähnlich *Flume* BGB AT I/1 § 2 III (S. 20).
182 Bamberger/Roth/*Schöne* BGB § 705 Rn. 88; Erman/*Westermann* BGB § 705 Rn. 76. IErg tendiert wohl auch die Rspr. zu dieser Beurteilung, vgl. BGHZ 17, 160 (168); BGH NJW 1983, 748.
183 BGHZ 63, 338 (344); 148, 201 (206 f.); anders noch BGHZ 13, 320 (323).
184 BGH NJW-RR 1988, 1379; HK-BGB/*Saenger* § 705 Rn. 31. Im Einzelnen str., vgl. MüKoBGB/ *Schäfer* § 705 Rn. 340 mwN.
185 BGHZ 3, 285 (287 ff.); 13, 320 (322 ff.); 153, 214 (221); BGH NJW 1983, 748.

91 (1) Im *Innenverhältnis* hat dies zur Folge, dass die Bestimmungen des fehlerhaften Gesellschaftsvertrags (zB hinsichtlich Geschäftsführung oder Gewinn- und Verlustbeteiligung) bis zu ihrer Beendigung grundsätzlich verbindlich sind. Insbesondere können die Gesellschafter bis dahin auch nicht ihre Einlagen zurückfordern, sondern bleiben grundsätzlich zur Leistung ihrer Beiträge verpflichtet,[186] wenn nicht der konkrete Nichtigkeitsgrund dem im Einzelfall entgegensteht (s. dazu Fall d). Auch unterliegen sie der Treuepflicht.[187] Etwas anderes gilt ab Beendigung der Gesellschaft. Bei der GbR vollzieht sich diese mittels Kündigungserklärung gegenüber den Mitgesellschaftern entsprechend § 723 I 2 BGB, wohingegen es hierfür bei der OHG im Interesse größerer Rechtsklarheit einer Auflösungsklage gem. § 133 HGB bedarf.[188] Gemeinsam ist den unterschiedlichen Gesellschaftsformen, dass ein über die Fehlerhaftigkeit der Gesellschaft hinausgehender wichtiger Grund für die Beendigung nicht erforderlich ist, sondern jeder Grund ausreicht, der nach den allgemeinen Regeln die Anfechtbarkeit oder Nichtigkeit zur Folge hat.[189] Dieser muss allerdings bei der Kündigung bzw. Klageerhebung noch bestehen, und seine Geltendmachung darf nicht rechtsmissbräuchlich sein. Kommt es infolge der Kündigung zur Auflösung der Gesellschaft, gelten hinsichtlich ihrer Auseinandersetzung grundsätzlich §§ 730 ff. BGB. Als Folge der Kündigung kann schließlich auch der Austritt oder das Ausscheiden des Kündigenden in Betracht kommen (vgl. §§ 736 ff. BGB und § 131 III Nr. 3 HGB),[190] was für die GbR allerdings die Vereinbarung einer Fortsetzungsklausel voraussetzt.

> In **Fall d** stellt sich die Frage nach einem Anspruch der GbR gegen D auf Leistung seines Beitrages in Form der Übereignung des Grundstücks aus § 706 BGB iVm dem Gesellschaftsvertrag.
> Die Beteiligten haben sich über die Gründung einer GbR geeinigt. Der Vertrag bedurfte wegen der Verpflichtung des D zur Einbringung seines Grundstücks gem. § 311b I 1 BGB insgesamt der notariellen Beurkundung.[191] Weil diese nicht erfolgte, ist wegen der wesentlichen Bedeutung der Einbringung des Grundstücks für den verfolgten Vertragszweck der gesamte Gesellschaftsvertrag – und nicht nur die Einbringungsabrede – gem. §§ 125 S. 1, 139 BGB nichtig. Allerdings greifen die Grundsätze über die fehlerhafte Gesellschaft ein, da ein fehlerhafter Gesellschaftsvertrag vorliegt, die Gesellschaft in Vollzug gesetzt wurde und entgegenstehende Individual- oder Gemeininteressen nicht ersichtlich sind. Bis die Gesellschaft von einem ihrer Gesellschafter aus wichtigem Grund gekündigt wird, ist daher vom Bestand einer wirksamen GbR auszugehen.
> Indes wird die aus dem Formmangel gem. §§ 125 S. 1, 311b I 1 BGB resultierende Nichtigkeit der Beitragspflicht des D dadurch nicht überwunden. Anders als im Hinblick auf den Gesellschaftsvertrag vermögen die Grundsätze über die fehlerhafte Gesellschaft in Bezug auf die konkrete Einbringungsklausel keine Abhilfe zu schaffen.[192] Die Einbringungspflicht des D ist nicht wirksam und D deshalb nicht zur Übereignung des Grundstücks verpflichtet.

92 (2) Im *Außenverhältnis* führt die Anwendung der Grundsätze über die fehlerhafte Gesellschaft bis zu ihrer Auflösung und Beendigung dazu, dass mittels der analogen Anwendung des § 124 HGB die GbR selbst in der Lage ist, Trägerin von Rechten und Pflichten zu sein. Damit kann sie neben ihren Gesellschaftern, die gem. § 128 HGB analog haften, für ihre Gesellschaftsschulden selbst eintreten. Die Rechtslage nach

186 Vgl. BGHZ 153, 214 (221); BGH NJW 2000, 3558 (3559f.).
187 BGHZ 17, 160 (167).
188 HM, vgl. BGHZ 3, 285 (290); MüKoHGB/*K. Schmidt* § 133 Rn. 2; EBJS/*Lorz* HGB 133 Rn. 1.
189 Ganz hM seit BGHZ 3, 285 (291f.).
190 Baumbach/Hopt/*Roth* HGB § 105 Rn. 88; HK-BGB/*Saenger* § 705 Rn. 32.
191 BGH NJW 1977, 1820 (1821).
192 BGH NJW 1972, 480; 1977, 1820 (1821); Erman/*Westermann* BGB § 705 Rn. 81.

Auflösung der Gesellschaft unterscheidet sich im Übrigen nicht von derjenigen bei sonstigen Auflösungsfällen (→ Rn. 250 ff.).

> **Beispiel:** Der 16-jährige C gründet mit seinen beiden volljährigen Freunden A und B eine GbR, um gemeinsam eine Gaststätte zu betreiben. D gewährt der GbR ein Darlehen iHv 10.000 EUR. Gegen wen bestehen bei Fälligkeit des Darlehens Rückzahlungsansprüche des D?
>
> I. Ein **Anspruch gegen die GbR** aus § 488 I 2 BGB, § 124 I HGB analog setzt den Bestand einer wirksamen GbR zwischen A, B und C voraus. Ein Gesellschaftsvertrag wurde zwar geschlossen, angesichts der Minderjährigkeit des C und der rechtlichen Nachteile, die dieses Geschäft für ihn mit sich bringt, konnte C seine Willenserklärung zur Gesellschaftsgründung aber nicht wirksam alleine abgeben. Nach §§ 1643 I, 1822 Nr. 3 BGB bedurfte die Erklärung vielmehr der Genehmigung des Familiengerichts. In Ermangelung dessen ist der Gesellschaftsvertrag schwebend unwirksam (§ 1829 I BGB). Der Vertrag kann aber nach den Grundsätzen über die fehlerhafte Gesellschaft als wirksam anzusehen sein. Fraglich ist hier allein, ob überwiegende Interessen Einzelner, hier des Minderjährigen C, entgegenstehen. Jedenfalls besteht aber zugunsten der übrigen volljährigen Gesellschafter kein besonderes Schutzbedürfnis, sodass zwischen ihnen die Annahme einer fehlerhaften Gesellschaft zulässig ist. Als solche haftet die fehlerhafte GbR für die von ihr begründete Darlehensverbindlichkeit auf Rückzahlung gem. § 488 I 2 BGB, § 124 I HGB analog.
>
> II. Eine *persönliche Haftung von A und B* aus § 488 I 2 BGB, § 128 S. 1 HGB analog ist gegeben, weil die Grundsätze über die fehlerhafte Gesellschaft jedenfalls auf die volljährigen Gesellschafter anzuwenden sind; insoweit ist von einer wirksamen Gesellschaft auszugehen. Für die Gesellschaftsverbindlichkeit aus § 488 I 2 BGB haften A und B als Gesellschafter der GbR entsprechend § 128 S. 1 HGB persönlich.
>
> III. Schließlich fragt sich, ob D ein *Anspruch gegen C* aus § 488 I 2 BGB, § 128 S. 1 HGB analog zusteht. Umstritten ist, inwieweit wegen entgegenstehender Interessen des Minderjährigen von der Annahme einer fehlerhaften Gesellschaft abzusehen ist. Ob man eine fehlerhafte Gesellschaft unter vollständigem Ausschluss des Minderjährigen annimmt oder zwar grundsätzlich von einer fehlerhaften Gesellschaft unter Beteiligung des Minderjährigen ausgeht, diesen dann aber von allen nachteiligen Haftungsfolgen oder sonstigen Rechtsnachteilen befreit (sog. »hinkende Gesellschafterstellung«), spielt für die vorliegend zu beantwortende Frage im Ergebnis keine Rolle. Nach beiden Meinungen ist C nicht nach § 488 I 2 BGB, § 128 S. 1 HGB analog zur Rückzahlung des Darlehens verpflichtet, da ihm entweder bereits die Gesellschaftereigenschaft fehlt oder trotz seiner Gesellschafterstellung eine Haftung ausscheidet.

(3) Auch bei *fehlerhaftem Eintritt bzw. Austritt* eines Gesellschafters finden die **93** Grundsätze der fehlerhaften Gesellschaft Anwendung.[193] Bei der *fehlerhaften Anteilsübertragung* ist insoweit zu differenzieren, als der BGH bei Kapitalgesellschaften von einer Anwendung der Grundsätze der fehlerhaften Gesellschaft abgerückt ist,[194] diese dagegen für das Personengesellschaftsrecht aber bejaht hat.[195] Rechtsfolge der Anwendung ist, dass der Gesellschafter wie bei Wirksamkeit des Vorgangs behandelt wird, also entweder als vollwirksamer Gesellschafter oder als Ausgeschiedener, mitsamt allen sich hieran anschließenden Folgen.

(4) In der *Fallbearbeitung* ist nach Ablehnung eines wirksamen Gesellschaftsvertrags **94** die Prüfung unter dem Gesichtspunkt fortzusetzen, ob der gefundene Mangel nicht wegen Vorliegens einer fehlerhaften Gesellschaft überwunden werden kann. Soweit eine solche anzunehmen ist, ersetzt die fehlerhafte Gesellschaft das Erfordernis eines

---

193 BGHZ 44, 235; BGH NJW 1988, 1321 (1323).
194 BGH NJW 1990, 1915 (1916); NJW-RR 1995, 1182 (1183).
195 BGHZ 186, 253; aA MüKoBGB/*Schäfer* § 705 Rn. 374; *K. Schmidt* GesR § 6 V 2 b (S. 163 ff.).

wirksamen Gesellschaftsvertrags, und die Prüfung ist mit den weiteren Anspruchsvoraussetzungen fortzusetzen.

> **Prüfungsschema**
>
> **Voraussetzungen:**
> - fehlerhafter, dh nichtiger Gesellschaftsvertrag
> - Invollzugsetzung des Gesellschaftsvertrags
> - kein Ausschluss durch entgegenstehende Interessen einzelner (zB mangelnde Geschäftsfähigkeit) oder der Allgemeinheit (§§ 134, 138 I BGB).
>
> **Rechtsfolgen:**
> - Der Vertrag ist nicht nichtig, sondern lediglich beendbar mit Wirkung ex nunc, insbesondere sind alle bislang vorgenommenen Rechtshandlungen nach innen und außen grundsätzlich wirksam.

III. Gesellschaftsvermögen

95 Infolge der Gründung einer Gesellschaft entsteht regelmäßig ein Gesellschaftsvermögen,[196] obgleich dieses kein konstitutives Wesensmerkmal der GbR ist. Es handelt sich um ein selbstständiges Sondervermögen, welches die Beteiligten zur Erreichung des gemeinsamen Zwecks errichten und anreichern. Dies dient vor allem als Haftungsmasse für die Gesellschaftsschulden. Hiervon zu unterscheiden sind die Privatvermögen der einzelnen Gesellschafter, mit welchen diese neben der Gesellschaft haften (ausführlich zur Haftung → Rn. 183 ff.). Als Zuordnungssubjekt des Gesellschaftsvermögens kommt mit der Anerkennung der Rechtsfähigkeit der (Außen-)GbR ausschließlich die Gesellschaft selbst in Betracht. Diese ist also Gläubigerin bzw. Schuldnerin von Ansprüchen sowie Eigentümerin und Besitzerin der Vermögensgegenstände.[197]

1. Gegenstand und Anreicherung

96 Bestandteile des Gesellschaftsvermögens sind nach § 718 BGB Beiträge, Erwerbungen und Surrogate. Zum Vermögen gehören die Aktiva der Gesellschaft. Hierzu zählen alle Gegenstände mit Vermögenswert, also neben Sachen (Mobilien wie Immobilien), Sachgesamtheiten (Unternehmen) und Rechten (vor allem Forderungen und Immaterialgüterrechte wie Patente oder Nutzungsrechte; evtl. Gesellschaftsanteile) auch Werte tatsächlicher Art (zB Kundenbeziehungen oder Know-how). Ebenso kann man die Passiva der Gesellschaft, insbesondere sämtliche Verbindlichkeiten, sei es aus Rechtsgeschäften, gesetzlichen Schuldverhältnissen oder die Sozialverbindlichkeiten gegenüber den Gesellschaftern, zum Gesellschaftsvermögen rechnen.[198] Ein Erwerb in das Gesellschaftsvermögen ist nach § 718 BGB in mehrfacher Weise denkbar:

---

196 Etwas anderes wird typischerweise für reine Innengesellschaften angenommen, dazu bereits → Rn. 45.
197 BGHZ 146, 341 ff.; Bamberger/Roth/*Schöne* BGB § 718 Rn. 2; MüKoBGB/*Schäfer* § 705 Rn. 310 f.; *Habersack* BB 2001, 477 (478); *Pohlmann* WM 2002, 1421; *K. Schmidt* NJW 2001, 993 (997 f.); abw. *Beuthien* JZ 2003, 715 (721). Ausf. zu dieser früher umstr. Frage → Rn. 101 ff.
198 BGHZ 79, 374 (378 f.); ausf. Bamberger/Roth/*Schöne* BGB § 718 Rn. 9 ff.

a) Durch die *Beiträge der Gesellschafter* (→ Rn. 132 ff.) wird die Grundlage des Gesell- **97** schaftsvermögens gebildet (§ 718 I Alt. 1 BGB). Es fallen als Sozialansprüche auch Ansprüche auf die Beiträge in das Vermögen, nicht nur die bereits geleisteten Beiträge.[199] Sachenrechtlich ist ein Wechsel der Rechtszuständigkeit mit der Beitragsleistung verbunden. Die geschuldeten Sachen und Rechte werden also nicht ohne weiteres Bestandteil des Gesellschaftsvermögens, sondern müssen nach allgemeinen Regeln durch wirksame Verfügung (durch Übereignung nach §§ 929 ff. BGB bzw. Auflassung und Eintragung gem. §§ 873, 925 BGB oder durch Abtretung nach § 398 BGB) übertragen werden. Die Gesellschaft muss dabei durch einen vertretungsberechtigten Gesellschafter nach §§ 164 ff. BGB wirksam vertreten werden. Die Beschränkungen des § 181 BGB greifen nicht ein, da es sich insoweit um die Erfüllung einer Verbindlichkeit handelt.

b) Das Gesellschaftsvermögen wächst in der Regel fortlaufend durch weitere *Erwer-* **98** *bungen, die aus der Geschäftsführung resultieren* (§ 718 I Alt. 2 BGB). Der Geschäftsführer erwirbt Sachen und Rechte grundsätzlich im Namen der Gesellschaft. Das hat zur Folge, dass die erworbenen Gegenstände unmittelbar in das Gesellschaftsvermögen übergehen und damit Eigentum der GbR werden. Daneben kann ein Gesellschafter aber auch im eigenen Namen nach außen auftreten. In diesem Fall hat er die Pflicht, das Erworbene in das Gesellschaftsvermögen einzubringen. Freilich ist schon der diesbezügliche Anspruch aus §§ 713, 667 BGB Bestandteil des Gesellschaftsvermögens. In sachenrechtlicher Hinsicht muss – wie im Rahmen der durch Beitragsleistung erworbenen Gegenstände – ebenfalls ein vollständiger Erwerbstatbestand vorliegen. Insoweit können Probleme bei der wirksamen Stellvertretung der Gesellschaft praktisch noch häufiger auftreten. Zudem kommt bei Gutgläubigkeit (nur) des handelnden Gesellschafters auch ein Erwerb der Gesellschaft vom Nichtberechtigten nach den §§ 932 ff. BGB in Betracht (zur Wissenszurechnung → Rn. 187). Auch ein gesetzlicher Eigentumserwerb nach den §§ 946 ff. BGB ist denkbar.

c) Die aufgrund *dinglicher Surrogation* erworbenen Sachen und Rechte sind nach **99** § 718 II BGB ebenfalls Bestandteile des Gesellschaftsvermögens. Hiervon werden nach der 1. Alt. alle Arten von Sach- und Rechtsfrüchten (§ 99 BGB) und nach der 2. Alt. das stellvertretende commodum iSd § 285 BGB (insbesondere Schadensersatzforderungen oder Versicherungsansprüche) erfasst.

d) § 718 BGB listet die wichtigsten Erwerbsarten auf, enthält aber *keine abschließende* **100** *Regelung*. Denkbar ist weiterhin der Erwerb durch Erbfolge, Vermächtnis oder durch echten Vertrag zugunsten der Gesellschaft nach § 328 I BGB.[200]

2. Gesamthandsprinzip

Die Vermögensordnung in der GbR wird maßgeblich vom Gesamthandsprinzip be- **101** stimmt. Dessen Rechtsnatur und Konsequenzen bei der GbR sind aber seit Erlass des BGB umstritten.[201] Der Gesetzgeber enthielt sich bewusst einer Entscheidung über »das Wesen der gesamten Hand«. Die Vorschriften der §§ 705 ff. BGB konnten und können insoweit keinen Aufschluss geben. Zwar wird in § 718 BGB festgelegt, dass

---

199 RGZ 111, 77 (83).
200 MüKoBGB/*Schäfer* § 718 Rn. 22.
201 Ausf. Überbl. bei *K. Schmidt* GesR § 8 III (S. 196 ff.).

das Gesellschaftsvermögen den Gesellschaftern gemeinschaftlich zusteht. Auch spricht § 719 BGB davon, dass ein Gesellschafter »über seinen Anteil am Gesellschaftsvermögen« nicht verfügen kann. Wie ein solcher Anteil am Gesellschaftsvermögen jedoch rechtstechnisch ausgestaltet sein soll, lässt das Gesetz offen.

102 **a)** Nach den sog. *traditionellen Gesamthandslehren*[202] (auch individualistische Gesamthandstheorie) ist das Gesamthandsvermögen ein Sondervermögen der Gesellschafter, sodass auch nur die Gesamthänder als Rechtsträger dieses Vermögens in Betracht kommen. Ein vielfältiges Spektrum an Meinungen bietet sich innerhalb dieser Gesamthandstheorie bezüglich der Frage, wie die genaue Struktur eines solchen gesamthänderisch gebundenen Sondervermögens aussehen soll, das neben dem Privatvermögen der Gesellschafter existiert. Insbesondere die Beantwortung der Frage, wie bei einer solchen Konzeption die Mitberechtigung an den einzelnen Vermögensgegenständen gerade in Abgrenzung zur Bruchteilsgemeinschaft ausgestaltet sein soll, bereitet erhebliche Schwierigkeiten, wobei sich keine Lösung für jeden Einzelfall als praxisgerecht erweist.

103 **b)** Da die Ergebnisse der traditionellen Gesamthandslehren vielfach nicht mit den rechtspraktischen Notwendigkeiten in Einklang zu bringen sind, entwickelte sich die sog. *Lehre von der Teilrechtsfähigkeit.*[203] Danach ist die GbR als eine von den einzelnen Gesellschaftern zu unterscheidende »Gruppe« mit einem Sondervermögen zu verstehen. Diese Lehre ermöglicht es, die GbR im Rechtsverkehr in Erscheinung treten zu lassen, zumindest soweit es den Erwerb von Rechtspositionen betrifft. Nach und nach wurde die GbR auf dieser Grundlage als Inhaberin bestimmter Rechtspositionen anerkannt. Dabei wird aber von vielen Vertretern der Lehre von der Teilrechtsfähigkeit hinsichtlich der Zuordnung des Gesellschaftsvermögens weiterhin betont, dass die BGB-Gesellschafter dinglich an dem Gesellschaftsvermögen beteiligt sind, wenn auch in Form einer gesamthänderischen Bindung. Zuordnungssubjekt des Gesellschaftsvermögens sind daher nach dieser Auffassung die Gesellschafter in ihrer gesamthänderischen Verbundenheit. Die praktischen Konsequenzen dieser »gesamthänderischen Verbundenheit« sind freilich eher unklar geblieben.

104 **c)** Ausgehend von der Frage, wie sich die Übertragung eines »Gesellschaftsanteils« rechtlich vollzieht, hat sich mehr und mehr die Idee eines *eigenständigen Mitgliedschaftsrechts* in der GbR durchgesetzt. *Flume*[204] entwickelte diese neue Gesamthandslehre konsequent fort. Danach können Zuordnungssubjekt des Gesellschaftsvermögens nicht die Gesellschafter sein, sondern allein die rechtsfähige Gesellschaft als solche. Den Gesellschaftern steht danach einzig ein Mitgliedschaftsrecht als subjektives Recht zu, das eigenständig übertragbar ist. Hierbei handelt es sich um das erste weitgehend widerspruchsfreie Modell der gesellschaftsrechtlichen Gesamthandsgemeinschaft, das auch den Bedürfnissen des Rechtsverkehrs gerecht wird. Auch der BGH[205]

202 *Fikentscher,* Schuldrecht, 9. Aufl. 1997, § 88 Rn. 964 (anders inzwischen *Fikentscher/Heinemann,* Schuldrecht, 11. Aufl. 2017, § 92 Rn. 1308); *Berndt/Boin* NJW 1998, 2854 (2855ff.); *Cordes* JZ 1998, 545 (546ff.); *Hueck,* FS Zöllner, 1998, 275 (279ff.); *Zöllner,* FS Gernhuber, 1993, 563 (566ff.). S dazu auch *Bork,* Allgemeiner Teil des Bürgerlichen Gesetzbuchs, 4. Aufl. 2016, Rn. 195.
203 Grdl. *Flume* BGB AT I/1 § 4 II (S. 54ff.); *Flume* ZHR 136 (1972), 177 (184ff., 189); ihm folgend unter anderem MüKoBGB/*Schäfer* § 705 Rn. 298ff.; *Ulmer* AcP 198 (1998), 113 (119ff.); *K. Schmidt* GesR § 8 III (S. 196ff.); *Huber,* FS Lutter, 2000, 107 (110ff.).
204 *Flume* BGB AT I/1 § 5 (S. 68ff.).
205 BGHZ 146, 341 (343ff.).

hat sich dieser *neuen Gesamthandslehre* angeschlossen.[206] Dem ist uneingeschränkt zuzustimmen, auch wenn diese Lösung mit dem Gesetzeswortlaut nicht an allen Stellen zu vereinbaren ist, sodass verschiedentlich berichtigende Auslegungen erforderlich werden (zB §§ 714, 719, 738, 739 BGB).

Die Unterschiede dieses Gesamthandsmodells zur juristischen Person dürften im We-   **105**
sentlichen dogmatischer Natur sein. Trägerin des Gesellschaftsvermögens kann bei Anerkennung der Rechtsfähigkeit der GbR nur die Gesellschaft selbst sein. Die einzelnen Gesellschafter verfügen über keine dingliche Berechtigung an diesem Vermögen. Ihnen steht vielmehr ein Mitgliedschaftsrecht zu, in dem ihre Beteiligung an der Gesellschaft zusammengefasst ist. Dieses Mitgliedschaftsrecht beinhaltet neben den Verwaltungsrechten auch einen Kapitalanteil am Gesellschaftsvermögen. Dieser Kapitalanteil ist jedoch nur eine Rechnungsgröße, anhand derer sich die Höhe der Beteiligung jedes Gesellschafters am Wert des Unternehmens berechnet. Als Rechnungsziffer besitzt der Kapitalanteil keinen eigenen rechtlichen Zuweisungsgehalt, ist somit kein selbstständig übertragbares subjektives Recht. Übertragbar ist vielmehr ausschließlich das Mitgliedschaftsrecht. Im Fall des Ausscheidens eines Gesellschafters erlischt dieses Mitgliedschaftsrecht in seiner Person (Abwachsung) und wird durch einen Abfindungsanspruch ersetzt (§ 738 I 2 BGB). Es wächst dann den in der Gesellschaft verbleibenden Gesellschaftern zu, § 738 I 1 BGB (Anwachsung; → Rn. 210).

3. Verfügungsverbot

a) Der einzelne Gesellschafter kann einen *Anteil am Gesellschaftsvermögen* schon des-   **106**
halb nicht abtreten, weil ihm ein solcher Anteil gar nicht zusteht. Insoweit stellt § 719 I BGB nur die Rechtslage klar. Verfügt ein Gesellschafter dennoch über einen Anteil am Gesellschaftsvermögen, ist das Geschäft nicht bis zur Genehmigung durch die anderen Gesellschafter schwebend unwirksam, sondern nichtig.[207] Ebenso ist nach § 719 I BGB die *Verfügung über einen einzelnen Vermögensgegenstand* durch einen Gesellschafter nichtig. Gleichwohl kann sich bei der Verfügung über einen einzelnen Vermögensgegenstand nach §§ 932 ff. bzw. § 185 BGB ein Eigentumserwerb des Vertragspartners ergeben.[208] Streng von der Verfügung eines Gesellschafters nach § 719 BGB zu unterscheiden sind die Fälle der Verfügung durch vertretungsberechtigte Gesellschafter im Namen der Gesellschaft (§ 714 BGB).

b) Unbeschadet der Verfügungsverbote des § 719 I BGB ist nach mittlerweile allgemei-   **107**
ner Ansicht die *Verfügung über den Gesellschaftsanteil im Ganzen,* also das jedem Gesellschafter zustehende Mitgliedschaftsrecht als selbstständig übertragbares subjektives Recht, grundsätzlich möglich (→ Rn. 233 ff.). Mit Übertragung tritt der Erwerber in die Rechtsstellung des bisherigen Gesellschafters mit allen gesellschaftsbezogenen Rechten und Pflichten ein.[209] Ob und unter welchen Voraussetzungen jeder Gesellschafter seinen Nachfolger selbstständig bestimmen darf, unterliegt der Disposition der Beteiligten.[210] Diese können zB im Gesellschaftsvertrag vereinbaren, dass Gesellschafter-

---

206 Vgl. aus den zahlr. positiven Stimmen zu diesem Urteil *Hadding* ZGR 2001, 712; *Habersack* BB 2001, 477; *K. Schmidt* NJW 2001, 993 (996 ff.); *Ulmer* ZIP 2001, 585.
207 Bamberger/Roth/*Schöne* § 719 Rn. 2 f.; MüKoBGB/*Schäfer* § 719 Rn. 4 f.
208 MüKoBGB/*Schäfer* § 719 Rn. 9.
209 BGH WM 1986, 1314 (1315); DB 2003, 497.
210 BGHZ 44, 229 (231).

wechsel möglich sein sollen, und auf diese Weise vorab ihre Einwilligung erteilen. Falls der Gesellschaftsvertrag eine Einwilligung nicht enthält, müssen grundsätzlich alle Gesellschafter dem Wechsel zustimmen, da eine Veränderung des Gesellschafterbestandes die Grundlagen der Gesellschaft betrifft. Soll ein Mehrheitsbeschluss ausreichen, muss dieser Wille dem Gesellschaftsvertrag zweifelsfrei zu entnehmen sein.[211]

108 c) Schließlich stellt § 719 II BGB klar, dass die Aufrechnung eines Dritten mit einer nur gegen einen Gesellschafter bestehenden Forderung nicht möglich ist. Dies folgt schon daraus, dass die Forderungen nicht im Gegenseitigkeitsverhältnis stehen.[212]

IV. Innenverhältnis

109 Unter dem Innenverhältnis der GbR versteht man zum einen die Rechtsbeziehungen zwischen der Gesellschaft selbst und ihren Gesellschaftern und zum anderen diejenigen der Gesellschafter untereinander. Hierfür halten die §§ 705 ff. BGB eine Reihe von Bestimmungen bereit. Die Parteien können diese weitgehend dispositiven Regelungen aber vorbehaltlich der Wahrung allgemeiner Schranken der Vertragsfreiheit (§§ 134, 138 BGB) den Bedürfnissen der jeweiligen Gesellschaftsstruktur anpassen.[213] Häufig wird dies aufgrund der konkreten Ausgestaltung der Gesellschaft, insbesondere des Gesellschaftsgegenstandes und des Grades der finanziellen Beteiligung bzw. der individuellen Kompetenzen der Gesellschafter, geboten sein.

So wird es sich bei einer mehrgliedrigen Gesellschaft regelmäßig empfehlen, die bisweilen unpraktische Regelung des § 709 BGB, wonach grundsätzlich sämtlichen Gesellschaftern die Geschäftsführung gemeinschaftlich obliegt, durch anderweitige gesellschaftsvertragliche Vorsorge zu modifizieren, sodass etwa einzelne Gesellschafter allein oder in der Gruppe geschäftsführungsbefugt sind.

1. Entstehen im Innenverhältnis und Mitgliedschaft

110 Die Gesellschaft entsteht regelmäßig mit Abschluss des Gesellschaftsvertrags (→ Rn. 66 ff.). Denkbar ist aber auch, dass eine in anderer Rechtsform gegründete Gesellschaft in eine GbR umgewandelt wird, sei es durch Umwandlung nach dem UmwG[214] oder auch nur, weil eine nicht in das Handelsregister eingetragene Personenhandelsgesellschaft die Voraussetzungen für den Betrieb eines Handelsgewerbes iSd § 1 II HGB nicht mehr erfüllt und deshalb zur BGB-Gesellschaft wird. Mit der Entstehung der Gesellschaft treten im Innenverhältnis unmittelbar die vertraglich festgelegten oder gesetzlich angeordneten Regelungen in Kraft, wodurch für die Gesellschafter zugleich vielfältige Rechte, aber auch Pflichten begründet werden. Freilich besitzt dieses – üblicherweise als Innengesellschaft bezeichnete – Geflecht schuldrechtlicher Bestimmungen noch keine Rechtssubjektivität. Erst wenn die Gesellschaft im Rechtsverkehr auftritt (dann als Außen-GbR bezeichnet), wird ihr Rechtsfähigkeit zuerkannt (vgl. zur Rechtsfähigkeit der GbR → Rn. 49).

Sämtliche Rechte und Pflichten im Innenverhältnis der Gesellschaft werden in der Mitgliedschaft zusammengefasst. Je nach der Gesellschafterzahl zerfällt diese in unterschiedlich viele Anteile. Im Hinblick auf den einzelnen Gesellschafter ist sie dagegen

---

211 BGH WM 1961, 303 (304).
212 OLG Düsseldorf ZIP 1996, 1749 (1751).
213 OLG Schleswig NZG 2001, 796 (797 f.).
214 Hierzu Bamberger/Roth/*Schöne* BGB § 705 Rn. 21 f.

einheitlich. Ein Mitglied kann also nicht zwei rechtlich selbstständige Mitgliedschaftsanteile halten. Dabei verkörpert das einzelne Mitgliedschaftsrecht eines Gesellschafters nicht nur dessen Rechte und Pflichten, sondern stellt sich als ein selbstständiges, übertragbares subjektives Recht des Gesellschafters dar, welches zugleich einen Anteil am Gesellschaftsvermögen repräsentiert. Allerdings geht damit keine unmittelbare dingliche Berechtigung des Gesellschafters am Gesellschaftsvermögen einher (zur Mitgliedschaft bereits → Rn. 104).

Die Mitgliedschaftsrechte und -pflichten in einer Gesellschaft werden im Wesentlichen zum einen nach **111** ihrem Gegenstand und zum anderen nach der Sphäre der sich beim Anspruch gegenüberstehenden Beteiligten unterschieden. So wird zunächst zwischen den Verwaltungs- und Vermögensrechten und -pflichten differenziert. Zudem ist die Beziehungsebene von Gesellschafter und Gesellschaft *(Sozialsphäre)* von der der Gesellschafter untereinander zu trennen *(Individualsphäre)*.[215] Von besonderer Bedeutung sind dabei die vermögensrechtlichen Ansprüche aus der Sozialsphäre. Bei den Ansprüchen eines Gesellschafters gegen die Gesellschaft handelt es sich um sog. *Sozialverpflichtungen*. Als solche sind etwa die Ansprüche des Gesellschafters auf Auszahlung des Gewinnanteils (§ 721 BGB) oder auf Ersatz der im Rahmen der Geschäftsführung getätigten Aufwendungen (§§ 713, 670, 669 BGB) zu nennen. Demgegenüber werden Ansprüche der Gesellschaft gegen einen einzelnen Gesellschafter als *Sozialansprüche* bezeichnet. Zu den Sozialansprüchen gehören insbesondere die Ansprüche auf Beitragsleistung (§§ 705f. BGB) und auf Herausgabe des aus der Geschäftsführung Erlangten (§§ 713, 667 BGB) sowie auf Schadensersatz wegen Verletzung gesellschaftsvertraglicher Pflichten.

2. Grundsatz der gleichmäßigen Behandlung

Das Innengefüge der GbR ist vom verbandsrechtlichen Gleichbehandlungsgrundsatz **112** geprägt, wonach eine unsachliche Differenzierung zwischen den Gesellschaftern grundsätzlich verboten ist.[216] Auch das gesetzliche Leitbild ist von dem Gedanken gleichmäßiger Berechtigung und Verpflichtung aller Gesellschafter geprägt (vgl. §§ 706 I, 709 I, 722 I, 734, 735 BGB). Indes lässt sich hieraus keine Beschränkung der Vertragsfreiheit der Gesellschafter herleiten, sodass nach dem bereits allgemein Gesagten auch hinsichtlich der auf Gleichbehandlung ausgerichteten Normen von der grundsätzlichen Disponibilität auszugehen ist.[217] Sie nehmen damit eher die Rolle von Auslegungsregeln ein.

3. Rechte der Gesellschafter

Die Mitgliedschaft in der Gesellschaft verschafft den Gesellschaftern bestimmte **113** Rechte, die sich in Verwaltungs- und Vermögensrechte unterteilen lassen. Neben der konkreten inhaltlichen Ausgestaltung dieser Rechte stellen sich Fragen im Zusammenhang mit ihrer Übertragbarkeit und Pfändbarkeit.

a) Von besonderer Bedeutung sind die *Mitwirkungs- bzw. Mitverwaltungsrechte* der **114** Gesellschafter. Dazu gehören insbesondere die Teilhabe an der Willensbildung in der Gesellschaft, ferner das Recht zur Geschäftsführung einschließlich des Widerspruchsrechts (§§ 709ff. BGB), das Recht zur Vertretung (§ 714 BGB), das Informationsrecht (§ 716 BGB) sowie das Kündigungsrecht (§ 723 BGB) und die Mitwirkungsrechte bei der Auseinandersetzung (§§ 730ff. BGB). Diese Verwaltungsrechte sind nach § 717 S. 1 BGB nicht übertragbar.

---

215 MüKoBGB/*Schäfer* § 705 Rn. 185f.
216 *Wiedemann* GesR I § 8 II 2 (S. 427); *Kindl* GesR § 8 Rn. 4.
217 BGH WM 1965, 1284 (1286); 1966, 1036 (1037).

115 **aa)** Die *Willensbildung* der Gesellschaft erfolgt durch – in der Regel einstimmige – *Beschlussfassung* der Gesellschafterversammlung (→ Rn. 154 ff.). Die einzelnen Gesellschafter haben neben dem Recht auf Teilnahme an den Gesellschafterversammlungen ein unentziehbares Stimmrecht. Als Beschlussgegenstände lassen sich hinsichtlich ihres Gegenstandes gemeinsame Gesellschaftsangelegenheiten und Geschäftsführungsangelegenheiten unterscheiden.

116 **(1)** Zu den *gemeinsamen Gesellschaftsangelegenheiten* zählen vor allem die sog. *Grundlagengeschäfte,* die den Bestand und die Organisation der Gesellschaft und damit den Gesellschaftsvertrag betreffen. Hierzu gehören neben dem Vertragsschluss auch sämtliche Vertragsänderungen (§ 705 BGB). Den *Bestand* der Gesellschaft betreffende Beschlüsse sind solche zur Änderung des Gesellschaftszwecks, zur Aufnahme eines neuen Gesellschafters, zur Zustimmung zum Ausscheiden eines bisherigen Gesellschafters, zur Ausschließung bzw. Klage auf Ausschließung eines Gesellschafters (§ 737 BGB) und der Auflösungsbeschluss. *Organisatorische* Fragen betreffen Beschlüsse über die Änderung der Beiträge (§ 706 BGB) sowie die Erteilung und Entziehung bzw. Klage auf Entziehung von Geschäftsführungsbefugnis (§§ 710, 712 I BGB) und Vertretungsmacht (§§ 714, 715 BGB). *Weitere gemeinsame Gesellschaftsangelegenheiten* betreffen Beschlüsse über die Vornahme außergewöhnlicher Geschäfte, die über den Gesellschaftszweck hinausgehen, die Geltendmachung des kollektiven Informationsrechts gegen die geschäftsführenden Gesellschafter (§ 713 iVm § 666 BGB), die Entlastung der Geschäftsführer sowie die Gewinnverwendung (§ 721 BGB). Hierzu gehören, soweit erforderlich, auch die Beschlüsse über die Feststellung der Bilanz und die Wahl der Abschlussprüfer.

117 **(2)** Dagegen sind alle Entscheidungen über Angelegenheiten, die unmittelbar der Erreichung des Gesellschaftszwecks dienen und nicht die Grundlagen der Gesellschaft betreffen, *Geschäftsführungsangelegenheiten.* Inwieweit die Gesellschafter hierüber entscheiden, ist abhängig von der zugrunde liegenden vertraglichen Regelung.

118 **bb)** Das *Recht zur Geschäftsführung* (→ Rn. 141 ff.) folgt bereits aus der Gesellschafterstellung (§ 709 BGB) und bedarf keiner gesonderten vertraglichen Vereinbarung. Im Unterschied zu eigennützigen Befugnissen besteht es ausschließlich im Interesse der Gesellschaft.[218] Für den Inhalt der Berechtigungen des Geschäftsführers sind grundsätzlich die Vorschriften des Gesellschaftsrechts maßgeblich. Dieses verweist insbesondere für Rechnungslegung und Aufwendungsersatz subsidiär in das Auftragsrecht (§ 713 BGB). Ein Anspruch auf Vergütung besteht nur, wenn dies besonders vereinbart worden ist.[219] Nach der abdingbaren Regel in § 709 I BGB steht den Gesellschaftern die Geschäftsführung grundsätzlich gemeinschaftlich zu. Allerdings können einzelne Gesellschafter von der Geschäftsführung ausgeschlossen werden (§ 710 S. 1 BGB).

119 **cc)** Aber auch ein von der Geschäftsführung ausgeschlossener Gesellschafter behält grundsätzlich ein *Informationsrecht* über die Angelegenheiten der Gesellschaft aus § 716 BGB (→ Rn. 163). Er ist berechtigt, Geschäftsbücher und Papiere der Gesellschaft einzusehen. Auch dieses Recht kann beschränkt oder ausgeschlossen werden, solange nicht Grund zur Annahme unredlicher Geschäftsführung besteht (§ 716 II BGB).

---

218 BGH NJW 1972, 862 (863).
219 BGHZ 17, 299 (301).

b) Die bedeutsamsten *Vermögensrechte* sind die Rechte auf den Gewinnanteil (§§ 721, **120** 722 BGB), auf Aufwendungsersatz (§§ 713, 670 BGB) und auf das Auseinandersetzungsguthaben (§§ 733 f. BGB). Sie richten sich gegen die Gesellschaft und sind damit Sozialverpflichtungen.

aa) Die *Beteiligung an Gewinn und Verlust* regeln §§ 721, 722 BGB. Nach dem **121** Grundsatz der gleichmäßigen Behandlung der Gesellschafter sind Gewinne und Verluste einer GbR nach Köpfen zu verteilen (§ 722 I BGB). Im Gesellschaftsvertrag kann jedoch ausdrücklich oder konkludent etwas anderes vereinbart sein. Gewichtiges Indiz gegen eine Verteilung nach Köpfen ist etwa ein erhebliches Abweichen der jeweils geleisteten Einlagen.[220] Weiterhin ist bestimmt, zu welchem Zeitpunkt die Gewinn- und Verlustverteilung unter den Gesellschaftern vorzunehmen ist. Bei den Gelegenheitsgesellschaften werden Gewinn oder Verlust erst nach Beendigung verteilt (§ 721 I BGB). Bei Dauergesellschaften hat dies im Zweifel jährlich zum Ende des Geschäftsjahres zu geschehen (§ 721 II BGB).

Der Gewinn ist der Betrag, um den das Gesellschaftsvermögen die Summe aus Einlagen und Verbindlichkeiten übersteigt. Dementsprechend ist der Verlust der Betrag, um den das Gesellschaftsvermögen hinter der Summe aus Einlagen und Verbindlichkeiten zurückbleibt. Der Jahresgewinn ist der Überschuss, der sich bei einem Vergleich der Vermögenslage am Schluss des laufenden Geschäftsjahres mit der Vermögenslage am Schluss des vorhergehenden Geschäftsjahres ergibt. Aufgrund der Dispositionsbefugnis der Gesellschafter darf bei entsprechender Vereinbarung die jährliche Gewinnausschüttung unterbleiben. Im Unterschied zu § 120 II HGB erhöht der zurückbehaltene Überschuss nicht die Einlage der Gesellschafter. Deren Ausschüttungsanspruch bleibt bestehen. Dieser ist bei der Auseinandersetzung nach § 733 I BGB zu berücksichtigen. Verluste müssen erst nach Beendigung der Gesellschaft bzw. bei Ausscheiden eines einzelnen Gesellschafters ausgeglichen werden (§§ 735, 739 BGB).

Jedem Gesellschafter steht zur Vorbereitung des Anspruchs auf Gewinnauszahlung gegen die anderen Gesellschafter ein Anspruch auf Rechnungslegung zu, der der Gewinnermittlung dient.[221] Dieser Anspruch ist nicht zu verwechseln mit den Ansprüchen auf Auskunft und Rechnungslegung gegenüber einem geschäftsführenden Gesellschafter aus § 713 BGB.

bb) Ferner kann einem Gesellschafter ein Recht auf *Aufwendungsersatz* gem. §§ 713, **122** 670 BGB gegen die Gesellschaft zustehen. Dies gilt zunächst für Aufwendungen, die ein geschäftsführender Gesellschafter im Rahmen der Durchführung der Geschäfte der Gesellschaft berechtigterweise gemacht hat. Außerdem gehört hierher der Anspruch des Gesellschafters gegen die Gesellschaft auf Ausgleich von Leistungen, die er zur Begleichung von Gesellschaftsschulden gegenüber Dritten aufgewendet hat (→ Rn. 166).

cc) Schließlich ist der *Anspruch auf das Auseinandersetzungsguthaben* (§§ 733 f. BGB) **123** zu nennen. Dieser bildet einen zukünftigen Anspruch, der sich mit der Auflösung der Gesellschaft realisiert und mit der Schlussabrechnung fällig wird.[222]

c) Während § 719 BGB klarstellt, dass ein Gesellschafter weder über seinen Anteil am **124** Gesellschaftsvermögen noch über einzelne Gegenstände des Gesellschaftsvermögens verfügen darf (→ Rn. 101 ff.), stellt sich die hiervon zu unterscheidende Frage nach der *Übertragbarkeit der Gesellschafterrechte,* die unmittelbar die Gesellschafterstellung

---

220 BGH NJW-RR 1990, 736.
221 OLG Saarbrücken NZG 2002, 669 (670).
222 MüKoBGB/*Schafer* § 705 Rn. 190.

betreffen. § 717 BGB beantwortet diese Frage und unterscheidet diesbezüglich zwischen nicht übertragbaren (Satz 1) und übertragbaren Rechten (Satz 2).

125 **aa)** Das *Übertragungsverbot des § 717 S. 1 BGB* erfasst vor allem *(Mit-)Verwaltungsrechte.* Es betrifft somit das Stimmrecht und das allgemeine Recht auf Beteiligung an der Geschäftsführung, alle Informations- und Kontrollrechte sowie das Recht, die Auseinandersetzung herbeizuführen. Die Vorschrift ist unabdingbar[223] und soll gewährleisten, dass die Verwaltungsrechte vollständig in der Hand des Gesellschafters bleiben (sog. *Abspaltungsverbot*). Sie trägt damit zum Schutz des Grundsatzes der Selbstorganschaft bei (→ Rn. 146). Dem Abspaltungsverbot widerspricht es nicht, wenn die betreffenden Rechte mit Zustimmung aller Gesellschafter bevollmächtigten Dritten zur Ausübung überlassen werden, solange dies nicht unwiderruflich erfolgt.[224] Auch der gesetzliche Vertreter eines Gesellschafters kann – ohne Zustimmung der übrigen Gesellschafter – jene Rechte wahrnehmen. Die unmittelbare Einräumung gesellschaftsrechtlicher Pflichten und Ansprüche ist aber nur ausnahmsweise zulässig, wenn sie durch Vereinbarung mit allen Gesellschaftern zugunsten eines Treugebers erfolgt, unabhängig davon, ob dieser selbst Gesellschafter wird.[225]

> **Beispiel:** D möchte Einfluss auf die Geschicke der ABC-GbR nehmen, ohne dass er eine unmittelbare gesellschafterliche Beteiligung wünscht. Er kann mit einem der Gesellschafter vereinbaren, dass dieser seine Anteile treuhänderisch für D hält. Soweit auch alle anderen Gesellschafter zustimmen, können D als Treugeber anschließend unmittelbare gesellschaftsrechtliche Rechte und Ansprüche eingeräumt werden.

126 Problematisch ist die Rechtslage im Hinblick auf sog. *Stimmbindungsverträge* in der BGB-Gesellschaft. Dabei verpflichtet sich ein Gesellschafter, der rechtlich seine Gesellschafterstellung und damit auch sein Stimmrecht behält, durch einen rein schuldrechtlichen Vertrag dazu, von seinem Stimmrecht in einer bestimmten Weise Gebrauch zu machen. Solche Absprachen sind zwischen Mitgesellschaftern grundsätzlich zulässig, ohne dass es hierfür der Zustimmung der übrigen Gesellschafter bedarf.[226] Einen Stimmbindungsvertrag mit außerhalb der Gesellschaft stehenden Dritten hält die Rechtsprechung ebenfalls für zulässig und nach Maßgabe des § 894 ZPO für vollstreckbar.[227] Die überwiegende Literatur schließt sich dem im Ergebnis an, wobei häufig eine Einschränkung vorgenommen wird, wenn eine uneingeschränkte Stimmbindung vereinbart und dem Dritten ein umfassendes Weisungsrecht gegenüber dem Stimmverhalten des Gebundenen eingeräumt wurde.[228] Richtigerweise sind Stimmbindungsverträge mit Nichtgesellschaftern aber wegen Verstoßes gegen das Abspaltungsverbot als nichtig anzusehen,[229] um die Einheit von Mitgliedschaft und daraus resultierenden Verwaltungsrechten wirkungsvoll zu schützen. Würde man einen solchen Vertrag zulassen und darüber hinaus dessen Vollstreckbarkeit anerkennen, hätte dies eine faktische Abtrennbarkeit des Stimmrechts von der Gesellschafterstellung zur Folge und könnte ein Nichtgesellschafter unzulässigen Einfluss auf die Belange der Gesellschaft erhalten. Eine allgemeine Grenze für die Wirksamkeit solcher Verträge ergibt sich schließlich aus § 138 BGB.

127 **bb)** Demgegenüber kommt eine *Übertragung von Einzelrechten* nach § 717 S. 2 BGB in Betracht. Übertragbar sind vor allem die aus der Gesellschafterstellung erwachsenden vermögensrechtlichen Ansprüche. Das sind etwa Aufwendungsersatzansprüche, ein-

---

223 BGHZ 3, 354 (357); 36, 292 (293); *K. Schmidt* GesR § 19 III 4 (S. 560).
224 BGHZ 36, 292 (295); Palandt/*Sprau* BGB § 717 Rn. 4.
225 BGHZ 10, 44 (49); BGH NJW-RR 2003, 1392 (1393); HK-BGB/*Saenger* § 717 Rn. 2.
226 So die hM, vgl. MüKoBGB/*Schäfer* § 717 Rn. 23; Soergel/*Hadding/Kießling* BGB § 709 Rn. 35; aA *Flume* BGB AT I/1 § 14 VI (S. 232).
227 BGHZ 48, 163 (173).
228 Erman/*Westermann* BGB § 709 Rn. 22; Staudinger/*Habermeier*, 2003, BGB § 717 Rn. 11; *Flume* BGB AT I/1 § 14 VI (S. 230); *K. Schmidt* GesR § 21 II 4a cc (S. 619); *Beuthien* ZGR 1974, 26 (45); *Habersack* ZHR 164 (2000), 1 (12).
229 MüKoBGB/*Schäfer* § 717 Rn. 25 mwN; Soergel/*Hadding/Kießling* BGB § 709 Rn. 36.

schließlich der aus der Geschäftsführung folgenden geldwerten Ansprüche (§§ 713, 670 BGB; dagegen nicht Vorschussansprüche), und Ansprüche auf den Gewinnanteil (§§ 721, 722 BGB; nicht das Gewinnstammrecht, also die allgemeine Berechtigung zum Gewinnbezug). Diese regelmäßig auf eine Geldleistung gerichteten Ansprüche betreffen die anderen Gesellschafter nicht unmittelbar in ihrer gesellschaftsrechtlichen Stellung, weshalb es mit dem Vertrauensverhältnis unter den Gesellschaftern vereinbar ist, dass ein Außenstehender sie gegenüber Gesellschaftern geltend macht. Ein Bedürfnis nach der *Übertragung* von Einzelrechten kann sich insbesondere ergeben, wenn ein Gesellschafter seinem Gläubiger eine Sicherheit bestellen möchte. Andererseits können aber auch die Gläubiger ihrerseits wegen einer titulierten Forderung die Vollstreckung in den Gesellschaftsanteil betreiben wollen. Den Gesellschaftern steht es aber frei, die Übertragbarkeit auch dieser Ansprüche gem. § 399 BGB im Gesellschaftsvertrag auszuschließen.[230]

Trotz der Übertragung von Vermögensrechten wird der Zessionar grundsätzlich nicht in die Lage versetzt, durch Verwaltungsrechte die Realisierung dieser Ansprüche eigenständig zu betreiben. Dazu ist er vielmehr auf den abtretenden Gesellschafter angewiesen, soweit ihm dieser nicht mit Zustimmung der anderen Gesellschafter einzelne Rechte zur Ausübung überlässt. Insbesondere kann er wegen des Grundsatzes des S. 1 nicht kündigen oder die Auseinandersetzung verlangen.[231]

d) Soweit die Rechte des Gesellschafters übertragbar sind, sind sie auch *pfändbar* 128
(§ 851 iVm § 857 I ZPO), wenn ein in das Privatvermögen des Gesellschafters vollstreckbarer Titel besteht. Ein in Abweichung von § 717 S. 2 BGB vertraglich vereinbarter Abtretungsausschluss hindert die Pfändbarkeit allerdings nicht. Insoweit stehen Gläubigern eines Gesellschafters mehrere Möglichkeiten offen:

aa) Mit der *Pfändung des Gewinn- und Auseinandersetzungsanspruchs* bzw. *-gut-* 129
habens nach §§ 828 ff. ZPO kann sich der Gläubiger das Gewinn- und das künftige Auseinandersetzungsguthaben (§ 734 BGB) sichern. Hinsichtlich Letzterem bedarf es zur Realisierung aber der Beendigung der Gesellschaft. Mit der Pfändung dieses Anspruchs erwirbt der Gläubiger indes nicht das Recht, die Gesellschaft auch zu kündigen.[232] Er kann das Auseinandersetzungsguthaben deshalb nicht fällig stellen, sondern muss abwarten, bis der Anspruch aus anderen Gründen fällig wird. Dieser Weg ist daher nur erfolgversprechend, wenn die Gesellschaft bereits aufgelöst ist oder mit ihrer Auflösung durch die Gesellschafter fest zu rechnen ist.

bb) Aussicht auf Erfolg bietet demgegenüber die *Kündigung der Gesellschaft* gem. 130
§ 725 BGB *nach Pfändung der Mitgliedschaft* (ausführlich → Rn. 244). Zwar spricht diese Norm ebenso wie § 859 I ZPO von der Pfändung des Anteils des Gesellschafters am Gesellschaftsvermögen. Allerdings müssen § 725 I BGB, § 859 I ZPO nach nunmehr hM dahingehend ausgelegt werden, dass sie die Pfändbarkeit der Mitgliedschaft als Inbegriff aller Rechte und Pflichten aus dem Gesellschaftsverhältnis betreffen.[233] Die Pfändung erfolgt als Rechtspfändung und richtet sich nach §§ 857, 828 ff. ZPO. Sie ist hinreichend, damit der Gläubiger die Gesellschaft ohne Einhaltung einer Kündigungsfrist gem. § 725 I BGB kündigen und sodann von der Gesellschaft zwecks Befriedigung Auszahlung des Auseinandersetzungsguthabens verlangen kann, wenn er einen nicht bloß vorläufig vollstreckbaren Schuldtitel besitzt. Freilich wird der Gläubiger mit der Pfändung nicht Gesellschafter und kann nach § 725 II BGB auch im We-

---

230 BGH WM 1978, 514 (515).
231 BGH WM 1983, 1279 (1280).
232 RGZ 90, 19 (20); MüKoBGB/*Schäfer* § 717 Rn. 43; HK-ZV/*R. Koch* ZPO § 859 Rn. 18.
233 Erman/*Westermann* BGB § 725 Rn. 1; HK-ZV/*R. Koch* ZPO § 859 Rn. 2.

sentlichen keine Mitgliedschaftsrechte geltend machen. Es bedarf daher zudem der Überweisung, damit der Gläubiger den Anspruch des Schuldners gegen dessen Mitgesellschafter auf Durchführung der Auseinandersetzung ausüben kann.[234]

4. Pflichten der Gesellschafter

131 Den Rechten der Gesellschafter stehen gewisse Pflichten gegenüber. Oberste Pflicht aller Gesellschafter ist die *Förderung des Gesellschaftszwecks* insbesondere durch die Leistung von Beiträgen (§ 706 BGB). Auch kann ein Gesellschafter zur Mitwirkung an der Geschäftsführung (§ 709 BGB) nicht nur berechtigt, sondern auch verpflichtet sein (dazu im Einzelnen bei der Geschäftsführung; → Rn. 141 ff.). Zudem stehen die Gesellschafter in einem Treueverhältnis zueinander und zur Gesellschaft, aus dem sich verschiedene Treuepflichten ableiten lassen.

132 a) Die *Beitragspflicht* ist die Hauptpflicht der Gesellschafter und wird regelmäßig durch den Gesellschaftsvertrag nach Art und Umfang näher bestimmt (§ 705 BGB). Die Gesellschafter können die Beiträge grundsätzlich frei vereinbaren. Häufig werden die Beitragspflichten entsprechend den Gewinnverteilungsregeln festgelegt. Inhaber des Anspruchs auf die Beitragsleistung ist die Gesellschaft, weshalb es sich um einen Sozialanspruch handelt. Begrifflich werden als *Beiträge* die noch zu bewirkenden Leistungen bezeichnet. Bereits bewirkte Leistungen sind dagegen *Einlagen* (§ 707 BGB).

133 aa) Soweit keine Regelung getroffen ist, sieht § 706 I BGB unter Berücksichtigung des gesellschaftsrechtlichen Gleichbehandlungsgrundsatzes vor, dass die Gesellschafter gleiche Beiträge zu leisten haben. In Betracht kommen alle Arten von Leistungen, die den gemeinsamen Zweck fördern. Neben einmaligen und wiederkehrenden Geldleistungen sind auch die Einbringung von Anlagegegenständen, Grundstücken, Patenten und vor allem der Arbeitsleistung des Gesellschafters, etwa in Form der Geschäftsführung (§ 706 III BGB), oder Werkleistungen denkbar. Die Beitragshöhe muss nicht im Gesellschaftsvertrag bestimmt werden. Sie kann auch durch Beschluss der Gesellschafter festgelegt werden, der als Grundlagengeschäft regelmäßig einstimmig erfolgen muss. Der Gesellschaftsvertrag kann auch einen Mehrheitsbeschluss vorsehen, muss dann aber zusätzlich eine Obergrenze für die Beiträge festsetzen oder den Gesellschaftern die Möglichkeit einräumen, durch Ausscheiden aus der Gesellschaft der erhöhten Beitragspflicht zu entgehen.[235] Welchen Wert die Gesellschafter einer Einlage beimessen, können sie frei bestimmen. Sie dürfen mit ihrer Bewertung lediglich die Grenze zur Sittenwidrigkeit nicht überschreiten.[236]

Insoweit unterscheidet sich die GbR von den Körperschaften: Dort sind die Gesellschafter im Fall der Sachgründung dazu verpflichtet, durch Erstattung eines Gründungsberichts eine nachvollziehbare Grundlage für die Bewertung der einzubringenden Gegenstände zu schaffen (vgl. etwa § 32 AktG, § 5 IV 2 GmbHG). Zudem scheidet teilweise die Möglichkeit aus, die Einlage in Form von Dienstleistungen zu erbringen (§ 27 II AktG). Der Grund liegt vor allem im unterschiedlichen Haftungskonzept der Körperschaft. Während die Beiträge und deren Bewertung bei der GbR letztlich nur für das Innenverhältnis von Bedeutung sind, da den Gläubigern die Gesellschafter auch persönlich haften, stellt das Gesellschaftsvermögen bei den Körperschaften in der Regel die einzige Haftungsmasse dar, weshalb dessen werthaltige Aufbringung von ungleich höherer Bedeutung ist.

---

234 Im Einzelnen sehr str.; ausf. zum ganzen MüKoBGB/*Schäfer* § 725 Rn. 8 ff.; *K. Schmidt* GesR § 45 IV (S. 1325 ff.).
235 BGHZ 66, 82 (85); 71, 53 (61); BGH WM 1976, 1053 (1055).
236 BGHZ 17, 130 (134); BGH WM 1975, 325 (327).

Die Gesellschaft kann nach dem Willen der Gesellschafter in verschiedener Weise an einzubringenden Sachen oder sonstigen Gegenständen berechtigt werden. Üblich ist die Einbringung *zu Eigentum* der Gesellschaft. Dazu bedarf es eines wirksamen dinglichen Übertragungsaktes an die Gesamthand, der sich nach allgemeinen Regeln vollzieht. Weiterhin kann sich ein Gesellschafter verpflichten, eine Sache *dem Wert nach* in die Gesellschaft einzubringen. Dabei wird die Sache im Innenverhältnis so behandelt, als gehöre sie zum Gesellschaftsvermögen, ohne dass sich aber an der dinglichen Zuordnung des Gegenstandes etwas ändert.[237] Diese Form der Einbringung wird etwa vereinbart, wenn Übertragungshindernisse bestehen oder der Gesellschafter seine formale Eigentümerposition nicht aufgeben will, um bei Verfügungen ein Mitspracherecht zu behalten.[238] Schließlich kommt die bloße Überlassung der Sache *zum Gebrauch oder zur Nutzung* durch die Gesellschaft in Betracht. Fehlt es an einer Bestimmung, wird nach § 706 II 1 BGB vermutet, dass eingebrachte Sachen zu vollem Eigentum der Gesellschaft übertragen werden, wenn sie vertretbar (§ 91 BGB) oder verbrauchbar (§ 92 BGB) sind. Die Vermutung wird nach § 706 II 2 BGB auf nicht vertretbare bzw. verbrauchbare Gegenstände (insbesondere Grundstücke) ausgedehnt, wenn diese geschätzt worden sind und die Schätzung nicht nur der Gewinnverteilung gedient hat. Darauf kann aber nicht im Umkehrschluss die Vermutung gestützt werden, dass bei Fehlen dieser Voraussetzungen nicht vertretbare oder verbrauchbare Sachen nur zum Gebrauch überlassen seien.

bb) Obwohl es sich bei dem Gesellschaftsvertrag um einen gegenseitigen Vertrag handelt, sind die schuldrechtlichen Bestimmungen über die *Leistungsstörungen* in Bezug auf die Beitragspflicht nur eingeschränkt anwendbar (→ Rn. 72). Die Einschränkungen betreffen vor allem §§ 320–326 BGB,[239] wohingegen die Anwendung von §§ 275–290 BGB grundsätzlich möglich ist. So findet das Leistungsverweigerungsrecht eines Gesellschafters nach § 320 BGB wegen Säumnis eines anderen Gesellschafters mit seiner Leistungspflicht weitgehend keine Anwendung (ausführlich → Rn. 72).[240] Auch und vor allem der auf vollständige Auflösung der Gesellschaft gerichtete Rücktritt nach § 323 BGB ist für die auf Dauer angelegte Gesellschaft nicht interessengerecht. Daher vollzieht sich ein Ausscheiden der Gesellschafter, sobald die Gesellschaft erst einmal in Vollzug gesetzt worden ist, nur nach §§ 723, 737 BGB (Kündigung bzw. Ausschluss). Bei Unmöglichkeit der Beitragsleistung gilt § 275 BGB, nicht aber § 326 BGB. Führt eine (ergänzende) Auslegung des Gesellschaftsvertrags in diesem Fall nicht ohnehin zur Umwandlung der Sachleistungs- in eine Geldleistungspflicht, kann der Gesellschafter bei Verschulden zu einer solchen im Rahmen des Schadensersatzes statt der Leistung unter den Voraussetzungen der §§ 280 I, III, 283 BGB bzw. des § 311a II BGB verpflichtet sein, soweit der Gesellschaftszweck weiterhin erreichbar ist und sich aus dem Gesellschaftsvertrag nichts Gegenteiliges ergibt. Hat er überdies die Unmöglichkeit der Erreichung des Gesellschaftszwecks zu vertreten, besteht neben der Auflösung der Gesellschaft nach § 726 BGB gegebenenfalls ein Schadensersatzanspruch der übrigen Gesellschafter nach § 280 I BGB gegen ihn.[241] Eine Nichtleistung der Beiträge kann die Gesellschaft nach §§ 280 I, III, 281 BGB zum Schadensersatz statt der

134

---

237 RGZ 109, 375 (381 f.).
238 MüKoBGB/*Schäfer* § 706 Rn. 12.
239 OLG München ZIP 2000, 2255 (2256 f.).
240 BGH NJW 1959, 192; Staudinger/*Habermeier*, 2003, BGB § 716 Rn. 24.
241 HK-BGB/*Saenger* § 706 Rn. 4; *Koch* GesR § 4 Rn. 16.

Leistung berechtigen. Der Verzug des Beitragsschuldners und die daraus entstehenden Ansprüche bestimmen sich nach den allgemeinen Regeln der §§ 280 I, II, 286 ff. BGB. Bei Schlechterfüllung kann im Einzelfall und soweit die Situation mit der des Kauf-, Miet- oder Werkvertragsrechts bzw. der Pacht oder Leihe vergleichbar ist, das jeweilige spezielle Gewährleistungsregime entsprechend heranzuziehen sein. Es bedarf jedoch angesichts der besonderen gesellschaftsrechtlichen Interessenlage gleichfalls der Modifikation.[242]

> **Beispiel:** A und B schließen sich zum Betrieb einer kleinen Schreinerei zusammen. Die von A zu Eigentum der Gesellschaft eingebrachte Sägemaschine ist bereits bei der Einbringung mangelhaft.
> Die Stellung des Gesellschafters ähnelt derjenigen eines Verkäufers, weshalb grundsätzlich §§ 434, 437 BGB analog herangezogen werden können. Mit der gesellschaftsrechtlichen Interessenlage vereinbar ist zunächst die Einräumung eines Nacherfüllungsrechts der Gesellschaft gegen A entsprechend §§ 437 Nr. 1, 439 BGB. Wahlweise kann die GbR daher unter Beachtung der allgemeinen Voraussetzungen (vor allem des § 439 IV BGB) Reparatur der defekten oder Lieferung einer neuen Sägemaschine von A verlangen. Zweifelhaft ist, welche Gewährleistungsrechte nach erfolglosem Ablauf einer Nacherfüllungsfrist mit der besonderen Interessenlage des Gesellschaftsverhältnisses vereinbar sind. Möglich ist zunächst eine Minderung entsprechend §§ 437 Nr. 2, 441 BGB. Dann muss A entweder den Minderbetrag in Geld leisten, oder die Beteiligung am Gesellschaftsvermögen und am Gewinn wird entsprechend geringer angesetzt. Die Nachleistung stellt dabei keine unzulässige Erhöhung der Beitragspflicht dar (§ 707 BGB), weil die Wertersatzpflicht nur als Ausgleich für die mangelhafte Leistung anzusehen ist. Die Minderung ist aber ausgeschlossen, wenn sie sich nach den Umständen des Einzelfalls als unzumutbar darstellt, wofür hier aber keine Anzeichen bestehen. Ein Rücktritt vom Gesellschaftsvertrag nach §§ 437 Nr. 2, 323 bzw. 326 V BGB ist dagegen nur ausnahmsweise mit den Besonderheiten des Gesellschaftsrechts zu vereinbaren. An dessen Stelle kann die Pflicht des A zur Gewährung einer neuen Sache oder des Wertersatzes treten, gegebenenfalls neben der fristlosen Kündigung der Gesellschaft durch B gem. § 723 BGB und der anschließenden Auseinandersetzung. Mit den gesellschaftsrechtlichen Wertungen vereinbar dürften schließlich diejenigen Schadensersatzansprüche aus §§ 437 Nr. 3, 280 ff. BGB sein, die nicht auf eine Rückabwicklung des Vertragsverhältnisses abzielen. Hier ist freilich die Haftungsprivilegierung des Gesellschafters aus § 708 BGB zu beachten.

135 **cc)** Grundsätzlich sind die Gesellschafter nicht zur *Erhöhung des vereinbarten Beitrags* verpflichtet. Um sie vor unüberschaubaren Risiken zu schützen, begrenzt § 707 BGB ihre Leistungspflicht auf den vertraglich vereinbarten Beitrag, selbst wenn die ursprüngliche Einlage aufgezehrt ist und die Erreichung des Gesellschaftszwecks gefährdet ist. Freilich betrifft dies nur das Innenverhältnis und nicht das Verhältnis zu Gläubigern der Gesellschaft, denen die Gesellschafter stets über ihre Einlage hinaus unbegrenzt haften. Überdies gilt die Regelung auch nur für die Zeit des Bestehens der Gesellschaft, während nach der Auflösung gem. § 735 BGB eine Nachschusspflicht entstehen kann. § 707 BGB ist dispositiv, weshalb die Gesellschafter im Gesellschaftsvertrag eine abweichende Bestimmung treffen können, wobei die Erweiterung der Leistungspflicht unmissverständlich und in gut erkennbarer Weise aus dem Vertrag hervorgehen muss.[243] Auch die nachträgliche Erhöhung von im Gesellschaftsvertrag festgelegten Beiträgen ist möglich. Diese kann aber grundsätzlich nur einstimmig be-

---

242 Ebenso die hM, s. Bamberger/Roth/*Schöne* BGB § 706 Rn. 18; Palandt/*Sprau* BGB § 706 Rn. 5; Staudinger/*Habermeier*, 2003, BGB § 706 Rn. 23; MüKoBGB/*Schäfer* § 706 Rn. 27 f.; aA *K. Schmidt* GesR § 20 III 3 d (S. 583).
243 BGH NJW 1983, 164.

schlossen werden. Ein Mehrheitsbeschluss (→ Rn. 75) genügt nur, wenn der Gesellschaftsvertrag eine entsprechende Bestimmung enthält und diese eindeutig die Erhöhungspflicht sowie auch Ausmaß und Umfang der Erhöhung durch die Angabe einer Obergrenze erkennen lässt.[244] Die fehlende Zustimmung eines Gesellschafters führt bereits dazu, dass der Beschluss ihm gegenüber unwirksam ist.[245]

§ 707 BGB greift nicht ein, wenn die Höhe der Beiträge im Gesellschaftsvertrag nicht ziffernmäßig fixiert ist, sondern die Regelung so ausgestaltet ist, dass sie künftigen Entwicklungsmöglichkeiten Rechnung trägt. Dies ist zum Beispiel anzunehmen, wenn sich die Gesellschafter keine der Höhe nach festgelegten Beiträge versprochen, sondern sich verpflichtet haben, entsprechend ihrer Beteiligung an der Gesellschaft das zur Erreichung des Gesellschaftszwecks Erforderliche beizutragen.[246] Auch hier ist eine gänzlich unbestimmte Beitragsfestsetzung aber unzulässig. Insoweit ergibt sich aus der in § 707 BGB getroffenen Grundentscheidung, dass die Höhe der laufenden Beiträge im Gesellschaftsvertrag zumindest in objektiv bestimmbarer Weise ausgestaltet sein muss.[247]

b) Den Gesellschaftern obliegt eine besondere *Treuepflicht,* auch als Loyalitäts- oder **136** Förderungspflicht bezeichnet. Sie ist gesetzlich nicht geregelt, wurde aber von der Rechtsprechung bereits Anfang des 20. Jahrhunderts entwickelt.[248] Die Treuepflicht gründet auf der vertraglichen Verpflichtung und beruht im Wesentlichen auf der Überlegung, dass ein Gesellschaftsverhältnis – anders als ein gewöhnliches Schuldverhältnis – nicht auf widerstreitenden Interessen aufbaut, sondern der Förderung eines gemeinsamen Zwecks dient und daher eine besonders starke persönliche Bindung zwischen den Beteiligten besteht.[249] Die gesellschaftsrechtliche Treuepflicht stellt heute – für alle Rechtsformen – einen allgemeinen Grundsatz des Gesellschaftsrechts dar, der eine Verhaltensregel für die Ausübung von Rechten und sonstigen Befugnissen sowie die tatsächliche Einflussnahme innerhalb des Gesellschaftsverhältnisses zugunsten des Gesellschaftsinteresses aufstellt. Sie bindet den einzelnen Gesellschafter sowohl gegenüber der Gesellschaft als auch gegenüber seinen Mitgesellschaftern, selbst über die Beendigung des Gesellschaftsverhältnisses hinaus. Auf diese Weise werden die Rechte jedes Gesellschafters, und nicht etwa nur des Mehrheitsgesellschafters, konkretisiert, modifiziert oder begrenzt. Nur ausnahmsweise ergeben sich aus der Treuepflicht unmittelbar eigenständige Rechte oder Pflichten.

aa) Dabei ist – vor allem im Verhältnis zur Gesellschaft – zwischen der *positiven* und **137** der *negativen Treuepflicht* eines Gesellschafters zu unterscheiden. Aus positiver Sicht hat jeder Gesellschafter die Interessen der Gesellschaft in der durch den Vertrag bestimmten Weise wahrzunehmen, also die zur Förderung des gemeinsamen Ziels eingeräumten Mitwirkungsbefugnisse auch zu diesem Zweck auszuüben. Mit Blick auf die negative Pflichtenkomponente hat ein Gesellschafter alles zu unterlassen, was diese Interessen schädigt. Die Gesellschafter haben daher bei der Ausübung von Befugnissen, die ihnen im Interesse der Gesellschaft verliehen sind, und insbesondere bei der Geschäftsführung, vorrangig die Belange der Gesellschaft zu verfolgen. Auch bei der Wahrnehmung der Mitgliedschaftsrechte, die ihnen im eigenen Interesse zustehen,

---

244 BGHZ 203, 77 = NJW 2015, 859 (860f.); BGH NJW-RR 2006, 827 (828); 2007, 757 (758).
245 BGHZ 203, 77 = NJW 2015, 859 (860f.). Die erforderliche Zustimmung kann auch antizipiert erteilt werden, s. hierzu *Wertenbruch* DB 2014, 2875 (2877f.).
246 BGH WM 1961, 32 (34); NJW 1980, 339 (340); NJW-RR 2006, 829 (830).
247 BGH NJW-RR 2006, 829 (830); Bamberger/Roth/*Schöne* BGB § 707 Rn. 4f.
248 RG LZ 1912, 545; JW 1913, 29 (30).
249 Grdl. *A. Hueck,* Der Treuegedanke im modernen Privatrecht, 1947; dazu auch Soergel/*Hadding/ Kießling* BGB § 705 Rn. 58; *Lutter* AcP 180 (1980), 84 (102ff.).

wie Auskunfts- und Gewinnentnahmerecht, haben sie auf die Belange der Gesellschaft sowie die mitgliedschaftlichen Interessen der übrigen Gesellschafter Rücksicht zu nehmen. Sogar bei der Ausübung von Minderheitenrechten hat die Treuepflicht Auswirkungen. So kann sich im Extremfall sogar eine Pflicht des einzelnen Gesellschafters ergeben, das Stimmrecht in einer bestimmten Weise auszuüben, etwa einer Änderung des Gesellschaftsvertrags zuzustimmen.[250] In besonders gelagerten Ausnahmefällen kann sogar eine Pflicht bestehen, dem eigenen Ausscheiden aus der Gesellschaft zuzustimmen. Dies gilt auch unabhängig von einer ausdrücklichen Regelung im Gesellschaftsvertrag, weil die Treuepflicht jedem Gesellschaftsverhältnis immanent ist.[251]

> **Beispiel:**[252] A, B und C haben sich in einer Anwaltssozietät zusammengeschlossen. Die Mandate häufen sich. C erleidet einen Herzinfarkt und ist gezwungen, für drei Jahre kürzer zu treten. Zur Erhaltung der bereits bestehenden Dauermandate – man vertritt mehrere Großunternehmen in allen arbeitsrechtlichen Streitigkeiten – bittet er, einen weiteren Sozius aufzunehmen.
>
> Aus der gesellschaftlichen Treuepflicht des einzelnen Gesellschafters kann sich in ganz besonders gelagerten Ausnahmefällen auch die Verpflichtung ergeben, einer Änderung des Gesellschaftsvertrags zuzustimmen. Dies gilt selbst für einen Wechsel im Gesellschafterbestand. Voraussetzung dafür ist stets, dass die Änderung mit Rücksicht auf das bestehende Gesellschaftsverhältnis oder im Hinblick auf die Rechtsbeziehungen der Gesellschafter zueinander erforderlich ist, etwa zum Zweck der Erhaltung wesentlicher Werte, welche die Gesellschafter in gemeinsamer Arbeit geschaffen haben, oder zur Vermeidung erheblicher Verluste, die die Gesellschaft oder einer der Gesellschafter erleiden könnte.

Als Ausfluss der negativen Seite der Treuepflicht können sich für einen Gesellschafter unter anderem eine Verpflichtung zur Verschwiegenheit oder zur Stimmenthaltung bei Interessenskollisionen sowie eine Beschränkung bei der Geltendmachung von Ansprüchen ergeben. Außerdem darf die Gesellschaft vom einzelnen Gesellschafter in der Öffentlichkeit nicht diskreditiert werden. Ein Konkurrenzverbot besteht zwar (anders als bei § 112 HGB) ohne vertragliche Vereinbarung grundsätzlich nicht. Ausnahmsweise kann es sich aber – vor allem bei Erwerbsgesellschaften – aus besonderen Umständen in der Stellung des Gesellschafters ergeben.[253] Schließlich darf ein Gesellschafter keine konkreten Geschäftschancen der Gesellschaft an sich ziehen.[254]

> **Beispiel:** A und B betreiben am Feierabend in kleinem Rahmen einen Antiquitätenhandel. Sie beschäftigen sich insbesondere mit der Aufarbeitung antiker Truhen. Diese beschaffen sie sich bei Entrümpelungsaktionen nach Sterbefällen. Als A wieder einmal für die Gesellschaft eine Entrümpelung vornimmt, stößt er auf eine besonders schöne Truhe. Diese bringt er nicht wie üblich in die gemeinsame Garagenwerkstatt, sondern in den eigenen Keller. Nachdem er sie zu Hause aufgearbeitet hat, verkauft er die Truhe und erzielt dabei einen Reinerlös von 5.000 EUR, den er für sich allein beansprucht.

---

250 BGH NJW 2015, 2882 (2884); BGHZ 44, 40 (41 f.); 98, 276 (279); BGH NJW 2010, 65 (67) – Sanieren oder Ausscheiden. Zur Zustimmungspflicht speziell beim Ausschluss von Mitgesellschaftern *Horn* AcP 181 (1981), 256 (272).
251 BGH NJW 2015, 2882 (2884); krit. zur Begründung aber *Escher-Weingart* WM 2016, 1569 (1573).
252 Nach BGH NJW 1987, 952.
253 BGHZ 89, 162 (165).
254 BGH NZG 2013, 216 (217) mAnm *Fleischer* NZG 2013, 361 ff. und *Saenger* EWiR 2013, 143 f. zu der zumindest auch für die Erwerbs-GbR geltenden Geschäftschancenlehre, die eine eigenständige und neben dem Wettbewerbsverbot stehende Ausprägung der Treuepflicht darstellt; s. auch BGH NJW 1986, 584 (585) zur OHG; BGH NJW 1989, 2687 (2688) zur KG.

Durch den Erwerb der Truhe für eigene Zwecke verstößt A schuldhaft gegen seine Treuepflicht. Denn dieses Geschäft hätte vorrangig im Interesse der Gesellschaft mit Wirkung für und gegen den Antiquitätenhandel abgeschlossen werden müssen. Folglich kann die Gesellschaft von A Schadensersatz nach §§ 280 I, 249 ff. BGB verlangen. Falls A die Truhe noch nicht weiterveräußert hätte, würde sich der Anspruch auf deren Herausgabe richten. Nach der Veräußerung richtet sich der Anspruch auf Ersatz des entgangenen Gewinns. Dieser wird regelmäßig der Höhe nach dem vom Gesellschafter erzielten Gewinn entsprechen, sodass A Auskehr der 5.000 EUR an die Gesellschaft schuldet.

bb) *Umfang* und *Intensität der Treuepflicht* im Einzelfall richten sich zum einen nach **138** der Art des gesellschaftlichen Zusammenschlusses, etwa der Anzahl der Gesellschafter und dem Gesellschaftszweck, und zum anderen nach der Art und der gesellschaftlichen Funktion des ausgeübten Rechts. Dabei ist zwischen uneigennützigen und eigennützigen Gesellschafterrechten zu unterscheiden.[255] Zu den *uneigennützigen Gesellschafterrechten* zählen solche, die Gesellschafter primär zur Verfolgung und Erreichung des vereinbarten gemeinsamen Zwecks und damit im Gesellschaftsinteresse wahrnehmen, insbesondere also die Geschäftsführung. Hier haben die Interessen der Gesamthand Vorrang und können eigene Interessen der Gesellschafter nur insoweit verfolgt werden, als Gesellschaftsbelange nicht entgegenstehen.[256] *Eigennützige Mitgliedschaftsrechte* sind Gesellschaftern dagegen zur Wahrnehmung ihrer eigenen Interessen eingeräumt. Dies gilt beispielsweise für die Vermögensrechte der Gesellschafter, wie das Gewinnrecht und das Recht auf Aufwendungsersatz. Der Geltendmachung dieser Rechte steht die Treuepflicht auch dann grundsätzlich nicht entgegen, wenn abweichende Interessen der Gesellschaft bestehen. Freilich gilt dies nur, solange der Gebrauch dieser Rechte zu dem mit ihrer Einräumung verbundenen Zweck nicht in Widerspruch tritt und Interessen von Gesellschaft oder Mitgesellschaftern nicht willkürlich verletzt werden.[257] Dies verdeutlicht zugleich die *Grenzen der Treuepflicht:* Soweit ein Gesellschafter berechtigte Eigeninteressen wahrnimmt, vermag die Treuepflicht nicht, diese den Interessen der Gesellschaft oder der Mitgesellschafter unterzuordnen.

cc) Macht ein Gesellschafter Rechte geltend, die er nicht aus seiner Gesellschafter- **139** stellung, sondern aus *Drittgeschäften* (zB dem Abschluss eines Kauf-, Miet- oder Darlehensvertrags) mit der Gesellschaft erlangt hat, finden insoweit grundsätzlich die für das Außenverhältnis geltenden Regeln Anwendung (allgemein → Rn. 205 ff. und speziell zu Drittgeschäften → Rn. 208). Aber auch hier können sich aus der Treuepflicht Einschränkungen bei der Anspruchsdurchsetzung ergeben. So kann die Geltendmachung des Anspruchs bei akuten Liquiditätsproblemen der Gesellschaft vorübergehend ausgeschlossen sein.[258] Im Übrigen wird man dem Gesellschafter-Gläubiger die Wahl lassen können, ob er Befriedigung von der Gesellschaft verlangt, die für den Anspruch in voller Höhe einzustehen hat, oder ob er unmittelbar die Mitgesellschafter aus ihrer akzessorischen Mithaftung in Anspruch nimmt. Deren Haftung ist also nicht bloß subsidiär gegenüber der Einstandspflicht der Ge-

---

255 Eing. zur Unterscheidung MüKoBGB/*Schäfer* § 705 Rn. 224; *Koch* GesR § 8 Rn. 12; *Lutter* AcP 180 (1980), 84 (115 ff.).
256 HM, BGHZ 37, 381 (384); BGH NJW 1986, 584 (585); Staudinger/*Habermeier*, 2003, BGB § 705 Rn. 51; *Lutter* AcP 180 (1980), 84 (116).
257 Erman/*Westermann* BGB § 705 Rn. 49; MüKoBGB/*Schäfer* § 705 Rn. 224.
258 Dazu BGH NJW-RR 1992, 543 (544).

sellschaft.[259] Umstritten ist aber, in welchem Umfang die Inanspruchnahme der Mitgesellschafter möglich ist. Während ein Teil der Literatur für eine Haftung der Mitgesellschafter pro rata, also nur in Höhe des jeweils auf den einzelnen entfallenden Verlustanteils, plädiert,[260] nimmt die Rechtsprechung und mit ihr die hM auch hier eine gesamtschuldnerische Haftung auf das Ganze an, wobei der Gesellschafter-Gläubiger allerdings von vornherein seinen eigenen (Verlust-)Anteil in Abzug bringen muss.[261] Der Gesellschafter-Gläubiger haftet selbst gesamtschuldnerisch, sodass die Mitgesellschafter von ihm pro rata Ausgleich nach § 426 I BGB fordern könnten.[262] Angesichts dessen wäre es unbillig, diese zunächst voll haften zu lassen und auf den anschließenden Ausgleich zu verweisen.

140 c) Bei Pflichtverletzungen eines Gesellschafters kann dieser nach § 280 I (gegebenenfalls iVm § 241 II) BGB zum Schadensersatz verpflichtet sein. Dabei gilt für das Verhältnis der Gesellschafter untereinander und zur Gesellschaft nach § 708 BGB ein besonderer *Sorgfaltsmaßstab*.[263] Die Gesellschafter haben grundsätzlich nur für die Sorgfalt einzustehen, die sie in eigenen Angelegenheiten einzuhalten pflegen, haften also nach § 277 BGB nur für Vorsatz und grobe Fahrlässigkeit. Dies ist Folge des besonderen Vertrauensverhältnisses und der engen Bindung der Gesellschafter. Diese sollen sich »so nehmen wie sie sind«.[264] § 708 BGB ist indes nur auf die Gesellschafterverpflichtungen – wie zB die Geschäftsführung – anzuwenden (zur Haftung bei Überschreitung der Geschäftsführungsbefugnis → Rn. 153 und insbesondere Fall e). Dabei erfasst die Vorschrift vertragliche und deliktische Ansprüche. Die Norm gilt auch für Innengesellschaften.[265] Hingegen kommt diese aus dem engen Vertrauensverhältnis resultierende Haftungsbeschränkung nicht im Verhältnis zu Dritten und gegenüber Mitgesellschaftern innerhalb von Drittverhältnissen, bei Publikumsgesellschaften mit körperschaftlicher Struktur[266] oder im Vorfeld des Gesellschaftsbeitritts zur Anwendung.[267] Auch beim Führen eines Fahrzeugs durch einen Gesellschafter ist § 708 BGB nicht anwendbar.[268] Im Straßenverkehr ist der geschuldete Sorgfaltsmaßstab allgemein festgelegt und bleibt für eine Privilegierung des Gesellschafters kein Raum. Die Beweislast für das Vorliegen der Voraussetzungen des § 708 BGB obliegt dem in Anspruch genommenen Gesellschafter.[269] Zu beachten ist, dass die Vorschrift disponibel ist. Die Gesellschafter haben also die Möglichkeit, den Haftungsmaßstab durch – gegebenenfalls auch stillschweigende – Vereinbarung zu modifizieren und beispielsweise die Sorgfalt eines ordentlichen Kaufmanns zum Maßstab zu wählen.[270] In der Praxis wird hiervon regelmäßig bei professionellen sowie unternehmerisch tätigen Ge-

259 RGZ 85, 157 (162); 153, 305 (311 f.); Erman/*Westermann* BGB § 705 Rn. 61; MüKoBGB/*Schäfer* § 705 Rn. 203; Staudinger/*Habermeier*, 2003, BGB § 705 Rn. 43; anders freilich die überwiegende Ansicht zur OHG → Rn. 300.
260 *Prediger* BB 1971, 245 (248); *Walter* JuS 1982, 81 (86); *Walter* JZ 1983, 260.
261 BGH NJW 1983, 749; Erman/*Westermann* BGB § 705 Rn. 61; MüKoBGB/*Schäfer* § 705 Rn. 203.
262 Abw. in der Begr. *Altmeppen* NJW 2009, 2241 (2243 ff.).
263 Ausf. *Fleischer/Danninger* NZG 2016, 481 ff.
264 RGZ 143, 212 (215).
265 BGH NJW-RR 1988, 417 (418).
266 BGHZ 75, 321 (327).
267 KG NZG 1999, 199 (201); *Koch* GesR § 8 Rn. 23.
268 BGHZ 46, 313 (318), str.; krit. Erman/*Westermann* BGB § 708 Rn. 6 mwN.
269 BGH NJW 2013, 3572 (3573 f.); NJW 1990, 573 (575).
270 BGH NJW-RR 1988, 995 (996).

sellschaften (zB Anwaltssozietäten, ärztlichen Gemeinschaftspraxen und ARGEn) Gebrauch gemacht.[271]

> **Fall:** A, B und C betreiben eine GbR. A ist mit den finanziellen Dingen betraut. Insbesondere hat er selbstständig Rechnungen zu stellen und den Zahlungseingang zu überwachen. Schließlich obliegt ihm auch die gerichtliche Geltendmachung. Als der Schuldner S nicht zahlt und die Verjährung droht, schickt A ihm eine Mahnung. Er geht irrig davon aus, auf diese Weise die drohende Verjährung unterbrechen zu können.
> In Betracht kommt eine Haftung des A gegenüber der Gesellschaft aus § 280 I BGB wegen Verletzung seiner Pflicht zur ordnungsgemäßen Geschäftsführung. Wenn A beweisen kann, dass er die eigenübliche Sorgfalt beachtet hat, haftet er nach §§ 708, 277 BGB allerdings nur für Vorsatz und grobe Fahrlässigkeit. Der Umstand, dass die bloße Mahnung keine Hemmung der Verjährung nach § 204 BGB bewirkt, ist keine jedermann in dieser Situation ohne weiteres einleuchtende Tatsache, sodass von grober Fahrlässigkeit des A nicht zwingend auszugehen ist. Da seine Haftung für einfache Fahrlässigkeit ausgeschlossen ist, haftet A nicht nach § 280 I BGB.

> In **Fall a** ist dagegen für die Haftungsprivilegierung des § 708 BGB zugunsten von A kein Raum. Das gilt ohnehin im Verhältnis zu V als Drittem, aber wegen der Begehung im Straßenverkehr auch im Verhältnis zur GbR. Folglich haftet die GbR V gem. § 280 I BGB aus dem Mietvertrag für das leicht fahrlässige Verhalten ihres Gesellschafters A auf Schadensersatz iHv 1.000 EUR. Aber auch A muss der GbR trotz seines nur leicht fahrlässigen Verhaltens im Innenverhältnis Schadensersatz für die an V zu zahlenden 1.000 EUR wegen schuldhafter Verletzung seiner Geschäftsführungspflichten aus dem Gesellschaftsvertrag gem. § 280 I BGB leisten.

5. Geschäftsführung

Die GbR ist selbst nicht handlungsfähig. Daher handeln für sie typischerweise ihre Gesellschafter. Dabei ist zwischen dem Tätigwerden der Gesellschafter untereinander und demjenigen mit und gegenüber außenstehenden Dritten zu unterscheiden. Die *Geschäftsführungsbefugnis*, also das Innenverhältnis zwischen den Gesellschaftern und insbesondere die Zuordnung interner Zuständigkeiten und Verantwortlichkeiten – oder mit anderen Worten das *»rechtliche Dürfen«* in der Beziehung der Gesellschafter *untereinander* – regeln §§ 709–713 BGB. Verletzt ein Gesellschafter seine ihm danach zustehenden Befugnisse, kann dies Ansprüche der Gesellschaft gegen ihn begründen. Dagegen betreffen §§ 714, 715 BGB die *Vertretungsmacht* und damit die Wirkungen des Handelns eines Gesellschafters im Außenverhältnis, also das *»rechtliche Können«* des einzelnen Gesellschafters nach außen (→ Rn. 170 ff.). Fehlt es daran, kommt das betreffende Rechtsgeschäft nicht mit Wirkung für die Gesellschaft zustande und greifen die Regeln über die Vertretung ohne Vertretungsmacht (§§ 177 ff. BGB) ein. Die Befugnisse zu Geschäftsführung und Vertretung decken sich zwar – anders als bei der OHG (vgl. §§ 114, 125 HGB) – im gesetzlichen Regelfall (§ 714 BGB), jedoch regelmäßig nicht in der Praxis.

141

> **Beispiel:** Der allein geschäftsführungsbefugte und vertretungsberechtigte Gesellschafter A entscheidet, dass bestimmte Rohstoffe zu beschaffen sind, und ordert diese sofort. Hier erfolgen die Geschäftsführung im Innenverhältnis und ein wirksamer Vertragsschluss im Außenverhältnis in einem Akt, sind also tatsächlich nicht voneinander zu trennen. Freilich kann es zu einer unterschiedlichen rechtlichen Beurteilung kommen, wenn der handelnde Gesellschafter die Gesellschaft zwar wirksam verpflichten konnte, dabei jedoch die ihm im Innenverhältnis

---

271 *Fleischer/Danninger* NZG 2016, 481 (485) mwN; *Koch* GesR § 8 Rn. 23.

obliegenden Grenzen der Geschäftsführung überschritten hat und er deshalb zum Ersatz von Schäden verpflichtet ist, die der Gesellschaft daraus möglicherweise entstanden sind. Die Unterscheidung zwischen Geschäftsführung und Vertretung ist also allein eine Frage des Blickwinkels, nämlich ob das Geschäft aus der Sicht eines Dritten oder aber der Mitgesellschafter bewertet wird.

Beispiel: Gesellschafter A soll die Tagesgeschäfte im Unternehmen leiten. Er allein trifft Entscheidungen über die Beschaffung von Rohstoffen. Zum Abschluss der hierzu erforderlichen Verträge bedarf er jedoch der Mitwirkung seines Mitgesellschafters B. In diesem Fall kommt es zur klaren Trennung von Geschäftsführungsbefugnis und Vertretungsmacht. Gleiches gilt, wenn vereinbart ist, dass zunächst sämtliche Gesellschafter einer Geschäftsführungsmaßnahme zustimmen müssen, bevor anschließend ein einzelner Gesellschafter im Außenverhältnis den Vertrag schließt.

142 **a)** Die Geschäftsführung ist sowohl *Recht* als auch *Pflicht der Gesellschafter,* die mit ihr betraut sind. Beides folgt bereits aus der Gesellschafterstellung (§ 709 BGB), ohne dass es einer gesonderten vertraglichen Vereinbarung, wie etwa eines Auftrags oder Dienstvertrags, bedarf. Das *Recht zur Geschäftsführung* stellt sicher, dass die Gesellschafter Einfluss auf die Geschicke der Gesellschaft behalten und ihnen das Recht nicht willkürlich entzogen werden kann. Im Unterschied zu eigennützigen Befugnissen besteht es ausschließlich im Interesse der Gesellschaft.[272] Die *Pflicht zur Mitwirkung an der Geschäftsführung* gewährleistet dagegen die Verfolgung des Gesellschaftszwecks. Insbesondere darf ein geschäftsführender Gesellschafter nicht grundlos seine Mitwirkung an Beschlüssen verweigern, die für die Geschäftsführung notwendig sind. Andererseits schuldet er regelmäßig nicht mehr als die bloße Mitwirkung an den Beschlüssen. Nur ausnahmsweise ergibt sich eine Pflicht zur Zustimmung auf der Grundlage der gesellschaftsrechtlichen Treuepflicht. Dies gilt entweder bei dem Erfordernis einstimmiger Geschäftsführung für notwendige Geschäftsführungsmaßnahmen iSv § 744 II BGB oder wenn der sich weigernde Gesellschafter trotz der Notwendigkeit einer im Gesellschaftsinteresse liegenden Maßnahme keinen nachvollziehbaren Ablehnungsgrund nennt.[273] Hier ist die treuwidrige Verweigerung der Zustimmung für die Beschlussfassung unbeachtlich[274] und kann sogar eine Schadensersatzpflicht des Gesellschafters auslösen.

Beispiel: A, B und C handeln mit Computern. In ihrem Ladengeschäft ist X als Angestellter beschäftigt. Zu seinen Aufgaben gehört es, regelmäßig das Wechselgeld bei der Bank abzuholen. Deshalb hat er Bankvollmacht. Nachdem es zu Unregelmäßigkeiten gekommen ist, verlangen B und C von A, X die Bankvollmacht zu entziehen und ihm zu kündigen. Sperrt sich A ohne berechtigten Grund dagegen, ist dies unbeachtlich.

Soweit sich aus der Treuepflicht ein Mitwirkungserfordernis für einen Gesellschafter ergibt, steht ihm insoweit auch kein Zurückbehaltungsrecht zu, wenn durch dessen Ausübung der Gesellschaftszweck infrage gestellt, gefährdet oder nachhaltig beeinträchtigt wäre.

Beispiel:[275] K ist Gründungsgesellschafter und Geschäftsführer einer GbR, die sich mit der Errichtung eines größeren Wohn- und Bürohauses befasst. Eines Tages benötigt die Gesellschaft dringend erhebliche Kreditmittel, um eine sonst drohende Einstellung der Bauarbeiten durch

---

272 BGH NJW 1972, 862 (863).
273 BGH NJW 1972, 862 (863).
274 MüKoBGB/*Schäfer* § 709 Rn. 42.
275 Vgl. OLG Köln NZG 2000, 834.

den Generalunternehmer zu verhindern. Voraussetzung für die Gewährung der Kredite ist die Bestellung einer weiteren Grundschuld von 1 Mio. EUR auf dem Grundstück der GbR. Alle übrigen Gesellschafter wirken an der Bestellung der Grundschuld mit. K kann seine zunächst ebenfalls vorbehaltlos zugesagte Mitwirkung nicht davon abhängig machen, dass ihm die Gesellschaft sein noch ausstehendes Geschäftsführergehalt zahlt und die ihm beim Ankauf des Gesellschaftsgrundstücks angefallenen Maklerkosten erstattet.

b) Der *Begriff der Geschäftsführung* ist weit zu verstehen. Ihren Gegenstand können **143** vielfältige Tätigkeiten bilden, die zur Förderung des Gesellschaftszwecks bestimmt sind und für die Gesellschaft vorgenommen werden.[276] Die Geschäftsführung erstreckt sich auf tatsächliche und rechtliche Handlungen zur Verwirklichung des Gesellschaftszwecks im Innenverhältnis (etwa Planung und Leitung von Produktion und Vertrieb, Kontrolle der Arbeitnehmer, Führung der Bücher, Erledigung der Korrespondenz, Einberufung einer Gesellschafterversammlung) und im Außenverhältnis (beispielsweise Abschluss von Verträgen mit Dritten bzw. Arbeitnehmern).

Demzufolge kann sich eine reine Innenmaßnahme zwar allein als Geschäftsführungsmaßnahme darstellen, ohne Vertretungsmaßnahme zu sein. Auf der anderen Seite ist aber keine Maßnahme der Vertretung denkbar, die nicht zugleich ein Akt der Geschäftsführung wäre.

aa) Die Befugnis eines Gesellschafters zur Wahrnehmung dieser Tätigkeiten ist die *Ge-* **144** *schäftsführungsbefugnis.* Eine *Begrenzung* ihres sachlichen Umfangs kann sich aus dem Gesellschaftszweck ergeben. Da die GbR im Unterschied zur OHG und KG keinen »gewöhnlichen« Zweck kennt (§ 116 I HGB), fallen auch außergewöhnliche Handlungen unter die Geschäftsführung, solange sie nicht zweck- oder gesellschaftsfremd sind. Im Gesellschaftsvertrag ist der Umfang der Geschäftsführungsbefugnis jedoch auf die für die betreffende Gesellschaft gewöhnlichen Geschäfte beschränkbar.

bb) Ohne dass dies im Gesellschaftsvertrag erwähnt sein muss, sind *Grundlagen-* **145** *geschäfte* hingegen von der Geschäftsführungsbefugnis ausgenommen. Diese Geschäfte betreffen Struktur und Organisation der Gesellschaft oder die grundlegenden Beziehungen der Gesellschafter zueinander, weshalb ihre Gestaltung der Gesamtheit der Gesellschafter vorbehalten ist (→ Rn. 116).[277] Sie zielen nicht auf eine Ausführung des Gesellschaftsvertrags ab, sondern bewirken stets dessen Änderung oder Auflösung. Zu den Grundlagengeschäften gehören etwa Beitrags- und Gewinnverteilungsregelungen, der Eintritt oder das Ausscheiden von Gesellschaftern und die Neuregelung von Geschäftsführung und Vertretung. Vorbehaltlich abweichender vertraglicher Regelung bedarf es hierzu der Zustimmung aller Gesellschafter. Dies gilt für jede Änderung der Geschäftsführung ebenso wie für einen Wechsel der Person des Geschäftsführers.[278] Die einseitige Entziehung der Geschäftsführung kommt allein unter den Voraussetzungen des § 712 BGB in Betracht. Neben den Grundlagengeschäften gibt es auch sonstige gemeinsame Gesellschaftsangelegenheiten, die nicht Teil der Geschäftsführung sind, wie etwa die Feststellung der Jahresabschlussbilanz.[279]

c) Die *Ausgestaltung der Geschäftsführungsbefugnis* kann von den Gesellschaftern im **146** Gesellschaftsvertrag im Einzelnen beschrieben werden. Die §§ 709 ff. BGB regeln als

---

276 MüKoBGB/*Schäfer* § 709 Rn. 7; Soergel/*Hadding/Kießling* BGB § 709 Rn. 3.
277 RGZ 162, 370 (372, 374); BGHZ 76, 160 (164); MüKoBGB/*Schäfer* § 709 Rn. 10.
278 Im Einzelnen str., vgl. *Horn* AcP 181 (1981), 255 (271 ff.).
279 BGHZ 170, 283 = NJW 2007, 1685 (1687). Anders die *Aufstellung* der Bilanz, sie ist Geschäftsführungsmaßnahme; BGHZ 132, 263 (265 f.).

dispositives Recht lediglich typische Arten der Geschäftsführungsbefugnis. Die Gestaltungsfreiheit ist aber insbesondere durch den Grundsatz der *Selbstorganschaft* der Personengesellschaft begrenzt. Dieser soll verhindern, dass alle Gesellschafter von der Geschäftsführung und der Vertretung der Gesellschaft ausgeschlossen und diese Aufgaben ausschließlich von Dritten wahrgenommen werden.[280] Dieses Prinzip gründet sich zum einen auf das Wesen der Personengesellschaft, bei der das Bestehen einer engen Verbindung zwischen Mitgliedschaft und Geschäftsführung zu einer optimalen Einsatz- und Verantwortungsbereitschaft der Geschäftsführung führen soll. Zum anderen lässt sich das Prinzip der Selbstorganschaft dogmatisch auf das Abspaltungsverbot zurückführen, wonach die Verwaltungsrechte vollständig in den Händen der Gesellschafter verbleiben sollen (→ Rn. 125).[281] Zulässig und in der Praxis weit verbreitet ist es allerdings, dass zwar den Gesellschaftern selbst die organschaftlichen Befugnisse der Geschäftsführung und Vertretung verbleiben, daneben aber Dritte in erheblichem Umfang Geschäftsführungsaufgaben und Vertretungsmacht erhalten.[282]

> **Beispiel:**[283] Die Gesellschafter A, B und C der ABC-GbR können sich nicht sämtlich von der Geschäftsführung ausschließen und eine Vereinbarung treffen, wonach allein Nichtgesellschafter D die Geschäfte führen und die Gesellschaft vertreten soll. Bei einer solchen Vertragsklausel greifen hinsichtlich der Geschäftsführung die gesetzlichen Regelungen ein, und es gilt grundsätzlich Gesamtgeschäftsführung nach § 709 BGB. D kann lediglich als in weitem Umfang mit Geschäftsführungsaufgaben betraut und mit einer umfassenden Vollmacht ausgestattet gelten.

147   **aa)** Als gesetzlicher Regelfall ist die *gemeinschaftliche Geschäftsführung* vorgesehen, die auch als *Gesamtgeschäftsführung* bezeichnet wird. Diese ist vereinbart, wenn der Gesellschaftsvertrag keine abweichende Regelung trifft. Bei der Gesamtgeschäftsführung besteht für alle Beschlüsse das Erfordernis der Einstimmigkeit (§ 709 I BGB). Dies dient insbesondere dem Schutz der Gesellschafter, die an allen Handlungen beteiligt werden. Die Zustimmung muss aber nicht immer ausdrücklich erfolgen, sondern kann auch konkludent erteilt werden. Diese – im Gegensatz zu der bei den Personenhandelsgesellschaften nach § 115 I HGB geltenden Alleingeschäftsführungsbefugnis – schwerfällige Vorgehensweise beruht darauf, dass das Auftreten im Rechtsverkehr bei der GbR nicht notwendig im Vordergrund des gesellschaftlichen Handelns steht. Sollte den Gesellschaftern die Geschäftsführung durch einzelne Geschäftsführer zweckmäßiger erscheinen, steht es ihnen frei, eine entsprechende Regelung zu treffen (vgl. § 710 BGB; dazu sogleich). Zudem können im Einzelfall bestimmte Geschäfte auf einen oder mehrere Gesellschafter im Wege der Beauftragung delegiert werden.

Bei gemeinschaftlicher Geschäftsführung steht jedem Gesellschafter wegen des Erfordernisses der Einstimmigkeit auch das Teilnahme- und Stimmrecht hinsichtlich aller möglichen Beschlussgegenstände zu. Dem Informationsfluss zwischen den Gesellschaftern kommt dabei zugute, dass sämtliche Fragen zwecks gemeinschaftlicher Beschlussfassung in der Gesellschafterversammlung erörtert werden müssen. Auf der anderen Seite folgt aus dem Einstimmigkeitsgrundsatz zugleich die Pflicht eines jeden Gesellschafters, an Gesellschafterversammlungen teilzunehmen und seine Zustimmung nicht treuwidrig zu verweigern bzw. einer notwendigen Maßnahme zuzustimmen.

---

280 HM, vgl. BGHZ 33, 105 (108); BGH WM 1994, 237 (238); weiterführend zur Selbstorganschaft *Grunewald* GesR § 1 Rn. 42 ff.
281 *Eisenhardt/Wackerbarth* GesR Rn. 116; ausf. *K. Schmidt* GesR § 14 II 2 (S. 409 ff.).
282 BGHZ 36, 292 (294); *Kindler* GK HandelsR/GesR § 10 Rn. 86.
283 Nach BGH NJW 1982, 877 (878).

Die Handlungsfähigkeit der GbR kann dadurch erleichtert werden, dass die Gesellschafter nach § 709 II BGB vertraglich bestimmen, bei der gemeinschaftlichen Geschäftsführung mit Mehrheit zu entscheiden. Der Mehrheitsgrundsatz kann nach dem Gesellschaftsvertrag auch außergewöhnliche und Grundlagengeschäfte erfassen.[284] Die Berechnung der Mehrheit richtet sich gem. § 709 II BGB im Zweifel nach der Kopfzahl der Gesellschaft und nicht nach der jeweiligen Einlagehöhe. Die Festlegung einer anderen Berechnung durch den Gesellschaftsvertrag ist aber möglich und verbreitet.

Nach hM ist auf die BGB-Gesellschaft der Gedanke des § 744 II BGB entsprechend anzuwenden, weshalb den Gesellschaftern auch bei gemeinschaftlicher Geschäftsführung ausnahmsweise Einzelgeschäftsführungsbefugnis zustehen kann, wenn das Geschäft notwendig ist, um einen zum Gesellschaftsvermögen gehörenden Gegenstand oder die Gesellschaft selbst zu erhalten.[285] Dieses Notgeschäftsführungsrecht umfasst im Rahmen des gesetzlich bestimmten Umfangs auch die Befugnis, Rechte der Gesellschaft im eigenen Namen gerichtlich geltend zu machen.[286] Es steht selbst den von der Geschäftsführung ausgeschlossenen Gesellschaftern zu. Die gerichtliche Bestellung eines Notgeschäftsführers analog § 29 BGB kommt indes nicht in Betracht.[287]

bb) Der Gesellschaftsvertrag kann auch *Einzelgeschäftsführung* aller oder mehrerer Gesellschafter vorsehen (§ 711 BGB). Ein mit dieser Kompetenz ausgestatteter Gesellschafter ist befugt, sämtliche Geschäftsführungsmaßnahmen in vollem Umfang und ohne Mitwirkung seiner Mitgesellschafter wahrzunehmen. Die Einzelgeschäftsführung, die bei der OHG nach § 115 I HGB den gesetzlichen Regelfall bildet, ermöglicht in weitaus größerem Maße als die Gesamtgeschäftsführung ein rasches und flexibles Handeln. Als Korrektiv zum Schutz individueller Gesellschafterinteressen dient § 711 S. 1 BGB. Wenn allen oder mehreren Gesellschaftern Einzelgeschäftsführung eingeräumt worden ist, steht den anderen Gesellschaftern ein Widerspruchsrecht bezüglich der Vornahme eines Geschäfts zu. Dieses Recht können freilich nur die ihrerseits geschäftsführungsbefugten Gesellschafter beanspruchen. Sind einzelne Gesellschafter neben mehreren Einzelgeschäftsführern nur gemeinschaftlich zur Geschäftsführung befugt, können diese das Widerspruchsrecht auch nur gemeinsam ausüben.[288] Damit das Widerspruchsrecht in der Praxis nicht leer läuft, müssen bedeutende und möglicherweise streitige Geschäfte den anderen Gesellschaftern im Vorhinein mitgeteilt werden. Sonst ist die Maßnahme im Verhältnis der Gesellschafter zueinander rechtswidrig.[289] Macht ein Gesellschafter von seinem Widerspruchsrecht Gebrauch, muss das geplante Geschäft nach § 711 S. 2 BGB unterbleiben, es sei denn, die Geltendmachung des Widerspruchs begründet einen Treuepflichtverstoß des Gesellschafters.[290] Der Widerspruch, der vor der Vornahme des Geschäfts erklärt werden muss, hat aber keine Wirkung nach außen. Ein trotz des Widerspruchs vorgenommenes Geschäft bleibt wirksam, solange es mit Vertretungsmacht abgeschlossen wurde.[291] Gegebenenfalls macht sich der trotz entgegenstehenden Widerspruchs handelnde Gesellschafter aber schadensersatzpflichtig.[292] Die Widerspruchsmöglichkeit räumt den

148

---

284 BGHZ 203, 77 = NJW 2015, 859 (861).
285 BGHZ 17, 181 (182 f.); 39, 14 (20).
286 BFH NJW-RR 1998, 1187 (1188).
287 BGH NJW 2014, 3779 (3780); an Ausnahmen ist allenfalls bei Publikumsgesellschaften zu denken.
288 HM, vgl. Bamberger/Roth/*Schöne* BGB § 711 Rn. 3 mwN.
289 BGH WM 1971, 819 (820).
290 BGH NJW 1986, 844; NJW-RR 1988, 995 (996).
291 BGHZ 16, 394 (398 f.); Erman/*Westermann* BGB § 711 Rn. 5; HK-BGB/*Saenger* § 711 Rn. 1; *Koch* GesR § 6 Rn. 10.
292 BGH NJW-RR 1988, 995.

Gesellschaftern also immerhin ein beschränktes Mitspracherecht in den Angelegenheiten der Geschäftsführung ein. Dieser Umstand verdeutlicht die funktionelle Verwandtschaft der Einzelgeschäftsführung zur Gesamtgeschäftsführung.[293]

149 **cc)** Diese verschiedenen gesetzlich geregelten Geschäftsführungstypen können von den Gesellschaftern in beliebiger Form miteinander kombiniert werden. Von hoher praktischer Relevanz ist dabei das Modell, Zuständigkeiten und Aufgaben nach Kompetenzen zu verteilen *(Ressortprinzip)*. Auch hier können die entsprechenden Zuständigkeiten entweder einzelnen Geschäftsführern alleine oder mehreren Gesellschaftern gemeinsam übertragen werden. Vor allem bei großer Gesellschafterzahl bietet sich die Bildung solcher besonderen Beratungs- und Beschlussgremien an.

> **Beispiele:** Aufteilung der Kompetenzen nach Ein- und Verkauf; Aufteilung in handwerkliche und kaufmännische Tätigkeiten etc.

150 **dd)** Jede *Übertragung der Geschäftsführung* auf einen oder mehrere Gesellschafter hat nach § 710 S. 1 BGB zur Folge, dass die übrigen Gesellschafter von der Geschäftsführung ausgeschlossen sind, ohne dass dies ausdrücklich geregelt werden muss. Die Beteiligungsrechte dieser Gesellschafter beschränken sich auf die Mitwirkung an gemeinsamen Gesellschaftsangelegenheiten in der Gesellschafterversammlung. Insbesondere steht ihnen das Widerspruchsrecht nach § 711 BGB nicht zu.[294] Im Übrigen können sie lediglich im Wege ihrer Kontrollrechte nach §§ 712, 716 BGB auf die Geschäftsführung Einfluss nehmen (→ Rn. 163). Wird die Geschäftsführung auf einen Gesellschafter übertragen, erlangt dieser Einzelgeschäftsführungsbefugnis. Bei der Übertragung auf mehrere Gesellschafter sind diese dagegen nach §§ 710 S. 2, 709 I BGB grundsätzlich nur gemeinschaftlich zur Geschäftsführung befugt, es sei denn, auch hier wird die Einzelgeschäftsführung ausdrücklich bestimmt (vgl. § 711 S. 1 BGB). Keine Übertragung iSd § 710 BGB ist dagegen eine Auftragserteilung an außenstehende Dritte.

> Mit der Auflösung der Gesellschaft erlischt die übertragene Geschäftsführungsbefugnis zugunsten der gemeinschaftlichen Geschäftsführungsbefugnis nach § 730 II 2 BGB, soweit der Gesellschaftsvertrag keine anderweitige Regelung vorsieht. Sie gilt aber zugunsten eines Gesellschafters nach § 729 BGB so lange als fortbestehend, bis er von der Auflösung Kenntnis hat oder haben muss.

151 **d)** Die Gesellschafter können einem gesellschaftsvertraglich bestimmten Geschäftsführer nach § 712 I BGB die *Geschäftsführungsbefugnis* aus wichtigem Grund *entziehen*.[295] Dies geschieht grundsätzlich durch einstimmigen Beschluss aller Gesellschafter, auch derjenigen, die nach § 710 BGB nicht an der Geschäftsführung teilhaben. Bei Vereinbarung des Mehrheitsgrundsatzes im Gesellschaftsvertrag gilt dieser allerdings auch für das Entziehungsrecht. Der Betroffene selbst kann wegen Interessenkollision an der Entscheidung nicht mitwirken (→ Rn. 158). Der Entziehungsbeschluss nach § 712 I BGB hat für die Geschäftsführung den gesetzlichen Regelfall des § 709 I BGB zur Folge, selbst wenn nur einem von mehreren Geschäftsführern die Befugnis entzogen worden ist.[296] Ein wichtiger Grund zur Entziehung liegt vor, wenn den Gesellschaftern nach Treu und Glauben nicht zugemutet werden kann, die Geschäftsführungs-

---

293 MüKoBGB/*Schäfer* § 709 Rn. 14.
294 RGZ 102, 410 (412).
295 Dazu BGHZ 102, 172 (176); BGH NJW-RR 2008, 704.
296 BGHZ 33, 105 (108); BGH NJW-RR 2008, 704 (705); OLG München DRZ 1950, 280; differenzierend Palandt/*Sprau* BGB § 712 Rn. 2; aA MüKoBGB/*Schäfer* § 712 Rn. 20; Soergel/*Hadding/Kießling* BGB § 712 Rn. 4.

befugnis bei ihrem Mitgesellschafter zu belassen. Die Fälle der groben Pflichtverletzung oder Unfähigkeit zur ordnungsgemäßen Geschäftsführung, die § 712 I BGB in seinem letzten Halbsatz erwähnt, sind lediglich als Beispiele zu verstehen.

> **Beispiele:** Veruntreuung des Kassenbestandes, geschäftsschädigendes Verhalten gegenüber Vertragspartnern.

Spiegelbildlich zu Abs. 1 kann nach § 712 II BGB auch der Geschäftsführer seine Stellung als Geschäftsführer aus wichtigem Grund kündigen.[297] Übt er, ohne zu kündigen, die geschuldeten Tätigkeiten nicht mehr aus, liegt darin freilich eine Pflichtverletzung. Allerdings betreffen Abs. 1 und 2 nach hM nur die auf Gesellschafter übertragene Geschäftsführung. Die vorstehenden Grundsätze finden daher bei der gemeinschaftlichen Geschäftsführung[298] oder auf die Einräumung von Einzelbefugnissen an Nichtgesellschafter keine Anwendung.[299]

e) Die *Rechte und Pflichten der geschäftsführenden Gesellschafter aus der Geschäftsführung* bestimmen sich gem. § 713 BGB nach den für den Auftrag geltenden Vorschriften der §§ 664–670 BGB, soweit sich nicht aus dem Gesellschaftsverhältnis ein anderes ergibt. Das verdeutlicht, wie ähnlich das Verhältnis des Gesellschafters zur Gesellschaft demjenigen des Beauftragten zum Auftraggeber ist. Da die Geschäftsführungsbefugnis der Gesellschafter unmittelbare Folge ihrer Mitgliedschaft ist, sind die Vorschriften des Auftragsrechts aber nur mit den Einschränkungen und Modifikationen anzuwenden, die sich aus der Struktur des Gesellschaftsverhältnisses und den Festlegungen des Gesellschaftsvertrags ergeben. **152**

Die Geschäftsführung ist grundsätzlich nicht auf Dritte übertragbar (§§ 713, 664 BGB). Das hindert den Geschäftsführer zwar daran, die Geschäftsführung insgesamt zu übertragen, nicht aber, zu ihrer Ausübung Hilfspersonen im geschäftsüblichen Umfang hinzuzuziehen.[300] Weisungen (§ 665 BGB) sind für den Geschäftsführer nur bindend, soweit sie sich aus dem Gesellschaftsvertrag, aus seiner Bestellung zum Geschäftsführer oder aus einem wirksamen Gesellschafterbeschluss ergeben. Gemäß §§ 713, 666 BGB ist der Geschäftsführer verpflichtet, der Gesellschaft Auskunft zu geben und Rechenschaft abzulegen (»kollektives Informationsrecht«). Im Gegensatz zu dem (individuellen) Informationsrecht des § 716 BGB besteht diese Pflicht nicht gegenüber dem einzelnen Gesellschafter (→ Rn. 162 f.). Auch trifft den Geschäftsführer gegenüber der Gesellschaft nach §§ 713, 667 BGB eine Herausgabepflicht hinsichtlich des aus der Geschäftsführung Erlangten (etwa Besitz oder Eigentum an für die Gesellschaft bestimmten Gegenständen). Herauszugebendes Geld ist im Fall der Verwendung durch den Geschäftsführer zu verzinsen (§ 668 BGB).

Entsprechend §§ 669, 670 BGB kann der Geschäftsführer seinerseits die Erstattung von Aufwendungen bzw. einen entsprechenden Vorschuss verlangen. Der Anspruch betrifft nur Aufwendungen, die der Geschäftsführer als für die Geschäftsführung erforderlich erachten darf, und richtet sich grundsätzlich nur gegen die Gesellschaft, nicht aber gegen Mitgesellschafter. Überschreiten die Aufwendungen das Maß dessen,

---

297 AA *K. Schmidt* DB 1988, 2241: nur Kündigung der Geschäftsführerpflichten.
298 HK-BGB/*Saenger* § 712 Rn. 1; Soergel/*Hadding/Kießling* BGB § 712 Rn. 1; aA MüKoBGB/*Schäfer* § 712 Rn. 5 f. und Rn. 27; Staudinger/*Habermeier*, 2003, BGB § 712 Rn. 5; *Koch* GesR § 6 Rn. 23.
299 BGHZ 36, 292 (294).
300 MüKoBGB/*Schäfer* § 713 Rn. 6.

wofür das Gesellschaftsvermögen aufkommen kann, scheidet ein Aufwendungsersatzanspruch aus und kommt allenfalls ein Anspruch aus einer gesonderten Vereinbarung oder nach §§ 812 ff. BGB in Betracht.[301] Die Arbeitsleistung des Geschäftsführers gilt nicht als Aufwendung iSv § 670 BGB. Grundsätzlich wird diese nicht gesondert vergütet, sondern kommt dem Gesellschafter allenfalls in Form eines höheren Gewinnanteils zugute. Eine Vergütung können die Gesellschafter jedoch ausdrücklich oder konkludent vereinbaren.[302] Ob der Vergütungsanspruch darüber hinaus einen Gewinn der Gesellschaft voraussetzt, ist eine Frage der Vertragsauslegung. Bei Vereinbarung einer festen, regelmäßigen Vergütung ist davon nicht auszugehen.[303]

> **Beispiel:** Die ABC-GbR hat sich auf den An- und Verkauf von Gemälden spezialisiert. Während Gesellschafter C als ausgewiesener Kunstkenner zur Einzelgeschäftsführung berechtigt ist, steht seinen Mitgesellschaftern A und B nur gemeinsame Geschäftsführung zu. Nach schweren Regenfällen steht der Lagerraum unter Wasser, weshalb eines der Bilder einen leichten Schaden nimmt. C hält dessen Behebung zwar nicht für zwingend notwendig, jedoch für sinnvoll, um einen deutlich höheren Preis zu erzielen. A glaubt nicht an eine erhebliche Wertsteigerung und untersagt C daher die Restauration. Dieser lässt sie trotzdem durchführen und verlangt anschließend Ersatz der Kosten von der Gesellschaft.
> Der geltend gemachte Anspruch kann sich für C aus §§ 713, 670 BGB ergeben.
> Als Gesellschafter der ABC-GbR ist C nach der vertraglichen Regelung zur Einzelgeschäftsführung befugt. Die Untersagung des A könnte als Widerspruch aufgefasst werden, der die Geschäftsführungsbefugnis des C im konkreten Fall ausschließt. Unklar ist bereits, ob § 711 S. 1 BGB zur Anwendung kommt, da nach dessen Wortlaut zumindest mehreren Gesellschaftern Einzelgeschäftsführungsbefugnis eingeräumt sein muss. Jedenfalls könnte A ein etwa bestehendes Widerspruchsrecht nur gemeinsam mit B ausüben (→ Rn. 148). C handelt also auch im konkreten Fall als geschäftsführungsbefugter Gesellschafter iSd § 713 BGB, sodass sich seine Rechte mangels spezieller Regelung im Gesellschaftsvertrag nach §§ 664 ff. BGB bestimmen. Insbesondere kann C daher von der Gesellschaft gem. §§ 713, 670 BGB Ersatz der Aufwendungen verlangen, die er den Umständen nach für erforderlich halten durfte. Angesichts der ausgewiesenen Fachkenntnis des C ist an seinem Urteil, dass das Bild durch die Restauration einen im Verhältnis zu den Reparaturaufwendungen weit günstigeren Preis erzielen kann, nicht zu zweifeln. C durfte die Aufwendungen daher für erforderlich halten. Diese sind ihm folglich nach §§ 713, 670 BGB zu ersetzen.

153 f) Eine *Verletzung einer Geschäftsführungspflicht* kommt vor allem in Betracht, wenn der Geschäftsführer seiner Mitwirkungspflicht überhaupt nicht nachkommt oder die Geschäftsführungspflicht schlecht erfüllt. Neben der Entziehung der Geschäftsführung nach § 712 BGB ist dann bei schwerwiegender Pflichtverletzung als Sanktion ein Ausschluss des Geschäftsführers aus der Gesellschaft nach § 737 BGB oder gar die Kündigung der Gesellschaft aus wichtigem Grund gem. § 723 BGB denkbar. Beruht die Pflichtverletzung auf schuldhaftem Verhalten des Geschäftsführers und wird dadurch der Gesellschaft ein Schaden zugefügt, kann ein Schadensersatzanspruch in Betracht kommen. Dieser kann sich unter dem Gesichtspunkt der Vertragsverletzung aus § 280 I BGB ergeben, wobei stets die Haftungsprivilegierung des § 708 BGB (→ Rn. 140) zu berücksichtigen ist. Für Pflichtverletzungen des Geschäftsführers kommen zwei Bezugspunkte in Betracht: Zum einen kann der Geschäftsführer ein grundsätzlich in seine Kompetenzen fallendes Geschäft wahrnehmen, jedoch bei der Durch-

---

301 BGH NJW 1980, 339 (340).
302 BGHZ 17, 299 (301).
303 So MüKoBGB/*Schäfer* § 709 Rn. 33; abw. *K. Schmidt* GesR § 59 III 3 a (S. 1748).

führung pflichtwidrig handeln. Zum anderen kann bereits in der Wahrnehmung eines Geschäfts unter Überschreitung der Geschäftsführungsbefugnis oder trotz eines entgegenstehenden Widerspruchs eine Pflichtwidrigkeit liegen. Auch hierfür gilt im Rahmen des vertraglichen Schadensersatzanspruchs der nach § 708 BGB gemilderte Haftungsmaßstab. Ein Verschulden muss allein hinsichtlich des Kompetenzverstoßes vorliegen, nicht auch hinsichtlich der Durchführung des Geschäfts.[304] Ob im letztgenannten Fall zudem ein Schadensersatzanspruch aus §§ 677, 678 BGB wegen Geschäftsführung ohne Auftrag besteht, ist streitig.[305]

In **Fall e** ist an Ansprüche der GbR gegen A aus § 280 I BGB und aus §§ 677, 678 BGB zu denken.

I. § 280 BGB: Gegen die aus dem Gesellschaftsvertrag resultierende Pflicht, keine ungewöhnlichen Geschäfte ohne Zustimmung des B zu tätigen, hat A durch den – für den Fahrradhandel ungewöhnlichen – Erwerb eines Grundstücks ohne Rücksprache mit B verstoßen und damit seine gesellschaftsvertraglichen Geschäftsführungsgrenzen überschritten. Da A ansonsten stets zuverlässig handelte, ist davon auszugehen, dass er zu dem Schluss hätte gelangen müssen, der Erwerb des Grundstücks liege außerhalb seiner Befugnis. A hat also beim eigenmächtigen Grundstückserwerb die eigenübliche Sorgfalt außer Acht gelassen und damit auch nach dem Maßstab der §§ 708, 277 BGB schuldhaft gehandelt. Unerheblich ist, ob ihn daneben auch hinsichtlich des Wertverlustes des Grundstücks bzw. dessen Erkennbarkeit ein Verschuldensvorwurf trifft. A hat sich also nach § 280 I BGB schadensersatzpflichtig gemacht.

II. §§ 677, 678 BGB: A hat mit dem Grundstückserwerb für die Gesellschaft ein Geschäft vorgenommen, für welches er wegen der Überschreitung seines zuvor definierten Aufgabenbereichs keinen konkreten Auftrag hatte und das angesichts dessen dem mutmaßlichen Willen der Gesellschaft widersprach. Die Tatbestandsvoraussetzungen der §§ 677, 678 BGB liegen also vor. Dennoch ist umstritten, ob ein Anspruch aus GoA in Betracht kommt bzw. welcher Sorgfaltsmaßstab an den Geschäftsführer anzulegen ist. Das *RG*[306] wendete das Recht der Geschäftsführung ohne Auftrag einschließlich des allgemeinen Haftungsmaßstabs des § 276 I BGB uneingeschränkt auf den Geschäftsführer an. Es hielt damit für eine Schadensersatzhaftung einfache Fahrlässigkeit für hinreichend, wenn es galt, die Überschreitung der Befugnisse bzw. den Umstand zu beurteilen, dass die Handlung nicht dem wirklichen oder dem mutmaßlichen Willen der Gesellschaft entsprach. Die *Literatur*[307] wendet demgegenüber überwiegend §§ 677, 678 BGB mit der Modifikation an, dass der Geschäftsführer hinsichtlich der Übernahme des Geschäfts in den Genuss der Haftungsprivilegierung des § 708 BGB kommt. Nach Ansicht des *BGH*[308] scheidet in solchen Fällen die Anwendbarkeit des GoA-Rechts neben der vertraglichen Haftung ganz aus. Bereits die Prüfung der Frage, ob eine konkrete Handlung in den Kompetenzbereich des Geschäftsführers fällt oder nicht, ist Teil der Geschäftsführung und muss daher von der Haftungsprivilegierung des § 708 BGB umfasst sein. Es würde zu Wertungswidersprüchen führen, diese Privilegierung durch einen Rückgriff auf den allgemeinen Sorgfaltsmaßstab des § 276 I BGB im Sinne der früheren Rechtsprechung des RG zu umgehen. Unabhängig davon erscheint die Annahme einer Geschäftsführung *ohne* Auftrag angesichts der gesellschaftsvertraglichen Spezialregelung ohnehin zweifelhaft. Zudem ist ein weiteres Verschulden bei der Durchführung der Geschäftsführungsmaßnahme weder im Rahmen der vertraglichen Haftung noch bei der GoA erheblich, sodass man auf beiden Wegen regelmäßig zu gleichen Ergebnissen gelangt. Es besteht also kein durchgreifendes Bedürfnis für die Anwendung des Rechts der Geschäftsführung ohne Auftrag. Daher ist der Rechtsprechung des BGH beizupflichten und ein Anspruch aus §§ 677, 678 BGB im vorliegenden Fall ausgeschlossen.

---

304 BGH NJW 1997, 314 (OHG).
305 Zum Streitstand MüKoBGB/*Schäfer* § 708 Rn. 8; *Häuser*, FS Kraft, 1998, 147 (148 ff.).
306 RGZ 158, 302 (313).
307 Erman/*Westermann* BGB § 708 Rn. 7; Soergel/*Hadding/Kießling* BGB § 708 Rn. 5; *Hueck* OHG § 10 VI 5 (S. 141 ff.); *Müller-Graff* AcP 191 (1991), 475 (487 f.).
308 BGH NJW-RR 1988, 995 (996); 1989, 1255 (1257) und wohl auch NJW 1997, 314. Dem folgend OLG Köln NJW-RR 1995, 547 (548); Bamberger/Roth/*Schöne* BGB § 708 Rn. 16; MüKoBGB/ *Schäfer* § 708 Rn. 9 ff.; *Häuser*, FS Kraft, 1998, 147 (163 ff.).

6. Beschlussfassung

154 Die Willensbildung in der GbR vollzieht sich grundsätzlich durch Beschlussfassung der Gesellschafter. Von jedem Gesellschafter kann jederzeit eine Gesellschafterversammlung zur Behandlung und Entscheidung aller Gesellschaftsangelegenheiten einberufen werden. Diese ist mangels besonderer Vereinbarung bei der GbR an keine Form hinsichtlich Einberufung und Durchführung gebunden. Ihre Organisation liegt im Aufgabenbereich der Geschäftsführung. Beschlüsse sind, auch außerhalb von Gesellschafterversammlungen, immer erforderlich, wenn mehr als ein Gesellschafter über eine die Gesellschaft betreffende Maßnahme zu entscheiden hat.[309] Die konkreten Anforderungen und die Ausgestaltung eines Beschlusses richten sich nach dem Beschlussgegenstand und gegebenenfalls nach dem Gesellschaftsvertrag. Eine spezialgesetzliche Regelung für das Beschlussrecht der GbR existiert nicht, sodass als Grundlage § 709 BGB herangezogen wird. Der Vorschrift kommt damit eine über die Geschäftsführung hinausgehende Bedeutung zu.[310] Zu beachten ist, dass der Gesellschafterbeschluss ein gesellschaftsinterner Vorgang ist und daher in der Regel im Verhältnis zu Dritten zusätzlicher Umsetzungshandlungen, etwa durch Abschluss eines Rechtsgeschäfts, bedarf.

155 a) Gesellschafterbeschlüsse lassen sich nach ihrem *Beschlussgegenstand* unterscheiden, bei dem es sich entweder um Grundlagengeschäfte, Geschäftsführungsangelegenheiten oder sonstige gemeinsame Gesellschaftsangelegenheiten handeln kann.[311] Von größter Bedeutung sind Beschlüsse, die Grundlagengeschäfte betreffen (→ Rn. 116), zB eine Änderung des Gesellschaftszwecks, die Aufnahme und das Ausscheiden von Gesellschaftern, die Auflösung der Gesellschaft bzw. den Ausschluss einzelner Gesellschafter (§ 737 BGB), die Entziehung von Geschäftsführungsbefugnis (§ 712 BGB) oder Vertretungsmacht (§ 715 BGB) sowie die Gewinnverteilung. Neben diesen teils ausdrücklich gesetzlich geregelten Materien gehören hierzu auch alle Beschlussgegenstände, die zugleich einen Regelungsgegenstand des Gesellschaftsvertrags betreffen, wie die Änderung der Geschäftsführungs- oder Vertretungsverteilung. Hier bewirkt der Beschluss de facto eine Änderung des Gesellschaftsvertrags. Daneben können Angelegenheiten der Geschäftsführung zunächst einen Beschluss aller oder der geschäftsführungsbefugten Gesellschafter erfordern, wenn nicht im Gesellschaftsvertrag Einzelgeschäftsführung vereinbart worden ist (→ Rn. 148). Schließlich ist an Beschlüsse zu denken, die sonstige gemeinsame Gesellschaftsangelegenheiten betreffen, die weder in Zusammenhang mit der Geschäftsführung noch den Gesellschaftsgrundlagen stehen. Dies sind überwiegend Maßnahmen, die sich auf die Organisation der Gesellschaft und das Verhältnis der Gesellschafter untereinander und gegenüber der Gesellschaft beziehen, wie etwa die Feststellung der Bilanz, die Gewinnverwendung oder die Entlastung der Geschäftsführer.[312] Ferner fallen darunter außergewöhnliche Maßnahmen, die den Gesellschaftszweck im Einzelfall überschreiten, und alle Gegenstände, die von den Gesellschaftern im Gesellschaftsvertrag ausdrücklich unter den Vorbehalt eines gemeinsamen Beschlusses gestellt worden sind.

---

309 Bamberger/Roth/*Schöne* BGB § 709 Rn. 29.
310 MüKoBGB/*Schäfer* § 709 Rn. 50.
311 BGHZ 65, 93 (96 f.); MüKoBGB/*Schäfer* § 709 Rn. 53 ff.
312 MüKoBGB/*Schäfer* § 709 Rn. 55.

b) Für Beschlüsse gilt nach dem Leitbild des § 709 I BGB grundsätzlich das Erfordernis der *Einstimmigkeit*. Hiervon abweichend können die Gesellschafter im Gesellschaftsvertrag vereinbaren, dass für Entscheidungen auch Stimmenmehrheit genügt, die vorbehaltlich abweichender Vereinbarung gem. § 709 II BGB nach Köpfen zu ermitteln ist. Eine entsprechende Vereinbarung musste ursprünglich hinreichend genau erkennen lassen, für welche Geschäfte *Mehrheitsbeschlüsse* ausreichen sollten,[313] ohne dass es aber einer detaillierten Auflistung bedurfte. Von diesem strengen *Bestimmtheitsgrundsatz* ist die Rechtsprechung allerdings für Publikumsgesellschaften bereits früh abgerückt.[314] Bei einer nur allgemein gehaltenen Vertragsbestimmung ist deshalb durch Auslegung zu ermitteln, ob der jeweilige Vorgang von der Mehrheitsklausel erfasst ist (Prüfung auf der ersten Stufe, → Rn. 75). Dabei sind entgegen früherer Rechtsprechung auch außergewöhnliche und Grundlagengeschäfte nicht von vornherein einer Mehrheitsentscheidung entzogen.[315]   **156**

Auch von der Kernbereichslehre, wonach Mehrheitsbeschlüsse grundsätzlich nicht ohne dessen Zustimmung in den Kernbereich der Rechte des Gesellschafters – insbesondere nicht in bereits entstandene Ansprüche sowie Stimm-, Gewinnbeteiligungs-, Geschäftsführungs- und Informationsrechte – eingreifen dürfen, ist der BGH abgerückt.[316] Stattdessen erfolgt auf der zweiten Stufe eine materielle Kontrolle, ob sich der Beschluss als treuwidrige Ausübung der Mehrheitsmacht darstellt.[317] Dabei unterscheidet der BGH zwischen Eingriffen in absolut (schlechthin unverzichtbare) und relativ (nur mit Zustimmung des einzelnen Gesellschafters) entziehbare Mitgliedschaftsrechte (→ Rn. 75). Daneben ergeben sich weitere Beschränkungen für die Zulässigkeit von Mehrheitsbeschlüssen. Aus §§ 706 I, 722, 734 BGB folgt nämlich der Grundsatz der Gleichbehandlung aller Gesellschafter, soweit der Gesellschaftsvertrag nicht eindeutig eine ungleiche Behandlung vorsieht. Schließlich gilt stets die äußerste Grenze des § 138 BGB. Ein Mehrheitsbeschluss ist insbesondere unzulässig, wenn sich daraus eine sittenwidrige Abhängigkeit des einzelnen Gesellschafters von der Willkür der übrigen ergeben würde.[318]

c) Weitgehende Übereinstimmung besteht heute hinsichtlich der *Rechtsnatur von Gesellschafterbeschlüssen*. Die von der früheren Rechtsprechung[319] vorgenommene Einordnung als Sozialakt der körperschaftlichen Willensbildung wird von der heute nahezu einhelligen Meinung abgelehnt und der Beschluss als ein mehrseitiges Rechtsgeschäft eingestuft, das sich aus den einzelnen, jeweils zustimmenden oder ablehnenden Stimmen der entscheidungsbefugten Gesellschafter zusammensetzt.[320]   **157**

d) Das individuelle *Stimmrecht* steht grundsätzliche allen Gesellschaftern zu, soweit nicht einzelne zulässigerweise von bestimmten Beschlussgegenständen, etwa von der   **158**

---

313 BGHZ 8, 35 (41); 48, 251 (253); 66, 82 (85); 85, 350 (356); 132, 263 (268); 170, 283 – Otto; *K. Schmidt* GesR § 16 II 2 (S. 453 ff.); *Marburger* NJW 1984, 2252 ff.

314 BGHZ 71, 53 (58); 85, 350 (358), BGH NZG 2013, 57 (60); 2014, 302 (304).

315 BGHZ 203, 77 = NJW 2015, 859 (861).

316 BGHZ 48, 251; 132, 263 (268); BGH NJW 1985, 974; 1995, 194 (195); dazu *Löffler* NJW 1989, 2656 ff.; *K. Schmidt* GesR § 16 III 3 b (S. 471 ff.); *Wiedemann* GesR I § 7 I 1 b (S. 360 ff.). Eine »Lanze für die Kernbereichslehre« bricht *Priester* NZG 2015, 529.

317 BGHZ 203, 77 = NJW 2015, 859 (861 f.) mAnm *Wertenbruch* DB 2014, 2875 ff. und *Ulmer* ZIP 2015, 657 ff.; in den Auswirkungen aber relativierend *Kleindiek* GmbHR 2017, 674.

318 BGHZ 81, 263 (266); eing. zu Mehrheitsbeschlüssen in Personengesellschaften *K. Schmidt* ZGR 2008, 1 ff.

319 BGHZ 52, 316 (318).

320 Soergel/*Hadding/Kießling* BGB § 709 Rn. 24; *K. Schmidt* GesR § 15 I 2 (S. 436 ff.); *Wiedemann* GesR I § 3 III 1 b (S. 178 ff.); *Mülbert/Gramse* WM 2002, 2085 ff.

Geschäftsführung, ausgeschlossen sind.[321] Die Stimmabgabe ist eine empfangsbedürftige Willenserklärung und unterliegt damit den Anforderungen der §§ 104 ff. BGB.[322] Ihre Wirksamkeit setzt die Abgabe und den Zugang an alle anderen Gesellschaftern bzw. bei entsprechender Bevollmächtigung an den Versammlungsleiter als Empfangsvertreter voraus.[323] Auch eine Anfechtung ist möglich.[324] Der Gesellschafterbeschluss selbst wird erst mit Zustimmung aller Gesellschafter bzw. bei Mehrheitsentscheidung mit Zustimmung der erforderlichen Mehrheit wirksam und erlangt dann selbstständige Bestandskraft. Das Stimmrecht erwächst als Verwaltungsrecht aus der Mitgliedschaft in der Gesellschaft und darf daher aufgrund des aus § 717 BGB folgenden Abspaltungsverbots nicht auf einen Dritten übertragen werden. Ebenso sind Stimmbindungsverträge mit Nichtgesellschaftern aus diesem Grund unzulässig (→ Rn. 126). Lediglich die Stellvertretung bei der Ausübung durch einen Mitgesellschafter oder einen Dritten ist möglich, wenn dies im Gesellschaftsvertrag vereinbart ist, die anderen Gesellschafter zugestimmt haben[325] oder es im Einzelfall aufgrund der gesellschaftsvertraglichen Treuepflicht oder einer vorrangigen gesetzlichen Schutzpflicht (zB § 1909 BGB) geboten ist.[326] Die Treuepflicht kann auch Auswirkungen auf den Inhalt der Stimmrechtsausübung haben. So mag aus ihr eine Pflicht zur Zustimmung selbst zu Eingriffen in den Kernbereich der gesellschafterlichen Rechte erwachsen. Voraussetzung dafür ist, dass die Vertragsänderung durch das überwiegende Gesellschaftsinteresse unter Berücksichtigung der Verhältnismäßigkeit geboten und dem Gesellschafter bei Beachtung seiner schutzwürdigen Belange zuzumuten ist.[327]

Beispiele: Maßnahmen zur Erhaltung der Liquidität[328] oder zur Sanierung[329] der Gesellschaft, zur Abberufung eines Geschäftsführers aus wichtigem Grund[330] und sogar zum Ausschluss eines Gesellschafters.[331]

Die Zustimmung kann nach Maßgabe des § 894 ZPO im Wege der Leistungsklage gegen den betroffenen Gesellschafter geltend gemacht und durch ein rechtskräftiges Urteil ersetzt werden.[332] Bei Gesellschaften mit großer Gesellschafterzahl ist die Klage allerdings ebenso wenig erforderlich, wie wenn der Beschluss für die Gesellschaft essentiell ist.[333] Vielmehr ist die nicht oder pflichtwidrig abgegebene Stimme dann so zu behandeln, als ob sie entsprechend der bestehenden Zustimmungspflicht abgegeben

---

321 Vertiefend zur Vereinbarkeit von Stimmrechtsausschlüssen MüKoBGB/*Schäfer* § 709 Rn. 63 f.; *Zöllner*, FS 100 Jahre GmbHG, 1992, 85 (121 f.).
322 BGHZ 14, 264 (267); Erman/*Westermann* § 709 Rn. 18 a; MüKoBGB/*Schäfer* BGB § 709 Rn. 52; *Zöllner*, FS Lutter, 2000, 821 (822).
323 Soergel/*Hadding/Kießling* BGB § 709 Rn. 32, auch zur streitigen Frage der Widerruflichkeit nach § 183 BGB.
324 BGHZ 14, 264 (267).
325 BGH NJW 1970, 468.
326 BGHZ 65, 93 (99); BGH NJW 1970, 706; vgl. im Einzelnen *Saenger*, Beteiligung Dritter bei Beschlussfassung und Kontrolle im Gesellschaftsrecht, 1990.
327 BGH NJW 1985, 974 f.; 1987, 952 (953); 1995, 194 (195); *K. Schmidt* GesR § 5 IV 2 (S. 128 ff.); *Lettl* AcP 202 (2002), 3 ff.
328 BGH NJW 1985, 972 (973).
329 BGH NJW 2010, 65 – Sanieren oder Ausscheiden; eingrenzend BGH NJW 2011, 1667; zuletzt wiederum BGH NJW 2015, 2882.
330 BGHZ 102, 172 (176).
331 BGHZ 64, 253 (257 ff.); 68, 81 (82); *Saenger/Scheuch* JA 2012, 651 (656 f.).
332 BGHZ 64, 253 (259); 68, 81 (82); aA *Kollhosser* NJW 1976, 144.
333 BGH NJW 1985, 974; NJW-RR 1989, 993 (995) jeweils zu Publikumsgesellschaften; BGH WM 1979, 1058, (1059 f.); 1986, 1556 (1557) zu essentiellen Beschlüssen.

worden wäre. Im Fall der Interessenkollision kann das Stimmrecht schließlich sogar gänzlich entfallen. Das ist Ausdruck des Grundsatzes, dass niemand als »Richter in eigener Sache« fungieren soll (näher bei der OHG → Rn. 282).[334]

> **Beispiele:** Maßnahmen gegen einen Gesellschafter aus wichtigem Grund,[335] Geltendmachung von Schadensersatzansprüchen gegen einen Gesellschafter,[336] Einleitung eines Rechtsstreits gegen einen Gesellschafter oder Rechtsgeschäfte zwischen Gesellschaft und Gesellschafter.[337]

Die trotz Bestehens eines Stimmverbotes abgegebene Stimme ist nichtig und bleibt unberücksichtigt.

e) *Beschlussmängel* können zum einen auf einem Verfahrensverstoß bei der Herbeiführung und zum anderen auf dem Inhalt des Beschlusses beruhen. Folge eines Mangels ist nach hM die Nichtigkeit des Beschlusses. Eine Differenzierung nach Nichtigkeit und Anfechtbarkeit von Beschlüssen wie im Kapitalgesellschaftsrecht kennt das Personengesellschaftsrecht nicht.[338] In Ermangelung besonderer gesetzlicher Vorschriften zum *Verfahren* der Beschlussfassung bei der GbR kann ein entsprechender Verstoß grundsätzlich nur in Betracht kommen, wenn der Gesellschaftsvertrag besondere Erfordernisse aufstellt. Es muss dann aber auch feststehen, dass der Fehler das Zustandekommen des Beschlusses und insbesondere das Abstimmungsergebnis beeinflusst haben kann.[339] Bei Ladungsmängeln kommt es darauf an, ob dadurch die Teilnahme des Gesellschafters oder dessen Vorbereitung auf die Versammlung vereitelt oder erschwert wird, wobei im Sinne des Gesellschafterschutzes kein strenger Maßstab anzulegen ist.[340] Fehlt es an dieser Voraussetzung, bleibt der Beschluss wirksam.[341] Indes kann der betreffende Gesellschafter auf die Einhaltung einer Verfahrensvorschrift verzichten. Schließlich führen Verstöße gegen bloße Ordnungsvorschriften, etwa das Fehlen einer vorgesehenen Protokollierung, nicht zur Unwirksamkeit des Beschlusses.[342]

159

Weiter sind bei Beschlüssen *inhaltliche Mängel* denkbar. Sie können etwa aus Verstößen gegen Vereinbarungen im Gesellschaftsvertrag oder aus Sitten- und Gesetzesverstößen resultieren. Zu Letzteren zählen vor allem Verletzungen des Gleichbehandlungsgrundsatzes und der Treuepflicht durch Mehrheitsbeschluss.[343] Zu beachten ist die Möglichkeit der Heilung eines nichtigen Beschlusses durch Neuvornahme unter Beseitigung des Mangels. Zudem kann, außer im Fall eines Verstoßes gegen §§ 134, 138 BGB, der unwidersprochene Vollzug in Kenntnis des Mangels ebenso eine Heilung bewirken, wie das längere Nichtgeltendmachen eines allen Beteiligten bekannten

160

---

334 BGH ZIP 2012, 917 (918).
335 BGHZ 102, 172 (176); BGH NJW 1974, 1555 (1556).
336 OLG Hamm NZG 2003, 627.
337 MüKoBGB/*Schäfer* § 709 Rn. 65 ff.; Soergel/*Hadding/Kießling* BGB § 709 Rn. 29; *K. Schmidt* GesR § 21 II 2 a (S. 608 ff.).
338 BGH NJW-RR 1990, 474 (475); MüKoBGB/*Schäfer* § 709 Rn. 105; *Casper* ZHR 163 (1999), 54, 72 ff.; aA *K. Schmidt* GesR § 15 II 3 (S. 447 ff.). Ebenso für die Publikumsgesellschaft BGH NJW 1999, 3113 (3114); str., vgl. *Grunewald* GesR § 1 Rn. 97 f.
339 BGH ZIP 1984, 59 (61); NJW 1987, 1262 (1263); MüKoBGB/*Schäfer* § 709 Rn. 106 mit Beispielen.
340 BGH NZG 2014, 621; WM 1995, 701 (706); OLG Dresden NZG 2000, 782 (783 f.).; Bamberger/Roth/*Schöne* BGB § 709 Rn. 63.
341 Soergel/*Hadding/Kießling* BGB § 709 Rn. 43; dahingehend auch BGHZ 59, 369 (373).
342 RGZ 104, 413 (415); 122, 367 (369); Bamberger/Roth/*Schöne* BGB § 709 Rn. 63; krit. MüKoBGB/*Schäfer* § 709 Rn. 107.
343 BGHZ 203, 77 = NJW 2015, 859 (861 f.); BGHZ 20, 363 (369); Bamberger/Roth/*Schöne* BGB § 709 Rn. 61.

Mangels.[344] Um die Nichtigkeit oder Unrichtigkeit des Beschlusses geltend zu machen, ist die Erhebung einer Feststellungsklage gem. § 256 I ZPO gegen die der Feststellung widersprechenden Gesellschafter erforderlich, sofern nicht der Gesellschaftsvertrag ausdrücklich die Gesellschaft als Klagegegner vorsieht.[345] Gesetzliche Klagefristen bestehen nicht. Ist eine Frist auch vertraglich nicht vorgesehen, ergibt sich für einen Gesellschafter zumindest aus der Treuepflicht das Erfordernis, den Mangel innerhalb angemessener Zeit geltend zu machen. Falls Gegenstand des Beschlusses eine Vertragsänderung ist und der Beschluss bereits in Vollzug gesetzt wurde, ist eine Anwendung der Grundsätze über die fehlerhafte Gesellschaft denkbar (→ Rn. 79 ff.).

Von einem Beschlussmangel ist die Unwirksamkeit der einzelnen Stimmabgabe zu unterscheiden. Sie folgt unmittelbar daraus, dass die Stimmabgabe mit einem Nichtigkeitsgrund behaftet ist, etwa weil sie angefochten wurde oder unter Verstoß gegen einen Stimmrechtsausschluss oder die Treuepflicht erfolgte.[346] Die nichtige Stimmabgabe gilt als Enthaltung und wirkt sich auf den Beschluss insgesamt nur aus, wenn dieser einstimmig zu treffen war oder bei einer Mehrheitsentscheidung der Beschluss auf der Stimme beruhte.[347]

7. Kontrolle

161 Im Hinblick auf die Kontrolle innerhalb der Gesellschaft sind das kollektive und das individuelle Informationsrecht zu unterscheiden.

162 a) Das *kollektive Informations- bzw. Kontrollrecht* ergibt sich aus §§ 713, 666 BGB. Danach ist der Geschäftsführer verpflichtet, *der Gesellschaft* Auskunft zu geben und Rechenschaft abzulegen. Das kann zum einen in der Gesellschafterversammlung erfolgen. Die Auskunftspflicht besteht aber auch während der gesamten Zeit der Geschäftsführung und hat die Verpflichtung des Geschäftsführers zum *Inhalt,* erforderliche Informationen zu geben und über den Geschäftsstand Auskünfte zu erteilen. Der Inhalt der Rechenschaftspflicht bestimmt sich nach § 259 BGB. Sie besteht nur im Fall der Beendigung der Gesellschaft bzw. – bei Dauergesellschaften – grundsätzlich am Ende des Geschäftsjahres. Zudem schulden die geschäftsführenden Gesellschafter über Auskunft und Rechenschaft hinaus auch ohne besondere Aufforderung Berichterstattung, also die Mitteilung aller den übrigen Gesellschaftern unbekannten Informationen, die sie soweit über den Stand der Dinge unterrichten, dass sie ihre Rechte überhaupt erst wahrnehmen und sachgerechte Entscheidungen treffen können. Berichterstattung ist in Situationen geboten, die einen Gesellschafter zur unverzüglichen Ausübung seiner Mitgliedschaftsrechte, etwa zur Kündigung oder aber im Gegenteil zur Erhöhung seiner Einlage veranlassen können. Überdies ist auch an Fälle zu denken, in denen die Gesamtheit der übrigen Gesellschafter im Hinblick auf ihre organisatorischen Befugnisse tätig werden muss, etwa wenn ein geschäftsführender Gesellschafter durch unregelmäßiges Verhalten auffällt und die Geltendmachung von Schadensersatzansprüchen in Betracht kommt.

Das kollektive Informationsrecht ist auch im Zusammenhang mit der Frage von Bedeutung, welche Informationen die *geschäftsführenden Gesellschafter sich untereinander* schulden. Besteht eine gemein-

---

344 MüKoBGB/*Schäfer* § 709 Rn. 110.

345 BGHZ 85, 350 (353); BGH NJW 2011, 2578 (2579); Erman/*Westermann* BGB § 709 Rn. 38; *Hüffer* ZGR 2001, 833 (839). Ausf. zur Verteidigung von Mitgliedschaftsrechten in Personengesellschaften *Westermann* NZG 2012, 1121 ff.

346 BGHZ 102, 172 (176); Staudinger/*Habermeier,* 2003, BGB § 709 Rn. 29.

347 Bamberger/Roth/*Schöne* BGB § 709 Rn. 54, 61; Erman/*Westermann* BGB § 709 Rn. 37.

schaftliche Geschäftsführungsbefugnis mehrerer Gesellschafter, müssen sich diese, wie im Regelfall der gemeinschaftlichen Geschäftsführung aller Gesellschafter, über die anstehenden Maßnahmen einigen. Dabei können sämtliche offenen Fragen erörtert werden, sodass der Informationsfluss gewährleistet wird. Ist dagegen jeder der geschäftsführenden Gesellschafter allein geschäftsführungsbefugt, ist wiederum der Regel des § 713 BGB iVm § 666 BGB zu entnehmen, dass sie einander unverzüglich und unaufgefordert die Informationen zu gewähren haben, die jeder der übrigen geschäftsführenden Gesellschafter benötigt, um die Entscheidung zu treffen, für die er zuständig und verantwortlich ist. Dabei braucht ein geschäftsführender Gesellschafter die übrigen nicht über jede geplante Geschäftsführungsmaßnahme zu unterrichten. Es müssen aber im Fall eines Geschäfts, bei dem damit zu rechnen ist, dass ein anderer geschäftsführender Gesellschafter das ihm nach § 711 BGB zustehende Widerspruchsrecht geltend macht, die übrigen zur Einzelgeschäftsführung berechtigten Gesellschafter informiert und gegebenenfalls deren Zustimmung eingeholt werden. Dies betrifft besonders Geschäfte von grundsätzlicher Bedeutung oder außergewöhnlicher Natur. Gleiches gilt, wenn hinsichtlich eines bestimmten Geschäfts bekannt ist, dass in der Geschäftsführung unterschiedliche Auffassungen über die Zweckmäßigkeit bestehen.

Im Gegensatz zu dem individuellen Informationsrecht des § 716 BGB handelt es sich bei dem kollektiven Informationsrecht nicht um ein Recht der einzelnen Gesellschafter, sondern ausschließlich um ein Recht der Gesellschaft.[348] Die *Geltendmachung* dieses Anspruchs für die Gesellschaft obliegt den geschäftsführungs- und vertretungsberechtigten Gesellschaftern. Grundsätzlich können einzelne nicht zur Geschäftsführung berufene Gesellschafter den Anspruch aus §§ 713, 666 BGB auch im Rahmen der actio pro socio durchsetzen (→ Rn. 165). Eine Einschränkung ergibt sich allerdings daraus, dass ohne Vorliegen eines besonderen sachlichen Grundes die Schranken der individuellen Informationsrechte aus §§ 716, 721 BGB nicht überschritten werden dürfen, um eine ständige Intervention in die laufende Geschäftsführung auszuschließen.[349]

b) Davon zu unterscheiden ist das in § 716 BGB geregelte *individuelle Informations-* **163** *oder Kontrollrecht*.[350] Dieses richtet sich grundsätzlich gegen die Gesellschaft, kann aber auch unmittelbar gegenüber dem einzelnen Mitgesellschafter eingefordert werden.[351] § 716 I BGB berechtigt *jeden Gesellschafter,* sich über die Angelegenheiten der Gesellschaft zu unterrichten. Im Unterschied zum kollektiven Auskunftsrecht steht dieses Informationsrecht also nicht der Gesellschaft als solcher zu und hat damit gerade für die nicht geschäftsführungsbefugten Gesellschafter besonderen Wert. Für sie handelt es sich dabei nämlich neben den in der Gesellschafterversammlung aufgrund des kollektiven Informationsrechts gegebenen Informationen um die einzige Möglichkeit, Kenntnis von laufenden Geschäftsführungsangelegenheiten zu erlangen, über die geschäftsführende Gesellschafter jederzeit verfügen. Auch die Namen der Mitgesellschafter lassen sich unter Berufung auf § 716 I BGB ermitteln.[352] Freilich bleibt das individuelle Kontrollrecht sachlich hinter dem Anspruch aus §§ 713, 666 BGB zurück, weil es sich auf Einsichtnahme in Geschäftsbücher sowie Papiere der Gesellschaft beschränkt. Haben elektronische Datenträger diese Funktion übernommen, kann ein Ausdruck verlangt werden.[353] Im Übrigen muss sich der Berechtigte die von ihm ge-

---

348 Bamberger/Roth/*Schöne* BGB § 713 Rn. 5; Palandt/*Sprau* BGB § 713 Rn. 5; aA *Huber* ZGR 1982, 539 (546 ff.).
349 BGH NJW 1992, 1890 (1892); MüKoBGB/*Schäfer* § 713 Rn. 8; *Grunewald* GesR § 1 Rn. 100.
350 Beide haben eigenständige Bedeutung, RGZ 148, 278 (279); BGH NZG 2013, 1258 (1260).
351 BGH WM 1962, 883.
352 Dies kann insb. bei Publikumsgesellschaften bedeutsam werden, vgl. BGH NJW 2011, 921 (922 f.); 2010, 439; krit *Grunewald* JA 2011, 881 (883).
353 BGH NJW 2010, 439.

wünschten Informationen selbstständig aus den Unterlagen verschaffen. Es bleibt ihm aber unbenommen, sich zur Überprüfung der Unterlagen eines Sachverständigen für die Buchführung oder eines entsprechenden Beraters zu bedienen.[354] Nur ausnahmsweise besteht nach § 242 BGB ein Auskunftsrecht, wenn die erforderlichen Informationen über Angelegenheiten der Gesellschaft aus den schriftlichen Unterlagen nicht zu ermitteln sind.[355] Bei dem Anspruch des Gesellschafters handelt es sich um ein nicht übertragbares Verwaltungsrecht (§ 717 BGB). Es steht dem Gesellschafter nur bis zu seinem Ausscheiden aus der Gesellschaft zu. Danach kommt nur noch ein Anspruch gem. § 810 BGB in Betracht, der für den ausgeschiedenen Gesellschafter insbesondere hinsichtlich der Berechnung seiner Abfindung von Interesse ist, wenn sein Auseinandersetzungsguthaben noch nicht ausgezahlt wurde. Schließlich ist das Informationsrecht gem. § 716 I BGB in den Grenzen des Abs. 2 abdingbar, also nur soweit kein Grund zur Annahme unredlicher Geschäftsführung besteht.

8. Ansprüche aus dem Gesellschaftsverhältnis

164 Aus dem Gesellschaftsverhältnis, insbesondere aus dem Gesellschaftsvertrag, können Ansprüche der Gesellschaft gegen einen Gesellschafter und ebenso auch Ansprüche eines Gesellschafters gegen die Gesellschaft als solche entstehen *(Sozialsphäre)*. Daneben können Ansprüche der Gesellschafter gegen Mitgesellschafter entstehen *(Individualsphäre)*. Hinsichtlich der Anspruchsdurchsetzung ist zu beachten, dass die GbR nach höchstrichterlicher Rechtsprechung im Prozess aktiv und passiv parteifähig ist (zur Durchsetzung von Ansprüchen → Rn. 205 ff.).[356]

165 a) Ansprüche der Gesellschaft gegen einen einzelnen Gesellschafter *(Sozialansprüche)* können von der Gesellschaft selbst eingeklagt werden. Zu den Sozialansprüchen gehören insbesondere Ansprüche auf Beitragsleistung (§§ 705 f. BGB), auf Verlustausgleich (§ 735 BGB), aus der Geschäftsführung (§§ 713, 666, 667 BGB), auf Schadensersatz wegen Verletzung des Gesellschaftsvertrags (§ 280 I BGB) und auf Rückzahlung unberechtigt entnommener Gewinne (§ 812 BGB). Für die Gesellschaft sind die Ansprüche grundsätzlich von den vertretungs- und geschäftsführungsbefugten Gesellschaftern, also mangels abweichender Regelung von allen Gesellschaftern namens der Gesellschaft geltend zu machen.[357] Jeder Gesellschafter ist allerdings darüber hinaus berechtigt, während seiner Gesellschaftszugehörigkeit im Interesse der Gesellschaft wegen des Sozialanspruchs allein und im eigenen Namen auf Leistung in das Gesellschaftsvermögen zu klagen (sog. *Gesellschafterklage* bzw. *actio pro socio*).[358] Relevanz erlangt diese dem Minderheitenschutz dienende Gesellschafterklage vor allem, wenn ein allein geschäftsführungsbefugter Gesellschafter seine ihm vertraglich obliegenden Verpflichtungen nicht erfüllt, etwa seiner Beitragspflicht nicht nachkommt. Diese ist gesetzlich nicht geregelt[359] und in ihrer dogmatischen Begründung umstritten.

---

354 BGHZ 25, 115 (123); vgl. im Einzelnen *Saenger* NJW 1992, 348 ff.
355 BGH ZIP 1983, 935 (936); *Wohlleben,* Informationsrechte des Gesellschafters, 1989, 93 ff.; abw. *K. Schmidt,* Informationsrechte in Gesellschaften und Verbänden, 1984, 62 ff.
356 BGHZ 146, 341 (347 f.).
357 HK-ZPO/*Bendtsen* § 51 Rn. 7; *Westermann* NZG 2001, 289 (292).
358 BGHZ 25, 47 (49); BGH NJW 1973, 2198 (2199); ausf. zur actio pro socio *Fleischer/Harzmeier* ZGR 2017, 239; *Mock* JuS 2015, 590; MüKoBGB/*Schäfer* § 705 Rn. 204 ff.; Soergel/*Hadding/Kießling* BGB § 705 Rn. 48 ff.; *K. Schmidt* GesR § 21 IV (S. 629 ff.); Fallbeispiel bei *Saenger/Scheuch* JA 2012, 651 (655 f.).
359 Für eine Kodifikation plädieren insbes. *Fleischer/Harzmeier* ZGR 2017, 239 (270 f.).

Nach überwiegender Auffassung in der Literatur macht der klagende Gesellschafter ein Recht der Gesellschaft in Prozessstandschaft für diese im eigenen Namen geltend.[360] Dieses Verständnis steht vor allem mit der rechtlichen Verselbstständigung der GbR in Einklang (→ Rn. 49 ff.) und passt gut zu organisierten Gesellschaften, bei denen Verwaltung und Vertretung nur einzelnen Gesellschaftern obliegt.[361] Dagegen stehen vor allem die ältere Rechtsprechung und Teile der Literatur auf dem Standpunkt, der Gesellschafter setze im Rahmen der actio pro socio auch ein eigenes materielles Recht aus dem Gesellschaftsvertrag für die Gesellschaft durch.[362] Hierfür spricht, dass die Leistungspflichten aus dem Gesellschaftsvertrag immerhin auch gegenüber jedem Mitgesellschafter übernommen werden. Zudem steht diese Auffassung mit der gesamthänderischen Verbundenheit der Gesellschafter in Einklang. Sie passt insbesondere auf Gesellschaften, die schuldrechtlich geprägt und gleichzeitig bezüglich ihrer Organisation nur in geringem Maße verselbstständigt sind.[363] Praktische Auswirkungen hat dieser Streit freilich kaum. Stets kann Leistung im eigenen Namen jedoch allein an die Gesellschaft verlangt werden. Ferner darf auf die actio pro socio nach beiden Begründungsansätzen nicht unmittelbar zurückgegriffen werden. Vielmehr ist diese grundsätzlich erst in Betracht zu ziehen, wenn das zuständige Organ erfolglos zur Rechtsdurchsetzung zugunsten der Gesellschaft aufgefordert wurde oder eine solche Aufforderung von vornherein aussichtslos war. Nach Ansicht der Literatur ergibt sich dieses Erfordernis zwingend daraus, dass die actio pro socio aus Rücksicht auf die Binnenorganisation der Gesellschaft subsidiär ist.[364] Nach Ansicht der Rechtsprechung gilt zwar keine strenge Subsidiarität, kann das gleiche Ergebnis aber aus der Treuepflicht der Gesellschafter resultieren.[365] Unterschiede ergeben sich erst bei der Beurteilung der Fragen, ob Verzicht und Vergleich mit Wirkung auch für die übrigen Gesellschafter möglich sind und welche Reichweite die Rechtskraft eines im Wege der actio pro socio erstrittenen Urteils entfaltet.[366]

Die actio pro socio kann gänzlich ausgeschlossen sein, wenn die Durchsetzung des Anspruchs der gesellschaftlichen Treuepflicht widerspricht.[367] Überdies ergeben sich Probleme bei Klagen auf Durchführung oder Unterlassung bestimmter Geschäfte. Nach Ansicht der Rechtsprechung ist die Gesellschafterklage insoweit unzulässig, da sie auf einen Eingriff in das Geschäftsführungsrecht hinausliefe.[368]

Von der actio pro socio sind solche Fälle zu unterscheiden, in denen ein einzelner, nicht zu Geschäftsführung und Vertretung berechtigter Gesellschafter Ansprüche der Gesellschaft gegen außerhalb der Gesellschaft stehende Dritte verfolgt. Dies ist zum einen möglich, wenn er von den Übrigen zur Prozessführung ermächtigt wird und hieran ein berechtigtes Eigeninteresse hat.[369] Außerdem kann ein einzelner Gesellschafter ausnahmsweise auch aufgrund besonderer Umstände Prozessführungsbefugnis für die GbR erlangen, etwa wenn der andere Gesellschafter sich im Zusammenwirken mit dem Schuldner treuwidrig weigert, an der Geltendmachung der Gesellschaftsforderung mitzuwirken.[370] Weiterhin ist auch an die Fälle der Notgeschäftsführung entsprechend § 744 II BGB zu denken (→ Rn. 147).

---

360 MüKoBGB/*Schäfer* § 705 Rn. 208 ff.; Staudinger/*Habermeier*, 2003, BGB § 705 Rn. 17; *Wiedemann* GesR I § 8 IV 1 c (S. 458 ff.); *Fleischer/Harzmeier* ZGR 2017, 239 (264 ff.); *Bork/Oepen* ZGR 2001, 515 (520 ff.); *Kreutz*, FS Hadding, 2004, 513 (519, 526); in diese Richtung tendiert wohl auch BGH NJW 2000, 505 (506).

361 *Windbichler* GesR § 7 Rn. 6; *K. Schmidt* GesR § 21 IV 4 (S. 636 ff.).

362 BGHZ 10, 91 (101); 25, 47 (49); *Flume* BGB AT I/2 § 8 V (S. 300 ff.); *Hadding*, Actio pro socio – Die Einzelklagebefugnis bei Gesamthandsansprüchen aus dem Gesellschaftsverhältnis, 1966, 57 f.; *Hueck* OHG § 18 II 3 (S. 261 ff.). Noch weitergehender *Raiser* ZHR 153 (1989), 1, 9 ff.: Gesellschafterklage als eigenes Mitgliedsrecht jedes Gesellschafters.

363 So diff. auch *Windbichler* GesR § 7 Rn. 6.

364 MüKoBGB/*Schäfer* § 705 Rn. 210; *K. Schmidt* GesR § 21 IV 4 (S. 637); *Fleischer/Harzmeier* ZGR 2017, 239 (267); *Bork/Oepen* ZGR 2001, 515 (531).

365 BGHZ 25, 47 (50).

366 Dazu MüKoBGB/*Schäfer* § 705 Rn. 213 f.; *Bork/Oepen* ZGR 2001, 515 (540 ff.).

367 BGHZ 25, 47; *Höfler* JuS 1992, 388 (390).

368 BGHZ 76, 160 (167); MüKoBGB/*Schäfer* § 705 Rn. 204; aA *Grunewald* GesR § 1 Rn. 65.

369 BGH NJW 1988, 1585 (1586); zu den prozessrechtlichen Fragen im Einzelnen MüKoBGB/*Schäfer* § 705 Rn. 206; *K. Schmidt* GesR § 60 IV (S. 1806 ff.).

370 BGHZ 102, 152 (154 ff.); OLG Düsseldorf NZG 2012, 1148.

Von den Sozialansprüchen zu unterscheiden sind die (Dritt-)Ansprüche der Gesellschaft gegen einen Gesellschafter aus einem von dem Gesellschaftsvertrag unabhängigen Schuldverhältnis, das gleichermaßen zwischen der Gesellschaft und einem Dritten bestehen kann (→ Rn. 139). Solche Ansprüche dürfen von Einzelnen nicht im Rahmen der actio pro socio geltend gemacht werden.

Fall: Der alleinige geschäftsführungsbefugte Gesellschafter A der A&B-GbR schuldet dieser die Erbringung seiner Einlage iHv 2.500 EUR sowie die Gebrauchsüberlassung von Geschäftsräumen, die er der GbR unter Befreiung von § 181 BGB vermietet hat. Nachdem sich A wiederholt weigert, seinen Verpflichtungen nachzukommen, verliert der einzige Mitgesellschafter B die Geduld und fragt nach der Rechtslage.

A. Ansprüche der Gesellschaft
Die GbR hat gegen A aus § 706 BGB iVm dem Gesellschaftsvertrag einen Anspruch auf die im Gesellschaftsvertrag vereinbarte Einlageleistung von 2.500 EUR. Ferner besteht ein Anspruch der GbR gegen A auf Gebrauchsüberlassung an den Geschäftsräumen aus § 535 I BGB.

B. Durchsetzung der Ansprüche
I. Regelmäßig obliegt die Durchsetzung der Ansprüche dem für die GbR vertretungs- und geschäftsführungsbefugten Gesellschafter A. Dieser ist allerdings trotz mehrmaliger Aufforderung nicht tätig geworden. B fehlt dagegen grundsätzlich die Befugnis zur Geltendmachung der Ansprüche der Gesellschaft.

II. In dieser Situation kann das jedoch nicht darauf hinauslaufen, dass die Ansprüche praktisch undurchsetzbar bleiben. Daher besteht für B nach der vorherigen erfolglosen Aufforderung an A, seinen Pflichten nachzukommen, die Möglichkeit, im Wege der actio pro socio vorzugehen und im eigenen Namen die Leistung von A an die Gesellschaft zu verlangen. Dies betrifft den Sozialanspruch auf Beitragszahlung iHv 2.500 EUR. Dagegen kann B auf diesem Wege nicht den Anspruch auf Gebrauchsüberlassung an den Geschäftsräumen geltend machen, weil es sich hierbei um keinen Sozialanspruch, sondern um einen Drittanspruch handelt, bei dem A der Gesellschaft wie ein neutraler Dritter gegenüber steht.

166 **b)** Das Gegenstück zu den Sozialansprüchen sind Ansprüche einzelner Gesellschafter gegen die Gesellschaft *(Sozialverpflichtungen)*. Sozialverpflichtungen sind insbesondere die Feststellung und die Auszahlung des Gewinnanteils (§ 721 BGB), der Anspruch auf Auseinandersetzung und Zahlung des Auseinandersetzungsguthabens (§§ 733 f. BGB), der Abfindungsanspruch (§ 738 BGB), Schadensersatzansprüche wegen der Verletzung des Gesellschaftsvertrags seitens der Gesellschaft (zB bei Beschädigung einer eingebrachten Sache durch den geschäftsführenden Gesellschafter) sowie die Verpflichtung zum Aufwendungsersatz im Rahmen der Geschäftsführung (§§ 713, 669, 670 BGB). Hierzu zählt auch der Regressanspruch eines Gesellschafters gegen die GbR, wenn dieser gegenüber einem Gläubiger eine Gesellschaftsschuld getilgt hat (zur Haftung der Gesellschafter → Rn. 191 ff.). Dies ist ein praktisch besonders wichtiger Anwendungsfall des Aufwendungsersatzanspruchs gem. §§ 713, 670 BGB.[371] Soweit diese Ansprüche auf die Zahlung eines Geldbetrages gerichtet sind, sind sie in der Regel übertragbar, da sie nicht unmittelbar die gesellschaftsrechtliche Stellung der übrigen Gesellschafter berühren (→ Rn. 127).

Zudem wird die Auffassung vertreten, dass im Fall der Tilgung einer Gesellschaftsschuld durch den Gesellschafter der Anspruch des Gläubigers gegen die Gesellschaft analog §§ 774 I, 1143 I, 1225 BGB auf den leistenden Gesellschafter übergeht, weshalb Letzterer von der Gesellschaft auch aus der übergegan-

---

371 BGH NJW 1980, 339 (340); Erman/*Westermann* BGB § 714 Rn. 24; *Hadding/Häuser* WM 1988, 1585 (1587 f.).

genen Forderung Befriedigung verlangen kann.[372] Hierfür spricht, dass ein solcher Forderungserwerb des leistenden Gesellschafters kraft Gesetzes für akzessorische Verbindlichkeiten typisch ist und es sich bei der persönlichen Gesellschafterhaftung entsprechend § 128 S. 1 HGB um eine akzessorische Haftung handelt (→ Rn. 191 ff.). Ferner hat ein solcher Anspruch für den Leistenden den Vorteil, dass etwaige Sicherheiten des Gläubigers gegenüber der Gesellschaft auf ihn übergehen. Letztlich hängt die Beurteilung indes davon ab, ob man eine planwidrige Regelungslücke annimmt oder nicht.

Der einzelne Gesellschafter kann seine Ansprüche aus dem Gesellschaftsverhältnis grundsätzlich nur gegenüber der Gesellschaft geltend machen. Für *Sozialverpflichtungen haften die einzelnen Gesellschafter nicht* mit ihrem Privatvermögen.[373] Nach § 707 BGB sind sie nicht verpflichtet, Zahlungen an das Gesellschaftsvermögen zu leisten, die über den vereinbarten Beitrag hinausgehen. Eine persönliche Haftung der Gesellschafter für aus dem Gesellschaftsverhältnis resultierende Ansprüche der Mitgesellschafter ließe diese Beitragsbeschränkung leer laufen. Etwas anderes gilt ausnahmsweise nur im Fall der Liquidation, soweit zwischen den Gesellschaftern gem. § 735 BGB Ausgleich zu leisten ist. Es steht den Beteiligten aber frei, die persönliche Haftung der einzelnen Gesellschafter für gesellschaftsrechtliche Ansprüche vertraglich zu vereinbaren. Eine wichtige *Einschränkung* des Grundsatzes der ausschließlichen Haftung der Gesellschaft ist zudem für den Fall der *Tilgung einer Gesellschaftsschuld* durch einen Gesellschafter anerkannt (dazu sogleich).

c) *Ansprüche* eines einzelnen Gesellschafters *gegen einen anderen Gesellschafter (Individualansprüche)* entstehen aus dem Gesellschaftsvertrag, wenn die Verletzung der vertraglichen Pflicht durch einen Gesellschafter nicht die Gesellschaft im Ganzen, sondern nur einzelne Gesellschafter schädigt. Dies kann etwa bei Veranlassung eines rechtswidrigen Ausschlusses der Fall sein.[374] Auch kann einem neu eintretenden Gesellschafter ein Anspruch aus §§ 311 II, 241 II, 280 I BGB gegen einen Mitgesellschafter zustehen, wenn dieser bei Vertragsschluss falsche, beschönigende Angaben über die Lage der Gesellschaft gemacht hat.[375] **167**

Darüber hinaus sind unmittelbare Ansprüche gegen die Mitgesellschafter in Gestalt von Regressansprüchen relevant, wenn ein Gesellschafter gegenüber Dritten Gesellschaftsschulden tilgt. Anders als im Verhältnis zur Gesellschaft ergibt sich dieser Anspruch allerdings nicht aus §§ 713, 670 BGB. Dies würde die Regelung über das Nichtbestehen einer Nachschusspflicht des § 707 BGB unterlaufen.[376] Vielmehr haften die Gesellschafter untereinander grundsätzlich gesamtschuldnerisch. Der Leistende erwirbt daher einen eigenen Anspruch nach § 426 I 1 BGB und aus übergegangenem Recht den Anspruch des befriedigten Gläubigers aus § 426 II BGB[377] bzw. analog § 774 I, II BGB.[378] Diese Ansprüche sind jedoch gegenüber dem Regressanspruch ge-

---

372 MuKoBGB/*Schafer* § 714 Rn. 54 mwN; *K. Schmidt* GesR § 60 III 5 (S. 1805) und § 49 V 1 (S. 1436); *Gellings* JuS 2012, 589 (590); aA BGHZ 39, 319 (323f.); BGH NZG 2011, 1023 (1028): § 110 HGB (analog); dem zust. *Grunewald* GesR § 1 Rn. 125.

373 BGHZ 37, 299 (301); OLG Celle WM 2001, 2444 (2445); Bamberger/Roth/*Schöne* BGB § 705 Rn. 124; *Walter* JuS 1982, 81 (82); aA *Wiedemann* GesR I § 5 III 2a (S. 271).

374 OLG Düsseldorf WM 1983, 1320 (1321).

375 BGHZ 71, 284 (286); BGH NJW 1991, 1608; *Grunewald* GesR § 1 Rn. 127.

376 BGH NJW 1980, 339 (340); *Hadding/Häuser* WM 1988, 1585 (1588).

377 BGHZ 103, 72 (76); BGH NJW 1980, 339 (340); NJW-RR 2008, 256 (257); Bamberger/Roth/*Schöne* BGB § 714 Rn. 29; Palandt/*Sprau* BGB § 714 Rn. 16; *Koch* GesR § 16 Rn. 41 ff.; vgl. auch *Wolfskeel v. Reichenberg* NZG 2017, 45 ff.

378 Diese alternative Sichtweise befürworten *K. Schmidt* GesR § 49 V 1 (S. 1436); *Hadding/Häuser* WM 1988, 1585 (1588, 1591); *Gellings* JuS 2012, 589 (592).

gen die GbR subsidiär. Der vorleistende Gesellschafter muss daher zunächst Befriedigung aus der Gesellschaftskasse suchen und kann mit seinem Anspruch gegen die Mitgesellschafter erst durchdringen, wenn der Gesellschaft frei verfügbare Mittel nicht zur Verfügung stehen.[379] Zudem erfolgt der Ausgleich im Innenverhältnis nicht entsprechend der Regel des § 426 I BGB nach Kopfteilen, sondern nach dem besonderen Rechtsverhältnis der Gesellschaft, also pro rata in Höhe der jeweiligen Verlustbeteiligung.[380] Denn insoweit ist »ein anderes bestimmt«. Der Erstattungsgläubiger muss sich freilich seinen Verlustanteil vom Anspruch gegen die übrigen Gesellschafter abziehen lassen. Fällt ein zahlungsunfähiger Gesellschafter vollständig aus, ist sein Anteil insgesamt auf die übrigen zahlungskräftigen Mitgesellschafter umzulegen.[381]

> In **Fall f** kommen Ansprüche des A gegen die GbR und gegen seine Mitgesellschafter in Betracht.
> **I. Anspruch gegen die J-GbR aus § 713, 670 BGB:** A ist Gesellschafter der J-GbR und hat für diese eine Verbindlichkeit gegenüber der X-OHG aus seinem Privatvermögen getilgt. Da er hierzu nach dem Gesellschaftsvertrag gegenüber der Gesellschaft nicht verpflichtet ist, handelt es sich um ein freiwilliges Vermögensopfer, also eine Aufwendung iSd § 670 BGB, sodass er aus §§ 713, 670 BGB einen unbeschränkten Anspruch auf Erstattung der für die Tilgung aufgewendeten Kosten hat.
> **II.** Soweit man eine solche Analogie befürwortet, kommt daneben ein Erstattungsanspruch aus abgetretenem Recht der X-OHG analog §§ 774 I, 1143 I, 1225 BGB gegen die J-GbR in Betracht.
> **III. Anspruch gegen C aus § 426 I BGB:** A und C sind Gesellschafter der J-GbR. Sie haften gesamtschuldnerisch iSd § 426 I 1 BGB (nach § 128 S. 1 HGB analog). C ist daher gegenüber A ausgleichspflichtig. Diese Pflicht besteht zu gleichen Teilen, soweit nicht ein anderes bestimmt ist. Bei der gesamtschuldnerischen Haftung ist gerade insoweit etwas anderes bestimmt, als jeder Gesellschafter pro rata in Höhe seiner Verlustbeteiligung haftet. In Ermangelung einer besonderen Regelung ist gem. § 722 I BGB von einer Beteiligung zu gleichen Teilen auszugehen. Jeder Gesellschafter hat also 300 EUR zu tragen. Da A seinen eigenen Verlustanteil selbst tragen muss und von B kein Regress zu erlangen ist, sodass auch dessen Verlustanteil zwischen A und C aufzuteilen ist (§ 426 I 2 BGB), kann A letztlich C iHv 450 EUR in Regress nehmen. Die grundsätzliche Subsidiarität dieses Anspruchs ist beachtet, da A aus dem Gesellschaftsvermögen keine Erstattung seiner Kosten erlangen konnte.
> **IV. Anspruch gegen C aus § 426 II BGB:** Schließlich besteht ein Ausgleichsanspruch des A gegen den gesamtschuldnerisch neben ihm haftenden C nach § 426 II BGB (bzw. analog § 774 I, II BGB) aus übergegangenem Recht. Da dieser Anspruch den gleichen Beschränkungen wie derjenige aus § 426 I BGB unterliegt, kann A nur iHv 450 EUR Regress nehmen.

V. Außenverhältnis

168 Das Außenverhältnis der GbR betrifft die Frage, wie die Beziehungen der Gesellschaft und ihrer Gesellschafter zu Dritten rechtlich ausgestaltet sind. Dabei stehen zum einen die rechtsgeschäftliche Vertretung der Gesellschaft durch ihre Gesellschafter und zum anderen die Haftung von Gesellschaft und Gesellschaftern für Gesellschaftsschulden im Mittelpunkt des Interesses.

---

379 BGHZ 37, 299 (303 f.); BGH NJW 1980, 339 (340); 1981, 1095 (1096); MüKoBGB/*Schäfer* § 705 Rn. 217; *Walter* JuS 1982, 81 (83 f.).
380 BGHZ 103, 72 (76); Staudinger/*Habermeier*, 2003, BGB § 705 Rn. 45; *Hadding/Häuser* WM 1988, 1585 (1588). Zu den Besonderheiten bei der Gläubigerbefriedigung durch ausgeschiedene Gesellschafter oder nach Auflösung der Gesellschaft → Rn. 220 und Rn. 261.
381 BGHZ 37, 299 (302); MüKoBGB/*Schäfer* § 705 Rn. 217; Staudinger/*Habermeier*, 2003, BGB § 705 Rn. 45.

1. Entstehen im Außenverhältnis

Zwar entsteht die GbR, jedenfalls als Innengesellschaft, schon mit Abschluss des Ge- 169
sellschaftsvertrags. Deshalb sind die Vorschriften über die Innenorganisation der
Gesellschaft bereits zu diesem Zeitpunkt weitgehend anwendbar. Die Rechtsfähigkeit
erlangt die Gesellschaft aber erst mit ihrem Wirksamwerden nach außen durch Aufnahme der Geschäftstätigkeit.[382]

> **Beispiele für die Aufnahme der Geschäftstätigkeit:** Anmietung eines Betriebsgrundstücks, Ab-
> schluss von Arbeitsverträgen etc.

Ab diesem Zeitpunkt kann die GbR im Rechtsverkehr eigene Rechte und Pflichten begründen. Dies betrifft nicht nur Rechtspositionen aus vertraglichen, sondern auch aus
gesetzlichen, etwa deliktischen oder bereicherungsrechtlichen Rechtsverhältnissen
(weitergehend zu den Folgen der Rechtsfähigkeit für die GbR → Rn. 50 ff.). Die GbR
ist aber keine juristische Person im Sinne des Zivilrechts. Vielmehr genießt sie lediglich
den gleichen rechtlichen Status wie OHG und KG, wobei die Unterschiede zur juristischen Person allein dogmatischer Natur sind.[383]

2. Stellvertretung

Anders als die Geschäftsführung, bei der es um die Kompetenzen der Gesellschafter im 170
Innenverhältnis zur Gesellschaft geht, betrifft die Vertretung ihre Befugnis zur rechtsgeschäftlichen Verpflichtung der Gesellschaft im Außenverhältnis. Grundsätzlich
stimmen Geschäftsführungsbefugnis und Vertretungsmacht überein (§ 714 BGB). Im
Regelfall der Gesamtgeschäftsführung (§ 709 BGB) besteht deshalb Gesamtvertretungsmacht der Gesellschafter, die gemeinsam nach außen auftreten müssen. Indes ist
die Vereinbarung, dass ein oder mehrere Gesellschafter die Gesellschaft vertreten, zulässig und verbreitet. Nach den allgemeinen Grundsätzen über die Stellvertretung
(§§ 164 ff. BGB) bedarf es dabei neben der Vertretungsmacht der Abgabe einer eigenen
Willenserklärung des Gesellschafters, die entsprechend dem Offenkundigkeitsprinzip
im (fremden) Namen der Gesellschaft erfolgen muss.[384]

a) Hinsichtlich der *rechtlichen Grundlagen des Vertretungsrechts* bei der GbR beste- 171
hen unterschiedliche Ansichten. Zwar gelangen sie meist zu gleichen Ergebnissen,
weil als Folge rechtsgeschäftlichen Handelns angenommen wird, dass erworbene
Rechte in das Gesellschaftsvermögen fallen (→ Rn. 98 f.) und eingegangene Verpflichtungen sowohl das Gesellschaftsvermögen als auch die jeweiligen Privatvermögen der
Gesellschafter treffen. In ihrer dogmatischen Begründung weichen die Positionen aber
deutlich voneinander ab. Die Auseinandersetzung mit diesen Unterschieden ist für das
Verständnis der Zusammenhänge zwischen Vertretung der Gesellschaft, Haftung von
Gesellschaft und Gesellschaftern und der Zuordnung des Gesellschaftsvermögens unerlässlich. Zudem können die verschiedenen Auffassungen, jedenfalls außerhalb der
rein rechtsgeschäftlichen Verbindlichkeiten, auch praktisch unterschiedliche Konsequenzen haben (zur Gesellschafterhaftung für gesetzliche Gesellschaftsverbindlichkeiten → Rn. 195). Letztlich gehen die konkurrierenden Ansichten – ebenso wie bei

---

382 BGHZ 146, 341; bestätigt durch BGH NJW 2002, 1207.
383 HK-BGB/*Saenger* § 705 Rn. 18; eing. zu den verbleibenden Unterschieden *K. Schmidt* GesR § 8 IV
(S. 206 ff.); *Hadding* ZGR 2001, 712 (718 ff.) und MüKoBGB/*Schäfer* § 705 Rn. 307 ff.
384 OLG München NJW-RR 1988, 1268.

den Streitfragen in Bezug auf den Träger des Gesamthandsvermögens und zum Konzept der Gesellschafterhaftung – auf die Frage zurück, welchen Grad an rechtlicher Verselbstständigung man der Gesellschaft zugestehen will.

172   **aa)** Als Folge der Anerkennung ihrer Rechtsfähigkeit wird zumindest die Außen-GbR nach der herrschenden *kollektivistischen Theorie* (auch *Gruppenlehre* genannt) selbst als vertretenes Rechtssubjekt angesehen.[385] Dieses Ergebnis entspricht zum einen den praktischen Bedürfnissen. Denn BGB-Gesellschaften treten vielfach als solche – häufig sogar unter einem eigenen Namen, obwohl es keine firmenführenden Handelsgesellschaften sind – im Rechtsverkehr auf. Die Annahme der Gesellschaft als vertretenes Rechtssubjekt eröffnet insbesondere die Möglichkeit, schlüssige Begründungen für die Haftungsfolgen zu geben (→ Rn. 184). Durch das rechtsgeschäftliche Handeln wird jedenfalls die Gesellschaft selbst vertreten und das von ihr getragene Gesellschaftsvermögen berechtigt und verpflichtet. Der insoweit missverständliche Wortlaut des § 714 BGB steht dieser Annahme nicht entgegen. Denn es ist zu berücksichtigen, dass diese Norm auf dem ersten Entwurf des BGB beruht, der die GbR nach dem Vorbild der römisch-rechtlichen societas noch als ein rein schuldvertragliches Gebilde verstanden hatte.[386] Neben der Haftung der Gesellschaft erkennt diese Auffassung die persönliche Haftung der Gesellschafter an, wobei die Begründungsansätze wiederum divergieren. Teils wird von einer neben der Gesellschaftsschuld bestehenden, rechtsgeschäftlichen Verpflichtung der Mitgesellschafter kraft Stellvertretung durch den Handelnden ausgegangen, überwiegend aber die Gesellschafterhaftung als akzessorische, von der Gesellschaftsschuld abgeleitete Schuld aufgefasst (dazu ausführlich im Rahmen der Gesellschafterhaftung → Rn. 191 ff.). Zugleich dürfte sich mit der Anerkennung der (Teil-)Rechtsfähigkeit der GbR auch die – praktisch gleichwohl wenig bedeutsame – Frage der Rechtsnatur der Vertretungsmacht beantworten lassen. Da die vertretungsberechtigten Geschäftsführer den Willen der rechtsfähigen GbR bilden und in die Tat umsetzen, kommt ihnen Organqualität zu. Folglich handeln sie mit organschaftlicher Vertretungsmacht.[387] Das hat freilich keinen Einfluss darauf, dass die §§ 164 ff. BGB überwiegend direkt – soweit sie im Einzelfall nicht unmittelbar passen aber zumindest entsprechend – anwendbar sind.[388]

> **Beispiel:** Will A als allein vertretungsberechtigter Gesellschafter der ABC-GbR dem X wegen wiederholter gravierender Verfehlungen die außerordentliche fristlose Kündigung seines Arbeitsverhältnisses gem. § 626 BGB erklären, muss er seine Vertretungsmacht entweder mittels einer Vollmacht der übrigen Gesellschafter, durch Vorlage des Gesellschaftsvertrags oder durch die Vorlage einer Erklärung aller oder der übrigen Gesellschafter über eine von §§ 709, 714 BGB abweichende Regelung der Vertretung der Gesellschaft nachweisen. Anderenfalls kann X die einseitige Kündigung entsprechend § 174 BGB zurückweisen.

---

385 BGHZ 146, 341; angedeutet bereits in BGHZ 72, 267 (271); 79, 374 (379); BVerfG NJW 2002, 3533; ebenso Erman/*Westermann* BGB Vor § 705 Rn. 18; HK-BGB/*Saenger* § 714 Rn. 1; MüKoBGB/ *Schäfer* § 705 Rn. 298 ff.; *Ulmer* ZIP 2001, 585 ff.; Palandt/*Sprau* BGB § 714 Rn. 1; Staudinger/*Habermeier*, 2003, BGB § 714 Rn. 1; *Flume* BGB AT I/1 § 16 IV (S. 314 ff.); *K. Schmidt* GesR § 58 IV 2 (S. 1714); *K. Schmidt* NJW 2001, 993 ff.; *Habersack* BB 2001, 477 (478); *Hadding* ZGR 2001, 712 (714); *Timm* NJW 1995, 3209 (3214).

386 MüKoBGB/*Schäfer* § 714 Rn. 13 mit Verweis auf Mot. II, 591.

387 BGH WM 2005, 563; MüKoBGB/*Schäfer* § 714 Rn. 16 f. mwN; Staudinger/*Habermeier*, 2003, BGB § 714 Rn. 2; *Flume* BGB AT I/1 § 10 I (S. 129 ff.); *Wiedemann* GesR I § 5 II 3a (S. 264); *Beuthien* NJW 1999, 1142 (1146); *Wertenbruch* NZG 2005, 462.

388 BGH NJW 2002, 1194 (1195) (§ 174 BGB); MüKoBGB/*Schäfer* § 714 Rn. 26 ff.; *Beuthien* NJW 1999, 1142 (1146); *Wertenbruch* DB 2003, 1099 (1100) (§ 174 BGB).

bb) Die Gegenauffassung und langjährige hM, die sog. *individualistische Theorie,* nimmt dagegen im **173** Einklang mit ihrer ablehnenden Haltung zur Rechtsfähigkeit der GbR und dem Wortlaut von §§ 714, 733 und 735 BGB an, dass der Vertreter, wenn er für die »Gesellschaft« handelt, in Wirklichkeit für alle Gesellschafter in ihrer gesamthänderischen Verbundenheit, einschließlich sich selbst, auftritt.[389] Vertretungs- und Haftungssubjekt hinsichtlich der rechtsgeschäftlichen Verbindlichkeiten ist damit nie die Gesellschaft als solche. Schuldner werden nach dem traditionellen Gesamthandsverständnis immer nur die (von dem oder den geschäftsführenden Gesellschaftern vertretenen) Gesellschafter. Den Gläubigern haften sie jeweils zum einen mit dem ihnen gemeinschaftlich zur gesamten Hand zustehenden Gesellschaftsvermögen und zum anderen auch mit ihrem Privatvermögen, und zwar in der Regel als Gesamtschuldner nach §§ 421 ff. BGB.[390] Konstruktiv stellt gemeinschaftliches Handeln aller Gesellschafter dabei keine Vertretung, sondern Selbsthandeln der Gesamthand dar, wohingegen das Handeln einzelner oder mehrerer Gesellschafter die anderen kraft rechtsgeschäftlicher Vertretungsmacht (Vollmacht, § 166 II BGB), nicht aber organschaftlicher Vertretungsmacht, verpflichte.[391] Mit der Annahme der Rechtsfähigkeit der GbR vermag dieses Konzept in den meisten Fällen nicht mehr zu überzeugen.

b) Die *Ausgestaltung* der gesellschaftsrechtlichen *Vertretungsmacht* richtet sich, soweit **174** nichts anderes vereinbart ist, nach § 714 BGB. Danach folgt die Vertretungsmacht im Zweifel der Geschäftsführungsbefugnis. Im Hinblick auf grundsätzlichen Bestand, Art und Umfang besteht also regelmäßig Gleichklang. § 715 BGB enthält darüber hinaus eine Vorschrift zur Entziehung der Vertretungsmacht.

> **Beispiel:** A, B und C sind Gesellschafter und betreiben einen kleinen Lebensmittel-Supermarkt. Der Gesellschaftsvertrag regelt nur, dass A alleingeschäftsführungsberechtigt ist, eine Regelung für die Vertretung findet sich nicht. Deshalb steht A im Zweifel auch Alleinvertretungsmacht zu.

aa) Hinsichtlich der *Arten der Vertretungsmacht* gilt gem. § 714 BGB Entsprechendes **175** wie bei der Geschäftsführungsbefugnis. Die Mitgliedschaft des Gesellschafters einer GbR beinhaltet also nicht automatisch das Recht, die Gesellschaft allein zu vertreten. Vielmehr müssen die Gesellschafter im gesetzlichen Regelfall gemeinschaftlich nach außen auftreten und haben somit Gesamtvertretungsmacht, vgl. §§ 714, 709 BGB. Wegen der Schwerfälligkeit dieser Konzeption kann die Vertretung sowohl durch abweichende Gestaltung der Geschäftsführung als auch unabhängig davon durch selbstständige Festlegung der Vertretungsbefugnisse individuell geregelt werden. Demnach kann einem Gesellschafter oder einzelnen Gesellschaftern Einzelvertretungsmacht für die Gesellschaft eingeräumt werden. Auch die gemeinschaftliche Berechtigung mehrerer zur Vertretung ist vorstellbar, wenn auch praktisch zumeist nicht weniger umständlich als die Gesamtvertretungsmacht aller Gesellschafter. Freilich muss dem Geschäftsführer einer GbR nicht notwendig Vertretungsmacht eingeräumt werden, und umgekehrt kann auch ein von der Geschäftsführung ausgeschlossener Gesellschafter (§ 710 BGB) zur Vertretung berechtigt werden. Im Übrigen kann auch ungeachtet der Vereinbarung einer unbeschränkten Einzelvertretungsmacht im Außenverhältnis ein vorheriges Zustimmungserfordernis der Mitgesellschafter im Innenverhältnis praktikabel sein. Überschreitet ein Gesellschafter seine Geschäftsführungsbefugnis, wirkt sich dies auf

---

389 RGRK-BGB/*v. Gamm* Vor § 705 Rn. 4; *Kraft/Kreutz* GesR C III 1 c aa (S. 141); *Larenz,* Lehrbuch des Schuldrechts, Bd. II, 12. Aufl. 1981, § 60 III b (S. 387 ff.) und § 60 IV c (S. 392 ff.); *Berndt/Boin* NJW 1998, 2854 ff.; *Heil* NZG 2001, 300 (301); *Hueck,* FS Zöllner, 1998, 275 ff.; *Michalski* NZG 2000, 355 (356); *Zöllner,* FS Gernhuber, 1993, 563 ff. mwN zu dieser Auffassung auf S. 563 in Fn. 1; so auch noch BGHZ 17, 340 (342); 23, 307 (313).

390 Eing. zu diesem Konzept *Kraft/Kreutz* GesR C III 3 a (S. 145 ff.).

391 So etwa noch BGHZ 74, 240 (241); RGRK-BGB/*v. Gamm* § 714 Rn. 1.

die Vertretungsmacht aber nur bei kollusivem Handeln des Geschäftsführers mit dem Vertragspartner[392] oder bei Evidenz aus.

Praktisch relevant wird dieses Problem vor allem bei der OHG. Dort besteht die Vertretungsmacht gegenüber Dritten stets unbeschränkt und ist auch nicht beschränkbar, vgl. § 126 II HGB. Demzufolge ist allein eine Begrenzung der Geschäftsführung möglich.

> In **Fall g** setzt ein Anspruch des G gegen die GbR aus § 433 II BGB, § 124 I HGB analog voraus, dass ein wirksamer Kaufvertrag zwischen diesem und der GbR, vertreten durch C, zustande gekommen ist. Unklar ist dabei allein, ob C mit Vertretungsmacht handelte. Zu denken ist zunächst an eine organschaftliche Vertretungsmacht kraft seiner Gesellschafterstellung. Ursprünglich bestand Gesamtvertretungsmacht zwischen C und D. Durch ergänzende Auslegung des Gesellschaftsvertrags ist nach dem Tod des D zu ermitteln, wie sich die Vertretungsbefugnisse in der GbR nunmehr gestalten sollen. Insoweit ist – solange dadurch nicht die Handlungsfähigkeit der GbR gefährdet wird – davon auszugehen, dass der Tod eines Gesamtvertreters nicht zur Einzelvertretungsmacht des verbleibenden Gesamtvertreters führt.[393] Hier können sowohl A als auch B als verbleibende Gesellschafter die GbR weiter autonom leiten, sodass die GbR noch von ihren Gesellschaftern geführt werden kann und handlungsfähig ist. Aus dem Grundsatz der Selbstorganschaft ergibt sich also nicht ausnahmsweise ein Bedürfnis zur Annahme von Einzelvertretungsmacht des C. Er hat bei seinen Geschäften mit G die GbR daher nicht mit organschaftlicher Vertretungsmacht vertreten, sodass eine Verbindlichkeit der Gesellschaft nicht wirksam zustande gekommen ist. Somit scheidet ein Anspruch des G gegen die GbR aus § 433 II BGB, § 124 I HGB analog aus.

176 **bb)** Der *Umfang der Vertretungsmacht* bestimmt sich in erster Linie nach der Vereinbarung der Gesellschafter. Anders als bei der OHG ist er beliebig einschränkbar.[394] Nur wenn keine Vereinbarung oder aber lediglich eine solche für die Geschäftsführung besteht, greift auch hier § 714 BGB ein. Die Vertretungsmacht der Geschäftsführer im Außenverhältnis reicht danach höchstens so weit wie ihre Geschäftsführungsbefugnis im Innenverhältnis. Folglich umfasst die Vertretungsmacht ebenso wie die Geschäftsführung grundsätzlich alle Maßnahmen tatsächlicher oder rechtsgeschäftlicher Art, die den Gesellschaftszweck fördern sollen. Nicht erfasst sind hingegen solche Maßnahmen, die über den Gesellschaftszweck hinausgehen oder auf eine Änderung des Gesellschaftsvertrags hinauslaufen, weil diese die Grundlagen der Gesellschaft oder die Beziehungen der Gesellschafter untereinander betreffen.[395] Anders als bei der Geschäftsführung, bei der der Widerspruch eines Mitgesellschafters gem. § 711 BGB zum Unterlassen des betreffenden Geschäfts zwingt (→ Rn. 148), lässt ein Widerspruch die Vertretungsmacht und damit die Wirksamkeit des getätigten Geschäfts im Außenverhältnis unberührt.[396] Das gebietet der Schutz des Dritten, der vom Widerspruch zumeist keine Kenntnis hat.

> **Beispiel:** Ausgangslage wie im vorangegangenen Supermarkt-Beispiel (→ Rn. 174). Kauft A bei M einen Firmenwagen, kann er das Geschäft auch dann wirksam abschließen, wenn B und C der Auffassung sind, dass die Anschaffung völlig unsinnig ist und das Geschäft gegenüber M nicht gelten lassen wollen. Beim Kauf eines Firmenwagens ist davon auszugehen, dass eine Geschäftsführungshandlung vorliegt, für die nach §§ 714, 710 BGB auch Vertretungsmacht be-

---

392 BGH WM 1985, 997 (998); BAG NJW 1997, 1940 (1942); MüKoBGB/*Schäfer* § 714 Rn. 24; Palandt/*Sprau* BGB § 714 Rn. 3; ausf. dazu *K. Schmidt* GesR § 10 II 2 (S. 256 ff.).

393 BGHZ 41, 367 (368 f.) (OHG).

394 BGHZ 38, 26 (34); 142, 315 (321).

395 Bamberger/Roth/*Schöne* BGB § 714 Rn. 9 f.; MüKoBGB/*Schäfer* § 714 Rn. 25.

396 BGHZ 16, 394 (398 f.); Soergel/*Hadding/Kießling* BGB § 711 Rn. 5 f.; Staudinger/*Habermeier*, 2003, BGB § 711 Rn. 10; aA *Flume* BGB AT I/1 § 15 II 4 (S. 272).

steht. Selbst wenn auch B und C jeweils einzelgeschäftsführungsbefugt sind und dem Geschäft nach § 711 BGB widersprechen, ändert sich an dieser Beurteilung nichts.

Beispiel: Ausgangslage wie im vorangegangenen Beispiel. Als der Großhändler R ankündigt, in der Nähe des Lebensmittelmarktes von A, B und C eine neue Großfiliale errichten zu wollen, befürchtet A schwere Umsatzeinbußen. Kurz entschlossen vermietet er die Geschäftsräume an eine Möbelkette. Diese Handlung stellt sich nicht mehr als Geschäftsführungsmaßnahme (eines Lebensmittelhandels) dar, sondern als Grundlagengeschäft. Deshalb überschreitet A seine Geschäftsführungsbefugnis und damit entsprechend § 714 BGB auch seine Vertretungsmacht. Die Erklärung des A zum Abschluss des Mietvertrags wirkt daher nicht für und gegen die GbR.

cc) Die Möglichkeit einer *Beschränkung der Vertretungsmacht* ist unter dem Gesichtspunkt des Verkehrsschutzes nicht unproblematisch. Für potentielle Gläubiger (bzw. Vertragspartner) ergeben sich Unwägbarkeiten sowohl bei ihnen nicht bekannter Beschränkung der Vertretungsmacht als auch – angesichts der Koppelung von Geschäftsführung und Vertretung – bei Beschränkungen der Geschäftsführungsbefugnis ohne nähere Vertretungsregelung. In beiden Fällen lässt sich eine Begrenzung der Vertretungsmacht erreichen, ohne dass dieser Umstand Außenstehenden transparent wird, geschweige denn, dass sie Einfluss darauf hätten. Die Suche nach einer sachgerechten Lösung hat im Spannungsfeld von Gläubigerschutz einerseits und Gestaltungsfreiheit der GbR-Gesellschafter andererseits zu erfolgen. Während die OHG dem Gläubigerschutz Vorrang einräumt, indem weder die persönliche Haftung der Gesellschafter ausgeschlossen werden kann (§ 128 S. 2 HGB) noch der Umfang der Vertretungsmacht beschränkbar ist (§ 126 II HGB), muss man für die Beurteilung bei der GbR differenzieren. **177**

(1) Zielt die *Beschränkung* der Vertretungsmacht darauf ab, die *persönliche Haftung der Gesellschafter auszuschließen,* ist eine solche Abrede grundsätzlich *unzulässig.* Die Rechtsprechung und mit ihr die überwiegende Literatur hat sich insbesondere gegen eine früher übliche Gestaltungspraxis[397] ausgesprochen, nach der die Vertretungsmacht des Gesellschafters grundsätzlich derart beschränkt wurde, dass dieser seine Mitgesellschafter nicht mit ihrem persönlichen Vermögen, sondern nur mit dem Gesellschaftsvermögen verpflichten konnte.[398] Dem liegt die Wertung zugrunde, dass derjenige, der in Gemeinschaft mit anderen Geschäfte betreibt, für die daraus entstehenden Verpflichtungen mit seinem gesamten Vermögen haftet, solange sich aus dem Gesetz (vor allem bei der Wahl einer die persönliche Haftung beschränkenden Rechtsform) oder durch individualvertragliche Vereinbarung mit dem Gläubiger nichts anderes ergibt.[399] Dem genügt jedenfalls nicht die bloße Hinzufügung eines auf eine Haftungsbeschränkung hinweisenden Namenszusatzes wie beispielsweise »GbR mit beschränkter Haftung«.[400] **178**

Nach heutigem Verständnis scheidet eine solche Gestaltung bereits konstruktiv aus. Sie setzt nämlich die Annahme voraus, die Haftung der Mitgesellschafter beruhe auf rechtsgeschäftlichem Handeln des auftretenden Gesellschafters als Vertreter auch für seine Mitgesellschafter (frühere Doppelverpflichtungs-

---

397 So noch BGH NJW 1992, 1501 (1503).
398 BGHZ 142, 315 (318); Palandt/*Sprau* BGB § 714 Rn. 18; *K. Schmidt* GesR § 60 III 2c (S. 1794).
399 BGH NJW 2013, 1089 (1091) zur vertraglichen Begrenzung der Haftung der Gesellschafter auf deren Quote »gemäß Gesellschaftsvertrag«, wobei der Vereinbarungsinhalt durch Auslegung zu ermitteln ist.
400 BGHZ 142, 315 (319) mAnm *Saenger* JuS 2003, 577ff.

theorie). Da man die Gesellschafterhaftung nunmehr richtigerweise als akzessorische Haftung verstehen muss, ist jedenfalls einer Haftungsbeschränkung durch Begrenzung der Vertretungsmacht hinsichtlich der übrigen Gesellschafter die Grundlage entzogen (zur Begründung der Gesellschafterhaftung → Rn. 191 ff.).

> **Beispiel:** Soll in der ABC-GbR nur B zu Geschäftsführung und Vertretung berechtigt sein, nach dem Gesellschaftsvertrag jedoch lediglich Vertretungsmacht für die Verpflichtung des Gesellschaftsvermögens haben, ist eine solche Beschränkung unwirksam. Wenn B mit D einen Kaufvertrag schließt, kann dieser daher sowohl die Gesellschaft als auch A, B und C persönlich in Anspruch nehmen. Daran ändert sich auch nichts, wenn B beim Kauf einen Briefkopf verwendet, in dem deutlich hervorgehoben der Name der Gesellschaft inklusive des Zusatzes »mit beschränkter Haftung« steht, da ein solcher einseitiger (und zudem auch unbestimmter) Haftungsausschluss nicht mit dem Grundsatz der persönlichen akzessorischen Haftung vereinbar wäre.

Ungleich schwieriger ist die Beurteilung, wenn die Vertretungsmacht auf eine andere Art beschränkt wird. Dabei geht es um den Fall, dass ein Gesellschafter nach dem Gesellschaftsvertrag Vertretungsmacht nur haben soll, wenn er die persönliche Haftung der Gesellschafter durch eine individualvertragliche Vereinbarung mit dem Vertragspartner ausschließt oder reduziert. Im Ergebnis sind drei Szenarien denkbar: Zum einen ist vorstellbar, dass das Geschäft, wenn die Parteien es tätigen und der Vertreter eine entsprechende Klausel in den Vertrag aufnimmt, zwischen dem Dritten und der Gesellschaft mit dem Inhalt der Haftungsbeschränkung auf das Gesellschaftsvermögen zustande kommt. Weiterhin ist denkbar, dass die Parteien in Anbetracht des vom Vertreter offen gelegten Wunsches zur Haftungsbeschränkung auf den Vertragsabschluss verzichten. Schließlich besteht die Möglichkeit, dass es zwar zum Abschluss eines Vertrags kommt, der Vertreter aber auf die Aufnahme der Haftungsbeschränkungsklausel verzichtet. Hier haften dem Dritten allenfalls der auftretende Gesellschafter als Vertreter ohne Vertretungsmacht nach §§ 177, 179 BGB bzw. die Gesellschaft nach Rechtsscheinsgrundsätzen. Teile der Literatur halten diese Konstruktion für zulässig und die skizzierten Folgen für interessengerecht.[401] Auf den ersten Blick lässt sich diese Auffassung auch mit der Vorgabe der Rechtsprechung vereinbaren, dass es zu einem Ausschluss der persönlichen Haftung der Gesellschafter nicht ohne Zustimmung des Vertragspartners kommen kann. Allerdings entspricht eine solche Gestaltung – trotz insoweit missverständlicher Andeutungen – wohl nicht dem Verständnis des BGH, der nicht von einer Anwendbarkeit der §§ 177, 179 BGB, sondern einer unbegrenzten Gesellschafterhaftung bei fehlender Vereinbarung einer Haftungsbegrenzung ausgeht.[402] Denn die Anwendbarkeit der Regeln über die Vertretung ohne Vertretungsmacht hätte zur Folge, dass sich der Gesellschafter durch Offenlegung der Vertretungsbeschränkung gem. § 179 III 1 BGB etwaigen Ansprüchen nach § 179 I BGB entziehen könnte und auch eine Rechtsscheinhaftung bei Kenntnis des Dritten ausscheidet, sodass dem Gläubiger letztlich nur die Wahl bleibt, das Geschäft entweder unter Inkaufnahme der Haftungsbeschränkung auf das Gesellschaftsvermögen abzuschließen oder hiervon ganz abzusehen.[403] So ließe sich aber faktisch eine GbR mit beschränkter Haftung und damit eine neue Gesellschaftsform gestalten, was sowohl gegen den numerus clausus der Gesellschaftsformen als auch gegen den ausdrücklichen Willen des BGH verstieße.[404]

Ein Ausschluss der persönlichen Haftung der Gesellschafter lässt sich danach jedenfalls durch eine solche Beschränkung der Vertretungsmacht nicht erreichen (allgemein zu Beschränkungsmöglichkeiten der Gesellschafterhaftung → Rn. 197). Diese Absprache ist gesellschaftsrechtlich unzulässig.[405]

---

401 MüKoBGB/*Schäfer* § 714 Rn. 68 f. mwN; *Ulmer* ZGR 2000, 345 f.
402 BGHZ 142, 315 (322).
403 Ähnlich *Dauner-Lieb* DStR 1999, 1992 (1995); *Kindl* WM 2000, 697 (703); für unbedenklich hält dies dagegen *Ulmer* ZIP 1999, 554 (561).
404 BGHZ 142, 315 (322 f.); krit. *Beuthien* WM 2012, 1 (8).
405 Ebenso *Dauner-Lieb* DStR 1999, 1992 (1995); *Kindl* WM 2000, 697 (703); wie hier wohl auch BGHZ 142, 315 (321); Bamberger/Roth/*Schöne* BGB § 714 Rn. 37; *K. Schmidt* GesR § 60 III 2c (S. 1795). AA *Beuthien* WM 2012, 1 (6 ff.), der den Ausschluss der Gesellschafterhaftung durch eine Handelndenhaftung entsprechend § 54 S. 2 BGB kompensieren möchte.

(2) Eine andere Beurteilung ist dagegen bei *Beschränkungen* der Vertretungsmacht **179** (bzw. der damit verknüpften Geschäftsführung) geboten, die *Gegenstand und Umfang* der eingegangenen Verbindlichkeit betreffen. Denn insoweit kann es – anders als in den zuvor diskutierten Fällen – nicht zu einem Ausschluss der persönlichen Haftung der Gesellschafter unter alleiniger Haftung des Gesellschaftsvermögens kommen, und es liegt deshalb keine die wesensmäßigen Grundsätze der GbR verletzende Gestaltung vor. Daher sind Abreden grundsätzlich auch ohne individuelle Vereinbarung mit dem Vertragspartner *zulässig*, durch die einem Gesellschafter nur für bestimmte Geschäfte oder Geschäfte bis zu einer bestimmten Höhe Vertretungsmacht eingeräumt wird. Freilich können sich aus solchen Beschränkungen ebenfalls Unwägbarkeiten für den Rechtsverkehr ergeben. Indes können §§ 177, 179 BGB als angemessenes Instrument zum Gläubigerschutz herangezogen werden, sodass zumindest der Vertreter bei Überschreitung seiner Vertretungsmacht haftbar gemacht werden kann.[406]

Im vorletzten **Beispiel** (→ Rn. 176) haftet A der Möbelkette daher nach § 179 BGB.

Darüber hinaus vermögen hier – wie auch bei Fehlen jeder Vertretungsmacht des Gesellschafters – die Grundsätze über die Duldungs- und Anscheinsvollmacht begrenzten Gläubigerschutz zu bieten.[407]

In der **Abwandlung** zu **Fall g** setzt das Bestehen eines Anspruchs des G gegen die GbR aus § 433 II BGB, § 124 I HGB analog vor allem voraus, dass B die Gesellschaft wirksam vertreten hat. Für sein alleiniges Handeln fehlte es ihm an einer organschaftlichen Vertretungsmacht, nachdem der Gesellschaftsvertrag dahingehend geändert wurde, dass B nur noch gemeinsam mit C zur Vertretung berechtigt sein sollte. Gleichwohl könnte ein wirksames Geschäft nach den Grundsätzen der Rechtsscheinhaftung, namentlich der Duldungsvollmacht, zustande gekommen sein. Eine organschaftliche oder rechtsgeschäftlich erteilte Vertretungsmacht lag nicht vor. Den Rechtsschein einer (alleinigen) Bevollmächtigung hat B dadurch gesetzt, dass er wiederholt Geschäfte bei G namens der GbR tätigte. A hatte Kenntnis von diesem Auftreten und duldete es insoweit, als er außer einer Ermahnung gegenüber B, die Alleingänge zu unterlassen, nicht eingeschritten ist. Die GbR muss sich die Kenntnis ihres Geschäftsführers entsprechend § 31 BGB zurechnen lassen (→ Rn. 187). Schließlich nahm G an, B sei befugtermaßen für die GbR aufgetreten, war also gutgläubig. Folglich handelte B mit Duldungsvollmacht, sodass ein wirksamer Kaufvertrag zwischen G und der GbR zustande gekommen ist und der Anspruch des G gegen die GbR besteht.

Letztlich bleibt es Dritten wegen der Beschränkbarkeit der Haftung nicht erspart, die Vertretungsverhältnisse in der GbR jeweils genau zu prüfen. Tatsächlich sind die Regelungen über die GbR damit letztlich nur für Gesellschaften geeignet, die in geringem Umfang am Geschäftsverkehr teilnehmen – obwohl die Realität teilweise anders aussieht.

(3) Als Beschränkung der Vertretungsmacht ist schließlich das *Verbot des Selbstkontra-* **180** *hierens* nach § 181 BGB zu beachten. Daher darf der Geschäftsführer grundsätzlich kein Geschäft im Namen der Gesellschaft mit sich im eigenen Namen oder im Namen eines Dritten tätigen. Dies gilt indes nicht, wenn ihm ein solches Rechtsgeschäft gestattet ist, was häufig im Gesellschaftsvertrag geschieht, oder wenn es ausschließlich zur Erfüllung einer Verbindlichkeit vorgenommen wird.[408] Besteht Gesamtvertretung, ha-

---

406 Palandt/*Sprau* BGB § 714 Rn. 5; *K. Schmidt* GesR § 60 II 2b (S. 1777) mit Verweis auf § 10 II 2 (S. 255).
407 MüKoBGB/*Schäfer* § 714 Rn. 28; Soergel/*Hadding/Kießling* BGB § 714 Rn. 20; *Koch* GesR § 6 Rn. 45; beachte aber zu deren Grenzen BGH NJW-RR 1996, 673.
408 BGHZ 64, 72 (76 f.); Bamberger/Roth/*Schöne* BGB § 714 Rn. 4.

ben die verbleibenden Gesellschafter allein die Möglichkeit, für die Gesellschaft zu handeln.

181 **dd)** Hat der Gesellschaftsvertrag einem Gesellschafter Vertretungsmacht eingeräumt, steht ihm diese als besonderes mitgliedschaftliches Recht zu. Wenn sie ihm *entzogen* werden soll, muss der Gesellschaftsvertrag geändert werden. Dazu bedarf es nach §§ 715, 712 I BGB grundsätzlich eines einstimmigen Beschlusses aller Gesellschafter. Liegt ein wichtiger Grund in der Person des vertretungsberechtigten Gesellschafters vor, genügt ein Mehrheitsbeschluss der übrigen Gesellschafter, soweit der Gesellschaftsvertrag dies zulässt. Die in Verbindung mit der Geschäftsführung eingeräumte Vertretungsmacht kann auch nur zusammen mit jener wieder entzogen werden (§ 715 letzter Hs. BGB). Auf eine gesonderte (nicht durch Gesellschaftsvertrag erteilte) Vollmacht ist § 715 BGB nicht anzuwenden.

Eine § 712 II BGB entsprechende Vorschrift zur *Kündigungsbefugnis des Gesellschafters* betreffend die Vertretungsmacht enthält § 715 BGB nicht. Für die mit der Geschäftsführung gekoppelte Vertretungs- macht gilt § 168 S. 1 iVm § 714 BGB, sodass die Vertretungsmacht mit der ihr zugrunde liegenden Ge- schäftsführungsbefugnis gekündigt werden kann. Für die Kündigung einer isoliert bestehenden Vertre- tungsmacht wird man dagegen nicht analog § 712 II BGB ein Kündigungsrecht des Gesellschafters annehmen können, da die Vertretung, anders als die Geschäftsführung, keine Tätigkeitspflicht des Ge- sellschafters begründet, deren Fortführung ihm unzumutbar werden könnte.[409]

182 **c)** Neben der organschaftlichen Vertretungsmacht kann den Gesellschaftern für ein- zelne Geschäfte oder Geschäftsarten *weitergehend* eine gesonderte rechtsgeschäftliche Vertretungsmacht *(Vollmacht)* erteilt werden. Eine solche Vollmacht, deren Widerruf sich nach der allgemeinen Bestimmung des § 168 S. 2 BGB richtet, kann auch für Dritte bestellt werden. Nicht zulässig ist aber die generelle Übertragung der Vertretungs- macht auf einen Dritten unter Ausschluss der Gesellschafter von der Vertretungs- befugnis. Der bereits im Zusammenhang mit der Geschäftsführung erörterte Grund- satz der *Selbstorganschaft* (→ Rn. 146) bzw. das damit korrespondierende Verbot der Drittorganschaft gilt also gleichfalls im Hinblick auf die Stellvertretung.[410]

> **Beispiel:** In der dreigliedrigen ABC-GbR ist Gesellschafter A allein zur Geschäftsführung und Vertretung berechtigt. Ferner ist der angestellte Nichtgesellschafter D mit einer umfassenden Vollmacht ausgestattet. Wenn A verstirbt, bliebe nur D als Vertreter der GbR. Die Gesellschaft darf nach dem Grundsatz der Selbstorganschaft jedoch nicht von Dritten geführt werden. Folglich können B und C nicht weiterhin von Geschäftsführung und Vertretung ausgeschlos- sen sein. Mit dem Tod des A tritt daher in Bezug auf Geschäftsführung und Vertretung an die Stelle der vertraglichen die gesetzliche Regelung des § 709 BGB (Gesamtgeschäftsführung/- vertretung), soweit sich bei ergänzender Vertragsauslegung nicht ein anderer Wille der Gesell- schafter ermitteln lässt.

Bei der OHG treten solche Probleme im Zusammenhang mit der Einschaltung von Prokuristen (vgl. § 125 III HGB) praktisch noch häufiger auf als in der GbR. → Rn. 285.

---

409 MüKoBGB/*Schäfer* § 715 Rn. 6; Soergel/*Hadding/Kießling* BGB § 715 Rn. 6; aA Bamberger/Roth/
    Schöne BGB § 715 Rn. 9.
410 BGHZ 36, 292 (294); 41, 367 (369); 51, 198 (199f.); BGH NJW 2011, 2040 (2041 f.); Erman/*Wester-*
    mann BGB § 714 Rn. 4; Staudinger/*Habermeier*, 2003, BGB § 714 Rn. 2; aA *Grunewald* GesR § 1
    Rn. 52.

3. Haftung von Gesellschaft und Gesellschaftern

Die Haftung der GbR bezieht sich ausschließlich auf Gesellschaftsschulden. Betroffen **183** sind also Verbindlichkeiten, die für die Gesellschaft begründet wurden und für deren Erfüllung das Gesellschaftsvermögen einzustehen hat. Grundsätzlich haften für Gesellschaftsverbindlichkeiten sowohl die GbR selbst als auch deren Gesellschafter. Dabei steht die Verpflichtung der Gesellschaft im Vordergrund. Denn nach heutigem Verständnis leitet sich hiervon überhaupt erst die Haftung der übrigen Gesellschafter ab (→ Rn. 194).

a) Nicht erst als Folge der Annahme der Rechtssubjektivität der (Außen-)GbR muss **184** auch ihre Haftungsfähigkeit außer Zweifel stehen, auch wenn dies dem Gesetzeswortlaut widerspricht, der von »gemeinschaftlichen Schulden der Gesellschafter« ausgeht (§§ 733 I, 735 I BGB).[411] Die *Haftung der Gesellschaft* mit dem Gesellschaftsvermögen beruht stets auf deren eigener Verbindlichkeit, die durch rechtsgeschäftliches bzw. tatsächliches Verhalten der Gesellschafter oder der sonstigen Repräsentanten der Gesellschaft begründet wurde. Anders als bei der OHG oder der PartG, für die eine ausdrückliche Haftungsnorm besteht (vgl. § 124 I HGB, § 7 II PartGG), fehlt eine entsprechende Regelung in §§ 705 ff. BGB für die GbR. Daher ist eine analoge Anwendung von § 124 I HGB zu befürworten. Hingegen scheidet aus dem Blickwinkel der eine Rechtsfähigkeit verneinenden individualistischen Theorie eine Haftung der Gesellschaft von vornherein aus (→ Rn. 173). Entsprechend kann sich die Situation darstellen, wenn einer GbR nach den Umständen des Einzelfalls ausnahmsweise keine Rechtsfähigkeit beizumessen ist.

aa) Praktisch bedeutsam sind *vertragliche Verbindlichkeiten,* die für die Gesellschaft **185** und in ihrem Namen von einem vertretungsberechtigten Gesellschafter bzw. einem sonst Bevollmächtigten unter den Voraussetzungen der §§ 164 ff. BGB begründet worden sind. Neben Erfüllungsansprüchen sind auch (kauf- oder werkvertragliche) Gewährleistungsrechte gegen die Gesellschaft in Betracht zu ziehen, insbesondere Schadensersatzansprüche. Soweit diese ein *Verhalten* oder *Verschulden* voraussetzen, kann ein solches bei der Gesellschaft selbst nicht vorliegen, weil es sich dabei nur um ein abstraktes Denkgebilde ohne Handlungs- und Schuldfähigkeit handelt. Die GbR muss sich allerdings das Fehlverhalten und auch ein Verschulden ihrer Repräsentanten *zurechnen* lassen. Im Rahmen vertraglicher Verbindlichkeiten greift die hM als Zurechnungsnorm für das Fehlverhalten der Gesellschafter auf die vereinsrechtliche und für Körperschaften insgesamt geltende Bestimmung des § 31 BGB über die Organhaftung zurück.[412] Dem kann man nach der weitgehenden Akzeptanz der Rechtsfähigkeit der GbR zustimmen, weil die Gesellschafter nunmehr auch als Organe der GbR verstanden werden können (→ Rn. 172). Hingegen vermag die Gegenauffassung nicht zu überzeugen, nach der die Zurechnung schuldhaften Gesellschafterverhaltens bei vertraglichen Verbindlichkeiten stets aus § 278 BGB folgt.[413] Dem muss man entgegenhalten,

---

411 BGHZ 116, 86 (88); 136, 254 (257); 146, 341 (343); Bamberger/Roth/*Schöne* BGB § 714 Rn. 16; *Flume* BGB AT I/1 § 16 IV (S. 314 ff.); *Elsing* BB 2003, 909 (910); *Habersack* BB 2001, 477 ff.; *Hadding* ZGR 2001, 712 ff.; *K. Schmidt* NJW 2001, 993 ff. Bereits vor Annahme der Rechtsfähigkeit der GbR war zumindest ihre Verpflichtungsfähigkeit weitgehend anerkannt, BGHZ 72, 267 (271 ff.); 74, 240 (242); 79, 374 (377 f.); *Wiedemann* GesR I § 5 IV 1 a (S. 279 ff.).
412 Bamberger/Roth/*Schöne* BGB § 718 Rn. 10; Soergel/*Hadding/Kießling* BGB § 718 Rn. 22; *Koch* GesR § 7 Rn. 5 f.; *Wiedemann* GesR I § 5 II 3 (S. 263 ff.); *Beuthien* DB 1975, 725 (729); *Habersack* BB 2001, 477 (479).
413 MüKoBGB/*Schäfer* § 718 Rn. 30; *Flume* BGB AT I/1 § 16 IV 2 (S. 321).

dass der Gesellschafter letztlich nicht ausschließlich eine fremde, sondern auch eine eigene, in seiner Mitgliederstellung begründete Verbindlichkeit erfüllt.[414] Folglich besteht eine für die Analogie des § 31 BGB erforderliche Regelungslücke, sodass eine Verhaltens- und Verschuldenszurechnung erfolgt, wenn der Gesellschafter als »verfassungsmäßig berufener Vertreter« in Ausführung der ihm durch den Gesellschaftsvertrag zustehenden Verrichtung eine Handlung begangen hat, die einen Dritten zum Schadensersatz berechtigt.

Da sich über beide Zurechnungsnormen dasselbe Ergebnis erreichen lässt, ist der Streit praktisch wenig relevant. Auch in der Fallprüfung bedarf er zumeist keiner Entscheidung, soweit nicht die Gesellschaft die Haftung für vorsätzliches Verhalten ihrer Gesellschafter im Voraus ausgeschlossen hat. § 276 III BGB, wonach ein solcher Ausschluss grundsätzlich unzulässig ist, findet nämlich bei einem Rückgriff auf § 278 BGB ausweislich von S. 2 keine Anwendung. Darin lässt sich ein weiteres Argument für die analoge Heranziehung von § 31 BGB erblicken. Denn es leuchtet nicht ein, warum man der Gesellschaft ermöglichen sollte, sich von einer Haftung für vorsätzliches Verhalten ihrer Gesellschafter grundsätzlich freizeichnen zu können.

Im Übrigen erfolgt die Zurechnung schuldhaften Fehlverhaltens von sonstigen eingeschalteten Hilfspersonen nach § 278 BGB, da diese in Erfüllung einer fremden Verbindlichkeit tätig werden und damit als Erfüllungsgehilfen anzusehen sind.

186 **bb)** Ob die BGB-Gesellschaft für *deliktische Verbindlichkeiten*, insbesondere aus §§ 823 I und 823 II BGB iVm einem Schutzgesetz oder § 826 BGB, in Anspruch genommen werden kann, war lange umstritten. Betroffen sind Fälle, in denen ein geschäftsführungsbefugter Gesellschafter in Ausführung einer Gesellschaftstätigkeit einem Dritten gegenüber eine unerlaubte Handlung begeht. Mit der Anerkennung der Rechtsfähigkeit der GbR ist diese Frage im positiven Sinne geklärt.[415] Auch insoweit bedarf es für die *Zurechnung des Fehlverhaltens* und des *Verschuldens* des Repräsentanten einer speziellen Zurechnungsnorm. § 278 BGB ist im Deliktsrecht grundsätzlich nicht anwendbar. Auch § 831 BGB scheidet im Hinblick auf die Gesellschafter aus, denn die Vorschrift normiert eine Haftung des Geschäftsherrn nur für den Verrichtungsgehilfen. Als solcher kann ein GbR-Gesellschafter mangels Weisungsgebundenheit nicht angesehen werden.[416] Eine Haftung der Gesellschaft aus § 831 BGB kommt daher lediglich für sonstige Hilfspersonen in Betracht, wenn »Organe« ihren Pflichten in Bezug auf Auswahl und Überwachung nicht nachgekommen sind. Auch hier bedarf es allerdings der Zurechnung durch § 31 BGB analog, weil die Norm eine Haftung für vermutetes eigenes Verschulden statuiert.[417] Nach nahezu einhelliger Meinung ist deshalb auch im Rahmen deliktischer Ansprüche wegen Verletzungshandlungen von Gesellschaftern allein eine Zurechnung über § 31 BGB analog möglich.[418] Daneben kommt eine Haftung der Gesellschaft aus Organisationsmängeln oder als Halter (zB Tierhalter, § 833 BGB bzw. Fahrzeughalter, § 7 StVG) in Betracht.[419] Freilich haftet dem Opfer auch stets der Deliktstäter selbst aus eigener Verbindlichkeit (→ Rn. 195).

---

414 Bamberger/Roth/*Schöne* BGB § 718 Rn. 10.
415 BGHZ 154, 88 (93 ff.) in Abkehr von BGHZ 45, 311 (312).
416 BGHZ 45, 311 (313); 155, 205 (210); Soergel/*Hadding/Kießling* BGB § 718 Rn. 23; *Koch* GesR § 7 Rn. 8.
417 Ausf. MüKoBGB/*Schäfer* § 705 Rn. 261 ff. und MüKoBGB/*Schäfer* § 718 Rn. 31.
418 Nunmehr ganz hM. So ausdr. BGHZ 154, 88 (93); HK-BGB/*Saenger* § 714 Rn. 7; MüKoBGB/ *Schäfer* § 705 Rn. 263 f.; *Ulmer* ZIP 2003, 1113 (1115); Palandt/*Sprau* BGB § 714 Rn. 6; Staudinger/ *Habermeier*, 2003, BGB Vorbem. zu §§ 705–740 Rn. 34; *Beuthien* DB 1975, 773 (775); *K. Schmidt* NJW 2001, 993 (998); krit. *Canaris* ZGR 2004, 69 (109 ff.); *Flume* DB 2003, 1775.
419 *Grunewald* GesR § 1 Rn. 123.

In **Fall h (1)** kommen vertragliche und deliktische Schadensersatzansprüche des Z gegen die GbR in Betracht.

I. § 280 I BGB, § 124 I HGB analog: Eine wirksame GbR besteht. Diese muss eine Verbindlichkeit aus § 280 I BGB treffen. Nach überwiegender Auffassung ist jedenfalls die hier vorliegende Außen-GbR rechtsfähig und in der Lage, eigene Rechte und Pflichten zu begründen (§ 124 I HGB analog). C hat als Vertreter (auch) der GbR (je nach dogmatischer Begründung, → Rn. 193 f.) einen wirksamen Werkvertrag mit Z geschlossen. Indem B die Dachziegel unachtsam vom Dach fallen ließ, hat dieser eine schuldhafte Pflichtverletzung begangen, die sich die GbR nach hM gem. § 31 BGB analog, nach anderer Auffassung gem. § 278 BGB zurechnen lassen muss. Somit schuldet die GbR dem Z Schadensersatz iHv 3.800 EUR.

II. § 823 I BGB, § 124 I HGB analog: Die wirksam gegründete und rechtsfähige ABC-GbR ist Z auch aus § 823 I BGB zum Schadensersatz verpflichtet. Es ist eine Eigentumsverletzung am Fahrzeug des Z eingetreten, die auf schuldhaftes Verhalten des B zurückgeht. Auch das muss sich die GbR, insoweit unstreitig, analog § 31 BGB zurechnen lassen. Kausalität und Rechtswidrigkeit sind ebenfalls gegeben, sodass die GbR Z auch aus diesem Grund auf Ersatz von 3.800 EUR haftet.

Zu beachten ist, dass § 31 BGB – ebenso wie § 278 BGB und anders als § 831 BGB – keine selbstständige Anspruchsgrundlage, sondern eine reine Zurechnungsnorm darstellt.

cc) Weil die Gesellschaft selbst Eigentum und Besitz an Sachen haben kann (→ Rn. 52), **187** ist es (entsprechend der Fähigkeit, Gläubigerin dinglicher Ansprüchen zu sein, → Rn. 52) möglich, sie wegen *dinglicher Verpflichtungen* in Anspruch zu nehmen. Folglich können auf die Besitzübertragung abzielende Herausgabeansprüche jeder Art (beispielsweise aus §§ 861, 985, 1007 BGB) unmittelbar gegen die Gesellschaft gerichtet werden.[420] Ebenso kann sich die Gesellschaft den eigentumsrechtlichen Folgeansprüchen der §§ 987 ff. BGB ausgesetzt sehen. Es stellen sich wiederum vielfältige Zurechnungsprobleme, die neben der bereits erörterten Zurechnung von Verhalten und Verschulden besonders die *Wissenszurechnung* betreffen. Letztlich sind dabei noch nicht alle Fragen abschließend geklärt. Vor allem ist der von der Zurechnung erfasste Personenkreis unklar. Nach einer Ansicht muss sich die Gesellschaft grundsätzlich nur die Bösgläubigkeit eines Gesellschafters zurechnen lassen, der an einem Geschäft konkret mitgewirkt hat. Nur wenn nach bestimmten Weisungen eines bösgläubigen Gesellschafters gehandelt wurde, komme entsprechend § 166 II BGB eine Wissenszurechnung auch der nicht beteiligten Gesellschafter in Betracht.[421] Die Rechtsprechung geht darüber noch hinaus und rechnet der GbR auch das Wissen eines anderen als des konkret handelnden, vertretungsbefugten Gesellschafters jedenfalls dann zu, wenn die unterlassene Weitergabe dieses Wissens an den handelnden Gesellschafter eine Verletzung der der Gesellschaft obliegenden Organisationspflichten darstellt.[422] Dem liegt die Überlegung zugrunde, dass jede am Rechtsverkehr teilnehmende Organisation sich so einrichten muss, dass ihre Repräsentanten, die dazu berufen sind, im Rechtsverkehr bestimmte Aufgaben in eigener Verantwortung zu erledigen und die dabei angefallenen Informationen zur Kenntnis zu nehmen, die erkennbar erheblichen Informationen tatsächlich an die entscheidenden Personen weiterleiten. Dies überzeugt, weil ein Gläubiger aus inneren Organisationsdefiziten seines Vertragspartners keine Nachteile erleiden darf. Die Zurechnung von Wissen eines Organmitglieds endet aber jedenfalls mit dessen Ausscheiden aus der Gesellschaft.[423] Umstritten ist darüber hinaus die Frage nach der

---

420 MüKoBGB/*Schäfer* § 718 Rn. 38; Soergel/*Hadding/Kießling* BGB § 718 Rn. 19.
421 *Windbichler* GesR § 8 Rn. 8.
422 BGHZ 109, 327 (330 f.); 140, 54 (61 f.); BGH NJW 2001, 359 (360).
423 BGH NJW 1995, 2159; krit. *K. Schmidt* GesR § 10 V 2 a (S. 286).

zutreffenden rechtsdogmatischen Grundlage für eine Zurechnung, wobei von der hM § 166 I BGB analog und von der Gegenansicht § 31 BGB analog herangezogen wird.[424]

> **Beispiel:** C ist Gesellschafter der ABC-GbR. Grob fahrlässig verkennt er beim Ankauf von Waren namens der Gesellschaft von T, dass dieser sie lediglich von O geliehen hat. Als O seine Waren bei der GbR entdeckt, verlangt er von dieser Herausgabe.
> **I.** Ein Herausgabeanspruch des O gegen die ABC-GbR aus § 985 BGB besteht. Die GbR ist Besitzerin, ohne dass ihr ein Besitzrecht zustünde. Zudem ist O Eigentümer geblieben. Ein Erwerb vom Nichtberechtigten T nach §§ 932 ff. BGB durch die GbR scheidet aus, weil sich die Gesellschaft die Bösgläubigkeit des C unstreitig zurechnen lassen muss. Zweifelhaft ist allein, auf welcher rechtsdogmatischen Grundlage diese Zurechnung erfolgt. Die hM wendet insoweit § 166 I BGB analog an. Allerdings unterscheidet diese Norm zwischen der Kenntnis des Vertreters und derjenigen des Vertretenen, was bei der handlungs- und wissensunfähigen Gesellschaft als Vertretene nicht möglich ist. Daher ist auch hier für die Zurechnung auf § 31 BGB analog zurückzugreifen. Das wird auch dem organschaftlichen Charakter der Vertretungsmacht besser gerecht.
> **II.** Daneben bestehen weitere Herausgabeansprüche aus § 1007 I, II BGB.

Die Problematik der Zurechnung von Wissen oder Irrtümern spielt nicht nur im vorliegenden Zusammenhang eine Rolle. Sie kann etwa auch beim Grundstückserwerb vom Nichtberechtigten, im Rahmen von Schadensersatzansprüchen gegen die Gesellschaft aus §§ 989, 990 BGB, bei der Anfechtung von Willenserklärungen (§§ 119, 123 I, 142 II BGB), bei der Kenntnis von Mängeln der Kaufsache (§ 442 BGB) oder im Rahmen der Stellvertretung bei der Haftung des Vertreters ohne Vertretungsmacht (§ 179 II, III BGB) relevant werden.

188 **dd)** Für *Verbindlichkeiten aus ungerechtfertigter Bereicherung* haftet die GbR, wenn und solange sie selbst bereichert ist.[425] Das kann vor allem daraus folgen, dass Leistungen aufgrund eines fehlgeschlagenen bzw. unwirksamen Vertrags ins Gesellschaftsvermögen gelangt sind oder auf eine nur vermeintlich bestehende Verbindlichkeit an die Gesellschaft geleistet wurde.

189 **ee)** *Sonstige Verbindlichkeiten,* für welche die Gesellschaft haftet, sind schließlich auch Steuerschulden, Sozialabgaben oder sonstige öffentlich-rechtliche Verbindlichkeiten. Allerdings gelten bisweilen gesetzliche Sonderregeln. So ist die GbR zB für einkommensteuerliche Zwecke transparent und stellt somit insoweit kein eigenständiges Haftungssubjekt dar (→ Rn. 1020). Vielmehr haften hier nur die Gesellschafter.

190 **ff)** In der *Fallbearbeitung* sollte, sofern nach der Fallfrage Ansprüche gegen die Gesellschaft selbst zu prüfen sind, die Gesellschaft als Anspruchsgegnerin im Obersatz genannt und zusätzlich zur betreffenden Anspruchsgrundlage § 124 I HGB analog zitiert werden. Sodann ist gegebenenfalls in einem ersten Prüfungspunkt das Bestehen einer Gesellschaft, insbesondere das Vorliegen eines wirksamen Gesellschaftsvertrags (gegebenenfalls unter Zuhilfenahme der Grundsätze der fehlerhaften Gesellschaft) zu prüfen. In einem zweiten Prüfungsschritt ist das Bestehen einer Verbindlichkeit der GbR zu untersuchen. Innerhalb dessen kann, je nach Fallgestaltung, zunächst die Frage der Rechts- und Haftungsfähigkeit der Gesellschaft zu klären sein, bevor auf die jeweiligen konkreten Anspruchsvoraussetzungen einzugehen ist. Die Prüfung ist dann wie folgt vorzunehmen:[426]

---

424 Offen gelassen von BGHZ 140, 54 (62); ausf. zum Ganzen *K. Schmidt* GesR § 10 V 2 (S. 285 ff.).

425 *Canaris* ZGR 2004, 69 (107 ff.); *K. Schmidt* NJW 2001, 993 (998); anders noch BGHZ 61, 338.

426 Die aufgelisteten Gliederungspunkte sind dabei nicht schematisch zu prüfen, sondern unter Berücksichtigung der Besonderheiten des jeweiligen Falles.

Prüfungsschema

I. **Bestehen einer GbR** (insbesondere Abschluss eines Gesellschaftsvertrags, Wirksamkeit, gegebenenfalls fehlerhafte Gesellschaft)

II. **Bestehen einer wirksamen Verbindlichkeit der GbR**
   1. **(gegebenenfalls) Rechtsfähigkeit der GbR**
   2. wirksame Verbindlichkeit der GbR
      a) **Anspruch entstanden** (insbesondere Stellvertretung; Zurechnung: Verhalten, Verschulden, Wissen)
      b) **kein Untergang**
      c) **Durchsetzbarkeit**

b) Soweit eine Gesellschaftsschuld besteht, haben hierfür in der Regel auch die Gesell- **191** schafter der GbR mit ihrem Privatvermögen einzustehen. Im Zusammenhang mit der *Haftung der Gesellschafter* ergeben sich zahlreiche Fragestellungen.

aa) Die *dogmatische Begründung der persönlichen Haftung* der Gesellschafter war im **192** Einzelnen lange umstritten und gehörte zu den meist diskutierten Bereichen des Personengesellschaftsrechts.[427] Zentrale Frage ist seit jeher, ob die Gesellschaft als eigenes Zuordnungsobjekt in Betracht kommt.

(1) Ursprünglich wurde eine persönliche Einstandspflicht der Gesellschafter nur angenommen, wenn ein **193** besonderer Verpflichtungstatbestand erfüllt war. Rechtsgeschäftliche Verbindlichkeiten konnten für einen Gesellschafter daher nur begründet werden, wenn sich dieser wirksam vertreten ließ. Nach Ansicht derer, die die Rechtsfähigkeit der GbR vollständig ablehnten, bestand dabei eine Schuld der Gesellschafter mit doppeltem Haftungsobjekt: Das Handeln eines Gesellschafters als Vertreterhandeln wirkte für und gegen die übrigen Gesellschafter und verpflichtete jene unmittelbar, und zwar in ihrer gesamthänderischen Verbindung mit dem gemeinschaftlichen Vermögen einerseits und zudem jeden einzelnen Gesellschafter mit seinem Privatvermögen andererseits (sog. *Doppelverpflichtungstheorie*).[428] Diesen Standpunkt haben Rechtsprechung[429] und Literatur[430] im Zuge einer immer weitergehenden Annahme der rechtlichen Verselbstständigung der Gesamthand zunächst modifiziert. Nach einer lange Zeit hM sollte das rechtsgeschäftliche Vertreterhandeln des Gesellschafters gleichfalls zu zwei Verpflichtungen führen, nunmehr allerdings zum einen zu einer Haftung der Gesellschaft mit dem Gesellschaftsvermögen und zum anderen zu einer persönlichen und gesamtschuldnerischen Haftung aller Gesellschafter jeweils mit ihrem Privatvermögen. Konstruktiv wurde dieses Ergebnis erreicht, indem man annahm, der handelnde Gesellschafter gebe eine Willenserklärung im Namen der Gesellschaft und zugleich namens sämtlicher Mitgesellschafter sowie im eigenen Namen ab. Die notwendige Vertretungsmacht wurde dabei zumindest als konkludent durch den Gesellschaftsvertrag erteilt angesehen. Zu Recht wurde dieser Auffassung entgegengehalten, sie führe zu einem »Gewimmel fiktiver Willenserklärungen«, die sich bisweilen nur schwer dem Willen der Beteiligten entnehmen ließen.[431] Sie wird heute folglich kaum mehr vertreten.[432]

---

427 MüKoBGB/*Schäfer* § 714 Rn. 2 ff.; Staudinger/*Habermeier*, 2003, BGB Vorbem. zu §§ 705–740 Rn. 31 ff.; *Aderhold*, Das Schuldmodell der BGB-Gesellschaft, 1981; *Kornblum*, Die Haftung der Gesellschafter für Verbindlichkeiten von Personengesellschaften, 1972, *Reiff*, Die Haftungsverfassungen nichtrechtsfähiger und unternehmenstragender Verbände, 1995; *K. Schmidt* GesR § 60 III (S. 1787 ff.); *Flume*, FS H. Westermann, 1974, 119 ff.; *Lindacher* JuS 1981, 818 ff.; *Lindacher* JuS 1982, 36 ff.; *Mülbert* AcP 199 (1999), 38 (67 ff.).
428 *Kraft/Kreutz* GesR C III 3 a (S. 145 ff.); *Buchner* AcP 169 (1969), 483 (489 ff.).
429 BGHZ 72, 267 (271); 74, 240 (242); 136, 254 (258 f.).
430 MüKoBGB/*Ulmer*, 3. Aufl. 1997, § 714 Rn. 26 ff.; *Ulmer* ZIP 1999, 509 (511); Soergel/*Hadding*, 11. Aufl. 1985, BGB § 714 Rn. 5 (10 f.); *Beuthien* DB 1975, 725 (728); *Habersack* JuS 1993, 1 ff. jeweils mwN.
431 *Ulmer* ZIP 1999, 554; *Wiedemann* WM 1994, Beil. 4, 3 (18).
432 So etwa noch *Beuthien* JZ 2003, 969.

194 (2) Der BGH rückte in der Folge von der Doppelverpflichtungstheorie sukzessive ab.[433] 2001 gab er diese endgültig auf und schloss sich stattdessen der in der Literatur[434] immer stärker vertretenen *Akzessorietätstheorie* an.[435] Diese kann heute als herrschend bezeichnet werden.[436] Danach folgt die persönliche Haftung der GbR-Gesellschafter nicht aus einem gesonderten Rechtsgeschäft. Vielmehr haften die Gesellschafter analog § 128 HGB kraft Gesetzes für die Verbindlichkeiten der Gesellschaft. Die Haftung resultiert allein aus der Gesellschafterstellung und ist vom Bestand der Verbindlichkeit der Gesellschaft abhängig, also akzessorisch.[437] Im Hinblick auf die Anerkennung der Rechtsfähigkeit der GbR ist diese dogmatische Begründung konsequent.[438] Auch lassen sich auf ihrer Grundlage die – teils realitätsfremden – Willensfiktionen der Doppelverpflichtungstheorie vermeiden. Ebenso ermöglicht die Akzessorietätstheorie für die Haftung von ein- bzw. austretenden Gesellschaftern (→ Rn. 198, 232 und 200, 220) und für die Haftung für gesetzliche Verbindlichkeiten (→ Rn. 195) schlüssige Erklärungsansätze. Schließlich entspricht diese Haftungskonstruktion nach Ansicht des BGH dem allgemeinen Grundsatz des bürgerlichen Rechts, dass derjenige, der als Einzelperson oder in Gemeinschaft mit anderen Geschäfte betreibt, für die daraus entstehenden Verpflichtungen grundsätzlich mit seinem gesamten Vermögen haftet.[439] Angesichts ihrer Vorteile ist die durch die Rechtsprechung vollzogene Annäherung der Haftungssystematik in der GbR an das klare Haftungsmodell der OHG ausdrücklich zu begrüßen. Gleichwohl muss sich die Rechtsprechung in rechtsdogmatischer Hinsicht die berechtigte Kritik gefallen lassen, dass sie auf die GbR als Grundform der Personengesellschaften das Haftungsmodell der OHG als speziellerer Ausformung einer Personengesellschaft für den Handelsverkehr überträgt und dass in §§ 705 ff. BGB nur schwer ein gesetzliches Fundament für die Akzessorietätstheorie erblickt werden kann.[440]

> **Beispiel:** A und B schließen sich zur A&B-Antik-GbR zusammen. A erwirbt bei Y für die GbR eine Kommode.
> Nach der (früher herrschenden) *Doppelverpflichtungstheorie* kann Y hierfür Zahlung von der GbR sowie von A und B persönlich verlangen. Danach hat A durch die zum Erwerb der Kommode abgegebene Willenserklärung nämlich sowohl die Gesellschaft als auch den B vertreten. Darüber hinaus hat er für sich selbst gehandelt. Er hat also genau genommen eine Willens-

---

433 Bereits in BGHZ 142, 315 (321) wurde die Akzessorietätstheorie als alternativer Begründungsansatz verfolgt.

434 *Flume* BGB AT I/1 § 16 II und IV (S. 283 ff. und 314 ff.); *Kornblum*, Die Haftung der Gesellschafter für Verbindlichkeiten von Personengesellschaften, 1972; *K. Schmidt* GesR, 3. Aufl. 1997, § 60 III 2 (S. 1786 ff.); *Wiedemann* GesR I § 5 IV 1c (S. 283 ff.); *Mülbert* AcP 199 (1999), 38 (67 ff.); *Timm* NJW 1995, 3209 (3215); *Ulmer* ZIP 1999, 554 (563 f.).

435 BGHZ 146, 341 (358); seitdem mehrfach bestätigt, s. BGHZ 150, 1 (3); 154, 88 (94); 154, 370 (371 f.); 157, 361 (364); aus dem weit überwiegend zust. Schrifttum etwa *Dauner-Lieb* DStR 2001, 356 (358); *Habersack* BB 2001, 477 (481); *Hadding* ZGR 2001, 712 (735); *K. Schmidt* NJW 2001, 993 (998); *Ulmer* ZIP 2001, 585 (596); *Westermann* NZG 2001, 289 (291); *Wiedemann* JZ 2001, 661 ff.

436 S. neben den in der vorherigen Fußnote Genannten auch Bamberger/Roth/*Schöne* BGB § 714 Rn. 16 f.; HK-BGB/*Saenger* § 714 Rn. 5; MüKoBGB/*Schäfer* § 714 Rn. 5 ff.; *Ulmer* ZIP 2003, 1113 ff.; Palandt/*Sprau* BGB § 714 Rn. 11 ff.; *K. Schmidt* GesR § 60 III 2 (1790 ff.); *K. Schmidt* NJW 2003, 1897 (1898).

437 BGHZ 146, 341 (358).

438 AA *Beuthien* NZG 2011, 481 (487 f.), der die Haftung analog § 128 HGB nicht als notwendige Folge der Rechtsfähigkeit sieht und diese für zu streng erachtet.

439 BGHZ 142, 315 (319); dazu *Altmeppen* ZIP 1999, 1758 (1759).

440 Dahingehende Kritik vor allem bei *Windbichler* GesR § 8 Rn. 12; ähnlich *Altmeppen* ZIP 1999, 1758 (1759); weitergehend mit verfassungsrechtlichen Bedenken *Canaris* ZGR 2004, 69 (116 ff.); hiergegen aber *Altmeppen* NJW 2004, 1563 ff.

erklärung *auch* im fremden Namen abgegeben. Insoweit bedarf es in der *Fallprüfung* sukzessiv der Untersuchung der Ansprüche gegen A durch Selbstverpflichtung und gegen die GbR und B, jeweils vertreten durch A.

Nach der (heute allgemein vertretenen) *Akzessorietätstheorie* kann Y sich in Bezug auf die Kaufpreiszahlung ebenfalls an die GbR und an A und B halten. Allerdings hat A originär nur eine Schuld der Gesellschaft begründet, indem er *einzig und allein* namens der Gesellschaft handelte und diese vertrat. Für diese Schuld haften A und B als Gesellschafter analog § 128 HGB auch persönlich. Hier hat man in der *Fallprüfung* den Anspruch gegen die Gesellschaft entsprechend § 124 HGB nach dem allgemeinen Schema zu prüfen (→ Rn. 190). Ansprüche gegen A und B sind hingegen im Obersatz um einen Verweis auf § 128 HGB analog zu ergänzen. Zudem ist neben den Prüfungspunkten »Bestehen einer GbR« und »Vorliegen einer Verbindlichkeit der GbR« als dritter Prüfungspunkt die »Gesellschafterstellung des Inanspruchgenommenen« zu prüfen.

bb) Bei der Haftung der Gesellschafter handelt es sich nach *Art und Umfang* keineswegs um eine subsidiäre Einstandspflicht. Vielmehr ist die persönliche Haftung der Gesellschafter für die Verbindlichkeiten der Gesellschaft primär, unmittelbar und grundsätzlich unbeschränkt. Die Gläubiger müssen sich daher nicht zunächst auf das Gesellschaftsvermögen verweisen lassen und können regelmäßig Befriedigung ihres vollen Anspruchs von den Gesellschaftern verlangen. Diese haften untereinander kraft der gesetzlichen Anordnung des § 128 S. 1 HGB als Gesamtschuldner. Die Akzessorietät der Haftung hat zur Folge, dass sich die Einstandspflicht streng nach Bestand und Umfang der Gesellschaftsschuld bemisst. Ist ein Teil der Verbindlichkeit der GbR bereits durch Erfüllung, Aufrechnung oder auf sonstige Weise erloschen, beschränkt sich die Gesellschafterhaftung auf die Schuld im verbleibenden Umfang. Ferner greift zugunsten der Gesellschafter § 129 HGB entsprechend ein.[441] Demzufolge können sie dem Gläubiger gegenüber neben ihren eigenen Einwendungen auch solche entgegenhalten, die der Gesellschaft gegen den Anspruch zustehen, wie etwa Erlass, Stundung oder Verjährung. Zudem können Gesellschafter mit Verweis auf die der GbR zustehende Anfechtungs- (§ 129 II HGB analog) oder Aufrechnungsmöglichkeit (§ 129 III HGB analog) die Leistung verweigern.

Die *Art der* ursprünglichen *Verbindlichkeit der Gesellschaft* ist für die akzessorische Gesellschafterhaftung *unerheblich*. Neben vertraglichen Verbindlichkeiten der Gesellschaft werden, nachdem sich die GbR nunmehr das deliktische Verhalten ihrer Gesellschafter analog § 31 BGB zurechnen lassen muss (→ Rn. 186), auch solche aus unerlaubten Handlungen erfasst.[442] Deshalb hat, anders als nach der früher herrschenden Doppelverpflichtungstheorie, nicht nur der Deliktstäter für sein Fehlverhalten persönlich einzustehen. Nach Auffassung des BGH ist die Einstandspflicht aller Gesellschafter für die unerlaubten Handlungen der Mitgesellschafter »im Modell der akzessorischen Haftung angelegt«. Für sie spricht vor allem der Gedanke des Gläubigerschutzes. Gläubiger einer gesetzlichen Verbindlichkeit können sich, anders als bei

195

---

441 BGHZ 146, 341 (358); Erman/*Westermann* BGB § 714 Rn. 22; Staudinger/*Habermeier*, 2003, BGB Vorbem. zu §§ 705–740 Rn. 35; *K. Schmidt* NJW 2001, 993 (999); *Ulmer* ZIP 2003, 1113 (1114).

442 BGHZ 154, 88 (94); 155, 205 (212); Bamberger/Roth/*Schöne* BGB § 714 Rn. 19f.; HK-BGB/*Saenger* § 714 Rn. 7; MüKoBGB/*Schäfer* § 714 Rn. 38; *Ulmer* ZIP 2003, 1113 (1114f.); *Gesmann-Nuissl* WM 2001, 973 (978); *K. Schmidt* NJW 2001, 993 (998); *K. Schmidt* NJW 2003, 1897 (1900); aA *Flume* BGB AT I/1 § 16 IV 6 (S. 343f.); *Flume* DB 2003, 1775; *Altmeppen* NJW 1996, 1017 (1021ff., 1026); *Altmeppen* NJW 2003, 1553 (1554ff.); *Canaris* ZGR 2004, 69 (109ff.); *Huber*, FS Lutter, 2000, 107 (135); *Schäfer* ZIP 2003, 1225 (1227ff.).

rechtsgeschäftlicher Haftung, ihren Schuldner nicht aussuchen. Deshalb muss hier das Privatvermögen der Gesellschafter erst recht als Haftungsmasse zur Verfügung stehen.[443] Für die Haftung des Delikttäters selbst bedarf es freilich nicht des Rückgriffs auf § 128 HGB analog. Dieser haftet stets unmittelbar. Unproblematisch ist nach der Annahme der Akzessorietät der Haftung gleichfalls die Gesellschafterhaftung für sonstige Ansprüche aus gesetzlichen Schuldverhältnissen, etwa aus Bereicherungsrecht.[444]

In **Fall h (2)** ist die Prüfung der Ansprüche des Z gegen die Gesellschafter A, B und C abhängig von der theoretischen Begründung zur Verpflichtung der GbR-Gesellschafter.
I. Frühere Doppelverpflichtungstheorie:[445]
1. Ansprüche aus **§ 280 I BGB** setzen ein Schuldverhältnis zwischen Z und A, B bzw. C voraus. Insoweit ist C beim Abschluss des Werkvertrags mit Z für sich selbst und auch als Vertreter für A und B persönlich aufgetreten. Fraglich ist aber, ob sich A und C das pflichtwidrige und schuldhafte Verhalten des B zurechnen lassen müssen. Eine Zurechnung nach § 278 BGB scheidet aus, weil B nicht Erfüllungsgehilfe seiner Mitgesellschafter A und C ist. § 31 BGB ermöglicht es nur, Organverschulden einer Gesellschaft zuzurechnen, nicht aber einer natürlichen Person. Auch eine Zurechnung unter dem Gesichtspunkt der Gesamtschuldnerschaft von A, B und C kommt nach § 425 I, II BGB grundsätzlich nicht in Betracht, da danach andere als die in §§ 422–424 BGB bezeichneten Tatsachen, insbesondere das Verschulden, nur für und gegen den Gesamtschuldner wirken, in dessen Person sie eintreten. Die Rechtsprechung behalf sich mit der Annahme, dass sich aus dem Schuldverhältnis »etwas anderes« ergebe.[446] Weil sich jeder Gesellschafter gegenüber dem Dritten zur Erfüllung des Vertrags verpflichte, könne dieser auch darauf vertrauen, dass sich die Gesellschafter Fehlverhalten bei der Vertragserfüllung gegenseitig zurechnen lassen wollen.
2. Ansprüche aus **§ 823 I BGB** kann Z nach dieser Ansicht dagegen nur gegen B geltend machen, in dessen Person die Tatbestandsvoraussetzungen auch unmittelbar erfüllt sind. Hingegen scheidet eine persönliche Haftung von A und C aus, da insoweit eine Zurechnungsnorm fehlt. Vor allem kann insoweit nicht angenommen werden, die Gesellschafter wollten entgegen der Grundregel des § 425 I BGB gegenseitig auch für deliktisches Verhalten einstehen.
3. Für die Geltendmachung von **Einwendungen** der Gesellschaft durch die Gesellschafter behilft sich die Doppelverpflichtungstheorie damit, das Verhältnis zwischen GbR und Gesellschaftern als »gesamtschuldähnlich« oder als »unechte Gesamtschuld« zu qualifizieren, um auch hier §§ 421 ff. und insbesondere § 425 BGB zur Anwendung zu bringen. Dabei weicht sie von dessen Grundregel nicht zu Lasten sondern zu Gunsten der Gesellschafter ab, sodass sich sämtliche Gesellschafter auf die Einwendungen der GbR berufen können.[447] Die jeweils in Anspruch genommenen Gesellschafter können sich somit auf die Erfüllung iHv. 2.000 EUR durch das Gesellschaftsvermögen gem. § 422 BGB und auf die Verjährung gem. § 425 BGB berufen.
II. Akzessorietätstheorie:
Wesentlich einfacher gestaltet sich die Rechtslage nach der inzwischen allgemein anerkannten Akzessorietätstheorie. Hiernach haften A, B und C jeweils akzessorisch für die Verbindlichkeiten der Gesellschaft. Die Verbindlichkeit der Gesellschaft gegenüber Z besteht sowohl aus § 280 I BGB, § 124 I HGB

---

443 BGHZ 154, 88 (94 f.).
444 BGHZ 154, 370; *Palandt/Sprau* BGB § 714 Rn. 13; *Canaris* ZGR 2004, 69 (107 ff.); anders noch BGHZ 61, 338: Persönliche Einstandspflicht der Gesellschafter nur für den Sonderfall der Leistungskondiktion eines Dritten hinsichtlich des zur Erfüllung einer vermeintlichen Vertragsschuld an die Gesellschaft geleisteten jedenfalls nach Auflösung der Gesellschaft; dazu *Westermann* ZGR 1977, 552 ff.
445 Die Darstellung erfolgt vorwiegend aus didaktischen Gründen. Für die Fallbearbeitung ist die Doppelverpflichtungstheorie kaum mehr von Bedeutung.
446 BGHZ 56, 355 (362); 97, 273 (279).
447 MüKoBGB/*Ulmer*, 3. Aufl. 1997, § 714 Rn. 50; ähnlich *Habersack* JuS 1993, 1 (6 f.); *Lindacher* JuS 1981, 818 (822).

analog als auch aus § 823 I BGB, § 124 I HGB analog (→ Rn. 184). Folglich müssen A, B und C dem Z sowohl nach § 280 I BGB, § 128 HGB analog als auch aus § 823 I BGB, § 128 HGB analog einstehen und zwar allein kraft ihrer Gesellschafterstellung. Hinsichtlich Erfüllung und Verjährung gilt folgendes: Durch die Erfüllung seitens der GbR gem. § 362 I BGB geht deren Schuld bereits teilweise unter. A, B und C haben kraft der Akzessorietät ihrer Haftung nur noch für den verbleibenden Teil einzustehen.[448] Die Verjährung des Anspruchs können die Gesellschafter dagegen nach § 129 I HGB analog geltend machen. Dieses Ergebnis verdeutlicht eindrucksvoll, dass der Akzessorietätstheorie Vorzug vor den oftmals gezwungenen und künstlich anmutenden Konstruktionen der Doppelverpflichtungslehre gebührt.[449]

Soweit ein Gesellschafter aus einer Gesellschaftsverbindlichkeit erfolgreich in Anspruch genommen worden ist, kann er zunächst von der Gesellschaft Erstattung des gezahlten Betrags nach §§ 713, 670 BGB verlangen; von seinen Mitgesellschaftern kann nur subsidiär anteiliger Ausgleich aus § 426 I und II BGB verlangt werden (ausführlich → Rn. 167).

cc) Der *Inhalt der Haftung* der Gesellschafter unterscheidet sich grundsätzlich nicht **196** von demjenigen der Gesellschaft, auch soweit es sich nicht um eine Geldschuld handelt. Folglich sind die Gesellschafter dem Gläubiger persönlich zur *Erfüllung* verpflichtet und haften nicht etwa nur auf das Wertinteresse.[450] Nur soweit der Anspruch auf eine unvertretbare Handlung gerichtet ist (zB Rechnungslegung) und sich durch die Inanspruchnahme eines Gesellschafters der Schuldinhalt ändert oder die Erfüllung dem Gesellschafter aus tatsächlichen oder rechtlichen Gründen unmöglich oder unzumutbar ist, beschränkt sich die Haftung auf den Sekundäranspruch (sog. Erfüllungstheorie).

Beispiel: Wenn G mit dem Gesellschafter A der Malermeister A&B-GbR einen Vertrag über den Neuanstrich seines Hauses schließt, kann er auch A und B persönlich wegen der Verpflichtung in Anspruch nehmen, sein Haus zu streichen. Weil es sich bei dem Anstrich des Hauses um eine vertretbare Werkleistung handelt, gilt dies auch, wenn einer der Gesellschafter nicht über die hierzu erforderliche berufliche Qualifikation verfügt. Dann ist dieser Gesellschafter verpflichtet, für die Erbringung der Leistung durch einen Drittanbieter zu sorgen. Veräußert A hingegen wirksam den im Eigentum der GbR stehenden Lieferwagen an G, sind A und B persönlich zur Erfüllung außerstande, weil ihnen allein die Übereignung des im Gesellschaftseigentum stehenden Gegenstandes nach § 275 I BGB unmöglich ist. Zur Erfüllung ist hier nur die Gesellschaft verpflichtet. Bei Nichterfüllung haften neben der Gesellschaft auch A und B persönlich auf Schadensersatz.

dd) Die *Beschränkung der Haftung* eines Gesellschafters ist zwar möglich (etwa auf **197** das Gesellschaftsvermögen[451] oder als sog. quotale Haftungsbeschränkung auf die Höhe des Gesellschafteranteils[452]), hat jedoch grundsätzlich eine individualvertragliche Vereinbarung mit dem jeweiligen Vertragspartner zur Voraussetzung.[453] Spätestens seit Abkehr von der Doppelverpflichtungstheorie lässt sich dies nicht durch eine bloße Beschränkung der Vertretungsmacht erreichen (→ Rn. 178). Ebenso reichen Ab-

---

448 Dasselbe Ergebnis erreicht man, wenn man hier bereits auf § 129 I HGB analog zurückgreift, dem jedoch, wie man sieht, an dieser Stelle ein rein deklaratorischer Charakter zukommt.

449 *K. Schmidt* NJW 2001, 993 (998 f.) spricht in Bezug auf die Doppelverpflichtungstheorie von »teilweise abenteuerlichen Begründungen« und »Kalamitäten«.

450 Str., s. MüKoBGB/*Schäfer* § 714 Rn. 43 f.; *K. Schmidt* GesR § 49 III 1 (S. 1423 ff.) jeweils mwN; ausf. dazu bei der OHG → Rn. 297.

451 BGHZ 142, 315 (318 ff.); BGH WM 2003, 2194 (2197).

452 BGHZ 134, 224 (226); dazu *K. Schmidt* NJW 1997, 2201 ff.; BGH NJW 2013, 1089 (1091).

453 BGHZ 142, 315 (321 f.); BGH NJW-RR 2005, 400 (401); HK-BGB/*Saenger* § 714 Rn. 6; Staudinger/*Habermeier*, 2003, BGB Vorbem. zu §§ 705–740 Rn. 36.

sprachen unter Gesellschaftern und einseitige Haftungsausschlüsse nicht aus. Dies folgt aus der analogen Anwendung von § 128 S. 2 HGB, entsprach aber auch schon zuvor höchstrichterlicher Rechtsprechung.[454] Eine Ausnahme hat der BGH aus Gründen des Vertrauensschutzes allein für vor Änderung seiner Rechtsprechung im Oktober 1999 gegründete Publikumsgesellschaften und insbesondere für Immobilienfonds zugelassen, wenn die interne Haftungsbeschränkung dem Vertragspartner zumindest erkennbar war.[455] Unabhängig davon ist aber eine auch nur konkludent mit dem Vertragspartner vereinbarte Haftungsbeschränkung grundsätzlich zulässig.[456] Hierfür genügt indes – entgegen früherer Rechtsprechung[457] – nicht schon die Erkennbarkeit einer Beschränkung. Deshalb lässt sich die Haftung grundsätzlich nicht durch einen bloßen Zusatz zum Gesellschaftsnamen (»GbR mbH«) mit Wirkung gegenüber Dritten beschränken.[458] Auch eine Beschränkung der Gesellschafterhaftung durch AGB ist nicht von vornherein ausgeschlossen,[459] aber nur denkbar, wenn diese der materiellen Inhaltskontrolle des § 307 BGB standhält. Während das bei der typischen GbR wegen der Unvereinbarkeit mit dem wesentlichen Grundgedanken der unbeschränkten und persönlichen Gesellschafterhaftung regelmäßig nicht der Fall sein wird, kann sich für eine atypische GbR – insbesondere eine gemeinnützige oder eine Publikumsgesellschaft[460] – anderes ergeben.[461]

In Erwägung gezogen wurde auch die analoge Anwendbarkeit von § 8 II PartGG auf die GbR. Danach haften, soweit nur einzelne Partner mit der Bearbeitung eines der Gesellschaft erteilten Auftrags befasst sind, für berufliche Fehler neben der Partnerschaft nur die Bearbeiter. Dieses Modell kann aber auf die GbR nicht übertragen werden.[462] Der Grundsatz der akzessorischen Haftung und das Interesse des Rechtsverkehrs sprechen nämlich dafür, es für die GbR stets bei der persönlichen Haftung der Gesellschafter für Gesellschaftsschulden zu belassen. Für diese Schulden haben grundsätzlich auch solche Gesellschafter einzustehen, die schon aus berufsrechtlichen Gründen nicht zur Bearbeitung des zugrunde liegenden Auftrags befugt waren, was insbesondere bei aus Angehörigen verschiedener Berufsgruppen bestehenden »gemischten« Sozietäten vorstellbar ist.[463] Den Gesellschaftern steht es dabei frei, durch die Wahl der Rechtsform der PartG in den Genuss der Haftungsbeschränkung kommen.

198 ee) Der in eine BGB-Gesellschaft *eintretende Gesellschafter* haftet – wie jeder andere Gesellschafter – kraft Gesetzes für die im Zeitpunkt seiner Inanspruchnahme bestehenden Gesellschaftsverbindlichkeiten. Dies ist die Konsequenz seiner akzessorischen Haftung entsprechend § 128 HGB. Folglich muss er auch für die vor seinem Eintritt begründeten Altverbindlichkeiten analog § 130 HGB einstehen.[464] Das BVerfG erhebt

---

454 BGHZ 142, 315 (317ff.).
455 BGHZ 150, 1 (5); zu den Haftungsfolgen BGH NJW 2011, 2040; *K. Schmidt* NJW 2011, 2001ff.
456 Bamberger/Roth/*Schöne* BGB § 714 Rn. 38; *Kindl* WM 2000, 697 (702f.).
457 BGHZ 61, 59 (67); BGH NJW 1992, 3037 (3039).
458 BGHZ 142, 315 (317f.); KG NZG 2004, 714; Bamberger/Roth/*Schöne* BGB § 714 Rn. 39; Palandt/ *Sprau* BGB § 714 Rn. 18; *K. Schmidt* GesR § 60 III 2c (S. 1794); krit. *Altmeppen* ZIP 1999, 1758 (1760); *Ulmer* ZIP 1999, 509 (513); anders dann jedoch *Ulmer* ZIP 2003, 1113 (1116).
459 Anders wohl BGHZ 142, 315 (317f.); *Henze* BB 1999, 2260 (2262).
460 BGHZ 150, 1 (6) für einen Immobilienfonds; dazu *Ulmer/Westermann* BGB § 714 Rn. 19.
461 S. dazu Erman/*Westermann* BGB § 714 Rn. 18; HK-BGB/*Saenger* § 714 Rn. 6; MüKoBGB/*Schäfer* § 714 Rn. 62ff.; *Ulmer* ZIP 2003, 1113 (1116f.); *Casper* JZ 2002, 1112 (1113f.); *Hasenkamp* BB 2004, 230ff.; abw. *Reiff* ZGR 2003, 550 (565ff.).
462 BGH NJW 2012, 2435 (2442); HK-BGB/*Saenger* § 714 Rn. 6; *Armbrüster* ZGR 2005, 34 (55); *Ulmer* ZIP 2003, 1113 (1118f.); aA Henssler/Strohn/*Hirtz* PartGG § 8 Rn. 2.
463 BGH NJW 2012, 2435 (2441f.).
464 BGHZ 154, 370 (372f.); BGH NJW 2006, 765; NZG 2014, 696; Erman/*Westermann* BGB § 714 Rn. 17; HK-BGB/*Saenger* § 705 Rn. 20; *Elsing* BB 2003, 909 (915); *Habersack/Schürnbrand* JuS 2003, 739ff.; *Hadding* ZGR 2001, 712 (740); *K. Schmidt* NJW 2003, 1897 (1901); *Segna* NJW

dabei keine verfassungsrechtlichen Bedenken gegen die entsprechende Anwendung von §§ 128, 130 HGB auch auf Fälle eines Beitritts vor Änderung der Rechtsprechung.[465] Entgegen früherer Auffassung bedarf es zur Haftungsbegründung auch keiner besonderen Vereinbarung mit dem Gläubiger.[466] Vielmehr kann sich der eintretende Gesellschafter von seiner Einstandspflicht nur durch eine abweichende Absprache mit jedem einzelnen Gläubiger befreien. Die Eintretendenhaftung gilt für jede GbR und entspricht dem Wesen der Personengesellschaft sowie dem Verkehrsschutzinteresse. Gerechtfertigt ist sie nicht zuletzt, weil der Neugesellschafter mit seinem Eintritt vielfältige Vorteile und vor allem Zugriff auf Vermögenswerte erlangt, die sich die Gesellschaft in ihrem bisherigen Bestand erarbeitet hat (zB Gesellschaftsvermögen, Marktstellung, Kundenstamm etc.).[467] Auch hier ist für Verbindlichkeiten aus beruflichen Haftungsfällen keine Ausnahme entsprechend dem Gedanken des § 8 II PartGG zu machen (→ Rn. 197).[468] Der eintretende Gesellschafter kann sich deshalb allenfalls durch Vereinbarung etwaiger Freistellungsklauseln mit seinen Mitgesellschaftern schützen, ohne sich aber so der Außenhaftung entziehen zu können.

In **Fall i (1)** könnte Y gegen C einen Anspruch auf Zahlung von 5.000 EUR aus § 280 I BGB, §§ 128 S. 1, 130 I HGB analog haben. Eine GbR besteht. Ferner hat diese gegenüber Y eine Verbindlichkeit aus § 280 I BGB, § 124 I HGB analog, weil ihr Gesellschafter B eine schuldhafte Pflichtverletzung des Behandlungsvertrags mit Y begangen hat, die sich die GbR analog § 31 BGB zurechnen lassen muss. Schließlich hat C als eintretender Gesellschafter für diese bereits vor seinem Eintritt bestehende Verbindlichkeit analog §§ 128 S. 1, 130 I HGB persönlich einzustehen. Folglich besteht ein Anspruch des Y gegen C auf Zahlung von 5.000 EUR aus § 280 I BGB, §§ 128 S. 1, 130 I HGB analog.

ff) Darüber hinaus stellt sich die Frage, ob der durch seinen *Beitritt in ein nichtkaufmännisches Einzelunternehmen* eine neue GbR begründende Gesellschafter für die **199** bisher begründeten Geschäftsverbindlichkeiten seines nunmehrigen Mitgesellschafters einstehen muss. Indes scheidet eine Haftung nach § 128 HGB aus, weil es sich nicht um die Situation des Eintritts in eine bestehende Gesellschaft handelt.[469] In der Literatur wird aber eine analoge Anwendung der handelsrechtlichen Bestimmung des § 28 HGB mit dem Argument befürwortet, die Norm greife nicht nur für Kaufleute ein, sondern sei Ausdruck des Gedankens der Unternehmenskontinuität.[470] Danach hätte der Eintretende nach § 28 I 1 iVm § 128 S. 1 HGB auch für die Altverbindlichkeiten des Anderen einzustehen. Der BGH ist dem für den Fall des Zusammenschlusses zweier Anwälte zu Recht nicht gefolgt.[471] Denn der eintretende Nichtkaufmann würde

---

2006, 1566 (1568); *Ulmer* ZIP 2003, 1113 (1115); einschr. Staudinger/*Habermeier,* 2003, BGB Vorbem. zu §§ 705–740 Rn. 41 a; abl. *Armbrüster* ZGR 2005, 34 (49 ff.); *Canaris* ZGR 2004, 69 (114 ff.); *Dauner-Lieb,* FS Ulmer, 2003, 73 ff.; *Huber,* FS Lutter, 2000, 107 (128).

465 BVerfG NZG 2013, 96 f.

466 So noch BGHZ 74, 240.

467 BGHZ 154, 370 (373 ff.) mit weiteren Argumenten; dazu *Ulmer* ZIP 2003, 1113 (1115 f.).

468 BGH NJW 2012, 2435 (2442); *K. Schmidt* NJW 2003, 1897 (1902); noch offen gelassen von BGHZ 154, 370 (377).

469 BGHZ 157, 361 (364).

470 *K. Schmidt* HandelsR § 8 III 1 a bb (S. 256 ff.); *K. Schmidt* NJW 2003, 1897 (1903); dahingehend auch *Eisenhardt/Wackerbarth* GesR Rn. 138 zur Vermeidung einer »massiven Gläubigerbenachteiligung«.

471 BGH NJW-RR 2012, 239 (241); BGHZ 143, 314 (317); 157, 361 (364); ebenso *Canaris* HandelsR § 7 Rn. 88; anders in Bezug auf Verbindlichkeiten ohne berufsbezogene Besonderheiten OLG Naumburg NZG 2006, 711 (712); vgl. auch *Saenger* JuS 2003, 577 (578 ff.).

danach strenger haften als eintretende Kaufleute, für welche die Möglichkeit besteht, einen Haftungsausschluss im Handelsregister eintragen zu lassen (§ 28 II HGB).

> In **Fall i (2)** könnte ein Anspruch des X gegen B auf Zahlung von 35.000 EUR aus § 433 II BGB, § 128 S. 1 HGB analog bestehen. Eine GbR ist durch wirksamen Eintritt des B in die Praxis des A zustande gekommen. Ferner bedarf es einer Verbindlichkeit der Gesellschaft, für die B persönlich einstehen muss. Die streitige Kaufpreisverbindlichkeit gegenüber X wurde aber nicht erst von der GbR, sondern bereits vor deren Entstehung von A begründet. Für den Kaufpreis müsste die GbR allerdings einstehen, wenn die Regelung des § 28 I HGB über die Haftung für Altschulden auf die Entstehung der Gesellschaft analoge Anwendung fände. Eine solche Analogie scheidet aber schon deshalb aus, weil § 28 I HGB den Eintritt in das Geschäft eines Einzelkaufmanns voraussetzt und sich der eintretende GbR-Gesellschafter, gerade anders als beim Eintritt in ein kaufmännisches Unternehmen, nicht durch die Eintragung eines Haftungsausschlusses ins Handelsregister schützen kann.[472] Weil es somit an einer Gesellschaftsverbindlichkeit fehlt, kommt auch eine analoge Anwendung von § 130 I HGB von vornherein nicht in Betracht. Eine individualvertragliche Haftungsübernahme des B gegenüber X liegt ebenfalls nicht vor. X hat daher keinen Anspruch gegen B auf Zahlung von 35.000 EUR aus § 433 II BGB, §§ 128 S. 1, 28 I HGB analog.

200   **gg)** Den *ausscheidenden Gesellschafter* trifft eine persönliche Nachhaftung in den Grenzen, die für Personenhandelsgesellschaften vorgesehen sind. Danach muss er (vorbehaltlich einer Rechtsscheinhaftung in dem Fall, dass er weiterhin als Gesellschafter in Erscheinung tritt → Rn. 202) jedenfalls nicht für nach seinem Ausscheiden begründete Gesellschaftsverbindlichkeiten haften. Hingegen widerspräche es dem Akzessorietätsgrundsatz, wenn ein Gesellschafter sich durch bloßen Austritt aus der Gesellschaft von seiner Haftung für eine Gesellschaftsverbindlichkeit befreien könnte, die bereits während seiner Zugehörigkeit begründet wurde. Der Gesellschafter haftet daher auch nach seinem Ausscheiden für die bis dahin begründeten Verbindlichkeiten der Gesellschaft mit seinem Privatvermögen. Hiervon werden nach der Rechtsprechung solche Verbindlichkeiten erfasst, deren Rechtsgrundlage bis zu diesem Zeitpunkt gelegt war,[473] wobei diese wenig präzise Formel im Einzelfall durchaus zu Abgrenzungsschwierigkeiten führen kann.[474] Bei Gegenüberstellung der Interessen von ausgeschiedenem Gesellschafter und Gläubigern ist es jedenfalls geboten, diese Nachhaftung gem. § 736 II BGB iVm § 160 HGB zeitlich auf fünf Jahre zu begrenzen.[475] Mit Ablauf der fünfjährigen Frist ist grundsätzlich die Nachhaftung erloschen (Enthaftung), wenn nicht die Forderung in einer in § 197 I Nr. 3–5 BGB bezeichneten Art (Rechtskraft bzw. Vollstreckbarkeit) festgestellt oder vom Schuldner gem. § 160 II HGB schriftlich anerkannt worden ist. Schulden aus bestehenden Dauerschuldverhältnissen sind dabei ohne Differenzierung nach gewissem oder ungewissem Verlauf in der Zukunft als Verbindlichkeiten iSv § 160 I HGB anzusehen.[476] Wegen dieser fortdauernden Haftungsrisiken ist der ausscheidende Gesellschafter gut beraten, sich nicht nur von seinen bisherigen Mitgesellschaftern die Freistellung von Ansprüchen Dritter nach Beendigung seiner Mitgliedschaft zusagen zu lassen, sondern erforderlichenfalls auch entsprechende Sicherheiten einzufordern (§ 738 I 3 BGB).

---

472 Eine ausf. Begr. gibt BGHZ 157, 361 (364 ff.); aA *Eisenhardt/Wackerbarth* GesR Rn. 140.
473 BGHZ 55, 267 (269 f.); 142, 324 (329).
474 Ausf. hierzu *Lüneborg* ZIP 2012, 2229 (2231 ff.).
475 BGH NZG 2002, 467; so bereits zu § 159 HGB aF BGHZ 117, 168 (174 ff.); BGH DStR 1994, 32 mAnm *Goette*.
476 BGHZ 142, 324 (329).

Hintergrund der fünfjährigen Nachhaftung ist, dass sich Gläubiger bis dahin auf die veränderte Situation einstellen und erforderlichenfalls den früheren Gesellschafter in Anspruch nehmen können. Praktische Bedeutung kommt dem aber im Wesentlichen nur bei Dauerschuldverhältnissen zu. Denn vor Ablauf der Fünf-Jahres-Frist ist bereits die dreijährige Regelverjährung eingetreten. Zu berücksichtigen ist aber, dass der Lauf der Fünf-Jahres-Frist nicht automatisch mit dem Ausscheiden des Gesellschafters beginnt. § 160 I 2 HGB, auf den § 736 II BGB – in systemwidriger Durchbrechung des »Schachtelprinzips«, wonach allgemein gültige Regelungen grundsätzlich im Recht der GbR verortet sind – verweist, stellt für den Fristbeginn auf die Handelsregistereintragung ab. Aufgrund dessen kann nämlich der Gläubiger Kenntnis vom Ausscheiden erlangen. Da eine Handelsregistereintragung bei der GbR aber nicht in Betracht kommt, muss der Gläubiger auf andere Weise vom Ausscheiden Kenntnis erlangen, um den Lauf der Nachhaftungsfrist in Gang zu setzen.[477] So kann es in Abhängigkeit von dem Zeitpunkt der Kenntniserlangung unter den Gläubigern zu einem unterschiedlichen Fristbeginn kommen. Soweit keine Information seitens der Gesellschaft erfolgt, liegt es deshalb im Interesse des ausscheidenden Gesellschafters, die Gläubiger entsprechend zu unterrichten.

> In **Fall i (3)** kommt ein Anspruch von Z gegen B auf Zahlung von 11.900 EUR aus § 433 II BGB, § 128 S. 1 HGB analog in Betracht. Es besteht eine wirksame GbR. Insbesondere führt das Ausscheiden des B angesichts des Fortsetzungsbeschlusses von A und C nicht zur Auflösung der Gesellschaft. Auch besteht eine Verbindlichkeit der Gesellschaft gegenüber Z aus § 433 II BGB, § 124 I HGB analog. Für diese Verbindlichkeit haftet B entsprechend § 128 S. 1 HGB grundsätzlich persönlich. Fraglich ist allein, ob infolge des Ausscheidens des B aus der GbR eine Enthaftung gem. § 736 II BGB iVm § 160 I HGB eingetreten ist. Die betreffende Forderung wurde noch während der Mitgliedschaft des B begründet. Auch hat Z den B vor Ablauf von fünf Jahren in Anspruch genommen. Es fehlt allerdings noch an der Geltendmachung des Anspruchs in einer in § 197 I Nr. 3–5 BGB bezeichneten Art. Nur wenn dies noch erfolgt, etwa ein rechtskräftiges Urteil erstritten wird, kann B von Z trotz des Ausscheidens noch persönlich haftbar gemacht werden. Eine Enthaftung ist bislang noch nicht eingetreten. Ein Anspruch des Z gegen B auf Zahlung von 11.900 EUR aus § 433 II BGB, § 128 S. 1 HGB analog ist also derzeit noch nicht gegeben.

hh) Die entsprechend § 128 HGB begründete persönliche Haftung der Gesellschafter für Gesellschaftsverbindlichkeiten besteht auch nach *Auflösung* und selbst nach *Beendigung der Gesellschaft* unverändert fort. Soweit nicht im Einzelfall eine kürzere Verjährung gilt, ist die Haftung nach § 159 HGB – der zwar nicht kraft der Verweisung des § 736 II BGB, wohl aber analog auf die GbR anwendbar ist[478] – auf fünf Jahre ab Kenntnis des jeweiligen Gläubigers beschränkt.[479]   **201**

ii) Wer im Rechtsverkehr als Gesellschafter einer GbR auftritt, obwohl die Gesellschaft tatsächlich nicht besteht oder er in Wahrheit kein Gesellschafter der GbR ist, haftet einem gutgläubigen Dritten für den zurechenbar gesetzten Rechtsschein nach allgemeinen Rechtsscheinsgrundsätzen als *Scheingesellschafter*.[480] Danach muss er sich so behandeln lassen, als hätte der von ihm gesetzte Rechtsschein der Wirklichkeit entsprochen.[481] Eine Haftung der tatsächlich nicht existierenden *Scheingesellschaft* kommt dagegen nicht in Betracht.[482] Praktische Bedeutung können solche Fälle vor allem bei (Anwalts-) Sozietäten erlangen, wo nicht selten Angestellte oder freie Mitarbeiter der Öffentlichkeit wie echte Sozien präsentiert werden.[483] Bei einem fehlgeschlagenen Beitritt zu einer GbR ist hingegen vorrangig zu   **202**

---

477 BGHZ 117, 168 (179f.); *Altmeppen* NJW 2000, 2529 (2534); *Hadding* ZGR 2001, 712 (740).
478 So bereits zu § 159 HGB aF und dem Fall des *Ausscheidens* eines Gesellschafters BGHZ 117, 168 (179); diese Rspr. ist auf die Neuregelung des § 159 HGB übertragbar, vgl. Erman/*Westermann* BGB § 736 Rn. 9; MüKoBGB/*Schäfer* § 736 Rn. 28f.; *Kapp* DB 1993, 869; *Seibert* DB 1994, 461 (463f.).
479 Bamberger/Roth/*Schöne* BGB § 736 Rn. 20; MüKoBGB/*Schäfer* § 736 Rn. 30.
480 Umfassend dazu *Scheuch*, Der Scheingesellschafter der Gesellschaft bürgerlichen Rechts, 2014; *Markworth* JuS 2016, 587ff.
481 BGHZ 17, 13 (15); BGH ZIP 2012, 369; *Markworth* JuS 2016, 587 (590); *Roth* DB 2007, 616ff.
482 BGH NJW-RR 2012, 239 (242); MüKoBGB/*Schäfer* § 705 Rn. 377f. Zur Scheingesellschaft als »Teilnehmerin« am Rechtsverkehr *Bartels/Wagner* ZGR 2013, 482ff.
483 Vgl. die stRspr vor Geltung der Akzessorietätstheorie seit BGHZ 70, 247 (249); s. auch BGH NJW 2008, 2330; krit. hierzu *Lux* NJW 2008, 2309.

prüfen, ob sich nicht über die Grundsätze des fehlerhaften Beitritts eine unmittelbare vertragliche Haftungsgrundlage ergibt (→ Rn. 93).[484] Im Übrigen ist die Problematik bei der Scheinhandelsgesellschaft relevant (→ Rn. 271).

203 jj) Ebenso wie der Anspruch gegen die Gesellschaft setzt auch ein Anspruch gegen die einzelnen Gesellschafter in der *Fallbearbeitung* zunächst den Bestand der GbR sowie das Bestehen einer Gesellschaftsverbindlichkeit voraus. Weiterhin bedarf es allein der Gesellschafterstellung des Inanspruchgenommenen zur Zeit der Begründung der Verbindlichkeit. In der Fallbearbeitung sind Ansprüche gegen die Gesellschafter daher einzeln unter Nennung der entsprechenden Anspruchsgrundlage iVm § 128 S. 1 HGB analog wie folgt zu prüfen:[485]

> ### Prüfungsschema
> **I. Bestehen einer GbR** (insbesondere Abschluss eines Gesellschaftsvertrags, Wirksamkeit, gegebenenfalls fehlerhafte Gesellschaft)
> **II. Bestehen einer wirksamen Verbindlichkeit der GbR**
>   1. (gegebenenfalls) **Rechtsfähigkeit der GbR**
>   2. **Wirksame Verbindlichkeit der GbR**
>   a) **Anspruch entstanden** (insbesondere Stellvertretung; Zurechnung: Verhalten, Verschulden, Wissen)
>   b) **Kein Untergang**
>   c) **Durchsetzbarkeit**
> **III. Verpflichtung des in Anspruch genommenen**
>   1. Grundsätzlich ausreichend: **Gesellschafterstellung zur Zeit der Begründung der Verbindlichkeit**
>   2. (gegebenenfalls) **Haftung des Ein- bzw. Enthaftung des Austretenden**
>   3. **Kein Haftungsausschluss**
>   4. **Fehlen von Einreden** (insbesondere § 129 HGB analog)
>   5. **Rechtsfolge: Haftung auf das Erfüllungsinteresse**

204 c) Für das *Verhältnis zwischen der Gesellschaft und den Gesellschaftern* ist in Bezug auf die Haftung gegenüber Dritten zu differenzieren. Ein Gesamtschuldverhältnis besteht insoweit nur ausnahmsweise, beispielsweise zwischen der deliktischen Eigenhaftung eines Gesellschafters und der durch Zurechnung analog § 31 BGB daneben tretenden Gesellschaftshaftung. Hier kann die Haftung der GbR aber nach den Grundsätzen des gestörten Gesamtschuldverhältnisses ausgeschlossen sein, wenn in der Person des schadenverursachenden Gesellschafters eine Haftungsprivilegierung vorliegt.[486]

> In **Fall h (3)** ist zu differenzieren:
> I. Eine *Haftung des B* für sein eigenes deliktisches Verhalten scheidet angesichts der Haftungsprivilegierung der § 106 III Var. 3 iVm § 104 I SGB VII gegenüber Betriebsangehörigen desselben Unternehmens aus.
> II. Unklar ist die *Haftung der ABC-Dachdecker-GbR*. Grundsätzlich muss die GbR sich das deliktische Verhalten ihres Gesellschafters B analog § 31 BGB zurechnen lassen. Infolgedessen besteht zwischen

---

484 Ansonsten kann eine Rechtsscheinhaftung durchaus in Betracht kommen, s. BGH NJW 2011, 66 (68f.).
485 Die aufgelisteten Merkmale sind dabei nicht schematisch zu prüfen, sondern unter Berücksichtigung der individuellen Besonderheiten des jeweiligen Falles.
486 BGHZ 155, 205 (212ff.).

B und der ABC-GbR ein echtes Gesamtschuldverhältnis entsprechend §§ 823, 31, 840 BGB. Da B den Schaden des D allein verursacht hat und die GbR keine Mitverantwortung trifft, hat B den Schaden im Innenverhältnis grundsätzlich allein und in vollem Umfang zu tragen. Ließe man aber den Innenausgleich zugunsten der GbR gem. § 426 I BGB zu, würde dies zum Unterlaufen des Haftungsprivilegs der § 106 III Var. 3 iVm § 104 I SGB VII führen, sodass ein solcher Ausgleich ausscheiden müsste. Ebenso wenig interessengerecht wäre es, die GbR in vollem Umfang für den Schaden einstehen zu lassen, weshalb nach den Grundsätzen über das gestörte Gesamtschuldverhältnis letztlich bereits im Außenverhältnis ein Anspruch der D gegen die GbR ausgeschlossen sein muss.

Im Übrigen handelt es sich bei der Gesellschaftshaftung und der akzessorischen Mithaftung ihrer Gesellschafter analog § 128 HGB um kein Gesamtschuldverhältnis, da es insoweit am Kriterium der Gleichstufigkeit fehlt.[487] Folglich finden §§ 422 ff. BGB grundsätzlich keine Anwendung, sondern sämtliche Modifikationen hinsichtlich der Gesellschaftsschuld wirken sich kraft der Akzessorietät der Haftung unmittelbar auf die Gesellschafterhaftung aus. Allerdings kann es unter Berücksichtigung der jeweils verschiedenartigen Interessen der Beteiligten geboten sein, im Einzelfall die Gesamtschuldregeln zur Anwendung gelangen zu lassen.[488]

4. Durchsetzung der Ansprüche

In der Praxis ist die Frage der Durchsetzung von Ansprüchen der Gesellschaft einerseits und solchen gegen die Gesellschaft sowie ihre Gesellschafter andererseits von besonderer Bedeutung. Dabei ist davon auszugehen, dass die GbR nach Anerkennung ihrer Rechts- und Parteifähigkeit in der Lage ist, unter eigenem Namen zu klagen und verklagt zu werden (→ Rn. 53).[489]   205

a) Im *Aktivprozess* kann sie ihre Ansprüche selbst einklagen, wobei zur Bezeichnung der GbR die Angabe ihres Namens genügt. Hinreichend ist auch, vor allem bei fehlendem Namen, die Nennung der Gesellschafter, solange deutlich wird, dass die Gesellschaft Partei sein soll.[490] Der BGH hielt zunächst in Übereinstimmung mit der Rechtslage vor Annahme der Parteifähigkeit der GbR weiterhin die Klageerhebung der Gesellschafter (als notwendige Streitgenossen, § 62 ZPO[491]) über einen zum Gesellschaftsvermögen gehörenden Gegenstand für zulässig.[492] Nimmt man allerdings die Trennung zwischen der Vermögenssphäre der Gesellschaft und der ihrer Gesellschafter ernst, besteht hierfür kein Raum mehr, weil die Gesellschafter letztlich nicht Inhaber des geltend gemachten Rechts sind.[493] Dieser Sichtweise hat sich auch der BGH angeschlossen.[494]   206

Mangels eigener *Prozessfähigkeit* wird die GbR im Verfahren regelmäßig von ihren geschäftsführenden Gesellschaftern vertreten.[495] Fehlt es zunächst an der erforderlichen

---

487 BGHZ 146, 341 (358); BGH NJW 2011, 2010 (2012); Erman/*Westermann* BGB § 714 Rn. 22; MüKoBGB/*Schäfer* § 714 Rn. 47; *Elsing* BB 2003, 909 (911); *Gesmann-Nuissl* WM 2001, 973 (978).
488 BGHZ 104, 76 (78); 146, 341 (358); Palandt/*Sprau* BGB § 714 Rn. 15; *Pohlmann* WM 2002, 1421.
489 BGHZ 146, 341 (347 ff.); HK-ZPO/*Bendtsen* § 50 Rn. 23; ausf. *K. Schmidt* NJW 2001, 993 (999); *Wertenbruch* NJW 2002, 324 ff.
490 HK-ZPO/*Bendtsen* § 50 Rn. 25; *K. Schmidt* NJW 2001, 993 (999).
491 BGH BauR 2003, 1758; diff. *Windbichler* GesR § 5 Rn. 8.
492 BGH NJW 2002, 2958.
493 Zutr. insoweit Bamberger/Roth/*Schöne* BGB § 705 Rn. 153; MüKoBGB/*Schäfer* § 705 Rn. 321; *Ulmer* ZIP 2001, 585 (591); *Gesmann-Nuissl* WM 2001, 973 (978).
494 BGH NZG 2016, 221 (223 f.).
495 HK-ZPO/*Bendtsen* § 51 Rn. 7; *Pohlmann* WM 2002, 1421 (1423); *Westermann* NZG 2001, 289 (292).

Mitwirkung bestimmter Gesellschafter, kann dies dadurch geheilt werden, dass die betreffenden Personen später als gesetzliche Vertreter in den Prozess eintreten und die bisherige Prozessführung genehmigen.[496] Die von der Geschäftsführung ausgeschlossenen Gesellschafter können dagegen nur eingeschränkt Rechte der Gesellschaft prozessual geltend machen. Das betrifft vor allem Sozialansprüche, die im Wege der actio pro socio verfolgt werden können, und Ansprüche gegen Dritte oder gegen Gesellschafter aus Drittverhältnissen, wenn die besonderen Voraussetzungen hierfür erfüllt sind (→ Rn. 165).

207 **b)** Für den *Passivprozess* ist zunächst die Vorschrift des § 736 ZPO beachtlich. Danach bedarf es zur Vollstreckung in das Gesellschaftsvermögen einer GbR eines »gegen alle Gesellschafter ergangenen Urteils«. Das spricht dafür, dass im Prozess gegen die GbR nicht die Gesellschaft, sondern deren Gesellschafter passivlegitimiert sind. Gerade bei größeren Gesellschaften mit häufigem Mitgliederwechsel ist dies aber unpraktikabel. Bei Anerkennung der passiven Parteifähigkeit ist ein Gesellschafterwechsel hingegen nicht als Parteiwechsel zu werten. Angesichts von Sinn und Zweck der Norm, eine Vollstreckung in das Gesellschaftsvermögen durch Gläubiger nur einzelner Gesellschafter zu verhindern, wird deshalb eine teleologische Reduktion des § 736 ZPO befürwortet.[497] Gläubiger können ihre Ansprüche gegen die Gesellschaft deshalb sowohl im Wege einer Klage gegen die GbR, als auch gegen sämtliche Gesellschafter »als GbR« durchsetzen.[498] Wegen der persönlichen Gesellschafterhaftung ist es für den Kläger indes stets ratsam, beide Klagen nebeneinander zu betreiben, zumal sich erst im Verfahren herausstellen mag, ob die Gesellschaft selbst rechtsfähig bzw. existent ist.[499]

Von Bedeutung ist dies aber vor allem im Hinblick auf eine *Zwangsvollstreckung*. Für eine Vollstreckung in das Gesellschaftsvermögen ist zwar neben dem Titel gegen die GbR auch ein solcher gegen alle Gesellschafter ausreichend,[500] jedenfalls sofern dieser die Haftung für Gesellschaftsschulden betrifft.[501] Die Vollstreckung in das Privatvermögen eines Gesellschafters erfordert aber stets einen gegen ihn persönlich erstrittenen Titel. Ein Titel gegen die Gesellschaft ist in analoger Anwendung von § 129 IV HGB hierfür unzureichend.[502] Nur so kann der Gläubiger dem Risiko begegnen, einen neuen Prozess führen zu müssen, wenn sich erst im Rahmen der Zwangsvollstreckung herausstellt, dass der Anspruch aus dem Gesellschaftsvermögen nicht befriedigt werden kann bzw. der für solvent gehaltene Gesellschafter sich als zahlungsunfähig erweist und deshalb ein weiterer Mitgesellschafter persönlich in Anspruch genommen werden muss.

---

496 BGH NJW 2010, 2886 (2887).
497 BGHZ 146, 341 (353 ff.).
498 BGHZ 146, 341 (356); *K. Schmidt* NJW 2001, 993 (1000).
499 BGHZ 146, 341 (357); Bamberger/Roth/*Schöne* BGB § 705 Rn. 158; *Pohlmann* WM 2002, 1421 f.; *K. Schmidt* NJW 2001, 993 (1000); zu prozessualen Taktiken vgl. *Stangl* NZG 2016, 568 ff.
500 BGH NJW 2004, 3632 (3634); 2007, 1813 (1815); Bamberger/Roth/*Schöne* BGB § 705 Rn. 158; HK-ZPO/*Kindl* § 736 Rn. 1; *Lenenbach* WM 2011, 385 (387 ff.); *Wertenbruch* NJW 2002, 324 (328); aA MüKoBGB/*Schäfer* § 705 Rn. 321.
501 Für Privatschulden eher zweifelhaft, s. BGH NJW 2011, 2048 (2049). Zum Streit HK-ZPO/*Kindl* § 736 Rn. 3.
502 BGH NZG 2016, 221 (224); Bamberger/Roth/*Schöne* BGB § 705 Rn. 158; HK-ZPO/*Kindl* § 736 Rn. 2; *Pohlmann* WM 2002, 1421; *K. Schmidt* NJW 2001, 993 (999).

5. Besonderheiten bei Geschäften mit Gesellschaftern

Wenn ein Gesellschafter mit der Gesellschaft ein Rechtsverhältnis eingeht, bei dem er   208
ihr wie ein Dritter gegenübersteht (sog. *Drittgeschäfte,* zB Abschluss von Kauf-,
Miet- oder Darlehensvertrag), gelten grundsätzlich die allgemeinen Regeln und er ist
wie ein Fremdgläubiger zu behandeln. Demzufolge kann er Ansprüche unmittelbar
gegen die Gesellschaft, vertreten durch ihre geschäftsführungsbefugten Gesellschafter,
geltend machen. Einschränkungen können sich aber aus der Treuepflicht ergeben. Bei
akuten Liquiditätsproblemen der Gesellschaft kann die Geltendmachung des Anspruchs vorübergehend ausgeschlossen sein.[503] Im Übrigen muss sich der Gesellschafter nach vorherrschender Auffassung nicht primär auf die Gesellschaft verweisen
lassen, sondern er kann unmittelbar seine Mitgesellschafter aufgrund ihrer akzessorischen Haftung analog § 128 HGB in Anspruch nehmen.[504] Diese haften ihm nach hM
grundsätzlich auf das Ganze, wobei sich der Gesellschafter-Gläubiger aber seinen eigenen Verlustanteil anrechnen lassen muss (→ Rn. 139, 300).[505]

> **Beispiel:** Unabhängig von der Erbringung seiner Beiträge vereinbart A mit seinen Mitgesell-
> schaftern B und C, seinen Gebrauchtwagen für 6.000 EUR an die Gesellschaft zu verkaufen.
> A kann Zahlung hierfür in voller Höhe von der GbR verlangen, als auch B und C persönlich
> in Anspruch nehmen. Der Anspruch gegen B und C ist aber auf 4.000 EUR beschränkt, weil A
> sich seinen eigenen Verlustanteil anrechnen lassen muss, der mangels entgegenstehender Ver-
> einbarungen gem. § 722 I BGB ein Drittel, also 2.000 EUR, beträgt.

VI. Wechsel im Mitgliederbestand

Grundsätzlich kennzeichnet die Personengesellschaft ein fester Mitgliederbestand.   209
Das folgt aus der regelmäßig engen Verbindung zwischen den Gesellschaftern und
findet auch im Gesetz Ausdruck. So führen besondere Umstände in der Person eines
Gesellschafters – zB dessen Tod, § 727 I BGB – grundsätzlich zur Auflösung der Gesellschaft. Nur ausnahmsweise besteht die Gesellschaft nach Ausscheiden des Betreffenden mit den verbleibenden Gesellschaftern fort, wenn dies eine Fortsetzungsklausel
im Vertrag bestimmt (vgl. § 736 I BGB). Entsprechend stellt sich die Situation bei der
Neuaufnahme eines Gesellschafters dar, die nicht ohne die Zustimmung der übrigen
Gesellschafter erfolgen kann. Auch wenn ein Gesellschafterwechsel bei der GbR nicht
den gesetzlichen Regelfall darstellt, ist ein solcher gleichwohl möglich und auch bedeutsam. Dabei lässt der – sogar vollständige und gleichzeitige – Wechsel im Bestand
ihrer Mitglieder die Identität zumindest der Außen-GbR selbst unberührt.[506] Das ist
Konsequenz der Anerkennung ihrer Rechtsfähigkeit.

1. Ausscheiden von Gesellschaftern

a) Für ein Ausscheiden von Gesellschaftern kommen verschiedene Gründe in Be-   210
tracht. Neben dem freiwilligen und individuell vereinbarten Ausscheiden können sowohl der Gesellschaftsvertrag als auch das Gesetz zwingende Gründe hierfür vor-

---

503 Dazu BGH NJW-RR 1992, 543 (544).
504 BGH NZG 2013, 1334 (1337) zur KG; Bamberger/Roth/*Schöne* BGB § 705 Rn. 130; krit. *Koch*
      GesR § 16 Rn. 39; dazu auch *Wolfskeel v. Reichenberg* NZG 2017, 45 (47 ff.).
505 Ausf. zu Drittgeschäften MüKoBGB/*Schäfer* § 705 Rn. 203 und 220.
506 BGH NZG 2016, 221 (223); *Koch* GesR § 10 Rn. 16; *Kindl* GesR § 12 Rn. 1.

sehen. Zudem besteht die Möglichkeit eines zwangsweisen Gesellschafterausschlusses durch die Mitgesellschafter. In Abhängigkeit von dem konkreten Ausscheidensgrund sind unterschiedliche *Voraussetzungen* zu beachten.

211 **aa)** Zunächst kann ein Gesellschafter *freiwillig* aus der GbR ausscheiden. Dies kann durch Kündigung seitens des Gesellschafters gem. § 723 I BGB geschehen, soweit der Gesellschaftsvertrag für diesen Fall ausdrücklich den Fortbestand der Gesellschaft vorsieht. Während für die auf unbestimmte Dauer eingegangene Gesellschaft keine besonderen Voraussetzungen zu beachten sind, bedarf es für die auf bestimmte Zeit eingegangene Gesellschaft zur Kündigung eines wichtigen Grundes (→ Rn. 241). Die Möglichkeit des »Austritts« kann aber auch von vornherein im Gesellschaftsvertrag vorgesehen oder mit Zustimmung sämtlicher Gesellschafter eröffnet werden. Im letzteren Fall handelt es sich stets um eine Änderung des Gesellschaftsvertrags (→ Rn. 75),[507] durch welche die Gesellschafter zumindest konkludent ihren Wunsch zur Fortführung der Gesellschaft trotz Ausscheidens eines Mitglieds kundtun. Die Motive für den freiwilligen Austritt können vielfältig sein. So mag ein Gesellschafter etwa aus Altersgründen seine Tätigkeit beenden wollen und deshalb mit den verbleibenden vereinbaren, gegen eine Abfindung auf seine Gesellschafterstellung zu verzichten. Nicht selten wird das Ausscheiden aus der Gesellschafterstellung zugleich damit verbunden, diese Stellung auf einen Dritten zu übertragen. Für einen solchen »Anteilsverkauf« werden häufig finanzielle Gesichtspunkte ausschlaggebend sein, vor allem, wenn es um die Mitgliedschaft in einer ertragreichen GbR geht (zum Gesellschafterwechsel ausführlich → Rn. 233 ff.).

212 **bb)** Neben dem freiwilligen Austritt können im *Gesellschaftsvertrag* eine Reihe von Gründen vorgesehen werden, die zum automatischen und zwingenden Ausscheiden eines Gesellschafters führen, ohne dass dies seinem aktuellen Willen zu entsprechen braucht. Das Gesetz nennt insoweit in § 736 I BGB beispielhaft einige in der Person des Gesellschafters begründete Umstände. Dabei handelt es sich um die zuvor erwähnte Kündigung durch einen Gesellschafter (§ 723 BGB), den Tod eines Gesellschafters (§ 727 BGB) und die Eröffnung des Insolvenzverfahrens über das Vermögen eines Gesellschafters (§ 728 II BGB). Da diese Ereignisse nach dem gesetzlichen Grundkonzept die Auflösung der Gesellschaft zur Folge haben (→ Rn. 238 ff.), müssen es die Gesellschafter im Gesellschaftsvertrag ausdrücklich vereinbaren, wenn die Gesellschaft im Fall des Eintritts eines solchen Umstandes unter den verbleibenden Gesellschaftern fortgeführt werden soll (Fortsetzungsklausel). Alternativ können die übrigen Gesellschafter bei Fehlen einer entsprechenden vertraglichen Regelung jedenfalls ad hoc ihre Zustimmung erteilen.

Unabhängig davon können die Gesellschafter im Gesellschaftsvertrag weitere Modifikationen im Hinblick auf das Ausscheiden der Gesellschafter vornehmen. Zum einen können sie den Begriff des »wichtigen Grundes« iSv § 723 I 2 BGB näher konkretisieren, indem sie festhalten, welche Tatsachen als zur Kündigung berechtigende wichtige Gründe anzusehen sind. Zum anderen können sie *Bedingungen* (§ 158 BGB) vereinbaren. Dadurch legen sie bestimmte Ereignisse fest, mit deren Eintritt ein Gesellschafter automatisch aus der Gesellschaft ausscheidet, ohne dass es einer Kündigung bedarf.[508]

---

507 BGH NJW 1969, 1483.
508 BGHZ 51, 204 (205); BGH NJW 2003, 1729 (1730); Bamberger/Roth/*Schöne* BGB § 737 Rn. 35.

Beispiele: Erreichen einer festgelegten Altersgrenze, Ablauf einer vertraglich bestimmten Frist, Ehescheidung, Verlust der Berufszulassung, Begehung einer Straftat etc.

cc) Spiegelbildlich zur Vorschrift des § 723 I 2 BGB über die Kündigung der Gesellschaft bzw. der Gesellschafterstellung ermöglicht § 737 BGB den *Ausschluss* eines Gesellschafters aus wichtigem Grund. So lassen sich die Folgen der Störung der Gesellschaft auf den Störer selbst abwälzen. Der Ausschluss ist nur denkbar, wenn zwischen den Gesellschaftern eine Fortsetzungsklausel vereinbart ist. Eine solche Klausel verdeutlicht den Willen, den Fortbestand der Gesellschaft unabhängig von der Mitgliedschaft der ursprünglichen Gesellschafter zu sichern und dazu notfalls auch einen Störer auszuschließen. Weitere Voraussetzung für den Ausschluss eines Gesellschafters ist das Vorliegen eines wichtigen Grundes in der Person des Auszuschließenden. Der Ausschluss ist das äußerste Mittel, um Probleme zwischen den Gesellschaftern zu lösen. An das Vorliegen des wichtigen Grundes sind also strenge Anforderungen zu stellen und Abhilfe durch mildere Mittel darf nicht erreichbar sein. Letztlich muss die Fortsetzung der Gesellschaft mit dem Störer für die anderen Gesellschafter unzumutbar sein.[509] Bei dieser Einschätzung sind sämtliche Umstände unter Berücksichtigung der gesellschaftsrechtlichen Beziehungen zu würdigen.[510] Insbesondere darf der wichtige Grund nicht wesentlich durch die übrigen Gesellschafter verursacht sein.[511] Da der Ausschluss eines Gesellschafters die Gesellschaftsgrundlage betrifft, steht das Ausschlussrecht nur allen Gesellschaftern gemeinschaftlich zu. Es ist deshalb ein einstimmiger Beschluss der verbleibenden Gesellschafter erforderlich.[512] Schließlich wird der Ausschluss mit Zugang der erforderlichen Ausschlusserklärung wirksam (§ 737 S. 3 BGB). Der ausgeschlossene Gesellschafter scheidet unmittelbar aus. Seine Rechte bestimmen sich nach § 738 BGB (→ Rn. 217 ff.).

Freilich ist auch das Ausschließungsrecht des § 737 BGB dispositiv. So können die Gesellschafter im Gesellschaftsvertrag Tatsachen festlegen, die einen wichtigen Grund darstellen oder die einen solchen Grund gerade nicht liefern. Ferner können die Gesellschafter im Gesellschaftsvertrag vom Erfordernis der Einstimmigkeit hinsichtlich des Kündigungsrechts des § 737 BGB abrücken und einen bloßen Mehrheitsbeschluss oder gar ein einseitiges Ausschlussrecht zugunsten bestimmter Gesellschafter statuieren.[513] Allerdings gelten dann die für alle Mehrheitsbeschlüsse geltenden Schranken, insbesondere auch die zweistufige Prüfung des BGH (→ Rn. 75, 156).

In **Fall j (1)** bilden A, B und C eine GbR mit dem gemeinsamen Zweck, sich mit Auftritten der Band das Studium zu verdienen. In Betracht kommt für A und C die Möglichkeit, B aus wichtigem Grund gem. § 737 S. 1 BGB aus der Gesellschaft auszuschließen. Im mündlich abgeschlossenen Gesellschaftsvertrag wurde zunächst bestimmt, dass die Band von der personalen Zusammensetzung unabhängig sein sollte. Darin ist eine Fortsetzungsklausel zu sehen. Ferner muss ein wichtiger Grund in der Person des B vorliegen. Hier enthält der Gesellschaftsvertrag ein Wettbewerbsverbot, wonach den Gesellschaftern eine konkurrierende Alleinbetätigung untersagt ist. Angesichts der dieser Klausel von A, B und C beigemessenen Bedeutung ist der Gesellschaftsvertrag dahingehend auszulegen, dass die Zuwider-

---

509 BGHZ 4, 108 (111); 51, 204 (205); BGH WM 2003, 1084 (1085); Erman/*Westermann* BGB § 737 Rn. 3; MüKoBGB/*Schäfer* § 737 Rn. 8; ausf. mit Beispiel *Grunewald*, Der Ausschluss aus Gesellschaft und Verein, 1987, 60 ff.

510 BGH WM 1965, 1037 (1038); 2003, 1084 (1085).

511 BGHZ 4, 108 (111); BGH WM 2003, 1084 (1086).

512 Zu einer etwaigen Zustimmungspflicht der Mitgesellschafter vgl. *Horn* AcP 181 (1981), 256 (272).

513 BGHZ 105, 213 (216), MüKoBGB/*Schäfer* § 737 Rn. 16.

213

handlung als ein zur Kündigung berechtigender wichtiger Grund anzusehen ist. B ist entgegen des Wettbewerbsverbots alleine aufgetreten, sodass ein wichtiger Grund zur Hinauskündigung aus der GbR in seiner Person gegeben ist. Folglich können A und C durch einstimmigen Beschluss (der hiervon betroffene B ist von der Abstimmung ausgeschlossen, → Rn. 158) gem. § 737 S. 2 BGB den Ausschluss des B aus der GbR beschließen. Zum Vollzug des Ausschlusses bedarf es gem. § 737 S. 3 BGB der Erklärung gegenüber B (zu den Rechtsfolgen des Ausscheidens sogleich). Wahlweise besteht zugunsten von A und C die Möglichkeit, selbst durch Kündigung gem. § 723 I 2, 3 Nr. 1 BGB die Gesellschaft zu verlassen.

Schließlich stellt sich die Frage, ob die Gesellschafter zulässigerweise vereinbaren können, dass über das Ausscheiden eines Gesellschafters durch reinen Mehrheitsbeschluss und ohne das Vorliegen eines wichtigen Grundes entschieden werden kann. Hierdurch ließe sich entgegen §§ 723, 737 BGB im Gesellschaftsvertrag eine Möglichkeit der verbleibenden Gesellschafter zur *Hinauskündigung nach freiem Ermessen* vorsehen. Nach der gefestigten Rechtsprechung geht eine solche gesellschaftsvertragliche Regelung, durch die der Gesellschaftermehrheit, einer bestimmten Gesellschaftergruppe oder einem einzelnen Gesellschafter das Recht eingeräumt wird, einen Mitgesellschafter ohne Vorliegen eines sachlichen Grundes aus der Personengesellschaft auszuschließen, grundsätzlich über den Rahmen des rechtlich und sittlich Erlaubten (§ 138 I BGB) hinaus. Die Macht, Mitgesellschafter nach Gutdünken auszuschließen, würde diese nämlich einem ihre Entscheidungsfreiheit beeinflussenden Druck aussetzen und die Gefahr begründen, dass sie unter dem Eindruck, der Willkür des ausschließungsberechtigten Gesellschafters ausgeliefert zu sein, von den ihnen nach Gesetz oder Gesellschaftsvertrag zustehenden Rechten keinen Gebrauch machen und ihren Gesellschafterpflichten nicht nachkommen, sich vielmehr den Wünschen des oder der berechtigten Gesellschafter beugen.[514] Sofern im Einzelfall ein Hinauskündigungsrecht der beschriebenen Art gleichwohl wirksam sein sollte, muss schließlich – zumindest bei wirtschaftlich tätigen Gesellschaften – gewährleistet sein, dass dem ausgeschlossenen Gesellschafter ein angemessener Abfindungsanspruch zusteht. Enthält der Gesellschaftsvertrag keine oder eine im Hinblick auf den Ausschluss ohne wichtigen Grund unangemessene Regelung, ist der Vertrag entweder ergänzend auszulegen oder die betreffende Klausel insoweit nach § 138 BGB nichtig und es gilt die gesetzliche Abfindungsregelung des § 738 BGB.[515]

214 **b)** §§ 738ff. BGB regeln die *Rechtsfolgen des Ausscheidens* eines Gesellschafters bei Fortbestand der Gesellschaft. Haben die Gesellschafter eine Fortsetzungsklausel vereinbart, soll nach dem Grundgedanken der §§ 738ff. BGB die Rechtsstellung des ausscheidenden Gesellschafters weitgehend derjenigen entsprechen, die im Fall der Gesellschaftsauflösung bestehen würde. Er soll nicht deshalb schlechter stehen, weil die Gesellschaft entgegen dem gesetzlichen Regelfall nicht aufgelöst wird. Zwar verliert der ausscheidende Gesellschafter seine Gesellschafterstellung und es erlöschen seine Mitgliedschaftsrechte und -pflichten. Auch endet die Beteiligung an dem Gesellschaftsvermögen. Die verbleibenden Gesellschafter müssen sich aber mit dem Ausscheidenden schuldrechtlich nach §§ 738–740 BGB auseinandersetzen.

215 **aa)** Rechtsfolge des Ausscheidens ist die *Anwachsung*, also der unmittelbare Übergang des Gesellschaftsanteils auf die übrigen Gesellschafter. Deren rechtliche Stellung verbessert sich unmittelbar, da nunmehr der Kreis der Mitberechtigten kleiner geworden ist. Da jeder Gesellschafter nur einen Mitgliedschaftsanteil halten kann, darf – anders als bei den Kapitalgesellschaften – nicht vereinbart werden, dass der Anteil des Ausscheidenden in voller Höhe auf einen anderen Gesellschafter übergehen soll. Freilich

---

514 BGHZ 68, 212 (215ff.); 81, 263 (266ff.); 105, 213 (216f.); 125, 74 (79); MüKoBGB/*Schäfer* § 737 Rn. 17ff.; aA *Flume* BGB AT I/1 § 10 III (S. 137ff.); weiterführend *Schöne*, Gesellschafterausschluss bei Personengesellschaften, 1993, 48ff.; *Wackerbeck*, Die Grenzen der Zulässigkeit des Gesellschafterausschlusses unter besonderer Berücksichtigung freier Hinauskündigungsklauseln, 2010; *Behr* ZGR 1990, 370ff.; *Huber* ZGR 1980, 177ff.

515 BGHZ 135, 387 (389ff.); BGH NJW 1979, 104; *Windbichler* GesR § 9 Rn. 9; *Huber* ZGR 1980, 177 (203ff.); krit., aber iErg zust. *Grunewald* GesR § 1 Rn. 145.

können die Rechte der Gesellschafter – etwa Gewinn- und Verlusttragung bzw. die Stimmrechte – vertraglich neu geregelt werden, sodass ein Gesellschafter zumindest faktisch so gestellt werden kann, als habe er den Anteil des Ausscheidenden übernommen. Eine isolierte Übertragung einzelner Vermögensgegenstände ist nach dem Ausscheiden weder nötig noch möglich.[516] Denn dinglich erfolgt keine Rechtsänderung. Das Gesellschaftsvermögen wird allein der rechtsfähigen Gesellschaft zugeordnet, sodass der Eintritt und das Ausscheiden von Gesellschaftern keinen Einfluss auf die dingliche Rechtslage bezüglich des Gesellschaftsvermögens haben.

Somit bedarf es beim Ausscheiden einzelner Gesellschafter nicht etwa der notariell beurkundeten Übertragung von Grundstücken im Gesellschaftsvermögen gem. §§ 873, 925 BGB, sondern lediglich einer Grundbuchberichtigung, weil die nach § 47 II 1 GBO erforderliche Angabe des Gesellschafterbestandes (→ Rn. 55) falsch geworden ist (vgl. § 82 S. 3 GBO).

bb) Der ausscheidende Gesellschafter verliert durch den *Verlust* der Mitgliedschaft zugleich seine *Gesellschafterrechte*. Das betrifft auch eine zuvor etwa bestehende Vertretungsbefugnis für die Gesellschaft.[517] Nach der gesetzlichen Regelung kann er die Rückgabe der zur Nutzung überlassenen Gegenstände (§ 732 BGB) verlangen. Ferner ist er nach § 738 I 2 BGB von den Verbindlichkeiten der Gesellschaft freizustellen. Dies kann entweder durch Erfüllung der bestehenden Verbindlichkeit durch die Gesellschaft gegenüber dem Dritten oder durch Vereinbarung der Entlassung des früheren Gesellschafters aus dieser Verbindlichkeit zwischen Gesellschaft und Drittem erfolgen.[518] Diese Ansprüche bestehen unabhängig davon, ob den ausscheidenden Gesellschafter eine Nachschusspflicht gem. § 739 BGB trifft. Die verbleibenden Gesellschafter können allenfalls ein Zurückbehaltungsrecht geltend machen.[519] Für noch nicht fällige Verbindlichkeiten müssen sie dem ausscheidenden Gesellschafter auf Verlangen Sicherheit leisten. **216**

cc) Dem Ausscheidenden steht in der Folge ein Anspruch auf Ermittlung und Auszahlung eines *Abfindungsguthabens* zu, wobei insbesondere auf eine gesellschaftsvertraglich vereinbarte Vorableistung kein Anspruch mehr besteht.[520] Der Abfindungsanspruch des ausscheidenden Gesellschafters ist eine Gesamthandsverbindlichkeit. Entgegen dem Wortlaut von § 738 I 2 BGB richtet sich der Abfindungsanspruch umfassend gegen die GbR. Deshalb besteht für einen separaten, vom Abfindungsanspruch zu trennenden internen Ausgleichsanspruch gegen die verbliebenen Gesellschafter kein Raum.[521] Dennoch haften die Mitgesellschafter analog § 128 HGB für diese Gesellschaftsverbindlichkeit, anders als bei sonstigen Sozialverbindlichkeiten (› Rn. 166), akzessorisch primär mit ihrem Privatvermögen.[522] Etwas anderes kann nur bei internen Haftungsbeschränkungen gelten, die sich der Ausscheidende entgegenhalten lassen muss.[523] Zu zahlen ist, »was der Gesellschafter bei der Auseinandersetzung erhalten würde, wenn die Gesellschaft zur Zeit seines Ausscheidens aufgelöst **217**

---

516 BGHZ 32, 307 (315 ff.); Bamberger/Roth/*Schöne* BGB § 738 Rn. 6; *Koch* GesR § 10 Rn. 18; *Habermeier* JuS 1998, 865 (872 Fn. 80).
517 BGHZ 79, 374 (378).
518 Erman/*Westermann* BGB § 738 Rn. 9.
519 BGH NJW 1974, 899 (900).
520 OLG Hamm NZG 2002, 419.
521 BGH NJW 2011, 2355; 2016, 3597; *Skuza/Thürauf* NJW 2015, 3478.
522 BGHZ 148, 201 (206 f.); BGH NJW 2011, 2355; 2016, 3597; MüKoBGB/*Schäfer* § 738 Rn. 17; anders noch OLG Köln NZG 2001, 467 (469); OLG Frankfurt a. M. NZG 2005, 712.
523 Dazu *Ulmer* ZIP 2003, 1113 (1120 f.).

würde« (§ 738 I 2 BGB). Das umfasst den Geldanspruch auf Einlagenerstattung (§ 733 BGB) sowie den Anteil am Gewinn (§ 734 BGB). Die Höhe des Anspruchs bestimmt sich nach einer Auseinandersetzungsbilanz zum Stichtag des Ausscheidens. Dazu ist der Wert der Gesellschaft zu ermitteln, wobei der wirkliche Wert des lebenden Unternehmens einschließlich aller stillen Reserven und des »good will« und nicht der Liquidationswert maßgeblich ist.[524] Gebräuchlich ist dabei die Bemessung nach dem Ertragswert.[525] Das in der betriebswirtschaftlichen Praxis inzwischen maßgebliche Discounted-Cash-Flow-Verfahren (DCF-Verfahren) hat in der Rechtsprechung bislang keine Resonanz erfahren.[526] Dieser Wert wird nach dem vereinbarten Verteilungsschlüssel auf die Gesellschafter verteilt, wobei umstritten ist, zu welchem Zeitpunkt der Abfindungsanspruch fällig wird.[527]

Nach dem Grundsatz der Vertragsfreiheit können die Gesellschafter eine von § 738 BGB *abweichende Regelung* treffen. Im Hinblick auf die Kapitalsicherung und die damit verbundene Lebensfähigkeit der Gesellschaft werden Abfindungsansprüche vielfach ausgeschlossen oder beschränkt. Solche Vereinbarungen sind bei ideellen Gesellschaften grundsätzlich möglich, da diese ohnehin nicht auf wirtschaftlichen, sondern auf altruistischen Motiven beruhen.[528] Sie unterliegen aber bei wirtschaftlich ausgerichteten Gesellschaften den Schranken der §§ 138, 723 I, II BGB. Dem ausscheidenswilligen Gesellschafter dürfen nämlich keine so weitgehenden vermögensrechtlichen Verpflichtungen auferlegt werden, dass er nicht mehr frei entscheiden kann, ob er von dem Kündigungsrecht Gebrauch macht oder nicht. Dies könnte einem faktischen Ausschluss des Kündigungsrechts gleichkommen. Ein solcher würde der zwingenden Regelung des § 723 III BGB widersprechen. Dem liegt der allgemeine Rechtsgedanke zugrunde, dass es mit der persönlichen Freiheit Vertragsschließender unvereinbar ist, persönliche oder wirtschaftliche Bindungen ohne zeitliche Begrenzung und ohne Kündigungsmöglichkeit einzugehen.[529] Folglich darf der einzelne Gesellschafter durch die vertragliche Regelung nicht in sittenwidriger Weise geknebelt oder sonst in seinem Kündigungsrecht beschränkt werden.[530] Abfindungsbeschränkungen dürfen auch nicht zu einem groben Missverhältnis zwischen Abfindungswert und tatsächlichem Anteilswert zu Lasten des einzelnen Gesellschafters führen.[531] Dabei wird insbesondere die Zulässigkeit von Buchwertklauseln, auch unter dem Gesichtspunkt der Gläubigerbenachteiligung, in Rechtsprechung und Literatur kontrovers diskutiert. Speziell bei nachträglicher Veränderung der Verhältnisse lässt sich insoweit häufig im Wege der ergänzenden Vertragsauslegung eine Lösung erzielen.[532]

---

524 BGHZ 17, 130 (136); 150, 319 (323); insbes. für Freiberufler vgl. OLG Celle NZG 2002, 862 (864); Soergel/*Hadding/Kießling* BGB § 738 Rn. 30.
525 BGHZ 116, 359 (370 f.); *Ulmer,* FS Quack, 1991, 477 (479); zum Ertragswertverfahren *Großfeld/Egger/Tönnes,* Recht der Unternehmensbewertung, 8. Aufl. 2016, Rn. 300 ff.
526 Dazu die Nachw. bei MüKoBGB/*Schäfer* § 738 Rn. 36.
527 Zum Meinungsstand MüKoBGB/*Schäfer* § 738 Rn. 20.
528 BGHZ 135, 387 ff.
529 BGHZ 126, 226 (230 ff.).
530 BGHZ 116, 359 (368), bestätigt durch BGH NZG 2014, 541 (542); zum Ganzen *Hülsmann* NJW 2002, 1673 ff. und *Skuza/Thürauf* NJW 2015, 3478 ff.
531 BGH DStR 2014, 1404: Unerheblich ist hierbei, ob ein solches Missverhältnis bereits von Vertragsbeginn an bestanden oder sich erst im Laufe der Zeit entwickelt hat.
532 BGHZ 123, 281 (286); BGH NJW 1993, 2101 (2102 f.); krit. *Ulmer/Schäfer* ZGR 1995, 134 (148 ff.); zum Meinungsstand MüKoBGB/*Schäfer* § 738 Rn. 44 ff. und 53 f.; *Ebenroth/Müller* BB 1993, 1153 ff., auch → Rn. 767.

Bei der Erstellung der Auseinandersetzungsbilanz ist den unterschiedlichen Interessen der verbleibenden Gesellschafter einerseits und des ausscheidenden Gesellschafters (oder seiner Erben) andererseits Rechnung zu tragen. Unbestritten kann der ausscheidende Gesellschafter seine Einlage zurückverlangen und hat auch einen Anspruch auf angemessene Beteiligung am Überschuss. Sind aber – wie häufig – keine flüssigen Mittel vorhanden und müsste die Gesellschaft zur Befriedigung der Ansprüche des ausscheidenden bisherigen Gesellschafters – etwa weil Kredite nicht zu erlangen sind – Anlagegegenstände versilbern, könnte rasch die Fortsetzung der gesellschaftlichen Tätigkeit gefährdet sein. Dies müssen die Gesellschafter bereits bei Vertragsschluss berücksichtigen und bestimmen, ob sich die Auseinandersetzungsbilanz nach dem Ertragswert berechnet, der sich an der künftigen Ertragskraft orientiert, oder aber der handels- oder steuerrechtliche Buchwert zugrunde gelegt werden soll, der – um die Liquidität der Gesellschaft nicht zu gefährden – stille Reserven und Firmenwert außer Betracht lässt.

dd) Einen durch die Abfindungsbilanz gegebenenfalls ermittelten *Verlust* hat der ausscheidende Gesellschafter nach § 739 BGB entsprechend seiner Beteiligungsquote auszugleichen, sofern keine abweichenden Regelungen im Innenverhältnis entgegenstehen.   **218**

ee) Im Übrigen hat die Fortführung der Gesellschaft zur Folge, dass die laufenden Geschäfte nicht mit dem Ausscheiden des Gesellschafters abgewickelt werden müssen. Gleichwohl ist der Gesellschafter hinsichtlich dieser *schwebenden Geschäfte* nach § 740 BGB an Gewinn oder Verlust beteiligt. Schwebend sind diejenigen Geschäfte, an die die Gesellschaft bereits gebunden war, die jedoch vor dem Ausscheiden des Gesellschafters noch nicht erfüllt worden sind.[533] Der Gesellschafter wird unabhängig von seinem Abfindungsanspruch an diesen Geschäften beteiligt. Diese fließen damit insbesondere nicht als Rechnungsposten in die Abfindungsbilanz ein. § 740 I 2 BGB stellt ausdrücklich klar, dass dem ausscheidenden Gesellschafter hinsichtlich der schwebenden Geschäfte kein Mitspracherecht zusteht. Er kann nach § 740 II BGB lediglich verlangen, dass ihm die verbleibenden Gesellschafter Rechenschaft ablegen.   **219**

c) Für die *Haftung des ausscheidenden Gesellschafters* gelten § 736 II BGB iVm § 160 HGB. Danach muss der Ausscheidende zwar nicht für nach seinem Austritt begründete Verbindlichkeiten einstehen. Für die bis zu seinem Austritt begründeten Gesellschaftsschulden besteht die Haftung aus § 128 S. 1 HGB analog aber mit der zeitlichen Begrenzung von fünf Jahren fort (ausführlich → Rn. 200).   **220**

Schwierig gestaltet sich die Beantwortung der Frage nach etwaigen Regressansprüchen des ausgeschiedenen Gesellschafters, wenn dieser finanzielle Mittel zur Gläubigerbefriedigung aufgewendet hat, weil die Gesellschaft ihrer Freistellungspflicht nach § 738 I 2, 3 BGB nicht nachgekommen ist (zum Regress des in der Gesellschaft verbleibenden Gesellschafters im Fall der Leistung allgemein → Rn. 167). Gegen die *Gesellschaft* besteht nach einhelliger Auffassung ein Erstattungsanspruch in voller Höhe. Die überwiegende Auffassung leitet diesen überzeugend aus § 738 I 2, 3 BGB her.[534] Insoweit ist entweder daran zu denken, durch Auslegung der Freistellungspflicht zu diesem Ergebnis zu gelangen, oder – wenn man dies für zu weitgehend hält – die Erstattung jedenfalls als Schadensersatzanspruch aus § 280 I BGB wegen zu vertretender Nichterfüllung der Schuldbefreiungspflicht des § 738 I 2, 3 BGB zu begründen.[535] Mangels Gesamtschuldverhältnisses zwischen Gesellschaftsschuld und Gesellschafterschuld dürften Ansprüche des Leistenden gegen die GbR aus §§ 426 I und 426 II BGB hingegen ausscheiden.[536] Es lässt

---

533 BGH NJW 1993, 1194.

534 Bamberger/Roth/*Schöne* BGB § 714 Rn. 31; Erman/*Westermann* BGB § 714 Rn. 25; MüKoBGB/ *Schäfer* § 738 Rn. 77 ff.; *K. Schmidt* GesR § 60 III 6 (S. 1806) mit Verweis auf § 51 III 2b (S. 1507); wohl auch (ohne konkreten Normbezug) BGHZ 27, 51 (57); abw. *Hadding/Häuser* WM 1988, 1585 (1589) (ergänzende Anwendbarkeit von §§ 713, 670 BGB); ähnlich BGH WM 1978, 114 (115) (OHG).

535 So Erman/*Westermann* BGB § 714 Rn. 25; eing. *Hadding/Häuser* WM 1988, 1585 (1589).

536 Undeutlich insoweit BGHZ 39, 319 (325); wie hier Erman/*Westermann* BGB § 714 Rn. 25; *Hadding*, FS Stimpel, 1985, 139 (150 ff.) (OHG); *Hadding/Häuser* WM 1988, 1585 (1589).

sich aber ein Übergang des Anspruchs des befriedigten Gläubigers auf den Leistenden analog § 774 I BGB erwägen, soweit man eine solche cessio legis auch zugunsten des in der Gesellschaft verbliebenen Gesellschafters bejaht (→ Rn. 167).[537] Gegen seine ehemaligen *Mitgesellschafter* hat der Ausgeschiedene ferner Ausgleichsansprüche in voller Höhe aus eigenem Recht gem. § 426 I BGB und aus kraft Gesetzes auf ihn übergegangenem (Gläubiger-)Recht aus § 426 II BGB,[538] da die Gesellschafter untereinander nach der entsprechend geltenden Anordnung des § 128 S. 1 HGB gesamtschuldnerisch haften. Diese Ansprüche sind nach Ansicht der Rechtsprechung nicht subsidiär, weil der Ausgeschiedene nicht mehr innerhalb der Rechtsbeziehung steht, zu deren Inhalt die vorrangige Begleichung von Gesellschaftsverbindlichkeiten aus dem Gesellschaftsvermögen gehört.[539] Allerdings wirken die Treuepflichten der Gesellschafter, aus denen sich die Beschränkung des Ausgleichsanspruchs gegen die Mitgesellschafter ergibt, auch über die Beendigung des Gesellschaftsverhältnisses fort. Außerdem ergeben sich durch die Verpflichtung zur vorrangigen Inanspruchnahme der Gesellschaft für den ausgeschiedenen Gesellschafter keine besonderen Nachteile. Daher ist auch hier von der Subsidiarität des Anspruchs des Ausgeschiedenen gegen die Mitgesellschafter gegenüber dem Anspruch gegen die Gesellschaft auszugehen.[540] Wollen die in der Gesellschaft verbliebenen Gesellschafter schließlich nach der Befriedigung eines Gläubigers bei dem ausgeschiedenen Gesellschafter Regress nehmen, kann sich ein Anspruch ebenfalls aus § 426 BGB ergeben, wobei hier neben der Subsidiarität des Anspruch auch dessen inhaltliche Beschränkung auf den Haftungsanteil des Ausgeschiedenen zu beachten ist.[541]

221 **d)** Besonderheiten sind beim Wechsel im Personalbestand einer *zweigliedrigen Gesellschaft* zu beachten. Grundsätzlich hat das Ausscheiden eines von zwei Gesellschaftern bei der GbR die Beendigung und damit die Liquidation der Gesellschaft zur Folge, da eine Einmanngesellschaft bei den Personengesellschaften nicht denkbar ist. Eine § 140 I 2 HGB entsprechende Vorschrift fehlt im Recht der GbR (zur OHG → Rn. 318), sodass eine Übernahme durch den verbleibenden Gesellschafter gesetzlich nicht vorgesehen ist. Folglich müsste es zur Abwicklung der Gesellschaft kommen. Weil aber, ebenso wie bei der OHG, ein Bedürfnis für die Erhaltung des von der GbR betriebenen Unternehmens und dessen materiellen wie immateriellen Vermögenswerten bestehen kann, lässt die hM unter gewissen Umständen einen Übergang des Gesellschaftsvermögens auf den verbleibenden Gesellschafter im Wege der Gesamtrechtsnachfolge zu.[542] Dafür müssen die Voraussetzungen des § 737 BGB vorliegen. Zum einen bedarf es also eines wichtigen Grundes in der Person eines Gesellschafters, der den anderen zum Ausschluss berechtigt. Zum anderen muss eine Fortsetzungsklausel oder, wenn die Gesellschaft von Beginn an zweigliedrig war, eine Übernahmeklausel im Gesellschaftsvertrag vorgesehen sein.[543] Mit der einseitigen Gestaltungserklärung des Übernehmenden geht das Unternehmen dann auf diesen über. Der Ausgeschiedene hat einen schuldrechtlichen Abfindungsanspruch. Für Schulden der Gesellschaft haftet der Übernehmende unbeschränkt fort. Auch der Ausscheidende haftet für die vor der Übernahme begründeten Gesellschaftsverbindlichkeiten fort, allerdings gem. §§ 736 II BGB, 160 HGB beschränkt auf fünf Jahre.[544]

2. Eintritt von Gesellschaftern

222 **a)** Auch der Eintritt in eine Gesellschaft vermag sich auf verschiedene Weise zu vollziehen, wobei wiederum jeweils unterschiedliche *Voraussetzungen* zu beachten sind.

537 *K. Schmidt* GesR § 60 III 6 (S. 1806) mit Verweis auf § 51 III 2b (S. 1507); *Habersack* AcP 198 (1998), 152 (165).
538 BGHZ 103, 72 (76); BGH NJW 1980, 339 (340); Bamberger/Roth/*Schöne* BGB § 714 Rn. 31; Erman/*Westermann* BGB § 714 Rn. 24 f.; abw. MüKoBGB/*Schäfer* § 714 Rn. 56 (nur anteiliger Ausgleich); *Gellings* JuS 2012, 589 (592); *Hadding/Häuser* WM 1988, 1585 (1590 f.) (keine Anwendbarkeit von § 426 II BGB, stattdessen aber Analogie zu § 774 I, II BGB).
539 BGH NJW 1980, 339 (340); MüKoBGB/*Schäfer* § 714 Rn. 56.
540 Erman/*Westermann* BGB § 714 Rn. 25; *K. Schmidt* GesR § 60 III 6 (S. 1806) mit Verweis auf § 51 III 2b (S. 1507); *Hadding,* FS Stimpel, 1985, 139 (160 f.) (OHG); *Hadding/Häuser* WM 1988, 1585 (1590).
541 BGH NJW 1981, 1095 (1096) (Ausscheiden durch Anteilsabtretung); MüKoBGB/*Schäfer* § 714 Rn. 56.
542 BGH NJW-RR 1993, 1443; *Rimmelspacher* AcP 173 (1973), 1 ff.
543 BGHZ 32, 307 (317); MüKoBGB/*Schäfer* § 730 Rn. 65 ff.; *Rimmelspacher* AcP 173 (1973), 1 (17); aA *K. Schmidt* GesR § 58 V 2b (S. 1724).
544 MüKoBGB/*Schäfer* § 730 Rn. 85.

aa) Am einfachsten stellt sich der Eintritt in eine bestehende Gesellschaft kraft Verein- 223
barung mit den bisherigen Gesellschaftern in einem *Aufnahmevertrag* dar.[545] Hierbei
können sich die Gesellschafter auch vertreten lassen.[546] Beim Aufnahmevertrag handelt
es sich, wie auch beim freiwilligen vertraglichen Ausscheiden eines Gesellschafters, um
eine Änderung des Gesellschaftsvertrags, der grundsätzlich alle Gesellschafter zustimmen müssen.[547] Etwas anderes gilt nur, wenn der Gesellschaftsvertrag insoweit
Vereinfachungen wie einen Mehrheitsbeschluss oder das Einzelbestimmungsrecht
eines Gesellschafters vorsieht. Für die Aufnahme von Neugesellschaftern kann ausschlaggebend sein, dass es sich im Nachhinein als vorteilhaft erweist, den Kreis der Gesellschafter zu erweitern, weil das Bedürfnis nach zusätzlichen verantwortlich Mitwirkenden bzw. weiteren Beiträgen in Form von Geld oder Sachwerten entstanden ist.
Außerdem ist an die bereits im Zusammenhang mit dem Ausscheiden erwähnte Möglichkeit eines Gesellschafterwechsels im Rahmen des »Anteilsverkaufs« zu denken.
Gerade im Hinblick auf diese Möglichkeit kann einem Gesellschafter vertraglich das
alleinige Recht zur Bestimmung seines Nachfolgers eingeräumt werden. Dies führt
zum Fortfall des Zustimmungserfordernisses der Mitgesellschafter, da die Zustimmung indirekt bereits im Gesellschaftsvertrag erteilt wurde.

In einem solchen Fall bedarf die Aufnahme selbst gleichwohl noch eines Aufnahmevertrags zwischen
dem vom Ausscheidenden bestimmten Neugesellschafter und den übrigen Gesellschaftern. Allerdings
sind Letztere aufgrund der Regelung des Gesellschaftsvertrags dazu verpflichtet, an dem Aufnahmevertrag mitzuwirken.

Bei Mängeln des Aufnahmevertrags finden die Grundsätze über die fehlerhafte Gesellschaft bzw. den fehlerhaften Beitritt zu einer Gesellschaft Anwendung (→ Rn. 79 ff.).

bb) Komplizierter gestaltet sich die Rechtslage im Zusammenhang mit dem Tod eines 224
Gesellschafters. Hier kann es gegebenenfalls zu einer Aufnahme in die Gesellschaft
kraft *Erbfolge* kommen. An einen solchen Eintritt des oder der Erben bzw. Dritter
sind aber besondere Anforderungen zu stellen. So bedarf es zumindest einer Fortsetzungsklausel, damit die Gesellschaft nicht mit dem Tod eines ihrer Gesellschafter aufgelöst wird (§ 727 I BGB). Für die Aufnahme neuer Gesellschafter bedarf es darüber
hinaus der Regelung von Nachfolge- oder Eintrittsklauseln im Gesellschaftsvertrag,
die vor allem bei Personenhandelsgesellschaften üblich sind.[548]

(1) Soll die Gesellschaft nach dem Vertrag mit den verbliebenen Gesellschaftern und 225
unter Ausschluss des verstorbenen Gesellschafters und seiner Erben fortgesetzt werden, bedarf es einer *einfachen Fortsetzungsklausel.* In diesem Fall wächst der Anteil
des Verstorbenen am Gesellschaftsvermögen den übrigen Gesellschaftern zu und es
kommt nicht zur Auseinandersetzung nach § 738 BGB. Neue Gesellschafter treten
nicht in die Gesellschaft ein und den Erben steht als Ausgleich für den Verlust des Anteils lediglich ein schuldrechtlicher Abfindungsanspruch zu, sofern ein solcher nicht
im Vertrag ausgeschlossen wurde.[549]

---

545 BGHZ 26, 330 (333).
546 BGH NJW-RR 1988, 161; Soergel/*Hadding/Kießling* BGB § 736 Rn. 14.
547 BGH NJW 1998, 1225 (1226). Ausnahmsweise kann der Vertrag zwischen Gesellschaft und eintre-
     tendem Gesellschafter geschlossen werden, insbes. beim Eintritt in Publikumsgesellschaften, dazu
     Wiedemann ZGR 1996, 286 (297).
548 Ausf. Bamberger/Roth/*Schöne* BGB § 727 Rn. 11 ff.; *K. Schmidt* GesR § 45 V (S. 1331 ff.); *Brox* JA
     1980, 561 ff., *Ulmer* BB 1977, 805 ff.
549 BGH WM 1971, 1338 ff.; *K. Schmidt* GesR § 45 V 3 b (S. 1336).

226 (2) Vereinbart werden kann auch die Fortsetzung der Gesellschaft mit den Erben oder mit Nichterben. Eine solche *Nachfolgeklausel* führt zum automatischen Einrücken eines oder mehrerer Erben oder anderer Personen in die Gesellschafterstellung. Folglich bedarf es für die erbbedingte Nachfolge eines Minderjährigen keiner familiengerichtlichen Genehmigung.[550]

227 (a) Bei der *einfachen erbrechtlichen Nachfolgeklausel* wird die Gesellschaft mit sämtlichen Erben fortgeführt. Die Nachfolge ist unproblematisch bei Vorhandensein eines *Alleinerben*. Mit dem Tod des Gesellschafters wird der Erbe unmittelbar Gesellschafter. Im Unterschied zu einer Eintrittsklausel muss der Erbe die Erbschaft ausschlagen (§§ 1942 ff. BGB), wenn er die Gesellschafterstellung nicht wünscht (anderes gilt nach § 139 I, II HGB für die OHG und die KG). Hinterlässt der Gesellschafter *mehrere Erben*, kann die Gesellschaft auch mit allen Erben fortgesetzt werden. Alle Miterben werden nach ihrer Erbquote unmittelbar selbst Gesellschafter der GbR. Die lediglich auf Auflösung gerichtete Miterbengemeinschaft kann nicht Gesellschafter werden. Die Gesellschafterstellung des Erblassers zerfällt also in mehrere einzelne Rechtsstellungen. Der Grundsatz der Gesamtrechtsnachfolge der Erbengemeinschaft wird insoweit durchbrochen.[551]

> **Beispiel:** Wird der verstorbene Gesellschafter einer dreigliedrigen Gesellschaft von seiner Frau und seinen beiden Kindern beerbt, wird die Gesellschaft mit nunmehr fünf Gesellschaftern fortgesetzt. Dies kann Konsequenzen für die Stimmrechtsausübung und auch die Gewinnverteilung haben, denen bereits bei Vereinbarung der Nachfolgeklausel Rechnung getragen werden muss. Sind nämlich lediglich Kopfanteile maßgeblich, kann die Nachfolge bewirken, dass der Drittelanteil des verstorbenen Gesellschafters nun zu drei Anteilen von jeweils einem Fünftel erstarkt, die zusammen die absolute Mehrheit ausmachen.

228 (b) Möglicherweise waren sich die Gesellschafter bei Abfassung des Gesellschaftsvertrags bewusst, dass nicht alle ihrer Erben an der Mitwirkung in der Gesellschaft interessiert bzw. hierzu befähigt sind oder aber allein ihre Vielzahl einer Aufnahme in die Gesellschaft entgegensteht. Insoweit bietet es sich an, nur einzelne von mehreren Erben zu Gesellschaftern zu berufen. Bei einer solchen *qualifizierten erbrechtlichen Nachfolgeklausel* rückt der oder rücken die Berufenen als Nachfolger voll – und nicht nur mit dem der Erbquote entsprechenden Teil[552] – in die Gesellschafterstellung des Erblassers ein. Den nicht für die Nachfolge vorgesehenen Erben stehen dann keine Rechte am Gesellschaftsanteil des Erblassers zu. Insbesondere erlangen sie keinen Abfindungsanspruch, da den übrigen Gesellschaftern der Anteil des Verstorbenen nicht angewachsen ist. Der Ausgleich gegenüber den Miterben erfolgt ausschließlich nach erbrechtlichen Grundsätzen, wobei dem Prinzip des Wertausgleichs Rechnung zu tragen ist.[553]

229 (c) Von der erbrechtlichen Nachfolgeklausel ist die *rechtsgeschäftliche Nachfolgeklausel* zu unterscheiden. Bei ihr bestimmen die Gesellschafter im Gesellschaftsvertrag für den Todesfall eines Gesellschafters eine von dem oder den Erben verschiedene Person

---

550 BGHZ 55, 267 (269).
551 BGHZ 68, 225 (237); 98, 48 (50 f.); BGH NJW 1996, 1284 (1285); Bamberger/Roth/*Schöne* BGB § 727 Rn. 16; *K. Schmidt* GesR § 45 V 4 a (S. 1339 f.); aA *Flume* BGB AT I/1 § 18 III (S. 395); *Grunewald* GesR § 1 Rn. 160 ff.
552 BGHZ 68, 225 (237 f.); MüKoBGB/*Schäfer* § 727 Rn. 44; *Brox* JA 1980, 561 (565).
553 *K. Schmidt* GesR § 45 V 5 c (S. 1345 f.).

als Nachfolger. Folglich vollzieht sich der Eintritt in die Gesellschaft hier nicht durch Erbfolge, sondern kraft des Vertrags. Bei der Nachfolge eines Mitgesellschafters ist die Zulässigkeit der Vereinbarung unproblematisch, da diese mit dessen (gesellschaftsvertraglicher) Zustimmung erfolgt ist. Wird dagegen ein Dritter im Gesellschaftsvertrag als Nachfolger bezeichnet, liegt zumindest teilweise ein Vertrag zu Lasten Dritter vor, der zu seiner Wirksamkeit nach allgemeiner Meinung der Mitwirkung des Nachfolgers an der rechtsgeschäftlichen Nachfolgeklausel bedarf.[554]

Insoweit kann es zu Überschneidungen mit dem Erbrecht kommen. Allerdings sollen erbrechtliche Fragen nicht das Gesellschaftsverhältnis belasten. Deshalb gilt die rechtsgeschäftliche Nachfolgeklausel im Zweifel als erbrechtliche Nachfolgeklausel – mit der Folge, dass bei unterschiedlicher Erbberechtigung der quotenmäßige Ausgleich im Erbrecht und damit entsprechend dem Grundsatz »Gesellschaftsrecht geht vor Erbrecht« außerhalb des Gesellschaftsverhältnisses zu erfolgen hat und nur die rechtsgeschäftlich ausgewählten Nachfolger Gesellschafter werden.

> **Beispiel:** Gesellschafter A der ABC-GbR verstirbt. Alleinerbin ist die F. Der Gesellschaftsvertrag ist unter Mitwirkung des T dahingehend gefasst worden, dass dieser im Fall des Todes des A als Gesellschafter nachrücken soll. Hier hat die gesellschaftsvertragliche Bestimmung Vorrang. Folglich wird T und nicht F Gesellschafter der ABC-GbR. Zugunsten der F bestehen aber Ausgleichsansprüche mit Rücksicht auf den ihr durch die Verfügung auf den Todesfall entgehenden Abfindungsanspruch nach Maßgabe der §§ 2050ff., 2316, 2325 BGB.[555]

(3) Ist ungewiss, ob ein Erbe zur Mitwirkung in der Gesellschaft bereit oder geeignet ist, besteht aber zugleich Bedarf, die Lücke zu schließen, die der verstorbene Gesellschafter hinterlässt, kommt die Vereinbarung einer *Eintrittsklausel* in Betracht.[556] Dabei wird die Gesellschaft unter den übrigen Gesellschaftern fortgeführt. Der Gesellschafterwechsel vollzieht sich aber nicht ohne weiteres mit dem Tod des Erblassers. Den Erben wird das Recht eingeräumt, in die Gesellschaft einzutreten. Sie haben ein Wahlrecht, ob sie in die Gesellschaft eintreten oder abgefunden werden möchten (§§ 736, 738 BGB). Wählen sie den Eintritt, bedarf es nur noch der Eintrittserklärung zur Geltendmachung des Rechts, wenn der Vertrag in dieser Weise ausgestaltet ist und von der Mitwirkung der Gesellschafter absieht. Häufig entspricht es dem Parteiwillen indes, von der Annahme auszugehen, dass der Abschluss eines Aufnahmevertrags gewollt ist.[557] Mit dem Eintritt wächst dem Neugesellschafter ein Gesellschaftsanteil nach den allgemeinen Grundsätzen zu. Dabei bestimmt sich nach der konkreten Klauselgestaltung, ob der Gesellschafter nahtlos in die »alte« Gesellschafterstellung des Verstorbenen eintritt oder nur in Höhe einer bestimmten Quote.[558] Die Vereinbarung der Rückwirkung des Eintritts ist indes allenfalls im Innenverhältnis möglich.[559]

In Betracht kommen auch Vereinbarungen, wonach einzelnen Erben oder aber auch nicht erbrechtlich bedachten Dritten – etwa erfahrenen Mitarbeitern der Gesellschaft – ein Recht zum Eintritt eingeräumt wird. Dann steht den nicht berücksichtigten Erben eine Abfindung zu.

230

---

554 BGHZ 68, 225 (231ff., 234); Bamberger/Roth/*Schöne* BGB § 727 Rn. 19; Staudinger/*Habermeier*, 2003, BGB § 727 Rn. 23; *Ulmer* BB 1977, 805 (806); ähnlich *Rüthers* AcP 168 (1968), 263 (274).

555 Bamberger/Roth/*Schöne* BGB § 727 Rn. 20.

556 S. dazu etwa BGH NJW-RR 1987, 989; *Kindl* GesR § 12 Rn. 19; *Koch* GesR § 19 Rn. 10ff.

557 BGH NJW 1978, 264; Erman/*Westermann* BGB § 727 Rn. 13; MüKoBGB/*Schäfer* § 727 Rn. 57.

558 Bamberger/Roth/*Schöne* BGB § 727 Rn. 23; Soergel/*Hadding/Kießling* BGB § 727 Rn. 15; Staudinger/*Habermeier*, 2003, BGB § 727 Rn. 24.

559 BGH NJW 1978, 264 (266f.).

> **Beispiel:** An der ABC-GbR sind drei Gesellschafter jeweils zu einem Anteil von einem Drittel beteiligt. Nach dem Gesellschaftsvertrag soll beim Tod des A dessen beiden Freunden X und Y, die auch seine Erben sind, jeweils das Recht eingeräumt werden, in die Gesellschafterstellung des A einzutreten. Machen sowohl X als auch Y von ihrem Eintrittsrecht Gebrauch, werden sie jeweils mit einem Anteil von einem Sechstel an der GbR beteiligt. Entsprechend würde sich der Anteil nur eines Eintretenden auf ein Drittel bemessen. Lehnen schließlich beide ab, wächst der Anteil des A automatisch seinen Mitgesellschaftern B und C zu, die fortan jeweils zur Hälfte beteiligt sind. Zu beachten sind jeweils Abfindungsansprüche, wenn X oder Y den Eintritt ablehnen.

231 **b)** Als *Rechtsfolge* des *Eintritts* eines neuen Gesellschafters in eine bereits bestehende Gesellschaft wird der Eintretende ebenso wie die übrigen Gesellschafter am Vermögen der Gesellschaft beteiligt. Der auf ihn entfallende »Anteil am Gesellschaftsvermögen« wird in der Weise gebildet, dass dieser aus den bisherigen Anteilen der Mitgesellschafter herausgeschnitten wird (»Abwachsung«) und ihm automatisch zuwächst. Zugleich wird er Inhaber der mit seinem Eintritt bzw. der Mitgliedschaft an der Gesellschaft verbundenen sonstigen Gesellschaftsrechte, wie etwa des Anspruchs auf den Gewinnanteil oder der Geschäftsführungs- und Vertretungsbefugnisse. Der Umfang der konkreten Berechtigung, etwa die Höhe des Gewinnrechts oder die Gewichtung des Stimmrechts, kann dabei nach allgemeinen Regeln individuell zwischen dem eintretenden Gesellschafter und den bisherigen Gesellschaftern festgelegt werden.

Ebenso wie beim Ausscheiden aus der Gesellschaft vollzieht sich auch hier kein dinglicher Rechtserwerb, da die rechtsfähige Gesellschaft selbst Trägerin des Gesellschaftsvermögens ist, sodass Übertragungsakte nicht erforderlich sind.

232 **c)** Der in eine bestehende Gesellschaft *eintretende Gesellschafter haftet* für die im Zeitpunkt seiner Inanspruchnahme entsprechend § 124 HGB bestehenden Altverbindlichkeiten der Gesellschaft analog § 130 HGB. Diese Einstandspflicht ist die Konsequenz der akzessorischen Haftung iSv § 128 HGB, die lediglich voraussetzt, dass eine Gesellschaftsverbindlichkeit besteht und der Inanspruchgenommene zu diesem Zeitpunkt auch Gesellschafter ist. Etwas anderes gilt für den Beitritt in ein nichtkaufmännisches Unternehmen. Selbst wenn durch den Beitritt eine GbR begründet wird, lehnt die hM eine analoge Anwendung des § 28 I HGB ab, sodass der Beitretende nicht für die Altverbindlichkeiten des vormaligen Einzelunternehmers analog §§ 128, 130, 28 I HGB einzustehen hat (ausführlich → Rn. 199).

3. Rechtsgeschäftliche Übertragung der Mitgliedschaft

233 Schließlich kommt eine einvernehmliche Übertragung der Gesellschaftsbeteiligung in Betracht, die bei der Personengesellschaft aber ebenfalls nicht den gesetzlichen Regelfall darstellt, sondern eine entsprechende Bestimmung des Gesellschaftsvertrags oder jedenfalls die ad hoc-Zustimmung der übrigen Gesellschafter voraussetzt. Ein solcher *Gesellschafterwechsel* kann sich auf zwei Arten vollziehen.

234 **a)** Im Anschluss an die bereits dargestellten Modalitäten von Aus- und Eintritt in eine GbR kann sich der Gesellschafterwechsel als bloße Kombination dessen darstellen. Dabei schließen der austretende und der eintretende Gesellschafter jeweils mit sämtlichen Mitgesellschaftern einen Vertrag über das Ausscheiden bzw. den Eintritt *(Doppelvertrag).*[560] Indem die Verträge zeitlich übereinstimmend abgeschlossen werden,

---

560 BGHZ 44, 229 (231); MüKoBGB/*Schäfer* § 719 Rn. 17ff.; *Huber,* Vermögensanteil, Kapitalanteil und Gesellschaftsanteil an Personengesellschaften des Handelsrechts, 1970, 354ff.

kommt es zum Gesellschafteraustausch, wobei darin keine unmittelbare Rechtsnachfolge liegt. In Bezug auf beide Personen treten jeweils die mit Aus- und Eintritt verbundenen Rechtsfolgen ein, insbesondere also Verlust der Mitgliedschaft und Entstehen eines Abfindungsanspruchs des Ausscheidenden. Zudem kommt es zur An- bzw. Abwachsung des Gesellschaftsvermögens. In dieser Konstellation bestehen zwischen Ausscheidendem und Eintretendem grundsätzlich keinerlei Beziehungen. Diese können schuldrechtlich allerdings etwas anderes vereinbaren, wie zB die Abtretung des Abfindungsanspruchs, damit dieser wiederum als Beitrag in die Gesellschaft eingebracht werden kann.[561]

b) Die praktisch wichtigere weil einfachere Form des Gesellschafterwechsels besteht **235** darin, dass ein Gesellschafter mit Zustimmung aller übrigen Gesellschafter seinen *Gesellschaftsanteil* im Wege der *Abtretung* gem. §§ 398, 413 BGB auf einen Nicht- oder Mitgesellschafter überträgt.[562] Dem steht insbesondere die Regelung des § 719 I Alt. 1 BGB nicht entgegen.[563] Dieses dingliche Rechtsgeschäft kann etwa auf einem Verkauf seines Anteils an der Gesellschaft oder einem sonstigen Verpflichtungsgeschäft beruhen. Mit Übertragung scheidet der Veräußerer unmittelbar aus der Gesellschaft aus und verliert seine Mitgliedschaft, ohne dass An- und Abwachsung erfolgen, soweit der Anteil nicht gerade auf einen Mitgesellschafter übergeht. Zugleich tritt der Erwerber in die Rechtsstellung des bisherigen Gesellschafters mit allen gesellschaftsbezogenen Rechten und Pflichten ein.[564] Freilich können abweichende Absprachen über die konkrete Berechtigung des Eintretenden unter den für eine Vertragsänderung erforderlichen Voraussetzungen getroffen werden bzw. sich durch Auslegung aus dem Gesellschaftsvertrag ergeben.[565]

Befinden sich im Gesellschaftsvermögen Grundstücke, GmbH-Anteile oder sonstige Gegenstände, deren Übertragung oder die hierauf gerichtete Verpflichtung einer bestimmten *Form* bedarf (§§ 311b I 1, 925 BGB, § 15 III, IV GmbHG), erstreckt sich dieses Formbedürfnis grundsätzlich nicht auf die Abtretung der GbR-Mitgliedschaft bzw. auf das dem zugrunde liegende Verpflichtungsgeschäft. Denn Gegenstand der Veräußerung ist allein die Mitgliedschaft in der GbR als solche.[566]

Die *Zustimmung* aller Mitgesellschafter ist erforderlich, weil die Vereinbarung den Bestand der Gesellschaft betrifft und damit Grundlagengeschäft ist (→ Rn. 145). Die Mitgesellschafter können sie bereits bei Abschluss des Gesellschaftsvertrags dergestalt erteilt haben, dass sie jedem Gesellschafter die autonome Benennung eines Nachfolgers bewilligt haben. Ohne Zustimmung der übrigen Gesellschafter können freilich nur die einzelnen sich aus der Mitgliedschaft ergebenden Vermögensansprüche abgetreten werden (vgl. § 717 S. 2 BGB), etwa der Anspruch auf das Auseinandersetzungsguthaben. Die Anteilsübertragung ist hingegen schwebend unwirksam.[567]

561 *Windbichler* GesR § 9 Rn. 14.
562 BGH NZG 2016, 221 (223); BGHZ 13, 179 (185 f.); 44, 229 (231); 81 (82, 84); Bamberger/Roth/ *Schöne* BGB § 719 Rn. 8 ff.; HK-BGB/*Saenger* § 719 Rn. 9; *Flume* BGB AT I/1 § 17 II (S. 345 ff.); *Wiedemann*, Die Übertragung und Vererbung von Mitgliedschaftsrechten bei Handelsgesellschaften, 1965, 43 ff.; zur ebenfalls möglichen teilweisen Übertragung eines Gesellschaftsanteils *Windbichler* GesR § 9 Rn. 16.
563 BGHZ 13, 179 (184); dazu *K. Schmidt* GesR § 45 III 2 (S. 1321 f.).
564 BGH NJW-RR 1988, 419; ZIP 2003, 435 (436 f.).
565 MüKoBGB/*Schäfer* § 719 Rn. 40 ff.; *Teichmann* NJW 1966, 2336 (2339).
566 BGHZ 86, 367 (371); BGH NJW-RR 2008, 773 (774); Erman/*Westermann* BGB § 719 Rn. 10; MüKoBGB/*Schäfer* § 719 Rn. 33.
567 BGHZ 13, 179 (186); Bamberger/Roth/*Schöne* BGB § 719 Rn. 10.

236 c) In Bezug auf ihre persönliche *Haftung* gegenüber Gesellschaftsgläubigern stehen die wechselnden Gesellschafter sonstigen Ausscheidenden bzw. Eintretenden gleich. Auch hier gelten § 130 HGB analog hinsichtlich des eintretenden Gesellschafters und § 736 II BGB iVm § 160 HGB bzgl. des ausscheidenden.

> Die Gesellschaft wahrt ihre Identität beim Gesellschafterwechsel selbst dann, wenn alle Gesellschafter gleichzeitig entscheiden, ihre Anteile zu übertragen, und die Gesellschaft mithin einen Austausch sämtlicher ihrer Gesellschafter erfährt.[568] Dies ist für Personenhandelsgesellschaften längst anerkannt und gilt wegen der fortgeschrittenen Verselbstständigung auch für die GbR.[569]

VII. Beendigung

237 Da es sich bei der GbR um ein Geflecht vielfältiger schuldrechtlicher und dinglicher Beziehungen handelt, kommt ihre Beendigung nicht allein aufgrund eines einfachen Aktes in Betracht. Vielmehr ist regelmäßig ein zeitaufwendiger, zweistufiger Ablauf erforderlich. Die Gesellschaft wird durch Auflösung (§§ 723–728 BGB) und anschließende Auseinandersetzung (§§ 730–735 BGB) beendet. Bis zum Abschluss der Auseinandersetzung (Liquidation) besteht die Gesellschaft als Liquidationsgesellschaft bzw. Gesellschaft in Liquidation fort, was durch den Namenszusatz »i. L.« kenntlich gemacht wird.

1. Auflösung

238 Auflösungsgründe sind der – als Vertragsänderung grundsätzlich einstimmig und nur bei hinreichender vertraglicher Regelung mit Mehrheit zu fassende (→ Rn. 75, 156) – Auflösungsbeschluss, die Zweckerreichung bzw. das Unmöglichwerden der Zweckerreichung (§ 726 BGB), der Zeitablauf (§§ 723, 724 S. 2 BGB) und die Insolvenz der Gesellschaft (§ 728 I BGB). Soweit keine Fortsetzungsklausel vereinbart wurde, sind Auflösungsgründe auch der Tod (§ 727 BGB) oder die Insolvenz eines Gesellschafters (§ 728 II BGB) und die Kündigung (§§ 723, 724, 725 BGB), die bei unbestimmter Dauer jederzeit, bei befristeter Gesellschaft aus wichtigem Grund und bei Pfändung des Geschäftsanteils auch durch den Gläubiger eines Gesellschafters zulässig ist. Weil eine Einpersonengesellschaft bürgerlichen Rechts nicht in Betracht kommt, führt auch das Ausscheiden des vorletzten Gesellschafters zur Auflösung der Gesellschaft,[570] wobei hier Besonderheiten gelten können (→ Rn. 221). Daneben steht es den Gesellschaftern frei, vertraglich weitere Auflösungsgründe zu vereinbaren oder die gesetzlichen Auflösungsgründe entsprechend den eigenen Bedürfnissen zu modifizieren.

> In der **Abwandlung** zu **Fall j** ist die GbR von A, B und C auf bestimmte Zeit eingegangen worden. Einer kalendermäßig bestimmten Zeit bedarf es insoweit nicht. Auch der Eintritt eines bestimmten, in der Zukunft liegenden Ereignisses ist insoweit hinreichend.[571] Hier war die Gesellschaft bis zum erfolgreichen Studienabschluss aller drei Gesellschafter und damit auf eine bestimmte Zeit eingegangen worden. Nachdem der letzte der drei Gesellschafter sein Studium erfolgreich abgeschlossen hat, ist die GbR daher aufgelöst. Wahlweise besteht freilich die Möglichkeit, dass A, B und C durch einstimmigen Beschluss ad hoc den Fortbestand der Gesellschaft beschließen.

---

568 BGHZ 44, 229 (231) für Personenhandelsgesellschaften.
569 BGH NZG 2016, 221 (223) ausdr. für die GbR; MüKoBGB/*Schäfer* § 719 Rn. 26.
570 Vgl. zu einem solchen Fall BGH NJW-RR 2002, 704.
571 BGHZ 50, 316 (321); BGH NJW 1994, 2886 (2888); MüKoBGB/*Schäfer* Vor § 723 Rn. 16 mwN.

a) Die *Kündigung durch Gesellschafter* als typisches Gestaltungsrecht zur vorzeitigen **239** Beendigung eines Dauerschuldverhältnisses ist für die Gesellschaft in §§ 723–725 BGB geregelt. Durch sie wandelt sich die Gesellschaft in eine Abwicklungsgesellschaft um (§§ 730 ff. BGB), sofern der Gesellschaftsvertrag nicht eine Fortsetzungsklausel enthält. In diesem Fall scheidet lediglich der kündigende Gesellschafter aus, und die Gesellschaft wird unter den verbleibenden Gesellschaftern fortgeführt (→ Rn. 211).

Als einseitige, empfangsbedürftige Willenserklärung entfaltet die Kündigung ihre Wirkung mit Zugang bei sämtlichen Gesellschaftern. Bei Bestehen einer Kündigungsfrist bedarf es hierzu des Fristablaufs. Die Einhaltung einer bestimmten Form ist nicht vorgeschrieben, kann aber vereinbart werden. Auch eine Anfechtung des Gesellschaftsvertrags kann gegebenenfalls in eine Kündigung umgedeutet werden.[572] Erforderlich ist aber stets die Erklärung gegenüber allen Mitgesellschaftern. Da es sich um ein Grundlagengeschäft handelt, ist der geschäftsführende Gesellschafter zur Entgegennahme für die anderen Gesellschafter nicht befugt, sofern er nicht besonders bevollmächtigt ist. Freilich kann er eine Kündigung wirksam an alle anderen Gesellschafter weiterleiten.[573]

aa) § 723 I BGB unterscheidet zwei Arten der Kündigung, deren Voraussetzungen sich **240** nach der vereinbarten Dauer der Gesellschaft richten. Bei Gesellschaften, die *auf unbestimmte Zeit* eingegangen worden sind, steht jedem Gesellschafter jederzeit ohne weiteres ein Kündigungsrecht zu (§ 723 I 1 BGB). Das entspricht dem gesetzlichen Leitbild der BGB-Gesellschaft als losem Zusammenschluss der Gesellschafter und dient vor allem deren Schutz. Die Gesellschafter sollen sich bei ihnen widerstrebenden Veränderungen von den gesellschaftsvertraglichen Bindungen lösen können. Vor einer unmittelbar auflösenden Wirkung der Kündigung können sich die Gesellschafter schützen, indem sie im Gesellschaftsvertrag eine – allerdings nicht überlange[574] – Kündigungsfrist oder die Fortsetzung der Gesellschaft vereinbaren. Darüber hinaus ist es auch zulässig, die ordentliche Kündigung für eine bestimmte Zeit auszuschließen.[575] Für diesen Zeitraum wird die Gesellschaft wie eine Gesellschaft auf bestimmte Zeit (§ 723 I 2 BGB) behandelt.

bb) Eine Gesellschaft ist *auf bestimmte Zeit* vereinbart, wenn der Gesellschaftsvertrag **241** ausdrücklich einen Beendigungszeitpunkt bestimmt oder sich dieser aus dem Zweck der Gesellschaft ergibt. Die Gesellschafter sind für diesen Zeitraum an die Gesellschaft gebunden und können sie nur aus wichtigem Grund kündigen (§ 723 I 2 BGB).[576] § 723 I 3 BGB nennt nur zwei Beispiele für das Vorliegen eines wichtigen Grundes, nämlich die Verletzung wesentlicher Pflichten eines Mitgesellschafters (Nr. 1) und das Erreichen des 18. Lebensjahres eines Gesellschafters[577] (Nr. 2; konkretisiert durch Abs. 1 S. 4).

Ein wichtiger zur Kündigung berechtigender Grund besteht allgemein, wenn dem Gesellschafter die Fortsetzung der Gesellschaft bis zu deren Beendigung bzw. bis zum nächstmöglichen ordentlichen Kündigungstermin nach Treu und Glauben nicht zugemutet werden kann.[578] Ob dies zutrifft, ist unter Berücksichtigung aller Umstände des Einzelfalles zu ermitteln. Bei dieser Prüfung sind der Zweck, die Struktur und die bisherige Dauer der Gesellschaft sowie der Zeitraum bis zum nächstmöglichen ordent-

---

572 BGHZ 153, 214 (223).
573 OLG Celle NZG 2000, 586.
574 So hat BGH WM 1967, 315 (316) eine Frist von bis zu 30 Jahren für unbedenklich gehalten und BGH NJW-RR 2012, 1242 (1244) eine solche von 31 Jahren als unzulässige Kündigungsbeschränkung iSv § 723 III BGB gewertet; Überbl. bei Erman/*Westermann* BGB § 723 Rn. 22.
575 BGH NJW 1992, 2696 (2698); HK-BGB/*Saenger* § 723 Rn. 3.
576 BGH WM 1967, 315 (316).
577 Dazu *Grunewald* ZIP 1999, 597; *Habersack* FamRZ 1999, 1 (2).
578 BGHZ 4, 108 (113); 31, 295 (304); 84, 379 (382 f.); Bamberger/Roth/*Schöne* BGB § 723 Rn. 17.

lichen Auflösungstermin von besonderer Bedeutung.[579] Das Verschulden eines anderen Gesellschafters ist nicht allein maßgeblich; objektive Gegebenheiten wie die dauerhafte Einbuße jedweder Gewinnerwartung können genügen. Der Gesellschafter, der als Einziger selbst vertragswidrig gehandelt hat, wird aber nicht aus wichtigem Grund kündigen können. In der Gesamtabwägung muss das berechtigte Auflösungsinteresse des kündigenden Gesellschafters größer sein als die schutzwürdigen Interessen der übrigen Gesellschafter an der unveränderten Fortsetzung der Gesellschaft.[580] Eine nähere Bestimmung des wichtigen Grundes können die Gesellschafter auch im Gesellschaftsvertrag vornehmen.

242   **cc)** Nach § 723 II BGB darf ein Gesellschafter *nicht zur Unzeit kündigen*. Diese Bestimmung erfasst solche Fälle, in denen dem Gesellschafter zwar ein Kündigungsrecht zusteht, der gewählte Zeitpunkt aber gegen die gemeinschaftlichen Interessen der Gesellschafter verstößt und daher gegenüber den verbleibenden Gesellschaftern treuwidrig ist. Anders verhält es sich, wenn ein wichtiger Grund für die Kündigung zur Unzeit gegeben ist. Aber auch ungeachtet dessen berührt ein Verstoß gegen das Verbot nicht die Wirksamkeit der Kündigung. Auch eine Kündigung zur Unzeit ist also wirksam, sofern nicht im Einzelfall darüber hinaus in der Kündigung ein Rechtsmissbrauch liegt. Die Kündigung unter Verstoß gegen § 723 II 1 BGB löst vielmehr nach Satz 2 lediglich eine Schadensersatzpflicht des Kündigenden aus. Er muss den Schaden ersetzen, der den weiteren Gesellschaftern durch die Wahl gerade dieses unzeitigen Kündigungstermins entstanden ist.

243   **dd)** Die *Unverzichtbarkeit des Kündigungsrechts* regelt § 723 III BGB. Hierdurch wird verhindert, dass die Gesellschafter auf Dauer persönlich und wirtschaftlich in eine Abhängigkeit von der Gesellschaft gelangen, ohne sich jemals von dieser Verpflichtung lösen zu können. Das Kündigungsrecht muss nicht ausdrücklich durch den Gesellschaftsvertrag ausgeschlossen werden. Es reicht bereits aus, dass die Gesellschafter durch wirtschaftliche Nachteile an einer Kündigung gehindert werden, speziell durch eine Beschränkung der gesetzlichen Abfindungsrechte nach § 738 BGB. So kann etwa die Vereinbarung der Auseinandersetzung zum Buchwert bei einem erheblichen Abweichen vom tatsächlichen Wert des Gesellschaftsvermögens als Hinderungsgrund anzusehen sein (ausführlich → Rn. 217).[581] Ein nur befristeter Verzicht auf das ordentliche Kündigungsrecht ist hingegen möglich,[582] sofern dieser nicht im Ergebnis einem Ausschluss gleichkommt und missbräuchlich ist.

Ähnlich wie § 723 III BGB schützt § 724 BGB die Gesellschafter einer »auf Lebenszeit« eingegangenen Gesellschaft vor einer übermäßigen Bindung.[583] Da die Gesellschaft auf Lebenszeit keine Gesellschaft auf bestimmte Zeit (§ 723 I 2 BGB) ist, muss sie jederzeit kündbar sein. Satz 1 ist zwingendes Recht. Dagegen enthält der nicht zwingende Satz 2 lediglich eine Auslegungsregel für den Fall, dass die Gesellschafter bei Fortsetzung einer befristeten Gesellschaft keine neue Befristung festgelegt haben.

> In **Fall j (2)** besteht keine Fortsetzungsklausel, da die Gesellschafter die Existenz der GbR an die personale Zusammensetzung der Gesellschaft geknüpft haben. Soweit auch kein Fortsetzungsbeschluss ad hoc gefasst wird, besteht zugunsten von A und C nunmehr nicht die Möglichkeit einer Hinauskündigung des B gem. § 737 BGB. Vielmehr sind sie auf eine Kündigung der Gesellschaft gem. § 723 BGB verwiesen. Die Gesellschaft wurde auf bestimmte Zeit (Studienabschluss aller drei Gesellschafter) abgeschlossen, sodass die Möglichkeit zur Kündigung der GbR gem. § 723 I 2 BGB einen wichtigen

---

579 BGH NJW 1996, 2573; Erman/*Westermann* BGB § 723 Rn. 11.
580 BGHZ 84, 379 (383); weiterführend zum wichtigen Grund MüKoBGB/*Schäfer* § 723 Rn. 28 ff.; Staudinger/*Habermeier*, 2003, BGB § 723 Rn. 26 ff.
581 BGHZ 116, 359 (369); BGH NZG 2014, 541 (542) (zur GmbH); Bamberger/Roth/*Schöne* BGB § 723 Rn. 34.
582 BGHZ 10, 91 (98).
583 BGH WM 1967, 315 (zu § 134 HGB).

Grund voraussetzt. Ein solcher liegt gem. § 723 I 3 Nr. 1 BGB insbesondere vor, wenn ein anderer Gesellschafter eine ihm nach dem Gesellschaftsvertrag obliegende wesentliche Verpflichtung schuldhaft verletzt. Hier kommt angesichts der eindeutigen vertraglichen Bestimmung eines Wettbewerbsverbotes der schuldhafte Verstoß des B gegen diese ihm obliegende vertragliche Verpflichtung in Betracht.

b) Gemäß § 725 BGB kann die *Kündigung* auch *durch einen Pfändungspfandgläubiger,* also den Gläubiger eines Gesellschafters erfolgen (→ Rn. 130).[584] Voraussetzung **244** ist, dass dieser Gläubiger aufgrund eines Schuldtitels gegen den Gesellschafter dessen Geschäftsanteil hat pfänden lassen. § 725 BGB gilt nur für Pfändungen durch Privatgläubiger eines einzelnen Gesellschafters. Die Gläubiger der Gesellschaft können unmittelbar auf das Gesellschaftsvermögen Zugriff nehmen. Nach § 859 I ZPO ist nur der Anteil des Gesellschafters am Gesellschaftsvermögen als Ganzem der Pfändung unterworfen. Da eine dingliche Berechtigung des einzelnen Gesellschafters am Gesellschaftsvermögen nicht besteht, ist Gegenstand der Pfändung eines Gesellschaftsanteils das Mitgliedschaftsrecht des Gesellschafters. Ein Pfandrecht an einzelnen Vermögensbestandteilen besteht nicht (zu beachten ist aber die Möglichkeit der Pfändung einzelner Gesellschafterrechte; → Rn. 128). Die Pfändung eines Gesellschaftsanteils wirkt sich auch nicht auf die Verfügungsbefugnis der Gesellschafter hinsichtlich der Gegenstände des Gesellschaftsvermögens aus. Da sich der Pfändungspfandgläubiger nicht unmittelbar aus dem gepfändeten Anteil befriedigen kann, gibt ihm § 725 BGB die Möglichkeit, die Gesellschaft fristlos zu kündigen (Abs. 1) oder den Gewinnanteil seines Schuldners geltend zu machen (Abs. 2). Sämtliche Verwaltungsrechte verbleiben aber gem. § 725 II BGB bei dem Gesellschafter.[585] Dies folgt bereits aus dem gesellschaftsrechtlichen Grundsatz, dass die Verwaltungsrechte Ausdruck gegenseitigen persönlichen Vertrauens der Gesellschafter zueinander sind.

Die Kündigung ist für den Gläubiger notwendige Vorstufe, um Zugriff auf das Auseinandersetzungsguthaben des Gesellschafters zu erhalten. Er kann die Gesellschaft jedoch nur kündigen, wenn sein Titel rechtskräftig ist. Die Kündigung aufgrund eines nur für vorläufig vollstreckbar erklärten Titels ist mit dem Fortsetzungsinteresse der verbleibenden Gesellschafter nicht zu vereinbaren.[586] Wirksam wird die Kündigung, sobald alle Gesellschafter Kenntnis erlangt haben.[587] Fordert der Gläubiger nach Abs. 2 lediglich den Gewinnanteil seines Schuldners, bleibt die Gesellschaft unverändert bestehen. Nach Überweisung des Anteils gem. § 857 ZPO oder des Gewinnanspruchs gem. § 829 ZPO kann er sodann Zahlung verlangen. Die Kündigung der Gesellschaft mit auflösender Wirkung unterbleibt, wenn eine Fortsetzungsklausel im Gesellschaftsvertrag vereinbart wurde oder ein dahingehender ad hoc-Beschluss gefasst werden soll. Dann kann sich der kündigende Gläubiger aus dem Abfindungsguthaben des ausscheidenden Gesellschafters befriedigen. Zudem besteht zugunsten der übrigen Gesellschafter jederzeit die Möglichkeit der Befriedigung des Gläubigers analog § 268 BGB.[588]

c) § 726 BGB schreibt zwingend die *Auflösung wegen Erreichens oder Unmöglichwer-* **245** *dens des Zweckes* vor. Die Vorschrift steht allerdings nicht einem einstimmigen Fortsetzungsbeschluss der Gesellschafter entgegen, mit dem ein neuer Gesellschaftszweck bestimmt wird.[589] An die nachträgliche Unmöglichkeit sind hohe Anforderungen zu stellen. Die Unmöglichkeit darf nicht nur vorübergehend, sondern muss dauerhaft

584 Ausf. zur Pfändung des Gesellschaftsanteils *K. Schmidt* GesR § 45 IV (S. 1325 ff.).
585 BGHZ 116, 222 (229); MüKoBGB/*Schäfer* § 725 Rn. 11.
586 Bamberger/Roth/*Schöne* BGB § 725 Rn. 11; HK-ZPO/*Kemper* § 859 Rn. 5; MüKoBGB/*Schäfer* § 725 Rn. 15; *Furtner* MDR 1965, 613 (614 ff.).
587 BGH NJW 1993, 1002.
588 MüKoBGB/*Schäfer* § 725 Rn. 22; *Windbichler* GesR § 10 Rn. 6.
589 BGH NJW-RR 2004, 472 f.

und offenbar sein.[590] Die fehlende Aussicht auf Rentabilität bedeutet keine Unmöglichkeit.

246 **d)** § 727 I BGB bestimmt die *Auflösung durch Tod eines Gesellschafters*. In Anknüpfung an den gesetzlich verankerten – freilich weitgehend eingeschränkten (→ Rn. 124 ff. und → Rn. 222 ff.) – Grundsatz der Unübertragbarkeit der Gesellschafterrechte (§ 719 BGB) wird die Gesellschaft grundsätzlich nicht mit den Erben fortgesetzt, sondern aufgelöst. Allerdings hat der Erbe des verstorbenen Gesellschafters nach § 727 II 1 BGB dessen Tod den übrigen Gesellschaftern unverzüglich anzuzeigen sowie bei Gefahr in Verzug auch die Pflicht, die Geschäfte der Gesellschaft übergangsweise anstelle des Verstorbenen fortzuführen. Bei einer Mehrzahl von Erben tritt nach hM die Erbengemeinschaft in die »Gesellschafterstellung« ein.[591] Insoweit unterscheidet sich die Rechtslage zur Abwicklungsgesellschaft also von derjenigen bei der Nachfolge in eine werbende GbR (→ Rn. 224 ff.). Das Stimmrecht des verstorbenen Gesellschafters können die Erben nur einheitlich ausüben. Nach §§ 1922, 2032 BGB gebührt ihnen der Auseinandersetzungsanspruch aus § 738 BGB. Für die übrigen Gesellschafter ergibt sich aus § 727 II 2 BGB ebenfalls eine Pflicht zur einstweiligen Fortführung der Geschäfte.

Nach § 727 I Hs. 2 BGB ist die Auflösung der Gesellschaft aber keine zwingende Folge des Todes eines Gesellschafters. Den Gesellschaftern steht es frei, im Gesellschaftsvertrag abweichende Regelungen zu treffen oder dies auch ad hoc festzulegen. Dementsprechend regelt § 736 BGB eigens den Fall der Fortsetzungsklausel. Die Gesellschaft wird dann unter den verbleibenden Gesellschaftern fortgeführt, und die Erben werden nach §§ 738 ff. BGB abgefunden, sofern nicht eine vertragliche Regelung entgegensteht (ausführlich → Rn. 225).

247 **e)** Die *Auflösung durch Insolvenz der Gesellschaft oder eines Gesellschafters* ist Gegenstand der Regelung des § 728 BGB.

248 **aa)** Die *Gesellschaft* bürgerlichen Rechts ist insolvenzfähig (§ 11 II Nr. 1 InsO). Mit dem Beschluss über die Eröffnung des Insolvenzverfahrens, das an die Stelle der Auseinandersetzung tritt, wird die Gesellschaft nach § 728 I BGB aufgelöst. Nicht ausreichend ist dagegen die Ablehnung der Eröffnung eines Insolvenzverfahrens mangels Masse.[592]

249 **bb)** Entsprechendes gilt für die Insolvenz eines *Gesellschafters* nach § 728 II BGB. Da gem. § 80 I InsO mit Eröffnung des Insolvenzverfahrens das Recht zur Verwaltung des Vermögens auf den Insolvenzverwalter übergeht, kann der Gesellschafter ab diesem Zeitpunkt auch die Verwaltungsrechte in der Gesellschaft nicht mehr ausüben. Da diese aber gerade auf dem persönlichen Vertrauen der Gesellschafter untereinander beruhen, können sie nicht auf den Insolvenzverwalter übergehen. Daher ist es nur konsequent, dass § 728 II BGB für den Fall der Insolvenz eines Gesellschafters die Auflösung der Gesellschaft vorsieht. Auch in diesem Fall muss die Gesellschaft grundsätzlich liquidiert werden und der Insolvenzverwalter hat dabei die gleiche Geschäftsführungspflicht wie die Erben eines verstorbenen geschäftsführenden Gesellschafters (§ 727 II 2 BGB).

---

590 BGHZ 24, 279 (293); 84, 379 (381); *Kindler* GK HandelsR/GesR § 12 Rn. 40; *Kindl* GesR § 11 Rn. 2.
591 BGH NJW 1995, 3314 (3315); MüKoBGB/*Schäfer* § 727 Rn. 14.
592 BGHZ 75, 178 (181); 96, 151 (154).

Enthält der Gesellschaftsvertrag eine Fortsetzungsklausel (§ 736 I BGB), hat sich die Gesellschaft gesondert mit dem insolventen Gesellschafter auseinander zu setzen (§§ 738 ff. BGB). Sein Abfindungsanspruch fällt in die Masse.

2. Auseinandersetzung

Die Gesellschaft erlischt nach Eintritt eines sie auflösenden Ereignisses (§§ 723 ff. BGB) nicht augenblicklich, sondern wandelt sich unter Wahrung ihrer Identität nach § 730 II BGB in eine Abwicklungsgesellschaft um. Deren alleiniger Zweck ist nunmehr die Liquidation und vor allem die Verteilung des verbleibenden Gesellschaftsvermögens unter den Gesellschaftsgläubigern und den Gesellschaftern (§§ 732 ff. BGB).[593] Erst nachdem die Liquidation vollständig abgeschlossen ist, insbesondere die Verbindlichkeiten der Gesellschaft beglichen worden sind und die Gesellschafter ihren Anteil an einem eventuellen Überschuss erhalten haben, tritt die Vollbeendigung der Gesellschaft ein. Bis zu diesem Zeitpunkt können die Gesellschafter durch einstimmigen Beschluss jederzeit die Fortführung der Gesellschaft beschließen,[594] wobei für die Auflösung wegen Insolvenz der Gesellschaft nach § 728 I 2 BGB Einschränkungen gelten. Ferner gelten die Treuepflichten grundsätzlich fort.[595]

250

Weil Hauptzweck der Liquidation die Auflösung und Verteilung des Gesamthandsvermögens ist, findet bei reinen Innengesellschaften ohne gesamthänderisch gebundenes Vermögen nach Auflösung der Gesellschaft eine Auseinandersetzung iSd §§ 730 ff. BGB nur eingeschränkt statt (→ Rn. 45).[596] Hier bestehen vielmehr schuldrechtliche Ansprüche der Beteiligten gegen den Vermögensinhaber auf Auszahlung eines Abfindungsguthabens.[597]

a) Die Auseinandersetzung zwischen den Gesellschaftern hat zur *Voraussetzung*, dass einer der Auflösungstatbestände der §§ 723–727 BGB gegeben ist. Die Auseinandersetzung selbst richtet sich nach §§ 731 ff. BGB.

251

b) Die *Geschäftsführung* in der Abwicklungsgesellschaft steht vorbehaltlich abweichender Vereinbarung nach § 730 II 2 letzter Hs. BGB allen Gesellschaftern gemeinschaftlich zu.[598] Diese Regelung trägt dem Umstand Rechnung, dass mit der Umwandlung des Gesellschaftszwecks die Gesellschafter nicht länger ein gemeinsames Ziel verfolgen und ihre Interessen häufig sogar kollidieren. Jeder Gesellschafter ist daher berechtigt, an der Auseinandersetzung mitzuwirken. Zugleich ist jeder Gesellschafter zu der Mitwirkung auch grundsätzlich verpflichtet.[599] Ein Austritt aus der Abwicklungsgesellschaft durch Kündigung ist nicht möglich.[600]

252

Entsprechend der gemeinschaftlichen Geschäftsführungsbefugnis im Liquidationsstadium erlischt gem. § 730 II 2 BGB mit der Auflösung der Gesellschaft die für die werbende Gesellschaft eingeräumte Geschäftsführungsbefugnis. Der geschäftsführende Gesellschafter wird jedoch von § 729 S. 1 BGB vor dem Erlöschen seiner Geschäftsführungsbefugnis durch die Fiktion ihres Fortbestandes solange ge-

---

593 MüKoBGB/*Schäfer* Vor § 723 Rn. 6; Staudinger/*Habermeier,* 2003, BGB Vorbem. zu §§ 723 ff. Rn. 2; aA *K. Schmidt* ZHR 153 (1989), 270 (281 f.).
594 BGH NJW 1995, 2843 (2844) zum konkludenten Fortführungsbeschluss.
595 BGH NJW 1971, 802; 1980, 1628 (1629); NJW-RR 2003, 169 (170).
596 BGH NJW 1983, 2375 f.; MüKoBGB/*Schäfer* § 730 Rn. 12 ff.; *K. Schmidt* GesR § 59 V 2 b (S. 1761).
597 BGH NJW 1982, 99 (100); 1990, 573 (574).
598 BGHZ 17, 340 (346); das gilt auch in der Publikumsgesellschaft, BGH NJW 2011, 3087 (3088), bei der indes aus Gründen der Praktikabilität ein Dritter als Liquidator per Mehrheitsbeschluss bestellt werden kann, BGH NZG 2014, 302 (305).
599 OLG Koblenz NJW-RR 2002, 827: Aufstellung der Auseinandersetzungsbilanz.
600 BGH WM 1963, 728 (730).

schützt, bis er von der Auflösung Kenntnis erlangt oder sie hätte kennen müssen. Entsprechendes gilt nach § 729 S. 2 BGB bei einer fortbestehenden Gesellschaft für alle Fälle des Verlustes der Geschäftsführungsbefugnis. Dieser Regelung kommt vor allem im Hinblick auf das Fortbestehen der Vertretungsmacht (§ 714 BGB) Bedeutung zu. Der Geschäftsführer haftet nämlich nicht nach § 179 BGB für die nach der Auflösung von ihm im Namen der Gesellschaft begründeten Verbindlichkeiten. Es wird vielmehr die Abwicklungsgesellschaft in vollem Umfang verpflichtet. Die Fiktion des § 729 BGB gilt nach § 169 BGB im Außenverhältnis aber nur zugunsten eines gutgläubigen Vertragspartners.

253   **c)** Mit der Auseinandersetzung werden alle noch *offenen Ansprüche*, die aus dem Gesellschaftsverhältnis herrühren, in einem einheitlichen Verfahren einer Regelung zugeführt. Die einzelnen Ansprüche der Gesellschaft oder der Gesellschafter sind nur noch unselbstständige Rechnungsposten im Hinblick auf die Feststellung eines Auseinandersetzungsguthabens.[601] Solche Ansprüche können nach der Auflösung der Gesellschaft grundsätzlich nicht mehr isoliert eingefordert werden, es sei denn, es steht schon vor Beendigung der Auseinandersetzung mit Sicherheit fest, dass jedenfalls ein bestimmter Betrag verlangt werden kann.[602] Weitere Ausnahmen von diesem Grundsatz sind nur in engen Grenzen zulässig, etwa für noch nicht geleistete Gesellschafterbeiträge, die für die Auseinandersetzung benötigt werden,[603] für den Anspruch auf Naturalrestitution gegen den ausgeschiedenen Gesellschafter-Geschäftsführer aufgrund der Eigennutzung einer der Gesellschaft zugeordneten Geschäftschance[604] oder zugunsten eines Gesellschafters, wenn sich in einer Zwei-Personen-Gesellschaft der andere Gesellschafter einen wesentlichen Teil der Güter der Gesellschaft ohne Gegenleistung nutzbar macht.[605] Dementsprechend ist die nach Auflösung der Gesellschaft erhobene Leistungsklage eines Gesellschafters in einen Antrag auf Feststellung, dass die Einstellung der geltend gemachten Forderung in die Auseinandersetzungsrechnung zu erfolgen hat, umzudeuten.[606]

254   **d)** § 731 BGB verweist für das *Verfahren bei der Auseinandersetzung* auf §§ 732–735 BGB und subsidiär auf die Vorschriften über die Gemeinschaft (§§ 752–754, §§ 757–758 BGB).[607] Zugleich stellt die Vorschrift klar, dass es den Gesellschaftern frei steht, ein davon abweichendes Vorgehen zu vereinbaren. Darin kommt zum Ausdruck, dass die Auseinandersetzung vorrangig im Gesellschafterinteresse und nicht im Gläubigerinteresse vorgenommen wird, da zu deren Schutz die fortbestehende persönliche Gesellschafterhaftung analog § 128 HGB ausreichend ist. Die Gesellschafter können eine entsprechende Vereinbarung im Gesellschaftsvertrag treffen. Zulässig ist aber auch eine spätere, grundsätzlich einstimmige Festlegung, selbst nach Auflösung der Gesellschaft.[608] Die Gesellschafter können dabei ein ganz anderes Vorgehen als eine Auseinandersetzung wählen oder die Auseinandersetzung abweichend von den gesetzlichen Regeln gestalten.

---

601 BGHZ 37, 299 (304); Soergel/*Hadding/Kießling* BGB § 730 Rn. 9; MüKoBGB/*Schäfer* § 730 Rn. 49.

602 BGH NJW-RR 1993, 1187; NJW 1995, 188 (189); 2000, 2586 (2587).

603 BGH NJW 1960, 433 (434); 1995, 2843 (2844).

604 BGH NZG 2013, 216 (220).

605 BGH NJW-RR 1995, 1182; zu den Anforderungen an die vereinfachte Berechnung der Auseinandersetzung bei einer vermögenslosen zweigliedrigen GbR s. BGH NZG 2016, 218 (219ff.).

606 BGH NZG 2002, 519.

607 Für § 755 BGB ist neben § 733 BGB kein Raum, weshalb hierauf und auf § 756 BGB nicht verwiesen wird; dazu MüKoBGB/*Schäfer* § 731 Rn. 4; Erman/*Westermann* BGB § 731 Rn. 2.

608 BGH WM 1960, 1121 (1122).

Beispiele: Übernahme des Gesellschaftsvermögens durch einen Gesellschafter und Abfindung der übrigen Gesellschafter, Veräußerung des Gesellschaftsvermögens an einen Dritten und Aufteilung des Erlöses.

Die Vereinbarung bewirkt lediglich eine Verpflichtung der Gesellschafter im Innenverhältnis. Dritte können aus ihr keine Rechte herleiten. Bei Insolvenz der Gesellschaft (§ 11 II Nr. 1 InsO) richtet sich die Auseinandersetzung gem. § 730 I Hs. 2 BGB nicht nach §§ 731 ff. BGB. Dann bestimmen sich die Ansprüche der Gesellschafter nach § 199 S. 2 InsO.

aa) Fehlt eine besondere Regelung, können die Gesellschafter nach § 732 S. 1 BGB die **255** *Rückgabe von Gegenständen* verlangen, die sie der Gesellschaft lediglich zum Gebrauch überlassen haben. Dies kann schon vor der eigentlichen Auseinandersetzung geschehen. Da die Gesellschafter zur Mitwirkung in der Abwicklungsgesellschaft verpflichtet sind, ist die Rückgabe eines Gegenstandes allerdings solange ausgeschlossen, wie er noch für die Auseinandersetzung benötigt wird. Der Gesellschaft kann darüber hinaus nach § 273 BGB ein Zurückbehaltungsrecht zustehen, wenn zu erwarten ist, dass der Gesellschafter einen Ausgleichsanspruch leisten muss.[609] Etwas anderes gilt aber für Sachen, die »ihrem Wert nach« zur Benutzung eingebracht wurden. Hier kann an die Stelle der Rückgabe eine Einbeziehung in die Auseinandersetzung in Geld treten.[610]

Nach § 732 S. 2 BGB trägt der Gesellschafter die Gefahr für den zufälligen Untergang und die zufällige Verschlechterung des Gegenstandes. Die zufällige Verschlechterung schließt auch die Abnutzung durch den bestimmungsgemäßen Gebrauch ein. Hat eine für die Gesellschaft handelnde Person den Untergang verschuldet, haftet die Gesellschaft wegen § 278 BGB, hat ihn hingegen ein geschäftsführender Gesellschafter verschuldet, muss die Gesellschaft hierfür gem. § 31 BGB analog einstehen. Es ist aber die Privilegierung des schuldhaft handelnden Gesellschafters nach § 708 BGB zu beachten.

bb) Weiterhin regeln §§ 733, 734 BGB das Verfahren für die *Aufteilung des Gesell-* **256** *schaftsvermögens* im Rahmen der Auseinandersetzung.

(1) Nach § 733 I BGB sind zunächst die *Verbindlichkeiten der Gesellschaft* zu beglei- **257** chen. Diese können gegenüber Dritten und gegenüber Gesellschaftern bestehen. Zu den Verbindlichkeiten gegenüber Dritten gehören neben den Gesellschaftsschulden weitere Verbindlichkeiten, die in der Betätigung der Gesellschaft begründet sind und für welche die Gesellschafter anteilig haften oder die ein Gesellschafter im eigenen Namen, aber für Rechnung der Gesellschaft eingegangen ist.[611] Die Ansprüche einzelner Gesellschafter gegen die Gesellschaft sind ebenfalls als Gesellschaftsverbindlichkeiten anzusehen. Folge dieser Einordnung ist, dass dem Gesellschafter sein Anspruch in voller Höhe zusteht, unabhängig von einer ihn gegebenenfalls treffenden Verlustquote. Die Ansprüche der Gesellschafter gegen die Gesellschaft werden aber nur als unselbständige Rechnungsposten in der Abschlussbilanz berücksichtigt (sog. Durchsetzungssperre).[612] Der Gesellschafter kann daher seine Einzelansprüche nicht isoliert einfordern. Die Durchsetzungssperre gilt sowohl für die Sozialverpflichtungen (zB Aufwendungsersatz, §§ 713, 670 BGB) als auch für Ansprüche aus einem Drittgeschäft (zB ein Darlehen des Gesellschafters). Demgegenüber sind die Ansprüche eines Gesellschafters gegen einen anderen Gesellschafter nicht Gegenstand der Auseinanderset-

---

609 BGH NJW 1981, 2802.
610 BGH WM 1965, 746 (747); offen gelassen BGH NJW-RR 2009, 1697 f.
611 BGH NJW 1999, 2438 (2439).
612 Im Einzelnen BGH NJW 2015, 1956 (1957); s. auch bereits BGH NJW-RR 1991, 1049.

zung, selbst wenn sie im Zusammenhang mit dem Gesellschaftsverhältnis stehen. Der Gläubiger kann lediglich die Begleichung der Forderung aus dem Auseinandersetzungsguthaben seines Schuldners verlangen.

Hat ein Gläubiger seine Forderung gegen die Gesellschaft nicht rechtzeitig geltend gemacht, führt der Fortbestand dieses Anspruchs nicht etwa dazu, dass eine Beendigung der Gesellschaft ausscheidet.[613] Der Gläubiger ist anschließend auf die persönliche Inanspruchnahme der ehemaligen Gesellschafter verwiesen, deren Haftung auch über die Beendigung hinaus fortbesteht (→ Rn. 261).

258 (2) Nachdem die Gesellschafter die Gesellschaftsverbindlichkeiten berichtigt haben, sind ihnen nach § 733 II BGB die *Einlagen* zurückzuerstatten. Auch die Einlagen sind lediglich unselbstständige Posten der Schlussabrechnung und können nicht isoliert zurückgefordert werden. Mangels anderweitiger Vereinbarung ist bei Sachleistungen der tatsächliche wirtschaftliche Wert zum Zeitpunkt der Einbringung maßgeblich.[614] Dienst- oder Werkleistungen eines Gesellschafters sind trotz § 733 II 3 BGB ausnahmsweise auch ohne entsprechende Vereinbarung zu vergüten, wenn sie das Gesellschaftsvermögen konkret und messbar als bleibender Wert vergrößert haben.[615] Im Übrigen kann eine Entschädigung aber nicht verlangt werden. Zu vergüten ist der tatsächliche Wert, unter Berücksichtigung insbesondere von Mängeln der Leistung. Soweit erforderlich, sind alle Vermögensgegenstände in Geld umzusetzen (§ 733 III BGB).

259 (3) Verbleibt danach ein Restvermögen, ist dieses nach § 734 BGB zwischen den Gesellschaftern unter Berücksichtigung ihrer Gewinnanteile aufzuteilen. Der Gewinn wird grundsätzlich nach Köpfen berechnet (§ 722 BGB), es sei denn, die Beteiligten haben etwas anderes vereinbart. Die Verteilung selbst richtet sich nach den Regeln der Gemeinschaft (§§ 752 ff. BGB). Teilbare Leistungen sind daher in natura aufzuteilen. Eine Umsetzung des Gesellschaftsvermögens in Geld (§ 733 III BGB) ist daher nicht zwingend erforderlich.

260 (4) Ergibt sich im Zuge der Auseinandersetzung ein Fehlbetrag, besteht zwischen den Gesellschaftern im Innenverhältnis nach § 735 BGB die Pflicht, diesen Verlust auszugleichen. Diese *Nachschusspflicht* besteht nur für die Gesellschafter, die dazu gegenüber der Gesellschaft verpflichtet sind. Sie kann sowohl für einzelne als auch für sämtliche Gesellschafter ausgeschlossen werden.[616] § 735 BGB begründet damit keinen unmittelbaren Anspruch für die Gesellschaftsgläubiger. Fällt ein Gesellschafter insoweit aus, haben die übrigen Gesellschafter den Ausfall nach dem gleichen Verhältnis zu tragen (§ 735 S. 2 BGB).

261 e) Schließlich bleibt festzuhalten, dass zugunsten der Gesellschaftsgläubiger die analog § 128 HGB begründete *persönliche Haftung der Gesellschafter* für die Gesellschaftsverbindlichkeiten nach Auflösung und selbst nach Beendigung der Gesellschaft unverändert fortbesteht.[617] Die Haftung ist aber entsprechend § 159 HGB auf den Zeitraum von fünf Jahren ab Kenntnis des jeweiligen Gläubigers beschränkt (→ Rn. 201).

---

613 BGHZ 26, 126 (133); Bamberger/Roth/*Schöne* BGB § 730 Rn. 33; Staudinger/*Habermeier,* 2003, BGB § 730 Rn. 26.

614 BGH WM 1967, 682 (683).

615 ZB der Plan eines Architekten, BGH NJW 1980, 1744 f.; Arbeitsleistung im Rahmen der Renovierung einer Immobilie, OLG Schleswig FamRZ 2002, 884.

616 BGH WM 1967, 346 (347).

617 Zum Sonderfall einer Haftung nur mit dem Erhaltenen aus § 242 BGB bei einer Verteilung des Gesellschaftsvermögens ohne Tilgung der Gesellschaftsschulden, für welche die Gesellschafter nur auf das Gesellschaftsvermögen beschränkt haften, s. OLG Hamm NJW 1985, 1846 f.

Besondere Probleme bereitet – wie schon beim Ausscheiden eines Gesellschafters – auch hier die Frage, unter welchen Voraussetzungen der Leistende Regress bei der Gesellschaft und seinen Mitgesellschaftern nehmen kann. Insoweit ist zu differenzieren. Für Leistungen während der *Liquidationsphase* bestehen nach allgemeinen Grundsätzen ein Erstattungsanspruch gegen die Gesellschaft aus §§ 713, 670 BGB und Ausgleichsansprüche gegen die Mitgesellschafter aus § 426 I und II BGB (→ Rn. 167). Diese Ansprüche sind aber nicht selbstständig durchsetzbar, sondern können nur als unselbstständiger Rechnungsposten der Auseinandersetzungsbilanz geltend gemacht werden (Durchsetzungssperre).[618] Befriedigt ein Gesellschafter einen Gläubiger hingegen erst nach *Beendigung* der Gesellschaft, kann die nicht mehr existierende Gesellschaft demzufolge nicht mehr in Regress genommen werden. Der Leistende kann nur von seinen Mitgesellschaftern Ersatz in anteiliger Höhe verlangen. Dabei folgt der Anspruch nicht etwa aus § 735 S. 1 BGB, sondern ebenfalls aus § 426 BGB.[619] Denn die Leistung des Gesellschafters gegenüber dem Dritten beruht weiterhin auf seiner akzessorischen Haftung analog § 128 S. 1 HGB und damit auf demselben Haftungsgrund, aus dem auch die ehemaligen Mitgesellschafter zur Gläubigerbefriedigung hätten in Anspruch genommen werden können. Dann ist aber auch der Gedanke der gesamtschuldnerischen Haftung der Gesellschafter untereinander weiter zu berücksichtigen.

> In der **Abwandlung zu Fall j** ist die Gesellschaft durch Ablauf der für sie bestimmten Zeit aufgelöst worden. Im Hinblick auf den Anspruch des G aus § 535 II BGB iHv 500 EUR hängt die Rechtslage nun davon ab, wann er seine Forderung konkret geltend macht.
>
> I. Macht G seinen Anspruch nach der Auflösung aber noch *vor der Vollbeendigung* geltend, kann er sich sowohl gem. § 535 II BGB, § 124 I HGB analog an die Gesellschaft als auch gem. § 535 II BGB, § 128 S. 1 HGB analog an A, B oder C halten. Leistet im letztgenannten Fall einer der Gesellschafter an G, stehen ihm gegen die Gesellschaft ein Aufwendungsersatzanspruch aus §§ 713, 670 BGB und gegen seine Mitgesellschafter subsidiär und anteilsmäßig Ausgleichsansprüche aus §§ 426 I und 426 II BGB zu. Diese Ansprüche können aber allesamt nicht selbstständig geltend gemacht werden, sondern fließen als unselbstständige Posten in die Auseinandersetzungsbilanz ein.
>
> II. Macht G hingegen seinen Anspruch erst *nach Vollbeendigung der GbR* geltend – wenn also A, B und C alle sonstigen Gläubiger befriedigt und das verbleibende Vermögen untereinander aufgeteilt haben –, kommt ein Anspruch des G gegen die GbR nicht mehr in Betracht. Vielmehr kann er allein gegen die ehemaligen Gesellschafter aus § 535 II BGB, § 128 S. 1 HGB analog vorgehen, soweit nicht die fünfjährige Enthaftungsfrist des entsprechend geltenden § 159 I HGB abgelaufen ist, wovon hier nicht auszugehen ist. Befriedigt sodann einer der Gesellschafter G, hat dieser ausschließlich gegen seine ehemaligen Mitgesellschafter anteilsmäßige Regressansprüche aus § 426 I und II BGB.

§ 4 Offene Handelsgesellschaft (OHG)

Literatur: *Altmeppen*, Zur Enthaftung des ausscheidenden Personengesellschafters, NJW 2000, 2529; *Altmeppen*, Deliktshaftung in der Personengesellschaft, NJW 2003, 1553; *Armbrüster*, Grundlagen und Reichweite von Wettbewerbsverboten im Personengesellschaftsrecht, ZIP 1997, 261; *Hadding*, Zum Rückgriff des ausgeschiedenen haftenden Gesellschafters einer OHG oder KG, FS Stimpel, 1985, 139; *Kreutz*, Die Bedeutung von Handelsregistereintragung und Handelsregisterbekanntmachung im Gesellschaftsrecht, JURA 1982, 626; *Raiser*, Der Begriff der juristischen Person – Eine Neubesinnung, AcP 199 (1999), 104; *Saenger/Scheuch*, Klausur Zivilrecht – »Schluss mit der Vetternwirtschaft«, JA 2012, 651; *Schlüter*, Die Einrede der Aufrechenbarkeit des OHG-Gesellschafters, FS H. Westermann, 1974, 509; *K. Schmidt*, Fünf Jahre neues Handelsrecht – Verdienste, Schwächen und Grenzen des Handelsrechtsreformgesetzes von 1998, JZ 2003, 585; *Schön*, Die vermögensverwaltende Personenhandelsgesellschaft – Ein Kind der HGB-Reform, DB 1998, 1169; *Steinbeck*, Zur »Einheitlichkeit« der Mitgliedschaft in einer Personengesellschaft, DB 1995, 761; *Ulmer*, Die Gesamthandsgesellschaft – ein noch immer unbekanntes Wesen?, AcP 198 (1998), 113; *Walter*, Der Gesellschafter als Gläubiger sei-

---

618 BGHZ 37, 299 (304 f.); 103, 72 (77 f.); Erman/*Westermann* BGB § 714 Rn. 24; ausf. *Hadding/Häuser* WM 1988, 1585 (1591).

619 Bamberger/Roth/*Schöne* BGB § 735 Rn. 8, MüKoBGB/*Schäfer* § 735 Rn. 4.

ner Gesellschaft, JuS 1982, 81; *Wünsche,* Ansprüche gegen die OHG und ihre Gesellschafter in der Fallbearbeitung, JuS 2009, 980.

262　**Fälle:**

a) A, B und C betreiben gemeinsam eine Schreinerei. In den ersten Jahren ist die Auftragslage so schlecht, dass sie weder Mitarbeiter einstellen noch am Wechsel- und Scheckverkehr teilnehmen. Einer kaufmännischen Buchführung bedarf es nicht. Nach ein paar Jahren wird der getätigte Umsatz jedoch höher, es werden Mitarbeiter eingestellt, der Lieferantenkreis weitet sich aus und eine kaufmännische Buchführung wird unerlässlich. Dennoch haben A, B und C die Gesellschaft immer noch nicht zur Eintragung in das Handelsregister angemeldet. A fragt sich, welche Rechtsform die Gesellschaft hat.

Abwandlung: Die Gesellschaft wird nunmehr als OHG in das Handelsregister eingetragen. Im Anschluss daran bricht aber die Auftragslage dauerhaft so sehr ein, dass alle Mitarbeiter entlassen werden müssen und eine kaufmännische Buchführung überflüssig wird. Welche Rechtsform liegt jetzt vor?

b) A, B und C betreiben in der Rechtsform der GmbH einen Gebrauchtwagenhandel. A ist Geschäftsführer. Um den Bekanntheitsgrad der Gesellschaft zu steigern, schaltet A in mehreren lokalen Zeitungen Werbeanzeigen. Versehentlich bezeichnet er dabei die Gesellschaft als OHG und nicht als GmbH. D liest eine solche Anzeige und einigt sich daraufhin im Vertrauen auf das Bestehen einer OHG mit A auf den Verkauf eines alten Pkw. Als die Gesellschaft den Kaufpreis nicht zahlt, nimmt der D den A persönlich in Anspruch. Zu Recht?

c) A plant, für die aus A, B und C bestehende OHG einen Lieferwagen von V zu kaufen. B widerspricht, weil er der Auffassung ist, dass der von V geforderte Kaufpreis weit über dem marktüblichen Preis liegt. A schließt den Kaufvertrag dennoch ab. B fragt sich, ob die OHG den vereinbarten Kaufpreis zahlen muss und ob die OHG in diesem Fall Schadensersatz von A verlangen kann.

d) A wird auf der Fahrt zu einem Kunden der aus A, B und C bestehende OHG in einen von D verschuldeten Verkehrsunfall verwickelt und dabei schwer verletzt. Da D zahlungsunfähig ist, überlegt A, ob er die OHG oder B und C auf Ersatz der entstandenen Schäden und Zahlung eines angemessenen Schmerzensgeldes in Anspruch nehmen kann.

e) Die aus A, B und C bestehende OHG hat sich darauf spezialisiert, Anwaltskanzleien mit Bürobedarf zu beliefern. Nachdem die Geschäfte mehrere Jahre lang gut gelaufen sind, lässt sich A zum Geschäftsführer der K-GmbH bestellen, die von nun an ebenfalls Bürobedarf für Kanzleien anbietet. B und C fragen sich, welche Ansprüche der OHG zustehen.

f) A, B und C vereinbaren, in der Rechtsform der OHG eine Schreinerei zu betreiben. Obwohl A widerspricht, bestellt B im Namen der OHG bei dem Lieferanten L Holzplatten zu einem Preis von 10.000 EUR. Nachdem D geliefert hat, verlangt er von A Zahlung des Kaufpreises. A weist darauf hin, dass die Gesellschaft noch nicht in das Handelsregister eingetragen worden ist und verweigert die Zahlung. Zu Recht?

g) A, B und C sind Gesellschafter einer OHG. Im Gesellschaftsvertrag ist vorgesehen, dass B und C entweder nur zusammen oder einzeln mit dem Prokuristen P zur Vertretung der Gesellschaft berechtigt sind. A ist von der Vertretung ausgeschlossen. Eine entsprechende Eintragung im Handelsregister liegt vor. Bei Abschluss der Vereinbarung war für die Gesellschafter entscheidungserheblich, dass kein Gesellschafter die Geschicke der Gesellschaft alleine bestimmen soll. Nachdem B gestorben ist, kauft C im Namen der OHG einen Lieferwagen von dem Autohändler D. Dieser nimmt nunmehr A auf Zahlung des Kaufpreises in Anspruch. Zu Recht?

h) A ist Gesellschafter einer OHG und zur Einzelvertretung berechtigt. Er möchte wissen, ob er ohne Beteiligung der anderen Gesellschafter mit Wirkung für die OHG

(1) einen Bauunternehmer zur Durchführung besonders umfangreicher Baumaßnahmen auf den Betriebsgrundstücken beauftragen kann oder

(2) die Aufnahme eines stillen Gesellschafters herbeiführen kann.

i) A, B und C betreiben in der Rechtsform der OHG einen Malerbetrieb. Die OHG erhält von D den Auftrag, das Wohnzimmer zu streichen. Dort stößt A bei Ausführung der Malerarbeiten aus Unachtsamkeit an eine Glasvitrine, die daraufhin zerbricht. D fragt sich, ob er von der OHG Ersatz des entstandenen Schadens verlangen kann.

j) A, B und C betreiben in der Rechtsform der OHG einen Gebrauchtwagenhandel. A hat sich im Gesellschaftsvertrag verpflichtet, seinen gebrauchten Pkw in das Gesellschaftsvermögen einzubringen. Obwohl A dieser Verpflichtung noch nicht nachgekommen ist, verkauft B den Pkw im Namen der OHG an G. Dieser verlangt nun von A Übergabe und Übereignung des Pkw. Zu Recht?

k) Die aus A, B und C bestehende OHG hat von V einen Lieferwagen für 30.000 EUR angekauft. V nimmt A erfolgreich auf Zahlung des Kaufpreises in Anspruch. Da die OHG keine frei verfügbaren Mittel hat, fragt sich A, ob er Regress bei B und C nehmen kann. Nach dem Gesellschaftsvertrag sind A, B und C zu jeweils gleichen Teilen an dem Verlust der OHG beteiligt.

l) A tritt am 1. Januar in die bisher aus B und C bestehende OHG ein. Eine entsprechende Eintragung im Handelsregister wird vorgenommen. A weiß zu diesem Zeitpunkt noch nicht, dass D gegen die OHG eine Kaufpreisforderung iHv 20.000 EUR aus einem im Dezember des Vorjahres geschlossenen Vertrags hat. Am 1.3. wird A von D deswegen auf Zahlung in Anspruch genommen. Zu Recht?

m) Am 1.9.2012 wird ein Mietvertrag zwischen der OHG und E geschlossen. Am 1.10.2012 scheidet A aus der OHG aus. Eine entsprechende Eintragung im Handelsregister erfolgt jedoch erst am 4.12.2012. Am 15.11.2017 erhebt E Klage gegen A auf Zahlung der Miete für die Monate September und Oktober 2017. Als am 5.12.2017 noch kein rechtskräftiges Urteil vorliegt, meint A, dass seine Haftung für Gesellschaftsschulden mittlerweile ausgeschlossen sei. Zu Recht?

n) Der Gesellschaftsvertrag der aus A, B und C bestehenden OHG sieht vor, dass im Fall des Todes eines Gesellschafters die Gesellschaft mit den Erben fortgesetzt wird (einfache Nachfolgeklausel). A, der seine Einlage vollständig geleistet hat, stirbt am 1.7. und wird von seinem Sohn S beerbt. Am 8.7. teilt S dem B und dem C mit, dass er sein Verbleiben in der Gesellschaft von der Einräumung einer Kommanditistenstellung abhängig mache. Der Antrag wird am 15.7. von B und C angenommen. Die Eintragung des S als Kommanditist im Handelsregister erfolgt am 15.8. S fragt sich, ob und in welcher Weise er für Kaufpreisverbindlichkeiten haftet, welche die OHG (1) am 1.6., (2) am 4.7. und (3) am 17.8. begründet hat.

o) Die aus A, B und C bestehende OHG betreibt einen Gebrauchtwagenhandel. Da die Geschäfte immer schlechter laufen, beschließen A, B und C einstimmig, die OHG aufzulösen. Die erforderlichen Handelsregistereintragungen und Bekanntmachungen werden veranlasst. Als A einige Tage danach von V einen kostbaren Oldtimer für nur 10.000 EUR angeboten bekommt, entschließt er sich, diese Geschäftschance noch einmal zu nutzen und den Wagen für die Gesellschaft zu kaufen. V will wissen, ob er den finanzstarken B auf Zahlung des Kaufpreises in Anspruch nehmen kann.

I. Allgemeines

1. Begriff

Die offene Handelsgesellschaft ist nach § 105 I HGB eine Gesellschaft, deren Zweck auf den Betrieb eines Handelsgewerbes unter gemeinschaftlicher Firma gerichtet ist und bei der alle Gesellschafter unbeschränkt gegenüber den Gesellschaftsgläubigern haften. Wie die GbR ist auch die OHG *Personengesellschaft* und nicht Körperschaft.[1] Daher sind die §§ 705 ff. BGB grundsätzlich auch auf die OHG anwendbar (§ 105 III HGB), soweit es an einer eigenständigen Regelung im OHG-Recht fehlt (Schachtelprinzip).

263

---

1 BGHZ 34, 293 (296); MüKoHGB/*K. Schmidt* § 105 Rn. 6; ausf. *Flume* BGB AT I/1 §§ 4 I, 7 II (S. 50 ff. und 89 ff.); *Ulmer* AcP 198 (1998), 113 ff.; aA zuletzt *Raiser* AcP 194 (1994), 495 ff.; *Raiser* AcP 199 (1999), 104 ff.

264   **a)** Im Unterschied zur GbR ist der *Gesellschaftszweck* der OHG auf den Betrieb eines *Handelsgewerbes* nach §§ 1 ff. HGB gerichtet. Es muss ein Gewerbe betrieben werden,[2] das nach Art und Umfang einen in kaufmännischer Weise eingerichteten Geschäftsbetrieb erfordert (§ 1 II HGB). Wird diese Schwelle nicht überschritten, handelt es sich um ein Kleingewerbe iSv § 2 HGB und ist der Zusammenschluss eine GbR. Gleichwohl kann die Rechtsform der OHG durch die Eintragung in das Handelsregister nach § 105 II HGB erlangt werden. Allerdings besteht aufgrund der Negativformulierung des § 1 II HGB zunächst die Vermutung, dass es sich bei dem betriebenen Gewerbe um ein Voll- und nicht um ein Kleingewerbe handelt.[3] Dasselbe gilt für Gesellschaften, deren Zweck ausschließlich auf die Verwaltung des eigenen Vermögens beschränkt ist. Die Handelsregistereintragung wirkt in diesen Fällen, anders als bei Betreiben eines Handelsgewerbes, konstitutiv.[4] Angesichts dessen können Schwankungen im Umfang des Gewerbebetriebs zu einem Wechsel der Gesellschaftsform führen. So wird aus einer nicht eingetragenen kleingewerbetreibenden GbR ohne weiteres eine OHG, wenn sich ihr Geschäftsumfang so sehr vergrößert, dass ein Handelsgewerbe vorliegt.[5]

> In **Fall a** stellt die aus A, B und C bestehende Gesellschaft eine OHG dar, wenn der Betrieb eines Handelsgewerbes bezweckt ist (§ 105 I HGB). Unzweifelhaft ist der Betrieb einer Schreinerei ein Gewerbe. Es stellt sich aber die Frage, ob auch ein Handelsgewerbe vorliegt. Ein Gewerbe ist dann kein Handelsgewerbe, wenn das Unternehmen nach Art oder Umfang einen in kaufmännischer Weise eingerichteten Gewerbebetrieb nicht erfordert. In den ersten Jahren ist ein in dieser Weise eingerichteter Gewerbebetrieb nicht erforderlich, weil weder Mitarbeiter eingestellt werden noch am Wechsel- und Scheckverkehr teilgenommen wird noch eine kaufmännische Buchführung erforderlich ist. Die Gesellschaft betreibt also kein Handelsgewerbe, sondern ist Kleingewerbetreibender und damit eine GbR. Als die Umsätze in den Folgejahren wachsen, werden Mitarbeiter eingestellt, der Lieferantenkreis weitet sich aus und eine kaufmännische Buchführung wird unerlässlich. Ein in kaufmännischer Weise eingerichteter Gewerbebetrieb ist erforderlich geworden. Die Gesellschaft betreibt nunmehr ein Handelsgewerbe und nimmt unabhängig vom Vorliegen einer Handelsregistereintragung die Rechtsform einer OHG an. Der Eintragung ins Handelsregister kommt hier nur deklaratorische Wirkung zu.

Hingegen ändert eine bereits in das Handelsregister eingetragene OHG ihre Rechtsform bei Absinken ihres Geschäftsbetriebs unter die Schwelle des Handelsgewerbes nicht; sie wird nun allerdings von § 105 II HGB erfasst. Eine Löschung aus dem Handelsregister erfolgt auch nicht von Amts wegen, sondern findet nur auf Antrag der Gesellschafter statt (§ 105 II 2 HGB). Schließlich scheidet die OHG als Rechtsform – abgesehen von § 105 II Alt. 2 HGB[6] – in den Fällen aus, in denen der Gesellschaftszweck als solcher schon kein Gewerbe darstellt. Das gilt insbesondere für Freiberufler (etwa Ärzte oder Rechtsanwälte), die sich in einer Gesellschaft zusammenschließen. Neben

---

2 *Gewerbe* ist jede planmäßige, auf Dauer angelegte, selbstständige, erlaubte, auf Gewinnerzielung ausgerichtete (oder jedenfalls wirtschaftliche) Tätigkeit am Markt, die nicht freiberuflicher, wissenschaftlicher oder künstlerischer Natur ist (iE umstr.). IE dazu *Hopt*, FS Medicus, 1999, 235; *Schön* DB 1998, 1169 (1171 ff.).
3 MüKoHGB/*K. Schmidt* § 2 Rn. 75.
4 MüKoHGB/*K. Schmidt* § 105 Rn. 54.
5 Da die Identität der Gesellschaft gewahrt bleibt, ist eine Übertragung der Vermögensgegenstände sowie der Ansprüche von der GbR auf die OHG nicht erforderlich, BGH NJW 1967, 821; 1971, 1698. Auch haftet für die Verbindlichkeiten der GbR nun die OHG.
6 Nach hM stellt die reine Vermögensverwaltung keine gewerbliche Tätigkeit dar, Baumbach/Hopt/*Roth* HGB § 105 Rn. 13; ausf. *Schön* DB 1998, 1169 ff.; aA *Bydlinski* ZIP 1998, 1169 (1175); *K. Schmidt* JZ 2003, 585 (591); *Siems* NZG 2001, 738 (742).

der GbR steht hierfür die spezielle Rechtsform der Partnerschaftsgesellschaft zur Verfügung (dazu § 7).

> In der **Abwandlung** zu **Fall a** ist mit dem Einbrechen der Auftragslage ein in kaufmännischer Weise eingerichteter Gewerbebetrieb nicht mehr erforderlich. Das Handelsgewerbe ist zu einem sog. Kleingewerbe abgesunken. Weil die Gesellschaft aber als OHG im Handelsregister eingetragen ist, weist sie gem. § 105 II 1 Alt. 1 HGB weiterhin diese Rechtsform auf. Die Eintragung wirkt insoweit konstitutiv.

b) Neben dem so beschriebenen Gesellschaftszweck ist die OHG dadurch gekennzeichnet, dass nach dem Gesellschaftsvertrag die *Haftung* bei keinem der Gesellschafter beschränkt ist. Dies stellt den wesentlichen Unterschied zur KG (dazu § 5) dar. Die Gläubiger der Gesellschaft können also auf das gesamte Privatvermögen der Gesellschafter zugreifen. **265**

Um eine OHG handelt es sich auch, wenn die Gesellschafter eine Beschränkung ihrer Haftung beabsichtigt haben, diese aber unwirksam ist.[7] Darin spiegelt sich der zwingende Auffangcharakter der OHG wider, nach dem unabhängig vom Willen der Beteiligten stets eine OHG vorliegt, wenn deren Voraussetzungen (Betrieb eines Handelsgewerbes durch unbeschränkt haftende Gesellschafter) vorliegen.[8] Praktische Bedeutung erlangt dies vor allem bei der Vor-GmbH, die zwar als Rechtsform eigener Art betrachtet wird, aber zur OHG wird, wenn die Eintragung ins Handelsregister nicht oder nicht weiter betrieben wird (zur Vor-GmbH → Rn. 738 ff.).[9]

c) Die Führung einer gemeinschaftlichen *Firma,* also eines Namens, ist trotz des Wortlauts von § 105 I HGB keine notwendige Voraussetzung für die wirksame Entstehung einer OHG.[10] Dieses Merkmal soll lediglich verdeutlichen, dass die OHG anders als die stille Gesellschaft auf ein gemeinschaftliches Auftreten der Gesellschafter nach außen gerichtet ist. Dessen ungeachtet unterfällt die OHG den firmenrechtlichen Vorschriften der §§ 17 ff. HGB. Insbesondere muss ihre Firma die Bezeichnung »offene Handelsgesellschaft« oder eine allgemein verständliche Abkürzung dieser Bezeichnung enthalten (§ 19 I Nr. 2 HGB). Fehlt es an einer solchen, darf eine Eintragung in das Handelsregister nicht erfolgen. **266**

2. Handelsregister

Die Gründung einer OHG ist von sämtlichen Gesellschaftern beim zuständigen Registergericht zur Eintragung in das Handelsregister anzumelden (§ 106 I HGB). Allerdings kommt der Eintragung im Regelfall lediglich deklaratorische Wirkung zu und zählt nicht zu den notwendigen Entstehungsvoraussetzungen der OHG.[11] Etwas anderes gilt lediglich im Fall des § 105 II HGB, in dem die Gesellschaft erst durch die Handelsregistereintragung zur OHG wird. In der Anmeldung müssen die beteiligten Gesellschafter, die Firma und der Sitz der Gesellschaft sowie die Vertretungsmacht der Gesellschafter aufgeführt sein (§ 106 II HGB). Einzutragen sind die Änderung der Vertretungsmacht eines Gesellschafters sowie der Eintritt eines neuen Gesellschafters (§ 107 HGB). Dasselbe gilt nach § 143 HGB für die Auflösung der Gesellschaft und das Ausscheiden eines Gesellschafters. Wird die Eintragung in diesen Fällen unterlassen, ergeben sich die Rechtsfolgen aus § 15 I HGB, kann sich die Gesellschaft gegen- **267**

---

7 BGHZ 22, 240; BGH NJW 1979, 1705 (1706).
8 KKRM/*Kindler* HGB § 105 Rn. 8.
9 BGHZ 22, 240; 50, 32; Baumbach/Hopt/*Roth* HGB § 105 Rn. 9.
10 Baumbach/Hopt/*Roth* HGB § 105 Rn. 5; *K. Schmidt* GesR § 46 I 1 d (S. 1359); anders noch die früher hM, dazu Heymann/*Emmerich* HGB § 105 Rn. 29; *Wiedemann* GesR I § 2 I 2a (S. 97).
11 MüKoHGB/*Langhein* § 106 Rn. 46; Röhricht/v. Westphalen/Haas/*Haas* HGB § 106 Rn. 25.

über Dritten also grundsätzlich nicht auf den entsprechenden Umstand berufen.[12] Nicht eintragungsfähig sind der Gesellschaftsvertrag, der Geschäftsgegenstand der OHG sowie sonstige das Innenverhältnis der Gesellschafter betreffende Tatsachen.[13]

3. Rechtsnatur

268 Die OHG ist keine juristische Person. Sie ist vielmehr *Gesamthandsgemeinschaft* mit der Fähigkeit, selbstständiger Träger von Rechten und Pflichten zu sein (§ 124 I HGB). Sie kann Inhaberin von Ansprüchen sein und Verbindlichkeiten eingehen. Neben dinglichen Rechten wie dem Eigentum können ihr auch sonstige Rechtspositionen wie gewerbliche Schutzrechte (Patente, Gebrauchsmuster, Marken) oder Beteiligungen an anderen Gesellschaften zustehen.[14] Sie kann vor Gericht klagen und verklagt werden, ist also *parteifähig* nach § 50 I ZPO. Im Prozess wird sie durch ihre organschaftlichen Vertreter nach §§ 125 ff. HGB vertreten.[15] Die Zwangsvollstreckung in das Gesellschaftsvermögen erfordert nach § 124 II HGB einen gegen die OHG gerichteten Titel (zur Zwangsvollstreckung in das Vermögen der Gesellschafter → Rn. 305). Auch kann über das Vermögen der OHG ein Insolvenzverfahren eröffnet werden, § 11 II Nr. 1 InsO.

Als Handelsgesellschaft ist die OHG *Kaufmann* nach § 6 I HGB.[16] Sie unterfällt somit den Vorschriften über Handelsgeschäfte (§§ 343 ff. HGB), muss die Regelungen über das Handelsregister beachten (insbesondere findet § 15 HGB über den öffentlichen Glauben des Handelsregisters Anwendung) und wird von der Buchführungs- und Bilanzierungspflicht erfasst (§§ 238 ff. HGB). Umstritten ist, ob daneben auch die Gesellschafter der OHG Kaufleute sind. Dies wird inzwischen überwiegend mit Hinweis darauf verneint, dass Betreiber des Handelsgewerbes iSd § 1 I HGB nicht der einzelne Gesellschafter, sondern die Gemeinschaft aller Gesellschafter sei.[17] Nach zutreffender Ansicht ist aber maßgeblich, dass die Gesellschafter durch die für die Gesellschaft getätigten Geschäfte verpflichtet werden und ihnen deshalb auch die Kaufmannseigenschaft zukommt.[18] Indes gilt dies weder für persönliche Geschäfte des Gesellschafters[19] noch für Drittgeschäfte, die ein Gesellschafter mit der Gesellschaft schließt.[20]

---

12 Zu § 15 HGB *Hager* JURA 1992, 57 ff.; *Kreutz* JURA 1982, 626 ff.; *Müller-Laube* JuS 1981, 754 ff.; *Röver* JA 1990, 350 f.
13 EBJS/*Born* HGB § 106 Rn. 21. Diff. Baumbach/Hopt/*Roth* HGB § 106 Rn. 2, der im Anschluss an BGH NZG 2012, 385 (386), zur Dauertestamentsvollstreckung, die Einreichungsfähigkeit des Gesellschaftsvertrags erwägt, weil Regelungen zu Ausscheiden und Abfindung sich auf die Haftung gegenüber Dritten auswirken können.
14 BGHZ 80, 129 (132); MüKoHGB/*K. Schmidt* § 124 Rn. 3, 6.
15 BGHZ 17, 181 (186); Röhricht/v. Westphalen/Haas/*Haas* HGB § 124 Rn. 6a.
16 Umstr. ist, ob die OHG daneben auch Formkaufmann nach § 6 II HGB ist, so unter Verweis auf § 105 I HGB *K. Schmidt* HandelsR § 10 II 3 (S. 368); *K. Schmidt* ZHR 163 (1999), 87 (89); dagegen (hM) Baumbach/Hopt/*Hopt* HGB § 6 Rn. 7; KKRM/*Roth* HGB § 6 Rn. 6.
17 Vgl. nur MüKoHGB/*K. Schmidt* § 1 Rn. 67; *K. Schmidt* ZIP 1986, 1510; Baumbach/Hopt/*Roth* HGB § 105 Rn. 19. Dessen ungeachtet können aber auch nach dieser Auffassung spezifische für Kaufleute geltende Regelungen wie etwa Formerleichterungen Anwendung finden, vgl. nur Baumbach/Hopt/*Roth* HGB § 105 Rn. 22.
18 BGHZ 34, 293 (296); 45, 282 (284); BGH NJW 2006, 917 (918); Heymann/*Emmerich* HGB § 105 Rn. 3b (31); *Kindl* GesR § 14 Rn. 11.
19 BGH BB 1968, 1053.
20 AA Staub/*Schäfer* HGB § 105 Rn. 81.

Die OHG ist rechtsfähige Personengesellschaft iSd § 14 II BGB. Weil ihr Gesellschaftszweck auf den Betrieb eines (Handels-)Gewerbes gerichtet ist, ist sie nach § 14 I BGB *Unternehmer*. Unterhält sie Geschäftsbeziehungen zu Verbrauchern, ist sie deshalb unter anderem an die Vorschriften über den Verbrauchsgüterkauf, Verbraucherdarlehensverträge, Fernabsatzverträge, außerhalb von Geschäftsräumen abgeschlossene Verträge sowie das Widerrufsrecht nach §§ 355 ff. BGB gebunden. Etwas anderes kann lediglich für den Fall der privaten Vermögensverwaltung nach § 105 II Alt. 2 HGB gelten, in dem auch eine OHG *Verbraucher* sein kann.[21]

4. Praktische Bedeutung

Lange Zeit galt die OHG als häufigste Gesellschaftsform in Deutschland. Insbesondere die unbeschränkte persönliche Haftung der Gesellschafter war im Rechtsverkehr als Zeichen von Seriosität und Vertrauenswürdigkeit angesehen. Heute wirkt sich dieser Umstand im Hinblick auf die Rechtsformwahl dagegen eher hemmend aus. So sind Unternehmer in der Regel bestrebt, die mit der OHG verbundenen persönlichen Haftungsrisiken zu vermeiden. Bevorzugt werden deshalb häufig Gesellschaftsformen wie die GmbH, die GmbH & Co. KG oder auch ausländische Rechtsformen wie die englische Ltd. (zu dieser → Rn. 880). Daneben sind auch die Möglichkeiten der Kapitalbeschaffung bei der OHG eingeschränkt. Insbesondere fehlt ein Markt für den Handel mit Gesellschaftsanteilen, wie er bei der Aktiengesellschaft existiert. Aus diesem Grund kommt die OHG für größere Unternehmen mit hohem Finanzbedarf als Rechtsform regelmäßig nicht in Betracht. Eine Ausnahme gilt lediglich für Kooperationen bzw. Joint-Ventures von Großunternehmen, für welche die OHG den unkomplizierten Rahmen für die Zusammenarbeit darstellt. Die schwindende Bedeutung der OHG drückt sich in sinkenden Bestandszahlen aus. Derzeit sind in deutschen Handelsregistern nur noch gut 25.000 offene Handelsgesellschaften eingetragen.[22] Einer gewissen Beliebtheit erfreut sich die Rechtsform im Wesentlichen noch bei kleinen und mittelständischen Unternehmen, die durch enge Beziehungen der Gesellschafter geprägt sind und bei denen alle Gesellschafter ihre volle Arbeitskraft und ihr gesamtes Vermögen zur Verwirklichung des Gesellschaftszwecks einbringen. In diesem Fall ermöglicht die OHG, bei der grundsätzlich alle Gesellschafter zur Geschäftsführung und Vertretung ohne Mitwirkung der anderen befugt sind, eine flexible Gestaltung der Geschäftsabläufe sowie eine Steigerung der Kreditwürdigkeit aufgrund der unbeschränkten Gesellschafterhaftung.

269

II. Gesellschaftsvertrag

1. Vertragsschluss

Der Abschluss eines Gesellschaftsvertrags – ungenau auch als Satzung bezeichnet –[23] ist wie auch bei den anderen Gesellschaftsformen Voraussetzung für die Entstehung einer OHG (zur GbR → Rn. 66 ff.) Inhaltlich zielt der Vertrag darauf ab, eine Gesellschaft zu gründen, deren Zweck auf den Betrieb eines Handelsgewerbes gerichtet ist und für deren Verbindlichkeiten alle Gesellschafter persönlich unbeschränkt haften. Für die Gesellschafter begründet er insbesondere die Pflicht zur Förderung

270

---

21 Erman/*Saenger* BGB § 13 Rn. 6; aA MüKoBGB/*Micklitz/Purnhagen* § 13 Rn. 18.
22 *Kornblum* GmbHR 2012, 728 (729, 733).
23 Als Satzung wird üblicherweise der Gesellschaftsvertrag einer Kapitalgesellschaft bezeichnet; dazu → Rn. 527 ff., 538, 728 f.

des Gesellschaftszwecks sowie zur Erbringung der versprochenen Beiträge.[24] Nicht selten enthält er darüber hinaus weitere, die gesetzlichen Regelungen ergänzende oder modifizierende Bestimmungen.[25] Dazu können beispielsweise die Ausgestaltung der Geschäftsführungs- und Vertretungsbefugnis, die Beschlussfassung in der Gesellschaft oder die Verteilung des Jahresergebnisses zählen. Grundsätzlich unanwendbar auf den Gesellschaftsvertrag sind aufgrund fehlender synallagmatischer Leistungspflichten die §§ 320ff. BGB.[26] Auch stellt der Abschluss des Gesellschaftsvertrags kein Handelsgeschäft iSv § 343 HGB dar, weshalb §§ 346ff. HGB ebenfalls nicht anwendbar sind.[27] Der Abschluss des Gesellschaftsvertrags ist grundsätzlich formfrei, soweit die Gesellschafter nicht eine formbedürftige Verpflichtung übernehmen, etwa zur Übereignung eines Grundstücks oder Einbringung eines GmbH-Anteils.[28] Zudem ist die Beteiligung Minderjähriger möglich, jedoch von der Genehmigung des Vormundschaftsgerichts abhängig (§§ 1643 I, 1822 Nr. 3 BGB).[29]

2. Scheingesellschaft

271   Fehlt es an der Wirksamkeit des geschlossenen Gesellschaftsvertrags, greifen auch bei der OHG die Grundsätze über die fehlerhafte Gesellschaft ein (dazu ausführlich bei der GbR → Rn. 79ff.). Im Gegensatz zur GbR ist die Fehlerhaftigkeit jedoch nicht durch bloße Kündigung der Gesellschaft geltend zu machen, sondern durch Erhebung einer Auflösungsklage entsprechend § 133 HGB.[30] Streng von der fehlerhaften Gesellschaft zu unterscheiden ist die sog. *Scheingesellschaft.*[31] Hierunter werden Fälle gefasst, in denen lediglich der Eindruck entstanden ist, es existiere eine Gesellschaft, wobei ein entsprechender Gesellschaftsvertrag tatsächlich zu keinem Zeitpunkt, auch nicht konkludent, geschlossen worden ist.

Obwohl in dieser Situation, im Unterschied zur fehlerhaften Gesellschaft, eine Gesellschaft nicht besteht, können sich Außenstehende möglicherweise auf den gegenteiligen Rechtsschein berufen. Als spezielle Ausprägung der Rechtsscheinhaftung setzt eine Inanspruchnahme voraus, dass im Rechtsverkehr zurechenbar der Anschein veranlasst worden ist, es bestünde eine OHG.[32] Dies kann etwa durch einen entsprechenden Rechtsformzusatz auf Geschäftsunterlagen, in Werbeanzeigen oder auf Firmenschildern geschehen. Auch der Abschluss eines Gesellschaftsvertrags nur zum Schein (§ 117 BGB) kann dazu führen.[33] Ist die Entstehung des Rechtsscheins hingegen auf die fehlerhafte Bekanntmachung bzw. die fehlerhafte Handelsregistereintragung der

---

24 KKRM/*Kindler* HGB § 105 Rn. 9; *K. Schmidt* GesR § 47 II 1 (S. 1362ff.).

25 HK-HGB/*Heidel* § 105 Rn. 136.

26 BGH NJW 1951, 308; WM 1959, 53 (54); 1967, 419f.; *K. Schmidt* GesR § 20 III (S. 578ff.); *Wiedemann* GesR I § 3 II 1b bb (S. 164); diff. Erman/*Westermann* BGB Vorbem. § 320 Rn. 14; § 705 Rn. 43f.; ausf. oben bei der GbR (→ Rn. 72, 134).

27 Baumbach/Hopt/*Roth* HGB § 105 Rn. 49; MüKoHGB/*K. Schmidt* § 105 Rn. 115.

28 BGHZ 22, 312 (317); BGH NJW 1978, 2505 (2506); KKRM/*Kindler* HGB § 105 Rn. 6; Röhricht/v. Westphalen/Haas/*Haas* HGB § 105 Rn. 21; bereits oben bei der GbR (→ Rn. 67).

29 Ausf. bei der GbR (→ Rn. 68).

30 BGHZ 3, 285 (290); 63, 338 (345).

31 BGHZ 11, 190 (191); Baumbach/Hopt/*Roth* HGB § 105 Rn. 98; MüKoHGB/*K. Schmidt* § 105 Rn. 257f.

32 BGHZ 11, 190f.; EBJS/*Wertenbruch* HGB § 105 Rn. 291.

33 BGH NJW 1953, 1220; WM 1966, 736; DB 1976, 2057; Baumbach/Hopt/*Roth* HGB § 105 Rn. 99.

Gesellschaft zurückzuführen, greift § 15 III HGB ein.[34] Der Rechtsschein muss dem Anspruchsgegner zurechenbar sein.[35] Deshalb scheidet eine Haftung Minderjähriger nach den Regeln der Scheingesellschaft aus. Schließlich muss der Anspruchsteller schutzwürdig sein, um sich auf den Rechtsschein berufen zu können. Er darf weder Kenntnis noch grob fahrlässige Unkenntnis vom Nichtbestehen der Gesellschaft gehabt und muss im Vertrauen auf den Rechtsschein eine Vermögensdisposition getroffen haben.[36] Unter diesen Voraussetzungen kann ein Dritter verlangen, so behandelt zu werden, als bestünde die Gesellschaft tatsächlich. Für denjenigen, dem der Schein zurechenbar ist, folgt daraus, dass er von Dritten wie ein Gesellschafter nach § 128 HGB in Anspruch genommen werden kann.[37] Allerdings steht es einem Dritten frei, sich stattdessen auf die Geltung der wahren Rechtslage zu berufen. Ebenfalls nach den genannten Grundsätzen zu behandeln sind Fälle, in denen sich ein unbeteiligter Dritter als vermeintlicher Gesellschafter einer bestehenden OHG geriert.[38] Im Innenverhältnis mehrerer Scheinveranlasser untereinander scheidet die Anwendung der OHG-Regeln dagegen aus.[39]

> In **Fall b** scheidet ein Anspruch des D gegen A auf Zahlung des Kaufpreises aus § 128 HGB iVm § 433 II BGB aus, weil § 128 HGB das Bestehen einer OHG voraussetzt. Der Gebrauchtwagenhandel wird aber in der Rechtsform der GmbH betrieben, bei der die persönliche Haftung der Gesellschafter für Gesellschaftsschulden grundsätzlich ausgeschlossen ist (§ 13 II GmbHG). Eine Haftung des A aus § 128 HGB iVm § 433 II BGB könnte sich aber gleichwohl in Verbindung mit den Grundsätzen über die Scheingesellschaft ergeben. Indem A die Gesellschaft in der Werbeanzeige als OHG bezeichnete, hat er auch den Rechtsschein einer OHG gesetzt. Dies erfolgte zurechenbar, weil A als Geschäftsführer selbst handelte. D hatte weder positive Kenntnis der Rechtslage noch war seine diesbezügliche Unkenntnis grob fahrlässig; er war also gutgläubig. Schließlich war der Rechtsschein der OHG auch ursächlich für den Abschluss des Kaufvertrags, weil D im Vertrauen auf das Bestehen einer OHG den Pkw verkauft und somit eine Vermögensdisposition getroffen hat. Die Voraussetzungen einer Rechtsscheinhaftung liegen vor. D kann wählen, ob er sich auf den Rechtsschein beruft oder (etwa wenn sich das Geschäft im Nachhinein für ihn als nachteilig erweist) die wahre Rechtslage gelten lassen will. Beruft er sich auf den Rechtsschein, steht ihm nach § 128 HGB, § 433 II BGB iVm den Grundsätzen über die Scheingesellschaft gegen A ein Anspruch auf Zahlung des Kaufpreises zu.

Prüfungsschema

Voraussetzungen:
- Rechtsschein einer OHG im Rechtsverkehr
- dem Anspruchsgegner zurechenbar
- Schutzwürdigkeit des Anspruchstellers
  - keine Kenntnis oder grob fahrlässige Unkenntnis und
  - Handeln im Vertrauen auf den Rechtsschein

---

34 Röhricht/v. Westphalen/Haas/*Haas* HGB § 105 Rn. 54; Schwerdtfeger/*Lehleiter* HGB § 105 Rn. 107.
35 BGHZ 61, 59 (68 f.); KKRM/*Kindler* HGB § 105 Rn. 34.
36 BGHZ 22, 234 (238); EBJS/*Wertenbruch* HGB § 105 Rn. 294.
37 BGH NJW 1980, 784 (785); GK-HGB/*Ensthaler* § 105 Rn. 29; MüKoHGB/*K. Schmidt* § 105 Rn. 258.
38 BGHZ 17, 13 (15); KKRM/*Kindler* HGB § 105 Rn. 34.
39 BGH NJW 1953, 1220; Schwerdtfeger/*Lehleiter* HGB § 105 Rn. 106.

> **Rechtsfolgen:**
> * Dritter kann wahlweise die »Scheingesellschafter« nach § 128 HGB in Anspruch nehmen oder
> * sich auf die wahre Rechtslage berufen

III. Innenverhältnis

Wie bei der GbR beschreibt das Innenverhältnis die Beziehungen der Gesellschafter zur OHG sowie ihre Beziehungen untereinander.

1. Entstehen im Innenverhältnis

272 Hinsichtlich des Entstehungszeitpunkts der OHG ist streng zwischen Innenverhältnis und Außenverhältnis zu unterscheiden. So entsteht die Gesellschaft im Innenverhältnis vorbehaltlich anderweitiger Vereinbarungen der Gesellschafter mit Abschluss des auf die Gründung der OHG gerichteten Gesellschaftsvertrags.[40] Die Eintragung ins Handelsregister bzw. die tatsächliche Aufnahme der Geschäfte hat insoweit keine Bedeutung. Mit Abschluss des Vertrags ist für die Rechtsbeziehungen der Gesellschafter untereinander sowie zur Gesellschaft OHG-Recht maßgeblich. Auch eine Rückdatierung des Entstehungszeitpunkts ist möglich.[41] In Ergänzung der individuell getroffenen gesellschaftsvertraglichen Regelungen gelten die §§ 110 ff. HGB. Subsidiär ist nach § 105 III HGB zudem auf das Recht der GbR zurückzugreifen. Diese Grundsätze gelten regelmäßig auch, wenn es sich um die Errichtung einer OHG nach § 105 II HGB handelt. Zwar wird die Gesellschaft in diesem Fall erst mit der Eintragung in das Handelsregister zur OHG. Die Regelungen über das Innenverhältnis unterliegen jedoch der Privatautonomie der Parteien. Sind diese von vornherein einig, ihre Gesellschaft als OHG führen zu wollen, ist im Zweifel davon auszugehen, dass sich das Innenverhältnis der Gesellschafter auch schon vor der Handelsregistereintragung nach den Regelungen des OHG-Rechts richten soll.[42] Lassen die Umstände des Einzelfalls einen solchen Schluss nicht zu, sind für die Zeit bis zur Handelsregistereintragung §§ 705 ff. BGB maßgeblich.

2. Rechte der Gesellschafter

273 Die Rechte der Gesellschafter im Innenverhältnis sind dispositiv (§ 109 HGB). Denn es handelt sich lediglich um Rechtspositionen der Gesellschafter untereinander bzw. im Verhältnis zur Gesellschaft. Außenstehende werden davon regelmäßig nicht berührt. Die Grenze der Privatautonomie bilden solche gesetzliche Regelungen, die – wie etwa § 118 II HGB – dem Schutz von Minderheitsgesellschaftern dienen. Sieht der Gesellschaftsvertrag keine eigenständigen Regelungen vor, richten sich die Rechte der Gesellschafter nach §§ 110 ff. HGB. Neben der Geschäftsführung und dem Kon-

---

40 Baumbach/Hopt/*Roth* HGB § 123 Rn. 16; GK-HGB/*Ensthaler* § 123 Rn. 1.
41 BGH WM 1976, 972 (974); 1979, 889 (891); Baumbach/Hopt/*Roth* HGB § 123 Rn. 16; MüKoHGB/ *K. Schmidt* § 123 Rn. 2; ausf. *Schneider* AcP 175 (1975), 279 (297).
42 BGHZ 32, 307 (314); EBJS/*Hillmann* HGB § 123 Rn. 6; Röhricht/v. Westphalen/Haas/*Haas* HGB § 123 Rn. 3.

trollrecht regeln diese insbesondere den Anspruch auf Aufwendungsersatz, das Entnahmerecht sowie die ordnungsgemäße Verteilung von Gewinnen und Verlusten.

a) Neben dem Recht auf *Geschäftsführung* (§§ 114–117 HGB) ergibt sich aus der Geschäftsführungsbefugnis auch die Verpflichtung der hiervon betroffenen Gesellschafter zur Führung der Geschäfte der OHG. Dabei umfasst die Geschäftsführung *sämtliche tatsächlichen und rechtsgeschäftlichen Handlungen* der Gesellschafter, die auf die Verwirklichung des Gesellschaftszwecks gerichtet sind und nicht die Grundlagen der Gesellschaft betreffen.[43] Insoweit kann es sich sowohl um rein interne Maßnahmen handeln, wie zB die Organisation des Betriebs, die Buchführung, die Aufstellung der Geschäftsabschlüsse oder die Entscheidung über Personalfragen, als auch um Geschäftsangelegenheiten im Verhältnis zu außenstehenden Dritten, wie beispielsweise den Abschluss von Verträgen oder die Einziehung von Forderungen für die Gesellschaft. Eine Handlung kann somit zugleich Geschäftsführungs- und Vertretungsmaßnahme sein.[44] Für die Wirksamkeit des Geschäfts im Außenverhältnis (»rechtliches Können«) ist dabei der Umfang der Vertretungsmacht gem. §§ 125 ff. HGB maßgeblich, während sich die interne Berechtigung des Gesellschafters zum Tätigwerden (»rechtliches Dürfen«) aus der Geschäftsführungsbefugnis ergibt. Eine Überschreitung der Geschäftsführungsbefugnis kann eine Schadensersatzpflicht gegenüber der Gesellschaft begründen, lässt die Wirksamkeit der Maßnahme im Außenverhältnis aber grundsätzlich unberührt.[45]

273a

Das Recht und die Pflicht zur Geschäftsführung steht bei der OHG in der Regel *jedem Gesellschafter alleine* zu (§§ 114 I, 115 I HGB). Anderweitige Regelungen können sich jedoch aus dem Gesellschaftsvertrag ergeben. Insbesondere ist es möglich, einzelne Gesellschafter von der Geschäftsführung auszuschließen (§ 114 II HGB) oder Gesamtgeschäftsführung für einzelne bzw. alle Gesellschafter anzuordnen (§ 115 II HGB). Auch lassen sich diese Maßnahmen kombinieren. So können beispielsweise einige Gesellschafter vollständig von der Geschäftsführung ausgeschlossen werden, während andere nur gemeinsam zu handeln berechtigt sind und den Übrigen Einzelgeschäftsführungsbefugnis zusteht. Begrenzt wird die Gestaltungsfreiheit lediglich durch den Grundsatz der Selbstorganschaft (dazu schon bei der GbR → Rn. 146). Danach sind ein Ausschluss sämtlicher Gesellschafter von der Geschäftsführung und deren vollständige Übertragung auf Dritte im Personengesellschaftsrecht unzulässig. Das schließt allerdings nicht aus, einem Dritten durch Vertrag umfassende Geschäftsführungsaufgaben zuzuweisen.[46] Die Stellung der Gesellschafter als organschaftliche Geschäftsführer der OHG bleibt davon grundsätzlich unberührt. Das gilt selbst im ungewöhnlichen Fall, dass der Dritte weder an Weisungen der Gesellschafter gebunden ist noch jederzeit von diesen abberufen werden kann. Erforderlich ist lediglich, dass ein Weisungs- und Kündigungsrecht der Gesellschafter aus wichtigem Grund besteht.[47] Zudem muss die weitreichende Planung der Unternehmenspolitik in den Händen der Gesellschafter verbleiben.[48]

---

43 BGHZ 127, 176 (179f.); Baumbach/Hopt/*Roth* HGB § 114 Rn. 2f.; MüKoHGB/*Rawert* § 114 Rn. 6f.
44 EBJS/*Drescher* HGB § 114 Rn. 5; Schwerdtfeger/*Lehleiter* HGB § 114 Rn. 5.
45 Zum Missbrauch der Vertretungsmacht → Rn. 286.
46 BGHZ 36, 292 (293); BGH NJW 1982, 877 (878); 1982, 1817.
47 BGH NJW 1982, 1817 (1818); EBJS/*Drescher* HGB § 114 Rn. 17f.
48 BGH NJW 1982, 1817 (1818); *Löffler* NJW 1983, 2920 (2922).

Zugunsten von Gesellschaftern ohne Geschäftsführungsbefugnis sieht § 118 HGB ein Informations- und Kontrollrecht bezüglich der Angelegenheiten der Gesellschaft vor, das nur in den Grenzen des § 118 II HGB beschränkt werden kann (→ Rn. 276). Darüber hinaus sind die geschäftsführenden Gesellschafter gegenüber der Gesamtheit der Übrigen zur Auskunft verpflichtet (§§ 713, 666 BGB iVm § 105 III HGB).[49] In Ausnahmefällen können etwaige Beschränkungen der Geschäftsführungsbefugnis unbeachtlich sein. So darf ein gesamtgeschäftsführungsberechtigter Gesellschafter ausnahmsweise alleine handeln, wenn Gefahr im Verzug vorliegt (§ 115 II HGB). Im Übrigen steht jedem Gesellschafter, also auch einem von der Geschäftsführung ausgeschlossenen, das Recht zur Notgeschäftsführung analog § 744 II BGB zu.[50]

273b   **aa)** Der *Umfang der Geschäftsführungsbefugnis* richtet sich nach § 116 HGB. Erfasst sind alle Geschäfte, die der gewöhnliche Betrieb des Handelsgewerbes der Gesellschaft mit sich bringt (§ 116 I HGB). Gewöhnlich ist, was in einem Handelsgewerbe, wie es die konkrete OHG betreibt, normalerweise vorkommen kann.[51] Diese Geschäfte kann jeder geschäftsführende Gesellschafter unter Beachtung etwaiger Beschränkungen seiner Befugnisse vornehmen. Außergewöhnliche Geschäfte erfordern demgegenüber einen Beschluss (§ 119 HGB) sämtlicher, also auch der nicht geschäftsführungsbefugten Gesellschafter (§ 116 II HGB). Es handelt sich dabei um solche Geschäfte, die nach Gegenstand, Umfang, Bedingungen oder Dauer aus dem Rahmen fallen.[52] Dies gilt beispielsweise für einschneidende Änderungen der Organisation, Beteiligungen an anderen Unternehmen, Maßnahmen außerhalb des Unternehmensgegenstands oder Geschäfte von außergewöhnlichem Umfang oder Risiko.[53] Nicht von der Geschäftsführungsbefugnis erfasst sind *Grundlagengeschäfte,* dh Maßnahmen, die in die Rechtsverhältnisse der Gesellschafter untereinander, insbesondere in die Zusammensetzung und Organisation der Gesellschaft eingreifen.[54] Dazu zählen unter anderem die Änderung des Gesellschaftsvertrags, die Aufnahme oder Ausschließung von Gesellschaftern, die Erhöhung der Beiträge sowie Auflösung und Abwicklung der Gesellschaft.[55] Insoweit ist regelmäßig die Zustimmung aller Gesellschafter erforderlich.

Eine spezielle Regelung enthält § 116 III HGB hinsichtlich der *Erteilung und des Widerrufs einer Prokura.* Auf diese Weise wird dem Umstand Rechnung getragen, dass die Bestellung eines Prokuristen aufgrund seiner weitreichenden Vertretungsmöglichkeit (§ 49 HGB) besonderes Vertrauen der Gesellschafter in die betreffende Person voraussetzt.[56] Die Erteilung einer Prokura erfordert daher die Zustimmung aller geschäftsführenden Gesellschafter (§ 116 III 1 HGB als Fall einer gesetzlich angeordneten Gesamtgeschäftsführungsbefugnis).[57] Eine Ausnahme gilt lediglich bei abweichender Vereinbarung im Gesellschaftsvertrag oder bei Gefahr im Verzug. Der Widerruf der Prokura ist hingegen durch jeden zur Mitwirkung an der Geschäftsführung befugten Gesellschafter zulässig (§ 116 III 2 HGB). Insoweit kann auch ein an sich nur zur

49 Dies ist kein Individualrecht, kann aber unter Umständen von jedem einzelnen Gesellschafter im Wege der actio pro socio geltend gemacht werden.
50 MüKoHGB/*Rawert* § 115 Rn. 60; Röhricht/v. Westphalen/Haas/*Haas* HGB § 116 Rn. 6.
51 BGHZ 76, 160 (162); Baumbach/Hopt/*Roth* HGB § 116 Rn. 1; KKRM/*Kindler* HGB § 116 Rn. 1.
52 EBJS/*Drescher* HGB § 116 Rn. 4; MüKoHGB/*Jickeli* § 116 Rn. 31 f.
53 BGH BB 1954, 143; WM 1973, 170 (171 f.); Baumbach/Hopt/*Roth* HGB § 116 Rn. 2; Röhricht/v. Westphalen/Haas/*Haas* HGB § 116 Rn. 2a; Fallbeispiel bei *Saenger/Scheuch* JA 2012, 651 (652 f.).
54 EBJS/*Drescher* HGB § 114 Rn. 6; MüKoHGB/*Jickeli* § 116 Rn. 6, 7.
55 BGHZ 76, 160 (164); Baumbach/Hopt/*Roth* HGB § 114 Rn. 3; MüKoHGB/*Rawert* § 114 Rn. 9.
56 EBJS/*Drescher* HGB § 116 Rn. 20; Röhricht/v. Westphalen/Haas/*Haas* HGB § 116 Rn. 7.
57 Soweit die Prokuraerteilung im konkreten Fall ein außergewöhnliches Geschäft darstellt, ist darüber hinaus gem. § 116 II HGB auch die Zustimmung der nicht geschäftsführungsbefugten Gesellschafter erforderlich.

Gesamtgeschäftsführung befugter Gesellschafter die Prokura allein widerrufen.[58] Auch darin spiegelt sich die Notwendigkeit des allseitigen Vertrauens in die Person des Prokuristen wider. Zu berücksichtigen ist, dass die Regelung des § 116 III HGB ausschließlich das Innenverhältnis der Gesellschafter untereinander betrifft. Hinsichtlich der Wirksamkeit der Erteilung bzw. des Widerrufs gegenüber dem Prokuristen und sonstigen Dritten sind die Regelungen über die Stellvertretung (§§ 125 ff. HGB) maßgeblich, dh jeder vertretungsberechtigte Gesellschafter kann diese Geschäfte im Außenverhältnis wirksam vornehmen. Ein Verstoß gegen § 116 III HGB kann deshalb lediglich zu einer Schadensersatzpflicht des handelnden Gesellschafters gegenüber der Gesellschaft führen.

bb) Grundsätzlich steht jedem zur Geschäftsführung befugten Gesellschafter hinsichtlich der Geschäftsführungsmaßnahmen der anderen ein *Widerspruchsrecht* zu (§ 115 I HGB). Darin spiegelt sich die Gleichordnung der geschäftsführenden Gesellschafter wider. Folge des Widerspruchs ist, dass die angestrebte Maßnahme unterbleiben muss. Zumindest bei bedeutsamen Maßnahmen folgt aus der Existenz des Widerspruchsrechts zugleich eine Pflicht des Handelnden, die übrigen Geschäftsführer im Voraus zu informieren.[59] Für die anderen Gesellschafter ist der erhobene Widerspruch bindend und kann, soweit nicht Abweichendes im Gesellschaftsvertrag vorgesehen ist, auch nicht durch einen Mehrheitsbeschluss überwunden werden.[60] Rechtswirkung entfaltet der Widerspruch allerdings wiederum nur im Verhältnis der Gesellschafter untereinander. Gegenüber Dritten ist für die Wirksamkeit des entsprechenden Geschäfts demgegenüber das Stellvertretungsrecht maßgeblich (§§ 125 ff. HGB). Das gilt selbst, wenn der Widerspruch ihnen mitgeteilt wurde.[61]

274

Die Vornahme einer Geschäftsführungsmaßnahme gegen den Widerspruch eines anderen Gesellschafters stellt eine Überschreitung der Geschäftsführungsbefugnis dar und kann zum Schadensersatz gegenüber der Gesellschaft nach § 280 BGB verpflichten.[62] Darüber hinaus kann die entsprechende Maßnahme, wenn dies überhaupt möglich ist, von den anderen geschäftsführenden Gesellschaftern rückgängig gemacht werden.[63] Das setzt allerdings voraus, dass der Widerspruch wirksam erhoben wurde und berechtigt gewesen ist. Im Fall der Gesamtgeschäftsführung ist erforderlich, dass der Widerspruch, der selbst Geschäftsführungsmaßnahme ist, gemeinsam geltend gemacht wird. Darüber hinaus besteht die Widerspruchsmöglichkeit lediglich im Vorfeld der jeweiligen Maßnahme.[64] Ein nachträglicher Widerspruch ist dagegen unbeachtlich und begründet keine Pflicht zur Rückgängigmachung des entsprechenden Geschäfts. Inhaltlich muss sich der Widerspruch am Interesse der Gesellschaft orientieren. Dabei besteht allerdings ein Ermessensspielraum zugunsten der Gesellschafter.[65] Unzulässig

58 Baumbach/Hopt/*Roth* HGB § 116 Rn. 9; Schwerdtfeger/*Lehleiter* HGB § 116 Rn. 14.
59 BGH WM 1971, 819; EBJS/*Drescher* HGB § 115 Rn. 10; MüKoHGB/*Rawert* § 115 Rn. 20.
60 GK-HGB/*Ensthaler* § 115 Rn. 6; KKRM/*Kindler* HGB § 115 Rn. 4.
61 MüKoHGB/*Rawert* § 115 Rn. 30; ausnahmsweise können allerdings die Regelungen über den Missbrauch der Vertretungsmacht eingreifen, BGHZ 26, 330 (332); Baumbach/Hopt/*Roth* HGB § 115 Rn. 4; Röhricht/v. Westphalen/Haas/*Haas* HGB § 115 Rn. 8; EBJS/*Drescher* HGB § 115 Rn. 23.
62 BGH NJW-RR 1988, 995 (996); MüKoHGB/*Rawert* § 115 Rn. 31.
63 BGH WM 1971, 819; Baumbach/Hopt/*Roth* HGB § 115 Rn. 4; MüKoHGB/*Rawert* § 115 Rn. 33.
64 BGH NJW-RR 1988, 995 (996); EBJS/*Drescher* HGB § 115 Rn. 11; KKRM/*Kindler* HGB § 115 Rn. 3.
65 BGH NJW-RR 1988, 995 (996); GK-HGB/*Ensthaler* § 115 Rn. 4; KKRM/*Kindler* HGB § 115 Rn. 3; MüKoHGB/*Rawert* § 115 Rn. 37 ff.

ist jedoch ein Widerspruch, der ausschließlich im Eigeninteresse eines Gesellschafters erfolgt oder eine Blockade der Geschäftstätigkeit der Gesellschaft bezweckt.[66] Insoweit handelt es sich um eine Verletzung der gesellschaftlichen Treuepflicht, und eine Bindungswirkung für die anderen Gesellschafter entsteht nicht.[67]

> In **Fall c** hat V gem. § 433 II BGB einen Anspruch gegen die OHG auf Zahlung des vereinbarten Kaufpreises, wenn A die OHG bei Abschluss des Kaufvertrags wirksam vertreten hat. Die A gem. § 125 I HGB zustehende Einzelvertretungsmacht wird durch den von B erklärten Widerspruch nicht eingeschränkt. Ein Widerspruch nach § 115 I Hs. 2 HGB wirkt sich nur im Innenverhältnis und damit auf die streng von der Vertretungsmacht zu unterscheidende Geschäftsführungsbefugnis aus. A hat die OHG mithin wirksam vertreten, sodass V ein Anspruch auf Zahlung des vereinbarten Kaufpreises zusteht.
>
> Der OHG steht gegenüber A ein Schadensersatzanspruch aus § 280 I BGB zu, wenn A eine Pflicht aus dem Gesellschaftsvertrag verletzt hat. B konnte als geschäftsführender Gesellschafter die A zustehende Geschäftsführungsbefugnis durch einen Widerspruch gem. § 115 I Hs. 2 HGB wirksam einschränken. Indem A den Kaufvertrag abgeschlossen hat, hat er die ihm zustehende Geschäftsführungsbefugnis überschritten und damit eine Pflicht aus dem Gesellschaftsvertrag verletzt. Er ist zum Ersatz eines daraus entstandenen Schadens nach § 280 I BGB verpflichtet.

275   cc) Die *Entziehung der Geschäftsführungsbefugnis* eines Gesellschafters erfordert, anders als bei der GbR, ein gerichtliches Gestaltungsurteil (§ 117 HGB). Dies erhöht die Rechtssicherheit und trägt der besonderen Bedeutung Rechnung, die der Verlust der Geschäftsführungsbefugnis sowohl für den betroffenen Gesellschafter als auch für die OHG hat. Voraussetzung der Entziehung ist das Vorliegen eines wichtigen Grundes. Ein solcher ist insbesondere bei groben Pflichtverletzungen oder Unfähigkeit zur ordnungsmäßigen Geschäftsführung gegeben (§ 117 HGB aE). Eine grobe Pflichtverletzung kann etwa bei hartnäckiger Nichtbeachtung der Mitwirkungsrechte anderer Gesellschafter oder anhaltender Störung der Geschäftsführung anzunehmen sein.[68] Dabei setzt die Annahme eines wichtigen Grundes stets eine umfassende Prüfung aller Umstände des Einzelfalls unter Beachtung des Verhältnismäßigkeitsgrundsatzes voraus.[69] Als milderes Mittel gegenüber dem vollständigen Entzug der Geschäftsführungsbefugnis kann insoweit die Beschränkung der Befugnisse in sachlicher, räumlicher oder zeitlicher Hinsicht oder die Umwandlung von Einzel- in Gesamtgeschäftsführung geboten sein.[70]

§ 117 HGB ist weitgehend dispositiv. Konkrete Anforderungen hinsichtlich der Entziehung der Geschäftsführungsbefugnis können sich folglich auch aus dem Gesellschaftsvertrag ergeben. Dies gilt sowohl für Erschwerungen als auch für Erleichterungen. Lediglich der völlige Ausschluss der Entziehung aus wichtigem Grund ist unzulässig.[71] Zulässig ist dagegen die Entziehung durch Gesellschafterbeschluss oder schiedsgerichtliche Entscheidung.[72] Üblich ist zudem die vertragliche Regelung kon-

---

66 RGZ 158, 302 (310); 163, 35 (39); BGH WM 1971, 819.
67 BGH NJW 1986, 844; NJW-RR 2002, 540 (541).
68 BGH NJW 1984, 173; NJW-RR 2002, 540 (541); Baumbach/Hopt/*Roth* HGB § 117 Rn. 4; Röhricht/v. Westphalen/Haas/*Haas* HGB § 117 Rn. 3.
69 BGH NJW 1995, 1358 (1359); 1998, 146; EBJS/*Drescher* HGB § 117 Rn. 13.
70 BGH NJW-RR 2002, 540; Baumbach/Hopt/*Roth* HGB § 117 Rn. 5.
71 BGH NJW 1998, 1225 (1226); NJW-RR 2005, 39 (41); Baumbach/Hopt/*Roth* HGB § 117 Rn. 11; Röhricht/v. Westphalen/Haas/*Haas* HGB § 117 Rn. 21; EBJS/*Drescher* HGB § 117 Rn. 35; aA unter Verweis auf die Möglichkeit der Ausschließung des geschäftsführenden Gesellschafters gem. §§ 140, 133 HGB KKRM/*Kindler* HGB § 117 Rn. 5; MüKoHGB/*Jickeli* § 117 Rn. 79.
72 BGHZ 86, 177 (180); 107, 351 (356); Baumbach/Hopt/*Roth* HGB § 117 Rn. 12.

kreter Entziehungsgründe, bei denen es sich nicht zwingend um wichtige Gründe handeln muss. Auch kann die Klageerhebung von einem vorherigen Beschluss der Gesellschafter abhängig gemacht werden.

In prozessualer Hinsicht setzt die Zulässigkeit der Klage einen Antrag sämtlicher Gesellschafter, dh auch der nicht geschäftsführenden, mit Ausnahme des Beklagten voraus.[73] Es handelt sich dabei um eine notwendige Streitgenossenschaft nach § 62 I ZPO. Eine Pflicht zur Mitwirkung am Entziehungsverfahren kann sich im Einzelfall aus der gesellschaftlichen Treuepflicht ergeben.[74] Die Zustimmung des Klageunwilligen kann in diesem Fall im Wege der Leistungsklage erzwungen werden, wobei eine Verbindung mit der Entziehungsklage zulässig ist.[75]

b) Um sicherzustellen, dass sich die Gesellschafter einen Überblick über die Angelegenheiten der Gesellschaft verschaffen können, gewährt ihnen § 118 I HGB ein umfassendes *Informations- und Kontrollrecht* gegenüber der Gesellschaft bzw. ihrem Geschäftsführer. Vor dem Hintergrund der unbeschränkten persönlichen Haftung ist dies vor allem für die von der Geschäftsführung ausgeschlossenen Gesellschafter von erheblicher Bedeutung.[76] Gegenstand des Informationsrechts ist insbesondere die Einsicht in die Handelsbücher und Papiere der Gesellschaft. Zu diesem Zweck ist den Gesellschaftern Zugang zu den Geschäftsräumen der OHG sowie zu den entsprechenden Unterlagen zu gewähren. Zulässig ist die Anfertigung von Kopien oder Abschriften, soweit nicht berechtigte Interessen der Gesellschaft entgegenstehen.[77] Ein besonderes Interesse an der Information ist nicht erforderlich. Grenzen bei der Ausübung des Rechts können sich wiederum aus der gesellschaftlichen Treuepflicht ergeben. Über die Einsichtnahme hinaus besteht ein individuelles Auskunftsrecht des einzelnen Gesellschafters gegenüber den Geschäftsführern in der Regel nicht.[78] Eine Ausnahme kann lediglich gelten, wenn die erforderlichen Angaben nicht aus den schriftlichen Unterlagen ersichtlich sind und sich der Gesellschafter ohne die Auskunft keine Klarheit über die Angelegenheiten der Gesellschaft zu verschaffen vermag.[79] Eine Beschränkung des Informationsrechts im Gesellschaftsvertrag ist zulässig, soweit sich diese nicht auf den Fall der unredlichen Geschäftsführung erstreckt (§ 118 II HGB). **276**

c) Macht ein Gesellschafter in Gesellschaftsangelegenheiten Aufwendungen, die er den Umständen nach für erforderlich halten darf, kann er hierfür von der Gesellschaft nach § 110 HGB *Aufwendungsersatz* verlangen. Dies gilt auch für die von der Geschäftsführung ausgeschlossenen Gesellschafter. Der Begriff der *Aufwendung* umfasst dabei sämtliche Vermögensopfer, die ein Gesellschafter im Interesse der Gesellschaft auf sich nimmt, ohne dazu aufgrund seiner Beitragspflicht verpflichtet zu sein.[80] **277**

▎ **Beispiel:** Erfasst werden etwa die Fahrtkosten zu einem Kunden der Gesellschaft.

---

73 Vgl. insoweit auch die Ausführungen zu § 127 HGB und § 140 HGB; dazu → Rn. 287 und 316.
74 BGHZ 64, 253 (257); 68, 81 (82); EBJS/*Drescher* HGB § 117 Rn. 16.
75 BGHZ 68, 81 (84); MüKoHGB/*Jickeli* § 117 Rn. 64.
76 Zur Zulässigkeit der Drittbeteiligung bei der Ausübung des Kontrollrechts *Saenger*, Beteiligung Dritter bei Beschlussfassung und Kontrolle im Gesellschaftsrecht, 1990, 68ff.
77 Baumbach/Hopt/*Roth* HGB § 118 Rn. 6; Röhricht/v. Westphalen/Haas/*Haas* HGB § 118 Rn. 13.
78 Allerdings schulden die geschäftsführenden Gesellschafter persönlich der Gesamtheit der übrigen Gesellschafter Nachricht, Rechenschaft und auf Verlangen Auskunft, §§ 666, 713 BGB, § 105 III HGB. Der einzelne Gesellschafter kann dieses Recht nach den Grundsätzen der actio pro socio (→ Rn. 165) für die Gesellschaft geltend machen; vgl. EBJS/*Drescher* HGB § 118 Rn. 41; Röhricht/v. Westphalen/Haas/*Haas* HGB § 118 Rn. 19.
79 BGH WM 1972, 1121 (1122); 1983, 910 (911); NJW 1988, 556; Baumbach/Hopt/*Roth* HGB § 118 Rn. 7.
80 MüKoHGB/*Langhein* § 110 Rn. 11; Röhricht/v. Westphalen/Haas/*Haas* HGB § 110 Rn. 7f.

Auch können die Gesellschafter nach § 110 HGB bei der OHG Rückgriff nehmen, wenn sie von einem Gesellschaftsgläubiger nach § 128 HGB in Anspruch genommen worden sind.[81] Erstattungsfähig sind darüber hinaus *Verluste,* also unfreiwillig erlittene Vermögensnachteile, die ein Gesellschafter unmittelbar durch seine Geschäftsführung erleidet oder aus Gefahren, die mit dieser untrennbar verbunden sind. Geschäftsführung meint in diesem Fall nicht die organschaftliche nach §§ 114 ff. HGB, sondern jede Geschäftsbesorgung für die Gesellschaft, auch die durch einen nicht geschäftsführungsbefugten Gesellschafter.[82] Zieht sich ein Gesellschafter also bei seiner gesellschaftsvertraglich zugewiesenen Tätigkeit Personen-, Sach- oder Vermögensschäden zu, kann er diese nach § 110 HGB ersetzt verlangen. Dagegen scheidet ein Anspruch auf Schmerzensgeld nach § 253 II BGB wegen des immateriellen Charakters aus.[83] Erforderlich ist freilich, dass der eingetretene Verlust unmittelbar mit der Geschäftsführung verbunden ist. Es muss sich um die Verwirklichung einer tätigkeitsspezifischen Gefahr handeln.[84] Nicht ersatzfähig sind deshalb Verluste, die bloß anlässlich der Tätigkeit für die Gesellschaft eintreten, aber faktisch lediglich Ausfluss des allgemeinen Lebensrisikos des Gesellschafters sind.[85]

> **Beispiel:** Verletzt sich der geschäftsführende Gesellschafter A bei der ihm zugewiesenen Arbeit an einer Hebebühne, kann er die dabei erlittenen Schäden nach § 110 HGB ersetzt verlangen.

Der Anspruch aus § 110 HGB richtet sich allein gegen die Gesellschaft. Solange die OHG besteht, können die Mitgesellschafter grundsätzlich nicht auf Aufwendungsersatz in Anspruch genommen werden. Auch müssen sie nicht nach § 128 HGB für die Gesellschaftsverbindlichkeit aus § 110 HGB einstehen. Andernfalls käme es zu einer Umgehung des § 707 BGB, der eine Nachschusspflicht der Gesellschafter während des Bestehens der Gesellschaft ausschließt.[86] Das gilt grundsätzlich auch, wenn der Betroffene nicht in der Lage ist, von der Gesellschaft Ersatz zu erlangen.[87] Eine Ausnahme besteht allerdings, wenn ein Gesellschafter wegen einer Gesellschaftsverbindlichkeit nach § 128 HGB in Anspruch genommen worden ist (dazu ausführlich bei der GbR → Rn. 167).[88] In diesem Fall stellt der Rückgriff bei den anderen Gesellschaftern keine nachträgliche Erhöhung der vereinbarten Einlage iSd § 707 BGB dar. Vielmehr hätte der Gesellschaftsgläubiger ebenso gut bei den anderen Gesellschaftern Befriedigung nach § 128 HGB suchen können. Welchen Gesellschafter er in Anspruch nimmt, mag Zufall sein. Auch in diesem Fall folgt der Rückgriffsanspruch jedoch nicht aus § 128 iVm § 110 HGB, sondern aus § 426 I und II BGB aufgrund der Stellung der Gesellschafter als Gesamtgläubiger.[89] Zulässig ist die Inanspruchnahme der Mitgesellschafter allerdings nur, wenn eine Befriedigung durch die Gesellschaft im konkreten

---

81 BGHZ 37, 299 (302); 39, 319 (324); 76, 127 (130); KKRM/*Kindler* HGB § 110 Rn. 3.
82 Baumbach/Hopt/*Roth* HGB § 110 Rn. 12; EBJS/*Bergmann* HGB § 110 Rn. 16.
83 MüKoHGB/*Langhein* § 110 Rn. 17; Baumbach/Hopt/*Roth* HGB § 110 Rn. 11; aA EBJS/*Bergmann* HGB § 110 Rn. 18.
84 EBJS/*Bergmann* HGB § 110 Rn. 21; MüKoHGB/*Langhein* § 110 Rn. 18.
85 Baumbach/Hopt/*Roth* HGB § 110 Rn. 13; Röhricht/v. Westphalen/Haas/*Haas* HGB § 110 Rn. 11.
86 BGHZ 37, 299 (301); MüKoHGB/*Langhein* § 110 Rn. 10.
87 BGHZ 37, 299 (301); KKRM/*Kindler* HGB § 110 Rn. 3.
88 BGHZ 37, 299 (301); EBJS/*Bergmann* HGB § 110 Rn. 29; weitergehend augenscheinlich BGH NJW 2011, 1730 (1731).
89 BGHZ 103, 72 (76); BGH NJW 1980, 339 (340) MüKoHGB/*Langhein* § 110 Rn. 10; aA bezüglich § 426 II BGB *Gellings* JuS 2012, 589 (592).

Fall ausscheidet (Subsidiarität).[90] Darüber hinaus kann jeder Gesellschafter auch nur anteilig (pro rata) in Höhe seiner Verlustbeteiligung (§ 121 III HGB) in Anspruch genommen werden.[91]

> In **Fall d** könnte sich ein Anspruch des A gegen die OHG auf Ersatz der entstandenen Schäden und auf Zahlung eines angemessenen Schmerzensgeldes aus § 110 I HGB ergeben. Unfallschäden stellen keine freiwilligen Vermögensopfer und damit keine Aufwendungen iSd § 110 I Alt. 1 HGB dar. Denn im Grundsatz ist die Teilnahme am Straßenverkehr dem allgemeinen Lebensrisiko zuzuordnen,[92] soweit sich nicht im Einzelfall doch einmal tätigkeitsspezifische Risikolagen ergeben, etwa wenn ein Gesellschafter wegen äußerst dringender eilbedürftiger Geschäfte im Interesse der Gesellschaft zu einem riskantem Verhalten veranlasst wurde.[93] In den Schäden könnten aber Verluste zu sehen sein, die A aus Gefahren erlitten hat, die mit der Geschäftsführung unmittelbar verbunden sind, § 110 I Alt. 2 HGB. Die Schäden sind in einem unmittelbaren Zusammenhang mit einer Kundenfahrt und damit aufgrund einer tätigkeitsspezifischen Gefahr unfreiwillig entstanden.[94] Es liegen mithin Verluste iSd § 110 I Alt. 2 HGB vor. Nicht erfasst sind hingegen immaterielle Schäden, sodass die Zahlung eines Schmerzensgeldes ausscheidet.[95] A muss sich hinsichtlich der Unfallschäden auch nicht zuerst an D wenden, da § 110 HGB keine subsidiäre Haftung begründet.[96] Demgegenüber scheidet eine Inanspruchnahme von B und C gem. § 128 HGB aus, da diese Bestimmung auf Sozialverbindlichkeiten grundsätzlich nicht anwendbar ist.

d) Die *Gewinn- und Verlustverteilung* in der OHG richtet sich nach §§ 120f. HGB. **278** Am Schluss jedes Geschäftsjahres wird aufgrund der Bilanz der Gewinn oder Verlust des Jahres ermittelt und für jeden Gesellschafter sein Anteil daran berechnet (§ 120 I HGB). Dabei bestehen Unterschiede zwischen der Gewinn- und der Verlustverteilung. Während *Verluste*, vorbehaltlich anderweitiger gesellschaftsvertraglicher Regelungen, unter den Gesellschaftern nach Köpfen aufgeteilt werden (§ 121 III Alt. 2 HGB), ist die Verteilung von Gewinnen an den jeweiligen Kapitalanteil der Gesellschafter geknüpft (§ 121 I, II HGB).

Der *Kapitalanteil* ist ein Posten in der Bilanz, der das Verhältnis der Beteiligungen der Gesellschafter am Wert des Gesellschaftsvermögens in einer bestimmten Geldgröße widerspiegelt.[97] Neben der Gewinnverteilung ist der Kapitalanteil bedeutsam für das Entnahmerecht (§ 122 HGB) sowie für die Verteilung des Gesellschaftsvermögens im Fall der Auseinandersetzung (§ 155 HGB). Dabei entspricht der Kapitalanteil lediglich einer Rechnungsziffer.[98] Damit unterscheidet er sich vom Anteil eines Gesellschafters am Gesellschaftsvermögen.[99] Weiterhin begründet der Kapitalanteil keine Forderung des Gesellschafters gegen die OHG oder umgekehrt.[100] Verfügungen über den Kapital-

---

90 BGHZ 103, 72 (76); EBJS/*Bergmann* HGB § 110 Rn. 29; Röhricht/v. Westphalen/Haas/*Haas* HGB § 110 Rn. 4.
91 Baumbach/Hopt/*Roth* HGB § 128 Rn. 27; EBJS/*Bergmann* HGB § 110 Rn. 29.
92 Baumbach/Hopt/*Roth* HGB § 110 Rn. 13.
93 MüKoHGB/*Langhein* HGB § 110 Rn. 19
94 EBJS/*Bergmann* HGB § 110 Rn. 23 unter der Voraussetzung, dass der Gesellschafter davon ausgehen konnte, die Besorgung so erledigen zu dürfen.
95 Vgl. MüKoHGB/*Langhein* § 110 Rn. 17; *Kindler* GK HandelsR/GesR § 11 Rn. 31; aA EBJS/*Bergmann* HGB § 110 Rn. 18.
96 Baumbach/Hopt/*Roth* HGB § 110 Rn. 6; EBJS/*Bergmann* HGB § 110 Rn. 28.
97 EBJS/*Ehricke* HGB § 120 Rn. 57; KKRM/*Kindler* HGB § 120 Rn. 7; MüKoHGB/*Priester* § 120 Rn. 84.
98 RGZ 117, 238 (242); BGHZ 58, 316 (318); EBJS/*Ehricke* HGB § 120 Rn. 58; *Oppenländer* DStR 1999, 939 (940).
99 EBJS/*Ehricke* HGB § 120 Rn. 60; *K. Schmidt* GesR § 47 III (S. 1380ff.).
100 BGII NJW 1999, 2438; MüKoHGB/*Priester* § 120 Rn. 87.

anteil (zB Abtretung, Verpfändung) sind deshalb nicht möglich.[101] Die Bildung des Kapitalanteils erfolgt für jeden Gesellschafter gesondert, in der Regel am Ende eines Geschäftsjahres. Dazu werden der ersten Einlage des Gesellschafters spätere Gewinnanteile sowie mögliche weitere Einlagen zugeschrieben und seine Verlustanteile sowie Entnahmen abgezogen (§ 120 II HGB). Möglich ist auch ein negativer Kapitalanteil, wenn die Verlustanteile und Entnahmen des Gesellschafters die Einlagen und Gewinnanteile übersteigen.[102] Eine Nachzahlungspflicht entsteht in diesem Fall allerdings nicht.

> **Beispiel:** A und B gründen eine OHG. Während sich die Einlage von A auf 20.000 EUR beläuft, beteiligt sich B nur iHv 10.000 EUR. Als Folge der vorhersehbaren Anlaufschwierigkeiten erwirtschaftet die OHG im ersten Geschäftsjahr einen Verlust von 10.000 EUR. Dies wirkt sich folgendermaßen auf die Kapitalanteile aus:
> Kapitalanteil A: 20.000 EUR Einlage – 5.000 EUR Verlustanteil (§ 121 III) = 15.000 EUR
> Kapitalanteil B: 10.000 EUR Einlage – 5.000 EUR Verlustanteil (§ 121 III) = 5.000 EUR

Der für das abgeschlossene Geschäftsjahr ermittelte Kapitalanteil bildet die Grundlage für die *Gewinnverteilung* unter den Gesellschaftern. Unterjährige Einlagen bzw. Entnahmen werden dabei anteilig berücksichtigt (§ 121 II HGB). So gebührt jedem Gesellschafter vom Jahresgewinn zunächst ein Anteil iHv 4 % seines Kapitalanteils (§ 121 I HGB). Übersteigt der Jahresgewinn die Summe der auf diese Weise verteilten Gewinnanteile, wird der restliche Betrag in einem zweiten Schritt unter den Gesellschaftern nach Köpfen aufgeteilt (§ 121 III HGB). Der so ermittelte Gewinnanteil wird anschließend dem jeweiligen Kapitalanteil des Gesellschafters zugeschrieben (§ 120 II HGB). Eine unmittelbare Auszahlung findet mithin nicht statt. Diese ist vielmehr an die Voraussetzungen des Entnahmerechts gem. § 122 HGB gebunden.

> **Beispiel:** Im darauf folgenden Jahr verbessert sich die Geschäftslage. Die OHG erwirtschaftet nun einen Gewinn iHv 1.000 EUR. Das hat folgende Konsequenzen für die Kapitalanteile:
> Kapitalanteil A: 15.000 EUR vom Vorjahr + 600 EUR (4 % Anteil, § 121 I) + 100 EUR Gewinnanteil (§ 121 III) = 15.700 EUR
> Kapitalanteil B: 5.000 EUR vom Vorjahr + 200 EUR (4 % Anteil, § 121 I) + 100 EUR Gewinnanteil (§ 121 III) = 5.300 EUR

279 e) Vorbehaltlich anderweitiger gesellschaftsvertraglicher Regelungen ist jeder Gesellschafter berechtigt, unter den Voraussetzungen des § 122 HGB *Entnahmen* aus dem Gesellschaftsvermögen zu tätigen. Über ihren Wortlaut hinaus gilt diese Regelung nicht nur für die Entnahme von Geld aus der Gesellschaftskasse, sondern für sämtliche Vermögenszuwendungen der Gesellschaft an einen Gesellschafter.[103] Hinsichtlich der Zulässigkeit von Entnahmen ist dabei zu differenzieren. So steht es zunächst jedem Gesellschafter frei, Entnahmen iHv bis zu 4 % seines für das letzte Geschäftsjahr festgestellten Kapitalanteils vorzunehmen (*gewinnunabhängiges Entnahmerecht*, § 122 I Alt. 1 HGB). Das gilt auch, wenn im vergangenen Geschäftsjahr ein Verlust erwirtschaftet wurde.[104] Das Entnahmerecht deckt sich somit nicht zwangsläufig mit dem nach § 121 I HGB ermittelten Betrag. Beschränkungen des Entnahmerechts können

---

101 Baumbach/Hopt/*Roth* HGB § 120 Rn. 13; EBJS/*Ehricke* HGB § 120 Rn. 59; KKRM/*Kindler* HGB § 120 Rn. 7.
102 KKRM/*Kindler* HGB § 120 Rn. 7; MüKoHGB/*Priester* § 120 Rn. 88; Röhricht/v. Westphalen/Haas/*Haas* HGB § 120 Rn. 14.
103 Baumbach/Hopt/*Roth* HGB § 122 Rn. 1; KKRM/*Kindler* HGB § 122 Rn. 2.
104 *Kindl* GesR § 15 Rn. 15.

sich zudem ausnahmsweise aus der gesellschaftlichen Treuepflicht ergeben.[105] Wurde das letzte Geschäftsjahr mit einem Gewinn abgeschlossen, können die Gesellschafter zusätzlich die Auszahlung ihres restlichen Gewinnanteils verlangen, soweit dieser den nach Alt. 1 gewährten Betrag übersteigt und die Auszahlung nicht zum Schaden der Gesellschaft gereicht (*gewinnabhängiges Entnahmerecht*, § 122 I Alt. 2 HGB). Das gilt auch, wenn ungeachtet des Gewinns ein negativer Kapitalanteil besteht.[106] Weitere Entnahmen sind dagegen ohne die Zustimmung der anderen Gesellschafter nicht zulässig (§ 122 II HGB). Beträge, die entgegen diesen Vorschriften entnommen werden, sind gem. § 111 I HGB zu verzinsen und an die Gesellschaft zurück zu gewähren. Die Rückzahlung kann auch von einem einzelnen Gesellschafter nach den Grundsätzen der actio pro socio geltend gemacht werden.[107] Wird das Entnahmerecht nicht oder nicht in vollem Umfang ausgeübt, erhöht sich der Kapitalanteil des betreffenden Gesellschafters, was sich positiv auf die Gewinnverteilung im Folgejahr auswirken kann (§ 121 I HGB).

In den oben beschriebenen Beispielen kann A folgende Entnahmen tätigen:

Beispiel 1: (Kapitalanteil 15.000 EUR): gewinnunabhängiges Entnahmerecht von 600 EUR (4 % Anteil); wegen des Verlusts kein weitergehendes Entnahmerecht ohne Zustimmung des B.
Beispiel 2: (Kapitalanteil 15.700 EUR): gewinnunabhängiges Entnahmerecht von 628 EUR (4 % Anteil); zusätzlich gewinnabhängiges Entnahmerecht iHv 72 EUR.

3. Pflichten der Gesellschafter

a) Die strukturelle Ähnlichkeit zwischen OHG und GbR hat zur Folge, dass sich die *Pflichten der Gesellschafter im Innenverhältnis weitgehend entsprechen* (§ 105 III HGB). Das gilt namentlich für die Beitragspflicht, die gesellschaftliche Treuepflicht und das allgemeine Gleichbehandlungsgebot (dazu bei der GbR → Rn. 132 ff., 136 ff., 112). Auch die Voraussetzungen für eine Haftung gem. § 280 BGB aufgrund von Pflichtverletzungen gegenüber der Gesellschaft sind grundsätzlich dieselben. Eine Besonderheit stellt hingegen die *Verzinsungspflicht* des § 111 HGB dar, nach welcher ein Gesellschafter, der seine Geldeinlage nicht zur rechten Zeit einzahlt oder entnommenes Gesellschaftsgeld nicht zur rechten Zeit an die Gesellschaftskasse abliefert oder unbefugt Geld aus der Gesellschaftskasse entnimmt, Zinsen zu entrichten hat. Der einschlägige Zinssatz ergibt sich aus § 352 II HGB und beträgt jährlich 5 %. Sollten darüber hinaus die Voraussetzungen des Verzugs gem. § 286 BGB gegeben sein, richtet sich der Zinssatz nach §§ 288 II, 247 BGB.[108] Auch in prozessualer Hinsicht entspricht die Rechtslage weitgehend derjenigen bei der GbR. Insbesondere können die Grundsätze der *actio pro socio* bei der Geltendmachung von OHG-Ansprüchen gegen einen Gesellschafter ebenfalls herangezogen werden (ausführlich dazu bei der GbR → Rn. 165).

280

b) Eine spezielle Ausprägung der gesellschaftlichen Treuepflicht ist das *Wettbewerbsverbot*, das anders als bei der GbR in § 112 HGB ausdrücklich geregelt ist. Danach ist

281

---

105 BGHZ 132, 263 (276); Baumbach/Hopt/*Roth* HGB § 122 Rn. 9; Röhricht/v. Westphalen/Haas/ *Haas* HGB § 122 Rn. 6.
106 Baumbach/Hopt/*Roth* HGB § 122 Rn. 12; EBJS/*Ehricke* HGB § 122 Rn. 35; MüKoHGB/*Priester* § 122 Rn. 26.
107 BGH WM 1967, 1099 (1101); MüKoHGB/*Priester* § 122 Rn. 45.
108 KKRM/*Kindler* HGB § 111 Rn. 1; MüKoHGB/*Langhein* § 111 Rn. 15.

es den Gesellschaftern untersagt, ohne die Einwilligung der anderen Gesellschafter in dem *Handelszweig* der Gesellschaft eigene Geschäfte zu tätigen oder sich an einer anderen *gleichartigen Handelsgesellschaft* als persönlich haftender Gesellschafter zu beteiligen. Auf diese Weise soll der Gefahr entgegengewirkt werden, dass ein Gesellschafter seine Kenntnisse über die internen Angelegenheiten des Unternehmens und das damit verbundene Know-how zugunsten eines Konkurrenzbetriebs nutzt. Von ihrem Anwendungsbereich her ist die Regelung weit auszulegen.[109] Die Grenzen des Wettbewerbsverbots sind vom konkreten Umfang der Geschäftstätigkeit der OHG (relevanter Markt) abhängig. Das gilt sowohl in sachlicher als auch in räumlicher Hinsicht.[110] Dabei ist der sachlich relevante Markt (Handelszweig der Gesellschaft) grundsätzlich mit Blick auf den im Gesellschaftsvertrag festgelegten Zweck der OHG zu bestimmen.[111] Geht die tatsächliche Geschäftstätigkeit der Gesellschaft über diesen hinaus oder bleibt sie dahinter zurück, kann dies allerdings eine Änderung der Reichweite des Wettbewerbsverbots nach sich ziehen.[112] Neben dem Betrieb eines eigenen Unternehmens umfasst das Verbot des § 112 I Alt. 1 HGB auch Geschäfte zugunsten Dritter, beispielsweise als Handelsvertreter, GmbH-Geschäftsführer oder Vorstand einer AG.[113] Das gilt auch für Gesellschafter, die von der Geschäftsführung ausgeschlossen sind.

Auch über das Wettbewerbsverbot des § 112 I Alt. 1 HGB hinaus können die Gesellschafter dazu verpflichtet sein, bestimmte Geschäfte zu unterlassen. Das ergibt sich aus der *Geschäftschancenlehre* (»corporate opportunities«), die eine spezielle Ausprägung der gesellschaftlichen Treuepflicht darstellt. Danach ist es den Gesellschaftern grundsätzlich untersagt, Geschäftschancen, die sich für die Gesellschaft ergeben, an sich zu ziehen und persönlich zu nutzen (vgl. das Beispiel zur GbR → Rn. 137).[114] Das gilt auch, wenn das konkrete Geschäft an sich nicht in den Handelszweig der Gesellschaft fällt. Ob die Gesellschaft die Geschäftschance selbst genutzt hätte, ist insoweit grundsätzlich irrelevant.[115]

Auch ist es den Gesellschaftern untersagt, sich an einer gleichartigen Handelsgesellschaft als persönlich haftende Gesellschafter zu beteiligen (§ 112 I Alt. 2 HGB). Nach seinem Wortlaut gilt dieses Verbot lediglich für andere *Handels*gesellschaften, sodass unmittelbar nur die Beteiligung als persönlich haftender Gesellschafter einer OHG, KG oder KGaA erfasst ist.[116] Mit Rücksicht auf den Zweck der Norm ist allerdings von einer entsprechenden Anwendbarkeit auch auf die Außen-GbR sowie ausländische Gesellschaftsformen mit unbeschränkter Gesellschafterhaftung auszugehen.[117] Dagegen findet das Wettbewerbsverbot des § 112 I Alt. 2 HGB grundsätzlich keine Anwendung auf gesetzestypisch ausgestaltete Beteiligungen mit *beschränkter persönlicher Haftung* (insbesondere Kommanditisten).[118] Etwas anderes kommt lediglich ausnahmsweise in Betracht, wenn die Rechtsmacht des Gesellschafters im Unternehmen weitgehend derjenigen eines persönlich haftenden angenähert ist.[119] Besondere

---

109 BGHZ 70, 331 (333); BGH WM 1957, 1128; MüKoHGB/*Langhein* § 112 Rn. 13.
110 MüKoHGB/*Langhein* § 112 Rn. 11; Röhricht/v. Westphalen/Haas/*Haas* HGB § 112 Rn. 6 f.; *Armbrüster* ZIP 1997, 261 (263).
111 BGHZ 89, 162 (170); Schwerdtfeger/*Lehleiter* HGB § 112 Rn. 7.
112 BGHZ 70, 331 (332); 89, 170; Baumbach/Hopt/*Roth* HGB § 112 Rn. 5.
113 BGH WM 1972, 1229 (1230); Röhricht/v. Westphalen/Haas/*Haas* HGB § 112 Rn. 5.
114 BGH NJW 1986, 584; 1989, 2687; NJW-RR 1989, 1255; MüKoHGB/*Langhein* § 112 Rn. 16.
115 Baumbach/Hopt/*Roth* HGB § 109 Rn. 26; *Fleischer* NZG 2003, 985 (986 f.).
116 BGHZ 38, 306; Schwerdtfeger/*Lehleiter* HGB § 112 Rn. 8.
117 BGHZ 70, 331 (334); Baumbach/Hopt/*Roth* HGB § 112 Rn. 6.
118 Baumbach/Hopt/*Roth* HGB § 112 Rn. 6; MüKoHGB/*Langhein* § 112 Rn. 17 f.
119 EBJS/*Bergmann* HGB § 112 Rn. 14; Röhricht/v. Westphalen/Haas/*Haas* HGB § 112 Rn. 8 f.

Bedeutung kommt insoweit den Geschäftsführungs- und Vertretungsbefugnissen sowie den sonstigen Einflussnahmemöglichkeiten des Kommanditisten, wie beispielsweise Stimm- oder Vetorechten, zu.

Schließlich fällt die Beteiligung an einer anderen Gesellschaft nur dann unter das Verbot des § 112 I Alt. 2 HGB, wenn es sich gegenüber der OHG um eine *gleichartige Gesellschaft* handelt. Dabei ist nach hM auf den Gegenstand der Geschäftstätigkeit abzustellen.[120] Die Beteiligung an einer anderen Gesellschaft soll demnach nur verboten sein, wenn diese auch gleichartige Geschäfte wie die OHG betreibt. Demgegenüber geht eine andere Ansicht davon aus, dass sich die Gleichartigkeit nur auf die Gesellschaftsform als solche (OHG) ohne Rücksicht auf den konkreten Geschäftsgegenstand bezieht.[121] Zum Schutz der Kreditgrundlage der OHG soll danach jede Beteiligung als unbeschränkt haftender Gesellschafter einer anderen Gesellschaft nach § 112 I Alt. 1 HGB unzulässig sein. Gegen dieses Verständnis spricht jedoch, dass das Tatbestandsmerkmal der Gleichartigkeit dann eigentlich entbehrlich wäre. Der Zusammenhang mit Alt. 1 spricht vielmehr dafür, dass die Norm insgesamt dem Schutz vor Wettbewerb durch einen Gesellschafter dienen soll. Die Beteiligung an einer anderen Gesellschaft ist mithin nur verboten, soweit diese gleichartigen Geschäfte wie die OHG betreibt und in einem Wettbewerbsverhältnis zu dieser steht. Für die Gleichartigkeit gelten die Maßstäbe zum relevanten Markt folglich entsprechend.

Als eine das Innenverhältnis betreffende Vorschrift kann § 112 HGB von den Gesellschaftern grundsätzlich abbedungen oder modifiziert werden. So kann im Gesellschaftsvertrag geregelt werden, dass anstelle der Einwilligung aller Gesellschafter ein Mehrheitsbeschluss ausreichend ist. Ein Stimmrecht des Betroffenen besteht dann nicht.[122] Auch kann die Dauer des Wettbewerbsverbots auf den Zeitraum nach dem Ausscheiden eines Gesellschafters ausgedehnt werden. An die inhaltliche Ausgestaltung eines solchen *nachvertraglichen Wettbewerbsverbots* sind allerdings mit Blick auf § 138 BGB strenge Anforderungen zu stellen. So setzt die Wirksamkeit grundsätzlich voraus, dass das Verbot auf das sachlich, örtlich und zeitlich erforderliche Maß beschränkt ist.[123] Darüber hinaus kann sich eine Unwirksamkeit unter Umständen auch aus dem Kartellrecht ergeben.[124]

Kommt es zu einer Verletzung des Wettbewerbsverbots, kann die Gesellschaft den betreffenden Gesellschafter nach § 113 HGB alternativ auf Schadensersatz in Anspruch nehmen oder von ihm verlangen, dass er die für eigene Rechnung gemachten Geschäfte als für Rechnung der Gesellschaft getätigt gelten lässt (Eintrittsrecht). Voraussetzung der Inanspruchnahme ist jeweils ein entsprechender Beschluss der übrigen Gesellschafter. Macht die Gesellschaft von ihrem *Eintrittsrecht* Gebrauch, schuldet der Gesellschafter die Herausgabe der aus dem Geschäft gezogenen Gewinne abzüglich der

---

120 EBJS/*Bergmann* HGB § 112 Rn. 14; MüKoHGB/*Langhein* § 112 Rn. 17; Röhricht/v. Westphalen/ Haas/*Haas* HGB § 112 Rn. 8; *Armbrüster* ZIP 1997, 261 (262 f.).

121 *Kraft/Kreutz* GesR D II 1 b (S. 182).

122 BGHZ 80, 69 (71).

123 BGH NJW 1991, 699; MüKoHGB/*Langhein* § 112 Rn. 22; *Kindler* GK HandelsR/GesR § 11 Rn. 19; *Mayer* NJW 1991, 23 (24).

124 Insgesamt zum Verhältnis zwischen gesellschaftsrechtlichem Wettbewerbsverbot und Kartellrecht: BGHZ 38, 306 (312); 70, 331 (334); 89, 162 (169); 104, 246 (251); EBJS/*Bergmann* HGB § 112 Rn. 35 ff.; *Armbrüster* ZIP 1997, 261 ff.

von ihm gemachten Aufwendungen.[125] Auch etwaige Verluste muss die Gesellschaft in diesem Fall übernehmen.[126] Die Ausübung des Eintrittsrechts wirkt sich allerdings nur im Innenverhältnis der Gesellschaft aus. Gegenüber außenstehenden Dritten bleibt der Gesellschafter dagegen weiterhin Vertragspartei.[127] Darüber hinaus kann der Verstoß gegen das Wettbewerbsverbot auch andere gesellschaftsrechtliche Folgen nach sich ziehen, von der Entziehung der Geschäftsführungs- und Vertretungsmacht, über den Ausschluss des Gesellschafters bis hin zur Auflösung der Gesellschaft (§ 113 IV HGB).

> In **Fall e** hat die OHG gegen A einen Schadensersatzanspruch aus § 113 I Hs. 1 HGB, wenn dieser schuldhaft gegen das Wettbewerbsverbot aus § 112 I HGB verstoßen hat. A ist als Geschäftsführer der K-GmbH im Handel mit kanzleispezifischem Büromaterial und damit in dem Handelszweig der OHG tätig geworden. Dabei erfasst das Tatbestandsmerkmal »Geschäfte machen« in § 112 I Alt. 1 HGB auch das Handeln im fremden Namen und somit die Position eines Geschäftsführers. Eine Einwilligung der anderen Gesellschafter B und C liegt nicht vor, von einem Verschulden des A ist auszugehen. Die OHG kann die ihr entstandenen Schäden (zB entgangener Gewinn, Verlust von Kunden) ersetzt verlangen.
>
> Alternativ zum Schadensersatz können B und C von A verlangen, dass er die für die Tätigkeit als Geschäftsführer der K-GmbH bezogene Vergütung herausgibt oder seinen Anspruch auf die Vergütung abtritt (Eintrittsrecht, § 113 I Hs. 1 Alt. 1 HGB). Hierzu ist ein von B und C gefasster Beschluss erforderlich.
>
> Obwohl nicht ausdrücklich in § 113 I HGB vorgesehen, kann die OHG weiterhin von A verlangen, dass er als Geschäftsführer der K-GmbH nicht mehr mit kanzleispezifischem Büromaterial handelt (Unterlassungsanspruch).

4. Beschlussfassung

282   Bestimmte Maßnahmen in der OHG erfordern eine gemeinsame Entscheidung der Gesellschafter in Form eines Gesellschafterbeschlusses. Maßgeblich ist dabei grundsätzlich das Einstimmigkeitsprinzip (§ 119 I HGB). Ein besonderes Verfahren existiert nicht. Auch außerhalb der Gesellschafterversammlung können Beschlüsse durch schriftliche Abstimmung oder mündliche Verständigung gefasst werden.[128] Je nach Beschlussgegenstand hat die Beschlussfassung in unterschiedlicher Zusammensetzung zu erfolgen. So ist eine Reihe von Beschlüssen durch *alle Gesellschafter* gemeinsam zu treffen.[129] Das gilt unter anderem für die Entscheidung über die Durchführung außergewöhnlicher Geschäftsführungsmaßnahmen (§ 116 II HGB), die einvernehmliche Auflösung der Gesellschaft (§ 131 Nr. 2 HGB), die Änderung des Gesellschaftsvertrags sowie die Vornahme sonstiger Grundlagengeschäfte (ausführlich dazu bei der GbR → Rn. 116, 155). In anderen Fällen kann ein Beschluss durch *alle geschäftsführenden Gesellschafter* herbeizuführen sein, so bei Vereinbarung der Gesamtgeschäftsführungsbefugnis (§ 115 II HGB) oder bei der Bestellung eines Prokuristen (§ 116 III HGB) (→ Rn. 273 b). Schließlich können bestimmte Maßnahmen auch von einem Beschluss *aller übrigen Gesellschafter,* dh aller mit Ausnahme des Betroffenen, abhängen. Das gilt etwa für die Geltendmachung von Ansprüchen gegen einen Gesellschafter im Zusammenhang mit dem Wettbewerbsverbot (§ 113 II HGB) sowie für die Klageerhe-

---

125   Baumbach/Hopt/*Roth* HGB § 113 Rn. 2; KKRM/*Kindler* HGB §§ 113 Rn. 4.
126   EBJS/*Bergmann* HGB § 113 Rn. 14; MüKoHGB/*Langhein* § 113 Rn. 8.
127   BGHZ 89, 162 (171); EBJS/*Bergmann* HGB § 113 Rn. 10.
128   MüKoHGB/*Enzinger* § 119 Rn. 40; Röhricht/v. Westphalen/Haas/*Haas* HGB § 119 Rn. 2.
129   Zur Mitwirkung Dritter *Saenger,* Beteiligung Dritter bei Beschlussfassung und Kontrolle im Gesellschaftsrecht, 1990, 48 ff.

bung zur Ausschließung eines Gesellschafters (§ 140 HGB) bzw. zur Entziehung seiner Geschäftsführungsbefugnis (§ 117 HGB) oder Vertretungsmacht (§ 127 HGB).

Gesetzlich nicht geregelt ist die Frage, in welchen Fällen ein eigentlich zur Entscheidung berufener Gesellschafter aufgrund eines Interessenkonflikts gegenüber der OHG von der *Beschlussfassung ausgeschlossen* ist. Einigkeit herrscht dabei lediglich dahingehend, dass ein Gesellschafter grundsätzlich nicht als »Richter in eigener Sache« an Beschlüssen mitwirken darf.[130] Ergänzend lassen sich zudem andere gesetzliche Wertungen (§ 34 BGB, § 136 I AktG, § 47 IV GmbHG, § 43 VI GenG) teilweise für die OHG heranziehen.[131] Ein Mitwirkungsverbot ist demgemäß insbesondere bei der Beschlussfassung über die Geltendmachung von Ansprüchen gegen einen Gesellschafter sowie dessen Entlastung oder seine Befreiung von einer Verbindlichkeit anzunehmen.[132] Unzulässig ist ferner die Mitwirkung des Betroffenen an der Entscheidung über die Vornahme eines Rechtsgeschäfts zwischen ihm und der Gesellschaft (zB Abschluss eines Kaufvertrags, Kündigung eines Mietvertrags).[133] Im Hinblick auf etwaige Mängel im Rahmen der Beschlussfassung sowie das Stimmrecht der Gesellschafter, namentlich die Zulässigkeit von Stimmbindungsverträgen, gelten die für die GbR maßgeblichen Grundsätze entsprechend (insbesondere zu Letzteren bei der GbR → Rn. 126).

Schließlich können die Regelungen über die Beschlussfassung durch den Gesellschaftsvertrag modifiziert werden. Das gilt etwa für die Zulassung von Mehrheitsbeschlüssen. Sind solche im Gesellschaftsvertrag vorgesehen, richtet sich die Mehrheit im Zweifel nach Köpfen, § 119 II HGB. Die Zulässigkeit von Mehrheitsbeschlüssen unterliegt einer zweistufigen Kontrolle. Auf der ersten Stufe ist im Wege der Auslegung des Gesellschaftsvertrags nach allgemeinen Auslegungsgrundsätzen zu ermitteln, ob der betreffende Beschlussgegenstand von der Mehrheitsklausel erfasst wird (formelle Legitimation).[134] Auf der zweiten Stufe erfolgt eine inhaltliche Überprüfung des Beschlusses (materielle Legitimation),[135] ob eine treupflichtwidrige Ausübung der Mehrheitsmacht gegenüber der Minderheit vorliegt. Bei Eingriffen in die individuelle Rechtsstellung eines Gesellschafters kommt es dabei maßgeblich darauf an, ob der Eingriff im Interesse der Gesellschaft geboten und dem betroffenen Gesellschafter unter Berücksichtigung seiner eigenen schutzwerten Belange zumutbar ist (→ Rn. 75).[136]

---

130 BGHZ 108, 21 (25); Baumbach/Hopt/*Roth* HGB § 119 Rn. 8; KKRM/*Kindler* HGB § 119 Rn. 3; MüKoHGB/*Enzinger* § 119 Rn. 30; Beispiele bei *Saenger/Scheuch* JA 2012, 651 (657).

131 RGZ 136, 236 (245); EBJS/*Freitag* HGB § 119 Rn. 15; Röhricht/v. Westphalen/Haas/*Haas* HGB § 119 Rn. 34.

132 BGHZ 97, 382; BGH NJW 1974, 1555 (1556).

133 RGZ 136, 236 (245); Baumbach/Hopt/*Roth* HGB § 119 Rn. 8; EBJS/*Freitag* HGB § 119 Rn. 21; Röhricht/v. Westphalen/Haas/*Haas* HGB § 119 Rn. 35; gegen ein umfassendes Stimmverbot MüKoHGB/*Enzinger* § 119 Rn. 33; *Hueck* OHG § 11 III 2 (S. 171); *Windbichler* GesR § 13 Rn. 10; Schlegelberger/*Martens* HGB § 119 Rn. 39; offen lassend BGHZ 48, 251 (256).

134 BGHZ 203, 77 = NJW 2015, 859 (861) unter Aufgabe des früheren Bestimmtheitsgrundsatzes.

135 BGHZ 203, 77 = NJW 2015, 859 (861).

136 BGHZ 203, 77 = NJW 2015, 859 (861 f.) in Abkehr von der sog. Kernbereichslehre.

IV. Außenverhältnis

Im Gegensatz zum Innenverhältnis bezeichnet man die Beziehungen zwischen der Gesellschaft bzw. ihren Gesellschaftern und außen stehenden Dritten als Außenverhältnis.

1. Entstehen im Außenverhältnis

283 Die Frage, zu welchem Zeitpunkt die OHG im Verhältnis zu Dritten wirksam entsteht, ist insbesondere für die Anwendbarkeit der §§ 124 ff. HGB von Bedeutung. Denn anders als im Verhältnis der Gesellschafter untereinander entsteht die OHG im Außenverhältnis nicht automatisch mit dem Abschluss des Gesellschaftsvertrags. Vielmehr wird sie gegenüber Dritten grundsätzlich erst mit der *Eintragung ins Handelsregister* wirksam (§ 123 I HGB). Beginnt die Gesellschaft ihre Geschäfte allerdings schon *vor der Eintragung*, kann das nach § 123 II HGB ebenfalls zur Entstehung der OHG im Verhältnis zu Dritten führen. Dies setzt allerdings voraus, dass es sich um eine Gesellschaft handelt, die auf den Betrieb eines Handelsgewerbes gem. § 1 II HGB gerichtet ist. Für kleingewerbetreibende und rein vermögensverwaltende Gesellschaften bleibt es demgegenüber dabei, dass vor der Eintragung in das Handelsregister lediglich eine GbR entstehen kann. Darüber hinaus setzt die Anwendbarkeit des § 123 II HGB voraus, dass alle Gesellschafter dem Geschäftsbeginn zumindest konkludent zugestimmt haben.[137] Dabei erfordert der Geschäftsbeginn nicht unbedingt, dass das den Gesellschaftszweck bildende Unternehmen seinen Geschäftsbetrieb in vollem Umfang aufnimmt.[138] Die Wirksamkeit im Außenverhältnis tritt vielmehr auch durch reine Vorbereitungshandlungen im Namen der OHG ein, wie zum Beispiel die Eröffnung eines Bankkontos, die Verhandlung über den Ankauf eines Betriebsgrundstücks oder der Abschluss eines Mietvertrags.[139] Eine Vereinbarung, dass die OHG in diesen Fällen erst zu einem späteren Zeitpunkt entstehen soll, ist Dritten gegenüber unwirksam (§ 123 III HGB). Die vorgenannten Grundsätze sind entsprechend auf den Eintritt eines neuen Gesellschafters in eine bestehende OHG anwendbar. Der Eintritt wird Dritten gegenüber mithin erst durch Eintragung ins Handelsregister bzw. Zustimmung zur Vornahme von Geschäften wirksam.[140]

> In **Fall f** setzt ein Anspruch des D gegen A auf Zahlung von 10.000 EUR aus § 128 HGB iVm § 433 II BGB voraus, dass im Außenverhältnis eine OHG entstanden ist. Da eine Eintragung im Handelsregister noch nicht erfolgt ist, kann sich die Wirksamkeit der OHG nur aus § 123 II HGB ergeben. Ein danach erforderlicher Geschäftsbeginn ist zwar an sich in dem Abschluss des Kaufvertrags zu sehen. Erforderlich ist aber, dass der Geschäftsbeginn auch mit Zustimmung aller Gesellschafter erfolgte.[141] Denn es liegt nur dann ein Geschäftsbeginn durch die Gesellschaft vor, wenn diese wirksam vertreten worden ist. Eine organschaftliche Einzelvertretungsmacht aus § 125 I HGB steht den Gesellschaftern aber zu diesem Zeitpunkt noch nicht zu, weil dies wiederum eine im Außenverhältnis wirksam entstandene OHG voraussetzt. Mangels Geschäftsbeginns durch die Gesellschaft liegt keine OHG vor. Ein Anspruch aus § 128 HGB iVm § 433 II BGB scheidet deshalb aus. Vielmehr haftet B als Vertreter ohne Vertretungsmacht nach § 179 BGB.

---

137 Baumbach/Hopt/*Roth* HGB § 123 Rn. 12; EBJS/*Hillmann* HGB § 123 Rn. 20; KKRM/*Kindler* HGB § 123 Rn. 4; aA MüKoHGB/*K. Schmidt* § 123 Rn. 10.
138 BGH ZIP 2004, 1208 (1209); Röhricht/v. Westphalen/Haas/*Haas* HGB § 123 Rn. 10.
139 BGHZ 10, 91 (96); BGH NJW-RR 1990, 798 (799); EBJS/*Hillmann* HGB § 123 Rn. 16 f.
140 Baumbach/Hopt/*Roth* HGB § 123 Rn. 4.
141 AA MüKoHGB/*K. Schmidt* § 123 Rn. 10.

2. Stellvertretung

Wie im gesamten Gesellschaftsrecht richtet sich die Wirksamkeit der Stellvertretung **284**
bei der OHG grundsätzlich nach den allgemeinen Vorschriften der §§ 164 ff. BGB. Zusätzlich finden sich spezielle Regelungen für die OHG in den §§ 125 ff. HGB. Diese
beziehen sich auf die *organschaftliche Vertretung* der Gesellschaft durch ihre Gesellschafter. Daneben kann es auch aufgrund von rechtsgeschäftlicher Vollmacht (§ 167
BGB), Prokura (§§ 48 ff. HGB) oder Handlungsvollmacht (§ 54 HGB) zu einer Vertretung der OHG kommen.

a) Die Befugnis, im Namen der Gesellschaft rechtsgeschäftlich tätig zu werden, also **285**
die *Vertretungsberechtigung,* steht bei der OHG nach § 125 I HGB grundsätzlich jedem Gesellschafter allein zu. Im Gegensatz zur GbR (§§ 714, 709 BGB) stellt die *Ein-*
zelvertretungsmacht bei der OHG somit den gesetzlichen Regelfall dar. Danach ist jeder Gesellschafter in der Lage, ohne Mitwirkung der anderen wirksam Rechtsgeschäfte
für die OHG vorzunehmen. Auf diese Weise soll die Handlungsfähigkeit der Gesellschaft gestärkt und den Bedürfnissen des geschäftlichen Verkehrs entsprochen werden.

Von diesem Grundsatz kann im Gesellschaftsvertrag jedoch abgewichen werden. Das gilt
insbesondere für die Vereinbarung von *Gesamtvertretungsmacht* zugunsten aller oder
mehrerer Gesellschafter (§ 125 II HGB). Darüber hinaus kann Gesamtvertretung in der
Form angeordnet werden, dass ein Gesellschafter nur zusammen mit einem Prokuristen
handeln darf (*unechte* oder auch *gemischte Gesamtvertretungsmacht,* § 125 III HGB). Besondere Anforderungen ergeben sich dabei jedoch aus dem *Grundsatz der Selbstorgan-*
schaft. Danach müssen die Gesellschafter einer Personengesellschaft in der Lage bleiben,
ohne Mitwirkung von Nichtgesellschaftern wirksam für die Gesellschaft zu handeln
(dazu schon oben bei der GbR → Rn. 146). Eine Regelung im Gesellschaftsvertrag, die
ausschließlich gemischte Gesamtvertretung vorsieht, ist deshalb nichtig.[142] An deren
Stelle tritt kraft Auslegung regelmäßig die Gesamtvertretung durch alle Gesellschafter, da
dies der Interessenlage sowie dem Willen der Gesellschafter in der Regel am nächsten
kommen wird.[143] Schließlich ist für den Fall der *Empfangsvertretung* zu beachten, dass
trotz der Vereinbarung von Gesamtvertretungsmacht die Abgabe einer Willenserklärung
gegenüber einem der organschaftlichen Vertreter ausreichend ist (§ 125 II 3, III 2 HGB).

> In **Fall g** steht D ein Anspruch auf Zahlung des Kaufpreises aus § 128 I HGB iVm § 433 II BGB gegen A
> zu, wenn C die OHG bei Abschluss des Kaufvertrags wirksam vertreten hat. Der Gesellschaftsvertrag
> sieht vor, dass C nur zusammen mit B (Gesamtvertretungsmacht) oder P (gemischte Gesamtvertre-
> tungsmacht) zur Vertretung berechtigt ist. Eine solche Vereinbarung ist nach § 125 II, III HGB zulässig.
> Der Tod des B hat jedoch zur Folge, dass C nunmehr nur noch mit dem Prokuristen P die Gesellschaft
> vertreten könnte. Dies würde aber gegen den Grundsatz der Selbstorganschaft verstoßen, der besagt,
> dass die Gesellschafter einer Personengesellschaft stets in der Lage sein müssen, ohne die Mitwirkung
> von Nichtgesellschaftern wirksam für die Gesellschaft zu handeln. Es ist daher durch Auslegung zu
> ermitteln, wem in einer solchen Situation die Vertretungsmacht zusteht. Dabei ist zu berücksichtigen,
> dass für die Gesellschafter entscheidungserheblich war, dass kein Gesellschafter die Geschicke der
> Gesellschaft alleine bestimmen soll. Daher ist nicht von einer Einzelvertretungsmacht des C, sondern
> von einer Gesamtvertretungsmacht von A und C auszugehen. Mangels wirksamer Vertretung der
> OHG besteht kein Anspruch des D gegen A aus § 128 HGB iVm § 433 II BGB.

---

142 BGHZ 26, 330 (332 f.); Baumbach/Hopt/*Roth* HGB § 125 Rn. 20; EBJS/*Hillmann* HGB § 125
Rn. 38 (40); KKRM/*Kindler* I IGD § 125 Rn. 5.
143 BGHZ 33, 105; 51, 198; *Kindl* GesR § 16 Rn. 9.

Eine Abweichung vom Grundsatz der Einzelvertretungsmacht gem. § 125 I HGB ist beim *Handelsregister anzumelden* (§ 106 II Nr. 4 HGB). Zwar ist die Anmeldung rein deklaratorisch. Gleichwohl kommt ihr im Hinblick auf § 15 I HGB erhebliche Bedeutung zu. Danach kann die abweichende Stellvertretungsregelung mangels Handelsregistereintragung Dritten grundsätzlich nicht entgegengehalten werden. Vielmehr muss sich die Gesellschaft so behandeln lassen, als ob Einzelvertretungsmacht aller Gesellschafter bestanden hätte.

286 **b)** Der *Umfang der* organschaftlichen *Vertretungsmacht* der Gesellschafter ist grundsätzlich *unbeschränkt* (§ 126 HGB). Umfasst sind alle gerichtlichen und außergerichtlichen Geschäfte und Rechtshandlungen, dh im Gegensatz zur Prokura auch solche, die über den Betrieb eines Handelsgewerbes hinausgehen. Eingeschlossen sind somit auch die Veräußerung und Belastung von Grundstücken sowie die Erteilung und der Widerruf einer Prokura (§ 126 I HGB). Dabei richtet sich die Wirksamkeit der Prokuraerteilung ausschließlich nach §§ 125, 126 HGB. Die Zustimmung der geschäftsführenden Gesellschafter gem. § 116 III 1 HGB hat demgegenüber nur im Innenverhältnis Bedeutung.[144]

> In **Fall h (1)** kann der Formulierung in § 126 I HGB, wonach sich die Vertretungsmacht auf alle außergerichtlichen Handlungen erstreckt, entnommen werden, dass auch ungewöhnliche Rechtsgeschäfte erfasst sind. Demzufolge kann A auch den Bauunternehmer mit der Durchführung umfangreicher Baumaßnahmen wirksam beauftragen. Dabei ist für die Wirksamkeit der Beauftragung im Außenverhältnis unerheblich, dass gem. § 116 I HGB die Geschäftsführungsbefugnis auf gewöhnliche Geschäfte begrenzt ist.

Ausgenommen von der Vertretungsmacht sind jedoch *Grundlagengeschäfte*, also Geschäfte, die sich auf die Grundlagen der Gesellschaft selbst oder auf das Verhältnis der Gesellschafter untereinander beziehen.[145]

> **Beispiele:** Veräußerung des gesamten Unternehmens,[146] die Aufnahme[147] bzw. Ausschließung eines Gesellschafters, die Auflösung der Gesellschaft, die Änderung des Gesellschaftsvertrags und der Abschluss eines Unternehmensvertrags.[148]

Zur Vornahme solcher Geschäfte reicht es nicht aus, zur organschaftlichen Vertretung der Gesellschaft befugt zu sein. Vielmehr ist ein wirksamer Gesellschafterbeschluss erforderlich, der regelmäßig an die Zustimmung aller Gesellschafter gebunden ist.[149]

> In **Fall h (2)** ist die Aufnahme eines stillen Gesellschafters nicht von der Vertretungsmacht erfasst, wenn in der Aufnahme ein Grundlagengeschäft zu sehen ist. Dies ist zu bejahen, wenn durch die Aufnahme die inneren Verhältnisse der Gesellschaft verändert werden. §§ 230 ff. HGB sehen vor, dass der stille Gesellschafter nur geringe Kontrollrechte hat, nicht an einem Wertzuwachs des Gesellschaftsvermögens partizipiert und keine Geschäftsführungsbefugnis besitzt (typische stille Gesellschaft). Folglich nähert sich die Position eines typischen stillen Gesellschafters der eines Fremdkapitalgebers an; die inneren Verhältnisse der Gesellschaft werden nicht verändert. Ein Grundlagengeschäft liegt nicht vor.[150] Weicht der Gesellschaftsvertrag jedoch derart von der gesetzlichen Konzeption ab, dass dem stillen Gesellschafter eine Vermögensbeteiligung und Geschäftsführungsbefugnis zustehen (atypische stille Gesellschaft), werden die inneren Verhältnisse der OHG maßgeblich beeinflusst. Die Auf-

---

144 RGZ 134, 303 (305); Baumbach/Hopt/*Roth* HGB § 126 Rn. 2; EBJS/*Hillmann* HGB § 126 Rn. 5. Dazu schon → Rn. 273 b.
145 BGHZ 26, 330 (333); KKRM/*Kindler* HGB § 126 Rn. 2; MüKoHGB/*K. Schmidt* § 126 Rn. 10.
146 BGH NJW 1995, 596.
147 BGHZ 26, 330 (333).
148 Baumbach/Hopt/*Roth* HGB § 126 Rn. 3; EBJS/*Hillmann* HGB § 126 Rn. 10.
149 Zur Möglichkeit eines Mehrheitsbeschlusses → Rn. 282.
150 BGH WM 1971, 127; 1979, 72; Röhricht/v. Westphalen/Haas/*Haas* HGB § 126 Rn. 3.

nahme eines atypischen stillen Gesellschafters ist dann als Grundlagengeschäft anzusehen und damit nicht von der Vertretungsmacht der Gesellschafter erfasst.

Im Verhältnis zu Dritten ist die Vertretungsmacht der Gesellschafter grundsätzlich *nicht beschränkbar* (§ 126 II HGB). Insbesondere Beschränkungen in Bezug auf bestimmte Geschäfte oder Arten von Geschäften, auf bestimmte Umstände, eine gewisse Zeit oder gewisse Orte scheiden aus. Diese Regelung ist zwingend, Abweichungen können weder durch den Gesellschaftsvertrag noch durch Handelsregistereintragung wirksam herbeigeführt werden. Auf diese Weise soll es den Geschäftspartnern der OHG erspart bleiben, den Umfang der Vertretungsmacht in jedem Einzelfall prüfen zu müssen. Allerdings kann nach § 126 III HGB die Vertretungsmacht auch auf eine von mehreren *Zweigniederlassungen* beschränkt werden, soweit diese unter verschiedenen Firmen betrieben werden.

Im Übrigen bezieht sich § 126 II HGB nur auf das Verhältnis zwischen der OHG und Dritten. Es steht den Gesellschaftern daher frei, den Gebrauch der Vertretungsmacht *im Innenverhältnis* zu beschränken. Dies verpflichtet den Vertretungsberechtigten jedoch lediglich gegenüber der Gesellschaft, bestimmte Geschäfte nicht vorzunehmen. Ein Verstoß gegen diese Pflicht kann daher ausschließlich Schadensersatzforderungen der OHG gegen den Gesellschafter nach sich ziehen. Im Verhältnis zu außenstehenden Dritten ist die interne Vereinbarung hingegen nach § 126 II HGB unbeachtlich und das vorgenommene Geschäft wirksam. Eine Ausnahme gilt allerdings für sog. *Drittgeschäfte,* bei denen ein Gesellschafter gegenüber der OHG wie ein außenstehender Dritter auftritt (zB Verkauf einer privaten Sache an die Gesellschaft).[151] In solchen Fällen muss sich auch der »außenstehende« Gesellschafter die internen Beschränkungen der Vertretungsmacht entgegenhalten lassen, die seinem für die OHG handelnden Mitgesellschafter auferlegt wurden. Für einen Verkehrsschutz unter Gesellschaftern besteht nämlich kein Bedürfnis.

Grenzen der Vertretungsmacht der OHG-Gesellschafter können sich zudem aus allgemeinen zivilrechtlichen Regelungen ergeben. Zu denken ist etwa an das *Verbot des Selbstkontrahierens* gem. § 181 BGB.[152] Danach kann ein Gesellschafter im Namen der Gesellschaft keine Geschäfte mit sich selbst vornehmen, soweit ihm dies nicht durch den Gesellschaftsvertrag oder einen mit vertragsändernder Mehrheit gefassten Gesellschafterbeschluss gestattet ist.[153] In Ausnahmefällen kann auch aufgrund des *Missbrauchs der Vertretungsmacht* eine wirksame Vertretung der OHG ausscheiden. Davon ist insbesondere auszugehen, wenn ein Gesellschafter von seiner im Außenverhältnis unbeschränkten Vertretungsmacht Gebrauch macht und damit evident seine Pflichten im Innenverhältnis verletzt oder gar kollusiv mit dem Vertragspartner zusammenwirkt.[154] Entgegen des sonst gültigen Grundsatzes, dass interne Beschränkungen des Gesellschafters den Umfang seiner Vertretungsmacht im Außenverhältnis unberührt lassen, können in solchen – auf seltene Ausnahmen begrenzten – Situationen die internen Vorgaben bezüglich der Verwendung der Vertretungsmacht auch einmal gegenüber Dritten Bedeutung erlangen.

---

151 BGHZ 38, 26 (33); Baumbach/Hopt/*Roth* HGB § 126 Rn. 6; EBJS/*Hillmann* HGB § 126 Rn. 14.
152 BGHZ 64, 72; MüKoHGB/*K. Schmidt* § 126 Rn. 14.
153 BGHZ 58, 115 (118); 107, 7 (11); KKRM/*Kindler* HGB § 126 Rn. 2; Röhricht/v. Westphalen/Haas/ *Haas* HGB § 126 Rn. 2.
154 BGH NJW 1984, 1461 (1462); 1988, 2241 (2243); 1996, 589 (590); Baumbach/Hopt/*Roth* HGB § 126 Rn. 11; EBJS/*Hillmann* HGB § 126 Rn. 20.

287 **c)** Liegt ein wichtiger Grund vor, besteht die Möglichkeit zur *Entziehung der Vertretungsmacht* eines Gesellschafters auf Antrag der übrigen Gesellschafter durch gerichtliche Entscheidung in Form eines Gestaltungsurteils (§ 127 HGB). Ein wichtiger Grund ist insbesondere bei einer groben Pflichtverletzung, wie beispielsweise dem Missbrauch der Vertretungsmacht, oder bei grober Unfähigkeit zur ordnungsgemäßen Vertretung der Gesellschaft anzunehmen. Zu beachten ist jedoch stets das Verhältnismäßigkeitsprinzip. Danach ist die Entziehung der Vertretungsmacht nur gerechtfertigt, wenn der Fortbestand den anderen Gesellschaftern nicht zumutbar ist oder es zu einer Gefährdung der Gesellschaft käme.[155] Auch kann die Umwandlung von Einzel- in Gesamtvertretungsmacht als milderes Mittel einer vollständigen Entziehung vorgehen.[156] Schließlich scheitert die Entziehung auch nicht daran, dass es sich um den einzigen vertretungsberechtigten Gesellschafter der OHG handelt. Folge ist in diesem Fall die Entstehung von Gesamtvertretungsmacht aller Gesellschafter.[157]

Im Verhältnis zu Dritten ist schließlich vor dem Hintergrund der Publizitätswirkungen des § 15 HGB darauf zu achten, dass das Erlöschen der Vertretungsmacht auch im Handelsregister eingetragen wird (§ 107 Var. 4 HGB).

288 **d)** Vielfach knüpft das Gesetz bestimmte Rechtsfolgen an die Kenntnis bzw. das Kennenmüssen bestimmter Umstände (zB §§ 142 II, 442, 892, 932 BGB, § 15 HGB). Im Gesellschaftsrecht stellt sich in diesen Fällen die Frage, unter welchen Voraussetzungen das *Wissen* eines Gesellschafters der Gesellschaft *zugerechnet* werden kann (für die GbR → Rn. 187). Als Zurechnungsnorm für die OHG kommen sowohl § 166 I BGB als auch § 31 BGB analog in Betracht. Da es sich bei den Gesellschaftern aber nicht um bloße Stellvertreter, sondern um Organe der Gesellschaft handelt, ist § 31 BGB entsprechend anzuwenden.[158] Zurechenbar ist danach zunächst das Wissen desjenigen Gesellschafters, der im konkreten Fall für die OHG aufgetreten ist. Besteht Gesamtvertretungsmacht, genügt entsprechend § 125 II 3 HGB die Kenntnis einer der handelnden Personen.[159] Äußerst schwierig zu beurteilen ist demgegenüber die Frage, inwiefern das Wissen solcher Gesellschafter zugerechnet werden kann, die in der Sache selbst nicht mitgewirkt haben.[160] Im Ergebnis wird regelmäßig eine wertende Gesamtbeurteilung des Einzelfalls erforderlich sein.[161] Besondere Bedeutung kommt insbesondere der Frage zu, ob eine Organisationspflicht der Gesellschaft bestanden hat, das fragliche Wissen aktenmäßig zu erfassen bzw. auf sonstige Weise für die Weitergabe an die entsprechenden Stellen zu sorgen.[162] Verlässt ein Gesellschafter die OHG oder

---

155 EBJS/*Hillmann* HGB § 127 Rn. 4; MüKoHGB/*K. Schmidt* § 127 Rn. 15.
156 BGH NJW-RR 2002, 540; Baumbach/Hopt/*Roth* HGB § 127 Rn. 7; Röhricht/v. Westphalen/ Haas/*Haas* HGB § 127 Rn. 4.
157 BGHZ 33, 105 (108); 41, 367 (368); 51, 198; EBJS/*Hillmann* HGB § 127 Rn. 7; KKRM/*Kindler* HGB § 127 Rn. 3.
158 MüKoHGB/*K. Schmidt* § 125 Rn. 13; Röhricht/v. Westphalen/Haas/*Haas* HGB § 125 Rn. 3b; Schlegelberger/*K. Schmidt* HGB § 125 Rn. 13; Staub/*Habersack* HGB § 125 Rn. 20; *K. Schmidt* GesR § 10 V 2b (S. 286); aA RGZ 59, 400 (408); BGH NJW 1984, 1953 (1954); Baumbach/Hopt/*Roth* HGB § 125 Rn. 4; EBJS/*Hillmann* HGB § 125 Rn. 15, die allesamt § 166 BGB für anwendbar halten.
159 BGHZ 34, 293 (297); Baumbach/Hopt/*Roth* HGB § 125 Rn. 4; EBJS/*Hillmann* HGB § 125 Rn. 15.
160 Für die Möglichkeit einer Zurechnung auch in diesem Fall BGH NJW 2001, 359 (360); KKRM/ *Kindler* HGB § 124 Rn. 6; MüKoHGB/*K. Schmidt* § 125 Rn. 13; dagegen EBJS/*Hillmann* HGB § 125 Rn. 15; Röhricht/v. Westphalen/Haas/*Haas* HGB § 125 Rn. 3b, die lediglich bei Weisungen der nicht mitwirkenden Gesellschafter § 166 II BGB analog anwenden wollen.
161 EBJS/*Hillmann* HGB § 125 Rn. 15.
162 BGHZ 132, 30 (36 f.); 140, 54 (61 f.); BGH NJW 2001, 359 (360); Baumbach/Hopt/*Roth* HGB § 125 Rn. 4.

stirbt er, ist eine Zurechnung seiner Kenntnisse anders als bei juristischen Personen nicht länger möglich.[163] Schließlich sind Personengesellschaften in ihrem Bestand nicht in dem Maße von den jeweils handelnden Gesellschaftern unabhängig, wie dies bei den Organvertretern juristischer Personen der Fall ist.[164]

3. Haftung der OHG

Als teilrechtsfähige Personengesellschaft ist die OHG selbstständiger Träger von **289** Rechten und Pflichten (§ 124 HGB). Sie kann eigene Verbindlichkeiten eingehen, für die sie mit dem Gesellschaftsvermögen haftet. Dabei handelt sie durch ihre Organe, also die Gesellschafter. Im Zusammenhang mit der Begründung von Verbindlichkeiten ist daher stets zu klären, nach welchen Vorschriften sich die Zurechnung des Verhaltens der Gesellschafter bemisst.

a) Innerhalb der Haftung für *vertragliche Verbindlichkeiten* ist grundsätzlich zwischen **290** Primär- und Sekundärpflichten der Gesellschaft zu unterscheiden. Die Begründung von *primären Leistungspflichten* der Gesellschaft (zB Kaufpreiszahlung, Lieferung einer Sache) setzt voraus, dass diese beim Abschluss des Vertrags wirksam vertreten worden ist (§§ 125 ff. HGB; → Rn. 284 ff.). Im Rahmen von *Sekundäransprüchen,* namentlich Schadensersatzansprüchen, gegen die Gesellschaft stellt sich ferner regelmäßig die Frage nach der Zurechnung des Verhaltens und Verschuldens der Gesellschafter (zum Folgenden ausführlich bei der GbR → Rn. 185). Als Zurechnungsnorm kommen dabei sowohl § 278 BGB als auch § 31 BGB analog in Betracht. Gegen eine Zurechnung gem. § 278 BGB spricht allerdings, dass die Gesellschafter als Organe der Gesellschaft nicht deren Erfüllungsgehilfen sind. Darüber hinaus erscheint es kaum interessengerecht, der Gesellschaft gem. § 278 S. 2 BGB die Möglichkeit zu eröffnen, die Vorsatzhaftung der Gesellschafter im Voraus auszuschließen. Die Stellung der Gesellschafter als verfassungsmäßig berufene Vertreter der OHG spricht vielmehr dafür, ihr Verschulden analog § 31 BGB der Gesellschaft zuzurechnen.[165] Lediglich für andere Personen, deren sich die Gesellschaft bei der Erfüllung ihrer Verbindlichkeiten bedient, wie Prokuristen oder Handlungsbevollmächtigte, erfolgt die Verschuldenszurechnung nach § 278 BGB.[166]

b) Des Weiteren haftet die OHG für deliktische, bereicherungsrechtliche und sonstige **291** *gesetzliche Verbindlichkeiten.* Unerlaubte Handlungen der Gesellschafter, namentlich solche nach § 823 BGB, sind ihr dabei ebenso wie das Verschulden analog § 31 BGB zuzurechnen.[167] Eine Haftung gem. § 831 BGB scheidet in diesem Fall aus. Schließlich stehen die Gesellschafter als Organe der Gesellschaft nicht einem Verrichtungsgehilfen gleich.[168] Möglich ist eine Haftung nach § 831 BGB nur, wenn andere Personen als Verrichtungsgehilfen der OHG auftreten.[169]

163 BGH NJW 1995, 2159 (2160); EBJS/*Hillmann* HGB § 125 Rn. 16; aA KKRM/*Kindler* HGB § 124 Rn. 6; Staub/*Habersack* HGB § 125 Rn. 25.
164 BGH NJW 1995, 2159 (2160).
165 BGHZ 45, 311 (312); BGH WM 1974, 153 (154); Baumbach/Hopt/*Roth* HGB § 124 Rn. 25; EBJS/*Hillmann* HGB § 125 Rn. 17; MüKoHGB/*K. Schmidt* § 125 Rn. 12; Röhricht/v. Westphalen/Haas/*Haas* HGB § 125 Rn. 3a; aA KKRM/*Kindler* HGB § 124 Rn. 6.
166 Baumbach/Hopt/*Roth* HGB § 124 Rn. 24; MüKoHGB/*K. Schmidt* § 125 Rn. 12.
167 BGHZ 154, 88 (93); BGH NJW 1952, 537 (538); WM 1974, 153; KKRM/*Kindler* HGB § 124 Rn. 7; MüKoHGB/*K. Schmidt* § 124 Rn. 17.
168 BGHZ 45, 311 (313); 155, 205 (210); MüKoBGB/*Wagner* § 831 Rn. 19.
169 Baumbach/Hopt/*Roth* HGB § 124 Rn. 24; MüKoHGB/*K. Schmidt* § 124 Rn. 17.

In **Fall i** setzt ein Anspruch aus § 124 I HGB iVm §§ 280 I, 241 II BGB gegen die OHG voraus, dass eine Schutzpflicht aus einem Schuldverhältnis verletzt worden ist. Vorliegend könnte A eine solche Pflicht verletzt haben. Ein Schuldverhältnis liegt mit dem Werkvertrag iSd § 631 I BGB vor. Ob eine vertragliche Pflichtverletzung der OHG zuzurechnen ist, bestimmt sich analog § 31 BGB, da Organe einer Gesellschaft nicht als deren Erfüllungsgehilfen gem. § 278 BGB angesehen werden können. Entsprechend § 31 BGB ist erforderlich, dass ein verfassungsmäßig berufener Vertreter durch eine in Ausführung der ihm zustehenden Verrichtung begangene, zum Schadensersatz verpflichtende Handlung einem Dritten einen Schaden zugefügt hat. A ist als geschäftsführungsbefugter und vertretungsberechtigter (§§ 114 I, 125 I HGB) Gesellschafter ein verfassungsmäßig berufener Vertreter der OHG. Indem A aus Unachtsamkeit die Glasvitrine zerstörte, hat er in Ausführung der Malerarbeiten fahrlässig ein Rechtsgut des D und damit eine Schutzpflicht nach § 241 II BGB verletzt. Folglich ist die OHG zum Ersatz des entstandenen Schadens nach § 124 I HGB iVm §§ 280 I, 241 II BGB verpflichtet.

Zugleich hat A, indem er die Glasvitrine des D aus Unachtsamkeit zerstörte, fahrlässig das Eigentum und mit dem berechtigten Besitz ein sonstiges Rechtsgut iSd § 823 I BGB in rechtswidriger Weise verletzt. Da § 31 BGB auch bei unerlaubten Handlungen verfassungsmäßig berufener Vertreter anzuwenden ist, besteht auch aus § 124 I HGB iVm § 823 I BGB ein Anspruch des D auf Ersatz des entstandenen Schadens. Ein Anspruch aus § 831 BGB besteht hingegen nicht, weil A als Organ der OHG nicht als deren Verrichtungsgehilfe angesehen werden kann.

292 c) Einen besonderen *Haftungstatbestand* enthält schließlich *§ 28 HGB*. Die Vorschrift greift ein, wenn eine Person als persönlich haftender Gesellschafter in das Geschäft eines Einzelkaufmanns eintritt und es infolgedessen zur Entstehung einer OHG kommt.[170] In dieser Situation haftet die OHG für alle Verbindlichkeiten, die zuvor im Betrieb des Einzelkaufmanns begründet worden sind (§ 28 I 1 HGB). Das gilt unabhängig davon, ob die frühere Firma von der OHG fortgeführt wird oder nicht. Die unbeschränkte Haftung des Einzelkaufmanns für die entstandenen Altverbindlichkeiten bleibt daneben grundsätzlich bestehen.[171] Ihn trifft aber nun – ebenso wie den Eintretenden – auch die Haftung als Gesellschafter der OHG gem. § 128 HGB.[172] Von diesen Grundsätzen kann aber nach § 28 II HGB, anders als sonst im Haftungsrecht, mit Wirkung gegenüber Dritten abgewichen werden. Voraussetzung ist, dass der Haftungsausschluss unverzüglich nach dem Eintritt in das Handelsregister eingetragen und bekanntgemacht bzw. dem Dritten mitgeteilt wird. Auf diese Weise kann eine Haftung der OHG für die Verbindlichkeiten des Kaufmanns vermieden werden. Zulässig ist es auch, lediglich die persönliche Haftung des eintretenden Gesellschafters auszuschließen, während die Haftung der OHG bestehen bleibt.[173]

Neben der Haftungserweiterung ordnet § 28 I 2 HGB an, dass im Betrieb des Einzelkaufmanns entstandene Forderungen als auf die OHG übergegangen gelten. Dabei handelt es sich um eine Vermutung, die nur eingreift, wenn nicht tatsächlich eine Abtretung an die OHG erfolgt ist.[174] Schuldner sollen grundsätzlich von einem Übergang der

---

170 Verbunden mit dem Eintritt ist der (konkludente) Abschluss eines Gesellschaftsvertrags. Das Geschäft des Einzelkaufmanns wird dieser regelmäßig als Einlage in die OHG einbringen, die es fortan betreibt.

171 KKRM/*Roth* HGB § 28 Rn. 12; MüKoHGB/*Thiessen* § 28 Rn. 32; Röhricht/v. Westphalen/Haas/ *Ries* HGB § 28 Rn. 30.

172 BGHZ 157, 361 (364); Baumbach/Hopt/*Hopt* HGB § 28 Rn. 5; KKRM/*Roth* HGB § 28 Rn. 11; *K. Schmidt* NJW 2005, 2801 (2807).

173 OLG Celle OLGZ 81, 1; EBJS/*Reuschle* HGB § 28 Rn. 38; aA Röhricht/v. Westphalen/Haas/*Ries* HGB § 28 Rn. 35, wonach nicht allein die persönliche Haftung abbedungen werden kann.

174 Baumbach/Hopt/*Hopt* HGB § 28 Rn. 8; Röhricht/v. Westphalen/Haas/*Ries* HGB § 28 Rn. 34.

gegen sie gerichteten Forderungen ausgehen dürfen und auch dann schuldbefreiend an die OHG leisten können, wenn es an einer entsprechenden Abtretung fehlt.[175] Auch dies kann jedoch unter den Voraussetzungen des § 28 II HGB verhindert werden.

d) In der *Fallbearbeitung* sollte, wenn nach Ansprüchen gegen die Gesellschaft gefragt ist, die OHG als **293** Anspruchsgegnerin im Obersatz genannt und zusätzlich zur betreffenden Anspruchsgrundlage § 124 I HGB zitiert werden. Sodann ist gegebenenfalls in einem ersten Prüfungspunkt das Bestehen einer wirksamen OHG, insbesondere also das Vorliegen eines wirksamen Gesellschaftsvertrags (eventuell unter Zuhilfenahme der Grundsätze der fehlerhaften Gesellschaft → Rn. 79 ff.) zu prüfen. In einem zweiten Prüfungsschritt ist das Vorliegen einer Verbindlichkeit der OHG zu untersuchen. Hier können – je nach Art der Verbindlichkeit – unterschiedliche Voraussetzungen für ihr Zustandekommen bestehen. Die Prüfung kann hier wie folgt vorgenommen werden:[176]

Prüfungsschema

I. **Bestehen einer OHG** (insbesondere Abschluss eines Gesellschaftsvertrags, Wirksamkeit, gegebenenfalls fehlerhafte Gesellschaft)
II. **Bestehen einer wirksamen Verbindlichkeit der OHG**
1. **Anspruch entstanden** (insbesondere Stellvertretung; Zurechnung: Verhalten, Verschulden, Wissen)
2. **kein Untergang**
3. **Durchsetzbarkeit**

---

4. Haftung der Gesellschafter

Neben der Gesellschaft haften auch deren Gesellschafter für die Verbindlichkeiten der **294** OHG (§ 128 HGB). Die Gläubiger der Gesellschaft sind folglich bei der Geltendmachung ihrer Ansprüche nicht auf das Gesellschaftsvermögen beschränkt. Dies ist die Kehrseite der weitreichenden Entnahmerechte der Gesellschafter und Grundlage für die Kreditwürdigkeit der OHG.[177] Wegen dieser umfassenden persönlichen Gesellschafterhaftung kann die Gründung einer OHG mit erheblichen persönlichen Risiken verbunden sein. Deshalb hat die praktische Bedeutung der OHG in den vergangenen Jahrzehnten im Vergleich zur GmbH deutlich abgenommen (näher → Rn. 269).

a) Grundlage der Inanspruchnahme von OHG-Gesellschaftern ist das Bestehen einer **295** Verbindlichkeit der Gesellschaft. Prägendes *Merkmal der Gesellschafterhaftung* ist also die *Akzessorietät*. Deshalb beginnt die Prüfung des § 128 HGB stets mit der Frage nach einem Anspruch gegen die Gesellschaft.[178] Einzustehen haben die Gesellschafter für sämtliche Verbindlichkeiten der OHG, dh neben (quasi-)vertraglichen auch für dingliche, bereicherungsrechtliche, deliktische[179] sowie alle sonstigen privatrechtlichen und öffentlich-rechtlichen Forderungen.[180] Inhaltlich haftet jeder Gesellschafter *per-*

---

175 EBJS/*Reuschle* HGB § 28 Rn. 24; MüKoHGB/*Thiessen* § 28 Rn. 29.
176 Die einzelnen Voraussetzungen sind dabei nicht schematisch zu prüfen, sondern unter Berücksichtigung der individuellen Besonderheiten des jeweiligen Falles.
177 *Wiedemann* GesR I § 10 III 1 b (S. 539).
178 Dabei begegnet man erneut den im Rahmen der Gesellschaftshaftung angesprochenen Fragen (insbes. Stellvertretung und Verschuldenszurechnung → Rn. 284 ff., 290).
179 AA *Altmeppen* NJW 1996, 1017 (1024); *Altmeppen* NJW 2003, 1553 (1556 f.).
180 Baumbach/Hopt/*Roth* HGB § 128 Rn. 2; GK-HGB/*Ensthaler* § 128 Rn. 4; KKRM/*Kindler* HGB §§ 128, 129 Rn. 2.

sönlich mit seinem Privatvermögen der Höhe nach *unbeschränkt*. Dabei besteht die Verpflichtung der Gesellschafter nicht nur anteilig nach Köpfen, sondern *gesamtschuldnerisch* (§§ 421 ff. BGB). Jeder einzelne Gesellschafter kann also auf die gesamte Leistung in Anspruch genommen werden.[181] Im Verhältnis zu den Gläubigern der OHG haften die Gesellschafter *unmittelbar*. Anders als teilweise im GmbH-Recht, besteht also keine bloße Nachschusspflicht im Innenverhältnis gegenüber der Gesellschaft. Auch haften die Gesellschafter *primär*, nämlich unabhängig von der vorherigen Inanspruchnahme der OHG. Es steht einem Gläubiger frei, ob er zuerst die OHG oder ihre Gesellschafter in Anspruch nehmen möchte. Auch kann er beide zugleich in Anspruch nehmen.[182] Eine Einrede der Vorausklage wie bei der Bürgschaft nach § 771 BGB existiert im OHG-Recht nicht.

296 **b)** Eine *Abweichung* von diesen Grundsätzen kann von den Gesellschaftern der OHG nicht mit Wirkung gegenüber Dritten vereinbart werden (§ 128 S. 2 HGB). Eine Abrede zur *Haftungsbeschränkung* einzelner Gesellschafter wirkt deshalb lediglich im Innenverhältnis zwischen den Gesellschaftern im Hinblick auf ihre Ausgleichspflicht untereinander.[183] Etwas anderes gilt allerdings für Haftungsbeschränkungen, die mit Dritten individuell vereinbart wurden.[184] Diese werden nicht von § 128 S. 2 HGB erfasst und stellen somit ein zulässiges Mittel zur Haftungsbeschränkung dar.[185]

297 **c)** Neben der Frage, für welche Verbindlichkeiten der OHG die Gesellschafter einstehen müssen, ist auch zu klären, welchen *Inhalt* ihre *Haftung* hat. Das ist vor allem von Bedeutung, wenn es nicht um die Erfüllung einer Geldschuld geht, sondern eine Sachleistung oder ein Tun oder Unterlassen von der Gesellschaft geschuldet ist. Es stellt sich dann die Frage, ob die Gesellschafter auf Erfüllung der Gesellschaftsschuld in Anspruch genommen werden können *(Erfüllungstheorie)* oder lediglich Geldersatz für das Ausbleiben der Erfüllung leisten müssen *(Haftungstheorie)*. Praktisch lässt sich der Unterschied der beiden Ansätze am Beispiel der Nacherfüllungspflicht (§ 439 I BGB) für eine von der OHG verkaufte mangelhafte Sache deutlich machen:[186] Kann der Käufer auch von einem Gesellschafter die Beseitigung des Mangels im Wege der Nacherfüllung verlangen oder sind die Gesellschafter lediglich zum Ersatz des Mangelschadens verpflichtet? Grundsätzlich entspricht es der hM, dass der Gesellschafter dasselbe schuldet wie die Gesellschaft,[187] im Beispielsfall also ebenfalls Nacherfüllung. Das folgt insbesondere aus dem Zweck des § 128 HGB. Dieser ordnet die persönliche Haftung der Gesellschafter zum Schutz der Gläubiger an, da die OHG

---

181 MüKoHGB/*K. Schmidt* § 128 Rn. 18; Röhricht/v. Westphalen/Haas/*Haas* HGB § 128 Rn. 5; *K. Schmidt* GesR § 49 II 4 (S. 1421). Keine Gesamtschuld besteht demgegenüber im Verhältnis zwischen der Haftung der Gesellschafter und derjenigen der OHG, BGHZ 39, 319 (323); 44, 229 (233); 47, 376 (378). Im Einzelfall kann allerdings eine entsprechende Anwendung der §§ 421 ff. BGB (insbes. § 425 BGB) in Betracht kommen.

182 EBJS/*Hillmann* HGB § 128 Rn. 18; MüKoHGB/*K. Schmidt* § 128 Rn. 20.

183 Baumbach/Hopt/*Roth* HGB § 128 Rn. 37; EBJS/*Hillmann* HGB § 128 Rn. 14.

184 Baumbach/Hopt/*Roth* HGB § 128 Rn. 38; EBJS/*Hillmann* HGB § 128 Rn. 14.

185 Eine entsprechende Klausel in AGB wird allerdings regelmäßig als überraschend iSd § 305c BGB, jedenfalls aber als nachteilig iSd § 307 BGB und damit als unwirksam anzusehen sein, MüKoHGB/*K. Schmidt* § 128 Rn. 14; Schwerdtfeger/*Lehleiter* HGB § 128 Rn. 34.

186 In Anlehnung an BGHZ 73, 217 (222).

187 BGHZ 73, 217 (222); 59, 64; Baumbach/Hopt/*Roth* HGB § 128 Rn. 8; Röhricht/v. Westphalen/Haas/*Haas* HGB § 128 Rn. 6; *K. Schmidt* GesR § 49 III 1 (S. 1423 ff.); aA *Wieland*, Handelsrecht I – Das kaufmännische Unternehmen und die Handelsgesellschaften, 1921, § 53d I 3 (S. 631 [636 ff.]).

selbst nicht über ein festes Haftungskapital verfügt. Typischerweise wird den Gläubigern aber vorrangig an der vertragsgemäßen Erfüllung ihres Anspruchs und nicht an einer Ersatzleistung in Geld gelegen sein.[188] Dem Ziel eines umfassenden Gläubigerschutzes wird die Gewährung eines Erfüllungsanspruchs deshalb besser gerecht.[189]

Die Gesellschafter können deshalb grundsätzlich auf dasselbe in Anspruch genommen werden wie die Gesellschaft. Neben Geldforderungen gilt das insbesondere für die Lieferung (Übergabe und Übereignung) von vertretbaren Gegenständen[190] sowie die Vornahme von Handlungen, die nach ihrer Art von jedermann durchführbar sind (vertretbare Handlungen).[191] Auch die Lieferung nicht vertretbarer Sachen kann im Regelfall von den Gesellschaftern verlangt werden.[192] Das gilt unabhängig von der Frage, ob der betroffene Gesellschafter tatsächlich zur Leistung imstande ist oder diese gem. § 275 BGB verweigern kann.[193] Eine Beschränkung des Anspruchs auf Geldersatz kommt daneben nur ausnahmsweise in Betracht, wenn das Interesse des Gesellschafters an einer gesellschaftsfreien Privatsphäre die Gläubigerinteressen überwiegt.[194] Davon ist jedenfalls nicht auszugehen, wenn die Erfüllung den Gesellschafter nicht wesentlich mehr als eine Geldleistung beeinträchtigt. Die Rechtsprechung hat ein Überwiegen der Interessen des Gesellschafters unter diesem Gesichtspunkt regelmäßig abgelehnt.

> **Beispiele:** Herausgabe einer Leasingsache selbst nach Ausscheiden aus der Gesellschaft,[195] Mängelbeseitigungspflicht des Gesellschafters.[196]

Dasselbe soll nach der Rechtsprechung auch für die Vornahme unvertretbarer Handlungen gelten, wenn diese gerade von dem in Anspruch genommenen Gesellschafter erbracht werden können.[197] Indes kann ein Gesellschafter nach wohl hA nicht zu einer von der Gesellschaft geschuldeten unvertretbaren Handlung verurteilt werden, auch wenn er diese als Organ vornehmen müsste.[198]

Schuldet die Gesellschaft demgegenüber die Abgabe einer Willenserklärung, scheidet ein Erfüllungsanspruch gegen die Gesellschafter aus.[199] Eine Inanspruchnahme durch die Gläubiger kann lediglich auf Geldersatz zielen. Das gilt grundsätzlich auch für die Einhaltung von Unterlassungs- und Duldungspflichten der Gesellschaft.[200] Sind diese allerdings vertraglicher Natur (zB Vereinbarung eines Wettbewerbsverbots oder Abgabe einer Unterlassungserklärung gegenüber einem Konkurrenten), ist im Wege der Auslegung zu ermitteln, ob neben der Gesellschaft nicht auch die Gesellschafter zur

---

188 BGHZ 73, 217 (221); BGH NJW 1987, 2367 (2369); EBJS/*Hillmann* HGB § 128 Rn. 22.
189 BGHZ 23, 302 (305); 73, 217 (221); *K. Schmidt* GesR § 49 III 1 (S. 1426).
190 BGH NJW 1987, 2367 (2369); EBJS/*Hillmann* HGB § 128 Rn. 25; KKRM/*Kindler* HGB §§ 128, 129 Rn. 5.
191 BGHZ 73, 217 (221 f.); Röhricht/v. Westphalen/Haas/*Haas* HGB § 128 Rn. 6.
192 MüKoHGB/*K. Schmidt* § 128 Rn. 26; KKRM/*Kindler* HGB §§ 128, 129 Rn. 5.
193 Schwerdtfeger/*Lehleiter* HGB § 128 Rn. 28.
194 BGHZ 23, 302 (305); Baumbach/Hopt/*Roth* HGB § 128 Rn. 9.
195 BGH NJW 1987, 2367 (2369).
196 BGHZ 73, 217 (222).
197 BGHZ 23, 302 (305 f.).
198 MüKoHGB/*K. Schmidt* § 128 Rn. 28, der dem BGH nur iErg folgt, weil er die im konkreten Fall beanspruchte und nur der Anspruchsberechnung dienende Rechnungslegung als unvertretbare Handlung qualifiziert; EBJS/*Hillmann* HGB § 128 Rn. 27.
199 BGH WM 1983, 220; MüKoHGB/*K. Schmidt* § 128 Rn. 30.
200 EBJS/*Hillmann* HGB § 128 Rn. 29; KKRM/*Kindler* HGB §§ 128, 129 Rn. 5.

Unterlassung bzw. Duldung verpflichtet sein sollen.[201] Auf Seiten der Gesellschafter kann dabei wiederum das Interesse an einer gesellschaftsfreien Privatsphäre zu berücksichtigen sein, das jedoch regelmäßig hinter den gesellschaftlichen Pflichten zurücktreten wird.[202]

> In **Fall j** könnte sich ein Anspruch des G auf Übergabe und Übereignung des Pkw aus § 128 HGB iVm § 433 I BGB ergeben. Eine Gesellschaftsschuld aus § 433 I BGB liegt vor, da die gem. § 125 I HGB zur Einzelvertretung berechtigte B mit G einen Kaufvertrag über den Pkw des A geschlossen hat. Der Anspruch des G gegen die OHG ist auch nicht nach § 275 I BGB ausgeschlossen, da die OHG gegen A einen Anspruch auf Übergabe und Übereignung aus dem Gesellschaftsvertrag hat und damit die Leistung nicht unmöglich ist. Fraglich ist, in welcher Weise A für diese Gesellschaftsschuld einstehen muss. Während er nach der Erfüllungstheorie ebenso wie die Gesellschaft auf Übergabe und Übereignung des Pkw in Anspruch genommen werden kann, schuldet er nach der Haftungstheorie lediglich Geldersatz für das Ausbleiben der Leistung. Aus Gründen des Gläubigerschutzes ist jedoch der Erfüllungstheorie zu folgen. Das gilt auch, soweit es – wie hier – um die Lieferung einer nicht vertretbaren Sache geht. Nachdem sich der Pkw im Eigentum des A befindet, kann dieser die Übereignung auch nicht gem. § 275 BGB verweigern. Schließlich vermag auch sein Interesse an einer gesellschaftsfreien Privatsphäre eine Beschränkung des Erfüllungsanspruchs des G nicht zu rechtfertigen, da sich A gegenüber der Gesellschaft zur Übereignung des Pkw verpflichtet hat.

298 **d)** Auch die Gesellschafter können Inhaber von Ansprüchen gegen die OHG sein.[203] In diesem Fall steht ihnen als Haftungsmasse grundsätzlich das Gesellschaftsvermögen zur Verfügung. Besonderheiten ergeben sich allerdings, wenn sie anstelle dessen einen ihrer *Mitgesellschafter* nach § 128 HGB in Anspruch nehmen wollen. In diesem Fall ist zu unterscheiden, ob der Anspruch des Gesellschafters aus dem Gesellschaftsverhältnis stammt (Sozialverbindlichkeit) oder auf einem außergesellschaftlichen Rechtsgrund beruht (Drittgeschäft).

299 **aa)** *Sozialverbindlichkeiten,* also Ansprüche eines Gesellschafters, die unmittelbar aus dem Gesellschaftsverhältnis folgen, sind etwa der Anspruch auf den Gewinnanteil (§§ 120f. HGB), das Entnahmerecht (§ 122 HGB) sowie der Aufwendungsersatzanspruch (§ 110 HGB). Für solche Ansprüche haften die Mitgesellschafter nach § 128 HGB während des Bestehens der Gesellschaft grundsätzlich nicht.[204] Dies gilt auch, soweit der berechtigte Gesellschafter keine Befriedigung aus dem Gesellschaftsvermögen erlangen kann.[205] Andernfalls würde es entgegen § 707 BGB zu einer Nachschusspflicht der übrigen Gesellschafter kommen.[206] Im Verhältnis zu den anderen Gesellschaftern findet die Forderung daher erst bei Auflösung der Gesellschaft im Rahmen der Auseinandersetzung Berücksichtigung.[207] Eine Ausnahme gilt aber, wenn ein Gesellschafter nach § 128 HGB von einem Gläubiger der OHG in Anspruch genommen worden ist und die entsprechende Gesellschaftsverbindlichkeit getilgt hat. Ist es dem Gesellschafter in dieser Situation nicht möglich, nach § 110 HGB Ausgleich von der

---

201 BGH WM 1974, 253 (254); KKRM/*Kindler* HGB §§ 128, 129 Rn. 5; Schwerdtfeger/*Lehleiter* HGB § 128 Rn. 31.
202 BGHZ 23, 302 (305f.); EBJS/*Hillmann* HGB § 128 Rn. 22; Heymann/*Emmerich* HGB § 128 Rn. 22.
203 Ausf. zu den damit verbundenen Problemkreisen *Walter* JuS 1982, 81 ff.
204 Baumbach/Hopt/*Roth* HGB § 128 Rn. 22; EBJS/*Hillmann* HGB § 128 Rn. 11; Schwerdtfeger/*Lehleiter* HGB § 128 Rn. 10.
205 BGHZ 37, 299 (302); BGH WM 1989, 1021 (1022); Schwerdtfeger/*Lehleiter* HGB § 128 Rn. 10.
206 BGHZ 37, 299 (302); EBJS/*Hillmann* HGB § 128 Rn. 11; KKRM/*Kindler* HGB §§ 128, 129 Rn. 2.
207 BGHZ 103, 72 (76); Baumbach/Hopt/*Roth* HGB § 128 Rn. 23.

Gesellschaft zu erlangen, kann er subsidiär bei den anderen Gesellschaftern entsprechend ihrer Verlustbeteiligung (pro rata) Rückgriff nehmen.[208] Denn schließlich waren diese ursprünglich ebenfalls zur Tilgung der Verbindlichkeit verpflichtet. Es wäre unbillig, die Belastung nun ausschließlich dem in Anspruch genommenen Gesellschafter aufzuerlegen.[209] Grundlage des Regressanspruchs sind dann §§ 426 I und II BGB, weil es sich bei den Gesellschaftern nach § 128 HGB um Gesamtschuldner handelt.[210]

bb) Anders stellt sich die Lage bei Ansprüchen eines Gesellschafters aus einem *Drittgeschäft* dar. Dies sind solche Rechtsgeschäfte, die ihre Grundlage nicht im Gesellschaftsverhältnis finden, sondern bei denen der Gesellschafter der OHG wie ein außenstehender Dritter gegenübersteht. Dies ist regelmäßig bei Kauf- und Mietverträgen oder Darlehen zwischen Gesellschaft und Gesellschafter der Fall. In einer solchen Situation kann der Gesellschafter die Erfüllung seines Anspruchs, anders als bei Sozialverbindlichkeiten, grundsätzlich auch von seinen Mitgesellschaftern gem. § 128 HGB verlangen.[211] Bei Geldforderungen muss er sich allerdings von vornherein den Anteil anrechnen lassen, den er selbst im Innenverhältnis zu tragen verpflichtet ist (vgl. zum Recht der GbR → Rn. 139, 208).[212] Der in der Literatur teilweise vertretenen Ansicht, der berechtigte Gesellschafter müsse aufgrund der gesellschaftlichen Treuepflicht zunächst Befriedigung aus dem Gesellschaftsvermögen suchen,[213] hat der BGH eine Absage erteilt. Denn eine nur subsidiäre Haftung der Gesellschafter für Verbindlichkeiten der Gesellschaft aus Drittgeschäften mit anderen Gesellschaftern lässt sich aus der Treuepflicht nicht ableiten.[214] Zwar hat der Gesellschafter bei der Geltendmachung seiner Forderung auch auf die sonstigen Belange sowohl der OHG als auch seiner Mitgesellschafter angemessen Rücksicht zu nehmen. Dies kann aber nur im Einzelfall dazu führen, dass wegen überwiegender schutzwürdiger Interessen der Mitgesellschafter auch die Wahrnehmung außergesellschaftsrechtlicher Befugnisse und damit die Geltendmachung von Ansprüchen aus Drittgeschäften eingeschränkt ist.[215]

In **Fall k** könnte A gegen B und C einen Regressanspruch aus §§ 128, 110 I HGB haben. § 128 HGB ist jedoch nicht auf Sozialverbindlichkeiten anwendbar, also Ansprüche, welche – wie § 110 I HGB – unmittelbar aus dem Gesellschaftsverhältnis folgen. Andernfalls würde entgegen § 707 BGB eine Nachschusspflicht der übrigen Gesellschafter begründet. Ein Anspruch des A aus §§ 128, 110 I HGB scheidet daher aus.

Ein Regressanspruch könnte sich aber aus § 426 I BGB ergeben. Nach § 128 HGB sind A, B und C Gesamtschuldner. Aus der gesellschaftlichen Treuepflicht ergibt sich indes, dass die Mitgesellschafter im Verhältnis zur OHG nur subsidiär in Anspruch genommen werden können. Es sind jedoch keine freien Mittel bei der OHG verfügbar. Eine Inanspruchnahme von B und C gem. § 426 I BGB ist daher grund-

208 BGHZ 37, 299 (301); 103, 72 (76); BGH NJW 1980, 339 (340); NJW-RR 2002, 455; Baumbach/Hopt/*Roth* HGB § 128 Rn. 27; MüKoHGB/*K. Schmidt* § 128 Rn. 34; Röhricht/v. Westphalen/Haas/*Haas* HGB § 128 Rn. 11; *Walter* JuS 1982, 81 (84).
209 BGHZ 37, 299 (301), EBJS/*Hillmann* HGB § 128 Rn. 32.
210 BGHZ 103, 72 (76); GK-HGB/*Ensthaler* § 128 Rn. 19; MüKoHGB/*K. Schmidt* § 128 Rn. 34; Röhricht/v. Westphalen/Haas/*Haas* HGB § 128 Rn. 11; gegen eine Anwendung von § 426 II BGB *Gellings* JuS 2012, 589 (592).
211 RGZ 153, 305 (307); BGH BB 1961, 6 (7); WM 1970, 280; NJW 1983, 749; EBJS/*Hillmann* HGB § 128 Rn. 10; MüKoHGB/*K. Schmidt* § 128 Rn. 12; Röhricht/v. Westphalen/Haas/*Haas* HGB § 128 Rn. 3.
212 BGH NJW 1983, 749; Baumbach/Hopt/*Roth* HGB § 128 Rn. 24.
213 Baumbach/Hopt/*Roth* HGB § 128 Rn. 24; EBJS/*Hillmann* HGB § 128 Rn. 10.
214 BGH NZG 2013, 1334 (1337).
215 BGH NZG 2013, 1334 (1337).

159

sätzlich in Höhe ihrer Verlustbeteiligung (pro rata) möglich. Da die Gesellschafter jeweils zu einem Drittel beteiligt sind, kann A von B und C jeweils Zahlung von 10.000 EUR verlangen.

Des Weiteren kann der in Anspruch genommene Gesellschafter von seinen Mitgesellschaftern nach § 426 II iVm § 128 HGB Ausgleich fordern.[216] Auch dieser Anspruch ist subsidiär und kann nur entsprechend der Verlustbeteiligung der Mitgesellschafter geltend gemacht werden. Folglich kann A auch aus § 426 II iVm § 128 HGB iVm § 433 II BGB von B und C jeweils Zahlung von 10.000 EUR verlangen.

301 **e)** Ein in eine bestehende OHG *eintretender Gesellschafter* haftet ab diesem Zeitpunkt ebenso wie die anderen Gesellschafter gem. §§ 128, 129 HGB für die Verbindlichkeiten der Gesellschaft. Das gilt auch für *Altverbindlichkeiten,* die bereits vor seinem Eintritt begründet worden sind (§ 130 I HGB). Diese Regelung soll verhindern, dass die Gesellschaftsgläubiger vor der Geltendmachung eines Anspruchs prüfen müssen, gegen welchen der Gesellschafter sie vorgehen können.[217]

Voraussetzung für die Haftung des neuen Gesellschafters ist der Vollzug des Eintritts im Außenverhältnis, also entsprechend § 123 HGB entweder die Eintragung ins Handelsregister oder die Fortsetzung der Geschäfte mit Zustimmung des Eintretenden.[218] Ausreichend ist auch der fehlerhafte Eintritt bzw. der Eintritt in eine fehlerhafte Gesellschaft.[219] Demgegenüber scheidet eine Haftung aus § 130 I HGB bei einem nur scheinbaren Eintritt aus.[220] Erfasst wird dagegen der Eintritt durch Anteilserwerb im Wege der Einzel- ebenso wie der Gesamtrechtsnachfolge.[221] Das gilt auch beim fehlerhaften Anteilserwerb.[222] Inwieweit der Gesellschafter zum Zeitpunkt seines Eintritts Kenntnis von etwaigen Altverbindlichkeiten hatte oder solche kennen musste, ist für die Haftung nach § 130 I HGB ohne Bedeutung.[223] Im Gegensatz zu der Regelung des § 28 II HGB ist ein Eintritt unter Ausschluss der Haftung für Altverbindlichkeiten grundsätzlich nicht möglich (§ 130 II HGB). Eine entsprechende Vereinbarung vermag nur individuell mit dem jeweiligen Gläubiger der OHG getroffen zu werden. Im Übrigen wirkt sie sich ausschließlich intern auf mögliche Freistellungsansprüche des Eintretenden gegen die anderen Gesellschafter aus.[224]

In **Fall l** kommt, da A zum Zeitpunkt des Abschlusses des Kaufvertrags noch nicht Gesellschafter der OHG war, ein Anspruch des D gegen A auf Zahlung des Kaufpreises nur aus §§ 128, 130 I HGB iVm

---

216 Nach aA ist nicht § 426 II BGB, sondern § 774 BGB analog anzuwenden, Staub/*Habersack* HGB § 128 Rn. 48 f.; *Gellings* JuS 2012, 589 (592).
217 EBJS/*Hillmann* HGB § 130 Rn. 1; Schwerdtfeger/*Lehleiter* HGB § 130 Rn. 1.
218 Baumbach/Hopt/*Roth* HGB § 123 Rn. 4; Schwerdtfeger/*Lehleiter* HGB § 123 Rn. 13; aA KKRM/ *Kindler* HGB § 130 Rn. 1; MüKoHGB/*K. Schmidt* § 123 Rn. 1 a; Staub/*Habersack* HGB § 130 Rn. 13.
219 BGHZ 44, 235 (237); 63, 338 (344); BGH NJW 1988, 1321 (1323); EBJS/*Hillmann* HGB § 130 Rn. 6; KKRM/*Kindler* HGB § 130 Rn. 1; Röhricht/v. Westphalen/Haas/*Haas* HGB § 130 Rn. 4 und 6.
220 Baumbach/Hopt/*Roth* HGB § 130 Rn. 4 f.; EBJS/*Hillmann* HGB § 130 Rn. 7; MüKoHGB/ *K. Schmidt* § 130 Rn. 15. Zu beachten ist aber eine mögliche Rechtsscheinhaftung des Scheingesellschafters (→ Rn. 271).
221 MüKoHGB/*K. Schmidt* § 130 Rn. 14; Schwerdtfeger/*Lehleiter* HGB § 130 HGB Rn. 6.
222 Nach Ansicht des BGH ist nämlich auch dieser nach den Grundsätzen der fehlerhaften Gesellschaft als vorerst wirksam zu behandeln (→ Rn. 79); aA Baumbach/Hopt/*Roth* HGB § 130 Rn. 4; EBJS/ *Hillmann* HGB § 130 Rn. 7; MüKoHGB/*K. Schmidt* § 130 Rn. 15.
223 Baumbach/Hopt/*Roth* HGB § 130 Rn. 7; EBJS/*Hillmann* HGB § 130 Rn. 9.
224 EBJS/*Hillmann* HGB § 130 Rn. 10; KKRM/*Kindler* HGB § 130 Rn. 2; MüKoHGB/*K. Schmidt* § 130 Rn. 21.

§ 433 II BGB in Betracht. Das setzt entsprechend § 123 HGB voraus, dass der Eintritt des A nach außen hin vollzogen worden ist. Hier ist ein solcher Vollzug in der Handelsregistereintragung zu sehen. Unerheblich ist, ob der eintretende Gesellschafter zum Zeitpunkt seines Eintritts Kenntnis von der Altverbindlichkeit hatte. Deshalb steht D ein Anspruch aus §§ 128, 130 I HGB iVm § 433 II BGB gegen A zu.

f) Ein *ausscheidender Gesellschafter* haftet nach § 128 HGB nicht mehr für künftige 302 Verbindlichkeiten der Gesellschaft (sofern nicht aus einer versäumten Registereintragung des Ausscheidens eine Haftung nach § 15 I HGB folgt → Rn. 317). Hingegen besteht seine Haftung für bis zu seinem Ausscheiden begründete Verbindlichkeiten fort.[225] Diese *Nachhaftung* gewährleistet, dass den Gläubigern nach Entstehung eines Anspruchs gegen die Gesellschaft nicht die Zugriffsmöglichkeit auf das Vermögen eines ursprünglich vorhandenen Gesellschafters entzogen wird. Im Interesse des ausscheidenden Gesellschafters ist die Haftung aber zeitlich begrenzt. Eine Inanspruchnahme kann gem. § 160 I 1 HGB nur binnen fünf Jahren erfolgen, wenn die Forderung bis zu diesem Zeitpunkt fällig und in einer in § 197 I Nr. 3–5 BGB bezeichneten Art (Rechtskraft bzw. Vollstreckbarkeit) festgestellt oder vom Schuldner gem. § 160 II HGB schriftlich anerkannt worden ist. Dabei handelt es sich um eine von Amts wegen zu beachtende Ausschlussfrist, die der Gesellschafter im Prozess im Gegensatz zur Verjährung nicht geltend machen muss.[226] Beginn der Frist ist nach § 160 I 2 HGB der Tag, an dem das Ausscheiden ins Handelsregister eingetragen wird. Erlangt der Gläubiger bereits zuvor Kenntnis vom Ausscheiden des Gesellschafters, beginnt die Ausschlussfrist wie bei der GbR bereits mit Erlangung der positiven Kenntnis.[227]

Die Nachhaftung des § 160 HGB gilt auch für Forderungen aus *Dauerschuldverhältnissen* (zB Miet- oder Arbeitsverträge). Dabei hängt die Inanspruchnahme des Gesellschafters davon ab, ob das jeweilige Dauerschuldverhältnis bereits zum Zeitpunkt seines Ausscheidens bestanden hat. In diesem Fall sind auch die einzelnen daraus folgenden Forderungen unabhängig von ihrer Fälligkeit begründet. Der ausgeschiedene Gesellschafter haftet also auch für Forderungen aus einem Dauerschuldverhältnis, die erst nach seinem Ausscheiden fällig geworden sind (zB der Mietzins für eine spätere Abrechnungsperiode).[228] Dabei spielt es keine Rolle, ob das Dauerschuldverhältnis vor Ablauf der Fünfjahresfrist kündbar gewesen ist.

In **Fall m** setzt ein Anspruch des E gegen A auf Zahlung der Miete aus § 128 HGB iVm § 535 II BGB voraus, dass die geltend gemachte Verbindlichkeit bis zum Ausscheiden des A begründet worden ist. Auch bei Dauerschuldverhältnissen ist entscheidend, wann die Rechtsgrundlage gelegt worden ist. Auf den Zeitpunkt der Fälligkeit der einzelnen Zahlungsansprüche kommt es hingegen nicht an. Hieraus ergibt sich, dass die einzelnen Mietforderungen bereits am 1.9.2012 und damit vor dem Ausscheiden des A am 1.10.2012 begründet worden sind.
Die Haftung des A ist nach § 160 I HGB ausgeschlossen, wenn die Mietforderungen des E entweder nicht vor Ablauf von fünf Jahren nach dem Ausscheiden fällig geworden oder nicht innerhalb dieser Frist in einer in § 197 I Nr. 3–5 BGB bezeichneten Art festgestellt, gerichtliche oder behördliche Vollstreckungshandlungen nicht vorgenommen oder beantragt worden sind und A den Anspruch nicht schriftlich anerkannt hat. Die Frist beginnt dabei gem. § 160 I 2 BGB mit dem Ende des Tages, an

---

225 Zur mitunter schwierigen Frage, wann eine Verbindlichkeit als »begründet« in diesem Sinne angesehen werden kann, *Lüneborg* ZIP 2012, 2229 ff.
226 KKRM/*Kindler* HGB § 160 Rn. 4; MüKoHGB/*K. Schmidt* § 160 Rn. 41.
227 BGHZ 174, 7 (9); Baumbach/Hopt/*Roth* HGB § 160 Rn. 5; EBJS/*Hillmann* HGB § 160 Rn. 9; MüKoHGB/*K. Schmidt* § 160 Rn. 27.
228 BGHZ 55, 267 (270); 142, 324, Röhricht/v. Westphalen/Haas/*Haas* HGB § 160 Rn. 5.

dem das Ausscheiden in das Handelsregister eingetragen wird. Hier ist A zwar bereits am 1.10.2012 aus der OHG ausgeschieden, eine Eintragung ist aber erst am 4.12.2012 erfolgt. Der Lauf der Frist beginnt daher mit dem 5.12.2012. Fristende tritt nach § 188 II BGB mit Ablauf des 4.12.2017 ein. Die Mietforderungen für die Monate September und Oktober 2017 sind bereits zuvor fällig geworden. Ein rechtskräftiges Urteil oder eine andere Feststellung der Forderungen in einer in § 197 I Nr. 4–5 BGB bezeichneten Art, gerichtliche oder behördliche Vollstreckungshandlungen oder ein schriftliches Anerkenntnis des A liegen zwar bis Ablauf des 4.12.2017 nicht vor. Jedoch ist zu beachten, dass durch die Klageerhebung am 15.11.2017 die Frist gem. § 160 I 3 HGB iVm § 204 BGB gehemmt ist. Deshalb ist die Haftung des A nicht nach § 160 I HGB ausgeschlossen. E steht also ein Anspruch auf Zahlung der Miete für die Monate September und Oktober 2017 aus § 128 HGB iVm § 535 II BGB zu.

Wird ein Gesellschafter nach seinem Ausscheiden aus der OHG gem. § 128 HGB von einem Gläubiger in den zeitlichen Grenzen von § 160 HGB in Anspruch genommen, stellt sich für ihn die Frage, ob er weiterhin *Regress* nehmen kann. Ein Anspruch gegen die *OHG* aus § 110 HGB scheidet dabei aus, weil die Anwendbarkeit der Norm auf solche Fälle beschränkt ist, in denen der Gesellschafter, der Regress verlangt, noch Mitglied der Gesellschaft ist.[229] Stattdessen dürfte sich der Anspruch aus § 738 I 2 BGB ableiten lassen.[230] Gegen die ehemaligen *Mitgesellschafter* ergeben sich Regressansprüche dagegen aus § 426 I und II BGB;[231] diese haften nicht nur anteilig, sondern in voller Höhe, allerdings nur subsidiär zur OHG.[232]

303 **g)** Die *Auflösung der OHG* hat nicht zur Folge, dass die gesamtschuldnerische *Haftung* der Gesellschafter nach § 128 HGB erlischt. Wie sich aus § 156 HGB ergibt, müssen offene Gesellschaftsverbindlichkeiten vielmehr weiterhin von den Gesellschaftern erfüllt werden.[233] Die Geltendmachung dieser Ansprüche unterliegt allerdings der besonderen Verjährungsfrist des § 159 HGB. Danach können die Gesellschafter eine Inanspruchnahme spätestens fünf Jahre nach Eintragung der Auflösung ins Handelsregister verweigern.

304 **h)** Ein *Gesellschafter,* der für eine Verbindlichkeit der OHG einstehen soll, kann in zweifacher Weise *Gegenrechte* geltend machen. Zum einen kann er sich auf sämtliche Einreden und Einwendungen berufen, die ihm *persönlich* gegen den Gläubiger zustehen. Dies folgt aus der allgemeinen zivilrechtlichen Systematik und lässt sich auch dem Wortlaut des § 129 I HGB (»in seiner Person begründet«) entnehmen. In Betracht kommen beispielsweise eine Haftungsfreistellung oder eine Stundung, die dem Gesellschafter individuell gewährt wurden. Auch kann der Gesellschafter mit einer privaten Forderung gegenüber dem Gesellschaftsgläubiger aufrechnen.

Darüber hinaus kann sich der Gesellschafter aber auch auf solche Gegenrechte berufen, die *der Gesellschaft* gegenüber dem Anspruchsteller zustehen (§ 129 I–III HGB). Das gilt zunächst für sämtliche *Einreden und Einwendungen* der OHG (§ 129 I HGB). So kann der Gesellschafter die Unmöglichkeit der Leistung (§ 275 BGB), die Nichtigkeit des Vertrags (zB §§ 125, 134, 138 BGB), die Erfüllung des Anspruchs (§ 362 BGB) oder

---

229 BGHZ 39, 319 (324); MüKoHGB/*Langhein* § 110 Rn. 7; aA *Hadding,* FS Stimpel, 1985, 139 (153 ff.) mwN.

230 Umstr.; wie hier MüKoHGB/*K. Schmidt* § 128 Rn. 61; *K. Schmidt* GesR § 51 III 2b (S. 1506 f.); KKRM/*Kindler* HGB §§ 128, 129 Rn. 20; zur Begr. bereits bei der GbR → Rn. 220; anders BGHZ 39, 319 (324) (§ 426 I BGB) und BGH WM 1978, 114 (115) (§ 670 BGB); ausf. zum Streitstand *Hadding,* FS Stimpel, 1985, 139 (143 ff.).

231 BGHZ 37, 299 (302); Baumbach/Hopt/*Roth* HGB § 128 Rn. 36; EBJS/*Hillmann* HGB § 128 Rn. 34; *Hadding,* FS Stimpel, 1985, 139 (158 ff.).

232 EBJS/*Hillmann* HGB § 128 Rn. 34; MüKoHGB/*K. Schmidt* § 128 Rn. 62; *K. Schmidt* GesR § 51 III 2b (S. 1597); aA BGH NJW 1980, 339 (340) (GbR); KKRM/*Kindler* HGB §§ 128, 129 Rn. 20.

233 EBJS/*Hillmann* HGB § 128 Rn. 16; MüKoHGB/*K. Schmidt* § 128 Rn. 7.

einen Verstoß gegen Treu und Glauben (§ 242 BGB) gegenüber einer Inanspruchnahme durch einen Gesellschaftsgläubiger geltend machen. Auch auf die *Verjährung* der Forderung kann er sich gem. § 214 I BGB berufen.[234] Das gilt allerdings nur, wenn auch im Hinblick auf seine eigene Haftung aus § 128 HGB Verjährung eingetreten ist.[235] Zum Auseinanderfallen der Verjährungszeitpunkte kann es kommen, wenn der Gläubiger nur gegen den Gesellschafter und nicht auch gegen die OHG gerichtlich vorgeht. Dann wird die Verjährung auch nur in Bezug auf die Verbindlichkeit des Gesellschafters gehemmt (§ 204 I Nr. 1 BGB). Tritt nun während des Prozesses die Verjährung der Gesellschaftsschuld ein, kann sich der Gesellschafter trotz § 129 I HGB darauf nicht berufen. Das folgt aus Sinn und Zweck der Verjährungsregeln. Diese dienen der Rechtssicherheit und sollen dem Schuldner nach Ablauf einer bestimmten Zeit Gewissheit geben, nicht mehr in Anspruch genommen zu werden.[236] Eine solche ungewisse Situation besteht allerdings nicht für den Gesellschafter, gegen den bereits vor Eintritt der Verjährung Klage erhoben wurde.[237] Daran ändert auch die spätere Verjährung der Gesellschaftsschuld nichts. Andernfalls wäre der Gläubiger gezwungen, neben dem Gesellschafter stets auch gegen die Gesellschaft gerichtlich vorzugehen.[238]

Nicht vom Anwendungsbereich des § 129 I HGB umfasst sind *Gestaltungsrechte* der OHG, da der Gesellschafter diese nicht im eigenen Namen für die Gesellschaft ausüben kann. Sie fallen vielmehr unter § 129 II, III HGB. Danach kann ein Gesellschafter die Leistung gegenüber dem Gläubiger grundsätzlich solange verweigern, wie das Gestaltungsrecht zugunsten der OHG besteht. Über den Wortlaut hinaus bezieht sich § 129 II, III HGB auf sämtliche Gestaltungsrechte, also neben Anfechtung (§§ 119 ff. BGB) und Aufrechnung (§§ 387 ff. BGB) insbesondere auch auf Rücktritts- und Kündigungsrechte.[239]

Allerdings erfordert die Anwendung des § 129 III HGB besondere Aufmerksamkeit, soweit nicht beide Parteien zur *Aufrechnung* berechtigt sind, sondern eine Partei einem Aufrechnungsverbot unterliegt (zB § 393 BGB). Nach dem Wortlaut des § 129 III HGB käme ein Leistungsverweigerungsrecht des Gesellschafters nämlich in Betracht, wenn der Gläubiger der OHG zur Aufrechnung berechtigt ist, aber andererseits ein Aufrechnungsverbot zu Lasten der Gesellschaft besteht. In dieser Konstellation soll das Aufrechnungsverbot der OHG jedoch gerade gewährleisten, dass deren Gläubiger seine Forderung ungehindert geltend machen kann. Diesem Zweck würde es widersprechen, dem Gesellschafter ein Leistungsverweigerungsrecht nach § 129 III HGB einzuräumen. Deshalb wird der Wortlaut der Vorschrift allgemein für ein Redaktionsversehen des Gesetzgebers gehalten.[240] Soweit lediglich der Gläubiger gegenüber der Gesellschaft aufrechnen kann, besteht ein Leistungsverweigerungsrecht des Gesellschafters entgegen dem Wortlaut von § 129 III HGB also gerade nicht.[241] Einschlägig ist die Vorschrift vielmehr im umgekehrten Fall, dass der Gläubiger einem Aufrechnungsverbot unterliegt und eine Aufrechnungsmöglichkeit daher ausschließlich zugunsten der Gesellschaft gegeben ist.[242]

---

234 BGHZ 73, 217 (223); 104, 76 (80 f.), BGH NJW 1982, 2443; EBJS/*Hillmann* HGB § 129 Rn. 4; KKRM/*Kindler* HGB §§ 128, 129 Rn. 3; MüKoHGB/*K. Schmidt* § 129 Rn. 7.

235 BGHZ 104, 76 (80 f.); 139, 214 (218); BGH NJW 1981, 2579; MüKoHGB/*K. Schmidt* § 129 Rn. 9; Röhricht/v. Westphalen/Haas/*Haas* HGB § 129 Rn. 4.

236 BGHZ 104, 76 (80 f.); 139, 214 (218).

237 MüKoHGB/*K. Schmidt* § 129 Rn. 9.

238 BGHZ 104, 76 (80 f.); 139, 214 (218); EBJS/*Hillmann* HGB § 129 Rn. 4; Schwerdtfeger/*Lehleiter* HGB § 129 Rn. 11.

239 Baumbach/Hopt/*Roth* HGB § 129 Rn. 5; Röhricht/v. Westphalen/Haas/*Haas* HGB § 129 Rn. 7.

240 BGHZ 42, 396 (397); EBJS/*Hillmann* HGB § 129 Rn. 14; *K. Schmidt* GesR § 49 II 3 d (S. 1420); *Bülow* ZGR 1988, 192 (199 f.); *Schlüter*, FS H. Westermann, 1974, 509 (522 ff.).

241 BGHZ 42, 396 (397); Baumbach/Hopt/*Roth* HGB § 129 Rn. 13; MüKoHGB/*K. Schmidt* § 129 Rn. 24.

242 EBJS/*Hillmann* HGB § 129 Rn. 14; KKRM/*Kindler* HGB §§ 128, 129 Rn. 3; Röhricht/v. Westphalen/Haas/*Haas* HGB § 129 Rn. 13; *Schlüter*, FS H. Westermann, 1974, 509 (522).

305 i) Prozessual können Gesellschaft und Gesellschafter sowohl unabhängig voneinander als auch gemeinsam auf die Erfüllung einer Gesellschaftsschuld verklagt werden. Im letzteren Fall sind sie einfache und nicht notwendige Streitgenossen.[243] Die Zwangsvollstreckung gegen einen Gesellschafter erfordert einen Titel gegen diesen (§ 129 IV HGB). Ein Titel gegen die Gesellschaft reicht hierfür nicht aus. Auch die Umschreibung eines solchen Titels gem. § 727 ZPO ist nicht möglich.[244]

306 j) Für die *Fallbearbeitung* gilt Folgendes: Da der Anspruch gegen die einzelnen Gesellschafter zunächst einen Anspruch gegen die OHG voraussetzt, bedarf es nach Nennung der Anspruchsgrundlage nebst der Zurechnungsnorm § 128 HGB zunächst der Prüfung des wirksamen Bestandes der OHG sowie einer Gesellschaftsverbindlichkeit. Sodann ist, wegen der akzessorischen Natur der Gesellschafterhaftung, die Gesellschafterstellung des in Anspruch Genommenen zur Zeit der Begründung der Verbindlichkeit zu prüfen. In der Fallbearbeitung sind Ansprüche gegen die Gesellschafter daher wie folgt zu prüfen:[245]

Prüfungsschema

I. Bestehen einer OHG (insbesondere Abschluss eines Gesellschaftsvertrags, Wirksamkeit, gegebenenfalls fehlerhafte Gesellschaft)
II. Bestehen einer wirksamen Verbindlichkeit der OHG
  1. **Anspruch entstanden** (insbesondere Stellvertretung; Zurechnung: Verhalten, Verschulden, Wissen)
  2. **kein Untergang**
  3. **Durchsetzbarkeit**
III. Verpflichtung des in Anspruch Genommenen
  1. Grundsätzlich ausreichend: **Gesellschafterstellung zur Zeit der Begründung der Verbindlichkeit**
  2. (gegebenenfalls) **Haftung des Ein- bzw. Enthaftung des Austretenden**
  3. **kein Haftungsausschluss**
  4. **Fehlen von Einreden (insbesondere § 129 HGB)**
  5. **Rechtsfolge: Haftung auf das Erfüllungsinteresse (str.)**

V. Wechsel im Mitgliederbestand

307 Die Existenz der OHG hängt grundsätzlich nicht vom personellen Fortbestand des ursprünglichen Gesellschafterstamms ab. Vielmehr kann der Kreis der Gesellschafter im Laufe der Zeit Veränderungen unterworfen sein. So können bisherige Gesellschafter aus der OHG ausscheiden, neue Gesellschafter eintreten oder Gesellschaftsanteile durch Rechtsgeschäft oder im Wege der Erbfolge übertragen werden.

---

243 BGHZ 54, 251; EBJS/*Hillmann* HGB § 128 Rn. 59; Schwerdtfeger/*Lehleiter* HGB § 128 Rn. 45.
244 OLG Hamm NJW 1979, 51; Baumbach/Hopt/*Roth* HGB § 129 Rn. 15; MüKoHGB/*K. Schmidt* § 129 Rn. 27.
245 Die aufgelisteten Gliederungspunkte sind dabei nicht schematisch zu prüfen, sondern unter Berücksichtigung der individuellen Besonderheiten des jeweiligen Falles.

1. Ausscheiden von Gesellschaftern

Bis zur Reform des Handelsrechts im Jahre 1998 führte das Ausscheiden eines Gesell- **308**
schafters wie bei der GbR (→ Rn. 209) grundsätzlich zur Auflösung der OHG. Diese
Folge wurde in der Praxis jedoch als unbefriedigend empfunden und regelmäßig durch
gesellschaftsvertragliche Fortsetzungsklauseln abbedungen. Daher hat sich der Gesetzgeber entschieden, die Fortführung der OHG für den Fall des Ausscheidens aus
der Gesellschaft als Regelfall vorzusehen.

a) Die *Ausscheidensgründe* aus der OHG sind in § 131 III 1 HGB normiert. Zusätz- **309**
lich kann der Gesellschaftsvertrag aber auch ergänzende oder abweichende Regelungen enthalten.

aa) Nach § 131 III 1 Nr. 1 HGB scheidet ein Gesellschafter grundsätzlich *mit seinem* **310**
Tod aus der Gesellschaft aus. Eine Fortsetzung der OHG mit Erben findet dann nicht
statt. Diese treten lediglich als Erbengemeinschaft in die Rechtsposition des ausgeschiedenen Erblassers ein und betreiben die Auseinandersetzung mit den übrigen
Gesellschaftern.[246] Sie haben einen Anspruch auf das Abfindungsguthaben (§ 738
BGB, § 105 III HGB), während der Anteil des Verstorbenen den übrigen Gesellschaftern zuwächst. Dieses Ergebnis wird der Interessenlage der Beteiligten jedoch häufig
nicht gerecht.[247] Nicht selten werden abweichende gesellschaftsvertragliche Regelungen für den Todesfall eines Gesellschafters getroffen. Die unterschiedlichen Gestaltungsmöglichkeiten entsprechen im Wesentlichen denen bei der GbR (ausführlich
→ Rn. 224 ff.). Entbehrlich ist lediglich die *einfache Fortsetzungsklausel*, weil der Fortbestand der Gesellschaft bei der OHG bereits kraft Gesetzes vorgesehen ist. In Betracht kommen aber sowohl die Vereinbarung einer Fortsetzung der Gesellschaft mit
allen *(einfache Nachfolgeklausel)* bzw. mit bestimmten Erben *(qualifizierte Nachfolgeklausel)* als auch die Möglichkeit, den Erben das Recht einzuräumen, die Aufnahme in
die Gesellschaft zu verlangen *(Eintrittsklausel)*. Eine Sonderregelung enthält zudem
§ 139 HGB für den Fall, dass nach dem Gesellschaftsvertrag die Fortsetzung der
OHG mit den Erben erfolgen soll. Diese können ihren Verbleib in der Gesellschaft
nämlich davon abhängig machen, dass ihnen unter Belassung ihres bisherigen Gewinnanteils die Stellung von Kommanditisten eingeräumt und der auf sie entfallende Teil
der Einlage des Erblassers als Kommanditeinlage anerkannt wird. Die OHG wird in
diesem Fall zur KG. Lehnen die übrigen Gesellschafter den Antrag des Erben ab, ist
dieser berechtigt, ohne Einhaltung einer Kündigungsfrist sein Ausscheiden aus der
Gesellschaft zu erklären (§ 139 II HGB). So soll vermieden werden, dass einem Erben
die unbeschränkte persönliche Haftung des § 128 HGB aufgezwungen wird.[248]

> In **Fall n** ist zu beachten, dass sich eine Haftung des S sowohl als neu eintretender Gesellschafter als
> auch als Erbe ergeben kann. In zeitlicher Hinsicht ist zwischen Schulden, die vor dem Erbfall begründet
> wurden (Altschulden), denen, die zwischen Erbfall und Beteiligungsumwandlung begründet wurden
> (Zwischenneuschulden), und solchen, die nach der Beteiligungsumwandlung begründet wurden
> (echte Neuschulden), zu unterscheiden.
>
> (1) Die *Kaufpreisverbindlichkeit vom 1.6.* ist vor dem Erbfall entstanden und stellt damit eine Alt-
> schuld dar. Da S mit dem Tod des A vorläufig persönlich haftender Gesellschafter geworden und die
> Kaufpreisverbindlichkeit vor diesem Zeitpunkt entstanden ist, kommt eine Haftung aus §§ 130, 128

---

246 EBJS/*Lorz* HGB § 131 Rn. 41; MüKoHGB/*K. Schmidt* § 131 Rn. 66.
247 *Kindl* GesR § 19 Rn. 3.
248 Baumbach/Hopt/*Roth* HGB § 139 Rn. 6; KKRM/*Kindler* HGB § 139 Rn. 2.

HGB in Betracht. Mit der Umwandlung in eine Kommanditistenstellung innerhalb der Drei-Monats-Frist ist diese Haftung aber erloschen (§ 139 IV HGB). Eine Haftung als Kommanditist aus §§ 173 I, 171 HGB scheidet aus, weil die Einlage vollständig geleistet wurde. S haftet jedoch als Erbe für die Kaufpreisverbindlichkeit als Nachlassverbindlichkeit (§ 1967 BGB). Es besteht aber die Möglichkeit, die Haftung auf den Nachlass zu beschränken (§ 139 IV HGB iVm §§ 1975 ff. BGB).

(2) Die *Kaufpreisverbindlichkeit vom 4.7.* ist nach dem Erbfall und vor der Beteiligungsumwandlung begründet worden und stellt damit eine Zwischenneuschuld dar. Da S mit dem Tod des A vorläufig persönlich haftender Gesellschafter geworden und die Kaufpreisverbindlichkeit nach diesem Zeitpunkt entstanden ist, kommt eine Haftung aus § 128 HGB in Betracht. Mit der Umwandlung in eine Kommanditistenstellung innerhalb der Drei-Monats-Frist ist aber auch diese Haftung wieder gem. § 139 IV HGB erloschen. Eine Haftung als Kommanditist aus §§ 173 I, 171 HGB scheidet abermals aus, weil A seine zu erbringende Einlage vollständig geleistet hat. Dies kommt S als Erbe zugute. Als solcher haftet er aber für die Kaufpreisverbindlichkeit als Nachlassverbindlichkeit (§ 1967 BGB). Die Kaufpreisverbindlichkeit ist zwar nach dem Tod des A entstanden. Aus der Formulierung »bis dahin entstandenen Gesellschaftsschulden« in § 139 IV HGB ergibt sich jedoch, dass die bis zur Beteiligungsumwandlung entstandenen Schulden den Nachlassverbindlichkeiten gleichgestellt werden. Diese Haftung kann auf den Nachlass beschränkt werden (§ 139 IV HGB iVm §§ 1975 ff. BGB).

(3) Die *Kaufpreisverbindlichkeit vom 17.8.* ist nach der Beteiligungsumwandlung begründet worden und stellt damit eine echte Neuschuld dar. Eine Haftung aus § 128 HGB scheidet aus, weil S zum Zeitpunkt der Entstehung der Verbindlichkeit nicht mehr persönlich haftender Gesellschafter war. Die Kommanditistenhaftung aus § 171 HGB ist wiederum nicht einschlägig, weil die Einlage vollständig geleistet wurde. Eine ausnahmsweise persönliche Haftung des Kommanditisten nach § 176 II HGB ist nicht gegeben, weil die Verbindlichkeit nach der Eintragung des S als Kommanditist am 15.8. begründet wurde. Die nach der Beteiligungsumwandlung entstandene Verbindlichkeit ist einer Nachlassverbindlichkeit nicht gleichzustellen. Eine Haftung nach § 1967 BGB scheidet somit ebenfalls aus.

311 **bb)** Ein weiterer Ausscheidensgrund ist die *Eröffnung des Insolvenzverfahrens über das Vermögen des Gesellschafters* (§ 131 III 1 Nr. 2 HGB). Maßgeblicher Zeitpunkt ist der Eröffnungsbeschluss gem. § 27 InsO.[249] Das Abfindungsguthaben des Gesellschafters fällt dann zugunsten seiner Gläubiger in die Insolvenzmasse.

312 **cc)** Zum Ausscheiden aus der OHG kommt es auch, wenn ein Gesellschafter seine Mitgliedschaft *kündigt* (§ 131 III 1 Nr. 3 HGB). Dabei regelt § 131 III 1 Nr. 3 HGB nicht das Kündigungsrecht, sondern nur die Folgen der Kündigung. Im Hinblick auf das Kündigungsrecht ist zwischen ordentlicher und außerordentlicher Kündigung zu unterscheiden. Wenn im Gesellschaftsvertrag keine besondere Regelung getroffen ist, kann eine *ordentliche Kündigung*, die an keinen besonderen Grund gebunden ist, bei einer auf unbestimmte Zeit[250] eingegangenen Gesellschaft nur mit sechsmonatiger Kündigungsfrist zum Schluss des Geschäftsjahres geltend gemacht werden. Eine solche Möglichkeit zur ordentlichen Kündigung sieht § 132 HGB ausdrücklich vor.[251] Demgegenüber besteht keine gesetzliche Regelung eines *außerordentlichen Kündigungsrechts* des OHG-Gesellschafters. Bei Vorliegen eines wichtigen Grundes sind lediglich die gerichtliche Auflösung der Gesellschaft (Auflösungskündigung, § 133

---

249 MüKoHGB/*K. Schmidt* § 131 Rn. 72; Schwerdtfeger/*Lehleiter* HGB § 131 Rn. 36.

250 Einer auf unbestimmte Zeit eingegangenen Gesellschaft steht nach § 134 HGB eine Gesellschaft gleich, die auf Lebenszeit eines Gesellschafters eingegangen wurde oder die nach Ablauf der für ihre Dauer bestimmten Zeit stillschweigend fortgesetzt wurde.

251 MüKoHGB/*K. Schmidt* § 132 Rn. 2; wegen der spezielleren Regelung der § 132, 133 HGB sind § 723 I 1–3 und II BGB grds. nicht auf die OHG anwendbar, MüKoBGB/*Schäfer* § 723 Rn. 2 f.; anwendbar ist allerdings § 723 III BGB, wonach das ordentliche Kündigungsrecht nicht beschränkt werden darf.

HGB) bzw. die gerichtliche Ausschließung eines einzelnen Gesellschafters (Ausschlusskündigung, § 140 HGB) vorgesehen. Allerdings gehört die Möglichkeit, aus wichtigem Grund aus einer Gesellschaft auszuscheiden (Austrittskündigung), zu den Grundprinzipien des Gesellschaftsrechts, sodass die Regelung des § 133 HGB nicht als abschließend angesehen werden kann.[252] Ein Recht, im Wege der außerordentlichen Kündigung aus der Gesellschaft auszuscheiden, besteht daher grundsätzlich als ultima ratio, wenn die Fortsetzung des Gesellschaftsverhältnisses für den betroffenen Gesellschafter unzumutbar geworden ist.[253]

dd) Eine Kündigung der Gesellschafterstellung kann auch durch den *Privatgläubiger* **313** *eines Gesellschafters* erfolgen (§ 135 HGB). Dies führt nach § 131 III 1 Nr. 4 HGB ebenfalls zum Ausscheiden des Gesellschafters. Ziel der Kündigung durch einen Privatgläubiger ist es, sich aus dem Abfindungsguthaben des ausscheidenden Gesellschafters zu befriedigen. Dementsprechend setzt dessen Kündigung nach § 135 HGB voraus, dass der Gläubiger nach einem erfolglosen Vollstreckungsversuch in das bewegliche Vermögen des Gesellschafters die Pfändung und Überweisung des diesem Gesellschafter bei dessen Ausscheiden zustehenden Abfindungsanspruchs erwirkt hat. Dieses Kündigungsrecht kann zum Schutz des Gläubigers durch den Gesellschaftsvertrag auch nicht beschränkt werden.[254]

ee) Weitere zum Ausscheiden führende Gründe können *im Gesellschaftsvertrag ver-* **314** *einbart* werden (§ 131 III 1 Nr. 5 HGB). Dabei kann es sich etwa um das Erreichen einer Altersgrenze, die Unfähigkeit zur weiteren Mitarbeit in der Gesellschaft oder die Heirat ohne Vereinbarung von Gütertrennung handeln.[255] Indes sind der gesellschaftsvertraglichen Gestaltungsfreiheit Grenzen gesetzt. Eine privatautonome Regelung muss entweder durch einen aus dem Gesellschaftsverhältnis ableitbaren sachlichen Grund gerechtfertigt sein oder an einen automatisch eintretenden Ausscheidensgrund anknüpfen, wie etwa das Lebensalter.[256]

ff) Schließlich kann es auch durch *Beschluss der Gesellschafter* zum Ausscheiden eines **315** Gesellschafters kommen (§ 131 III 1 Nr. 6 HGB). Dieser Beschluss setzt mangels abweichender Vereinbarung im Gesellschaftsvertrag Einstimmigkeit voraus.[257] Ein Ausschluss gegen den Willen des Betroffenen ist grundsätzlich nur bei Vorliegen eines wichtigen Grundes durch Ausschließungsklage nach § 140 HGB möglich (dazu sogleich). Ist im Gesellschaftsvertrag die Möglichkeit einer zwangsweisen Ausschließung durch Gesellschafterbeschluss vorgesehen, darf diese *Hinauskündigungsklausel* die Ausschließung nicht willkürlich in das Ermessen der übrigen Gesellschafter stellen.[258] Andernfalls käme es zu einer erheblichen Abhängigkeit des Betroffenen von der Will-

252 OLG Celle NZG 2011, 261 (262); Baumbach/Hopt/*Roth* HGB § 133 Rn. 1; MüKoHGB/ *K. Schmidt* § 132 Rn. 37; *Stodolkowitz* NZG 2011, 1327 (1331 f.); für ein Austrittsrecht nur bei Publikumsgesellschaften EBJS/*Lorz* HGB § 133 Rn. 2.
253 MüKoHGB/*K. Schmidt* § 132 Rn. 40. Vgl. zum alten Recht BGHZ 63, 338 (345); 69, 160 (162); 85, 350 (361) (jeweils zur Publikumsgesellschaft).
254 Baumbach/Hopt/*Roth* HGB § 135 Rn. 12; KKRM/*Kindler* HGB § 135 Rn. 4.
255 BGH BB 1965, 1167; Baumbach/Hopt/*Roth* HGB § 131 Rn. 25; MüKoHGB/*K. Schmidt* § 131 Rn. 86.
256 Baumbach/Hopt/*Roth* HGB § 131 Rn. 25; MüKoHGB/*K. Schmidt* § 131 Rn. 87.
257 GK-HGB/*Ensthaler* § 131 Rn. 12; Schwerdtfeger/*Lehleiter* HGB § 131 Rn. 42.
258 BGHZ 68, 212 (215); MüKoHGB/*K. Schmidt* § 131 Rn. 88; Schwerdtfeger/*Lehleiter* HGB § 131 Rn. 43.

kür der übrigen Gesellschafter und wäre die Regelung mit den guten Sitten unvereinbar und daher nach § 138 I BGB nichtig. Etwas anderes kommt nur in Betracht, wenn die Hinauskündigung ausnahmsweise durch einen besonderen sachlichen Grund gerechtfertigt ist.[259]

316 **b)** Die *zwangsweise Ausschließung* eines Gesellschafters gegen seinen Willen kann von den übrigen Gesellschaftern grundsätzlich nur durch Erhebung einer *Ausschließungsklage* gem. § 140 HGB herbeigeführt werden. Voraussetzung dafür ist das Vorliegen eines wichtigen Grundes in der Person des Auszuschließenden. Insoweit kann auf die zu § 133 HGB entwickelten Grundsätze verwiesen werden (→ Rn. 326). Wegen der besonderen Schwere des Eingriffs in die Rechtsposition des Betroffenen ist aber zu beachten, dass die zwangsweise Ausschließung grundsätzlich nur als ultima ratio in Betracht kommt.[260] Vorrangig können als mildere Mittel auch die Entziehung von Geschäftsführungsbefugnis (§ 117 HGB) und Vertretungsmacht (§ 127 HGB)[261] oder eine zumutbare Änderung des Gesellschaftsvertrags in Betracht kommen.[262] Freilich ist eine Abweichung von den Grundsätzen des § 140 HGB im Gesellschaftsvertrag möglich.[263] Es kann etwa vorgesehen werden, dass zur zwangsweisen Ausschließung eines Gesellschafters anstelle der Klageerhebung ein Beschluss der übrigen Gesellschafter ausreicht.[264] Dabei ist der Betroffene nicht abstimmungsberechtigt.

In prozessualer Hinsicht setzt die Zulässigkeit der Ausschließungsklage voraus, dass sie von allen übrigen Gesellschaftern erhoben wird. Es handelt sich um eine *notwendige Streitgenossenschaft* gem. § 62 ZPO.[265] Die Zustimmung des einzelnen Gesellschafters zur Klageerhebung kann durch die gesellschaftliche Treuepflicht geboten sein, wenn die Interessen der Gesellschaft auf andere Weise nicht zu wahren sind.[266] Verweigert ein Gesellschafter seine Zustimmung unter solchen Umständen, kann diese von den anderen Gesellschaftern gerichtlich eingeklagt und nach § 894 ZPO durch ein Urteil ersetzt werden.[267] Auch ist eine Verbindung der Zustimmungsklage mit der Ausschließungsklage gem. § 260 ZPO zulässig.[268]

317 **c)** Mit Blick auf die *Rechtsfolgen des Ausscheidens* eines Gesellschafters aus der OHG kann weitgehend auf die nach § 105 III HGB anwendbaren Grundsätze zur GbR verwiesen werden (→ Rn. 214 ff.). Der Anteil des ausscheidenden Gesellschafters wächst den übrigen Gesellschaftern zu (§ 738 I 1 BGB). Im Gegenzug erhält der Ausscheidende den Abfindungsanspruch nach § 738 I 2 BGB. Darüber hinaus haftet er nach Maßgabe des § 160 HGB weiterhin für die bis zu seinem Ausscheiden begründeten Verbindlichkeiten der Gesellschaft.

---

259 BGHZ 68, 212 (215); 81, 263 (267); 105, 213; 107, 351; MüKoHGB/*K. Schmidt* § 140 Rn. 98; dazu schon bei der GbR (→ Rn. 213).
260 BGHZ 4, 108; EBJS/*Lorz* HGB § 140 Rn. 8; KKRM/*Kindler* HGB § 140 Rn. 1.
261 RGZ 146, 169 (180); BGH WM 1971, 20 (22); Baumbach/Hopt/*Roth* HGB § 140 Rn. 6.
262 BGH NJW 1995, 597 (598); WM 2003, 1084; MüKoHGB/*K. Schmidt* § 140 Rn. 28.
263 BGHZ 31, 295 (300); 68, 212 (214); 81, 263 (265); Schwerdtfeger/*Lehleiter* HGB § 140 Rn. 24.
264 BGHZ 31, 295 (301); 68, 212 (214); Baumbach/Hopt/*Roth* HGB § 140 Rn. 30; MüKoHGB/ *K. Schmidt* § 131 Rn. 89; Fallbeispiel bei *Saenger/Scheuch* JA 2012, 651 (656 f.). Allerdings ist das Verbot willkürlicher Hinauskündigungsklauseln zu beachten (→ Rn. 315).
265 BGHZ 30, 195 (197); Röhricht/v. Westphalen/Haas/*Haas* HGB § 140 Rn. 16.
266 BGH NJW-RR 1997, 925; Baumbach/Hopt/*Roth* HGB § 140 Rn. 20.
267 BGHZ 64, 253 (257); 68, 81 (82); EBJS/*Lorz* HGB § 140 Rn. 29.
268 BGHZ 68, 81 (83); Schwerdtfeger/*Lehleiter* HGB § 140 Rn. 18.

Schließlich ist zu beachten, dass das Ausscheiden eines Gesellschafters nach § 143 II HGB in das Handelsregister einzutragen ist. Der Eintragung kommt zwar nur deklaratorische Bedeutung zu. Gleichwohl kann diese mit Blick auf §§ 15 und 160 I 2 HGB entscheidend sein.

d) Auch bei der *zweigliedrigen OHG* ist die Ausschließung eines Gesellschafters **318** grundsätzlich zulässig, was § 140 I 2 HGB ausdrücklich klargestellt. Das Ausscheiden des betroffenen Gesellschafters hat aber zugleich das *Erlöschen der OHG* zur Folge (Konfusion). Denn es kann keine Personengesellschaft mit nur einem Gesellschafter geben.[269] Eine Liquidation nach §§ 145 ff. HGB erfolgt in diesem Fall nicht. Vielmehr geht das Gesellschaftsvermögen automatisch im Wege der Gesamtrechtsnachfolge (und nicht durch Anwachsung nach § 738 I 1 BGB) auf den verbleibenden Gesellschafter über und wird zu dessen Alleinvermögen.[270] Der ausgeschiedene Gesellschafter hat, ebenso wie beim Ausscheiden aus einer mehrgliedrigen Gesellschaft, einen Abfindungsanspruch nach § 738 BGB, der sich allerdings gegen den anderen Gesellschafter persönlich richtet.[271] Weiterhin hat die Auflösung der OHG zur Folge, dass diese im Verhältnis zu ihren Gläubigern als Haftungssubjekt wegfällt. Die Haftung der Gesellschafter für die Verbindlichkeiten der Gesellschaft nach § 128 HGB bleibt demgegenüber bestehen. Es gilt allerdings die fünfjährige Sonderverjährung nach § 159 HGB.[272] Daneben muss der verbleibende Gesellschafter auch als Gesamtrechtsnachfolger der OHG für deren Verbindlichkeiten einstehen.

2. Eintritt von Gesellschaftern

Eine Veränderung des Gesellschafterbestandes kann sich auch durch den Eintritt eines **319** neuen Gesellschafters in eine bestehende OHG ergeben. Voraussetzung ist der Abschluss eines Aufnahmevertrags zwischen dem Eintretenden und allen bisherigen Gesellschaftern der OHG (dazu bereits bei der GbR → Rn. 223). Dieser hat im Innenverhältnis den Erwerb der mitgliedschaftlichen Rechte und Pflichten zur Folge. Im Verhältnis zu Dritten wird der Beitritt entsprechend § 123 HGB durch Eintragung im Handelsregister oder Fortführung der Geschäfte mit Zustimmung des neuen Gesellschafters wirksam.[273] Gleichzeitig tritt die akzessorische Haftung nach § 128 HGB ein, die sich gem. § 130 HGB auch auf die Altverbindlichkeiten der Gesellschaft erstreckt. Hieraus können sich für einen neu eintretenden Gesellschafter vor allem bei Vorhandensein ihm bislang unbekannter »Altlasten« erhebliche Haftungsrisiken ergeben.

3. Rechtsgeschäftliche Übertragung der Mitgliedschaft

Die Aufnahme eines neuen Gesellschafters kann auch zugleich mit dem Ausscheiden **320** eines bisherigen erfolgen. Dies ist einerseits durch eine Kombination von Ein- und Austritt der Betroffenen möglich.[274] Eine Rechtsnachfolge liegt in diesem Fall nicht vor. Vielmehr werden die entsprechenden vertraglichen Vereinbarungen jeweils mit

---

269 BGHZ 68, 81 (82); 113, 132 (133); BGH NJW 1993, 1917 (1918); Baumbach/Hopt/*Roth* HGB § 131 Rn. 35.

270 BGHZ 48, 203 (207); 113, 132 (134); MüKoHGB/*K. Schmidt* § 140 Rn. 9.

271 Baumbach/Hopt/*Roth* HGB § 131 Rn. 35; vgl. auch MüKoHGB/*K. Schmidt* § 140 Rn. 9.

272 Baumbach/Hopt/*Roth* HGB § 131 Rn. 35.

273 Baumbach/Hopt/*Roth* HGB § 123 Rn. 4; Schwerdtfeger/*Lehleiter* HGB § 123 Rn. 13; aA KKRM/*Kindler* HGB § 130 Rn. 1; MüKoHGB/*K. Schmidt* § 123 Rn. 1 a; Staub/*Habersack* HGB § 130 Rn. 13.

274 BGHZ 44, 229 (231); BGH NJW 1975, 166 (167).

den übrigen Gesellschaftern der OHG getroffen. Möglich ist aber auch, dass der ausscheidende Gesellschafter seinen Anteil unmittelbar durch Rechtsgeschäft an den Eintretenden überträgt (dazu bereits bei der GbR → Rn. 233 ff.). Es handelt sich dabei um ein Verfügungsgeschäft iSd §§ 413, 398 BGB.[275] Die Übertragung ist als Grundlagengeschäft an die Zustimmung aller Gesellschafter gebunden, die jedoch auch vorab im Gesellschaftsvertrag erteilt werden kann.[276] Auch in diesem Fall besteht die Haftung des Ausscheidenden gem. § 160 HGB fort und hat ebenso der Eintretende nach § 130 HGB für die Altverbindlichkeiten der OHG einzustehen.[277]

VI. Beendigung

1. Systematik

321 Hinsichtlich der Beendigung der OHG ist – entsprechend der Systematik bei der GbR (→ Rn. 237 ff.) – zwischen Auflösung, Auseinandersetzung und Vollbeendigung zu unterscheiden. Die *Auflösung* führt zunächst (nur) dazu, dass sich der Gesellschaftszweck ändert und nicht mehr auf die werbende Tätigkeit, sondern auf Auseinandersetzung gerichtet ist. Am Bestand der Gesellschaft ändert sich hierdurch nichts. Die Regelungen der Bestimmungen über die OHG finden weiterhin Anwendung (§ 156 HGB). Allerdings können die Ansprüche einzelner Gesellschafter gegen die Gesellschaft oder gegen Mitgesellschafter nicht mehr selbstständig geltend gemacht werden, sondern werden nur noch als Rechnungsposten im Rahmen der Auseinandersetzung berücksichtigt.[278]

Mit der Auflösung tritt die Gesellschaft in das Stadium der *Auseinandersetzung* (Abwicklung). Diese zielt auf Aufhebung der Gesamthandsgemeinschaft und Verteilung des Gesellschaftsvermögens, soweit es nicht zur Befriedigung der Gläubiger verwendet wird. Die Auseinandersetzung erfolgt im Wege der Liquidation (§§ 145 ff. HGB), soweit der Gesellschaftsvertrag keine abweichende Form der Auseinandersetzung vorsieht (§ 731 BGB). Dies ist in der Praxis regelmäßig der Fall, um der Zerschlagung des Unternehmens vorzubeugen. Üblich sind insbesondere Vereinbarungen, die anstelle der Liquidation die Übernahme des Unternehmens durch einen Gesellschafter bei gleichzeitiger Abfindung der übrigen oder die Veräußerung des gesamten Unternehmens an einen Dritten vorsehen.[279] Bis zum Abschluss der Auseinandersetzung haben die Gesellschafter die Möglichkeit, mit Wirkung ex nunc die Fortsetzung der Gesellschaft zu beschließen und die Geschäfte weiter zu führen.[280] In Ausnahmefällen kann eine Beendigung der Gesellschaft auch ohne Auseinandersetzung erfolgen, so bei Ausscheiden eines Gesellschafters aus einer zweigliedrigen OHG oder Umwandlung in eine andere Rechtsform nach dem UmwG.

---

275 Baumbach/Hopt/*Roth* HGB § 105 Rn. 69; MüKoHGB/*K. Schmidt* § 105 Rn. 214; aA *Steinbeck* DB 1995, 761 (762).
276 BGHZ 81, 82 (84); EBJS/*Wertenbruch* HGB § 105 Rn. 215; KKRM/*Kindler* HGB § 105 Rn. 61.
277 Baumbach/Hopt/*Roth* HGB § 130 Rn. 1; MüKoHGB/*K. Schmidt* § 160 Rn. 24; Schwerdtfeger/*Lehleiter* HGB § 160 Rn. 5.
278 BGHZ 37, 299 (304); BGH NJW 1995, 188 (189); 1985, 1898; EBJS/*Hillmann* HGB § 155 Rn. 16.
279 Baumbach/Hopt/*Roth* HGB § 145 Rn. 8 ff.; MüKoHGB/*K. Schmidt* § 145 Rn. 31 ff.
280 BGH NJW 1995, 2843 (2844); Röhricht/v. Westphalen/Haas/*Haas* HGB § 131 Rn. 4.

Mit Abschluss der Auseinandersetzung kommt es zur *Vollbeendigung* der Gesellschaft.[281] Die Existenz der OHG als Rechtsträger endet. Die Beendigung ist nach § 157 HGB in das Handelsregister einzutragen, was aber nur deklaratorische Wirkung hat.[282]

> In **Fall o** setzt ein Anspruch des V gegen B auf Kaufpreiszahlung aus § 128 HGB iVm § 433 II BGB aufgrund der Akzessorietät der Gesellschafterhaftung voraus, dass V ein solcher Anspruch gegen die OHG aus § 124 I HGB iVm § 433 II BGB zusteht. Dies ist nur der Fall, wenn im Zeitpunkt des Vertragsschlusses noch eine OHG bestanden hat. A, B und C haben zwar die Auflösung der Gesellschaft beschlossen. Dies führt aber nicht zur Beendigung der Gesellschaft, sondern nur zu einer Änderung des Gesellschaftszwecks. Die Gesellschaft ist nun auf Auseinandersetzung gerichtet. Zur Beendigung kommt es erst mit Abschluss der Auseinandersetzung. OHG-Recht findet bis dahin weiterhin Anwendung (§ 156 HGB). Die OHG müsste auch gegenüber V wirksam durch A vertreten worden sein. Die dafür erforderliche Einzelvertretungsmacht stand A ursprünglich gem. § 125 I HGB zu. Der durch A, B und C gefasste Auflösungsbeschluss hat jedoch nach §§ 146 I 1, 150 I HGB zur Folge, dass die Gesellschafter als Liquidatoren handeln und ihnen nur noch Gesamtvertretungsmacht zusteht. Mangels Vertretungsmacht des A ist deshalb kein Kaufvertrag zwischen der OHG und V zustande gekommen. Ein Anspruch des V gegen B aus § 128 HGB iVm § 433 II BGB scheidet also aus.

2. Auflösung

Seit der Handelsrechtsreform von 1998 sind die Auflösungsgründe der OHG deutlich eingeschränkt (→ Rn. 308). Die Gesellschaft soll grundsätzlich vor einer regelmäßig mit dem Verlust erheblicher wirtschaftlicher Werte (zB good will, Geschäftsbeziehungen) verbundenen Zerschlagung geschützt werden.

a) Dementsprechend handelt es sich bei den in § 131 I und II HGB genannten *Auflösungsgründen* um eine abschließende Aufzählung, die nicht durch analoge Anwendung der Tatbestände erweiterbar ist.[283] Dem steht es nicht entgegen, im Gesellschaftsvertrag weitere Gründe für die Auflösung der OHG zu vereinbaren. So kommt in Betracht, bei Vorliegen der Ausscheidensgründe des § 131 III HGB die Auflösung der Gesellschaft vorzusehen. **322**

aa) Nach § 131 I Nr. 1 HGB wird eine OHG, die nur für eine bestimmte Zeit eingegangen ist, mit dem *Ablauf der Zeit* aufgelöst. Hierunter fallen neben Gesellschaften, deren Dauer kalendermäßig bestimmt ist, auch solche, die an ein bestimmtes zeitlich noch nicht feststehendes Ereignis oder einen zeitlich begrenzten Gesellschaftszweck geknüpft sind.[284] Auch die Vereinbarung einer Höchstdauer der OHG wird erfasst. Wird die Gesellschaft nach Ablauf der vorgesehenen Zeit stillschweigend fortgesetzt, gilt sie als für unbestimmte Zeit eingegangen (§ 134 HGB). **323**

bb) Die Auflösung der OHG kann auch durch einen *Beschluss der Gesellschafter* herbeigeführt werden (§ 131 I Nr. 2 HGB). Dieser kann formlos und stillschweigend getroffen werden.[285] Da es sich bei der Auflösung um ein Grundlagengeschäft handelt, muss der Gesellschafterbeschluss grundsätzlich einstimmig gefasst werden.[286] Ein **324**

---

281 BGH NJW 1979, 1987; Schwerdtfeger/*Lehleiter* HGB § 131 Rn. 11.
282 *Kindl* GesR § 18 Rn. 7; EBJS/*Hillmann* HGB § 155 Rn. 21.
283 BGHZ 75, 178 (179); einschr. Baumbach/Hopt/*Roth* HGB § 131 Rn. 6; MüKoHGB/*K. Schmidt* § 131 Rn. 9.
284 BGH WM 1985, 1367 (1369); Baumbach/Hopt/*Roth* HGB § 131 Rn. 11.
285 KKRM/*Kindler* HGB § 131 Rn. 3; MüKoHGB/*K. Schmidt* § 131 Rn. 18.
286 EBJS/*Lorz* HGB § 131 Rn. 14; Röhricht/v. Westphalen/Haas/*Haas* HGB § 131 Rn. 8.

Mehrheitsbeschluss reicht nur aus, wenn dieser im Gesellschaftsvertrag vorgesehen ist.[287] Im Einzelfall kann die Treuepflicht aber ein bestimmtes Abstimmungsverhalten erfordern. So kann es einerseits treuwidrig sein, eine Auflösung der OHG anzustreben,[288] andererseits kann aber auch die Zustimmung zur Auflösung (zB bei dauerhaft unrentabler OHG) geboten sein.[289]

325 **cc)** Zur Auflösung der Gesellschaft kommt es nach § 131 I Nr. 3 HGB auch bei *Eröffnung des Insolvenzverfahrens* über das Vermögen der OHG (§ 11 II Nr. 1 InsO). Die Abwicklung erfolgt in diesem Fall nicht im Wege der Liquidation, sondern nach den Regeln der Insolvenzordnung. Wird indes die Eröffnung des Insolvenzverfahrens mangels Masse nach § 26 InsO abgelehnt, führt dies nicht zur Auflösung der Gesellschaft.[290] Auch der Antrag auf Eröffnung des Insolvenzverfahrens gem. § 13 InsO hat noch nicht die Auflösung der OHG zur Folge. Nach Eröffnung des Insolvenzverfahrens kann die Gesellschaft unter den Voraussetzungen des § 144 HGB fortgesetzt werden.

326 **dd)** Schließlich sieht § 131 I Nr. 4 HGB die Auflösung der OHG durch *gerichtliche Entscheidung* nach Erhebung einer Auflösungsklage (§ 133 HGB) vor. Die Auflösungsklage tritt bei der OHG an die Stelle der außerordentlichen Kündigung des § 723 BGB. Das Erfordernis eines gerichtlichen Gestaltungsurteils soll zur Erhöhung der Rechtsklarheit im Hinblick auf den Auflösungszeitpunkt beitragen. Voraussetzung ist das Vorliegen eines wichtigen Grundes. Dabei ist im Wesentlichen auf dieselben Grundsätze abzustellen wie bei der GbR im Rahmen des § 723 I 2 BGB (→ Rn. 239 ff.).[291] Ein wichtiger Grund besteht, wenn eine wesentliche Verpflichtung aus dem Gesellschaftsvertrag verletzt oder die Erfüllung einer solchen Verpflichtung unmöglich wird (§ 133 II HGB). So kann ein wichtiger Grund insbesondere bei einem tief greifenden Zerwürfnis zwischen den Gesellschaftern, unredlichem Geschäftsgebaren eines Gesellschafters, Unfähigkeit zur weiteren Mitarbeit in der Gesellschaft aufgrund von Krankheit bzw. Alter oder dauernder Unrentabilität der Gesellschaft vorliegen.[292] Zu beachten ist, dass die Auflösung der OHG grundsätzlich die ultima ratio darstellt, gegenüber der weniger einschneidende Maßnahmen, wie etwa die Ausschließung eines einzelnen Gesellschafters nach § 140 HGB, vorrangig sind. Eine Auflösung der Gesellschaft kommt deshalb nur in Betracht, wenn die weitere Fortsetzung der Gesellschaft für den Kläger nach einer umfassenden Interessenabwägung unzumutbar erscheint.[293]

327 **ee)** Für den Fall, dass *kein Gesellschafter der OHG eine natürliche Person* ist, sieht § 131 II HGB als weitere Auflösungsgründe die Ablehnung der Eröffnung des Insolvenzverfahrens über das Vermögen der Gesellschaft mangels Masse (§ 26 InsO) und die Löschung der Gesellschaft wegen Vermögenslosigkeit (§ 394 IV FamFG) vor. Im zweiten Fall tritt mit der Auflösung die Vollbeendigung der Gesellschaft ohne Liquidationsphase ein (§ 145 III HGB). Vom Anwendungsbereich des § 131 II HGB ausgenom-

---

287 OLG Hamm DB 1989, 815; MüKoHGB/*K. Schmidt* § 131 Rn. 15.
288 BGH NJW-RR 1986 256; MüKoHGB/*K. Schmidt* § 131 Rn. 20.
289 BGH NJW 1960, 434; EBJS/*Lorz* HGB § 131 Rn. 15.
290 BGHZ 75, 178; 96, 151 (154); BGH NJW 1995, 196; Baumbach/Hopt/*Roth* HGB § 131 Rn. 13.
291 Allerdings begründet der Eintritt der Volljährigkeit anders als bei § 723 I 3 Nr. 2 BGB keinen Auflösungsgrund, sondern ermöglicht lediglich eine Austrittskündigung durch den Betroffenen gem. § 131 III Nr. 3 HGB.
292 BGH WM 1958, 216 (217); Baumbach/Hopt/*Roth* HGB § 133 Rn. 8 ff.; EBJS/*Lorz* HGB § 133 Rn. 17 f.; MüKoHGB/*K. Schmidt* § 133 Rn. 19 ff.
293 BGHZ 69, 160 (169); BGH WM 1966, 1051; 1968, 430; MüKoHGB/*K. Schmidt* § 133 Rn. 25.

men sind nach S. 2 allerdings mehrstöckige Gesellschaften, bei denen hinter einer Gesellschafter-Gesellschaft noch eine unbeschränkt haftende natürliche Person steht. Inhaltlich zielt § 131 II HGB vor allem auf die GmbH & Co. KG ab. Die Regelung wurde nur aus Gründen der Gesetzessystematik bei der OHG angesiedelt.

b) *Prozessrechtlich* kann die Auflösungsklage anders als die Klagen nach §§ 117, 127, **328** 140 HGB sowohl von einem Gesellschafter allein, als auch von mehreren gemeinsam bzw. nebeneinander erhoben werden.[294] Im letzten Fall handelt es sich um eine notwendige Streitgenossenschaft gem. § 62 I Alt. 2 ZPO. Klagegegner sind alle übrigen Gesellschafter, die nicht auf der Aktivseite des Prozesses beteiligt sind.[295] Bei Vorliegen eines wichtigen Grundes ist das Gericht gezwungen, die Gesellschaft aufzulösen. Ein Ermessensspielraum besteht insoweit nicht.[296] Gegenstand der Auflösungsklage kann auch die Geltendmachung der Fehlerhaftigkeit des Gesellschaftsvertrags sein (→ Rn. 91).[297] Eine Vereinbarung, das Klagerecht nach § 133 HGB auszuschließen oder zu beschränken, ist grundsätzlich unwirksam (§ 133 III HGB). Zulässig ist es allerdings, im Gesellschaftsvertrag anstelle der Auflösungsklage das Recht zur Kündigung durch einen Gesellschafter vorzusehen.[298]

3. Liquidation

Nach der Auflösung der Gesellschaft findet die Auseinandersetzung statt. Diese erfolgt grundsätzlich im Wege der Liquidation, deren Ziel die »Verflüssigung« des Gesellschaftsvermögens ist (§ 145 I HGB). Die Stellung als (geborene) *Liquidatoren* kommt sämtlichen Gesellschaftern zu (§ 146 I HGB). Eine abweichende Regelung, auch die Bestellung eines Nichtgesellschafters, ist durch Gesellschaftsvertrag oder einstimmigen Gesellschafterbeschluss möglich.[299] Die Liquidatoren nehmen ihre Aufgaben gemeinsam wahr und haben Gesamtvertretungsmacht (§§ 149, 150 HGB). Eine Beschränkung ihrer Befugnisse ist Dritten gegenüber unwirksam (§ 151 HGB). *Aufgabe der Liquidatoren* ist es, laufende Geschäfte der Gesellschaft zu beenden, Forderungen einzuziehen, übriges Vermögen in Geld umzusetzen und die Gläubiger zu befriedigen (§ 149 HGB). Zu diesem Zweck dürfen auch neue Geschäfte eingegangen werden. Reicht das Gesellschaftsvermögen nicht aus, sämtliche Gläubiger zu befriedigen, sind die Gesellschafter zu Nachschüssen nicht verpflichtet.[300] Den Gläubigern bleibt in diesem Fall nur die persönliche Haftung der Gesellschafter nach § 128 HGB. Das nach Berichtigung der Schulden verbleibende Vermögen ist nach dem Verhältnis der Kapitalanteile (dazu → Rn. 278) auf die Gesellschafter zu verteilen (§ 155 I HGB). Dabei handelt es sich nicht um ein Schutzgesetz iSd § 823 II BGB.[301] Eine Ausschüttung des Gesellschaftsvermögens vor der Tilgung sämtlicher Verbindlichkeiten begründet eine Haftung nur im Ausnahmefall des § 826 BGB.[302]

329

---

294 BGHZ 30, 195 (197); Baumbach/Hopt/*Roth* HGB § 133 Rn. 13; Röhricht/v. Westphalen/Haas/ *Haas* HGB § 133 Rn. 17.
295 BGHZ 30, 195 (197); BGH NJW 1998, 146; EBJS/*Lorz* HGB § 133 Rn. 33.
296 RGZ 122, 312 (314); Baumbach/Hopt/*Roth* HGB § 133 Rn. 16; MüKoHGB/*K. Schmidt* § 133 Rn. 55.
297 BGHZ 3, 285; 47, 293 (300); Schwerdtfeger/*Lehleiter* HGB § 133 Rn. 6.
298 BGHZ 31, 295 (300); EBJS/*Lorz* HGB § 133 Rn. 46; KKRM/*Kindler* HGB § 133 Rn. 4.
299 Baumbach/Hopt/*Roth* HGB § 146 Rn. 4; Röhricht/v. Westphalen/Haas/*Haas* HGB § 146 Rn. 1f.
300 RGZ 40, 29 (31); BGHZ 24, 91 (93); 26, 126 (130); EBJS/*Hillmann* HGB § 145 Rn. 8; Röhricht/v. Westphalen/Haas/*Haas* HGB § 145 Rn. 1; aA *K. Schmidt* GesR § 52 IV 1b (S. 1520f.).
301 EBJS/*Hillmann* HGB § 155 Rn. 4; MüKoHGB/*K. Schmidt* § 155 Rn. 50.
302 Baumbach/Hopt/*Roth* HGB § 149 Rn. 5.

4. Vollbeendigung

330 Vollbeendigung der Gesellschaft tritt ein, wenn das Aktivvermögen der Gesellschaft vollständig verteilt ist.[303] Das ist nicht der Fall, solange noch Ansprüche gegen die Gesellschafter bestehen.[304] Der Vollbeendigung aber steht nicht entgegen, dass noch nicht alle Gesellschaftsverbindlichkeiten befriedigt worden sind.[305] In diesem Fall müssen die Gläubiger Befriedigung bei den Gesellschaftern suchen. Deren Haftung nach § 128 HGB besteht trotz Beendigung der OHG grundsätzlich fort.[306] Sie ist allerdings durch die längstens fünfjährige Sonderverjährung des § 159 HGB begrenzt. Soweit ein Gesellschafter nach der Beendigung eine Gesellschaftsverbindlichkeit tilgt, kann er gem. § 426 BGB anteilig Rückgriff bei den anderen Gesellschaftern nehmen.

§ 5 Kommanditgesellschaft (KG)

Literatur: *Casper/Selbach*, Die Reichweite des Informationsrechts des Kommanditisten, NZG 2016, 1324; *Clauss/Fleckner*, Die Kommanditgesellschaft in der Gründung, WM 2003, 1790; *Grunewald*, Die Auswirkungen der Änderungen der Publizitätsnormen auf die Haftung der Kommanditisten, ZGR 2003, 541; *Kindler*, Grundfragen der Kommanditistenhaftung, JuS 2006, 865; *Paul*, Kommanditistenhaftung bei Anteilsübertragung ohne Nachfolgevermerk, MDR 2004, 849; *Reiff*, Die unbeschränkte Haftung des Kommanditisten nach § 176 I HGB, AL 2014, 336; *Saenger/Wackerbeck*, Aktuelle Probleme der Kommanditistenhaftung, JA 2006, 771; *K. Schmidt*, Was wird aus der unbeschränkten Kommanditistenhaftung nach § 176 HGB? – Auslegung, Vertragsgestaltung und Gesetzgebung vor einer haftungsrechtlichen Neubesinnung, GmbHR 2002, 341; *K. Schmidt*, Frieden schließen mit § 162 Abs. 2 HGB! – Bemerkungen zum zehnten Geburtstag des NaStraG, DB 2011, 1149.

331 **Fälle:**

a) An den Kommanditisten K wurde aufgrund eines Bilanzgewinns iHv 100.000 EUR ein Gewinn iHv 1.000 EUR ausgezahlt. Im Laufe des folgenden Jahres stellt sich jedoch heraus, dass im Vorjahr gar kein Bilanzgewinn erzielt wurde, weil ein Warenvorrat iHv 100.000 EUR verdorben war und gem. § 253 IV 2 HGB auf 0 EUR hätte abgeschrieben werden müssen. Dies war jedoch bei Erstellung der Bilanz und bei Auszahlung der Gewinne keinem der Gesellschafter bekannt. Kann die KG Rückzahlung des bezogenen Gewinns von K verlangen?

b) Der in das Handelsregister eingetragene Kommanditist K, dessen Haftsumme 20.000 EUR beträgt, hat sich zur Erbringung einer Sacheinlage in Form eines Pkw verpflichtet und die Einlage auch bereits in das Gesellschaftsvermögen geleistet. Es stellt sich heraus, dass das Fahrzeug aufgrund bislang unbekannter Vorschäden nicht 20.000 EUR sondern nur 15.000 EUR wert ist. Der Gläubiger G, dem eine fällige und durchsetzbare Kaufvertragsforderung iHv 5.000 EUR gegen die KG zusteht, verlangt Zahlung von K persönlich. Zu Recht?

c) A, B und K betreiben ein Handelsgewerbe iSd § 1 II HGB. A und B sollen unbeschränkt haften, während die Haftung des K auf 10.000 EUR beschränkt sein soll. Zwar haben die Gesellschafter die Eintragung als KG in das Handelsregister bereits beantragt, diese ist jedoch noch nicht erfolgt. Gläu-

---

303 BGH NJW 1979, 1987; EBJS/*Hillmann* HGB § 155 Rn. 21; Röhricht/v. Westphalen/Haas/*Haas* HGB § 155 Rn. 12.

304 EBJS/*Hillmann* HGB § 155 Rn. 21; MüKoHGB/*K. Schmidt* § 155 Rn. 52.

305 BGH WM 1966, 706; Baumbach/Hopt/*Roth* HGB § 157 Rn. 1; KKRM/*Kindler* HGB § 157 Rn. 1.

306 EBJS/*Hillmann* HGB § 155 Rn. 21. AA Röhricht/v. Westphalen/Haas/*Haas* HGB § 155 Rn. 12 und MüKoHGB/*K. Schmidt* § 155 Rn. 53, 55, wonach es der Vollbeendigung entgegensteht, wenn noch nicht alle Verbindlichkeiten der Gesellschaft befriedigt worden sind.

biger G, dem eine fällige und durchsetzbare Werklohnforderung gegen die Gesellschaft iHv 20.000 EUR zusteht und dem alle diese Tatsachen bekannt sind, verlangt Zahlung von K. Zu Recht?

d) Wie ist Fall c) zu beurteilen, wenn A und B ein Kleingewerbe iSd § 2 HGB betreiben?

e) In Fall c) hat der Komplementär A vor Eintragung in das Handelsregister auf einer Dienstfahrt mit dem Firmenwagen den Fahrradfahrer F schuldhaft schwer verletzt. F verlangt berechtigterweise Ersatz von Behandlungskosten und Schmerzensgeld in einer Gesamthöhe von 15.000 EUR. In welcher Höhe haftet K für diese Verbindlichkeit?

f) Die Komplementäre A und B sowie der Kommanditist K betreiben eine in das Handelsregister eingetragene KG. Kommanditist K tritt seinen Kommanditanteil gegen Zahlung von 50.000 EUR an den neuen Kommanditisten N ab. Auf seine Haftsumme iHv 50.000 EUR hatte er zuvor 20.000 EUR geleistet. Es werden zwar das Ausscheiden des K sowie der Eintritt des N in das Handelsregister eingetragen, die Eintragung eines Rechtsnachfolgevermerks unterbleibt jedoch. Gläubiger G, der eine fällige Forderung iHv 40.000 EUR gegen die KG besitzt, verlangt nun von K und N Zahlung. Er wusste weder von der Abtretung noch hatte er das Handelsregister zuvor eingesehen. Von wem kann er Zahlung in welcher Höhe verlangen?

I. Begriff und Rechtsnatur

1. Begriff

Die Kommanditgesellschaft ist eine Personengesellschaft iSd § 705 BGB, die als Sonderform der OHG einzuordnen ist.[1] Ebenso wie bei der OHG ist auch der Zweck der KG auf den Betrieb eines kaufmännischen Handelsgewerbes unter gemeinschaftlicher Firma gerichtet. Der Unterschied zur OHG besteht gem. § 161 I HGB allein darin, dass bei der KG neben mindestens einem persönlich haftenden Gesellschafter (Komplementär) auch zumindest ein Gesellschafter vorhanden ist, dessen Haftung auf eine bestimmte Vermögenseinlage begrenzt ist (Kommanditist).[2] Eine nur aus Komplementären bestehende Gesellschaft ist eine OHG, während eine nur aus Kommanditisten bestehende Gesellschaft rechtlich nicht möglich ist.[3] Weder bei Komplementären noch bei Kommanditisten muss es sich um natürliche Personen handeln. Als Gesellschafter kommen sowohl juristische Personen als auch die weitgehend rechtlich verselbstständigten Personengesellschaften in Betracht. Dies gilt nicht nur für OHG und KG.[4] Nach der Anerkennung der Rechtsfähigkeit der GbR hat der BGH auch die GbR als Kommanditistin anerkannt.[5] Diese wird inzwischen in § 162 I 2 HGB auch ausdrücklich als solche genannt.

332

Von der KG ist die stille Gesellschaft zu unterscheiden (dazu unten § 6). Zwar bietet auch diese die Möglichkeit einer Beteiligung mit beschränktem Risiko. Im Unterschied zum Kommanditisten ist der stille Gesellschafter aber kein echter, auch nach außen hin erkennbarer Gesellschafter und haftet den Gläubigern demzufolge überhaupt nicht.[6]

Für die KG ist nach § 161 II HGB das Recht der OHG maßgeblich, soweit sich nicht aus §§ 161 ff. HGB etwas anderes ergibt. Diese Bestimmungen regeln ausschließlich die

---

1 Baumbach/Hopt/*Roth* HGB § 161 Rn. 1; *K. Schmidt* GesR § 53 I 1 (S. 1529); *Klunzinger* GesR § 6 I 2 a (S. 105).
2 EBJS/*Weipert* HGB § 161 Rn. 11; KKRM/*Kindler* HGB § 161 Rn. 4; *Kübler/Assmann* GesR § 8 I 1 a (S. 100).
3 MüKoHGB/*Grunewald* § 161 Rn. 3; *K. Schmidt* GesR § 53 I 1 c (S. 1530).
4 Baumbach/Hopt/*Roth* HGB § 161 Rn. 3 f.; *K. Schmidt* GesR § 53 I 1 c (S. 1531).
5 BGHZ 148, 291 (293); zur früheren Rspr. vgl. BGHZ 46, 291 (296).
6 *Klunzinger* GesR § 6 I 2 b (S. 105 f.).

Rechtsstellung des Kommanditisten. Deshalb gilt für die persönlich haftenden Gesellschafter das Recht der OHG nach §§ 105 ff. HGB. Fragen, die auch in den Vorschriften zur OHG keine Regelung finden, beurteilen sich aufgrund des Verweises in §§ 161 II, 105 III HGB nach dem in §§ 705 ff. BGB geregelten Recht der GbR

2. Rechtsnatur

333 Die KG ist wie die OHG zwar keine juristische Person, aber eine rechtsfähige Personengesellschaft iSd § 14 II BGB. Sie kann unter ihrer Firma Rechte erwerben und Verbindlichkeiten eingehen sowie vor Gericht klagen und verklagt werden (§ 161 II iVm § 124 I HGB).[7] Ebenso wie die OHG und die GbR ist die KG gem. §§ 161 II, 105 III HGB iVm §§ 718, 719 BGB eine Gesamthandsgemeinschaft. Das Gesellschaftsvermögen ist also Gesamthandsvermögen und rechtlich der KG zugeordnet.[8]

Als Handelsgesellschaft iSd § 161 I HGB ist die KG stets Kaufmann kraft Rechtsform iSv § 6 I HGB.[9] Ebenso wie dem OHG-Gesellschafter kommt dem Komplementär Kaufmannseigenschaft zu, soweit er für die Gesellschaft tätig wird.[10] Dies wird aber inzwischen überwiegend in Abrede gestellt (→ Rn. 268).[11] Der Kommanditist ist hingegen kein Kaufmann, weil er gem. § 170 HGB zwingend von der organschaftlichen Vertretung der Gesellschaft ausgeschlossen und nach dem gesetzlichen Regelfall auch nicht mit der Geschäftsführung betraut ist (vgl. § 164 HGB).[12]

3. Firma

334 Ebenso wie die OHG muss auch die KG gem. § 161 I HGB unter ihrer Firma auftreten. Dabei richtet sich die Wahl der Firma nach den allgemeinen Bestimmungen der §§ 18, 19 HGB. Sie kann als Personen-, Sach- oder auch Phantasiefirma gebildet werden.[13] Gelegentlich wird unter Verweis auf das Irreführungsverbot des § 18 II HGB bezweifelt, ob der Familienname eines Kommanditisten oder eines Nichtgesellschafters im Firmennamen enthalten sein darf. Diese Bedenken teilt die überwiegende Meinung so pauschal aber nicht.[14] Nach § 19 I Nr. 3 HGB muss die Rechtsform der Kommanditgesellschaft oder eine allgemein verständliche Abkürzung dieser Bezeichnung in der Firma genannt sein. Diesem Erfordernis wird in der Regel durch die übliche Abkürzung »KG« Rechnung getragen.[15]

---

7 EBJS/*Weipert* HGB § 161 Rn. 5; GK-HGB/*Fahse* HGB Vorbem. §§ 161 ff. Rn. 21; *Eisenhardt/Wackerbarth* GesR Rn. 474.

8 Baumbach/Hopt/*Roth* HGB § 161 Rn. 2; GK-HGB/*Fahse* Vorbem. §§ 161 ff. Rn. 45; *Grunewald* GesR § 3 Rn. 28.

9 Baumbach/Hopt/*Roth* HGB § 161 Rn. 5; *Kübler/Assman* GesR § 8 I 1 b (S. 101).

10 BGHZ 34, 293 (296); 45, 282 (284 f.); Röhricht/v. Westphalen/Haas/*Haas/Mock* HGB § 161 Rn. 19; Schlegelberger/*Martens* HGB § 161 Rn. 45.

11 Vgl. nur *Oetker* HGB § 161 Rn. 14; Baumbach/Hopt/*Roth* HGB § 161 Rn. 5.

12 BGHZ 45, 282 (284 f.); GK-HGB/*Fahse* HGB § 161 Rn. 75; *Koch* GesR § 20 Rn. 24; *Kindl* GesR § 20 Rn. 4.

13 MHdB GesR Bd. II/*Quinke* § 3 Rn. 7.

14 OLG Saarbrücken NJW-RR 2006, 902; MüKoHGB/*Heidinger* § 18 Rn. 100; *Koch* GesR § 20 Rn. 16; aA EBJS/*Zimmer* HGB § 18 Rn. 11.

15 *Wiedemann* GesR II § 9 II 1 c (S. 769).

4. Erscheinungsformen

Die KG tritt in den verschiedensten Formen in Erscheinung. Nach dem gesetzlichen **335** Leitbild sind die Komplementäre und Kommanditisten einer KG natürliche Personen. Die Kommanditisten stehen dabei meist in einer gewissen persönlichen Verbindung zu den Komplementären.

Eine vom gesetzlichen Leitbild abweichende Erscheinungsform stellen die sog. *»Publikumskommanditgesellschaften«* dar. Nach der Rechtsprechung des BGH ist die »Publikums-KG« dadurch gekennzeichnet, dass sie eine unbestimmte Vielzahl kapitalistisch beteiligter Kommanditisten (»Anlagegesellschafter«) anwirbt,[16] die untereinander und zu den eigentlichen Unternehmensgesellschaftern in keiner persönlichen oder sonstigen Beziehung stehen.[17] Nicht selten hält ein Kommanditist seine Beteiligung treuhänderisch für eine Vielzahl von Anlegern.[18] In Umsetzung europäischen Rechts[19] wurden 2013 die offene und die geschlossene *Investmentkommanditgesellschaft* als Unterarten der klassischen Personengesellschaft im Kapitalanlagegesetzbuch (KAGB) geregelt. Sie wird die Bedeutung der Publikums-KG wegen des in §§ 91, 139 KAGB verankerten Rechtsformzwangs zwar vermindern, diese aber nicht vollständig verdrängen.[20] Deutliche Unterschiede zur KG äußern sich vor allem in der Rechtsstellung der Kommanditisten als bloßen Kapitalanlegern.[21] Auch die Gesellschaften, in denen eine juristische Person die Komplementärstellung einnimmt, weichen vom gesetzlichen Leitbild ab. Meist handelt es sich dabei um eine GmbH (GmbH & Co. KG; dazu unten § 9), in Betracht kommt aber auch die AG. Die vielfältigen Einsatzmöglichkeiten für Kommanditgesellschaften und die begrenzte Haftung der Kommanditisten haben dazu geführt, dass es in Deutschland inzwischen fast zehnmal so viele KGs (rund 250.000) gibt wie OHGs.[22]

II. Gesellschaftsvertrag

1. Vertragsschluss

Voraussetzung für ihre Entstehung ist der Abschluss eines auf die Gründung einer KG **336** gerichteten Gesellschaftsvertrages. Dessen Inhalt entspricht dem der OHG. Bei Mängeln des Gesellschaftsvertrages kommen deshalb auch im Rahmen der KG die Grundsätze der fehlerhaften Gesellschaft zur Anwendung (ausführlich → Rn. 79 ff.). Zudem muss der Vertrag die Vereinbarung enthalten, dass wenigstens ein Gesellschafter nur beschränkt haftet.[23] Im Gesellschaftsvertrag wird auch bestimmt, welche Einlage der Kommanditist im Innenverhältnis zu leisten hat und in welcher Höhe er gegenüber den Gesellschaftsgläubigern im Außenverhältnis haften soll (sog. Haftsumme).[24]

---

16 BGHZ 64, 238 (241); 71, 284.
17 BGHZ 64, 238 (241).
18 Baumbach/Hopt/*Roth* HGB § 161 Rn. 4; *Wiedemann* GesR II § 9 I 5 c (S. 762).
19 RL 2011/61/EU über die Verwalter alternativer Investmentfonds v. 8.6.2011, ABl. 2011 L 174, 1.
20 *Casper* ZHR (179) 2015, 44.
21 S. §§ 3 III, 124–138 und 141–161 KAGB sowie dazu iE *Wiedemann* NZG 2013, 1041; *Zetzsche* AG 2013, 613; *Freitag* NZG 2013, 329.
22 *Kornblum* GmbHR 2012, 728 (729, 733 f.).
23 KKRM/*Kindler* HGB § 161 Rn. 5; Schwerdtfeger/*Partikel* HGB § 161 Rn. 19.
24 Röhricht/v. Westphalen/Haas/*Haas/Mock* HGB § 161 Rn. 18; *Kübler/Assmann* GesR § 8 I 2 a (S. 101).

Höhe und Inhalt von Einlage und Haftsumme können dabei deckungsgleich sein, aber auch voneinander abweichen.[25]

Die Gründung einer KG muss nicht zwingend mit einer Unternehmensneugründung einhergehen. Sie kann auch durch Umwandlung einer OHG oder GbR entstehen.[26] Dies geschieht in der Regel durch Abwandlung des Gesellschaftsvertrages dahingehend, dass nunmehr ein oder mehrere Gesellschafter beschränkt haften sollen.[27] Bei den beschränkt haftenden Gesellschaftern kann es sich dabei sowohl um Gesellschafter der ehemaligen OHG bzw. GbR als auch um neueintretende Gesellschafter handeln.[28]

Ein spezieller Fall der Entstehung einer KG aus einer OHG ist in § 139 HGB geregelt. Besteht im Gesellschaftsvertrag eine Nachfolgeklausel, kann im Fall des Todes eines Gesellschafters dessen Erbe sein Verbleiben in der KG davon abhängig machen, dass ihm die Stellung eines Kommanditisten eingeräumt wird. Voraussetzung dafür ist jedoch gem. § 139 II HGB die Zustimmung der anderen Gesellschafter. Erfolgt diese nicht, besteht für den Erben die Möglichkeit ohne Kündigungsfrist aus der Gesellschaft auszuscheiden oder aber voll haftender Gesellschafter der OHG zu werden.[29]

Auch die Umwandlung einer Kapitalgesellschaft in eine KG ist möglich und erfolgt nach den §§ 190 ff., 228 ff. UmwG.[30]

2. Handelsregistereintragung

337   Die KG ist ebenso wie die OHG nach §§ 161 II, 106 HGB zur Eintragung in das Handelsregister anzumelden. Ergänzend zu den für die OHG erforderlichen Angaben muss die Anmeldung der KG gem. § 162 I 1 HGB auch die Kommanditisten benennen sowie den jeweiligen Betrag enthalten, mit dem der einzelne Kommanditist im Außenverhältnis haften soll (Haftsumme). Der Wortlaut des Gesetzes, der in diesem Zusammenhang von Einlage spricht, ist missverständlich, da Einlage und Haftsumme differieren können.[31] Ist eine GbR Kommanditistin, sind gem. § 162 I 2 HGB die einzelnen Gesellschafter zur Eintragung anzumelden. Die Frage, ob die Eintragung Wirksamkeitsvoraussetzung für die Entstehung einer KG ist, hängt wie bei der OHG davon ab, welche Art von Gewerbe betrieben wird.

338   a) Wird ein *Handelsgewerbe iSd § 1 II HGB* betrieben, ist es für das Vorliegen einer KG nicht erforderlich, dass die Gesellschaft im Handelsregister eingetragen ist.[32] Die Eintragung der KG ist dann also nur deklaratorisch, jedoch nach § 176 I 1 HGB Voraussetzung für die Haftungsbeschränkung des Kommanditisten (→ Rn. 352 ff.).

339   b) Betreibt die Gesellschaft ein *Gewerbe,* das aber *kein Handels*gewerbe nach § 1 II HGB ist, bzw. verwaltet die Gesellschaft nur eigenes Vermögen, wird sie gem. §§ 161 II, 105 II HGB erst mit der Eintragung der Firma in das Handelsregister zur

---

25 Baumbach/Hopt/*Roth* HGB § 171 Rn. 1; *Kindler* GK HandelsR/GesR § 13 Rn. 4; ausf. zur Unterscheidung von Einlage und Haftsumme *K. Schmidt* GesR § 54 I 2 (S. 1560 ff.).
26 EBJS/*Weipert* HGB § 161 Rn. 20 ff.; *K. Schmidt* GesR § 53 II 1 c (S. 1534 f.).
27 MüKoHGB/*Grunewald* § 161 Rn. 16.
28 GK-HGB/*Enthaler* vor §§ 105 ff. Rn. 13; MHdB GesR Bd. II/*Möhrle* § 2 Rn. 13.
29 *Windbichler* GesR § 17 Rn. 6; s. → Rn. 310.
30 Dazu ausf. *Wiedemann* GesR II § 9 I b (S. 767).
31 *K. Schmidt* GesR § 54 I 2 a (S. 1560); *Kindl* GesR § 21 Rn. 1.
32 MüKoHGB/*Grunewald* § 161 Rn. 10; Röhricht/v. Westphalen/Haas/*Haas/Mock* HGB § 162 Rn. 16.

KG.[33] Die Eintragung hat demzufolge konstitutiven Charakter, und es liegt eine sog. »Kann-KG« vor. Bis zur Eintragung handelt es sich um eine Gesellschaft bürgerlichen Rechts.[34]

III. Innenverhältnis

1. Entstehen im Innenverhältnis

Im Innenverhältnis entsteht die KG bereits mit dem Abschluss des Gesellschaftsvertrages.[35] Auch für die »Kann-KG« ist im Zweifel anzunehmen, dass – obwohl sie bis zur Eintragung noch GbR ist – im Innenverhältnis schon KG-Recht gelten soll.[36]

340

2. Geschäftsführung

Die Geschäftsführung obliegt gem. §§ 161 II, 114ff. HGB allein den Komplementären, während der Kommanditist gem. § 164 HGB grundsätzlich von der Geschäftsführung ausgeschlossen ist. Demzufolge hat der Kommanditist auch kein generelles Widerspruchsrecht, wie dies dem OHG-Gesellschafter nach § 115 I Hs. 2 HGB zusteht. Nach § 164 S. 1 Hs. 2 HGB können die Kommanditisten jedoch einer Handlung des persönlich haftenden Gesellschafters bei ungewöhnlichen Geschäften widersprechen.[37] Nach allgemeiner Auffassung ist dieses Widerspruchsrecht über den Wortlaut des § 164 S. 1 Hs. 2 HGB hinaus zu erweitern und bei ungewöhnlichen Geschäften die Zustimmung der Kommanditisten gem. §§ 161 II, 116 II HGB zu verlangen. Grund für die Annahme des Zustimmungserfordernisses ist, dass die Kommanditisten ebenso wie die nicht geschäftsführenden Komplementäre häufig zu spät von ungewöhnlichen Maßnahmen Kenntnis erlangen würden, um diesen noch widersprechen zu können.[38] Das Zustimmungserfordernis bezieht sich allerdings nur auf das Innenverhältnis. Im Außenverhältnis gegenüber Dritten sind die vorgenommenen Geschäfte trotz fehlender Zustimmung voll wirksam.[39] Die Regelung des § 164 HGB ist aber nach § 163 HGB dispositiv. Dabei können die Rechte des Kommanditisten gegenüber den gesetzlichen Regelungen sowohl erweitert als auch eingeschränkt werden.

341

In Erweiterung der gesetzlichen Regelung kann dem Kommanditisten im Gesellschaftsvertrag etwa Geschäftsführungsbefugnis eingeräumt werden.[40] Diese kann sogar so weit gehen, dass der Komplementär von der Geschäftsführung ausgeschlossen[41] oder bei der Geschäftsführung grundsätzlich an die Weisungen des Kommanditisten gebunden ist.[42] Hierin ist auch kein Verstoß gegen den Grundsatz der Selbst-

33 EBJS/*Weipert* HGB § 162 Rn. 4; Schwerdtfeger/*Partikel* HGB § 161 Rn. 6.
34 BGHZ 59, 179 (181); 61, 59 (67); 63, 45 (47); 69, 95 (97f.); MüKoHGB/*Grunewald* § 162 Rn. 12, *Crezelius* BB 1983, 5 (10); *Wagner* NJW 2001, 1110 (1111).
35 EBJS/*Weipert* HGB § 161 Rn. 17; GK-HGB/*Fahse* § 161 Rn. 123; *Wiedemann* GesR II § 9 II 1a (S. 766); *Clauss/Fleckner* WM 2003, 1790.
36 HK-HGB/*Eberl* § 161 Rn. 21.
37 *Beuthien* NZG 2013, 967 (970ff.).
38 RGZ 158, 302 (306); BGHZ 76, 160 (164); MüKoHGB/*Grunewald* § 164 Rn. 10; *Kübler/Assmann* GesR § 8 II 1a (S. 104); MHdB GesR Bd. II/*Scheel* § 7 Rn. 55.
39 *Eisenhardt/Wackerbarth* GesR Rn. 495; *K. Schmidt* GesR § 53 III 2b (S. 1538).
40 BGHZ 17, 392 (394); 51, 198 (201); Baumbach/Hopt/*Roth* HGB § 164 Rn. 7; KKRM/*Kindler* HGB § 164 Rn. 3; *Grunewald* GesR § 3 Rn. 14.
41 BGHZ 51, 198 (201).
42 BGHZ 45, 204 (209).

organschaft zu sehen, weil der Kommanditist nicht Dritter, sondern Gesellschafter ist.[43] Andererseits kann das gesetzliche Erfordernis der Zustimmung des Kommanditisten zu außergewöhnlichen Geschäften durch den Gesellschaftsvertrag auch vollständig beseitigt werden.

3. Kontroll- und Informationsrechte

342   Die Komplementäre haben gem. §§ 161 II, 118 HGB dieselben Informationsrechte wie die OHG-Gesellschafter. Die Rechte des Kommanditisten richten sich nach § 166 HGB und sind gegenüber denen der Komplementäre eingeschränkt (vgl. § 166 II HGB).

343   a) Nach § 166 I HGB hat der Kommanditist ein *ordentliches Informationsrecht*, das ihn berechtigt, den Jahresabschluss in schriftlicher Form zu erhalten und diesen unter Einsicht aller Papiere und Bücher der Gesellschaft zu überprüfen. Erfasst vom Einsichtsrecht sind nur die Unterlagen, die für den Jahresabschluss relevant sind. Nicht dazu zählen Dokumente, die für den Jahresabschluss keine Relevanz haben, wie etwa Unterlagen über zukünftige Planungen (Strategiepapiere) oder auch über unternehmensinterne Entwicklungen.[44] Das Einsichtsrecht muss regelmäßig in den Geschäftsräumen der KG ausgeübt werden, eine Mitnahme der Unterlagen kann nur aus wichtigen Gründen in Betracht kommen.[45] In zeitlicher Hinsicht gilt, dass der Kommanditist das Einsichtsrecht nur in angemessener Frist nach Mitteilung des Jahresabschlusses ausüben darf.[46]

344   b) Nach § 166 III HGB steht dem Kommanditisten unter der Voraussetzung richterlicher Anordnung zudem ein *außerordentliches Informationsrecht* bei Vorliegen eines wichtigen Grundes zu. Ein wichtiger Grund ist gegeben, wenn das reguläre Informationsrecht aus § 166 I HGB nicht für eine sachgemäße Ausübung der Mitgliedschaftsrechte ausreicht und wegen einer Gefährdung der Interessen des Kommanditisten eine Regelung getroffen werden muss.[47] Als wichtige Gründe anerkannt sind etwa der Verdacht pflichtwidrigen Handelns der Geschäftsführung sowie die Verweigerung von Informationen oder die Behinderung bei der Ausübung von Kontrollrechten nach § 166 I HGB.[48] Der Umfang des außerordentlichen Informationsrechts hängt dabei vom geltend gemachten wichtigen Grund ab[49] und ist anders als das ordentliche Informationsrecht nicht auf Auskünfte beschränkt, die im Zusammenhang mit der Prüfung des Jahresabschlusses stehen.[50]

345   c) Nach hM reichen die gesetzlichen Informationsrechte nicht aus und sind deshalb um ein *allgemeines Informationsrecht* zu erweitern. Dieses allgemeine Informationsrecht ist jedoch funktionsgebunden und besteht nur für solche Angelegenheiten, die

---

43 BGHZ 51, 198 (201); MüKoHGB/*Grunewald* § 164 Rn. 23; aA EBJS/*Weipert* HGB § 164 Rn. 4 f.; *Wiedemann* GesR II § 9 II 2 a (S. 772); beachte indes zur Vertretung → Rn. 351.
44 MüKoHGB/*Grunewald* § 166 Rn. 2; *Hahn* BB 1997, 741; *Otte* NZG 2014, 521.
45 OLG Köln BB 1961, 953; Heymann/*Horn* HGB § 166 Rn. 9; MüKoHGB/*Grunewald* § 166 Rn. 4; Röhricht/v. Westphalen/Haas/*Haas/Mock* HGB § 166 Rn. 11; *Otte* NZG 2014, 521 (522).
46 Röhricht/v. Westphalen/Haas/*Haas/Mock* HGB § 166 Rn. 10; *Hahn* BB 1997, 741.
47 BGH NJW 1984, 2470; Baumbach/Hopt/*Roth* HGB § 166 Rn. 8 ff.; EBJS/*Weipert* HGB § 166 Rn. 41 f.; Röhricht/v. Westphalen/Haas/*Haas/Mock* HGB § 166 Rn. 19.
48 Baumbach/Hopt/*Roth* HGB § 166 Rn. 9; *Hahn* BB 1997, 741 (743).
49 BGH NZG 2016, 1102 (1104).
50 BGH NZG 2016, 1102 f.; *Casper/Selbach* NZG 2016, 1324 (1325).

zur Ausübung der Kommanditistenrechte erforderlich sind.[51] Überwiegend wird angenommen, dass dem Kommanditisten zumindest alle Auskünfte zu geben sind, die gem. § 131 AktG einem Aktionär erteilt werden müssen.[52]

d) Im Gegensatz zu anderen Vorschriften, die das Innenverhältnis der KG betreffen, sind die *Informationsrechte des Kommanditisten* nach ganz überwiegender Auffassung *nicht einschränkbar*,[53] wohl aber erweiterbar.[54]   **346**

4. Gewinn- und Verlustbeteiligung

Am Schluss eines jeden Geschäftsjahres wird gem. §§ 167 I, 120 I HGB aufgrund der   **347** Bilanz der Gewinn oder Verlust der Gesellschaft ermittelt. Für die Beteiligung der KG-Gesellschafter an diesem Gewinn bzw. Verlust finden über § 168 HGB die Regelungen der §§ 120, 121 I, II HGB Anwendung (→ dazu Rn. 278). Nach § 121 I 1 HGB erhalten alle Gesellschafter zunächst einen Anteil von 4 % ihres Kapitalanteils. Die Höhe des Kapitalanteils ist dabei variabel und bestimmt sich grundsätzlich als Summe der geleisteten Einlagen und der stehen gelassenen Gewinne abzüglich der Verluste und Entnahmen (vgl. § 120 II, 121 II HGB). Für den Kommanditisten ist jedoch die Besonderheit zu beachten, dass Gewinne seinem Kapitalanteil gem. § 167 II HGB nur so lange zugeschrieben werden, bis dieser den Betrag der vereinbarten Einlage erreicht hat. Zweck der Regelung ist es zu verhindern, dass der Kommanditist seine Stellung in der KG durch Stehenlassen von Gewinnen zum Nachteil der persönlich haftenden Gesellschafter ausbauen kann.[55] An einem Gewinn, der über die 4 % der Kapitalanteile aller Gesellschafter hinausgeht, werden die Gesellschafter im Unterschied zur OHG nicht nach Köpfen beteiligt (vgl. § 121 III HGB), sondern gem. § 168 II HGB in einem den Umständen nach angemessenen Verhältnis der Anteile. So wird zB bei der Festlegung der Angemessenheit der Ergebnisverteilung in aller Regel zugunsten der Komplementäre berücksichtigt, dass sie im Gegensatz zu den Kommanditisten unbeschränkt haften. Zugunsten der geschäftsführenden Gesellschafter kann der Einsatz ihrer Arbeitskraft bei der Gewinnverteilung berücksichtigt werden, sofern dieser nicht bereits auf andere Weise abgegolten wird.[56] Auch die Verlustzurechnung erfolgt gem. § 168 II HGB nach diesen Kriterien. Zu beachten ist, dass der Kommanditist gem. § 167 III HGB lediglich bis zur Höhe seines Kapitalanteils und seiner noch ausstehenden Einlage an den Verlusten teilhat. Der Kommanditist ist also selbst bei einem aufgrund von Verlustzurechnungen negativen Kapitalanteil immer nur in Höhe seiner noch ausstehenden Einlage zur Leistung verpflichtet.

Die Regelungen zur Gewinn- und Verlustverteilung sind gem. § 163 HGB dispositiv. In der Praxis sind abweichende Regelungen insbesondere aufgrund der Unbestimmtheit der Angemessenheitsregel in

51 MüKoHGB/*Grunewald* § 166 Rn. 12; *Grunewald* ZGR 1989, 544 (552 f.); *K. Schmidt* GesR § 53 III 3b (S. 1542); *Wiedemann* GesR II § 9 5a aa (S. 787); *Hahn* BB 1997, 741 (744); *Wösthoff* DB 2016, 2399 (2401).

52 KKRM/*Kindler* HGB § 166 Rn. 2; MüKoHGB/*Grunewald* § 166 Rn. 14; *Hahn* BB 1997, 741 (746).

53 MüKoHGB/*Grunewald* § 166 Rn. 48; *K. Schmidt* GesR § 53 III 3d (S. 1543); *Schiessl* NJW 1989, 1597 (1598); *Veltins*/*Hikel* DB 1989, 465 (468); aA Baumbach/Hopt/*Roth* HGB § 166 Rn. 18; GK-HGB/*Fahse* § 166 Rn. 17; zu den sehr str. Einzelheiten Staub/*Schilling* HGB § 166 Rn. 15 ff.

54 Baumbach/Hopt/*Roth* HGB § 166 Rn. 21; MüKoHGB/*Grunewald* § 166 Rn. 47; Schlegelberger/ *Martens* HGB § 166 Rn. 39 ff.

55 MüKoHGB/*Grunewald* § 167 Rn. 15.

56 EBJS/*Weipert* HGB § 168 Rn. 15; Röhricht/v. Westphalen/Haas/*Haas*/*Mock* HGB § 168 Rn. 6 ff.; MüKoHGB/*Grunewald* § 168 Rn. 3.

§ 168 II HGB sinnvoll und auch üblich, um Streitigkeiten zwischen den Gesellschaftern zu vermeiden.[57] Häufig wird deshalb eine Regelung gewählt, bei der die Gewinn- und Verlustverteilung anhand von festen Kapitalanteilen erfolgt. Eine solche Regelung hat zusätzlich den Vorteil, dass kein Gesellschafter seinen Kapitalanteil durch Stehenlassen von Gewinnen zu Lasten der anderen Gesellschafter ausbauen kann.

5. Entnahmerechte und Auszahlungsansprüche

348   In einem engen Zusammenhang mit der Gewinn- und Verlustbeteiligung stehen die Auszahlungsansprüche der Gesellschafter. Den Komplementären steht wie den OHG-Gesellschaftern gem. § 122 I HGB ein *ergebnisunabhängiges Entnahmerecht* iHv 4 % ihres Kapitalanteils zu. Weitere Gewinne können sie entnehmen, soweit dies nicht zum offenbaren Schaden der Gesellschaft gereicht. Der Kommanditist hat hingegen nach der ausdrücklichen Regelung in § 169 I 1 Hs. 1 HGB kein solches Entnahmerecht aus § 122 HGB, sondern nur gem. § 169 I 2 Hs. 1 HGB einen *ergebnisabhängigen Anspruch auf Gewinnauszahlung*. Dieser ist zudem gem. § 169 I 2 Hs. 2 HGB eingeschränkt. Der Gesellschafter darf sich Gewinne nicht auszahlen lassen, wenn sein Kapitalanteil durch Verlust bereits unter den auf die vereinbarte Einlage geleisteten Betrag gesunken ist oder nun durch die Auszahlung unter diesen Betrag herabgemindert werden würde. Ziel dieser Regelung ist es, eine bereits geleistete Einlage so weit wie möglich für die Gesellschaft zu erhalten.[58] Allerdings ist der Kommanditist nach § 169 II HGB nicht verpflichtet, einen *rechtmäßig* bezogenen Gewinn wegen späterer Verluste zurückzuzahlen. Bei *rechtswidrig* bezogenen Gewinnen ist hingegen zu differenzieren, ob der Kommanditist beim Erhalt gutgläubig war. Unstreitig ist er bei Bösgläubigkeit nach Bereicherungsrecht zur Rückzahlung verpflichtet. Umstritten ist, ob dies auch bei Gutgläubigkeit gilt. Aus Wortlaut sowie Sinn und Zweck des § 172 V HGB ergibt sich, dass nicht nur die Haftung im Außenverhältnis, sondern auch die Rückzahlung im Innenverhältnis bei Gutgläubigkeit ausgeschlossen sein soll.[59]

> In **Fall a** war die Auszahlung an K rechtswidrig, weil der ausgewiesene Bilanzgewinn gegen das Niederstwertprinzip aus § 253 IV 2 HGB verstößt. Dennoch kann die KG aufgrund der Gutgläubigkeit des K keine Rückzahlung des ausgezahlten Bilanzgewinns verlangen.

Auch die Regelungen über Entnahmerechte und Gewinnauszahlungen sind gem. § 163 HGB dispositiv. Vielfach werden die Entnahme- bzw. Auszahlungsmöglichkeiten noch weiter eingeschränkt, um die Eigenkapitalbildung zu fördern.[60] Umgekehrt können die Gesellschafter einer KG jedoch auch im Gesellschaftsvertrag vereinbaren, dass Kommanditisten wie Komplementären ein gewinnunabhängiges Entnahmerecht zustehen soll, wobei eine solche Zahlung als Rückgewähr der Einlage gelten und damit gem. § 172 IV HGB die persönliche Haftung des Kommanditisten wieder aufleben lassen kann.[61] Von der Gesellschaft zurückgefordert werden können solche Ausschüttungen auch bei Verschlechterung der Liquidität nur, wenn der Gesellschaftsvertrag dies vorsieht.[62]

---

57 MüKoHGB/*Grunewald* § 168 Rn. 7; Röhricht/v. Westphalen/Haas/*Haas/Mock* HGB § 168 Rn. 17; *Kübler/Assmann* GesR § 8 II 2b (S. 106).
58 KKRM/*Kindler* HGB § 169 Rn. 1; *Windbichler* GesR § 17 Rn. 15.
59 MüKoHGB/*K. Schmidt* §§ 171, 172 Rn. 94; *K. Schmidt* GesR § 54 III 3b (S. 1586); Staub/*Schilling* HGB § 172 Rn. 16; anders die hM, vgl. Baumbach/Hopt/*Roth* HGB § 172 Rn. 9; KKRM/*Kindler* HGB §§ 171, 172 Rn. 25; *Joost*, FS Lutter, 2000, 473 (476).
60 Baumbach/Hopt/*Roth* HGB § 169 Rn. 8; Röhricht/v. Westphalen/Haas/*Haas/Mock* HGB § 169 Rn. 18ff.; *Windbichler* GesR § 17 Rn. 15.
61 BGHZ 109, 334 (342); Baumbach/Hopt/*Roth* HGB § 169 Rn. 7; EBJS/*Weipert* HGB § 169 Rn. 18; *Eisenhardt/Wackerbarth* GesR Rn. 506f.
62 BGH NZG 2013, 738 (739) mAnm *Lux* NZG 2013, 1017 und *Priester* DStR 2013, 1786; *Pöschke/Steenbreker* NZG 2016, 841 (843f.).

6. Treuepflicht und Wettbewerb

Für die Komplementäre gelten wie für OHG-Gesellschafter die Vorschriften zum **349** Wettbewerbsverbot gem. §§ 112, 113 HGB. Für Kommanditisten finden diese Vorschriften gem. § 165 HGB hingegen keine Anwendung. Allerdings können sich Einschränkungen der Wettbewerbsfreiheit auch von Kommanditisten aus der gesellschaftlichen Treuepflicht ergeben. Je stärker ein Kommanditist die Geschicke der Gesellschaft im Innenverhältnis bestimmt, desto größer sind seine Treuepflichten und damit auch die Einschränkungen der Wettbewerbsfreiheit.[63] Kommanditisten, die zur Geschäftsführung befugt sind, denen erweiterte Informationsrechte zustehen oder die eine beherrschende Kommanditistenstellung einnehmen, unterliegen ausnahmsweise in entsprechender Anwendung von § 112 HGB sogar dem gesetzlichen Wettbewerbsverbot.[64]

Abweichende Bestimmungen im Gesellschaftsvertrag sind jedoch möglich. Dabei kann die gesetzliche Regelung zum einen durch Vereinbarung eines vertraglichen Wettbewerbsverbotes verschärft werden, wobei die Grenzen von § 138 BGB und § 1 GWB zu beachten sind.[65] Zum anderen kann der Kommanditist wie ein persönlich haftender Gesellschafter in bestimmten Grenzen vom Wettbewerbsverbot befreit werden (dazu bei der OHG → Rn. 281).

IV. Außenverhältnis

1. Entstehen im Außenverhältnis

Hinsichtlich des Wirksamwerdens im Außenverhältnis ist zu unterscheiden, ob es sich **350** um eine »Ist-KG« oder eine »Kann-KG« handelt. Im Fall der »Kann-KG« (§§ 161 II, 123 I HGB) wird die Kommanditgesellschaft als solche im Außenverhältnis erst mit Eintragung in das Handelsregister wirksam. Die »Ist-KG« hingegen erlangt ihre Wirksamkeit im Außenverhältnis nach §§ 161 II, 123 II HGB bereits mit Geschäftsbeginn.

2. Vertretung

Vertretungsmacht steht bei der KG nach §§ 161 II, 125 ff. HGB grundsätzlich nur den **351** Komplementären zu.[66] Insoweit kann auf die Ausführungen zur Vertretung durch die persönlich haftenden Gesellschafter in der OHG verwiesen werden (→ Rn. 284 ff.). Die Kommanditisten sind hingegen gem. § 170 HGB von der organschaftlichen Vertretung der Gesellschaft ausgeschlossen. Anders als die Regelung zur Geschäftsführung gem. § 164 HGB ist § 170 HGB nicht dispositiv, was § 163 HGB zu entnehmen ist.[67] Der Gesellschaftsvertrag kann dem Kommanditisten deshalb keine organschaftliche Vertretungsmacht zuweisen. Es besteht aber die Möglichkeit, dem Kommanditisten gem. §§ 164 ff. BGB jede andere Form der Vertretungsmacht zu erteilen. Dies gilt auch für die Handlungsvollmacht und die Prokura.[68] Ebenso ist es zulässig, dem Kommanditis-

63 BGHZ 89, 162 (165 f.); MHdB GesR Bd. II/*Doehner/Hoffmann* § 16 Rn. 45.
64 EBJS/*Weipert* HGB § 165 Rn. 7 ff.; MHdB GesR Bd. II/*Doehner/Hoffmann* § 16 Rn. 45 ff.
65 Baumbach/Hopt/*Roth* HGB § 165 Rn. 4; MüKoHGB/*Grunewald* § 165 Rn. 15 ff.
66 Baumbach/Hopt/*Roth* HGB § 170 Rn. 1; *K. Schmidt* GesR § 53 IV 2 (S. 1548 ff.).
67 BGHZ 41, 367 (368); KKRM/*Kindler* HGB § 170 Rn. 1; *Koch* GesR § 21 Rn. 10; aA *Brox*, FS H. Westermann, 1974, 21 ff.
68 BGHZ 17, 392 (395); Baumbach/Hopt/*Roth* HGB § 170 Rn. 3; EBJS/*Weipert* HGB § 170 Rn. 6; *Flume* BGB AT I/1 § 10 I (S. 132).

ten Prokura zu erteilen und ihn gemeinsam mit einem oder mehreren Komplementären zur Vertretung der Gesellschaft im Wege der unechten Gesamtvertretung nach § 125 III iVm § 161 II HGB zu ermächtigen. Damit der Grundsatz der Selbstorganschaft gewahrt bleibt, ist aber stets Voraussetzung, dass die Gesellschaft alternativ auch nur durch einen oder mehrere Komplementäre vertreten werden kann, ohne dass es auf die Zustimmung von Kommanditisten oder sonstiger Dritter ankommt.[69]

3. Haftung der KG und der Gesellschafter

352 Als rechtsfähige Personengesellschaft haftet die KG für ihre Verbindlichkeiten (§§ 161 II, 124 HGB). Insoweit bestehen keine Unterschiede zur Haftung der OHG. Daneben haften die Komplementäre nach §§ 161 II, 128 ff. HGB ebenso wie die OHG-Gesellschafter mit ihrem Privatvermögen akzessorisch und unbeschränkt (hierzu eingehend oben bei der OHG → Rn. 294 ff.).

Auch in der *Fallbearbeitung* ergeben sich – abgesehen von dem abweichenden Inhalt des Gesellschaftsvertrages im Rahmen der Prüfung des Bestands einer KG – keine Unterschiede, sodass auf die diesbezüglichen Schemata verwiesen werden kann.

Die Haftung des Kommanditisten für während seiner Mitgliedschaft in der KG begründete Gesellschaftsschulden bedarf hingegen einer differenzierten Betrachtung. Entgegen landläufigem Verständnis ist die Haftung des Kommanditisten nämlich keineswegs generell beschränkt. Vielmehr ist danach zu unterscheiden, ob im Zeitpunkt der Entstehung der Verbindlichkeit der Kommanditist und dessen Haftsumme bereits in das Handelsregister eingetragen und die Einlage geleistet war.

353 **a)** Die *Kommanditistenhaftung* für Gesellschaftsschulden, die *nach Eintragung* in das Handelsregister begründet worden sind, richtet sich nach §§ 171, 172 HGB. Soweit die Einlage in voller Höhe der Haftsumme geleistet wurde, ist die Haftung gem. § 171 I Hs. 2 HGB ausgeschlossen. In Höhe der noch ausstehenden Einlage haftet der Kommanditist den Gläubigern dagegen nach § 171 I Hs. 1 HGB mit seinem Privatvermögen akzessorisch, persönlich und unmittelbar.[70] Abgesehen von ihrer Beschränkbarkeit unterscheidet sich die Haftung des Kommanditisten ihrer Art nach also grundsätzlich nicht von derjenigen der Komplementäre bzw. OHG-Gesellschafter.

Die Norm verdeutlicht den Zusammenhang zwischen Einlage und Haftsumme, denn die im Innenverhältnis geschuldete und erbrachte Einlage wird auf die im Außenverhältnis maßgebliche Haftsumme angerechnet. Voraussetzung für die Anrechnung ist jedoch zum einen, dass eine Leistung des Kommanditisten auf die Einlage und nicht auf andere gegenüber der Gesellschaft bestehende Verpflichtungen erfolgt ist. Ob dies der Fall ist, muss durch Auslegung ermittelt werden.[71] Zum anderen muss untersucht werden, ob und in welcher Höhe die Leistung auf die Haftsumme angerechnet werden kann. Ziel ist es zu gewährleisten, dass eine Haftungsbefreiung durch Einlageleistung nur eintritt, wenn der KG ein Vermögenswert zugeflossen ist, der in der Krise auch zugunsten der KG einsetzbar ist.[72]

---

69 BGHZ 26, 330 (332f.); MHdB GesR Bd. II/*Scheel* § 9 Rn. 26; *Klunzinger* GesR § 6 V 1d (S. 117).

70 EBJS/*Strohn* HGB § 171 Rn. 8; KKRM/*Kindler* HGB §§ 171, 172 Rn. 7; MüKoHGB/*K. Schmidt* §§ 171, 172 Rn. 4; *Kübler/Assmann* GesR § 8 III 1, 2 (S. 107).

71 Heymann/*Horn* HGB § 171 Rn. 13; *Grunewald* GesR § 3 Rn. 32.

72 *Grunewald* GesR § 3 Rn. 35.

aa) Die *Erfüllung der Einlageverpflichtung* kann grundsätzlich in unterschiedlicher **354** Weise erfolgen. Sie kann durch Leistung einer Geld- oder Sacheinlage, durch Aufrechnung mit einer Forderung gegen die KG oder durch Stehenlassen eines Gewinns (vgl. § 167 II HGB) erbracht werden. Außerdem kann der Kommanditist die Forderung eines Gesellschaftsgläubigers erfüllen (sog. »Leistung auf die Haftung«) und dann mit seinem Erstattungsanspruch (aus §§ 161 II, 110 HGB) gegen die Gesellschaft aufrechnen.[73] In den Fällen der Umwandlung einer Komplementär- in eine Kommanditistenstellung erfolgt die Einlageleistung in der Weise, dass dem Kommanditisten sein bisheriger Kapitalanteil auf seine Pflichteinlage gutgeschrieben wird.[74] Auch Dritte können die geschuldete Einlageleistung mit haftungsbefreiender Wirkung für den Kommanditisten erbringen (§ 267 BGB).[75] Die Hafteinlage kann dem Kommanditisten gem. § 172 III HGB weder mit haftungsbefreiender Wirkung erlassen noch gestundet werden.

Streitig ist, ob auch Dienstleistungen und Gebrauchsüberlassungen als Sacheinlagen in Betracht kommen. Diese besitzen Einlagefähigkeit, wenn ihnen ein wirtschaftlicher Wert zukommt. Bei Gebrauchsüberlassungen ist eine Werthaltigkeit gegeben, wenn der Sacheinleger das dingliche oder schuldrechtliche Nutzungsrecht der Gesellschaft nicht einseitig wieder entziehen kann.[76] Bei Dienstleistungen wird davon ausgegangen, dass diese erst dann einen wirtschaftlichen Wert besitzen, wenn sie auch tatsächlich erbracht wurden.[77]

bb) Für sämtliche genannten Formen der Einlageerbringung gilt der *Kapitalaufbrin-* **355** *gungsgrundsatz.* Dieser besagt, dass der Kommanditist nur in Höhe des objektiven Wertes seiner Leistung von der Haftung gegenüber den Gesellschaftsgläubigern frei wird.[78] Für das Ausmaß der Haftungsbefreiung gilt also der objektive Zeitwert der Einlage zum Zeitpunkt der Erbringung und nicht ein abweichender und von den Gesellschaftern vereinbarter Wert der Einlage. Die Notwendigkeit des Kapitalaufbringungsgrundsatzes ergibt sich daraus, dass die Haftsumme aus Gründen des Gläubigerschutzes immer auf einen objektiven Geldwert festgelegt ist, während die Art der Einlageerbringung im Gesellschaftsvertrag frei vereinbar ist. Praktische Relevanz hat der Grundsatz in erster Linie bei Sacheinlagen, da der Wert von Gegenständen sich schnell ändern kann, etwa durch Alter, Abnutzung oder Beschädigung. Der Kapitalaufbringungsgrundsatz ist aber auch bei der Einlageleistung durch Aufrechnung mit einer Forderung gegen die Gesellschaft von Bedeutung. Der Kommanditist wird durch Aufrechnung mit einer Forderung gegen die KG nur in Höhe des objektiven Wertes der Forderung frei. Ist die Forderung im Hinblick auf die wirtschaftliche Lage der Kommanditgesellschaft nicht mehr vollwertig, ist der Wert der Einlageleistung entsprechend zu mindern.[79] Gleiches gilt, wenn der Gesellschafter eine risikobehaftete Forderung gegen einen Dritten als Einlageleistung erbringen will.[80] Keine Relevanz besitzt der Kapitalaufbringungsgrundsatz hingegen bei Geldeinlagen, da dort Wert-

---

73 *K. Schmidt* GesR § 54 II 2 a (S. 1568).
74 MHdB GesR Bd. II/*Herchen* § 30 Rn. 40.
75 GK-HGB/*Fahse* § 171 Rn. 27; KKRM/*Kindler* HGB §§ 171, 172 Rn. 18; *K. Schmidt* GesR § 54 II 2 d (S. 1571 f.).
76 EBJS/*Strohn* HGB § 171 Rn. 55; *Brandes* ZGR 1989, 245 (247).
77 Röhricht/v. Westphalen/Haas/*Haas/Mock* HGB § 171 Rn. 16; Schlegelberger/*Martens* HGB § 161 Rn. 28; Schwerdtfeger/*Partikel* HGB 171 Rn. 13; aA MüKoHGB/*K. Schmidt* §§ 171, 172 Rn. 10.
78 BGHZ 95, 188 (198); 109, 334 (337).
79 BGHZ 95, 188; *v. Olshausen* ZGR 2001, 175.
80 BGHZ 61, 59 (71); 95, 188 (195).

manipulationen und Wertverluste nicht zu befürchten sind.[81] Die Beweislast für die objektive Wertdeckung der Einlageleistung trifft regelmäßig den Kommanditisten.[82]

> In **Fall b** ist der Kommanditist K nur in Höhe des objektiven Wertes des Pkw von seiner Einlageverpflichtung gem. § 171 I Hs. 2 HGB frei geworden. Der Gläubiger G kann ihn daher in Höhe seiner noch ausstehenden Einlage gem. § 433 II BGB, § 171 I Hs. 1 HGB persönlich in Anspruch nehmen.

356 **cc)** Nach § 172 IV 1 HGB gilt die Einlage des Kommanditisten als nicht geleistet, soweit sie an diesen zurückgezahlt worden ist. Es kommt dadurch zu einem *Wiederaufleben* der zuvor nach § 171 I Hs. 2 HGB ausgeschlossenen *Haftung*. Unter einer solchen Rückzahlung versteht man jede Zuwendung an den Kommanditisten, durch die dem Gesellschaftsvermögen Vermögenswerte ohne angemessene Gegenleistung entzogen werden.[83] Einer Rückzahlung gleichgestellt ist gem. § 172 IV 2 HGB die Entnahme von Gewinnanteilen durch den Kommanditisten, wenn diese erfolgt, während sein Kapitalanteil durch Verlust unter den Betrag der geleisteten Einlage gesunken ist bzw. soweit durch die Entnahme der Kapitalanteil unter den Betrag der geleisteten Einlage herabgemindert ist. Allerdings gilt zugunsten des Kommanditisten die Vorschrift des § 172 V HGB. Seine Haftung lebt nicht wieder auf, wenn er einen Betrag aufgrund einer in gutem Glauben errichteten Bilanz gutgläubig als Gewinn bezogen hat (sog. Scheingewinn).[84]

357 **dd)** Streitig ist der *Inhalt der Kommanditistenhaftung,* also ob Kommanditisten auf eine Erfüllung der Verbindlichkeiten in Natur (»Erfüllungstheorie«) oder nur auf Zahlung von Geld (»Haftungstheorie«) in Anspruch genommen werden können. Im Gegensatz zu Komplementären haften Kommanditisten nach der Haftungstheorie nur auf Geld.[85] Dies ist auch angemessen, weil ein Kommanditist im Gegensatz zum Komplementär nach dem gesetzlichen Regelfall von der Geschäftsführung ausgeschlossen und seine Beteiligung stärker finanziell motiviert ist.

358 **ee)** Zur Haftung des Kommanditisten bei *Eintritt* in die KG bzw. *Austritt* aus der KG → Rn. 370 ff.

359 **ff)** Als Konsequenz der akzessorischen Natur der Haftung des Kommanditisten besteht zu dessen Gunsten die Möglichkeit, dem ihn wegen einer Gesellschaftsschuld in Anspruch nehmenden Gläubiger *Einwendungen* der Gesellschaft entgegen zu halten (§§ 161 II, 129 HGB).[86] Daneben kann er sich auf die ihm persönlich zustehenden Einwendungen berufen. Als solche gilt insbesondere die Einwendung, dass er durch Befriedigung eines Gläubigers seiner Wahl seine nach § 171 I HGB summenmäßig beschränkte Haftung ausgeschöpft hat (→ Rn. 353).[87]

360 **gg)** In der *Fallbearbeitung* unterscheidet sich die Prüfung eines Anspruchs gegen den Kommanditisten nach Eintragung der Kommanditisteneigenschaft in das Handelsregister nicht gravierend von der gegen

---

81 *K. Schmidt* GesR § 54 II 3 a (S. 1572); *Peters* RNotZ 2002, 425 (432).
82 BGH NJW 1987, 3184 (3185); MüKoHGB/*K. Schmidt* §§ 171, 172 Rn. 61; *Wiedemann* GesR II § 9 III 4 (S. 805).
83 MüKoHGB/*K. Schmidt* §§ 171, 172 Rn. 66; *K. Schmidt* GesR § 54 III 2 a (S. 1581); *Peters* RNotZ 2002, 425 (434).
84 Zu den Voraussetzungen BGH NJW 2009, 2126 (2127); vgl. auch Fall a → Rn. 348.
85 EBJS/*Strohn* HGB § 171 Rn. 12; KKRM/*Kindler* HGB §§ 171, 172 Rn. 7; MüKoHGB/*K. Schmidt* §§ 171, 172 Rn. 16; *K. Schmidt* GesR § 53 IV 3 b (S. 1551); anders die früher hM, vgl. *Flume* BGB AT I/1 § 16 III 2 (S. 303 f.).
86 EBJS/*Strohn* HGB § 171 Rn. 9; Röhricht/v. Westphalen/Haas/*Haas*/*Mock* HGB § 171 Rn. 3.
87 MüKoHGB/*K. Schmidt* §§ 171, 172 Rn. 17.

OHG-Gesellschafter bzw. Komplementäre. Wegen der grundsätzlichen Akzessorietät der Haftung bedarf es auch hier eines Anspruchs des Gläubigers gegen die KG, für den der Kommanditist kraft seiner Gesellschafterstellung gem. § 171 I HGB bis zur Höhe seiner Haftsumme einzustehen hat, soweit die Haftung nicht wegen Leistung der Einlage ausgeschlossen ist. Im Obersatz ist daher der Kommanditist als Anspruchsgegner und die entsprechende Anspruchsgrundlage in Verbindung mit § 171 I HGB zu benennen. Es bietet sich folgender Prüfungsaufbau an:[88]

Prüfungsschema

I. **Bestehen einer KG** (insbesondere Abschluss eines Gesellschaftsvertrages, Wirksamkeit, ggf. fehlerhafte Gesellschaft)

II. **Bestehen einer wirksamen Verbindlichkeit der KG**
1. **Anspruch entstanden** (insbesondere Stellvertretung; Zurechnung: Verhalten, Verschulden, Wissen)
2. **kein Untergang**
3. **Durchsetzbarkeit**

III. **Verpflichtung des in Anspruch genommenen Kommanditisten gem. § 171 I Hs. 1 HGB**
1. in Anspruch genommener ist **Kommanditist zur Zeit der Begründung der Verbindlichkeit**
2. **Handelsregistereintragung** von KG, Kommanditisteneigenschaft und Haftsumme vor Begründung der Verbindlichkeit
3. **kein** (anteiliger) Ausschluss der Haftung **wegen Leistung der Einlage,** § 171 I Hs. 2 HGB
4. **kein vertraglicher Haftungsausschluss**
5. **Fehlen von Einreden** (insbesondere §§ 161 II, 129 HGB)
6. **Rechtsfolge: Haftung auf Geld** (str.), **begrenzt auf die Haftsumme**

b) Für Gesellschaftsverbindlichkeiten, die *vor der Eintragung* in das Handelsregister **361** begründet wurden, ist § 176 HGB der gesetzliche Anknüpfungspunkt für die *Haftung des Kommanditisten.* Anders als § 176 II HGB, der die fehlende Eintragung eines in eine bestehende Gesellschaft eintretenden Kommanditisten zum Gegenstand hat (→ Rn. 372), regelt § 176 I HGB den Fall der Gesellschaftsneugründung, bei der es noch an der Eintragung der KG im Handelsregister fehlt. Danach haftet ein Kommanditist, der dem Geschäftsbeginn zugestimmt hat, für die bis zur Eintragung der Gesellschaft begründeten Verbindlichkeiten der Gesellschaft wie ein persönlich haftender Gesellschafter, es sei denn, dass seine Beteiligung als Kommanditist dem Gläubiger bekannt war.

Nach Anerkennung der Rechtsfähigkeit der GbR durch den BGH hat diese Norm einen Bedeutungswandel erfahren. Während sie früher als Haftungsverschärfung verstanden wurde, wird sie inzwischen als Haftungsprivileg angesehen.[89] Grund dafür ist, dass die unbeschränkte, persönliche und akzessorische Gesellschafterhaftung nunmehr auch bei der GbR der gesetzliche Normalfall ist. § 176 I 1 Hs. 1 HGB hat insoweit nur noch Klarstellungsfunktion.[90] Die Privilegierung gegenüber diesem Normalfall liegt in § 176 I 1 Hs. 2 HGB, wonach die persönliche und unbeschränkte Haftung des Gesellschafters entfällt, wenn dem Gläubiger dessen Beteiligung als Kommanditist bekannt war.

---

88 Die aufgelisteten Gliederungspunkte sind dabei nicht schematisch zu prüfen, sondern unter Berücksichtigung der individuellen Besonderheiten des jeweiligen Falles.

89 *Dauner-Lieb,* FS Lutter, 2000, 835 (837ff.); *K. Schmidt* GmbHR 2002, 341 (342).

90 *Dauner-Lieb,* FS Lutter, 2000, 835 (839); *Jacobs* DB 2005, 2227 (2229).

362 **aa)** Wird eine »*Ist-KG*« betrieben, liegt also ein Handelsgewerbe nach § 1 II HGB vor, findet § 176 I 1 HGB Anwendung. Die Zustimmung des Kommanditisten zum Geschäftsbeginn kann dabei schon durch schlüssiges Verhalten erfolgen.[91] Will der Kommanditist sicherstellen, dass ihn keine unbeschränkte Haftung gem. § 176 I 1 HGB trifft, sollte er eine Vereinbarung mit den anderen Gesellschaftern treffen, wonach sein Eintritt erst wirksam werden soll, nachdem er selbst in das Handelsregister eingetragen wurde.[92] Alternativ besteht die Möglichkeit, die Haftung gem. § 176 I 1 Hs. 2 HGB dadurch zu beschränken, dass man den Gläubiger über die Kommanditistenstellung eines Gesellschafters informiert (Haftungsbeschränkung durch Information). Der Nachweis für die Kenntnis der Kommanditistenstellung obliegt aufgrund der sich aus dem Wortlaut des § 176 I 1 HGB (»es sei denn«) ergebenden Beweislastumkehr dem Kommanditisten.[93] Ist die unbeschränkte Haftung wegen Kenntnis des Gläubigers ausgeschlossen, kommt es trotz fehlender Eintragung im Handelsregister zur Anwendung von §§ 171, 172 HGB.[94]

> In **Fall c** greift aufgrund der Kenntnis des Gläubigers das Haftungsprivileg gem. § 176 I 1 Hs. 2 HGB ein. K haftet deshalb gem. § 631 I BGB, § 171 I Hs. 1 HGB nur in Höhe seiner noch nicht erbrachten Einlage, also maximal iHv 10.000 EUR.

363 **bb)** Liegt hingegen ein geschäftlicher Zuschnitt iSd §§ 2, 3, 105 II HGB und damit eine »*Kann-KG*« vor, findet § 176 I 1 HGB keine direkte Anwendung, weil noch gar keine KG, sondern nur eine GbR vorliegt (→ Rn. 339).[95] § 176 I 2 HGB kommt insoweit nur klarstellende Funktion zu.[96]

364 **(1)** Weil der BGH[97] der Lehre von der Doppelverpflichtung eine Absage erteilt hat und eine Haftungsbeschränkung durch Einschränkung der Vertretungsbefugnis bei der GbR auch dann nicht möglich ist, wenn diese für den Vertragspartner erkennbar ist (→ Rn. 178), entsteht folgendes *Problem*: Die *Kommanditisten eines Kleingewerbes*, das noch nicht eingetragen ist, würden haftungsrechtlich schlechter gestellt als die eines Handelsgewerbes iSd § 1 II HGB.

Dieses Ergebnis hat in der Literatur Kritik erfahren. In Fällen, in denen der Gläubiger positiv wisse, dass ein bestimmter Gesellschafter künftiger Kommanditist sei, fehle ein schutzwürdiges Vertrauen auf eine unbeschränkte persönliche Haftung jenes Gesellschafters.[98] Vorgeschlagen wird deshalb, § 176 I 1 Hs. 1 HGB auf die sog. »Kann-KG« analog anzuwenden bzw. eine teleologische Reduktion des § 176 I 2 HGB vorzunehmen,[99] sofern die Gesellschaft den Eintragungsantrag gestellt habe.[100] Zur Begründung

---

91 RGZ 128, 172; BGHZ 82, 209 (211); MüKoHGB/*K. Schmidt* § 176 Rn. 12; *Wiedemann* GesR II § 9 III 7b (S. 822f.).

92 BGHZ 82, 209 (212); Baumbach/Hopt/*Roth* HGB § 176 Rn. 1; GK-HGB/*Fahse* § 176 Rn. 5; *Wiedemann* GesR II § 9 III 7b (S. 823).

93 Baumbach/Hopt/*Roth* HGB § 176 Rn. 4; EBJS/*Strohn* HGB § 176 Rn. 11; MüKoHGB/*K. Schmidt* § 176 Rn. 15.

94 BGH NJW 1977, 1820f.; KKRM/*Kindler* HGB § 176 Rn. 4; MüKoHGB/*K. Schmidt* § 176 Rn. 16.

95 *Wagner* NJW 2001, 1110 (1111).

96 *Clauss/Fleckner* WM 2003, 1790 (1793).

97 BGHZ 142, 315ff.

98 *Armbrüster* ZGR 2005, 34 (61).

99 MüKoHGB/*K. Schmidt* § 176 Rn. 7; *Koch* GesR § 22 Rn. 44; *Armbrüster* ZGR 2005, 36 (60); *Dauner-Lieb*, FS Lutter, 2000, 835 (846).

100 *Dauner-Lieb*, FS Lutter, 2000, 835 (846); *K. Schmidt* GmbHR 2002, 341 (345); *Kindl* GesR § 22 Rn. 14.

wird angeführt, dass die Ungleichbehandlung von »Ist-KG« und »Kann-KG« vor Eintragung in das Handelsregister sachlich nicht zu rechtfertigen sei und somit gegen Art. 3 I GG verstoße.[101] Zudem sei der Gesetzgeber bei Erlass der Vorschrift von der bisherigen Rechtsprechung ausgegangen, wonach bei der »Kann-KG« eine Beschränkung der Haftung des Kommanditisten entsprechend der gesellschaftsvertraglichen Regelung möglich war.[102]

Dem wird jedoch entgegengehalten, dass es an der Analogievoraussetzung der planwidrigen Regelungslücke fehle. Es sei Intention des Gesetzgebers gewesen, dass bei »Kann-KGs« nach §§ 161 II, 105 II HGB die Eintragung nicht nur für die Entstehung der Gesellschaft, sondern auch für die Haftung der späteren Kommanditisten konstitutiv sein solle.[103] Außerdem gehe das Argument fehl, es liege ein Verstoß gegen den Gleichheitssatz vor. Denn dieser setze eine Ungleichbehandlung von wesentlich Gleichem voraus. Da nur die »Ist-KG« eine echte KG sei, während es sich bei der »Kann-KG« um eine GbR handele, fehle es schon an der Voraussetzung des »wesentlich Gleichen«.[104] Teilweise wird sogar angenommen, dass durch eine Analogie eine Ungleichbehandlung der »Kann-KG« gegenüber anderen Gesellschaften bürgerlichen Rechts herbeigeführt werde, für die keine sachliche Rechtfertigung bestehe. Vielmehr sei durch die Analogie eher ein Verstoß gegen Art. 3 GG zu befürchten, als dass ein solcher verhindert werde.[105] Dem ist zuzustimmen. Erst wenn die Gesellschaft in das Handelsregister eingetragen ist, wird diese zur KG. Der Kommanditist weiß, dass er vorher Gesellschafter einer GbR ist und als solcher den Ausschluss seiner persönlichen und unbeschränkten Haftung nur durch Individualvereinbarung mit dem Gläubiger erreichen kann. Ist ihm dieses Risiko zu hoch, bleibt ihm die Möglichkeit, der Gesellschaft nur unter der aufschiebenden Bedingung seiner Eintragung in das Handelsregister beizutreten. Macht er von dieser Möglichkeit keinen Gebrauch, ist er nicht schutzwürdig.

> In **Fall d**[106] kann der Gläubiger G Zahlung iHv 20.000 EUR von K verlangen. Das Haftungsprivileg gem. § 176 I 1 Hs. 2 HGB ist weder direkt noch analog anwendbar. Als Gesellschafter einer GbR kann K seine Haftung nur durch Individualvereinbarung mit dem Gläubiger ausschließen.

(2) § 176 HGB findet nach hA keine Anwendung auf *deliktische Ansprüche*. Zur Be- **365** gründung wird angeführt, dass es sich hierbei um eine abstrakte Vertrauensschutznorm ähnlich § 15 I HGB handele. Da bei deliktischen Ansprüchen Vertrauensaspekte jedoch keine Rolle spielen, greife die unbeschränkte Haftung nicht ein.[107] Die Kommanditisten haften deshalb nach hM auch schon vor Eintragung für deliktische Verbindlichkeiten nur in Höhe ihrer ausstehenden Einlage.

---

101 *K. Schmidt* GmbHR 2002, 341 (347); *Kindl* GesR § 22 Rn. 14.
102 *Wagner* NJW 2001, 1110 (1112).
103 *Wiedemann* GesR II § 9 III 7b (S. 822); *Clauss/Fleckner* WM 2003, 1790 (1794).
104 *Clauss/Fleckner* WM 2003, 1790 (1794); iErg auch Baumbach/Hopt/*Roth* HGB § 176 Rn. 6; *Windbichler* GesR § 17 Rn. 23.
105 *Jacobs* DB 2005, 2227 (2232); iErg auch KKRM/*Kindler* HGB § 176 Rn. 7.
106 Ausf. Falllösung mit Darstellung der divergierenden Auffassungen bei *Saenger/Wackerbeck* JA 2006, 771 (773f.).
107 BGHZ 82, 209 (215); EBJS/*Strohn* HGB § 176 Rn. 14; MüKoHGB/*K. Schmidt* § 176 Rn. 37; *Windbichler* GesR § 17 Rn. 23; *Kindler* GK HandelsR/GesR § 13 Rn. 22; *K. Schmidt* NJW 1983, 884 (886); aA *Grezelius* BB 1983, 5 (11); *Dauner-Lieb*, FS Lutter, 2000, 835 (848); *Jacobs* DB 2005, 2227 (2228).

In **Fall e**[108] haftet der K nach hM für die Unfallschäden des F trotz der noch nicht erfolgten Eintragung in das Handelsregister nur gem. § 171 I HGB beschränkt auf die Höhe seiner ausstehenden Kommanditeinlage iHv 10.000 EUR und nicht unbeschränkt gem. § 176 I HGB.

366   **cc)** Die Haftung aus § 176 I HGB *erlischt* entsprechend § 160 HGB fünf Jahre nach Eintragung der Gesellschaft ins Handelsregister.[109]

367   **dd)** In der *Fallbearbeitung* sind Ansprüche gegen den Kommanditisten vor Eintragung der KG in das Handelsregister mit Ausnahme der zusätzlichen Voraussetzungen des § 176 I HGB ebenso zu prüfen wie Ansprüche gegen OHG-Gesellschafter bzw. Komplementäre. Im Obersatz ist der Kommanditist als Anspruchsgegner zu benennen und die Anspruchsgrundlage um einen Verweis auf §§ 176 I, 128 HGB zu ergänzen. Es bietet sich folgender Prüfungsaufbau an:[110]

> ## Prüfungsschema
>
> **I. Bestehen einer KG** (insbesondere Abschluss eines Gesellschaftsvertrages, Wirksamkeit, ggf. fehlerhafte Gesellschaft)
> **II. Bestehen einer wirksamen Verbindlichkeit der KG**
>   1. **Anspruch entstanden** (insbesondere Stellvertretung; Zurechnung: Verhalten, Verschulden, Wissen)
>   2. **kein Untergang**
>   3. **Durchsetzbarkeit**
> **III. Verpflichtung des in Anspruch genommenen Kommanditisten gem. §§ 176 I, 128 HGB**
>   1. in Anspruch Genommener ist **Kommanditist zur Zeit der Begründung der Verbindlichkeit**
>   2. **keine Handelsregistereintragung** der KG vor Begründung der Verbindlichkeit
>   3. **Geschäftsaufnahme der KG**
>   4. **Zustimmung des Kommanditisten** zur Geschäftsaufnahme
>   5. **kein Ausschluss** der Haftung wegen Kenntnis des Gläubigers von der Kommanditisteneigenschaft
>   6. **kein vertraglicher Haftungsausschluss**
>   7. **keine Enthaftung analog § 160 HGB**
>   8. **Fehlen von Einreden** (insbesondere §§ 161 II, 129 HGB)
>   9. **Rechtsfolge: unbeschränkte persönliche Haftung nach § 128 HGB auf Geld** (str.)

368   **c)** Wird ein Kommanditist für Gesellschaftsschulden nach § 171 I HGB oder nach § 176 I HGB in Anspruch genommen, kann er wie ein OHG-Gesellschafter bzw. Komplementär nach §§ 161 II, 110 HGB bei der Gesellschaft *Regress* nehmen. Auch für die Ersatzpflichten der Gesellschafter untereinander gelten grundsätzlich die allgemeinen Regeln (dazu bei der OHG → Rn. 298 ff.).[111] Ein Unterschied besteht aber insoweit, als ein anderer Kommanditist, der seine Einlage haftungsbefreiend erbracht hat, nicht mehr als Gesamtschuldner nach § 426 BGB ausgleichspflichtig ist.[112]

---

108   Ausf. Falllösung mit Darstellung der unterschiedlichen Auffassungen bei *Saenger/Wackerbeck* JA 2006, 771 (774 f.).
109   Baumbach/Hopt/*Roth* HGB § 176 Rn. 13; MüKoHGB/*K. Schmidt* § 176 Rn. 43.
110   Die aufgelisteten Gliederungspunkte sind dabei nicht schematisch zu prüfen, sondern unter Berücksichtigung der individuellen Besonderheiten des jeweiligen Falles.
111   BGH NJW-RR 2002, 455; EBJS/*Strohn* HGB § 171 Rn. 35.
112   OLG Koblenz NJW-RR 1995, 486 (487); *K. Schmidt* GesR § 54 II 5 (S. 1567).

V. Wechsel im Mitgliederbestand

1. Ausscheiden und Eintritt von Gesellschaftern

Für das Ausscheiden und den Eintritt der persönlich haftenden Gesellschafter gilt wegen § 161 II HGB Entsprechendes wie bei der OHG (ausführlich bei der OHG → Rn. 307 ff. und zur Haftung bei Aus- und Eintritt → Rn. 301 f.). Eintritt wie Ausscheiden des Kommanditisten sind gem. § 162 III HGB in das Handelsregister einzutragen. Der Tod eines Kommanditisten führt nicht zu dessen Ausscheiden, sondern die Gesellschaft wird nach § 177 HGB mit den Erben fortgesetzt. Die Regelung des § 177 HGB ist jedoch ausweislich ihres Wortlauts dispositiv. So kann etwa vereinbart werden, dass die KG beim Tode eines Kommanditisten aufgelöst wird.[113] Auch ist eine Vereinbarung zulässig, wonach die Vererblichkeit des Kommanditanteils ausgeschlossen ist und die Gesellschaft allein unter den verbliebenen Gesellschaftern fortgesetzt werden soll.[114] Durch Vereinbarung können auch für den Kommanditisten die gesetzlichen Folgen wie beim Tod eines BGB-Gesellschafters bzw. eines OHG-Gesellschafters bzw. Komplementärs herbeigeführt werden. Schließlich kann statt automatischer Nachfolge kraft Erbrechts eine Eintrittsklausel vereinbart werden.[115]

2. Haftung beim Kommanditistenwechsel

Besonderheiten im Vergleich zur OHG ergeben sich vor allem im Rahmen der Haftung beim Kommanditistenwechsel.

a) Diese zeigen sich zunächst im Rahmen der Haftung beim *Eintritt eines Kommanditisten* in die Gesellschaft.

aa) Entsprechend dem Vorbild des § 130 HGB sieht auch § 173 HGB vor, dass der neueintretende Kommanditist für *Altverbindlichkeiten,* also die *vor seinem Eintritt* in die Gesellschaft begründeten Forderungen, gem. §§ 171, 172 HGB haftet. Von dieser Regelung kann nach § 173 II HGB nicht vertraglich abgewichen werden. Die Vorschrift des § 173 HGB gilt sowohl für den Eintritt eines Kommanditisten in eine bereits bestehende KG als auch für den Eintritt in eine OHG, die hierdurch erst zur KG wird.[116] Nach hA findet § 173 HGB auch bei der Umwandlung einer BGB-Gesellschaft in eine KG durch Neueintritt eines Kommanditisten Anwendung.[117] Dies ist im Hinblick auf die Tatsache konsequent, dass die nunmehr ganz hA auch §§ 128, 130 HGB auf die GbR analog anwendet. Für den Eintritt eines Kommanditisten in das Geschäft eines Einzelkaufmanns gilt hingegen § 28 HGB.[118] Anders als nach § 173 II HGB kann in diesem Fall unter den Voraussetzungen des § 28 II HGB ein Ausschluss der Haftung erreicht werden.[119]

369

370

371

---

113 *Grunewald* GesR § 3 Rn. 67.
114 Röhricht/v. Westphalen/Haas/*Haas/Mock* HGB § 177 Rn. 5.
115 Baumbach/Hopt/*Roth* HGB § 177 Rn. 7; KKRM/*Kindler* HGB § 177 Rn. 10; ausf. zu weiteren Gestaltungsvarianten für die Gesellschafternachfolge oben bei der GbR → Rn. 224 ff.
116 EBJS/*Strohn* HGB § 173 Rn. 2; GK-HGB/*Fahse* § 173 Rn. 3; *Windbichler* GesR § 17 Rn. 24; *Wiedemann* GesR II § 9 III 6a (S. 814).
117 EBJS/*Strohn* HGB § 173 Rn. 4; KKRM/*Kindler* HGB § 173 Rn. 1; MüKoHGB/*K. Schmidt* § 173 Rn. 10; Röhricht/v. Westphalen/Haas/*Haas/Mock* HGB § 173 Rn. 46.
118 MüKoHGB/*K. Schmidt* § 173 Rn. 11; Röhricht/v. Westphalen/Haas/*Haas/Mock* HGB § 173 Rn. 45; *Koch* GesR § 22 Rn. 24.
119 *Stock* DStR 1991, 385 (386 f.); s. schon bei der OHG → Rn. 292.

In der *Fallbearbeitung* sind Ansprüche gegen den eintretenden Gesellschafter mit Ausnahme der Nennung von § 173 I HGB neben § 171 I HGB im Obersatz und einigen Abweichungen innerhalb von Prüfungspunkt III. genauso zu prüfen wie ein Anspruch gem. § 171 I HGB (→ Rn. 360).

Prüfungsschema

III. **Verpflichtung des in Anspruch genommenen Kommanditisten gem. §§ 173 I, 171 I Hs. 1 HGB**
 1. **Eintritt** in eine bestehende Handelsgesellschaft als Kommanditist
 2. **Handelsregistereintragung** von Kommanditisteneigenschaft und Haftsumme
 3. Bestehen einer **vor dem Eintritt begründeten Verbindlichkeit** der Gesellschaft
 4. **kein** (anteiliger) **Ausschluss** der Haftung **wegen Leistung der Einlage, § 171 I Hs. 2 HGB**
 5. **kein vertraglicher Haftungsausschluss**
 6. **Fehlen von Einreden** (insbesondere §§ 161 II, 129 HGB)
 7. **Rechtsfolge: Haftung auf Geld** (str.), **begrenzt auf die Haftsumme**

---

372 bb) Für die *zwischen seinem Eintritt und der Eintragung ins Handelsregister* begründeten Verbindlichkeiten haftet der Kommanditist gem. § 176 II HGB in gleicher Weise wie bei vorzeitigem Geschäftsbeginn im Fall einer Neugründung (→ Rn. 361). Auf eine Zustimmung des Kommanditisten zur Fortführung der Geschäfte kommt es hier allerdings nicht an.[120] Auch in diesem Fall wird die Haftung in der Praxis in der Regel dadurch vermieden, dass der Eintritt nur unter der aufschiebenden Bedingung der Eintragung in das Handelsregister erfolgt.[121]

Hier unterscheidet sich die *Fallprüfung* – allerdings nur innerhalb von Gliederungspunkt III. – deutlich von derjenigen des § 176 I HGB (→ Rn. 367). Ferner ist im Obersatz zusätzlich auf § 176 II HGB als Anspruchsgrundlage hinzuweisen.

Prüfungsschema

III. **Verpflichtung des in Anspruch genommenen Kommanditisten gem. §§ 176 II, I, 128 HGB**
 1. **Eintritt** in eine bestehende, geschäftlich tätige Handelsgesellschaft als Kommanditist
 2. Begründung einer **Gesellschaftsverbindlichkeit zwischen Eintritt und Handelsregistereintragung**
 3. **kein Ausschluss** der Haftung wegen Kenntnis des Gläubigers von der Kommanditisteneigenschaft
 4. **kein vertraglicher Haftungsausschluss**
 5. **keine Enthaftung analog § 160 HGB**
 6. **Fehlen von Einreden** (insbesondere §§ 161 II, 129 HGB)
 7. **Rechtsfolge: unbeschränkte persönliche Haftung nach § 128 HGB auf Geld** (str.)

---

120 BGHZ 82, 209 (211); Baumbach/Hopt/*Roth* HGB § 176 Rn. 9; Schwerdtfeger/*Partikel* HGB § 176 Rn. 17.
121 BGHZ 82, 209 (212); EBJS/*Strohn* HGB § 176 Rn. 34; *Windbichler* GesR § 17 Rn. 24; *K. Schmidt* ZHR 144 (1980), 192 (200).

b) *Ausscheidende Gesellschafter* haften unter den Voraussetzungen des § 160 HGB für 373 die bis dahin begründeten Verbindlichkeiten der Gesellschaft fort. Hinsichtlich des Umfangs der Haftung ergibt sich kein Unterschied im Vergleich mit den allgemeinen Regeln: Die Haftung der Komplementäre bleibt unbeschränkt, während die beschränkte Haftung der Kommanditisten sich nach wie vor aus §§ 171, 172 HGB ergibt.[122] Nach Befriedigung eines Gläubigers kann freilich auch der ausgeschiedene Kommanditist Regress bei der Gesellschaft nehmen.[123] Voraussetzung der Haftung ist, dass die Ansprüche vor Ablauf von fünf Jahren nach dem Ausscheiden fällig und daraus Ansprüche gegen den ausscheidenden Gesellschafter in einer in § 197 I Nr. 3–5 BGB bezeichneten Art festgestellt sind oder eine gerichtliche oder behördliche Vollstreckungshandlung vorgenommen oder beantragt wird. Ausnahmsweise bedarf es gem. § 160 II HGB keiner gerichtlichen Geltendmachung, wenn der Gesellschafter den Anspruch schriftlich anerkannt hat. Die Fünf-Jahres-Frist beginnt gem. § 160 I 2 HGB mit dem Ende des Tages der Eintragung des Ausscheidens in das Handelsregister. Gleiches gilt gem. § 160 III 1 HGB auch, wenn ein Komplementär in die Kommanditistenstellung wechselt.

Versäumt es der Kommanditist, sein Ausscheiden ins Handelsregister eintragen und bekannt machen zu lassen, trifft ihn gem. § 15 I HGB (sofern man diesen trotz § 162 II HGB für anwendbar hält; zum Streit → Rn. 376) auch die Haftung für nach seinem Ausscheiden entstandene Gesellschaftsverbindlichkeiten.[124]

Erhält ein ausscheidender Kommanditist eine Abfindung von der KG, ist dies als Einlagenrückgewähr iSd § 172 IV HGB anzusehen, weshalb seine Haftung wieder auflebt.[125] Der Grund dafür ist, dass der Kommanditist eine Leistung aus dem Vermögen der KG erhalten hat, ohne eine Gegenleistung zu erbringen.

In der *Fallprüfung* ist grundsätzlich auf das allgemeine Prüfungsschema zurückzugreifen und lediglich innerhalb des Gliederungspunktes III. (Verpflichtung des in Anspruch genommenen Kommanditisten) als zusätzlicher Prüfungspunkt eine mögliche Enthaftung gem. § 160 HGB zu diskutieren.

c) Ein Kommanditistenwechsel kann auch durch *Abtretung eines Kommanditanteils* 374 an einen Dritten herbeigeführt werden. Eine solche Übertragung verändert die personelle Zusammensetzung der Gesellschaft und bedarf als Grundlagengeschäft in der Regel der Zustimmung aller Gesellschafter (zu den Anforderungen an Beschlüsse über Grundlagengeschäfte allgemein bei der GbR → Rn. 145).[126] Zur Beurteilung der Haftung bei Abtretung eines Kommanditanteils ist danach zu unterscheiden, ob ein Rechtsnachfolgevermerk in das Handelsregister eingetragen und die Einlage geleistet worden ist.

aa) Ist die *Rechtsnachfolge* in das Handelsregister *eingetragen,* übernimmt der neue 375 Kommanditist hinsichtlich der Haftung gegenüber den Gesellschaftsgläubigern diejenige Rechtsposition, die der frühere Kommanditist bis zur Abtretung innehatte: Hatte der frühere Kommanditist seine Einlage ganz oder teilweise noch nicht erbracht, haftet nun der neue Kommanditist in Höhe der noch ausstehenden Haftsumme. Bei Erbrin-

---

122 MüKoHGB/*K. Schmidt* §§ 171, 172 Rn. 18; Röhricht/v. Westphalen/Haas/*Haas/Mock* HGB § 171 Rn. 25.
123 Ausf. EBJS/*Strohn* HGB § 171 Rn. 80; Röhricht/v. Westphalen/Haas/*Haas/Mock* HGB § 171 Rn. 26.
124 *Kindl* GesR § 22 Rn. 15; GK-HGB/*Fahse* § 171 Rn. 13.
125 RGZ 64, 77 (81); EBJS/*Strohn* HGB § 172 Rn. 38; MüKoHGB/*K. Schmidt* §§ 171, 172 Rn. 73.
126 BGHZ 81, 82 (84); MüKoHGB/*K. Schmidt* § 173 Rn. 24; *Windbichler* GesR § 17 Rn. 25.

gung der Einlage in voller Höhe der Haftsumme durch den früheren Kommanditisten ist hingegen auch die Haftung des neuen Kommanditisten gem. § 171 I Hs. 2 HGB ausgeschlossen.[127]

376 **bb)** Anders sind jedoch die Fälle zu beurteilen, in denen zwar das Ausscheiden des früheren Kommanditisten und der Eintritt des neuen Kommanditisten eingetragen sind, aber *kein* auf die *Rechtsnachfolge* hinweisender *Vermerk* beigefügt worden ist. Aus Sicht der Gläubiger ist mit dem Beitritt des neuen Kommanditisten eine Verdoppelung der Haftsumme eingetreten, weil für diese der Anschein erweckt wird, dass der neue Kommanditist aufgrund eines selbstständigen Beitrittsvertrages mit den übrigen Gesellschaftern in die Gesellschaft eingetreten ist.[128] Soweit der frühere Kommanditist einen Teil seiner Einlage geleistet hatte, wirkt dies zugunsten des erwerbenden Kommanditisten und schließt dessen Haftung nach § 171 I Hs. 2 HGB aus. Die Haftung des Altkommanditisten hingegen lebt in entsprechender Anwendung des § 172 IV HGB wieder auf, wenn sich die Verdoppelung der Haftsumme auf Rechtsscheinsgesichtspunkte stützen lässt.[129] Früher ergab sich die Rechtsscheinshaftung des ausgeschiedenen Kommanditisten nach wohl allgemeiner Auffassung aus § 15 I HGB.[130] Nach Änderung des § 162 II HGB ist nunmehr umstritten, ob die Haftung aus § 15 I HGB folgt[131] oder aber auf allgemeine Rechtsscheinsgrundsätze zurückzugreifen ist.[132] Tatsächlich ist weiterhin § 15 I HGB anzuwenden. Denn § 162 II Hs. 2 HGB besagt lediglich, dass bei der Bekanntmachung der Eintragung der Gesellschaft keine Angaben zu den Kommanditisten zu machen sind und § 15 HGB *insoweit* nicht anzuwenden ist. Dies schließt schon dem Wortlaut nach eine Anwendung des § 15 HGB nicht generell aus. Vielmehr ist § 162 II HGB dahingehend zu verstehen, dass § 15 HGB nur unanwendbar ist, wenn die Vorschrift eine Bekanntmachung voraussetzt.[133] Aus diesem Grund ist lediglich die Anwendung von § 15 II und III HGB ausgeschlossen, weil diese zwingend eine Bekanntmachung voraussetzen. § 15 I HGB wird demgegenüber von § 162 II Hs. 2 HGB nicht berührt, weil dieser keine tatsächliche Bekanntmachung voraussetzt, sondern sogar an das Fehlen einer Bekanntmachung anknüpft.[134] Darüber hinaus ist auch der Gesetzesbegründung nicht zu entnehmen, dass mit der Neufassung die bisherige Rechtsprechung zur Haftung bei Abtretung des Kommanditanteils ohne Rechtsnachfolgevermerk geändert werden sollte.[135] Zudem ist zu bedenken, dass die Rechtsscheinshaftung einen erheblich schwächeren Vertrauensschutz bietet, weil diese nur eingreift, wenn der Dritte das Handelsregister eingesehen und sodann im Vertrauen auf dessen Richtigkeit Disposi-

127 BGHZ 81, 82 (85).
128 BGHZ 81, 82 (86); EBJS/*Strohn* HGB § 173 Rn. 24; *Koch* GesR § 22 Rn. 29.
129 BGHZ 81, 82 (89); EBJS/*Strohn* HGB § 173 Rn. 24; MüKoHGB/*K. Schmidt* § 173 Rn. 36; *Eisenhardt/Wackerbarth* GesR Rn. 519; abw. Baumbach/Hopt/*Roth* HGB § 173 Rn. 13, wonach es auf einen Rechtsschein nicht ankomme.
130 BGHZ 81, 82 (87).
131 So EBJS/*Strohn* HGB § 173 Rn. 24; Röhricht/v. Westphalen/Haas/*Haas/Mock* HGB § 173 Rn. 21; *Burgard*, FS Hadding, 2004, 325 (332 f.); *Grunewald* ZGR 2003, 541 (543 ff.); *Paul* MDR 2004, 849 (850 ff.).
132 So MHdB GesR Bd. II/*Piehler/Schulte* § 35 Rn. 39; *Peters* RNotZ 2002, 425 (438); *K. Schmidt* ZIP 2002, 413 (417); *K. Schmidt* DB 2011, 1149 (1150 ff.).
133 *Burgard*, FS Hadding, 2004, 325 (341); *Paul* MDR 2004, 849 (851); *Wilhelm* DB 2002, 1979, 1984.
134 *Paul* MDR 2004, 849 (851).
135 So auch *Grunewald* ZGR 2003, 541 (546); *Paul* MDR 2004, 849 (851); *Wilhelm* DB 2002, 1979 (1981).

tionen getroffen hat.[136] § 15 I HGB bietet jedoch einen abstrakten Vertrauensschutz, der unabhängig von der Einsichtnahme in das Handelsregister eingreift. Daraus folgt, dass § 15 I HGB anzuwenden ist.

> In **Fall f** [137] kann der Gläubiger den Kommanditisten K iHv 40.000 EUR in Anspruch nehmen, da dessen Haftung in entsprechender Anwendung des § 172 IV HGB wieder auflebt. Dies gilt gem. § 15 I HGB unabhängig davon, ob G das Handelsregister tatsächlich eingesehen hat. Zugunsten des neuen Kommanditisten ist die von K geleistete Einlage iHv 20.000 EUR in Anrechnung zu bringen. G kann ihn deshalb nur in Höhe der noch ausstehenden Einlage iHv 30.000 EUR in Anspruch nehmen.

VI. Beendigung

In Bezug auf die Auflösung und Beendigung der Kommanditgesellschaft ergeben sich **377** keine Änderungen im Vergleich zur OHG (→ Rn. 321 ff.).

§ 6 Stille Gesellschaft (stG)

> **Literatur:** *Blaurock,* Handbuch der Stillen Gesellschaft, 8. Aufl. 2016; *Haack,* Die stille Gesellschaft – Von der Gründung bis zur Auseinandersetzung, NWB 2005, 4251; *K. Schmidt,* Die Vertragsparteien bei der stillen Gesellschaft, DB 1976, 1705.

> **Fall:** Der prominente Sportler A beabsichtigt den Beitritt zur X-KG. Diese hat jüngst im Zusammen- **378** hang mit bekannt gewordenen Tierversuchen negative Schlagzeilen gemacht. Aus verständlichen Gründen legt A großen Wert darauf, dass seine Beteiligung nicht publik wird. Was ist A zu raten?

I. Begriff und Rechtsnatur

1. Begriff

Die Definition der stillen Gesellschaft ergibt sich aus §§ 230 I, 231 II HGB. Um eine **379** solche handelt es sich nach § 230 I HGB, wenn sich ein stiller Gesellschafter am Handelsgewerbe eines anderen mit einer Vermögenseinlage beteiligt, wobei die Einlage in das Vermögen des Inhabers des Handelsgeschäfts übergeht. Dabei ist der stille Gesellschafter zwingend am Gewinn des Unternehmens zu beteiligen (vgl. § 231 II HGB).

2. Mitglieder

Nach dem gesetzlichen Leitbild ist die stille Gesellschaft zweigliedrig und besteht aus **380** einem tätigen Gesellschafter (Geschäftsinhaber) und einem lediglich kapitalmäßig beteiligten stillen Gesellschafter. Der tätige Gesellschafter muss Inhaber eines Handelsgewerbes, also Kaufmann im Sinne des HGB sein (zum Kaufmannsbegriff → Rn. 268).[1] Als tätige Gesellschafter kommen demnach Einzelkaufleute, Handels-

---

136 *Burgard,* FS Hadding, 2004, 325 (333); diesen schwächeren Schutz erachtet *K. Schmidt* DB 2011, 1149 (1154) indes gerade als »gerechter«.
137 Ausf. Falllösung mit Darstellung der divergierenden Auffassungen bei *Saenger/Wackerbeck* JA 2006, 771 ff.
1 *Blaurock* in Blaurock HdB Stille Gesellschaft Rn. 5.2.

gesellschaften (vgl. § 6 I HGB) oder auch Formkaufleute gem. § 6 II HGB in Betracht. Betreibt der tätige Gesellschafter kein Handelsgewerbe, liegt auch keine stille Gesellschaft iSd §§ 230 ff. HGB, sondern eine auf das Innenverhältnis beschränkte GbR vor.[2] Allerdings wendet die ganz überwiegende Auffassung in diesen Fällen §§ 230 ff. HGB entsprechend an.[3]

Stille Gesellschafter können alle natürlichen und juristischen Personen, rechtsfähigen Personengesellschaften sowie Erbengemeinschaften sein.[4] Am Handelsgeschäft des tätigen Gesellschafters können sich auch mehrere stille Gesellschafter unabhängig voneinander beteiligen. Es liegen dann so viele stille Gesellschaften vor, wie es stille Gesellschafter gibt.[5] Nach allgemeiner Auffassung ist es aber auch möglich, dass sich mehrere stille Gesellschafter zusammenschließen und mit einem tätigen Gesellschafter eine einzige stille Gesellschaft bilden *(sog. mehrgliedrige stille Gesellschaft).*[6] Sind diese mehreren stillen Gesellschafter allerdings untereinander als GbR organisiert, ist die GbR selbst stiller Gesellschafter. In diesem Fall liegt keine mehrgliedrige, sondern eine zweigliedrige stille Gesellschaft vor.[7]

3. Gesellschaftsvermögen und Rechtsnatur

381 Der stille Gesellschafter leistet gem. § 230 I HGB die Einlage so, dass diese in das Vermögen des Inhabers des Handelsgeschäfts übergeht. Deshalb kann die Gesellschaft kein Gesellschaftsvermögen bilden und ist keine Gesamthandsgemeinschaft.[8] Der stille Gesellschafter hat lediglich einen schuldrechtlichen Anspruch auf Auszahlung des vertraglich vereinbarten anteiligen Gewinns. Dennoch ist die stille Gesellschaft echte Personengesellschaft iSd § 705 BGB, da sich beide Parteien formlos zu Leistungen zur Erreichung des gemeinsamen Zweckes der Gewinnerzielung verpflichten.[9] Folglich sind §§ 705 ff. BGB ergänzend anwendbar. Weil nach § 230 II HGB allein der Inhaber des Handelsgeschäfts aus den im Betrieb geschlossenen Geschäften berechtigt und verpflichtet wird, handelt es sich bei der stillen Gesellschaft um eine reine Innengesellschaft.[10] Sie ist weder im Zivilprozess parteifähig noch insolvenzfähig.[11] Als Innengesellschaft ist die stille Gesellschaft auch keine Handelsgesellschaft.

Das lässt sich bereits dem HGB entnehmen, da das zweite Buch in der Überschrift zwischen »Handelsgesellschaften und stille(r) Gesellschaft« unterscheidet. Die stille Gesellschaft führt folglich keine Firma und kann nicht in das Handelsregister eingetragen werden.[12] Eingetragen wird vielmehr nur das kaufmännische Unternehmen, an dem sich der stille Gesellschafter beteiligt.[13]

---

2 MüKoHGB/*K. Schmidt* § 230 Rn. 6; *Kübler/Assmann* GesR § 9 I 1 a aa (S. 111).

3 *Blaurock* in Blaurock HdB Stille Gesellschaft Rn. 5.3; MHdB GesR II/*Bezzenberger/Keul* § 75 Rn. 1; *K. Schmidt* GesR § 62 II 1 a (S. 1841); *K. Schmidt* DB 1976, 1705 (1708).

4 *Windbichler* GesR § 18 Rn. 1; *Kübler/Assmann* GesR § 9 I 1 a bb (S. 111); *K. Schmidt* DB 1976, 1705 (1706).

5 *Eisenhardt/Wackerbarth* GesR § 28 Rn. 533; *K. Schmidt* GesR § 62 II 2 c cc (S. 1847).

6 *Grunewald* GesR § 4 Rn. 8; *Windbichler* GesR § 18 Rn. 1; *K. Schmidt* GesR § 62 II 2 c cc (S. 1848).

7 *Grunewald* GesR § 4 Rn. 8; *K. Schmidt* GesR § 62 II 2 c cc (S. 1848); *K. Schmidt* DB 1976, 1705.

8 *Blaurock* in Blaurock HdB Stille Gesellschaft Rn. 4.3; *Kübler/Assmann* GesR § 9 I 1 c (S. 112).

9 *Windbichler* GesR § 18 Rn. 4; *Kübler/Assmann* GesR § 9 I b (S. 111); MHdB GesR Bd. II/*Keul* § 72 Rn. 16 f.

10 *Grunewald* GesR § 4 Rn. 5; *Windbichler* GesR § 18 Rn. 4; *Wiedemann* GesR II § 10 I 3 (S. 879).

11 MüKoHGB/*K. Schmidt* § 230 Rn. 8.

12 MüKoHGB/*K. Schmidt* § 230 Rn. 11.

13 *K. Schmidt* GesR § 62 I 1 d (S. 1838).

Bei Mängeln des Vertrages können die Grundsätze über die fehlerhafte Gesellschaft (→ Rn. 79 ff.) Anwendung finden,[14] soweit keine beachtlichen anderweitigen Interessen entgegenstehen. Auf eine mehrgliedrige stille Gesellschaft sind diese deshalb mit der Maßgabe anwendbar, dass der fehlerhaft beigetretene Gesellschafter keinen Schadensersatzanspruch auf Rückgewähr seiner Einlage Zug um Zug gegen die Übertragung seiner Rechte aus der stillen Beteiligung verlangen kann, sondern ihm lediglich ein Anspruch auf ein etwaiges Abfindungsguthaben zusteht. Weitergehenden Schadensersatz kann er nur verlangen, wenn dadurch nicht etwaige Abfindungsansprüche der übrigen stillen Gesellschafter gefährdet werden.[15]

> Im obigen **Fall** ist A deshalb zu raten, sich als stiller Gesellschafter an der X-KG zu beteiligen. Im Unterschied zur Beteiligung als Kommanditist entgeht er so einer Eintragung in das Handelsregister, welche die Gefahr öffentlicher Kenntnisnahme seines Engagements bergen würde.

II. Rechte und Pflichten der Gesellschafter

1. Geschäftsführung und Vertretung

Zur *Geschäftsführung* ist regelmäßig nur der tätige Geschäftsinhaber berechtigt und   **382** verpflichtet.[16] Er führt die Geschäfte im eigenen Namen und für gemeinschaftliche Rechnung.[17] Aufgrund besonderer vertraglicher Vereinbarung können jedoch auch dem stillen Gesellschafter in beliebigem Umfang Geschäftsführungsbefugnisse zugestanden werden.[18] Die Geschäftsführung umfasst die gesamte Tätigkeit zur Förderung des Gesellschaftszwecks und zur Wahrnehmung aller die Gesellschaft angehenden laufenden Angelegenheiten einschließlich der Buchführung, der Aufstellung der Bilanz und der Gewinn- und Verlustrechnung.[19] Bei der Ausübung der Geschäftsführung ist der tätige Gesellschafter verpflichtet, das Unternehmen entsprechend dem gemeinsamen Zweck der Gewinnerzielung zu betreiben. Dabei hat er die im Gesellschaftsvertrag vereinbarten Beschränkungen der Geschäftsführungsbefugnis zu beachten.[20] Darüber hinaus können sich Beschränkungen der Geschäftsführungsbefugnis auch aus der gesellschaftlichen Treuepflicht ergeben.[21] Verletzt der tätige Geschäftsinhaber seine Geschäftsführungspflichten, ist er dem stillen Gesellschafter zum Schadensersatz verpflichtet. Den Verschuldensmaßstab bildet § 708 BGB, der eine Haftung nur bei Verletzung der eigenüblichen Sorgfalt (diligentia quam in suis) anordnet.[22]

Wegen ihrer Eigenschaft als Innengesellschaft tritt nicht die stille Gesellschaft, sondern allein der tätige Gesellschafter nach außen hin in Erscheinung. Deshalb kann die stille

---

14 StRspr BGHZ 55, 5 (8 f.); 62, 234 (237); 199, 104. S. zum Meinungsstand nur MüKoHGB/*K. Schmidt* § 230 Rn. 128 ff., der aber zutr. auf die Bedeutung für atypische bzw. Publikumsgesellschaften hinweist (Rn. 133 f.). Grds. aA dagegen MüKoBGB/*Schäfer* § 705 Rn. 359.

15 BGHZ 199, 104 (111 f.).

16 *Jung* in Blaurock HdB Stille Gesellschaft Rn. 12.1; *Eisenhardt/Wackerbarth* GesR § 28 Rn. 538; *Windbichler* GesR § 18 Rn. 11; *Kübler/Assmann* GesR § 9 II 2 b (S. 114).

17 *Jung* in Blaurock HdB Stille Gesellschaft Rn. 12.2; *Grunewald* GesR § 4 Rn. 20; *K. Schmidt* GesR § 62 III 2 b (S. 1854).

18 BGHZ 8, 157 (160); *Windbichler* GesR § 18 Rn. 13.

19 *Jung* in Blaurock HdB Stille Gesellschaft Rn. 12.18.

20 *Jung* in Blaurock HdB Stille Gesellschaft Rn. 12.20; MHdB GesR Bd. II/*Seffer/Erhardt* § 80 Rn. 7.

21 MHdB GesR Bd. II/*Seffer/Erhardt* § 80 Rn. 8.

22 *Kübler/Assmann* GesR § 9 II 2 b (S. 114).

Gesellschaft als solche auch nicht vertreten werden. Zulässig ist es aber, dem stillen Gesellschafter eine Vollmacht zur Vertretung des Geschäftsinhabers, etwa in Form einer Prokura oder Handlungsvollmacht zu erteilen.[23]

2. Informationsrechte des stillen Gesellschafters

383 Die Informationsrechte des stillen Gesellschafters gem. § 233 HGB entsprechen denen des Kommanditisten nach § 166 HGB. Insoweit kann auf die Ausführungen zur KG verwiesen werden (→ Rn. 342 ff.).

3. Gewinn- und Verlustbeteiligung

384 Der stille Gesellschafter ist nach § 231 II HGB zwingend am Gewinn des tätigen Gesellschafters zu beteiligen, eine Beteiligung am Verlust kann hingegen ausgeschlossen werden.

385 a) Am Ende eines jeden Geschäftsjahres wird gem. § 232 I HGB nach Durchführung einer Gewinn- und Verlustrechnung der auf den stillen Gesellschafter entfallende *Gewinn* ausgezahlt. Dieser hat allerdings nach § 232 II 2 Hs. 1 HGB nur dann einen entsprechenden Anspruch, wenn seine Einlage nicht durch frühere Verluste vermindert ist. Indes ist der stille Gesellschafter gem. § 232 II 2 Hs. 1 HGB nicht verpflichtet, einen rechtmäßig bezogenen Gewinn wegen späterer Verluste zurückzuzahlen. Insoweit besteht eine Parallele zu den für den Kommanditisten geltenden Regelungen in § 169 I und II HGB. Bei rechtswidrig bezogenen Gewinnen ist wie bei der Kommanditgesellschaft zu differenzieren. War der stille Gesellschafter bösgläubig, trifft ihn eine Rückzahlungspflicht nach bereicherungsrechtlichen Vorschriften. Bei Gutgläubigkeit entfällt hingegen eine Verpflichtung zur Rückzahlung (dazu ausführlich bei der KG, → Rn. 348).

386 b) Ist eine *Verlustbeteiligung* des stillen Gesellschafters vorgesehen, ist diese gem. § 231 II 1 HGB auf dessen eingezahlte bzw. rückständige Einlage beschränkt. Dies entspricht der Verlustbeteiligung des Kommanditisten nach § 167 III HGB. Zu beachten ist aber, dass diese Regelungen der Dispositionsfreiheit der Parteien unterliegen und abweichende Vereinbarungen im Gesellschaftsvertrag zulässig sind.[24]

387 c) Auch die *Höhe der Gewinn- und Verlustbeteiligung* der einzelnen Gesellschafter ist im Gesellschaftsvertrag frei vereinbar. Nur für den Fall, dass der Gesellschaftsvertrag keine Regelung trifft, greift die gesetzliche Regelung des § 231 I HGB ein, wonach ein den Umständen nach angemessener Anteil am Gewinn bzw. Verlust der Gesellschaft als vereinbart gilt. Bei der Ermittlung der Angemessenheit sind die Höhe der Beteiligung, die Höhe des Gesamtkapitals, die Arbeitsleistung des tätigen Teilhabers sowie das beiderseitige Risiko zu berücksichtigen. Aufgrund der Unbestimmtheit dieser Regelung wird die Höhe der Gewinn- und Verlustbeteiligung in der Praxis jedoch üblicherweise im Gesellschaftsvertrag geregelt.[25]

---

23 *K. Schmidt* GesR § 62 II 2c bb (S. 1847); *Haack* NWB 2005, 4251 (4256).
24 MüKoHGB/*K. Schmidt* § 232 Rn. 33.
25 *Grunewald* GesR § 4 Rn. 25; *K. Schmidt* GesR § 62 IV 3a (S. 1858).

4. Haftung

Im Außenverhältnis haftet allein der Inhaber des Handelsgeschäfts, nicht aber der stille 388
Gesellschafter. Denn bei der stillen Gesellschaft handelt es sich um eine Innengesell-
schaft und nur der Geschäftsinhaber als Träger des Unternehmens tritt nach außen in
Erscheinung.

III. Abgrenzung vom partiarischen Darlehen

Schwierigkeiten kann die Abgrenzung der stillen Beteiligung vom partiarischen Darle- 389
hen bereiten. Bei einem partiarischen Darlehen besteht die Gegenleistung für die zeit-
weilige Überlassung der Darlehenssumme nicht in einem festen Zins, sondern der Darlehensgeber ist ebenso wie der stille Gesellschafter an dem vom Darlehensnehmer
mithilfe des überlassenen Kapitals erwirtschafteten Gewinn beteiligt. Es fehlt jedoch
der für die stille Gesellschaft typische gemeinsame Zweck iSd § 705 BGB.[26] Das Vorliegen eines gemeinsamen Zwecks lässt sich anhand objektiver Indizien beurteilen. Typisch sind hierfür die Einräumung von Mitsprache-, Kontroll- und Überwachungs-
rechten,[27] die Unübertragbarkeit der Beteiligung[28] und das Fehlen von Sicherheiten.[29]
Gegen einen gemeinsamen Zweck und für ein partiarisches Darlehen spricht es hingegen, wenn Sicherheiten gegeben werden, das Vertragsverhältnis von fester Dauer ist
oder eine Verwendungsabsprache für die bereitgestellten Mittel fehlt.[30] Zwingend ist
eine stille Gesellschaft gegeben, wenn eine Verlustbeteiligung des Geldgebers vorgesehen ist, weil ein Darlehen die Verpflichtung des Schuldners zur Rückzahlung eines
festen Betrages voraussetzt und damit eine Verlustbeteiligung ausschließt.[31]

IV. Beendigung

1. Auflösung

Die Auflösungs- und Beendigungsgründe der stillen Gesellschaft entsprechen grund- 390
sätzlich denen der GbR. Die stille Gesellschaft wird durch Zeitablauf, auflösende Bedingung, Zweckerreichung und Zweckvereitelung (§ 726 BGB) sowie durch Insolvenz
eines Gesellschafters (§ 728 BGB) aufgelöst. Abweichungen ergeben sich aus § 234
HGB lediglich für den Tod des stillen Gesellschafters und die Kündigung.

a) Wie bei der BGB-Gesellschaft bewirkt der *Tod* des Geschäftsinhabers nach § 727 I 391
BGB die Auflösung der stillen Gesellschaft. Der Tod des stillen Gesellschafters ist hin-
gegen gem. § 234 II HGB ebenso wie bei OHG und KG kein Auflösungsgrund. Die
Einlage geht auf seine Erben über.[32]

---

26 BGHZ 127, 176 (177f.); BFH NJW 1978, 1280; *Blaurock* in Blaurock HdB Stille Gesellschaft
   Rn. 5.17.
27 BFH BB 2006, 253 (255); *Blaurock* in Blaurock HdB Stille Gesellschaft Rn. 5.36; MHdB GesR
   Bd. II/*Keul* § 73 Rn. 14.
28 *Blaurock* in Blaurock HdB Stille Gesellschaft Rn. 5.33.
29 BGHZ 127, 176 (178); BFH NJW 1978, 1280.
30 *Wiedemann* GesR II § 10 II 2 (S. 891).
31 BFH BB 2006, 253 (255); *Blaurock* in Blaurock HdB Stille Gesellschaft Rn. 5.33; *Windbichler* GesR
   § 18 Rn. 8; MHdB GesR Bd. II/*Keul* § 73 Rn. 14.
32 *Kübler/Assmann* GesR § 9 II 3a (S. 115).

392 **b)** Jeder Gesellschafter kann eine auf unbestimmte Dauer abgeschlossene stille *Gesellschaft* jederzeit *ordentlich kündigen*. Es gelten über § 234 I 1 HGB dieselben Voraussetzungen wie bei der OHG (§§ 132, 134 HGB). Sowohl der Geschäftsinhaber als auch der stille Gesellschafter können daher die Kündigung nur zum Schluss eines Kalenderjahres unter Einhaltung einer Kündigungsfrist von sechs Monaten aussprechen.

Darüber hinaus steht den Gesellschaftern gem. § 234 I 2 HGB ein *außerordentliches* Kündigungsrecht zu, welches sich nach § 723 BGB richtet. Es gilt in diesem Fall nicht die Regelung für die OHG, wonach eine Auflösungsklage erforderlich ist (vgl. § 133 HGB), sondern es genügt die einfache Kündigung gegenüber dem Vertragspartner.

Nach § 723 III BGB können weder das ordentliche noch das außerordentliche Kündigungsrecht ausgeschlossen werden.

Besonderheiten ergeben sich im Hinblick auf die Rechtsfolgen der Kündigung eines stillen Gesellschafters. Bei der *zweigliedrigen stillen Gesellschaft* führt die Kündigung eines Gesellschafters stets zur Auflösung der Gesellschaft. Sind mehrere Personen unabhängig voneinander still an einem Handelsgewerbe beteiligt, berührt die Auflösung einer stillen Gesellschaft nicht den Bestand der anderen stillen Gesellschaften. Bei der sog. *mehrgliedrigen stillen* Gesellschaft wird die stille Gesellschaft durch Kündigung jedes Gesellschafters aufgelöst. Es empfiehlt sich daher aus Sicht der verbleibenden Gesellschafter, für diesen Fall eine Fortsetzungsklausel in den Gesellschaftsvertrag aufzunehmen.

393 **c)** Die stille *Gesellschaft* kann gem. § 234 I 1 HGB unter den Voraussetzungen des § 135 HGB *von einem Privatgläubiger* des stillen Gesellschafters *gekündigt* werden. Erforderlich hierfür ist, dass der Gläubiger aufgrund eines nicht bloß vorläufig vollstreckbaren Titels die Pfändung und Überweisung des Auseinandersetzungsanspruchs des stillen Gesellschafters erwirkt und innerhalb der letzten sechs Monate die Zwangsvollstreckung erfolglos in das bewegliche Vermögen des stillen Gesellschafters versucht hat. Sind diese Voraussetzungen gegeben, kann der Gläubiger die Gesellschaft, egal ob diese für bestimmte oder unbestimmte Zeit eingegangen ist, sechs Monate vor dem Ende des Geschäftsjahres für diesen Zeitpunkt kündigen.

Gläubiger des Inhabers des Handelsgeschäfts sind hingegen nicht berechtigt, die Gesellschaft zu kündigen, weil sie jederzeit in das Vermögen des Geschäftsinhabers einschließlich der Einlage des stillen Gesellschafters vollstrecken können.[33]

2. Auseinandersetzung

394 Die Auflösung der stillen Gesellschaft führt mangels Gesellschaftsvermögens nicht zur Liquidation, sondern gem. § 235 HGB zur Auseinandersetzung zwischen Geschäftsinhaber und stillem Gesellschafter. Dem stillen Gesellschafter steht deshalb auch kein dinglicher (gesamthänderischer), sondern nur ein schuldrechtlicher Anspruch auf Auszahlung seines Auseinandersetzungsguthabens zu.[34] Das Auseinandersetzungsguthaben wird anhand einer Auseinandersetzungsbilanz ermittelt. Es setzt sich aus dem Wert der geleisteten Einlage zuzüglich nicht ausgezahlter früherer Gewinne und vermindert um nicht ausgeglichene Verlustanteile und Entnahmen zusammen. Weist die Auseinandersetzungsbilanz einen negativen Saldo auf, ist der stille Gesellschafter nicht

---

33 *Blaurock* in Blaurock HdB Stille Gesellschaft Rn. 15.41; *Geck* DStR 1994, 657 (659).
34 BGHZ 7, 174 (178).

zum Ausgleich verpflichtet, sofern nicht ausdrücklich eine abweichende Regelung vereinbart wurde. Denn der stille Gesellschafter nimmt nach § 232 II HGB nur bis zum Betrag seiner eingezahlten und rückständigen Einlage am Verlust teil.[35]

Weil das Auseinandersetzungsguthaben auf den Zeitpunkt der Auflösung errechnet wird, ist nur der bis dahin erzielte Gewinn und Verlust enthalten. Schwebende Geschäfte sind noch nicht berücksichtigt. Dennoch nimmt der stille Gesellschafter gem. § 235 II 2 HGB auch am Gewinn und Verlust dieser Geschäfte teil. Die Abwicklung schwebender Geschäfte erfolgt gem. § 235 II 1 HGB durch den Inhaber des Handelsgeschäfts. Dem stillen Gesellschafter stehen am Ende des Geschäftsjahres nach § 235 III HGB ein Auskunfts- und Auszahlungsanspruch hinsichtlich der beendigten Geschäfte sowie ein Auskunftsanspruch über den Stand der noch schwebenden Geschäfte zu.

V. Atypische Stille Gesellschaft

Die *typische* stille Gesellschaft entspricht dem gesetzlichen Leitbild der §§ 230 ff. HGB. **395**
Aufgrund der Vertragsfreiheit ist es aber zulässig, hiervon abweichende Vereinbarungen zu treffen. Von dieser Möglichkeit wird in der Praxis häufig und auf vielfältige Weise Gebrauch gemacht. Allerdings spricht man nicht bei jeder abweichenden Vereinbarung von einer *atypischen* stillen Gesellschaft, sondern nur bei bestimmten und in der Praxis besonders häufigen Erscheinungsformen. Es gibt also nicht »die« atypische stille Gesellschaft.[36] Als klassische Erscheinungsformen der atypischen stillen Gesellschaft unterscheidet man die stille Gesellschaft mit Vermögensbeteiligung und die mit Geschäftsführungsbefugnis des stillen Gesellschafters. Die Unterscheidung kann steuerrechtlich von Bedeutung sein: Eine atypische stille Gesellschaft im Sinne des Steuerrechts liegt vor, wenn das stille Gesellschaftsverhältnis die Kriterien der steuerlichen Mitunternehmerschaft (§ 15 I Nr. 2 EStG) erfüllt. In diesem Fall erzielt der stille Gesellschafter Einkünfte aus Gewerbebetrieb, während die Einkünfte eines typischen stillen Gesellschafters als Einkünfte aus Kapitalvermögen (§ 20 I Nr. 4 EStG) behandelt werden.

1. Stille Gesellschaft mit Vermögensbeteiligung

Bei der stillen Gesellschaft mit Vermögensbeteiligung des stillen Gesellschafters wird – **396**
wie auch sonst – kein Gesamthandsvermögen gebildet, sondern der stille Gesellschafter lediglich schuldrechtlich so gestellt, als ob er am Vermögen des Geschäftsinhabers beteiligt wäre.[37] Konsequenz ist, dass der stille Gesellschafter nicht nur an Wertänderungen des Umlaufvermögens, sondern auch an Vermögenszuwächsen des Anlagevermögens, des Firmenwertes und aller Rücklagen beteiligt wird.[38]

---

35 *Geck* DStR 1994, 657 (661).
36 MüKoHGB/*K. Schmidt* HGB § 230 Rn. 74.
37 *Blaurock* in Blaurock HdB Stille Gesellschaft Rn. 4.28; MHdB GesR Bd. II/*Keul* § 73 Rn. 32.
38 *Kauffeld* in Blaurock HdB Stille Gesellschaft Rn. 14.33 ff.; *K. Schmidt* GesR § 62 II 2 c aa (S. 1846); *Haack* NWB 2005, 1251 (4256).

2. Stille Gesellschaft mit Geschäftsführungsbefugnissen des stillen Gesellschafters

397 Eine weitere Form der atypischen stillen Gesellschaft ist die, bei der dem stillen Gesellschafter über das Informationsrecht des § 233 HGB hinaus Geschäftsführungsbefugnisse eingeräumt werden. Unter Geschäftsführungsbefugnisse werden neben der unmittelbaren Ermächtigung zur Geschäftsführung auch Widerspruchs- und Zustimmungsrechte gefasst.[39] Hingegen reicht die bloße ausdrückliche Einräumung der gesetzlichen Kontrollrechte nach § 233 HGB nicht für eine atypische Beteiligung aus.[40]

VI. Insolvenz

398 Die stille Gesellschaft ist mangels Gesellschaftsvermögen als solche nicht insolvenzfähig.[41] Die Eröffnung des Insolvenzverfahrens über das Vermögen des stillen Gesellschafters und des tätigen Geschäftsinhabers führen gem. § 728 S. 1 BGB jeweils zur Auflösung der stillen Gesellschaft.[42] Im Fall der Insolvenz des Geschäftsinhabers kann der stille Gesellschafter gem. § 236 I HGB die Auszahlung seines um Verlustanteile geminderten Auseinandersetzungsguthabens als nicht bevorrechtigter Insolvenzgläubiger geltend machen. Er ist also dem Risiko ausgesetzt, dass er sein Auseinandersetzungsguthaben nur in Höhe der Insolvenzquote erhält. Das Insolvenzrisiko trifft den stillen Gesellschafter hingegen nicht, wenn er seine Einlage noch nicht geleistet hat. In diesem Fall hat er seine Einlage gem. § 236 II HGB nur so weit einzuzahlen, wie sie zur Deckung seines Anteils am Verlust erforderlich ist.

Diese Privilegierung ist insoweit problematisch, als sie eine erhebliche Missbrauchsgefahr birgt: Insbesondere wegen der häufig bestehenden persönlichen Verbundenheit zwischen tätigem Geschäftsinhaber und stillem Gesellschafter besteht das Risiko, dass dem stillen Gesellschafter bei drohender Insolvenz die Einlage zurückgezahlt wird, um diesem die Vorteile des § 236 II HGB zu sichern. Zudem könnte der Geschäftsinhaber den stillen Gesellschafter bei Insolvenzgefahr von der Verlustbeteiligung befreien. Diese Risiken hat auch der Gesetzgeber erkannt. § 136 I InsO bestimmt deshalb, dass der Insolvenzverwalter sowohl eine Einlagenrückgewähr als auch eine Befreiung von der Verlustbeteiligung anfechten kann, wenn die zugrunde liegende Vereinbarung im letzten Jahr vor dem Antrag auf Eröffnung des Insolvenzverfahrens oder nach diesem Antrag getroffen wurde. Ausgeschlossen ist das Anfechtungsrecht gem. § 136 II InsO, wenn der Eröffnungsgrund für das Insolvenzverfahren erst nach der Vereinbarung der Rückzahlung oder des Erlasses eingetreten ist. Folge der Anfechtung ist, dass das Zurückgewährte in die Insolvenzmasse zu erstatten ist.

§ 7 Partnerschaftsgesellschaft (PartG)

Literatur: Prinz/Hoffmann/*Lochmann*, Beck'sches Handbuch der Personengesellschaften, § 20 Freiberufliche Personengesellschaften, 4. Aufl. 2014; *Henssler*, Partnerschaftsgesellschaftsgesetz, 2. Aufl. 2008; *Jawansky*, Haftung und Vertrauensschutz bei Berufsausübung in der Partnerschaftsgesellschaft, DB 2001, 2281; *Knoll/Schüppen*, Die Partnerschaftsgesellschaft – Handlungszwang, Handlungsalternative oder Schubladenmodell? (Teile I und II), DStR 1995, 608, 646; *Meilicke/v. Westphalen/Hoffmann/Lenz/Wolff*, Partnerschaftsgesellschaftsgesetz, 3. Aufl. 2015; *Römermann*, Neues im Recht der

---

39 MHdB GesR Bd. II/*Keul* § 73 Rn. 37; *K. Schmidt* GesR § 62 II 2c bb (S. 1847).
40 MHdB GesR Bd. II/*Keul* § 73 Rn. 37; *Haack* NWB 2005, 4251 (4256).
41 KKRM/*Kindler* HGB § 236 Rn. 1.
42 BGHZ 51, 350 (351).

Partnerschaftsgesellschaft, NZG 1998, 675; *K. Schmidt,* Die freiberufliche Partnerschaft – Zum neuen Gesetz zur Schaffung von Partnerschaftsgesellschaften, NJW 1995, 1.

Fälle: 399

a) M ist Mandantin der Anwaltskanzlei A, einer Partnerschaftsgesellschaft mit den Partnern X, Y und Z. Die Rechtsangelegenheiten der M werden von X bearbeitet. Y hat ihm aber von Zeit zu Zeit Ratschläge erteilt und während des Urlaubs des X Schriftstücke, welche Rechtsangelegenheiten der M betrafen, entgegengenommen. X versäumt schuldhaft eine Frist in einer Rechtssache der M. Wer haftet der M?

b) Wer haftet, wenn M sich hat zusichern lassen, dass ihre Angelegenheiten nur von X bearbeitet werden, diese aber tatsächlich nur von Z bearbeitet wurden, der dabei einen beruflichen Fehler gemacht hat?

I. Begriff

Seit 1995 ermöglicht das Partnerschaftsgesellschaftsgesetz (Gesetz über Partnerschaftsgesellschaften Angehöriger Freier Berufe vom 25. Juli 1994 – PartGG) den Zusammenschluss von Angehörigen freier Berufe zu einer Partnerschaftsgesellschaft. Zweck ist die gemeinsame Ausübung der entsprechenden freien Berufe (§ 1 I 1 PartGG). Zuvor stand Zusammenschlüssen von Freiberuflern, insbesondere Ärzten und Rechtsanwälten, nur die häufig als nachteilig empfundene Rechtsform der GbR zur Verfügung. Diese Einschätzung beruhte vor allem auf der damals noch nicht anerkannten Rechtsfähigkeit der GbR, der grundsätzlich unbeschränkten persönlichen Haftung ihrer Gesellschafter und der fehlenden Firma. Auch die Eröffnung der Möglichkeit, sich in Anwalts-GmbHs zusammenzuschließen (§§ 59c–m BRAO),[1] hat der Attraktivität der PartG keinen Abbruch getan. Seit Einführung der Partnerschaftsgesellschaft mit beschränkter Berufshaftung (→ Rn. 414 ff.) nimmt deren Zahl weiter zu.[2] 400

Zu einer Partnerschaftsgesellschaft können sich nur Freiberufler zusammenschließen, und dies auch nur, soweit es das jeweilige Standesrecht gestattet (§ 1 III PartGG). Welche Berufe im Sinne des PartGG freie Berufe sind, ergibt sich aus § 1 II PartGG, der eine allgemeine, recht vage Definition und eine beispielhafte Aufzählung freier Berufe enthält.

Zu den freien Berufen zählen danach unter anderem Ärzte, Rechtsanwälte, Architekten und Steuerberater.

Partner können nur natürliche Personen sein (§ 1 I 2 und 3 PartGG). Diese müssen sämtlich einen freien Beruf ausüben, jedoch nicht zwingend alle denselben. Zusammenschlüsse von Angehörigen verschiedener freier Berufe, sog. interprofessionelle partnerschaftliche Zusammenschlüsse, sind möglich. Dies wird jedoch teilweise durch das jeweilige Standesrecht beschränkt (vgl. etwa § 59a BRAO).[3] Freiberufler sind nach

---

1 BGHZ 124, 224 (225 ff.); BayObLG NJW 1995, 199; auch der Zusammenschluss von Zahnärzten in einer GmbH ist möglich.

2 Zur Verbreitung der PartG Meilicke/v. Westphalen/Hoffmann/Lenz/Wolff/*Lenz* PartGG § 1 Rn. 13; *Lieder/Hoffmann* NZG 2017, 325.

3 BeckHdB PersGes/*Lochmann* § 20 Rn. 57; ausf. *Henssler* PartGG § 1 Rn. 232 ff.; zur (teilweisen) Unvereinbarkeit von § 59a I 1 BRAO mit Art. 12 I GG BVerfG NJW 2016, 700; *Ring* WM 2016, 957.

traditionellem Verständnis keine Gewerbetreibenden. Die Partnerschaftsgesellschaft übt daher kein Handelsgewerbe aus. Wird ein Handelsgewerbe ausgeübt, liegt keine Partnerschaftsgesellschaft, sondern eine OHG vor. Die PartG ist eine Personengesellschaft, auf die gem. § 1 IV PartGG grundsätzlich die Vorschriften über die GbR Anwendung finden. In wichtigen Punkten verweist das PartGG aber auf das Recht der OHG, sodass vielfach die einschlägigen Vorschriften des HGB anzuwenden sind (vgl. §§ 4 I, 6 III, 7 II–V PartGG) und die Partnerschaftsgesellschaft der OHG angenähert ist. Die Partnerschaft ist ebenso wie die OHG rechts- und parteifähig (§ 7 II PartGG verweist insoweit auf § 124 HGB). Sie kann also Trägerin von Rechten und Pflichten sein. Zudem ist sie insolvenzfähig (§ 11 II Nr. 1 InsO). Vorteilhaft ist die Wahl der Rechtsform der Partnerschaftsgesellschaft für Freiberufler in erster Linie wegen der nach § 8 II PartGG möglichen Haftungsbeschränkung.

II. Gesellschaftsvertrag und Gründung

401 Der Gesellschaftsvertrag zur Gründung einer Partnerschaftsgesellschaft, der Partnerschaftsvertrag, bedarf gem. § 3 I PartGG der Schriftform. Er muss zumindest Namen, Sitz und Gegenstand der Partnerschaft sowie die Namen, Vornamen, Wohnorte und ausgeübten Berufe der beteiligten Partner beinhalten. Im Übrigen gelten gem. § 1 IV PartGG die Regelungen zur GbR. § 2 PartGG enthält eine Sonderbestimmung bezüglich des Namens der Partnerschaftsgesellschaft. Es müssen der Name zumindest eines Partners, der Zusatz »und Partner« bzw. »Partnerschaft« und die Berufsbezeichnungen aller in der Partnerschaft vertretenen Berufe enthalten sein. Andere Namen als die der Partner dürfen nicht aufgenommen werden. Im Übrigen dürfen nur Partnerschaftsgesellschaften nach dem PartGG den Zusatz »und Partner« bzw. »Partnerschaft« im Namen führen, es sei denn, eine Gesellschaft anderer Rechtsform führte einen entsprechenden Zusatz bereits bei Inkrafttreten des PartGG und fügt ihrem Namen einen Hinweis auf diese andere Rechtsform hinzu (§ 11 I PartGG). § 2 II PartGG erklärt hinsichtlich der Bildung und Führung des Namens der Partnerschaft die Regelungen des HGB etwa über Firmenwahrheit (§ 18 II HGB) oder Firmenbeständigkeit (§§ 21, 22 I, 23, 24 HGB) für entsprechend anwendbar.

Damit die Partnerschaftsgesellschaft wirksam entsteht, muss sie in das eigens geschaffene Partnerschaftsregister eingetragen werden (§§ 4, 5, 7 I PartGG). Die Eintragung ist das einzige Abgrenzungsmerkmal zur Freiberufler-GbR. Vor der Eintragung besteht im Verhältnis zu Dritten eine GbR. Das Partnerschaftsregister wird gesondert von dem Handelsregister bei den Amtsgerichten geführt. §§ 8, 8 a, 9, 10–12, 13, 13 d, 13 h und 14–16 HGB sind nach § 5 II PartGG auf das Partnerschaftsregister entsprechend anzuwenden, sodass insbesondere die Regelungen zur Publizität (§ 15 HGB) entsprechend gelten.

Wurde das Schriftformerfordernis hinsichtlich des Partnerschaftsvertrags nicht gewahrt, die Partnerschaft aber dennoch ins Partnerschaftsregister eingetragen, tritt keine Heilung ein. Es besteht dann in der Regel eine GbR, und die Grundsätze zur fehlerhaften Gesellschaft finden Anwendung (→ Rn. 79 ff.).[4]

---

4 Meilicke/v. Westphalen/Hoffmann/Lenz/Wolff/*v. Westphalen* PartGG § 3 Rn. 32 ff.; *Bayer/Imberger* DZWiR 1995, 177 (180); *Knoll/Schüppen* DStR 1995, 608 (612); aA *Grunewald* GesR § 5 Rn. 7; *K. Schmidt* NJW 1995, 1 (3).

III. Gesellschaftsvermögen

Die Partnerschaftsgesellschaft ist Trägerin des Gesellschaftsvermögens. Sie ist Berechtigte hinsichtlich der zum Gesellschaftsvermögen zählenden Sachen und Rechte sowie alleinige Verpflichtete aus den Verbindlichkeiten der Partnerschaft. Aus dem Verweis in § 1 IV PartGG auf das einschlägige Recht der GbR (§§ 718 f. BGB) ergibt sich, dass die Partnerschaftsgesellschaft wie die GbR Gesamthandsgemeinschaft ist.[5] **402**

IV. Innenverhältnis

1. Entstehen im Innenverhältnis

Im Innenverhältnis entsteht die Gesellschaft mit Abschluss des Gesellschaftsvertrags. Bis zur Eintragung in das Partnerschaftsregister ist sie GbR, die Rechtsbeziehungen der Gesellschafter untereinander können sich aber auch vor Eintragung nach den Regeln der Partnerschaftsgesellschaft richten, sofern dies dem Willen der Gesellschafter entspricht, was im Zweifel anzunehmen ist.[6] **403**

2. Rechte und Pflichten der Gesellschafter

Rechte und Pflichten der Partner im Innenverhältnis ergeben sich in erster Linie aus den Regelungen des Partnerschaftsvertrags. Insoweit besteht weitgehend die Möglichkeit, die Rechtsbeziehungen frei zu gestalten. Subsidiär gelten gem. § 6 III PartGG die §§ 110–116 II HGB sowie §§ 117–119 HGB entsprechend. Findet sich auch dort keine Regelung, gelten nach § 1 IV PartGG die Vorschriften der §§ 705 ff. BGB betreffend die GbR. Enthält der Partnerschaftsvertrag keine abweichenden Bestimmungen, finden deshalb etwa das Wettbewerbsverbot des § 112 HGB, die Aufwendungsersatzregelung des § 110 HGB und die Bestimmung hinsichtlich der Beteiligung an Gewinn und Verlust des § 722 BGB Anwendung (§ 6 III PartGG verweist nicht auf die Regelung zu Gewinn und Verlust in § 120 HGB). **404**

3. Geschäftsführung

Soweit der Partnerschaftsvertrag nichts anderes bestimmt, gilt hinsichtlich der Geschäftsführung das Recht der OHG (§§ 114 I, 115 I, 116 I, II HGB) entsprechend. Somit ist zwischen gewöhnlichen und darüber hinausgehenden Geschäften zu unterscheiden. Bei gewöhnlichen Geschäften besteht Einzelgeschäftsführung, bei darüber hinausgehenden Geschäften bedarf es eines Beschlusses aller Partner. Eine Besonderheit der Partnerschaftsgesellschaft ist die Regelung des § 6 II PartGG, die es entgegen § 114 II HGB verbietet, dass ein Partner im Gesellschaftsvertrag vollständig von der Geschäftsführung ausgeschlossen wird. Die Geschäftsführungsbefugnis kann nur hinsichtlich der sonstigen Geschäfte ausgeschlossen werden, nicht aber hinsichtlich der Geschäfte, die zur Erbringung der beruflichen Leistung gehören. Die Erbringung der beruflichen Leistung muss dem Partner erlaubt sein. Dies soll verhindern, dass sich einzelne Partner nur als Kapitalgeber an der Partnerschaft beteiligen, was dem Ziel der **405**

---

5 MüKoBGB/*Schäfer* PartGG § 1 Rn. 7.
6 *Henssler* PartGG § 1 Rn. 30; *Eisenhardt/Wackerbarth* GesR § 23 Rn. 455.

Partnerschaftsgesellschaft als Rechtsform zuwiderlaufen würde.[7] Eine Entziehung der Geschäftsführungsbefugnis eines Partners durch gerichtliche Entscheidung gem. § 6 III 2 PartGG iVm § 117 HGB ist jedoch möglich, und zwar auch in Bezug auf die freiberuflichen Geschäfte.[8]

4. Beschlussfassung, Kontrolle und Ansprüche aus dem Gesellschaftsverhältnis

406   Wegen der Einzelheiten in Bezug auf Beschlussfassung, Kontrolle und der Ansprüche aus dem Gesellschaftsverhältnis kann auf das entsprechend geltende Recht der OHG bzw. der GbR verwiesen werden (§ 6 III PartGG iVm §§ 118, 119 HGB, nicht aber §§ 120 ff. HGB, sondern § 1 IV PartGG iVm dem Recht der GbR).

V. Außenverhältnis

1. Entstehen im Außenverhältnis

407   Im Verhältnis zu Dritten wird die Partnerschaftsgesellschaft wirksam, wenn sie in das Partnerschaftsregister eingetragen wird (§ 7 I PartGG). Nimmt sie zuvor im Verhältnis zu Dritten am Rechtsverkehr teil, ist sie diesen gegenüber GbR. Im Außenverhältnis ist die Partnerschaftsgesellschaft der OHG stark angenähert. Sie ist gem. § 7 II PartGG iVm § 124 HGB eine selbstständige juristische Einheit, die unter ihrem Namen Rechte erwerben, Verbindlichkeiten eingehen, Eigentum und andere Rechte an Grundstücken erwerben, vor Gericht klagen und verklagt werden kann.[9] Für eine Vollstreckung in das Vermögen der Partnerschaftsgesellschaft ist ein gegen die Gesellschaft als solche gerichteter vollstreckbarer Titel erforderlich.[10]

2. Stellvertretung

408   Hinsichtlich der Vertretung der Partnerschaft finden die Regelungen zur Vertretung der OHG weitgehend entsprechende Anwendung (§ 7 III PartGG). Die Partnerschaftsgesellschaft wird durch die Partner organschaftlich vertreten. Im gesetzlichen Regelfall kann jeder Partner die Gesellschaft allein vertreten (Grundsatz der Einzelvertretungsbefugnis, vgl. § 125 I HGB). Im Partnerschaftsvertrag kann freilich Gesamtvertretung angeordnet (vgl. § 125 II HGB) oder ein oder mehrere Partner – nicht aber alle (Grundsatz der Selbstorganschaft; dazu bei der GbR → Rn. 146) – von der Vertretungsmacht ausgeschlossen werden. Beides bedarf zur Wirksamkeit gegenüber Dritten der Eintragung ins Partnerschaftsgesellschaftsregister und der Bekanntmachung (§ 5 II PartGG iVm § 15 II 1 HGB). Problematisch kann ein vollständiger Ausschluss eines Partners von der Vertretungsbefugnis allerdings sein, wenn dies zur Folge hätte, dass er faktisch daran gehindert wird, seinen freien Beruf auszuüben. Dann ergäbe sich ein Widerspruch zu § 6 II PartGG.[11]

---

7 BT-Drs. 12/6152, 15.

8 *Henssler* PartGG § 6 Rn. 58 ff.; MüKoBGB/*Schäfer* PartGG § 6 Rn. 21 f.

9 BAG NJW 2007, 2877 (2878).

10 *Henssler* PartGG § 7 Rn. 28; Meilicke/v. Westphalen/Hoffmann/Lenz/Wolff/*v. Westphalen* PartGG § 7 Rn. 17.

11 BeckHdB PersGes/*Lochmann* § 20 Rn. 84; *Knoll/Schüppen* DStR 1995, 646; aA Meilicke/v. Westphalen/Hoffmann/Lenz/Wolff/*Meilicke* PartGG § 7 Rn. 26 f.

Vom Umfang her ist die Vertretungsmacht unbeschränkt (§ 7 III PartGG iVm § 126 HGB) und kann gegenüber Dritten nicht wirksam beschränkt werden. Ein offensichtlicher Missbrauch der Vertretungsmacht kann Dritten aber ausnahmsweise entgegengehalten werden. Da die Partnerschaftsgesellschaft keine Handelsgesellschaft ist, kann sie keine Prokuristen oder Handlungsbevollmächtigten bestellen. Möglich ist aber die Erteilung umfassender Vollmachten.[12]

3. Haftung der PartG und der Gesellschafter

a) Die *Partnerschaftsgesellschaft als solche* haftet für ihre Verbindlichkeiten. *Daneben* haften die *Partner akzessorisch* mit ihrem Vermögen als Gesamtschuldner für diese Gesellschaftsverbindlichkeiten (§ 8 I 1 PartGG).[13] Insoweit gelten dieselben Grundsätze *wie bei der OHG.* Nach § 8 I 2 PartGG finden auch § 129 HGB (Einwendungen des Gesellschafters) und § 130 HGB (Haftung des eintretenden Gesellschafters) entsprechende Anwendung auf die Partnerschaft. Nach Ausscheiden aus der Partnerschaft haften ehemalige Partner nur für Altverbindlichkeiten der Partnerschaft. Auch die Nachhaftungsbegrenzung des § 160 HGB kommt gem. § 10 II PartGG zur Anwendung. Eine Besonderheit der PartG besteht in den Haftungsbeschränkungen der § 8 II, III PartGG. Insoweit wird das Haftungsregime der OHG durchbrochen.

b) *§ 8 II PartGG* sieht vor, dass, wenn nur einzelne Partner mit der Bearbeitung eines Auftrages befasst waren, nur diese für *berufliche Fehler* bei der Bearbeitung des Auftrags neben der Partnerschaft mit ihrem Privatvermögen haften. Mit dem Auftrag befasst ist derjenige Partner, der den Auftrag selbst bearbeitet oder seine Bearbeitung überwacht hat oder dies nach der internen Zuständigkeitsverteilung hätte tun müssen.[14] Die akzessorische Gesellschafterhaftung der OHG ist somit für die Partnerschaft im Bereich der beruflichen Fehler in eine gesetzliche verschuldensunabhängige *Handelndenhaftung* umgewandelt, da für die Haftung lediglich das Merkmal der Befassung maßgeblich ist. Auf eine schadenskausale Beteiligung des Partners am konkreten Bearbeitungsfehler kommt es nicht an.[15] Zudem reicht die Befassung zu irgendeinem Zeitpunkt aus, weshalb auch derjenige haftet, der zur Zeit der schadensverursachenden Handlung noch nicht der Partnerschaft angehörte.[16] Eine Ausnahme der Handelndenhaftung gilt allerdings für untergeordnete Beiträge eines Partners bei der Bearbeitung eines Auftrages, wie zB Urlaubsvertretungen ohne eigene gebotene inhaltliche Bearbeitung oder geringfügige Beiträge aus nur am Rande betroffenen Berufsfeldern.[17] Zwar haftet hier die Partnerschaftsgesellschaft als solche für die Folgen von Fehlern, es kommt aber nicht zur persönlichen Haftung des Handelnden.

Die für untergeordnete Bearbeitungsbeiträge geltende Ausnahme soll verhindern, dass gelegentliche unterstützende Zusammenarbeit zwischen den Partnern wegen der Haftungsregelung unterbleibt. Ob aber ein Bearbeitungsbeitrag eines Partners von an sich untergeordneter Bedeutung, der einen Schaden verur-

---

12 *Henssler* PartGG § 7 Rn. 42.
13 Überbl. zur Haftung bei *Jungk* AnwBl 2005, 283 f.
14 BGH NJW 2010, 1360 (1362); *Jawansky* DB 2001, 2281 (2282); aA *Grunewald* GesR § 5 Rn. 10; *Römermann* NZG 1998, 675 (676).
15 BGH NJW 2010, 1360 (1362); MüKoBGB/*Schäfer* PartGG § 8 Rn. 21; *Leuering* NZG 2013, 1001 (1003); *Jawansky* DB 2001, 2281 (2283).
16 BGH NJW 2010, 1360 (1362).
17 BT-Drs. 13/9820, 21.

sacht, wirklich im Nachhinein als untergeordnet angesehen werden kann, ist fraglich.[18] In solchen Fällen lässt sich durchaus die Ansicht vertreten, dass der fehlerhafte Beitrag von untergeordneter Bedeutung war und der eigentliche Fehler in der unzureichenden Kontrolle des Beitrags durch den maßgeblich mit der Bearbeitung befassten Partner liegt.

Die Haftungsbeschränkung gilt für vertragliche, vertragsähnliche sowie deliktische Ansprüche und setzt eine Verbindlichkeit der Partnerschaft voraus. Sie trägt der Tatsache Rechnung, dass bei Freiberuflern die Leistung regelmäßig persönlich von demjenigen zu erbringen oder zumindest maßgeblich zu überwachen ist, dem der Auftraggeber gewisses Vertrauen entgegenbringt, und dass es daher nicht angebracht ist, die übrigen Partner in jedem Fall für berufliche Fehler des maßgeblichen Partners persönlich haften zu lassen. Der Auftraggeber wird durch diese Haftungsregelung nicht über Gebühr benachteiligt. Er steht so, als hätte er einen allein tätigen Freiberufler beauftragt, und es haftet ihm zusätzlich die Partnerschaft mit ihrem Vermögen.

> In **Fall a** haftet zunächst die A als Vertragspartnerin. Daneben haftet X. Die Bearbeitungsbeiträge des Y sind von untergeordneter Bedeutung. Er haftet somit nicht persönlich neben der Partnerschaftsgesellschaft. Auch Z haftet nicht persönlich (§ 8 I, II PartGG).
> In **Fall b** haftet, da es nur auf die tatsächliche Bearbeitung ankommt, lediglich Z akzessorisch neben der Partnerschaftsgesellschaft für seinen Fehler. X und Y haften nicht persönlich für den beruflichen Fehler des Z (§ 8 I, II PartGG).

411 c) Nach *§ 8 III PartGG* kann durch formelles Gesetz die *Beschränkung der Haftung* für Ansprüche aus Schäden *wegen fehlerhafter Berufsausübung* für einzelne Berufe auf einen *Höchstbetrag* zugelassen werden, wenn die Partner oder die Partnerschaft zugleich verpflichtet werden, eine Berufshaftpflichtversicherung abzuschließen. Diese klarstellende Regelung ist nicht rein gesellschaftsrechtlicher Natur und insoweit schwer nachzuvollziehen, als kein Grund ersichtlich ist, eine solche Haftungsbeschränkung nur für Partnerschaften, nicht aber für allein tätige Freiberufler vorzusehen.[19]

411a d) Die Möglichkeit einer noch weitergehenden Haftungsbeschränkung eröffnet eine besondere Ausgestaltung der Partnerschaft, nämlich die in § 8 (→ Rn. 414 ff.) beschriebene »Partnerschaftsgesellschaft mit beschränkter Berufshaftung (PartG mbB)«. Diese ist dadurch gekennzeichnet, dass für Schäden wegen fehlerhafter Berufsausübung nur das Gesellschaftsvermögen haftet.

VI. Wechsel im Mitgliederbestand

412 Scheidet ein Partner aus einer Partnerschaft aus, findet das OHG-Recht grundsätzlich entsprechende Anwendung (§ 9 I PartGG iVm §§ 131–144 HGB). Ein besonderer Grund für das Ausscheiden aus der Partnerschaft ist der Verlust der zur Ausübung des betreffenden freien Berufes erforderlichen Zulassung (§ 9 III PartGG). Die internen Folgen des Ausscheidens bestimmen sich nach §§ 738 ff. BGB (iVm § 1 IV PartGG). Nach außen haftet der Ausgeschiedene gem. § 8 I, II PartGG für die bis zu seinem Ausscheiden begründeten Verbindlichkeiten weiter,[20] wobei ihm die Nachhaf-

---

18 Meilicke/v. Westphalen/Hoffmann/Lenz/Wolff/*v. Westphalen* PartGG § 8 Rn. 79 ff.; MüKoBGB/ *Schäfer* PartGG § 8 Rn. 27 f.
19 *K. Schmidt* GesR § 64 IV 4 b (S. 1889).
20 OLG Hamm MDR 2014, 203.

tungsbegrenzung des § 10 II PartGG iVm § 160 HGB zugutekommt. Ein neuer Partner kann durch Vertrag mit allen bereits vorhandenen Partnern in die Partnerschaft aufgenommen werden, wenn er einen freien Beruf iSd § 1 II PartGG ausübt. Ab seinem Eintritt haftet er auch für Altverbindlichkeiten der Partnerschaft (§ 8 I 1 PartGG iVm § 130 HGB), soweit nicht die Haftungsbeschränkung des § 8 II PartGG zu seinen Gunsten eingreift. Die Gesellschafterstellung kann mit Zustimmung aller beteiligten Partner oder bei Existenz einer entsprechenden Klausel im Partnerschaftsvertrag von einem ausscheidenden Partner auf einen neu eintretenden Partner übertragen werden.[21] Dieser kann wiederum nur eine natürliche Person sein und muss einen freien Beruf ausüben (vgl. § 1 I PartGG).

Problematisch sind die Rechtsfolgen, wenn ein Partner, ohne einen freien Beruf auszuüben oder ohne die erforderliche Zulassung, in die Partnerschaft eintritt bzw. einzutreten versucht oder von einem ausscheidenden Partner die Gesellschafterstellung übernimmt. Bei Fehlen der erforderlichen Zulassung ist jedenfalls von der Nichtigkeit des Beitritts des vermeintlich neuen Partners kraft Gesetzes (§ 134 BGB, § 1 I 1 PartGG) auszugehen. Denn § 9 III PartGG lässt erkennen, dass das Gesetz Partner ohne erforderliche Zulassung nicht toleriert. Im Übrigen ist aber wohl auch die Nichtigkeit des entsprechenden Rechtsgeschäfts anzunehmen.[22]

Der Tod eines Partners führt nicht zur Auflösung der Gesellschaft, wenn mindestens zwei Partner in der Partnerschaft verbleiben (§ 9 I PartGG iVm § 131 III Nr. 1 HGB). Der Anteil des Verstorbenen wächst den übrigen Partnern an. Den Erben steht ein Abfindungsanspruch zu, soweit er nicht im Partnerschaftsvertrag ausgeschlossen wurde (§ 1 IV PartGG iVm § 738 ff. BGB). Grundsätzlich ist die Partnerstellung nicht vererblich. Der Partnerschaftsvertrag kann aber vorsehen, dass sie an Dritte vererbt werden kann, die gem. § 1 I, II PartGG Partner in der Partnerschaft sein können (§ 9 IV 1, 2 PartGG). Insoweit dürfte auf die konkrete bestehende Partnerschaft abzustellen sein, sodass der Erbe einen, in der Partnerschaft vertretenen oder in die Partnerschaft passenden freien Beruf ausüben muss.[23] Es kommt derselbe Mechanismus wie bei der qualifizierten Nachfolgeklausel zur Anwendung. Der geeignete Erbe, der die Partnerstellung übernimmt, kann binnen drei Monaten seinen Austritt aus der Partnerschaft erklären und haftet dann mit den einem Erben zustehenden Beschränkungsmöglichkeiten. Er kann jedoch nicht verlangen, dass ihm die Stellung eines Kommanditisten eingeräumt wird, da in der Partnerschaftsgesellschaft keine vergleichbare Stellung vorgesehen ist (§ 9 IV 3 PartGG iVm § 139 HGB).

VII. Beendigung

Für Auflösung und Liquidation der Partnerschaftsgesellschaft gelten die Regelungen **413** des Rechts der OHG entsprechend (§ 10 I, II PartGG). Die Verschmelzung einer Partnerschaftsgesellschaft mit einer anderen Gesellschaft ist möglich, ebenso der Formwechsel. Insoweit können die speziellen Vorschriften des Umwandlungsgesetzes Anwendung finden (§§ 45a–e und §§ 225a–c UmwG).[24]

---

21 *Henssler* PartGG § 1 Rn. 49; *K. Schmidt* NJW 1995, 1 (4).
22 MüKoBGB/*Schäfer* PartGG § 9 Rn. 32 f.; *K. Schmidt* GesR § 64 III 2b (S. 1883).
23 MüKoBGB/*Schäfer* PartGG § 9 Rn. 25; *K. Schmidt* NJW 1995, 1 (5).
24 MuKoBGB/*Schäfer* PartGG § 1 Rn. 25 ff.

§ 8 Partnerschaftsgesellschaft mit beschränkter Berufshaftung (PartG mbB)

Literatur: *Grunewald,* Die Partnerschaft mit beschränkter Berufshaftung, GWR 2013, 393; *Henssler,* Die LLP die bessere Alternative zur PartG mbB?, NJW 2014, 1761; *Höpfner,* Die Haftungsverfassung der Partnerschaftsgesellschaft mit beschränkter Berufshaftung, JZ 2017, 19; *Leuering,* Die Partnerschaft mit beschränkter Haftung, NZG 2013, 1001; *Lieder/Hoffmann,* Die PartG mbB – Rechtstatsachen und Rechtsprobleme, NJW 2015, 897; *Sommer/Treptow,* Die »Umwandlung« einer Partnerschaftsgesellschaft in eine PartG mbB und ihre Folgen, NJW 2013, 3269.

I. Begriff

414 Seit dem 19.7.2013 können sich Angehörige Freier Berufe in einer Partnerschaftsgesellschaft mit beschränkter Berufshaftung (PartG mbB) zusammenschließen.[1] Ende 2016 waren bereits 4.378 solcher Gesellschaften registriert.[2] Von zentraler Bedeutung ist § 8 IV PartGG. Hiermit wird die Haftungsregelung der »einfachen« Partnerschaftsgesellschaft um die Möglichkeit einer Haftungskonzentration für berufliche Fehler auf das Gesellschaftsvermögen erweitert. Unterhält also die Partnerschaft eine zu diesem Zweck durch Gesetz vorgesehene Berufshaftpflichtversicherung, haftet den Gläubigern für Verbindlichkeiten der Partnerschaft aus Schäden wegen fehlerhafter Berufsausübung nach § 8 IV 1 PartGG nur noch das Gesellschaftsvermögen. § 8 IV 2 PartG verweist bezüglich der Berufshaftpflichtversicherung auf §§ 113 III, 114–124 VVG. § 8 IV 3 PartGG wiederum verpflichtet die PartG mbB, durch einen entsprechenden Namenszusatz auf ihre beschränkte Haftung hinzuweisen. Weitere Besonderheiten bestehen lediglich insoweit, als die Anmeldung einer PartG mbB die Beifügung einer Versicherungsbescheinigung erfordert (§ 4 III PartGG → Rn. 416) und im Geschäftsverkehr der Namenszusatz anzugeben ist (§ 7 V PartGG → Rn. 417).

Die PartG mbB ist somit eine Sonderform der Partnerschaftsgesellschaft, für welche die Angehörigen Freier Berufe optieren können.[3] Sie ist keine eigenständige Rechtsform, sondern lediglich eine besondere Ausgestaltung der Partnerschaft.[4] Für sie gelten deshalb, soweit nicht die Haftungsbeschränkung auf das Gesellschaftsvermögen betroffen ist, sämtliche für die PartG geltenden Bestimmungen des PartGG. Auf die Ausführungen zur Partnerschaft in § 7 (→ Rn. 400 ff.) kann daher an dieser Stelle verwiesen werden.

Die PartG mbB sollte eine Alternative zur britischen LLP (→ Rn. 880) bieten. Diese vereinigt nämlich die Vorzüge einer steuerlichen Behandlung als Personengesellschaft mit der Möglichkeit, die vertragliche Haftung auf das Gesellschaftsvermögen zu beschränken. Das lässt die britische LLP bisweilen als die im Vergleich zur GbR und PartG attraktivere Form der Freiberuflersozietät erscheinen. Nach einer Reihe von Neugründungen und Umwandlungen wird inzwischen eine beachtliche Zahl von An-

---

1 Gesetz zur Einführung einer Partnerschaftsgesellschaft mit beschränkter Berufshaftung und zur Änderung des Berufsrechts der Rechtsanwälte, Patentanwälte, Steuerberater und Wirtschaftsprüfer v. 15.7.2013 (BGBl. 2013 I 2386).
2 Einen rechtstatsächlichen Überblick geben *Lieder/Hoffmann* NZG 2017, 325.
3 Henssler/Strohn/*Hirtz* PartGG § 8 Rn. 30; MüKoBGB/*Schäfer* PartGG § 8 Rn. 41.
4 OLG Nürnberg NZG 2014, 422.

walts-LLPs verzeichnet.[5] Indes stellt sich die Frage, ob die PartG mbB von der Praxis als gleichwertige Alternative zur britischen LLP angenommen wird,[6] angesichts des bevorstehenden »Brexit« nicht mehr. Abhängig vom Ergebnis der Austrittsverhandlungen werden sich allenfalls bestehende LLP auf die europäische Niederlassungsfreiheit berufen können und Neugründungen jedenfalls nicht mehr in Betracht kommen.[7]

II. Voraussetzungen

Voraussetzung für eine Haftungsbeschränkung nach § 8 IV PartGG ist, dass die Partnerschaft eine berufsrechtlich vorgesehene Haftpflichtversicherung unterhält. Zudem muss der Name der Gesellschaft den Zusatz »mit beschränkter Berufshaftung« – abgekürzt etwa »mbB« – enthalten.[8]   **415**

1. Berufshaftpflichtversicherung

Die Vorschrift des § 8 IV 1 PartGG bestimmt, dass das jeweilige Berufsrecht die Haftungsbeschränkung durch Abschluss einer Berufshaftpflichtversicherung zulassen muss. Eine derartige Versicherung sieht der Gesetzgeber bundesgesetzlich nur für Rechts- und Patentanwälte sowie für Steuerberater, Wirtschaftsprüfer und vereidigte Buchprüfer vor. Landesgesetzliche Regelungen bestehen bereits für Architekten und beratende Ingenieure in allen Bundesländern sowie für Heilberufler in Bayern.[9]   **416**

Die gesetzliche Regelung geht davon aus, dass die entfallende persönliche Haftung der Partner nach § 8 I, II PartGG durch einen Anspruch gegen ein Versicherungsunternehmen ausgeglichen wird.[10] Demgemäß bestimmen die einschlägigen berufsrechtlichen Vorschriften Mindestversicherungssummen zum Schutz der Gläubiger. Nach § 51a II BRAO bzw. § 45a II PatAnwO sind als Mindestversicherungssumme für eine aus Rechts- bzw. Patentanwälten bestehende Partnerschaft 2,5 Mio. EUR je Versicherungsfall vorgesehen. Eine aus Steuerberatern bzw. Wirtschaftsprüfern bestehende Partnerschaft hingegen muss nach § 67 II StBerG bzw. § 54 I WPO mit 1 Mio. EUR je Versicherungsfall versichert sein. Allerdings können bei Anwälten und Steuerberatern die Leistungen des Versicherers für alle innerhalb eines Versicherungsjahres verursachten Schäden auf den Betrag der Mindestversicherungssumme, vervielfacht mit der Zahl der Partner begrenzt werden, wobei die Jahreshöchstleistung für alle in einem Versicherungsjahr verursachten Schäden sich jedoch mindestens auf den vierfachen Betrag der Mindestversicherungssumme belaufen muss, mithin bei Anwälten auf 10 Mio. EUR und bei Steuerberatern auf 4 Mio. EUR. Bei interprofessionellen Partnerschaften gelten stets die strengsten Anforderungen.[11]

---

5 BT-Drs. 17/10487, 1.
6 Einen Ausblick geben *Lieder/Hoffmann* NJW 2015, 897 (901f.); sowie *Lieder/Hoffmann* NZG 2017, 325 (332).
7 Bamberger/Roth/*Mäsch* EGBGB § 12 Rn. 104 a–b; *Weller/Thomale/Benz* NJW 2016, 2378 (2380f.); *Gausing/Peters/Mäsch* IPRax 2017, 49 (51 ff.).
8 MüKoBGB/*Schäfer* PartGG § 8 Rn. 42.
9 MüKoBGB/*Schäfer* PartGG § 8 Rn. 42; *Korch* GmbHR 2016, 150 (151); *Lieder/Hoffmann* NZG 2017, 325 (329f.).
10 Henssler/Strohn/*Hirtz* PartGG § 8 Rn. 34; *Grunewald* GWR 2013, 393.
11 OLG Hamm NZG 2016, 73 (74); *Leuering* NZG 2013, 1001 (1003); aA *Korch* GmbHR 2016, 150 (152f.).

Eine Haftungsbeschränkung tritt nach § 8 IV 1 PartGG nur ein, wenn die Partnergesellschaft die Berufshaftpflicht im genannten Umfang »unterhält«. Erforderlich hierfür ist, dass die Versicherung wirksam abgeschlossen wurde und der Versicherungsschutz im Zeitpunkt der schädigenden Handlung besteht. Das Bestehen des Versicherungsschutzes ist zwingende Voraussetzung für den Eintritt der Haftungskonzentration. Sollte ein Versicherungsvertrag zwar abgeschlossen, aber unwirksam sein, richtet sich die Haftung wie gewohnt nach § 8 I, II PartGG.[12]

2. Namenszusatz

417 Neben dem Bestehen der gesetzlich geforderten Haftpflichtversicherung muss der Name der Partnerschaft gemäß § 8 IV 3 PartGG den Zusatz »mit beschränkter Berufshaftung« oder eine allgemein verständliche Abkürzung enthalten. Als allgemein verständliche Abkürzung des Zusatzes »mit beschränkter Berufshaftung« gilt die Abkürzung »mbB«. Unzulässig ist hingegen die Abkürzung »mbH«,[13] die den Eindruck einer allgemeinen Haftungsbeschränkung für sämtliche Verbindlichkeiten erwecken und die Gläubiger von der Rechtsverfolgung abhalten könnte. Der Namenszusatz ist jedoch keine konstitutive Voraussetzung, sondern nur deklaratorischer Natur. Bei Fehlen des Namenszusatzes kommt aber eine Rechtsscheinhaftung nach allgemeinen Grundsätzen in Betracht.[14] Der von der Partnerschaftsgesellschaft gewählte Namenszusatz muss auf Geschäftsbriefen angegeben werden, um auf die beschränkte Berufshaftung aufmerksam zu machen (§ 7 V PartGG iVm § 125a I 1, II HGB).

Der auf die Haftungsbeschränkung hinweisende Namenszusatz bzw. die Abkürzung ist darüber hinaus gemäß §§ 5 I, 3 II Nr. 1 PartGG in das Partnerschaftsregister einzutragen.[15] Bei der Anmeldung ist gemäß §§ 4 III PartGG, 113 II HGB eine Versicherungsbescheinigung vorzulegen. Das Registergericht prüft sodann, ob die berufsrechtlich vorgesehene Mindestversicherungssumme erreicht ist.

III. Rechtsfolgen

418 Sind diese Voraussetzungen erfüllt, ist die Haftung für Schäden wegen fehlerhafter Berufsausübung auf das Gesellschaftsvermögen beschränkt. Die gesamtschuldnerische Haftung nach § 8 I PartGG besteht in diesem Fall nicht. Die persönliche Haftung der einzelnen Partner lebt auch nicht wieder auf, wenn im Einzelfall die vorgeschriebene Versicherungssumme erschöpft ist oder die Versicherung wegen grober Fahrlässigkeit oder Vorsatz nicht für den Schaden aufkommt.[16] Im letzteren Fall ist aber an eine unmittelbare Haftung des einzelnen Partners nach Deliktsrecht zu denken.[17]

Die Haftungsbeschränkung auf das Gesellschaftsvermögen nach § 8 IV PartGG kommt nur in Betracht, wenn der Mandatsvertrag, wie es gängiger Praxis entspricht,

---

12 MüKoBGB/*Schäfer* PartGG § 8 Rn. 43.

13 *Lieder/Hoffmann* NJW 2015, 897 (899).

14 MüKoBGB/*Schäfer* PartGG § 8 Rn. 46; *Höpfner* JZ 2017, 19 (21, 25 f.); *Korch* GmbHR 2016, 150 (153 f.).

15 Henssler/Strohn/*Hirtz* PartGG § 8 Rn. 39.

16 *Leuering* NZG 2013, 1001 (1004); BT-Drs. 17/10487, 14.

17 Ausf. zur deliktischen Haftung *Korch* NZG 2015, 1425.

mit der Partnerschaftsgesellschaft abgeschlossen wurde.[18] Schließt der Partner hingegen einen Vertrag im eigenen Namen, findet § 8 IV PartGG keine Anwendung, sodass für Verbindlichkeiten der Partner unbeschränkt persönlich mit seinem Privatvermögen haftet.

Weiterhin gilt die Haftungsbeschränkung nur für Verbindlichkeiten aus Schäden wegen fehlerhafter Berufsausübung. Dies erklärt sich daraus, dass den Gläubigerinteressen nur insoweit durch die Haftpflichtversicherung Rechnung getragen wird. Von der Haftungsbeschränkung nicht erfasst sind demnach alle Verbindlichkeiten, die keinen konkreten Mandatsbezug aufweisen. Darunter fallen insbesondere Verbindlichkeiten aus Kauf-, Miet- und Arbeitsverträgen, weshalb die Partner hierfür – anders als bei der LLP – unbeschränkt persönlich haften. Entsprechendes gilt für deliktische Ansprüche, die sich gegen die handelnden Partner unmittelbar richten.[19]

§ 9 Atypische Personengesellschaften

Literatur: *Bayer/Riedel,* Kapitalbeteiligungen an Personengesellschaften und Anlegerschutz, NJW 2003, 2567; *Binz/Sorg,* Die GmbH & Co. KG, 11. Aufl., 2010; *Ebenroth/Autenrieth,* Gesellschaftsrechtliche Besonderheiten der Publikums-KG, JA 1980, 8; *Lambrich,* Die Haftung bei der GmbH & Co. KG, JURA 2007, 88; *Gummert/Weipert/Horbach,* Münchener Handbuch des Gesellschaftsrechts, Band 2, 4. Aufl. 2014, § 69 Prospekthaftung; Müller/Hoffmann/*Watermeyer,* Beck'sches Handbuch der Personengesellschaften, § 13 GmbH & Co. KG, 4. Aufl. 2014; *K. Schmidt,* Die GmbH & Co. KG – eine Zwischenbilanz, GmbHR 1984, 272; *Sudhoff,* GmbH & Co. KG, 6. Aufl. 2005.

Fälle: 419

a) A, B und C sind an der X-GmbH & Co. KG wie folgt beteiligt: Jeder hält an der GmbH einen bereits in voller Höhe eingezahlten Anteil von 10.000 EUR. Zudem hat jeder einen Kommanditanteil von 10.000 EUR übernommen. Im Gesellschaftsvertrag ist vereinbart, dass die Kommanditisten ihre Gesellschaftsanteile an der Komplementär-GmbH als Sacheinlagen einbringen. Der Gläubiger G verlangt Zahlung einer Werklohnforderung iHv 8.000 EUR von A, B und C als Gesamtschuldner. Zu Recht?

b) K ist Kommanditist der Z-GmbH & Co. KG, die ein Handelsgewerbe iSv § 1 II HGB betreibt. Noch vor Eintragung der Z-GmbH & Co. KG in das Handelsregister geht die Gesellschaft wirksame Verbindlichkeiten ein. Der Gläubiger G möchte wissen, ob K ihm gegenüber unbeschränkt haftet.

c) K1 und K2 sind an der Y-GmbH & Co. KG als Kommanditisten mit einer bereits geleisteten Einlage von jeweils 10.000 EUR beteiligt. Die Gesellschaft begleicht Privatverbindlichkeiten des K1 iHv 30.000 EUR, wodurch mittelbar das Vermögen der Komplementär GmbH unter den Nennwert des Stammkapitals sinkt. Von wem kann sie in welcher Höhe Ersatz verlangen?

d) Der Gesellschaftsvertrag der A-Grundstücksverwaltungs-GmbH & Co. KG enthält eine Klausel, nach der die Komplementär-GmbH einseitig befugt sein soll, die Anteile der Kommanditisten gegen Abfindung selbst zu übernehmen oder auf Dritte zu übertragen. Ist eine solche Vereinbarung wirksam?

e) A, B und C gründen als Initiatoren gemeinsam eine GmbH, die als Komplementärin in die ABC-Immobilien-GmbH & Co. KG eingebracht wird. Geschäftsgegenstände der KG sind der Erwerb und die Verwaltung von Immobilien. Die Gesellschaft beauftragt Z als Vermittler, um für das Projekt zu werben und Kommanditanteile zu verkaufen. Z erstellt hierzu einen Werbeprospekt und wirbt daraufhin zahlreiche kapitalgebende Kommanditisten an. Wie ist die Rechtslage, wenn die Unterlagen unrichtige Angaben über die Risiken der Anlage enthalten und den Initiatoren sowie Z dieser Umstand bekannt war?

---

18 MüKoBGB/*Schäfer* PartGG § 8 Rn. 42; BT-Drs. 17/10487, 14.
19 *Grunewald* GWR 2013, 393; BT-Drs. 17/10487, 1 und 14.

I. GmbH & Co. KG

1. Begriff

420 Bei der GmbH & Co. KG handelt es sich um eine besondere Form der Kommanditgesellschaft, deren – zumeist alleiniger – Komplementär eine GmbH ist. Unternehmensträgerin ist also die Kommanditgesellschaft und nicht die GmbH.[1] Vollhafter dieser Personengesellschaft ist somit keine unbeschränkt haftende natürliche Person, sondern eine in der Haftung auf ihr Gesellschaftsvermögen beschränkte juristische Person. Die Gesellschafter der geschäftsführenden GmbH können zugleich Kommanditisten der KG sein, selbst wenn daneben keine weiteren Kommanditisten existieren.[2] Zwar war die Zulässigkeit einer solchen Kombination zweier Gesellschaftsformen zunächst umstritten. Diese ist aber seit langem anerkannt, zumal das HGB inzwischen in mehreren Vorschriften von der Existenz dieser Rechtsform ausgeht (vgl. §§ 19 II, 125a, 130a, 131 II, 172 VI, 264a HGB). Handelt es sich allerdings bei dem persönlich haftenden Gesellschafter um eine Unternehmergesellschaft nach § 5a GmbHG, kann diese, um eine Täuschung des Rechtsverkehrs zu verhindern, nicht als GmbH & Co. KG firmieren, auch wenn es sich bei der UG um eine GmbH handelt.[3]

Weil die GmbH & Co. KG eine Kommanditgesellschaft ist, finden primär die §§ 161 ff. HGB und subsidiär die Regelungen zu OHG und GbR Anwendung. Dagegen gilt für die GmbH als Komplementärin das GmbHG. Sonderregelungen für solche GmbH & Co. KGs, bei der keine natürliche Person – auch nicht mittelbar über eine weitere Personengesellschaft – unbeschränkt haftet, finden sich in § 19 II HGB (Firma, → Rn. 430), §§ 125a, 177a HGB (Angaben auf Geschäftsbriefen), § 172 VI HGB (mangelnde Tauglichkeit von Anteilen an Komplementär-GmbH als Kommanditeinlagen im Verhältnis zu Gläubigern der GmbH & Co. KG), § 131 II HGB (Auflösungstatbestände der OHG bzw. KG) und §§ 130a, 177a HGB (Beantragung eines Insolvenzverfahrens bei Zahlungsunfähigkeit und Überschuldung).

Mit der GmbH & Co. KG lassen sich die gesellschafts- und steuerrechtlichen Vorteile der KG mit den haftungsrechtlichen Vorteilen der GmbH kombinieren. Da es sich bei der Gesellschaft um eine Personengesellschaft handelt, unterliegt diese anders als eine Kapitalgesellschaft nicht der Körperschaftsteuer. Gewinne werden also nur einmal im Rahmen der Einkommensteuer bei den Gesellschaftern der KG und nicht zweimal wie bei Kapitalgesellschaften (Körperschaftsteuer der Gesellschaft und Einkommensteuer der Gesellschafter) erfasst. Von entscheidender Bedeutung ist aber, dass sich für alle an der GmbH & Co. KG beteiligten natürlichen Personen eine Haftungsbeschränkung erreichen lässt. Die Kommanditisten haften nach §§ 171 ff. HGB nur beschränkt; die GmbH als Komplementärin haftet unbeschränkt, jedoch nur mit ihrem Gesellschaftsvermögen (§ 13 II GmbHG), ihre Gesellschafter haften hingegen nicht persönlich. Letztlich entsteht daher eine Personengesellschaft, bei der keine natürliche Person unbeschränkt haftet. Nicht zuletzt dies begründet die Beliebtheit dieser Rechtsform.[4]

1 *K. Schmidt* GesR § 56 II 1a (S. 1629).
2 Baumbach/Hopt/*Hopt* HGB Anh. § 177a Rn. 6; EBJS/*Henze* HGB § 177a Anh. A Rn. 15; KKRM/*Koller* HGB § 161 Rn. 2.
3 KG NZG 2009, 1159.
4 MüKoHGB/*Grunewald* § 161 Rn. 48; *Grunewald* GesR § 3 Rn. 71; *Wiedemann* GesR II § 9 IV 1c (S. 838).

Auch in praktischer Hinsicht bietet die GmbH & Co. KG Vorzüge gegenüber der »normalen« Personengesellschaft. Weil die GmbH als Komplementärin durch ihren Geschäftsführer die Geschäfte der KG führt, kann – anders als bei einer KG mit einer natürlichen Person als Komplementär – ein beliebiger Dritter oder ein Kommanditist ohne Verletzung des Grundsatzes der Selbstorganschaft Geschäftsführung und organschaftliche Vertretung der KG übernehmen,[5] wenn er zum Geschäftsführer der GmbH bestellt wird. Auch können Schwierigkeiten vermieden werden, die sich beim Tod eines Komplementärs ergeben, wenn diese Rolle eine Kapitalgesellschaft einnimmt, die ewig existieren kann.[6] Zudem ist die GmbH & Co. KG auch wegen der relativ leichten Möglichkeit der Kapitalbeschaffung über die Aufnahme neuer Kommanditisten beliebt. Allerdings ergeben sich heute keine mitbestimmungsrechtlichen und firmenrechtlichen Vorteile mehr. Der Verwendung der Rechtsform können im Übrigen berufsrechtliche Einschränkungen entgegenstehen. So ist etwa eine Rechtsanwalts-GmbH & Co. KG unzulässig.[7] Zur Bestimmung des Wesens der KG knüpft § 161 I HGB nämlich an den Betrieb eines Handelsgewerbes an, was nach § 2 BRAO bei der anwaltlichen Tätigkeit gerade nicht der Fall ist, selbst wenn es sich um eine gewerbliche Nebentätigkeit der Gesellschaft handelt.[8]

Betreffend die Firma der GmbH & Co. KG sind die allgemeinen Anforderungen an die Firmenbildung in der KG zu beachten. Besonderes Augenmerk ist dabei darauf zu legen, dass sich die Firma der Komplementär-GmbH von der der GmbH & Co. KG unterscheiden muss, wenn sich diese am selben Ort befindet (§ 30 I HGB). Darüber hinaus muss die Firma nach § 19 II HGB eine Bezeichnung enthalten, welche die Haftungsbeschränkung des Komplementärs kennzeichnet. Die Gesellschaftszusätze GmbH und KG müssen in dieser Reihenfolge in der Firma enthalten sein, weil andernfalls der Eindruck entsteht, dass es sich um eine GmbH und nicht um eine Kommanditgesellschaft handelt.[9]

2. Gesellschaftsvertrag und Gründung

Die GmbH & Co. KG wird durch Gesellschaftsvertrag zwischen einer bestehenden oder zugleich begründeten GmbH als Komplementärin und den Kommanditisten errichtet. Die Gründung der KG ist in der Regel formlos möglich. Bei Neugründung der Komplementär-GmbH ist das insoweit bestehende Beurkundungserfordernis zu berücksichtigen (§ 2 I GmbHG). Die GmbH & Co. KG kann so gestaltet sein, dass alle Kommanditisten zugleich Gesellschafter der Komplementär-GmbH sind. Die Gesellschafter von KG und GmbH können aber auch verschieden sein. Auch eine Einmann-GmbH & Co. KG ist möglich. Bei ihr ist der Gesellschafter-Geschäftsführer der GmbH zugleich alleiniger Kommanditist der KG. In diesem Fall ist § 181 BGB zu beachten. Denkbar ist auch eine mehrstufige GmbH & Co. KG, also eine solche, deren Komplementärin wiederum eine GmbH & Co. KG ist.

421

Regelmäßig sind die Gesellschaftsverträge der Komplementär-GmbH und der KG aufeinander abzustimmen, um so in bestimmten Situationen eine parallele Handhabung zu ermöglichen.[10]

Beispiel: Vererbung der Gesellschaftsanteile eines Gesellschafters, der an beiden Gesellschaften beteiligt war (vgl. § 15 I GmbHG und § 177 HGB).

---

5 EBJS/*Henze* HGB § 177a Anh. A Rn. 70; MIIdB GesR Bd. II/*Gummert* § 52 Rn. 3.
6 *Kindler* GK HandelsR/GesR § 13 Rn. 7; Reichert/*Liebscher* GmbH & Co. KG § 2 Rn. 74.
7 BGH NJW 2011, 3036; dazu *Schmidt* DB 2011, 2477; *Henssler* NZG 2011, 1121.
8 BGH NJW 2011, 3036 (3037).
9 *Eisenhardt/Wackerbarth* GesR § 46 Rn. 853.
10 Dazu *K. Schmidt* GmbHR 1984, 272 (278).

Die Entstehung der GmbH & Co. KG richtet sich nach den allgemeinen Vorausset-zungen. Entweder wird ein Handelsgewerbe iSd § 1 II HGB betrieben, oder die Ge-sellschaft muss in das Handelsregister eingetragen sein. Nimmt die GmbH & Co. KG die Geschäftstätigkeit vor Eintragung der KG in das Handelsregister auf, liegt eine GbR vor.[11]

3. Innenverhältnis

Die Rechte und Pflichten im Innenverhältnis ergeben sich aus dem Gesellschaftsver-trag und im Übrigen aus dem Recht der KG.

422 **a)** Bezüglich der *Kapitalaufbringung* gelten GmbH-Recht und KG-Recht nebenein-ander. Die Kommanditisten müssen nach § 171 HGB die vereinbarte Einlage leisten. Hingegen wird die Komplementär-GmbH im Innenverhältnis häufig von der Ein-lagepflicht befreit.[12] Das ändert aber nichts daran, dass deren Gesellschafter nach § 19 GmbHG zur Erbringung ihrer Einlage in das GmbH-Vermögen verpflichtet sind. Ist dieselbe Person als GmbH-Gesellschafter und weiterhin auch als Kommanditist an der Gesellschaft beteiligt, kann im Gesellschaftsvertrag vereinbart sein, dass die Kom-manditisten ihre Geschäftsanteile an der Komplementär-GmbH als Sacheinlage ein-bringen. Zu einer Haftungsbefreiung im Außenverhältnis führt dies jedoch nicht (§ 172 VI 1 HGB; → Rn. 430).

423 **b)** Die *Geschäftsführung* obliegt der Komplementär-GmbH (§ 164 HGB), welche diese Befugnis durch ihren Geschäftsführer oder durch sonstige bevollmächtigte Per-sonen (zB Prokuristen, Handlungsbevollmächtigte) ausübt.[13] Der Geschäftsführer der GmbH wird dementsprechend auch als »mittelbarer Geschäftsführer« der GmbH & Co. KG bezeichnet.[14] Je nach der Person des Geschäftsführers der Komplementär-GmbH kann die Geschäftsführung der GmbH & Co. KG so letztlich den Gesellschaf-tern der Komplementär-GmbH, den Kommanditisten der KG oder sogar sonstigen Dritten übertragen werden,[15] ohne dass dies zu einer Verletzung des Grundsatzes der Selbstorganschaft führt.

424 **c)** Den Gesellschaftern der Komplementär-GmbH steht gem. § 51a GmbHG ein um-fassendes *Auskunftsrecht* zu, welches sich auch auf die KG erstreckt. Es ist vor dem Hintergrund gerechtfertigt, dass die GmbH als Komplementärin nach §§ 161 II, 128 HGB für die Verbindlichkeiten der KG haftet.[16] Demgegenüber haben die Komman-ditisten, die nicht zugleich Gesellschafter der GmbH sind, nur das eingeschränkte *In-formationsrecht* des § 166 HGB.[17] Um eine ungerechtfertigte Ungleichbehandlung zwischen Nur-Kommanditisten und Kommanditisten, die zugleich Gesellschafter der Komplementär-GmbH sind, zu vermeiden, ist § 166 HGB weit auszulegen und zu einem allgemeinen Informationsrecht des Kommanditisten zu erweitern (zur KG, → Rn. 345).

---

11 BGHZ 61, 59 (67); *Binz/Sorg* GmbH & Co. KG § 3 Rn. 65 f.
12 *K. Schmidt* GesR § 56 IV 1 a (S. 1644); Reichert/*Ihrig* GmbH & Co. KG § 20 Rn. 8.
13 MHdB GesR Bd. II/*Gummert* § 52 Rn. 1.
14 *Binz/Sorg* GmbH & Co. KG § 4 Rn. 3.
15 EBJS/*Henze* HGB § 177a Anh. A Rn. 70; BeckHdB PersGes/*Watermeyer* § 12 Rn. 31; MHdB GesR Bd. II/*Gummert* § 52 Rn. 3.
16 *K. Schmidt* GesR § 56 IV 1 d (S. 1646).
17 Reichert/*Schlitt/Maier-Reinhardt* GmbH & Co. KG § 25 Rn. 3.

d) Es gelten die gesellschaftsvertraglichen *Wettbewerbsverbote* sowie diejenigen des **425** GmbH- und des Kommanditgesellschaftsrechts (§§ 161 II, 165, 112 HGB). Letzteres erfordert in der Regel nur die Komplementär-GmbH. Es kann sich aber auch auf deren Gesellschafter erstrecken, wenn ein solcher zugleich Geschäftsführer ist oder einen beherrschenden Einfluss ausübt.[18] Die interne Willensbildung muss jeweils in den beiden Gesellschaften erfolgen.

e) Im Innenverhältnis haftet die geschäftsführende GmbH der KG für eine ordent- **426** liche Geschäftsführung. Dabei ist sie entsprechend § 31 BGB auch für *Pflichtverletzungen* ihres Geschäftsführers verantwortlich. Dieser haftet aber gegenüber der Kommanditgesellschaft auch persönlich für eine schuldhafte schlechte Geschäftsführung. Zwar besteht in der Regel kein Dienstvertrag zwischen der KG und dem Geschäftsführer der GmbH. Eine Haftungsmöglichkeit lässt sich aber begründen, wenn man in dem Geschäftsführervertrag mit der GmbH entweder einen Vertrag mit Schutzwirkung zugunsten Dritter, also zugunsten der KG sieht[19] oder die gesetzliche Geschäftsführerhaftung des § 43 GmbHG für den Fall der GmbH & Co. KG entsprechend fortbildet.[20]

4. Außenverhältnis

a) Die *Stellvertretung* im Außenverhältnis richtet sich nach den allgemein für die KG **427** geltenden Grundsätzen (eingehend dazu bei der KG, → Rn. 351). Vertretungsberechtigt ist daher nur die Komplementär-GmbH. Weil die GmbH als juristische Person diese Befugnis jedoch ebenso wenig wie die Geschäftsführung selbst, sondern durch ihre Geschäftsführer oder sonstige bevollmächtigte Repräsentanten ausübt, können auch Kommanditisten oder sonstige Dritte zur Vertretung der KG berechtigt sein.[21] Das Handeln und Wissen des Geschäftsführers der Komplementär-GmbH ist dieser und auch der KG zuzurechnen.

b) Bezüglich der *Haftung* ist zwischen der GmbH & Co. KG sowie ihrer Komple- **428** mentär-GmbH einerseits und den Kommanditisten andererseits zu unterscheiden.

aa) Die *GmbH & Co. KG* haftet für ihre Verbindlichkeiten wie jede KG mit ihrem **429** Vermögen. Daneben haftet auch die *Komplementär*-GmbH als persönlich haftende Gesellschafterin der KG gem. §§ 161 II, 128 HGB unbeschränkt mit ihrem Gesellschaftsvermögen. Hingegen haften die Gesellschafter der GmbH ab Eintragung der GmbH im Handelsregister nicht mehr persönlich (§ 13 II GmbHG).

bb) Für die Haftung der *Kommanditisten* gelten §§ 171 ff. HGB. Nach Eintragung der **430** Kommanditisteneigenschaft in das Handelsregister finden §§ 171, 172 HGB Anwendung, sodass mit der vollständigen Einlagenleistung grundsätzlich ein Haftungsausschluss einhergeht. Zu beachten ist aber § 172 VI 1 HGB. Danach bewertet der Gesetzgeber eine Kommanditeinlage, die in Anteilen an der Komplementär-GmbH besteht, als »unzureichende« Einlage, die gegenüber den Gläubigern der KG nicht die Wirkung des § 171 I Hs. 2 HGB entfaltet (sog. Grundsatz der »doppelten Kapitalaufbringung«).[22]

---

18 BeckHdB PersGes/*Watermeyer* § 12 Rn. 54.
19 BGH NJW 1980, 1524; NJW-RR 2002, 965; *Windbichler* GesR § 37 Rn. 13.
20 *K. Schmidt* GesR § 56 IV 3 b (S. 1649); *K. Schmidt* GmbHR 1984, 272 (279).
21 MHdB GesR Bd. II/*Gummert* § 52 Rn. 1.
22 EBJS/*Strohn* HGB § 172 Rn. 58; Röhricht/v. Westphalen/v. Gerkan/Haas HGB § 172 Rn. 58.

> In **Fall a** kann der Gläubiger die Zahlung von 8.000 EUR von den Kommanditisten A, B und C gem. § 171 I Hs. 1 HGB als Gesamtschuldner verlangen. Die als Kommanditeinlage geleisteten Geschäftsanteile an der Komplementär-GmbH gelten den Gläubigern gegenüber nach § 172 VI 1 HGB als nicht geleistet.

Streitig ist, ob die unbeschränkte Kommanditistenhaftung nach § 176 HGB vor Eintragung der GmbH & Co. KG in das Handelsregister eingreifen kann. Von der wohl überwiegenden Auffassung in der Literatur wird eine unbeschränkte Haftung der Kommanditisten in der GmbH & Co. KG nach § 176 HGB abgelehnt. Die Haftung des Kommanditisten sei gem. § 176 I 1 Hs. 2 HGB ausgeschlossen, weil für den Gläubiger bereits aus der Firma ersichtlich sei, dass eine an einer GmbH & Co. KG als Gesellschafterin beteiligte natürliche Person nur Kommanditist sein könne.[23] Die Gegenauffassung wendet § 176 HGB auch auf die GmbH & Co. KG an. Denn als GmbH & Co. KG dürfe auch eine Kommanditgesellschaft firmieren, in der neben der GmbH auch natürliche Personen als Komplementäre fungierten.[24] Deshalb müsse der Gläubiger einer GmbH & Co. KG nicht in jedem Fall von einer beschränkten Haftung aller Gesellschafter ausgehen. Zudem sei unter Publizitätsgesichtspunkten das Handelsregister und nicht die Firmierung maßgeblich.[25] Die Rechtsprechung, die diesen Standpunkt lange vertrat,[26] hat angedeutet, dass nach der Einführung der Kennzeichnungspflicht des § 19 II HGB eine veränderte Bewertung geboten sein könne.[27]

Zwar ist dieser Rückschluss nicht zwingend. Denn auch nach Einfügung dieser Vorschrift ist es weiterhin zulässig, dass an einer GmbH & Co. KG neben der GmbH auch weitere natürliche Personen als Komplementäre beteiligt sind. Es kann aber nicht darüber hinweggesehen werden, dass in der Praxis eine KG, in der neben der GmbH auch mindestens eine natürliche Person persönlich haftender Gesellschafter ist, nur selten anzutreffen ist und dann auch nur vereinzelt unter Verschweigen des weiteren Vollhafters lediglich als GmbH & Co. KG firmieren wird. Ganz allgemein hat diese Gesellschaftsform – auch wenn dies bei solventen Unternehmen völlig unbegründet ist – ein eher negatives Image in Bezug auf die Haftungsverhältnisse. Deshalb ist der erstgenannten Auffassung zuzustimmen, dass der Gläubiger einer GmbH & Co. KG stets von einer Kommanditistenstellung der Gesellschafter ausgehen muss.

> In **Fall b** haftet K dem Gläubiger G nur beschränkt in Höhe seiner noch ausstehenden Einlageverpflichtung, weil ihm die Kommanditistenstellung gem. § 176 I 1 Hs. 2 bekannt war.

431 cc) Besondere Haftungsfragen ergeben sich für die Gesellschafter – wenn auch nicht im Außenverhältnis zu Dritten – vor dem Hintergrund des bei der GmbH & Co. KG bestehenden besonderen *Kapitalschutzes*. Für die Gesellschafter der Komplementär-GmbH gelten die allgemeinen Kapitalaufbringungs- und Kapitalerhaltungsregeln der §§ 19, 30, 31 GmbHG. Unter bestimmten Umständen dürfen sie daher keine Auszahlungen aus dem Gesellschaftsvermögen erhalten und müssen der GmbH entgegen diesem Verbot empfangene Leistungen zurück erstatten (eingehend dazu bei der GmbH, → Rn. 796 ff.). Zahlungen aus dem Vermögen der GmbH & Co. KG an einen Kom-

---

23 EBJS/*Henze* HGB § 177 a Anh. A Rn. 45; Schlegelberger/*K. Schmidt* HGB § 176 Rn. 49; *K. Schmidt* NJW 1983, 2260, (2261); *K. Schmidt* ZHR 144 (1980), 193 (202); *Limbach* GmbHR 1967, 165.
24 *Knobbe-Keuk*, FS Stimpel, 1985, 193 f.
25 BGH NJW 1980, 54 f.
26 BGH NJW 1980, 54 f.
27 BGH NJW 1983, 2258 (2260); dem folgend nunmehr OLG Frankfurt a. M. NZG 2007, 625.

manditisten bewirken hingegen lediglich, dass dessen Einlageverpflichtung gem. § 172 IV HGB wiederauflebt. Konsequenz ist, dass ein Kommanditist, ungeachtet der Höhe der Auszahlung an ihn, keinesfalls mehr als die versprochene Hafteinlage schuldet. Problematisch ist es, wenn aufgrund der Auszahlung an Kommanditisten mittelbar auch das GmbH-Vermögen unter die zur Erhaltung des Stammkapitals erforderliche Summe absinkt. In einem solchen Fall werden §§ 30, 31 GmbHG nach ganz herrschender Auffassung auch auf Kommanditisten entsprechend angewandt, selbst wenn ein solcher nicht zugleich Gesellschafter der Komplementär-GmbH ist.[28] Der Erstattungsanspruch steht der KG zu[29] und umfasst die gegen § 30 GmbHG verstoßende, erhaltene Leistung in voller Höhe und ist nicht etwa auf den Umfang des Stammkapitals begrenzt.[30] Eine Ausfallhaftung gem. § 31 III GmbHG der übrigen Nur-Kommanditisten, die nicht Zahlungsempfänger waren, wird jedoch von der überwiegenden Ansicht abgelehnt.[31]

> In **Fall c** kann die KG entsprechend §§ 30, 31 GmbHG Rückzahlung von 30.000 EUR von K1 verlangen, selbst wenn für die GmbH nur das gesetzliche Mindeststammkapital von 25.000 EUR vereinbart ist. Ein Zahlungsanspruch gegen K2 kommt auch bei Zahlungsunfähigkeit des K1 nicht in Betracht, weil § 31 III GmbHG keine Anwendung findet.

5. Wechsel im Mitgliederbestand

Bei einem Gesellschafterwechsel bestehen in Bezug auf die KG keine Besonderheiten. Es gelten in erster Linie die Regelungen des Gesellschaftsvertrags. Zu beachten ist aber eine mögliche Verzahnung der Übertragung der Kommanditistenstellung mit der von Anteilen an der Komplementär-GmbH.   **432**

6. Beendigung

Bei Auflösung und Liquidation ist zwischen den beiden Gesellschaften zu unterscheiden. Für diese bestehen jeweils eigene Auflösungstatbestände und Liquidationsregelungen.[32] Häufig sind beide aber über die Gesellschaftsverträge auch hinsichtlich der Auflösung verzahnt. Wird ein Insolvenzverfahren über die KG eröffnet, so besteht für diese ein Auflösungsgrund (§ 131 I Nr. 3 HGB). Die Komplementär-GmbH ist aber deshalb nicht zwangsläufig ebenfalls insolvent. Zu beachten sind auch die Auflösungsgründe des § 131 II HGB. Wird die Komplementär-GmbH aufgelöst und verliert die GmbH & Co. KG damit ihren einzigen Komplementär, ist auch sie aufgelöst.[33]   **433**

---

28 BGHZ 60, 324 (328); 110, 342 (358); EBJS/*Henze* HGB § 177a Anh. A Rn. 187ff., MüKoHGB/*K. Schmidt* §§ 171, 172 Rn. 128; *K. Schmidt* GesR § 56 V 1 b (S. 1655 f.); Röhricht/v. Westphalen/*v. Gerkan/Haas* HGB § 172 Rn. 68; aA für Nur-Kommanditisten, die keinen Einfluss auf die Geschäftsführung haben und daher die finanzielle Situation der Gesellschaft nicht kennen *Grunewald* GesR § 3 Rn. 84.

29 BGHZ 69, 274 f.; *Gehling* BB 2011, 73 (76).

30 Baumbach/Hueck/*Fastrich* GmbHG § 31 Rn. 16; Lutter/Hommelhoff/*Hommelhoff* GmbHG § 31 Rn. 9.

31 Röhricht/v. Westphalen/*v. Gerkan/Haas* HGB § 172 Rn. 68; MHdB GesR II/*Gummert* § 54 Rn. 25; *K. Schmidt* GmbHR 1986, 337 (341); *Schnelle* GmbHR 1995, 853 (854).

32 Ausf. *Binz/Sorg* GmbH & Co. KG § 7 Rn. 3 ff. und 17 ff.; BeckHdB PersGes/*Watermeyer* § 12 Rn. 141 ff.

33 OLG Frankfurt a. M. BB 1982, 1689; *K. Schmidt* GesR § 56 VI 1 a (S. 1659).

II. Publikumspersonengesellschaften

1. Begriff

434 Eine weitere Erscheinungsform bilden Publikumsgesellschaften (PublG). Diese bestehen meist in der Rechtsform der GmbH & Co. KG, können aber auch eine andere Rechtsform haben. Sie sind darauf angelegt, zur Kapitalansammlung für ein bestimmtes Projekt oder bestimmte Geschäfte eine unbestimmte Vielzahl von Kommanditisten aufzunehmen, die sich nur kapitalistisch beteiligen und auf dem freien Kapitalmarkt (durch Prospekte) geworben werden.[34] Die PublG in Form der GmbH & Co. KG vereint die Vorteile von GmbH und KG und ähnelt in ihrer Funktion als »Kapitalsammelbecken« der AG, der sie auch in verschiedener Hinsicht angenähert ist. Sie wird meist von wenigen Initiatoren gegründet, die sich durch Werbung in der Öffentlichkeit um den Gewinn weiterer, oft vieler hundert Anleger, meist Kommanditisten, bemühen. Diese stehen untereinander in keinerlei persönlicher Beziehung.[35] Die Kommanditanteile sind in der Regel leicht übertragbar. Beliebtheit erlangte diese gesellschaftsrechtliche Gestaltung vor allem aus steuerrechtlichen Gründen, da Gesellschafter bestimmter PublG (sog. Abschreibungsgesellschaften) durch Verlustzuweisungen ihre Einkommensteuerlast reduzieren konnten und teilweise immer noch können. Die Beteiligung an der PublG kann auch mittels eines Treuhandverhältnisses erfolgen.[36] In diesem Fall ist nur der Treuhänder Gesellschafter der PublG bzw. nimmt nur dieser die Rechte eines Gesellschafters stellvertretend für den Treugeber wahr.

2. Besonderheiten

435 Das Personengesellschaftsrecht ist für den Regelfall einer überschaubaren Zahl von Gesellschaftern vorgesehen. Entsprechend den Gegebenheiten bei Publikumspersonengesellschaften, die nicht gesondert geregelt sind, bedarf es einer Anpassung der gesetzlichen Bestimmungen. Diese hat die Rechtsprechung in einer Vielzahl von Entscheidungen vorgenommen, die zum einen darauf abzielen, den Schutz der sich meist als Kommanditisten beteiligenden Anleger zu gewährleisten und zum anderen sicherzustellen, dass auch eine Personengesellschaft mit einer Vielzahl von Gesellschaftern handhabbar und funktionsfähig ist.

436 a) Besonderheiten ergeben sich bereits im Hinblick auf den *Gesellschaftsvertrag* der PublG. Dessen Auslegung muss angesichts der großen Anzahl der Gesellschaftsmitglieder objektiviert erfolgen. AGB-Recht kommt wegen § 310 IV 1 BGB zwar nicht unmittelbar zur Anwendung. Die Rechtsgedanken der §§ 305 ff. BGB sind aber im Rahmen von § 242 BGB zu berücksichtigen. Denn später beitretende Anleger vermögen keinen Einfluss auf die vertraglichen Regelungen zu nehmen und müssen vorgefertigte Bestimmungen akzeptieren, weshalb ihre Interessen von den Gründern unangemessen beeinträchtigt werden können.[37]

---

34 BGHZ 84, 11 (13); 64, 238 (241); *Kellermann*, FS Stimpel, 1985, 295 (296). Gleichwohl kann auch in einem solchen Fall ein Auskunftsanspruch gegen die Gesellschaft hinsichtlich Namen und Anschriften der anderen Anleger bestehen, vgl. BGHZ 196, 131 = NZG 2013, 379 (380).

35 BGH NJW 1988, 1903 (1904); *Binz/Sorg* GmbH & Co. KG § 13 Rn. 3.

36 *K. Schmidt* GesR § 57 I 1 b (S. 1666); *Klöckner* BB 2009, 1313.

37 BGHZ 64, 238; 104, 50 (53); *Ebenroth/Authenrieth* JA 1980, 8 (9); *Kellermann*, FS Stimpel, 1985, 295 (297).

In **Fall d** ist die Klausel im Gesellschaftsvertrag unwirksam, weil bei einer PublG eine gesellschaftsvertragliche Bestimmung, die der Komplementär-GmbH einseitig das Recht einräumt, die Kommanditbeteiligung nach freiem Ermessen zu übernehmen, der Inhaltskontrolle nach § 242 BGB nicht standhält.[38]

Zwar gilt der Grundsatz der Formfreiheit des Gesellschaftsvertrags der KG. Ungeachtet dessen müssen Leistungen der Gesellschaft an Gründungsgesellschafter, wie Vermittlungs- und Beratungsgebühren, schriftlich im Vertrag oder in einem protokollierten Gesellschafterbeschluss festgehalten und im Werbe- bzw. Verkaufsprospekt offen gelegt werden, damit diese für Beitretende sichtbar sind.[39] Im Übrigen kann der Gesellschaftsvertrag einer PublG, wenn das Mehrheitsprinzip vereinbart ist, einfacher als bei einer klassischen Personengesellschaft mit Mehrheitsbeschluss geändert werden. Denn insoweit sind der gesellschaftsrechtliche Bestimmtheitsgrundsatz (bei der GbR → Rn. 75) und damit der Minderheitenschutz eingeschränkt,[40] weil einstimmige Beschlüsse kaum zu erreichen sind. Ebenso kann die PublG nur »funktionieren«, wenn ein Beitretender keinen Vertrag mit allen bereits vorhandenen Gesellschaftern schließen muss. Deshalb werden die übrigen Gesellschafter beim Vertragsschluss von der Komplementär-GmbH vertreten[41] bzw. kann eine hierzu im Gesellschaftsvertrag gesondert ermächtigte PublG selbst den Vertrag mit dem Beitretenden schließen.[42]

b) Weil die zahlreichen Anleger ihre *Kontrollrechte* im Rahmen der Gesellschafterversammlung einzeln nicht effektiv wahrnehmen können und wollen, werden im Gesellschaftsvertrag in Anlehnung an Institutionen des Kapitalgesellschaftsrechts häufig Aufsichtsräte, Beiräte oder Verwaltungsräte vorgesehen.[43] Damit diese ihrer Aufsichtsfunktion tatsächlich nachkommen, haften ihre Mitglieder, wenn sie die Geschäftsführung überwachen, gegenüber der PublG in entsprechender Anwendung von § 52 GmbHG und §§ 116, 93 AktG. Die Haftungsbegrenzung des § 708 BGB greift nicht ein, da zwischen den Gesellschaftern der PublG nicht das im Personengesellschaftsrecht regelmäßig vorausgesetzte Nähe- bzw. Vertrauensverhältnis besteht.[44] **437**

c) Dem Ziel des Anlegerschutzes dienen auch die besonderen *Haftungsregeln* für Fälle eines täuschungsbedingten Beitritts eines Gesellschafters.[45] Wurden vor oder bei Vertragsschluss Aufklärungs-, Beratungs- oder Informationspflichten verletzt, stehen dem Anleger Schadensersatzansprüche gem. §§ 280, 311 II, 241 II BGB und aus §§ 823 I, 826 und 823 II BGB iVm § 264a StGB zu. Anspruchsgegner kann auch eine dritte Person sein, die wegen der Verletzung eines gesonderten Auskunfts- oder Beratungsvertrags haftet. Aber auch ohne Auskunfts- oder Beratungsvertrag haften nach §§ 280, 311 II, 241 II BGB diejenigen, die persönlich vorvertragliches Vertrauen in Anspruch genommen und ihre Beratungs- und Informationspflichten durch fehlerhafte Angaben in Werbeprospekten für die Kapitalanlage oder auf andere Art schuld- **438**

---

38 BGHZ 84, 11.
39 BGH DB 1976, 909; 1983, 489 (490); NJW 1995, 130; *Kellermann*, FS Stimpel, 1985, 295 (300).
40 BGHZ 66, 82; 71, 53 (58); *Binz/Sorg* GmbH & Co. KG § 13 Rn. 79ff.; *Ebenroth/Authenrieth* JA 1980, 8 (11).
41 BGHZ 26, 330 (333f.); BGH NJW 1995, 130f.; *Kellermann*, FS Stimpel, 1985, 295 (298).
42 BGH NJW 1978, 1000; NZG 2011, 551 (552); *K. Schmidt* GesR § 57 II 1a (S. 1672).
43 *Hüffer* JuS 1979, 457 (461); *Schiefer* DStR 1997, 119 (122).
44 BGHZ 69, 207; BGH WM 1984, 1640; *Ebenroth/Authenrieth* JA 1980, 8 (13).
45 MHdB GesR Bd. II/*Horbach* § 69 Prospekthaftung; *Suchomel* NJW 2013, 1126.

haft verletzt haben. Diese *Prospekthaftung im weiteren Sinne* trifft insbesondere die Initiatoren und Manager der PublG, aber auch sonstige Personen, »die in anderer Weise in die Gestaltung des Prospektes (…) einbezogen waren und durch ihr nach außen in Erscheinung tretendes Mitwirken einen besonderen Vertrauenstatbestand schaffen und Erklärungen abgeben«.[46] Bei der typischen PublG, der GmbH & Co. KG, haften dem getäuschten Kommanditisten neben dem persönlich haftenden Gesellschafter, der die KG gegenüber dem Kommanditisten vertreten hat, also der GmbH, auch die Initiatoren der PublG, die als Geschäftsführer der Komplementär-GmbH fungieren, für die Vollständigkeit und die Richtigkeit der mit ihrem Wissen und Willen in Verkehr gebrachten Werbeprospekte. Ebenso haftet ein die KG maßgeblich beeinflussender später eingetretener Gesellschafter.[47] Die KG selbst haftet jedoch nicht, da die übrigen Kommanditisten und damit die große Mehrheit der Gesellschafter in der Regel nicht an dem Fehlverhalten beteiligt sind und ihnen allen bei fehlerhaften Prospektangaben Schadensersatzansprüche zustehen können.[48]

Neben dieser Haftung für enttäuschtes individuelles Vertrauen bestehen bei unrichtigen oder unvollständigen Angaben in einem Verkaufsprospekt gem. § 20 VermAnlG Ansprüche auf Erstattung des Erwerbspreises gegen diejenigen, die im Verkaufsprospekt die Verantwortung übernommen haben bzw. von denen der Erlass des Verkaufsobjekts ausgeht. § 20 VermAnlG stellt eine abschließende Regelung dar; die von der Rechtsprechung entwickelten Grundsätze der Prospekthaftung im engeren Sinne finden insoweit keine Anwendung.[49] Ist der Anwendungsbereich des § 20 VermAnlG hingegen nicht eröffnet, bleibt es bei der von der Rechtsprechung entwickelten Prospekthaftung im engeren Sinne. Diese beruht auf einem typisierten Vertrauen aller Prozessbeteiligten.[50] Dabei gilt zugunsten des Anlegers eine Beweislastumkehr hinsichtlich der Kausalität und des Verschuldens.

Ist ein Schadensersatzanspruch des getäuschten oder unrichtig aufgeklärten Anlegers begründet, kann er regelmäßig verlangen, so gestellt zu werden, wie er stünde, wenn er richtig informiert worden wäre. Im Grundsatz ist davon auszugehen, dass er sich dann nicht an der Gesellschaft beteiligt hätte. Daher kann er den Ersatz des negativen Interesses verlangen und muss gegen Ersatzleistung Zug um Zug seine Anteile an den Anspruchsgegner abtreten.[51]

> Deshalb stehen in **Fall e** den geschädigten Kommanditisten wegen der Verletzung von Aufklärungs-, Informations- und Beratungspflichten Ansprüche auf Schadensersatz aus §§ 280, 311 II, 241 II BGB und aus Prospekthaftung (§ 20 VermAnlG) sowie aus §§ 823 I, 826 und 823 II BGB iVm § 264a StGB zu. Diese Ansprüche richten sich nicht nur gegen die Komplementär-GmbH, sondern zudem sowohl gegen die Initiatoren A, B und C als auch gegen Z.

439 d) Mit den Grundsätzen der fehlerhaften Gesellschaft ist es nicht zu vereinbaren, dass ein bei Vertragsschluss getäuschter Kommanditist seine Willenserklärung nach §§ 123 I, 142 I BGB mit ex tunc-Wirkung *anfechten* kann (ausführlich bei der GbR → Rn. 78 ff.). Der Kommanditist kann den Gesellschaftsvertrag deshalb nur frist- und

---

46 BGH NJW 1984, 865; ausf. zur Haftung von Anlageberatern *Ebenroth/Authenrieth* JA 1980, 8 (15).
47 BGH NJW 1991, 1608.
48 BGHZ 26, 330; 71, 284 (287 ff.); BGH NJW 1973, 1604; 1991, 1608 f.
49 MHdB GesR Bd. II/*Horbach* § 69 Rn 52a; *Suchomel* NJW 2013, 1126 (1131).
50 Dazu *Kiethe* ZIP 2000, 216 ff.
51 Vgl. exemplarisch auch *Schultheiß* JuS 2013, 48.

formlos für die Zukunft kündigen.[52] Eine Anfechtungserklärung ist als außerordentliche Kündigung auszulegen.[53] Dem Anfechtenden steht dann ein Anspruch auf den Betrag zu, der sich für seinen Anteil aus der Abfindungsbilanz zum Zeitpunkt des Austritts ergibt. Die Auflösung der Gesellschaft gem. §§ 161 II, 133 I HGB kann der getäuschte Kommanditist nicht verlangen.[54] Ob die Beitrittserklärung zu einer PublG in den Anwendungsbereich der §§ 312, 355 BGB (Haustürgeschäfte) fällt und *widerrufen* werden kann, ist umstritten und von der Rechtsprechung uneinheitlich behandelt worden.[55]

Diese Frage hat vor allem in den Fällen des kreditfinanzierten Beitritts zu Immobilienfonds Relevanz erlangt (sog. »Schrottimmobilien«). Hier stellte sich häufig das Problem, dass die vom Fonds erworbenen Immobilien nicht werthaltig waren, sodass das den Anlegern zustehende Auseinandersetzungsguthaben hinter der Rückzahlungspflicht aus den Darlehensverträgen zurückblieb.[56]

e) Ein bei der PublG häufig auftretendes Phänomen ist das sog. *Einlagensplitting.* Dabei gewährt der Kommanditist der Gesellschaft die normale Kommanditeinlage sowie ein Darlehen. Beruht dieses Darlehen auf der gesellschaftsvertraglichen Verpflichtung und ist es zusammen mit der Kommanditeinlage als einheitlicher, wenn auch gesplitteter Gesellschafterbeitrag zu werten, hat auch das Darlehen Eigenkapitalcharakter und ist wie die normale Kommanditeinlage zu behandeln.[57]

440

---

52 BGHZ 63, 338; BGH NJW 1976, 894; *K. Schmidt* GesR § 57 IV 2a (S. 1683); *Bayer/Riedel* NJW 2003, 2567 (2570).
53 BGH NJW 1975, 1700 (1701).
54 BGHZ 66, 79ff.; 69, 160ff.
55 BGHZ 148, 201 (203); BGH NJW 2000, 2270 (jeweils zum Haustürwiderrufsgesetz); ausf. MHdB GesR Bd. II/*Gummert* § 62 Rn. 21ff.; *Westermann* ZIP 2002, 189ff. (240ff.).
56 Ausf. dazu Erman/*Koch* BGB § 358 Rn. 14.
57 BGHZ 70, 61; BGH NJW 1981, 2251; 1982, 2253 (2254).

3. Teil. Nichtkapitalistische Körperschaften

§ 10 Eingetragener Verein (e. V.)

Literatur: *Grundmann/Terner,* Vereinsrecht – Ein Überblick, JA 2002, 689; *Märkle/Alber,* Der Verein im Zivil- und Steuerrecht, 13. Aufl. 2017; *Pauli,* Wesen und Aufgaben der Mitgliederversammlung eines Vereins, ZStV 2010, 167; *Pauli,* Der Vorstand im Verein, ZStV 2011, 41; *Reuter,* 100 Bände BGHZ: Vereins- und Genossenschaftsrecht, ZHR 151 (1987), 355; *Reuter,* Zur Vereinsrechtsreform 2009, NZG 2009, 1368; *Sauter/Schweyer/Waldner,* Der eingetragene Verein, 20. Aufl. 2016; *Schöpflin,* Neuerungen im Vereinsrecht, Rpfleger 2010, 349; *Stöber/Otto,* Handbuch zum Vereinsrecht, 11. Aufl. 2016; *Westermann,* Reformüberlegungen zum BGB-Gesellschafts- und Vereinsrecht, NZG 2017, 921.

Fälle: 441

a) Der Automobilclub A e.V. hat 6,6 Mio. Mitglieder. Vereinszweck ist unter anderem die Förderung des Kraftfahrwesens. Der A e.V. möchte die A-Rechtsschutz AG gründen, die seinen Mitgliedern Rechtsschutzversicherungen im Bereich des Verkehrsrechtsschutzes anbieten soll. Alleinaktionär der A-Rechtsschutz AG soll der A e.V. sein. Bestehen hiergegen Bedenken?

b) Die Satzung des B e.V. sieht jeweils Alleinvertretungsmacht für die Mitglieder des dreiköpfigen Vorstands vor. In einer Vorstandssitzung wurde aber beschlossen, dass Geschäfte über 5.000 EUR nur von zwei Vorstandsmitgliedern gemeinsam vorgenommen werden dürfen. Als sich die beiden anderen Vorstandsmitglieder im Urlaub befinden, kauft Vorstandsmitglied X die seit langem benötigte neue Ausstattung des Vereinslokals zum »Schnäppchenpreis« von 27.000 EUR. Die Vorstandskollegen sind über diese Eigenmächtigkeit empört. Deshalb wird X später vom Verein auf Erstattung dieses Betrages in Anspruch genommen. Zu Recht?

I. Begriff, Abgrenzung und Erscheinungsformen

Der eingetragene bürgerlich-rechtliche Verein (e. V.) ist eine rechtsfähige Körperschaft, 442 die vom Wechsel ihrer Mitglieder unabhängig ist und der Erreichung eines gemeinsamen Zwecks dient. Der Gesetzgeber unterscheidet in den Regelungen der §§ 21–79 BGB zwischen dem in das Vereinsregister eingetragenen und dem nicht eingetragenen Verein (dazu ausführlich § 11). Der wesentliche Unterschied besteht darin, dass nur der eingetragene Verein *juristische Person* und deshalb rechtsfähig ist. Der nicht eingetragene Verein ist *keine* juristische Person. Auf ihn sollen gem. § 54 S. 1 BGB die Vorschriften über Gesellschaften gem. §§ 705 ff. BGB Anwendung finden, sodass er jedenfalls ebenso wie die BGB-Gesellschaft (teil)rechtsfähig ist (ausführlich → Rn. 49 ff.). Tatsächlich werden aber auch auf den nicht eingetragenen Verein verschiedene Bestimmungen des Vereinsrechts angewandt, um organisationsrechtlich dem körperschaftlichen Charakter dieses Zusammenschlusses Rechnung zu tragen.

II. Zwecksetzung

1. Zulässige Vereinszwecke

443 Vereine iSd §§ 21 ff. BGB sind in der Praxis von großer Bedeutung und insbesondere im sportlichen, aber auch im kulturellen und karitativen Bereich anzutreffen. Ebenso können Parteien, Arbeitgeber- und Arbeitnehmer- sowie Wirtschaftsverbände vereinsrechtlich organisiert sein. Grundsätzlich kann ein beliebiger Vereinszweck gewählt werden (vgl. Art. 9 I GG), der nicht ideeller Natur sein muss. Allerdings ist zwischen wirtschaftlichen Vereinen (§ 22 BGB) und Idealvereinen (§ 21 BGB) zu unterscheiden, deren Zweck nicht auf einen wirtschaftlichen Geschäftsbetrieb gerichtet ist. Wirtschaftliche Ziele sollen aber in erster Linie in den dafür geschaffenen Rechtsformen GmbH, AG oder Genossenschaft verfolgt werden. Deshalb können wirtschaftliche Vereine zwar ebenfalls Rechtsfähigkeit erlangen, hierzu bedarf es nach § 22 S. 2 BGB aber der staatlichen Verleihung durch ein Bundesland. Diese erfolgt nur ausnahmsweise, wenn andere Rechtsformen nicht sachgerecht sind.[1] Diese Zurückhaltung ist begründet, weil eingetragene Vereine lediglich mit ihrem Vereinsvermögen haften und das Vereinsrecht anders als beispielsweise das AktG oder das GmbHG als Ausgleich für diese Haftungsbeschränkung keine besonderen gläubigerschützenden Vorschriften enthält und auch keine Kontrolle in Bezug auf Kapitalaufbringung und -erhaltung erfolgt.[2] Dies alles hat der Fall ADAC ins Bewusstsein gerufen und das AG München zur Prüfung veranlasst, ob der Automobil-Club zu Recht als nichtwirtschaftlicher Verein im Vereinsregister eingetragen ist.[3]

> **Beispiel:** Das Zusammenwirken mehrerer Taxiunternehmer in einer Taxifunkzentrale, welche die Aufträge entgegennimmt und an die einzelnen Taxifahrer weiterleitet, ist nicht von der Anerkennung der Vereinigung als wirtschaftlicher Verein abhängig. Die geeignete Rechtsform ist vielmehr eine Genossenschaft, deren Zweck nach § 1 I GenG gerade »die Förderung des Erwerbs oder der Wirtschaft ihrer Mitglieder mittels gemeinschaftlichen Geschäftsbetriebes« ist. Damit steht eine zumutbare Rechtsform zur Verfügung, weshalb für eine Ermessensentscheidung über die Verleihung der Rechtsfähigkeit kein Raum bleibt.[4]

2. Abgrenzung von wirtschaftlichem und nichtwirtschaftlichem Verein

444 Angesichts der unterschiedlichen Voraussetzungen für die Erlangung der Rechtsfähigkeit sind also wirtschaftliche und nichtwirtschaftliche Vereine (Idealvereine) voneinander abzugrenzen. Dabei kann nicht ausschließlich auf den subjektiven Vereinszweck abgestellt werden, weil andernfalls eine ideelle Zielsetzung jeden noch so umfangreichen Geschäftsbetrieb rechtfertigen würde.[5] Andererseits schließt nicht jede objektiv wirtschaftliche Betätigung die Einordnung als Idealverein aus, da zahlreiche Vereine einen wirtschaftlichen Nebenzweck verfolgen.

> **Beispiele:** Ein Fußballverein verkauft in einer Sammelbestellung günstig erworbene Fußbälle an seine Mitglieder; zudem wird auf dem Sportgelände vom Verein ein Getränkeautomat betrieben.

---

1 BVerwG NJW 1979, 2261 ff.; *Märkle/Alber* Der Verein 30.
2 BGHZ 45, 395 (397).
3 Bejahend AG München, Beschl. v. 17.1.2017 – VR 304.. Dazu nur *Beuthien* NZG 2015, 449; *Leuschner* ZIP 2015, 356.
4 BVerwG NJW 1979, 2261 ff.
5 KG Berlin ZStV 2012, 62 (63); Soergel/*Hadding* BGB §§ 21, 22 Rn. 20; *K. Schmidt* GesR § 23 III 2 a (S. 668).

Es sind vielmehr beide Ansätze zu kombinieren.[6] Maßgeblich für die Abgrenzung ist, ob der Zweck des Vereins hauptsächlich darauf gerichtet ist, mithilfe eines wirtschaftlichen Geschäftsbetriebes, also einer nach außen gerichteten, planmäßigen und dauernden Tätigkeit, Gewinne zu erzielen, die dem Verein und/oder seinen Mitgliedern zufließen sollen.[7] Eine solche Betätigung ist unzulässig, wenn (aus Gründen des Gläubiger- oder Mitgliederschutzes) das angestrebte Ziel besser in der Rechtsform der AG, GmbH oder Genossenschaft verfolgt werden kann.[8] Das ist insbesondere der Fall, wenn der Verein werbend am Markt tätig ist, wobei ein Auftreten als Anbieter gegenüber den eigenen Mitgliedern ausreichen kann,[9] ohne dass es einer Gewinnerzielungsabsicht bedürfte. Ein Auftreten im Rechtsverkehr als Nachfrager (etwa als Käufer) begründet indes noch keinen wirtschaftlichen Geschäftsbetrieb. Gibt es hingegen auf dem Tätigkeitsgebiet eines Vereins zahlreiche gewerbliche Betreiber, ist darin ein Indiz für einen wirtschaftlichen Geschäftsbetrieb zu sehen.[10]

3. Nebenzweckprivileg

Ein Verein wird nicht als wirtschaftlicher Verein eingeordnet, wenn die wirtschaftliche **445** Betätigung ausschließlich Nebenzweck des Vereins und dem ideellen Hauptzweck untergeordnet ist.[11] Im Einzelfall ist diese Abgrenzung freilich schwierig.[12] Dies zeigt etwa die wirtschaftliche Betätigung eines Kindergartenvereins, bei der umstritten ist, ob sie unter das Nebenzweckprivileg fällt.[13]

> In **Fall a** stellt sich die Frage, ob die wirtschaftliche Betätigung der A-Rechtsschutz AG dem A e. V. als eigener wirtschaftlicher Geschäftsbetrieb iSd §§ 21, 22 BGB zuzurechnen ist, sodass es sich beim A e. V. um einen wirtschaftlichen Verein handeln würde. Stellt man mit dem BGH[14] maßgeblich darauf ab, dass Zweck der §§ 21, 22 BGB der Schutz des Rechtsverkehrs und der Gläubiger ist, verbietet sich eine Zurechnung. Denn aufgrund der rechtlichen und organisatorischen Trennung von Vereinsgeschehen einerseits und Versicherungsdienstleistung andererseits, die insbesondere durch die Wahl der Rechtsform einer AG dokumentiert ist, wird dem Schutzgedanken der §§ 21, 22 BGB ausreichend Rechnung getragen. Sowohl Versicherte als auch Gläubiger werden durch die Vorschriften des Aktienrechts hinreichend geschützt.[15]

4. Bestimmung des Vereinszwecks

Der Zweck eines Vereins wird durch seine Satzung bestimmt und gehört neben Namen **446** und Sitz zu den Muss-Bestandteilen einer Vereinssatzung (§ 57 I BGB). Die Änderung des Vereinszwecks bedarf der Zustimmung *aller* Vereinsmitglieder (§ 33 I 2 Hs. 1 BGB). Erscheinen zu der entsprechenden Mitgliederversammlung nicht alle Mitglieder, müssen die Übrigen schriftlich zustimmen (§ 33 I 2 Hs. 2 BGB). Zwar handelt es

---

6 BGHZ 45, 395 (398); ausf. zum Ganzen MüKoBGB/*Reuter* §§ 21, 22 Rn. 4 ff.
7 BGH I NJW 2017, 1943 (1944) – »Kita-Beschluss«; OLG Hamm RNotZ 2008, 92 (93); *K. Schmidt* JuS 2017, 776; *Röcken* MDR 2013, 817.
8 BGHZ 85, 84 (88 ff.).
9 BVerwG NJW 1998, 1166 (1167); zB sog. »Buchclubs«; KG Berlin ZStV 2012, 62 (63).
10 KG Berlin ZStV 2012, 62 (63).
11 BGHZ 85, 84 (88 f.); KG Berlin ZStV 2012, 62; *Stöber/Otto* VereinsR Rn. 69.
12 Das belegt nicht nur der Fall ADAC (→ Rn. 443); dazu iE *Beuthien* NZG 2015, 449.
13 So BGH NJW 2017, 1943 (1944) – »Kita-Beschluss«; s. dazu *Leuschner* NJW 2017, 1919 (1921 ff.); *Westermann* NZG 2017, 921 (924 f.).
14 BGHZ 85, 84 (88 f.).
15 Zum Ganzen *Schultz* JZ 1984, 90 ff. und krit. *Reuter* ZHR 151 (1987), 355 (357 ff.).

sich bei § 33 BGB um dispositives Recht, sodass abweichende Zustimmungserfordernisse durch die Satzung bestimmt werden können (vgl. § 40 BGB). Weil es sich bei der Zweckänderung aber um ein Grundlagengeschäft handelt, muss die Satzung abweichende Zustimmungserfordernisse unzweifelhaft zum Ausdruck bringen. Eine generelle Regelung, wonach Satzungsänderungen mit Zweidrittelmehrheit der anwesenden Mitglieder beschlossen werden können, erfasst Zweckänderungen daher nicht.[16] Beinhaltet die Zweckänderung die Wandlung eines Vereins vom Idealverein zum wirtschaftlichen Verein, kann gem. § 43 BGB die Rechtsfähigkeit entzogen werden.[17]

III. Gründung und Satzung

1. Gründungsvorgang und Vorverein

447 Der Gründung eines Vereins geht regelmäßig eine Absprache der Gründungsmitglieder voraus, einen Verein gründen zu wollen. Sodann vereinbaren diese einen Gründungsvertrag sowie eine Satzung und bestellen einen Vorstand. Dieser meldet den Verein zur Eintragung in das Vereinsregister an. Mit der Eintragung erlangt der Verein die Rechtsfähigkeit. In der Zeit zwischen Vereinbarung der Satzung und der Eintragung besteht ein *Vorverein*. Für den Verein gilt im Grundsatz Entsprechendes wie bei der Vor-GmbH (ausführlich → Rn. 740ff.). Dem Vorverein wird zwischen Feststellung der Satzung und Eintragung bereits Rechtsfähigkeit zuerkannt. Vermögen und Verbindlichkeiten des Vorvereins gehen im Zeitpunkt der Eintragung im Wege der Gesamtrechtsnachfolge auf den Verein über.[18] Personen, die für einen Vorverein handeln, haften bis zur Eintragung des Vereins persönlich (vgl. § 54 S. 2 BGB), danach erlischt ihre Haftung. Im Unterschied zur Vor-GmbH besteht allerdings keine *Differenzhaftung* der Gründer (→ Rn. 746), weil das Vereinsrecht keine Vorschriften zur Kapitalaufbringung bzw. -erhaltung kennt.

2. Gründungsvertrag und Satzungsinhalt

448 Der Gründungsvertrag umfasst die Einigung der Gründer über den Zusammenschluss zur Verfolgung eines bestimmten Zwecks und über die Satzung, die der wesentliche Teil der Verfassung des Vereins ist.[19]

Die Rechtsnatur des Gründungsvertrags ist umstritten. Nach hM handelt es sich zwar zunächst um einen von den Gründern abgeschlossenen Vertrag, der nach Entstehen des Vereins aber ein »unabhängiges, rechtliches Eigenleben« erlangt und die körperschaftliche Verfassung des Vereins darstellt.[20] Daraus folgt, dass verschiedene schuldrechtliche Regelungen nicht anwendbar sind. Zwar sind Gründungserklärungen als Willenserklärungen grundsätzlich anfechtbar, doch vernichtet eine wirksam erfolgte Anfechtung nicht den gesamten Vertrag, sondern hat, wenn noch die notwendige Mindestmitgliederzahl verbleibt, nur die Wirkung einer Austrittserklärung.[21] Andere Nichtigkeitsgründe, die mit der Gründungserklärung eines Mitglieds verbunden sind, wirken nur für die Zukunft und führen nicht zu einem rückwirkenden Ausscheiden eines Mitglieds oder gar zu einer rückwirkenden Auflösung des Vereins.

---

16 BGHZ 96, 245 (249); *K. Schmidt* GesR § 24 III 4b (S. 701); *Reuter* ZHR 151 (1987), 355 (372).
17 Hierzu ausf. *Oetker* NJW 1991, 385ff.
18 MüKoBGB/*Reuter* §§ 21, 22 Rn. 80ff.; *K. Schmidt* GesR § 24 II 3a (S. 682).
19 *Eisenhardt/Wackerbarth* GesR Rn. 202.
20 BGHZ 47, 172 (179).
21 MüKoBGB/*Reuter* § 25 Rn. 22; *Sauter/Schweyer/Waldner* Der eingetragene Verein Rn. 12; *Stöber/Otto* VereinsR Rn. 27.

Die Satzung ist das eigentliche *Gründungsstatut* der Gesellschaft, vergleichbar einem Gesellschaftsvertrag bei Personengesellschaften. Um eine Eintragung in das Vereinsregister und damit Rechtsfähigkeit erlangen zu können, *muss* die Satzung den Vereinszweck, den Namen sowie den Sitz des Vereins enthalten und sich aus ihr ergeben, dass der Verein eingetragen werden soll (§ 57 I BGB). Die Eintragung ist andernfalls unzulässig. Nach § 58 BGB *soll* die Satzung ferner Regelungen über den Ein- und Austritt der Mitglieder, eventuelle Beitragspflichten, die Bildung des Vorstands und über die Mitgliederversammlung enthalten. Auch bei Fehlen von Soll-Bestandteilen der Satzung erfolgt keine Eintragung des Vereins (§ 60 BGB). Über Muss- und Soll-Bestandteile hinaus *kann* die Satzung weitere Regelungen enthalten.

Der *Vereinszweck* kann beliebig gewählt werden (Art. 9 I GG), darf allerdings nicht gegen die §§ 134, 138 BGB verstoßen (zu verschiedenen Vereinszwecken ausführlich → Rn. 443). Im Hinblick auf die regelmäßigen *Beitragspflichten* reicht es aus, wenn die Satzung eine Pflicht zur Beitragsleistung vorsieht. Eine betragsmäßige Angabe in der Satzung ist nicht erforderlich und zur Vereinfachung späterer Änderungen auch nicht zweckmäßig.[22] Vielmehr reicht es aus, wenn die Satzung vorsieht, dass die Mitgliederversammlung oder ein anderes Vereinsorgan über die Beitragshöhe entscheidet.[23] *Beitragserhöhungen* sind angesichts der Treuepflichten der Vereinsmitglieder untereinander insoweit Grenzen gesetzt, als diese sachlich vertretbar sein müssen und die finanzielle Leistungsfähigkeit einzelner Vereinsmitglieder zu berücksichtigen ist.

Der Verein muss einen *Vorstand* haben (§ 26 I 1 BGB). Auch bedarf es einer Regelung über dessen Bildung (§ 58 Nr. 3 BGB). Sieht die Satzung nichts Abweichendes vor, wird der Vorstand durch die Mitgliederversammlung bestellt (§ 27 I BGB). Ausreichend ist die einfache Mehrheit der erschienenen Mitglieder (§ 32 I 3 BGB). Die Vorstandsbestellung kann durch die Satzung aber auch einem anderen Vereinsorgan oder sogar vereinsexternen Personen zugewiesen werden. Solange eine externe Bestimmung des Vorstands durch die Mitgliederversammlung kraft Satzungsänderung abbedungen werden kann, widerspricht eine solche Regelung nicht der Vereinsautonomie.[24]

Weiterhin soll die Satzung Bestimmungen darüber enthalten, unter welchen Voraussetzungen die *Mitgliederversammlung* einzuberufen ist, ebenso über die Form der Einberufung und die Beurkundung der Beschlüsse (§ 58 Nr. 4 BGB). Dabei ist es zulässig und bei kleineren Vereinen auch ratsam vorzusehen, dass keine Beurkundung erfolgen muss. Zwar schreibt das Gesetz für die Satzung keine besondere *Form* vor. Indes muss die Satzung lediglich in Abschrift bei der Anmeldung des Vereins vorgelegt werden (§ 59 II BGB), damit die elektronische Übermittlung der zum Vereinsregister einzureichenden Dokumente möglich ist. Die Satzung ist zudem von mindestens sieben Mitgliedern zu unterzeichnen und es ist der Tag der Errichtung anzugeben (§ 59 III BGB).

3. Inhaltskontrolle der Satzung

Klauseln der Satzung, die gegen § 134 oder § 138 BGB verstoßen, sind nichtig. Allerdings ist auch hier die Vereinigungsfreiheit gem. Art. 9 I GG zu berücksichtigen, die Vereinen und Mitgliedern eine weitreichende Autonomie auch hinsichtlich der inneren

449

---

22 BGH NJW 2010, 3521 f.
23 *Märkle/Alber* Der Verein 52; *Stöber/Otto* VereinsR Rn. 352.
24 OLG Köln NJW 1992, 1048 ff.

Vereinsorganisation zugesteht. Umstritten ist, ob Satzungen über die §§ 134, 138 BGB hinaus einer sich an § 242 BGB orientierenden richterlichen Inhaltskontrolle unterliegen.[25] Der BGH bejaht eine solche Inhaltskontrolle jedenfalls bei Vereinen, die im wirtschaftlichen oder sozialen Bereich eine überragende Machtstellung haben.[26] Hier finden dieselben Grundsätze Anwendung wie bei Publikumspersonengesellschaften. Denn grundsätzlich muss die Organisation eines Vereins so gestaltet sein, dass die Mitglieder nicht zugunsten bestimmter Führungsgremien oder Personen entrechtet werden. Auch die den Mitgliedern auferlegten Pflichten und etwaige Sanktionen (zB Vereinsausschluss) unterliegen einer Kontrolle am Maßstab von Treu und Glauben.[27]

4. Auslegung der Satzung

450　Der Satzung liegen entsprechende Willenserklärungen der Vereinsgründer zugrunde, sodass eine Auslegung grundsätzlich anhand von §§ 133, 157 BGB erfolgt. Bei der Auslegung aus der Perspektive des Empfängerhorizontes ist zu berücksichtigen, dass die Gründungserklärungen an eine Vielzahl von Personen gerichtet sind (nämlich an mindestens sieben Gründer), weshalb nur solche Besonderheiten berücksichtigt werden können, die allen Gründern erkennbar waren. Bei einer Auslegung der Satzung in der Folgezeit ist zu berücksichtigen, dass später beitretenden Mitgliedern ein individuelles Verständnis der Gründer regelmäßig nicht bekannt ist. Die Satzung ist daher nur so zu verstehen, wie ein beliebiger Dritter sie ohne Hintergrundwissen bei der Gründung verstehen würde. Da dieser Umstand auch den Gründern bei Abgabe ihrer Erklärungen bekannt ist, müssen sich auch diese an dem objektiven Verständnis der Satzung festhalten lassen.[28]

5. Treupflichten und Gleichbehandlungsgebot

451　Ähnlich wie bei einer BGB-Gesellschaft bestehen – ohne dass diese in der Satzung explizit erwähnt sein müssten – Treupflichten der Mitglieder untereinander und gegenüber dem Verein.[29] Die Intensität dieser ganz individuellen Treupflichten wird jedoch vom Vereinszweck und auch von der Größe des Vereins bestimmt. Auch besteht innerhalb des Vereins ein aus § 242 BGB folgendes Gleichbehandlungsgebot aller Mitglieder.[30] Eine unterschiedliche Behandlung von Mitgliedern kann aber sachlich gerechtfertigt sein (zB Beitragsermäßigungen für Schüler, Studenten oder Familien bzw. andere Mitglieder mit geringem Einkommen). In § 35 BGB werden Sonderrechte einzelner Mitglieder sogar ausdrücklich erwähnt.

25　Zum Streitstand *K. Schmidt* GesR § 5 III 4 (S. 121 ff.).
26　BGHZ 105, 306 ff.
27　*Grunewald* GesR § 8 Rn. 22.
28　*Grunewald* GesR § 8 Rn. 16; iErg ebenso, allerdings für eine objektive Auslegung in Anlehnung an die Gesetzesauslegung MüKoBGB/*Reuter* § 25 Rn. 23. Allg. zur Auslegung von Gesellschaftsverträgen und Satzungen *Fleischer* DB 2013, 1466.
29　Soergel/*Hadding* BGB § 38 Rn. 23 f.; *Sauter/Schweyer/Waldner* Der eingetragene Verein Rn. 348; aA MüKoBGB/*Reuter* § 38 Rn. 44 ff. (Treuepflicht nur gegenüber dem Verein).
30　BGHZ 3, 248 (252); *Märkle/Alber* Der Verein 88; *Stöber/Otto* VereinsR Rn. 336.

IV. Erlangung der Rechtsfähigkeit

Vereine, deren Zweck nicht auf einen wirtschaftlichen Geschäftsbetrieb gerichtet ist, **452** erlangen die Rechtsfähigkeit durch Eintragung in das Vereinsregister (§ 21 BGB), während wirtschaftlichen Vereinen diese vom Staat verliehen wird (§ 22 BGB). Wirtschaftliche Vereine sind in der Praxis von ausgesprochen geringer Bedeutung, da andere Rechtsformen für eine wirtschaftliche Betätigung in aller Regel sachgerechter sind (→ Rn. 443 f.).

Die Eintragung des Vereins in das beim Registergericht geführte Vereinsregister hat für die Erlangung der Rechtsfähigkeit konstitutive Wirkung.[31] Die Eintragung *darf* nur unter bestimmten Mindestvoraussetzungen erfolgen.[32] Der Verein muss durch wirksamen Gründungsvertrag (→ Rn. 448) und Inkrafttreten einer Satzung entstanden und ein Vorstand bestellt worden sein. Die Anmeldung des Vereins hat durch den Vorstand mittels öffentlich beglaubigter Erklärung zu erfolgen (§ 77 BGB). Der Anmeldung beizufügen sind die Satzung in Urschrift und Abschrift, die Namen, Zweck und Sitz des Vereins enthalten muss, sowie eine Abschrift der Urkunden über die Bestellung des Vorstands. Die Zweckangabe dient nicht zuletzt der Prüfung der Eintragungsfähigkeit.[33]

Eine Eintragung *soll* nur erfolgen, wenn mindestens sieben Gründungsmitglieder vorhanden sind (§ 56 BGB), die die Satzung mit dem Sollinhalt des § 58 BGB unterschrieben haben (§ 59 III BGB). Erfolgt eine Eintragung, obwohl eine Satzung fehlerhaft oder unvollständig ist, entsteht der Verein gleichwohl als rechtsfähiger Verein. Möglich ist eine nur für die Zukunft wirkende Löschung gem. §§ 395, 400 FamFG.[34] Auch fehlerhafte, aber eingetragene Satzungsänderungen sind wirksam. Die Regelung des § 242 AktG über die Heilung nicht beurkundeter Beschlüsse gilt entsprechend.

V. Organe

Jeder Verein besteht zwingend aus zwei Organen, nämlich Vorstand und Mitgliederversammlung. Die Bildung weiterer Organe ist vom Gesetz nicht vorgeschrieben und kann durch die Satzung autonom geregelt werden.

Beispiele: Neben dem Vorstand kann ein Schiedsgericht für die »Vereinsstrafgewalt« (Ausschluss von Mitgliedern, Vereinsstrafen) zuständig sein; wichtige Entscheidungen können von der Zustimmung besonderer »Beiräte« abhängig gemacht werden.

1. Vorstand

a) Der Vorstand wird von der Mitgliederversammlung durch Beschluss *bestellt* (§ 27 I **453** BGB). Seine Zusammensetzung und insbesondere die Zahl der Vorstandsmitglieder regelt die Satzung.[35]

---

31 *Stöber/Otto* VereinsR Rn. 1283.
32 Ausf. zur registergerichtlichen Prüfung *Röcken* ZStV 2011, 105 ff.
33 *K. Schmidt* AcP 182 (1982), 1 (31).
34 RGZ 81, 206 (208); *K. Schmidt* GesR § 24 II 1 e (S. 679); *Stöber/Otto* VereinsR Rn. 1283.
35 *Pauli* ZStV 2011, 41 f.

454 **b)** Der Vorstand *vertritt* den Verein gerichtlich und außergerichtlich als gesetzlicher Vertreter (§ 26 I 2 BGB). Das Gesetz ordnet für mehrgliedrige Vorstände weder Einzel- noch Gesamtvertretungsmacht an. Enthält auch die Satzung hierzu keine Regelung, gilt nicht der Grundsatz der Gesamtvertretung (zB § 78 AktG, § 35 GmbHG), sondern das *Mehrheitsprinzip*.[36] Dies folgt aus § 26 II 1 BGB.

Der *Umfang der Vertretungsmacht* des Vorstands ist zwar grundsätzlich unbeschränkt, kann jedoch gem. § 26 I 3 BGB durch die Satzung nicht nur im Innenverhältnis, sondern auch nach außen hin beschränkt werden. Gemäß §§ 68, 70 BGB wirkt eine solche Beschränkung beim rechtsfähigen Verein allerdings nur gegenüber einem Dritten, wenn sie diesem bekannt oder in das Vereinsregister eingetragen war. Die Beschränkung kann in einer Untersagung bestimmter Geschäfte, in der Begründung von Zustimmungserfordernissen oder in der Zuweisung bestimmter Aufgaben an andere Organe bestehen. Unzulässig ist es jedoch, einem Vorstandsmitglied Vertretungsmacht nur unter bestimmten Umständen einzuräumen oder die Vertretungsmacht vollständig zu entziehen.[37]

> In **Fall b)** sieht die Satzung des B e.V. Alleinvertretungsmacht – und mangels anderweitiger Regelung daher auch Alleingeschäftsführungsbefugnis – jedes Vorstandsmitgliedes vor. Diese Satzungsbestimmung konnte nicht durch die vorstandsinterne Absprache, Geschäfte ab 5.000 EUR nur durch zwei Vorstandsmitglieder vorzunehmen, abbedungen werden. Vertretungsregelungen können nur durch die Satzung festgelegt werden. Denn andernfalls könnte sich der Vorstand über die Beschlüsse der Mitgliederversammlung durch interne Regelungen jederzeit hinwegsetzen. Der Verstoß gegen den Vorstandsbeschluss stellt daher weder eine Pflichtverletzung gegenüber dem Verein dar, noch handelte X als Vertreter ohne Vertretungsmacht. Ersatzansprüche des Vereins bestehen deshalb nicht.[38]

Ausdrücklich geregelt ist im Vereinsrecht die *Passivvertretung*. § 26 II 2 BGB ordnet an, dass Willenserklärungen gegenüber dem Verein gegenüber einem einzelnen Vorstandsmitglied abgegeben werden können. Es besteht insoweit also eine Einzelvertretungsbefugnis, die auch durch Satzung nicht geändert werden kann (vgl. § 40 BGB, wonach nur § 26 II 1 BGB dispositiv ist). Entsprechendes gilt, wenn es auf die Kenntnis oder das Kennenmüssen des Vereins[39] oder auf Arglist[40] ankommt. Die Kenntnis oder grob fahrlässige Unkenntnis nur eines Vorstandsmitglieds, auch wenn dieses am konkreten Geschäft nicht mitgewirkt hat,[41] wird stets dem gesamten Verein zugerechnet.[42]

455 **c)** Auch bezüglich der *Geschäftsführungsbefugnis* enthält das Gesetz keine Detailregelungen; nach § 27 III BGB findet Auftragsrecht (§§ 664–670 BGB) Anwendung. Ist die Geschäftsführung durch die Satzung keinem anderen Organ übertragen, decken sich Geschäftsführungsbefugnis und Vertretungsmacht.[43]

---

36 HM; vgl. Palandt/*Ellenberger* BGB § 26 Rn. 7; MüKoBGB/*Reuter* § 26 Rn. 15; *K. Schmidt* GesR § 24 III 2b (S. 688); *Schöpflin* RPfleger 2010, 349.
37 BayObLGZ 1969, 33; BayObLG NJW-RR 2002, 456; *Stöber/Otto* VereinsR Rn. 384.
38 Fall nach BGHZ 119, 379.
39 BGHZ 41, 282 (287).
40 BGHZ 109, 327.
41 So ausdr. BGHZ 109, 327 (331) (zum Handeln von Gemeindeorganen).
42 Allg. Grundsatz, vgl. BGHZ 20, 149 (153) (zur eG); 41, 282 (287) (zur AG); *K. Schmidt* GesR § 10 V 2a (S. 285).
43 BGHZ 119, 379.

d) Die Mitgliederversammlung ist gegenüber dem Vorstand weisungsberechtigt (§ 665   **456**
BGB) und hat einen Auskunfts- (§ 666 BGB) sowie Herausgabeanspruch (§ 667 BGB).
Dem Vorstand steht gem. § 670 BGB gegenüber dem Verein ein Aufwendungsersatzanspruch zu. Soweit die Satzung dies nicht ausdrücklich vorsieht, kann er für seine Tätigkeit kein Entgelt verlangen. Ist dies der Fall, besteht zwischen Vorstand und Verein
kein Auftragsverhältnis, sondern ein Dienstvertrag.

e) Für die *Beendigung* der Vorstandsstellung gilt nach § 27 II BGB, dass seine Bestel-   **457**
lung jederzeit widerruflich ist und der Vorstand deshalb von der Mitgliederversammlung abberufen werden kann. Der Widerruf kann nicht ausgeschlossen, aber auf das
Vorliegen eines wichtigen Grundes beschränkt werden. Weitere Beendigungsgründe
sind Ablauf einer satzungsgemäßen Amtszeit, Tod oder Geschäftsunfähigkeit eines
Vorstandsmitgliedes, Vereinsausschluss oder Wegfall einer persönlichen Eigenschaft
für ein Vorstandsamt (zB Zugehörigkeit zu einer bestimmten Berufsgruppe). Ein eh-
renamtliches Vorstandsmitglied kann sein Amt jederzeit niederlegen, macht sich jedoch gegenüber dem Verein schadensersatzpflichtig, wenn dies zur Unzeit geschieht
(§ 671 II BGB).[44]

2. Mitgliederversammlung

Oberstes Beschlussorgan des Vereins ist die Mitgliederversammlung. Diese kann nicht   **458**
nur physisch, sondern auch virtuell, etwa in einem Chat-Raum, durchgeführt werden.[45] Nach § 32 I 1 BGB entscheidet die Mitgliederversammlung über alle Angelegenheiten, deren Besorgung nicht durch Gesetz oder Satzung dem Vorstand übertragen
ist. Ihre Entscheidungen führt sie aber nicht selbst aus. Diese Aufgabe obliegt dem allein nach außen vertretungsberechtigten Vorstand. Die Mitgliederversammlung ist
gem. § 32 BGB für alle Vereinsangelegenheiten zuständig. Ausdrücklich werden ihr
vom Gesetz die Bestellung und Abberufung des Vorstands (§ 27 BGB), Grundlagenentscheidungen und Satzungsänderungen (§ 33 BGB) sowie die Vereinsauflösung
(§ 41 BGB) zugewiesen.[46]

a) Die *Einberufung* der Mitgliederversammlung erfolgt durch den Vorstand, der dar-   **459**
über einen ordnungsgemäßen Vorstandsbeschluss fassen muss.[47] Dieser hat zu seiner
Gültigkeit die Gegenstände der Beschlussfassung bei der Versammlung zu bestimmen.[48] Über die Form der Einberufung soll die Satzung eine Regelung enthalten (§ 58
Nr. 4 BGB), wobei lediglich erforderlich ist, dass die Mitglieder Gelegenheit zur recht-
zeitigen Kenntnisnahme haben. Ob alle Mitglieder tatsächlich Kenntnis erlangen, ist
unerheblich.[49] Rundschreiben sind dabei ebenso möglich wie Veröffentlichungen in
Tageszeitungen. Sieht die Satzung eine schriftliche Einladung vor, kann diese auch per
E-Mail erfolgen.[50] Nach § 37 BGB ist eine Mitgliederversammlung einzuberufen,

---

44 Zu den Beendigungsgründen *Märkle/Alber* Der Verein 86; *Stöber/Otto* VereinsR Rn. 426 ff.
45 OLG Hamm NJW 2012, 940 (941); zust. *Scheuch* ZStV 2012, 141 ff. Ausf. zu einer über das Internet
   stattfindenden Mitgliederversammlung *Mecking* ZStV 2011, 161 (164f.).
46 Weitere Beispiele nennt *Pauli* ZStV 2010, 167 (168).
47 *K. Schmidt* GesR § 24 III 3 (S. 693); *Pauli* ZStV 2010, 167 (168); ausf. *Stöber/Otto* VereinsR
   Rn. 640 ff.
48 BGH NJW 2008, 69 (72).
49 OLG Schleswig NJW 2012, 2524 (2525); OLG Hamm NJW-RR 2011, 395.
50 *Scheffer* DStR 2011, 2053 f.; *Schäfer* NJW 2012, 891 ff.; *Grziwotz* MDR 2012, 741 ff.; aA: Palandt/*El-*
   lenberger BGB § 32 Rn. 3.

wenn eine Minderheit dies verlangt. Um ein Leerlaufen von Minderheitsrechten zu verhindern, darf die Satzung jedoch nicht vorsehen, dass es sich bei der erforderlichen Mitgliederzahl iSd § 37 I BGB um wenigstens die Hälfte aller Mitglieder handelt.[51] Zur Erreichung des jeweils erforderlichen Stimmenquorums kann ein einzelnes Vereinsmitglied ein berechtigtes Interesse daran haben, vom Verein Namen und Anschriften der anderen Vereinsmitglieder zu erhalten.[52] Widersetzt sich der Vorstand dem Verlangen, kann gem. § 37 II BGB das Amtsgericht die Minderheit ermächtigen, die Ladung selbst vorzunehmen.

460   **b)** Die Mitgliederversammlung trifft ihre Entscheidungen im Wege der *Beschlussfassung*,[53] also durch Stimmabgabe der Mitglieder und Feststellung des Ergebnisses. Nach § 32 I 3 BGB reicht für einen wirksamen Beschluss die Mehrheit der abgegebenen Stimmen aus. Mit Blick auf die Regelungen der § 133 I AktG, §§ 47 I und 53 II GmbHG sowie §§ 16 II und 43 II GenG ergibt sich, dass bei der Ermittlung des erforderlichen Quorums nur die Zahl der Ja- und Nein-Stimmen, nicht aber Enthaltungen mitzuzählen sind.[54]

> **Beispiel:** Sind insgesamt 32 Mitglieder erschienen und enthalten sich bei einer Abstimmung 4 Mitglieder, liegt die erforderliche Mehrheit bei 15 Ja-Stimmen. Erscheinen 87 Mitglieder und stimmen nur 28 für und ein Mitglied gegen die Entlastung des Vorstands, während sich die anderen enthalten, ist der Vorstand wirksam entlastet worden.[55]

In der Satzung kann festgelegt werden, wie viele Stimmen ein Mitglied hat und welche Art von Mehrheit für bestimmte Entscheidungen erforderlich sein soll. Nach § 34 BGB ist ein Mitglied nicht stimmberechtigt, wenn die Beschlussfassung die Vornahme eines Rechtsgeschäfts mit ihm oder die Einleitung bzw. Erledigung eines Rechtsstreits zwischen ihm und dem Verein betrifft. Unter § 34 BGB soll auch die Entlastung des Vorstands fallen, sodass Vorstandsmitglieder bei der Beschlussfassung darüber nicht stimmberechtigt sind.

461   **c)** Eine *Vertretung* bei der Stimmabgabe durch einen gesetzlichen Vertreter, insbesondere durch ein vertretungsberechtigtes Organ einer Gesellschaft, die ihrerseits Vereinsmitglied ist, oder durch ein anderes Mitglied ist zulässig, wenn sich aus dem Vereinszweck nichts Gegenteiliges ergibt.[56] Dem steht auch § 38 S. 2 BGB nicht entgegen, wonach die Ausübung von Mitgliedschaftsrechten nicht Dritten überlassen werden darf.[57] Weder ein gesetzlicher Vertreter noch ein anderes Mitglied ist Dritter im Sinne dieser Vorschrift. Die Norm verbietet es allerdings, die Ausübung von Mitgliedschaftsrechten und damit auch die Stimmabgabe (sonstigen) Nichtmitgliedern zu übertragen.[58]

---

51 OLG Celle RPfleger 2011, 278; *Scheffer* DStR 2011, 2053.
52 BGH NZG 2010, 1430 (1431) mAnm *Römermann* NZG 2011, 56 ff.
53 Zur streitigen Frage nach der Rechtsnatur eines Beschlusses s. MüKoBGB/*Arnold* § 32 Rn. 23; Staudinger/*Weick*, 2005, BGB § 32 Rn. 37.
54 BGHZ 83, 35; MüKoBGB/*Arnold* § 32 Rn. 45; *Sauter/Schweyer/Waldner* Der eingetragene Verein Rn. 206; *Reuter* ZHR 151 (1987), 355 (372); *Schöpflin* RPfleger 2010, 349 (350); *Pauli* ZStV 2010, 167 (170).
55 BGH NJW 1987, 2430.
56 Palandt/*Ellenberger* BGB § 38 Rn. 3; *Stöber/Otto* VereinsR Rn. 826; für eine dahingehende ergänzende Vertragsauslegung bei großen Vereinen *Grunewald* GesR § 8 Rn. 45.
57 *Grunewald* GesR § 8 Rn. 45.
58 Palandt/*Ellenberger* BGB § 38 Rn. 3; Staudinger/*Weick*, 2005, BGB § 38 Rn. 4; aA MüKoBGB/*Arnold* § 38 Rn. 62.

§ 38 S. 2 BGB bezweckt, dass die Vereinsmitglieder Herr der Willensbildung im Verein bleiben,[59] was bei Bevollmächtigung Externer infrage stünde. Die Abtretung von Stimmrechten ist als Ausfluss des Abspaltungsverbots (bei der GbR → Rn. 125) unzulässig, weil sie zu einem dauernden Auseinanderfallen von Mitgliedschaft und Mitgliedschaftsrechten führen würde.

d) *Satzungsänderungen* bedürfen gem. § 33 I 1 BGB einer Mehrheit von Dreivierteln   **462** aller erschienenen Mitglieder und werden erst mit der Eintragung in das Vereinsregister wirksam (§ 71 I 1 BGB). Soll der Zweck des Vereins geändert werden, müssen grundsätzlich alle Mitglieder zustimmen (§ 33 I 2 Hs. 1 BGB). Die Zustimmung der nicht erschienenen Mitglieder hat schriftlich zu erfolgen (§ 33 I 2 Hs. 2 BGB). Die Satzung kann jedoch abweichende Mehrheits- und Verfahrenserfordernisse vorsehen, wie § 40 BGB klarstellt.

e) Wird das für die Beschlussfassung geltende Verfahren nicht eingehalten, handelt es   **463** sich um einen *fehlerhaften Beschluss*. Ein Verstoß gegen zwingende gesetzliche Vorschriften führt zur Nichtigkeit des Beschlusses, nicht lediglich zu dessen Anfechtbarkeit.[60] Ein Verstoß gegen andere individualschützende (Satzungs-)Vorschriften begründet hingegen in der Regel nur ein Widerspruchsrecht des Mitglieds, sofern der Fehler tatsächliche Auswirkungen auf den Beschluss hatte.[61]

VI. Mitgliedschaft

1. Beginn der Mitgliedschaft

Soweit es sich nicht um Gründungsmitglieder handelt, wird die Mitgliedschaft durch   **464** *Beitritt* zum Verein erworben. Der Beitritt erfolgt durch Abschluss eines Vertrages zwischen Verein und neuem Mitglied, welches eine entsprechende Willenserklärung gegenüber den zur Vertretung des Vereins berechtigten Personen abzugeben hat.[62] Ein zur Mitgliedschaft führender Vertrag kann auch stillschweigend zustande kommen.[63] In der Regel ist ein Verein nicht zur Aufnahme von Mitgliedern verpflichtet, selbst wenn der Bewerber alle Voraussetzungen erfüllt, die für einen Erwerb der Mitgliedschaft in der Satzung vorgeschrieben sind.[64] Ausnahmsweise besteht allerdings ein Kontrahierungszwang, also eine Aufnahmepflicht, wenn der Verein im wirtschaftlichen, politischen oder sozialen Bereich eine überragende Machtstellung hat und der Bewerber daher auf die Mitgliedschaft angewiesen ist (beispielsweise Gewerkschaft).[65] Ein Aufnahmezwang besteht ebenfalls, wenn der Verein eine Monopolstellung einnimmt und die Ablehnung eines Aufnahmeantrags im Verhältnis zu den bereits aufgenommenen Mitgliedern sachlich nicht gerechtfertigt ist und zu einer ungleichen Be-

---

59 *Grunewald* GesR § 8 Rn. 45.
60 BGHZ 59, 369 (374f.); BGH NJW 2008, 69 (72); Staudinger/*Weick,* 2005, BGB § 32 Rn. 24; *Stöber/ Otto* VereinsR Rn. 864; *Scheffer* DStR 2011, 2053 (2057); krit. *Reuter* ZHR 151 (1987), 355 (370ff.); *Terner* NJW 2008, 16 (18).
61 Staudinger/*Weick,* 2005, BGB § 32 Rn. 25; *K. Schmidt* GesR § 24 III 3f (S. 697).
62 BGHZ 101, 193 (196); MüKoBGB/*Arnold* § 38 Rn. 57; *K. Schmidt* GesR § 24 IV 1b (S. 702).
63 OLG Hamm NJW-RR 2011, 472 (473).
64 BGHZ 101, 193 (198); Soergel/*Hadding* § 38 Rn. 12; *Stöber/Otto* VereinsR Rn. 255.
65 BGHZ 93, 151 (152) bei der IG-Metall bejahend und BGH NJW 1980, 186 beim Anwaltverein verneinend.

handlung und unbilligen Benachteiligung des Bewerbers führen würde (etwa Sport-verband).[66]

2. Rechte und Pflichten der Mitglieder

465 Aus der Mitgliedschaft ergibt sich für das Mitglied das Recht auf Teilnahme an den Vereinsveranstaltungen mit Stimmrecht sowie aktivem und passivem Wahlrecht für die Vereinsämter. Je nach Vereinszweck haben die Mitglieder das Recht, im Rahmen der Satzung die Gegenstände und Einrichtungen des Vereins, die zum Gebrauch der Mitglieder gedacht sind, zu nutzen.

> **Beispiel:** Die Mitglieder eines Tennisvereins haben das Recht, in einem bestimmten Umfang die Tennisplätze zu nutzen, an Vereinsturnieren teilzunehmen und das Clubhaus aufzusuchen.

Für den Verein gilt ein allgemeines Gleichbehandlungsgebot gegenüber den Vereinsmit-gliedern, wobei die Satzung Sonderrechte vorsehen kann.[67] Ferner ergibt sich aus der Satzung eine allgemeine Treuepflicht der Mitglieder gegenüber dem Verein, aber auch gegenüber den anderen Vereinsmitgliedern. Es gilt nichts anderes als bei der BGB-Ge-sellschaft, da die Treuepflicht letztlich eine Ausgestaltung des Grundsatzes von Treu und Glauben ist (zur GbR → Rn. 136). Der Verein hat darüber hinaus bestimmte An-sprüche gegen das Mitglied, etwa auf Zahlung des satzungsgemäßen Beitrags.

Bei Verstößen gegen die mitgliedschaftlichen Pflichten sehen Vereinssatzungen häufig Sanktionen, wie Rügen, Geldbußen, den Verlust bestimmter Mitgliedschaftsrechte (etwa sportliche Sperren) bis hin zum zeitweiligen oder endgültigen Vereinsausschluss vor. Die Grenzen zulässiger Vereinssanktionen oder -strafen bestimmen §§ 138, 242 BGB. Unabhängig davon, ob eine vereinsinterne Gerichtsbarkeit besteht, hat das Mit-glied die Möglichkeit, den Beschluss eines Vereinsorgans über die Strafmaßnahme durch staatliche Gerichte prüfen zu lassen. Dabei ist die Vereinsstrafe dahingehend zu prüfen, ob sie eine Grundlage in der Satzung hat, in einem ordnungsgemäßen Verfahren zustande gekommen und durch sachliche Gründe gerechtfertigt, das heißt nicht unbillig ist. Bei Vereinen ohne besondere soziale Bedeutung wird lediglich geprüft, ob die Ent-scheidung nicht grob unbillig ist.[68] Diese eingeschränkte Kontrolle soll Ausfluss der Vereinsautonomie sein.[69] Dies vermag aber letztlich nicht zu überzeugen, weil auch an-dere Körperschaften ihr Statut autonom festlegen und dennoch einer vollständigen Kontrolle durch staatliche Gerichte unterliegen. Ein Mitglied mag sich mit seinem Bei-tritt zwar der Vereinsgewalt freiwillig unterwerfen. Eine Vereinsstrafe wird es allerdings nur akzeptieren wollen, wenn deren Voraussetzungen auch tatsächlich vorliegen.[70]

3. Beendigung der Mitgliedschaft

466 Die Mitgliedschaft endet mit dem Austritt eines Mitglieds. Der Verein besteht fort, so-lange noch Mitglieder vorhanden sind. Nach § 39 BGB ist jedes Mitglied zum Austritt berechtigt, wobei die Satzung Kündigungsfristen oder auch bestimmte Termine vor-

---

66 BGHZ 63, 282 (284f.); 93, 151 (154); NJW 1999, 1326; zum Ganzen *Reuter* ZHR 151 (1987), 355 (381ff.).
67 BGH MDR 1970, 913; *K. Schmidt* GesR § 24 IV 2 c (S. 706); *Stöber/Otto* VereinsR Rn. 209.
68 BGHZ 102, 265 (276f.); 128, 93 (110); Bamberger/Roth/*Schöpflin* BGB § 25 Rn. 67ff.
69 BGH NJW 1997, 3368.
70 *Flume* BGB AT I/2 § 9 IV (S. 333f.); *Grunewald* GesR § 8 Rn. 78; krit. auch *Reuter* ZHR 151 (1987), 355 (386ff.).

sehen kann. Der Austritt kann auch durch einvernehmliche Aufhebung der Mitgliedschaft zwischen Verein und Mitglied oder durch Tod des Mitglieds beendet werden, weil die Mitgliedschaft ohne entgegenstehende Satzungsregelung (§ 40 BGB) nicht vererblich oder übertragbar ist (§ 38 S. 1 BGB). Ferner endet die Mitgliedschaft, wenn ein Mitglied aus dem Verein ausgeschlossen wird. Die Voraussetzungen eines Ausschlusses können durch den Verein selbst in der Satzung festgelegt werden. Auch ohne entsprechende Satzungsregelungen ist ein Vereinsausschluss jederzeit möglich, wenn in der Person des Mitglieds ein wichtiger Grund vorliegt.[71]

VII. Haftung

1. Haftung des Vereins

Als juristische Person haftet der Verein für rechtsgeschäftliche Verbindlichkeiten, sofern diese durch seine Vertreter wirksam begründet wurden. Die Zurechnungsnorm des § 31 BGB hat zudem zur Folge, dass der Verein für Schäden haftet, welche die Vereinsorgane in Erledigung ihrer Aufgaben Dritten zugefügt haben. Daneben haftet der Handelnde in der Regel auch persönlich.[72] § 31 BGB hat Modellcharakter für das Gesellschaftsrecht und findet nicht nur auf alle juristischen Personen (sogar solche des öffentlichen Rechts, vgl. § 89 I BGB), sondern auch auf die Personengesellschaften, den nichtrechtsfähigen Verein und die Vor-GmbH entsprechende Anwendung.[73] Im Übrigen wird dem Verein gem. § 278 BGB auch das Verschulden seiner Erfüllungsgehilfen zugerechnet und er haftet nach § 831 BGB ebenfalls für Verrichtungsgehilfen (beispielsweise etwaiger Angestellter). Auch kann der Verein gem. § 7 StVG als Halter eines Fahrzeugs haften. **467**

2. Haftung des Vorstands

Von der Haftung des Vereins im Außenverhältnis ist die Haftung des Vorstands im Innenverhältnis gegenüber dem Verein zu unterscheiden.[74] Der Vorstand ist aufgrund seiner organisationsrechtlichen Bestellung dem Verein gegenüber zu ordnungsgemäßem Handeln verpflichtet. Für schuldhafte Pflichtverletzungen haftet er dem Verein nach § 280 I BGB. Stehen die Vorstandsmitglieder zudem in einem Anstellungsverhältnis, tritt eine Haftung wegen Verletzung des Dienstvertrags neben die Haftung als Organ. Zugunsten ehrenamtlicher Vorstandsmitglieder bestimmt § 31 a I BGB, dass diese für einen in Wahrnehmung ihrer Vorstandspflichten verursachten Schaden nur bei Vorliegen von Vorsatz oder grober Fahrlässigkeit haften.[75] Diese Beschränkung gilt dabei bezüglich der Haftung gegenüber dem Verein als auch den Mitgliedern. Von § 31 a I BGB erfasst sind zudem Vorstandsmitglieder, die zwar nicht ehrenamtlich tätig sind, deren Vergütung allerdings 720 EUR nicht überschreitet. § 31 a II BGB sieht zudem einen Freistellungsanspruch des Vorstandsmitglieds gegen den Verein vor, wenn es einem Dritten aus seiner Tätigkeit schadensersatzpflichtig geworden ist.[76] In aller Regel erfolgt **468**

---

71 BGH NJW 1972, 1892 (1893).
72 MüKoBGB/*Arnold* § 31 Rn. 45 f.; *Stöber*/*Otto* VereinsR Rn. 610.
73 Palandt/*Ellenberger* BGB § 31 Rn. 3; MüKoBGB/*Reuter* § 31 Rn. 11 ff.
74 Zur Innen- und Außenhaftung von Vorstandsmitgliedern *Burgard* ZIP 2010, 358 (359 f.).
75 Ausf. zu § 31 a BGB *Burgard* ZIP 2010, 358 ff.; zur Behandlung einer aus § 31 a I BGB folgenden gestörten Gesamtschuld *Reschke* DZWIR 2011, 403 (406 f.).
76 Dazu *Reuter* NZG 2009, 1368 (1369 ff.); *Schöpflin* RPfleger 2010, 349 (353 ff.); *Pauli* ZStV 2011, 41 (45).

im Rahmen einer Mitgliederversammlung regelmäßig eine *Entlastung* des Vorstands. Dies kann jährlich oder nach Ablauf der satzungsmäßigen Amtsperiode geschehen. Dadurch wird die Geschäftsführung des Vorstands als ordnungsgemäß gebilligt, sodass Schadensersatz- und Bereicherungsansprüche sowie Kündigungsmöglichkeiten des Vereins im Hinblick auf Geschäftsführungsmaßnahmen, die der Mitgliederversammlung bekannt waren oder zumindest bekannt sein konnten, ausgeschlossen sind.[77]

Ansprüche des Vereins werden regelmäßig durch die gesetzlichen bzw. satzungsrechtlichen Vertreter durchgesetzt, meist also durch den Vorstand. Handelt es sich um Ansprüche des Vereins gegen den Vorstand selbst, stellt sich die, auch aus dem Personengesellschaftsrecht bekannte Frage, wer zur Anspruchsdurchsetzung befugt ist. Bei einem mehrgliedrigen Vorstand können Ansprüche gegen einzelne Vorstandsmitglieder durch den übrigen Vorstand geltend gemacht werden. Handelt es sich jedoch um einen eingliedrigen Vorstand oder haben alle bzw. eine Mehrheit der Vorstandsmitglieder eine Pflichtverletzung begangen, wird eine Verfolgung von Ersatzansprüchen durch den Vorstand selbst nicht oder jedenfalls nicht effektiv vorgenommen werden.[78] Hierfür ist im Gesellschaftsrecht die *actio pro socio* entwickelt worden (ausführlich bei der GbR → Rn. 165), nach der der einzelne Gesellschafter ausnahmsweise Ansprüche der Gesellschaft im eigenen Namen geltend machen können. Bei einem Verein kann indes die Mitgliederversammlung als oberstes Beschlussorgan einen Beschluss über die Anspruchsverfolgung fassen und einen besonderen Vertreter zur Durchsetzung des Anspruchs bestellen. Ein Bedürfnis für eine actio pro socio, also die Geltendmachung von Vereinsansprüchen durch ein Mitglied im eigenen Namen, besteht daher nicht.[79]

Unmittelbare vertragliche Ansprüche der Mitglieder gegenüber dem Vorstand ergeben sich nicht. Zwischen Vorstand und einzelnem Mitglied besteht keine direkte rechtsgeschäftliche Beziehung, und auch das Rechtsverhältnis zwischen Vorstand und Verein entfaltet keine drittschützende Wirkung gegenüber einzelnen Mitgliedern.[80]

3. Haftung der Mitglieder

469   Grundsätzlich haften die Mitglieder eines Vereins nicht für die Schulden des Vereins, da dieser als juristische Person selbst haftet. Auch im Vereinsrecht gibt es jedoch Fallgestaltungen, in denen diese Haftungsprivilegierung durchbrochen wird und die Mitglieder ausnahmsweise selbst eine unmittelbare Einstandspflicht gegenüber den Gläubigern trifft (sog. *Durchgriffshaftung*). Ähnlich wie bei Kapitalgesellschaften kann in seltenen Ausnahmefällen eine Haftung wegen *materieller Unterkapitalisierung* in Betracht kommen, wenn der Verein von vornherein nicht mit ausreichenden Finanzmitteln zur Erreichung der Vereinsziele ausgestattet wird.[81] Weiterhin kommt eine Haftung bei *Vermögensvermischung* in Betracht, wenn also die Vermögenssphären von Verein und Mitgliedern etwa aufgrund einer unzureichenden Buchhaltung nicht abgegrenzt werden können. In Anlehnung an das Gesellschaftsrecht ist schließlich bei einem *existenzvernichtenden Eingriff* an eine Aufhebung der Haftungsprivilegierung

---

77 BGH NJW-RR 1988, 745 (748); NJW 1995, 1353 (1356); NJW-RR 2004, 900 (902) für die Genossenschaft. Ausf. zur Entlastung *Pauli* ZStV 2010, 167 (169f.); *Pauli* ZStV 2011, 41 (43f.).
78 Dazu *Grunewald* GesR § 8 Rn. 39.
79 MüKoBGB/*Arnold* § 27 Rn. 42; *Grunewald* ZIP 1989, 962 (967); vgl. auch Bamberger/Roth/*Schöpflin* BGB § 27 Rn. 20; *Grunewald* GesR § 8 Rn. 41.
80 BGHZ 110, 323 (334).
81 BGHZ 54, 222 (224).

zu denken, wenngleich solche Fälle nach der jüngsten BGH-Rechtsprechung keine Durchgriffshaftung, sondern lediglich eine Innenhaftung gegenüber dem Verband zur Folge haben (ausführlich bei der GmbH → Rn. 806 ff.). Ebenso wie ehrenamtlich tätige Vorstände und besondere Vertreter (§ 31 a BGB → Rn. 468) genießen auch ehrenamtlich tätige Mitglieder nach § 31 b BGB eine Haftungserleichterung.

VIII. Auflösung und Beendigung

1. Verlust der Rechtsfähigkeit

Der rechtsfähige Verein kann seine Rechtsfähigkeit verlieren und dennoch als Verein fort-   470
bestehen. Er wird dann zum nichtrechtsfähigen Verein (vgl. unten § 11). Der Verlust der Rechtsfähigkeit unter Fortbestand des Vereins kann durch *Beschluss* der Mitgliederversammlung herbeigeführt werden oder durch *Entziehung* der Rechtsfähigkeit. Gemäß § 73 BGB ist die Rechtsfähigkeit bei einem Absinken auf weniger als drei Mitglieder zu entziehen. Dem wirtschaftlichen Verein kann die Rechtsfähigkeit entzogen werden, wenn er andere als die in der Satzung angegebenen wirtschaftlichen Zwecke verfolgt (§ 43 BGB).

2. Auflösung

Die Vereinsauflösung erfolgt durch *Beschluss* der Mitglieder (§ 41 S. 1 BGB). Einem Auf-   471
lösungsbeschluss steht es gleich, wenn die Satzung eine Auflösung nach Ablauf einer bestimmten Zeit oder einen bestimmten Auflösungsgrund (etwa Erreichung eines bestimmten Zwecks) vorsieht. Das Vereinsvermögen fällt entweder an den Fiskus (§ 46 BGB) oder an einen in der Satzung bestimmten Anfallberechtigten (§ 45 BGB). In diesem Fall findet eine Liquidation gem. §§ 47 ff. BGB statt, das heißt die laufenden Geschäfte werden durch Liquidatoren beendet und das Vermögen in Geld umgesetzt. Die Liquidation erfolgt üblicherweise durch den Vorstand (§ 48 I 1 BGB). Nach Abschluss der Liquidation wird der Verein beendet. Ferner wird ein Verein durch *Eröffnung des Insolvenzverfahren* aufgelöst (§ 42 I 1 BGB) und der Verein nach Abschluss des Insolvenzverfahrens beendet.

§ 11 Nichtrechtsfähiger Verein (nrfV)

Literatur: *Reuter,* 100 Bände BGHZ: Vereins- und Genossenschaftsrecht, ZHR 151 (1987), 355; *Stöber/Otto,* Handbuch zum Vereinsrecht, 11. Aufl. 2016.

Fälle: 472
a) Die Einzelhändler eines Einkaufszentrums haben sich zu einer Werbegemeinschaft zusammengeschlossen. Deren Satzung sieht vor, dass ihr alle Geschäftsinhaber für die Dauer ihres Verbleibs im Einkaufszentrum angehören, ohne dass eine Kündigungsmöglichkeit besteht.
b) Zweck des I-Vereins ist die Finanzierung von Klagen gegen die Erweiterung einer Mülldeponie. Vereinsvorsitzender V sagt Mitglied K für die von ihm erhobene Klage gegen die Mülldeponie finanzielle Unterstützung zu. Nach Abschluss des Verfahrens erstattet der Verein dem K nur 2/3 der Kosten, weil weitere Finanzmittel nicht vorhanden seien. K verlangt von V gleichwohl Zahlung auch der restlichen Kosten.

I. Begriff, Abgrenzung und anwendbares Recht

473 Wird ein Verein nicht – wie es § 21 BGB vorsieht – in das Vereinsregister eingetragen, entsteht gleichwohl ein Verein, solange eine körperschaftliche Organisation auf der Grundlage einer Satzung vorhanden ist. Dieser Verein ist dann allerdings keine juristische Person und es fehlt ihm die (volle) Rechtsfähigkeit.

Nach dem Wortlaut von § 54 S. 1 BGB finden auf nichtrechtsfähige Vereine grundsätzlich die Vorschriften über die Gesellschaft bürgerlichen Rechts (§§ 705 ff. BGB) Anwendung. Diese Regelung wird allerdings allgemein als verfehlt angesehen. Denn der nichtrechtsfähige Verein weist – außer der Rechtsfähigkeit – alle Merkmale einer körperschaftlichen Organisation auf und ist gerade nicht durch die typischen Merkmale einer Personengesellschaft gekennzeichnet. Die Verweisung auf das Gesellschaftsrecht und die ebenfalls in § 54 BGB angeordnete persönliche Haftung desjenigen, der für einen nichtrechtsfähigen Verein rechtsgeschäftlich handelt, haben lediglich historische Gründe und sind mit der Vereinigungsfreiheit aus Art. 9 GG nicht vereinbar. Durch die Regelung des § 54 BGB sollten nichtrechtsfähige Vereine mit politischen, sozialpolitischen oder religiösen Zwecken dazu angehalten werden, die Rechtsfähigkeit zu erwerben, sodass Kontrollmöglichkeiten der Verwaltungsbehörden bestanden. §§ 43 III, 61 II BGB aF stellten damit ein »verschleiertes Konzessionssystem« dar, um unliebsame Vereinigungen, vor allem Parteien und Gewerkschaften einer Kontrolle zu unterwerfen. Weil das Zivilrecht jedoch auch für die ebenfalls unter dem Schutz des Art. 9 GG stehenden nichtrechtsfähigen Vereine eine adäquate rechtliche Struktur bereithalten muss, sind auf nichtrechtsfähige Idealvereine alle Vorschriften des Vereinsrechts anwendbar, die nicht die Rechtsfähigkeit voraussetzen.[1]

Indes bedarf es zunächst der Feststellung, dass es sich tatsächlich um einen Verein und nicht um eine Gesellschaft handelt. Diese Abgrenzung ist umstritten und teilweise fließend. Gesellschaftsrecht soll jedenfalls auf Personenzusammenschlüsse anwendbar sein, die wirtschaftlich iSd §§ 21, 22 BGB tätig sind.[2] Nach anderer Auffassung soll typologisch zwischen Verein und Gesellschaft abgegrenzt werden. Jeder dauerhafte Personenzusammenschluss einer größeren Anzahl von Personen, der einen gemeinsamen Zweck mit körperschaftlicher Organisation bei wechselndem Mitgliederbestand verfolge, sei danach als Verein einzuordnen.[3] Diese Abgrenzung ist indes problematisch, da hiernach auch auf Publikumspersonengesellschaften Vereinsrecht angewandt werden könnte.[4] Maßgeblich sollte vielmehr der Wille der Mitglieder sein, wie er in Satzung bzw. Gesellschaftsvertrag seinen Ausdruck findet. Diese Regelungen können im Wege ergänzender Vertragsauslegung erweitert werden. Nur ergänzend sollte auf das dispositive Gesellschafts- oder Vereinsrecht zurückgegriffen werden, wobei durchaus Mischformen denkbar sind.[5] Indes ist einzuräumen, dass diese Abgrenzung mit der Anerkennung der Teilrechtsfähigkeit der GbR wesentlich an Bedeutung verloren hat.

1 BGHZ 50, 325 (328); Palandt/*Ellenberger* BGB § 54 Rn. 1; *Stöber/Otto* VereinsR Rn. 1499 ff.; *Reuter* ZHR 155 (1987), 355 (381).
2 Soergel/*Hadding* BGB § 54 Rn. 3; *Grunewald* GesR § 9 Rn. 2.
3 *Reuter,* FS Semler, 1993, 931 ff.; *Schöpflin,* Der nichtrechtsfähige Verein, 2002, 180.
4 *Grunewald* GesR § 9 Rn. 3.
5 BGH NJW 1979, 2304.

In **Fall a** kann es sich sowohl um eine BGB-Gesellschaft als auch um einen Verein handeln. Bei einer BGB-Gesellschaft kann gem. § 723 II 2 BGB die Kündigungsmöglichkeit für eine bestimmte Zeit ausgeschlossen werden, während nach § 39 BGB beim Verein die Vereinbarung einer Kündigungsfrist von höchstens zwei Jahren zulässig ist. Der BGH vertritt die Auffassung, die Regelung des § 723 II 2 BGB sei anwendbar, da nicht wie im Vereinsrecht die Situation bestehe, dass eine länger während Mitgliedschaft wegen persönlicher Wandlungen unerträglich sei.[6] Aber auch wenn man auf den Willen der Mitglieder abstellt, kommt Gesellschaftsrecht zur Anwendung, weil der Zweck des Werbeverbandes eine wirtschaftliche Betätigung am Markt im Interesse der »Mitglieder« ist.[7]

II. Haftung

Als Gesamthand kann der Verein selbst Träger von Rechten und Pflichten sein, sodass   **474** er für Rechtsgeschäfte haftet, wenn er unter den Voraussetzungen der §§ 164 ff. BGB wirksam verpflichtet wurde. Für deliktisches Verhalten der Organe haftet der Verein analog § 31 BGB,[8] und zwar unabhängig davon, ob man das Recht der GbR oder Vereinsrecht für anwendbar hält. Hingegen haften die Mitglieder nicht für die Schulden des nichtrechtsfähigen Idealvereins.[9]

Unklar ist allerdings, wie sich dieses Ergebnis dogmatisch begründen lässt.[10] Stellt man auf das Recht der BGB-Gesellschaft ab, soll sich aus der körperschaftlichen Verfassung der Wille der Mitglieder ergeben, von der nach § 714 BGB zulässigen Möglichkeit zur Beschränkung der Vertretungsmacht Gebrauch zu machen. Der Vorstand habe daher nur Vertretungsmacht zur Verpflichtung der Gesamthand, nicht aber zur Verpflichtung der Mitglieder mit ihrem Privatvermögen. Angesichts der Rechtsprechung des BGH zur akzessorischen Gesellschafterhaftung in der BGB-Gesellschaft entsprechend § 128 HGB ist diese Begründung indes nur schwer haltbar. Konsequent sollte auch hier auf Vereinsrecht abgestellt und eine persönliche Haftung der Mitglieder mangels ausdrücklicher Anordnung abgelehnt werden. Auch das Verfahren zur Erlangung der Rechtsfähigkeit beinhaltet keine Vorkehrungen zum Gläubigerschutz, weshalb eine haftungsrechtlich unterschiedliche Behandlung der Mitglieder rechtsfähiger und nichtrechtsfähiger Vereine keine Rechtfertigung im Gesetz findet.

Neben dem Verein haftet nach § 54 S. 2 BGB auch derjenige, der für den Verein gehandelt hat.[11] Die Bestimmung soll dem Schutz des Geschäftsgegners dienen, da der Verein kein gesetzlich festgelegtes Stamm- oder Grundkapital hat. Als Handelnder gilt dabei jeder, der für den Verein wie ein Vertreter auftritt, wobei es nicht darauf ankommt, ob er tatsächlich Vertretungsmacht hat oder nicht.

In **Fall b** ist eine Klage gegen V erfolglos. Selbst wenn eine Verpflichtung des Vereins gegenüber K besteht, haftet V als Vereinsmitglied für dessen Schulden nicht persönlich. Auch die Handelndenhaftung des § 54 S. 2 BGB greift nicht ein, da K nicht Dritter im Sinne der Vorschrift ist. Zum einen handelte es sich bei der Vereinbarung mit ihm um die unmittelbare Verwirklichung des Vereinszwecks und nicht um ein Außengeschäft. Zum anderen musste er als Mitglied Vereinsinterna wie die finanzielle Situation kennen, weshalb er nicht schutzwürdig ist.[12]

---

6 BGH NJW 1979, 2304.
7 So zutr. *Grunewald* GesR § 9 Rn. 5.
8 Ganz hM; vgl. Erman/*Westermann* BGB § 54 Rn. 12; mwN MüKoBGB/*Arnold* § 31 Rn. 12.
9 BGHZ 50, 325 (329); NJW-RR 2003, 1265; *K. Schmidt* GesR § 25 III 2 (S. 746) mwN.
10 Eing. dazu *K. Schmidt* GesR § 25 III 2 (S. 746 f.).
11 Umstr. ist, ob die Handelndenhaftung gem. § 54 S. 2 BGB auf rechtsgeschäftlich begründete Verbindlichkeiten zu beschränken (Bamberger/Roth/*Schöpflin* BGB § 54 Rn. 42; Erman/*Westermann* BGB § 54 Rn. 14) oder auch auf gesetzliche Verbindlichkeiten zu erstrecken ist (dafür *Schwab* NZG 2012, 481 ff.).
12 BGH NJW-RR 2003, 1265.

§ 31a BGB gilt auch für Vorstandsmitglieder des nichtrechtsfähigen Vereins (→ Rn. 468).[13]

III. Folgen der fehlenden Rechtsfähigkeit

475 Nach § 50 II ZPO ist der bürgerlich-rechtliche Verein aktiv und passiv parteifähig. Für politische Parteien gilt gem. § 3 PartG, dass sie auch aktiv parteifähig sind. Ebenso ist dies für Gewerkschaften als Träger wichtiger gesellschaftlicher Funktionen anerkannt.[14]

Zur Vollstreckung in das Vereinsvermögen genügt gem. § 735 ZPO ein gegen den Verein gerichteter Titel. Nach § 11 I 2 InsO kann über das Vereinsvermögen das Insolvenzverfahren eröffnet werden. Die Grundbuchfähig des nicht rechtsfähigen Vereins – also die Fähigkeit, als Eigentümer im Grundbuch eingetragen zu werden – ist umstritten,[15] dürfte aber zu bejahen sein.[16]

§ 12 Stiftung

Literatur: *Andrick/Suerbaum,* Stiftung und Aufsicht, 2001, mit Nachtrag: Das modernisierte Stiftungsrecht, 2003; *Andrick/Suerbaum,* Das Gesetz zur Modernisierung des Stiftungsrechts, NJW 2002, 2905; *Hüttemann,* Unternehmensnachfolge mit Stiftungen, DB 2017, 591; *Krumm,* Die Stiftung bürgerlichen Rechts, JA 2010, 849; *Pauli,* Die Familienstiftung, FamRZ 2012, 344; *Petersen,* Das Stiftungsrecht des BGB, JURA 2007, 277; *Saenger,* Die Rolle des Stifters in der Binnenverfassungsstruktur von Stiftungen, ZStV 2012, 94; *Saenger/Al-Wraikat,* Zivilrechtliche Neuregelungen aufgrund des Gesetzes zur Stärkung des Ehrenamtes, ZStV 2013, 128; *v. Campenhausen/Richter,* Stiftungsrechts-Handbuch, 4. Aufl. 2014; *Speckbrock,* Grundzüge der Stiftung bürgerlichen Rechts, AL 2010, 144; *Werner/Saenger,* Die Stiftung – Recht, Steuern, Wirtschaft, 2008; *Zimmermann/Raddatz,* Die Entwicklung des Stiftungsrechts 2016, NJW 2017, 531.

476 **Fälle:**

a) Die rechtsextreme R-Partei möchte eine Stiftung gründen, die in Übereinstimmung mit den Zielen und Überzeugungen der Partei politische Bildungs- und Forschungsarbeit leisten soll und nach dem früheren Bundesvorsitzenden Franz S. benannt ist. Der Antrag auf Anerkennung der Stiftung durch den Innenminister des Landes NRW ist mit der Begründung abgelehnt worden, der Stiftungszweck sei auf die Missachtung der Menschenwürde der in Deutschland lebenden Ausländer und auf die Abschaffung der pluralistischen Demokratie gerichtet und die Stiftung daher gemeinwohlgefährdend. Zu Recht?

b) E wandte der WF-Stiftung zu Lebzeiten etwa 4,7 Mio. EUR zu. Weitere 300.000 EUR erhielt die Stiftung nach seinem Tod testamentarisch als Vermächtnis. Seine Tochter als Alleinerbin erhielt etwa 1,3 Mio. EUR. Hat sie einen Pflichtteilsergänzungsanspruch gegen die Stiftung gem. §§ 2325, 2329 BGB?

---

13 *Reuter* NZG 2009, 1368 (1369).
14 BGHZ 42, 210 (216ff.); 50, 325; *Prütting,* FS Reuter, 2010, 263 (265).
15 Nach KG ZIP 2015, 168 ist ein solcher Verein jedenfalls nicht unter seinem Namen ohne Nennung sämtlicher Mitglieder eintragungsfähig.
16 Dazu *Prütting,* FS Reuter, 2010, 263 (268f.).

I. Begriff, Abgrenzung und Erscheinungsformen

Unter dem Begriff der Stiftung wird im allgemeinen Sprachgebrauch sowohl der Vorgang des »Stiftens« im Sinne der Widmung einer Vermögensmasse für einen vom Stifter festgelegten Zweck als auch die daraus hervorgegangene Einrichtung verstanden.[1] Als *Stiftung* im rechtlichen Sinne wird jedoch nur eine rechtsfähige Organisation bezeichnet, welche die Aufgabe hat, mithilfe des der Stiftung gewidmeten Vermögens den vom Stifter festgelegten Stiftungszweck dauernd zu verfolgen,[2] während der Stiftungsvorgang allgemein als *Stiftungsgeschäft* bezeichnet wird. Die Stiftung ist eine mitgliederlose, verselbstständigte Vermögensmasse mit eigener Rechtspersönlichkeit. Sie unterliegt nicht dem wandelbaren Willen von Mitgliedern, sondern ist in ihrem durch den Stifter bestimmten Zweck grundsätzlich nicht änderbar (§ 87 BGB).[3] Mit ihrer Gründung verselbstständigt sich die Stiftung von ihrem Stifter. Die Begünstigten *(Destinatäre)* sind reine Nutznießer und haben keinerlei mitgliedschaftliche Rechte.   477

Konstitutive Merkmale einer rechtsfähigen Stiftung des Privatrechts sind

- der *Stiftungszweck,*
- das *Stiftungsvermögen* und
- die *Stiftungsorganisation.*[4]

Leitbild aller Stiftungen ist die rechtsfähige Stiftung des Privatrechts iSd §§ 80 ff. BGB, die jedoch von anderen – auch als Stiftung bezeichneten – Erscheinungen abzugrenzen ist.

1. Unselbstständige Stiftung

Als unselbstständige Stiftung, die auch fiduziarische oder treuhänderische Stiftung genannt wird, bezeichnet man die Zuwendung von Vermögenswerten durch einen Stifter an eine natürliche oder juristische Person mit der Maßgabe, die übertragenen Werte als ein vom übrigen Vermögen des Empfängers getrenntes *Sondervermögen* zur Verfolgung des vom Stifter festgelegten Zwecks zu verwalten.[5] Zwar ist auch die unselbstständige Stiftung eine Stiftung im Rechtssinne. Sie unterscheidet sich von der selbstständigen Stiftung jedoch vor allem durch das *Fehlen einer eigenen Rechtspersönlichkeit.* Die unselbstständige Stiftung bedarf daher eines Rechtsträgers, in dessen Eigentum das Stiftungsvermögen steht und der im Rechtsverkehr in eigenem Namen für die Stiftung handelt.[6]   478

---

1 *Heuser/Frye* BB 2011, 983.
2 BVerwGE 106, 177 (181); BayObLG NJW 1973, 249; Erman/*Wiese* BGB Vor § 80 Rn. 1; Palandt/*Ellenberger* BGB Vorbem. § 80 Rn. 5; *v. Campenhausen/Stumpf* in v. Campenhausen/Richter HdB StiftungsR § 1 Rn. 6; Staudinger/*Hüttemann/Rawert,* 2017, BGB Vorbem. § 80 Rn. 1; *O. Werner* in Werner/Saenger Die Stiftung Rn. 9.
3 MüKoBGB/*Weitemeyer* § 80 Rn. 2.
4 Erman/*Wiese* BGB Vor § 80 Rn. 2 ff.; Staudinger/*Hüttemann/Rawert,* 2017, BGB Vorbem. § 80 Rn. 4 mwN; *K. Schmidt* GesR § 7 II 1 a (S. 174).
5 Bamberger/Roth/*Backert* BGB § 80 Rn. 22; Erman/*Wiese* BGB Vor § 80 Rn. 10; eing. *Wochner* ZEV 1999, 125 ff.; *Speckbrock* AL 2010, 144 (146 f.).
6 Palandt/*Ellenberger* BGB Vorbem. § 80 Rn. 10; *O. Werner* in Werner/Saenger Die Stiftung Rn. 12; ausf. zur fiduziarischen Stiftung *Zimmermann* NJW 2011, 2931 (2935).

2. Zustiftung

479 Während die unselbstständige Stiftung zumindest eine Stiftung im Rechtssinne ist, hat die Zustiftung mit dem juristischen Stiftungsbegriff nichts gemein. Unter Zustiftung wird die Zuwendung von Vermögenswerten verstanden, die der Stifter oder ein Dritter einer bereits bestehenden Stiftung zuwendet, um deren Grundstockvermögen zu erhöhen.[7] Die Zustiftung hat daher den Rechtscharakter einer *Zweckschenkung* und erfordert ein zweiseitiges Rechtsgeschäft zwischen Stiftung und Zustifter.

3. Sammelvermögen

480 Unter einem Sammelvermögen versteht man ein Vermögen, das durch eine Vielzahl von Personen (Spender) im Wege von Spenden oder Beiträgen zu einem festgelegten, vorübergehenden Zweck zusammengetragen und in der Hand einer oder mehrerer Personen (Sammler) zur Verwaltung und Verfügung vereinigt ist.[8] Auch das Sammelvermögen hat – wie die unselbstständige Stiftung – keine eigene Rechtspersönlichkeit. Es unterscheidet sich von dieser durch die *Vielzahl der Spender* und die für Stiftungen konstitutive Dauerhaftigkeit des Zwecks, da das Sammelvermögen zum *Verbrauch* bestimmt ist.[9]

4. Stiftung des öffentlichen Rechts

481 Als Stiftung des öffentlichen Rechts wird eine aufgrund öffentlichen Rechts errichtete oder anerkannte Verwaltungseinheit mit eigener Rechtspersönlichkeit bezeichnet, die mit einem Kapital- oder Sachbestand Aufgaben der öffentlichen Verwaltung erfüllt.[10] Die Stiftung des öffentlichen Rechts ist damit eine *selbstständige Stiftung* im Sinne des Stiftungsbegriffs. Sie hat eine eigene Rechtspersönlichkeit und weist die für Stiftungen konstitutiven materiellen Elemente Stiftungszweck, Stiftungsvermögen und Stiftungsorganisation auf. Für die Abgrenzung von den privatrechtlichen Stiftungen ist nicht die Zwecksetzung der Stiftung entscheidend, sondern ihr *Entstehungstatbestand*.[11] Deshalb darf die Stiftung des öffentlichen Rechts auch nicht mit der sog. öffentlichen Stiftung verwechselt werden. Privatrechtliche Stiftungen werden nämlich in Abhängigkeit von ihrer konkreten Zwecksetzung auch als private oder öffentliche Stiftungen bezeichnet. Um diese von der Stiftung des öffentlichen Rechts abzugrenzen, sollte man präziser von privat- bzw. gemeinnützigen Stiftungen sprechen.[12] *Stifter* einer öffentlich-rechtlichen Stiftung kann sowohl die öffentliche Hand als auch eine Privatperson sein, wenn die Stiftung öffentliche Zwecke verfolgt und ihre Verwaltung durch Organe der öffentlichen Hand sichergestellt ist.

---

7 *Hof* in v. Campenhausen/Richter HdB StiftungsR § 9 Rn. 13 ff.

8 *O. Werner* in Werner/Saenger Die Stiftung Rn. 25.

9 Palandt/*Ellenberger* BGB Vorbem. § 80 Rn. 11; *K. Schmidt* GesR § 7 II 1 a aa (S. 174); *Speckbrock* AL 2010, 144 (145 f.).

10 So die Definition in § 46 I SchlHolVwG; vgl. auch Staudinger/*Hüttemann/Rawert*, 2017, BGB Vorbem. § 80 Rn. 407.

11 Ganz hM; vgl. nur Erman/*Wiese* BGB Vor § 80 Rn. 15; Staudinger/*Hüttemann/Rawert*, 2017, BGB Vorbem. § 80 Rn. 408.

12 *v. Campenhausen/Stumpf* in v. Campenhausen/Richter HdB StiftungsR § 2 Rn. 3.

5. »Stiftungskörperschaften«

In der Praxis sind Rechtsgebilde anzutreffen, die zwar als Stiftung bezeichnet werden, **482** tatsächlich aber eine andere Rechtsform haben. Diese sog. Ersatzformen für rechtsfähige Stiftungen oder Stiftungskörperschaften sind zumeist eingetragene Vereine (e. V.), Gesellschaften mit beschränkter Haftung (GmbH) oder Aktiengesellschaften (AG). Bekannte Beispiele sind die den politischen Parteien nahe stehenden Stiftungen (häufig in der Form eines e.V.) oder etwa die Robert Bosch Stiftung GmbH. Diese haben mit der Stiftung im Rechtssinne nichts gemein. Regelmäßig handelt es sich jedoch wie bei der Stiftung um *fremdnützige* Organisationen, deren Vermögen einem bestimmten Zweck dienen soll und die eine Organisation haben, die der Vermögensverwaltung und -verteilung dient. Sie dürfen den Namen »Stiftung« führen, müssen aber – um einer Verwechslung vorzubeugen – einen Rechtsformzusatz tragen, der die wahre Rechtsnatur klarstellt.[13]

II. Zwecksetzung

Konstitutives Merkmal[14] jeder Stiftung ist ein Stiftungszweck[15], der sich aus dem Stif- **483** terwillen ergibt und zwingender Inhalt der Stiftungssatzung ist (§ 81 I 3 Nr. 3 BGB). Dabei muss eine Stiftung nicht auf einen einzigen Zweck beschränkt sein. Vielmehr kommen mehrere Zwecksetzungen in Betracht, wobei zwischen *Haupt- und Nebenzwecken* differenziert wird. Auch mehrere hintereinander geschaltete Zwecke *(Sukzessivstiftungen)* sind möglich, etwa zu Lebzeiten des Stifters nur Verfolgung privater und erst später öffentlicher Zwecke.[16] Eine weite Zwecksetzung oder die Nennung mehrerer Zwecke können empfehlenswert sein, um dem Vorstand bei der Erfüllung seiner Aufgaben einen gewissen Spielraum einzuräumen.[17]

Der Stiftungszweck stellt den Rechtsgrund für Zuwendungen an die Destinatäre dar.[18] Bei unentgeltlichen Zuwendungen handelt es sich mithin nicht um Schenkungen, weshalb § 518 I 1 BGB auf einen Vertrag zwischen Stiftung und Destinatär nicht anzuwenden ist.[19] Nach anderer Ansicht[20] sollen unentgeltliche Stiftungsleistungen als Schenkungen einzuordnen sein, auf die § 518 I 1 BGB jedoch keine Anwendung findet.

1. Inhalt

Ob und welche inhaltlichen Anforderungen an zulässige Stiftungszwecke zu stellen **484** sind, war im stiftungsrechtlichen Schrifttum lange umstritten und wurde erst durch die Reform des Stiftungsprivatrechts im Jahr 2002 entschieden.

---

13 OLG Stuttgart NJW 1964, 1231 (1232); BayObLG NJW 1973, 249; weiterführend MüKoBGB/*Weitemeyer* § 80 Rn. 223 ff.; *O. Werner* in Werner/Saenger Die Stiftung Rn. 26 f.; *Wagner* GmbHR 2016, 858 ff.
14 *Krumm* JA 2010, 849 (851).
15 Zu der Frage, was den Stiftungszweck ausmacht, *Hüttemann*, FS Reuter, 2010, 121 ff.
16 *Hof* in v. Campenhausen/Richter IIdB StiftungsR § 7 Rn. 79.
17 *Saenger* ZStV 2012, 94 (96); *Sieger/Bank* NZG 2010, 641 (642).
18 BGH NJW 2010, 234 (235); zu diesem Urteil *Passarge* NZG 2009, 1421; *Schiffer* BB 2010, 79 f.; *Muscheler* NJW 2010, 341 ff.; *Gantenbrink* ZEV 2010, 102 f.; *Böttcher* DNotZ 2010, 191 ff.
19 BGH NJW 2010, 234 (235).
20 *Muscheler* NJW 2010, 342 ff.; *Gantenbrink* ZEV 2010, 102 f.

Teilweise wurde unter Bezugnahme auf die Materialien des BGB[21] in analoger Anwendung der Regeln über den wirtschaftlichen Verein (→ Rn. 443ff.) gem. §§ 21, 22 BGB gefordert, *keine Stiftungen zuzulassen*, die in der Anlage ihres Vermögens auf ein bestimmtes Unternehmen begrenzt sind und daher primär einen unternehmerischen Führungsauftrag, also einen rein *wirtschaftlichen Zweck* verfolgen.[22] Die ganz hM befürwortete hingegen schon vor der Stiftungsrechtsreform das Konzept der gemeinwohlkonformen Allzweckstiftung, bei der der Stifter weder auf positive Zweckvorgaben noch auf die Förderung des Gemeinwohls festgelegt ist.[23]

Der Gesetzgeber hat aufgrund der Regelung des § 80 BGB die *gemeinwohlkonforme Allzweckstiftung* ausdrücklich anerkannt,[24] was auch sachgerecht ist. Denn Fragen, die an die fehlende Gemeinnützigkeit anknüpfen, sind primär im Erbschaft- und Schenkungsteuerrecht zu lösen. Die Zulässigkeit von Stiftungen ist deshalb allein am Gemeinwohlvorbehalt von § 80 II BGB zu messen. Nach § 80 II 2 BGB ist es inzwischen ausdrücklich zulässig, eine Verbrauchsstiftung zu errichten, soweit der Verbrauchszeitraum des Stiftungsvermögens mindestens zehn Jahre umfasst.[25]

2. Stiftungszwecke

485 Entsprechend dem Leitbild der gemeinwohlkonformen Allzweckstiftung sind für Stiftungen unterschiedlichste Zwecksetzungen denkbar. In der Praxis haben sich verschiedene Erscheinungsformen der Stiftung herausgebildet:

486 **a)** Idealtypisches Leitbild einer Stiftung ist die Stiftung, deren Primärzweck in der *Förderung ideeller Ziele* liegt. In den meisten Fällen handelt es sich bei Stiftungen mit ideellem Primärzweck auch um *gemeinnützige* Stiftungen im Sinne des Steuerrechts.[26] Die steuerrechtliche Gemeinnützigkeit (§§ 52–54 AO) ist Voraussetzung für die steuerliche Begünstigung einer Stiftung bzw. des Stifters (Befreiung von der Erbschaft-, Körperschaft-, Gewerbe-, Vermögen- und Grundsteuer, Reduzierung der Umsatzsteuer). Neben gemeinnützigen Stiftungen sind ebenfalls *mildtätige* und *kirchliche* Stiftungen steuerbegünstigt (§§ 53, 54 AO).

Der Großteil der deutschen Stiftungen verfolgt gemeinnützige Zwecke im Sinne der Abgabenordnung. Etwa 95 % der nahezu 22.000[27] deutschen Stiftungen sind gemeinnützig und somit steuerbegünstigt.[28]

---

21 *Mugdan,* Die gesamten Materialien zum Bürgerlichen Gesetzbuch für das Deutsche Reich, 1899, Band I, S. 660, 831.

22 So insbes. Staudinger/*Rawert,* 1995, BGB Vorbem. § 80 Rn. 94ff. mwN; aA Staudinger/*Hüttemann/ Rawert,* 2017, BGB Vorbem. § 80 Rn. 222f.

23 Palandt/*Ellenberger* BGB Vorbem. § 80 Rn. 6; Soergel/*Neuhoff* BGB Vor § 80 Rn. 11; *Hof* in v. Campenhausen/Richter HdB StiftungsR § 7 Rn. 65; *Richter* in v. Campenhausen/Richter HdB StiftungsR § 12 Rn. 128; *Schiffer* ZEV 1999, 424 (425); *Wochner* BB 1999, 1441; Bericht der Interministeriellen Arbeitsgruppe Stiftungsrecht, Deutsches Stiftungswesen 1966–1976, 1976, S. 391f.

24 Begr. des Gesetzentwurfes, BT-Drs. 14/8765, 9; zur Reform s. im Überbl. *Andrick* ZSt 2003, 3; *Burgard* NZG 2002, 697; *Nissel,* Das neue Stiftungsrecht: Stiftungen bürgerlichen Rechts, 2002; *Schwarz* DStR 2002, 1718ff., 1767ff.; *Saenger,* FS Kollhosser, 2004, Bd. II, 591; *Saenger/Arndt* ZRP 2000, 13.

25 § 80 II 2 BGB wurde durch das Gesetz zur Stärkung des Ehrenamtes v. 21.3.2013 (BGBl. 2013 I 556) eingefügt; dazu *Saenger/Al-Wraikat* ZStV 2013, 128ff.; *Zimmermann* NJW 2013, 3557 (3558f.).

26 Vgl. auch *Richter/Wachter,* Handbuch des internationalen Stiftungsrechts, 2007, Länderberichte, Deutschland Rn. 26.

27 Der Bundesverband Deutscher Stiftungen erfasste zum 27.03.2017 insgesamt 21.806 Stiftungen in Deutschland; im Internet abrufbar unter https://www.stiftungen.org/fileadmin/stiftungen_org/ Presse/Faktenblaetter/Faktenblatt-2016.pdf (zuletzt abgerufen am 17.10.2017); vgl. zu weiteren Rechtstatsachen zur Stiftung *Reimann* DNotZ 2012, 250.

28 *Zimmermann* NJW 2012, 3277; 2011, 2931 (2932); *Pauli* FamRZ 2012, 344.

b) Stiftungen, die nicht gemeinnützig sind, dürfen jedenfalls das Gemeinwohl nicht **487** gefährden, müssen also *gemeinwohlkonform* sein (§ 80 II BGB). Ab wann eine Gemeinwohlgefährdung vorliegt, ist nicht allgemeingültig definiert – obgleich dieses Kriterium im Wirtschaftsrecht durchaus gebräuchlich ist, wie etwa § 396 I AktG, § 62 I GmbHG oder § 81 I GenG belegen. Eine Gemeinwohlgefährdung ist jedenfalls anzunehmen, wenn der Stiftungszweck gegen ein gesetzliches Verbot oder die guten Sitten[29] verstößt.[30] Auch wenn die Stiftung nach ihrer Satzung gegen Verfassungsgüter verstößt, ist eine Anerkennung nach § 80 II BGB zu versagen. Eine Gemeinwohlgefährdung soll bereits anzunehmen sein, wenn hinreichend wahrscheinlich ist, dass es durch die Verfolgung des Stiftungszwecks zu einer Beeinträchtigung von verfassungsrechtlich geschützten Rechten und Rechtsgütern kommen kann.[31]

> In **Fall a** kommt es daher nur darauf an, ob die Ziele der Stiftung möglicherweise das Gemeinwohl gefährden. Eine parteinahe Stiftung genießt nicht etwa das Parteienprivileg des Art. 21 GG, wonach einer Partei ihre Verfassungswidrigkeit nicht entgegen gehalten werden darf, solange das BVerfG die Partei nicht verboten hat. Die Beurteilung einer Stiftung als gemeinwohlgefährdend enthält keine Bewertung dahingehend, dass auch die Partei verfassungswidrig ist. Vielmehr sind Parteien und parteinahe Stiftungen eigenständige und unabhängig voneinander zu beurteilende Rechtspersönlichkeiten.[32]

c) Neben dem Gemeinwohlvorbehalt des § 80 II BGB gibt es nach hM eine weitere **488** ungeschriebene Einschränkung des Stiftungszwecks: Eine Stiftung darf *keine reine Selbstzweckstiftung* sein.[33] Der Stiftungsbegriff setzt voraus, dass das Stiftungsvermögen nicht nur sich selbst und seiner eigenen Perpetuierung, sondern einem außerhalb seiner selbst liegenden Zweck gewidmet ist.[34] Eine »Stiftung für den Stifter« würde es ermöglichen, dem eigenen Wohl dienende Sondervermögen zu schaffen, die mangels pfändbarer Anteile und Ansprüche des Stifters gegen Gläubigerzugriffe immun wären.

d) Eine *Familienstiftung* dient ausschließlich oder überwiegend dem Wohl einer oder **489** mehrerer Familien und ist damit zumeist *privatnützig*. Sie ist wichtigste Erscheinungsform privatnütziger Stiftungen.[35] Familienstiftungen sind in einigen Landesstiftungsgesetzen Sonderregelungen unterworfen, die vor allem die Einschränkung bzw. völlige Aufhebung der staatlichen *Stiftungsaufsicht* zum Inhalt haben.[36] In der Praxis werden den begünstigten Familienmitgliedern[37] die Vorteile entweder voraussetzungslos ge-

---

29 Zu den bei Stiftungsgeschäften geltenden Sittenmaßstäben *Büch* ZEV 2010, 440 ff.
30 *Krumm* JA 2010, 849 (852).
31 *Hof* in v. Campenhausen/Richter HdB StiftungsR § 7 Rn. 66.
32 S. dazu die Entscheidung zur »Schönhuber-Stiftung« BVerwGE 106, 177; OVG Münster NVwZ 1996, 913 und *Andrick/Suerbaum* NJW 2002, 2905 (2908); krit. aber *Burgard* NZG 2002, 697 (699) und *Hüttemann* ZHR 167 (2003), 35 (59).
33 *Andrick/Suerbaum* Stiftung und Aufsicht § 2 Rn. 4; *O. Werner* in Werner/Saenger Die Stiftung Rn. 18; *Krumm* JA 2010, 849 (851); *Zimmermann* NJW 2011, 2931 (2933); *Pauli* FamRZ 2012, 344 (346).
34 Zu den einzelnen Ansätzen der Begr. des Verbots der Selbstzweckstiftung *Schiffer/Pruns* ZStV 2012, 1 (2 ff.).
35 *Heuser/Frye* BB 2011, 983; *Pauli* FamRZ 2012, 344 (345).
36 Ein gänzlicher Verzicht der Stiftungsaufsicht ist vorgesehen in Art. 10 I 1 iVm Art. 1 III BayStiftG; das StiftG NRW sieht in § 6 III vor, dass Stiftungen, die ausschließlich oder überwiegend private Zwecke verfolgen, nur insoweit der Stiftungsaufsicht unterliegen, als sicherzustellen ist, dass ihre Betätigung nicht öffentlichen Interessen zuwiderläuft; ähnlich § 4 III 2 StiftG Bbg.
37 Zur Zulässigkeit von ausschließlich den Stifter begünstigenden Familienstiftungen *v. Oertzen/Hosser* ZEV 2010, 168 (170).

währt oder von bestimmten sachlichen *Kriterien* abhängig gemacht (Förderung des Studiums, Bedürftigkeit, Unterhalt einer historischen Anlage mit Residenzpflicht des Begünstigten etc). Vor allem in jüngerer Zeit ist die Familienstiftung in der Form einer unternehmensverbundenen Stiftung als Instrument der Unternehmensnachfolge empfohlen worden.[38] Sie bietet eine Möglichkeit, die Unternehmensnachfolge sicher zu stellen, wenn Abkömmlinge des Stifters das Unternehmen nicht weiterführen wollen oder können. »Asset Protection« stellt eine weitere sinnvolle Einsatzmöglichkeit von Familienstiftungen dar.[39]

Die Anerkennung einer solchen *unternehmensverbundenen Familienstiftung* als gemeinnützig im Sinne der Abgabenordnung und die damit verbundenen Steuervorteile werden nicht dadurch ausgeschlossen, dass die Stiftung Teile ihrer Einkünfte zu einer angemessenen Versorgung des Stifters und seiner nächsten Angehörigen verwendet. Voraussetzung ist, dass maximal ein Drittel des Einkommens privaten Zwecken dient und der Kreis der Begünstigten auf den Stifter selbst und seine nächsten Angehörigen (Ehegatten, Eltern, Kinder, Enkel, Geschwister, Pflegeeltern, Pflegekinder) beschränkt bleibt.[40] Ein Erblasser kann deshalb etwa eine Stiftung mit dem Kapital seines Nachlasses ausstatten und bestimmen, dass die Erträge seinen Familienmitgliedern in gesetzlicher oder in einer von ihm bestimmten Erbfolge zukommen sollen. Zu beachten ist lediglich, dass Familienstiftungen einer Erbersatzsteuer unterliegen, die alle dreißig Jahre anfällt.[41]

490 e) Als *unternehmensverbundene Stiftung* wird eine Stiftung bezeichnet, zu deren Vermögen ein Unternehmen oder die Beteiligung an einem Unternehmen gehört.[42] Es lassen sich strukturell zwei Erscheinungsformen der unternehmensverbundenen Stiftung unterscheiden, nämlich die *Unternehmensträgerstiftung,* die unter ihrer Rechtsform selbst ein Unternehmen als Einzelkaufmann betreibt, und die *Beteiligungsträgerstiftung,* die Beteiligungen an einer Personen- oder Kapitalgesellschaft hält.[43] Zu den unternehmensverbundenen Stiftungen sind weiterhin Erscheinungen wie die *Stiftung & Co. KG* oder die *Doppelstiftung*[44] zu zählen.

Angesichts einer aufkommenden Vererbungswelle bietet die Rechtsform der (unternehmensverbundenen) Stiftung eine gerade für den Mittelstand interessante Möglichkeit zur Regelung der *Unternehmensnachfolge.*[45] Dies gilt vor allem für Unternehmen, die nicht von Abkömmlingen des Inhabers weitergeführt werden können oder sollen. Die Stiftung ist unabhängig von einer bestimmten Person und damit ein Instrument, das dem Lebenswerk des aktuellen Unternehmensinhabers »Ewigkeitsgarantie« verlei-

---

38 *Hennerkes/Binz/Sorg* DB 1986, 2217 ff.; *Hennerkes/Binz/Sorg* DB 1986, 2269 ff.; *Hennerkes/Schiffer* BB 1992, 1940; *Hennerkes/Schiffer/Fuchs* BB 1995, 209 ff.; *O. Werner* GmbHR 2003, 331 (338 f.); *Blumers* DStR 2012, 1 ff.; *Brill* GWR 2012, 364 (368); weiterführend *Feick* Stiftung als Nachfolgeinstrument, 2015; *Schiffer,* FS Binz, 2014, 596 ff.
39 *Bisle* DStR 2012, 525 ff.; *v. Oertzen/Hosser* ZEV 2010, 168 ff.
40 *Richter* in v. Campenhausen/Richter HdB StiftungsR § 13 Rn. 149; *O. Werner* in Werner/Saenger Die Stiftung Rn. 186; *O. Werner,* FS Kollhosser, Bd. II, 2004, 591 (602).
41 §§ 1 I Nr. 4, 9 I Nr. 4 ErbStG.
42 Palandt/*Ellenberger* BGB § 80 Rn. 9; *K. Schmidt* GesR § 7 II 1 b bb (S. 175); *O. Werner* in Werner/Saenger Die Stiftung Rn. 194; *Krumm* JA 2010, 849 (850).
43 Zu beiden Formen *Reimann* DNotZ 2012, 250 (266 f.); *Brill* GWR 2012, 364 (365).
44 Dazu *Brill* GWR 2012, 364 (366); *Theuffel-Werhahn* ZStV 2015, 169 ff.
45 Zu den Motiven für die Wahl einer unternehmensverbundenen Familienstiftung *Hüttemann* DB 2017, 591 (594 f.); *Zensus/Schmitz* NJW 2012, 1323; *Heuser/Frye* BB 2011, 983 (984).

hen kann. Durch die Gründung einer Stiftung kann ein *»entpersonifiziertes, eigentümerloses Unternehmen an sich«* geschaffen werden.[46] Dabei kann der Unternehmer die Führung des Unternehmens über seinen Tod hinaus an seinen Vorstellungen ausrichten (»Herrschaft der Toten über die Lebenden«) und das Unternehmensschicksal nicht seinen Angehörigen und deren – häufig noch ungewissen – Nachkommen überlassen.

f) Die Wahl der Rechtsform einer Stiftung zur Regelung der Unternehmensnachfolge **491** erweist sich in der Praxis aber nicht nur als vorteilhaft. Ihre schwerfällige Organisation und die starre Bindung an den durch den Stifterwillen vorgegebenen Stiftungszweck machen sie weitgehend ungeeignet zum direkten Betrieb eines Unternehmens. Deshalb wird die *Stiftung & Co. KG* als Mittel der Unternehmensführung bzw. Unternehmensnachfolge vorgeschlagen.[47] Bekanntes Beispiel ist etwa die Lidl Stiftung & Co. KG. Bei der Stiftung & Co. KG ist eine Stiftung Komplementärin einer KG, während Mitglieder der Familie des Stifters oder dritte Personen Kommanditisten sind. Wie bei der GmbH & Co. KG werden die Kommanditisten in der Regel zugleich Destinatäre der Stiftung sein, sodass eine ähnliche haftungsrechtliche Privilegierung eintritt. Weiterhin bestand ein Vorteil der Stiftung & Co. KG zunächst darin, dass sie – im Gegensatz etwa zu einer Komplementär-GmbH – nicht von *Publizitäts- oder Mitbestimmungsvorschriften* erfasst wurde. Aufgrund des Kapitalgesellschaften und Co-Richtlinie-Gesetzes unterliegt inzwischen freilich auch die Stiftung & Co. KG den für Kapitalgesellschaften geltenden Publizitätsvorschriften.[48]

g) Unter einer *kirchlichen Stiftung* (weltlichen Rechts) wird eine Stiftung verstanden, **492** deren Zweck zumindest überwiegend auf kirchliche Aufgaben ausgerichtet ist und die eine besondere organisatorische Verbindung zu einer Kirche aufweist.[49] Dafür reicht nach überwiegender Ansicht die Beschränkung des Kreises der Destinatäre auf eine bestimmte Konfession nicht aus. Vielmehr ist eine Verwaltung oder Beaufsichtigung der Stiftung durch kirchliche Organe oder zumindest ein Einfluss der Kirche auf die Besetzung der Stiftungsämter erforderlich.[50] Die kirchliche bzw. weltanschauliche Stiftung kann sowohl privatrechtlicher als auch öffentlich-rechtlicher Natur sein, wenn die entsprechenden Landesregelungen Letzteres vorsehen. Verbreiteter ist jedoch die privatrechtliche Organisationsform. Ihr Zweck ist nicht auf den jeweiligen kirchlichen Kultus, wie Messen oder die Seelsorge beschränkt, sondern kann auch weltliche Zwecke, wie die Unterhaltung von Kirchengebäuden, die Besoldung und Versorgung von Kirchenamtsinhabern sowie Erziehungs- und Wohlfahrtszwecke verfolgen. Für die inneren Rechtsverhältnisse der kirchlichen Stiftungen wird das Privatrecht teilweise durch autonomes *Kirchenrecht* verdrängt (Art. 140 GG iVm Art. 137–139 WRV). Zwar gelten grundsätzlich §§ 80–87 BGB, doch wird den Kirchen durch das Grundgesetz, die Konkordate und das Landesstiftungsrecht die Befugnis eingeräumt, das innere Kir-

---

46 *Richter* in v. Campenhausen/Richter HdB StiftungsR § 12 Rn. 33.
47 *Werkmüller* ZEV 2015, 522ff. (»Familienstiftung & Co. KG«); *Brill* GWR 2012, 364 (365).
48 Gesetz zur Durchführung der Richtlinie des Rates der Europäischen Union zur Änderung der Bilanz- und Konzernrichtlinien hinsichtlich ihres Anwendungsbereiches (90/605/EWG), zur Verbesserung der Offenlegung von Jahresabschlüssen und zur Änderung anderer handelsrechtlicher Bestimmungen v. 24.2.2000 (BGBl. 2000 I 154) (KapCoRiLiG).
49 Erman/*Wiese* BGB Vor § 80 Rn. 23; Staudinger/*Hüttemann/Rawert*, 2017, BGB Vorbem. § 80 Rn. 290; *Andrick/Suerbaum* Stiftung und Aufsicht § 3 Rn. 47.
50 Vgl. nur Palandt/*Ellenberger* BGB § 80 Rn. 7; Staudinger/*Hüttemann/Rawert*, 2017, BGB Vorbem. § 80 Rn. 295; *O. Werner* in Werner/Saenger Die Stiftung Rn. 191.

chenstiftungsrecht eigenverantwortlich zu regeln. Dies betrifft vor allem die eigenverantwortliche Regelung der Stiftungsorganisation, insbesondere Satzungserfordernisse, Aufsicht und Verwaltung.[51]

III. Errichtung und Satzung

493   Für die Errichtung einer Stiftung sind das *Stiftungsgeschäft* und die *behördliche Anerkennung* sowie die Ausstattung der Stiftung mit einem *Stiftungsvermögen* erforderlich.[52] Eine Stiftung muss von der zuständigen Behörde als rechtsfähig anerkannt werden, wenn das Stiftungsgeschäft den Anforderungen des § 81 I BGB genügt, also die nachhaltige und dauerhafte Erfüllung des Stiftungszwecks gesichert erscheint und der Stiftungszweck das Gemeinwohl nicht gefährdet. Weitergehende Genehmigungserfordernisse bestehen nicht.

1. Stiftungsgeschäft

494   Das Stiftungsgeschäft muss die Festlegung eines *Stiftungszwecks* durch den Stifter sowie die Bestimmung des *Stiftungsvermögens* und einer *Stiftungsorganisation* als Mindestbestandteile enthalten. Möglich ist die Errichtung einer Stiftung als Rechtsgeschäft unter Lebenden (vgl. § 81 BGB) oder als Verfügung von Todes wegen (§ 83 BGB). Ausreichend ist für die erste Alternative eine einseitige nicht empfangsbedürftige Willenserklärung.[53] Die Willenserklärung kann auch im Rahmen eines Vertrags abgegeben, nicht aber durch einen solchen ersetzt werden. Bei der zweiten Alternative handelt es sich um eine *letztwillige Verfügung* im Rahmen eines Testaments oder Erbvertrags. Es gelten die entsprechenden erbrechtlichen Formvorschriften. Ob dies zur Folge hat, dass die Errichtung einer Stiftung von Todes wegen auch dann formunwirksam ist, wenn zwar das Testament, nicht jedoch die Stiftungssatzung den Anforderungen von § 2247 I BGB genügt, ist umstritten.[54] Mit der Stiftung von Todes wegen nicht zu vereinbaren ist eine Dauertestamentsvollstreckung zur Nachlassverwaltung.[55]

Stiftungen unter Lebenden kommen in der Praxis häufiger vor als solche von Todes wegen.[56] Auch juristische Personen sowie Gesamthandsgemeinschaften mit eigener Identität oder nichtrechtsfähige Vereine kommen als Stifter in Betracht.[57] Hinsichtlich Formerfordernissen und Vertretung gelten je nach Art des Stiftungsgeschäftes die jeweiligen Regeln für Verfügungen von Todes wegen[58] bzw. für Rechtsgeschäfte unter Lebenden. § 81 I 1 BGB bestimmt jedoch, dass das Stiftungsgeschäft unter Lebenden der *Schriftform* bedarf. Die Schriftform ist auch dann ausreichend, wenn durch das

---

51 Saenger/*Veltmann* ZSt 2006, 16 ff.
52 Ausf. zur Errichtung *Speckbrock* AL 2010, 144 (148 f.).
53 Palandt/*Ellenberger* BGB § 81 Rn. 2; MüKoBGB/*Weitemeyer* § 81 Rn. 4; *O. Werner* in Werner/Saenger Die Stiftung Rn. 279 ff.; *v. Oertzen/Hosser* ZEV 2010, 168 (169); *Zimmermann* NJW 2011, 2931 (2932); *Pauli* FamRZ 2012, 344 (346).
54 Für eine formwirksame Errichtung OLG Stuttgart ZEV 2010, 200 f.; krit. *Wachter* ZEV 2010, 201 f.
55 OLG Frankfurt a. M. ZEV 2011, 605 (607); MüKoBGB/*Weitemeyer* § 83 Rn. 13; krit. *Ponath/Jestaedt* ZErb 2012, 253 ff.
56 *Saenger* ZStV 2012, 94.
57 *Hof* in v. Campenhausen/Richter HdB StiftungsR § 6 Rn. 5; *O. Werner* in Werner/Saenger Die Stiftung Rn. 267 ff.
58 *Krumm* JA 2010, 849 (850); *Pauli* FamRZ 2012, 344 (347).

Stiftungsgeschäft die Verpflichtung einhergeht, ein Grundstück[59] oder GmbH-Anteile[60] zu übertragen.[61] Mit Blick auf seine Wirkungen enthält das Stiftungsgeschäft einen personenrechtlichen (Schaffung der juristischen Person) und einen vermögensrechtlichen Teil (Zuwendung des Vermögens).

2. Satzung

§ 81 I BGB bestimmt, dass der Stiftung durch das Stiftungsgeschäft eine Satzung gegeben werden muss, die Regelungen über den Namen der Stiftung, ihren Sitz und Zweck, das Vermögen und die Bildung des Vorstands der Stiftung enthält. Die Satzung ist damit die »Verfassung« der Stiftung, die über den gesetzlich vorgegebenen Mindestinhalt weit hinausgehen kann. Gerade angesichts der geringen gesetzlichen Regelungsdichte ist eine stiftungsinterne Corporate Governance, die Regelungen über die Binnenorganisation der Stiftung sowie interne und externe Berichtspflichten enthält, für eine Stiftung von großer Bedeutung.[62] Es ist zweckmäßig, zB Regelungen aufzunehmen über die Errichtung weiterer Organe,[63] die Aufgaben, Kompetenzen und Pflichten der Organe sowie deren Verhältnis untereinander, die Besetzung der Organe und deren Vergütung, die Rechte und Pflichten der Destinatäre, Satzungsänderungen und Anpassung der Stiftung an veränderte Verhältnisse,[64] die Umwandlung oder Beendigung der Stiftung und den Anfall des Vermögens nach Beendigung der Stiftung.

3. Rechtsnatur des Stiftungsgeschäftes

Die Rechtsnatur des Stiftungsgeschäftes ist umstritten. Teilweise wird das Zuwendungsversprechen als Schenkung oder als Rechtsgeschäft eigener Art qualifiziert.[65] Ungeachtet der Rechtsnatur besteht weitgehend Einigkeit darüber, dass die an eine Schenkung anknüpfenden Vorschriften zum Schutz von Drittinteressen, also insbesondere die Regelungen über die insolvenzrechtliche Schenkungsanfechtung, entweder unmittelbar oder zumindest analog anwendbar sind.[66] Gleiches gilt für die Vorschriften über die Pflichtteilsergänzung (§§ 2325 ff. BGB) und die den Vertragserben beeinträchtigende Schenkung (§ 2287 BGB).

495

496

> Diese Frage stand im Mittelpunkt der »*Dresdner Frauenkirchen-Entscheidung*« des BGH[67] **(Fall b)**, auch wenn hier nicht über die Errichtung einer Stiftung, sondern über eine spätere Zuwendung zu entscheiden war. T steht ein Pflichtteilsergänzungsanspruch gegen die Stiftung zu, wenn es sich insoweit um eine Schenkung iSv §§ 516, 517 BGB handelt. Zuwendungen an eine Stiftung sind – unabhängig davon, ob es sich um eine stiftungskapitalerhöhende Zustiftung oder eine zweckgebundene Spende zur unmittelbaren Verwendung für den Stiftungszweck handelt – dem Schenkungsrecht zu unterwerfen.[68] Dies gilt auch für letztwillig bedachte oder lebzeitig beschenkte Familienstiftungen,

59 FG Schleswig-Holstein DStRE 2012, 945 (947f.); dazu *Zimmermann* NJW 2012, 3277 (3279).
60 *Zimmermann* NJW 2011, 2931 (2932).
61 Dies ist im Schrifttum umstr.; zum Streitstand Staudinger/*Hüttemann/Rawert*, 2017, BGB § 81 Rn. 16; *Pauli* FamRZ 2012, 344 (347).
62 Ausf. *Saenger/Veltmann* ZSt 2005, 67ff. sowie *v. Holt/Koch*, Stiftungssatzung, 2. Aufl. 2011, S. 17ff.; *Burgard* ZStV 2015, 1ff.
63 Näher *Saenger* ZStV 2012, 94 (95).
64 Näher *Saenger* ZStV 2012, 94 (98ff.); *Werner* ZStV 2012, 189ff.
65 *O. Werner* in Werner/Saenger Die Stiftung Rn. 282; *Pauli* FamRZ 2012, 344 (346).
66 *Krumm* JA 2010, 849 (850); *v. Oertzen/Hosser* ZEV 2010, 168 (172f.).
67 BGHZ 157, 178; dazu *Saenger* ZSt 2004, 183ff. und *Schiffer* NJW 2004, 1565ff.
68 BGHZ 157, 178; in Abweichung von der Vorinstanz OLG Dresden NJW 2002, 3181.

deren Errichtung bzw. Vermögensausstattung Pflichtteilsansprüche auslösen kann. Entgegen der Annahme, dem enterbten gesetzlichen Erben stünden keine Pflichtteilsansprüche zu, wenn er selbst als Destinatär der Stiftung Zahlungen zu erwarten hat, die in angemessener Zeit die Summe des Pflichtteils erreichen, ist zu berücksichtigen, dass den Destinatären grundsätzlich keine Ansprüche gegen die Stiftung zustehen und ihre Begünstigung zudem von einer Entscheidung des Stiftungsvorstands abhängig ist.[69] Ebenso wie die Rechtsprechung bejaht deshalb die hM zu Recht Pflichtteilsergänzungsansprüche gegen die Stiftung. In Fall b steht T daher ein Pflichtteilsergänzungsanspruch gem. §§ 2325, 2329 BGB gegen die Stiftung zu.

4. Anerkennung

497 Nach § 80 II BGB besteht ein Rechtsanspruch auf Anerkennung einer Stiftung. Diese wirkt rechtsbegründend (konstitutiv). Erst durch die Anerkennung und nicht bereits durch das Stiftungsgeschäft entsteht die Stiftung.[70] Eine Vorstiftung ist aufgrund des Widerrufsrechts[71] des Stifters (§ 81 II 1 BGB) nicht anzuerkennen.[72] Es handelt sich um einen bedingungsfeindlichen Verwaltungsakt, da mit der Anerkennung eine neue juristische Person in den Rechtsverkehr eintritt.[73] Die Stiftungsbehörde kann aber die Anerkennung mit Nebenbestimmungen versehen. Nach der Anerkennung entsteht ein Anspruch der Stiftung gegen den Stifter auf die Übertragung des im Stiftungsgeschäft unter Lebenden zugesicherten Vermögens, § 82 S. 1 BGB. Ist das Stiftungsgeschäft eine letztwillige Verfügung und hat der Stifter die Stiftung als Erben eingesetzt, geht das zugesicherte Vermögen im Wege der Universalsukzession auf die Stiftung über (§ 1922 BGB). Sollte sich das Stiftungsgeschäft im Nachhinein als *nichtig* oder *anfechtbar* erweisen, besteht seitens der Stiftungsaufsicht lediglich die Möglichkeit einer *Aufhebung* der Stiftung gem. § 87 I BGB mit *ex nunc-Wirkung*. Eine Aufhebung des anerkennenden Verwaltungsaktes durch Rücknahme oder Widerruf kommt jedenfalls nicht mit Rückwirkung in Betracht.[74]

Die *Ausgestaltung* des Anerkennungsverfahrens obliegt den Ländern. Der Landesgesetzgeber darf jedoch keine über § 80 BGB hinausgehenden Anforderungen an Stiftungen stellen, da der Bund insoweit von seiner Gesetzgebungskompetenz (Art. 74 I Nr. 1 GG) abschließend Gebrauch gemacht hat.[75]

5. Vermögensausstattung

498 Erforderlich ist gem. § 80 II BGB, dass die Stiftung über ein Vermögen verfügt, sodass die *dauernde und nachhaltige Erfüllung des Stiftungszwecks gesichert* erscheint. Stiftungszweck und Stiftungsvermögen müssen zueinander in einem angemessenen Verhältnis stehen. Vorgeschlagen wird eine Kapitalausstattung von mindestens 50.000 EUR,[76] was aber angesichts niedriger Erträge nur in Ausnahmefällen hinrei-

---

69 Zu den Ansprüchen der Destinatäre gegen die Stiftung BGH NZG 2017, 268 (270f.).
70 BVerwGE 29, 314 (316); BGHZ 70, 313 (321); *K. Schmidt* GesR § 7 II 2 b (S. 177).
71 Ausf. zum Widerrufsrecht *Muscheler* ZStV 2017, 172 ff.; *Reimann* DNotZ 2012, 250 (253 f.).
72 BFH DStRE 2015, 715 (720); FG Baden-Württemberg DStRE 2012, 537 (538); *Krumm* JA 2010, 849 (851); aA Palandt/*Ellenberger* BGB § 80 Rn. 2; *Eder* ZStV 2013, 52 ff. Zu den Folgen der Anerkennung einer Vorstiftung *Zimmermann* NJW 2012, 3277 (3279). Zu den Argumenten für und gegen die Anerkennung einer Vorstiftung *Werner* ZErb 2011, 237 (238 ff.).
73 Erman/*Wiese* BGB § 80 Rn. 5; *O. Werner* in Werner/Saenger Die Stiftung Rn. 371.
74 *Hof* in v. Campenhausen/Richter HdB StiftungsR § 6 Rn. 351, 353; *Krumm* JA 2010, 849 (853).
75 Näher zur Kompetenzverteilung *Andrick* NWVBl 2012, 210 (211).
76 Palandt/*Ellenberger* BGB § 80 Rn. 5; *Pauli* FamRZ 2012, 344 (346); *Speckbrock* AL 2010, 144 (146).

chend sein wird. Hinsichtlich des Vermögens ist zwischen Grundstockvermögen, Erträgen, Zustiftungen und anderen Zuwendungen zu unterscheiden.

Das *Grundstockvermögen* enthält sämtliche vom Stifter der Stiftung anlässlich ihrer Errichtung zugewendeten Vermögenswerte. Es muss grundsätzlich ungeschmälert erhalten werden.[77] Dies erfordert auch den Ausgleich von inflationsbedingten Wertminderungen.[78] Gängigste Anlageform von Stiftungen stellten in der Vergangenheit inländische Staatsanleihen dar.[79] Das niedrige Zinsniveau lässt alternative Anlageformen jedoch zunehmend wichtiger werden.[80] Die aus diesem Grundstockvermögen erwirtschafteten *Erträge* dienen hingegen der Erfüllung des eigentlichen Stiftungszwecks und dürfen dem Grundstockvermögen nur in sehr engen Grenzen zugeführt werden (sog. Admassierungsverbot).[81] *Zustiftungen* sind Vermögenswerte, die der Stifter oder ein Dritter nach Entstehung der Stiftung (und nicht mehr im Zusammenhang mit ihrer Errichtung) zuwendet, um das Grundstockvermögen zu erhöhen, während *Zuwendungen* oder *Spenden* zu einem dem Stiftungszweck entsprechenden Verbrauch bestimmt sind.

IV. Organe

Organ der Stiftung ist der *Stiftungsvorstand,* der in der Praxis häufig auch als *Direktorium, Präsidium* oder *Verwaltungsrat* bezeichnet wird.[82] Er ist gesetzlicher Vertreter der Stiftung (§ 86 S. 1 iVm § 26 I 2 BGB). Anders als bei Kapitalgesellschaften kann der Umfang der Vertretungsmacht des Vorstands beschränkt werden (§ 26 I 3 BGB). Ob dies auch bei Unternehmensträgerstiftungen gilt, die selbst im kaufmännischen Verkehr auftreten, ist umstritten, dürfte aber zum Schutz des Rechtsverkehrs und im Hinblick auf ein fehlendes bundeseinheitliches Stiftungsregister[83] grundsätzlich abzulehnen sein.[84] Anzuerkennen sind jedoch Beschränkungen, die sich eindeutig aus der Satzung ergeben.[85] Der Vorstand kann aus einer oder mehreren natürlichen Personen bestehen. Denkbar ist auch eine Beteiligung des Stifters im Vorstand.[86]

Hinsichtlich der Einführung *weiterer Stiftungsorgane* enthält das Gesetz keine Vorgaben. In der Literatur empfohlen[87] und von den Anerkennungsbehörden häufig angestrebt[88] sind deshalb weitere Organe, die den Vorstand der Stiftung kontrollieren, ernennen und abberufen oder über die Mittelverwendung entscheiden. Praktisch üblich

499

---

77 *Andrick/Suerbaum* Stiftung und Aufsicht § 2 Rn. 10; *Hof* in v. Campenhausen/Richter HdB StiftungsR § 9 Rn. 5.
78 *Zimmermann* NJW 2011, 2931 (2933).
79 *Fritz/Römer* ZStV 2012, 86 (87).
80 *Fritz/Römer* ZStV 2012, 86 ff.
81 *Hof* in v. Campenhausen/Richter HdB StiftungsR § 9 Rn. 11.
82 *Saenger* ZStV 2012, 94 (95).
83 Zur Einführung eines einheitlichen Stiftungsregisters *Müller* ZSt 2007, 102 ff.; *Burgard* ZStV 2016, 81 ff.
84 AA Soergel/*Neuhoff* BGB § 86 Rn. 7; Staudinger/*Hüttemann/Rawert,* 2017, BGB § 86 Rn. 19; *Hof* in v. Campenhausen/Richter HdB StiftungsR § 8 Rn. 35.
85 *Saenger* ZStV 2012, 94 (96).
86 *Saenger* ZStV 2012, 94 (95 f.); *Hof* ZStV 2012, 14 (18); *Sieger/Bank* NZG 2010, 641 (642).
87 *Heuser/Frye* BB 2011, 983 (993); *Sieger/Bank* NZG 2010, 641 (643).
88 *Saenger* ZStV 2012, 94 (95).

ist etwa die Installation eines Kuratoriums als Aufsichtsorgan,[89] an dem eine Beteiligung des Stifters ebenfalls sinnvoll sein kann.[90] Grundsätzlich kann auch den Destinatären – die nicht die Stellung von Mitgliedern, sondern nur von Nutznießern haben und denen deshalb keinerlei Verwaltungs- oder Kontrollbefugnisse zustehen – durch die Satzung ein gewisses Mitspracherecht eingeräumt werden. Aber auch insoweit ist die Grenze des unabänderlichen Stifterwillens zu beachten. Die Rechtsstellung als Stiftungsorgan ist unvererblich.[91]

V. Beendigung

1. Auflösung

500　Zwar ist eine Stiftung auf Dauer angelegt, doch ist es möglich, den Stiftungsorganen in der Satzung die Kompetenz zur *Auflösung* einzuräumen. Dies setzt allerdings eine die Auflösung rechtfertigende wesentliche Veränderung der Verhältnisse voraus. Bei der Beurteilung derartiger Veränderungen ist auch der Stifterwille zu berücksichtigen. Andernfalls würde der Bestand der Stiftung vom ursprünglichen Stifterwillen gelöst und der quasi-körperschaftlichen Willensbildung der Stiftungsorgane überlassen.[92] Grund für eine Auflösung kann etwa die Erfüllung des Stiftungszwecks sein.[93] Ist eine Auflösung zulässigerweise beschlossen und von der Stiftungsaufsicht genehmigt, unterliegt die Stiftung der Liquidation. Es gelten nach § 88 S. 3 BGB die vereinsrechtlichen Liquidationsvorschriften der §§ 46–53 BGB. Das Vermögen fällt an die in der Satzung bestimmten Personen oder – soweit eine solche Anordnung fehlt – an den Fiskus des Landes, in dem die Stiftung ihren Sitz hatte. Neben einer Auflösung durch *Hoheitsakt* (§ 87 BGB) kommt schließlich auch eine Auflösung bei Eröffnung des *Insolvenzverfahrens* über das Vermögen der Stiftung (§ 86 S. 1 iVm § 42 I 1 BGB) in Betracht.

2. Umwandlung

501　Eine Stiftung ist gem. § 124 UmwG *spaltungsfähiger Rechtsträger,* kann also ein von ihr betriebenes Unternehmen – soweit dies stiftungsrechtlich zulässig ist – auf eine Personen- oder Kapitalgesellschaft im Wege partieller Universalsukzession ausgliedern. Gemäß § 163 UmwG bedarf es eines Ausgliederungsbeschlusses des für Satzungsänderungen zuständigen Stiftungsorgans. Gemäß § 164 I UmwG ist die Genehmigung der Stiftungsbehörde, die in entsprechender Anwendung der Vorschriften über die Satzungsänderung erfolgen kann, erforderlich. Die Ausgliederung wird erst mit Genehmigung durch die Stiftungsaufsicht wirksam. Die Rolle des *übernehmenden Rechtsträgers* ist der Stiftung im Rahmen des Gesetzgebungsverfahrens zum UmwG ausdrücklich *vorenthalten* worden. Daraus kann allerdings nicht geschlossen werden, der Gesetzgeber habe zum Ausdruck bringen wollen, Stiftungen seien als Träger von Unternehmen künftig unzulässig oder grundsätzlich ungeeignet. Die Intention des Gesetzgebers war bei Anerkennung der Spaltungsfähigkeit einer Stiftung vielmehr, un-

89　MüKoBGB/*Weitemeyer* § 85 Rn. 13; *K. Schmidt* GesR § 7 II 2c (S. 178); *O. Werner* in Werner/Saenger Die Stiftung Rn. 408.
90　*Saenger* ZStV 2012, 94 (97); *Sieger/Bank* NZG 2010, 641 (643).
91　BGH NJW-RR 2011, 1185 (1186).
92　*Andrick/Suerbaum* Stiftung und Aufsicht § 7 Rn. 90; *Hof* in v. Campenhausen/Richter HdB StiftungsR § 11 Rn. 7ff.
93　*Heuser/Frye* BB 2011, 983 (985); *Hof* ZStV 2012, 54 (58).

ternehmenstragenden Stiftungen neue Möglichkeiten der Kapitalbeschaffung zu erschließen.

3. Zusammenlegung

Die Beendigung einer Stiftung kann schließlich durch *Zusammenlegung* erfolgen. Darunter versteht man die Zusammenfassung mehrerer Stiftungen zu einer neuen Stiftung. De lege lata ist ein solcher Zusammenschluss allerdings nur aufgrund staatlicher Zusammenlegung nach § 87 BGB und auch nur möglich, wenn der Fiskus anfallberechtigt ist.[94] **502**

VI. Stiftungsaufsicht

Die staatliche Stiftungsaufsicht ist eine reine *Rechtsaufsicht,* deren Prüfungskompetenz **503** sich im Wesentlichen auf die Vereinbarkeit des Stiftungshandelns mit dem satzungsmäßig festgesetzten Stiftungszweck beschränkt.[95] Eine Stiftungsaufsicht ist wegen des fehlenden mitgliedschaftlichen Einflusses etwa der Destinatäre auf die Stiftung erforderlich. Sowohl Stifter als auch einzelne Stiftungsorgane und Destinatäre oder Familienangehörige haben die Möglichkeit, im Streitfall nicht nur den Zivilrechtsweg zu beschreiten, sondern – was häufig einfacher sein mag – sich an die Stiftungsaufsicht zu wenden. Viele neuere Stiftungsgesetze sehen erhebliche Aufsichtserleichterungen für privatnützige Stiftungen vor.[96] So unterliegen nach § 6 III StiftG NRW Stiftungen, die ausschließlich oder überwiegend privatnützige Zwecke verfolgen, nur insoweit der Stiftungsaufsicht, als sicherzustellen ist, dass ihre Betätigung nicht öffentlichen Interessen zuwiderläuft. Dies bedeutet einen größeren Freiraum für Stiftungen. Insbesondere sind zahlreiche Genehmigungserfordernisse (etwa für Vermögensumschichtungen und die Annahme von Zuwendungen, § 21 I StiftG NRW aF) inzwischen entfallen. Erforderlich ist eine Genehmigung der Stiftungsaufsichtsbehörde aber bei Zweckänderungen.

§ 13 Genossenschaft (eG)

Literatur: *Beuthien,* Genossenschaftsgesetz, 15. Aufl. 2011; *Geschwandtner,* Genossenschaftsrecht, 2007; *Geschwandtner/Helios,* Neues Recht für die eingetragene Genossenschaft, NZG 2006, 691; *Lang/Weidmüller,* Genossenschaftsgesetz, 37. Aufl. 2011; *Pöhlmann/Fandrich/Bloehs,* Genossenschaftsgesetz, 4. Aufl. 2012; *Schulteis,* »Internationales Jahr der Genossenschaften 2012« – Aktuelle Entwicklungen im Genossenschaftsrecht, GWR 2012, 1; *Stumpf,* Die eingetragene Genossenschaft, JuS 1998, 701.

Fälle: **504**
a) Das Vorstandsmitglied A der B eG hat deren Geschäfte fehlerhaft geführt. Die Mitglieder der Genossenschaft wollen A nicht länger als Vorstand dulden und zudem Schadensersatz von ihm verlangen. Wie kann dieses Ziel erreicht werden?
b) X ist Mitglied der Y eG. Nach § 4 der Satzung dieser Genossenschaft ist jedes Mitglied verpflichtet, für deren Dienstleistung, welche die wichtigste Förderleistung an die Mitglieder darstellt, monatlich 200 EUR zu zahlen. Weiterhin sieht die Satzung der Y eG in § 12 vor, dass die Mitgliedschaft mit

---

94 Ausf. *Saenger* ZSt 2007, 81 ff.
95 Zu Reichweite und Haftung der Stiftungsaufsicht ausf. *Saenger/Veltmann* ZSt 2005, 281 ff.
96 Dazu *Krumm* JA 2010, 849 (852).

einer zwölfmonatigen Kündigungsfrist beendet werden kann. X kündigt seine Mitgliedschaft im April. Er will aber nicht die lange Kündigungsfrist einhalten und während dieser Zeit weiterhin monatlich 200 EUR zahlen. Deshalb beruft er sich auf § 309 Nr. 9 BGB, um gegen die lange Kündigungsfrist vorzugehen. Mit Erfolg?

I. Begriff

505　Die eingetragene Genossenschaft (eG) wurde als eigenständige Rechtsform im *19. Jahrhundert geschaffen,* um Kleinunternehmern – insbesondere in den Bereichen Landwirtschaft und Handwerk – die Möglichkeit zu geben, durch diese Verbindung eine stärkere wirtschaftliche Position auf dem Markt allgemein und vor allem gegenüber den in dieser Zeit entstandenen Großunternehmen zu erlangen. Der Zusammenschluss als Genossenschaft und das teilweise gemeinsame Wirtschaften, wobei die einzelnen Unternehmer aber selbstständig blieben, sollte beispielsweise auf bessere Ein- oder Verkaufspreise für Genossenschaftsmitglieder und weitere Vorteile, wie etwa die gemeinsame Nutzung bestimmter Investitionsgüter, gerichtet sein. Dieser historische Gedanke ist bis heute für das Genossenschaftsrecht bestimmend. Denn auch im *heutigen Wirtschaftsleben* spielen Genossenschaften eine beachtliche Rolle. Kreditgenossenschaften, wie die Volks- und Raiffeisenbanken, Einkaufsgenossenschaften der Kaufleute, Absatz- und Einkaufsgenossenschaften der Landwirte und Wohnungsbaugenossenschaften sind Beispiele für wirtschaftlich bedeutsame Genossenschaften.[1] Es bestehen etwa 5.000 bis 7.000 eingetragene Genossenschaften mit insgesamt etwa 17 Mio. Mitgliedern,[2] wobei die Zahl der Neugründungen ansteigt.[3] Geregelt ist die eingetragene Genossenschaft im Gesetz betreffend die Erwerbs- und Wirtschaftsgenossenschaften *(GenG)* von 1889, welches 2006 grundlegend reformiert wurde. Im Zuge dieser Novelle wurden auch die rechtlichen Grundlagen für die Einführung der Europäischen Genossenschaft geschaffen.[4] Weitere Änderungen beruhen auf dem Gesetz zum Bürokratieabbau und zur Förderung der Transparenz bei Genossenschaften von 2017.[5]

II. Rechtsnatur

506　Das Wesen der Genossenschaft bestimmt § 1 I GenG. Es handelt sich um »Gesellschaften von nicht geschlossener Mitgliederzahl, deren Zweck darauf gerichtet ist, den Erwerb oder die Wirtschaft ihrer Mitglieder oder deren soziale oder kulturelle Belange durch gemeinschaftlichen Geschäftsbetrieb zu fördern«. Die Genossenschaft ist Sonderform des wirtschaftlichen Vereins[6] und *rechtsfähige Körperschaft.* Das Besondere

---

1　Zu den genossenschaftlichen Tätigkeitsfeldern vgl. *Stappel* ZfgG 61, 187 (189 ff.).
2　*Geschwandtner* GenossenschaftsR 27 ff.; *K. Schmidt* GesR § 41 I 1 c (S. 1267); *Geschwandtner/Helios* NZG 2006, 691; *Schulteis* GWR 2012, 1; *Stumpf* JuS 1998, 701 (702) führt für 1998 9.000 Genossenschaften mit 16 Mio. Mitgliedern an.
3　*Stappel* ZfgG 61, 187 (188 f.).
4　Zur Gesetzesnovelle 2006 Pöhlmann/Fandrich/Bloehs/*Fandrich* GenG Einf. Rn. 1 ff.; *Geschwandtner* GenossenschaftsR 31 ff.; *Geschwandtner/Helios* NZG 2006, 691 ff.; *Schulze/Wiese* ZfgG 59, 134 ff.
5　Gesetz v. 17.7.2017 (BGBl. 2017 I 2434); s. dazu *Beuthien* NZG 2017, 1247; *Fein/Vielwerth* DStR 2017, 1881.
6　Daher können bei Lücken ergänzend die Vereinsvorschriften herangezogen werden, vgl. *Geschwandtner* GenossenschaftsR 54; *K. Schmidt* GesR § 41 I 2a (S. 1267).

ist ihr *Zweck*, der in der *Förderung der wirtschaftlichen, sozialen oder kulturellen Belange der Mitglieder* besteht. Dieser Zweck muss durch einen gemeinschaftlichen Geschäftsbetrieb gefördert werden.[7] Dieses Erfordernis unterscheidet die eG von anderen Gesellschaften wie der AG oder der GmbH. Dort ist eine reine Kapitalbeteiligung vorgesehen, bei der eG hingegen ein gemeinsames Wirtschaften. Die Förderung der Belange der Mitglieder muss über die bloße Zahlung einer Dividende auf das in die Gesellschaft eingebrachte Kapital hinausgehen. Erstreben und bloße Maximierung finanziellen Gewinns kann nicht Zweck der Genossenschaft sein.[8] Wie die Förderung der Belange der Mitglieder zu erfolgen hat, besagt das Gesetz nicht. Dies muss sich aus der Satzung ergeben. Regelmäßig geschieht dies über Fördergeschäfte mit den Mitgliedern, nämlich über Geschäfte zu Konditionen, die für die Mitglieder günstiger sind als die, die für den Einzelnen auf dem freien Markt erhältlich sind.

Die *Zahl* der möglichen *Mitglieder* der eG ist nach § 1 I GenG *nicht beschränkt.* Auch insoweit besteht ein Unterschied etwa zur AG oder zur GmbH, deren Mitgliederzahl nur durch die Anzahl der Aktien oder Geschäftsanteile begrenzt wird. Die eG führt nach § 3 S. 1 GenG eine Firma, die den Zusatz »eingetragene Genossenschaft« oder dessen Abkürzung »eG« beinhalten muss. Sie ist gem. § 17 II GenG Kaufmann kraft Rechtsform. Als juristische Person *haftet* die eG *selbst* gegenüber Gläubigern für ihre Verbindlichkeiten, eine Haftung der Mitglieder für die Verbindlichkeiten der eG besteht nicht. Die Satzung muss aber nach § 6 Nr. 3 GenG eine Bestimmung darüber enthalten, ob die Mitglieder für den Fall, dass die Gläubiger im Insolvenzverfahren über die eG nicht befriedigt werden, Nachschüsse in die Insolvenzmasse leisten müssen. Dies kann in der Satzung gänzlich ausgeschlossen werden, sodass die Mitglieder nicht zu Nachschüssen verpflichtet sind. Es kann aber auch eine auf eine bestimmte Summe beschränkte oder sogar eine *Nachschussverpflichtung* (§ 22a GenG) in unbeschränkter Höhe vorgesehen werden. In keinem Fall entstehen aber direkte Ansprüche von Gläubigern gegen die Mitglieder. Soweit Nachschussverpflichtungen bestehen, sind diese vom Insolvenzverwalter geltend zu machen (§ 105 GenG).[9] In der Satzung kann auch ein Mindestkapital vorgesehen werden, das durch die Auszahlung von Auseinandersetzungsguthaben nicht unterschritten werden darf; zwingend ist dies aber nicht (§ 8a I GenG).

III. Gründung und Auflösung

Eine eG kann von *mindestens drei Personen* gegründet werden (§ 4 GenG). Diese   **507** vereinbaren eine *Satzung* mit bestimmtem Mindestinhalt (§§ 6f. GenG) und wählen Vorstand und Aufsichtsrat. Ist dieser Schritt vollzogen, besteht eine *nichtrechtsfähige Vorgenossenschaft*, deren Mitglieder ebenso wie die Mitglieder einer Vor-GmbH (→ Rn. 744ff.) haften, wenn sie der Geschäftsaufnahme zugestimmt haben.[10] Der Vorstand muss die Genossenschaft gem. § 11 GenG zur Eintragung ins Genossenschaftsregister beim örtlich zuständigen Gericht (§ 10 I GenG) anmelden, wobei er die von den Gründungsmitgliedern unterzeichnete Satzung, eine Abschrift der Urkunden

---

7 *Geschwandtner* GenossenschaftsR 54; *Geschwandtner* ZfgG 59, 152 (155) (die Genossenschaftsmitglieder sind zugleich Kunden der eG – sog. Identitätsprinzip).
8 Pöhlmann/Fandrich/Bloehs/*Fandrich* GenG § 1 Rn. 5ff.; *Stumpf* JuS 1998, 701 (702).
9 *Stumpf* JuS 1998, 701 (703).
10 BGHZ 149, 273 (274f.); näher dazu mit teilw. aA *K. Schmidt* GesR § 41 I 2b (S. 1268f.).

über die Bestellung von Vorstand und Aufsichtsrat und eine besondere Bescheinigung eines genossenschaftlichen Prüfungsverbandes[11] (dazu sogleich) einzureichen hat. Mit der *Eintragung* ins Genossenschaftsregister entsteht die eG als solche (§ 13 GenG) und erlangt ihre *Rechtsfähigkeit.*[12]

Die eG kann durch mit Dreiviertelmehrheit gefassten Beschluss der Generalversammlung (§ 78 I 1 GenG) oder, wenn die Satzung dies vorsieht, durch Zeitablauf aufgelöst werden (§ 79 I GenG). Eine *Auflösung* ist auch durch gerichtlichen Beschluss bzw. Urteil vorgesehen, wenn die Mitgliederzahl unter drei sinkt (§ 80 I 1 GenG), die Genossenschaft das Gemeinwohl gefährdet oder ihren gesetzlichen Zweck nicht verfolgt (§ 81 I 1 GenG), ein Insolvenzverfahren über die eG mangels Masse abgelehnt (§ 81 a Nr. 1 GenG) bzw. ihre Vermögenslosigkeit gerichtlich festgestellt worden ist (§ 81 a Nr. 2 GenG) oder sie keinem Prüfungsverband angehört (§ 54 a II GenG).

IV. Verfassung

Die eG hat in der Regel drei Organe: die Generalversammlung, den Aufsichtsrat und den Vorstand. Insoweit entspricht sie weitgehend der AG.

1. Generalversammlung

508 Oberstes Organ der eG ist die *Generalversammlung,* der alle Mitglieder angehören (§ 43 I GenG). Bei einer großen Vereinigung von mehr als 1.500 Mitgliedern kann die Satzung vorsehen, dass eine Vertreterversammlung an die Stelle der Generalversammlung tritt (§ 43 a I 1 GenG). In der Generalversammlung wird grundsätzlich nach Köpfen und nicht nach Kapitalanteilen abgestimmt, wobei die Satzung aber in begrenztem Umfang Mehrstimmrechte für einzelne Mitglieder vorsehen kann (§ 43 III GenG; nach Nr. 1 S. 2 in der Regel maximal drei Stimmen). Bei besonders wichtigen Entscheidungen hat jedoch jedes Mitglied nur eine Stimme (§ 43 III Nr. 1 S. 3 GenG). Grundsätzlich soll das Stimmrecht persönlich ausgeübt werden (§ 43 IV 1 GenG). Allerdings lässt das GenG auch eine Stimmabgabe durch Bevollmächtigte zu und erlaubt bei entsprechender Satzungsregelung auch eine Beschlussfassung in schriftlicher oder elektronischer Form (§ 43 V, VII GenG). Beschlüsse müssen mit einfacher Mehrheit der abgegebenen Stimmen gefasst werden, wobei das Gesetz für wichtige Fragen oftmals erhöhte Anforderungen stellt (vgl. etwa § 16 GenG). Die Generalversammlung ist zuständig für die Wahl und die Entlastung des Aufsichtsrates[13] und des Vorstands, für Änderungen der Satzung, für die Feststellung des Jahresabschlusses und für die Entscheidung über die Verwendung des Jahresüberschusses bzw. die Deckung des Jahresfehlbetrages (§§ 16 I, 24 II 1, 36 I 1, 48 I GenG). Beschlüsse der Generalversammlung sind zu protokollieren (§ 47 GenG), bedürfen aber keiner notariellen Beurkundung.

---

11 Zu den Vor- und Nachteilen der genossenschaftlichen Gründungsprüfung *Esser/Bösche* ZfgG 61, 233 ff.

12 Zum Einsatz von Genossenschaftsmänteln zur Gründungserleichterung *Beuthien/Dirksen* AG 2011, 21 ff.

13 Zur Frage, ob auch Vorstandsmitglieder an der Aufsichtsratswahl teilnehmen dürfen *Holthaus* NZG 2012, 292 ff.

2. Aufsichtsrat

Der *Aufsichtsrat* besteht mindestens aus drei Mitgliedern (§ 36 I 1 GenG). Seine Auf- **509** gabe ist vor allem die Überwachung des Vorstands (§ 38 I 1 GenG). Hierzu stehen ihm umfassende Informations-, Einsichts- und Auskunftsansprüche zu. Wenn die Satzung dies vorsieht, wählt der Aufsichtsrat auch den Vorstand. Der Aufsichtsrat vertritt die eG zudem gegenüber den Vorstandsmitgliedern (§ 39 I 1 GenG) und kann diese vorläufig, bis zur Entscheidung der Generalversammlung, ihres Amtes entheben (§ 40 GenG). Hinsichtlich der Zusammensetzung des Aufsichtsrates sind gegebenenfalls die Bestimmungen des BetrVG und des MitbestG zu beachten.

3. Vorstand

Der *Vorstand* besteht regelmäßig aus zwei Personen (§ 24 II 1 GenG). Er vertritt die **510** eG nach innen wie außen (§ 24 I 1 GenG) und führt deren Geschäfte. Ein Widerruf der Bestellung des Vorstands ist nach § 24 III 2 GenG jederzeit möglich. Bestellung und Widerruf der Bestellung von Vorstandsmitgliedern müssen im Genossenschaftsregister eingetragen werden (§ 28 S. 1 GenG), wobei die Wirkungen der Eintragung denen der Eintragung ins Handelsregister entsprechen (§ 29 GenG). Der Vorstand muss keine Vergütung erhalten (§ 24 III 1 GenG). Wird eine Vergütung gezahlt, gebietet die Treuepflicht der Vorstandsmitglieder gegenüber Genossenschaft und Genossen ein Maßhalten bei deren Höhe.[14] Der Vorstand leitet die Genossenschaft grundsätzlich[15] in eigener Verantwortung, wobei allerdings die Beschränkungen der Satzung (§ 27 I GenG) und die Sorgfaltsanforderungen an einen ordentlichen und gewissenhaften Geschäftsleiter einer Genossenschaft (§ 34 I 1 GenG) zu beachten sind. Verletzt ein Vorstand diese Pflichten, macht er sich schadensersatzpflichtig (§ 34 II–IV GenG). Die Grundsätze der »Business Judgement Rule« über die Sorgfalt eines gewissenhaften Geschäftsleiters und dessen Ermessen gelten auch zugunsten von Genossenschaftsvorständen (§ 34 I 2 GenG).[16] Grundsätzlich sind die Mitglieder des Vorstands nur gemeinschaftlich zur Vertretung der eG befugt, die Satzung kann aber Einzelvertretung vorsehen (§ 25 I, II GenG). Die Vertretungsmacht des Vorstands ist im Übrigen unbeschränkt und mit Wirkung gegenüber Dritten nicht beschränkbar (§ 27 II GenG). Die eG kann Prokura und Handlungsvollmacht erteilen (§ 42 GenG). Ob die Generalversammlung dem Vorstand Weisungen erteilen darf, wenn die Satzung dies vorsieht, ist umstritten. Während § 34 IV 1 GenG noch von dieser Möglichkeit ausgeht, unterwirft § 27 I GenG den Vorstand bei der Leitung der eG nur der Satzung, welche die Generalversammlung lediglich mit Dreiviertelmehrheit ändern kann (§ 16 IV GenG). Dies spricht letztlich gegen ein Weisungsrecht der Generalversammlung.[17]

4. Disponibilität

Die genannten Bestimmungen sind überwiegend *disponibel,* sodass die Satzung Ab- **511** weichungen vorsehen kann. Insbesondere für kleine Genossenschaften (mit bis zu 20

---

14 *Beuthien* AG 2012, 867 (871).

15 Bei kleinen Genossenschaften mit bis zu 20 Mitgliedern kann der Vorstand an Weisungen der Generalversammlung gebunden werden, § 27 I 3 GenG.

16 So bereits vor der gesetzlichen Klarstellung OLG Hamm NZG 2011, 1232f.; *Cobe/Kling* NZG 2015, 48; *Keßler/Herzberg* BB 2010, 907ff.

17 *Beuthien* GenG § 27 Rn. 2.

Mitgliedern) sieht das GenG seit 2006 beispielsweise die Möglichkeit vor, auf einen Aufsichtsrat zu verzichten (§ 9 I 2 GenG), dessen Aufgaben dann weitgehend die Generalversammlung übernimmt,[18] oder festzulegen, dass der Vorstand nur aus einer Person besteht (§ 24 II 3 GenG). Kennzeichnend ist, dass in der Genossenschaft der *Grundsatz der Selbstorganschaft* gilt, sodass als Vorstand oder Aufsichtsrat nur Mitglieder der eG in Betracht kommen (§ 9 II 1 GenG). Dies soll eine enge Verbindung zwischen Genossen und Genossenschaft gewährleisten und verhindern, dass ein von den Genossen abgekoppeltes Management mit eigenen Interessen entsteht.[19] Eine Ausnahme gilt nur für den Arbeitsdirektor bei Genossenschaften mit mehr als 2.000 Arbeitnehmern (§ 33 III MitbestG).

> In **Fall a** kann grundsätzlich die Generalversammlung den Vorstand abberufen. Wenn die Satzung dies bestimmt, ist aber auch eine Abberufung durch den Aufsichtsrat möglich (§ 24 II GenG). Die von der Abberufung zu trennende Kündigung muss der Aufsichtsrat aussprechen (§ 39 I GenG). Er müsste nach § 39 I GenG auch die eG in einem Schadensersatzprozess gegen A vor Gericht vertreten.[20] Sieht die Satzung dies vor, muss über die Führung des Prozesses gegen A die Generalversammlung der Genossenschaft entscheiden (§ 39 I 3 GenG). B haftet dieser, wenn er seine Pflichten als Vorstandsmitglied verletzt hat und der Genossenschaft dadurch ein Schaden entstanden ist (§ 34 I, II GenG).

5. Rechnungslegung

512 Die eG ist grundsätzlich zur *Rechnungslegung* verpflichtet (§§ 33, 17 II GenG iVm §§ 238–263, 336–339 HGB; Ausnahme aber § 53 II 1 GenG, zudem bestehen nach § 53a GenG Erleichterungen für Kleinstgenossenschaften). Darüber hinaus muss eine eG einem speziellen genossenschaftlichen Prüfungsverband angehören (§ 54 GenG). Diese Mitgliedschaft ist zwingender Bestandteil ihrer genossenschaftsrechtlichen Verfassung.[21] Deshalb hat eine Genossenschaft auch einen Anspruch auf Aufnahme in einen Prüfungsverband.[22] Diese Pflichtmitgliedschaft ist mit Art. 9 GG vereinbar, solange sie sich auf die Pflichtprüfung durch einen solchen Verband beschränkt,[23] der die Rechtsform eines e.V. haben soll und dem sein Prüfungsrecht vom Staat verliehen wird. Die Pflichtprüfung der eG unterscheidet sich von der Prüfung von Kapitalgesellschaften nach §§ 316 ff. HGB dadurch, dass ein weitergehender Kontrollauftrag besteht, der sich auf die wirtschaftlichen Verhältnisse und die Geschäftsführung im weitesten Sinne bezieht (§§ 53–64c GenG).[24] Der Gesetzgeber hielt eine so weitgehende Kontrolle für erforderlich, da Genossenschaften seinerzeit nicht selten von in wirtschaftlichen Dingen nur begrenzt erfahrenen Genossen geleitet wurden, die bei der Geschäftsführung im Interesse der übrigen Genossen und der Allgemeinheit nicht nur kontrolliert, sondern auch betreut und beraten werden sollten.[25] Eine umfassende Prüfung ist aber auch deshalb im Interesse der Gläubiger sinnvoll, weil eine eG über kein festgelegtes Grundkapital verfügt und regelmäßig keine natürliche Person un-

---

18 Eine solche Organisationsstruktur setzt die Mitglieder der Genossenschaft aber den sich aus § 41 GenG iVm § 34 GenG ergebenden Haftungsrisiken aus; vgl. dazu auch *Scheibner* DZWIR 2010, 137 f.
19 *Kübler/Assmann* GesR § 13 II 1 (S. 148).
20 BGH NJW 1998, 1646 (1647).
21 *K. Schmidt* GesR § 41 II 3 (S. 1271 f.).
22 BGHZ 37, 160 (164 f.).
23 BVerfG NJW 2001, 2617 (2618 f.); BGHZ 105, 306 (312 f.); 130, 243 (251 ff.); *K. Schmidt* GesR § 41 II 3a (S. 1272) mwN; *Beuthien* WM 1995, 1788 (1790 ff.).
24 Lang/Weidmüller/*Korte* GenG § 53 Rn. 8 f.; Pöhlmann/Fandrich/Bloehs/*Bloehs* GenG § 53 Rn. 6 ff.
25 Lang/Weidmüller/*Korte* GenG § 53 Rn. 1.

beschränkt für deren Verbindlichkeiten haftet.[26] Indes ist der Prüfverband weder berechtigt noch verpflichtet, die gesetzlichen Pflichtprüfungen nach §§ 53 f. GenG durchzuführen, wenn das Insolvenzverfahren über das Genossenschaftsvermögen eröffnet und der genossenschaftliche Geschäftsbetrieb eingestellt worden ist.[27]

V. Mitgliedschaft

1. Erwerb

Die Mitgliedschaft in der eG erwerben die *Gründungsmitglieder mit der Eintragung* **513** der eG in das Genossenschaftsregister. Zudem kann die Mitgliedschaft gem. § 15 I 1 GenG durch schriftliche, unbedingte *Beitrittserklärung* und die entsprechende *Zulassung* des Beitritts durch die Genossenschaft erworben werden. Das neue Mitglied ist in die Mitgliederliste aufzunehmen (§§ 15 II 1, 30 GenG). Bis 2006 konnten grundsätzlich nur Mitglieder aufgenommen werden, die für die Nutzung der Güter, für die Produktion der Güter oder für die Nutzung der Dienstleistungen der Genossenschaft überhaupt infrage kamen bzw. zumindest nutzungswillig waren. In eine landwirtschaftliche Produktionsgenossenschaft, deren Zweck der gemeinsame Verkauf von durch die Mitglieder erzeugten Produkten war, konnten also nur Personen aufgenommen werden, die entsprechende Produkte herstellten oder die Dienste der eG nutzen wollten. Nur sie konnten vom Förderzweck der Genossenschaft profitieren.

Um den Genossenschaften neue Finanzierungsquellen zu erschließen, hat der Gesetzgeber inzwischen aber auch *rein investierende Mitglieder* zugelassen (§ 8 II 1 GenG), die sich als Mitglieder mit Kapital an der Genossenschaft beteiligen und im Übrigen nur an einer Verzinsung ihres Kapitals, nicht aber an der Nutzung der Güter oder Dienste der eG interessiert sind.[28] Diese rein investierenden Mitglieder sind in gewissem Sinne ein Fremdkörper im Recht der Genossenschaft, weshalb das GenG Beschränkungen für sie vorsieht. Zunächst muss die Genossenschaft ihre Satzung mit Dreiviertelmehrheit dahingehend ändern, dass sie rein investierende Mitglieder zulässt (§ 16 II 1 Nr. 11 GenG). Zudem müssen Generalversammlung oder Aufsichtsrat der Aufnahme jedes einzelnen rein investierenden Mitglieds zustimmen (§ 8 II 3 GenG). Ferner muss die Satzung Bestimmungen enthalten, die den Einfluss rein investierender Mitglieder begrenzen (§ 8 II 2–4 GenG). Auch nicht rechtsfähige Vereine und BGB-Gesellschaften können Mitglieder einer eG sein.[29] Die Rechtsbeziehungen zwischen Genossenschaft und ihren Mitgliedern richten sich in erster Linie nach der Satzung, die nur soweit es das GenG ausdrücklich zulässt von den gesetzlichen Bestimmungen abweichen kann (§ 18 GenG).

2. Beendigung

Die Mitgliedschaft kann durch *Kündigung* (§§ 65 ff. GenG) seitens des Mitglieds, in **514** bestimmten Fällen[30] durch *Ausschluss* seitens der eG (§ 68 GenG) oder durch *Tod des*

---

26 BVerfG NJW 2001, 2617 (2618); *Beuthien* WM 1995, 1788 (1792 f.).
27 BGH NZG 2011, 1069; *Beuthien* ZIP 2011, 497 ff.; *Scheibner* DZWIR 2010, 446 ff.
28 Eing. *Saenger/Merkelbach* BB 2006, 566 ff. (besonders zu möglichen Konflikten zwischen normalen und rein investierenden Mitgliedern); s. auch *Geschwandtner* GenossenschaftsR 43 ff.
29 BGHZ 116, 86 (87 f.).
30 Als unverhältnismäßig hat die Rspr. bspw. den Ausschluss eines Genossenschaftsmitglieds angesehen, das der Genossenschaft fünfzig Jahre angehört und dessen Sohn der Genossenschaft einen

Mitglieds enden. Im Todesfall geht die Mitgliedschaft zunächst auf die Erben des Mitglieds über und endet erst zum Schluss des Geschäftsjahres, in dem der Erbfall eingetreten ist (§ 77 I GenG). Die Satzung kann aber auch eine Fortsetzung der Mitgliedschaft mit den Erben vorsehen (§ 77 II 1 GenG). Nach § 76 I GenG kann ein Mitglied zudem unter bestimmten Bedingungen aus der Genossenschaft ausscheiden, wenn es sein Geschäftsguthaben durch schriftliche Vereinbarung auf einen Dritten überträgt, der anstelle des Mitglieds der Genossenschaft beitritt oder bereits Mitglied der Genossenschaft ist. Möglich ist nur eine *Übertragung des Geschäftsguthabens*, nicht der Mitgliedschaft als solcher. Auch eine Teilübertragung ist nach § 76 I 2 GenG seit 2006 zulässig.[31]

Mit dem Ausscheiden erwerben das ehemalige Mitglied bzw. seine Erben einen *Auseinandersetzungsanspruch* auf das Geschäftsguthaben, also seinen Anteil an der eG, der sich auf der Grundlage der Bilanz ergibt, wobei Rücklagen und sonstiges Vermögen der Genossenschaft nicht mit einbezogen werden (§ 73 GenG). Der Anspruch ist also im Grundsatz auf den Buchwert der Beteiligung begrenzt. Die Auszahlung hat binnen sechs Monaten nach Beendigung der Mitgliedschaft zu erfolgen (§ 73 II 2 GenG). Wird die Genossenschaft allerdings innerhalb von sechs Monaten nach dem Ausscheiden des Mitglieds aufgelöst, gilt die Beendigung der Mitgliedschaft als nicht erfolgt (§ 75 S. 1 GenG). Diese Regelung bezweckt, Mitglieder, die sich bei finanziellen Problemen der Genossenschaft zu einem Austritt entschließen, ebenso zu behandeln, wie solche, die im Zeitpunkt der Auflösung noch Mitglieder sind. Erstere sollen so von ihrem geplanten Austritt abgehalten werden, der bei Abzug des Geschäftsguthabens die finanziellen Probleme der eG noch vergrößern würde.[32] Andererseits sollen sich Mitglieder durch Austritt nicht der Nachschussverpflichtung entziehen können.[33] Diese Gleichbehandlung hat aber auch zur Folge, dass ausgeschiedene Mitglieder im Rahmen der Liquidation gem. § 91 GenG an den Rücklagen und dem sonstigen Vermögen der eG beteiligt werden, auf die sie beim einfachen Ausscheiden nach § 73 II 2 GenG keinen Anspruch haben.[34]

3. Finanzielle Aspekte

515 Die Mitglieder können sich bis zur Höhe des in der Satzung festgelegten und für alle Genossen gleich hohen Geschäftsanteils an der eG mit *Einlagen* beteiligen. Die Satzung kann aber auch vorsehen, dass einzelne Genossen sich mit mehr als einem Geschäftsanteil beteiligen können oder müssen. Auf diesen Geschäftsanteil (die Terminologie unterscheidet sich von derjenigen bei der GmbH) hat jeder Genosse eine Mindesteinlage zu leisten (§§ 7, 7a GenG). Einlagen können in Form von Geldzahlungen oder, wenn die Satzung dies zulässt, als Sacheinlagen erbracht werden (§ 7a III GenG). Aus den eingebrachten Einlagen sowie den Gewinnen und Verlusten, die dem Genossen zugeschrieben werden, ergibt sich das *Geschäftsguthaben* des Genossen zu

---

Schaden von ca. 7.000 EUR zugefügt hatte, BGH DStR 2010, 2319; dazu *Förstner-Reichstein* ZfgG 61, 316 (321); OLG München NZG 2016, 71 (72), Ausschluss eines unbekannt verzogenen Mitglieds, auch wenn es über Dritte erreichbar ist.

31 Pöhlmann/Fandrich/Bloehs/*Fandrich* GenG § 76 Rn. 9; zur umstr. vorherigen Rechtslage vgl. *Beuthien* GenG § 76 Rn. 2; *K. Schmidt* GesR § 41 III 2 a (S. 1275) mwN.

32 Pöhlmann/Fandrich/Bloehs/*Fandrich* GenG § 75 Rn. 1; *Kübler/Assmann* GesR § 13 III 4 c (S. 155).

33 Lang/Weidmüller/*Schulte* GenG § 75 Rn. 1; Pöhlmann/Fandrich/Bloehs/*Fandrich* GenG § 75 Rn. 1.

34 *Beuthien* GenG § 75 Rn. 1.

einer bestimmten Zeit (§ 19 GenG). Dieses gibt Auskunft darüber, in welcher Höhe der Genosse an der Genossenschaft zum jeweiligen Zeitpunkt effektiv beteiligt ist. Maximal kann das Geschäftsguthaben dem Geschäftsanteil entsprechen, da dieser die Beteiligung begrenzt (§ 19 I 3 GenG).

Das Geschäftsguthaben bildet die Grundlage für die Verteilung von Gewinnen und Verlusten auf die Genossen, sowie für die Berechnung der Abfindung bei Ende der Mitgliedschaft. Vor dem Ende der Mitgliedschaft darf das Geschäftsguthaben nicht an den Genossen ausgezahlt werden (§ 22 IV 1 GenG), da sonst der eG ihr Kapital entzogen werden könnte. Soweit der Geschäftsanteil eines Mitglieds durch Gewinnzuschreibungen aufgefüllt ist, kann der Gewinnanteil nach § 19 I GenG auch ausgezahlt werden.[35] Auf die mögliche Nachschusspflicht (§ 22a GenG) wurde bereits hingewiesen. Das Geschäftsguthaben wird grundsätzlich nicht verzinst (§ 21 I GenG), die Satzung kann aber nach § 21a GenG eine Verzinsung vorsehen.

4. Fördergeschäfte

Wesentlicher Inhalt der Mitgliedsrechte des Genossen ist der Anspruch auf Abschluss von *Fördergeschäften* mit der eG. Dieser Anspruch ist eng verbunden mit dem Zweck der Förderung des Erwerbs oder der Wirtschaft der Genossen oder deren sozialen oder kulturellen Belange durch gemeinschaftlichen Geschäftsbetrieb. Der genaue Inhalt des Förderungsanspruchs hängt von der einzelnen Genossenschaft ab und betrifft etwa die Inanspruchnahme von Einrichtungen oder Leistungen der Genossenschaft, also etwa den Erhalt zinsgünstiger Kredite oder die Nutzung von Maschinen und Anlagen der Genossenschaft. Die Fördergeschäfte können auf genossenschaftsrechtlicher Grundlage, also aufgrund der Satzung, erfolgen. Diese können aber ebenso aufgrund eines schuldrechtlichen Vertrages erbracht werden.[36] Daneben muss die eG sog. *Gegengeschäfte* mit Dritten tätigen, um die Fördermittel für die Fördergeschäfte zu erwirtschaften. Diese Gegengeschäfte werden mit genossenschaftsfremden Personen abgeschlossen. In den Gegengeschäften muss die Genossenschaft den größtmöglichen Überschuss erzielen, in den Fördergeschäften hingegen soll sie möglichst geringe Überschüsse erzielen, weil diese von den Genossen zu tragen wären.[37] Am deutlichsten ist dieses Prinzip etwa bei landwirtschaftlichen Absatzgenossenschaften. Diese kaufen zu möglichst hohen Preisen Produkte von den Genossen (Fördergeschäft) und verkaufen diese ebenfalls zu höchstmöglichen Preisen an Dritte weiter.

Indes ist die eG nicht auf die Erbringung von Förderleistungen an die Genossen beschränkt, wenn die Satzung das *Nichtmitgliedergeschäft* zulässt (§ 8 I Nr. 5 GenG). Es können dann auch Geschäfte, welche sonst nur mit Genossen zustande kommen, auch mit Nichtgenossen getätigt werden, um so Gewinne zu erzielen, die dann über noch günstigere Konditionen oder auf andere Art bei den Fördergeschäften an die Genossen weitergegeben werden. Das Nichtmitgliedergeschäft kann angesichts des Zwecks der eG aber nicht vollständig im Vordergrund stehen.[38] Insbesondere wird es als kritisch

516

---

35 Pöhlmann/Fandrich/Bloehs/*Pöhlmann* GenG § 19 Rn. 7.
36 BGHZ 103, 219 (221f.).
37 *Beuthien* GenG § 1 Rn. 11.
38 *Beuthien* GenG § 8 Rn. 9; Pöhlmann/Fandrich/Bloehs/*Fandrich* GenG § 1 Rn. 5ff., 28; *Geschwandtner* ZfgG 59, 152 (157f.).

angesehen, wenn die Zahl der Nichtmitgliederkunden einer eG die Zahl der Mitgliederkunden übersteigt.[39]

Dem Recht des Mitglieds, die Einrichtungen und Leistungen der eG in Anspruch zu nehmen, können auch bestimmte *Pflichten zur Nutzung der Einrichtungen und Leistungen* der eG gegenüberstehen, wenn die Satzung dies vorsieht. Insbesondere können die Genossen verpflichtet werden, Teile ihrer Geschäfte über die eG abzuwickeln bzw. Teile ihrer Produktion über die eG zu vermarkten, also zunächst an diese zu verkaufen. Soweit sich solche Pflichten aus der Satzung und nicht aus einem gesonderten schuldrechtlichen Vertrag ergeben, kann ein Mitglied sich wegen § 310 IV BGB nicht auf die Unwirksamkeit der Verpflichtung nach §§ 307 ff. BGB berufen, um die Erfüllung dieser Pflicht zu verweigern.[40]

> In **Fall b** könnte die zwölfmonatige Kündigungsfrist nach § 309 Nr. 9 BGB unwirksam sein. Dann müsste § 309 BGB aber auf das die Dienstleistung betreffende Verhältnis zwischen X und der Y eG anwendbar sein. Die Dienstleistung und die Pflicht zur Bezahlung der Dienstleistung beruhen aber unmittelbar auf der Satzung der Y eG. Sie ergibt sich nicht aus einer schuldrechtlichen Beziehung, sondern aus der Mitgliedschaft, der korporationsrechtlichen Beziehung als solcher. Hierauf findet § 309 BGB wegen § 310 IV BGB aber gerade keine Anwendung. Daher vermag X nicht mit Erfolg gegen die lange Kündigungsfrist vorzugehen.

5. Sonstige Rechte und Pflichten

517 An sonstigen Rechten der Mitglieder sind insbesondere die *Mitbestimmungsrechte* im Rahmen der Generalversammlung (§ 43 GenG) zu nennen, aber auch bestimmte Einsichts- und Informationsrechte (beispielsweise §§ 31 I, 59 I 2 GenG) stehen dem Mitglied zu. Zwischen der Genossenschaft und ihren Mitgliedern besteht zudem eine *wechselseitige Treuepflicht,* weshalb die Genossen zur solidarischen Rücksichtnahme auf das gemeinschaftliche Förderinteresse der Genossen verpflichtet sind.[41] Es gilt zudem der *Grundsatz der Gleichbehandlung* der *Mitglieder* durch die eG.[42]

§ 14 Versicherungsverein auf Gegenseitigkeit (VVaG)

518 Der in den §§ 15–53 b des Gesetzes über die Beaufsichtigung der Versicherungsunternehmen (Versicherungsaufsichtsgesetz – VAG) geregelte Versicherungsverein auf Gegenseitigkeit (VVaG) ist ein rechtsfähiger Verein, und zwar eine Sonderform des wirtschaftlichen Vereins. Daher sind, soweit das VAG Lücken enthält, die vereinsrechtlichen Vorschriften des BGB auf den VVaG anzuwenden.[1] Anders als beim normalen wirtschaftlichen Verein richtet sich die Erteilung einer behördlichen Erlaubnis

---

39 *Beuthien* AG 2012, 867 (871).
40 BGHZ 103, 219 (224).
41 BGHZ 27, 297 (304); 132, 84 (90).
42 BGH ZIP 2003, 1498 (1499); Pöhlmann/Fandrich/Bloehs/*Pöhlmann* GenG § 18 Rn. 18 ff.; *Stumpf* JuS 1998, 701 (704).
 1 Palandt/*Ellenberger* BGB Einf. v. § 21 Rn. 16. Zum ebenso wie im Vereinsrecht (BGH NZG 2010, 1430 ff.) bestehenden Anspruch des Mitglieds eines VVaG auf Offenbarung der Namen und Anschriften anderer Mitglieder BGH NZG 2013, 789 (790 f.); mablAnm *Bürkle* VersR 2013, 1131; *Holler* EWiR 2013, 603 sowie bereits krit. zur Vorinstanz (LG Köln NZG 2011, 1193) *Paul* NZG 2011, 1176.

aber nach § 15 VAG. Sie hat eine Doppelfunktion und verleiht dem Verein einerseits – wie bei einer Erlaubnis gem. § 22 S. 1 BGB – die Rechtsfähigkeit, gestattet andererseits aber auch die Erlaubnis zum Versicherungsbetrieb.

Versicherungen können auf schuldrechtlicher oder mitgliedschaftlicher Basis organisiert werden. Während bei einem gegenseitigen Versicherungsvertrag der Versicherer gegen Prämienzahlung ein Risiko übernimmt, schließen sich bei einer mitgliedschaftlichen Konstruktion mehrere »Versicherte« zusammen, die in einer Risikogemeinschaft etwaige Schäden eines Mitglieds gemeinsam tragen. So unterschiedlich beide Ansätze theoretisch sind, so gering sind letztlich die praktischen Auswirkungen. Viele Versicherte bemerken gar nicht, ob sie Vertragspartner einer Versicherungs-AG oder Mitglieder eines VVaG sind.[2]

Mitglied eines VVaG kann nur werden, wer ein Versicherungsverhältnis mit dem Verein begründet (§ 20 S. 2 VAG). Geschäftsführungs- und Vertretungsorgan ist beim VVaG der Vorstand (§ 34 S. 2 VAG iVm §§ 76 ff. AktG). Die Mitgliederversammlung wählt einen Aufsichtsrat, der seinerseits den Vorstand bestellt. Im Gegensatz zum Verein unterliegt der VVaG bestimmten Regeln über die Kapitalausstattung. Die Gründungsmitglieder eines VVaG müssen einen Gründungsstock bilden (§ 22 I 1 VAG), und aus dem Geschäftsbetrieb muss eine Verlustrücklage gebildet werden (§ 37 VAG). Ein etwaiger Überschuss des VVaG wird an die Mitglieder ausgeschüttet, wenn er nicht den Rücklagen zuzuführen ist (§ 38 I 1 VAG). Zusätzlich unterliegt der VVaG den versicherungsrechtlichen Regeln über die Kapitalausstattung.

---

2 *K. Schmidt* GesR § 42 I 2 (S. 1279).

4. Teil. Kapitalistische Körperschaften

§ 15 Aktiengesellschaft (AG)

Literatur: *Bungert/Leyendecker-Langner,* Die Neuregelung des Delisting, ZIP 2016, 49; *Cahn,* Business Judgement Rule und Rechtsfragen, Der Konzern 2015, 105; *Fleischer,* Ungeschriebene Hauptversammlungszuständigkeit im Aktienrecht: Von »Holzmüller« zu »Gelatine«, NJW 2004, 2335; *Heinze,* Wirtschaftliche Neugründung und Aktiengesellschaft – Zur entsprechenden Anwendung der Gründungsvorschriften, BB 2012, 67; *Junker/Schmidt-Pfitzner,* Quoten und Zielgrößen für Frauen (und Männer) in Führungspositionen – Die neue Gesetzeslage und Handlungsempfehlungen, NZG 2015, 929; *Lange,* Grundzüge des Rechts der Aktiengesellschaft, JURA 2016, 333; *Langenbucher,* Einführung in das Recht der Aktiengesellschaft, JURA 2004, 577; *Lippert,* Der EuGH und die Goldenen Aktien – zugleich ein Beitrag zur Dogmatik der Kapitalverkehrsfreiheit, JURA 2009, 342; *Lutter,* Die Treuepflicht des Aktionärs, ZHR 153 (1989), 446; *Müller,* Das Wertpapier – Ein unbekanntes Wesen?, JA 2017, 321 und 401; *Peltzer,* Vorstand und Geschäftsführung als Leitungs- und gesetzliches Vertretungsorgan der Gesellschaft, JuS 2003, 348; *Scholz,* Die Haftung bei Verstößen gegen die Business Judgement Rule, AG 2015, 222; *Söhner,* Die Aktienrechtsnovelle 2016, ZIP 2016, 151; *Staake,* Das Recht der Aktie, JA 2004, 247; *Timm,* Treuepflichten im Aktienrecht, WM 1991, 481; *Ulmer,* Aktienrecht im Wandel, AcP 202 (2002), 143; *Walla,* Die Rechtsprechung des BGH zur wirtschaftlichen Neugründung auf dem Prüfstand, JURA 2012, 451; *Ziemons,* Beraterverträge mit Mitgliedern des Aufsichtsrats, GWR 2012, 451.

Fälle: 519

a) Z, der alleiniger Aktionär der Z-AG ist, kauft bei M einen Pkw. Als M Zahlung von Z verlangt, erklärt dieser, mit Forderungen aufzurechnen, die der Z-AG aus Werkverträgen gegen den M zustehen. Ist die Forderung des M erloschen?

b) A, B, C und D gründen eine AG. A, B und C haben jeweils 1 Mio. EUR einzubringen. D ist verpflichtet, als vereinbarte Sachleistung Schuldverschreibungen einer ausländischen Gesellschaft im Wert von 2 Mio. EUR einzubringen. Deren Wert ist aber vom Erfolg eines von der ausländischen Gesellschaft entwickelten technischen Verfahrens abhängig. Der Gründungsprüfer hat ohne ausreichende Prüfung die Vollwertigkeit der Sacheinlage bestätigt. Es stellt sich jedoch heraus, dass das Verfahren nicht praxistauglich ist. Die AG klagt daraufhin gegen den Gründungsprüfer auf Schadensersatz.

c) A ist als Großaktionär am Grundkapital der börsennotierten WLL Tourismus AG beteiligt. Deren Unternehmensgegenstand ist die Erbringung von Tourismusdienstleistungen zu Wasser, zu Lande und in der Luft. Im Zuge von Umstrukturierungsmaßnahmen beschließt der Vorstand, sich aus dem Schiffstourismus zurückzuziehen und den gesamten Betriebsteil unter Wert an einen Dritten zu veräußern. A ist empört, weil der Schiffstourismus mit 40 % des Jahresumsatzes von wesentlicher wirtschaftlicher Bedeutung für das Unternehmen ist und er durch den Verkauf eine Entwertung seiner Mitgliedschaftsrechte befürchtet. Nachdem der Vorstand ohne Zustimmung der Hauptversammlung mit der Transaktion begonnen hat, fragt A nach etwaigen eigenen deliktischen Ansprüchen.

d) Die Hauptversammlung der WLL Tourismus AG steht bevor. In der zur Vorbereitung übersandten Tagesordnung finden sich unter anderem folgende Punkte: a) Aufbau des Geschäftsfeldes »Busreisen in den Thüringer Wald«; b) Gewinnverwendungsbeschluss: Herabsetzung der Dividende. Zur Vorbereitung auf die Hauptversammlung verlangt A Auskunft vom Vorstand über folgende Fragen:
  (1) Mit welchen Mitteln soll das Geschäftsfeld »Busreisen in den Thüringer Wald« aufgebaut werden und wie bewertet der Vorstand die konkreten wirtschaftlichen Erfolgsaussichten?
  (2) Warum soll bei der günstigen wirtschaftlichen Entwicklung die Dividende herabgesetzt werden?
  (3) Welche Vergütungen beziehen die einzelnen Vorstandsmitglieder?
  Der Vorstand verweigert die Erteilung der Auskunft vor der Hauptversammlung. Zu Recht?

e) In der Hauptversammlung wiederholt A seine Fragen aus **Fall d** und droht bei Verweigerung der Auskunft mit der Anfechtung sämtlicher Beschlüsse. Der Vorstand der WLL Tourismus AG weist das Ersuchen des A erneut zurück. Er ist der Meinung, dass die Mittelaufbringung A überhaupt nichts angehe und er von komplizierten wirtschaftlichen Analysen überfordert wäre. Die Aufdeckung der Gehälter werde keinesfalls erfolgen und drohen lasse man sich schon gar nicht. Zu Recht?

f) (1) V tätigt als Vorstandsmitglied der Z-AG in deren Namen und mit Zustimmung des Aufsichtsrats hochriskante Spekulationsgeschäfte. Vor Abschluss der Geschäfte informiert sich V umfassend über das Risiko und andere mögliche Anlageformen. Die Geschäfte führen aber gleichwohl zu Verlusten iHv 50 Mio. EUR. Ist V der Z-AG gegenüber zu Schadensersatz verpflichtet?

(2) Weiterhin informiert V den Konkurrenten K über Forschungsschwerpunkte der Z-AG. Hierfür erhält er ein Honorar von 100.000 EUR. Welche Ansprüche hat die Z-AG gegen V, wenn diese keinen konkreten Schaden nachweisen kann?

(3) Die Hauptversammlung hat nach § 147 I 1 AktG die Geltendmachung eines Schadensersatzanspruchs gegen V beschlossen. Der Aufsichtsrat lehnt ein solches Begehren ab, um das Ansehen der Z-AG nicht weiter zu schädigen. Was ist dem Aktionär A zu raten, der V zur Verantwortung ziehen will?

(4) V veröffentlicht nach Art. 17 MAR (§ 15 I WpHG aF) eine Mitteilung, in der er wahrheitswidrig den »größten Deal der Unternehmensgeschichte« ankündigt. Nachdem der Börsenkurs daraufhin steigt, verkauft V seine eigenen Aktien gewinnbringend. Nach Kenntnis der Geschehnisse veröffentlichen die übrigen Vorstandsmitglieder eine Korrekturmitteilung, woraufhin der Aktienkurs unter den ursprünglichen Wert einbricht. Aktionär A, der seine Aktien erst nach und aufgrund der positiven Mitteilung über den Großauftrag erworben hat, möchte nun gegen V vorgehen. Welche Ansprüche stehen ihm gegen V zu?

g) (1) Die Hauptversammlung der Z-AG beschließt, folgende Bestimmung in die Satzung aufzunehmen: »Der Aufsichtsrat ist beschlussunfähig, wenn mehr Vertreter der Anteilseigner fehlen als solche der Arbeitnehmer.« Ist diese Klausel wirksam?

(2) Bei der nicht der Mitbestimmung unterliegenden Z-AG ist ein Vorstandsposten neu zu besetzen. Zu diesem Zweck wird ein Aufsichtsratsausschuss gebildet, der die Verhandlungen mit den Kandidaten führen und den Anstellungsvertrag schließen soll. Sodann soll der ausgewählte Kandidat vom Gesamtaufsichtsrat zum Vorstand bestellt werden. Ist eine solche Bestellung wirksam? Wie kann man gegen einen Bestellungsbeschluss vorgehen?

(3) Der Aufsichtsrat der Z-AG möchte gegen außerhalb des Unternehmensgegenstandes liegende Geschäfte des Vorstands vorgehen. Was kann er tun?

h) Die Z-AG befindet sich in finanziellen Schwierigkeiten. Um Erfolg versprechende, aber kostenintensive Neuinvestitionen vornehmen zu können, erwägt der Vorstand den bisher umsatzträchtigsten, aber auf Dauer mit Blick auf die Konkurrenzsituation doch rückständigen Geschäftsbereich zu veräußern. In diesem Geschäftsbereich wurden bislang 60 % des Umsatzes erzielt und sind 50 % der Mitarbeiter beschäftigt. Kann der Vorstand eine solche Entscheidung alleine treffen und vollziehen?

i) A, B und C gründen die X-AG mit einem Grundkapital von 600.000 EUR. A zahlt – entsprechend seiner Einlageverpflichtung – 50.000 EUR ein. Sacheinlagen sind in der Satzung der X-AG nicht vorgesehen. Nur zwei Monate nach Zahlungseingang veräußert A Maschinen für 50.000 EUR an die AG und erhält eine entsprechende Kaufpreiszahlung. Nachdem über das Vermögen der AG das Insolvenzverfahren eröffnet worden ist, fordert der Insolvenzverwalter von A erneut Zahlung von 50.000 EUR. Zu Recht? Kann der Insolvenzverwalter weitere Ansprüche geltend machen?

j) Die X-AG gewährt ihrem kreditwürdigen Großaktionär A ein langfristiges Darlehen iHv 1 Mio. EUR. Dies ist nicht besichert und marktüblich verzinst. Ein Beherrschungs- oder Gewinnabführungsvertrag (§ 291 AktG) besteht nicht. Nach einigen Monaten wird über das Vermögen der X-AG das Insolvenzverfahren eröffnet. Der Insolvenzverwalter verlangt Rückzahlung des Darlehensbetrages. Besteht ein solcher Anspruch nach § 62 AktG?

k) Die X-AG befindet sich in wirtschaftlichen Schwierigkeiten. Der Vorstand stellt fest, dass die AG voraussichtlich nicht in der Lage sein wird, ihre bestehenden Zahlungspflichten bei Fälligkeit zu erfüllen. Zur Beschaffung weiterer Finanzmittel erfolgt eine Kapitalerhöhung. Der bereits mit 15 % am Grundkapital beteiligte Großaktionär A will sich ebenfalls an der Sanierung beteiligen und zeichnet weitere Aktien. Zudem gewährt er der AG ein Darlehen iHv 100.000 EUR. Trotz dieser Finanzierungsmaßnahmen verschärft sich die wirtschaftliche Situation der AG weiter. Als die AG nicht mehr in der Lage ist, ihre fälligen Zahlungsverbindlichkeiten zu erfüllen, beantragt der Vorstand die Eröffnung des Insolvenzverfahrens. Zwei Tage nach der Stellung des Antrages wird das Darlehen in voller Höhe an A zurückgezahlt. Der inzwischen bestellte Insolvenzverwalter I überlegt, ob er den Darlehensbetrag von A zurückfordern kann.

I. Grundlagen

1. Rechtsnatur

Die Aktiengesellschaft (AG) ist eine Gesellschaft mit eigener Rechtspersönlichkeit und **520** mit einem in Aktien zerlegten Grundkapital, für deren Verbindlichkeiten den Gläubigern nur das Gesellschaftsvermögen haftet (§ 1 AktG). Die privatrechtliche Gesellschaft, die zur Erreichung eines bestimmten Zwecks gegründet wird, ist körperschaftlich organisiert und damit eine Sonderform des eingetragenen Vereins. Zwischen den Gesellschaftern, den Aktionären, bestehen abgesehen von der allgemeinen Treuepflicht[1] keine direkten Rechtsbeziehungen. Hingegen bestehen zwischen der AG und ihren Aktionären jeweils einzelne Sonderverbindungen. Sie beruhen darauf, dass die Mitgliedschaft den Aktionären letztlich das wirtschaftliche Eigentum an der Gesellschaft verleiht. Damit gehen zugleich verschiedene Rechte einher, wie etwa das auf Mitverwaltung oder Vermögensrechte, aber auch Pflichten, wie die zur Leistung der übernommenen Einlage (→ Rn. 557 ff.). Als Trägerin von Rechten und Pflichten handelt die AG durch ihre Organe. Als juristische Person entsteht sie nach § 41 I 1 AktG erst mit Eintragung in das Handelsregister. Damit erlangt sie die Rechtsfähigkeit. Sie ist Handelsgesellschaft und Kaufmann kraft Rechtsform (§ 3 I AktG, § 6 I HGB). Ihre Firma muss gem. § 4 AktG den Zusatz »Aktiengesellschaft« oder eine verständliche Abkürzung enthalten.

In **Fall a** ist die AG eine selbstständige juristische Person (§ 1 I 1 AktG), die von den Inhabern der Aktien zu trennen ist. Ein Erlöschen der Forderung gem. §§ 387, 389 BGB setzt die Gegenseitigkeit der Forderungen voraus. Daran fehlt es, weil Z Schuldner der Forderung aus dem Kaufvertrag, aber nicht Inhaber der Forderungen aus den Werkverträgen ist, die der Z-AG zustehen. Auch als alleiniger Aktionär vermag der Z also nicht aufzurechnen. Die Forderung des M ist deshalb nicht erloschen.

2. Zweck

Die Rechtsform der AG ist darauf angelegt, große Kapitalsummen durch eine Vielzahl **521** von Kapitalgebern aufzubringen (»Kapitalsammelbecken«) und langfristig zu binden. Sie soll Geschäfte mit hohem Kapitalbedarf betreiben können. Die Kapitalgeber bleiben in der Regel anonym und können sich auch bereits mit geringen Summen beteiligen. Kaufmännische Kenntnisse sind keine Voraussetzung für die Aktionärsstellung. Die Beteiligung ist in der Regel frei veräußerbar und die persönliche Bindung zwischen Aktionär und AG wenig ausgeprägt. Das wirtschaftliche Risiko für den Aktionär ist

---

1 BGHZ 103, 184 (194 f.); 129, 136; 142, 167 (169); *K. Schmidt* GesR § 28 I 4 (S. 799 ff.); vgl. zur Treuepflicht bereits bei der GbR → Rn. 136 ff. und → Rn. 569,

auf den Wert seiner Beteiligung begrenzt, weil allein die AG für ihre Verbindlichkeiten haftet. Letztlich eröffnet die Rechtsform der AG einer Vielzahl von Aktionären die Möglichkeit, auch kleinere Beträge zu investieren und sich so am Wirtschaftsgeschehen nicht nur als Arbeitnehmer, sondern auch als Kapitalgeber zu beteiligen.

3. Historischer Hintergrund

522 Entstanden ist die Rechtsform der AG im 19. Jahrhundert, als im Zuge der Industrialisierung in großem Umfang Risikokapital für Eisenbahnbau, Bergwerke und Industriebetriebe benötigt wurde.[2] Bereits zuvor hatte es der Aktiengesellschaft ähnliche Organisationsformen gegeben, wie etwa norditalienische Banken im 15. Jahrhundert und koloniale Handelskompanien ab dem 16. Jahrhundert. Heute ist die praktische Bedeutung erheblich. Nicht nur Großunternehmen sind als Aktiengesellschaft organisiert. Auch für kleinere Unternehmen kommt die AG als Rechtsform in Betracht.[3] Stärkste »Konkurrenten« sind die GmbH und die Publikumskommanditgesellschaft. Von den derzeit etwa 15.000 Aktiengesellschaften[4] sind mehr als 10.000 börsennotiert, die ein Grundkapital von annähernd 180 Mrd. EUR aufweisen.[5]

4. Anwendbares Recht

523 Dem Recht der AG liegen in erster Linie die Bestimmungen des AktG zugrunde. Da sie ihrem Grundtyp nach ein eingetragener Verein ist, kommt bei Fehlen besonderer Regelungen subsidiär das Vereinsrecht (insbesondere § 31 BGB) zur Anwendung. Zudem kann bei Aktiengesellschaften das *Kapitalmarktrecht* (DepotG, BörsenG, WpHG, WpÜG) relevant sein. Überdies bestehen zahlreiche *europarechtliche Vorgaben*. Mit dem *Deutschen Corporate Governance Kodex (DCGK)*[6] ist ein weiteres Regelwerk von Bedeutung, das aber keinen Gesetzescharakter hat. Verabschiedet wurde es erstmals 2002 von einer vom Justizministerium eingesetzten Regierungskommission. Seither wurde der Kodex mehrfach geändert. Sein Zweck ist es, die in Deutschland geltenden Regeln für Unternehmensleitung und -überwachung für Investoren transparent zu machen, um das Vertrauen in die Unternehmensführung zu stärken.[7] Diese »Regeln guter Unternehmensführung« enthalten Empfehlungen (»soll«) und Anregungen (»sollte« oder »kann«).[8] Diese sind für Unternehmen zwar nicht bindend. Vorstand und Aufsichtsrat börsennotierter Aktiengesellschaften haben aber nach § 161 AktG jährlich offen zu legen, inwieweit den Empfehlungen des DCGK entsprochen

---

2 Eing. zur Geschichte der AG MüKoAktG/*Habersack* Einleitung Rn. 12 ff.; K. Schmidt/Lutter/ *K. Schmidt* Einleitung Rn. 3 ff.; *K. Schmidt* GesR § 26 II (S. 758 ff.); MHdB GesR IV/*Hoffmann-Becking* § 1 Rn. 1 ff.; darüber hinausgehend zur Genese des AktG 1965 *Seibert* AG 2015, 593 ff.
3 Vgl. *Grunewald* GesR § 10 Rn. 3, wenn auch skeptisch hinsichtlich der Attraktivität der AG als Rechtsform für den Mittelstand; *Kübler/Assmann* GesR § 14 II 2 b (S. 168).
4 *Kornblum* GmbHR 2017, 739 (740), Stand Januar 2017.
5 Deutsche Bundesbank, Kapitalmarktstatistik Mai 2017, Statistisches Beiheft 2 zum Monatsbericht, S. 47, verfügbar unter https://www.bundesbank.de/Redaktion/DE/Downloads/Veroeffentlichungen/Statistische_Beihefte_2/2017/2017_05_kapitalmarktstatistik.pdf?__blob=publicationFile (zuletzt abgerufen am 12.10.2017).
6 Dazu die Homepage der Regierungskommission, unter anderem mit der aktuellen Fassung des Kodex in deutscher und englischer Sprache, http://www.dcgk.de (zuletzt abgerufen 12.10.2017).
7 S. dazu auch die Präambel des DCGK, verfügbar unter http://www.dcgk.de/de/kodex/aktuelle-fassung/praeambel.html (zuletzt abgerufen am 12.10.2017).
8 Dazu Henssler/Strohn/*E. Vetter* AktG § 161 Rn. 3.

wird (»Comply or explain-Grundsatz«).[9] Aber auch darüber hinaus unterliegt das Aktienrecht ständiger rechtspolitischer Diskussion und kontinuierlicher Fortentwicklung durch Gesetzgebung wie Rechtsprechung.[10]

5. Typen

Die klassische AG ist das als Publikumsgesellschaft organisierte Großunternehmen mit einer Vielzahl von Aktionären. Es gibt aber auch AGs mit nur einem Aktionär (Einpersonen-AG) oder wenigen Aktionären, die gegebenenfalls familiär verbunden sind (Familien-AG). Auch genossenschaftliche AGs, die einen genossenschaftlichen Zweck nach § 1 GenG verfolgen, sind möglich. Ebenso sind Nebenleistungs-AGs denkbar, die gleichfalls genossenschaftliche Merkmale aufweisen und bei denen die Aktionäre nach § 55 AktG in Verbindung mit der jeweiligen Satzung wiederkehrende, nicht in Geld bestehende Leistungen an die AG erbringen müssen. Auch Investment-, Beteiligungs- und Freiberufler-AGs sind möglich. Für verschiedene dieser Typen bestehen einzelne gesetzliche Sonderregeln.[11] Eine weitere Einteilung lässt sich anhand der Aktionärsstruktur vornehmen, je nachdem, ob einem einzelnen Aktionär maßgeblicher Einfluss zukommt. Diese Frage ist für die Anwendung des Konzernrechts von entscheidender Bedeutung. Das Gesetz unterscheidet zudem an zahlreichen Stellen danach, ob AGs börsennotiert bzw. kapitalmarktorientiert sind oder nicht. **524**

6. Interessen und Interessenkonflikte

Die detaillierten Regelungen des Aktienrechts zielen auf den Ausgleich der Interessen der Beteiligten, vor allem von Gläubigern und Aktionären, und auf deren Schutz ab. Dabei können die Aktionäre so unterschiedlich sein wie ihre Interessen, vom passiven Kleinaktionär bis hin zum beherrschenden Großaktionär. Strebt der Kleinaktionär regelmäßig Gewinnanteile oder Wertsteigerungen seiner Beteiligung an, will der Großaktionär hingegen möglicherweise die AG beherrschen und sie für seine sonstige unternehmerische Tätigkeit nutzbar machen. Ebenso kann das Management besondere Eigeninteressen verfolgen und haben die Arbeitnehmer ein Interesse am Erhalt von Arbeitsplätzen und an guten Arbeitsbedingungen. Selbst das Interesse der Allgemeinheit am Erhalt und der Funktionsfähigkeit einer AG mag eine Rolle spielen, zumal AGs wegen ihrer Größe und Wirtschaftskraft regelmäßig erhebliche Bedeutung für die Volkswirtschaft haben. **525**

Konflikte ergeben sich etwa bei der Frage, ob der Gewinn als Dividende ausgeschüttet werden oder zur Finanzierung im Unternehmen verbleiben soll. Die Aktionäre sind regelmäßig an einer hohen Ausschüttung interessiert, mit der sie nach Belieben verfahren können. Gläubiger, Management und Arbeitnehmer haben hingegen eher ein Interesse daran, Gewinne möglichst im Unternehmen zu belassen, um Haftungsmasse und vor allem Spielräume für Investitionen bzw. Arbeitsplätze zu sichern. Interessenkonflikte bestehen auch zwischen dem Management, das die Geschäfte möglichst autonom führen will, und den Aktionären, die in der Regel eine stärkere Kontrolle des

---

9 *Bayer* NZG 2013, 1 (3). Zu den Folgen unrichtiger Erklärungen nach § 161 AktG vgl. → Rn. 589.
10 Vgl. K. Schmidt/Lutter/*K. Schmidt* Einleitung Rn. 3 ff.; *K. Schmidt* GesR § 26 II 2 (S. 761 ff.); *Ulmer* AcP 202 (2002), 143 (147 ff.).
11 Zu Typen der AG MHdB GesR IV/*Hoffmann-Becking* § 2 Rn. 7 ff.; *K. Schmidt* GesR § 26 III 2 (S. 771 ff.).

Managements und Informationen über die Geschäftsführung erstreben. In einer Aktiengesellschaft mit zahlreichen Kleinaktionären ist eine solche Kontrolle aber mit wirtschaftlich vertretbarem Aufwand kaum möglich, weshalb das Management erhebliche Autonomie erlangen kann. Auch zwischen den einzelnen Aktionären können Interessengegensätze auftreten. Dies ist etwa der Fall, wenn eine Aktionärsmehrheit oder ein einzelner Mehrheitsaktionär die Belange der Minderheit nicht hinreichend berücksichtigt und sich dadurch wirtschaftliche Vorteile auf Kosten der AG verschafft.[12]

Den Interessen der Gläubiger wird vor allem durch die Regelungen zur Kapitalerhaltung und die Verpflichtung der AG, eine Rücklage zu bilden (§ 150 AktG), Rechnung getragen. Die Wahrung der Interessen der Aktionäre an Information und Kontrolle gegenüber dem Management erfolgt über die Hauptversammlung und den Aufsichtsrat sowie über Publizitätspflichten und Regelungen, die Haftungsszenarien für das Management beinhalten. Interessen der Minderheit werden vor allem durch das Erfordernis qualifizierter Hauptversammlungsmehrheiten für bestimmte Angelegenheiten, das Recht auf Sonderprüfungen und das Verbot verdeckter Gewinnausschüttungen geschützt. Der Schutz der Arbeitnehmerinteressen erfolgt schließlich über das Betriebsverfassungs- und Mitbestimmungsrecht.

II. Gründung

526 Die Gründung einer AG erfolgt in mehreren Schritten. Nach dem System der Normativbedingungen ist die Gesellschaft in das Handelsregister einzutragen und erhält ihre Rechtsfähigkeit, wenn die gesetzlichen Voraussetzungen erfüllt sind. Die Gründung ist in §§ 23–53 AktG im Detail geregelt. Indes entstehen die meisten Aktiengesellschaften heute durch Umwandlung eines bestehenden Unternehmens,[13] wobei aber § 197 UmwG auf die Vorschriften des AktG zur Gründung verweist.

1. Verfahren

527 Zunächst müssen sich mehrere Personen finden, die den Willen haben und beschließen, eine AG zu gründen. Nach § 2 AktG kann aber auch eine einzelne Person eine AG gründen. Diese Personen vereinbaren, die nötigen Schritte zur Gründung einer AG durchzuführen. Sie müssen dazu zunächst eine Satzung ausarbeiten, wobei § 23 III, IV AktG den Mindestinhalt vorschreibt. Die weitere Gründung kann als einfache oder als qualifizierte Gründung erfolgen.

528 **a)** Die *einfache Gründung* vollzieht sich im Wesentlichen in zehn Schritten: (1) Zunächst muss die ausgearbeitete Satzung durch notarielle Beurkundung (§ 23 I AktG) festgestellt, also von den Gründern formell vereinbart werden. Gründer sind nach § 28 AktG die Aktionäre, welche die Satzung festgestellt haben und nach § 2 AktG die Aktien der Gesellschaft gegen Einlagen übernehmen. In der Urkunde, die der Notar von der Feststellung errichtet, müssen die Gründer, der Nennbetrag bzw. die Zahl der Aktien, die jeder Gründer übernimmt, und der eingezahlte Betrag des Grundkapitals angegeben werden. Mit der Feststellung verpflichten sich die Gründer zum einen, die

---

12 Zu Interessenkonflikten im Kapitalgesellschaftsrecht vor dem Hintergrund ihrer ökonomisch-theoretischen Grundlagen vgl. *Hirte* KapGesR Rn. 1.29 ff.; *Kübler/Assmann* GesR § 14 III (S. 176 ff.).
13 MHdB GesR IV/*Hoffmann-Becking* § 3 Rn. 1; *K. Schmidt* GesR § 27 I 1 (S. 783).

Aktien gegen die Leistung von Einlagen zu übernehmen. Zum anderen wird die Satzung, also das Organisationsrecht der zu gründenden AG festgelegt. (2) Sobald sich die Gründer rechtsverbindlich verpflichtet haben, alle Aktien gegen Einlagen zu übernehmen, also für alle Aktien den Ausgabebetrag in das Gesellschaftsvermögen einzuzahlen, ist die AG gem. § 29 AktG errichtet. Meist erfolgt dies zugleich mit der Feststellung der Satzung, da auch die Übernahmeverpflichtung nach § 23 II Nr. 2 AktG der notariellen Beurkundung bedarf. »Errichtet« bedeutet aber noch nicht die Gründung der »fertigen« rechtsfähigen AG, denn zur Erlangung der Rechtsfähigkeit bedarf es noch der Eintragung in das Handelsregister (§ 41 I 1 AktG).

(3) Nach der Errichtung haben die Gründer gem. § 30 I AktG den ersten Aufsichtsrat und die ersten Abschlussprüfer der in Gründung befindlichen AG zu bestellen, wobei dies wiederum der notariellen Beurkundung bedarf. Der so bestimmte Aufsichtsrat bestellt sodann den ersten Vorstand. Damit ist die in Gründung befindliche AG durch ihre Organe handlungsfähig. (4) Weiterhin erstatten die Gründer gem. § 32 I AktG einen schriftlichen Bericht über die Gründung. (5) Auf dessen Grundlage haben Vorstand und der Aufsichtsrat gem. § 33 I AktG den Hergang der Gründung zu prüfen. Diese Prüfung zielt gem. § 34 I Nr. 1 AktG insbesondere darauf ab festzustellen, ob die Angaben der Gründer zur Übernahme der Aktien und zu den Einlagen auf das Grundkapital richtig und vollständig sind. (6) Weiterhin müssen die Gründer ihre Einlage an die Gesellschaft leisten. Sie müssen den eingeforderten Betrag, der gem. § 36a I AktG bei Bareinlagen mindestens ein Viertel des Nennbetrages und bei Überpari-Emission auch den Mehrbetrag umfassen muss, an die Gesellschaft leisten, sodass die Beträge zur endgültig freien Verfügung des Vorstands stehen (§ 36 II AktG). Die Leistung muss durch gesetzliche Zahlungsmittel oder Überweisung auf ein Konto der Gesellschaft oder, vor der Eintragung der AG, des Vorstands erfolgen (§ 54 III AktG).

(7) Sodann kann die in Gründung befindliche AG beim zuständigen Gericht zur Eintragung ins Handelsregister angemeldet werden. Die Anmeldung muss durch alle Mitglieder des Vorstands, des Aufsichtsrats und alle Gründer erfolgen (§ 36 I AktG). Den Inhalt der Anmeldung und die beizufügenden Unterlagen regelt § 37 AktG. Nach § 37 I 2 AktG ist insbesondere nachzuweisen, dass der eingezahlte Betrag endgültig zur freien Verfügung des Vorstands steht. (8) Das Gericht prüft nach Erhalt der Anmeldung in formeller und materieller Hinsicht, ob die gesetzlichen Bestimmungen zur Errichtung der Gesellschaft eingehalten wurden. Ist die Gesellschaft nicht ordnungsgemäß errichtet oder angemeldet worden, muss es die Eintragung ablehnen (§ 38 I AktG). Stellt es keine Mängel fest, wird die Gesellschaft in das Handelsregister eingetragen. Dabei werden die Angaben gem. § 39 AktG mit ins Handelsregister aufgenommen. (9) Mit der Eintragung (§ 39 AktG) erlangt die AG Rechtsfähigkeit, sie entsteht als juristische Person (§ 41 I AktG). Die Eintragung wirkt also konstitutiv. (10) Ist sie erfolgt, darf die AG auch Aktien ausgeben (§ 41 IV AktG).

Zusammenfassend müssen also folgende Schritte vollzogen werden:

(1) Feststellung der Satzung
(2) Errichtung der Gesellschaft durch Übernahme aller Aktien durch die Gründer
(3) Herstellung der Handlungsfähigkeit der Gesellschaft durch Bestellung der Organe und der Abschlussprüfer
(4) Gründungsbericht der Gründer

(5) Gründungsprüfung durch Vorstand und Aufsichtsrat
(6) Leistung zumindest eines Teils der Einlage durch die Gründer
(7) Anmeldung der Gesellschaft zur Eintragung in das Handelsregister
(8) Prüfung durch das Registergericht in formeller und materieller Hinsicht
(9) Eintragung der Gesellschaft in das Handelsregister und anschließende Bekanntmachung
(10) Ausgabe der Aktien

529 **b)** Eine *qualifizierte Gründung* liegt vor, wenn bei der Gründung der AG bestimmte Vereinbarungen getroffen werden, die besondere Risiken für die Gläubiger der AG bergen.

530 **aa)** §§ 26, 27 AktG erfassen bestimmte für die Gläubiger riskante Gründungskonstellationen und sehen besondere Schutzmechanismen vor. § 26 AktG greift ein, wenn der AG die Gründungskosten auferlegt werden oder wenn einem bestimmten Aktionär oder einem Dritten Sondervorteile eingeräumt werden.

> **Beispiel:** Die AG verpflichtet sich, bestimmte Beratungsleistungen in Anspruch zu nehmen.

§ 27 AktG betrifft den Fall, dass mindestens ein Aktionär seine Einlage nicht in Geld, sondern in Form von Sachwerten (Sachen oder Rechte) erbringt (Sacheinlage), oder dass die AG sich gegenüber einzelnen Aktionären verpflichtet, Vermögensgegenstände (insbesondere ein bestehendes Unternehmen) gegen Entgelt zu übernehmen (Sachübernahme). Diese Gestaltungen bergen Risiken für die Gläubiger der zu gründenden AG, die so bereits vor ihrer Entstehung mit Verpflichtungen belastet bzw. deren Grundkapital durch möglicherweise nicht ausreichend werthaltige Sachwerte ausgehöhlt wird.[14] Zum Schutz vor einer durch diese Gestaltungen möglichen Bereicherung von Gründern auf Kosten späterer Aktionäre und Gläubiger der AG sehen §§ 26, 27 AktG vor, dass die genannten risikoreichen Vereinbarungen zunächst in der Satzung festzuhalten und im Gründungsbericht zu erläutern sind (Satzungspublizität), damit sie für die anderen Aktionäre und Gläubiger erkennbar sind. Werden die dem Aktionär Sondervorteile einräumenden Abreden nicht in die Satzung aufgenommen, sind sie unwirksam und können nach Eintragung in das Handelsregister auch nicht durch Satzungsänderung geheilt werden (§ 26 III AktG).

Kommt es zu einer verdeckten Sacheinlage (→ Rn. 631 ff.), wird also eine Bareinlagepflicht vereinbart und zunächst auch erfüllt, dann aber, etwa durch eine von Anfang an getroffene Vereinbarung, das eingezahlte Geld umgehend nach Eintragung gegen einen Vermögensgegenstand des Gesellschafters ausgetauscht, bestimmt § 27 III AktG, dass die Verträge – anders als früher – nicht unwirksam sind. Vielmehr besteht die Geldeinlagepflicht des Aktionärs fort, wobei jedoch der Wert des Vermögensgegenstandes ebenso wie bei der GmbH[15] angerechnet wird *(Anrechnungslösung).*[16]

Besondere Gefahren bestehen, wenn Sachwerte als Einlage erbracht oder übernommen werden, diese aber überbewertet sind. So mag ein Gründer seine wertmäßig in einer be-

---

14 K. Schmidt/Lutter/*Bayer* AktG § 27 Rn. 3; *Hirte* KapGesR Rn. 5.52 ff.; Hüffer/Koch/*Koch* AktG § 26 Rn. 1 und § 27 Rn. 1; MüKoAktG/*Pentz* § 27 Rn. 6; K. Schmidt/Lutter/*Seibt* AktG § 26 Rn. 2.
15 Vgl. § 19 IV GmbHG.
16 Zur verdeckten Sacheinlage bei der AG vgl. *Andrianesis* WM 2011, 968 ff.

stimmten Höhe bestehende Einlage durch eine tatsächlich weitgehend wertlose, aber nominell dem Wert seiner Einlagepflicht entsprechende Sache erbringen. Um dies zu verhindern, sind gem. § 32 II AktG insbesondere die Angemessenheit von Sacheinlagen und Sachübernahmen im Gründungsbericht zu erläutern. Zudem muss der Gründungsbericht gem. § 33 II Nr. 4 AktG in der Regel durch vom Gericht bestellte unabhängige Gründungsprüfer geprüft werden, die nach § 34 I Nr. 2, II AktG zu kontrollieren haben, ob als Einlage geleistete oder übernommene Sachen zutreffend bewertet wurden. Auch sind Sacheinlagen anders als Bareinlagen schon vor der Eintragung vollständig zu leisten (§ 36 a II AktG). Stellen die Gründungsprüfer im Bericht fest, dass der Wert der Sacheinlagen oder Sachübernahmen nicht bloß unwesentlich hinter dem geringsten Ausgabebetrag der dafür zu gewährenden Aktien oder dem Wert der dafür zu gewährenden Leistungen zurückbleibt oder ist das Gericht dieser Meinung, kann es nach § 38 II 2 AktG die Eintragung ablehnen. Ergibt sich trotz dieser Sicherungsmechanismen erst im Nachhinein, dass die eingebrachten Sachen weniger wert waren als die übernommene Einlagepflicht, muss der betreffende Aktionär die Differenz in bar zahlen (Differenzhaftung).[17] Neben der Differenzhaftung kann der Gesellschaft alternativ ein kaufrechtlicher Nacherfüllungsanspruch gegen den Inferenten aus § 437 Nr. 1 iVm § 439 I BGB auf Nacherfüllung der mangelhaften Sacheinlage zustehen.[18]

bb) Da bei der qualifizierten Gründung unabhängige Wirtschaftsprüfer als Gründungsprüfer hinzuzuziehen sind, ist diese aufwändiger und auch teurer als eine einfache Gründung. Aufgrund dessen können Gründer versucht sein, die Vorschriften zur qualifizierten Gründung zu *umgehen*. Dies wäre im Hinblick auf Sacheinlagen und Sachübernahmen dadurch möglich, dass der von den Gründern bestimmte Vorstand der AG nach ihrer Eintragung Verträge mit den Gründern über den entgeltlichen Erwerb der betreffenden Gegenstände schließt. Die betreffenden Sachen könnten dann in das Vermögen der AG übergehen und die Bareinlagen als Entgelt für den Erwerb an die Gründer zurückfließen. Einer Umgehung der Sachgründungsvorschriften stehen aber die Vorschriften zur Nachgründung (§§ 52, 53 AktG) und das ehemals von der Rechtsprechung entwickelte, nun in § 27 III AktG kodifizierte Rechtsinstitut der verdeckten Sacheinlage entgegen (→ Rn. 631 ff.). **531**

c) Als *Grundkapital* der AG wird der bei der Gründung mindestens aufzubringende **532** Kapitalbetrag bezeichnet. Es muss nach § 6 AktG auf einen Betrag in Euro lauten und nach § 7 AktG jedenfalls den Mindestnennbetrag von 50.000 EUR erreichen. Das Grundkapital ist nicht identisch mit dem Gesellschaftsvermögen, auch wenn sich beide zumindest im Zeitpunkt der Gründung der Höhe nach entsprechen, soweit man die Gründungskosten außer Betracht lässt. Das *Gesellschaftsvermögen* ist das tatsächliche Vermögen einer AG zu einem bestimmten Zeitpunkt. Es verändert sich fortlaufend in Abhängigkeit vom Wert der Vermögensgegenstände und stellt die Haftsumme dar, auf die die Gläubiger der AG zugreifen können. Das Grundkapital ist dagegen eine feste und in der Satzung verankerte Größe, welche die garantierte Mindesthaftungssumme bildet, die den Gläubigern der AG zur Verfügung steht. Deshalb bedarf das Grundkapital eines besonderen Schutzes. Indes vermag das Gesetz keinen Schutz vor der Aufzehrung des Grundkapitals durch verlustbringende »normale« Geschäfte zu bieten. Die Schutzvorschriften richten sich vielmehr gegen Gründer und Aktionäre und

17 BGHZ 64, 52 (62); 118, 83 (101).
18 *Schloßer/Pfeiffer* NZG 2012, 1047 (1049).

sollen verhindern, dass diese der Gesellschaft mit dem Grundkapital ihren finanziellen Kern entweder von vornherein nicht zur Verfügung stellen oder später wieder entziehen.

533 **aa)** Der Aktionär ist – sofern er eine nicht oder nicht voll eingezahlte Aktie übernimmt bzw. erwirbt oder bei einer Kapitalerhöhung Aktien zugeteilt bekommt – verpflichtet, eine Geld- oder Sacheinlage in die Gesellschaft zu leisten *(Einlagepflicht).* Das Grundkapital muss bei Gründung der AG vollständig aufgebracht werden. Dies geschieht durch die Leistung der Einlagen. Die vollständige Übernahme der Aktien (§ 29 AktG) dient dazu, der AG einen Anspruch auf die Leistung aller zum Grundkapital gehörenden Vermögenswerte in Form von Bar- oder Sachleistungen zu geben. Die Vorschriften zur Kapitalaufbringung (ausführlich → Rn. 626 ff.) stellen sicher, dass die Einlagen der AG wirtschaftlich vollwertig, endgültig und in Höhe ihres Ausgabebetrages zufließen. Nach § 64 AktG kann die AG Aktionäre, die den eingeforderten Betrag trotz einer Aufforderung mit Nachfristsetzung und mehrfacher Bekanntmachung der Nachfrist bei Fristablauf nicht eingezahlt haben, ihrer Aktie für verlustig erklären *(Kaduzierung).*[19]

534 **bb)** Der Begriff der Aktie wird vom Gesetz unterschiedlich verwendet. Hiermit werden ein Bruchteil des Grundkapitals und die Rechte, die aus der Mitgliedschaft erwachsen, ebenso bezeichnet, wie das – heute selten in körperlicher Form ausgestellte – Wertpapier.[20] Zudem lassen sich verschiedene *Arten von Aktien* unterscheiden.

535 **(1)** Das Grundkapital kann in *Nennbetragsaktien* oder *Stückaktien* zerlegt werden (§ 8 I AktG). Eine Nennbetragsaktie muss auf einen Betrag von mindestens einem Euro und bei höheren Aktiennennbeträgen auf einen Betrag in vollen Euro lauten. Der Anteil einer Nennbetragsaktie am Grundkapital richtet sich nach dem Verhältnis des Nennwertes zum Grundkapital (§ 8 II, IV AktG). Stückaktien haben hingegen keinen Nennwert und lauten lediglich auf »eine Aktie«. Alle Stückaktien sind am Grundkapital im gleichen Umfang beteiligt. Der Anteil der einzelnen Stückaktie am Grundkapital bestimmt sich nach der Zahl der Aktien, die durch die Satzung festgelegt wird. Auch der Anteil einer Stückaktie am Grundkapital darf einen Euro nicht unterschreiten (§ 8 III, IV AktG). Das Grundkapital einer AG kann entweder nur in Nennbetragsaktien oder nur in Stückaktien zerlegt sein.[21]

536 **(2)** Mit Blick auf die Rechte, die aus der Mitgliedschaft in der AG erwachsen und in der Aktie verbrieft sind, lassen sich *Stammaktien* und *Vorzugsaktien* unterscheiden. Es ist generell zulässig, Aktien auszugeben, die sich in vermögensrechtlicher Hinsicht ebenso wie in Bezug auf die damit einhergehenden Mitverwaltungsrechte von einfachen Stammaktien durch ihre besondere Ausgestaltung unterscheiden (§ 11 AktG). Möglich ist vor allem die im Gesetz ausdrücklich geregelte Ausgabe von Vorzugsaktien ohne Stimmrecht (§ 12 I 2 AktG). Die Bevorzugung bei der Verteilung des Gewinns kann in Form eines vorweg auf die Aktie entfallenden Gewinnanteils (Vorabdividende) oder eines erhöhten Gewinnanteils (Mehrdividende) erfolgen. Die Nennung dieser beiden Gestaltungen des Gewinnvorzugs ist nach Wortlaut des § 139 I 2 AktG (»insbesondere«) jedoch nicht abschließend. Eine Kombination von Vorab- und

---

19 Hüffer/Koch/*Koch* AktG § 64 Rn. 1 ff.; Spindler/Stilz/*Cahn* AktG § 64 Rn. 2.
20 *Staake* JA 2004, 247 ff.
21 Hölters/*Solveen* AktG § 8 Rn. 3.

Mehrdividende ist ebenfalls möglich.[22] Umgekehrt kann das Stimmrecht für die entsprechenden Aktien gem. §§ 12 I 2, 139 I 1 AktG ausgeschlossen werden. Im Übrigen gewährt die Vorzugsaktie dieselben Rechte wie eine Stammaktie (§ 140 I AktG). Die Gewährung von Mehrstimmrechten für einzelne Aktien ist gem. § 12 II AktG unzulässig.

Durch die Aktienrechtsnovelle 2016,[23] die den Abschluss des seit 2010 andauernden Gesetzgebungsverfahrens zur punktuellen Neuregelung des AktG markiert,[24] ist die Beschränkung auf einen »nachzuzahlenden« Gewinnvorzug[25] in § 139 I AktG entfallen. Die Neuregelung soll vor allem Kreditinstitute in die Lage versetzen, im Hinblick auf regulatorische Eigenkapitalanforderungen ihre Eigenkapitalausstattung zu verbessern, auf welche sich das auf Vorzugsaktien entfallende Kapital nach alter Rechtslage nicht anrechnen ließ.[26] Die flexible Ausgestaltung der Vorzugsaktie erlaubt den Aktiengesellschaften, sich für Vorzugsaktien mit oder ohne Nachzahlungsrecht oder beide dieser Arten nebeneinander zu entscheiden.[27] Die in § 139 I 2 AktG aufgenommene Mehrdividende wurde zwar auch bisher für zulässig gehalten, konnte aber nicht mit dem Stimmrechtsausschluss gekoppelt werden.[28]

(3) In Bezug auf die Aktie als Wertpapier sind *Inhaberaktien* und *Namensaktien* zu **537** unterscheiden. Welche Aktienart ausgegeben wird, ist in der Satzung festzulegen. Im Regelfall lauten die Aktien auf Namen (§ 10 I 1 AktG). Zwingend sind Namensaktien, wenn die Emission erfolgen soll, bevor der Ausgabebetrag vollständig an die AG geleistet worden ist (§ 10 II AktG); so können die Schuldner des noch offenen Betrages auf die Aktien bestimmt werden. Inhaberaktien können seit der Aktienrechtsnovelle 2016 nur noch ausgegeben werden, wenn die Gesellschaft börsennotiert ist (§ 10 I 2 Nr. 1 AktG) oder der Anspruch auf Einzelverbriefung ausgeschlossen ist und eine Sammelurkunde hinterlegt wird (§ 10 I 2 Nr. 2 AktG). Dies erhöht die Transparenz der Beteiligungsverhältnisse, die zumindest bei Inhaberaktien nicht börsennotierter AGs zuvor nicht gewährleistet war, sodass Aktionäre anonym bleiben konnten.[29]

Die Inhaberaktie berechtigt den jeweiligen Inhaber, also den Besitzer der Aktienurkunde, die Rechte aus der Aktie wahrzunehmen, solange nicht seine Nichtberechtigung bewiesen ist. Die Aktie wird gem. § 929 BGB übereignet und ist Inhaberpapier iSd §§ 793 ff. BGB.[30] Daher folgt das Recht aus dem Papier dem Recht am Papier.

Namensaktien lauten auf einen Namen und bestimmen die genannte Person als aus der Aktie Berechtigten. Eine AG, die Namensaktien ausgibt, hat nach § 67 I AktG ein Aktienregister zu führen. Die Verpflichtung besteht seit der Aktienrechtsnovelle 2016 »unabhängig von einer Verbriefung« (S. 1) und über den Inhaber hinaus für jeden »Aktionär« (S. 2), wodurch klargestellt wird, dass die Pflicht nicht von der Verbriefung in einer Sammelurkunde abhängt.[31] Die Namensaktie ist ein Orderpapier und wird wie

---

22 Hüffer/Koch/*Koch* AktG § 139 Rn. 6.
23 Gesetz zur Änderung des Aktiengesetzes (Aktienrechtsnovelle 2016) v. 22.12.2015 (BGBl. 2015 I 2565).
24 Zur Entstehungsgeschichte *Stöber* DStR 2016, 611.
25 Dazu noch Spindler/Stilz/*Bormann* AktG § 139 Rn. 8.
26 *Stöber* DStR 2016, 611 (613).
27 Begr. zum RegE eines Gesetzes zur Änderung des Aktiengesetzes (Aktienrechtsnovelle 2014), BR-Drs. 22/15, 9.
28 *Ihrig/Wandt* BB 2016, 6 (14).
29 *Stöber* DStR 2016, 611; zum RegE zur Aktienrechtsnovelle 2012 ebenso *Drinhausen/Keinath* BB 2012, 395 (398).
30 MüKoAktG/*Heider* § 10 Rn. 36 f.; Hüffer/Koch/*Koch* AktG § 10 Rn. 4; *K. Schmidt* GesR § 26 IV 1 b (S. 777).
31 *Söhner* ZIP 2016, 151 (152).

der Wechsel durch Einigung und Übergabe der vom Übertragenden mit einem Indossament (seiner rückseitigen Unterschrift) zu versehenden Aktienurkunde übertragen (§ 68 I AktG, der auf Art. 12, 13, 16 WG verweist; auch Art. 14, 18, 19 WG sind entsprechend anwendbar).[32] Ein gutgläubiger Erwerb ist nach Art. 16 II WG möglich. Die Übertragung kann auch durch Abtretung der Rechte aus der Aktie nach §§ 413, 398 ff., 952 II BGB und Übergabe der Aktienurkunde erfolgen.[33] Die Eintragung in das Aktienregister ist nicht Teil des Übertragungstatbestandes. Um Rechte aus der Aktie gegenüber der AG geltend zu machen, ist nach § 67 II AktG aber wiederum die Eintragung erforderlich. Namensaktien können zudem gem. § 68 II AktG vinkuliert sein, das heißt die Übertragbarkeit kann in der Satzung von der Zustimmung des Vorstands, des Aufsichtsrats oder der Hauptversammlung abhängig gemacht werden. Mit der Vinkulierung, die das dingliche Rechtsgeschäft bei der Übertragung von Aktien durch das Zustimmungserfordernis erschwert, kann der Möglichkeit einer feindlichen Übernahme begegnet, also der Erwerb von Aktien gegen den Willen des Vorstands verhindert werden.[34]

Da die Übergabe von Aktienurkunden im schnellen und massenhaften Handel extrem aufwändig wäre, wird heute meist eine große Zahl von Aktien in einer gem. § 9 a I DepotG zulässigen Globalurkunde verkörpert, die bei einer Wertpapiersammelbank aufbewahrt wird. Die Übertragung von Aktien findet lediglich durch Umbuchungen auf den Konten der beteiligten Banken und in den Depots ihrer Kunden mittels »stückelosen Effektengiros« statt.[35] Sollen die Aktien an der Börse gehandelt werden, sind das BörsG und die BörsZulVO zu beachten.

538 **d)** Im Gründungsverfahren müssen die Gründer der AG eine *Satzung* vereinbaren bzw. muss bei einer Einmann-Gründung die Satzung festgelegt werden. Diese hat nach § 23 III, IV AktG Firma und Sitz der Gesellschaft, den Gegenstand des Unternehmens, die Höhe des Grundkapitals und die Art seiner Zerlegung in Aktien anzugeben sowie Regelungen für die Zahl der Mitglieder des Vorstands der Gesellschaft und Bestimmungen über die Form der Bekanntmachungen der Gesellschaft zu treffen. Weitere Bestimmungen der Satzung dürfen gem. § 23 V AktG von den Regelungen des AktG nur abweichen, wenn dies ausdrücklich zugelassen ist oder das AktG keine abschließende Regelung enthält (Satzungsstrenge). Formelle, also individualrechtliche Satzungsbestimmungen sind nach §§ 133, 157 BGB auszulegen. Materielle Satzungsbestimmungen, also körperschaftliche und normative Bestimmungen, werden hingegen nach der Eintragung in das Handelsregister allein aus ihrem Inhalt heraus objektiv ausgelegt. Deshalb sind Äußerungen der Gründer oder Umstände aus dem Gründungsvorgang irrelevant. Vielmehr sind Wortlaut, systematischer Bezug zu anderen Satzungsregelungen sowie Sinn und Zweck der Satzungsbestimmung maßgeblich (Grundsatz der objektiven Auslegung).[36] Die Satzung der AG kann durch Beschluss der Hauptversammlung geändert werden, der einer qualifizierten Mehrheit von drei Vierteln des vertretenen Grundkapitals erfordert (§ 179 I, II AktG). Auch insoweit gilt der Grundsatz der Satzungsstrenge.

---

32 MüKoAktG/*Bayer* § 68 Rn. 2 ff.; Hüffer/Koch/*Koch* AktG § 68 Rn. 1 ff.; *K. Schmidt* GesR § 26 IV 1 b (S. 777).

33 BGHZ 160, 253 (256 f.); *K. Schmidt* GesR § 26 IV 1 b (S. 777).

34 K. Schmidt/Lutter/*Bezzenberger* AktG § 68 Rn. 15; Spindler/Stilz/*Cahn* AktG § 68 Rn. 29 f.; Hüffer/Koch/*Koch* AktG § 68 Rn. 10.

35 Spindler/Stilz/*Vatter* AktG § 10 Rn. 36 ff., 59 ff.; *Staake* JA 2004, 247 (253).

36 BGHZ 123, 347 (350); Hüffer/Koch/*Koch* AktG § 23 Rn. 39 f.; Spindler/Stilz/*Limmer* AktG § 23 Rn. 39 f.; MüKoAktG/*Pentz* § 23 Rn. 49 f.

2. Vorgesellschaft

Bevor die AG als juristische Person durch die Eintragung entsteht, existiert in einem **539** Vorgründungsstadium zunächst eine Vorgründungsgesellschaft und im Zeitraum zwischen der Errichtung und der Eintragung eine Vorgesellschaft (Vor-AG).[37]

a) Mit der Vereinbarung der Gründer, eine AG gründen und diese Gründung gemeinsam **540** verfolgen zu wollen, entsteht bei Vorliegen eines entsprechenden Rechtsbindungswillens eine *Vorgründungsgesellschaft*. Diese Vereinbarung (»Vorvertrag«) bedarf, wenn sie zur Gründung einer AG verpflichtet, wegen § 23 I 1 AktG der notariellen Beurkundung.[38] Bei der Vorgründungsgesellschaft, die bei fehlender Beurkundung fehlerhaft ist, handelt es sich um eine GbR iSd §§ 705 ff. BGB bzw. um eine OHG, wenn bereits ein Handelsgewerbe betrieben wird.[39] Die Gesellschafter haften persönlich und unbeschränkt entsprechend § 128 HGB. Aus der Vereinbarung sind die Gründer einander verpflichtet, an den weiteren Schritten zur Gründung mitzuwirken. Mit Errichtung der AG ist die Vorgründungsgesellschaft wegen Zweckerreichung (§ 726 BGB) aufgelöst.[40]

b) Mit der notariell beurkundeten Feststellung der Satzung (§ 23 I 1 AktG) und der **541** Übernahme aller Aktien ist die AG errichtet. Bis zur Eintragung ist sie freilich noch nicht rechtsfähig. Zum Zeitpunkt der Errichtung entsteht die *Vorgesellschaft* (Vor-AG) *im engeren Sinne*. Die für die zukünftige AG geltenden Regelungen sind auf die Vorgesellschaft bereits anwendbar, soweit diese nicht die Eintragung voraussetzen.[41] Die Vorgesellschaft ist weder GbR noch Verein, sondern werdende juristische Person, eine Gesamthandsgesellschaft eigener Art bzw. ein »eigenständiges, von ihren Gründern und Gesellschaftern verschiedenes körperschaftlich strukturiertes Rechtsgebilde mit eigenen Rechten und Pflichten«.[42] Die Vorgesellschaft als solche ist Trägerin der einzelnen Vermögenswerte und ebenso aus Verbindlichkeiten Verpflichtete. Sie haftet mit ihrem eigenen Vermögen. Insbesondere ist sie grundbuch- und parteifähig.[43] Sie wird durch den Vorstand vertreten, dessen Vertretungsmacht nicht auf die zur Gründung notwendigen Geschäfte beschränkt ist, soweit alle Gründer mit der Aufnahme weiterer Geschäftätigkeit durch die Vor-AG einverstanden sind.[44] Die Rechte und Pflichten der Vorgründungsgesellschaft gehen nur durch rechtsgeschäftliche Schuld- oder Vertragsübernahme auf die Vorgesellschaft über.[45] Ohne eine solche haften die Gründer für die Verbindlichkeiten der Vorgründungsgesellschaft weiter. Hingegen bestehen mit der Eintragung der AG die Rechte und Pflichten der Vorgesellschaft nunmehr ohne weiteres als Rechte und Pflichten der AG fort. Die Vorgesellschaft wird zur juristischen Person. Es besteht Identität zwischen Vorgesellschaft und AG.[46]

---

37 MHdB GesR IV/*Hoffmann-Becking* § 3 Rn. 36.
38 BGH NJW-RR 1988, 288; Spindler/Stilz/*Heidinger* AktG § 41 Rn. 20; Hüffer/Koch/*Koch* AktG § 23 Rn. 14.
39 K. Schmidt/*Lutter*/*Seibt* AktG § 23 Rn. 22 mwN; diff.: *K. Schmidt* GesR § 34 III 2b (S. 1013).
40 Spindler/Stilz/*Heidinger* AktG § 41 Rn. 23.
41 BGHZ 21, 242 (246) (zur GmbH); BGHZ 143, 314 (319) (zur GmbH); MüKoAktG/*Pentz* § 41 Rn. 24.
42 BGHZ 117, 323 (326 f.); *K. Schmidt* GesR § 27 II 3 a (S. 789).
43 Hüffer/Koch/*Koch* AktG § 41 Rn. 10; MüKoAktG/*Pentz* § 41 Rn. 52 mwN.
44 BGHZ 80, 129 (139) (zur GmbH); BGH NJW 2004, 2519 (2520); Hüffer/Koch/*Koch* AktG § 41 Rn. 11; weitergehende aA MüKoAktG/*Pentz* § 41 Rn. 34 mwN, der schon im Gründungsstadium die volle Vertretungsmacht bejaht; eing. Spindler/Stilz/*Heidinger* AktG § 41 Rn. 54 ff.
45 BGH NJW 1998, 1645 (1645) (zur GmbH); Spindler/Stilz/*Heidinger* AktG § 41 Rn. 23.
46 *K. Schmidt* GesR § 37 II 3 d (S. 790); Hüffer/Koch/*Koch* AktG § 41 Rn. 16 f.; aA BGHZ 80, 129 (140) sowie BGH NJW 1982, 932 (Gesamtrechtsnachfolge).

Werden bereits im Stadium der Vorgesellschaft im Namen der zukünftigen AG oder der Vorgesellschaft[47] rechtsgeschäftliche Verbindlichkeiten eingegangen, besteht eine persönliche und unbeschränkte Haftung des Handelnden (§ 41 I 2 AktG),[48] die akzessorisch neben die Haftung der Vorgesellschaft tritt.[49] Diese greift ein, sobald die Vorgesellschaft entstanden ist, und trifft vor allem die sie vertretenden Vorstandsmitglieder, auch wenn sie nicht selbst gehandelt, aber das Handeln im Namen der zukünftigen AG veranlasst haben. Mit der Eintragung der AG erlischt die *Handelndenhaftung.*[50]

Die dargestellten Regelungen gelten allerdings nur, solange die Gründer das Ziel der Eintragung der AG verfolgen. Wird dieses Ziel aufgegeben und beispielsweise der Eintragungsantrag endgültig zurückgezogen, die Geschäftstätigkeit der Gesellschaft aber fortgesetzt, finden die allgemeinen gesellschaftsrechtlichen Regelungen des BGB bzw. HGB Anwendung.[51] Es handelt sich dann um eine sog. unechte Vorgesellschaft (»unechte Vor-AG«) in Gestalt einer GbR oder einer OHG. Die beteiligten Gesellschafter haften den Gläubigern nach § 128 HGB direkt bzw. analog.[52]

542 c) Neben der Haftung der Vorgesellschaft und der Haftung der Handelnden besteht auch eine Haftung der Gründer. Diese *Gründerhaftung* wurde von Rechtsprechung und Literatur im GmbH-Recht entwickelt (→ Rn. 746), wegen der vergleichbaren Interessenlage aber auch auf die AG übertragen.[53]

543 aa) Nach Aufgabe des sog. Vorbelastungsverbots geht die Rechtsprechung von einer *Unterbilanzhaftung* (auch *Vorbelastungs-* oder *Differenzhaftung*) aus.[54] Danach haften die mit der Aufnahme der Geschäftstätigkeit vor Eintragung einverstandenen Gründer der Gesellschaft gegenüber unbeschränkt in Höhe der Differenz zwischen dem Gesellschaftsvermögen zum Zeitpunkt der Eintragung und dem statuarischen Nennkapital.[55] Sie haften auf Ausgleich des am Grundkapital entstandenen Verlustes. Die Haftung der einzelnen Gründer für den Differenzbetrag besteht dabei anteilig im Verhältnis ihrer jeweiligen Anteile am Grundkapital und auch nur als Innenhaftung gegenüber der AG und nicht gegenüber Gläubigern der Vorgesellschaft (und nunmehr der AG).[56] Die Gläubiger der Gesellschaft können die Gründer also grundsätzlich nicht unmittelbar in Anspruch nehmen, sondern müssen Ansprüche der Gesellschaft gegenüber den Gründern pfänden und

---

47 BGHZ 91, 148 (149) (zur GmbH).
48 Spindler/Stilz/*Heidinger* AktG § 41 Rn. 109. Krit. zur Handelndenhaftung Hüffer/Koch/*Koch* AktG § 41 Rn. 18 f.; *Weimar* AG 1992, 69 (73); demgegenüber geht der BGH, NJW 2004, 2519 (2520), davon aus, dass mit der Haftung die Ungewissheit des Vertragspartners über das tatsächliche Vorliegen der Vertretungsmacht des Handelnden ausgeglichen wird.
49 Henssler/Strohn/*Wardenbach* AktG § 41 Rn. 11.
50 Spindler/Stilz/*Heidinger* AktG § 41 Rn. 96, 111; *K. Schmidt* GesR § 27 II 3 b (S. 789).
51 BGHZ 152, 290 (293 ff.); Spindler/Stilz/*Heidinger* AktG § 41 Rn. 41; MüKoAktG/*Pentz* § 41 Rn. 50; für den Fall des Scheiterns der Eintragung zudem K. Schmidt/Lutter/*Drygala* AktG § 41 Rn. 16.
52 Hölters/*Solveen* AktG § 41 Rn. 17.
53 BAG ZIP 2005, 350; MHdB GesR IV/*Hoffmann-Becking* § 3 Rn. 37; Hüffer/Koch/*Koch* AktG § 41 Rn. 8; Hölters/*Solveen* AktG § 41 Rn. 14; *Wiedenmann* ZIP 1997, 2029 ff.
54 BGHZ 80, 129 (140 ff.); 134, 333 (339) (zur GmbH); MHdB GesR IV/*Hoffmann-Becking* § 3 Rn. 41; *K. Schmidt* ZHR 156 (1992), 93 ff.
55 Hüffer/Koch/*Koch* AktG § 41 Rn. 8; K. Schmidt/Lutter/*Drygala* AktG § 41 Rn. 11; aA MüKoAktG/*Pentz* § 41 Rn. 116, wonach die Zustimmung der Gründer unerheblich ist.
56 BGHZ 80, 129 (141); 134, 333 (339 ff.) (zur GmbH); BAG ZIP 2005, 350; Hüffer/Koch/*Koch* AktG § 41 Rn. 8, 14; für eine unbeschränkte und persönliche Außenhaftung der Gründer hingegen MüKoAktG/*Pentz* § 41 Rn. 56 ff.; *K. Schmidt* GesR § 27 II 3 a (S. 789); *K. Schmidt* ZHR 156 (1992), 93 (113 ff.).

sich überweisen lassen.[57] Scheitert die Gründung einer AG, trifft die Gründer andererseits eine *Verlustdeckungshaftung*. Dabei muss nicht das Grundkapital wieder aufgefüllt, sondern müssen die bei der gescheiterten Vorgesellschaft aufgelaufenen Verluste ausgeglichen werden.[58] Ebenso wie die Unterbilanzhaftung trifft die Verlustdeckungshaftung die Gründer persönlich und unbeschränkt und besteht anteilig im Verhältnis der Anteile am Grundkapital.[59] Es handelt sich ebenfalls um eine Innenhaftung gegenüber der Gesellschaft.[60] Anders als im Fall der Unterbilanzhaftung[61] werden aber Ausnahmen bei Einpersonengründungen, bei Vermögenslosigkeit der Vorgesellschaft und bei Ablehnung eines Insolvenzverfahrens über das Vermögen der Vor-AG mangels Masse zugelassen.[62] Das Gleiche soll gelten, wenn nur ein einziger Gläubiger vorhanden ist.[63] In diesen Fällen ist ein unmittelbarer Zugriff der Gläubiger möglich. Die Gründerhaftung greift auch bei einer wirtschaftlichen Neugründung durch Verwendung einer Vorratsgesellschaft oder Reaktivierung einer Mantelgesellschaft[64] entsprechend ein.[65]

bb) Die Gründer und die übrigen an der Gründung beteiligten Personen (Hintermänner, für deren Rechnung die Gründer Aktien übernommen haben, § 46 V AktG; sog. Gründergenossen, § 47 Nr. 1, 2 AktG; Emissionsbanken, § 47 Nr. 3 AktG; Vorstands- und Aufsichtsratsmitglieder sowie Gründungsprüfer, §§ 48 f. AktG) haften der AG für Fehler und *Pflichtverletzungen im Gründungsstadium* auf Schadensersatz. Die Ansprüche sind von der AG geltend zu machen. Sie ist hierzu verpflichtet, wenn die Hauptversammlung dies beschließt (§ 147 I AktG). Schadensersatzansprüche können unter bestimmten Voraussetzungen auch durch besondere Vertreter oder einzelne Aktionäre geltend gemacht werden (§§ 147 II, 148 I AktG). Die AG kann auf diese Ersatzansprüche nur unter den strengen Voraussetzungen des § 50 AktG verzichten. Auch nach § 823 II BGB iVm § 399 I Nr. 1, 2 AktG bzw. iVm strafrechtlichen Bestimmungen bzw. nach § 826 BGB kann eine Haftung der Gründer oder sonstiger an der Gründung Beteiligter in Betracht kommen. § 399 AktG sieht auch eine strafrechtliche Haftung der Gründer und der Mitglieder von Vorstand und Aufsichtsrat für falsche Angaben zum Zwecke der Eintragung der Gesellschaft bzw. von Nachgründungsverträgen iSv § 52 I 1 AktG oder für solche in Gründungs-, Nachgründungs- und Prüfberichten vor.

544

> In **Fall b**[66] besteht ein Schadensersatzanspruch nach § 49 AktG, § 323 HGB gegen den Gründungsprüfer, der fahrlässig seine Pflichten verletzt hat. Die Haftung ist dem Umfang nach gem. § 323 II HGB begrenzt. Der Gründungsprüfer kann gegen die Inanspruchnahme nicht einwenden, die AG wäre bei korrekter Bewertung der Sacheinlage gar nicht erst entstanden. Er kann sich jedoch darauf berufen, dass die AG keinen Schaden erlitten hat, wenn ihr ein realisierbarer und liquider Nachzahlungsanspruch gegen D wegen der Überbewertung seiner Sacheinlage zusteht.

---

57 Spindler/Stilz/*Heidinger* AktG § 41 Rn. 88 (zur Verlustdeckungshaftung); Hölters/*Solveen* AktG § 41 Rn. 16.
58 BGHZ 134, 333 (338 f.); K. Schmidt/Lutter/*Drygala* AktG § 41 Rn. 14.
59 Hölters/*Solveen* AktG § 41 Rn. 14; Henssler/Strohn/*Wardenbach* AktG § 41 Rn. 10.
60 Str. wie hier Hüffer/Koch/*Koch* AktG § 41 Rn. 9a; eingehend Spindler/Stilz/*Heidinger* AktG § 41 Rn. 88 f.
61 BGH NZG 2006, 64; Spindler/Stilz/*Heidinger* AktG § 41 Rn. 90.
62 Spindler/Stilz/*Heidinger* AktG § 41 Rn. 90; Hölters/*Solveen* AktG § 41 Rn. 16.
63 BGHZ 134, 333 (341); BFH NJW 1998, 2926 (2927).
64 Erläuternd *Walla* JURA 2012, 451 (451 f.).
65 BGHZ 155, 318 (326); Spindler/Stilz/*Heidinger* AktG § 41 Rn. 86a, 91; Hölters/*Solveen* AktG § 41 Rn. 14; *Walla* JURA 2012, 151 (153).
66 Fall vereinfacht nach BGHZ 64, 52.

3. Gründungsmängel

545   a) Die ordnungsgemäße Errichtung der Gesellschaft wird vom Gericht geprüft. Werden festgestellte *Fehler des Gründungsverfahrens* nicht behoben, wird die Eintragung nach § 38 AktG abgelehnt. Nach Eintragung können Gründungsmängel nur noch sehr eingeschränkt geltend gemacht werden. Fehler werden durch die Eintragung nämlich grundsätzlich geheilt. Zudem kommt der eingetragenen AG Bestandsschutz zu. Durch die Eintragung ist die AG rechtswirksam als juristische Person entstanden. Lediglich schwere Satzungsmängel hinsichtlich der Bestimmungen über das Grundkapital und den Unternehmensgegenstand können durch Nichtigkeitsklage gem. § 275 AktG geltend gemacht werden und zur Nichtigerklärung bzw. Löschung (§ 397 FamFG) führen. Auch dann wird die bis dahin als rechtswirksam anzusehende AG aber nur abgewickelt (§ 277 AktG), wenn der Mangel nicht geheilt wird bzw. nicht geheilt werden kann (§§ 275 II, 276 AktG). Nach § 262 I Nr. 5 AktG, § 399 FamFG ist zudem bei bestimmten schweren Mängeln der Satzung eine Löschung der Gesellschaft möglich. Hingegen können vor der Invollzugsetzung der noch nicht eingetragenen und damit noch nicht entstandenen Gesellschaft alle Mängel des Gründungsvorgangs geltend gemacht werden.[67] Nach Invollzugsetzung sind die Grundsätze zur fehlerhaften Gesellschaft anzuwenden (ausführlich bei der GbR, → Rn. 79 ff.).[68]

546   b) Auch *Mängel der Willenserklärung* eines einzelnen Gründers bei der Feststellung der Satzung, wie etwa in Fällen von Irrtum, Täuschung oder Drohung, können nach der Eintragung grundsätzlich nicht mehr geltend gemacht werden.[69] Der Rechtsverkehr soll dann darauf vertrauen können, dass die AG besteht und mit Kapital ausgestattet ist. Wer aber schon keinen zurechenbaren Tatbestand einer Willenserklärung zur Gründung gesetzt hat, kann den Mangel seiner »Willenserklärung« auch nach Eintragung noch geltend machen.[70] Der Bestand der AG wird dadurch jedoch nicht infrage gestellt. Die Grundsätze zur fehlerhaften Gesellschaft (→ Rn. 79 ff.) können zur Anwendung kommen.[71] Sie greifen auch bei Erklärungsmängeln ein, die zwischen Invollzugsetzung und Eintragung der Gesellschaft geltend gemacht werden.[72]

III. Aktionär

1. Mitgliedschaftliche Grundlagen

Die Aktionäre sind wirtschaftliche Eigentümer der Aktiengesellschaft. Die Mitgliedschaft in der Gesellschaft wird als »Aktie« oder »Anteilsrecht« bezeichnet. Sie ist ein Dauerrechtsverhältnis eigener Art und verkörpert die Gesamtheit der *Rechte* und *Pflichten* der Aktionäre gegenüber der AG einerseits und den übrigen Mitaktionären andererseits. Es ist anerkannt, dass die Mitgliedschaft ein *subjektives Recht* und als sol-

---

67 Hüffer/Koch/*Koch* AktG § 23 Rn. 41; MüKoAktG/*Pentz* § 23 Rn. 175, 177.
68 BGHZ 13, 320 (322 ff.); MüKoAktG/*Pentz* § 23 Rn. 175, 177; K. Schmidt/Lutter/*Seibt* AktG § 23 Rn. 59.
69 RGZ 57, 292 (297); 165, 193 (203); BGHZ 21, 378 (382); diff. hinsichtlich verschiedener Mängel MüKoAktG/*Pentz* § 23 Rn. 182 ff.
70 Vgl. dazu und zu den Rechtsfolgen MüKoAktG/*Pentz* § 23 Rn. 186.
71 *K. Schmidt* GesR § 27 III 3 (S. 796).
72 BGHZ 13, 320 (322 ff.); Spindler/Stilz/*Limmer* AktG § 23 Rn. 37; s. auch K. Schmidt/Lutter/*Seibt* AktG § 23 Rn. 59.

ches Gegenstand von Verfügungen ist. Zudem genießt die Mitgliedschaft den Schutz des § 823 I BGB als sonstiges absolutes Recht. Geschützt sind die Mitgliedschaftsrechte jedoch nur vor einer Beeinträchtigung des Zuweisungsgehalts durch Entzug, nicht hingegen vor einer vermögensmäßigen Entwertung.[73]

Die Inhaberschaft an einer Aktie beinhaltet die Möglichkeit der jederzeitigen Realisierbarkeit ihres Verkehrswerts.[74] Diese entfällt nach verbreiteter Ansicht, wenn sich eine börsennotierte Aktiengesellschaft bei einem *Delisting* vollständig aus dem regulierten Markt zurückzieht.[75] Minderheitsaktionären stand danach wegen der Gefahr wirtschaftlicher Nachteile ein dem Wert ihrer Aktien entsprechender Ersatz zu, wie der BGH mit der »*Macrotron*«-Entscheidung anerkannt hatte.[76] Demgegenüber hat das BVerfG verneint, dass Aktionäre beim Delisting in ihrem Eigentumsgrundrecht berührt werden. Denn Art. 14 I GG schütze zwar das Anteilseigentum, nicht aber den Vermögenswert der Aktie bzw. deren tatsächliche Verkehrsfähigkeit.[77] Daraufhin hat der BGH seine frühere Rechtsprechung mit dem »*Frosta*«-Beschluss aufgegeben. Weil die mitgliedschaftsrechtliche Stellung der Aktionäre durch ein De- bzw. Downlisting nicht beeinträchtigt werde, bedürfe es für den Widerruf der Börsenzulassung weder einer Mitwirkung der Aktionäre noch der Kompensation in Form eines Abfindungsangebots.[78] Wiederum in Reaktion darauf wurden inzwischen die Voraussetzungen des Delistings zur Sicherstellung des Anlegerschutzes in § 39 II–VI BörsG neu geregelt.[79]

> In **Fall c** bestehen daher keine Ersatzansprüche des Aktionärs A gegenüber dem außerhalb der Gesellschaft stehenden Erwerber nach § 823 I BGB. Denn die bloße Wertminderung der Aktie infolge der Veräußerung des Betriebsteils unter Wert stellt keine Verletzung der Mitgliedschaft dar. Soweit das Verhältnis des A zu der Gesellschaft und das Verhältnis der Gesellschafter untereinander betroffen sind, handelt es sich bei der Mitgliedschaft nicht um ein absolutes Recht iSv § 823 I BGB, sondern um eine relative Position, deren Schutz und Durchsetzung sich allein nach dem Recht der AG bestimmt. Im Verhältnis der Aktionäre untereinander sind Treuepflichten anerkannt, deren Verletzung Schadensersatzansprüche auslösen können.[80] Deliktischer Rechtsschutz der Mitgliedschaft kommt nach § 823 II BGB wegen Verletzung eines Schutzgesetzes oder nach § 826 BGB in Betracht. Problematisch ist dabei vielfach der Charakter eines Schutzgesetzes zugunsten der Aktionäre. Zu verneinen ist dieser jedenfalls hinsichtlich der allgemeinen Haftungsvorschriften der §§ 93, 116 AktG.

Die mitgliedschaftlichen Rechte und Pflichten sind im Wesentlichen im Gesetz und in der Satzung geregelt. Diese entstehen mit Erwerb der Aktionärsstellung und enden grundsätzlich mit deren Beendigung. Hiervon sind jedoch Ausnahmen möglich.[81] Die Mitgliedschaft selbst ist nach § 8 V AktG unteilbar. Ebenso ist die Abspaltung einzelner, mit der Mitgliedschaft verbundener Rechte oder Pflichten unzulässig.[82] Die Mitgliedschaft kann aber frei veräußert und auch vererbt werden. Ebenso kann sie mit beschränkten dinglichen Rechten belastet werden.

---

73 RGZ 100, 274 (278); 158, 248 (255); BGHZ 110, 323 (327 f., 334 zum Verein); *Habersack,* Die Mitgliedschaft – subjektives Recht und »sonstiges Recht«, 1996, 117 ff.; *Götz/Götz* JuS 1995, 106; *K. Schmidt* JZ 1991, 157.
74 BVerfG NJW 1999, 3769 (3771).
75 Vgl. dazu *Reger/Schilha* NJW 2012, 3066.
76 BGH NJW 2003, 1032 (1034) – Macrotron.
77 BVerfG NJW 2012, 3081 (3082); s. dazu *Bungert/Wettich* DB 2012, 2265.
78 BGH NJW 2014, 146 (147 ff.) – Frosta. Zur Kritik *Bayer* ZIP 2015, 853; *J. Koch/Harnos* NZG 2015, 729.
79 S. dazu *Bayer* NZG 2015, 1169 ff.; *Zimmer/v. Imhoff* NZG 2016, 1056 ff.; *Gegler* BKR 2016, 273 ff.; *Wackerbarth* WM 2016, 385 ff.
80 BGHZ 103, 184 (194 f.); 129, 136 (142 ff.); BGH NJW 1992, 3167 (3170); näher dazu → Rn. 569.
81 ZB die Sacheinlagepflichten nach § 54 AktG, die Ausfallhaftung nach § 64 IV AktG, die Regresshaftung als Vormann nach § 65 AktG, der Dividendenanspruch nach § 58 AktG, Nebenforderungen der AG nach § 63 II und III AktG oder Ansprüche auf rückständige Nebenleistungen nach § 55 AktG.
82 *Hölters/Solveen* AktG § 8 Rn. 28; zu den Ausnahmen vom Abspaltungsverbot MüKoAktG/*Heider* § 8 Rn. 89 ff.

Das Anteilsrecht wird grundsätzlich in einem *Wertpapier* verkörpert, wobei dieses nur von deklaratorischer Bedeutung ist und der Steigerung der Verkehrsfähigkeit der Mitgliedschaft dient.[83] Die Aktie als Wertpapier ist nach § 10 I AktG entweder als Inhaber- oder als Namenspapier auszugestalten. Mehrere Aktien einer Art und Gattung (§ 11 AktG) können in einer Globalaktie, die eine Sammelurkunde nach § 9a DepotG darstellt, zusammengefasst werden (ausführlich → Rn. 537). Die Art der Verbriefung der Mitgliedschaft steht innerhalb der Grenzen der gesetzlichen Bestimmungen[84] im Ermessen der AG und wird in der Satzung niedergelegt (§ 23 III Nr. 5 AktG). Bei Ausgabe von Namensaktien muss die AG ein Aktienregister führen (§ 67 I AktG). Die Ausstellung und Aushändigung von Aktienurkunden ist zur Begründung der Mitgliedschaft jedoch nicht erforderlich.

Die mitgliedschaftlichen Rechtsbeziehungen bestehen *unabhängig* von etwaigen schuld- oder sachenrechtlichen Beziehungen zwischen Aktionär und AG. Aktienrechtliche Sondervorschriften sind jedoch bei der Veräußerung des Mitgliedschaftsrechts (etwa im Fall der Vinkulierung, § 68 II AktG) oder dem Erwerb eigener Aktien (§§ 71–71e AktG) zu beachten. Daneben bestehen mit dem Gleichbehandlungsgebot der Aktionäre (§ 53a AktG) und dem Verbot der Einlagenrückgewähr (§ 57 AktG) Sonderregelungen für schuldrechtliche Beziehungen der AG zu den Aktionären.

2. Erwerb der Aktionärsstellung

547 Die Mitgliedschaft in der AG entsteht durch originären oder abgeleiteten Erwerb eines Anteilsrechts am Grundkapital (»Aktie«, § 1 II AktG).

548 **a)** Der *originäre Erwerb* der Aktionärsstellung erfolgt entweder durch Übernahme von Aktien bei der Gründung (§§ 2, 29 AktG) oder durch Zeichnung neuer Aktien im Zuge einer Kapitalerhöhung (§ 185 AktG). Bei Neugründung der AG entsteht die Mitgliedschaft mit der konstitutiven Eintragung der Gesellschaft in das Handelsregister (§ 41 I AktG), bei Kapitalerhöhung mit Eintragung der Durchführung der Kapitalerhöhung (§§ 189, 203 I AktG).

Mit Ausfertigung der Aktienurkunde wird der Aktionär nicht in entsprechender Anwendung des § 952 BGB automatisch Eigentümer des Wertpapiers.[85] Hierzu bedarf es eines Begebungsvertrags, in dem sich die AG und der Aktionär darüber einigen, dass das Papier künftig die Mitgliedschaft verkörpern und der Aktionär Eigentümer des Papiers sein soll.[86]

549 **b)** Daneben kann der Aktionär die Mitgliedschaft auch *derivativ* (abgeleitet) im Wege rechtsgeschäftlicher Übertragung oder durch Gesamtrechtsnachfolge (Erbfall, Verschmelzung) erwerben. Bei rechtsgeschäftlicher Übertragung ist zwischen den verschiedenen Wertpapieren zu differenzieren. *Inhaberaktien* sind Inhaberpapiere und berechtigen jeden Inhaber des Papiers zur Geltendmachung des verbrieften Rechts. Die in dem Inhaberpapier verkörperten Mitgliedschaftsrechte werden wie bewegliche Sachen durch Einigung und Übergabe der Aktienurkunde gem. §§ 929ff. BGB übertragen. Ein gutgläubiger Erwerb ist nach §§ 932ff. BGB, § 366 HGB möglich. Das verbriefte Mitgliedschaftsrecht geht mit dem Eigentum an der Aktienurkunde über.

---

83 MüKoAktG/*Heider* § 10 Rn. 8 und 10.
84 Vgl. insbesondere §§ 10 I, II und IV, 53a AktG und die verschiedenen gewerberechtlichen Vorschriften; hierzu MüKoAktG/*Heider* § 10 Rn. 24.
85 So noch RGZ 85, 327 (330f.); 94, 61 (64).
86 MüKoAktG/*Heider* § 10 Rn. 9.

Soweit die Inhaberaktien in einem Wertpapierdepot gelagert sind, wird der Anspruch auf Herausgabe eines Miteigentumsanteils an dem Depotbestand übertragen (§§ 929, 931 BGB, § 6 DepotG). Bei der Ausgabe von Sammelurkunden werden die Miteigentumsrechte an der Sammelurkunde übertragen (§§ 9a II, 6 DepotG). Bei Sammelverwahrung (§ 5 DepotG) wird durch Umbuchung im Verwahrungsbuch (§ 14 DepotG) dem Erwerber Mitbesitz an der Sammelurkunde (Globalaktie) eingeräumt und so die Übergabe ersetzt.

Die verbriefte *Namensaktie* ist ein Wertpapier im Sinne des Wertpapierrechts und weist den Berechtigten durch namentliche Nennung oder eine Indossamentenkette aus (§ 68 I AktG). Als Orderpapier wird sie wie Wechsel und Orderscheck entweder durch Zession (§§ 398, 413 BGB)[87] oder durch Indossament, Begebungsvertrag und Übergabe (§ 68 I AktG iVm Art. 12, 13 und 16 WG) übertragen. Im Verhältnis zur AG bedarf es nach § 67 II AktG zusätzlich der Eintragung in das Aktienregister.[88] Anders als bei Inhaberaktien, deren Verkehrsfähigkeit unbeschränkbar ist,[89] kann die Übertragbarkeit von Namensaktien durch die Satzung von der Zustimmung der Gesellschaft abhängig gemacht werden (*vinkulierte Aktien*, § 68 II AktG).

Gesetzlich vorgeschrieben ist die *Vinkulierung*, wenn aus der Aktionärsstellung die Verpflichtung zur Erbringung von Nebenleistungen folgt (§ 55 AktG), und für Aktien, mit denen ein Entsendungsrecht in den Aufsichtsrat verbunden ist (§ 101 II 2 AktG). Mit der Vinkulierung wird der Gesellschaft Einfluss auf die Zusammensetzung des Gesellschafterkreises eingeräumt. Insbesondere um den Eintritt unerwünschter Personen in den Gesellschafterkreis zu verhindern, wird in der Praxis häufig die Übertragung an Nichtgesellschafter oder, bei überschaubarem Gesellschafterkreis, Nicht-Familienmitglieder an die Zustimmung der Gesellschaft geknüpft. Ebenso kann eine Andienungspflicht bestimmt werden, wonach die zu veräußernden Anteile zunächst den Mitgesellschaftern zum Kauf angeboten werden müssen. Die Satzung kann die Zuständigkeit für die Erteilung der Zustimmung vom Vorstand auf den Aufsichtsrat oder die Hauptversammlung übertragen oder bestimmte Gründe für die Verweigerung bezeichnen (§ 68 II AktG). Die Erteilung der Zustimmung steht im pflichtgemäßen Ermessen der Gesellschaft,[90] wobei sich aus der gesellschaftsrechtlichen Treuepflicht oder dem Gleichbehandlungsgrundsatz ein Anspruch auf Zustimmung ergeben kann.[91] Bei Ausübung des Ermessens ist zwischen den Interessen des Gesellschafters und denen der Gesellschaft abzuwägen. Die Ermessensausübung ist gerichtlich überprüfbar. Bis zur Erteilung der Zustimmung gegenüber Veräußerer oder Erwerber (§ 182 I BGB) ist die Abtretung schwebend unwirksam.

Der Erwerb eigener Aktien durch die AG unterliegt nach §§ 71–71 e AktG besonderen Voraussetzungen, da dieser den Interessen des Gläubigerschutzes zuwider läuft. Denn bei wirtschaftlicher Betrachtung erfolgt eine *Einlagenrückgewähr* (vgl. § 57 I 1 AktG) und es kann zu einer Gefährdung des Vermögens der Gesellschaft kommen. Indes ist ein Erwerb eigener Aktien unter erleichterten Bedingungen möglich. Nach § 71 I 1 Nr. 8 AktG kann die Hauptversammlung den Vorstand ermächtigen, eigene Aktien in Höhe von bis zu 10 % des Grundkapitals zu erwerben (vgl. § 71 II AktG).

Bei der Übertragung von Aktien müssen Aktionäre stets die *Meldepflichten* nach § 33 WpHG (§ 21 WpHG aF) bzw. § 20 AktG beachten. Führt eine Änderung im Anteilsbesitz zu einer Über- oder Unterschreitung bestimmter Schwellenwerte, ist dies der Gesellschaft anzuzeigen (3, 5, 10, 15, 20, 25, 30, 50 oder 75 % der Stimmrechte bzw. vierter Teil der Aktien). Solange die Mitteilungspflichten nicht erfüllt sind, erlöschen sämtliche Rechte aus den Aktien. Dies gilt aber nicht für den Dividendenanspruch gem. § 58 IV AktG und den Anspruch auf Beteiligung am Liquidationserlös gem. § 271 AktG bei nur fahrlässiger Verletzung und erfolgter Nachholung der Mitteilung (§ 20 VII AktG und § 44 I WpHG [§ 28

---

87 § 952 II BGB gilt entsprechend; s. auch Hüffer/Koch/*Koch* AktG § 68 Rn. 3. Nach KG NJW-RR 2003, 542 bedarf es für die Übertragung einer Namensaktie durch Zession auch der Übertragung des Besitzes.

88 Hierzu *Schneider/Müller v. Pilchau* AG 2007, 181 (185 ff.).

89 *Binz/Mayer* NZG 2012, 201 (202).

90 RGZ 88, 319 (325); Hüffer/Koch/*Koch* AktG § 68 Rn. 15; Hölters/*Laubert* AktG § 68 Rn. 20.

91 OLG Hamm NJW-RR 2001, 109 (111); OLG Koblenz NJW-RR 1989, 1057 (1059).

WpHG aF] → Rn. 1127). Erfüllt ist die Mitteilungspflicht nur, wenn die Gesellschaft nicht korrigierend eingreifen muss, sondern Beteiligung und Inhaber so wie mitgeteilt bekannt machen kann, ohne dass in der Öffentlichkeit diesbezüglich Zweifel entstehen.[92]

3. Verlust der Aktionärsstellung

550 Außer durch Übertragung der Anteilsrechte, also insbesondere durch Verkauf von Aktien an der Börse, kann der Aktionär seine Aktionärsstellung durch freiwilligen Austritt aus wichtigem Grund,[93] Tod, Einziehung oder Ausschluss verlieren. Ein allgemeines Austritts- oder Ausschlussrecht besteht indes nicht. Die Mitgliedschaft in der AG endet spätestens mit deren Auflösung (§ 262 AktG) und Liquidation (→ Rn. 690 ff.).

551 a) Besondere *Austrittsrechte* bestehen bei Abschluss eines Beherrschungs- oder Gewinnabführungsvertrags (§ 305 II AktG) und bei Mischverschmelzung und Rechtsformwechsel (§§ 29, 207 UmwG).

552 b) Die *Aktieneinziehung* ist ein Verfahren zur Herabsetzung des Grundkapitals durch die Vernichtung von Aktienrechten und ist in §§ 237 ff. AktG geregelt. Die Zwangseinziehung ist nur auf satzungsmäßiger Grundlage zulässig (§ 237 I 2 AktG). Der ausscheidende Gesellschafter hat grundsätzlich einen Abfindungsanspruch in Höhe des Verkehrswertes seiner Beteiligung im Zeitpunkt des Ausscheidens. Bis zur vollständigen Zahlung des Einziehungsentgeltes bestehen die Gesellschafterrechte fort,[94] soweit die Satzung keine abweichende Regelung trifft.[95] Der *Ausschluss* eines Aktionärs kann im Wege eines Kaduzierungsverfahrens nach § 64 AktG erfolgen, wenn dieser seiner Geldeinlagepflicht nicht rechtzeitig nachkommt. Im Gegensatz zur Zwangseinziehung gem. §§ 237 ff. AktG wird das Mitgliedschaftsrecht nicht vernichtet, sondern zugunsten der AG verwertet. Die Mitgliedschaftsrechte des ausgeschlossenen Aktionärs gehen unter und der Aktionär erhält keine Abfindung für bereits geleistete Zahlungen an die AG. Der Ausschluss wirkt jedoch nur ex nunc, weshalb alle bereits begründeten Ansprüche (etwa auf Dividendenauszahlung, Drittgläubigeransprüche) gegen die AG bestehen bleiben.[96] Mit Wirksamkeit der Ausschließung werden alle die Mitgliedschaft verkörpernden Urkunden kraftlos und durch neue ersetzt (vgl. §§ 64 IV 1, 65 I 4 AktG).[97]

553 c) Umstritten ist, ob auch ein *Ausschluss* eines Aktionärs *aus wichtigem Grund* entsprechend § 737 BGB und § 140 HGB erfolgen kann.[98] Der BGH hat dies zunächst verneint,[99] später hat er die Frage ausdrücklich offen gelassen.[100] Soweit die Möglichkeit des Ausschlusses bei Vorliegen eines wichtigen Grundes in der Person des Gesellschafters im GmbH-Recht heute allgemein anerkannt wird,[101] ist dies zumindest für die geschlossene[102] Aktiengesellschaft aufgrund der vergleichbaren Interessenlage ebenfalls zuzulassen.[103] Die Bestimmung des wichtigen Grundes hat dabei anhand der Rechtsprechung zum Personengesellschaftsrecht zu erfolgen. Der ausgeschlossene Gesellschafter hat in jedem Fall einen Anspruch auf Abfindung in Höhe des vollen wirtschaftlichen Wertes seiner Beteiligung.

---

92 BGH NZG 2016, 1182 (1183 f.).
93 BGHZ 9, 157 (162 f.); 116, 359 (369), jeweils zur GmbH.
94 BGH DStR 1997, 1336; OLG Frankfurt a. M. NJW-RR 1997, 612 (613) (zur GmbH).
95 BGH NJW-RR 2003, 1265.
96 Hölters/*Laubert* AktG § 64 Rn. 12.
97 Spindler/Stilz/*Cahn* AktG § 64 Rn. 45 f.
98 Hierfür *Becker* ZGR 1986, 383 (387 ff.).
99 BGHZ 9, 157 (163).
100 BGHZ 103, 184 (192).
101 BGHZ 9, 157 (159 ff.); 16, 317 (322); 32, 17 (22); 80, 346 (349 f.); 153, 285.
102 Als solche wird eine Kapitalgesellschaft mit wenigen und meist an der Geschäftsführung beteiligten Gesellschaftern bezeichnet, die zudem Übertragungsbeschränkungen bezüglich ihrer Gesellschaftsanteile unterliegen, für die kein liquider Markt existiert. S. hierzu etwa *Fleischer* NZG 2014, 1081 (1082 f.).
103 *K. Schmidt* GesR § 28 I 5 (S. 803); *Becker* ZGR 1986, 383; *Hommelhoff/Freytag* DStR 1996, 1367 (1372); vertiefend *Reinisch*, Der Ausschluss von Aktionären aus der Aktiengesellschaft, 1992.

d) Mit dem in §§ 327 a ff. AktG geregelten *Squeeze-out* besteht ein besonderes Verfahren zum Ausschluss von Minderheitsaktionären.[104] Dieses soll eine effiziente Unternehmensführung sowie eine Reduzierung des Verwaltungsaufwands ermöglichen. Mit dem regelmäßig von Amts wegen nachfolgenden Widerruf der Börsenzulassung (»Delisting«) entfallen die kapitalmarktrechtlichen Pflichten wie etwa das Erfordernis von Ad-hoc-Mitteilungen gem. Art. 17 MAR;[105] § 15 I WpHG aF → Rn. 1124 ff.). Außerdem kann ein Alleinaktionär die Hauptversammlung jederzeit als Vollversammlung gem. § 121 VI AktG durchführen.

554

(1) Hält ein Hauptaktionär 95 % des Grundkapitals der Gesellschaft (§ 327 a I AktG), kann er jederzeit, insbesondere auch in der Liquidation,[106] ein formfreies Verlangen zum Ausschluss der übrigen Aktionäre gegen Barabfindung *(Squeeze-out)* an die Gesellschaft stellen. Die Hauptversammlung (§§ 327 c, 327 d AktG) beschließt darüber mit einfacher Mehrheit (§ 133 I AktG). Der Beschluss, der nur bestätigende und informatorische Bedeutung hat und zur Wirksamkeit des Ausschlusses in das Handelsregister einzutragen ist (§ 327 e AktG),[107] bedarf keiner weiteren sachlichen Rechtfertigung. Geklärt ist mittlerweile, dass es für die Beurteilung, ob einem Aktionär Aktien der Gesellschaft iHv 95 % des Grundkapitals gehören, allein auf die formale sachenrechtliche Eigentümerstellung ankommt und hierfür insbesondere ein Wertpapierdarlehen ausreicht.[108]

Aus verfassungsrechtlichen Gründen steht dem Aktionär im Fall des Hinausdrängens aus der Gesellschaft eine in wirtschaftlicher Hinsicht volle Entschädigung zu.[109] Insoweit sehen § 327 a I und § 327 b AktG die Gewährung einer angemessenen Barabfindung durch den Hauptaktionär für die Aktien der Minderheitsaktionäre vor. Diese hat sich nach dem Unternehmenswert zum Zeitpunkt des Squeeze-out zu bemessen.[110] Dabei ist zumindest der Börsenwert in Ansatz zu bringen, der auf der Grundlage eines nach Umsatz gewichteten Durchschnittskurses innerhalb einer dreimonatigen Referenzperiode vor Bekanntmachung der Strukturmaßnahme ermittelt wird.[111] Die Barabfindung unterliegt der vollen gerichtlichen Überprüfung im Spruchverfahren nach dem SpruchG (§ 327 f AktG). Die ausgeschlossenen Minderheitsaktionäre können den Hauptversammlungsbeschluss nach den allgemeinen Regeln anfechten (etwa bei unzureichender Information, Rechtsmissbrauch, Fehlen eines Abfindungsangebots). Denn auch ein nach §§ 327 a ff. AktG ausgeschlossener Aktionär kann eine Anfechtungsklage entsprechend § 265 II ZPO fortführen, wenn er hieran ein rechtliches Interesse hat.[112]

555

(2) Neben dem gesellschaftsrechtlichen Squeeze-out ist in §§ 39 a–c WpÜG ein besonderer, *übernahmerechtlicher Squeeze-out* geregelt. Dieser ermöglicht einem Hauptaktionär im engen zeitlichen Zusammenhang mit einem Übernahme- (§§ 29 ff. WpÜG) oder Pflichtangebot (§§ 35 ff. WpÜG), die Übertragung auch der übrigen stimmberechtigten Aktien zu erreichen (→ Rn. 1108).[113] Der übernahmerechtliche Squeeze-out erfolgt anders als bei §§ 327 a ff. AktG ohne Durchführung einer Hauptversammlung durch Gerichtsbeschluss. Hinsichtlich der Abfindung gilt die Besonderheit, dass dieselbe Ge-

556

---

104 Allg. hierzu *Hanau* NZG 2002, 1040; *Küting* DStR 2003, 838; Grunewald/Schlitt/*Grunewald,* Einführung in das Kapitalmarktrecht, 3. Aufl. 2014, 330 f.

105 VO (EU) Nr. 596/2014/EU des Europäischen Parlaments und des Rates v. 16.4.2014 über Marktmissbrauch (Marktmissbrauchsverordnung), ABl. 2014 L 173, 1.

106 BVerfG ZIP 2007, 2121; BGH NJW-RR 2007, 99; s. hierzu auch *Meilicke* AG 2007, 261.

107 Hüffer/Koch/*Koch* AktG § 327 a Rn. 13.

108 BGHZ 180, 154 (158). Der Darlehensnehmer hat kein »Aktieneigentum zweiter Klasse«, *Kort* AG 2006, 557 (563).

109 BVerfG NJW 2001, 279 (280); BVerfG ZIP 2007, 2121 (2122); BGH NZG 2006, 117; s. auch *Just/ Lieth* NZG 2007, 444. Aus dem Gemeinschaftsrecht ergibt sich dabei kein allgemeiner Rechtsgrundsatz, welcher den die Kontrolle ausübenden Hauptaktionär verpflichtet, die Aktien der Minderheitsgesellschafter zu den gleichen Bedingungen abzukaufen, wie sie beim Erwerb einer Beteiligung vereinbart wurden, EuGH NZG 2009, 1350 – Audiolux.

110 OLG Düsseldorf AG 2012, 716.

111 BGHZ 186, 229 Rn. 10 = NJW 2010, 2657 – Stollwerck. AA aber *Burger* NZG 2012, 281 (286) unter Verweis darauf, dass der Börsenkurs plötzlichen Schwankungen unterliegen kann.

112 BGHZ 169, 221 (225 ff.); *Nietsch* NZG 2007, 451.

113 Hierzu *Deilmann* NZG 2007, 721. Zu den Richtlinienvorgaben s. auch *Austmann/Mennicke* NZG 2004, 846.

genleistung wie bei dem Übernahme- oder Pflichtangebot oder wahlweise Barabfindung anzubieten ist. Die Voraussetzungen einer Vermutung für die Angemessenheit der Abfindung nennt § 39a III 3 WpÜG, der den Anforderungen des Art. 14 I GG genügt und somit verfassungskonform ist.[114]

4. Rechte des Aktionärs

557 **a)** Aus der Mitgliedschaft folgt zunächst ein allgemeiner Anspruch jedes Aktionärs gegenüber der AG auf *Gleichbehandlung* durch die Gesellschaft (§ 53a AktG). Dies erfordert eine gleiche Behandlung der Aktionäre »unter gleichen Voraussetzungen«.[115] Grundsätzlich muss die Gleichbehandlung nach Maßgabe der Kapitalbeteiligung, ausnahmsweise kann sie nach Köpfen erfolgen. § 53a AktG beinhaltet jedoch nur ein Willkürverbot, sodass eine sachlich gerechtfertigte Ungleichbehandlung zulässig ist.[116] Dabei muss es sich um sachliche Gründe von erheblichem Gewicht handeln, die im Interesse der AG bestehen.[117]

558 **b)** Nach ihrem Inhalt sind *Vermögensrechte* und *Mitverwaltungsrechte* des Aktionärs zu unterscheiden. Grundsätzlich stehen diese Rechte allen Aktionären gleichermaßen zu und richten sich bei Vermögens- und Stimmrecht regelmäßig nach dem Umfang der Kapitalbeteiligung. Unter Beachtung der Grenzen des Gleichbehandlungsgebots können die allgemeinen Mitgliedsrechte aber durch Satzung oder Hauptversammlungsbeschluss eingeschränkt und auch ausgeschlossen werden. Darüber hinaus können einzelnen Aktionären in der Satzung Sonderrechte eingeräumt werden, welche entweder die allgemeinen mitgliedschaftlichen Rechte verstärken (zB Vorzugsrechte bei der Verteilung des Gewinns oder des Liquidationserlöses, § 11 S. 1 AktG) oder ihnen durch zusätzliche Rechte (etwa Entsendung von Mitgliedern in den Aufsichtsrat, § 101 II AktG) eine Vorzugsstellung einräumen.

Über vielen satzungsmäßigen Sonderrechten schwebt jedoch das Damoklesschwert der Unwirksamkeit, soweit diese Gesellschaftern maßgeblichen Einfluss auf die Gesellschaft sichern und dazu dienen, unerwünschte Investoren abzuwehren und feindliche Übernahmen praktisch unmöglich zu machen. In Fortführung seiner Rechtsprechung zu »*Goldenen Aktien*«[118] hat der EuGH eine frühere Fassung des »VW-Gesetzes«[119] wegen Verstoßes gegen die Kapitalverkehrsfreiheit für ungültig erklärt (insbesondere wegen der darin enthaltenen Bestimmung, dass kein Aktionär mehr als 20% der Stimmrechte ausüben konnte, was dem mit 20,2% an VW beteiligten Land Niedersachsen faktisch einen überproportionalen Einfluss gewährte).[120] Die Neufassung des Gesetzes hat der EuGH hingegen trotz eines weiterhin darin enthaltenen Vetorechts des Landes Niedersachsen gebilligt.[121]
Nicht auszuschließen ist, dass der EuGH diese Rechtsprechung auch auf Satzungsbestimmungen privater Unternehmen ausdehnt. Von ihrer Wirkung stehen satzungsmäßige Sonderrechte zugunsten bestimmter

---

114 BVerfG NZG 2012, 907 – Deutsche Hypothekenbank.
115 Zu den Rechtsfolgen von Verstößen vgl. MüKoAktG/*Bungeroth* § 53a Rn. 29ff.
116 BGHZ 33, 175 (186); 120, 141 (150).
117 Hüffer/Koch/*Koch* AktG § 53a Rn. 10; MüKoAktG/*Bungeroth* § 53a Rn. 15.
118 EuGH NZG 2002, 632 = JA 2003, 16 – Goldene Aktien Portugal; EuGH NJW 2002, 2305 – Goldene Aktien Frankreich; EuGH NJW 2002, 2303 – Goldene Aktien Belgien; EuGH NJW 2003, 2663 – Goldene Aktien Spanien; EuGH Urt. v. 13.5.2003 – C-98/01, Slg. 2003, I-4641 = NJW 2003, 2666 – Goldene Aktien Großbritannien; EuGH NZG 2005, 631 – Goldene Aktien Italien; EuGH NZG 2006, 942 – Goldene Aktien Niederlande; hierzu *Armbrüster* JuS 2003, 224; *Grundmann/Mößlein* ZGR 2003, 317.
119 Ursprünglich: Gesetz über die Überführung der Anteilsrechte an der Volkswagenwerk Gesellschaft mit beschränkter Haftung in private Hand (VWGmbHÜG) v. 21.7.1960 (BGBl. 1960 I 585).
120 EuGH NJW 2007, 3481 = EuZW 2007, 697 mAnm *Pießkalla;* s. im Anschluss auch EuGH EuZW 2008, 51.
121 EuGH WM 2013, 2133.

Anteilseigner gesetzlichen Beschränkungen der Niederlassungs- und Kapitalverkehrsfreiheit (Art. 49, 54 AEUV und Art. 63 AEUV) gleich. In Bezug auf das Entsenderecht aus § 101 II AktG wurde zwar in einem Fall ein Verstoß gegen Europäisches Recht abgelehnt, da die Grundfreiheiten nur die Mitgliedstaaten und nicht Private verpflichten.[122] In der Vergangenheit hat der EuGH jedoch bereits mehrfach eine mittelbare Drittwirkung der Grundfreiheiten – auch für unternehmerische Maßnahmen – angenommen.[123]

c) Wichtigstes *Vermögensrecht* ist der *Gewinnanspruch* des Aktionärs nach § 58 IV AktG. Dieser entsteht erst nach Feststellung des Jahresabschlusses (§§ 172, 173 AktG) und Fassung eines Gewinnverwendungsbeschlusses durch die Hauptversammlung (§ 174 AktG).[124] Der Aktionär hat daher zunächst nur einen Anspruch auf Herbeiführung des Gewinnverwendungsbeschlusses gem. § 174 AktG und auf Mitwirkung bei der Beschlussfassung. Bei Veräußerung des Geschäftsanteils steht der Gewinnanteil für das laufende Geschäftsjahr deshalb vollständig dem Erwerber zu.[125] Bei Einziehung vor Feststellung des Jahresabschlusses geht der Gewinnanspruch unter.[126]

559

Die *Dividende* ist der Anteil am Gesellschaftsgewinn, der an die Gesellschafter ausgeschüttet wird. Die Gewinnverteilung orientiert sich im Zweifel an den Anteilen am Grundkapital (§ 60 I AktG), wobei die Satzung eine andere Dividendenverteilung bestimmen kann (§ 60 III AktG, etwa Dividendenvorrechte, Vorzugsaktien). Die Dividende wird vom Vorstand vorgeschlagen (§ 170 II AktG) und von der Hauptversammlung beschlossen (§ 174 II Nr. 2 AktG). Aus Gläubigerschutzgründen ist der Gewinn- oder Dividendenanspruch durch die Pflicht der AG zur Bildung einer gesetzlichen Rücklage (§ 150 I AktG) begrenzt.[127] Mit Feststellung des Jahresabschlusses (§§ 242, 264 HGB) können Vorstand und Aufsichtsrat bis zur Hälfte des Jahresabschlusses *Gewinnrücklagen* bilden, wenn nicht die Satzung anderes bestimmt (§ 58 II AktG). Der gesetzlichen Rücklage müssen mindestens 5 % des Jahresüberschusses zugeführt werden, bis diese zusammen mit der Kapitalrücklage nach § 272 II Nr. 1–3 HGB 10 % des Grundkapitals oder einen satzungsmäßig höheren Betrag erreicht (§ 150 II AktG). Im Gewinnverwendungsbeschluss kann die Hauptversammlung weitere Beträge in die Gewinnrücklage einstellen oder als Gewinn vortragen (§§ 174 II Nr. 3 und 4, 58 III 1 AktG). Erst der verbleibende Bilanzgewinn ist an die Aktionäre auszukehren (§ 58 IV AktG). Den Aktionären steht mit dem Anfechtungsrecht in § 254 AktG die Möglichkeit des Rechtsschutzes gegen unangemessene Rücklagenbildung zu. Daneben können nach § 258 AktG auch Sonderprüfer bestellt werden, wenn in einem festgestellten Jahresabschluss bestimmte Positionen nicht unwesentlich unterbewertet sind.

Bei Auflösung und Liquidation der Gesellschaft hat der Aktionär nach § 271 AktG ein Recht auf Beteiligung an dem nach der Liquidation noch vorhandenen Vermögen (*Liquidationserlös*). Weitere Vermögensrechte stehen dem Gesellschafter bei der Veränderung des Grundkapitals zu. So hat er ein Bezugsrecht bei einer effektiven Kapitalerhöhung (§ 186 I AktG), das Recht auf Zuteilung neuer Anteile bei einer Kapitalerhöhung aus Gesellschaftsmitteln (Ausgabe von Gratisaktien, § 212 AktG) sowie einen Zahlungsanspruch im Fall einer ordentlichen Kapitalherabsetzung (§ 225 II AktG).

Zur Wahrung der Stimmrechts- und Beteiligungsverhältnisse innerhalb der AG und zum Schutz vor Vermögensverlusten hat jeder Aktionär bei einer Kapitalerhöhung das Recht, einen Teil der neuen Gesellschaftsanteile gegen eine von der Gesellschaft festgesetzte Zahlung zu übernehmen. Das Bezugsverhältnis richtet sich dabei nach dem Verhältnis zum bisherigen Anteil am Grundkapital. Das Bezugsrecht erstreckt sich auch auf Wandelschuldverschreibungen, Gewinnschuldverschreibungen und Genussscheine. Innerhalb der Bezugsfrist sind die Bezugsrechte selbstständig handelbar. Zu den Vermögensrechten des Aktionärs zählen ferner Ausgleichs-, Umtausch- und Abfindungsansprüche bei Verschmel-

122 LG Essen AG 2007, 797 (798).
123 EuGH EuZW 2008, 246.
124 Zur Neuregelung der Fälligkeit des Dividendenanspruchs *Harbarth/v. Plettenberg* AG 2016, 145 (148f.).
125 BGH NJW 1995, 1027 (1028) (zur GmbH); 1998, 1314 (zur GmbH); s. auch MüKoAktG/*Bayer* § 58 Rn. 100.
126 BGHZ 139, 299 (zur GmbH).
127 Spindler/Stilz/*Euler/Sabel* AktG § 150 Rn. 19.

zung, Spaltung und Formwechsel (vgl. §§ 15, 29, 125, 196, 207 UmwG), im Konzernrecht (§§ 304, 305, 320b AktG) und bei Ausschluss von Minderheitsaktionären (§ 327b AktG). Ebenso sind verschiedene Schadensersatzansprüche vermögenswerter Art (etwa § 117 I 2 AktG) denkbar.

560   **d)** Die *Mitverwaltungsrechte* des Aktionärs können in Mitwirkungsrechte und Informationsrechte unterschieden werden. Die *Mitwirkungsrechte* des Aktionärs beziehen sich auf die Hauptversammlung und sind deshalb zwingend durch den Umfang der Hauptversammlungszuständigkeit begrenzt. Unter bestimmten Voraussetzungen kann der Aktionär die Einberufung der Hauptversammlung verlangen (§ 122 AktG). Er hat ein Recht auf Teilnahme sowie ein Rede- und Stimmrecht in der Versammlung. Des Weiteren steht ihm ein Recht zur Anfechtung von Hauptversammlungsbeschlüssen zu (§§ 243 ff. AktG; → Rn. 621 ff.).

Über das *Stimmrecht* wirkt der Aktionär an der Beschlussfassung in der Hauptversammlung mit, wobei in der Regel jeder Aktionär je Aktie eine Stimme hat (§§ 12, 134 AktG). Bedingungen und Form der Stimmrechtsausübung regelt die Satzung. Stimmberechtigte Aktien werden als *Stammaktien* bezeichnet. *Vorzugsaktien* sind nur in Ausnahmefällen mit dem Stimmrecht ausgestattet (§§ 139 ff. AktG), was jedoch regelmäßig durch eine höhere Dividende ausgeglichen wird (vgl. aber → Rn. 536). Die Ausübung des Stimmrechts kann durch den Aktionär selbst oder eine bevollmächtigte Person erfolgen. In der Praxis werden vielfach Kreditinstitute nach § 135 AktG mit der Wahrnehmung des Stimmrechts beauftragt. Die Vollmacht wird entweder für eine bestimmte Hauptversammlung oder als Dauervollmacht für Depotaktien an das depotführende Institut (Depotstimmrecht) erteilt, wobei diese der Schriftform bedarf und jederzeit widerruflich ist. Bei der Stimmrechtsausübung hat das Kreditinstitut die Weisungen des Aktionärs zu befolgen. Hat der Aktionär persönliche Berührungspunkte zum Abstimmungsgegenstand, kann ein Stimmrechtsausschluss nach § 136 AktG in Betracht kommen. Indes ist eine generelle Erweiterung der in § 136 I 1 AktG bezeichneten Sachverhalte auf andere Interessenkollisionen im Wege der Rechtsanalogie ausgeschlossen,[128] auch nicht unter Berufung auf den allgemeinen Rechtsgedanken des § 181 BGB. Bei der Einmann-AG kommt ein Stimmverbot mangels Möglichkeit einer Interessenkollision zwischen Einzelgesellschafter und Gesellschaftergesamtheit hingegen nicht in Betracht.[129]

561   **e)** Als *Informationsrechte* stehen dem Aktionär weitgehende Auskunfts- und Einsichtsrechte innerhalb und außerhalb der Hauptversammlung zu.

562   **(1)** Jeder Aktionär hat nach § 131 I 1 AktG in der Hauptversammlung ein *Auskunftsrecht* über Angelegenheiten der Gesellschaft, soweit dies zur sachgemäßen Beurteilung der Tagesordnung erforderlich ist. Dieses Auskunftsrecht steht neben den allgemeinen handelsrechtlichen und aktienrechtlichen Publizitätspflichten, welche zwar auch der Information der Aktionäre dienen, primär jedoch andere Zielsetzungen verfolgen. Es bezieht sich auf alle unmittelbaren und mittelbaren *Gesellschaftsangelegenheiten*. Hinsichtlich des Bestehens oder Nichtbestehens eines Auskunftsanspruchs besteht eine umfassende Einzelfallrechtsprechung.[130] Erfasst sind nicht nur einfache und leicht zu

---

128 HM, vgl. Hüffer/Koch/*Koch* AktG § 136 Rn. 18; MüKoAktG/*Schröer* § 136 Rn. 21; aA aber *K. Schmidt* GesR § 21 II 2b (S. 611).
129 BGH NZG 2011, 950.
130 Hinsichtlich der Einzelfälle zum Gegenstand des Auskunftsrechts vgl. MüKoAktG/*Kubis* § 131 Rn. 35 ff.

beschaffende Auskünfte, sondern auch Informationen über solche Gegenstände, auf die der Vorstand bei angemessener Vorbereitung und Beiziehung bereitzuhaltender Unterlagen und sachkundiger Mitarbeiter (Backoffice) ohne wesentliche Verzögerung der Hauptversammlung eingehen kann.[131]

(2) Das Auskunftsrecht aus § 131 I 1 AktG ist *zeitlich* auf die Hauptversammlung **563** und zudem *inhaltlich* auf die Gegenstände der Tagesordnung *beschränkt*. Das BVerfG sieht in den Einschränkungen des Auskunftsrechts eine zulässige Inhalts- und Schrankenbestimmung des Eigentums (Art. 14 I 2 GG). Der auf die Hauptversammlung beschränkte Auskunftsanspruch gewährleistet eine gleichmäßige Unterrichtung aller Aktionäre. Die gegenständliche Beschränkung findet ihren Grund in der Verknüpfung von Auskunftsanspruch und Mitgliedschaftsrecht und kann daher nicht weiter gehen als die mitgliedschaftlichen Befugnisse und vermögensrechtlichen Ansprüche des Aktionärs.[132] Die Voraussetzung der *Erforderlichkeit* zur sachgerechten Beurteilung der Gegenstände der Tagesordnung dient der Verhinderung von Missbräuchen des Auskunftsrechts und der Gewährleistung eines ordnungsgemäßen Ablaufs der Versammlung.[133] Einfluss auf die Informationsbeschaffung kann dadurch genommen werden, dass eine 5 %ige Aktionärsminderheit nach § 122 II AktG verlangen kann, bestimmte Gegenstände auf die Tagesordnung zu setzen. Hingegen kann der Versammlungsleiter nach § 131 II 2 AktG durch Satzung[134] oder Geschäftsordnung ermächtigt werden, das Frage- und Rederecht des Aktionärs zeitlich angemessen zu beschränken. Die Beschränkung der Redezeit und auch die Möglichkeit des Wortentzugs dienen der sachgemäßen Durchführung der Hauptversammlung.[135] Der Versammlungsleiter hat stets zwischen dem Recht des Aktionärs, in ausreichender Zeit sachdienliche Ausführungen zum Gegenstand der Verhandlung zu machen, und dem Gebot abzuwägen, die Hauptversammlung in angemessener Frist durchzuführen.[136] Dabei sind die konkreten Umstände der Versammlung ebenso zu berücksichtigen wie insbesondere die Gebote der Sachdienlichkeit, der Verhältnismäßigkeit und der Gleichbehandlung.[137]

In **Fall d** ist die Zurückweisung des Auskunftsverlangens des A rechtmäßig. Die Fragen beziehen sich zwar auf Gegenstände der Tagesordnung, nach § 131 I 1 AktG besteht der Auskunftsanspruch jedoch nur in der Hauptversammlung.

(3) Eine *Verweigerung* des Auskunftsanspruchs in der Hauptversammlung ist nur aus **564** den in § 131 III 1 Nr. 1–7 AktG genannten Gründen möglich. So kann der Vorstand unter anderem die Auskunft verweigern, wenn diese geeignet ist, der Gesellschaft – etwa durch Aufdeckung von Geschäftsgeheimnissen – einen nicht unerheblichen Nachteil zuzufügen (§ 131 III Nr. 1).[138] Der Vorstand darf ein Auskunftsersuchen auch wegen Rechtsmissbrauchs zurückweisen.[139] Er kann den Aktionär aber grund-

---

131 OLG Düsseldorf WM 1991, 2148.
132 BVerfG NJW 2000, 349 (350 f.).
133 OLG Zweibrücken WM 1990, 185 Rn. 10.
134 Dazu BGHZ 184, 239 (Rn. 19 ff.) = NJW 2010, 1604 – Redezeitbeschränkung.
135 BGHZ 44, 245; BGH NJW 2010, 1604 (1606).
136 LG Frankfurt a. M. AG 1984, 192 (194).
137 BGHZ 184, 239 Rn. 16 = NJW 2010, 1604 – Redezeitbeschränkung.
138 BGHZ 86, 1; 101, 1; OLG Stuttgart ZIP 2012, 970 = EWiR 2012, 649 mAnm *Vosberg/Klawa* – Porsche.
139 BGHZ 36, 121 (135 ff.); zum Streitstand Hüffer/Koch/*Koch* AktG § 131 Rn. 33 ff.

sätzlich nicht auf die schriftliche Beantwortung seiner Fragen verweisen.[140] Ob eine Begründungspflicht des Vorstands bei Verweigerung der Auskunft nach § 131 III Nr. 1–3 AktG besteht, ist umstritten.[141]

565 **(4)** Soweit die AG einem Aktionär in dieser Eigenschaft Auskunft außerhalb der Hauptversammlung erteilt hat, ist die Gesellschaft aus Gründen der Gleichbehandlung allen Aktionären auf Verlangen und ohne Beschränkung auf die Gegenstände der Tagesordnung zur Erteilung der Auskunft in der Hauptversammlung verpflichtet (§ 131 IV 1 AktG). Wird dem Aktionär Auskunft vollständig verweigert, kann er seine Auskunftsrechte aus § 131 AktG im Wege des Informationserzwingungsverfahrens nach § 132 AktG durchsetzen.[142] Zudem können aufgrund fehlender Auskünfte ergangene Beschlüsse nach §§ 243 ff. AktG mit der Anfechtungsklage angegriffen werden. Voraussetzung ist nach § 243 IV 1 AktG jedoch, dass ein objektiv urteilender Aktionär die Erteilung der Information als wesentliche Voraussetzung für die sachgerechte Wahrnehmung seiner Teilnahme- und Mitgliedschaftsrechte angesehen hätte.[143]

> In **Fall e** kann A nach § 131 I 1 AktG Antwort auf alle Fragen verlangen. Tatsachen zur Geschäftspolitik und Fakten zur Vermögens-, Finanz- und Ertragslage einschließlich der Vorstandsgehälter gehören zu den unmittelbaren Gesellschaftsangelegenheiten. Die Auskünfte sind auch für die sachgemäße Beurteilung der Tagesordnungspunkte a) und b) erforderlich. Anders wäre dies nur zu beurteilen, wenn der Inhalt der möglichen Auskunft bereits allen Aktionären bekannt ist oder sich ohne weiteres aus dem Jahresabschluss nebst Anhängen ergibt.[144] Für den Auskunftsanspruch nach § 131 I 1 AktG ist unbeachtlich, ob der Vorstand die Auskunft für erforderlich hält und der einzelne Aktionär die Erforderlichkeit zu beurteilen vermag. Abzustellen ist auf die Sicht eines vernünftigen Durchschnittsaktionärs. Dieser ist über Änderungen in der Geschäftspolitik und ihre Motive ebenso wie über die Gründe für den Entschluss einer Dividendenherabsetzung zu informieren. Soweit die Vorstandsgehälter betroffen sind, bestehen bereits nach §§ 285 S. 1 Nr. 9 lit. a, 314 I Nr. 6 lit. a HGB umfassende Transparenzpflichten für börsennotierte Gesellschaften. Danach ist die AG grundsätzlich zur individuellen Offenlegung der Vorstandsvergütungen verpflichtet. Insoweit wird auch das Auskunftsrecht der Aktionäre nach § 131 AktG ausgeweitet.[145] Die Drohung mit einer Anfechtung der Beschlüsse ist nicht rechtsmissbräuchlich.

566 **f)** Die Möglichkeit einer *Gesellschafterklage* wurde im deutschen Recht lange abgelehnt. Die Aktionäre üben ihre Rechte nicht einzeln, sondern nur in der Hauptversammlung aus. Bei rechtswidrigen Beschlüssen steht ihnen die Möglichkeit der Nichtigkeits- oder Anfechtungsklage offen. Da dies aber nicht in allen Fällen einen hinreichenden Schutz der Mitgliedschaftsrechte gewährleistet, hat die Rechtsprechung in Sonderfällen ein Recht auf die Erhebung einer Gesellschafterklage anerkannt. Diese kommt zur Abwehr gesellschaftswidrigen Verhaltens der Gesellschaftsorgane in Betracht. Zu denken ist insbesondere an den Fall, dass die Mitwirkungsrechte des Aktionärs unterlaufen werden, indem der Vorstand eine in die Kompetenz der Hauptver-

---

140 OLG Düsseldorf WM 1991, 2148. Umstr. ist, ob der Aktionär seine Fragen ebenfalls mündlich in der Hauptverhandlung stellen muss; hierzu OLG Frankfurt a. M. AG 2007, 451.
141 Bejahend BGHZ 32, 159 (168); zurückhaltender indes BGHZ 101, 1 (8 f.); ausf. MüKoAktG/*Kubis* § 131 Rn. 108 f.
142 Dazu OLG Koblenz NJW-RR 1995, 1378.
143 Umstr. ist, ob auch verweigerte Auskünfte zur Anfechtung eines Entlastungsbeschlusses bzgl. des Vorstandes berechtigen; bejahend LG Frankfurt a. M. ZIP 1994, 784; aA LG Heidelberg ZIP 1994, 780.
144 BGHZ 93, 327 (329).
145 *Wandt* DStR 2006, 1460.

sammlung fallende Maßnahme ergreift. Es besteht jedoch kein allgemeiner Anspruch des einzelnen Aktionärs gegen die Gesellschaftsorgane auf rechtmäßige Erfüllung ihrer Pflichten. Insoweit ist der Aktionär auf die Geltendmachung von Ersatzansprüchen durch die Hauptversammlung nach § 147 AktG und das Klagezulassungsverfahren nach § 148 AktG beschränkt. Mit der Anerkennung von Treuepflichten der Gesellschafter untereinander, deren Verletzung Anfechtungsrechte und Schadensersatzansprüche auslösen kann, hat die Rechtsprechung die Klagerechte der Aktionäre noch weiter gefasst (→ Rn. 569).

Angesichts fehlender gesetzlicher Grundlage für eine Klage des Aktionärs gegen die Gesellschaft wegen gesetzes- oder satzungswidriger Maßnahmen des Vorstands und des Aufsichtsrates wurde in der Literatur die Figur einer Gesellschafter- oder Aktionärsklage diskutiert.[146] In der »Holzmüller«-Entscheidung[147] hat der BGH erstmals unter Rechtsschutzgesichtspunkten ein Klagerecht jedes Aktionärs dahingehend anerkannt, dass die Gesellschaft seine Mitgliedsrechte achtet und alles unterlässt, was sie über das durch Gesetz und Satzung gedeckte Maß hinaus beeinträchtigt. Die Entscheidung betraf einen Eingriff in die Unternehmensstruktur durch Abspaltung eines wichtigen Betriebsteils und dessen Verlagerung auf eine Tochtergesellschaft. Der BGH stellte fest, dass der Vorstand bei Geschäftsführungsmaßnahmen, die besonders schwerwiegend in die Mitgliedsrechte der Aktionäre und deren im Anteilseigentum verkörperte Vermögensinteressen eingreifen, der Zustimmung der Hauptversammlung bedarf. Macht der Vorstand in solchen Fällen von der Möglichkeit des § 119 II AktG keinen Gebrauch, die Hauptversammlung über eine Frage der Geschäftsführung entscheiden zu lassen, verletzt er seine Sorgfaltspflicht. Der einzelne Aktionär, der aufgrund der Kompetenzüberschreitung des Vorstands von seiner Mitwirkung an der zu treffenden Entscheidung ausgeschlossen ist, kann seine Rechte dann im Wege der Leistungs- oder Unterlassungsklage wahren. In den »Gelatine«-Urteilen[148] hat der BGH später klargestellt, dass eine ungeschriebene Sonderzuständigkeit der Hauptversammlung nur anzuerkennen ist, wenn die beabsichtigte Umstrukturierungsmaßnahme in ihren Auswirkungen einer Satzungsänderung zumindest nahe kommt (faktische Satzungsänderung). In derartigen Fällen ist für die Zustimmung eine qualifizierte Mehrheit von drei Vierteln des bei der Abstimmung vertretenen Grundkapitals erforderlich.[149] Die Zustimmung der Hauptversammlung betrifft jedoch nur das Innenverhältnis, sodass die vom Vorstand ohne die erforderliche Zustimmung rechtsgeschäftlich vollzogene Maßnahme im Außenverhältnis wirksam ist[150] (ausführlich → Rn. 576).

> In **Fall c** fällt die Veräußerung des Betriebsteils Schiffstourismus zwar grundsätzlich in die Zuständigkeit des Vorstands der WLL Tourismus AG. Jedoch handelt es sich hierbei um eine Umstrukturierungsmaßnahme, die besonders schwerwiegend in die Mitgliedsrechte der Aktionäre und in den Kernbereich des Unternehmens eingreift. Da der Betriebsteil Schiffstourismus für die WLL Tourismus AG eine wesentliche wirtschaftliche Bedeutung hat und der Rückzug aus der Erbringung von Tourismusdienstleistungen zu Wasser einer Satzungsänderung nahe kommt, wäre die Hauptversammlung zwingend zu beteiligen. A könnte dem Vorstand daher im Wege einer einstweiligen Verfügung die Fortsetzung der Transaktion untersagen lassen.[151]

g) Die Aktionärsrechte-RL[152] dient der Stärkung der Rechte der Aktionäre, insbesondere durch erweiterte Transparenzregeln, Vertretungsrechte bei der Ausübung des Stimmrechts, die Möglichkeit der Teilnahme an Hauptversammlungen auf elektronischem Wege sowie die Gewährleistung der grenzüberschreitenden Stimmrechtsaus- 567

---

146 *Hommelhoff* ZHR 151 (1987), 493 (512ff.); *Zöllner* ZGR 1988, 392 (420ff.); *Keuk-Knobbe,* FS Ballerstedt, 1975, 239 (246ff.).
147 BGHZ 83, 122.
148 BGHZ 159, 30 – Gelatine I; BGH NZG 2004, 575 – Gelatine II; hierzu *Götze* NZG 2004, 585.
149 BGHZ 159, 30 (45) – Gelatine I.
150 BGHZ 83, 122 (132).
151 S. hierzu auch die Fallgestaltungen bei OLG Stuttgart NZG 2003, 778; LG Duisburg NZG 2002, 643 sowie *Fett/Förl* NZG 2004, 210.
152 RL 2007/36/EG des Europäischen parlaments und des Rates über die Ausübung bestimmter Rechte von Aktionären in börsennotierten Gesellschaften v. 11.7.2007, ABl. 2007 L 184, 17.

übung. Im Bereich der Stimmrechtsvertretung und der elektronischen Teilnahme hat die Umsetzung der Richtlinie zu Neuerungen, im Übrigen aber nur zu punktuellen Ergänzungen des Aktienrechts geführt.[153] Eine Anfang 2017 beschlossene und bis Juni 2019 umzusetzende Änderungs-RL[154] betrifft vor allem die Identifizierung der Aktionäre,[155] die Vergütung der Unternehmensleitung (Beschlussfassung der Hauptversammlung über Vergütungspolitik und -bericht, »say on pay«)[156] und Geschäfte mit nahestehenden Unternehmen (»Related Party Transactions«).[157]

5. Pflichten des Aktionärs

568   a) Den Mitgliedsrechten stehen die im Dritten Teil des AktG niedergelegten mitgliedschaftlichen Pflichten gegenüber. Allen voran besteht bereits in der Gründungsphase die *Einlagepflicht* nach § 54 AktG als Hauptverpflichtung der Aktionäre (→ Rn. 626 ff.). Deren Nichterfüllung kann bei Geldeinlagen nach § 63 II und III AktG Nebenforderungen zur Zahlung von Zinsen, Schadensersatzansprüche oder Vertragsstrafen begründen. Nach Ablauf einer Nachfrist ist sogar der Ausschluss säumiger Aktionäre nach § 64 AktG möglich (Kaduzierung). Neben der Einlagepflicht besteht nach § 55 AktG zudem die Möglichkeit, in der Satzung mitgliedschaftliche *Nebenleistungspflichten* (Abs. 1) vorzusehen und deren Nichterfüllung mit Vertragsstrafen (Abs. 2) zu ahnden. Voraussetzung ist nach § 55 I 1 AktG, dass es sich bei den Aktien um vinkulierte Namensaktien handelt und die Nebenleistungspflichten sich auf wiederkehrende, nicht in Geld bestehende Leistungen beziehen.

Mit Erfüllung der Einlagepflicht ist der Aktionär zu Nachschüssen nicht mehr verpflichtet; für die Gesellschaftsschulden haftet nur das Gesellschaftsvermögen (§ 1 I 2 AktG). Nur bei Rückzahlungspflichten wegen gesetzwidrigen Empfangs von Zahlungen (§ 62 I AktG) können Gesellschaftsgläubiger ausnahmsweise unmittelbar gegen Aktionäre vorgehen (§ 62 II AktG).

569   b) In Rechtsprechung und Literatur ist auch die gesellschaftliche *Treuepflicht* als wesentliche Pflicht des einzelnen Aktionärs sowohl gegenüber der AG als auch gegenüber den Mitaktionären anerkannt.[158]

Während der BGH aufgrund der körperschaftlichen Struktur das Bestehen einer gesellschaftlichen Treuepflicht für die AG zunächst eher ablehnte,[159] hat sich die gegenteilige Auffassung durchgesetzt. Den Ausgangspunkt findet die gesellschaftliche Treuepflicht in der aus dem Gesellschaftsverhältnis folgenden Sonderverbindung der Aktionäre untereinander und gegenüber der AG, die gemeinsame Interessen begründet (dazu bereits → Rn. 520). Den Aktionären stehen vielfältige Möglichkeiten zur Verfügung, die gemeinsame Interessenssphäre zu beeinträchtigen. Da die gesetzlichen Vorschriften keine Regelung sämtlicher Konfliktsituationen enthalten, wurde die gesellschaftsrechtliche Treuepflicht entwickelt. Sie gebietet, in allen gesellschaftlichen Belangen auf die Interessen der AG und auf die gesellschaftsbezogenen Interessen der Mitaktionäre angemessen Rücksicht zu nehmen.[160] Insoweit wirkt die

---

153 Hierzu *Noack* NZG 2006, 321; *Zetzsche* NZG 2007, 686.
154 RL 2017/828/EU des Europäischen parlaments und des Rates zur Änderung der Richtlinie 2007/36/EG im Hinblick auf die Förderung der langfristigen Mitwirkung der Aktionäre v. 17.5.2017, ABl. 2017 L 132, 1.
155 Einen Überblick geben *Bayer/Schmidt* BB 2017, 2114 (2115 ff.). S. auch *Noack* NZG 2017, 561 ff.; *Eggers/de Raet* AG 2017, 464 ff.
156 Dazu *Leuering* NZG 2017, 646 ff.; *Velte* NZG 2017, 368 ff.
157 Hierzu *Veil* NZG 2017, 521 ff.
158 BGHZ 103, 184 (194 f.); 129, 136 (142 ff.); 142, 167 (169 f.); Hüffer/Koch/*Koch* AktG § 53a Rn. 13 ff.; MüKoAktG/*Bungeroth* Vor § 53a Rn. 18 ff.; *K. Schmidt* GesR § 20 IV 2c und d, 3 (S. 591 ff.).
159 Vgl. noch BGHZ 9, 157 (163); 14, 25 (38); 18, 350 (365).
160 BGHZ 103, 184 (194); 129, 136 (142); 142, 167 (170); *Lutter* ZHR 153 (1989), 446 (454 f.); *J. Vetter* AG 2000, 193 (201 f.).

gesellschaftliche Treuepflicht insbesondere als Schranke der Mitwirkungsrechte (Stimmrecht, Recht auf Teilnahme an der Hauptversammlung, Rederecht etc), die nicht zum Schaden der Gesellschaft und der Mitaktionäre ausgeübt werden dürfen. Der BGH nahm im »Linotype«-Urteil[161] eine Treuepflicht der Mehrheitsaktionäre an, deren Verletzung die Minderheitsgesellschafter zur Anfechtung eines Hauptversammlungsbeschlusses entsprechend § 243 II AktG berechtigte. Später führte der BGH im »Girmes«-Urteil[162] aus, dass sich auch Minderheitsaktionäre schadensersatzpflichtig machen können, wenn sie in Ausübung ihres Stimmrechts eine gebotene Sanierung verhindern. Auch die missbräuchliche Erhebung von Anfechtungsklagen gegen Hauptversammlungsbeschlüsse kann eine Treuepflichtverletzung darstellen.[163]

Die gesellschaftliche Treuepflicht gilt grundsätzlich für alle Aktionäre, wobei sich ihr Umfang nach den Einflussmöglichkeiten des jeweils betroffenen Gesellschafters richtet. Besondere Bedeutung hat die Treuepflicht daher für einen Mehrheitsaktionär, der so in der Ausübung seiner Mehrheitsherrschaft begrenzt wird. Die gesellschaftliche Treuepflicht besteht aber auch im Verhältnis der Gesellschaft zu ihren Aktionären.[164] Die AG ist verpflichtet, dem einzelnen Aktionär eine ungehinderte und sachgemäße Wahrnehmung seiner Mitgliedschaftsrechte zu ermöglichen und alles zu unterlassen, was diese Rechte beeinträchtigen könnte. Die Treuepflicht findet ihre Grenze in dem vom Gesellschaftszweck umschriebenen mitgliedschaftlichen Bereich. Außergesellschaftliche Interessen und persönliche Rechte der Mitaktionäre sind nicht geschützt.[165] Ebenso ist kein Raum für die Annahme einer gesellschaftlichen Treuepflicht, wenn das Gesetz eine abschließende Regelung getroffen hat (zB keine Pflicht zur Mitwirkung an der Auflösung der AG durch Mehrheitsbeschluss nach § 262 I Nr. 2 AktG). Ein Verstoß gegen die gesellschaftliche Treuepflicht führt bei Abstimmungen in der Hauptversammlung grundsätzlich zur Nichtigkeit der rechtsmissbräuchlich abgegebenen Stimmen. Werden treuwidrig abgegebene Stimmen bei der Ermittlung des Abstimmungsergebnisses mitgezählt, ist ein hierauf beruhender Hauptversammlungsbeschluss anfechtbar.[166] Ferner kann ein Verstoß gegen die gesellschaftliche Treuepflicht Leistungs-, Unterlassungs-, Auskunfts- oder Schadensersatzpflichten[167] zur Folge haben.

6. Minderheitenschutz

Neben den allgemeinen Mitgliedsrechten bestehen zum Schutz von Kleinaktionären 570 und Aktionärsminderheiten besondere unabdingbare Regelungen des Minderheitenschutzes. Eine Minderheit ist dadurch gekennzeichnet, dass sie dauerhaft und institutionell keinen Einfluss auf die Willensbildung in der Gesellschaft gewinnen kann. Sie unterliegt in ihren gesellschaftlichen Angelegenheiten der Mehrheitsmacht, was die Gefahr einer ständigen Missachtung und Ungleichbehandlung birgt und sie so als besonders schutzwürdig erscheinen lässt. Die Minderheitsrechte ergeben sich unmittelbar aus der Mitgliedschaft in der Gesellschaft und haben nur zum Teil eine gesetzliche Grundlage. Bedeutung gewinnt vor allem die gesellschaftliche Treuepflicht, welche die Aktionärsmehrheit sowie Vorstand und Aufsichtsrat bei der Beschlussfassung und sonstigen Maßnahmen zur angemessenen Rücksichtnahme auf die Interessen der davon unmittelbar und mittelbar betroffenen Minderheitsaktionäre verpflichtet (→ Rn. 569). Daneben bestehen eine Reihe gesetzlicher Tatbestände, die es einer Minderheit ermöglichen, Mehrheitsbeschlüsse zu blockieren oder den eigenen Willen durchzusetzen. Eine besondere Form des aktienrechtlichen Minderheitenschutzes bilden die Regelungen über die Nichtigkeit oder Anfechtbarkeit von Beschlüssen der Hauptversammlung.

---

161 BGHZ 103, 184.
162 BGHZ 129, 136; hierzu *Lutter* JZ 1995, 1053.
163 *Henze* BB 1996, 489 (494); *Lutter* ZHR 153 (1989), 446 (466); *Timm* WM 1991, 481 (490); zurückhaltender BGHZ 107, 296 (311); 129, 136 (144f.).
164 BGHZ 127, 107 (111); *Lutter* AG 2000, 342 (344).
165 BGH NJW 1992, 3167 (3171).
166 BGHZ 103, 184 (193f.); 142, 167 (169f.).
167 BGHZ 129, 136 (158); *Timm* WM 1991, 481 (486ff.).

Ein institutioneller Minderheitenschutz ist bereits in den Organisationsregeln vorgesehen. Bei tiefgreifenden Einschnitten in die Mitgliedsrechte sind zum Schutz von Minderheiten qualifizierte Mehrheitserfordernisse vorgesehen. Für eine Satzungsänderung (§ 179 II AktG) bedarf es ebenso wie für die Erhöhung oder Herabsetzung des Grundkapitals (§§ 182 bzw. 222 AktG) einer Mehrheit von mindestens drei Vierteln des bei der Beschlussfassung vertretenen Grundkapitals.

Zum subjektivrechtlichen Minderheitenschutz gehören insbesondere die Klagerechte der Aktionäre. Es besteht für den Aktionär die Möglichkeit, Beschlüsse der Hauptversammlung im Wege der Anfechtungsklage nach § 246 AktG oder der Nichtigkeitsklage nach § 249 AktG gerichtlich überprüfen zu lassen. Im Rahmen der Kapitalerhöhung gegen Einlagen sieht § 255 AktG einen speziellen Anfechtungsgrund vor, der einen Verwässerungsschutz normiert und insbesondere bei Ausschluss des Bezugsrechts sowie unangemessenen Ausgabe- oder Mindestbeträgen junger Aktien die Minderheit vor vermögensmäßiger Entwertung ihrer Rechte schützt.

Formelle Minderheitsrechte sind ferner in §§ 120, 122, 142, 147 und 148 AktG enthalten. So kann eine 5%ige Aktionärsminderheit die Einberufung der Hauptversammlung verlangen (§ 122 I AktG) oder erreichen, dass bestimmte Gegenstände auf die Tagesordnung gesetzt werden (§ 122 II AktG). Unter den gesetzlichen Voraussetzungen der jeweiligen Norm kann eine Minderheit von Aktionären weiterhin die gesonderte Abstimmung über die Entlastung der Mitglieder des Vorstands oder des Aufsichtsrats (§ 120 I 2 AktG) oder die Bestellung von Sonderprüfern (§ 142 II AktG) erzwingen. Ferner kann eine Minderheit nach § 147 II 2 AktG die gerichtliche Bestellung eines besonderen Vertreters der Gesellschaft zur Geltendmachung von Ersatzansprüchen der Gesellschaft und unter den Voraussetzungen des § 148 AktG selbst eine Klagezulassung beantragen.

IV. Organe

1. Allgemeines

571 **a)** Zum rechtsgeschäftlichen Handeln bedarf die AG als juristische Person bestimmter *Organe*. Gesetzlich vorgesehen sind neben der Hauptversammlung (§§ 118–149 AktG) der Vorstand (§§ 76–94 AktG) und der Aufsichtsrat (§§ 95–116 AktG, Mitbestimmungsgesetze). Zwischen den einzelnen Organen besteht keine Hierarchie. Diese Führungsorganisation, die zwischen Leitungs- und Aufsichtsorgan unterscheidet (»dualistisches« System), ist eine Eigenart des deutschen Aktienrechts. Hingegen sehen etwa das englische und amerikanische (»board«) ebenso wie das französische Recht lediglich ein einheitliches Verwaltungsorgan vor (»monistisches« System). Insoweit lassen die europäischen Rechtsformen wie die SE die Wahl (→ Rn. 835).

572 **b)** Die jüngere gesellschaftsrechtliche Diskussion ist durch das Thema *Corporate Governance* geprägt (→ Rn. 523). Hierbei geht es um Fragen einer möglichst effektiven Leitungsstruktur, der Etablierung eines Regelwerkes zur Unternehmenskontrolle sowie um Fragen der inneren Organisation.[168]

Diese »Regeln guter Unternehmensführung« wurden durch den Deutschen Corporate Governance Kodex (DCGK, → Rn. 523) mittels Verhaltensempfehlungen umgesetzt. Zwar sind sowohl die darin niedergelegten Empfehlungen (»soll«) als auch die Anregungen (»sollte« oder »kann«) für Unternehmen nicht bindend. Jedoch haben Vorstand und Aufsichtsrat nach § 161 I AktG jährlich zu erklären, inwieweit dem DCGK entsprochen wird.

573 **c)** Daneben gewinnt *Corporate Compliance* an Bedeutung. Wie bei der Corporate Governance-Debatte geht es auch dabei um Fragen einer optimalen Unternehmensführung. Jedoch stehen nicht Regeln betreffend Organisation und Struktur der Gesellschaft im Vordergrund. Vielmehr befasst sich Corporate Compliance mit der Erarbeitung und Umsetzung von Verhaltensstandards, die gewährleisten sollen, dass die für

---

168 Vgl. *Hopt* ZGR 2000, 779 (782); *Ulmer* AcP 202 (2002), 143 (150 ff., 166 ff.).

die Gesellschaft agierenden Personen geltendes Recht bzw. bestimmte Regeln oder Gebote, die im Interesse der Gesellschaft liegen, möglichst optimal einhalten. Die Umsetzung von Corporate Compliance soll Haftungsrisiken verringern und neben Schadensersatzpflichten auch Bußgelder und Reputationsschäden des Unternehmens vermeiden.[169]

Allgemeine Regeln zur Corporate Compliance sind in den DCGK integriert worden. Unabhängig davon fehlt es aber an einem branchen- und unternehmensübergreifenden Regelwerk. Dies lässt sich nicht zuletzt mit vielfältigen unternehmens- und branchenindividuellen Besonderheiten erklären. In einzelnen Bereichen ist dagegen bereits eine beträchtliche Regelungsdichte festzustellen.

2. Vorstand

a) Zu den *Aufgaben* des Vorstands zählt die *Leitung der Geschäfte der Gesellschaft* 574 *unter eigener Verantwortung* (§ 76 I AktG). Im Gegensatz zum Geschäftsführer der GmbH ist der Vorstand nicht an Weisungen der Kapitaleigner gebunden. Als notwendiges Organ der AG obliegen ihm Geschäftsführung (§ 77 AktG) und Vertretung der AG (§ 78 AktG). § 76 I AktG geht aber bewusst über diese beiden Begriffe hinaus. »Leitung« bedeutet die Festlegung der Richtlinien der Unternehmenspolitik und die Wahrnehmung der unternehmerischen Funktion.[170] Dem Vorstand kommt somit eine Führungsrolle zu. Eine ausdrückliche Zielbestimmung für das Handeln des Vorstands sieht das Gesetz allerdings nicht vor.

Noch unter Geltung von § 70 I AktG 1937 war die Gesellschaft so zu leiten, »wie das Wohl des Betriebes und seiner Gefolgschaft und der gemeine Nutzen von Volk und Reich es erfordern«. Trotz der fehlenden entsprechenden Normierung hat auch der Gesetzgeber von 1965 daran festgehalten, dass der Vorstand bei seinem Handeln das »Unternehmensinteresse«[171] ebenso wie das »Gemeinwohl« zu berücksichtigen hat.[172] Andere wiederum stellen die Interessen der Aktionäre in den Vordergrund.[173]

aa) Dem Vorstand obliegt die *Geschäftsführung*. Es gilt das Prinzip der *Gesamt-* 575 *geschäftsführung* (§ 77 I 1 AktG). Schon der Widerspruch nur eines Vorstandsmitglieds kann die Durchführung einer geplanten Maßnahme im Innenverhältnis verhindern. § 77 I 2 AktG lässt deshalb in Satzung oder Geschäftsordnung (§ 77 II AktG) Abweichungen vom Prinzip der Gesamtgeschäftsführung zu, wovon in der Praxis in erheblichem Maße Gebrauch gemacht wird. Bei Stimmengleichheit können Satzung oder Geschäftsordnung des Vorstands schon unter Berücksichtigung der durch § 77 I 2 AktG eingeräumten Gestaltungsfreiheit bestimmen, dass die Stimme eines Vorstandsmitglieds – in der Regel die des Vorsitzenden – den Ausschlag gibt.

Problematisch ist, ob dies auch für den zweigliedrigen Vorstand gelten kann. Im Ergebnis ist das abzulehnen, weil so das andere Vorstands-Mitglied zum »ohnmächtigen Gehilfen«[174] degradiert würde.

---

169 Hölters/*Hölters* AktG § 93 Rn. 91.
170 *Raiser/Veil* KapGesR § 14 Rn. 1; *Semler,* Leitung und Überwachung der Aktiengesellschaft, 2. Aufl. 1996, Rn. 7 ff.
171 Hierzu Hölters/*Weber* AktG § 76 Rn. 19 ff. (»Gesellschaftsinteresse«).
172 AmtlBegr zum RegE, abgedruckt in *Kropff,* Aktiengesetz, 1965, 97; *K. Schmidt* GesR § 28 II 1 a (S. 805); allg. hierzu *Hirte* KapGesR Rn. 3.43; *Raiser/Veil* KapGesR § 14 Rn. 14.
173 Dies steht im Zusammenhang mit dem »*Shareholder value*«-Ansatz, der die Bedürfnisse und Erwartungen der Anteilseigner in den Mittelpunkt des Interesses stellt. Abzugrenzen ist dies vom »*Stakeholder value*«-Ansatz, der versucht, das gesamte sozioökonomische Umfeld einer AG zu erfassen und die Bedürfnisse der unterschiedlichen Gruppen in Einklang zu bringen; ausf. dazu *Ulmer* AcP 202 (2002), 143 (155 ff.).
174 *K. Schmidt* GesR § 28 II 3 a (S. 812).

Ebenso wenig ist ein Vetorecht des Vorsitzenden anzuerkennen, durch das sich dieser über den Mehrheitswillen hinwegsetzen könnte. Denn § 77 I 2 Hs. 2 AktG verbietet gerade eine aktive Entscheidung gegen den Mehrheitswillen.[175]

Der *Umfang* der Geschäftsführungsbefugnis wird in der Regel von der Satzung festgelegt. Der Vorstand hat sich insbesondere an den Unternehmensgegenstand zu halten (§ 82 II AktG)[176] und darf keine faktische Satzungsänderung vollziehen. § 83 AktG weist dem Vorstand darüber hinaus im Rahmen seiner Geschäftsführungsbefugnis als Aufgaben zu, Hauptversammlungsbeschlüsse vorzubereiten und auszuführen, dem Aufsichtsrat Bericht zu erstatten (§ 90 AktG), kapitalmarktrechtliche Mitteilungspflichten zu erfüllen (zB Art. 17 MAR und §§ 33 ff. WpHG), Handelsbücher zu führen (§ 91 AktG), Jahresabschluss sowie Lagebericht aufzustellen und vorzulegen (§ 264 HGB) und bei Verlusten in Höhe der Hälfte des Grundkapitals die Hauptversammlung einzuberufen (§ 92 I AktG).

Ausnahmsweise sind *Mitwirkungsbefugnisse anderer Organe* vorgesehen. So dürfen dem *Aufsichtsrat* zwar keine Maßnahmen der Geschäftsführung übertragen werden (§ 111 IV 1 AktG).[177] Jedoch haben nach § 111 IV 2 AktG Satzung oder Aufsichtsrat zu bestimmen, dass bestimmte Arten von Geschäften nur mit seiner Zustimmung vorgenommen werden dürfen. Die Pflicht des Aufsichtsrats gegebenenfalls ad hoc weitere Zustimmungspflichten zur Abwehr drohender gesetzeswidriger Maßnahmen des Vorstands als ultima ratio anzuordnen,[178] bleibt davon unberührt. Der Kreis zustimmungsbedürftiger Geschäfte darf allerdings nicht so weit gezogen werden, dass der Aufsichtsrat faktisch und entgegen § 111 IV 1 AktG an der Geschäftsführung beteiligt wird. Schließlich können Geschäftsführungsmaßnahmen regelmäßig nicht von der Zustimmung der *Hauptversammlung* abhängig gemacht werden. Gemäß § 119 II AktG kann die Hauptversammlung hierüber lediglich auf Verlangen des Vorstands entscheiden. Fasst sie dann einen entsprechenden Beschluss, ist der Vorstand nach § 83 II AktG hieran gebunden. Für den Vorstand hat dieses Vorgehen den Vorteil, dass er für Handlungen, die auf einem gesetzmäßigen Hauptversammlungsbeschluss beruhen, nach § 93 IV 1 AktG grundsätzlich nicht haftet.

576 **bb)** Der Vorstand vertritt die AG im Rechtsverkehr nach außen. Seine *Vertretungsmacht* erstreckt sich in der Regel auf alle die Gesellschaft betreffenden Angelegenheiten (§ 78 AktG). Die Vertretungsmacht ist *unbeschränkt* und auch *nicht beschränkbar* (§ 82 I AktG). Abweichende Bestimmungen in der Satzung wirken sich nur im Innenverhältnis auf die Geschäftsführungsbefugnis aus (§ 82 II AktG). Freilich gelten auch hier die Grundsätze über den Missbrauch der Vertretungsmacht, beispielsweise in Fällen kollusiven Zusammenwirkens von Vorstandsmitgliedern mit Dritten. Besteht der Vorstand aus mehreren Personen, gilt der Grundsatz der *Gesamtvertretung*. Zum Empfang von Willenserklärungen ist indes jedes Vorstandsmitglied berechtigt (§ 78 II AktG). Die Satzung kann aber auch beschränkte Gesamtvertretung (durch mehrere, aber nicht alle Vorstände), unechte Gesamtvertretung (durch Vorstandsmitglied und

---

175 Gegen die Zulässigkeit eines Vetorechts auch *K. Schmidt* GesR § 28 II 3 a (S. 812); für die Zulässigkeit *Grunewald* GesR § 10 Rn. 51, wonach nur die Durchführung einer bestimmten Entscheidung verhindert werde. Nach *Raiser/Veil* KapGesR § 14 Rn. 17 entspreche dies dem Grundsatz der Gesamtgeschäftsführung.
176 *W. Müller*, FS Semler, 1993, 195 (201 f.).
177 Dazu *Grunewald* ZIP 2016, 2009 ff.
178 BGHZ 124, 111 (127).

Prokurist) oder Einzelvertretung vorsehen (§ 78 III AktG). Dies ist – unter Berücksichtigung von § 15 HGB – nach § 81 AktG (mit deklaratorischer Wirkung) in das Handelsregister einzutragen.

Gegenüber dem Vorstand vertritt der *Aufsichtsrat* die AG (§ 112 AktG).[179] In bestimmten Fällen kann der Vorstand die AG zudem nur *zusammen* mit dem Aufsichtsrat wirksam vertreten (etwa §§ 246 II 2, 249 I 1 AktG). Teilweise hängt die wirksame Vertretung auch von einer Zustimmung der *Hauptversammlung* ab (zB §§ 50, 52 I, 179a I, 293 I AktG). Die angegebenen Normen betreffen allesamt Rechtsgeschäfte, die zugleich das innere Gefüge der AG berühren.

cc) Das *Verhalten* der Vorstandsmitglieder wird der AG entsprechend § 31 BGB zugerechnet.[180] Daher kann der durch ein Vorstandsmitglied Geschädigte einen Schadensersatzanspruch auch gegen die Gesellschaft haben.[181] Weiterhin kommt die *Zurechnung* von positivem *Wissen* eines jeden einzelnen Vorstandsmitglieds der AG ebenso wie von dessen fahrlässiger Unkenntnis[182] entsprechend § 31 BGB in Betracht.[183] Dabei ist eine wertende Betrachtung unter Berücksichtigung der Organisationspflichten der AG geboten (Informationsweiterleitungs- und -abfragepflichten).[184] Die Wissenszurechnung erfolgt unabhängig davon, ob die Kenntnis in gesellschaftsrechtlicher oder privater Funktion erlangt wurde und das konkrete Vorstandsmitglied am Rechtsgeschäft überhaupt mitgewirkt hat. Auch das Ausscheiden eines »wissenden« Vorstandsmitglieds ist bei typischerweise aktenmäßig festgehaltenem Wissen unerheblich.[185]   **577**

b) Hinsichtlich der *Organisation* des Vorstands sind vor allem dessen Zusammensetzung, die Unterscheidung zwischen organschaftlicher Bestellung und arbeitsrechtlicher Anstellung der Vorstandsmitglieder sowie die Beendigungsmöglichkeiten dieser Rechtsverhältnisse von Bedeutung.   **578**

aa) Die *Zusammensetzung* des Vorstands regelt § 76 II 1 AktG. Dieser kann nach der Satzung aus einer oder mehreren Personen bestehen. Trifft die Satzung keine Regelung, besteht der Vorstand aus einer Person, wenn es sich um eine AG mit einem Grundkapital von bis zu 3 Mio. EUR handelt. Bei einer AG mit höherem Grundkapital ist ein mindestens zweiköpfiger Vorstand vorgesehen (§ 76 II 2 AktG). Unter Berücksichtigung von § 23 III Nr. 6 AktG kann es auch dem Aufsichtsrat überlassen werden, die Zahl der Vorstände zu bestimmen.[186] Nach der Empfehlung in Ziff. 4.2.1 DCGK soll der Vorstand aus mehreren Personen bestehen. Eine verstärkte Teilhabe von Frauen (*»gender diversity«*) wurde erst mit dem Gesetz für die gleichberechtigte Teilhabe von Frauen und Männern an Führungspositionen in der Privatwirtschaft und im öffentlichen Dienst verwirklicht (insbesondere § 76 IV AktG).[187] Nach §§ 76 IV, 111 V AktG müssen börsennotierte oder der paritätischen Mitbestimmung unterliegende Gesellschaften nun für den Frauenanteil in Aufsichtsrat (→ Rn. 600), Vorstand und oberster Managementebene Zielgrößen festlegen und über deren Erreichen öffentlich berichten.   **579**

---

179 Dazu BGH AG 2013, 562; ZIP 1986, 1381 (1382).
180 RGZ 78, 347 (353f.); *K. Schmidt* GesR § 10 IV 2b (S. 275).
181 OLG München NJW 2004, 224 (226) – Kirch/Deutsche Bank AG und Breuer.
182 Hölters/*Weber* AktG § 78 Rn. 15; MüKoAktG/*Spindler* § 78 Rn. 96.
183 BGHZ 109, 327 (330f.); *Raiser/Veil* KapGesR § 14 Rn. 21; *K. Schmidt* GesR § 10 V 2b (S. 286ff.).
184 BGH NJW 1996, 1339 (1340); MHdB GesR IV/*Wiesner* § 23 Rn. 29ff.
185 BGH NJW 1996, 1339 (1340); 1999, 3777 (3778); MHdB GesR IV/*Wiesner* § 23 Rn. 30.
186 BGH DStR 2002, 1310 – Sachsenmilch IV.
187 v. 24.4.2015 (BGBl. 2015 I 642).

Zum *Mitglied des Vorstands* kann nur eine natürliche, unbeschränkt geschäftsfähige Person bestellt werden, die keinem Berufsverbot unterliegt und nicht wegen einer Insolvenzstraftat bestraft worden ist (§ 76 III AktG). Bei Nichtbeachtung dieser Bestimmung ist die Bestellung nach § 134 BGB nichtig.[188] Das Vorstandsmitglied kann nicht zugleich Mitglied des Aufsichtsrats sein (§ 105 AktG), weil es Aufgabe des Aufsichtsrats ist, den Vorstand zu überwachen. Nicht erforderlich, aber auch nicht schädlich ist es allerdings, dass der Vorstand auch Aktionär ist. Es gilt vielmehr der Grundsatz der *Fremdorganschaft.*

Soweit das Auswahlermessen des Aufsichtsrats erhalten bleibt, kann die Satzung auch anderweitige persönliche und sachliche Eignungsvoraussetzungen aufstellen.[189] Beispielsweise sieht die Empfehlung in Ziff. 5.1.2 DCGK die Festlegung einer Altersgrenze für Vorstandsmitglieder vor.

Für einen Teil der mitbestimmten Unternehmen ist ein *Arbeitsdirektor* als gleichberechtigtes Vorstandsmitglied vorgeschrieben (§§ 76 II 3 AktG, 33 I MitbestG, § 13 Montan-MitbestG). Der Aufsichtsrat kann, wenn der Vorstand aus mehreren Personen besteht, ein Mitglied zu dessen *Vorsitzenden* ernennen (§ 84 II AktG). Ist dies nicht geschehen, können die Vorstandsmitglieder aus ihrer Mitte einen *Vorstandssprecher* bestimmen, was vor allem bei Großbanken üblich ist. Die Vorstandsmitglieder sind untereinander gleichberechtigt. Das gilt – im Gegensatz zum »Chief Executive Officer« (CEO) angelsächsischer Prägung – im Grundsatz auch für den Vorsitzenden.[190]

Eine *Arbeitsteilung* innerhalb des Vorstands ist bis auf den möglicherweise vorhandenen und für Personal- und Sozialwesen zuständigen Arbeitsdirektor nicht vorgegeben. Zumeist wird nach funktionellen Zuständigkeitsbereichen (etwa Personal, Finanzen, Einkauf, Produktion, Vertrieb etc) gegliedert. Verbreitet ist aber auch eine Einteilung nach Geschäftsfeldern (sog. divisionale Gliederung, zB Pharma, Textil etc) oder nach geographischen Regionen.[191] Die maßgebenden unternehmerischen Entscheidungen müssen aber in der Hand des Gesamtvorstands bleiben.

580 **bb)** Die *Mitglieder* des Vorstands werden vom Aufsichtsrat nach eigenem unternehmerischen Ermessen[192] für höchstens fünf Jahre *bestellt* (§ 84 I 1 AktG). Auch wenn das Gesetz keine *Mindestfrist* aufstellt, wird eine solche befürwortet, weil ein verantwortungsvolles Tätigwerden einen gewissen zeitlichen Rahmen erfordert.[193] Indes ist die fünfjährige *Höchstfrist* zur Regel geworden, was im Fall einer auf einer Fehlentscheidung beruhenden Erstbestellung nicht unproblematisch ist.[194] Deshalb kann es sich anbieten, für eine Erstbestellung zunächst einen kürzeren Zeitrahmen zu wählen, um beiden Seiten eine »Probezeit« zu gewähren.[195] Die Bestellung kann beliebig oft durch ausdrücklichen Aufsichtsratsbeschluss wiederholt werden (§ 84 I 2 AktG), der frühestens ein Jahr vor Ablauf der bisherigen Amtszeit gefasst werden kann (§ 84 I 3

---

188 OLG Hamm ZIP 2011, 527 (527) (zur GmbH) und OLG Naumburg ZIP 2000, 622 (624) (zur GmbH); Hüffer/Koch/*Koch* AktG § 76 Rn. 62.
189 MHdB GesR IV/*Wiesner* § 20 Rn. 6.
190 *K. Schmidt* GesR § 28 II 3 a (S. 811).
191 Denkbar ist auch eine Mischung aus beidem, *Raiser/Veil* KapGesR § 14 Rn. 23 ff.
192 OLG München WM 2017, 1415 (1417); Hölters/*Weber* AktG § 84 Rn. 7.
193 Hüffer/Koch/*Koch* AktG § 84 Rn. 7; MüKoAktG/*Spindler* § 84 Rn. 43; Spindler/Stilz/*Fleischer* AktG § 84 Rn. 12.
194 Spindler/Stilz/*Fleischer* AktG § 84 Rn. 14.
195 Auch der DCGK (Ziff. 5.1.2) empfiehlt, bei der Erstbestellung die Höchstfrist nicht auszuschöpfen.

AktG). Gleichwohl stellt eine noch frühzeitigere Wiederbestellung, auch ohne dass hierfür besondere Gründe gegeben sein müssen, keine unzulässige Umgehung des § 84 I 3 AktG dar, wenn diese im Anschluss an eine einverständliche Amtsniederlegung erfolgt.[196] Durch die Bestellung wird in einem korporationsrechtlichen Akt die Organstellung des Vorstandsmitglieds begründet. Ist das Vorstandsverhältnis fehlerhaft – liegt also ein rechtsgeschäftlicher Bestellungsakt vor, leidet die Bestellung aber an einem Wirksamkeitsmangel –, treffen den »fehlerhaften Vorstand« die gesetzlichen Pflichten eines ordnungsgemäßen Vorstandsmitglieds.[197]

Fehlt ein erforderliches Vorstandsmitglied, kann auf Antrag eines Beteiligten bis zur Behebung des Mangels ein Vorstandsmitglied gerichtlich bestimmt werden, das grundsätzlich mit vollen Rechten und Pflichten ausgestattet ist (§ 85 AktG). Nimmt dagegen ein »faktischer Vorstand« die Funktion des Vorstands in organtypischer Weise wahr, ohne zum Vorstand bestellt worden zu sein, unterliegt er gegebenenfalls der Haftung nach § 93 II AktG.[198]

cc) Von der Bestellung ist die *Anstellung*[199] des Vorstands durch die AG, die dabei durch den Aufsichtsrat (§ 112 AktG) vertreten wird, zu unterscheiden. Die Anstellung erfolgt regelmäßig durch einen privatrechtlichen, auf Geschäftsbesorgung gerichteten Dienstvertrag nach §§ 675, 611 BGB[200] und betrifft das Innenverhältnis zwischen der AG und den einzelnen Vorstandsmitgliedern. Anstellung und Bestellung sind dogmatisch zu unterscheiden, praktisch jedoch zu koordinieren.[201] Inwiefern eine *Drittanstellung*, also der Abschluss eines Anstellungsvertrags mit einer anderen natürlichen oder juristischen Person als der Gesellschaft, zulässig ist, ist bislang noch nicht geklärt und wirft insbesondere die Frage auf, ob eine Drittanstellung die eigenverantwortliche Leitung durch den Vorstand erschwert oder sogar unmöglich macht.[202] **581**

Aus dem Anstellungsverhältnis erwachsen dem Vorstand zusätzliche Rechte und Pflichten. Allerdings sind die Vorstandsmitglieder aufgrund fehlender sozialer Abhängigkeit keine Angestellten der Gesellschaft im arbeitsrechtlichen Sinne.[203] Vielmehr üben sie kraft ihrer Organstellung die Arbeitgeberfunktion aus. Das gesetzgeberische Ziel von § 84 I 1 AktG, der die Bestellung auf fünf Jahre begrenzt, verbietet es, Anstellungsverträge für einen darüber hinausgehenden Zeitraum zu schließen (§ 84 I 5 AktG).[204] Gleiches gilt für die Zusage einer Fortzahlung der Bezüge nach Beendigung der Tätigkeit,[205] da andernfalls eine faktische Bindung der Gesellschaft an das Vorstandsmitglied eintritt. Ist der Anstellungsvertrag nicht wirksam zustande gekommen, sind die Grundsätze über das »fehlerhafte Arbeitsverhältnis« anzuwenden,[206] mit der Folge, dass der Vertrag (nur) mit Wirkung für die Zukunft aufgelöst werden kann.

---

196 BGH NZG 2012, 1027 (1028f.); zust. *Wedemann* ZGR 2013, 316 – im Einzelfall Unwirksamkeit wegen Rechtsmissbrauchs möglich; *Priester* ZIP 2012, 1781 – besonderer rechtfertigender Grund im Interesse der Gesellschaft erforderlich.
197 MHdB GesR IV/*Wiesner* § 20 Rn. 38ff. mwN.
198 BGHZ 104, 44 (46f.) (zur GmbH); *Kübler/Assmann* GesR § 15 III 6 (S. 211); MHdB GesR IV/ *Wiesner* § 20 Rn. 41f. mwN.
199 *K. Schmidt* GesR § 28 II 2e (S. 80); *Reuter,* FS Zöllner, 1998, 487; aA *Stodolkowitz* ZHR 154 (1990), 1 (4f. mwN).
200 BGHZ 36, 142 (143); *Raiser/Veil* KapGesR § 14 Rn. 45. Sofern die Tätigkeit unentgeltlich erfolgt, liegt ein Auftrag nach § 662 BGB vor.
201 *Martens,* FS Werner, 1984, 495 (502ff.); *Kosok,* Das Verhältnis von Bestellungsakt und Anstellungsvertrag bei der Beendigung der Rechtsstellung von Vertretungsorganmitgliedern juristischer Personen des Handelsrechts – Trennungsprinzip oder Prinzip der funktionalen Einheit?, 1990.
202 Spindler/Stilz/*Fleischer* AktG § 84 Rn. 39.
203 BGHZ 36, 142 (143).
204 BGHZ 10, 187 (195).
205 BGHZ 8, 348 (359f.). Ein angemessenes Übergangsgeld kann hingegen vereinbart werden.
206 BGH NJW 2000, 2983 (zur GmbH); *Raiser/Veil* KapGesR § 14 Rn. 46.

Für die *Vergütung* des Vorstands stellt § 87 I AktG den Grundsatz auf, dass die Gesamtbezüge in einem angemessenen Verhältnis[207] zu der Lage der Gesellschaft und den Aufgaben des Vorstandsmitglieds stehen müssen. Die Ermittlung der Lage der Gesellschaft erfordert in der Praxis eine Auswertung der Bilanzen und gegebenenfalls der Konzernabschlüsse des Unternehmens. Durch das VorstAG[208] wurde § 87 I AktG dahingehend ergänzt, dass die übliche Vergütung nicht ohne besondere Gründe überschritten werden darf, wobei die Vergütungsstruktur auf eine nachhaltige Unternehmensentwicklung auszurichten ist. Nach der Gesetzesbegründung ist dabei sowohl die Lohnstruktur im Unternehmen selbst, das heißt im Vergleich zu den Arbeitnehmern, heranzuziehen (vertikaler Vergleich) als auch die im Geltungsbereich des AktG typischerweise in entsprechenden Branchen und Unternehmensgrößen gewährte Vergütung (horizontal).[209] Ein Vergleich mit im angloamerikanischen Bereich gewährten Vergütungen ist danach grundsätzlich ausgeschlossen und kommt nur im Einzelfall in Betracht, wenn ausnahmsweise der internationale Arbeitsmarkt für Vorstandsmitglieder berührt wird.[210] Allein das Vorliegen einer üblichen Vergütung indiziert nicht deren Angemessenheit.

Bei Verschlechterung der Lage ist der Aufsichtsrat berechtigt, die Vergütung nach seinem Ermessen herabzusetzen (§ 87 II AktG).[211] Eine gem. § 87 I AktG unangemessen hohe Vergütung ist nicht unwirksam. Vielmehr macht sich der Aufsichtsrat bei Ermessensfehlgebrauch gegenüber der AG haftbar (§§ 116 S. 1, 93 II AktG). Das VorstAG hat zudem mit der Anfügung von § 120 IV AktG die Möglichkeit geschaffen, dass die Hauptversammlung einer börsennotierten AG über die Billigung des Systems zur Vergütung der Vorstandsmitglieder beschließt. Nach einer Änderung der Aktionärsrechte-RL[212] (dazu → Rn. 567), die bis Juni 2019 umzusetzen ist, begründen deren Art. 9a und 9b das künftige Erfordernis einer regelmäßigen Beschlussfassung der Hauptversammlung über Vergütungspolitik und -bericht *(»say on pay«)*.[213]
Ein Beschluss iSv § 120 IV AktG lässt die Pflicht des Aufsichtsrates aus § 87 AktG, dem Vorstand eine angemessene Vergütung zu gewähren, jedoch unberührt. In der Praxis üblich ist ein Vergütungssystem, das fixe und erfolgsbezogene Komponenten kombiniert. Verbreitet sind »Stock Options«,[214] die den Vorstandsmitgliedern die Möglichkeit geben, durch den Erwerb von Aktien zu einem festgelegten Preis am Kursgewinn teilzuhaben. Eine Kombination aus fixen und variablen Komponenten empfiehlt auch Ziff. 4.2.3 des DCGK. Nach dem durch das VorstOG[215] eingeführten § 285 Nr. 9 lit. a HGB ist die Vergütung im Anhang des Konzernabschlusses individualisiert anzugeben. Dies sah bereits die Empfehlung in Ziff. 4.2.4 DCGK vor. Die Hauptversammlung kann sich aber gegen eine solche Offenlegung entscheiden (§ 286 V HGB). Trotz der grundsätzlichen Vertragsfreiheit wird vorgeschlagen, eine gesetzliche Obergrenze der Vorstandsvergütung festzulegen, jedenfalls aber zur Förderung der Transparenz die Hauptversammlung bei dieser Frage zu beteiligen.

---

207 *Thüsing* ZGR 2003, 457; s. auch LG Düsseldorf NJW 2004, 3275 (3277ff.) und nachfolgend BGH NJW 2006, 522 – Mannesmann/Vodafone; allg. dazu *Schüller,* Vorstandsvergütung – gesellschaftsrechtliche Fragen der Vergütung des Vorstands in der börsennotierten Aktiengesellschaft, 2002.
208 Gesetz zur Angemessenheit der Vorstandsvergütung (VorstAG) v. 31.7.2009 (BGBl. 2009 I 2509).
209 Beschlussempfehlung und Bericht des Rechtsausschusses v. 17.6.2009, BT-Drs. 16/13433, 10.
210 *Hohaus/Weber* DB 2009, 1515 (1516).
211 OLG Stuttgart NZG 2015, 194; dazu auch BGH NZG 2016, 264.
212 RL 2017/828/EU des Europäischen Parlaments und des Rates zur Änderung der Richtlinie 2007/36/EG im Hinblick auf die Förderung der langfristigen Mitwirkung der Aktionäre v. 17.5.2017, ABl. 2017 L 132, 1.
213 Dazu *Leuering* NZG 2017, 646ff.; *Velte* NZG 2017, 368ff.
214 Ausf. dazu *Friedrichsen,* Aktienoptionsprogramme für Führungskräfte, 2000. Zu Vergütungsmodellen für Vorstandsmitglieder in der Situation eines Unternehmenskaufs vgl. *Weber,* Transaktionsboni für Vorstandsmitglieder: Zwischen Gewinnchance und Interessenkonflikt, 2006.
215 Gesetz über die Offenlegung der Vorstandsvergütungen (VorstOG) v. 3.8.2005 (BGBl. 2005 I 2267).

dd) Hinsichtlich der *Beendigung* der Vorstandsmitgliedschaft ist wiederum zu unter- **582** scheiden.

(1) Die Bestellung zum Vorstandsmitglied – also der korporationsrechtliche Akt – **583** kann jederzeit aus wichtigem Grund vom Aufsichtsrat widerrufen werden (*Abberufung*, § 84 III AktG). Die Abberufung setzt voraus, dass der Gesellschaft die Fortführung des Organverhältnisses durch den Amtsinhaber nicht mehr zumutbar ist.[216] Beispiele für einen wichtigen Grund sind in § 84 III 2 AktG genannt.[217] Hervorzuheben ist dabei der Vertrauensentzug durch die Hauptversammlung in Form der verweigerten Entlastung nach § 120 I–III AktG.

Durch den Widerruf der Bestellung endet die korporationsrechtliche Organstellung sofort. Dies gilt jedenfalls bis zur rechtskräftigen Feststellung der Unwirksamkeit des Widerrufs nach erfolgreicher Klage des Vorstands gegen seine Abberufung (§ 84 III 4 AktG). Die Abberufung ist in das Handelsregister einzutragen (§ 81 AktG). Unabhängig davon kann das Amt des Vorstands jederzeit[218] *niedergelegt* oder das *Ausscheiden einvernehmlich vereinbart* werden.

(2) Von der Abberufung unberührt bleibt der Anstellungsvertrag des Vorstandsmit- **584** glieds (§ 84 III 5 AktG), der grundsätzlich gesondert *gekündigt* werden muss. Gegebenenfalls ist im Wege der Auslegung zu ermitteln, ob im Widerruf der Bestellung zugleich eine Kündigung des Anstellungsvertrags zu sehen ist.[219] Dabei kann der Anstellungsvertrag, wenn dieser nicht für eine feste Zeit geschlossen ist, ordentlich nach §§ 620 II, 622f. BGB gekündigt werden. Zu beachten ist indes, dass es sich beim Anstellungsvertrag mangels Weisungsabhängigkeit nicht um einen Arbeitsvertrag handelt.[220] Zum anderen kann auch eine außerordentliche Kündigung nach § 626 BGB ausgesprochen werden. Hierfür bedarf es aber eines wichtigen Grundes. Dies setzt ebenfalls voraus, dass der Gesellschaft die Fortführung des Anstellungsvertrages nicht mehr zumutbar ist.[221] Die Begriffe des wichtigen Grundes, die sowohl in § 626 BGB als auch in § 84 III 1 AktG verwendet werden, sind aber nicht deckungsgleich. Die Schwelle ist bei der Kündigung wesentlich höher anzusetzen. Im Umkehrschluss ist jeder wichtige Grund zur außerordentlichen Kündigung zugleich ein ausreichender Grund für den Widerruf der Bestellung zum Vorstand.[222]

So kann geringfügiges Verschulden zwar zum Entzug des Vertrauens und damit zur Abberufung iSv § 84 III 1 AktG, aber hingegen nicht zur fristlosen Kündigung iSv § 626 BGB genügen. In einem solchen Fall bedarf es einer ordentlichen Kündigung. Im Fall der außerordentlichen Kündigung ist ferner zu beachten, dass die in § 626 II BGB normierte zweiwöchige Ausschlussfrist für die Situation in der AG wenig geeignet ist. Die Frist beginnt daher erst zu laufen, wenn die zur Kündigung führende Angelegenheit in einer nach ordnungsgemäßer Einladung der Mitglieder abgehaltenen Aufsichtsratssitzung bekannt gegeben wurde.[223]

---

216 *Raiser/Veil* KapGesR § 14 Rn. 38.
217 Zur Abberufung wegen eines Verstoßes gegen das Gebot der unbedingten Offenheit gegenüber dem Aufsichtsrat, OLG München AG 2012, 753.
218 *Hölters/Weber* AktG § 84 Rn. 86ff.; *Raiser/Veil* KapGesR § 14 Rn. 44 mwN und dem Hinweis, der Betreffende sei in Ermangelung eines wichtigen Grundes möglicherweise schadensersatzpflichtig.
219 Beide können miteinander verbunden werden, *Raiser/Veil* KapGesR § 14 Rn. 58.
220 Dennoch sind §§ 622 und 630 BGB aufgrund des Schutzzweckes anwendbar, BGHZ 79, 291 (292ff.); s. auch MüKoBGB/*Hesse* § 622 Rn. 10.
221 BGH BB 1970, 1460 (1461); Spindler/Stilz/*Fleischer* AktG § 84 Rn. 39.
222 LG Münster BeckRS 2016, 118841.
223 BGHZ 139, 89 (92) (zur GmbH); MüKoBGB/*Henssler* § 626 Rn. 303; *Raiser/Veil* KapGesR § 14 Rn. 62 mwN.

585 c) Als Korrektiv für die weitreichenden Befugnisse und die überwiegend gewährte Autonomie der Vorstandsmitglieder dient deren *Verantwortlichkeit* für eigenes Fehlverhalten. Dabei ist danach zu unterscheiden, wem gegenüber der Vorstand verantwortlich ist.

586 aa) Praktisch bedeutsam und auch geregelt ist der Fall der Verantwortlichkeit *gegenüber der Gesellschaft*. Dabei kommt vor allem der Regelung in § 93 II AktG Bedeutung zu.

587 (1) Nach *§ 93 II 1 AktG* sind Vorstandsmitglieder, die ihre Pflichten verletzen, der Gesellschaft – und nicht etwa Dritten – zum *Schadensersatz* verpflichtet.[224] Der Vorstand haftet also für alle schuldhaften und zu einem kausalen Schaden der Gesellschaft führenden Pflichtverletzungen. Pflichten gegenüber der Gesellschaft können dabei sowohl aus der Bestellung (Organpflichten) als auch aus dem konkreten Anstellungsvertrag folgen. Schwierigkeiten bereitet allerdings die genaue Bestimmung, wann ein Verhalten nicht mehr ordnungsgemäß iSv § 93 I AktG ist. Insoweit wird auf den unbestimmten Rechtsbegriff des *Unternehmensinteresses* (→ Rn. 574) abgestellt, in dem die Interessen von Aktionären, Gläubigern, Arbeitnehmern und auch der Allgemeinheit gebündelt werden.[225] Maßgeblich ist eine ex ante-Betrachtung.[226] Zu berücksichtigen ist überdies, dass dem Vorstand bei unternehmerischen Entscheidungen ein »weiter Handlungsspielraum zugebilligt werden muß, ohne den eine unternehmerische Tätigkeit schlechterdings nicht denkbar ist. Dazu gehört neben dem bewußten Eingehen geschäftlicher Risiken grundsätzlich auch die Gefahr von Fehlbeurteilungen und Fehleinschätzungen, der jeder Unternehmensleiter, mag er auch noch so verantwortungsbewußt handeln, ausgesetzt ist.«[227] Dieser Gesichtspunkt hat Eingang in die gesetzliche Regelung des § 93 I 2 AktG gefunden und entspricht weitgehend der amerikanischen »*Business Judgement Rule*«, die den Gerichten die Überprüfung der Qualität unternehmerischer Entscheidungen weitgehend verwehrt. Wird frei von Interessenkonflikten[228] und in gutem Glauben eine unternehmerische Entscheidung auf Grundlage angemessener Information zum Wohle der Gesellschaft getroffen, kommt eine Pflichtverletzung des Vorstands nicht in Betracht.[229] Dies gilt jedenfalls, wenn dem speziellen objektiven[230] *Sorgfaltsmaßstab* eines »ordentlichen und gewissenhaften Geschäftsleiters« (§ 93 I 1, II 2 AktG) Rechnung getragen ist.

§ 93 I 1 AktG soll im Rahmen dessen eine doppelte Funktion zukommen. So soll die Norm einerseits den Sorgfaltsmaßstab des § 276 II BGB festlegen, andererseits die objektive Pflichtmäßigkeit bestimmen.[231] Die *Darlegungs- und Beweislast* bezüglich des Eintritts eines Schadens trifft nach allgemeinen

---

224 Ausf. dazu *Thümmel*, Persönliche Haftung von Managern und Aufsichtsräten – Haftungsrisiken bei Managementfehlern, Risikobegrenzung und D&O-Versicherung, 5. Aufl. 2016; *Clemm/Dürrschmidt*, FS Welf Müller, 2001, 67ff.; die entsprechende Vorschrift im Recht der GmbH ist § 43 II GmbHG.

225 MüKoAktG/*Spindler* § 76 Rn. 63; Hölters/*Weber* AktG § 76 Rn. 19ff.

226 Henssler/Strohn/*Dauner-Lieb* AktG § 93 Rn. 23.

227 BGHZ 135, 244 (253) – ARAG/Garmenbeck; dazu, *Goette*, FS 50 Jahre BGH, 2000, 123ff.; *Hopt*, FS Mestmäcker, 1996, 909ff.; *Oltmanns*, Geschäftsleiterhaftung und unternehmerisches Ermessen – die Business Judgment Rule im deutschen und im amerikanischen Recht, 2001, 230ff.; *Paefgen*, Unternehmerische Entscheidungen und Rechtsbindung der Organe in der AG, 2002; *Winnen*, Die Innenhaftung des Vorstandes nach dem UMAG, 2009.

228 Hierbei handelt es sich um ein ungeschriebenes Tatbestandsmerkmal, s. Henssler/Strohn/*Dauner-Lieb* AktG § 93 Rn. 24 mwN.

229 BGH NJW 2017, 578 (579); Spindler/Stilz/*Fleischer* AktG § 93 Rn. 65 mwN.

230 *Hirte* KapGesR Rn. 3.83.

231 Spindler/Stilz/*Fleischer* AktG § 93 Rn. 10.

Grundsätzen[232] die Gesellschaft. Hingegen trifft den Vorstand die Beweislast hinsichtlich des fehlenden Verschuldens (§ 93 II 2 AktG). Auch bezüglich des Fehlens eines Ursachenzusammenhangs zwischen Pflichtverletzung und Schaden sowie der Pflichtverletzung selbst trifft den Vorstand nach hM über § 93 II 2 AktG hinaus die Beweislast.[233] Haben mehrere Vorstandsmitglieder gegen Pflichten verstoßen, haften diese als Gesamtschuldner (§ 93 II 1 AktG, §§ 421, 426 BGB).

> In **Fall f (1)** kommt ein Anspruch der Z-AG gegen V iHv 50 Mio. EUR aus § 93 II 1 AktG in Betracht. Die Zustimmung des Aufsichtsrats lässt diese Ersatzpflicht unberührt (§ 93 IV 2 AktG). V müsste allerdings überhaupt eine Pflicht verletzt haben. Nach § 93 I 2 AktG handelt ein Vorstandsmitglied dann nicht pflichtwidrig, wenn es bei einer unternehmerischen Entscheidung vernünftigerweise annehmen durfte, auf der Grundlage angemessener Information zum Wohle der Gesellschaft zu handeln. Dies alles ist hier gegeben, zumal V sich über die Risiken des Geschäfts ausgiebig informiert hat. Ihm kam also ein unternehmerischer Ermessensspielraum zu. V handelte bei der Eingehung der Spekulationsgeschäfte deshalb nicht pflichtwidrig, sodass eine Haftung nach § 93 II 1 AktG ausscheidet.

(2) Mit Blick auf weitere Pflichtverletzungen greift *§ 93 III AktG* neun an anderer **588** Stelle im AktG präzise formulierte Verbote auf, die allesamt auf die Erhaltung des Grundkapitals gerichtet sind. Bei der Norm handelt es sich um eine eigenständige und neben § 93 II AktG tretende Anspruchsgrundlage.[234]

Besondere Erwähnung verdient § 93 III Nr. 6 AktG, der die Haftung bei Zahlung nach Insolvenzreife betrifft und damit einen Spezialfall der Insolvenzverschleppung regelt. Da hier eine Schädigung der Gläubigergesamtheit vorliegt, beinhaltet § 93 III Nr. 6 AktG einen gesetzlich geregelten Fall der Drittschadensliquidation.[235]

(3) Weiterhin unterliegen Vorstandsmitglieder nach § 88 AktG einem Wettbewerbsverbot. **589** Bei Verstößen hiergegen hat die Gesellschaft einen Unterlassungsanspruch sowie wahlweise einen Schadensersatzanspruch oder aber ein Eintrittsrecht (§ 88 II AktG). Die Treuepflicht verbietet es dem Vorstand zudem, Geschäftschancen der Gesellschaft an sich zu ziehen (*Geschäftschancenlehre*[236]) oder Insidergeschäfte (→ Rn. 1119) zu tätigen (Art. 14 MAR → Rn. 1119ff.).

> In **Fall f (2)** kann die Z-AG bei Wiederholungsgefahr V auf Unterlassung in Anspruch nehmen. Darüber hinaus steht ihr auch ein Anspruch aus ihrem Eintrittsrecht iHv 100.000 EUR nach § 88 II 2 AktG zu. V verstieß gegen das Wettbewerbsverbot aus § 88 I 1 Alt. 2 AktG, als er im Geschäftszweig der AG Geschäfte für eigene Rechnung tätigte. V handelte auch schuldhaft[237] und ohne Einwilligung des Aufsichtsrats. Ein Herausgabeanspruch bezüglich der 100.000 EUR aus § 667 BGB iVm der sog. Geschäftschancenlehre scheidet aber aus. Selbst wenn man die Geschäftschancenlehre für ein eigenes Rechtsinstitut hält,[238] entfällt ein Anspruch aus § 667 BGB, da die Z-AG niemals mit ihrem Kontrahenten K einen Vertrag geschlossen hätte.

Der Vorstand hat nach § 91 II AktG ferner ein *Überwachungssystem* einzurichten das unternehmensgefährdende Entwicklungen erkennt. Hieraus lässt sich freilich

---

232 Dazu HK-ZPO/*Saenger* § 286 Rn. 58.
233 BGHZ 152, 280 (283) (zur GmbH); OLG Düsseldorf AG 2016, 410; MHdB GesR IV/*Wiesner* § 26 Rn. 24.
234 Hölters/*Hölters* AktG § 93 Rn. 273.
235 *Hirte* KapGesR Rn. 3.100 mwN.
236 Dazu BGH NJW 1986, 585 (GmbH); *K. Schmidt* GesR § 20 V 3 (S. 599f.).
237 Das Verschuldenserfordernis lässt sich zwar nicht dem Wortlaut des § 88 II 1 AktG entnehmen, folgt aber aus dem allg. Haftungsrecht, Hüffer/Koch/*Koch* AktG § 88 Rn. 6; Spindler/Stilz/*Fleischer* AktG § 88 Rn. 34; im Ergebnis ebenso MüKoAktG/*Spindler* § 88 Rn. 30.
238 MüKoAktG/*Spindler* § 88 Rn. 61; *Fleischer* AG 2005, 336 (337f.); aA *Goette* DStR 1998, 1137 (1139), der die Geschäftschancenlehre als einen Unterfall des Wettbewerbsverbots beschreibt.

keine allgemeine Compliance-Pflicht ableiten,[239] weil nach dem Wortlaut nur auf bestandsgefährdende Entwicklungen abgestellt wird.[240] Des Weiteren stellt § 91 II AktG kein Schutzgesetz iSv § 823 II BGB dar.[241] Auch muss der Vorstand nach § 161 AktG eine *Erklärung über die Einhaltung des Corporate Governance Kodex* abgeben (→ Rn. 523). Hat der Vorstand die Einhaltung der Empfehlungen des DCGK erklärt, trifft dies tatsächlich aber nicht zu, folgt daraus wegen der fehlenden Normqualität des DCGK und des ebenfalls fehlenden Schutzgesetzcharakters von § 161 AktG kein nach § 823 II BGB zum Schadensersatz führender Pflichtverstoß gegenüber Dritten.[242] Allerdings bleibt es bei der möglichen Haftung gegenüber der Gesellschaft aus § 93 II AktG.[243] Auch kann ein Entlastungsbeschluss der Hauptversammlung aufgrund einer unrichtigen Entsprechenserklärung anfechtbar sein.[244]

590 (4) Das AktG hält Instrumente zur *Haftungsvermeidung* bereit. So besteht für den Vorstand die Möglichkeit, die *Hauptversammlung* über eine bestimmte Maßnahme *entscheiden* zu lassen, mit der Folge, dass seine Haftung der Gesellschaft gegenüber entfällt (§ 93 IV 1 AktG). Der Zweck der Vorschrift besteht darin, Vorstandsmitglieder von der Haftung freizustellen, wenn sie zur Ausführung eines Hauptversammlungsbeschlusses verpflichtet sind (§ 83 II AktG). Der billigende Beschluss der Hauptversammlung muss dabei zeitlich vor der Maßnahme des Vorstands liegen. Die AG kann ferner – allerdings erst drei Jahre nach Entstehung des Anspruchs und nicht gegen den Widerspruch einer Minderheit von 10 % der Aktionäre – auf einen Schadensersatzanspruch nachträglich *verzichten* (§§ 93 IV 3, 147 I 1 AktG).[245] Kein Verzicht auf etwaige Ersatzansprüche ist in der nach § 120 AktG von der Hauptversammlung alljährlich zu beschließenden *Entlastung* des Vorstands zu sehen (so § 120 II 2 AktG). Die Entlastung führt jedoch immerhin zur Präklusion. Das hat zur Folge, dass ein Vorstandsmitglied beispielsweise nicht mehr aus diesem Grund entlassen werden kann.

Zum Schutz von Arbeitnehmern, Anlegern und der Allgemeinheit ist die Vereinbarung einer *Haftungsmilderung* im Anstellungsvertrag eines Vorstands oder in der Satzung *nicht möglich*.[246] Denn die Haftung nach § 93 II AktG beruht auf der eigenverantwortlichen Organstellung und nicht auf dem Dienstvertrag.[247] Die Fehlerhaftigkeit von Dienstvertrag oder Bestellung (»fehlerhafter bzw. faktischer Vorstand«)

---

239 Dazu → Rn. 573.
240 Henssler/Strohn/*Dauner-Lieb* AktG § 91 Rn. 9 mwN.
241 Spindler/Stilz/*Fleischer* AktG § 91 Rn. 46; nach *Hirte* KapGesR Rn. 3.132 ist diese Frage »völlig offen«.
242 Spindler/Stilz/*Bayer/Scholz* AktG § 161 Rn. 102; Hölters/*Hölters* AktG § 161 Rn. 52; *Raiser/Veil* KapGesR § 14 Rn. 85; Wachter/*Wittmann/Kirschbaum* AktG § 161 Rn. 83.
243 *Lutter* ZHR 166 (2002), 523 (531 f., 540 ff.); *Ulmer* ZHR 166 (2002), 150 (166 ff.); aA betreffend die Nichtbefolgung von DCGK-Empfehlungen Spindler/Stilz/*Bayer/Scholz* AktG § 161 Rn. 101; Hüffer/*Koch* AktG § 161 Rn. 27.
244 Wenn nämlich die Unrichtigkeit der Entsprechenserklärung über einen formalen Verstoß hinausgeht und im konkreten Fall auch Gewicht hat, BGH NZG 2013, 783.
245 Zu den strengen Voraussetzungen und zum unternehmerischen Ermessen der Hauptversammlung *Hasselbach* NZG 2016, 890.
246 Kölner Komm AktG/*Mertens/Cahn* § 93 Rn. 8; Hüffer/Koch/*Koch* AktG § 93 Rn. 2; *Schneider,* FS Werner, 1984, 795 ff.; *Westermann,* FS Beusch, 1993, 871 (879).
247 Kölner Komm AktG/*Mertens/Cahn* § 93 Rn. 4; *K. Schmidt* GesR § 28 II 3 b (S. 816); MüKoAktG/ *Spindler* § 93 Rn. 27.

befreit das Vorstandsmitglied nicht von seiner Haftung.[248] Auch findet eine Haftungsbeschränkung keine Anerkennung, die mit den für Arbeitnehmer geltenden Grundsätzen der beschränkten Arbeitnehmerhaftung vergleichbar wäre.[249] Deshalb schließt die Gesellschaft häufig zur Abdeckung des (gesamten) Haftungsrisikos der Vorstandsmitglieder zu deren Gunsten *Versicherungsverträge* (»D&O-Versicherung«).[250]

Ziff. 3.8 DCGK aF empfahl einen »angemessenen Selbstbehalt« der Vorstandsmitglieder. Dieser wurde in der Praxis aber meist nicht vorgesehen.[251] Mit dem VorstAG wurde § 93 II AktG um S. 3 erweitert, wonach ein Selbstbehalt von mindestens 10 % des Schadens bis mindestens zur Höhe des Eineinhalbfachen der festen jährlichen Vergütung des Vorstandsmitgliedes vorzusehen ist. Insoweit wurde auch der DCGK angepasst. Im Übrigen ist jedoch der Vergütungscharakter solcher Versicherungen ungeklärt. Denn dabei steht die Intention im Vordergrund, das Gesellschaftsvermögen vor dem Ausfall von Ersatzansprüchen zu bewahren und nicht etwa das Privatvermögen der Organmitglieder zu schützen.[252]

(5) Zur *Prüfung* und *Geltendmachung* von Schadensersatzansprüchen gegen den Vorstand ist der *Aufsichtsrat* berufen (§ 112 AktG).[253] Auch wenn bei dieser Entscheidung ein Ermessensspielraum besteht, darf der Aufsichtsrat nur bei gewichtigen Gründen zum Wohl der Gesellschaft von der Durchsetzung absehen.[254] Beschließt die *Hauptversammlung* die Geltendmachung, muss diese erfolgen (§ 147 I AktG). Allerdings können nach § 147 II AktG auch »besondere Vertreter« die Ansprüche geltend machen.[255] §§ 148, 149 AktG sehen schließlich ein besonderes Klagezulassungsverfahren für den *Aktionär* bzw. eine *qualifizierte Aktionärsminderheit* vor. Sofern die Voraussetzungen des § 93 III AktG vorliegen oder im Rahmen von § 93 II AktG eine »gröbliche« Verletzung der Pflichten anzunehmen ist, können schließlich auch die *Gläubiger* den Ersatzanspruch der AG geltend machen (§ 93 V AktG).

591

Da die Gläubiger der AG deren (Innen-)Anspruch gegen den Vorstand ohnehin pfänden und sich zur Einziehung überweisen lassen können (§§ 829, 835 ZPO), liegt die Relevanz von § 93 V AktG darin, dass ein Vergleich oder ein Verzicht seitens der AG für die Gläubiger ohne Wirkung bleiben (§ 93 V 3 AktG).

Für die Ansprüche aus § 93 AktG gilt eine fünfjährige Verjährungsfrist. Für börsennotierte Gesellschaften ist diese zwecks Aufarbeitung der Finanzkrise der Jahre 2007–2009 auf zehn Jahre verlängert worden (§ 93 VI AktG).[256]

In **Fall f (3)** kann Aktionär A auf Leistung an die Gesellschaft klagen. Wenn er die Klage selbst erhebt, trägt er aber das Prozessrisiko und die Kosten. Deshalb bieten sich die Rechtsbehelfe der §§ 147, 148 AktG an. A kann eine Vertreterbestellung nach § 147 II 2 AktG beantragen. Da ein Beschluss der Hauptversammlung nach § 147 I AktG vorliegt und ein ausreichend bestimmter Antrag zu unterstellen ist,[257] kommt es auf das Erreichen des nach § 147 II 2 AktG erforderlichen Quorums an (10 % der Aktien oder mindestens 1 Mio. EUR Grundkapitalanteil). Andernfalls kann A einen Klagezulassungsan-

---

248 BGHZ 104, 44 (46f.) (zur GmbH); 150, 61 (69) (zur GmbH); *Kübler/Assmann* GesR § 15 III 6 (S. 211); zum Meinungsstand im Schrifttum Spindler/Stilz/*Fleischer* AktG § 93 Rn. 186.
249 *K. Schmidt* GesR § 28 II 3 b (S. 817) mwN.
250 »Directors' and Officers' Liability Insurance«, dazu *Dreher* ZHR 165 (2001), 293 ff.; *Habersack,* FS Ulmer, 2003, 151 (155).
251 *Raiser/Veil* KapGesR, 4. Aufl. 2006, § 13 Rn. 35.
252 *Hirte* KapGesR Rn. 3.153.
253 Ausf. *Schnorbus/Ganzer* WM 2015, 1832 ff., 1877 ff.
254 BGHZ 135, 244 (254 ff.) – ARAG/Garmenbeck.
255 Hierzu OLG München ZIP 2008, 73 ff.; *Verhoeven* ZIP 2008, 245 ff.
256 *Koch* GesR § 30 Rn. 23.
257 Nach hM prüft dabei das Gericht nicht die Erfolgsaussichten der geltend gemachten Ersatzansprüche selbst, sondern nur die Bestimmtheit des Antrags, KG NZG 2005, 319.

> trag nach § 148 I AktG stellen. Ungeachtet der weiteren Voraussetzungen ist insoweit ein niedrigeres Quorum (1 % der Aktien oder mindestens 100.000 EUR Grundkapitalanteil) vorgesehen. Wenn auch dies nicht gegeben ist, kann A über eine Mitteilung im Aktionärsforum nach § 127a AktG andere Aktionäre dazu auffordern, sich zwecks Bildung eines ausreichenden Quorums mit ihm zusammenzuschließen.

592 **(6)** Über § 93 II 1 AktG hinaus haftet der Vorstand wegen Pflichtverletzung schließlich auch nach *§ 117 II 1 AktG* gesamtschuldnerisch neben einem Hintermann, der »vorsätzlich unter Benutzung seines Einflusses auf die Gesellschaft ein Mitglied des Vorstands oder des Aufsichtsrats [...] dazu bestimmt, zum Schaden der Gesellschaft zu handeln« (§ 117 I AktG – *aktienrechtliche Haftungsklausel*). Hierbei müssen sowohl die Voraussetzungen von § 117 AktG als auch von § 93 AktG erfüllt sein.

Eine weitere Haftung des Vorstands gegenüber der Gesellschaft kann sich schließlich aus *unerlaubter Handlung* insbesondere aus §§ 823 I, 823 II BGB iVm § 266 StGB und § 826 BGB ergeben.

593 **bb)** Von dem Verhältnis zur Gesellschaft ist die *Verantwortlichkeit* des Vorstands *gegenüber Dritten*, insbesondere gegenüber *Gesellschaftsgläubigern* abzugrenzen. Zu denken ist zunächst an eine Haftung des Vorstands aufgrund Verschuldens bei Vertragsanbahnung oder wegen Inanspruchnahme von Vertrauen (§§ 311 II, III, 280 I BGB) und aus Garantievertrag (§ 311 I BGB). Gegenüber Gläubigern kommt schließlich auch eine Haftung wegen unerlaubter Handlung in Betracht (§ 823 II BGB iVm §§ 263, 265b, 266, 266a, 283ff. StGB; § 826 BGB). Besonders relevant ist hierbei die Haftung wegen Insolvenzverschleppung nach § 823 II BGB iVm § 92 II AktG. Dabei kann Altgläubigern schon nach allgemeinem Schadensrecht (§§ 249ff. BGB) nur der sog. Quotenschaden ersetzt werden, also der Betrag, um den sich ihre Quote durch die Insolvenzverschleppung verschlechtert hat. Neugläubiger, die erst nach Insolvenzreife Gesellschaftsgläubiger geworden sind, haben demgegenüber einen Anspruch auf Ersatz ihres vollen Vertrauensschadens, auch wenn dieser die Insolvenzquote übersteigt.[258] Im Zusammenhang mit der Haftung wegen Insolvenzverschleppung ist vor allem der durch das MoMiG[259] eingeführte § 15a InsO zu beachten, der die Insolvenzantragspflicht bei juristischen Personen rechtsformübergreifend in das Insolvenzrecht verlagert und in Abs. 4 die fehlende oder fehlerhafte Antragstellung unter Strafe gestellt hat. Kein Schutzgesetz iSd § 823 II BGB ist dagegen § 93 AktG.[260] Eine deliktische Außenhaftung von Vorstandsmitgliedern nach § 823 I BGB begegnet hingegen Bedenken,[261] weil diese das Prinzip der Haftungsbegrenzung auf das Gesellschaftsvermögen bei juristischen Personen unterliefe.[262] Möglich ist stets eine ordnungsrechtliche wie strafrechtliche Verantwortung der Vorstandsmitglieder (§§ 399ff. AktG und etwa §§ 266, 266a StGB).[263] Gegenüber *Aktionären* haften Vorstandsmitglieder nur ausnahmsweise unter den Voraussetzungen von § 826 BGB oder aus § 823 II BGB we-

---

258 Zur vergleichbaren Problematik bei der GmbH (→ Rn. 778) BGHZ 164, 50 (60).
259 Gesetz zur Modernisierung des GmbH-Rechts und zur Bekämpfung von Missbräuchen (MoMiG) v. 23.10.2008 (BGBl. 2008 I 2026).
260 BGHZ 125, 366 (375) (zur GmbH); Kölner Komm AktG/*Mertens/Cahn* § 93 Rn. 5.
261 Hüffer/Koch/*Koch* AktG § 93 Rn. 66 mwN; MüKoAktG/*Spindler* § 93 Rn. 323; anders aber BGH NJW 1990, 976 – Baustoff (zur GmbH); krit. Hölters/*Hölters* AktG § 93 Rn. 368; *Lutter* GmbHR 1997, 329 (334f.).
262 *Hirte* KapGesR Rn. 3.133ff.; ausf. *Rottkemper*, Deliktische Außenhaftung der Leitungsorganmitglieder rechtsfähiger Körperschaften, 1996.
263 Vgl. nur BGHSt 50, 331 = NJW 2006, 522 und vorausgehend LG Düsseldorf NJW 2004, 3275 – Mannesmann.

gen der Verletzung eines Schutzgesetzes; im Übrigen besteht keine Verantwortlichkeit.[264]

> In **Fall f (4)** würde sich ein Schadensersatzanspruch des A nach § 98 I Nr. 1 WpHG gegen die Z-AG als Emittentin (§ 2 XIV WpHG) der Finanzinstrumente iSv § 2 IV Nr. 1 WpHG und nicht gegen V richten. Auch ein Schadensersatzanspruch aus § 823 II BGB in Verbindung mit einem Schutzgesetz scheidet aus. Ob das hier einschlägige Verbot der Marktmanipulation gem. Art. 15 MAR (§ 20a I WpHG aF) nicht nur die Zuverlässigkeit der Preisbildung, sondern auch den Schutz des Einzelnen bezweckt, wird zwar unterschiedlich beurteilt.[265] Überzeugender erscheint aber die Annahme, dass der Funktionenschutz im Vordergrund steht, sodass Art. 15 MAR kein Schutzgesetz darstellt. § 400 I Nr. 1 AktG und § 264a StGB sind tatbestandlich nicht erfüllt, weil es sich bei einer ad hoc-Mitteilung nicht um eine »Darstellung oder Übersicht« der Vermögensverhältnisse handelt, sondern diese nur eine punktuelle Information bietet. Auch § 263 I StGB scheidet tatbestandlich aus, da der Vorteil des V nicht mit dem Nachteil des A kongruent ist und somit jedenfalls keine Stoffgleichheit vorliegt.[266]
>
> V haftet aber aus § 826 BGB. Eine sittenwidrige Handlung sowie Schädigungsvorsatz liegen vor. Der konkret zu ersetzende Schaden ist allerdings schwer zu ermitteln und daher nach § 287 ZPO zu schätzen, weil die Kursentwicklung ohne die ergangene Mitteilung prognostiziert werden muss. Da A die Aktien aufgrund der Mitteilung des V gekauft hat, ist auch haftungsausfüllende Kausalität gegeben. Nach Ansicht des BGH[267] kann A Ersatz des Differenzschadens oder Naturalrestitution gegen Rückgewähr der Aktien verlangen. Gegen Letzteres spricht aber bei einer Haftung der Gesellschaft nicht nur die begrenzte Möglichkeit des Erwerbs eigener Aktien (§ 71 AktG), sondern auch der Umstand, dass der Gesellschaft so das allgemeine Kapitalmarktrisiko aufgebürdet wird.

3. Aufsichtsrat

a) Von den *Aufgaben* des Aufsichtsrats ist die als Kontrollorgan der AG hervorzuheben. Da wichtige Maßnahmen des Vorstands der Zustimmung des Aufsichtsrats bedürfen (§ 111 IV 2 AktG), übt der Aufsichtsrat wesentlichen Einfluss in der Gesellschaft aus.   **594**

aa) Nach § 111 I AktG hat der Aufsichtsrat in erster Linie die Geschäftsführung des Vorstands zu *überwachen*. Diese Kontrolle ist aber nicht nur vergangenheitsbezogen (rückblickende Kontrolle), sondern erstreckt sich auch auf grundsätzliche Fragen der zukünftigen Geschäftspolitik (vorbeugende Kontrolle).[268] Die Kontrolle umfasst auch die Zweckmäßigkeit bzw. Wirtschaftlichkeit.[269] Daraus folgt eine laufende *Beratung* des Vorstands, obwohl sich dies nicht ausdrücklich aus dem Gesetz ergibt. Dennoch wird diese Aufgabe des Aufsichtsrats auch in Ziff. 5.1.1. DCGK hervorgehoben. Da die laufende Beratung bereits zu den Aufgaben des Aufsichtsrats zählt, ist ein darüber hinausgehender entgeltlicher Beratungsvertrag mit Aufsichtsratsmitgliedern nur mit Zustimmung des gesamten Aufsichtsrats wirksam (§ 114 AktG).[270]   **595**

---

264 *Raiser/Veil* KapGesR § 14 Rn. 106f., 111; MüKoAktG/*Spindler* § 93 Rn. 307ff.; aA in Bezug auf eine Haftung nach § 823 I BGB aber Hüffer/Koch/*Koch* AktG § 93 Rn. 64.
265 *Hellgardt* AG 2012, 154 (165); *Poelzig* ZGR 2015, 801 (815ff.).
266 BGHZ 160, 134 (142) – Infomatec I.
267 BGHZ 160, 149 (153ff.) – Infomatec II; *Goette* DStR 2006, 139 (140).
268 BGHZ 114, 127 (129).
269 BGHZ 114, 127 (129f.); *Hirte* KapGesR Rn. 3.194; *Nirk*, FS Boujong, 1996, 393 (399); ebenso *Semler*, Leitung und Überwachung der Aktiengesellschaft, 2. Aufl. 1996, Rn. 111.
270 BGHZ 126, 340 (344ff.); *Beater* ZHR 157 (1993), 420ff.; vgl. auch → Rn. 601.

Auch das nach § 91 II AktG einzuführende Kontrollsystem ist vom Aufsichtsrat zu überwachen.[271] Die Intensität der Kontrolle ist dabei je nach wirtschaftlicher Lage unterschiedlich, sodass in der Krise ein höherer Überwachungsgrad gilt.[272]

Zur Erfüllung seiner Aufgaben stehen dem Aufsichtsrat weitreichende *Informationsansprüche* zu. So folgt aus § 90 AktG, dass der Vorstand dem Aufsichtsrat umfangreich Bericht zu erstatten hat. Auch hat der Aufsichtsrat – als Kollegialorgan – nach § 111 II AktG ein Einsichtsrecht unter anderem in Bücher und Schriften der Gesellschaft. Korrespondierend dazu hat das Aufsichtsratsmitglied eine *Pflicht zur Verschwiegenheit* (§ 116 S. 2 AktG und § 116 S. 1 iVm § 93 I 3 AktG). Maßgebend für die Geheimhaltungspflicht ist dabei das (objektive) Geheimhaltungsinteresse des Unternehmens.[273] Die Hauptversammlung kann die Aufsichtsratsmitglieder auch nicht allgemein von der Verschwiegenheitspflicht entbinden.[274]

596 **bb)** Maßnahmen der Geschäftsführung können dem Aufsichtsrat nicht übertragen werden (§ 111 IV 1 AktG). Gemäß § 111 IV 2 AktG kann aber in der Satzung oder durch den Aufsichtsrat bestimmt werden, dass *bestimmte Geschäftsarten* – beispielsweise Grundstücksgeschäfte – nur mit *Zustimmung* des Aufsichtsrats durchgeführt werden dürfen.[275] Dies darf indes nicht dazu führen, dass die gesamte Geschäftsführung und Leitung des Vorstands infrage gestellt wird. Tatsächlich nimmt der Aufsichtsrat in der Praxis der Corporate Governance einer AG inzwischen eine zunehmend aktivere Rolle ein.[276] Dies betrifft vor allem die Kommunikation mit institutionellen Investoren, die entgegen mancher Bedenken in gewissem Umfang aktienrechtlich zulässig ist, jedenfalls wenn Einheitlichkeit der Kommunikation, Zurückhaltung, Vertraulichkeit, Gleichbehandlung der Aktionäre und das Insiderrecht beachtet werden.[277]

597 **cc)** Der Aufsichtsrat *vertritt* die AG *gegenüber den Vorstandsmitgliedern* (§ 112 AktG). Das gilt bei sachgerechter Auslegung dieser Vorschrift auch im Verhältnis zu Personen, die entweder Vorstandsmitglieder werden sollen oder gewesen sind. Denn der Regelung des § 112 AktG liegt die abstrakte Befürchtung zugrunde, dass Vorstandsmitglieder in Vorstandssachen nicht unbefangen agieren.[278] Zur Wahrung des Gleichlaufs von Bestellungs- und Anstellungskompetenz (→ Rn. 580 f.) ist der Aufsichtsrat auch für den Abschluss von Verträgen mit Dritten über die Vergütung eines Vorstandsmitglieds zuständig (Drittanstellungsvertrag).[279] Die Vertretung durch den Aufsichtsrat kann aber problematisch sein, wenn dieser namens der AG deren Anspruch auf ordnungsgemäße Geschäftsführung gegen den Vorstand geltend macht. Hierdurch wird der Aufsichtsrat nämlich entgegen der gesetzlichen Grundentscheidung, unter anderem in § 111 IV AktG, mittelbar zur Durchsetzung von Geschäftsführungsmaßnahmen tätig. Folgerichtig steht die hM Unterlassungs- und Beseiti-

271 *Hirte* KapGesR Rn. 3.194.
272 *Raiser/Veil* KapGesR § 15 Rn. 3.
273 BGHZ 64, 325 (329).
274 BGH NJW 2016, 2569 (2571); *Reichard* GWR 2017, 72 (73 f.).
275 Nach hM kann ein solcher Zustimmungsvorbehalt auch ad hoc beschlossen werden, BGHZ 124, 111 (127); K. Schmidt/Lutter/*Drygala* AktG § 111 Rn. 52; Henssler/Strohn/*Henssler* AktG § 111 Rn. 20.
276 *Wettich* AG 2017, 60 (64).
277 Dazu *Leyendecker-Langner* NZG 2015, 44 ff.
278 *Raiser/Veil* KapGesR § 15 Rn. 14; *K. Schmidt* GesR § 28 III 1 a (S. 821).
279 BGH NZG 2015, 792 (794).

gungsklagen des Aufsichtsrats sowie Leistungsklagen zur Erzwingung bestimmter Organhandlungen des Vorstands skeptisch gegenüber.[280] Angreifbar sind daher nur die Verstöße gegen spezielle Verhaltenspflichten der Vorstandsmitglieder (beispielsweise die Kapitalerhaltung nach § 93 III AktG oder das Wettbewerbsverbot nach § 88 AktG). Im Übrigen haben Klagen nur Aussicht auf Erfolg, wenn die angegriffene Maßnahme offensichtlich unvertretbar ist.[281] Zudem hat grundsätzlich nur der Aufsichtsrat als Kollegialorgan ein Klagerecht und nicht etwa jedes einzelne Mitglied.[282]

Der Aufsichtsrat hat insbesondere alle Rechte der Gesellschaft gegenüber dem Vorstand gerichtlich geltend zu machen.[283] *Gemeinsam* mit dem Vorstand hat der Aufsichtsrat die Gesellschaft bei Anfechtungs- und Nichtigkeitsklagen zu vertreten (§§ 246 II 2, 249 I 1 AktG).

dd) Daneben fallen dem Aufsichtsrat schließlich *sonstige Aufgaben* zu. Er hat etwa **598** den *Vorstand zu bestellen,* zu überwachen und gegebenenfalls *abzuberufen* (§§ 84 I, III, 111 I, II AktG). Nach § 111 III AktG hat der Aufsichtsrat die *Hauptversammlung* einzuberufen, wenn das Wohl der Gesellschaft dies erfordert. Das gleiche gilt auf Verlangen des Vorstands bei einer Verweigerung der Zustimmung zu einer zustimmungsbedürftigen Maßnahme durch den Aufsichtsrat (§ 111 IV 3 AktG). Auch ist der *Jahresabschluss*[284] dem Aufsichtsrat vorzulegen (§ 170 I AktG), der diesen zu prüfen (§ 171 AktG) und den Abschlussprüfer zu beauftragen hat (§ 111 II 3 AktG, § 318 I 4 HGB). Schließlich zählen zu den Aufgaben des Aufsichtsrats die Feststellung des Jahresabschlusses (§ 172 AktG) und die Bildung von Gewinnrücklagen (§ 58 II AktG).

Unabhängig von diesen Hauptaufgaben hat der Aufsichtsrat noch weitere Einzelaufgaben wie etwa die Zustimmung zur Kreditgewährung an Vorstands- (§ 89 AktG) oder Aufsichtsratsmitglieder (§ 115 AktG).

b) Im Hinblick auf die *Organisation* des Aufsichtsrats sind vor allem dessen Beset- **599** zung, die rechtliche Stellung des einzelnen Aufsichtsratsmitglieds sowie die Beschlussfassung näher zu betrachten.

aa) Der Aufsichtsrat besteht nach § 95 S. 1 AktG aus drei Mitgliedern. Die Satzung **600** kann eine höhere Zahl festlegen (§ 95 S. 2 AktG). Die Größe des Aufsichtsrats ist in Abhängigkeit von der Höhe des Grundkapitals auf 21 Mitglieder begrenzt (§ 95 S. 4 AktG). Seit der Aktienrechtsnovelle 2016 (→ Rn. 536) muss die Mitgliederzahl nicht mehr generell, sondern nur dann durch drei teilbar sein, wenn dies mitbestimmungsrechtlich erforderlich ist (§ 95 S. 3 AktG).[285] Denn bei der *Besetzung* des Aufsichtsrats kann das Mitbestimmungsrecht zu beachten sein, also Montan-MitbestG, MitbestG und DrittelbG (ausführlich dazu unten, § 35). Insoweit ist im Aufsichtsrat zwischen Vertretern der Anteilseigner und der Arbeitnehmer zu unterscheiden. Grundsätzlich ist dabei die Rechtsstellung aller Aufsichtsratsmitglieder gleichwertig.[286]

280 *Raiser/Veil* KapGesR § 14 Rn. 108 mwN; wohl von der Konstellation einer Organklage des Aufsichtsrats im eigenen Namen ausgehend *Hirte* KapGesR Rn. 3.182f.
281 *Raiser/Veil* KapGesR § 14 Rn. 109 (»schwere Rechtsbrüche«). Allg. dazu *Pflugradt,* Leistungsklagen zur Erzwingung rechtmäßigen Vorstandsverhaltens in der Aktiengesellschaft, 1990.
282 Zur Klagebefugnis einzelner Aufsichtsratsmitglieder MHdB GesR IV/*Hoffmann-Becking* § 33 Rn. 88ff.
283 BGHZ 135, 244 (256) – ARAG/Garmenbeck; *K. Schmidt* GesR § 28 III 1a (S. 820).
284 Bestehend aus Bilanz, GuV sowie Anhang; dazu iE § 31.
285 Ausf. *Bayer/Scholz* ZIP 2016, 193ff.
286 BGHZ 99, 211 (215).

> In **Fall g (1)** wirkt sich die Klausel nur zugunsten der Vertreter der Anteilseigner aus. Anteilseigner und Arbeitnehmer haben aber gleiche Rechte und Pflichten im Aufsichtsrat. Daher sind Differenzierungen, die an die Gruppenzugehörigkeit anknüpfen, grundsätzlich unzulässig, soweit nicht das Gesetz selbst ein solches vorschreibt.

Mitglieder des Aufsichtsrats müssen natürliche, unbeschränkt geschäftsfähige Personen sein (§ 100 I AktG). Diese dürfen nicht dem Vorstand angehören oder (im untechnischen Sinne) leitende Angestellte sein (§ 105 AktG). Es wird empfohlen, dass dem Aufsichtsrat nicht mehr als zwei ehemalige Vorstandsmitglieder angehören (Ziff. 5.4.2 DCGK). Aufsichtsratsmitglieder dürfen nicht gesetzlicher Vertreter eines von der AG abhängigen Unternehmens (§ 100 II Nr. 2 AktG) oder einer anderen Kapitalgesellschaft sein, deren Aufsichtsrat ein Vorstandsmitglied der AG angehört (§ 100 II Nr. 3 AktG, sog. Verbot der Überkreuzverflechtung) oder in den letzten zwei Jahren Vorstandsmitglied derselben börsennotierten Gesellschaft gewesen sein, es sei denn, die Wahl erfolgte auf Vorschlag von Aktionären, die mehr als 25 % der Stimmrechte an der Gesellschaft halten (§ 100 II Nr. 4 AktG). Schließlich dürfen sie, um ihrer Aufgabe ordnungsgemäß nachkommen zu können, in nicht mehr als neun anderen Aufsichtsräten vertreten sein (§ 100 II Nr. 1 AktG). Bei börsennotierten AGs empfiehlt Ziff. 5.4.5 DCGK sogar einen Höchstwert von drei konzernexternen Aufsichtsratsmandaten für Personen, die dem Vorstand einer börsennotierten AG angehören. Das Aufsichtsratsmitglied hat sein Amt *persönlich* und *eigenverantwortlich,* also grundsätzlich weisungsfrei auszuüben (§ 111 VI AktG).

Weitere Vorgaben für die Zusammensetzung des Aufsichtsrats folgen aus den Änderungen des Aktiengesetzes durch das Gesetz für die gleichberechtigte Teilhabe von Frauen und Männern an Führungspositionen in der Privatwirtschaft und im öffentlichen Dienst.[287] Danach muss sich der Aufsichtsrat einer börsennotierten und der paritätischen Mitbestimmung unterliegenden Gesellschaft zu mindestens 30 % aus Frauen *und* zu mindestens 30 % aus Männern zusammensetzen (§ 96 II AktG).[288] Wahlen, die hiergegen verstoßen, sind nichtig (§§ 96 II 6, 250 I Nr. 5 AktG). Mit der Geschlechterquote gehen Informationspflichten an die Hauptversammlung einher (§ 124 II 2 AktG bzw. § 127 S. 4 AktG). Darüber hinaus müssen in Unternehmen, die börsennotiert *oder* mitbestimmungspflichtig sind, hinsichtlich der Erhöhung des Frauenanteils in Aufsichtsrat und Vorstand (§ 111 V AktG) sowie auf der obersten Management-Ebene (§ 76 IV AktG) Zielgrößen festgelegt und über deren Erreichen öffentlich berichtet werden (§ 289f II Nr. 4 HGB).[289]

Die Mitglieder sollen alle Geschäftsvorgänge ohne fremde Hilfe verstehen und beurteilen können. Mit diesem Grundsatz ist die Beauftragung eines ständigen Beraters zur Wahrnehmung der Aufgaben unvereinbar. Allerdings ist die Beauftragung Dritter zur Beratung über einzelne Gegenstände (§ 109 I 2 AktG) oder bestimmte Prüfungsaufgaben (§ 111 II 2 AktG) möglich.

---

287 Gesetz für die gleichberechtigte Teilhabe von Frauen und Männern an Führungspositionen in der Privatwirtschaft und im öffentlichen Dienst v. 24.4.2015 (BGBl. 2015 I 642).

288 Dies gilt für alle ab 2016 erforderlich werdenden Neuwahlen und Entsendungen, § 25 II EGAktG.

289 Die Pflicht zur Erstellung von Zielvorgaben betraf zur Zeit des Gesetzgebungsverfahrens etwa 3.500 Unternehmen. Der starren Quote von 30 % unterfielen ca. 108 Unternehmen, überwiegend organisiert als AG und KGaA (Begr. zum RegE eines Gesetzes für die gleichberechtigte Teilhabe von Frauen und Männern an Führungspositionen in der Privatwirtschaft und im öffentlichen Dienst, BR-Drs. 636/14, 48 ff.).

Mangels entgegenstehender Regelung ist es zulässig, Mitglied des Aufsichtsrats oder Vorstands eines konkurrierenden Unternehmens zu sein.[290] Der DCGK empfiehlt aber bei nicht nur vorübergehenden Interessenkonflikten die Niederlegung des Amtes (Ziff. 5.5.3 DCGK).

Die Vorschriften über die »*innere Ordnung*« des Aufsichtsrats finden sich in §§ 107–110 AktG, werden aber teilweise durch Vorschriften des Mitbestimmungsrechts verdrängt. Gemäß § 107 I AktG hat der Aufsichtsrat aus seiner Mitte einen *Vorsitzenden*[291] und mindestens einen Stellvertreter zu bestimmen. Der Aufsichtsratsvorsitzende hat die Sitzungen des Aufsichtsrats vorzubereiten, zu leiten und zu koordinieren. Um seine Verhandlungen vorzubereiten, kann der Aufsichtsrat im Rahmen seines Organisationsermessens aus seiner Mitte einen oder mehrere *Ausschüsse* bestellen (§ 107 III 1 AktG). Dies wird in Ziff. 5.3.1 DCGK ausdrücklich empfohlen, zumal die Ausschüsse flexibler, effizienter und diskreter arbeiten können. In der Praxis sind insbesondere Personal-, Finanz- und Prüfungsausschüsse (»Audit Commitees«) anzutreffen.

Der sofortige Wechsel eines Vorstandsmitglieds in den Aufsichtsratsvorsitz ist möglich, soll aber nach der Empfehlung einer zweijährigen »Cooling-off-Periode« in Ziff. 5.4.4 DCGK nicht die Regel sein und der Hauptversammlung gegenüber besonders begründet werden.

bb) Nach hM erfolgt bei den Aufsichtsratsmitgliedern im Gegensatz zu den Vorstandsmitgliedern *keine Unterscheidung* zwischen der *Bestellung* und einem gesonderten *Anstellungsvertrag*.[292] Vielmehr werden Aufsichtsratsmitglieder, sofern sie nicht nach Mitbestimmungsrecht gewählt oder entsandt werden, von der Hauptversammlung mit einfacher Mehrheit für höchstens fünf Jahre gewählt (§§ 101 I, 102 I, 119 I Nr. 1, 133 I AktG). **601**

Es gilt grundsätzlich kein Verhältniswahlrecht mit der Folge, dass Großaktionäre über die Zusammensetzung der Anteilseignerseite des Aufsichtsrats allein entscheiden können. Abweichend davon kann die Satzung nach § 101 II AktG bestimmten Aktionären oder den Inhabern bestimmter Aktien aber das Recht einräumen, Mitglieder in den Aufsichtsrat zu entsenden (sog. *Entsenderecht*). Dieses Recht steht meist Mitgliedern einer Gründerfamilie oder der öffentlichen Hand zu, um unabhängig von der Kapitalbeteiligung Einfluss auf die Zusammensetzung des Aufsichtsrats des (gemischt-wirtschaftlichen) Unternehmens zu haben. Eine Weisungsbefugnis ist allerdings auch mit dem Entsenderecht nicht verbunden.[293] Allgemein besteht kein imperatives Mandat (s. schon → Rn. 600).

Die Tätigkeit im Aufsichtsrat wird in der Regel *vergütet*. Dies ist in der Satzung festzulegen oder durch die Hauptversammlung zu beschließen. Die Vergütung soll der Verantwortung und dem Arbeitsumfang sowie dem Unternehmenserfolg Rechnung tragen (§ 113 I 1–3 AktG). Sie kann in festen Bestandteilen und/oder einem Anteil am Jahresgewinn (§ 113 III AktG) bestehen (Tantiemen).[294] Die Vergütung soll individualisiert und aufgegliedert im Anhang ausgewiesen werden (§ 285 Nr. 9 lit. a HGB). Ein Vertrag, wonach ein Aufsichtsrat außerhalb seiner Aufsichtsratstätigkeit Pflichten gegenüber der Gesellschaft übernimmt, wie etwa eine anwaltliche Beratung, bedarf nach § 114 I AktG zu seiner Wirksamkeit der Zustimmung des Aufsichtsrats und ist bis

290 *Kübler/Assmann* GesR § 15 IV 2b dd (S. 214).
291 Relevant etwa im Rahmen von §§ 90 I 3, 107 II 1, 109 II, 110 I 1, 181 I, 188 I, 195 I, 207 II, 223, 229 III, 237 II AktG, jedoch regeln diese Vorschriften die Aufgaben und Befugnisse des Vorsitzenden nicht abschließend, vgl. MüKoAktG/*Habersack* § 107 Rn. 43.
292 Kölner Komm AktG/*Mertens* § 101 Rn. 5; Hüffer/Koch/*Koch* AktG § 101 Rn. 2; *Hirte* KapGesR Rn. 3.189 mwN; *Raiser/Veil* KapGesR § 15 Rn. 82; aA *Grunewald* GesR § 10 Rn. 99.
293 MüKoAktG/*Habersack* § 101 Rn. 51.
294 Zum Ganzen *E. Vetter* ZIP 2008, 1 ff.

dahin schwebend unwirksam. Deshalb handelt der Vorstand pflichtwidrig, wenn die Zahlung einer Vergütung erfolgt, bevor diese Zustimmung vorliegt.[295]

Ein Aufsichtsratsmitglied als Vertreter der Anteilseignerseite (§ 101 I AktG) kann grundsätzlich mit Dreiviertelmehrheit der abgegebenen Stimmen jederzeit nach freiem Ermessen[296] von der Hauptversammlung vorzeitig *abberufen* werden (§ 103 I AktG). Die Satzung kann allerdings eine niedrigere Schwelle oder aber weitere Anforderungen festlegen. Das Recht zur jederzeitigen Abberufung eines nach § 101 II AktG entsandten Mitglieds steht hingegen dem Entsender zu (§ 103 II 1 AktG). Das Aufsichtsratsmitglied kann schließlich auch durch Gerichtsbeschluss bei wichtigem Grund abberufen werden (§ 103 III AktG) oder aber sein Amt niederlegen.[297]

602 **cc)** Der Aufsichtsrat wird durch den Vorsitzenden einberufen und kommt mindestens zweimal im Jahr zusammen (§ 110 I 1, III 1 AktG). Er trifft seine Entscheidungen durch *Beschluss* (§ 108 I AktG) mit in der Regel einfacher Mehrheit.[298] Video- oder Telefonkonferenzsitzungen sind nach § 108 IV AktG bei entsprechender Satzungs- oder Geschäftsordnungsregelung[299] zulässig.

Umstritten sind die Auswirkungen eines *fehlerhaften* Aufsichtsratsbeschlusses. Im Gegensatz zu Beschlüssen der Hauptversammlung sollen rechtswidrige Beschlüsse des Aufsichtsrats nach hM stets nichtig sein.[300] Die Ausnahmeregelungen betreffend die Folgen fehlerhafter Beschlüsse der Hauptversammlung in §§ 241 ff. AktG gelten also nicht für Beschlüsse des Aufsichtsrats. Dies hat seinen Grund darin, dass in Bezug auf den Aufsichtsrat – anders als bei der Hauptversammlung – nicht das Vertrauen breiter Anlegerkreise in den Bestand getroffener Entscheidungen gewährleistet werden muss.

Ein Aufsichtsratsmitglied kann gegen einen solchen Beschluss Feststellungsklage nach § 256 ZPO gegen die Gesellschaft erheben. Das erforderliche Feststellungsinteresse folgt dabei aus der Verantwortung des Aufsichtsratsmitglieds für die gefassten Beschlüsse.

> In **Fall g (2)** ist es zwar grundsätzlich möglich, dass einem Aufsichtsratsausschuss Aufgaben zur Vorbereitung, aber auch zum Beschluss übertragen werden (§ 107 III 1 und 2 AktG). Ausgeschlossen hiervon sind aber die in § 107 III 4 AktG genannten Aufgaben. Diese können nicht zur Beschlussfassung, sondern allenfalls zur Vorbereitung einer Entscheidung an einen Ausschuss delegiert werden.[301] Die Bestellung zum Vorstand ist folglich nichtig. Zwar beschließt der Aufsichtsrat entgegen § 107 III 4 AktG formal, aber nicht inhaltlich selbst die Bestellung. Der Ausschuss hat nämlich bereits mit allen in Betracht kommenden Kandidaten verhandelt. De facto hat der Aufsichtsrat daher keine andere Möglichkeit, als den vorgeschlagenen Kandidaten zu bestellen. Die Nichtigkeit des Aufsichtsratsbeschlusses ist im Wege der allgemeinen Nichtigkeitsklage geltend zu machen, soweit man der hM folgt, wonach die Ausnahmevorschriften der §§ 241 ff. AktG insoweit keine Anwendung finden.

---

295 Hölters/*Hambloch-Gesinn/Gesinn* AktG § 114 Rn. 4.
296 MüKoAktG/*Habersack* § 103 Rn. 12.
297 *Raiser/Veil* KapGesR § 15 Rn. 47.
298 Spindler/Stilz/*Spindler* AktG § 108 Rn. 22.
299 Zur Geschäftsordnung *Raiser/Veil* KapGesR § 15 Rn. 62 und Ziff. 5.1.3 DCGK.
300 StRspr vgl. nur BGHZ 122, 342 (351); Hüffer/Koch/*Koch* AktG § 108 Rn. 26f.; MüKoAktG/*Habersack* § 108 Rn. 81ff.; *Hirte* KapGesR Rn. 3.180; *Raiser/Veil* KapGesR § 15 Rn. 63ff.; aA und für eine Differenzierung nach nichtigen und anfechtbaren Beschlüssen OLG Hamburg ZIP 1992, 1310 (1313); *Kindl* AG 1993, 153 (158f.).
301 MüKoAktG/*Habersack* § 107 Rn. 149f.

c) Die *Verantwortlichkeit* der Aufsichtsratsmitglieder folgt im Wesentlichen den glei- 603
chen Regeln wie die der Vorstandsmitglieder.

aa) Aufsichtsratsmitglieder haften der Gesellschaft – und nicht Dritten – unter den 604
Voraussetzungen des § 116 S. 1 iVm § 93 II 1 AktG bei Pflichtverletzungen auf *Schadensersatz*.[302] Die Kontrollfunktion des Aufsichtsrats begründet dessen Pflicht, das
Bestehen von Schadensersatzansprüchen der Gesellschaft gegen Vorstandsmitglieder
zu prüfen und diese grundsätzlich zu verfolgen.[303] Freilich kommt den Aufsichtsratsmitgliedern – ähnlich wie dem Vorstand – ein gewisser Handlungsspielraum zu,[304]
weshalb Fragen der Wirtschaftlichkeit gerichtlicher Kontrolle entzogen sind.[305] Unabhängig davon ist zu beachten, dass die Mitglieder des Aufsichtsrats im Gegensatz zum
Vorstand nur im Nebenamt für die AG tätig sind und deshalb vorrangige *Pflichtenbin-
dungen* bestehen können.[306] Daher sind nicht die gleichen Anforderungen an Mitglieder des Aufsichtsrats und des Vorstands zu stellen.[307] Innerhalb des Aufsichtsrats gilt
hingegen für alle Mitglieder der gleiche Sorgfaltsmaßstab,[308] für den das »Interesse des
Unternehmens« maßgeblich ist.[309] Was genau darunter zu verstehen ist, bleibt mangels
Normierung allerdings unklar (→ Rn. 574, → Rn. 587). So wird neben der Gewinnmaxi-
mierung teilweise auch auf ein Interesse der Allgemeinheit abgestellt.[310] Der Abschluss
einer D&O-Versicherung (auch → Rn. 590) ist auch zugunsten der Mitglieder des Aufsichtsrates möglich. Zu beachten ist, dass gem. § 116 S. 1 AktG der durch das VorstAG
eingeführte § 93 II 3 AktG nicht gilt und somit kein Selbstbehalt vorzusehen ist.

Zur Haftung der Mitglieder des Aufsichtsrats ist ferner auf die Regelung in § 117 II 1 AktG hinzuweisen
(vgl. beim Vorstand → Rn. 592).

bb) Die *Geltendmachung* von Schadensersatzansprüchen der Gesellschaft gegen den 605
Aufsichtsrat obliegt dem Vorstand (§ 78 AktG). Indes liegen dem Vorwurf mangelnder
Aufsicht durch den Aufsichtsrat in der Regel gerade Pflichtverletzungen des Vorstands
zugrunde. Deshalb kommt insoweit bei der Geltendmachung von Ansprüchen der
Gesellschaft einem von der Hauptversammlung bestellten »besonderen Vertreter«
nach § 147 II AktG besondere Bedeutung zu. Schließlich bedarf es zur Entlastung der
Mitglieder des Aufsichtsrats eines Beschlusses der Hauptversammlung nach § 120 I–
III AktG.

> In **Fall g (3)** hat der Aufsichtsrat gegenüber dem Vorstand kein Weisungsrecht. Soweit das Geschäft
> aber einem Zustimmungsvorbehalt iSv § 111 IV 2 AktG unterliegt, kann er seine Zustimmung verwei-
> gern. Er kann aber auch einen Zustimmungsvorbehalt für Geschäfte dieser Art einführen, wenn nur so
> ein sorgfaltswidriges Geschäft des Vorstands verhindert werden kann. In diesem Fall besteht sogar
> eine Pflicht zur Einführung einer ad hoc Zustimmungspflicht.[311] Der Aufsichtsrat kann aber auch die
> Mitglieder des Vorstands abberufen (§ 84 III 1 AktG).

---

302 BGH NZG 2013, 339 – Porsche/Piëch.
303 BGHZ 135, 244 (252, 256).
304 *Raiser/Veil* KapGesR § 15 Rn. 126.
305 OLG Düsseldorf NJW-RR 1995, 1371 (1375 f.).
306 *Kübler/Assmann* GesR § 15 IV 3b (S. 215); *Raiser/Veil* KapGesR § 15 Rn. 115 ff.
307 *K. Schmidt* GesR § 28 III 1d (S. 828).
308 MHdB GesR IV/*Hoffmann-Becking* § 33 Rn. 74 mwN; *K. Schmidt* GesR § 28 III 1d (S. 828).
309 BGHZ 64, 325 (329 ff.).
310 *Raiser/Veil* KapGesR § 15 Rn. 123 ff.; dazu auch bereits beim Vorstand → Rn. 587.
311 MüKoAktG/*Habersack* § 111 Rn. 115.

4. Hauptversammlung

606 Die Hauptversammlung, die auch als »Parlament« der Aktiengesellschaft bezeichnet wird,[312] ist das selbstständige Beschlussorgan, in dem die Aktionäre ihre Rechte ausüben und die interne Willensbildung erfolgt (§ 118 I 1 AktG).[313] Indes handelt es sich, mangels hierarchischer Organverfassung bei der Aktiengesellschaft, nicht um das oberste Beschlussorgan. Vielmehr ist eine Machtbalance zwischen Vorstand, Aufsichtsrat und Hauptversammlung angestrebt.[314]

In der Praxis nehmen die Aktionäre ihre Möglichkeit zur Einflussnahme auf die Willensbildung der Gesellschaft nur eingeschränkt wahr. Die Höhe des in der Hauptversammlung vertretenen Kapitals ist, trotz zuletzt steigender Tendenz,[315] regelmäßig gering. Soweit es auf die Stimmenmehrheit in der Versammlung ankommt, reicht für einen maßgeblichen Einfluss weit weniger als die Hälfte der Anteile aus. Deshalb ist etwa in § 29 II WpÜG die Schwelle für den Kontrollerwerb mit nur 30 % der stimmberechtigten Anteile angesetzt. Nach § 118 I 2 AktG ist die Ausübung der Aktionärsrechte ganz oder teilweise im Wege elektronischer Kommunikation möglich, sodass die Voraussetzungen zu einer größeren Beteiligung geschaffen sind, was eher zufällige Mehrheitsentscheidungen verhindern kann.

607 **a)** Die *Aufgaben* der Hauptversammlung sind vor allem in § 119 I AktG geregelt. Sie entscheidet durch Beschluss in den *gesetzlich* bestimmten Fällen über

- die Bestellung und Abberufung der Aktionärsvertreter im Aufsichtsrat (Nr. 1, §§ 101 I, 103 I AktG),
- die Verwendung des Bilanzgewinns (Nr. 2, § 174 I AktG),[316]
- die Entlastung des Vorstands und des Aufsichtsrats (Nr. 3, § 120 I–III AktG),[317]
- die Bestellung des Abschlussprüfers (Nr. 4),
- Satzungsänderungen (Nr. 5, § 179 AktG),
- Maßnahmen der Kapitalbeschaffung und Kapitalherabsetzung (Nr. 6, §§ 182, 222 AktG),
- die Bestellung des Gründungsprüfers (Nr. 7),
- die Auflösung der Gesellschaft (Nr. 8, § 262 I Nr. 2 AktG).

Zwar können der Hauptversammlung nach § 119 I AktG in der Satzung weitere Befugnisse eingeräumt werden. Wegen der zwingenden Zuständigkeitsverteilung im AktG (§ 23 V AktG) verbleibt dafür aber nur ein geringer Spielraum. Die Hauptversammlung kann auch – anders als die Mitgliederversammlung eines Vereins – nicht über die Verteilung der Zuständigkeiten zwischen den einzelnen Organen der AG verfügen.

Die Kompetenz der Hauptversammlung umfasst darüber hinaus alle grundlegenden Entscheidungen über den Fortbestand und die Struktur der AG (*Grundlagenzustän-*

---

312 Heidel/*Pluta*, 3. Aufl. 2011, AktG Vor §§ 118 ff. Rn. 4.

313 BVerfG NJW 2000, 349 (350 f.), GroßkommAktG/*Decher* § 131 Rn. 276 bezeichnet die Hauptversammlung als »Sitz der Aktionärsdemokratie«.

314 Str., wie hier Hüffer/Koch/*Koch* AktG § 118 Rn. 4; *Raiser/Veil* KapGesR § 16 Rn. 1; MHdB GesR IV/*Bungert* § 35 Rn. 5.

315 *Rottwilm*, Darum endet an diesem Mittwoch eine Rekord-HV-Saison, 31.5.2017, http://www.manager-magazin.de/unternehmen/artikel/hauptversammlungen-dax-konzerne-mit-neuem-praesenzrekord-a-1149947.html (zuletzt abgerufen am 12.10.2017).

316 Dies ist aber schon dadurch eingeschränkt, dass zuvor nach § 172 AktG regelmäßig der Aufsichtsrat den ihm vom Vorstand vorgelegten Jahresabschluss feststellt (→ Rn. 598), wobei Vorstand und Aufsichtsrat ohne Mitwirkung der Hauptversammlung Rücklagen bilden dürfen (§ 58 II–IIa AktG) und die Hauptversammlung somit keinen Einfluss auf die Höhe des ausgewiesenen Gewinns hat.

317 Grds. wird, wie § 120 I 2 AktG zu entnehmen ist, über die Entlastung jedes der beiden Organe im Ganzen abgestimmt, s. OLG München NJW-RR 1996, 159 (160): Hüffer/Koch/*Koch* AktG § 120 Rn. 8.

digkeit). So handelt es sich bei § 119 I Nr. 5, 6 und 8 AktG um Satzungsänderungen im weiteren Sinne. Daneben zählen hierzu aber auch die Übertragung des ganzen Gesellschaftsvermögens (§ 179a AktG), die Eingliederung (§§ 319ff. AktG), der Abschluss von Unternehmensverträgen (§§ 293ff. AktG) sowie die Umwandlung der AG durch Verschmelzung (§§ 2ff., 60ff. UmwG), Spaltung (§§ 123ff., 141ff. UmwG), Vermögensübertragung (§§ 174ff. UmwG) oder Formwechsel (§§ 190ff. UmwG).

Die Frage, ob die gesetzliche Regelung abschließend ist bzw. es daneben *»ungeschriebene Hauptversammlungszuständigkeiten«* gibt, bejahte der II. Senat des BGH in der *»Holzmüller«*-Entscheidung.[318] In dem zugrunde liegenden Fall hatte eine AG ihren wesentlichen Unternehmensbereich ausgegliedert, nämlich einen florierenden Seehafen. Der BGH stellte fest, dass bei »grundlegende[n] Entscheidungen, die durch die Außenvertretungsmacht des Vorstands [...] formal noch gedeckt sind, die aber gleichwohl so tief in die Mitgliedsrechte der Aktionäre [...] eingreifen, daß der Vorstand vernünftigerweise nicht annehmen kann, er dürfe sie in ausschließlich eigener Verantwortung treffen«,[319] der Vorstand die Hauptversammlung zu beteiligen habe. Diese Rechtsprechung wurde in der Literatur kritisiert. Zwar wurde das Ergebnis gebilligt, weil das System von »checks and balances« in der AG nicht aus den Angeln gehoben werden darf, indem wichtige Unternehmensteile ohne Zustimmung der Aktionäre veräußert oder in Tochtergesellschaften verlagert werden.[320] Erhebliche Kritik erfuhr aber die dogmatische Begründung.[321] Erst in den *»Gelatine«*-Entscheidungen[322] konkretisierte der BGH die Voraussetzungen einer *ungeschriebenen Hauptversammlungszuständigkeit*. Eine solche ist nur im absoluten Ausnahmefall bei einer die Kernkompetenz der Hauptversammlung berührenden und mit einer Satzungsänderung vergleichbaren Maßnahme gegeben.[323] Eine ungeschriebene Zuständigkeit kommt also nur bei einem sog. *»Mediatisierungseffekt«* oder einer *»Verwässerung der Mitgliedschaftsrechte«* in Betracht.[324] In diesen Entscheidungen leitete der BGH das ungeschriebene Mitwirkungsrecht der Hauptversammlung weder aus § 119 II AktG (wie noch in der *»Holzmüller«*-Entscheidung[325]) noch aus einer Analogie zu § 179a AktG bzw. dem UmwG ab. Er bezeichnete das Mitwirkungsrecht vielmehr als »Ergebnis einer offenen Rechtsfortbildung«.[326]

Unklar ist aber weiterhin, auf welche Parameter sich der BGH bezieht (Umsatz oder Bilanzsumme etc), um eine mit einer Satzungsänderung vergleichbare Situation zu bejahen.[327] Auch im Übrigen ist die höchstrichterliche Rechtsprechung nicht immer einheitlich. So stellte der BGH in einem Fall, der den Rückzug von der Börse in Form des »regulären Delisting« nach § 38 IV BörsG aF betraf, überhaupt nicht auf die Grundsätze der *»Holzmüller«*-Entscheidung ab, sondern sah dort das Aktieneigentum der

---

318 BGHZ 83, 122ff. – Holzmüller; s. dazu *K. Schmidt* GesR § 28 V 2b (S. 870) sowie *Langenbucher* JURA 2004, 577 (578). Zum Umfang der Offenlegungspflichten bei einer Entscheidung nach § 119 II AktG OLG München EWiR 1997, 1109f. mAnm *Saenger*.

319 BGHZ 83, 122 (131) – Holzmüller.

320 *Lutter* in Canaris/Heldrich (Hrsg.), 50 Jahre BGH, Festgabe aus der Wissenschaft, 2000, 321 (328); s. auch *Raiser/Veil* KapGesR § 16 Rn. 11.

321 ZB *K. Schmidt* GesR § 28 V 2b (S. 872); *Zimmermann/Pentz*, FS Welf Müller, 2001, 151 (180).

322 BGHZ 159, 30ff. = NZG 2004, 571 – Gelatine I und BGH NZG 2004, 575 – Gelatine II; dazu *Hirte* KapGesR Rn. 3.224.

323 BGHZ 159, 30 (44f.) – Gelatine I.

324 BGHZ 159, 30 (40f.) – Gelatine I; *Raiser/Veil* KapGesR § 16 Rn. 14; *Hofmeister* NZG 2008, 47.

325 BGHZ 83, 122 (131) – Holzmüller.

326 BGHZ 159, 30 (42f.) – Gelatine I bzw. BGH NZG 2004, 575 (578) – Gelatine II.

327 Hierzu *Hüffer/Koch/Koch* AktG § 119 Rn. 25.

Minderheitsaktionäre betroffen. Somit setzte das Delisting nach Auffassung des BGH in dem konkreten Fall einen mit (nur) einfacher Mehrheit zu fassenden Beschluss der Hauptversammlung voraus.[328] Bei einer Beteiligungsveräußerung ist die Hauptversammlung schließlich nicht zu beteiligen, da in diesen Fällen kein Mediatisierungseffekt eintritt.[329]

> In **Fall h** könnte die Veräußerung des Geschäftsbereichs mangels Zustimmung der Hauptversammlung rechtswidrig sein. Die Leitung der Gesellschaft obliegt nach § 76 I AktG grundsätzlich dem Vorstand. Eine gesetzlich geregelte Zuständigkeit der Hauptversammlung liegt nicht vor. Denn es handelt sich weder um eine Satzungsänderung in Form der Änderung des Unternehmensgegenstands nach §§ 119 I Nr. 5, 179 AktG noch um eine Kapitalmaßnahme nach § 119 I Nr. 6 AktG. Auch wird weder nach § 179a AktG das gesamte Vermögen veräußert noch eine Spaltung nach §§ 123 ff. UmwG vollzogen. Es kann aber eine ungeschriebene Zuständigkeit der Hauptversammlung unter Berücksichtigung der »*Holzmüller*-Doktrin« in Betracht kommen. Indes ist die Rechtsgrundlage einer solchen ungeschriebenen Kompetenz umstritten. In der »*Holzmüller*«-Entscheidung wurde vom BGH eine Ermessensreduktion im Rahmen von § 119 II AktG angenommen. Andere leiten Voraussetzungen und Rechtsfolgen der ungeschriebenen Hauptversammlungskompetenz dagegen aus einer Gesamtanalogie zu den geschriebenen Zuständigkeitskompetenzen von AktG und UmwG ab.[330] Unter Aufgabe des dogmatischen Ansatzpunktes der »*Holzmüller*«-Entscheidung spricht der BGH in der Entscheidung »*Gelatine*« von einer offenen Rechtsfortbildung. Auch die Voraussetzungen einer ungeschriebenen Zuständigkeit sind umstritten. Teilweise wird eine Umsatzgrenze oder ein Anteil vom Gesellschaftsvermögen als ausschlaggebend angesehen. Richtigerweise reichen aber ein Umsatzvolumen von lediglich 60 % und die hier betroffene Zahl von Arbeitnehmern nicht aus, um von einem mit dem »*Holzmüller*«-Sachverhalt vergleichbaren tiefgreifenden und schwerwiegenden Eingriff in die Mitgliedsrechte der Aktionäre auszugehen. Eine Beteiligung der Hauptversammlung ist daher nicht angezeigt.

Keine Kompetenz hat die Hauptversammlung in Fragen der Geschäftsführung (vgl. § 76 I AktG). Der Vorstand kann der Hauptversammlung aber eine solche Frage zur Entscheidung vorlegen (§ 119 II AktG). In diesem Fall ist der Vorstand an die Entscheidung gebunden (§ 83 II AktG), weshalb auch eine Schadensersatzpflicht ausscheidet (§ 93 IV 1 AktG).

608 **b)** Probleme stellen sich auch im Zusammenhang mit der *Organisation* der Hauptversammlung. Dabei sind besonders deren Zusammensetzung und die Einberufung zu nennen.

609 **aa)** Zur *Teilnahme an der Hauptversammlung* sind grundsätzlich alle Aktionäre berechtigt (§§ 118 I, 134 II AktG). Auch Vorstand und Aufsichtsrat sollen an der Versammlung teilnehmen (§ 118 III AktG). Dritte (beispielsweise die Presse) haben kein Teilnahmerecht, können aber zugelassen werden. Weiterhin kann die Satzung nach § 123 II 1 AktG eine Anmeldepflicht bestimmen. Die Hauptversammlung wird durch einen *Vorsitzenden* geleitet, der für den ordnungsgemäßen Ablauf verantwortlich ist. Seine Befugnisse reichen unter Wahrung des Verhältnismäßigkeitsgrundsatzes bis zum Entzug des Rederechts (→ Rn. 563) und äußerstenfalls bis zum Ausschluss aus der Hauptversammlung.[331]

Üblich ist die Leitung durch den Aufsichtsratsvorsitzenden, wenngleich das Gesetz diesbezüglich keine Regelung enthält. Die Hauptversammlung kann sich nach § 129 AktG auch eine Geschäftsordnung geben.

---

328 BGHZ 153, 47 (53 ff.) – Macrotron; hierzu *K. Schmidt* NZG 2003, 601.
329 BGH NZG 2007, 234; *Hofmeister* NZG 2008, 47 (52); aA Spindler/Stilz/*Hoffmann* AktG § 119 Rn. 30 g.
330 *Raiser/Veil* KapGesR § 16 Rn. 13; *Weißhaupt* NZG 1999, 804 (807).
331 Dazu BGHZ 44, 245 ff.

bb) Die *(ordentliche)* Hauptversammlung ist zumindest einmal im Jahr *einzuberufen* **610** und hat jedenfalls über die Entlastung von Vorstand und Aufsichtsrat sowie die Verwendung des Gewinns zu entscheiden (§§ 120 I 1, 174 I, 175 AktG). Sie ist *(außerordentlich)* durchzuführen, wenn Verluste in Höhe der Hälfte des Grundkapitals bestehen (§ 92 I AktG), das »Wohl der Gesellschaft es erfordert« (§ 121 I AktG) oder eine Minderheit von Aktionären – die zumindest 5 % des Grundkapitals repräsentieren – dies unter Angabe von Gründen verlangt (§ 122 I AktG). Die Hauptversammlung ist grundsätzlich durch den *Vorstand* einzuberufen (§ 121 II 1 AktG), ausnahmsweise – wenn das »Wohl der Gesellschaft es erfordert« – auch durch den Aufsichtsrat (§ 111 III AktG). Die Einberufung hat mindestens 30 Tage vor dem Tag der Hauptversammlung zu erfolgen (§ 123 I AktG)[332] und ist mit den Tagesordnungspunkten sowie dazugehörenden Beschlussvorschlägen in den Gesellschaftsblättern – dem elektronischen Bundesanzeiger – zu veröffentlichen (§ 121 IV 1 iVm §§ 25, 124 I, III AktG). Börsennotierte Gesellschaften haben nach § 124a AktG die für die Hauptversammlung relevanten Unterlagen zudem auf ihren Internetseiten zu veröffentlichen. Entgegen der vormals bestehenden Pflicht zur Auslage in den Geschäftsräumen der Gesellschaft erleichtert die Veröffentlichung im Internet die Kenntnisnahme auch für Aktionäre, die nicht die Möglichkeit haben, die Unterlagen vor Ort einzusehen.[333]

Sind alle Aktionäre der Gesellschaft namentlich bekannt, kann die Ladung auch mit eingeschriebenem Brief erfolgen (§ 121 IV 2 AktG). Die Bekanntmachung der Tagesordnung ist mit der Einberufung zwingend verbunden (§ 121 III 2 AktG). Nach § 122 II AktG kann eine Minderheit von Aktionären, die zusammen 5 % des Grundkapitals halten oder den Nennbetrag von 500.000 EUR erreichen, verlangen, dass weitere Gegenstände auf die Tagesordnung gesetzt und bekannt gemacht werden, wobei bestimmte Fristen einzuhalten sind. Ohne ordnungsgemäße Bekanntmachung darf keine Beschlussfassung erfolgen (§ 124 IV 1 AktG). Jeder Aktionär kann zu Gegenständen der Tagesordnung Gegenanträge stellen (§ 126 I AktG). Zur Koordination von Stimmabgaben der Aktionäre wurde im elektronischen Bundesanzeiger ein »Aktionärsforum« eingeführt (§ 127a AktG). Zu beachten ist, dass die Vorschriften der §§ 121–128 AktG dann unbeachtet bleiben können, wenn alle Aktionäre erschienen oder wirksam vertreten sind – was nur bei kleineren AGs in Betracht kommt – und niemand widerspricht (§ 121 VI AktG, sog. *Vollversammlung*). Liegt keine Vollversammlung vor, macht ein *Verstoß* gegen § 121 II, III 1 oder IV AktG die Hauptversammlungsbeschlüsse indes nach § 241 Nr. 1 AktG nichtig.

Die Hauptversammlung ist die körperliche Zusammenkunft der Aktionäre im Sinne einer *Präsenzversammlung*. Nach § 118 IV AktG kann in Satzung oder Geschäftsordnung (§ 129 I AktG) bestimmt werden, dass die Hauptversammlung in Ton und Bild übertragen werden darf. Dies ist aufgrund der hohen Kosten der Versammlung sowie der geringen Aktionärspräsenz begrüßenswert. Hierbei ist freilich das allgemeine Persönlichkeitsrecht der Beteiligten zu beachten. Eine virtuelle Hauptversammlung im Sinne einer »Cyber-Hauptversammlung«[334] als Ersatz für eine Präsenzversammlung ist de lege lata nicht zulässig.[335] Der durch das ARUG[336] eingefügte § 118 I 2 AktG gestattet es aber, in der Satzung die Möglichkeit der Ausübung der Aktionärsrechte in der Hauptversammlung im Wege elektronischer Kommunikation vorzusehen. Das bis dahin praktizierte »Vertretermodell«, bei dem Aktionäre ihren Willen durch einen vor

---

332 In Übernahmesituationen sieht § 16 IV WpÜG zugunsten der Zielgesellschaft Erleichterungen hinsichtlich der Einberufung der Hauptversammlung vor.
333 Damit wurde Art. 5 IV Aktionärsrechte-RL (→ Rn. 567) umgesetzt.
334 Zum Begriff *Noack* NZG 2001, 1057 (1058ff.).
335 Hölters/*Drinhausen* AktG § 118 Rn. 15; *Hirte* KapGesR Rn. 3.239; *Muthers/Ulbrich* WM 2005, 215 (216f.); *Noack* NZG 2001, 1057 (1058).
336 Gesetz zur Umsetzung der Aktionärsrechterichtlinie (ARUG) v. 30.7.2009 (BGBl. 2009 I 2479).

Ort körperlich präsenten Stimmrechtsvertreter realisieren ließen,[337] ist dadurch obsolet geworden. Auch die Stimmabgabe selbst darf bei entsprechender Ausgestaltung der Satzung durch elektronische Kommunikationsmittel[338] oder per Briefwahl erfolgen (§ 118 II AktG).

611   **c)** Entscheidungen werden in der Hauptversammlung durch *Beschluss* getroffen, der grundsätzlich notariell *beurkundet* werden muss (§ 130 I 1 AktG, § 128 BGB).[339] Eine fehlende Beurkundung hat die Nichtigkeit des Beschlusses zur Folge (§ 241 Nr. 2 AktG).

612   **aa)** Im Rahmen der Beschlussfassung genügt grundsätzlich *einfache Stimmenmehrheit* (§ 133 I AktG). Weitere Mehrheitserfordernisse können sich aus dem Gesetz ergeben oder in der Satzung festgelegt werden. Bei der Abstimmung gelten die Grundsätze der Mehrheitswahl. Einige Beschlüsse erfordern eine *qualifizierte Stimmenmehrheit* von drei Vierteln der abgegebenen Stimmen (zB Abberufung von Aufsichtsratsmitgliedern, § 103 I 2 AktG). *Grundlagenbeschlüsse* wiederum bedürfen einer *qualifizierten Kapitalmehrheit* von drei Vierteln des bei der Beschlussfassung vertretenen Grundkapitals. Zu Grundlagenbeschlüssen zählen:

- Satzungsänderungen (§ 179 II AktG) sowie Kapitalerhöhungen (§§ 182 I, 193 I, 202 II, 207 II AktG) und -herabsetzungen (§§ 222 I, 229 III AktG),
- die Übertragung des ganzen Gesellschaftsvermögens (§ 179 a I AktG),
- Auflösungsbeschlüsse (§ 262 I Nr. 2 AktG),
- Unternehmensverträge (§ 293 I AktG),
- Eingliederungsbeschlüsse (§ 319 II AktG),
- Umwandlungsbeschlüsse (§§ 65 I, 125, 176 ff., 233, 242 UmwG; beim Formwechsel wird teilweise Einstimmigkeit vorausgesetzt).

Konsequenz dieser Mehrheitserfordernisse ist in wirtschaftlicher Hinsicht, dass ein Kapitalanteil von über 25 % eine *Sperrminorität* gewährt. Ein solcher Mindestkapitalanteil versetzt den Aktionär also in die Lage, alle Grundlagenbeschlüsse zu verhindern. Schließlich ist hervorzuheben, dass Beschlüssen, die eine Änderung des *Gesellschaftszwecks* bewirken, alle Gesellschafter zustimmen müssen (vgl. § 33 I 2 BGB).[340]

613   **bb)** Für *satzungsändernde Beschlüsse* sind Besonderheiten zu beachten. Eine Satzungsänderung ist gegeben, wenn auf den Text der Satzungsurkunde durch Einfügen, Aufheben oder inhaltliche bzw. formale Veränderung eingewirkt wird.[341] Praktisch wichtige Beispiele sind die Änderungen des Unternehmenszwecks, des Unternehmensgegenstandes, Kapitalmaßnahmen iSd §§ 182 ff. AktG, Formwechsel oder die Verpflichtung zur Übertragung des ganzen Gesellschaftsvermögens (§ 179 a AktG).

Verfahrensrechtlich sind Satzungsänderungen von der Hauptversammlung zu beschließen. Diese Kompetenz ist – außer im Fall von rein redaktionellen Änderungen

---

337 *Noack* in Noack/Spindler, Unternehmensrecht und Internet – Neue Medien im Aktien-, Börsen-, Steuer-, und Arbeitsrecht, 2001, 13 ff., 21 ff.; *Habersack* ZHR 165 (2001), 172 (181 ff.).

338 Zur Online-Abstimmung s. *Simons* NZG 2017, 567.

339 Zur Wahrung der Rechtssicherheit ist die Form selbst dann einzuhalten, wenn es ihr Schutzzweck im Einzelfall nicht erfordert, BGH DNotZ 1995, 549 (551).

340 Hüffer/Koch/*Koch* AktG § 179 Rn. 33 mwN; *Raiser/Veil* KapGesR § 16 Rn. 70; *K. Schmidt* GesR § 28 IV 4 a (S. 848).

341 BGHZ 83, 122 (133 ff.); Spindler/Stilz/*Holzborn* AktG § 179 Rn. 39; Hüffer/Koch/*Koch* AktG § 179 Rn. 4.

der Satzung, die dem Aufsichtsrat übertragen werden können (§ 179 I 2 AktG) – nicht delegierbar. Der Beschluss muss mit einer qualifizierten Mehrheit von drei Vierteln des Grundkapitals getroffen werden (§ 179 II AktG). Abweichende Mehrheitserfordernisse sind vereinbar, solange keine gesetzlichen Vorschriften entgegenstehen. Bezüglich der Änderung des Unternehmensgegenstandes darf eine Modifikation beispielsweise nur im Sinne des Erfordernisses einer größeren Kapitalmehrheit erfolgen (§ 179 II 2 AktG). In den Fällen der §§ 179 III, 180 AktG kann ein Sonderbeschluss oder die Zustimmung bestimmter Aktionäre erforderlich werden.[342] Der satzungsändernde Beschluss ist in das Handelsregister einzutragen (§ 181 AktG).

Führen Vorstand oder Aufsichtsrat einen Zustand herbei, der legitim nur durch Satzungsänderung erfolgen darf (sog. »faktische Satzungsänderung«), ist dies rechtswidrig und verschafft den Aktionären – allerdings in engen zeitlichen Grenzen – einen Anspruch auf Wiederherstellung des dem Gesetz und der Satzung entsprechenden Zustands.[343] Satzungswidrige Beschlüsse, denen etwa die erforderliche Mehrheit fehlt, sind anfechtbar.[344] Sie sind sogar kraft Gesetzes unwirksam, wenn sie der Herstellung eines der Satzung widersprechenden Zustands dienen.[345]

cc) Zusammenfassend lassen sich für Hauptversammlungsbeschlüsse die nachfolgenden Schwellenwerte festhalten:

614

Schema	
25,01 %	**Sperrminorität**
50,01 %	**einfache Stimmenmehrheit;** ausreichend für Beschlüsse iSd § 133 I AktG
75 %	**qualifizierte Kapitalmehrheit;** erforderlich für Satzungsänderungen und sonstige Grundlagenbeschlüsse (nur in besonderen Fällen, etwa § 103 I 2 AktG, genügt eine qualifizierte Stimmenmehrheit von 75 %)
95 %	**erforderliche Kapitalmehrheit** für den Ausschluss von Minderheitsaktionären (Squeeze-out)
100 %	**Einstimmigkeit;** erforderlich für zweckändernde Beschlüsse

d) Das *Stimmrecht des Aktionärs* (§ 12 AktG) entsteht mit vollständiger Leistung der Einlage (§ 134 II 1 AktG). Somit richtet sich die Rechtsstellung der Gesellschafter grundsätzlich nach ihrer Kapitalbeteiligung (§ 134 I 1 AktG), also nach den Nennbeträgen bzw. bei Stückaktien nach deren Anzahl. *Mehrstimmrechte* (§ 12 II AktG) sind als Abweichung vom Grundsatz des Gleichlaufs zwischen Stimmrechtsmacht und Kapitalbeteiligung unzulässig.[346] Die Stimmabgabe ist eine Willenserklärung, weshalb die Regeln des allgemeinen Teils des BGB Anwendung finden. Insbesondere kann die Stimmabgabe wegen Irrtums anfechtbar sein.[347]

615

Ausnahmen von dem Grundsatz, dass sich die Rechtsstellung nach der Kapitalbeteiligung richtet, bestehen lediglich bei bestimmten Aktienarten, wie etwa Vorzugsaktien ohne Stimmrecht (§§ 12 I 2, 139 ff.

---

342 Näher dazu *K. Schmidt* GesR § 30 I 2a und b (S. 920).
343 BGHZ 83, 122 (130); Spindler/Stilz/*Holzborn* AktG § 179 Rn. 55 f.; Hüffer/Koch/*Koch* AktG § 179 Rn. 9; *K. Schmidt* GesR § 30 I 1b (S. 919).
344 MüKoAktG/*Hüffer/Schäfer* § 243 Rn. 20.
345 BGHZ 123, 15 (19); *K. Schmidt* GesR § 30 I 1b (919 f.); *Priester* ZHR 151 (1987), 40 (55 ff.).
346 Dazu *Saenger* ZIP 1997, 1813 ff.
347 Spindler/Stilz/*Rieckers* AktG § 133 Rn. 21; Hüffer/Koch/*Koch* AktG § 133 Rn. 19; *K. Schmidt* GesR § 15 I 2b (S. 437). Nicht zu verwechseln mit der Anfechtung einer Stimmabgabe, die nicht zwingend zur Nichtigkeit des Beschlusses führt, ist die Anfechtung von Beschlüssen; dazu → Rn. 621 ff.

AktG). Darüber hinaus kann (nur) bei nicht börsennotierten Gesellschaften – rechtspolitisch fragwürdig – das Stimmrecht durch Festlegung eines Höchstbetrags begrenzt werden (§ 134 I 2 AktG). Unter dem Aspekt der Treuepflicht von Minderheitsaktionären kann sich auch einmal eine Stimmpflicht ergeben.[348] Weiterhin kann das Stimmrecht in bestimmten Fällen beschränkt bzw. ausgeschlossen sein. So stehen der Gesellschaft aus *eigenen Aktien* keine Rechte zu (§ 71 b AktG). Stimmrechtsbeschränkungen können sich auch bei *Nichterfüllung von Pflichten* auf aktienrechtlicher (§ 20 AktG), kapitalmarktrechtlicher (§ 44 WpHG, zuvor § 28 WpHG aF) oder übernahmerechtlicher Grundlage (§ 59 WpÜG) ergeben. Stimmverbote spricht § 136 AktG für Fälle von *Interessenkollisionen* bei der Entlastung des Stimmrechtsinhabers aus, ebenso bei der Befreiung von einer Verbindlichkeit und der Geltendmachung von Ansprüchen gegen den Stimmrechtsinhaber. Ein allgemeines Stimmverbot wegen Interessenkollisionen ist im Verbandsrecht jedoch nicht anerkannt.[349] Somit unterscheidet sich die Rechtslage von der bei der GmbH (vgl. § 47 IV GmbHG). Probleme bereitet die Regelung des § 136 I AktG bei der Einschaltung Dritter. Im Rahmen solcher Dreiecksverhältnisse stellt sich die Frage der Zurechnung, wenn der Stimmverbotstatbestand nicht in Bezug auf den Aktionär, sondern einen ihm nahe stehenden Dritten verwirklicht wird. Hier entscheiden letztlich die Umstände des Einzelfalls.[350]

616   **aa)** Aktionäre können untereinander oder mit Dritten Vereinbarungen dergestalt treffen, dass die Stimme allgemein oder im Einzelfall in bestimmter Weise abzugeben ist. Solche *Stimmbindungsverträge* sind grundsätzlich zulässig und gültig,[351] soweit sie nicht unter § 136 II AktG fallen (Stimmbindung gegenüber AG oder Verwaltung) oder für ein bestimmtes Abstimmungsverhalten Vorteile gewährt oder versprochen werden. Im Fall eines solchen *Stimmrechtskaufs* liegt eine Ordnungswidrigkeit nach § 405 III Nr. 6 und 7 AktG vor. Eines den Stimmbindungsvertrag rechtfertigenden Grundes bedarf es nicht.[352] Aktionäre können auch *Stimmrechtskonsortien* bilden, indem sie sich gegenseitig zur gemeinsamen Ausübung ihres Stimmrechts zusammenschließen. Bei solchen Zusammenschlüssen handelt es sich um Gesellschaften bürgerlichen Rechts (§§ 705 ff. BGB). Auch kann in einem *Stimmrechtsausschlussvertrag* vereinbart werden, das Stimmrecht teilweise oder gänzlich nicht auszuüben.[353]

Stimmbindungsverträgen kommt grundsätzlich nur schuldrechtliche und nicht organisationsrechtliche Wirkung zu.[354] So ist die abgegebene Stimme trotz Verletzung des Stimmbindungsvertrags wirksam. Praktische Probleme ergeben sich in Bezug auf die Rechtsfolge, nämlich die gesellschaftsrechtliche Sanktionierung bindungsgemäßer oder bindungswidriger Stimmabgaben.[355]

617   **bb)** Die *Ausübung des Stimmrechts durch Dritte* kann zum einen im Wege der *Bevollmächtigung* in Textform geschehen (§ 134 III AktG, §§ 164 ff. BGB – Stimmrechtsvertreter). Zum anderen kann ein Dritter zur Ausübung im eigenen Namen *ermächtigt* werden (§ 129 III AktG, § 185 I BGB – Legitimationsübertragung).

Im letzteren Fall bleibt die Anonymität des dahinter stehenden Aktionärs gewahrt. Dies gilt jedoch auch für den Fall, dass der Bevollmächtigte für den, den es angeht, handelt (§ 129 II AktG).

Bei großen Aktiengesellschaften ist die persönliche Ausübung des Stimmrechts durch die Aktionäre in der Hauptversammlung nicht der Regelfall. In der Praxis fällt hier den

---

348 BGHZ 129, 136 ff. – Girmes.
349 *Raiser/Veil* KapGesR § 16 Rn. 78; aA *Hirte* KapGesR Rn. 3.264.
350 *K. Schmidt* GesR § 28 IV 4b dd (S. 851).
351 BGH AG 2014, 705; *Zöllner* ZHR 155 (1991), 168 (170). Dies ergibt sich auch im Umkehrschluss aus §§ 127 a, 136 II, 405 III Nr. 6 und 7 AktG.
352 So auch *Grunewald* GesR § 10 Rn. 133; aA *K. Schmidt* GesR § 28, IV 4b ee (S. 853).
353 *Hölters/Hirschmann* AktG § 133 Rn. 36.
354 Ein Verstoß gegen Stimmrechtsbindungsverträge hat nach Ansicht des BGH aber dann Auswirkungen auf korporationsrechtlicher Ebene, wenn sämtliche Gesellschafter an die Nebenabrede gebunden waren, BGH NJW 1983, 1910; *Noack,* Gesellschaftervereinbarungen bei Kapitalgesellschaften, 1994, 168 f.
355 Dazu *K. Schmidt* GesR § 28 IV 4b ee (S. 852).

Banken und sonstigen Kreditinstituten eine wichtige Rolle zu. Dabei müssen diese nicht selbst Aktionär sein. Vielmehr können sie aufgrund des sog. *Depotstimmrechts* auch Stimmrechte für Aktien wahrnehmen, die lediglich bei ihnen verwahrt sind (§ 135 AktG).[356] Dies ist aufgrund möglicher Interessenverflechtungen zwischen stimmrechtsausübenden Banken und Unternehmensverwaltung nicht unproblematisch.

Bei Inhaberaktien dürfen die Banken das Stimmrecht nur in dessen Namen und unter grundsätzlicher Benennung des Aktionärs ausüben, wenn der Aktionär eine diesbezügliche Vollmacht erteilt hat. Ansonsten wird das Stimmrecht für den, den es angeht, ausgeübt werden (§ 135 V 2 AktG). Der Aktionär ist dabei immer wieder auf sein Stimmrecht und auf andere Vertretungsmöglichkeiten aufmerksam zu machen und hat gegenüber dem Kreditinstitut ein Weisungsrecht (§ 135 I 6, II 3 AktG). Nimmt der Aktionär dieses Weisungsrecht nicht wahr, kann die Bank diesem eigene Abstimmungsvorschläge unterbreiten und diesen entsprechend abstimmen (§ 135 II, III AktG). Das Fehlen einer schriftlichen Vollmacht sowie das Handeln der Bank im eigenen Namen machen die Stimmabgabe unwirksam. Verstöße gegen § 135 AktG führen dagegen nicht zur Unwirksamkeit (§ 135 VII AktG), sondern können nur einen Schadensersatzanspruch begründen (§ 135 IX AktG). Die Einhaltung der §§ 128 und 135 AktG wird durch die Bundesanstalt für Finanzdienstleistungsaufsicht (BaFin) überwacht (§ 29 II 4 KWG).

Nach § 134 III 5 AktG kann auch die Gesellschaft selbst *benannte Vertreter* bevollmächtigen.[357] Hierbei besteht die Gefahr der Kontrolle der Gesellschaft durch sich selbst. Dies ähnelt dem amerikanischen »Proxy-Voting«.[358]

e) Besondere Probleme ergeben sich im Zusammenhang mit Mängeln der Beschlussfassung, den *fehlerhaften Beschlüssen.* **618**

aa) Nach den *allgemeinen Grundsätzen* des Privatrechts sind Rechtsgeschäfte, die gegen ein gesetzliches Verbot verstoßen, nach § 134 BGB nichtig. Da auch Beschlüsse Rechtsgeschäfte darstellen, käme deshalb bei jedem Gesetzesverstoß auch eine Nichtigkeit des Hauptversammlungsbeschlusses in Betracht. Die Folge wäre, dass auch noch Jahre nach Beschlussfassung – etwa über eine Verschmelzung – die Unwirksamkeit geltend gemacht werden könnte. Dies hätte eine große Rechtsunsicherheit zur Folge, weshalb das AktG die Rechtsfolge der Nichtigkeit auf einen kleinen Kreis besonders erheblicher Pflichtverstöße beschränkt (§ 241 AktG). Im Übrigen sind Beschlüsse lediglich anfechtbar (§ 243 AktG). Das Recht der fehlerhaften Beschlüsse ist dabei in keinem anderen Gesetz so detailliert geregelt wie im AktG. **619**

bb) Die Rechtsfolge der *Nichtigkeit* trifft nur die im Gesetz abschließend genannten Fälle besonders schwerwiegender Mängel. Zum einen sind dies die in § 241 Hs. 1 AktG genannten Fälle der Änderung der Kapitalstruktur sowie spezielle Nichtigkeitsgründe bei der Wahl zum Aufsichtsrat (§ 250 AktG) und bei der Verwendung des Bilanzgewinns (§ 253 AktG). Zum anderen betrifft dies die in § 241 Hs. 2 AktG aufgeführten Fälle. Mängel der Beurkundung (§ 241 Nr. 2 AktG) werden mit Eintragung ins Handelsregister nach § 242 I AktG geheilt. Eine Amtslöschung nach § 398 FamFG bleibt hingegen möglich.[359] Die Nichtigkeitsgründe des § 241 Nr. 1, 3 und 4 AktG können nach Ablauf von drei Jahren ab Eintragung nicht mehr geltend gemacht werden (§ 242 II AktG). Insgesamt sind Nichtigkeitsgründe vom Grundsatz her restriktiv zu bestimmen.[360] **620**

---

356 *K. Schmidt* GesR § 28 IV 4 d (S. 854).
357 *Noack,* FS Lutter, 2000, 1463 (1474 ff.); *Raiser/Veil* KapGesR § 16 Rn. 93.
358 *Hirte* KapGesR Rn. 3.241; Hölters/*Hirschmann* AktG § 134 Rn. 50 f.; *Schockenhoff* NZG 2015, 657 ff.
359 *Casper,* Die Heilung nichtiger Beschlüsse im Kapitalgesellschaftsrecht, 1998, 242 ff.
360 So auch *Hirte* KapGesR Rn. 3.282; *K. Schmidt* GesR § 28 IV 5 c (S. 857).

621 **cc)** Alle sonstigen Mängel führen zur *Anfechtbarkeit*, können also nur durch Anfechtungsklage (§ 246 I AktG) geltend gemacht werden (§§ 243, 251, 254, 255 AktG). Hierbei kann zwischen Verfahrensfehlern und Inhaltsfehlern differenziert werden.[361] Ein *Verfahrensfehler* liegt vor, wenn Gesetz oder Satzung beim Zustandekommen des Beschlusses verletzt werden.[362] In diesen Fällen war die Anfechtbarkeit lange Zeit ausgeschlossen, wenn die AG nur nachwies, dass der Anfechtungsgrund nicht für den Beschluss ursächlich war.[363] Gerade bei stabilen Mehrheitsverhältnissen lief so aber die entsprechende Verfahrensvorschrift leer. Denn dort gelang zumeist der Nachweis, dass bei Einhaltung der Vorschrift das Ergebnis ebenso ausgefallen wäre. Von dem Ursächlichkeitserfordernis ist die Rechtsprechung deshalb dahingehend abgewichen, dass maßgeblich ist, ob eine gewisse Relevanz[364] des Verfahrensverstoßes für das Mitwirkungsrecht des Aktionärs bestand. So kommt es etwa bei einer Auskunftsverweigerung darauf an, ob der tatsächliche Inhalt der verweigerten Auskunft einen objektiv urteilenden Aktionär von der Zustimmung zu einem Beschluss abgehalten hätte. Letztlich ist also eine wertende Betrachtung maßgeblich.

Die wesentlichen Verfahrensmängel lassen sich grob in Vorbereitungs- und Durchführungsmängel, die Verletzung von Informationspflichten sowie die fehlerhafte Feststellung des Abstimmungsergebnisses unterteilen.[365]

Ein *Inhaltsfehler* liegt demgegenüber vor, wenn der Beschluss nicht wegen seines Zustandekommens, sondern wegen eines inhaltlichen Verstoßes gegen Gesetz oder Satzung mangelhaft ist. Typische Inhaltsfehler sind der Verstoß gegen den Gleichbehandlungsgrundsatz oder die Treuepflicht.[366]

Bei Fehlern der Bemessung konzern- und umwandlungsrechtlicher Ausgleichs- und Abfindungsansprüche sowie von Umtauschverhältnissen (§§ 304 III, 305 V, 320b II, 327f I AktG, §§ 14 II, 36 I, 125, 195 II, 210 UmwG) sind diese in einem *Spruchverfahren* (SpruchG) zu überprüfen. In diesem Umfang ist das Anfechtungsrecht durch den spezielleren Rechtsschutz ausgeschlossen.

622 **dd)** Die *Anfechtungsklage* kann vom Anfechtungsbefugten (§ 245 AktG) nur binnen eines Monats *geltend gemacht* werden (§ 246 I AktG – materielle Ausschlussfrist). Die Klagebefugnis ist nicht an einen Mindestaktienbesitz gebunden. Auch muss der Kläger nicht geltend machen, durch den Beschluss in eigenen Rechten verletzt zu sein.[367] Ein stattgebendes Urteil des ausschließlich zuständigen Landgerichts (§ 246 III AktG) hat die rückwirkende Unwirksamkeit[368] *inter omnes* zur Folge. Der anfechtbare Beschluss kann aber auch nach § 244 AktG mit der Folge einer Wirksamkeit ex nunc[369] durch die Hauptversammlung bestätigt werden. Das Gericht kann einer Anfechtungsklage ebenfalls bei Vorliegen eines Nichtigkeitsgrundes stattgeben.[370]

Die *Nichtigkeitsklage* nach § 249 I AktG kann von Aktionären, dem Vorstand oder auch dem Aufsichtsrat geltend gemacht werden. Hierbei handelt es sich um eine Fest-

---

361 Hüffer/Koch/*Koch* AktG § 243 Rn. 11 ff., 20 ff.
362 Hölters/*Englisch* AktG § 243 Rn. 16.
363 BGHZ 36, 121 (139).
364 BGHZ 149, 158 (164 f.).
365 Hüffer/Koch/*Koch* AktG § 243 Rn. 14 ff. mwN.
366 MüKoAktG/*Hüffer/Schäfer* § 243 Rn. 44 f.; *K. Schmidt* GesR § 28 IV 5 d (S. 858).
367 BGHZ 70, 117 (118).
368 Henssler/Strohn/*Drescher* AktG § 241 Rn. 15.
369 BGHZ 157, 206 (210 f.); MüKoAktG/*Hüffer/Schäfer* § 244 Rn. 12 f.; Spindler/Stilz/*Würthwein* AktG § 244 Rn. 5 ff.
370 *K. Schmidt* GesR § 28 IV 5 e aa (S. 860).

stellungsklage iSv § 256 ZPO,[371] für welche die für die Anfechtungsklage nach §§ 246 ff. AktG maßgebenden Vorschriften entsprechend anzuwenden sind (§ 249 I 1 AktG).[372]

Einen Sonderfall stellt die Anfechtung eines ablehnenden Beschlusses dar. Hier geht es dem Kläger nicht nur darum, den angefochtenen Beschluss zu beseitigen, sondern soll auch der richtige Beschluss hergestellt werden (sog. Beschlussfeststellungsklage). Dabei handelt es sich um einen besonderen Antrag im Anfechtungsprozess.[373]

ee) Nicht selten zielt ein Kläger bei der Geltendmachung von Beschlussmängeln in 623
Wahrheit nur auf den *Abkauf seines Klagerechtes* vonseiten der AG ab.[374] Das Dilemma besteht aus Sicht der AG darin, dass ein Anfechtungs- oder Nichtigkeitsprozess das Unternehmen jahrelang blockieren kann, wenn der entsprechende Beschluss einen wichtigen Bestandteil der Unternehmenspolitik betrifft. Vermag der Vorstand nicht die zur Umsetzung des Beschlusses erforderliche Erklärung zu erteilen, dass keine Anfechtung erfolgt oder diese rechtskräftig abgewiesen worden ist (*Negativerklärung*, §§ 319 V, 320 I 3 AktG für die Eingliederung; § 16 II UmwG für die Verschmelzung und entsprechend für weitere Formen der Umwandlung[375]), besteht aufseiten des klagenden Aktionärs ein nicht unerhebliches Erpressungspotential. In solchen Fällen führt eine fristgerecht erhobene Klage de facto zu einer Registersperre; das Registergericht ist dann an einer Eintragung des Beschlusses gehindert.

(1) Das Registergericht muss einen angemeldeten Beschluss aber im Interesse der Ge- 624
sellschaft trotz noch anhängiger Klage eintragen, wenn diese »zweifelsfrei ohne Erfolgsaussicht [ist] …, weil die Rechtsmissbräuchlichkeit der Klage offensichtlich ist«.[376] Dass eine *Klage* unter bestimmten Voraussetzungen *rechtsmissbräuchlich* sein kann, ist unstreitig.[377] Während das RG einen Missbrauch erst annahm, wenn die Straftatbestände der Nötigung oder Erpressung erfüllt waren, verlangt der II. Zivilsenat des BGH lediglich, dass der Kläger »die verklagte Gesellschaft in grob eigennütziger Weise zu einer Leistung [veranlasst], auf die er keinen Anspruch hat und billigerweise auch nicht erheben kann«.[378] Für die Anfechtungsklage hat der Rechtsmissbrauch zur Folge, dass diese wegen fehlender Klagebefugnis als unbegründet abgewiesen wird.[379] Hingegen ist die Nichtigkeitsklage als unzulässig zu verwerfen,[380] weil ihr nicht die Ausübung eines Gestaltungsrechts zugrunde liegt, sondern eine Feststellungsklage.

Gleichwohl bleibt die Grenze zwischen legitimer Vergleichsverhandlung und missbräuchlicher Forderung im Einzelfall unklar. Entscheidend ist eine Gesamtbetrachtung. Stellt sich das Handeln des Anfechtungsklägers danach als rechtsmissbräuchlich dar, muss er mit Schadensersatzforderungen der AG nach § 826 BGB rechnen.[381]

---

371 *Raiser/Veil* KapGesR § 16 Rn. 108; *Hüffer/Koch/Koch* AktG § 249 Rn. 10; aA *K. Schmidt* GesR § 28 IV 5c und e cc (S. 858 und 861), der die Nichtigkeitsklage im Gegensatz zur allgemeinen Feststellungsklage näher an der Anfechtungsklage sieht, zumal beide für und gegen jedermann gelten.
372 Ausf. zu den Klagevoraussetzungen *K. Schmidt* GesR § 28 IV 5e und f (S. 859 ff.).
373 *K. Schmidt* GesR § 28 IV 5e aa (S. 860).
374 *Timm*, Mißbräuchliches Aktionärsverhalten, 1990, 1 ff.
375 IVm §§ 36 I, 125, 176 I, 177 UmwG.
376 BGHZ 112, 9 (23 f.); *K. Schmidt* GesR § 28 IV 5g (S. 865 f.).
377 BGHZ 107, 296 ff. – Kochs Adler; *Hirte* KapGesR Rn. 3.294 ff.
378 BGHZ 107, 296 (311) – Kochs Adler; BGH NJW 1992, 569 (570) – Deutsche Bank.
379 BGHZ 122, 211 (215 f.).
380 OLG Stuttgart NJW-RR 2001, 970 (971).
381 LG Frankfurt a. M. BB 2007, 2362 ff.

625 (2) Rechtssicherheit könnte *de lege ferenda* ein vom Aktionär durchzuführendes Vorverfahren bieten, in dem die Rechtsmissbräuchlichkeit überprüft wird. Insbesondere kommt die Konzentration aktienrechtlicher Anfechtungsklagen bei einzelnen Gerichten in Betracht.[382]

In besonders sensiblen Bereichen hat sich der Gesetzgeber dafür entschieden, die Registersperre durch ein spezielles Freigabe- oder auch Unbedenklichkeitsverfahren in Form eines Eilverfahrens zu überwinden. Dies betrifft die Eingliederung (§ 319 VI AktG), die meisten Umwandlungsarten (§ 16 III UmwG gegebenenfalls iVm §§ 36 I, 125, 176 I, 177 UmwG) sowie Hauptversammlungsbeschlüsse über Maßnahmen der *Kapitalbeschaffung oder -herabsetzung* bzw. einen *Unternehmensvertrag* (§§ 246a, 249 I AktG). Voraussetzung für eine Eintragung des Beschlusses trotz erhobener Klage sind die Unzulässigkeit, die offensichtliche Unbegründetheit der Klage oder ein Überwiegen des Interesses der Gesellschaft.[383] Gegebenenfalls steht dem Kläger aber ein Schadensersatzanspruch zu (§ 16 III 10 UmwG, §§ 246a IV 1, 319 VI 10 AktG). Aktionäre mit Anteilen im Nennwert von weniger als 1.000 EUR werden ausschließlich auf diesen Schadenersatzanspruch verwiesen. Es ist ihnen nicht möglich, den Beschluss aufzuhalten (§ 16 III 3 Nr. 2 UmwG, §§ 246a II Nr. 2, 319 VI 3 Nr. 2 AktG). Die Dauer des Freigabeverfahrens wird durch die nach § 16 III 7 UmwG, §§ 246a I 3, 319 VI 7 AktG alleinige Zuständigkeit des Oberlandesgerichts verkürzt. Somit ist das von Berufsklägern früher verwandte Druckmittel des Zeitaufwands entschärft.[384]

V. Finanzverfassung

1. Grundlagen

Eine AG kann sich nur wirtschaftlich betätigen, wenn ihr das dafür erforderliche Kapital zur Verfügung steht. Dies gilt insbesondere für kapitalintensive Vorhaben wie die Entwicklung und Einführung neuer Produkte, die Erschließung neuer Märkte oder die Übernahme anderer Unternehmen. In erster Linie können thesaurierte, das heißt nicht ausgeschüttete Gewinne zur Deckung des Kapitalbedarfs genutzt werden *(Innenfinanzierung)*. Darüber hinaus kann auf externe Kapitalgeber zurückgegriffen werden *(Außenfinanzierung)*. Dabei lässt sich nach der Art des aufgenommenen Kapitals zwischen Eigen- und Fremdkapital differenzieren. Finanzierungsinstrumente, die sowohl eigen- als auch fremdkapitaltypische Merkmale aufweisen, werden als »Mezzanine-Kapital« bezeichnet.[385] Die aktienrechtliche Finanzverfassung ist als rechtlicher Rahmen für die verschiedenen Finanzierungsmaßnahmen zu verstehen.

2. Kapitalaufbringung

626 a) Die Vorschriften zur Kapitalaufbringung und -erhaltung sind als *Ausgleich für den Ausschluss der persönlichen Aktionärshaftung* (vgl. § 1 I 2 AktG) zu begreifen. Nach deutschem Rechtsverständnis ist den Gläubigern eine Haftungsprivilegierung nur zuzumuten, wenn ihnen im Gegenzug ein festes Grundkapital als Haftungsmasse zur Verfügung steht.[386] Die Höhe des Grundkapitals der AG wird durch die Satzung be-

---

382 *Habersack/Stilz* ZGR 2010, 710 ff.; *Baums/Drinhausen* ZIP 2008, 135 ff.; *Saenger* AG 2002, 536 (540 ff.).

383 § 16 III 3 Nr. 1, 3 UmwG, §§ 246a II Nr. 1, 3 und 319 VI 3 Nr. 1, 3 AktG.

384 Zur Wirksamkeit der Regelungen des Gesetzes zur Umsetzung der Aktionärsrechterichtlinie (ARUG) zum Schutz vor räuberischen Aktionären *R. Koch/Wackerbeck* ZIP 2009, 1603.

385 Teilweise wird hier auch von hybriden Finanzierungsinstrumenten gesprochen, vgl. dazu *Gleske/Laudenklos* in Eilers/Rödding/Schmalenbach, Unternehmensfinanzierung, 2. Aufl. 2014, D. Rn. 1.

386 Ähnlich *Koch* GesR § 32 Rn. 1; zu Reformüberlegungen vgl. *Kleindiek* BB-Special 5 2007, 2.

stimmt; sein Nennbetrag muss gem. § 7 AktG mindestens 50.000 EUR betragen. Die Vorschriften zur Kapitalaufbringung sollen sicherstellen, dass die Einlagen der Aktionäre der AG wirtschaftlich vollwertig, endgültig und in Höhe ihres Ausgabebetrages zufließen. Dies gilt bei der Gründung, bei einer Kapitalerhöhung (§ 188 II 1 AktG) und bei einem Formwechsel (§ 197 UmwG) gleichermaßen. Das Grundkapital kann durch Bareinlagen und bei einer entsprechenden Regelung in der Satzung auch durch Sacheinlagen (§ 27 AktG) aufgebracht werden. Zur Sicherung der realen Kapitalaufbringung sieht das Gesetz verschiedene Schutzmechanismen vor (→ Rn. 530).

b) Nach § 9 I AktG dürfen Aktien nicht für einen geringeren Betrag als den Nenn- **627** betrag oder den auf die einzelne Stückaktie entfallenden anteiligen Betrag des Grundkapitals ausgegeben werden *(geringster Ausgabebetrag)*. Die Höhe des Ausgabebetrages ergibt sich aus der Übernahmeerklärung in der Gründungsurkunde (§ 23 II Nr. 2 AktG). Wird gegen dieses *Verbot der Unterpari-Emission* verstoßen, ist die Übernahmeerklärung nach § 134 BGB nichtig und das Registergericht hat die Eintragung in das Handelsregister nach § 38 I 2 AktG abzulehnen.[387] Wird die Eintragung trotz des Gründungsmangels vorgenommen, entsteht die AG wirksam und sind die Gründer verpflichtet, den geringsten Ausgabebetrag einzuzahlen.[388]

c) Vor der Anmeldung der AG zur Eintragung in das Handelsregister muss mindes- **628** tens ein Viertel des geringsten Ausgabebetrages und bei einer *Überpari-Emission* auch der Mehrbetrag (Agio) in gesetzlichen Zahlungsmitteln (Barzahlung) oder durch Gutschrift auf ein Konto der Gesellschaft oder des Vorstands eingezahlt werden (§§ 36 II, 36a I, 54 III AktG). Nach § 54 III 1 AktG setzt die Erfüllung der Einlagepflicht weiterhin voraus, dass der eingeforderte Betrag dem Vorstand zur freien Verfügung steht. Der Einlageschuldner muss seine Verfügungsmacht an den eingezahlten Mitteln aufgeben und dem Vorstand die Möglichkeit verschaffen, nach eigenem Ermessen im Rahmen seiner Verantwortlichkeit (§§ 76, 93 AktG) über die Einlage zu verfügen.[389] Ungeklärt ist in diesem Zusammenhang, ob zwischen dem Einleger und dem Vorstand getroffene Verwendungsabreden der freien Verfügbarkeit entgegenstehen.[390] Unzulässig sind in jedem Fall Abreden, die dem Interesse des Einlegers an einer auch nur mittelbaren Rückführung der Einlagen dienen.[391]

Umstritten ist, ob der Vorstand bereits vor der Handelsregisteranmeldung über die ihm ordnungsgemäß zugeflossenen Mittel verfügen darf. Teilweise wird aus der (an § 54 III 1 AktG angelehnten) Formulierung in § 36 II AktG, dass die Anmeldung erst erfolgen darf, wenn der eingeforderte Betrag, soweit er nicht bereits zur Bezahlung der bei der Gründung angefallenen Steuern und Gebühren verwandt wurde, endgültig zur freien Verfügung des Vorstands steht, geschlossen, dass die Einlagen bis zur Handelsregisteranmeldung auf einem Sonderkonto zu thesaurieren sind.[392] Die heute hM geht dagegen von einer Dispositionsbefugnis des Vorstands unter dem *Vorbehalt wertgleicher Deckung* aus. Die Einlagen dürfen

---

387 K. Schmidt/Lutter/*Ziemons* AktG § 9 Rn. 8.
388 Hüffer/Koch/*Koch* AktG § 9 Rn. 6; Spindler/Stilz/*Vatter* AktG § 9 Rn. 15.
389 OLG Frankfurt a. M. AG 1991, 402 (403); Hüffer/Koch/*Koch* AktG § 36 Rn. 7; K. Schmidt/Lutter/ *Kleindiek* AktG § 36 Rn. 20; Spindler/Stilz/*Cahn/v. Spannenberg* AktG § 54 Rn. 71; MHdB GesR IV/*Rieckers* § 16 Rn. 6. Einen Überbl. über Fälle, in denen die freie Verfügbarkeit zu verneinen ist, gibt Spindler/Stilz/*Döbereiner* AktG § 36 Rn. 20.
390 Spindler/Stilz/*Cahn/v. Spannenberg* AktG § 54 Rn. 77; MHdB GesR IV/*Rieckers* § 16 Rn. 7.
391 BGHZ 113, 335 (347) (zur GmbH).
392 Kölner Komm AktG/*Kraft*, 2. Aufl. 1988, § 36 Rn. 32; zur GmbH BayObLG NJW 1988, 1599.

vom Vorstand also verwendet werden, wenn der Gesellschaft Vermögensgegenstände von gleichem Wert zufließen und diese auch noch bei Anmeldung vorhanden sind.[393] Beide Auffassungen berücksichtigen aber nicht konsequent, dass das *Vorbelastungsverbot* nicht mehr Bestandteil des Kapitalgesellschaftsrechts ist.[394] Denn das Erfordernis eines gegenständlichen oder wertmäßigen Erhalts der Einlage ist in der Sache eine Ausprägung dieses Verbots. Nach geltendem Verständnis ist die reale Kapitalaufbringung vielmehr über das Rechtsinstitut der *Unterbilanzhaftung* sicherzustellen (→ Rn. 543).[395] Die Mittel müssen vorbehaltlos, ohne Rückflussvereinbarungen und ohne Verwendungsabreden eingezahlt werden.[396] Liegt das Gesellschaftsvermögen im Zeitpunkt der Anmeldung unter der Grundkapitalziffer, muss die Differenz deshalb durch die Gesellschafter ausgeglichen werden; zuvor darf das Registergericht nicht eintragen.[397]

629   **d)** Zentrale Vorschrift im Kapitalaufbringungsrecht der AG ist § 66 AktG. Danach können die Aktionäre von ihrer Leistungspflicht nach § 54 AktG nicht befreit werden. Von dem *Befreiungsverbot* sind alle Einlagepflichten aus der Gründung und aus späteren Kapitalerhöhungen sowie die in § 66 II AktG genannten Verpflichtungen der Aktionäre erfasst.[398] Verboten sind alle Rechtsgeschäfte, die im Fall ihrer Wirksamkeit die Ansprüche der AG nach Grund, Höhe, Inhalt oder Leistungszeitpunkt beeinträchtigen würden.[399]

> **Beispiele:** Erlassvertrag (§ 397 I BGB), negatives Schuldanerkenntnis (§ 397 II BGB), Annahme einer Leistung an Erfüllungs statt (§ 364 I BGB) und Stundung.[400]

Ein Verstoß gegen das Befreiungsverbot hat nach § 134 BGB die Nichtigkeit sowohl des Verpflichtungs- als auch des Verfügungsgeschäfts zur Folge.[401] § 66 I 2 AktG stellt darüber hinaus das Verbot auf, *gegen* eine in § 66 AktG genannte Forderung aufzurechnen. Zu unterscheiden ist danach, wer die Aufrechnung erklärt. Während die Aufrechnung durch einen Aktionär in jedem Fall verboten und gem. § 134 BGB nichtig ist, bleibt die AG grundsätzlich berechtigt, mit einer durch § 66 AktG geschützten Forderung aufzurechnen.[402] Aus dem Befreiungsverbot (§ 66 I 1 AktG) ergibt sich allerdings einschränkend, dass die Forderung des Aktionärs vollwertig, fällig und liquide sein muss.[403] Eine Aufrechnung mit der auf die gesetzliche Mindesteinzahlung nach § 36a I AktG gerichteten Forderung ist stets unzulässig, weil der zu leistende Mindestbetrag im Fall der Aufrechnung nicht zur freien Verfügung des Vorstands steht.[404]

630   **e)** Das Grundkapital kann durch Bar- oder Sacheinlagen aufgebracht werden. § 27 I 1 AktG definiert *Sacheinlagen* als solche, die nicht durch Einzahlung des Ausgabebetrages der Aktien zu leisten sind. Die Vorschrift spricht von *Sachübernahmen*, wenn die Gesellschaft vorhandene oder herzustellende Anlagen oder andere Vermögensgegenstände übernehmen soll. Der Unterschied liegt in der Art der Gegenleistung, die der Aktionär

---

393 BGHZ 119, 177 (187 f.); ihm folgend Hüffer/Koch/*Koch* § 36 Rn. 11; Spindler/Stilz/*Döbereiner* § 36 Rn. 23; MüKoAktG/*Pentz* § 36 Rn. 79. Für die Kapitalerhöhung bei einer GmbH hat der BGH diese Rspr. wieder aufgegeben, vgl. BGHZ 150, 197 (198 f.).
394 Vgl. dazu BGHZ 80, 129 (133 ff.).
395 GroßkommAktG/*Schall* § 36 Rn. 80.
396 GroßkommAktG/*Schall* § 36 Rn. 89.
397 K. Schmidt/Lutter/*Kleindiek* § 36 Rn. 33 f.; *Lutter* NJW 1989, 2649 (2655).
398 MHdB GesR IV/*Rieckers* § 16 Rn. 25.
399 Hüffer/Koch/*Koch* § 66 Rn. 3.
400 Zu weiteren Fällen vgl. Spindler/Stilz/*Cahn* § 66 Rn. 8 ff.
401 Hüffer/Koch/*Koch* § 66 Rn. 14.
402 MHdB GesR IV/*Rieckers* § 16 Rn. 29.
403 RGZ 94, 61 (63); 134, 262 (268); Hüffer/Koch/*Koch* § 66 Rn. 6.
404 MHdB GesR IV/*Rieckers* § 16 Rn. 30.

für den Vermögensgegenstand erhält. Bei einer Sacheinlage besteht sie in Aktien, bei einer Sachübernahme in einer anderen Gegenleistung.[405] Soll diese nicht in Aktien bestehende Gegenleistung auf die Einlage eines Aktionärs angerechnet werden, gilt dies ebenfalls als Sacheinlage (§ 27 I 2 AktG). Einlagefähig sind in beiden Fällen nur Vermögensgegenstände, deren wirtschaftlicher Wert feststellbar ist (§ 27 II AktG).[406] Verpflichtungen zu Dienstleistungen können nicht Sacheinlagen oder Sachübernahmen sein.[407]

Sacheinlagen bergen Risiken für die Gläubiger der zu gründenden AG, da ihr Grundkapital durch möglicherweise nicht ausreichend werthaltige Sachwerte schon vor der Entstehung der AG ausgehöhlt werden kann.[408] Zum Schutz der späteren Aktionäre und Gläubiger vor einer Bereicherung der Gründer sieht § 27 I 1 AktG vor, dass Sacheinlagen und Sachübernahmen zunächst in der Satzung festzuhalten sind *(Satzungspublizität)*, damit sie für andere Aktionäre und Gläubiger erkennbar werden. Eine Gefahr für die Interessen dieser Personen liegt vor allem in der Überbewertung von Sachwerten. Dies gilt insbesondere, wenn ein Gründer seine Einlage durch eine real weitgehend wertlose Sache erbringt, die aber nominell dem Wert seiner Einlagepflicht entspricht. Um dies zu verhindern, sind im Gründungsbericht die Umstände darzulegen, von denen die Angemessenheit der Leistungen für Sacheinlagen und Sachübernahmen abhängt (§ 32 II AktG). Zudem ist der Gründungsbericht grundsätzlich nach § 33 II Nr. 4 AktG durch unabhängige und vom Gericht bestellte Gründungsprüfer daraufhin zu kontrollieren, ob als Einlage geleistete oder übernommene Sachen korrekt bewertet wurden (§ 34 I Nr. 2, II AktG). Zusätzlich sind Sacheinlagen anders als Bareinlagen schon vor der Eintragung vollständig zu leisten (§ 36a II 1 AktG). Stellen die Gründungsprüfer im Bericht fest, dass der Wert der Sacheinlagen oder Sachübernahmen nicht unwesentlich hinter dem geringsten Ausgabebetrag der dafür zu gewährenden Aktien oder dem Wert der dafür zu gewährenden Leistungen zurückbleibt, oder ist das Gericht dieser Meinung, kann es nach § 38 II 2 AktG die Eintragung der AG ablehnen. Ergibt sich trotz dieser Sicherungsmechanismen im Nachhinein, dass die eingebrachten Sachen weniger wert waren als die übernommene Einlagepflicht, muss der Aktionär, der die überbewertete Sache eingebracht hat, die Differenz in bar zahlen *(Differenzhaftung)*.[409] Eine Liberalisierung des Sacheinlagerechts ist durch das ARUG[410] erfolgt. Insbesondere kann nach § 33a AktG unter gewissen Voraussetzungen auf eine externe Werthaltigkeitsprüfung verzichtet werden.[411] Gemäß § 37a AktG ist dies allerdings in der Anmeldung zu erklären und der Gegenstand der Sacheinlage bzw. Sachübernahme zu beschreiben. Das Gericht prüft in diesem Fall gem. § 38 III 1 AktG lediglich das Vorliegen der Voraussetzungen des § 37a AktG.

f) Einer Umgehung der Sachgründungsvorschriften stehen die Vorschriften zur Nachgründung (§§ 52, 53 AktG) und das von der Rechtsprechung entwickelte und inzwischen in § 27 III AktG kodifizierte Rechtsinstitut der verdeckten Sacheinlage entgegen. **631**

aa) Von einer *Nachgründung* spricht man, wenn die AG in den ersten zwei Jahren nach ihrer Eintragung mit einem Gründer oder einem mit mehr als zehn vom Hundert des Grundkapitals beteiligten Aktionär einen Vertrag schließt, nach dem sie Vermögensgegenstände für eine den zehnten Teil des Grundkapitals übersteigende Vergütung erwerben soll (§ 52 I AktG). Bei Vorliegen einer Nachgründung sieht das Gesetz ein dem Sachgründungsverfahren ähnliches Verfahren vor, welches verhindern soll, dass die strengen Vorschriften zur Sachgründung dadurch umgangen werden, dass die Gesellschaft im Wege der Bargründung errichtet wird und im Nachhinein in einem nicht **632**

---

405 MHdB GesR IV/*Hoffmann-Becking* § 4 Rn. 1.

406 Zur Bewertbarkeit K. Schmidt/Lutter/*Bayer* AktG § 27 Rn. 10ff.

407 BGHZ 184, 158 (163f.) = NJW 2010, 1747 (1748f.) – Eurobike; BGHZ 180, 38 (41f.) = NJW 2009, 2375 (2376) – Qivive.

408 Hüffer/Koch/*Koch* AktG § 27 Rn. 1; MüKoAktG/*Pentz* § 27 Rn. 6; K. Schmidt/Lutter/*Bayer* AktG § 27 Rn. 3; *Hirte* KapGesR Rn. 5.52ff.

409 BGHZ 64, 52 (62); 118, 83 (101).

410 Gesetz zur Umsetzung der Aktionärsrechterichtlinie (ARUG) v. 30.7.2009 (BGBl. 2009 I 2479).

411 Dazu näher *Seibert/Florstedt* ZIP 2008, 2145 (2150); *Böttcher* NZG 2008, 481 (481f.) (zum Referentenentwurf).

unerheblichen Umfang Vermögensgegenstände übernehmen soll.[412] Eine Umgehung kann allerdings ausgeschlossen werden, wenn der Erwerb der Vermögensgegenstände im Rahmen der laufenden Geschäfte der Gesellschaft erfolgt.[413] In einem solchen Fall finden die Nachgründungsvorschriften keine Anwendung (§ 52 IX AktG). Das Nachgründungsverfahren sieht im Wesentlichen vor, dass der Erwerbsvertrag *(Nachgründungsvertrag)* der Schriftform (§ 52 II 1 AktG) und der Zustimmung der Hauptversammlung mit einer Mehrheit von mindestens drei Vierteln des bei der Beschlussfassung vertretenen Grundkapitals (§ 52 I, V AktG) bedarf. Außerdem hat der Aufsichtsrat den Vertrag vor der Beschlussfassung der Hauptversammlung zu prüfen und einen schriftlichen Bericht *(Nachgründungsbericht)* zu erstatten (§ 52 III AktG). Eine weitere Prüfung hat durch einen gerichtlich bestellten Gründungsprüfer zu erfolgen (§ 52 IV 1 AktG), wobei von dieser externen Prüfung gem. § 52 IV 3 AktG unter den Voraussetzungen des § 33 a AktG abgesehen werden kann.[414] Für diesen Fall bestimmt § 52 VI 3 AktG, dass § 37 a AktG entsprechend gilt und somit in der Anmeldung eine Erklärung des Verzichts zu erfolgen hat. Nach §§ 52 VII 2, 38 III 1 AktG prüft das Gericht dann lediglich das Vorliegen der Erklärung nach § 37 a AktG. Der Nachgründungsvertrag erlangt schließlich durch die Eintragung in das Handelsregister Wirksamkeit (§ 52 I AktG).

In den Fällen *wirtschaftlicher Neugründung* in Form von Vorrats- oder Mantelgründungen bedient sich der Gründer bei Aufnahme unternehmerischer Tätigkeit einer bereits existierenden Gesellschaft. Dies wird zumindest bei Offenlegung der Neugründung für zulässig erachtet.[415] Ob und in welchem Umfang auch in einem solchen Fall die aktienrechtlichen Normen zur Sachgründung Anwendung finden, ist nicht abschließend geklärt (zur Rechtslage in der GmbH → Rn. 748 ff.).[416] Überwiegend geht man aber von einer Übertragbarkeit der Rechtsprechung zur GmbH aus und wendet § 52 AktG auch auf Vorrats-AG und Mantelkauf an.[417]

633 **bb)** Ebenfalls dem Schutz vor einer Umgehung der Kapitalaufbringungsvorschriften dient das von der Rechtsprechung entwickelte Institut der *verdeckten Sacheinlage*.[418] § 27 III 1 AktG definiert die *verdeckte Sacheinlage,* die auch verschleierte Sacheinlage genannt wird, als Geldeinlage eines Aktionärs, welche bei wirtschaftlicher Betrachtung und aufgrund einer im Zusammenhang mit der Übernahme der Geldeinlage getroffenen Abrede vollständig oder teilweise als Sacheinlage zu bewerten ist.[419] In objektiver Hinsicht muss durch die Verbindung von Geldeinlage und Sachgeschäft ein Erfolg bewirkt werden, der wirtschaftlich einer Sacheinlage entspricht. Regelmäßig erhält die

---

412 Henssler/Strohn/*Wardenbach* AktG § 52 Rn. 1.
413 Vgl. zur Auslegung des Begriffes der »laufenden Geschäfte« Spindler/Stilz/*Heidinger* AktG § 52 Rn. 17 ff.
414 S. 3 eingefügt durch das Gesetz zur Umsetzung der Aktionärsrechterichtlinie (ARUG) v. 30.7.2009 (BGBl. 2009 I 2479).
415 MüKoAktG/*Pentz* § 23 Rn. 89 ff.; Hüffer/Koch/*Koch* AktG § 23 Rn. 25; Hölters/*Solveen* AktG § 23 Rn. 45; Spindler/Stilz/*Limmer* AktG § 23 Rn. 46 ff.
416 S. hierzu *Heinze* BB 2012, 67.
417 Spindler/Stilz/*Heidinger* AktG § 52 Rn. 45; Hölters/*Solveen* AktG § 52 Rn. 21; für den Mantelkauf ebenso MüKoAktG/*Pentz* § 52 Rn. 6. Zum Beginn des Zweijahreszeitraums s. Spindler/Stilz/*Heidinger* AktG § 52 Rn. 38 bzw. MüKoAktG/*Pentz* § 23 Rn. 114.
418 Dazu *Weng* DStR 2012, 862; *Müller* NZG 2011, 761. Zum umstr. Verhältnis zu den Vorschriften der Sachgründung vgl. Spindler/Stilz/*Heidinger* AktG § 52 Rn. 58 ff.
419 So bereits BGHZ 155, 329 (334); 170, 47 (51); 173, 145 (152).

Gesellschaft hierbei einen sacheinlagefähigen Gegenstand, während die Geldeinlage des Aktionärs durch eine Zahlung in umgekehrter Richtung aufgehoben wird.[420] Ausreichend für den subjektiven Tatbestand ist es, wenn sich die Beteiligten bei Feststellung der Satzung darüber einig sind, dass der Gründer der Gesellschaft im Ergebnis keine Bareinlage, sondern eine andere Leistung zuwenden soll.[421] Nicht erforderlich ist hingegen die Absicht, die Sacheinlagevorschriften zu umgehen.[422] Das Vorliegen einer entsprechenden Abrede wird grundsätzlich vermutet, wenn zwischen der Bareinlage und dem jeweiligen Rechtsgeschäft ein enger zeitlicher (bis etwa sechs Monate[423]) und sachlicher Zusammenhang besteht.[424] Liegen die Voraussetzungen einer verdeckten Sacheinlage vor, treten für den jeweiligen Gründer einschneidende Rechtsfolgen ein. Er muss zum einen seine Einlage gem. § 27 III 1 AktG nochmals erbringen. Die von ihm erbrachte Geldleistung wirkt nämlich nicht befreiend, da sie nicht gem. § 36 II AktG endgültig zur freien Verfügung des Vorstands geleistet wurde.[425] Nach § 27 III 2 AktG sind die die Sacheinlage betreffenden Verträge sowie die zu ihrer Ausführung erforderlichen Rechtshandlungen im Gegensatz zur früheren Rechtslage jedoch nicht unwirksam.[426] Vielmehr wird auf die weiterhin bestehende Geldeinlagepflicht des Aktionärs der Wert des Vermögensgegenstandes im Zeitpunkt der Handelsregisteranmeldung oder, falls die Überlassung an die Gesellschaft später erfolgt, der Wert in diesem Zeitpunkt angerechnet. Eine Anrechnung noch vor Eintragung in das Handelsregister erfolgt allerdings nicht. Bezüglich der Werthaltigkeit des Vermögensgegenstandes trägt der Aktionär die Beweislast (§ 27 III 3–5 AktG).

> In **Fall i** ist ein Anspruch auf Zahlung von 50.000 EUR mit der Übernahme der Aktien entstanden (§ 54 I AktG). Der Zahlung des A kommt nur dann Erfüllungswirkung (§ 362 I BGB) zu, wenn der Betrag endgültig zur freien Verfügung des Vorstands (§ 36 II 1 AktG) geleistet worden ist. Dies ist zu verneinen, wenn die Voraussetzungen einer verdeckten Sacheinlage vorliegen. In objektiver Hinsicht ist dafür erforderlich, dass die gesetzlichen Regeln dadurch umgangen werden, dass zwar eine Bareinlage vereinbart wird, die Gesellschaft aber bei wirtschaftlicher Betrachtung einen Sachwert erhalten soll. In der hier vorliegenden Hin- und Herzahlung von Bareinlage und Kaufpreis ist eine solche Umgehung zu sehen. In subjektiver Hinsicht fordert die hM eine Abrede, nach der die Gesellschaft anstelle der Geldeinlage einen Sachwert erhalten soll. Ob eine solche Abrede bei Gründung vorlag, kann hier nicht festgestellt werden. Bei Vorliegen eines zeitlichen und sachlichen Zusammenhangs zwischen Zahlung der Bareinlage und dem jeweiligen Rechtsgeschäft wird eine entsprechende Abrede jedoch vermutet. Ein solcher Zusammenhang ist bei einem Rechtsgeschäft zu bejahen, das lediglich zwei Monate nach der Einzahlung getätigt wird. Eine Abrede ist daher zu vermuten. Folglich ist die Einlageverpflichtung des A nicht durch Erfüllung erloschen. Nach § 27 III 2 AktG sind die Verträge über die Sacheinlage und die Rechtshandlungen zu ihrer Ausführung nicht unwirksam. Eine verdeckte Sacheinlage befreit den Aktionär zwar nicht von seiner Einlageverpflichtung, doch wird auf diese der Wert des Vermögensgegenstandes angerechnet, sodass sich die noch zu leistende Zahlung entsprechend reduziert. § 52 AktG ist nicht einschlägig, da die Schwelle von 10% des Grundkapitals nicht erreicht wird.[427] Nach

---

420 Spindler/Stilz/*Benz* AktG § 27 Rn. 132.
421 MüKoAktG/*Pentz* § 27 Rn. 99.
422 BGHZ 110, 47 (63 ff.).
423 OLG Köln NJW-RR 1999, 1262 (zur GmbH); MüKoAktG/*Pentz* § 27 Rn. 104; K. Schmidt/Lutter/*Bayer* AktG § 27 Rn. 66.
424 BGHZ 170, 47 (58); zur GmbH BGHZ 125, 141 (143 f.); 132, 133 (139).
425 MüKoAktG/*Pentz* § 27 Rn. 111.
426 Vor Inkrafttreten des ARUG war die Übertragung des Sachwertes nach § 27 III 1 AktG aF sowohl in schuldrechtlicher als auch in dinglicher Hinsicht nichtig.
427 Weiterführend zum Verhältnis von § 27 III AktG zu § 52 AktG Spindler/Stilz/*Benz* AktG § 27 Rn. 114 ff.

§ 63 II 1 AktG steht der X-AG weiterhin ein Anspruch auf Verzinsung der Einlageforderung iHv fünf Prozent zu. Hinzukommen können Schadensersatzansprüche, etwa auf Ersatz eines Verzugsschadens nach §§ 286 ff. BGB (§ 62 II 2 AktG), welche der Insolvenzverwalter ebenfalls geltend machen kann.

3. Kapitalerhaltung

634 Die Kapitalerhaltungsvorschriften sollen verhindern, dass das einmal aufgebrachte Kapital außerhalb des vom Gesetz dafür vorgesehenen Verfahrens (vgl. §§ 57 III, 59 AktG) wieder an die *Aktionäre* zurückfließt. Dies dient dem Schutz der Gläubiger, denen nur das Gesellschaftsvermögen als Haftungsmasse zur Verfügung steht. Anderweitigen Vermögensverlusten stehen die Kapitalerhaltungsvorschriften hingegen nicht entgegen. So lässt sich nicht verhindern, dass das Grundkapital im Rahmen der Geschäftstätigkeit der AG verringert oder gar vollständig aufgezehrt wird.

635 **a)** Wichtigstes Instrument im System der Kapitalerhaltung ist das *Verbot der Einlagenrückgewähr.*

636 **aa)** Dabei kommt § 57 AktG als zentraler Vorschrift besondere Bedeutung zu. Die Norm bestimmt, dass Aktionären Einlagen nicht zurückgewährt (Abs. 1 S. 1) und keine Zinsen zugesagt oder ausgezahlt werden dürfen (Abs. 2). Der Wortlaut der Vorschriften beschreibt die Reichweite des Verbots indes nur unzureichend. Aufschluss gibt insoweit § 57 III AktG, wonach unter den Aktionären nur der Bilanzgewinn verteilt werden darf. Es soll also nicht nur verhindert werden, dass den Aktionären gerade ihre nach § 54 AktG geleistete Einlage zurückgezahlt wird. Die Regelung über die zwingende Kapitalbindung, die jegliche Auskehrung an die Beteiligung der Hauptversammlung knüpft, bezweckt einen *umfassenden Schutz sowohl von Gläubigern als auch Aktionären.*[428] Anders als nach § 30 I GmbHG kommt es nicht darauf an, dass durch die Zahlung das zur Deckung der Grundkapitalziffer erforderliche Vermögen angegriffen wird.[429] Ein Verstoß gegen das Verbot der Einlagenrückgewähr liegt im Aktienrecht bereits vor, wenn die Zahlung außerhalb der ordnungsgemäßen Ausschüttung des Bilanzgewinns erfolgt. Diese gesetzliche Regelung ist weder durch vertragliche Vereinbarung noch durch Satzungsbestimmungen abdingbar.[430]

637 **bb)** Nur selten kommt es zu einem offenen Verstoß gegen Kapitalerhaltungsvorschriften.[431] Praktische Relevanz haben aber *verdeckte Gewinnausschüttungen.* Hier erfolgt die Zuwendung an den Aktionär unter dem Deckmantel eines anderen Rechtsgeschäfts. Ein Verstoß gegen § 57 AktG liegt vor, wenn ein objektives Missverhältnis zwischen Leistung und Gegenleistung zum Nachteil der AG besteht. Dies ist bei Umsatzgeschäften *(Massengeschäften)* zwischen Gesellschaft und Aktionären regelmäßig nicht der Fall, weil dabei die Aktionärseigenschaft meist keine Rolle spielt. Außerhalb dieser Massengeschäfte ist allerdings stets zu fragen, ob das Rechtsgeschäft einem *Drittvergleich* standhält. Entscheidend ist, »ob ein gewissenhaft nach kaufmännischen Grundsätzen handelnder Geschäftsführer das Geschäft unter sonst gleichen Umständen zu den gleichen Bedingun-

---

428 MüKoAktG/*Bayer* § 57 Rn. 2 f.; Hüffer/Koch/*Koch* AktG § 57 Rn. 1; K. Schmidt/Lutter/*Fleischer* AktG § 57 Rn. 3; Wachter/*Servatius* AktG § 57 Rn. 4 f.; Spindler/Stilz/*Cahn/v. Spannenberg* AktG § 57 Rn. 6 gehen hingegen lediglich von einer gläubigerschützenden Funktion aus und sehen im Schutz der Aktionäre nur einen Reflex des Gläubigerschutzes.
429 Hüffer/Koch/*Koch* AktG § 57 Rn. 2.
430 MüKoAktG/*Bayer* § 57 Rn. 4; MHdB GesR IV/*Rieckers* § 16 Rn. 57.
431 Beispiele bei Hüffer/Koch/*Koch* AktG § 57 Rn. 7; K. Schmidt/Lutter/*Fleischer* AktG § 57 Rn. 10.

gen auch mit einem Nichtgesellschafter abgeschlossen hätte«.[432] Wenn ein Marktpreis vorhanden ist, darf von diesem grundsätzlich nicht zu Lasten der AG abgewichen werden.[433]

Indes ist stets eine wirtschaftliche Gesamtschau aller Vor- und Nachteile vorzunehmen. Ein erhöhter Erwerbspreis kann beispielsweise durch die Gewährung anderweitiger Vorteile kompensiert werden.[434] Ein ermäßigter Veräußerungspreis kann aus betrieblichen Gründen (etwa bei Absatzproblemen) gerechtfertigt sein.[435] Sind keine Marktpreise vorhanden, ist auf andere Werte zurückzugreifen. Bei der Abgabe von Gegenständen des Anlagevermögens sind Wiederbeschaffungswerte, bei Unternehmensverkäufen die anerkannten Bewertungsmethoden des Instituts der Wirtschaftsprüfer (IDW) maßgeblich.[436] Umstritten ist, ob neben das *objektive Missverhältnis* ein *subjektives Element* in dem Sinne treten muss, dass die AG ihre Leistung bewusst nur wegen der Aktionärsstellung des Empfängers erbringt. Die Rechtsprechung lehnt das Erfordernis solcher subjektiven Erwägungen jedenfalls für die GmbH ab.[437] Diese rein objektive Betrachtungsweise wird im Schrifttum überwiegend auch für das Aktienrecht befürwortet.[438] Nur vereinzelt wird ein subjektives Element gefordert.[439] Diese Auffassung berücksichtigt jedoch nicht hinreichend, dass das Verbot der verdeckten Gewinnausschüttung allein dem objektiven Zweck der umfassenden Vermögensbindung dient.[440] Für eine rein objektive Betrachtung spricht weiterhin ein Umkehrschluss zu § 62 I 2 AktG, der den guten Glauben der Aktionäre nur bei offenen Gewinnausschüttungen schützt.[441] Ein subjektives Element ist daher abzulehnen.

cc) Das Problem der Einlagenrückgewähr stellt sich in der Praxis häufig, wenn die AG **638** ihren Aktionären Darlehen gewährt *(upstream loans)*, etwa bei Fremdfinanzierung einer Muttergesellschaft durch ihre Tochtergesellschaft. Auch hier gilt im Grundsatz die Regel, dass ein Verstoß gegen § 57 I AktG anzunehmen ist, wenn die Darlehensbedingungen einem Drittvergleich nicht standhalten. Zu denken ist insbesondere an eine unzureichende Verzinsung oder eine nicht banktübliche Besicherung.[442] Im »Novemberurteil« entschied der BGH im Jahr 2003 für das GmbH-Recht, dass auch ein vollwertiger Rückzahlungsanspruch der Annahme einer verbotenen Einlagenrückgewähr nicht entgegensteht, soweit die Kreditgewährung nicht aus freiem Vermögen der Gesellschaft erfolgt.[443] Insoweit gab der BGH die bis dahin herrschende bilanzielle Betrachtungsweise zugunsten eines gegenständlichen Vermögensschutzes auf.[444] Die wesentlichen Erwägungen dieser Entscheidung ließen sich auf die AG übertragen.[445]

432 BGH NJW 1996, 589 (590) (zur GmbH).
433 MüKoAktG/*Bayer* § 57 Rn. 56.
434 Hüffer/Koch/*Koch* AktG § 57 Rn. 10.
435 BGH NJW 1987, 1194 (1195) (zur GmbH); Hölters/*Laubert* AktG § 57 Rn. 8 mwN; krit. *Fleischer* WM 2007, 909 (912f.).
436 Hüffer/Koch/*Koch* AktG § 57 Rn. 10.
437 BGH NJW 1987, 1194 (1195); 1996, 589 (590).
438 Hüffer/Koch/*Koch* AktG § 57 Rn. 11; MüKoAktG/*Bayer* § 57 Rn. 64; MHdB GesR IV/*Rieckers* § 16 Rn. 59.
439 Spindler/Stilz/*Cahn/v. Spannenberg* AktG § 57 Rn. 27; *Bezzenberger,* Das Kapital der Aktiengesellschaft, 2005, 232 ff.
440 Hüffer/Koch/*Koch* AktG § 57 Rn. 11; Hölters/*Laubert* AktG § 57 Rn. 9.
441 MüKoAktG/*Bayer* § 57 Rn. 64; *Fleischer* WM 2007, 909 (914).
442 Spindler/Stilz/*Cahn/v. Spannenberg* AktG § 57 Rn. 33 ff.
443 BGHZ 157, 72 (75 ff.) (zur GmbH).
444 *Saenger/R. Koch* NZG 2004, 271 (272)
445 OLG Jena ZIP 2007, 1314 (1315).

Mit der Neufassung von § 57 I AktG durch das MoMiG ist der Gesetzgeber aber wieder zu einer *bilanziellen Betrachtungsweise* zurückgekehrt.[446] Denn nach § 57 I 3 AktG gilt das Verbot der Einlagenrückgewähr nicht bei Leistungen, die durch einen vollwertigen Gegenleistungs- oder Rückgewähranspruch gegen den Aktionär gedeckt sind. In einem solchen Fall liegt ein schlichter *Aktivtausch* vor. Der Gläubigerschutz wird über das Vollwertigkeits- und das Deckungsgebot sichergestellt. Die Vollwertigkeit ist insbesondere zu verneinen, wenn der Aktionär nicht kreditwürdig ist. Auf diese veränderten gesetzlichen Rahmenbedingungen hat auch der BGH reagiert, indem er seine Rechtsprechung aus dem *»Novemberurteil«* – auch für Altfälle – ausdrücklich aufgegeben hat.[447] Stellt die AG für den Darlehensrückzahlungsanspruch eines Dritten gegen ihren Aktionär eine dingliche Sicherheit, bildet der Freistellungsanspruch gegen den Aktionär den Gegenleistungs- oder Rückgewähranspruch iSv § 57 I 3 AktG. Dessen Vollwertigkeit ist zu bejahen, wenn ein Forderungsausfall für den Darlehensrückzahlungsanspruch unwahrscheinlich ist.[448]

> In **Fall j** ist der aktienrechtliche Rückgewähranspruch (§ 62 I 1 AktG) gegeben, wenn gegen die Kapitalerhaltungsvorschrift des § 57 AktG verstoßen wurde. Auf ein Verschulden des Aktionärs kommt es grundsätzlich (Ausnahme: § 62 I 2 AktG[449]) nicht an. § 57 AktG ist verletzt, wenn eine Zahlung an die Aktionäre außerhalb der ordnungsgemäßen Ausschüttung des Bilanzgewinns erfolgt. Diese Voraussetzung ist hier erfüllt, weil durch die Darlehensgewährung liquide Mittel von der X-AG an den Großaktionär A fließen.
>
> Vor Inkrafttreten des MoMiG war bei solchen aufsteigenden Darlehen ein Verstoß gegen § 57 AktG nur zu verneinen, wenn das Rechtsgeschäft einem Drittvergleich standhielt. Dies erscheint bereits hinsichtlich des »Ob« der Darlehensgewährung zweifelhaft. Denn eine AG, die keine Bankgeschäfte betreibt, würde außenstehenden Dritten ohnehin keine Darlehen gewähren. Aber selbst wenn man einen strengen Drittvergleich nicht fordert, ist die Drittüblichkeit zu verneinen, weil das Darlehen nicht besichert ist. Mit § 57 I 3 Alt. 2 AktG hat der Gesetzgeber aber klargestellt, dass eine bilanzielle Betrachtungsweise maßgebend ist. Dem Kapitalerhaltungsgebot wird entsprochen, wenn die Leistung durch einen vollwertigen Rückgewähranspruch gegen den Aktionär gedeckt ist. Der BGH hat bereits zuvor in der »MPS«-Entscheidung[450] seine im »Novemberurteil«[451] vertretene restriktive Auffassung auch für Altfälle aufgegeben, sodass im Fall eines vollwertigen Rückzahlungsanspruches kein Verstoß gegen § 57 AktG vorliegt. Der Anspruch gegen A ist vollwertig, weil dieser kreditwürdig ist. Auch das Deckungsgebot wird eingehalten, da der Rückzahlungsanspruch aufgrund der marktüblichen Verzinsung voll zum Nennwert aktiviert werden kann. Mangels eines Verstoßes gegen § 57 AktG besteht daher kein Rückgewähranspruch aus § 62 I 1 AktG.

639 **dd)** Die Frage nach der Vereinbarkeit von aufsteigenden Darlehen mit § 57 I 1 AktG stellt sich in der Praxis auch bei »Cash-Pool«-Verträgen. Das (physische) Cash-Pooling stellt eine Form der Konzernfinanzierung dar, bei der die Salden der laufenden Konten der angeschlossenen Konzernuntergesellschaften am Tagesschluss auf einem zentralen Konto der Konzernobergesellschaft oder einer dafür eingerichteten Finanzierungsgesellschaft miteinander verrechnet werden.[452] Somit stehen am Ende des Tages alle Konten der angeschlossenen Gesellschaften auf null. Während die sich aus dem »Novemberurteil« des BGH ergebenden Grundsätze (→ Rn. 638) große Unsicherheit bezüglich der

---

446 Vgl. dazu iE *Kiefner/Theusinger* NZG 2008, 801 (804); *Winter* DStR 2007, 1484.
447 BGHZ 179, 71 (77f.) = NJW 2009, 850 (851f.) – MPS.
448 BGH NZG 2017, 344.
449 MüKoAktG/*Bayer* § 62 Rn. 69.
450 BGHZ 179, 71ff. = NJW 2009, 850 – MPS.
451 BGHZ 157, 72 = NJW 2004, 1111.
452 *Saenger*, FS H. P. Westermann, 2008, 1381 (1382f.).

Zulässigkeit dieses wirtschaftlich sinnvollen Cash-Managements ausgelöst hatten, ergibt sich aus dem später neu gefassten § 57 I 3 AktG, dass das Abführen liquider Mittel zulässig ist, soweit die Leistung durch einen vollwertigen Rückzahlungsanspruch gedeckt ist.

ee) Eine generelle Ausnahme von dem Verbot der Einlagenrückgewähr gilt nach **640** §§ 57 I 3, 291 III AktG bei Bestehen eines *Beherrschungs- oder Gewinnabführungsvertrags*.[453] Beides sind Organisationsverträge,[454] durch die eine AG die Leitung ihrer Gesellschaft einem anderen Unternehmen unterstellt (Beherrschungsvertrag) bzw. sich verpflichtet, ihren ganzen Gewinn an ein anderes Unternehmen abzuführen (Gewinnabführungsvertrag). Im Gegenzug ist das herrschende Unternehmen nach § 302 I AktG zur Verlustübernahme verpflichtet (dazu im Einzelnen bei § 30).

ff) Der *Erwerb eigener Aktien* durch die AG stellt grundsätzlich einen Verstoß gegen **641** § 57 I 1 AktG dar, weil der Erwerb stets von Aktionären erfolgt und die Zahlung des Kaufpreises keine Verteilung des Bilanzgewinns nach § 57 III AktG ist.[455] Hiervon macht die Fiktion des § 57 I 2 AktG eine Ausnahme: Ein Verstoß gegen das Verbot der Einlagenrückgewähr liegt nicht vor, wenn der Erwerb eigener Aktien nach §§ 71 ff. AktG zulässig ist.[456] Dies gilt freilich nur in Höhe des marktüblichen Preises.[457]

gg) Nach seinem Wortlaut verbietet § 57 I 1 AktG lediglich die Rückgewähr von **642** Einlagen aus dem Vermögen der AG an ihre Aktionäre. Nach ganz hM gebietet ein effektiver Umgehungsschutz allerdings die Erstreckung des Verbots auf *Dritte*, wenn ihre Beteiligung bei wirtschaftlicher Betrachtung einer Einlagenrückgewähr gleichkommt.[458] Zwei Konstellationen sind zu unterscheiden. Erstens kann die Leistung *durch einen Dritten* unter § 57 I 1 AktG fallen, wenn sie direkt oder indirekt das Vermögen der AG schmälert.[459] Hiervon ist insbesondere auszugehen, wenn die Leistung für Rechnung der AG erfolgt oder wenn es sich bei dem leistenden Dritten um ein von der AG abhängiges Unternehmen handelt.[460] Zweitens kann auch die Leistung *an einen Dritten* vom Verbot der Einlagenrückgewähr erfasst sein. Ausgangspunkt ist auch hier die Frage, ob die Leistung an den Dritten nach ihrem wirtschaftlichen Ergebnis einer Einlagenrückgewähr entspricht. Als einschlägige Fallgruppen kommen Leistungen an einen ehemaligen oder künftigen Aktionär, an einen faktischen Aktionär sowie an Dritte, die dem Aktionär zuzurechnen sind, in Betracht.[461]

hh) Wenn ein offener oder verdeckter Verstoß gegen Kapitalerhaltungsvorschriften vor- **643** liegt, stellt sich die Frage nach den sich daraus ergebenden *Rechtsfolgen*. Nach § 62 I 1 AktG haben die Aktionäre die verbotene Leistung an die AG zurück zu gewähren (*aktienrechtlicher Rückgewähranspruch*). Der Anspruch setzt grundsätzlich kein Verschulden des Aktionärs voraus. Gutgläubigkeit hinsichtlich der Berechtigung zum Gewinnbezug schützt den Aktionär nach § 62 I 2 AktG allerdings hinsichtlich solcher Beträge, die er als Dividende, die aufgrund eines Gewinnverwendungsbeschlusses nach § 174

---

453 S. *Altmeppen* NZG 2010, 361.
454 BGHZ 103, 1 (4).
455 Hüffer/Koch/*Koch* AktG § 57 Rn. 20.
456 Hölters/*Laubert* AktG § 57 Rn. 14; K. Schmidt/Lutter/*Fleischer* AktG § 57 Rn. 34.
457 MüKoAktG/*Bayer* § 57 Rn. 128; K. Schmidt/Lutter/*Fleischer* AktG § 57 Rn. 34.
458 K. Schmidt/Lutter/*Fleischer* AktG § 57 Rn. 29 mwN.
459 MüKoAktG/*Bayer* § 57 Rn. 101; K. Schmidt/Lutter/*Fleischer* AktG § 57 Rn. 30.
460 Spindler/Stilz/*Cahn/v. Spannenberg* AktG § 57 Rn. 58 f.
461 Dazu näher MüKoAktG/*Bayer* § 57 Rn. 111 ff.

AktG ausgeschüttet wurde, oder als Dividendenabschlag nach § 59 AktG bezogen hat.[462] Die Gutgläubigkeit entfällt bereits bei leicht fahrlässiger Unkenntnis des Aktionärs.

Umstritten ist, ob ein Verstoß gegen § 57 AktG die Nichtigkeit der zwischen AG und Aktionär geschlossenen Rechtsgeschäfte zur Folge hat. Entgegen früher hM[463] ist bei einer verdeckten Gewinnausschüttung nun von der Wirksamkeit sowohl des Verpflichtungs- als auch des Erfüllungsgeschäfts auszugehen.[464] Denn § 57 AktG bezweckt gerade keinen gegenständlichen Vermögensschutz, der nur über die Rechtsfolge der Nichtigkeit von Kausal- und Verfügungsgeschäft verwirklicht werden könnte, sondern lediglich eine wertmäßige Kapitalerhaltung.[465] Es bestehen keine Bereicherungs- oder Vindikationsansprüche der AG gegen den begünstigten Aktionär. § 62 AktG stellt eine abschließende Spezialregelung dar.[466] Wenn das verbotene Austauschgeschäft allerdings noch nicht durchgeführt ist, muss (Leistungsverweigerungsrecht) und darf (Leistungsverbot) die AG es nicht erfüllen.[467]

Neben dem Rückgewähranspruch gegen die begünstigten Aktionäre (§ 62 AktG) besteht zudem ein Schadensersatzanspruch der AG gegen pflichtwidrig handelnde Vorstands- (§ 93 III Nr. 1, 2, 5 AktG) bzw. Aufsichtsratsmitglieder (§§ 116 S. 1, 93 III AktG).

Besondere Rechtsfolgen gelten bei der Beteiligung Dritter (→ Rn. 642). Fällt die Leistung *durch einen Dritten* unter § 57 AktG, ist dem Dritten ein Aufwendungsersatzanspruch gegen die AG zu versagen.[468] Bei verbotswidrigen Leistungen *an einen Dritten* ist zu differenzieren.[469] Ist der Dritte selbst Verbotsadressat (Fallgruppen des ehemaligen bzw. zukünftigen Aktionärs sowie des faktischen Aktionärs), haftet er nach § 62 AktG auf Rückgewähr.[470] Wird die Leistung an einen Dritten dem Aktionär hingegen nur zugerechnet, richtet sich der Rückgewähranspruch gegen den Aktionär.

644 **b)** Daneben bestehen *weitere Vorschriften*, die den *Schutz des Vermögens* der AG bezwecken.

645 **aa)** Der AG können vonseiten ihrer Aktionäre Darlehen gewährt werden (sog. *Aktionärsdarlehen*). Dabei steht es den Aktionären grundsätzlich frei, neben Eigenkapital auch Fremdkapital zur Verfügung zu stellen. Denn es besteht keine Rechtspflicht der Aktionäre, den sich aus der Geschäftstätigkeit der AG ergebenden Kapitalbedarf mittels Eigenkapital zu decken. Aktionärsdarlehen werden daher grundsätzlich rechtlich ebenso behandelt wie klassische Drittdarlehen. Gerät die AG allerdings in wirtschaftliche Schwierigkeiten, gelten für Aktionärsdarlehen spezielle Regelungen.

Mit dem MoMiG wurde das vormals maßgebliche Rechtsinstitut des eigenkapitalersetzenden Darlehens[471] aufgegeben und das Tatbestandsmerkmal der Krise[472] ersatzlos gestrichen. Eine Anwendung des Rückzahlungsverbots gem. § 57 I 1 AktG auf die Til-

---

462 MüKoAktG/*Bayer* § 62 Rn. 65 f.; Hüffer/Koch/*Koch* AktG § 62 Rn. 13.
463 Dazu Hüffer/Koch/*Koch* AktG § 57 Rn. 32 mwN.
464 BGH NZG 2013, 496; MüKoAktG/*Bayer* § 57 Rn. 230; *K. Schmidt* GesR § 29 II 2 b bb (S. 893).
465 *Bezzenberger,* Das Kapital der Aktiengesellschaft, 2005, 245.
466 Hölters/*Laubert* AktG § 57 Rn. 28.
467 MüKoAktG/*Bayer* § 57 Rn. 219.
468 Mit teilweise unterschiedlichen Begr. Hüffer/Koch/*Koch* AktG § 57 Rn. 33; MüKoAktG/*Bayer* § 57 Rn. 233; Hölters/*Laubert* AktG § 57 Rn. 29.
469 MüKoAktG/*Bayer* § 57 Rn. 232.
470 BGH NJW-RR 2008, 421 (422).
471 MüKoAktG/*Bayer* § 57 Rn. 240 f.
472 Dazu etwa BGHZ 90, 381 (390).

gung von Aktionärsdarlehen scheidet gem. § 57 I 4 AktG aus. Auch die früheren §§ 32a, b GmbHG aF sind abgeschafft worden. An die Stelle des vormals zweigleisigen Schutzsystems bestehend aus einem gesellschaftsrechtlichen und einem insolvenzrechtlichen Teil ist eine ausschließlich insolvenzrechtliche Lösung getreten, bei der verschiedene Schutzmechanismen zu unterscheiden sind.[473]

(1) Wird über das Vermögen einer AG das Insolvenzverfahren eröffnet, werden alle Forderungen auf Rückgewähr von Aktionärsdarlehen nur als *nachrangige* Insolvenzforderungen befriedigt (§ 39 I Nr. 5, IV 1 InsO). In der Regel fallen daher die Aktionäre mit ihren Forderungen aus. Diese sind nur anzumelden, wenn das Insolvenzgericht dazu auffordert (§ 174 III InsO). In zwei Ausnahmefällen fallen Aktionärsdarlehen nicht unter den gesetzlichen Nachrang. Das *Kleinbeteiligungsprivileg* (§ 39 V InsO) greift ein, wenn der darlehensgewährende Aktionär mit nicht mehr als 10 % am Grundkapital der AG beteiligt ist und nicht zu den geschäftsführenden Gesellschaftern gehört. Das *Sanierungsprivileg* (§ 39 IV 2 InsO) setzt voraus, dass der Darlehensgeber bei drohender oder eingetretener Zahlungsunfähigkeit der AG oder bei Überschuldung Aktien zum Zwecke der Sanierung der AG erwirbt. Im Zeitpunkt des Anteilserwerbs müssen die AG sanierungsfähig und die geplanten Maßnahmen zur Sanierung objektiv geeignet sein. Die Ausnahme von dem Nachranggrundsatz gilt bei Vorliegen dieser Voraussetzungen sowohl für Forderungen aus bestehenden als auch aus neu gewährten Darlehen. Sie endet mit der nachhaltigen Sanierung der AG.

(2) Der gesetzliche Nachrang des § 39 I Nr. 5 InsO läuft ins Leere, wenn das Gesellschafterdarlehen bereits zurückgezahlt oder für die Rückzahlungsforderung eine Sicherung gewährt worden ist. Dann kommt eine Anfechtung der jeweiligen Rechtshandlung durch den Insolvenzverwalter nach § 135 InsO in Betracht. Die Rechtshandlung muss bei der Befriedigung der Rückzahlungsforderung im letzten Jahr vor dem Eröffnungsantrag oder nach diesem Antrag (§ 135 I Nr. 2 InsO) und bei der Gewährung von Sicherung in den letzten zehn Jahren vor dem Antrag oder nach dem Antrag (§ 135 I Nr. 1 InsO) vorgenommen worden sein. § 135 II InsO (der die Regelung des § 32b GmbHG aF übernimmt) ermöglicht darüber hinaus die Anfechtung der Befriedigung eines gesellschafterbesicherten Drittdarlehens. Auch im Rahmen von § 135 InsO gilt das Kleinbeteiligungs- und Sanierungsprivileg des § 39 IV 2, V InsO.

(3) Kommt es (beispielsweise mangels Masse) nicht zur Eröffnung des Insolvenzverfahrens, besteht für die Gläubiger die Möglichkeit, eine Rückzahlung sowie eine Besicherung des Aktionärsdarlehens nach § 6 AnfG anzufechten. § 6a AnfG sieht darüber hinaus in Anlehnung an § 135 II InsO die Anfechtung der Befriedigung eines gesellschafterbesicherten Drittdarlehens vor. Auch das Kleinbeteiligungs- und Sanierungsprivileg des § 39 IV 2, V InsO findet im Rahmen von §§ 6, 6a AnfG Anwendung.

646

647

648

> In **Fall k** ist zu differenzieren. Vor Inkrafttreten des MoMiG ergab sich unter bestimmten Voraussetzungen ein Rückzahlungsanspruch entsprechend § 62 AktG (sog. Rechtsprechungsregeln). Seit Inkrafttreten des MoMiG ist ein solcher Anspruch ausgeschlossen, da nach § 57 I 4 AktG das Einlagenrückgewährverbot auf Aktionärsdarlehen keine Anwendung findet. Möglich ist aber eine Anfechtung der Rückzahlung nach § 135 I Nr. 2 InsO. Denn das von A gewährte Darlehen ist ein Gesellschafterdarlehen iSv § 39 I Nr. 5 InsO, das nach dem Eröffnungsantrag zurückgezahlt worden ist. Das Kleinbeteiligungsprivileg (§ 39 V iVm § 135 IV InsO) greift nicht ein, da A zu mehr als 10 % am Grundkapital beteiligt ist. Auch das Sanierungsprivileg (§ 39 IV 2 iVm § 135 IV InsO) ist nicht einschlägig. Zwar

---

473 Aust. *Habersack* ZIP 2007, 2145 ff.

> hatte A die zusätzlichen Aktien bei drohender Zahlungsunfähigkeit (§ 18 InsO) erworben. Jedoch war er zu diesem Zeitpunkt bereits mit mehr als 10 % am Grundkapital der AG beteiligt. Der teilweise im Schrifttum vertretenen Auffassung, das Sanierungsprivileg gelte auch für nicht kleinbeteiligte Altgesellschafter,[474] ist nicht zu folgen. Denn sonst könnten die gläubigerschützenden Vorschriften zu Aktionärsdarlehen auch hinsichtlich bereits gewährter Darlehen durch geringfügige Aktienzukäufe umgangen werden. Zudem ist den Altgesellschaftern die Krise der AG zuzurechnen. Erklärt der Insolvenzverwalter die Anfechtung, kann er einen Rückgewähranspruch nach § 143 I 1 InsO geltend machen.

649 **bb)** Der durch die Kapitalerhaltungsvorschrift des § 57 AktG bezweckte Schutz der Gesellschaftsgläubiger vor Vermögensverschiebungen zwischen Gesellschaft und Aktionären wird durch eine *Insolvenzverursachungshaftung* des Vorstands gegenüber der Gesellschaft nach §§ 92 II 3, 93 III Nr. 6 AktG ergänzt. Danach haften Vorstandsmitglieder für Zahlungen an Aktionäre, soweit diese zur Zahlungsunfähigkeit der Gesellschaft führen mussten, es sei denn, dies war auch bei Beachtung der Sorgfalt eines ordentlichen und gewissenhaften Geschäftsleiters nicht erkennbar. Der Vorstand ist mithin zur ständigen Beobachtung der wirtschaftlichen Lage der Gesellschaft verpflichtet[475] und muss eine Prognose bezüglich der Zahlungsfähigkeit der Gesellschaft abgeben, was in der Regel nur auf der Grundlage eines Liquiditätsplans möglich sein dürfte.[476]

650 **cc)** Ebenfalls dem Gläubigerschutz dient das Haftungskonzept des *existenzvernichtenden Eingriffs* (ausführlich dazu bei der GmbH → Rn. 806), das sich anders als die Insolvenzverursachungshaftung (§§ 92 II 3, 93 III Nr. 6 AktG) nicht gegen den Vorstand, sondern gegen die Aktionäre richtet.[477] Nach der »*Bremer Vulkan*«-Entscheidung[478] und weiteren daran anschließenden Urteilen des BGH[479] setzt eine Haftung voraus, dass (1.) der Aktionär einen missbräuchlichen Eingriff in das Gesellschaftsvermögen vornimmt, (2.) dabei keine Rücksicht auf die Fähigkeit der Gesellschaft zur Bedienung ihrer Verbindlichkeiten nimmt und (3.) die Gesellschaft infolge des Eingriffs außerstande ist, ihre Gläubiger zu befriedigen.[480] Hauptanwendungsfall ist die qualifizierte Nachteilszufügung durch die Muttergesellschaft im faktischen Konzern.[481] Ursprünglich ging der BGH bei Vorliegen dieser Tatbestandsvoraussetzungen in Analogie zu §§ 300 ff. AktG von einer Außenhaftung in Form einer *Durchgriffshaftung* der Aktionäre gegenüber den Gläubigern der Gesellschaft aus.[482] In der »*Trihotel*«-Entscheidung[483] ist diese Rechtsprechung jedoch aufgegeben worden.[484] Nunmehr stützt der BGH die Existenzvernichtungshaftung auf § 826 BGB und nimmt eine Innenhaftung der Aktionäre gegenüber der Gesellschaft an.[485] Der Aktionär handelt bereits dann vorsätzlich iSd § 826 BGB, wenn er die Eingriffstatsachen kennt. Nicht erforderlich

---

474 So *Pentz* ZIP 2006, 1169 (1173 f.) mwN in Fn. 29.
475 MüKoAktG/*Spindler* § 92 Rn. 62.
476 So zur GmbH *Hölzle* GmbHR 2007, 729 (731).
477 Die Frage, ob sich das Rechtsinstitut der Existenzvernichtungshaftung auch auf das Aktienrecht übertragen lässt, ist umstr.; hierfür MüKoAktG/*Heider* § 1 Rn. 87; K. Schmidt/*Lutter* AktG § 1 Rn. 22; dagegen *Cahn* ZIP 2001, 2159 (2160).
478 BGHZ 149, 10 ff. – Bremer Vulkan.
479 BGHZ 150, 61 ff.; 164, 50 ff.
480 K. Schmidt/*Lutter* AktG § 1 Rn. 22.
481 Ausf. Emmerich/Habersack/*Habersack* Aktien- und GmbH-KonzernR Anh. § 317 Rn. 1 ff.
482 BGHZ 151, 181 (187) (zur GmbH).
483 BGHZ 173, 246 ff. – Trihotel (zur GmbH).
484 Dazu *Altmeppen* NJW 2007, 2657.
485 BGHZ 173, 246 (252) – Trihotel; BGH NJW-RR 2008, 629 (630), beide zur GmbH.

sind ein Bewusstsein der Sittenwidrigkeit oder eine Schädigungsabsicht. Der Aktionär muss die faktische dauerhafte Beeinträchtigung der Erfüllung der Gesellschaftsverbindlichkeiten lediglich billigend in Kauf nehmen.[486] Der Schadensersatzanspruch aus § 826 BGB ist gegenüber dem Erstattungsanspruch aus §§ 57, 62 AktG nicht subsidiär.[487]

4. Kapitalerhöhung und -herabsetzung

Die Beschaffung von Eigenkapital geht zwar nicht zwangsläufig, jedoch häufig mit einer Erhöhung des Grundkapitals einher *(Kapitalerhöhung)*. Bestimmte wirtschaftliche Entwicklungen können aber auch eine Herabsetzung des Grundkapitals erforderlich machen *(Kapitalherabsetzung)*.

a) Unter einer *Kapitalerhöhung* versteht man die Anhebung des in der Satzung festgelegten Grundkapitals. Zu unterscheiden ist zwischen *effektiver* und *nomineller Kapitalerhöhung*.[488] Bei einer effektiven Kapitalerhöhung werden der AG von außen Geld oder andere Vermögensgegenstände zugeführt. Dies ist der Fall bei der Kapitalerhöhung gegen Einlagen (auch reguläre bzw. ordentliche Kapitalerhöhung genannt), der bedingten Kapitalerhöhung und der Kapitalerhöhung aus genehmigtem Kapital. Bei einer nominellen Kapitalerhöhung erfolgt die Anhebung des Grundkapitals dagegen aus Rücklagen der AG; man spricht von einer Kapitalerhöhung aus Gesellschaftsmitteln. Nur die effektive Kapitalerhöhung stellt eine Kapitalbeschaffungsmaßnahme dar. Alle Formen der Kapitalerhöhung haben gemeinsam, dass sie eine Satzungsänderung erfordern. **651**

aa) Die *Kapitalerhöhung gegen Einlagen* ist in §§ 182 ff. AktG geregelt. Teilweise wird auch von einer regulären oder einer ordentlichen Kapitalerhöhung gesprochen, weil streng genommen auch die bedingte Kapitalerhöhung und die Kapitalerhöhung aus genehmigtem Kapital gegen Einlagen erfolgen.[489] Bei einer solchen Kapitalerhöhung sind zwei Schritte – der Erhöhungsbeschluss und die Durchführung der Kapitalerhöhung – zu unterscheiden. **652**

(1) Im ersten Schritt hat die Hauptversammlung die Erhöhung des Grundkapitals zu *beschließen*. Dabei ist nach § 182 I 1 AktG eine Mehrheit von mindestens drei Vierteln des bei der Beschlussfassung vertretenen Grundkapitals erforderlich. Zudem muss eine einfache Stimmenmehrheit nach § 133 I AktG vorliegen.[490] Sodann haben Vorstand und Vorsitzender des Aufsichtsrates den Beschluss zur Eintragung in das Handelsregister anzumelden (§ 184 I 1 AktG). **653**

Der Erhöhungsbeschluss muss Angaben zu den Punkten enthalten, die notwendiger Inhalt der Satzung einer AG (§ 23 III Nr. 3–5 AktG) sind. Dazu gehört insbesondere der Betrag, um den das Grundkapital erhöht werden soll (Erhöhungsbetrag). In der Praxis werden häufig lediglich ein Mindest- und ein Höchstbetrag festgesetzt, weil im Zeitpunkt des Hauptversammlungsbeschlusses noch nicht feststeht, ob alle Aktien gezeichnet werden.[491] Ebenfalls erforderlich sind Angaben zu den auszugebenden Aktien. Sieht die Satzung Nennbetragsaktien vor, muss der Erhöhungsbeschluss den Nennbetrag der jungen Aktien festsetzen. Sieht die Satzung Stückaktien vor, ist die Zahl der jungen Stückaktien anzugeben.[492]

---

486 BGH BGHZ 173, 246 (259) – Trihotel (zur GmbH).
487 BGH BGHZ 173, 246 (262) – Trihotel (zur GmbH).
488 *Hirte* KapGesR Rn. 6.11.
489 MüKoAktG/*Schürnbrand* Vor § 182 Rn. 3.
490 HM vgl. nur Hüffer/Koch/*Koch* AktG § 182 Rn. 7; allg. → Rn. 612.
491 Hüffer/Koch/*Koch* AktG § 182 Rn. 12; K. Schmidt/Lutter/*Veil* AktG § 182 Rn. 16.
492 K. Schmidt/Lutter/*Veil* AktG § 182 Rn. 18.

Ferner muss geregelt werden, ob Inhaber- oder Namensaktien ausgegeben werden.[493] Schließlich ist der Ausgabebetrag für die jungen Aktien festzulegen. Dabei ist die Ausgabe für weniger als den geringsten Ausgabebetrag (§ 9 AktG) unzulässig (Verbot der Unterpari-Emission). Eine Ausgabe für mehr als den geringsten Ausgabebetrag (Überpari-Emission) ist dagegen zulässig und in der Praxis auch üblich.[494] Gemäß § 182 III AktG ist bei einer Überpari-Emission der Mindestbetrag im Erhöhungsbeschluss festzusetzen. Es obliegt dann dem Vorstand, unter Berücksichtigung der Marktbedingungen den konkreten Ausgabebetrag zu bestimmen.[495]

654 (2) Die *Durchführung* der Kapitalerhöhung erfolgt im Wege der *Zeichnung* der neuen Aktien (§ 185 AktG). Darunter versteht man das im *Zeichnungsschein* (§ 185 I 1 AktG) enthaltene Angebot des zukünftigen Aktionärs, Aktien übernehmen zu wollen.[496] Zeichner kann sowohl ein Altgesellschafter als auch ein Dritter sein, nicht hingegen die AG selbst (§ 56 I AktG). Die Zeichnung erfolgt durch schriftliche Erklärung (§ 126 BGB). Den genauen Inhalt des Zeichnungsscheins regelt § 185 I AktG. Insbesondere müssen aus ihm die Beteiligung nach der Zahl und bei Nennbetragsaktien auch der Nennbetrag der Aktien hervorgehen. Welche Rechtsfolgen sich aus einer fehlerhaften Zeichnung ergeben, bestimmt § 185 II, III AktG. Die Zeichnung ist vom *Zeichnungsvertrag* zu unterscheiden, der erst mit der Annahme des in der Zeichnung liegenden Angebots durch die AG zustande kommt.[497] Die AG wird dabei durch ihren Vorstand vertreten.[498] Der Zeichnungsvertrag unterliegt – anders als die Zeichnung – keinen besonderen aktienrechtlichen Formvorschriften.[499] Mit Vertragsschluss ist der Zeichner verpflichtet, die gezeichneten Aktien zu übernehmen und seine Einlage zu leisten. Seine Aktionärsstellung erwirbt er gem. § 189 AktG aber erst mit Wirksamwerden der Kapitalerhöhung durch Eintragung der Durchführung der Kapitalerhöhung. Zuvor steht ihm kein Anspruch auf Durchführung der Kapitalerhöhung und Zuteilung der Aktien zu.[500]

In der Praxis wird der Zeichnungsvertrag nur selten zwischen AG und Anleger geschlossen. Aufgrund des hohen Verwaltungsaufwandes ist dies nur praktikabel, wenn der Anlegerkreis überschaubar ist, wie bei Familienunternehmen. Bei Publikumsgesellschaften werden die Aktien dagegen – ebenso wie bei der Gründung – von einer Emissionsbank bzw. einem Emissionskonsortium gezeichnet. Bei der anschließenden Weiterveräußerung der Aktien an die eigentlichen Anleger handelt es sich um einen normalen Kaufvertrag.[501]

655 (3) Im Interesse des Gläubigerschutzes ist bei der Kapitalerhöhung zu gewährleisten, dass die Zeichner ihren Einlageverpflichtungen nachkommen. Zu diesem Zweck verweist § 188 II 1 AktG weitgehend auf die bei der Gründung zu beachtenden *Vorschriften zur Kapitalaufbringung*. Nach § 36 II 1 AktG darf die Eintragung erst erfolgen, wenn auf jede Aktie der eingeforderte Betrag (mindestens ein Viertel des geringsten Ausgabebetrages und bei einer Überpari-Emission auch der Mehrbetrag, § 36a I AktG) eingezahlt worden ist. Soweit dieser nicht bereits zur Begleichung von bei der Kapitalerhöhung angefallenen Steuern und Gebühren verwandt wurde, muss der Betrag endgültig zur freien Verfügung des Vorstands stehen (§ 36 II 1 AktG). Anders als bei der Gründung lässt sich hieraus aber nicht ableiten, dass vor Anmeldung eine Ver-

---

493 Hölters/*Apfelbacher/Niggemann* AktG § 182 Rn. 37.
494 K. Schmidt/Lutter/*Veil* AktG § 182 Rn. 19.
495 Spindler/Stilz/*Servatius* AktG § 182 Rn. 51.
496 Spindler/Stilz/*Servatius* AktG § 185 Rn. 2.
497 Hüffer/Koch/*Koch* AktG § 185 Rn. 3f.
498 Spindler/Stilz/*Servatius* AktG § 185 Rn. 10.
499 Hüffer/Koch/*Koch* AktG § 185 Rn. 23a.
500 MüKoAktG/*Schürnbrand* § 185 Rn. 34.
501 Hölters/*Apfelbacher/Niggemann* AktG § 185 Rn. 25.

fügung über die zugeflossenen Mittel nur unter dem Vorbehalt der wertgleichen Deckung zulässig ist.[502]

Bei einer Kapitalerhöhung mit Sacheinlagen (§ 27 I, II AktG) sind bestimmte Sonderregeln zu beachten. Im Kapitalerhöhungsbeschluss sind vor allem der Gegenstand der Sacheinlage und die Person des Einlegers festzusetzen (§ 183 I 1 AktG). Vor Beschlussfassung sind die Einbringung von Sacheinlagen sowie die Festsetzungen nach § 183 I 1 AktG ausdrücklich und ordnungsgemäß mit der Tagesordnung der Hauptversammlung bekannt zu machen (§ 183 I 2 AktG iVm § 124 I AktG). Zudem hat eine externe sachverständige und eine registergerichtliche Prüfung zu erfolgen (§ 183 III AktG).[503] Nach § 183 a AktG kann aber unter bestimmten Voraussetzungen auf eine externe Werthaltigkeitsprüfung verzichtet werden.[504]

(4) Werden bei einer Kapitalerhöhung junge Aktien durch Dritte gezeichnet, verringert sich der Anteil der Altaktionäre am Grundkapital, was zu einer Verwässerung ihrer Vermögens- und Herrschaftsrechte führt. Dem begegnet das in § 186 I 1 AktG bestimmte Recht der Altaktionäre, bei einer Kapitalerhöhung junge Aktien im Verhältnis ihres bisherigen Anteils am Grundkapital zu zeichnen *(Bezugsrecht)*. Das Bezugsrecht gehört zum Kernbestand der Mitgliedschaft des Aktionärs.[505] Eine Pflicht zur Zeichnung besteht nicht, weil dies einer vom AktG nicht vorgesehenen Nachschusspflicht (vgl. § 54 I AktG) gleichkommen würde.[506] Es wird durch formfreie Bezugserklärung gegenüber der AG ausgeübt.[507] Hat der Aktionär kein Interesse am Bezug neuer Aktien, kann er seinen Bezugsanspruch nach §§ 413, 398 BGB abtreten.[508] **656**

In bestimmten Situationen kann indes ein Interesse der AG am *Ausschluss des Bezugsrechts* der Altaktionäre bestehen.[509] Dies ist etwa der Fall, wenn mit der Kapitalerhöhung bestimmte Investoren gewonnen oder weiter gebunden werden sollen.[510] § 186 III 1 AktG ermöglicht deshalb, das Bezugsrecht unter den in § 186 III, IV AktG genannten formellen Voraussetzungen im Kapitalerhöhungsbeschluss auszuschließen. Darüber hinaus sind von der Rechtsprechung entwickelte materielle Voraussetzungen einzuhalten. Einem ausdrücklichen Bezugsrechtsausschluss im Kapitalerhöhungsbeschluss stehen solche Fälle gleich, in denen die Ausübung des Bezugsrechts – etwa durch einen hohen Ausgabebetrag – tatsächlich ausgeschlossen ist *(faktischer Bezugsrechtsausschluss)*.[511]

(a) In *formeller* Hinsicht muss die Ausschließung ausdrücklich und ordnungsgemäß (§ 124 I AktG) in den Gesellschaftsblättern bekannt gemacht werden (§ 186 IV 1 AktG). Zudem hat der Vorstand der Hauptversammlung einen schriftlichen Bericht über den Grund für den Ausschluss des Bezugsrechts vorzulegen. In dem Bericht ist der vorgeschlagene Ausgabebetrag zu begründen (§ 186 IV 2 AktG). Der Hauptver- **657**

---

502 BGHZ 150, 197 (198 f.) (zur GmbH).
503 K. Schmidt/Lutter/*Veil* AktG § 183 Rn. 25 ff.
504 Dazu näher *Seibert/Florstedt* ZIP 2008, 2145 (2150); *Böttcher* NZG 2008, 481 (484) (zum Referentenentwurf).
505 MüKoAktG/*Schürnbrand* § 186 Rn. 1.
506 MüKoAktG/*Schürnbrand* § 186 Rn. 22.
507 Wachter/*Dürr* AktG § 186 Rn. 8; Henssler/Strohn/*Hermanns* AktG § 186 Rn. 5; Hüffer/Koch/*Koch* AktG § 186 Rn. 14.
508 Hölters/*Apfelbacher/Niggemann* AktG § 186 Rn. 14; K. Schmidt/Lutter/*Veil* AktG § 186 Rn. 6.
509 MüKoAktG/*Schürnbrand* § 186 Rn. 73.
510 Spindler/Stilz/*Servatius* AktG § 186 Rn. 45.
511 Hüffer/Koch/*Koch* AktG § 186 Rn. 43; MüKoAktG/*Schürnbrand* § 186 Rn. 142 ff. mit weiteren Beispielen.

sammlungsbeschluss bedarf einer Mehrheit von mindestens drei Vierteln des bei der Beschlussfassung vertretenen Grundkapitals (§ 186 III 2 AktG).

658 **(b)** In *materieller* Hinsicht fordert der BGH seit der *»Kali und Salz«*-Entscheidung eine sachliche Rechtfertigung für einen Bezugsrechtsausschluss.[512] Der Ausschluss muss im Gesellschaftsinteresse[513] liegen, zur Erreichung dieses Zweckes geeignet und erforderlich sowie verhältnismäßig sein.[514] Das Gesellschaftsinteresse ist zu bejahen, wenn der Ausschluss dazu dient, im Rahmen des in der Satzung festgelegten Unternehmensgegenstandes den Gesellschaftszweck zu fördern.[515] Geeignetheit und Erforderlichkeit sind zu bejahen, wenn das angestrebte Ziel mit dem Ausschluss erreichbar ist und es keine gleichwertigen Alternativlösungen gibt.[516] Im Rahmen der Verhältnismäßigkeitsprüfung sind schließlich die Interessen der Altaktionäre am Erhalt ihrer Rechtsposition gegen das mit dem Ausschluss verfolgte Gesellschaftsinteresse abzuwägen. Je stärker der Eingriff in die Aktionärsinteressen ist, desto gewichtiger muss das Gesellschaftsinteresse sein.[517] Liegen diese materiellen Voraussetzungen nicht vor, ist der den Bezugsrechtsausschluss enthaltende Kapitalerhöhungsbeschluss nach § 255 I iVm § 243 I AktG anfechtbar.[518] Eine Anfechtungsmöglichkeit nach § 255 II 1 AktG besteht, wenn der sich aus dem Erhöhungsbeschluss ergebende Ausgabebetrag unangemessen niedrig ist.

In der Rechtsprechung haben sich *Fallgruppen* herausgebildet, in denen regelmäßig eine sachliche Rechtfertigung des Bezugsrechtsausschlusses anzunehmen ist.[519] So ist bei Kapitalerhöhungen gegen Sacheinlagen ein Ausschluss zulässig, wenn die AG ein konkretes Interesse am Erwerb des einzulegenden Gegenstandes hat und dieser nur von diesem bestimmten Sacheinleger zur Verfügung gestellt werden kann.[520] Darüber hinaus sieht § 186 III 4 AktG die Möglichkeit eines erleichterten Bezugsrechtsausschlusses auch ohne Vorliegen eines sachlichen Grundes vor, wenn die Kapitalerhöhung gegen Bareinlagen 10 % des Grundkapitals nicht übersteigt und der Ausgabebetrag den Börsenpreis nicht wesentlich unterschreitet.[521]

Eine einzigartige Situation ergab sich im Fall der in der Finanzkrise existenzbedrohten Hypo Real Estate Holding AG (HRE), deren Liquidität wegen Systemrelevanz durch den Sonderfonds Finanzmarktstabilisierung (SoFFin) sichergestellt werden sollte. Der Kapitalerhöhungsbeschluss über eine Erhöhung des Kapitalanteils des SoFFin an der HRE auf 90 % mit beabsichtigtem anschließendem Squeeze-out-Verfahren fand gem. § 7 III 3 FMStBG[522] unter Ausschluss des Bezugsrechts der Aktionäre statt. Dabei handelte es sich um keine Enteignung nach Art. 14 III GG, sondern um eine verhältnismäßige Schranken- und Inhaltsbestimmung iSv Art. 14 I 2 GG. Wesensmerkmal einer Enteignung ist nämlich die vollständige oder partielle Entziehung konkreter subjektiver, durch Art. 14 I 1 GG gewährleisteter Rechtspositionen zur Erfüllung bestimmter öffentlicher Aufgaben.[523] Dies ist nicht der Fall, wenn es – noch dazu

512 BGHZ 71, 40 (45) – Kali und Salz.
513 Dazu Hölters/*Weber* AktG § 76 Rn. 19ff.
514 MüKoAktG/*Schürnbrand* AktG § 186 Rn. 98ff.
515 Henssler/Strohn/*Hermanns* AktG § 186 Rn. 12; Hüffer/Koch/*Koch* AktG § 186 Rn. 26.
516 Hüffer/Koch/*Koch* AktG § 186 Rn. 27.
517 BGHZ 71, 40 (46) – Kali und Salz.
518 Hüffer/Koch/*Koch* AktG § 255 Rn. 3.
519 Eine ausf. Übersicht gibt MüKoAktG/*Schürnbrand* § 186 Rn. 112ff.
520 BGHZ 71, 40 (46f.) – Kali und Salz.
521 Näher dazu Grunewald/Schlitt/*Ries,* Einführung in das Kapitalmarktrecht, 3. Aufl. 2014, 55ff.
522 Gesetz zur Errichtung eines Finanzmarktstabilisierungsfonds (FMStFG) v. 17.10.2008 (BGBl. 2008 I 1982).
523 BVerfG NJW 2000, 413 (414).

»unter Anwendung von Mitteln des Privatrechts« – »nur« zu einer Verwässerung der bisherigen Anteile der Altaktionäre kommt.[524] Insoweit war der Bezugsrechtsausschluss zulässig, weil die Stabilisierung der HRE erforderlich war und die Aktionäre im Fall einer Insolvenz den vollständigen Wertverlust ihrer Aktien hätten hinnehmen müssen.[525]

bb) Von einer *bedingten Kapitalerhöhung* spricht man, wenn die Erhöhung des Grundkapitals nur insoweit durchgeführt werden soll, als von einem Umtausch- oder Bezugsrecht Gebrauch gemacht wird (§ 192 I AktG). Die Ausgabe der Aktien erfolgt schrittweise und abhängig vom konkreten Bedarf.[526]   **659**

Hierfür sind drei Fallgestaltungen vorgesehen. (1) Zum einen kann bedingtes Kapital zur Gewährung von Umtausch- oder Bezugsrechten an Gläubiger von Wandelschuldverschreibungen (§ 221 AktG, →Rn. 681) verwendet werden (§ 192 II Nr. 1 AktG). So wird sichergestellt, dass den Anleihegläubigern bei Ausübung ihres Umtausch- bzw. Bezugsrechts Aktien zugeteilt werden können.[527] Im Ergebnis werden daher zwei Beschlüsse – nämlich der Beschluss über die Ausgabe von Wandelschuldverschreibungen und der über die bedingte Kapitalerhöhung – gefasst. Diese können freilich verbunden und einheitlich zur Abstimmung gestellt werden.[528] (2) Der zweite vom Gesetz vorgesehene Anwendungsfall einer bedingten Kapitalerhöhung ist die Vorbereitung des Zusammenschlusses mehrerer Unternehmen (§ 192 II Nr. 2 AktG). Der Begriff des Unternehmens ist dabei rechtsformneutral zu verstehen. Als Rechtsträger kommen daher nicht nur eine AG, sondern auch eine GmbH, eine Personengesellschaft oder ein Einzelkaufmann in Betracht.[529] Zusammenschluss iSv § 192 II Nr. 2 AktG ist jede Verbindung zwischen zwei oder mehreren Unternehmen, zu deren Durchführung Aktien erforderlich sind.[530] Keine Rolle spielt dabei, ob die rechtliche Selbstständigkeit der Unternehmen erhalten bleibt.[531] Das ist etwa bei der Verschmelzung durch Aufnahme (§ 2 Nr. 1 UmwG), der Spaltung zur Aufnahme (§ 123 I Nr. 1, II Nr. 1, III Nr. 1 UmwG) und dem Abschluss eines Beherrschungs- und/oder Gewinnabführungsvertrags (§ 291 AktG) der Fall.[532] (3) Schließlich kann eine bedingte Kapitalerhöhung zur Gewährung von Bezugsrechten *(Stock Options)* an Arbeitnehmer und Mitglieder der Geschäftsführung beschlossen werden (§ 192 II Nr. 3 AktG). Die Vorschrift soll ein anreizorientiertes Vergütungssystem ermöglichen.[533] Die Ausübung der Bezugsrechte ist daher in diesem Fall an das Erreichen bestimmter Erfolgsziele zu knüpfen (vgl. § 193 II Nr. 4 AktG).[534] Ursprünglich waren nur Arbeitnehmer als Begünstigte vorgesehen und der Bezug neuer Aktien nur gegen Einlage von Geldforderungen zulässig, die den Arbeitnehmern aus einer ihnen von der Gesellschaft eingeräumten Gewinnbeteiligung zustehen. Durch das KonTraG[535] wurde der Kreis der Begünstigten aber auf Mitglieder der Geschäftsführung erweitert und das Erfordernis der Einlage einer Forderung aus einer Gewinnbeteiligung fallengelassen. Darüber hinaus wurde klargestellt, dass auch Arbeitnehmer und Geschäftsführungsmitglieder verbundener Unternehmen (vgl. § 15 AktG) zum begünstigten Personenkreis gehören können.

Eine bedingte Kapitalerhöhung setzt stets einen Beschluss der Hauptversammlung mit einer Mehrheit voraus, die mindestens drei Viertel des bei der Beschlussfassung vertretenen Grundkapitals umfasst (§ 193 I AktG). Außerdem muss eine einfache Stimmenmehrheit nach § 133 I AktG gegeben sein.[536] Inhaltlich muss der Beschluss den Anforderungen des § 193 II AktG genügen. Der Nennbetrag des bedingten Kapitals darf die

---

524 LG München AG 2012, 423 (424).
525 LG München AG 2012, 423 mAnm *Wieneke* EWiR 2012, 621 (622).
526 Hüffer/Koch/*Koch* AktG § 192 Rn. 2.
527 Zu anderen Möglichkeiten der bedarfsabhängigen Aktienausgabe vgl. MüKoAktG/*Habersack* § 221 Rn. 220 ff.
528 BGH NJW-RR 2006, 471.
529 Hüffer/Koch/*Koch* AktG § 192 Rn. 14; Spindler/Stilz/*Rieckers* AktG § 192 Rn. 37.
530 MüKoAktG/*Fuchs* § 192 Rn. 60; Spindler/Stilz/*Rieckers* AktG § 192 Rn. 37.
531 OLG München WM 1993, 1285 (1288); Hüffer/Koch/*Koch* AktG § 192 Rn. 14; Heidel/*Wagner* AktG § 192 Rn. 17.
532 MüKoAktG/*Fuchs* § 192 Rn. 60.
533 Spindler/Stilz/*Rieckers* AktG § 192 Rn. 41 f.
534 Hüffer/Koch/*Koch* AktG § 193 Rn. 9a; Hölters/*Apfelbacher/Niggemann* AktG § 193 Rn. 30 ff.
535 BGBl. 1998 I 786.
536 Hüffer/Koch/*Koch* AktG § 193 Rn. 2; K. Schmidt/Lutter/*Veil* AktG § 192 Rn. 3; allg. →Rn. 612.

Hälfte des Grundkapitals nicht übersteigen. Erfolgt die bedingte Kapitalerhöhung zur Gewährung von Bezugsrechten an Arbeitnehmer oder Mitglieder der Geschäftsführung (§ 192 II Nr. 3 AktG), liegt der Höchstbetrag bei 10 % des Grundkapitals (§ 192 III 1 AktG).[537]

Das Bezugsrecht entsteht frühestens mit der Eintragung des Kapitalerhöhungsbeschlusses (§ 197 S. 2 AktG). Ab diesem Zeitpunkt sind dem Kapitalerhöhungsbeschluss entgegenstehende Beschlüsse nach § 192 IV AktG nichtig. Ein entgegenstehender Beschluss ist gegeben, wenn der Beschluss die Durchsetzung der Umtausch- bzw. Bezugsrechte erschwert, was insbesondere bei der Aufhebung des Erhöhungsbeschlusses oder der Herabsetzung des Erhöhungsbetrages der Fall ist.[538] Diese Regelung bewirkt einen besonderen *Schutz des Bezugs- bzw. Umtauschberechtigten*, denn die AG kann den Anspruch auf Aktienausgabe ab Eintragung nicht mehr vereiteln. Die Ausübung des Bezugsrechts erfolgt durch schriftliche Erklärung (Bezugserklärung, § 198 I AktG), der die gleiche Wirkung wie einer Zeichnungserklärung zukommt (§ 198 II AktG). Mit Zugang der korrespondierenden Willenserklärung der AG kommt der Zeichnungsvertrag zustande.[539] Der Vorstand gibt daraufhin die Bezugsaktien aus, sobald der Gegenwert durch den Berechtigten geleistet worden ist (§ 199 I AktG). Hiermit wird die bedingte Kapitalerhöhung wirksam (§ 200 AktG). Eine Anmeldung zur Eintragung der Aktienausgabe hat nicht sofort, sondern innerhalb eines Monats nach Ablauf des Geschäftsjahres zu erfolgen (§ 201 I AktG). Die Eintragung hat, anders als bei einer regulären Kapitalerhöhung (vgl. § 189 AktG, → Rn. 654), lediglich deklaratorische Wirkung.[540]

660 cc) Der Erfolg einer Kapitalbeschaffungsmaßnahme hängt nicht selten von den aktuellen Marktgegebenheiten ab. So kann insbesondere die Höhe des durch eine Kapitalerhöhung aufgebrachten Kapitals von dem aktuellen Börsenkurs und einer günstigen Anlagestimmung beeinflusst sein. Für eine AG ist es daher vorteilhaft, rasch auf günstige Gelegenheiten reagieren zu können. Vor diesem Hintergrund erweist sich eine reguläre Kapitalerhöhung (§ 182 ff. AktG), die stets die Einberufung der Hauptversammlung voraussetzt, als zu schwerfällig. §§ 202 ff. AktG ermöglichen es deshalb, den Vorstand zur Erhöhung des Grundkapitals bis zu einem bestimmten Nennbetrag zu ermächtigen *(genehmigtes Kapital)*. Diese Ermächtigung kann entweder in der Gründungssatzung der AG (§ 202 I AktG) oder durch satzungsändernden Beschluss der Hauptversammlung mit einer Mehrheit von mindestens drei Vierteln des bei der Beschlussfassung vertretenen Grundkapitals (§ 202 II AktG) erteilt werden. In beiden Fällen ist der Nennbetrag des genehmigten Kapitals zu bestimmen, der die Hälfte des zur Zeit der Ermächtigung vorhandenen Grundkapitals nicht übersteigen darf (§ 202 III 1 AktG). Die Ermächtigung kann für einen Zeitraum von höchstens fünf Jahren nach der Eintragung der Gesellschaft bzw. nach der Eintragung der Satzungsänderung erteilt werden (§ 202 I, II AktG).

Von der Ermächtigung kann der Vorstand nach eigenem pflichtgemäßem Ermessen Gebrauch machen, wobei er das genehmigte Kapital auch in mehreren Tranchen aus-

---

537 Zu den in § 192 III 3 und 4 AktG neu geschaffenen Durchbrechungen dieser Grenzen s. *Ihrig/Wandt* BB 2016, 6 (15 f.).

538 Hüffer/Koch/*Koch* AktG § 192 Rn. 27; MüKoAktG/*Fuchs* § 192 Rn. 158.

539 K. Schmidt/Lutter/*Veil* AktG § 192 Rn. 7.

540 Hüffer/Koch/*Koch* AktG § 201 Rn. 2.

üben kann.[541] Gemäß § 202 III 2 AktG soll die Ausnutzung des genehmigten Kapitals
nur mit Zustimmung des Aufsichtsrats erfolgen. Soweit die Ermächtigung keine entsprechende Bestimmung enthält, entscheidet nach § 203 I AktG der Vorstand mit Zustimmung des Aufsichtsrats auch über den Inhalt der Aktienrechte (zB Nennbetrags-
oder Stückaktien, Aktienart iSd § 10 AktG, Aktiengattung iSd § 11 AktG) und die Bedingungen der Aktienausgabe sowie vor allem über die Höhe des Ausgabebetrages.[542]
Für die Ausgabe der neuen Aktien gelten §§ 185–191 AktG über die reguläre Kapitalerhöhung grundsätzlich sinngemäß. Demnach sind die Zeichnungsverträge abzuschließen (§ 185 AktG, → Rn. 654) und haben die Zeichner die Mindesteinlage zu leisten (§§ 188 II 1 iVm 36 II, 36a AktG), bevor Vorstand und Aufsichtsratsvorsitzender
die Durchführung der Erhöhung des Grundkapitals zum Handelsregister anmelden
dürfen (§ 188 I AktG). Mit der anschließenden Eintragung der Durchführung der
Erhöhung ist das Grundkapital erhöht und entstehen die Mitgliedsrechte der Zeichner (§ 189 AktG).[543] Erst dann dürfen die neuen Aktien ausgegeben werden (§ 191
AktG).

Auch bei genehmigtem Kapital sind *Bezugsrechte* der Altaktionäre zu berücksichtigen
(§ 203 I 1 iVm § 186 AktG). Die Ermächtigung des Vorstands zur Kapitalerhöhung
nach § 203 II 1 AktG kann vorsehen, dass der Vorstand auch über den *Bezugsrechtsausschluss* entscheidet. Ebenso kann das Bezugsrecht bereits in der Gründungssatzung
oder im Ermächtigungsbeschluss der Hauptversammlung ausgeschlossen werden
(§ 203 I 1 AktG iVm § 186 III 1 AktG).[544] In beiden Fällen stellt sich die Frage, ob bereits *bei Erteilung der Ermächtigung* konkrete Anhaltspunkte für eine sachliche
Rechtfertigung des Bezugsrechtsausschlusses vorliegen müssen. Dies hat der BGH in
der »Holzmann«-Entscheidung[545] bejaht. Danach mussten bereits bei Erteilung der
Ermächtigung nach der gegenwärtigen Lage der Gesellschaft und dem Stand der Pläne
für ihre Zukunft *konkrete* Anhaltspunkte dafür gegeben sein, dass ein Bezugsrechtsausschluss notwendig und im Hinblick auf die Interessen der betroffenen Aktionäre
auch vertretbar war. Diese Rechtsprechung gab der BGH aber mit der »Siemens/
Nold«-Entscheidung[546] wieder auf und betonte, dass die Hauptversammlung das Bezugsrecht ausschließen oder den Vorstand zu dem Ausschluss ermächtigen kann,
wenn die Maßnahme, zu deren Durchführung der Vorstand ermächtigt werden soll,
im wohlverstandenen Interesse der Gesellschaft liegt und der Hauptversammlung allgemein und in abstrakter Form bekannt gegeben wird. Diese gelockerte Präventivkontrolle trägt der Funktion des genehmigten Kapitals als flexiblem Finanzierungs-
instrument Rechnung. Die liberale Rechtsprechung wurde in den »Mangusta/
Commerzbank I und II«-Urteilen[547] fortentwickelt. Als Ausgleich sieht der BGH inzwischen eine (ex post-)Kontrolle bei der Ausübung der Ermächtigung durch den
Vorstand vor. Der Vorstand hat im Rahmen seines unternehmerischen Ermessens zu
prüfen, ob die Realisierung des Vorhabens in Übereinstimmung mit dem nach der Satzung vorgeschriebenen Unternehmensgegenstand steht, die zugrunde liegenden konkreten Tatsachen der abstrakten Umschreibung des Vorhabens entsprechen und die

541 Hölters/*Apfelbacher/Niggemann* AktG § 202 Rn. 65.
542 MuKoAktG/*Bayer* § 204 Rn. 9ff.
543 K. Schmidt/Lutter/*Veil* AktG § 202 Rn. 10.
544 MüKoAktG/*Bayer* § 203 Rn. 83; K. Schmidt/Lutter/*Veil* AktG § 203 Rn. 10.
545 BGHZ 83, 319 (325) – Holzmann.
546 BGHZ 136, 133 (139) – Siemens/Nold.
547 BGHZ 164, 241 – Mangusta/Commerzbank I und BGHZ 164, 249 – Mangusta/Commerzbank II.

Durchführung im wohlverstandenen Interesse der Gesellschaft liegt.[548] Welche Schadensersatzansprüche aus der Verletzung dieser Pflichten erwachsen können, steht bislang nur in Grundzügen fest.[549] Geklärt ist hingegen, dass die Einhaltung dieser Pflichten durch den Aufsichtsrat überwacht wird[550] und der Vorstand lediglich nachträglich auf der nächsten ordentlichen Hauptversammlung über die Einzelheiten seines Vorgehens berichten muss.[551]

661 **dd)** Von diesen Formen der effektiven Kapitalerhöhung streng zu unterscheiden ist die *Kapitalerhöhung aus Gesellschaftsmitteln (nominelle Kapitalerhöhung)* gem. §§ 207 ff. AktG. Sie stellt keine Kapitalbeschaffungsmaßnahme dar, weil der Gesellschaft kein weiteres Kapital von außen zugeführt wird. Es findet vielmehr ein schlichter Passivtausch statt, bei dem Rücklagen in Grundkapital umgewandelt werden. Dennoch ist die Kapitalerhöhung aus Gesellschaftsmitteln eine echte Kapitalerhöhung,[552] weil bisher freies Vermögen den strengen Regeln der Kapitalerhaltung (§ 57 AktG) unterworfen wird und die Aktionäre neue Mitgliedsrechte erwerben (§ 212 AktG). Bei den Aktionären tritt allerdings kein Vermögenszuwachs ein, da das Reinvermögen der Aktiengesellschaft unverändert bleibt und sich lediglich auf eine größere Zahl von Aktien verteilt. Insoweit ist der häufig verwendete Ausdruck »Gratisaktien« irreführend.[553]

Eine Kapitalerhöhung aus Gesellschaftsmitteln kann sich aus mehreren Gründen als sinnvoll erweisen. In erster Linie führt sie zu einer Erhöhung des gebundenen Eigenkapitals und damit zu einer Verbesserung der Kreditwürdigkeit der Gesellschaft. Die zukünftige Fremdkapitalaufnahme wird so erleichtert. Zudem wird durch die Verteilung des Reinvermögens auf eine größere Zahl von Aktien der Aktienkurs gesenkt und dadurch deren Marktgängigkeit gesteigert. Dies kann sich wiederum positiv auf den Kurs und damit auf den Unternehmenswert auswirken.[554]

Voraussetzung einer Kapitalerhöhung aus Gesellschaftsmitteln ist – ebenso wie bei einer effektiven Kapitalerhöhung – ein Kapitalerhöhungsbeschluss der Hauptversammlung. Für den Beschluss und für die Anmeldung zum Handelsregister gelten nach § 207 II 1 AktG weitgehend die Vorschriften zur ordentlichen Kapitalerhöhung (§§ 182 I, 184 I AktG). Umwandlungsfähig sind Kapital- (§§ 266 III A. II., 272 II HGB) und Gewinnrücklagen (§ 266 III A. III. HGB) unter den Voraussetzungen des § 208 AktG. Es soll sichergestellt werden, dass nur tatsächlich in der Gesellschaft vorhandenes Vermögen in Grundkapital umgewandelt wird.[555] Erforderlich ist vor allem, dass die Kapital- bzw. Gewinnrücklagen als solche in der letzten Jahresbilanz, in der Erhöhungsbilanz oder in dem letzten Beschluss über die Verwendung des Jahresüberschusses oder des Bilanzgewinns ausgewiesen sind. Die zugrunde gelegte Bilanz muss durch einen Abschlussprüfer geprüft, mit einem uneingeschränkten Bestätigungsvermerk versehen und festgestellt werden. Der Stichtag der letzten Jahresbilanz darf zudem höchstens acht Monate vor der Anmeldung des Kapitalerhöhungsbeschlusses liegen (§ 209 AktG). Eine Umwandlung ist ausgeschlossen, soweit in der zugrunde gelegten Bilanz ein Verlust einschließlich eines Verlustvortrages ausgewiesen ist (§ 208 II 1 AktG).

---

548 BGHZ 136, 133 (140) – Siemens/Nold.
549 Vgl. dazu K. Schmidt/Lutter/*Veil* AktG § 186 Rn. 32 f.
550 BGHZ 136, 133 (140) – Siemens/Nold.
551 BGHZ 164, 241 (244) – Mangusta/Commerzbank I; MHdB GesR IV/*Scholz* § 59 Rn. 63.
552 Spindler/Stilz/*Fock/Wüsthoff* AktG § 207 Rn. 2.
553 *Hirte* KapGesR Rn. 6.53.
554 K. Schmidt/Lutter/*Veil* AktG § 207 Rn. 3.
555 Spindler/Stilz/*Fock/Wüsthoff* AktG § 208 Rn. 1.

Mit der Eintragung des Erhöhungsbeschlusses wird die Kapitalerhöhung *wirksam* und ist das Grundkapital erhöht (§ 211 I AktG). Die neuen Aktien stehen den Aktionären im Verhältnis ihrer Anteile am bisherigen Grundkapital zu. Ein entgegenstehender Beschluss der Hauptversammlung ist nichtig (§ 212 AktG). Hintergrund dieser Zuordnung ist, dass den Aktionären bereits die umgewandelte Rücklage in diesem Verhältnis zustand. Nach der Eintragung des Kapitalerhöhungsbeschlusses hat der Vorstand unverzüglich die Aktionäre aufzufordern, die neuen Aktien abzuholen (§ 214 I AktG). Die Ausgabe von neuen Aktien kann bei einer Aktiengesellschaft mit Stückaktien unterbleiben (§ 207 II 2 AktG). In diesem Fall erhöht sich automatisch der auf die einzelne Stückaktie entfallende Anteil am Grundkapital.

b) Das Grundkapital kann nicht nur erhöht, sondern auch herabgesetzt werden *(Kapitalherabsetzung)*. Zu unterscheiden ist zwischen der ordentlichen (§§ 222 ff. AktG) und der vereinfachten Kapitalherabsetzung (§ 229 ff. AktG) sowie der durch Einziehung von Aktien (§§ 237 ff. AktG). **662**

aa) Die *ordentliche Kapitalherabsetzung* (§§ 222 ff. AktG) stellt den gesetzlichen (aber in der Praxis eher unbedeutenden) Regelfall dar. Anders als die vereinfachte Kapitalherabsetzung (§ 229 I AktG) kann die ordentliche zu jedem Zweck durchgeführt werden (§ 222 III AktG). Insbesondere kann sie dazu dienen, nicht mehr benötigtes Kapital den strengen Vorschriften der Kapitalerhaltung zu entziehen und so eine Rückzahlung von Gesellschaftsvermögen an die Aktionäre zu ermöglichen *(effektive Kapitalherabsetzung)*. Ebenso wie bei einer Kapitalerhöhung sind auch bei einer Kapitalherabsetzung zwei Schritte – Herabsetzungsbeschluss und Durchführung der Kapitalherabsetzung – zu unterscheiden. **663**

(1) Der *Herabsetzungsbeschluss* bedarf einer Mehrheit, die mindestens drei Viertel des bei der Beschlussfassung vertretenen Grundkapitals umfasst (§ 222 I AktG). Zudem ist eine einfache Stimmenmehrheit nach § 133 I AktG erforderlich.[556] In dem Beschluss ist der Herabsetzungsbetrag anzugeben. Darüber hinaus ist festzusetzen, zu welchem Zweck die Herabsetzung stattfindet, namentlich ob Teile des Grundkapitals zurückgezahlt werden sollen (§ 222 III AktG). Der Herabsetzungsbeschluss bedarf keiner sachlichen Rechtfertigung.[557] Vorstand und Vorsitzender des Aufsichtsrates haben den Beschluss zur Eintragung in das Handelsregister anzumelden (§ 223 AktG). Anders als bei einer ordentlichen Kapitalerhöhung (vgl. § 189 AktG) wird die Kapitalherabsetzung bereits mit Eintragung des Herabsetzungsbeschlusses wirksam (§ 224 AktG) und hat die Eintragung der Durchführung (§ 227 AktG) lediglich deklaratorische Bedeutung. **664**

Die Herabsetzung des Grundkapitals hat für die Gläubiger der AG zur Folge, dass der ihnen zur Verfügung stehende, gesetzlich gesicherte (§ 57 AktG) Haftungsfonds verkleinert wird. Besonders einschneidend ist der Eingriff in die Interessen der Gläubiger, wenn es zur Rückzahlung von Kapital an die Aktionäre kommt (effektive Kapitalherabsetzung). § 225 AktG hält daher im Fall einer ordentlichen Kapitalherabsetzung besondere Regelungen zum *Gläubigerschutz* bereit. So steht den Gläubigern ein *Anspruch auf Sicherheitsleistung* zu (§ 225 I, III AktG iVm §§ 232 ff. BGB). Dies setzt voraus, dass die

---

556 Hüffer/Koch/*Koch* AktG § 222 Rn. 9; Hölters/*Haberstock/Greitemann* AktG § 222 Rn. 8; allg. → Rn. 612.

557 BGHZ 138, 71 (75 ff.) – Sachsenmilch. Die Lit. folgt dieser Rspr. größtenteils, vgl. Hüffer/Koch/ *Koch* AktG § 222 Rn. 14; Spindler/Stilz/*Marsch-Barner* AktG § 222 Rn. 26; K. Schmidt/Lutter/ *Veil* AktG § 222 Rn. 18 f.; aA Kölner Komm AktG/*Lutter*, 2. Aufl. 1988, § 222 Rn. 44, 48 (sachliche Rechtfertigung bei Zusammenlegung von Aktien erforderlich).

Forderung noch nicht fällig ist[558] sowie begründet worden war, bevor die Eintragung des Herabsetzungsbeschlusses bekannt gemacht wurde, und dass sich der Gläubiger binnen sechs Monaten nach der Bekanntmachung zu diesem Zweck meldet. Weiterhin legt § 225 II 1 AktG fest, dass Zahlungen an Aktionäre aufgrund der Herabsetzung des Grundkapitals erst geleistet werden dürfen, nachdem seit der Bekanntmachung der Eintragung des Herabsetzungsbeschlusses sechs Monate verstrichen sind und nachdem den Gläubigern, die sich rechtzeitig gemeldet haben, Befriedigung oder Sicherheit gewährt worden ist *(Sperrfrist)*.

665 **(2)** Unter der *Durchführung* der Kapitalherabsetzung versteht man die Anpassung der Mitgliedsrechte der Aktionäre an die geänderte Grundkapitalziffer. Sie kann auf drei verschiedene Arten erfolgen, nämlich durch Herabsetzung des Nennbetrags der Aktien (§ 222 IV 1 AktG), Zusammenlegung von Aktien (§ 222 IV 2 AktG) und Einziehung von Aktien (§§ 237 ff. AktG).[559] Die angewendete Art der Herabsetzung ist im Herabsetzungsbeschluss anzugeben (§ 222 IV 3 AktG).

Bei *Nennbetragsaktien* (§ 8 II AktG) ist vorrangig der Nennbetrag der Aktien anteilig herabzusetzen. Nur soweit der auf die einzelne Aktie entfallende Betrag einen Euro unterschreiten würde, sind die Aktien zusammenzulegen (§ 222 IV 2 iVm § 8 II 1 AktG). Die Zusammenlegung ist gegenüber der Herabsetzung des Nennbetrages subsidiär, weil sie für den Aktionär die Gefahr birgt, dass er nicht über die zur Zusammenlegung erforderliche Anzahl an Aktien verfügt.[560] In diesem Fall entstehen sog. Spitzen (= Teilrechte), die den Aktionär vor die Entscheidung stellen, entweder zusätzliche Teilrechte zu erwerben, um seine Beteiligungsquote zu wahren, oder seine Teilrechte zu veräußern und damit den teilweisen Verlust von Mitgliedschaftsrechten hinzunehmen. Nicht subsidiär ist die Einziehung von Aktien nach §§ 237 ff. AktG (→ Rn. 667 ff.).[561] Bei *Stückaktien* (§ 8 III AktG) besteht die Besonderheit, dass ihr Betrag durch das Herabsetzen der Grundkapitalziffer automatisch sinkt, weil sich bei ihnen der Anteil am Grundkapital nach der Zahl der Aktien bestimmt (§ 8 IV AktG). Einer Herabsetzung bedarf es also nicht. Eine Zusammenlegung ist – wie bei Nennbetragsaktien – nur zulässig, soweit der auf die einzelne Aktie entfallende Betrag einen Euro unterschreiten würde (§ 222 IV 2 iVm § 8 III 3 AktG). Alternativ kommt auch hier die Einziehung von Aktien nach §§ 237 ff. AktG in Betracht (→ Rn. 667 ff.).

666 **bb)** Anders als die ordentliche Kapitalherabsetzung darf die *vereinfachte Kapitalherabsetzung* nur zu bestimmten Zwecken durchgeführt werden. § 229 I 1 AktG nennt abschließend das Ausgleichen von Wertminderungen, die Verlustdeckung und das Einstellen von Beträgen in die Kapitalrücklage. Die vereinfachte Kapitalherabsetzung ist damit in erster Linie ein in der Praxis bedeutsames Sanierungsinstrument. Der verfolgte Zweck ist im Kapitalherabsetzungsbeschluss anzugeben (§ 229 I 2 AktG). Durch die Herabsetzung wird das Grundkapital dem verringerten Gesellschaftsvermögen angepasst (Beseitigung einer Unterbilanz). Ohne diese Maßnahme müssten zukünftige Jahresüberschüsse zur Verlustdeckung verwendet werden, und eine Gewinnausschüttung wäre auf absehbare Zeit nicht möglich.

Man spricht von einer vereinfachten Kapitalherabsetzung, weil die strenge Gläubigerschutzvorschrift des § 225 AktG keine Anwendung findet (§ 229 III AktG). Eine Sicherheitsleistung für die Gläubiger ist ebenfalls nicht erforderlich, weil durch die Kapitalherabsetzung der AG kein Vermögen entzogen wird *(nominelle Kapitalherabsetzung);* eine Kapitalrückzahlung ist nach § 230 AktG ausdrücklich verboten. Der Gläubigerschutz wird bei einer vereinfachten Kapitalherabsetzung durch eine Beschränkung der zukünftigen *Gewinnausschüttung* gewährleistet. Eine Ausschüttung ist erst wieder zulässig, wenn die gesetzliche Rücklage und die Kapitalrücklage zusammen 10 % des Grundkapitals erreichen (§ 233 I AktG). Zudem ist in den ersten zwei

558 Hölters/*Haberstock/Greitemann* AktG § 225 Rn. 10 f.
559 Spindler/Stilz/*Marsch-Barner* AktG § 222 Rn. 38.
560 BGHZ 138, 71 (76 f.) – Sachsenmilch.
561 MüKoAktG/*Oechsler* § 222 Rn. 46.

Jahren nach der Fassung des Kapitalherabsetzungsbeschlusses die Zahlung eines Gewinnanteils von mehr als 4% grundsätzlich unzulässig (§ 232 II 1 AktG; eine Ausnahme regelt § 233 II 2 AktG). Die Herabsetzung darf zudem nur vorgenommen werden, soweit ein entstandener Verlust nicht über die (zumindest teilweise) Auflösung der gesetzlichen Rücklage, der Kapitalrücklage, der Gewinnrücklagen und des Gewinnvortrags ausgeglichen werden kann (§ 229 II AktG).

Für den *Kapitalherabsetzungsbeschluss* gelten keine Besonderheiten. Die Vorschriften über die ordentliche Kapitalherabsetzung sind sinngemäß anzuwenden (§ 229 III AktG).

cc) Eine eigenständige Form der Kapitalherabsetzung ist die *Einziehung von Aktien* **667** nach §§ 237 ff. AktG. Diese kann zu jedem gesetzlich zulässigen Zweck erfolgen.[562] Zu unterscheiden sind die Zwangseinziehung (§ 237 I 1 Alt. 1 AktG) und die Einziehung nach Erwerb durch die Gesellschaft (§ 237 I 1 Alt. 2 AktG).

(1) Eine *Zwangseinziehung* zeichnet sich dadurch aus, dass Mitgliedsrechte vernichtet **668** werden,[563] die nicht der AG selbst zustehen. Dies macht einen besonderen Schutz der Aktionäre erforderlich. Nach § 237 I 2 AktG ist eine Zwangseinziehung nur zulässig, wenn sie in der ursprünglichen Satzung oder durch eine Satzungsänderung vor Übernahme oder Zeichnung der Aktien angeordnet (angeordnete Zwangseinziehung) oder gestattet (gestattete Zwangseinziehung) ist.[564] Auch kann eine Zwangseinziehung nur gegen Zahlung eines Einziehungsentgelts erfolgen.[565]

Um eine *angeordnete Zwangseinziehung* handelt es sich, wenn die Satzung vorsieht, dass unter bestimmten Voraussetzungen Aktien eingezogen werden müssen und dem Vorstand mithin kein Entscheidungsspielraum bleibt.[566] Die Satzung muss also die Gründe für eine Zwangseinziehung festlegen.[567] Eine solche kann etwa auf Verlangen des Aktionärs, aufgrund einer Auslosung, bei bestimmten Aktiengattungen oder bei Insolvenz des Aktionärs vorgesehen sein.[568] Eine *gestattete Zwangseinziehung* liegt vor, wenn die Satzung der Hauptversammlung die Entscheidung über die Einziehung im Einzelfall überlässt.[569] Da die Satzung dabei die konkreten Voraussetzungen für eine Einziehung nicht zu regeln braucht, unterliegt der Hauptversammlungsbeschluss gewissen materiellen Schranken.[570] So ist zu fordern, dass der Beschluss dem Gleichbehandlungsgrundsatz des § 53 a AktG Rechnung trägt, im Gesellschaftsinteresse liegt sowie erforderlich und verhältnismäßig ist.[571]

(2) Bei der Einziehung von Aktien *nach Erwerb durch die Gesellschaft* ist die AG **669** selbst Inhaberin des einzuziehenden Mitgliedsrechts.[572] Mangels schützenswerter Aktionarsinteressen bedarf es hierbei keiner besonderen Ermächtigung in der Satzung, sondern lediglich eines Hauptversammlungsbeschlusses.[573]

---

562 K. Schmidt/Lutter/*Veil* AktG § 237 Rn. 2.
563 Henssler/Strohn/*Galla* AktG § 237 Rn. 3; Hüffer/Koch/*Koch* AktG § 237 Rn. 5.
564 MüKoAktG/*Oechsler* § 237 Rn. 16.
565 Hüffer/Koch/*Koch* AktG § 237 Rn. 17 f.
566 K. Schmidt/Lutter/*Veil* AktG § 237 Rn. 11.
567 Spindler/Stilz/*Marsch-Barner* AktG § 222 Rn. 11; K. Schmidt/Lutter/*Veil* AktG § 237 Rn. 12.
568 Hüffer/Koch/*Koch* AktG § 237 Rn. 12.
569 MüKoAktG/*Oechsler* § 237 Rn. 12.
570 Hüffer/Koch/*Koch* AktG § 237 Rn. 16.
571 Spindler/Stilz/*Marsch-Barner* AktG § 237 Rn. 15; MüKoAktG/*Oechsler* § 237 Rn. 45; K. Schmidt/ Lutter/*Veil* AktG § 237 Rn. 14 f.
572 Hüffer/Koch/*Koch* AktG § 237 Rn. 5.
573 Spindler/Stilz/*Marsch-Barner* AktG § 237 Rn. 19; MHdB GesR IV/*Scholz* § 63 Rn. 24 f.; aA K. Schmidt/Lutter/*Veil* AktG § 237 Rn. 23 (kein Hauptversammlungsbeschluss erforderlich, da Interessen der Aktionäre nicht berührt werden).

670 (3) Weil auch durch die Einziehung von Aktien das Grundkapital und damit der den Gläubigern zur Verfügung stehende Haftungsfonds verringert wird, verweist § 237 II 1 AktG auf die Vorschriften über die ordentliche Kapitalherabsetzung, die in § 225 AktG einen entsprechenden *Gläubigerschutz* bereithalten (Anspruch auf Sicherheitsleistung und Auszahlungssperre, → Rn. 664). Diese gelten für die Zwangseinziehung und die Einziehung nach Erwerb gleichermaßen. In besonderen Fällen, in denen eine Gläubigergefährdung nicht zu besorgen ist (§ 237 III AktG), sind die genannten Gläubigerschutzvorschriften dagegen nicht anzuwenden (vereinfachtes Einziehungsverfahren).

671 c) Ist der Bestand eines Unternehmens gefährdet, spricht man betriebswirtschaftlich von einer Krise.[574] Zur Vermeidung einer Insolvenz bedarf es dann *Sanierungsmaßnahmen*. Es gilt, Zahlungsunfähigkeit bzw. Überschuldung (§§ 17, 19 InsO) zu verhindern, was die Beschaffung zusätzlicher Finanzmittel erforderlich macht. Weiteres Eigenkapital kann insbesondere über eine Kapitalerhöhung aufgenommen werden. Praktisch bedeutsam sind dabei folgende Vorgehensweisen:[575]

672 aa) Häufig wird die Kapitalerhöhung mit einer vorherigen (vereinfachten) Kapitalherabsetzung (§§ 229 ff. AktG, → Rn. 666) kombiniert. Ist durch die entstandenen Verluste der Wert der einzelnen Aktien unter ihren Nennwert gesunken, kommt eine Ausschüttung von Dividenden in absehbarer Zeit nicht in Betracht, weil kein Bilanzgewinn ausgewiesen werden kann (§ 58 IV, V AktG). Denn zukünftige Jahresüberschüsse werden durch die Verlustvorträge aufgezehrt. Deshalb wird kein Investor bereit sein, neue Aktien zu pari zu zeichnen. Eine Unterpari-Emission ist nach § 9 I AktG aber unzulässig. Durch eine vereinfachte Kapitalherabsetzung wird das Grundkapital nun dem verringerten Gesellschaftsvermögen angepasst (Beseitigung einer Unterbilanz). Eine anschließende Kapitalerhöhung ist für Investoren wiederum attraktiv, da zukünftige Jahresüberschüsse jetzt ausgeschüttet werden können. Die Kombination von vereinfachter Kapitalherabsetzung und Kapitalerhöhung weist darüber hinaus in zeitlicher Hinsicht einen entscheidenden Vorteil gegenüber einer isolierten Kapitalerhöhung auf. §§ 234 I, 235 I 1 AktG ermöglichen es, Kapitalherabsetzung und zugleich beschlossene Kapitalerhöhung bereits in dem Jahresabschluss für das letzte vor der Beschlussfassung abgelaufene Geschäftsjahr zu berücksichtigen. Zudem müssen bereits vor der Beschlussfassung die neuen Aktien gezeichnet und die Mindesteinzahlung (§ 188 II AktG) geleistet worden sein (§ 235 I 2 AktG).

673 bb) Einen Finanzierungsbeitrag kann weiterhin die Umwandlung von Forderungen der Gesellschaftsgläubiger in Grundkapital leisten *(Debt-Equity-Swap)*.[576] Ziel einer solchen Maßnahme ist insbesondere die Abwendung einer Überschuldung iSd § 19 InsO. Der »Debt-Equity-Swap« stellt rechtstechnisch die Einbringung einer Forderung im Rahmen einer Sachkapitalerhöhung (§ 183 AktG) dar.[577] Zur Vermeidung einer (drohenden) Unterbilanz geht dem eine vereinfachte Kapitalherabsetzung

574 *Aleth/Wilkens* in Eilers/Rödding/Schmalenbach, Unternehmensfinanzierung, 2. Aufl. 2014, H. Rn. 1.
575 Eine Darstellung weiterer Maßnahmen findet sich bei *Aleth/Wilkens* in Eilers/Rödding/Schmalenbach, Unternehmensfinanzierung, 2. Aufl. 2014, H. Rn. 20 ff.
576 Ausf. dazu *Himmelsbach/Achsnick* NZI 2006, 561 ff.; *Redeker* BB 2007, 673 ff.; *v. Sydow/Beyer* AG 2005, 635 ff.
577 *Aleth/Wilkens* in Eilers/Rödding/Schmalenbach, Unternehmensfinanzierung, 2. Aufl. 2014, H. Rn. 60.

(§§ 229 ff. AktG) voran.[578] Die Einbringung erfolgt entweder durch einen Erlassvertrag (§ 387 BGB) oder die Abtretung der Forderung an die AG, was zum Erlöschen durch Konfusion führt.[579] In beiden Fällen muss die Forderung bewertet werden. Eine Einbringung zum Nennwert ist nur möglich, wenn die Forderung fällig, liquide und vollwertig ist.[580] Andernfalls ist der niedrigere tatsächliche Wert maßgeblich. Hat der Gläubiger die umzuwandelnde Forderung zuvor erworben, bietet sich der bezahlte Kaufpreis als Anhaltspunkt an.[581] Wird eine Forderung überbewertet, haftet der Inferent nach den Grundsätzen der Differenzhaftung (→ Rn. 530, 630).

5. Sonstige Maßnahmen der Kapitalbeschaffung

Neben der Erhöhung des Grundkapitals stehen der AG noch weitere Kapitalbeschaffungsmaßnahmen zur Verfügung. Die Kapitalaufnahme kann in der Form von Eigenkapital, Fremdkapital oder »Mezzanine-Kapital« erfolgen. **674**

a) Eine AG kann sich Eigenkapital nicht nur durch Erhöhung des Grundkapitals, sondern auch durch *freiwillige Zuzahlungen der Aktionäre* beschaffen. Relevant werden diese Kapitalmaßnahmen vor allem in der Krise. Mangels aktienrechtlicher Nachschusspflicht können die Aktionäre hierzu allerdings nicht gezwungen werden. Zu denken ist an eine Zuzahlung, die der Aktionär gegen Gewährung eines Vorzugs (etwa einer Vorzugsdividende) leistet. Da hierdurch eine neue Aktiengattung geschaffen wird, bedarf es eines satzungsändernden Beschlusses (§ 23 III Nr. 4 AktG).[582] Möglich ist auch eine Zuzahlung in das Eigenkapital, für die der Aktionär keine Gegenleistung erhält. Freiwillige Zuzahlungen sind in der Bilanz der AG als Kapitalrücklagen auszuweisen (§ 272 II Nr. 3, 4 HGB). **675**

b) Einen nicht unwesentlichen Teil des Kapitalbedarfs deckt eine Aktiengesellschaft über *Fremdkapital* ab. In Deutschland erfolgt dies traditionell in großem Umfang durch Bankkredite. Zudem können Unternehmen ab einer bestimmten Größe über die Emission von Anleihen den Kapitalmarkt nutzen. Klassisches Fremdkapital zeichnet sich dadurch aus, dass es befristet überlassen wird, einen von der Ertragslage des Kapitalnehmers unabhängigen (fixen) Vergütungsanspruch vorsieht, in der Insolvenz des Kapitalnehmers vorrangig befriedigt wird und keine Mitgliedschaftsrechte gewährt.[583] Als Geschäftsführungs- und Vertretungsmaßnahme (§§ 77, 78 AktG) fällt die Aufnahme von Fremdkapital grundsätzlich in die Kompetenz des Vorstands.[584] **676**

aa) Ein *Bankkredit* (Darlehen, §§ 488 ff. BGB) kann flexibel ausgestaltet werden.[585] Dies gilt sowohl für den Zinssatz (fest oder variabel) als auch die Laufzeit (kurz-, mittel- oder langfristig). Regelmäßig lässt sich die Bank eine Kreditsicherheit einräumen.[586] **677**

---

578 *Götze/Arnold/Carl* NZG 2012, 321 (326).
579 *Redeker* BB 2007, 673 (674).
580 BGHZ 125, 141 (143) (zur GmbH); *Aleth/Wilkens* in Eilers/Rödding/Schmalenbach, Unternehmensfinanzierung, 2. Aufl. 2014, H. Rn. 60.
581 *Redeker* BB 2007, 673 (675).
582 *Windbichler* GesR § 32 Rn. 17.
583 *Natusch* in Häger/Elkemann-Reusch, Mezzanine Finanzierungsinstrumente, 2. Aufl. 2007, Rn. 4.
584 *K. Schmidt* GesR § 29 I 1 b (S. 877).
585 *Jetter* in Eilers/Rödding/Schmalenbach, Unternehmensfinanzierung, 2. Aufl. 2014, C. Rn. 2 ff.
586 Eine ausf. Darstellung üblicher Sicherungsrechte findet sich bei *Schmalenbach* in Eilers/Rödding/ Schmalenbach, Unternehmensfinanzierung, 2. Aufl. 2014, C. Rn. 99 ff.

678 **bb)** Größere Kapitalsummen können über die Emission von *Anleihen* (»Bonds«) am Kapitalmarkt aufgenommen werden. So lässt sich das aufzubringende Kapital auf eine Vielzahl von Gläubigern verteilen. Anleihen sind in der Praxis regelmäßig Inhaberschuldverschreibungen iSd §§ 793 ff. BGB.[587] In dem Wertpapier werden der Anspruch auf die Verzinsung des eingesetzten Kapitals sowie der Rückzahlungsanspruch verbrieft. Wegen ihrer Umlauffähigkeit eignen sich insbesondere Inhaberschuldverschreibungen, bei welchen der jeweilige Inhaber die verbriefte Leistung an sich verlangen kann.[588]

679 **c)** Als *Mezzanine-Kapital* bezeichnet man Finanzierungsinstrumente, die nach ihrer wirtschaftlichen Ausgestaltung sowohl eigenkapital- als auch fremdkapitaltypische Merkmale aufweisen.[589] So wird Mezzanine-Kapital üblicherweise nachrangig gegenüber anderen Gläubigern, jedoch vorrangig gegenüber den Eigenkapitalgebern befriedigt, nicht besichert und jedenfalls teilweise erfolgsabhängig vergütet.[590] Das wegen der Nachrangigkeit größere Risiko des Kreditausfalls wird beim Mezzanine-Darlehen durch eine höhere Verzinsung ausgeglichen.[591] Mit der Aufnahme von Mezzanine-Kapital bezwecken Unternehmen vor allem eine Verbesserung ihrer Bonität. Dies senkt die künftigen Fremdkapitalkosten. Es existieren sowohl Mezzanine-Finanzierungsinstrumente, die Unternehmen jeglicher Rechtsform zur Verfügung stehen, als auch solche, die auf eine AG als Kapitalnehmerin zugeschnitten sind.

680 **aa)** Zu den *rechtsformunabhängigen* Mezzanine-Finanzierungsinstrumenten gehören insbesondere Nachrangdarlehen, partiarische Darlehen, typische und atypische stille Gesellschaften (dazu oben § 6) sowie Genussrechte. Unter einem Nachrangdarlehen versteht man ein Darlehen, das mit einer Rangrücktrittsvereinbarung versehen ist.[592] Die Vereinbarung sieht vor, dass der Nachrangdarlehensgeber im Fall der Insolvenz des Kapitalnehmers hinsichtlich Zins- und Tilgungszahlungen erst nach der vollständigen Befriedigung bestimmter anderer Gläubiger (relativer Nachrang) bzw. aller Gläubiger (absoluter Nachrang) befriedigt werden soll.[593] Auch das partiarische Darlehen ist zivilrechtlich als Darlehensvertrag iSv §§ 488 ff. BGB einzuordnen. Die Besonderheit besteht hier darin, dass sich die Höhe der Vergütung des Darlehensgebers am wirtschaftlichen Erfolg des Darlehensnehmers orientiert.[594] Genussrechte sind schließlich schuldrechtliche Ansprüche auf aktionärstypische Vermögensrechte.[595] Da die Vermögensrechte allein auf schuldrechtlicher Basis bestehen, vermitteln diese keine Mitgliedschaftsrechte.[596] Verbriefte Genussrechte bezeichnet man als Genussscheine.

681 **bb)** Eine AG kann sich darüber hinaus über *Wandelschuldverschreibungen* finanzieren. Nach der Legaldefinition des § 221 I 1 AktG handelt es sich dabei um Schuldver-

---

587 *Eilers/Teufel* in Eilers/Rödding/Schmalenbach, Unternehmensfinanzierung, 2. Aufl. 2014, A. Rn. 87; Habersack/Mülbert/Schlitt/*Kaulamo,* Unternehmensfinanzierung am Kapitalmarkt, 3. Aufl. 2013, § 17 Rn. 2.

588 Alternativ kommt eine Emission als Order- bzw. Namensschuldverschreibung in Betracht, s. *Zahn/Lemke* BKR 2002, 527 (528).

589 In dieser Zwischenstellung liegt auch der Begriff Mezzanine-Kapital begründet. Er stammt ursprünglich aus der Architektur und bedeutet dort Zwischengeschoss.

590 *Gleske/Laudenklos* in Eilers/Rödding/Schmalenbach, Unternehmensfinanzierung, 2. Aufl. 2014, D. Rn. 24 ff.

591 *Ganter* WM 2011, 1585 (1587).

592 Bösl/Sommer/*Wagner,* Mezzanine-Finanzierung, 2006, 249 ff.

593 *Gleske/Laudenklos* in Eilers/Rödding/Schmalenbach, Unternehmensfinanzierung, 2. Aufl. 2014, D. Rn. 30, 31.

594 Bösl/Sommer/*Wagner,* Mezzanine-Finanzierung, 2006, 273 f.

595 MüKoAktG/*Habersack* § 221 Rn. 64.

596 Habersack/Mülbert/Schlitt/*Berghaus/Bardelmeier,* Unternehmensfinanzierung am Kapitalmarkt, 3. Aufl. 2013, § 14 Rn. 2; *v. Alvensleben* in Häger/Elkemann-Reusch, Mezzanine Finanzierungsinstrumente, 2. Aufl. 2007, Rn. 607.

schreibungen, bei denen den Gläubigern ein Umtausch- oder Bezugsrecht auf Aktien eingeräumt wird. Nach der Aktienrechtsnovelle 2016 sind zur Flexibilisierung der Finanzierung von Aktiengesellschaften auch »umgekehrte Wandelschuldverschreibungen« *(Reverse Convertibles)* mit einem Umtauschrecht der Gesellschaft möglich,[597] was in Situationen wirtschaftlicher Not die Möglichkeit eines »Debt-Equity-Swap auf Vorrat« ermöglicht.[598] Die Emission von Wandelschuldverschreibungen setzt einen Beschluss der Hauptversammlung voraus (§ 221 I 1 AktG). Werden die Aktien im Umtausch gegen die Schuldverschreibung erworben, spricht man von Wandelanleihen, erfolgt der Aktienerwerb unabhängig vom Schicksal der Schuldverschreibung gegen Zahlung eines Bezugspreises, handelt es sich um Optionsanleihen.[599] Die Umtausch- und Bezugsrechte werden dabei grundsätzlich über die Schaffung bedingten Kapitals abgesichert (§ 192 II Nr. 1 AktG, → Rn. 659). Da nur das Aktienrecht bedingtes Kapital vorsieht, ist die Ausgabe von Wandelschuldverschreibungen bei anderen Rechtsformen eher selten.[600]

6. Jahresabschluss

Der Jahresabschluss (§ 242 III HGB) einer Aktiengesellschaft umfasst die Bilanz **682** (§ 242 I 1 HGB), die Gewinn- und Verlustrechnung (§ 242 II HGB) sowie den Anhang (§ 264 I 1 HGB). Mittelgroße und große Aktiengesellschaften (§ 267 II, III HGB) haben zudem einen Lagebericht aufzustellen (§ 264 I 1, 4, 5 HGB). Die Darstellung beschränkt sich hier auf die für die AG geltenden Besonderheiten bezüglich Aufstellung, Prüfung, Feststellung und Offenlegung. Kann die AG auf andere Unternehmen beherrschenden Einfluss ausüben, trifft sie aus § 290 HGB daneben die Pflicht zur Erstellung eines *Konzern*abschlusses sowie eines *Konzern*lageberichts. Allgemeine Ausführungen zum Jahresabschluss finden sich in Teil 8.

a) Gemäß § 264 I 3 HGB sind Jahresabschluss und Lagebericht von den gesetzlichen **683** Vertretern der Kapitalgesellschaft in den ersten drei Monaten des Geschäftsjahres für das vergangene Geschäftsjahr *aufzustellen.* Die Aufstellung obliegt als Teil der Geschäftsführung dem Vorstand (vgl. § 91 I AktG). Besteht dieser aus mehreren Personen, trifft die Pflicht die Gesamtheit der Organmitglieder als gemeinschaftliche Schuld, soweit sie nicht im Wege der Geschäftsverteilung auf einzelne Mitglieder übertragen worden ist.[601] Als Hilfspersonen können vor allem Wirtschaftsprüfer eingeschaltet werden, die freilich nicht zugleich mit der Abschlussprüfung betraut sein dürfen (§ 319 III 1 Nr. 3 lit. a HGB).[602]

b) Bei der *Prüfung* des Jahresabschlusses ist zwischen der durch einen Abschlussprü- **684** fer (§§ 316 ff. HGB) und der durch den Aufsichtsrat (§§ 170 f. AktG) zu unterscheiden.

597 *Wehrhahn* GWR 2016, 133 (133 f.).
598 Hölters/*Haberstock/Greitemann* AktG § 221 Rn. 7; Begr. zum RegE eines Gesetzes zur Änderung des Aktiengesetzes (Aktienrechtsnovelle 2014), BR-Drs. 22/15, 27; zum RegE zur Aktienrechtsnovelle 2012 ebenso *Drinhausen/Keinath* BB 2012, 395 f.
599 MüKoAktG/*Habersack* § 221 Rn. 24.
600 Etwas anderes gilt bei Private-Equity-Transaktionen. Dort finden sich auch bei der Finanzierung einer GmbH vergleichbare Gestaltungen (sog. Equity-Kicker); vgl. dazu *Müller-Eising* in Eilers/Rödding/Schmalenbach, Unternehmensfinanzierung, 2. Aufl. 2014, D. Rn. 71. Einen Überbl. über die dort bestehenden Gestaltungsmöglichkeiten gibt *Maidl* NZG 2006, 778.
601 MüKoHGB/*Reiner* § 264 Rn. 18.
602 MüKoHGB/*Reiner* § 264 Rn. 18.

685 **aa)** Eine Prüfung durch einen *Abschlussprüfer* hat nur bei mittelgroßen und großen Kapitalgesellschaften (§ 267 II, III HGB) zu erfolgen (§ 316 I 1 HGB). Geprüft werden Jahresabschluss, Lagebericht und Buchführung (§§ 316 I 1, 317 I 1 HGB). Der Abschlussprüfer hat in einem Prüfungsbericht über Art und Umfang sowie über das Ergebnis der Prüfung schriftlich und mit der gebotenen Klarheit zu berichten (§ 321 I 1–2 HGB). Hat die Prüfung zu keinen Einwendungen geführt, erteilt der Abschlussprüfer einen uneingeschränkten Bestätigungsvermerk (§ 322 III HGB). Sind dagegen Einwendungen zu erheben, hat der Abschlussprüfer den Vermerk einzuschränken oder zu versagen (§ 322 IV HGB).

686 **bb)** Eine Prüfung durch den *Aufsichtsrat* hat unabhängig von der Größe der AG – also auch bei kleinen AGs – zu erfolgen. Sie ist als eine spezielle Art der Überwachung der Geschäftsführung (§ 111 I AktG) zu verstehen. Der Aufsichtsrat prüft nach § 171 I 1 AktG den Jahresabschluss und den ihm vom Vorstand vorgelegten Vorschlag für die Verwendung des Bilanzgewinns, bei größeren oder mittelgroßen Aktiengesellschaften zudem den Lagebericht. Der Aufsichtsrat hat über das Ergebnis der Prüfung schriftlich an die Hauptversammlung zu berichten und zu erklären, ob nach dem abschließenden Ergebnis seiner Prüfung Einwendungen zu erheben sind und ob er den vom Vorstand aufgestellten Jahresabschluss billigt (§ 171 II 1, 4 AktG).

687 **c)** Die Aufstellung des Jahresabschlusses ist von seiner *Feststellung* zu unterscheiden: Erst durch die Feststellung werden die bilanzpolitischen Entscheidungen für Gesellschaftsorgane und Aktionäre verbindlich.[603] Nach hM ist die Feststellung deshalb ein *korporationsrechtliches Rechtsgeschäft eigener Art.*[604] Sie erfolgt grundsätzlich dadurch, dass der Aufsichtsrat den ihm vom Vorstand vorgelegten Jahresabschluss billigt (§ 172 S. 1 AktG). Die Hauptversammlung ist zur Feststellung nur in Ausnahmefällen (nach § 173 I 1 AktG insbesondere bei entsprechendem Beschluss von Vorstand und Aufsichtsrat) befugt. Davon zu unterscheiden ist der Beschluss über die Verwendung des Bilanzgewinns, der in die alleinige Zuständigkeit der Hauptversammlung fällt (→ Rn. 689).

688 **d)** Die *Offenlegung* des Jahresabschlusses dient der Information der Öffentlichkeit und damit mittelbar der Kontrolle der Unternehmensleitung. Nach § 325 I HGB haben die gesetzlichen Vertreter von Kapitalgesellschaften den Jahresabschluss und den Lagebericht mit dem Bestätigungsvermerk oder dem Vermerk über dessen Versagung sowie den Bericht des Aufsichtsrats und die nach § 161 AktG vorgeschriebene Erklärung beim Betreiber des elektronischen Bundesanzeigers elektronisch einzureichen. Dies hat grundsätzlich spätestens ein Jahr nach dem Abschlussstichtag des betreffenden Geschäftsjahres zu geschehen (§ 325 Ia HGB). Bei kapitalmarktorientierten Gesellschaften iSv § 264d HGB beträgt die Frist längstens vier Monate (§ 325 IV 1 HGB). Etwaige Änderungen des Jahresabschlusses und des Lageberichts werden ebenfalls von der Offenlegungspflicht erfasst (§ 325 Ib HGB). Unverzüglich nach Einreichung haben die gesetzlichen Vertreter der Kapitalgesellschaft die genannten Unterlagen im elektronischen Bundesanzeiger bekannt machen zu lassen (§ 325 II HGB). Erleichterungen sind für Kleinstkapitalgesellschaften sowie für kleine und mittelgroße Kapitalgesellschaften in §§ 326, 327 HGB vorgesehen. § 325 IIa, IIb HGB eröffnet die Möglichkeit, anstelle des nach den Vorschriften des HGB aufgestellten Jahresabschlus-

---

603 Hüffer/Koch/*Koch* AktG § 172 Rn. 2, 5.
604 BGHZ 124, 111 (116).

ses einen sog. Einzelabschluss nach internationalen Rechnungslegungsstandards (IAS/ IFRS) offen zu legen.

7. Gewinnverwendung

Die Entscheidung über die Verwendung des Bilanzgewinns fällt zwingend[605] in die **689** Kompetenz der Hauptversammlung (§ 174 I 1 AktG). Diese ist dabei an den festgestellten Jahresabschluss gebunden (§ 174 I 2 AktG). Der Bilanzgewinn entspricht dem Jahresüberschuss bzw. Jahresfehlbetrag zuzüglich Gewinnvortrag und Entnahmen aus Gewinnrücklagen, abzüglich Verlustvortrag und Einstellungen in Gewinnrücklagen.[606] Über die Verwendung des so ermittelten Betrages entscheidet die ordentliche Hauptversammlung (§ 175 I AktG) mit der Mehrheit der abgegebenen Stimmen (einfache Stimmenmehrheit, § 133 I AktG).[607] Sie kann neben der Ausschüttung (§ 58 IV AktG) auch beschließen, weitere Beträge in die Gewinnrücklage einzustellen, als Gewinn vorzutragen (§ 58 III 1 AktG) oder bei entsprechender Satzungsgrundlage einer anderen Verwendung zuzuführen (§ 58 III 2 AktG). Mit der Beschlussfassung entsteht ein Dividendenzahlungsanspruch der Aktionäre, welcher als Gläubigerrecht grundsätzlich sofort fällig und – gegebenenfalls in einem Gewinnanteilsschein verbrieft – selbstständig verkehrsfähig ist.[608]

Ungeachtet dessen können auch Vorstand und Aufsichtsrat auf die Gewinnverwendung Einfluss nehmen, wenn sie, wie regelmäßig,[609] über dessen Feststellung entscheiden (§ 58 II 1 AktG). Dabei bestehen regelmäßig widerstreitende Interessen. Anlageorientierte Aktionäre sind an einer hohen Dividende interessiert, wohingegen das Motiv der Geschäftsleitung die Selbstfinanzierung der Gesellschaft ist.[610] § 58 II 1 AktG versucht einen Ausgleich, indem als Höchstgrenze für die Bildung »anderer Gewinnrücklagen«[611] die Hälfte des Jahresüberschusses festgelegt wird.[612] Diese Obergrenze gilt aber nur vorbehaltlich abweichender Bestimmungen in der Satzung (§ 58 II 2 AktG). Sind Vorstand und Aufsichtsrat danach zu einer höheren Gewinnrücklagenbildung befugt, werden sie lediglich durch die absolute Obergrenze in § 58 II 3 AktG beschränkt, wonach andere Gewinnrücklagen in keinem Fall die Hälfte des *Grundkapitals* überschreiten dürfen.[613]

---

605 MüKoAktG/*Hennrichs/Pöschke* § 174 Rn. 4.

606 Hüffer/Koch/*Koch* AktG § 58 Rn. 3.

607 Holters/*Waclawik* AktG § 174 Rn. 5.

608 Hüffer/Koch/*Koch* AktG § 174 Rn. 4; K. Schmidt/Lutter/*Drygala* AktG § 174 Rn. 12.

609 Spindler/Stilz/*Cahn/v. Spannenberg* AktG § 58 Rn. 34.

610 AmtlBegr zum RegE, abgedr. in *Kropff,* Aktiengesetz, 1965, 75, Hüffer/Koch/*Koch* AktG § 58 Rn. 1.

611 Zum Begriff Hüffer/Koch/*Koch* AktG § 58 Rn. 4.

612 MüKoAktG/*Bayer* § 58 Rn. 38.

613 Hüffer/Koch/*Koch* AktG § 58 Rn. 13. Bisweilen wurde angenommen, dass jedenfalls bestimmte Teile des Überschusses zwingend als Gewinn ausgeschüttet werden *müssen,* um ein »Aushungern« der Aktionäre zu verhindern, s. etwa *Eckardt* NJW 1967, 369. Dies wurde entweder auf den Wortlaut von § 58 II 2 AktG (»Teil«) oder § 254 AktG gestützt. Die hM geht inzwischen davon aus, dass die Satzung auch zur vollständigen Rücklagenzuweisung ermächtigen kann, BGH NJW 1971, 802 (803 f.); MüKoAktG/*Bayer* § 58 Rn. 44.

VI. Beendigung

690 Auch bei Kapitalgesellschaften erfolgt die Beendigung nicht in der Weise, dass Rechtspersönlichkeit, Organisation und Gesellschaftsvermögen einschließlich der Schulden vom einen auf den anderen Moment beseitigt werden. Vielmehr wird die AG in zwei Stufen durch Auflösung (§ 262 I Nr. 1–5 AktG) und anschließende Abwicklung (§§ 264–274 AktG) beendet. Die Auflösung ist nichts anderes als die Zweckänderung, bei der an die Stelle des bisherigen, regelmäßig auf Gewinnerzielung durch Betrieb des Gesellschaftsunternehmens gerichteten Zwecks (werbende Gesellschaft) der Abwicklungszweck zur Herbeiführung der Beendigung tritt. Im Vordergrund stehen dabei die Befriedigung der Gläubiger und die Verteilung des Restvermögens an die Aktionäre. Bis zum Abschluss der Auseinandersetzung (Liquidation) besteht die AG als Abwicklungsgesellschaft fort. Sie behält ihre Identität und bleibt juristische Person. Die Zweckänderung ist durch Eintragung in das Handelsregister (§§ 263, 398 AktG) und üblicherweise durch den Firmenzusatz »i. L.« kenntlich zu machen. Die Eintragung in das Handelsregister wirkt dabei nur deklaratorisch und nicht konstitutiv.

1. Auflösungstatbestände

691 Die Auflösung der AG richtet sich nach den zwingenden gesetzlichen Vorschriften des § 262 I Nr. 1–5 AktG. Auflösungsgründe sind danach Zeitablauf (§ 262 I Nr. 1 AktG), Auflösungsbeschluss der Hauptversammlung (§ 262 I Nr. 2 AktG), Insolvenz der Gesellschaft (§ 262 I Nr. 3 AktG), Ablehnung der Insolvenzeröffnung wegen Vermögenslosigkeit (§ 262 I Nr. 4 AktG) und Feststellung eines Satzungsmangels (§ 262 I Nr. 5 AktG).

Die Löschung wegen Vermögenslosigkeit (§ 262 I Nr. 6 AktG) stellt trotz irreführender Terminologie keinen Auflösungsgrund in diesem Sinne dar, weil sie in Ermangelung eines Vermögens keine Abwicklung nach sich zieht (§ 264 II AktG). Mangels Abwicklung führt die Amtslöschung regelmäßig zur liquidationslosen Vollbeendigung der AG.[614] Stellt sich später heraus, dass doch noch verteilbares Vermögen vorhanden ist, findet eine Abwicklung in Form einer Nachtragsliquidation (§ 264 II AktG) statt. Das Fortbestehen vermögensloser Kapitalgesellschaften würde zum einen eine unnötige Belastung des Handelsregisters bedeuten und zum anderen eine Gefahr für den Rechtsverkehr begründen, weil dadurch eine nicht vorhandene Kreditwürdigkeit vorgetäuscht werden kann. Deshalb sieht § 394 FamFG auch die Amtslöschung vor.

692 **a)** Eine AG wird *durch Zeitablauf* kraft Gesetzes aufgelöst, wenn die Satzung hierfür einen bestimmten Zeitpunkt festlegt. Dieser kann im Wege der Satzungsänderung (§§ 179 ff. AktG) auch nachträglich eingeführt werden. Maßgeblich ist jeweils der Satzungsinhalt und nicht die Eintragung (§ 39 II AktG). Anders als bei den Personengesellschaften bedarf es eines ausdrücklichen Verlängerungsbeschlusses (§ 274 AktG). Eine stillschweigende Verlängerung kommt nicht in Betracht.

693 **b)** Durch einen *Auflösungsbeschluss der Hauptversammlung* mit einer Mehrheit von mindestens drei Vierteln des vertretenen Grundkapitals kann die AG jederzeit aufgelöst werden. Das Auflösungsrecht der Hauptversammlung kann zwar durch die Satzung bis hin zum Einstimmigkeitserfordernis erschwert, aber wegen § 23 V AktG nicht vollständig ausgeschlossen werden (→ Rn. 538).[615] Der Auflösungsbeschluss selbst unterliegt keiner gerichtlichen Inhaltskontrolle. Er ist sachlich gerechtfertigt,

---

614 MüKoAktG/*J. Koch* § 262 Rn. 75.
615 Spindler/Stilz/*Bachmann* AktG § 262 Rn. 25; vgl. auch BGHZ 103, 184 (189).

weil die Desinvestitionsfreiheit der Aktionäre vom Gesetz nicht eingeschränkt werden soll.[616] Dies hat zur Folge, dass eine durch die Satzung festgelegte Mehrheit in der Lage ist, auch ein ertragreiches Unternehmen durch Auflösung des Unternehmensträgers jederzeit und ohne weitere Begründung zu liquidieren.

c) Der praktisch wohl bedeutsamste Auflösungsgrund ist die *Insolvenz* der AG. Dabei sind die beiden Situationen des § 262 I Nr. 3 und 4 AktG zu unterscheiden. **694**

aa) § 262 I Nr. 3 AktG regelt den Fall, dass die AG zahlungsunfähig oder überschuldet **695** ist, aber noch über *genügend Vermögen* zur Bestreitung der Kosten des *Insolvenzverfahrens* verfügt. In beiden Fällen besteht eine Antragspflicht des Vorstands (§ 15a I InsO; s. auch das Zahlungsverbot in § 92 II AktG). Aber auch auf Antrag eines Gläubigers (§ 14 InsO) kann das Insolvenzverfahren eröffnet werden. Die Insolvenzeröffnung bewirkt zwar die Auflösung und damit auch die Beendigung der bisherigen werbenden Tätigkeit, nach § 264 I AktG aber nicht auch die Abwicklung im Sinne der aktienrechtlichen Liquidation. Diese erfolgt vielmehr nach den Vorschriften der InsO. Soweit die AG Vermögen oder eine Niederlassung im EU-Ausland hat, sind darüber hinaus die Vorschriften der EuInsVO relevant.

bb) § 262 I Nr. 4 AktG regelt hingegen den Fall, dass die AG zahlungsunfähig oder **696** überschuldet ist und auch die Kosten eines Insolvenzverfahrens nicht mehr tragen kann. Dann wird die Eröffnung des Insolvenzverfahrens *mangels Masse* abgelehnt (§ 26 InsO). Auch dies führt zur Auflösung der AG. Die Abwicklung erfolgt indes nach den Vorschriften des AktG (§§ 264 ff. AktG).[617]

d) Zum Schutz der Aktionäre und des Rechtsverkehrs führen *Satzungsmängel* nur in **697** besonders schwerwiegenden Fällen zur Auflösung der Gesellschaft. Einen Auflösungsgrund nach § 262 I Nr. 5 AktG stellen zum einen die in § 399 FamFG genannten Mängel dar. Diese führen bei rechtskräftiger Feststellung durch das Registergericht zur Auflösung der AG von Amts wegen (Amtsauflösung). Zum anderen sind die rechtskräftig festgestellten Nichtigkeitsgründe iSv § 275 I AktG bei schweren Satzungsmängeln der Sache nach ebenfalls Auflösungsgründe (arg. ex § 277 I AktG), die indes nur durch die Nichtigkeitsklage geltend gemacht werden können. §§ 275 ff. AktG beruhen auf dem Gesetz zur Durchführung der Publizitäts-RL aus dem Jahr 1969[618] und bezwecken den Schutz der Aktionäre und des Rechtsverkehrs vor sachwidriger rückwirkender Nichtigkeit.[619] Deshalb sind die Regelungen eng auszulegen.[620] Nach § 277 AktG führt die Nichtigerklärung zu einer Abwicklung nach den Vorschriften über die Abwicklung bei Auflösung. Demnach stellt sich der vom Gesetz gewählte Begriff der Nichtigkeit als im Kern unzutreffend dar, weil die Nichtigerklärung auch eine Auflösungsentscheidung ist.[621] Im Übrigen besteht die Möglichkeit, in der Satzung weitere Auflösungsgründe vorzusehen.

Die Möglichkeit der *Nichtigkeitsklage* (§ 275 AktG) ist allerdings nur gegeben, wenn die Satzung keine Bestimmungen über die Höhe des Grundkapitals oder den Gegenstand des Unternehmens enthält bzw. die Bestimmungen über Letzteren nichtig sind. Soweit der Mangel den Gegenstand des Unternehmens

---

616 BVerfG NJW 2001, 279.
617 Krit. *K. Schmidt* GesR § 11 VI 5 a (S. 329 f.).
618 BGBl. 1969 I 1146.
619 RegBegr. BT-Drs. V/3862, 11, 14; Hüffer/Koch/*Koch* AktG § 275 Rn. 2.
620 EuGH DB 1991, 157 – Marleasing.
621 Spindler/Stilz/*Bachmann* AktG § 275 Rn. 1.

betrifft, kann er durch Satzungsänderung geheilt werden (§ 276 AktG). In diesem Fall kann Klage erst erhoben werden, nachdem die AG aufgefordert worden ist, den Mangel durch Satzungsänderung zu beseitigen und drei Monate fruchtlos verstrichen sind. Auch muss die Klage spätestens binnen drei Jahren nach Eintragung erhoben werden. Wird ihr stattgegeben, ist auf der Grundlage des rechtskräftigen Urteils die Nichtigkeit der AG im Handelsregister einzutragen. Die Abwicklung richtet sich, wie oben dargestellt, nach den allgemeinen Auflösungsregeln.

698   e) Wird eine *Verschmelzung* oder *Aufspaltung* auf eine andere Gesellschaft oder eine *vollständige Übertragung* des Vermögens der AG auf die öffentliche Hand nach den Vorschriften des *UmwG* vorgenommen, führt dies zum Erlöschen der AG (§§ 20 I Nr. 2, 131 I Nr. 2, 176 III 2 UmwG). Die Abwicklung entfällt, weil das Vermögen der juristischen Person im Wege der Gesamtrechtsnachfolge bei einem anderen Rechtsträger fortbesteht. Es gibt dann keine abzuwickelnde Vermögensmasse.

699   f) Die *Verlegung des Sitzes der AG in das Ausland*[622] durch einen Hauptversammlungsbeschluss führt nach ständiger Rechtsprechung und hM im Schrifttum nach der in Deutschland geltenden Sitztheorie zur Auflösung und Abwicklung der Gesellschaft.[623] Indes wurde die Sitztheorie vom EuGH für Zuzugsfälle wegen Verstoßes gegen die Niederlassungsfreiheit (Art. 49, 54 AEUV) für europarechtswidrig erklärt.[624] Dies ebnet den Weg für die Nutzung anderer europäischer Kapitalgesellschaften mit Verwaltungssitz in Deutschland. Gesellschaften, die in einem der Gründungstheorie folgenden Mitgliedstaat wirksam errichtet wurden (etwa eine englische private limited company), können ohne Gefahr des Verlustes der Rechtsfähigkeit ihren Verwaltungssitz nach Deutschland verlegen. Deutschen Kapitalgesellschaften bleibt hingegen der Schritt über die Grenzen im Wegzugsfall versperrt. Eine Verlegung des Sitzes ins Ausland, mit oder ohne Hauptversammlungsbeschluss, führt nach der Sitztheorie zum Statutenwechsel und somit stets zur Auflösung, auch wenn dies nicht dem Willen der Gesellschafter entspricht. Der EuGH hat im Fall »*Cartesio*«[625] bestätigt, dass die Verlegung des Verwaltungssitzes unter Beibehaltung der Rechtsform des Gründungsmitgliedstaates von der Niederlassungsfreiheit nicht gedeckt wird. § 5 AktG ermöglicht der AG inzwischen aber gleichwohl, ihren effektiven Verwaltungssitz in das Ausland zu verlegen,[626] was die gesellschaftsrechtliche Wegzugsbeschränkung letztlich aufhebt.

2. Liquidation

700   Zum Schutz von Aktionären wie Gläubigern ist die Abwicklung (Liquidation), anders als bei den Personengesellschaften, zwingend geregelt (§ 264 I AktG). Abwicklung iSd § 264 I AktG ist nur das in §§ 265 ff. AktG geregelte Verfahren. Eine andere Art der Liquidation ist, abgesehen vom vorrangigen Insolvenzverfahren (arg. ex § 264 I AktG) und der Nachtragsabwicklung gem. § 264 II AktG, nicht möglich. Dies gilt auch für die Einmann-AG und eine schuldenfreie Gesellschaft. Die Liquidation kann somit weder durch Satzung noch durch Hauptversammlungsbeschluss ausgeschlossen werden. Im Vergleich zu den Personengesellschaften wären die Gläubiger der AG nicht hinreichend geschützt, wenn die AG ihr Vermögen ohne geregeltes Liquidationsverfahren an die Aktionäre ausschütten könnte. Während bei den Personengesellschaften die

---

622 Vgl. dazu iE § 20.
623 OLG Düsseldorf NJW 2001, 2184; OLG Brandenburg ZIP 2005, 489 (490); OLG München NZG 2007, 915; Baumbach/Hueck/*Fastrich* GmbHG § 4a Rn. 10.
624 EuGH NJW 2002, 3614 – Überseering; EuGH NJW 2003, 3331 – Inspire Art.
625 EuGH NJW 2009, 569 – Cartesio.
626 Spindler/Stilz/*Drescher* AktG § 5 Rn. 10.

Gläubiger durch die fortdauernde persönliche Haftung der Gesellschafter (§ 159 HGB) ausreichend gesichert sind, können sich die Gläubiger der AG nicht an einzelne Aktionäre halten. Somit bezweckt die Liquidation der AG in erster Linie den Gläubigerschutz und erst in zweiter Hinsicht die Verteilung des Vermögens an die Aktionäre. Damit lassen sich auch die wesentlichen Unterschiede zum Liquidationsrecht der OHG begründen.

a) Im Rahmen der *Liquidation* bleibt die AG als *juristische Person* bestehen. Sie bleibt **701** Handelsgesellschaft und behält ihre Firma. Es ist lediglich ein Zusatz hinzuzufügen, der auf die Abwicklung hinweist (§ 269 VI AktG). Auch finden die Vorschriften des Aktienrechts auf die auf Auflösung gerichtete AG weiterhin Anwendung.

b) Die *Aufgaben während der Liquidation* der AG sind unterschiedlich. Durch- **702** geführt wird die Liquidation von den Vorstandsmitgliedern als Abwickler (§ 265 I AktG). Diese haben die laufenden Geschäfte zu beenden, sämtliche Forderungen einzuziehen, das sonstige Vermögen in Geld umzuwandeln, die Gläubiger zu befriedigen und das Restvermögen zu verteilen (§§ 268 I, 271 AktG). Dies entspricht im Wesentlichen der Tätigkeit der Liquidatoren bei der OHG (→ Rn. 329). Die Rechte und Pflichten der Abwickler entsprechen denen des Vorstands der AG, weshalb sie weiterhin der Kontrolle des Aufsichtsrats unterliegen (§ 268 II AktG) und die AG gerichtlich und außergerichtlich vertreten (§ 269 I AktG).

c) Unter Hinweis auf die Auflösung der Gesellschaft *fordern die Abwickler die Gläu-* **703** *biger auf,* ihre Forderungen anzumelden (§ 267 S. 1 AktG). Dies geschieht durch Bekanntmachung im elektronischen Bundesanzeiger (§§ 267 S. 2, 25 AktG) und ist im Unternehmensregister abrufbar (§ 8b II Nr. 5 HGB). Frühestens ein Jahr nach der Bekanntmachung, dem sog. *Sperrjahr* (§ 272 I AktG), darf das nach der Begleichung der Verbindlichkeiten verbleibende Vermögen der Gesellschaft unter den Aktionären quotal verteilt werden (§ 271 I, II AktG), soweit nicht besondere Vorzugsrechte in Bezug auf den Liquidationserlös bestehen.[627] Da § 272 AktG die Bereithaltung eines verteilungsfähigen und liquiden Vermögens sichern soll,[628] sind nicht nur Ausschüttungen, sondern auch eine vorfinanzierte Verteilung durch Kreditgewährung oder Kreditfinanzierung zugunsten der Aktionäre verboten. Solange jedoch mit der Vermögensverteilung unter den Aktionären noch nicht begonnen worden ist, kann die Hauptversammlung unter bestimmten Voraussetzungen die *Fortsetzung* der Gesellschaft beschließen (§ 274 AktG).

3. Beendigung

Wenn die Abwicklung ihren Abschluss gefunden hat, ist die AG beendet. Dies wird in **704** das Handelsregister eingetragen und die AG gelöscht (§ 273 I AktG). Damit tritt üblicherweise Vollbeendigung ein, und die juristische Person ist untergegangen. Im Fall nachträglicher Feststellung, dass noch Vermögen vorhanden ist oder Abwicklungshandlungen nötig sind, wird das Abwicklungsverfahren im Wege einer Nachtragsliquidation wieder aufgenommen (§ 273 IV AktG). Umstritten ist dabei die Rechtspersönlichkeit der AG. Diese kann entweder als Spiegelbild zur Vor-AG insoweit als Nach-AG fortbestehen[629] oder aber die Vornahme der erforderlichen Handlungen ist

---

627 *Loges/Distler* ZIP 2002, 467 (471); MüKoAktG/*J. Koch* § 271 Rn. 22.
628 *K. Schmidt* DB 1994, 2013 (zur Parallelvorschrift des § 73 GmbHG).
629 So MüKoAktG/*J. Koch* § 262 Rn. 91f., § 273 Rn. 16.

ausreichend, ohne dass ein Fortbestand oder eine Wiederbelebung des Rechtsträgers erforderlich ist.[630]

VII. Real Estate Investment Trust (REIT)

705 Bei dem 2007 durch das Gesetz über deutsche Immobilien-Aktiengesellschaften mit börsennotierten Anteilen (REITG)[631] eingeführten Real Estate Investment Trust (REIT) handelt es sich um eine Sonderform der Aktiengesellschaft nach amerikanischem Vorbild.[632] REITs sind Gesellschaften, die hauptsächlich in Immobilien investieren, steuerlich begünstigt werden und besonderen Bilanzierungsvorschriften unterliegen. Die bereits seit etwa 1960 in den USA existierenden REITs haben inzwischen in mehr als 20 Staaten weltweit in unterschiedlichen Rechtsformen Verbreitung gefunden. Der deutsche Gesetzgeber hat bewusst keine neue Gesellschaftsform geschaffen,[633] sondern sich dafür entschieden, den REIT als Aktiengesellschaft auszugestalten. Dementsprechend ordnet § 1 III REITG an, dass hierauf grundsätzlich die für Aktiengesellschaften geltenden Regelungen, insbesondere das AktG, Anwendung finden, soweit sich nicht aus dem REITG etwas anderes ergibt.

Der Reiz des REIT als indirekte Immobilienanlageform und seine wesentlichen Besonderheiten sind steuerlicher Natur. Erfüllt der REIT bestimmte Voraussetzungen, ist er von der Körperschaft- und der Gewerbesteuer befreit (§ 16 I REITG). Wie bei einer Personengesellschaft erfolgt die Besteuerung damit auf der Ebene der Anteilseigner (§ 19 REITG; steuerliche Transparenz). Zur Förderung der Gesellschaftsform REIT werden dem Veräußerer unter bestimmten Voraussetzungen Steuerbegünstigungen bei Übertragungen von Immobilien an einen REIT oder Vor-REIT gewährt (§ 3 Nr. 70 EStG, »Exit-Tax«[634]). Danach werden aufgedeckte stille Reserven nur hälftig besteuert.

Als Sonderform der AG kommen als Entstehungsgründe auch für den REIT die Umwandlung oder Neugründung in Betracht. Um sich als REIT zu qualifizieren, muss die Gesellschaft allerdings besondere Voraussetzungen erfüllen. Dies betrifft vor allem den in § 1 I REITG abweichend von § 23 III Nr. 2 AktG auf bestimmte Immobiliengeschäfte beschränkten Unternehmensgegenstand. Dieser wird vom Leitbild der passiven Immobilienbewirtschaftung, also dem Erwerben, Halten und Verwalten, geprägt, wobei auch immobiliennahe Tätigkeiten erfasst sind. Veräußerungen sind nur im Rahmen von § 14 REITG erlaubt. Zur Sicherstellung der passiven immobilienbezogenen Tätigkeit des REIT enthält § 12 REITG bestimmte Strukturanforderungen. Danach müssen die Erträge zu 75 % aus dem Kerngeschäft (Vermietung, Leasing, Verpachtung etc) stammen (§ 12 III lit. a REITG) und dürfen Nebentätigkeiten bei Vermögen und Erträgen lediglich 20 % ausmachen (§ 12 III lit. b REITG). Zudem muss der REIT 75 % seines Vermögens in Immobilien anlegen (§ 12 II lit. a REITG). Abweichend vom HGB und dem Grundsatz der Maßgeblichkeit der Handelsbilanz für die Steuer gilt für die Berechnung der vorgenannten Grenzen der Marktwert. Wei-

---

630 *K. Schmidt* GesR § 11 V 6 a (S. 316).
631 BGBl. 2007 I 914. Vgl. auch die Begr. zum RegE, BR-Drs. 779/06.
632 Dazu *Wienbracke* NJW 2007, 2721.
633 BR-Drs. 779/06, 27.
634 Eing. *Korezkij* BB 2007, 1698 ff.

teres wesentliches Merkmal ist, dass der REIT 90 % seiner Erträge an die Anleger ausschütten muss (§ 13 I REITG).

In dieser Ausschüttungspflicht liegt der Kern der Rechtfertigung der steuerlichen Vorteile des REIT. Im
Regelfall unterliegt eine AG nach § 1 I 1 KStG der Körperschaft- und nach § 2 I, II GewStG der Gewerbesteuer. Kapitalgesellschaften stellen nämlich eine abgeschirmte Vermögensmasse mit eigener zu be-
steuernder Leistungsfähigkeit dar,[635] die nach dem Prinzip der wirtschaftlichen Leistungsfähigkeit
grundsätzlich eigenständig zu besteuern ist. Die Steuerbefreiung stellt mangels berufsregelnder Tendenz
zwar keinen Eingriff in die durch Art. 12 GG geschützte Berufsfreiheit dar. Als Ungleichbehandlung ist
dies freilich mit Blick auf Art. 3 I GG rechtfertigungsbedürftig. Dabei sind auf der einen Seite zahlreiche
Sonderbestimmungen zu Grundkapital, Unternehmenszweck und in Bezug auf die weiteren Struktur-
merkmale, vor allem die zuvor angesprochenen Quoten, zu berücksichtigen. Mit Blick auf den hohen
Ausschüttungszwang von mindestens 90 % der Erträge kann beim REIT allerdings nicht von einer »ab-
geschirmten Vermögenssphäre« gesprochen werden. Vielmehr rechtfertigt die Erfolgstransparenz die
Steuertransparenz, sodass sich verfassungsrechtliche Bedenken gegen das REITG als unberechtigt erweisen.[636]

Abweichend von § 7 AktG sieht § 4 REITG ein Mindestgrundkapital iHv 15 Mio.
EUR vor. Dieses dient einerseits der Abgrenzung von Private Equity Fonds und stellt
andererseits den wegen der hohen Ausschüttungsverpflichtung gefährdeten Gläubigerschutz sicher. Aus dem gleichen Grund muss abweichend von § 36a I AktG das
Grundkapital bei Eintragung ins Handelsregister voll eingezahlt sein (§ 5 I 2 REITG).
Der REIT muss mit seinen gesamten Aktien zum Handel an einem organisierten
Markt iSv § 2 XI WpHG in einem Staat der EU oder im Europäischen Wirtschafts-
raum (EWR) zugelassen sein (§ 10 I REITG). Organisierter Markt meint hierbei nur
den amtlichen (§§ 30 ff. BörsG) und den geregelten Markt (§§ 49 ff. BörsG), nicht aber
den Freiverkehr (§ 57 BörsG). Regelungen zur Form der Aktien trifft § 5 REITG. Da-
nach sind nur stimmberechtigte Aktien in Form von Nennbetrags- (50 EUR) oder
Stückaktien möglich. Es gibt also keine stimmrechtslosen Vorzugsaktien iSv § 12 I 2
AktG (→ Rn. 536). § 11 REITG enthält Vorgaben zur Verteilung der Aktien (sog.
Streubesitz und Höchstbeteiligungsquote).

Die Gesellschaft muss die Bezeichnung REIT in ihre Firma aufnehmen (§ 6 REITG)
und entsprechend zur Eintragung ins Handelsregister angemeldet werden (§ 8
REITG). Mit der Eintragung erlangt die Gesellschaft den Status als REIT und kann ab
dem in § 17 REITG normierten Zeitpunkt die entsprechenden Steuerbefreiungen in
Anspruch nehmen. Sowohl Satzungs- als auch Verwaltungssitz müssen nach § 9
REITG in Deutschland belegen sein.

Dies hat steuerliche Gründe: Eine Geschäftsleitung im Ausland würde nach übereinstimmender Regelung aller Doppelbesteuerungsabkommen zu einer dortigen Besteuerung der Dividenden führen (Quel-
lenbesteuerung, vgl. Art. 10 II OECD-MA).[637] Damit würde der REIT aus der unbeschränkten Steuerpflicht in Deutschland und der Verpflichtung zum Kapitalertragsteuereinbehalt ausscheiden, was der
deutsche Gesetzgeber vermeiden wollte.

Erfüllt der REIT die wesentlichen Strukturanforderungen nicht, sind Sanktionen von
Strafzahlungen bis hin zum Entzug des Status als REIT vorgesehen (§ 11 III, 16, 18
REITG).[638]

---

635 BVerfG NJW 2006, 2757 (2763).
636 Ausf. dazu *Spoerr/Hollands/Jacob* DStR 2007, 49 ff.
637 *Wienbracke* NJW 2007, 2721 (2722).
638 *Frey/Harbarth* ZIP 2007, 1177 (1184 ff.). Tabellarische Übersicht bei *Wienbracke* NJW 2007, 2721
     (2724).

§ 2 REITG regelt den Vor-REIT (vgl. auch § 10 II 1 REITG), der nicht mit der Vorgesellschaft im gesellschaftsrechtlichen Sinne (→ Rn. 539) zu verwechseln ist. Vielmehr handelt es sich hierbei um eine eingetragene AG, die schon bestimmte Voraussetzungen eines REIT erfüllt und daher bereits von der Exit-Tax (→ Rn. 705) profitieren können soll.[639]

In der Literatur wird die Einführung des REIT durchweg positiv beurteilt, aber vielfach gesetzgeberischer Nachbesserungsbedarf attestiert. Insbesondere werden Bedenken gegen die Europarechtskonformität des REITG erhoben. So stellen sich mit Blick auf die Kapitalverkehrsfreiheit (Art. 63 I AEUV) und die Niederlassungsfreiheit (Art. 49, 54 AEUV) sowohl die Börsennotierung[640] als auch die Streubesitz- und Höchstbeteiligungsklausel[641] sowie die volle Steuerpflicht ausländischer REITs mit in Deutschland belegenen Grundstücken[642] als europarechtlich problematisch dar. Hingegen wird die Niederlassungsfreiheit aus Art. 49, 54 AEUV durch die Verpflichtung, dass die Geschäftsleitung einen Sitz in Deutschland haben muss (§ 9 REITG), nicht betroffen, da hierdurch Zweigniederlassungen nicht ausgeschlossen werden.

§ 16 Kommanditgesellschaft auf Aktien (KGaA)

Literatur: *Hoffmann/Lieder:* Die bunte Welt der KGaA, AG 2016, 704; *Kessler,* Die Entwicklung des Binnenrechts der KGaA seit BGHZ 134, 392 = NJW 1997, 1923, NZG 2005, 145; *Schaumburg/Schulte,* Die KGaA – Recht und Steuern in der Praxis, 2000; *Weber,* Die GmbH & Co. KGaA als Rechtsform eines Proficlubs der Fußball-Bundesliga, GmbHR 2013, 631.

I. Grundlagen

706 Die KGaA ist in den §§ 278–290 AktG geregelt. Sie ist eine eigenständige Rechtsform,[1] verbindet strukturell jedoch Elemente der Aktiengesellschaft und der Kommanditgesellschaft und wird daher als »Mischform« dieser beiden Rechtsformen bezeichnet.[2] Als juristische Person ist die KGaA rechtsfähig, parteifähig und insolvenzfähig.

1. Begriff

707 Nach der Legaldefinition in § 278 I AktG ist die KGaA eine Gesellschaft mit eigener Rechtspersönlichkeit, bei der mindestens ein Gesellschafter den Gesellschaftsgläubigern unbeschränkt haftet (persönlich haftender Gesellschafter; Komplementär) und die übrigen lediglich an dem in Aktien zerlegten Grundkapital beteiligt sind, ohne persönlich für die Gesellschaftsschulden einzustehen (Kommanditaktionäre). Diese Definition schließt jedoch nicht aus, dass die Komplementäre sich am Grundkapital beteiligen und damit ihrerseits Kommanditaktionäre sind (→ Rn. 709). Die KGaA ist dabei trotz der »Dominanz personengesellschaftsrechtlicher Elemente«[3] Kapitalgesellschaft. Diese Vermischung personen- und kapitalgesellschaftlicher Strukturen erschwert das

---

639 BR-Drs. 799/96, 27f.
640 Für Europarechtswidrigkeit *Kraft/Bron* IStR 2007, 377 (378).
641 Für Europarechtskonformität *Breinersdorfer/Schütz* DB 2007, 1487 (1490f.); dagegen *Kraft/Bron* IStR 2007, 377 (378f.).
642 Dazu *Breinersdorfer/Schütz* DB 2007, 1487 (1491f.).
  1 BGHZ 134, 392 (398).
  2 *Kübler/Assmann* GesR § 17 I 1 (S. 254); *K. Schmidt* GesR § 32 I 1 (S. 972).
  3 So *Kübler/Assmann* GesR § 17 I 1 (S. 254).

Auffinden der einschlägigen Regelungen und lässt die Frage nach dem anwendbaren Recht vielfach unbeantwortet.[4] Einschlägig sind zunächst die in §§ 279–290 AktG getroffenen Sonderregelungen. Finden sich solche nicht, ist nach den Verweisungen in § 278 II AktG bzw. § 278 III AktG entweder das Recht der KG anzuwenden (§§ 163 ff. HGB bzw. §§ 161 II, 105 ff. HGB) oder auf entsprechende Regelungen für die Aktiengesellschaft zurückzugreifen.

Das Recht der KG findet über § 278 II AktG für Rechtsverhältnisse mit Beteiligung der Komplementäre Anwendung: Es regelt das Verhältnis der Komplementäre untereinander, das Verhältnis der Komplementäre zur Gesamtheit der Kommanditaktionäre sowie das Verhältnis der Komplementäre zu gesellschaftsfremden Dritten. Die für Kommanditaktionäre einschlägigen Regelungen bestimmen sich nach den jeweiligen Rechten: Aus § 278 II AktG ergibt sich, dass für Rechtsverhältnisse der »Gesamtheit der Kommanditaktionäre« zu den Komplementären das Recht der KG anwendbar ist, während »im Übrigen«, also bei Rechten der einzelnen Kommanditaktionäre (zB Verwaltungs- und Vermögensrechte) nach § 278 III AktG die Vorschriften des AktG anwendbar sind.

2. Entwicklung und wirtschaftliche Bedeutung

Die KGaA fand sich zunächst im französischen code de commerce von 1807 und wurde 1861 vom deutschen ADHGB übernommen.[5] Sie war zu diesem Zeitpunkt noch »Abart der KG«,[6] entwickelte sich jedoch im Laufe der Zeit zu einer Ausformung der AG.[7] Die ihr nicht zuletzt aufgrund dieser Gratwanderung zwischen Personen- und Kapitalgesellschaft zuteil gewordenen juristischen Bemühungen rechtfertigte die KGaA jedoch durch ihre wirtschaftliche Bedeutung lange Zeit nicht. Diese war eher gering.[8] Die mit der Rechtsform verbundenen Vorteile wie höhere Flexibilität, unternehmerische Autonomie und verhältnismäßig hoher Übernahmeschutz bei gleichzeitiger Börsenfähigkeit[9] vermochten die Nachteile nicht aufzuwiegen. Unternehmerisch kann die unbeschränkte persönliche Haftung des Komplementärs von Nachteil sein, rechtlich erweist sich die oben angesprochene Rechtsunklarheit als problematisch.[10] Auch die zunächst höchstrichterliche[11] und schließlich gesetzgeberische[12] Anerkennung der GmbH & Co. KGaA führten nicht unmittelbar zu einem, vielfach erwarteten,[13] verstärkten Aufkommen der Rechtsform. In jüngerer Zeit ist jedoch ein Anstieg dieser Organisationsform zu verzeichnen.[14]

708

---

4 GroßkommAktG/*Assmann/Sethe,* 4. Aufl. 2013, Vorbem. § 278 Rn. 54 ff., § 278 Rn. 3 ff.; *Kessler* NZG 2005, 145 f. insbes. zum problematischen Begriff der »Gesamtheit der Kommanditaktionäre«.

5 Kölner KommAktG/*Mertens/Cahn* Vorbem. § 278 Rn. 5.

6 Kölner KommAktG/*Mertens/Cahn* Vorbem. § 278 Rn. 5.

7 Vgl. dazu den Überbl. bei *K. Schmidt,* FS Forstmoser, 2003, 87 (90 ff.). Nach MüKoAktG/*Perlitt* Vor § 278 Rn. 29 handelt es sich weder um eine »Abart« der einen noch der anderen Gesellschaftsform, sondern um eine Mischform.

8 Die Zahl der KGaA lag in der zweiten Hälfte des 20. Jahrhunderts zwischen 25 und 30 Gesellschaften, vgl. *K. Schmidt* GesR § 32 II 3 (S. 973); ebenso Hüffer/Koch/*Koch* AktG § 278 Rn. 2.

9 Spindler/Stilz/*Bachmann* AktG § 278 Rn. 2, 4.

10 Im Detail zu Vor- und Nachteilen der Rechtsformwahl Spindler/Stilz/*Bachmann* AktG § 278 Rn. 4 ff. *Kessler* NZG 2005, 145 (150) sieht die Rechtsunsicherheit bereits durch die Rspr. abgebaut und den einzig verbleibenden Nachteil der KGaA im »spärlichen Gesetzesrecht«.

11 BGHZ 134, 392; näher dazu → Rn. 723.

12 Vgl. die Regelung zur Firma in § 279 II AktG.

13 GroßkommAktG/*Assmann/Sethe,* 4. Aufl. 2013, Vorbem. § 278 Rn. 43; *Ihrig/Schlitt* ZHR Beiheft 1998, 33 (35).

14 *Kessler* NZG 2005, 145. *Kornblum* GmbHR 2009, 25 (31) spricht von einer inzwischen »beeindruckenden Zahl«. Zu beachten bleibt bei der Auswertung dieser Zahlen jedoch stets, ob es sich um eine KGaA klassischer Prägung mit einer natürlichen Person als Komplementär oder eine sog. »Kapitalgesellschaft & Co. KGaA« handelt, denn nur die Zahl Letzterer dürfte deutlich gestiegen sein.

II. Entstehung

Eine KGaA kann durch Neugründung oder Umwandlung entstehen.

1. Neugründung

709 Die Neugründung einer KGaA richtet sich nach aktienrechtlichen Vorschriften (vgl. §§ 280–282 AktG, die Verweisung in § 278 III AktG sowie für die Gründung einer AG schließlich §§ 23 ff. AktG). Nach der Neufassung des § 280 I 1 AktG durch das Gesetz zur Unternehmensintegrität und Modernisierung des Anfechtungsrechts (UMAG)[15] kann die KGaA auch als Einmanngesellschaft bestehen. Hiergegen spricht auch nicht, dass die KGaA zwei verschiedene Gesellschaftertypen vereint, da nach allgemeiner Meinung die Komplementäre zugleich Kommanditaktionäre sein können.[16]

2. Umwandlung

710 Praxisrelevanter als die eher seltene Neugründung ist die Entstehung durch Umwandlung einer anderen Gesellschaftsform (§§ 221, 233 III UmwG). Personengesellschaften dürfen nach §§ 214 I, 191 II Nr. 3 UmwG, GmbH und AG nach §§ 226, 245 UmwG in eine KGaA umgewandelt werden.

III. Organisationsverfassung

711 Die Organisationsstruktur der KGaA weist zwar aktienrechtliche Komponenten auf, unterscheidet sich jedoch in wesentlichen Punkten von der AG.

1. Komplementäre

712 Die Komplementäre sind die persönlich haftenden Gesellschafter, aber neben Hauptversammlung und Aufsichtsrat auch eines der drei Organe der KGaA, das eine vorstandsähnliche Funktion wahrnimmt. Anders als bei der AG gem. § 84 AktG werden sie in ihrer Rolle als Vorstand jedoch nicht vom Aufsichtsrat bestellt, sondern sind – im Gegensatz zum AG-Vorstand als »gekorenes« Vertretungsorgan – durch Satzungsbestimmung nach § 281 I AktG »geborenes Vertretungsorgan«.[17] Indes erfolgt durch § 283 AktG eine weitgehende Gleichstellung mit dem Vorstand der AG. Nach § 284 AktG unterliegen die Komplementäre einem dispositiven Wettbewerbsverbot.[18] Neben natürlichen Personen können auch juristische Personen Komplementär sein.[19]

713 a) Die Komplementäre trifft gem. § 278 II AktG, §§ 161 II, 128 HGB eine unmittelbare, persönliche und unbeschränkte *Außenhaftung*. Ebenfalls nach dem Recht der KG bestimmt sich die Dauer ihrer Haftung (vgl. §§ 161 II, 159, 160 HGB, sog. Nachhaftung).

---

15 BGBl. 2005 I 2802.
16 Hüffer/Koch/*Koch* AktG § 278 Rn. 5, § 280 Rn. 2; K. Schmidt/Lutter/*K. Schmidt* AktG § 278 Rn. 1.
17 BGHZ 134, 392 (393); *K. Schmidt* GesR § 32 III 3 (S. 976).
18 *Kübler/Assmann* GesR § 17 IV 2 a (S. 257).
19 Vgl. die Regelung zur Firma in § 279 II AktG; näher dazu → Rn. 723; zur Komplementärfähigkeit der GbR *Heinze* DNotZ 2012, 426.

b) Trotz der nach § 283 AktG vorstandsähnlichen Stellung der Komplementäre er- **714**
geben sich hinsichtlich *Geschäftsführungsbefugnis und Vertretungsmacht* Unterschiede zur AG. Der personalistische Einschlag der KGaA wird in dem Grundsatz
der Selbstorganschaft deutlich, der hier zur Anwendung kommt. Die Kompetenzen in
Fragen der Gesellschaftsleitung richten sich nach § 278 II AktG iVm §§ 161 II, 114ff.,
125ff. HGB. Im Gegensatz zur AG, die gem. §§ 77 I, 78 II AktG durch den Vorstand
als Kollegialorgan vertreten wird, ist danach jeder Komplementär geschäftsführungs-
und vertretungsbefugt (Einzelvertretung). Nach § 126 HGB ist die Vertretungsmacht
grundsätzlich unbeschränkt, während außergewöhnliche Maßnahmen der Geschäftsführung gem. § 278 II AktG, § 164 HGB einem Zustimmungserfordernis durch die
Kommanditaktionäre in Form eines Hauptversammlungsbeschlusses unterliegen.

2. Kommanditaktionäre

Den Kommanditaktionären kommt weitgehend die Stellung von Aktionären einer AG **715**
zu, sodass sich ihre Rechte nach aktienrechtlichen Grundsätzen bestimmen (vgl.
§ 278 III AktG). Sie sind am Grundkapital beteiligt, haften den Gläubigern der Gesellschaft jedoch nicht, sondern sind nur gegenüber der Gesellschaft zur Leistung der Einlage verpflichtet.[20] Dies unterscheidet sie von den Kommanditisten einer KG, die
grundsätzlich persönlich haften, diese Haftung jedoch durch Leistung der Einlage ausschließen können.[21]

3. Hauptversammlung

Die Hauptversammlung ist gem. § 278 III AktG iVm §§ 118ff. AktG neben Komple- **716**
mentären und Aufsichtsrat das dritte Organ der KGaA, in dem sich die Willensbildung
der Gesamtheit der Kommanditaktionäre vollzieht.[22] Die Komplementäre haben in
der Hauptversammlung kein Stimmrecht, soweit sie nicht gleichzeitig als Kommanditaktionäre Aktien halten. Im letzteren Fall kann das Stimmrecht aber nur soweit
ausgeübt werden, wie § 285 AktG zur Vermeidung von Interessenkollisionen nicht
entgegensteht.[23] Aufgrund ihrer vorstandsähnlichen Funktion besteht für die Komplementäre jedoch Teilnahmerecht und regelmäßig auch Teilnahmepflicht an der Hauptversammlung.[24] Gemäß § 286 I AktG beschließt die Hauptversammlung über den
Jahresabschluss.

Die für die Hauptversammlung der AG durch die »*Holzmüller*-Rechtsprechung«[25] begründeten ungeschriebenen Kompetenzen gelten für die Hauptversammlung der KGaA nach überwiegender Meinung nicht.[26] Diese Auffassung überzeugt, da sich die »*Holzmüller*-Kompetenzen« aus § 119 II AktG
herleiten, § 278 II AktG für den Bereich der Geschäftsführungskompetenzen der Hauptversammlung
aber auf das Recht der KG verweist, weshalb § 119 II AktG nicht anwendbar ist.

---

20 Spindler/Stilz/*Bachmann* AktG § 278 Rn. 33.
21 Hüffer/Koch/*Koch* AktG § 278 Rn. 4.
22 Hüffer/Koch/*Koch* AktG § 278 Rn. 17. Kompetenzen der Hauptversammlung können sich aber
   auch aus dem Recht der KG ergeben, vgl. zB zur Kompetenz aus § 278 II AktG iVm § 164 S. 1
   HGB OLG Stuttgart NZG 2003, 778, 782 und ausf. *Kessler* NZG 2005, 145 (147f.).
23 Näher dazu *Dreisow* DB 1977, 851.
24 Hüffer/Koch/*Koch* AktG § 278 Rn. 17; diff. MüKoAktG/*Perlitt* § 285 Rn. 6f.
25 BGHZ 83, 122; dazu bereits ausf. bei der AG § 15 Rn. 607.
26 OLG Stuttgart NZG 2003, 778 (783); *Hoffmann-Becking/Herfs*, FS Sigle, 2000, 273 (286f.); *Kessler*
   NZG 2005, 145 (148), aA *Heermann* ZGR 2000, 61 (70); *Jacques* NZG 2000, 401 (406).

4. Aufsichtsrat

717 Aus der Aufteilung der Gesellschafter in Komplementäre und Kommanditaktionäre folgt auch eine im Vergleich zur AG veränderte Rolle des Aufsichtsrates. Dieser ist kein Repräsentativ-, sondern »reines Kontroll- und Exekutivorgan«.[27] Dabei nimmt er für die Gesamtheit der Gesellschafter insbesondere die Kontrolle der Geschäftsleiter wahr, also der Komplementäre, während er für die Kommanditaktionäre gem. § 287 AktG die Hauptversammlungsbeschlüsse ausführt. Anders als seinem Pendant bei der AG (§ 84 AktG) kommt ihm die Bestellung des Vertretungsorgans nicht zu, da die Komplementäre durch die Satzung »geborene« Vertretungsorgane sind (→ Rn. 712).

IV. Finanzverfassung

Die Finanzverfassung der KGaA weicht ebenfalls in wesentlichen Punkten von der der AG ab.

1. Kapitalaufbringung

718 Die Haftungsmasse der KGaA wird als Gesamtkapital bezeichnet.[28] Es setzt sich aus den Einlagen der Komplementäre und dem durch die Ausgabe von Kommanditaktien an die Kommanditaktionäre vereinnahmten Grundkapital zusammen.

2. Gewinnverteilung

719 Die Gewinnverteilung zwischen den Komplementären und Kommanditaktionären unterliegt dem Recht der KG (§ 278 II AktG iVm §§ 121, 168 HGB), soweit nicht in der Satzung etwas anderes geregelt ist.[29] Zwischen den Kommanditaktionären richtet sich die Verteilung hingegen nach § 60 AktG.[30]

V. Beendigung

720 § 289 AktG regelt die Auflösung der KGaA. Auch hier zeigt sich die für die KGaA typische Vermengung von Personen- und Kapitalgesellschaftsrecht. Denn § 289 I AktG verweist auf die §§ 131 ff. HGB, während § 289 II AktG Auflösungsgründe erwähnt, die für das Recht der Kapitalgesellschaften typisch sind.[31] Die Gesellschaft kann, wenn kein gesetzlicher Auflösungsgrund vorliegt, gem. § 289 IV AktG nur durch Hauptversammlungsbeschluss aufgelöst werden.

---

27 *Kübler/Assmann* GesR § 17 IV 3c (S. 258).
28 *Kübler/Assmann* GesR § 17 V (S. 259).
29 Hüffer/Koch/*Koch* AktG § 288 Rn. 3.
30 Spindler/Stilz/*Bachmann* AktG § 288 Rn. 3.
31 *Kübler/Assmann* GesR § 17 VI (S. 260).

VI. Sonderfragen

1. Mitbestimmung

In ihrer Eigenschaft als Kapitalgesellschaft unterliegt die KGaA dem MitbestG 1976 und dem Drittelbe- **721** teiligungsgesetz (DrittelbG) 2004. Bei der GmbH & Co. KGaA stellt sich die Frage, ob § 4 MitbestG oder § 5 MitbestG auf die KGaA analog anwendbar sind.[32]

2. Konzernrecht

Auf die KGaA finden die allgemeinen Vorschriften des Konzernrechts der §§ 16 ff. AktG und die Be- **722** stimmungen über verbundene Unternehmen (§§ 291 ff. AktG) Anwendung. Dies ergibt sich aus der Verweisung auf §§ 16 ff. AktG in § 278 III AktG und der Erwähnung der KGaA in §§ 291 II, 292 II AktG.

3. GmbH & Co. KGaA

Wie bei der GmbH & Co. KG liegt der haftungsrechtliche Reiz bei der GmbH & Co. **723** KGaA darin, die Position des oder der persönlich und unbeschränkt haftenden Gesellschafter (Komplementäre) mit einer juristischen Person zu besetzen, deren Haftung ihrerseits auf das Gesellschaftsvermögen beschränkt ist (vgl. § 13 II GmbHG, Trennungsprinzip). Lange wurde die Frage nach der Zulässigkeit einer solchen Kapitalgesellschaft & Co. KGaA verneint. Rechtstechnisch wurde dies unter anderem mit einer über § 283 AktG herbeigeführten entsprechenden Anwendung des § 76 III AktG begründet, wonach als Vorstandsmitglieder ausdrücklich natürliche Personen vorzusehen sind. Der BGH verwarf die bis dahin hA aber in einem Grundsatzurteil,[33] und der Gesetzgeber übernahm diese Entscheidung in einer Neufassung des § 279 II AktG, sodass sich die Zulässigkeitsfrage nicht mehr stellt. Unabhängig davon ist die Frage nach der Geeignetheit der Rechtsform und der rechtlichen Regelungen im Einzelnen bedeutsam. Insoweit befindet sich die KGaA, ähnlich wie bei der Fortentwicklung der GmbH & Co. KG, nunmehr im Prozess der richterlichen Rechtsfortbildung.[34]

§ 17 Gesellschaft mit beschränkter Haftung (GmbH)

Literatur: *Eidenmüller*, Die GmbH im Wettbewerb der Rechtsformen, ZGR 2007, 168; *Eusani*, Systematik der neuen Kapitalerhaltung bei der GmbH, JURA 2009, 502; *Gehrlein*, Die Behandlung von Gesellschafterdarlehen durch das MoMiG, BB 2008, 846; *Hangebrauck*, Die Reform des GmbH-Rechts, JA 2008, 125; *Hennrichs/Klavina*, Die Unternehmergesellschaft (haftungsbeschränkt), JA 2012, 169; *Hermann/von Woedtke*, Haftung von Gesellschaftern für Verbindlichkeiten einer GmbH – Grenzen des existenzvernichtenden Eingriffs – Zugleich Besprechung des BGH-Urteils vom 23.4.2012 – II ZR 252/10, BB 2011, 1795;

---

32 § 4 MitbestG ist nach hM nicht anwendbar, vgl. *Hennerkes/Lorz* DB 1997, 1388 (1392); *Schaumburg/Schulte*, Die KGaA – Recht und Steuern in der Praxis, 2000, Rn. 83; offen ist hingegen die Diskussion zu § 5 I 1 MitbestG, vgl. *Joost* ZGR 1998, 334 (348). Nach K. Schmidt/Lutter/*K. Schmidt* AktG § 287 Rn. 5 ist diese Lösung aber »unbefriedigend« OLG Celle GWR 2014, 527 verneint die Anwendung beider Vorschriften.

33 BGHZ 134, 392.

34 *K. Schmidt* GesR § 32 IV 4 (S. 980), der auch an der Richtigkeit der Zulassung der GmbH & Co. KGaA zweifelt, zumal er durch die »unersättliche Gestaltungspraxis« weitere »Denaturierungen« auf die KGaA zukommen sieht. Eine weitere Kombination diskutiert *Otte*, Die AG & Co. KGaA – Eine Rechtsformstudie, 2011.

Körber/Kliebisch, Das neue GmbH-Recht, JuS 2008, 1041; *Kort*, Die Einziehung von GmbH-Geschäftsanteilen im Lichte der aktuellen BGH-Rechtsprechung, DB 2016, 2098; *Leßmann*, Die Vertretung bei den sog. Vorgesellschaften, Gesellschafter- und Verkehrsschutzinteressen nach dem neuen Binnenhaftungskonzept, JURA 2004, 367; *Leuschner*, Satzungsdurchbrechende Beschlüsse bei der AG und GmbH, ZHR 2016, 422; *Lieder*, Gutgläubiger Erwerb im Erbrecht und Gesellschaftsrecht, JURA 2010, 801; *Miras*, Die neue Unternehmergesellschaft, 2. Aufl. 2011; *Peifer*, Die persönliche Haftung der Gesellschafter einer GmbH, JuS 2008, 490; *Peltzer*, Vorstand und Geschäftsführung als Leitungs- und gesetzliches Vertretungsorgan der Gesellschaft, JuS 2003, 348; *Römermann*, Die Unternehmergesellschaft – manchmal die bessere Variante der GmbH – Wider die vorurteilsbelastete Sicht einer neuen Gesellschaftsform, NJW 2010, 905; *Rüppel/Hoffmann*, Abberufung und Kündigung eines (Gesellschafter-)Geschäftsführers aus wichtigem Grund, BB 2016, 645; *Saß*, Die Kaptialerhöhung bei der GmbH – Ein Überblick, RNotZ 2016, 213; *Schürnbrand*, Die große GmbH-Reform 2008: Gesetz zur Modernisierung des GmbH-Rechts und zur Bekämpfung von Missbräuchen (MoMiG), JA 2009, 81; *Seel*, Rechtsstellung des GmbH-Geschäftsführers – Worauf ist zu achten?, JA 2009, 446; *Sikora*, Der Ausschluss eines Gesellschafters aus Personengesellschaft und GmbH, JA 2005, 816; *Steffek*, Der subjektive Tatbestand der Gesellschafterhaftung im Recht der GmbH – zugleich ein Beitrag zum Haftungsdurchgriff, JZ 2009, 77; *Veil*, Gesellschafterhaftung wegen existenzvernichtenden Eingriffs und materieller Unterkapitalisierung, NJW 2008, 3264; *Walla*, Die Rechtsprechung des BGH zur wirtschaftlichen Neugründung auf dem Prüfstand, JURA 2012, 451.

Fälle:
a) A, B und C möchten die Biss-Quit-GmbH mit einem Stammkapital von 150.000 EUR gründen. Dabei möchten A und B die bereits von ihnen betriebene und mit 100.000 EUR bewertete AB-Backstube und C sein Grundstück, auf dem das neue Produktionsgebäude errichtet werden soll, einbringen. Überdies bietet Bäckermeister B für drei Jahre unentgeltlich seine Dienste an, während der vermögende A zusätzlich 20.000 EUR in bar leisten soll. Was müssen A, B und C beachten?
b) A, B und C schließen im Oktober einen notariell beurkundeten Gesellschaftsvertrag. Um nicht auf die Umsätze in der Weihnachtszeit verzichten zu müssen, engagiert C, der nach dem Gesellschaftsvertrag für das kaufmännische Management der späteren GmbH zuständig sein soll, bereits wenige Tage nach Abschluss des Gesellschaftsvertrags weitere Bäckermeister und Lehrlinge, die ihre Arbeit sofort aufnehmen. Lehrling L arbeitet den ganzen November lang aushilfsweise in dem Betrieb, bevor er sich schließlich beruflich umorientiert. Am 1. Dezember wird die Biss-Quit-GmbH eingetragen. L hat bislang keine Vergütung erhalten und fragt sich, von wem er seinen Lohn verlangen kann.
1. Abwandlung: Das Geschäft läuft nicht wie geplant, sodass A, B und C beschließen, den Betrieb einzustellen. Auch zu einer Eintragung der Biss-Quit-GmbH kommt es nicht mehr. Ansprüche des L?
2. Abwandlung: Obwohl das Geschäft nicht wie geplant läuft, betreiben A, B und C die Bäckerei weiter. Sie beschließen allerdings, sich »keinen weiteren Stress mit der Eintragung« machen zu wollen und alles einfach »laufen zu lassen«. In der Folgezeit beziehen sie unter anderem Mehl von Lieferant M zum Preis von 10.000 EUR. Als die Bezahlung des Mehls mehrere Wochen auf sich warten lässt, fragt sich M, von wem er Zahlung verlangen kann.
c) Y und Z sind Gesellschafter und Geschäftsführer der Seneca-GmbH, die eine große Segelschule mit Bootsverleih und Bootsbaubetrieb betreibt. Dabei zeichnet Y für den technischen Bereich und die Kundenaquise verantwortlich, während Z für die kaufmännischen Belange wie Buchhaltung und die Abwicklung der Verträge mit den Angestellten zuständig ist. Als ein Arzt dem Z empfiehlt, »etwas kürzer zu treten«, stellt er den Prokuristen P ein, auf den er mit Zustimmung des Y einen Großteil seiner Aufgaben überträgt. In einem Sommer laufen die Geschäfte wegen des andauernden Regens sehr schlecht, was weder Y noch Z entgeht. P führt daher für die Monate Juli bis September die Sozialversicherungsbeiträge für die angestellten Segellehrer entgegen § 28e SGB IV nicht ab. Im November wird die S-GmbH zahlungsunfähig. Haftung von Y und Z?
Abwandlung: Die kaufmännische Leitung der S-GmbH führt seit längerem X, der allerdings nie formell zum Geschäftsführer bestellt worden ist. Dieser kauft bei Lieferant L im Mai Stoffe für Segel im Wert von 8.000 EUR. Obwohl die S-GmbH im November zahlungsunfähig wird, sieht er von der

Beantragung eines Insolvenzverfahrens ab. Im Dezember kauft er bei B sogar noch neuen Bootslack im Wert von 5.000 EUR. Die Hoffnung des X, die S-GmbH werde sich wieder erholen, erfüllt sich jedoch nicht. X stellt daraufhin schweren Herzens im folgenden Februar den Antrag auf Eröffnung des Insolvenzverfahrens. Haben L und B Ansprüche gegen X?

d) Nachdem die Seneca-GmbH in die Insolvenz gefallen ist, versucht die Aufwind-GmbH ihr Glück. An ihr sind die Gesellschafter J mit 50.000 EUR, D mit 30.000 EUR und O mit 20.000 EUR beteiligt. J und O sind wirksam zu gesamtgeschäftsführungsbefugten Geschäftsführern bestellt worden. Die Satzung enthält die Bestimmung: »Soweit nicht zwingendes Recht entgegensteht oder die Satzung nicht ausdrücklich etwas anderes bestimmt, dürfen auch diejenigen Gesellschafter mitstimmen, auf die sich der Beschluss bezieht und deren Rechte und/oder Pflichten durch den Beschluss betroffen werden.« Anlässlich der Gesellschafterversammlung ist über die Entlastung der Geschäftsführung abzustimmen. Bei der Abstimmung über die Entlastung des J enthält sich dieser der Stimme. O stimmt dafür, D dagegen. Anschließend wird über die Entlastung des O abgestimmt. Dabei stimmt J dafür, D wiederum dagegen. Sind die Entlastungsbeschlüsse wirksam? Wie kann D gegen die Beschlüsse vorgehen?
Abwandlung: Ändert sich etwas, wenn die Beschlüsse durch einen Notar beurkundet oder durch den Versammlungsleiter förmlich festgestellt worden sind?

e) A, B und C gründen die B-GmbH mit einem Stammkapital von 150.000 EUR. Sie übernehmen jeweils eine Bareinlage iHv 50.000 EUR. Als Geschäftsführer wird D eingesetzt. A erbringt seine Bareinlage an die Gesellschaft. Diese erwirbt wenige Tage später absprachegemäß mit dem Geldbetrag die von ihm betriebene AB-Backstube. B erbringt ebenfalls die vereinbarte Bareinlage, wobei die GmbH mit diesem Geld von ihm ein Grundstück erwirbt, auf dem das Produktionsgebäude der GmbH errichtet werden soll. C überweist 50.000 EUR in bar auf ein Konto der GmbH. Dieser Betrag fließt jedoch fünf Tage nach der Überweisung als verzinsliches Darlehen an ihn zurück. D akzeptiert die Gegenstände jeweils als Einlagen und gibt die Versicherung gem. § 8 II GmbHG ab. Ein Jahr später wird X Geschäftsführer der GmbH. Es stellt sich heraus, dass zum Zeitpunkt der Übertragung die AB-Backstube 50.000 EUR und das Grundstück 30.000 EUR wert war. C war zum Zeitpunkt der Darlehensgewährung überschuldet. X fragt sich, wen er namens der GmbH wegen der Ausfälle bei der Einlageerbringung in Anspruch nehmen kann, wenn C inzwischen 10.000 EUR von seinem Darlehen gegenüber der GmbH abbezahlt hat.

f) A und B sind die Gesellschafter der X-GmbH. Diese hat ein Stammkapital von 100.000 EUR. Das Vermögen der X-GmbH besteht aus einem Grundstück mit einer Produktionsanlage im Wert von 200.000 EUR, einem Fuhrpark im Wert von 100.000 EUR und Barvermögen iHv 50.000 EUR. Gleichzeitig hat die GmbH Verbindlichkeiten gegenüber Banken iHv 250.000 EUR. A und B beschließen, das Barvermögen unter sich aufzuteilen und lassen sich das Barvermögen von 50.000 EUR auszahlen. Hat die X-GmbH Ansprüche gegen A und B?

g) A gehört ein mit einem Hotel bebautes Grundstück. Er verpachtet dieses 1993 für 20 Jahre an eine von ihm gegründete Betriebs-GmbH, deren Gesellschafter er und seine Frau sind. Zugleich ist A Geschäftsführer der Betriebs-GmbH. 1996 veräußern A und seine Frau die Geschäftsanteile an der Betriebs-GmbH an die Mutter des A. Nachdem die Betriebs-GmbH Kredite bei B aufgenommen hat, wird 1997 das Hotelinventar, das der Betriebs-GmbH gehört, an die Mutter des A zur Besicherung eines Darlehens sicherungsübereignet. 1998 erwirbt A von seiner Mutter alle Anteile an der Betriebs-GmbH. 1999 nimmt die Betriebs-GmbH Kredite iHv 700.000 EUR bei F auf. Im Jahr 2000 wird der lukrative Pachtvertrag lange vor Ablauf der vereinbarten Pachtzeit einvernehmlich aufgehoben. A verpachtet das Hotel an eine andere ihm gehörende GmbH, deren Geschäftsführer er ebenfalls ist. Daraufhin wird die Betriebs-GmbH insolvent. Können B, F oder der Insolvenzverwalter der Betriebs-GmbH den A oder seine Mutter in Anspruch nehmen?

h) A ist Geschäftsführer der B-GmbH und zugleich deren einziger Gesellschafter. Da die Gesellschaft für einen ihrer Mitarbeiter einen Dienstwagen benötigt, verkauft ihr A kurzerhand seinen privaten Pkw. Auf die Frage des Mitarbeiters, ob dies rechtlich überhaupt möglich sei, versichert A, das sei schon in Ordnung. Zudem habe er das Geschäft nachträglich noch einmal durch einen Gesellschafterbeschluss bestätigt. Besteht ein wirksamer Kaufvertrag?

> **Abwandlung:** Wie ist die Wirksamkeit des Kaufvertrags zu beurteilen, wenn der Pkw von der C-GmbH veräußert wurde, deren Alleingesellschafter-Geschäftsführer ebenfalls A ist?
>
> i) In der Folgezeit schließt der A im Namen der B-GmbH einen Vertrag über die Errichtung einer Fabrikhalle mit dem Unternehmer U. Nach der Abnahme des Gebäudes verlangt U die Bezahlung des Werklohns durch die B-GmbH. Da A die Rechnung jedoch in seinem Büro verlegt hat, vergisst er, die Überweisung vom Konto der B-GmbH zu veranlassen. Zusätzlich zu seiner Werklohnforderung gegen die B-GmbH möchte U nun den entstandenen Verzugsschaden von A ersetzt bekommen.
>
> **1. Abwandlung:** Bevor es zur Erfüllung der Werklohnforderung kommt, wird die B-GmbH insolvent. Aus diesem Grund verlangt U nun die Zahlung des ausstehenden Betrags von A. Dabei macht er geltend, A habe ein eigenes wirtschaftliches Interesse an der Errichtung der Fabrikhalle gehabt, da er als Alleingesellschafter der GmbH von deren Geschäftserfolgen selbst profitiere.
>
> **2. Abwandlung:** Nach mehrfacher Zahlungsaufforderung durch U erklärt A, die B-GmbH verfüge zurzeit nicht über ausreichende Mittel, um die Forderung des U zu begleichen. Allerdings stellt sich heraus, dass A die Geschäfte der B-GmbH ebenso wie seine privaten Geschäfte über ein und dasselbe Konto abgewickelt hat. Eine ordnungsgemäße Buchführung hat dabei nicht stattgefunden. Demgemäß lässt sich die Höhe des tatsächlichen Vermögens der B-GmbH nicht mehr ermitteln. Kann U nun von A Zahlung des ausstehenden Betrags verlangen?

I. Grundlagen

724   Bei der Gesellschaft mit beschränkter Haftung (GmbH) handelt es sich um eine juristische Person des Privatrechts (§ 13 I GmbHG) in Form einer Kapitalgesellschaft, die zu nahezu allen Zwecken gegründet werden kann (§ 1 GmbHG). Dabei halten die Gesellschafter bestimmte Geschäftsanteile, die veräußerlich und vererblich sind (§ 15 I GmbHG). Nach dem gesetzlichen Konzept ist die GmbH auf Unternehmen mit geringerem Kapitalbedarf und personalistischer Struktur ausgerichtet. Die gesetzliche Struktur der GmbH als Gesellschaft für einen kleinen Kreis von Gesellschaftern, die untereinander bekannt sind, findet ihren Ausdruck insbesondere in dem Erfordernis der notariellen Beurkundung der Übertragung von Geschäftsanteilen (§ 15 III GmbHG). Zudem erklärt diese Konzeption den weitgehenden Verzicht auf Regelungen zum Schutz der Gesellschafter (anders als bei der AG, → Rn. 521). Die Gesellschaft handelt durch ihre Organe und wird im Außenverhältnis durch einen oder mehrere Geschäftsführer vertreten (§ 35 I 1 GmbHG). Den Gläubigern der Gesellschaft haftet nur das Gesellschaftsvermögen; eine persönliche Haftung der Gesellschafter besteht nicht (§ 13 II GmbHG). Stattdessen bringen die Gesellschafter ein in das Handelsregister einzutragendes Stammkapital auf, welches als Mindesthaftsumme zu erhalten ist (→ Rn. 729). Die Gesamtheit aller Gesellschafter bildet die Gesellschafterversammlung (§ 48 GmbHG), die das zentrale Willensbildungsorgan der Gesellschaft darstellt. Die wichtigste Rechtsgrundlage der GmbH ist der Gesellschaftsvertrag, der auch als Satzung bezeichnet wird.

Als rechtsfähige juristische Person wird die GmbH selbst Gläubigerin und Schuldnerin von Ansprüchen. Bei der Begründung dieser Ansprüche gelten die allgemeinen zivilrechtlichen Regelungen, insbesondere über die Stellvertretung (§§ 164 ff. BGB), die Wissenszurechnung (§§ 31, 166 BGB analog) und die Verschuldenszurechnung (§§ 31, 278 BGB analog). Unabhängig von ihrem Geschäftsgegenstand und ihrer Größe ist die GmbH gem. §§ 1, 13 III GmbHG, § 6 HGB stets Handelsgesellschaft und somit Kaufmann (sog. Formkaufmann). Dies hat insbesondere zur Folge, dass auf die von ihr geschlossenen Verträge die Vorschriften über Handelsgeschäfte (§§ 343 ff. HGB) Anwendung finden.

Das Recht der GmbH regelt in erster Linie das seit 1892 bestehende GmbHG, welches durch das Gesetz zur Modernisierung des GmbH-Rechts und zur Bekämpfung von Missbräuchen (MoMiG)[1] 2008 grundlegend reformiert wurde. Daneben wird das Recht der GmbH durch weitere Regelungen bestimmt, wie HGB, Bilanzrichtliniengesetz, Umwandlungsgesetz, Kapitalerhöhungsgesetz, Löschungsgesetz, Euroeinführungsgesetz, Mitbestimmungsgesetz, Betriebsverfassungsgesetz, Montanmitbestimmungsgesetz, Mitbestimmungsergänzungsgesetz und das Gesetz über Unternehmensbeteiligungsgesellschaften. Ferner gelten die für Gesellschaften allgemein von der Rechtsprechung entwickelten Grundsätze. Ergänzend können Vorschriften des Vereinsrechts, des Aktienrechts und des Rechts der Personengesellschaften Anwendung finden.

II. Gründung

Die GmbH entsteht als juristische Person mit ihrer Eintragung in das Handelsregister **725** (§ 11 I GmbHG). Sie kann nach § 1 GmbHG zu jedem gesetzlich zulässigen Zweck durch eine (dann Ein-Mann-GmbH, → Rn. 816 ff.) oder mehrere Personen errichtet werden. Gesetzliche[2] bzw. berufsrechtliche[3] Einschränkungen sind nur in wenigen Fällen vorgesehen. In der Regel entsteht die GmbH durch Neugründung, möglich ist aber auch die Umwandlung einer anderen Rechtsform in die der GmbH (→ Rn. 909). Die Vorschriften zur Neugründung finden unter bestimmten Voraussetzungen auch auf Umgehungsgestaltungen (Vorrats- und Mantelgründungen, → Rn. 748 ff.) Anwendung.

1. Verfahren

Die GmbH hat regelmäßig fünf Gründungsschritte zu durchlaufen. Zunächst wird der **726** Gesellschaftsvertrag geschlossen. Im Anschluss daran werden die Organe bestellt. Sodann ist das Stammkapital zu erbringen und die Gesellschaft zum Handelsregister anzumelden. Mit der Eintragung in das Handelsregister entsteht schließlich die Gesellschaft als solche.

a) Den ersten Schritt zur Gründung stellt der *Abschluss des Gesellschaftsvertrags* dar.

aa) Als Gründer kommen natürliche und juristische Personen sowie Personenhandelsgesellschaften (OHG und KG) in Betracht. Auch eine GbR kann (Gründungs-) **727**

---

1 BGBl. 2008 I 2026.
2 Etwa für private Bausparkassen (§ 2 I BausparkassenG) und Versicherungen (§ 7 I VAG), weil eine Haftungsbeschränkung mit deren Zwecken nicht vereinbar ist.
3 Einschränkungen ergeben sich etwa für freie Berufe, bspw. nach § 8 ApothekenG. Es begegnet Bedenken, wenn Kammergesetze verschiedener Länder die Berufsausübungsgemeinschaft von Ärzten in Form der GmbH für unzulässig erklären (BGHZ 124, 224 [Zahnärzte] unter Hinweis auf die Berufsfreiheit des Art. 12 I GG; Scholz/*Emmerich* GmbHG § 1 Rn. 14a–16). Vor allem im vertragsärztlichen Bereich ergeben sich auch praktische Hindernisse, weshalb die Bedeutung der GmbH für Ärzte gering ist. Hingegen können sich Rechts- und Patentanwälte (§ 59c BRAO, §§ 52c ff. PatAnwO), Steuerberater (§§ 49 ff. StBerG) und Wirtschaftsprüfer (§§ 27 ff. WPO) grds. in Form der GmbH organisieren.

Gesellschafterin sein.[4] Gleiches gilt für Erbengemeinschaften und nicht rechtsfähige Vereine,[5] wie sich aus dem Hinweis auf die Möglichkeit der gemeinschaftlichen Ausübung von Gesellschafterrechten in § 18 I GmbHG ergibt. Bei Willensmängeln finden die Regelungen über die fehlerhafte Gesellschaft Anwendung (ausführlich bei der GbR→ Rn. 79 ff.).

728 **bb)** Der Gesellschaftsvertrag, also die Satzung der GmbH, bedarf gem. § 2 I GmbHG ebenso wie seine Änderung (§ 53 II GmbHG) der notariellen *Form* (§ 128 BGB). Dabei handelt es sich nicht um ein höchstpersönliches Geschäft, weshalb die Unterzeichnung durch Bevollmächtigte möglich ist. Allerdings muss die Vollmacht, anders als nach dem Grundsatz des § 167 II BGB, notariell errichtet oder beglaubigt sein (§ 2 II GmbHG). Ein vereinfachtes und möglicherweise kostengünstigeres (§ 41 d KostO) Verfahren sieht § 2 Ia GmbHG vor. Hat die Gesellschaft nicht mehr als drei Gesellschafter und nur einen Geschäftsführer, kann sie unter Verwendung eines ebenfalls notariell zu beurkundenden Musterprotokolls gegründet werden, welches Satzung, Geschäftsführerbestellung und Gesellschafterliste zusammenfasst.

Liegt ein Formmangel vor, ist der Gesellschaftsvertrag nach § 125 BGB nichtig und wird die Gesellschaft nicht ins Handelsregister eingetragen (§ 9 c I 1 GmbHG). Auch bei schwerwiegenden Mängeln im Beurkundungsverfahren soll keine Eintragung erfolgen (§ 9 c II Nr. 3 GmbHG). Bei Formnichtigkeit des Gesellschaftsvertrags finden aus Gläubigerschutzgründen und zur Vermeidung von Rückabwicklungsschwierigkeiten ebenso wie im Personengesellschaftsrecht die Regeln über die fehlerhafte Gesellschaft Anwendung (ausführlich bei der GbR, → Rn. 79 ff.). Will ein Gesellschafter aus der Gesellschaft austreten, muss er kündigen oder seinen Anteil veräußern. Nur bei schweren Mängeln kann eine Nichtigkeitsklage nach § 75 GmbHG erhoben werden (→ Rn. 814).

729 **cc)** Das GmbH-Recht ist weitgehend dispositiv (vgl. § 45 I GmbHG). Der *Mindestinhalt* des Gesellschaftsvertrags wird von § 3 GmbHG vorgegeben. Insbesondere muss der Gesellschaftsvertrag gem. § 3 I Nr. 1 GmbHG Aufschluss über *Firma und Sitz der Gesellschaft* geben. Die *Firmierung* richtet sich nach §§ 18, 30 HGB, § 4 GmbHG (und gegebenenfalls §§ 18, 20 UmwG). Die Firma muss Kennzeichnungs- und Unterscheidungskraft besitzen und den Rechtsformzusatz »Gesellschaft mit beschränkter Haftung« oder eine allgemein verständliche Abkürzung (»GmbH«) enthalten. Fehlt dieser Zusatz, kann das die unbeschränkte persönliche Haftung eines Handelnden nach Rechtsscheingrundsätzen zur Folge haben.[6] Der ebenfalls im Vertrag zu bestimmende (Satzungs-)*Sitz* der Gesellschaft (§ 4a GmbHG) kann sich an jedem inländischen Ort befinden. An eine Betriebsstätte, den Ort der Geschäftsleitung oder den Verwaltungssitz wird nicht mehr angeknüpft. Auch ist es nunmehr möglich, die gesamte geschäftsmäßige Tätigkeit bei deutschem Geschäftssitz ins Ausland zu verlagern. Damit hat der Gesetzgeber insbesondere auf die EuGH-Entscheidungen »*Überseering*«[7] und »*Inspire Art*«[8] reagiert. Das Gericht hatte festgestellt, dass es EU-

---

4 BGHZ 78, 311.
5 Scholz/*Emmerich* GmbHG § 2 Rn. 53 b, c.; zweifelnd *K. Schmidt* GesR § 34 II 1 Fn. 7 (S. 1000).
6 BGHZ 64, 11 (17 f.); BGH NJW 1991, 2627 mAnm *Canaris*; BGH NJW 1996, 2645; 2007, 1529 (1530 f.).
7 EuGH Urt. v. 5.11.2002 – C-208/00, Slg. 2002, I-9919 = NJW 2002, 3614.
8 EuGH Urt. v. 30.9.2003 – C-167/01, Slg. 2003, I-10155 = NJW 2003, 3331.

Auslandsgesellschaften, deren Gründungsstaat eine Verlagerung des Verwaltungssitzes erlaubt, aufgrund der Niederlassungsfreiheit gem. Art. 49, 54 AEUV (ex Art. 43, 48 EG) möglich sein muss, ihren effektiven Verwaltungssitz in einem anderen Staat, also beispielsweise in Deutschland, zu wählen. Diese Auslandsgesellschaften sind in Deutschland als rechtsfähige Gesellschaften anzuerkennen. Umgekehrt bestand diese Möglichkeit des Wegzugs einer deutschen GmbH nach früherem Recht nicht, weil eine deutsche GmbH zwingend eines inländischen Verwaltungssitzes bedurfte (ausführlich → Rn. 846 ff.).

Der *Gegenstand des Unternehmens* (§ 3 I Nr. 2 GmbHG) beschreibt Art und Bereich der unternehmerischen Tätigkeit der Gesellschaft.[9] Anders als der Gesellschaftszweck (§ 1 GmbHG) muss der Unternehmensgegenstand im Gesellschaftsvertrag angegeben werden.[10] Dabei ist der Tätigkeitsbereich der GmbH möglichst genau und individuell zu bezeichnen, um einerseits die Überprüfbarkeit durch das Registergericht zu erleichtern und andererseits die beteiligten Gesellschafter zu schützen (vgl. auch § 37 I GmbHG). Hierbei sind allgemeine Umschreibungen wie »Betrieb von Handelsgeschäften«[11] oder »Herstellung von Waren aller Art«[12] nicht ausreichend. Bezieht sich eine Bezeichnung aber auf einen bestimmten Geschäftszweig, beispielsweise »Betrieb von Gaststätten«,[13] so ist dies zulässig.

Der Gesellschaftsvertrag muss den *Betrag des Stammkapitals* (§ 3 I Nr. 3 GmbHG) benennen. Dieses muss mindestens 25.000 EUR betragen (§ 5 I GmbHG). Es wird im Gesellschaftsvertrag in Geschäftsanteile zerlegt, die die Gesellschafter gegen Einlage auf das Stammkapital *(Stammeinlagen)* übernehmen (§ 3 I Nr. 4 GmbHG). Ein Gesellschafter kann nach § 5 II 2 GmbHG auch mehrere Einlagen übernehmen, die mindestens einen Euro betragen müssen (§ 5 II 1 GmbHG). Ebenso wie das Stammkapital muss im Gesellschaftsvertrag auch der Nennwert der Gesellschaftsanteile in Euro-Beträgen angegeben werden[14] und reicht die bloße Angabe einer Quote nicht aus. Nach § 5 III GmbHG kann die Höhe der Nennbeträge der einzelnen Geschäftsanteile verschieden bestimmt werden und muss die Summe der Nennbeträge aller Geschäftsanteile mit dem Stammkapital übereinstimmen. Soll die Einlage ganz oder teilweise als Sacheinlage erbracht werden, muss dies im Gesellschaftsvertrag ausdrücklich festgelegt sein (§ 5 IV 1 GmbHG). Indes darf die Gesellschaft selbst keine Einlage übernehmen (sog. Verbot der Selbstzeichnung).

Eine im Rahmen der Reform 2008 zunächst vorgesehene Absenkung des Mindeststammkapitals von 25.000 auf 10.000 EUR erschien – neben der tatsächlich erfolgten Einführung der Unternehmergesellschaft, deren Stammkapital bis auf einen Euro reduziert werden kann (→ Rn. 820 ff.) – nicht interessengerecht. Die Beibehaltung der Grenze von 25.000 EUR soll das Renommee der GmbH wahren.[15] Der Wegfall der Beschränkung, wonach der Betrag der Stammeinlage durch 50 EUR teilbar sein

---

9 Roth/Altmeppen/*Roth* GmbHG § 3 Rn. 5.
10 Zur Abgrenzung zwischen Gesellschaftszweck und Unternehmensgegenstand vgl. HK-GmbHG/ *Pfisterer* § 1 Rn. 3 ff.
11 BayObLG NJW-RR 1996, 413.
12 BayObLG NJW-RR 1995, 31.
13 OLG Frankfurt a. M. DB 1980, 75.
14 Baumbach/Hueck/*Fastrich* GmbHG § 5 Rn. 14.
15 Begr. Beschlussempfehlung und Bericht des Rechtsausschusses BT-Drs. 16/9737, 55.

musste, ermöglicht eine individuelle Bestimmung der Geschäftsanteile und eine exakte Aufteilung.[16]

730 **dd)** Die Gesellschafter können über den Mindestinhalt hinausgehende Regelungen treffen *(fakultative Bestimmungen)*. Dabei ist zwischen formfreien und formbedürftigen freiwilligen Vereinbarungen zu differenzieren. In den Gesellschaftsvertrag aufzunehmen sind zeitliche Beschränkungen des Unternehmens oder Sonderleistungen der Gesellschafter (§ 3 II GmbHG), beispielsweise eine Mehrleistung auf die Stammeinlage (sog. Agio), Wettbewerbsbeschränkungen, Tätigkeitsverpflichtungen oder die Gewährung von Darlehen. Auch finden sich regelmäßig Bestimmungen über Berufung, Vertretungsbefugnis, Rechte und Pflichten sowie die Abberufung der Geschäftsführer. Besondere Regelungen werden häufig auch zum Verhältnis der Gesellschafter untereinander (insbesondere etwaige Sonderrechte) und zu besonderen Kontrollgremien wie Aufsichtsrat oder Beirat sowie zu Abtretungsbeschränkungen für Geschäftsanteile (sog. Vinkulierung, § 15 V GmbHG) getroffen.

Fakultative Vereinbarungen können körperschaftlich oder schuldrechtlich ausgestaltet werden. *Körperschaftliche Regelungen*[17] betreffen die Gesellschafter und die mit deren Beteiligung verknüpften Rechte und Pflichten als solche und unabhängig von der jeweiligen Person. Während die körperschaftlichen Regelungen also an den Geschäftsanteil geknüpft sind und somit nachfolgende Gesellschafter binden, wirken die *schuldrechtlichen Nebenabreden* nur im Verhältnis der vertragschließenden Gesellschafter untereinander. Bei Eintritt oder Ausscheiden eines Gesellschafters bedarf es deshalb einer Übernahme der Rechte und Pflichten nach allgemeinen schuldrechtlichen Grundsätzen. Auch unterliegen körperschaftliche Regelungen im Gegensatz zu schuldrechtlichen der Form der Satzung.[18] Die unterschiedliche Natur ist ebenso bei der Auslegung zu beachten: Körperschaftliche Regelungen sind objektiv auszulegen,[19] während bei schuldrechtlichen Nebenabreden nach den allgemeinen Grundsätzen der §§ 133, 157 BGB der objektive Empfängerhorizont des konkreten Vertragspartners maßgeblich ist. Schließlich können sich die Rechtsbehelfe bei der Verletzung der Vereinbarung unterscheiden.

731 **b)** Zweiter Schritt im Gründungsprozess ist die *Bestellung der Gesellschaftsorgane*. Zwingend vorgesehen sind die Gesellschafterversammlung und der oder die Geschäftsführer. Soweit das Unternehmen der Arbeitnehmer-Mitbestimmung unterfällt, kann darüber hinaus ein Aufsichtsrat zwingend zu bestellen sein (§§ 3 I, 1 I, II MontanMitbestG; §§ 6 I, 1 I MitbestG; § 1 I Nr. 3 DrittelbG). Ist dessen Einrichtung nicht gesetzlich vorgeschrieben, besteht die Möglichkeit, dies im Gesellschaftsvertrag anzuordnen (sog. fakultativer Aufsichtsrat, § 52 GmbHG). Daneben können weitere Organe vorgesehen und mit umfassenden Kompetenzen ausgestattet werden.

Den oder die *Geschäftsführer* können die Gesellschafter bereits im Gesellschaftsvertrag benennen (§ 6 III 2 GmbHG). Hierbei handelt es sich um eine das Bestellungsverfahren (§§ 46 ff. GmbHG) ersetzende einstimmige Beschlussfassung der Gesellschafterversammlung. Enthält der Gesellschaftsvertrag keine gegenteiligen Angaben, ist die Bestellung als bloßer unechter Satzungsbestandteil auszulegen.[20] Die spätere Abberu-

---

16 Begr. RegE BT-Drs. 16/6140, 30f.
17 Auch als »materielle« Satzungsbestimmungen bezeichnet, *Kübler/Assmann* GesR § 18 III (S. 275).
18 BGHZ 18, 205 (207f.); BGH NJW-RR 1993, 607.
19 BGHZ 14, 25 (36f.).
20 BGHZ 18, 205 (207f.); MüKoGmbHG/*Goette* § 6 Rn. 66.

fung ist deshalb auch keine Satzungsänderung, sondern kann mit einfacher Mehrheit erfolgen (ausführlich → Rn. 782 f.). Regelmäßig wird die Berufung von Geschäftsführern aber der Gesellschafterversammlung überlassen, die im Anschluss an die Beurkundung des Gesellschaftsvertrags zusammentritt und den oder die Geschäftsführer mit einfacher Mehrheit der Geschäftsanteile beruft (§ 46 Nr. 5 GmbHG). In entsprechender Weise kann der Geschäftsführer auch wieder abberufen werden, wenn nicht der Gesellschaftsvertrag eine Beschränkung der Abberufung auf den Fall des Vorliegens eines wichtigen Grundes vorsieht (§ 38 II 1 GmbHG). Wird die GmbH im vereinfachten Verfahren gegründet (§ 2 Ia GmbHG), ist in Nr. 4 des Musterprotokolls der Geschäftsführer zu nennen. Dabei handelt es sich, wie bei der Bestellung im Gesellschaftsvertrag, nicht um einen echten Satzungsbestandteil, weshalb die spätere Abberufung auch keiner Dreiviertelmehrheit und notarieller Beurkundung nach § 53 I, II GmbHG bedarf.[21] Anders als bei Personengesellschaften gilt für Kapitalgesellschaften der Grundsatz der Fremdorganschaft, weshalb als Geschäftsführer nicht zwingend Gesellschafter bestellt werden müssen. Vielmehr können auch dritte Personen zu Geschäftsführern berufen werden (§ 6 III 1 GmbHG). In jedem Fall muss es sich um natürliche, unbeschränkt geschäftsfähige Personen handeln, die keinen Berufsausübungsbeschränkungen unterliegen (ausführlich → Rn. 773).

c) Besonderes Augenmerk legt das Gesetz auf die *Aufbringung des Stammkapitals.* **732** Denn mit Rücksicht darauf, dass den Gläubigern nur das Gesellschaftsvermögen als Haftungsgrundlage zur Verfügung steht (§ 13 II GmbHG), bedarf es besonderer Vorkehrungen, damit (zumindest) das vorgesehene und im Handelsregister eingetragene Stammkapital den Gläubigern auch tatsächlich als Haftungsmasse zur Verfügung steht. Das Kapital kann in Form von Geld- oder Sacheinlagen aufgebracht werden; dementsprechend wird zwischen Bar- und Sachgründung unterschieden. Für Letztere bestehen Sondervorschriften, die im Interesse der Gläubiger insbesondere eine angemessene Bewertung eingebrachter Sachen sicherstellen sollen.

aa) Obwohl in der Praxis häufig Sachmittel, insbesondere Betriebe, im Wege der Sach- **733** gründung eingebracht werden, geht das GmbHG von der *Bargründung* als Regelfall aus. Nach § 5 IV 1 GmbHG muss die Einlage in Geld erbracht werden, soweit im Gesellschaftsvertrag nicht ausdrücklich eine Sacheinlage vorgesehen ist. Bei der Anmeldung zur Eintragung muss nicht bereits das gesamte Stammkapital aufgebracht sein. Jedoch hat jeder Gesellschafter auf seine Stammeinlage zumindest ein Viertel einzuzahlen und muss der Gesamtbetrag der Einzahlungen mindestens 12.500 EUR, also die Hälfte des gesetzlichen Mindeststammkapitals ausmachen (§ 7 II GmbHG). Dieser Betrag muss endgültig zur freien Verfügung der Geschäftsführer stehen (§ 8 II GmbHG).

Bareinlagen stehen den Geschäftsführern ohne weiteres zur freien Verfügung, wenn sie in der Kasse oder auf dem Konto der (Vor-)Gesellschaft[22] vorhanden sind. Auch die Einzahlung auf ein Konto, das sich bei der Zahlung im Debet befindet, tilgt die Einlageschuld, soweit die Geschäftsführer über den entsprechenden Betrag verfügen können, die Bank also nicht den Kredit gekündigt hat.[23] Ebenso sind schuldrechtliche Ab-

---

21 MüKoGmbHG/*Mayer* § 2 Rn. 246; aA *Weigl* notar 2008, 378 ff.
22 Diese ist kontofähig, BGHZ 45, 338 (347).
23 BGHZ 150, 197; BGH NJW 1991, 226 (227) (für die Kapitalerhöhung); NJW 1991, 1294; NZG 2005, 180.

sprachen mit Dritten über die Verwendung der Mittel unschädlich.[24] Um ihren Zweck zu erfüllen, dürfen die Einlagen den Gesellschaftern weder gestundet noch erlassen werden (§ 19 II 1 GmbHG). Ebenso ist eine Aufrechnung des Einlegers mit einer Forderung gegen die Gesellschaft nur sehr eingeschränkt möglich (§ 19 II 2 GmbHG; ausführlich zur Kapitalaufbringung → Rn. 793).

Leistet ein Gesellschafter seine Einlage nicht, wird er nach fruchtlosem Verstreichen einer durch die Gesellschaft zu setzenden Nachfrist aus der Gesellschaft ausgeschlossen (Kaduzierung, § 21 II GmbHG, → Rn. 764, 793). Auch nach dem Ausschluss trifft ihn jedoch eine Ausfallhaftung hinsichtlich seines Anteils (§ 21 III GmbHG), die sich ebenso auf mögliche Rechtsvorgänger erstreckt (§§ 22, 23 GmbHG). Maßgeblich ist dabei nach § 22 I GmbHG aber nicht die tatsächliche Gesellschafterstellung. Vielmehr erfasst die Haftung diejenigen, die im Verhältnis zur Gesellschaft, also nach der Gesellschafterliste (§ 16 I GmbHG), als Inhaber des Geschäftsanteils gelten. Im Interesse des Gläubigerschutzes stehen diese Vorschriften auch nicht zur Disposition der Gesellschafter (§ 25 GmbHG). Soweit Einlagen von den anderen Gesellschaftern nicht erlangt werden können, haftet jeder Gesellschafter der Gesellschaft nach § 24 GmbHG anteilig, also nicht gesamtschuldnerisch, für ihre Einzahlung.

Bei einer Einpersonen-GmbH (→ Rn. 816 ff.) hat der Gesellschafter ebenfalls mindestens 12.500 EUR des Kapitals einzuzahlen. Eine entsprechende Erklärung muss der Gesellschafter bei der Registeranmeldung abgeben (§ 8 II GmbHG). Einer nach früherem Recht vorgeschriebenen Sicherheitsleistung des Gesellschafters für den Restbetrag bedarf es nicht mehr.

734 **bb)** Das Gesellschaftskapital kann, wenn dies im Vertrag vorgesehen ist (§ 5 IV 1 GmbHG), ganz oder teilweise durch Sachwerte aufgebracht werden (s. auch § 7 III GmbH). Wenn mindestens einem Gesellschafter gestattet wird, seine Stammeinlage durch die Leistung eines Vermögensgegenstandes zu erbringen, spricht man von einer *Sachgründung.* Dabei ist unter einer Sacheinlage jedwede Nicht-Geldleistung zu verstehen.[25] Bei den einzubringenden Vermögensgegenständen handelt es sich üblicherweise um Grundstücke, Anlagen, Patente, Warenzeichen, Forderungen oder auch ganze Unternehmen[26] oder stille Beteiligungen.[27] Die Einlagegegenstände müssen einen fassbaren Vermögenswert haben, zur freien Verfügung der Gesellschaft gelangen können und im Fall von Forderungen gegen einen Gesellschafter der Gesellschaft mehr verschaffen als die bloße obligatorische Berechtigung, nämlich beispielsweise in der Art besichert sein, dass sie einen Vermögensabfluss darstellt.[28]

Vor allem muss sichergestellt werden, dass die Sachwerte auch wirklich den Wert verkörpern, mit dem sie auf die Einlageverpflichtung des Gesellschafters angerechnet werden sollen. Weil eine Sache anders als ein Geldbetrag keinen Nominalwert in sich trägt, stellt sich bei der Sacheinlage nämlich das Problem der Überbewertung.[29] Der

---

24 BGH NJW 1991, 226 (227) (für die Kapitalerhöhung); Baumbach/Hueck/*Fastrich* GmbHG § 7 Rn. 10 f.
25 Henssler/Strohn/*Schäfer* GmbHG § 5 Rn. 12.
26 Zu den möglichen Gegenständen der Sacheinlage vgl. MüKoGmbHG/*Schwandtner* § 5 Rn. 78 ff.
27 BGH NJW 2015, 3786 (3787).
28 Ulmer/*Ulmer/Casper* GmbHG § 5 Rn. 58 ff.; Michalski/*Leitzen* GmbHG § 5 Rn. 85 ff.; MüKoGmbHG/*Schwandtner* § 5 Rn. 109 ff.
29 Roth/Altmeppen/*Roth* GmbHG § 5 Rn. 27.

Gegenstand der Sacheinlage und der für sie angesetzte Wert müssen daher im Gesellschaftsvertrag festgelegt werden (§ 5 IV 1 GmbHG). Auch ist die Angemessenheit der Bewertung der Sacheinlage nach § 5 IV 2 GmbHG im Sachgründungsbericht darzulegen. Liegt der Wert der Sacheinlage unter dem Wert des vom Gesellschafter übernommenen Anteils, kann es sich um eine Mischeinlage (Bar- und Sacheinlage) handeln. Auf die verbleibende Bareinlagepflicht hat der Gesellschafter ein Viertel einzuzahlen; andernfalls kann das Registergericht eine Eintragung ablehnen.[30] Die Sacheinlagen müssen den Geschäftsführern zur endgültigen freien Verfügung stehen (§§ 7 III, 8 II GmbHG) und sind vor der Anmeldung voll zu bewirken. Hierzu bedarf es der Vornahme des jeweiligen abstrakten Geschäfts, also etwa der Forderungsabtretung oder Übereignung.

In **Fall a** wird die Bareinlage des A unproblematisch durch die Zahlung auf das Konto der Vor-GmbH bewirkt (§ 19 I GmbHG). Sacheinlagen, wie die von A und B betriebene »Backstube« und das Grundstück des C, müssen wertmäßig den Nennbetrag der dafür übernommenen Geschäftsanteile erreichen; in Höhe eines Fehlbetrags ist eine Geldeinlage zu leisten (§ 5 IV, § 8 I Nr. 5, § 9 I 1 GmbHG). Bezüglich der Einbringung des Grundstücks müsste man allerdings, wollte man streng auf den Wortlaut »bewirken« abstellen, die Vollendung des Erwerbstatbestands verlangen, also auch die Eintragung in das Grundbuch (§§ 873, 925 BGB). Wegen der langen Verfahrensdauer ist diese Lösung aber nicht angemessen. Vielmehr ist die Kontrolle durch das Registergericht bereits dann gewährleistet, wenn alle Erwerbsvoraussetzungen bis auf die Eintragung (Auflassung, § 925 BGB, Eintragungsbewilligung, §§ 19, 20 GBO und Rang wahrender Antrag, §§ 13, 17 GBO) erfüllt sind.[31] Schwieriger gestaltet sich die Einbringung der Arbeitskraft des B. Dieser kommt ebenso wie den Kenntnissen und Fähigkeiten eines Bäckermeisters durchaus Vermögenswert zu. Nach § 27 II Hs. 2 AktG, der auf die GmbH übertragbar ist,[32] sind Verpflichtungen zu Dienstleistungen jedoch nicht einlagefähig.[33] Denn eine Einlage setzt voraus, dass der Gesellschafter etwas von seinem eigenen Vermögen aufgibt. Damit scheidet die Arbeitskraft als taugliche Einlageleistung aber aus.

Erreicht der Wert einer Sacheinlage zum Zeitpunkt der Anmeldung der Gesellschaft zur Eintragung in das Handelsregister nicht den Betrag der Stammeinlage, trifft den Gesellschafter eine besondere verschuldensunabhängige Differenzhaftung (§ 9 I 1 GmbHG). Dabei muss der Gesellschafter die Wertdifferenz (Fehlbetrag) in Geld ausgleichen. Entsprechend § 24 GmbHG haften hierfür im Wege der Ausfallhaftung ersatzweise auch die übrigen GmbH-Gesellschafter. Weiterhin haften die Gründer der Gesellschaft gesamtschuldnerisch für die Richtigkeit der von ihnen bei der Eintragung gemachten Angaben nach § 9a GmbHG (Gründerhaftung). Im Übrigen ist dafür Sorge zu tragen, dass das von den Gründern aufgebrachte Kapital den Gläubigern zu deren Schutz auch erhalten bleibt (ausführlich zur Kapitalerhaltung → Rn. 796 ff.).

Da das Sachgründungsverfahren aufwändig und fehleranfällig ist, besteht die Gefahr, dass die Gesellschafter versuchen, die entsprechenden Vorschriften zu umgehen, indem sie eine Bareinlage vereinbaren, die Gesellschaft aber bei wirtschaftlicher Betrachtung einen Sachwert erhält. Das wenig trennscharfe und stark durch die Rechtsprechung geprägte Institut der sog. verdeckten Sacheinlage ist mittlerweile in § 19 IV GmbH definiert (ausführlich → Rn. 794 f.). Danach wird der Wert der verdeckten Sach-

---

30 OLG Celle NZG 2016, 300.
31 Baumbach/Hueck/*Fastrich* GmbHG § 7 Rn. 14 mwN.
32 Ulmer/*Ulmer/Casper* GmbHG § 5 Rn. 71.
33 BGHZ 180, 38 (Rn. 9) = NJW 2009, 2375 (2376) – Qivive. Zur Einlagefähigkeit von Forderungen gegen Dritte gerichtet auf die Erbringung von Dienstleistungen vgl. MüKoGmbHG/*Schwandtner* § 5 Rn. 119 ff.

einlage kraft Gesetzes auf die Geldeinlagepflicht angerechnet (§ 19 IV 3 GmbHG), wobei der Gesellschafter die Beweislast für die Werthaltigkeit trägt (§ 19 IV 5 GmbHG). Nach früherem Recht hatte eine verdeckte Sacheinlage die Nichtigkeit sowohl des ihr zugrundeliegenden schuldrechtlichen Verpflichtungsgeschäfts als auch des dinglichen Erfüllungsgeschäfts zur Folge.[34] Nunmehr erklärt § 19 IV 2 GmbHG beide Geschäfte ausdrücklich für wirksam, was die Möglichkeit eröffnet, den Wert eines eingebrachten Vermögensgegenstandes auf die fortbestehende Geldeinlagepflicht anzurechnen. Einer verdeckten Sacheinlage ähnlich ist das sog. Hin- und Herzahlen (§ 19 V GmbHG). Hierbei fließt eine geleistete Bareinlage an den Gesellschafter zurück und wird nicht durch einen Sachwert, sondern etwa durch eine Darlehensforderung ersetzt. Im Unterschied zur verdeckten Sacheinlage wird also eine nicht sacheinlagefähige Forderung begründet.[35] Seit Inkrafttreten des MoMiG ist auch eine solche Gestaltung zulässig, die wirtschaftlich einer Einlagenrückgewähr entspricht.[36] Nach § 19 V 1 GmbHG wird der Gesellschafter jedoch nur dann von seiner Einlageverpflichtung befreit, wenn die Leistung auch vollwertig ist.

735   **d)** Sobald die Organe bestellt sind und das Mindestkapital aufgebracht worden ist, wird die Gesellschaft von ihren (sämtlichen) Geschäftsführern zum *Handelsregister angemeldet* (§§ 7 I, 78 aE GmbHG). Die inzwischen elektronischen Handelsregister werden jeweils von einem Amtsgericht für einen jeden Landgerichtsbezirk geführt (§ 8 HGB, § 376 FamFG). Der erforderliche Inhalt und die Anlagen der nach § 12 HGB elektronisch in beglaubigter Form einzureichenden Anmeldung bestimmen sich nach §§ 7, 8 GmbHG. Die Geschäftsführer müssen versichern, dass ihnen die Einlagen ganz oder zumindest in der gesetzlich vorgeschriebenen Höhe endgültig zur unbeschränkten Verfügung stehen (§ 8 II, V GmbHG), und angeben, inwieweit Belastungen durch Gesellschaftsverbindlichkeiten bestehen.[37] Zudem müssen sie erklären, dass sie nicht wegen früherer Insolvenzvergehen bestraft worden sind oder die Fähigkeit verloren haben, einen Beruf auszuüben (§ 8 III GmbHG). Schließlich müssen sie Angaben zu ihrer Vertretungsbefugnis machen (§ 8 IV Nr. 2 GmbHG).

736   **e)** Die *ordnungsgemäße Errichtung* und *Anmeldung* wird vom Registergericht auf der Grundlage des Eintragungsantrags *geprüft* (§ 9c I GmbHG). Dabei kontrolliert das Registergericht zunächst alle formellen Voraussetzungen wie den Mindestinhalt und die Form des Gesellschaftsvertrags. Der materielle Prüfungsumfang des Registergerichts wird durch § 9c II GmbHG eingeschränkt. Wegen anderer als der dort bezeichneten Mängel darf das Registergericht die Eintragung nicht ablehnen. Insbesondere sind wirtschaftliche Grundlagen, also Finanzierungsart und Kapitalausstattung, nicht Prüfungsgegenstand.[38] Bei Sacheinlagen prüft der Richter anhand des Sachgründungsberichts und der weiteren für die Bewertung notwendigen Unterlagen (§ 8 I Nr. 4 und 5 GmbHG), ob die Gesellschaft ordnungsgemäß angemeldet und errichtet worden ist (§ 9c I 1 GmbHG). Wie bei der AG beschränkt sich die Werthaltigkeitskontrolle bei Sacheinlagen jedoch darauf, ob eine »nicht unwesentliche« Überbewertung vorliegt.

---

34 BGHZ 153, 329.
35 HK-GmbHG/*Saenger* § 19 Rn. 95; *Seibert/Decker* ZIP 2008, 1208 (1210).
36 Zur früheren rechtlichen Einordnung des Hin- und Herzahlens als »Nullum« vgl. BGHZ 165, 352.
37 BGHZ 80, 129 (143); 153, 158 (162).
38 Baumbach/Hueck/*Fastrich* GmbHG § 9c Rn. 6; Scholz/*Veil* GmbHG § 9c Rn. 36. AA für die materielle Unterkapitalisierung *Raiser/Veil* KapGesR § 26 Rn. 50. Zum Prüfungsumfang iE Lutter/Hommelhoff/*Bayer* GmbHG § 9c Rn. 3ff.; Scholz/*Veil* GmbHG § 9c Rn. 5ff.

Fallen dem mit der Prüfung befassten Richter Unregelmäßigkeiten auf, hat er diese von Amts wegen weiter aufzuklären (§ 26 FamFG). Kommt er zu dem Ergebnis, dass die Eintragungsvoraussetzungen nicht vorliegen, lehnt er den Antrag ab (§ 9 c I GmbHG). Hiergegen können sich die Betroffenen[39] im Wege der Beschwerde nach § 58 FamFG wenden. Fehlen nachholbare einzelne Voraussetzungen, wird das Verfahren lediglich ausgesetzt. Durch das MoMiG wurde das Eintragungsverfahren vom Genehmigungsverfahren getrennt. Nunmehr ist die Eintragung nicht mehr vom Vorliegen der erforderlichen Genehmigungen abhängig, sodass sie bedeutend schneller vollzogen werden kann. Die Eintragung wird gem. § 10 HGB elektronisch bekannt gemacht. Mit dem Wirksamwerden der Eintragung (vgl. § 8a HGB) entsteht die GmbH als solche (§ 11 I GmbHG).

2. Mängel im Gründungsakt

Bis zur Eintragung der GmbH können Gründungsmängel uneingeschränkt geltend gemacht werden. Dabei gelten bis zur Invollzugsetzung die allgemeinen Vorschriften des Vertragsrechts, also etwa §§ 125, 134, 138 BGB und §§ 119, 123 BGB. Nach Invollzugsetzung sind die Grundsätze der fehlerhaften Gesellschaft (ausführlich bei der GbR → Rn. 79 ff.) zu berücksichtigen und kann die GmbH nur noch mit ex nunc-Wirkung aufgelöst werden. Mit der Eintragung besteht die Gesellschaft als solche im Rechtsverkehr. Ihr Bestandsschutz ist daher im Interesse des Rechtsverkehrs höher zu bewerten als einzelne Mängel oder die Belange von Gründungsgesellschaftern. Deshalb werden durch die Eintragung der Gesellschaft in das Handelsregister Formmängel des Gesellschaftsvertrags oder etwaiger Vollmachten geheilt. Die Geltendmachung anderer, nicht geheilter Mängel wird weitgehend ausgeschlossen. Eine auf besonders schwerwiegenden Mängeln (etwa fehlende Bestimmung der Höhe des Stammkapitals oder fehlende bzw. nichtige Bestimmung über den Unternehmensgegenstand) beruhende Nichtigkeit kann nach § 75 GmbHG im Wege einer Nichtigkeitsklage (→ Rn. 814), also einer gegen die Gesellschaft gerichteten Gestaltungsklage,[40] geltend gemacht werden.

737

Hinsichtlich anderer Willensmängel steht den betroffenen Gesellschaftern nur die Möglichkeit offen, nach § 61 GmbHG die Auflösung der Gesellschaft zu verlangen (→ Rn. 813). Dazu muss ein wichtiger Grund vorliegen, also dem Gesellschafter die weitere Fortführung der Gesellschaft unzumutbar sein. Alle Mängel der Ursprungssatzung können aus Gründen der Rechtssicherheit entsprechend § 242 II AktG nur innerhalb von drei Jahren ab Eintragung geltend gemacht werden.[41]

3. »Vorstufen« und Rechtslage vor Eintragung

Nach § 11 I GmbHG entsteht die GmbH[42] »als solche« erst mit ihrer Eintragung ins Handelsregister. Dennoch erfolgt die Gründung einer GmbH regelmäßig in mehreren Schritten. Sowohl vor Abschluss des Gesellschaftsvertrags als auch im Zeitraum zwischen Abschluss und Eintragung möchten die Gründer regelmäßig bereits vorberei-

738

---

39 Im eigenen Namen beschwerdebefugt kann bei Zurückweisung der Gesellschafterliste auch der mitwirkende Notar sein, wenn hierdurch dessen Amtspflicht nach § 40 II GmbHG berührt wird, die Liste anstelle der Geschäftsführer zu unterschreiben und zum Handelsregister einzureichen, BGH NJW 2011, 1809 (1810).
40 Baumbach/Hueck/*Haas* GmbHG § 75 Rn. 17.
41 BGHZ 144, 365.
42 Die folgenden Ausführungen gelten sinngemäß für alle Kapitalgesellschaften.

tend tätig werden. So können Arbeitsverträge geschlossen, Geschäftsräume angemietet und ausgestattet werden und müssen nicht zuletzt die Mindeststammeinlagen eingezahlt werden.

739 **a)** Im Zeitraum zwischen dem Entschluss der Gesellschafter, eine GmbH zu gründen, und dem formwirksamen Abschluss des Gesellschaftsvertrags spricht man von einer *Vorgründungsgesellschaft.* Es handelt sich hierbei um einen vorbereitenden Zusammenschluss der Gründer zu dem einzigen Zweck, einen GmbH-Gesellschaftsvertrag abzuschließen. Die Vorgründungsgesellschaft ist mit der nach notarieller Beurkundung entstehenden Vorgesellschaft und folglich auch mit der daraus hervorgehenden GmbH nicht identisch.[43] Die Rechtsverhältnisse, insbesondere in Bezug auf Haftung und Vertretung dieser Gesellschaft, richten sich daher nicht nach dem GmbH-Recht, sondern nach dem der Personengesellschaften. Abhängig davon, ob in diesem Stadium bereits ein Handelsgewerbe iSv § 1 II HGB betrieben wird, handelt es sich um eine OHG oder um eine GbR. Demzufolge finden die §§ 109 ff. HGB oder die §§ 705 ff. BGB (iVm dem Recht der OHG) Anwendung und haften die Gesellschafter persönlich für die Schulden dieser Vorgründungsgesellschaft. Die sog. Handelndenhaftung des vertretungsberechtigten Vertreters nach § 11 II GmbHG greift in diesem Stadium nicht ein. Bei der Vertretung sind die Regeln über unternehmensbezogene Geschäfte zu beachten. Die Vorgründungsgesellschaft wird also auch dann verpflichtet, wenn im Namen der GmbH gehandelt wird.[44]

Ein Anspruch auf Abschluss des GmbH-Gesellschaftsvertrags kann aus dem durch die Aufnahme von Vorbereitungshandlungen zur Gründung der GmbH konkludent zustande kommenden Vorvertrag nur hergeleitet werden, wenn die essentiellen Bestandteile des GmbH-Gesellschaftsvertrags, also insbesondere Regelungen über das Stammkapital und die Einlagen, bereits im Vorvertrag enthalten sind. Dies ist in der Regel nicht der Fall. Außerdem bedarf ein solcher Vertrag bereits der Form des § 2 GmbHG, um der Warnfunktion dieser Vorschrift Rechnung zu tragen.[45] Bis auf die nicht gläubigerschützende Vereinbarung zur Gründung der GmbH ist der Gesellschaftsvertrag bei Formmängeln allerdings nach den Regeln der fehlerhaften Gesellschaft (bei der GbR, → Rn. 79 ff.) als wirksam zu behandeln.

Da keine Identität mit der späteren GmbH besteht und GmbH-Recht nicht anwendbar ist, gehen auch Rechte und Verbindlichkeiten der Vorgründungsgesellschaft nicht automatisch mit dem Abschluss des Gesellschaftsvertrags auf die Vorgesellschaft oder auf die später entstehende GmbH über. Vielmehr müssen diese, wenn sie in die GmbH eingebracht werden sollen, durch besonderes Rechtsgeschäft übertragen werden.[46] Eine Verpflichtung zur Übertragung des Vermögens werden die Gesellschafter allerdings regelmäßig begründen wollen. Der Übergang der Verpflichtungen kann allerdings nur unter Zustimmung des jeweiligen Gläubigers erfolgen (§§ 414, 415 BGB), von deren konkludenter Erteilung beim Handeln im Namen der (späteren) GmbH jedoch nicht ohne weiteres ausgegangen werden darf.[47]

---

43 BGHZ 91, 148 (151).
44 BGH NJW 1998, 1645.
45 BGH NJW-RR 1988, 288. Bei geplanter Verwendung des Mustervertrags sollte allerdings konsequenterweise die von § 2 Ia GmbHG vorgeschriebene Form ausreichen.
46 BGHZ 91, 148 (151).
47 BGH NJW 1998, 1645 f. mAnm *v. Reinersdorff* NZG 1998, 383; zust. *Gehrlein* NJW 1998, 2651.

b) Mit dem notariellen Abschluss des Gesellschaftsvertrags wird die GmbH errichtet **740** und ist der Zweck der Vorgründungsgesellschaft regelmäßig erreicht und endet diese (§ 726 BGB). In dem Übergangsstadium, das mit der Errichtung der GmbH beginnt und mit ihrem Entstehen als juristische Person durch die Eintragung (§ 11 I GmbHG) endet, wird die Gesellschaft als *Vorgesellschaft (Vor-GmbH)* bezeichnet. Diese ist nicht mit der Vorgründungsgesellschaft identisch. Deshalb ist die Vorgründungsgesellschaft, soweit bereits Vermögen gebildet wurde, gesondert zu liquidieren und Vor-GmbH und Vorgründungsgesellschaft können durchaus nebeneinander bestehen.[48]

aa) Ihrer *Rechtsnatur* nach handelt es sich bei der Vorgesellschaft um einen körper- **741** schaftlich organisierten Zusammenschluss eigener Art, der auf die Entstehung einer juristischen Person angelegt ist und nach außen geschlossen auftritt.[49] Damit kann die Vor-GmbH auch Trägerin von Rechten und Pflichten sein,[50] ist also weitgehend rechtsfähig.[51] Sie untersteht einem Sonderrecht, bestehend aus den im Gesetz oder im Gesellschaftsvertrag gegebenen Gründungsvorschriften und dem Recht der rechtsfähigen Gesellschaft, soweit dieses nicht die Eintragung voraussetzt.[52] Die Vor-GmbH bildet bereits ein eigenes Vermögen, nämlich das Mindestkapital, das aus den Mindesteinlagen bzw. den entsprechenden Einlageforderungen besteht.[53] Die Vor-GmbH ist grundbuch-[54] und handelsregisterfähig, ebenso insolvenzfähig,[55] weshalb über ihr Vermögen ein Insolvenzverfahren eröffnet werden kann. Ferner ist sie firmenrechtsfähig,[56] parteifähig[57] und kann persönlich haftende Gesellschafterin einer KG sein.[58]

Der *Zweck* der Vorgesellschaft besteht in der Herbeiführung der Eintragung der GmbH und umfasst damit alle Handlungen, die das Entstehen der juristischen Person fördern und das bis dahin eingebrachte Vermögen verwalten und erhalten sollen. Die Gesellschafter können indes den Gesellschaftszweck beliebig erweitern und in diesem Rahmen etwa vereinbaren, dass ein Unternehmen schon vor der Eintragung seine Tätigkeit aufnehmen oder, wie häufig, ein bereits bestehendes und in die GmbH einzubringendes Unternehmen weitergeführt werden soll.[59] Weil die Vorgesellschaft mit Eintragung ohne weiteres zur GmbH wird, mit der späteren GmbH also identisch ist, bedarf es keiner gesonderten Übertragung der Ansprüche und Verbindlichkeiten.[60] Sämtliche Aktiva und Passiva gehen nahtlos auf die GmbH über.

> In **Fall b** war zunächst die Vor-GmbH Schuldnerin des Lohnanspruchs des L aus § 611 BGB iVm dem Arbeitsvertrag, da diese als im Werden begriffene GmbH selbst Trägerin von Rechten und Pflichten sein kann. Mit der Eintragung ging die Verbindlichkeit der Vor-GmbH ohne besonderen Übertragungsakt auf die GmbH über. Damit ist nun die GmbH Schuldnerin des Anspruchs. Zur Haftung der Gesellschafter → Rn. 744 ff.

---

48 *Kraft/Kreutz* GesR B 1 5 a (S. 43); *Michalski/Blath* GmbHG § 11 Rn. 26.
49 BGHZ 21, 242.
50 BGHZ 80, 129 (139); HK-GmbHG/*Pfisterer* § 11 Rn. 8.
51 Scholz/*K. Schmidt* GmbHG § 11 Rn. 34.
52 BGHZ 21, 242; 80, 129 ff.
53 BGHZ 117, 323 (326) (Vor-AG); Scholz/*K. Schmidt* GmbHG § 11 Rn. 35.
54 BGHZ 45, 338 (348).
55 BGH NJW-RR 2004, 258.
56 BGHZ 120, 103.
57 BGH NJW 1998, 1079.
58 BGHZ 80, 129.
59 BGHZ 80, 129 (139)
60 BGHZ 80, 129 (139) unter Aufgabe seiner früheren Rspr.; *K. Schmidt* GesR § 34 III 4 a (S. 1028).

742 **bb)** Die Beschlussfassung im *Innenverhältnis* der Vor-GmbH erfolgt nach § 47 I GmbHG. Ebenso werden die Geschäftsführer nach den nach Gesellschaftsvertrag oder Gesetz geltenden Regelungen, also durch Mehrheitsbeschluss (§ 47 I GmbHG), bestimmt.[61] Änderungen des Gesellschaftsvertrags müssen einstimmig[62] in der Form des § 2 GmbHG erfolgen. Ein Wechsel im Bestand der Gesellschafter ist mangels Anwendbarkeit von § 15 GmbHG nur durch eine Änderung des Gesellschaftsvertrags möglich.[63]

743 **cc)** *Vertreten* wird die Vor-GmbH durch ihre Geschäftsführer. Deren Vertretungsmacht wird allerdings durch den Gesellschaftszweck beschränkt. Sie besteht also nur für solche Geschäfte, die zur Eintragung erforderlich sind.[64] Die Gründer sind indes nicht gehindert, die Vertretungsmacht der Geschäftsführer im Gesellschaftsvertrag oder durch einstimmigen Beschluss[65] zu erweitern, zumal das GmbH-Gesetz für Erwerbsgeschäfte im Gründungsstadium keine so engen Beschränkungen vorsieht wie das Aktienrecht. Diese Ermächtigung ist nicht formbedürftig, da die Regelung der Organvertretungsmacht nur für die Dauer der Vorgesellschaft Bedeutung hat.[66]

744 **dd)** Als rechtsfähiges Gebilde haftet zunächst die Vor-GmbH selbst für ihre Verbindlichkeiten. Andererseits ist in diesem Stadium die Aufbringung des Stammkapitals noch nicht gewährleistet und haben sich die Gesellschafter das Haftungsprivileg noch nicht »erkauft«. Demzufolge können Gesellschafter der Vor-GmbH und andere im Gründungsstadium tätige Personen, insbesondere der Geschäftsführer, unter bestimmten Voraussetzungen einer *persönlichen Haftung* unterliegen.

745 (1) Zum einen kann sich eine Haftung aus dem Gesichtspunkt der *Handelndenhaftung* nach *§ 11 II GmbHG* ergeben. Hiervon werden die Gründer jedoch nur erfasst, wenn sie auch selbst geschäftsführend tätig geworden sind. Diese Norm erfüllt in erster Linie eine Sicherungsfunktion.[67] Die von der Gesellschafterhaftung zu trennende Organhaftung soll den Gläubigern einen Ausgleich dafür geben, dass die Kapitalgrundlage der zunächst haftenden Vorgesellschaft noch nicht in gleichem Maße wie bei der eingetragenen GmbH gerichtlich kontrolliert, bekannt gemacht und durch zwingende Schutzvorschriften gesichert ist.[68] Daher erlischt die Haftung mit der Eintragung der Gesellschaft ins Handelsregister und wird folglich nur im Fall des Scheiterns der GmbH bedeutsam.[69]

---

61 BGHZ 80, 212 (214f.).

62 BGHZ 21, 242 (246). Die Gegenansicht möchte entsprechend §§ 53 ff. GmbHG eine Dreiviertelmehrheit genügen lassen; Scholz/*K. Schmidt* GmbHG § 11 Rn. 56 f.; *Priester* ZIP 1987, 280 ff.

63 BGH NJW-RR 2005, 469.

64 BGHZ 80, 129 (139); Baumbach/Hueck/*Fastrich* GmbHG § 11 Rn. 19; Lutter/Hommelhoff/*Bayer* GmbHG § 11 Rn. 17; für unbeschränkte Vertretungsmacht nach § 37 II GmbHG Scholz/*K. Schmidt* GmbHG § 11 Rn. 72 f.; *K. Schmidt* GesR § 34 III 3b bb (S. 1020 f.); *Raiser/Veil* KapGesR § 26 Rn. 122.

65 BGHZ 80, 129 (139).

66 BGHZ 80, 129 (139); *Lutter* JuS 1998, 1073 (1076).

67 BGH NJW 2004, 2519 (AG). Zum historischen Hintergrund der mittlerweile rechtspolitisch stark umstr. Norm und zu weiteren Zwecken *K. Schmidt* GesR § 34 III 3d (S. 1025 f.); MüKoGmbHG/ *Merkt* § 11 Rn. 115 ff.; *Beuthien* GmbHR 2013, 1 (2 ff.).

68 BGHZ 80, 182 (184); BGH NJW 2004, 2519 (AG).

69 BGHZ 69, 95 (104); Scholz/*K. Schmidt* GmbHG § 11 Rn. 130.

»Handelnder« ist dabei derjenige, der als oder wie ein Geschäftsführer, also wie ein vertretungsberechtigtes Organ, handelt.[70] Die Handelndenhaftung setzt als Gläubigerschutzinstrument rechtsgeschäftliches oder zumindest rechtsgeschäftsähnliches Handeln voraus und greift deshalb nicht bei internen Vorgängen sowie Sachverhalten im Zusammenhang mit dem Beitritt neuer Gesellschafter ein. Inhalt und Umfang des Anspruchs richten sich nach den Verpflichtungen der Vor-GmbH.

Probleme bereitet die Auslegung des Merkmals »im Namen der Gesellschaft«. Die ältere Rechtsprechung legte § 11 II GmbHG restriktiv aus und verlangte ein Handeln im Namen der (künftigen) GmbH.[71] Dies bedeutet, dass sich Handeln im Namen der Vor-GmbH (etwa mit dem Zusatz GmbH i. Gr.) und Haftung nach § 11 II GmbHG ausschließen. Mit Blick darauf, dass Vorgesellschaft und spätere GmbH identisch sind (→ Rn. 741) und eine Haftung nicht von Zufälligkeiten abhängen sollte, ist indes jedes Handeln ausreichend, bei dem nicht ausdrücklich eine aufschiebende Bedingung oder Genehmigung durch die eingetragene GmbH vereinbart wird.[72]

(2) Kapitalerhaltung bedeutet im Gründungsstadium, dass das vorgesehene Stammkapital der Gesellschaft im Eintragungszeitpunkt vorhanden ist und nicht durch Verbindlichkeiten der Vor-GmbH aufgezehrt wird. Daher tritt neben die Haftung der Vor-GmbH und die Handelndenhaftung nach § 11 II GmbHG eine *persönliche Haftung der Gründungsgesellschafter (Gründerhaftung).* Dabei ist danach zu unterscheiden, ob die GmbH überhaupt zur Eintragung gelangt. So kann sich herausstellen, dass eine (neu) eingetragene GmbH wegen zuvor eingegangener Verpflichtungen zum Zeitpunkt ihrer Eintragung tatsächlich nicht mehr über das satzungsgemäße Stammkapital verfügt hat. Andererseits mag eine Gesellschaft aufgrund der bereits eingegangenen Verpflichtungen nicht mehr über das satzungsgemäße Stammkapital verfügen und schon deshalb gar nicht zur Eintragung gelangen. **746**

(a) Wird die Gesellschaft eingetragen, steht den Gläubigern gem. § 13 II GmbHG allein das Gesellschaftsvermögen als Haftungsobjekt zur Verfügung und endet eine persönliche Haftung der Gesellschafter mit diesem Zeitpunkt. Jedoch müssen die bis zur Eintragung angefallenen Verluste iSd Vertrauensschutzes der Gläubiger kompensiert werden. Zwar ließ die frühere Rechtsprechung eine Beschränkung der Haftung auf die noch nicht erbrachte Einlage zu.[73] Heute besteht hingegen Einigkeit, dass die Gesellschafter im Rahmen einer *Unterbilanzhaftung*[74] im Verhältnis ihrer Geschäftsanteile (nur) der GmbH gegenüber zum Ausgleich der Differenz zwischen Stammkapital und Wert des Gesellschaftsvermögens zum Zeitpunkt der Eintragung verpflichtet sind.[75] Voraussetzung ist aber, dass die Gesellschafter dem vorzeitigen und der Registeranmeldung vorausgehenden Geschäftsbeginn zugestimmt haben.[76] Es handelt sich dabei um eine bloße Haftung im Innenverhältnis, weshalb man auch von

---

70 Seit BGHZ 47, 25 (28ff.); Scholz/*K. Schmidt* GmbHG § 11 Rn. 112ff. Weiterhin die ältere Rspr., nach der eine Zustimmung zum konkreten Geschäft oder zur allg. Eröffnung des Geschäftsbetriebs ausreichte; RGZ 70, 296 (301f.); BGH NJW 1955, 1228.
71 BGH NJW 1974, 1284; unklar BGHZ 72, 45 (47): Verpflichtung »auch« der Vorgesellschaft.
72 Ulmer/*Ulmer/Habersack* GmbHG § 11 Rn. 137; Scholz/*K. Schmidt* GmbHG § 11 Rn. 118; *K. Schmidt* GesR § 34 III 3d bb (S. 1027); Lutter/Hommelhoff/*Bayer* GmbHG § 11 Rn. 34.
73 BGHZ 65, 378 (382f.). Dann aber als Außenhaftung ggü. den Gesellschaftsgläubigern.
74 Diese wird teilweise auch als Vorbelastungshaftung bezeichnet.
75 Seit BGHZ 80, 129.
76 *Goette* DStR 2003, 887 (888).

einer »Innenhaftung« spricht. Den Gläubigern stehen keine eigenen Ansprüche gegen die Gesellschafter zu, weil deren Haftung im Außenverhältnis nach der Eintragung mit § 13 II GmbHG unvereinbar wäre.[77] Die Gründer haften selbst dann, wenn sie zuvor ihrer Einlageverpflichtung vollständig nachgekommen sind. Dies ist der Preis dafür, dass die Gesellschaft schon vor der Eintragung Geschäfte tätigen darf, die über das für die Eintragung selbst Nötige hinausgehen. Auch wenn es sich hierbei um eine unbeschränkte Haftung handelt, besteht diese aber nur anteilig und gerade nicht gesamtschuldnerisch. Freilich kann es auch hier zur Ausfallhaftung nach § 24 GmbHG kommen, wenn einzelne Gesellschafter ihre Verpflichtung nicht erfüllen können. Deshalb kann der Haftungsumfang des einzelnen Gesellschafters letztlich den eigenen Anteil erheblich überschreiten.

(b) Auch wenn die Gesellschaft nicht zur Eintragung gelangt, haften die Gründungsgesellschafter nach nahezu einhelliger Auffassung für Verbindlichkeiten der Vorgesellschaft persönlich und unbeschränkt. Diese Haftung wird auf die allgemeinen Grundsätze des bürgerlichen Rechts und des Handelsrechts gestützt, welche für Personen, die alleine oder in Gemeinschaft mit anderen Geschäfte betreiben, eine unbeschränkte Haftung für daraus entstehende Verpflichtungen vorsehen. Diese Haftung ist alternativlos, weil sonst für die Gründer bei Verlusten der Vorgesellschaft ein erheblicher Anreiz bestünde, die Eintragung nicht weiter zu betreiben und die Gesellschaft zu liquidieren, um der unbeschränkten Unterbilanzhaftung nach Eintragung zu entgehen. Dem wird entgegengewirkt, indem auch die Gründungsgesellschafter einer GmbH vor dem Eintritt der Haftungsbeschränkung durch Eintragung in das Handelsregister nach § 13 II GmbHG für die Verbindlichkeiten der Vor-GmbH unbeschränkt haften. Diese beim Scheitern der Eintragung eintretende Haftung der Gesellschafter für erlittene (Anfangs-)Verluste wird als *Verlustdeckungshaftung* bezeichnet. Weil die Gesellschaft gerade nicht zur Entstehung gelangt, hat es mit dem Ausgleich von Verbindlichkeiten sein Bewenden und muss das Stammkapital nicht wieder aufgefüllt werden. Umstritten ist indes, ob es sich bei dieser Haftung um eine Innenhaftung gegenüber der Gesellschaft oder eine Außenhaftung gegenüber den Gläubigern handelt. Für die Ausgestaltung als Innenhaftung[78] (sog. Binnenhaftungsmodell) sprechen dabei vor allem der Gleichlauf mit der Unterbilanzhaftung nach Eintragung und die Vermeidung eines Gläubigerwettlaufs um die Verwirklichung der Haftung (»Windhundprinzip«).

In verschiedenen Konstellationen nehmen aber auch die Befürworter der Innenhaftung ausnahmsweise eine Außenhaftung an. Dies gilt für die Einpersonengründung, die sog. »unechte Vorgesellschaft«, die vermögenslose Vorgesellschaft, die Handlungsunfähigkeit wegen Fehlens eines Geschäftsführers, die Masselosigkeit in der Insolvenz und für den Fall, dass die Gesellschaft nur einen Gläubiger hat.[79] Von einer »unechten Vorgesellschaft« spricht man, wenn die Gesellschafter ihre Eintra-

---

77 BGH NJW-RR 2006, 254 f.

78 Grdl. BGHZ 134, 333 ff.; Ulmer/*Ulmer*/*Habersack* GmbHG § 11 Rn. 80 ff.; für unbeschränkte Außenhaftung Lutter/Hommelhoff/*Bayer* GmbHG § 11 Rn. 22; Scholz/*K. Schmidt* § 11 Rn. 91 ff.; *K. Schmidt* GesR § 34 III 3 c (S. 1023 ff.); *Altmeppen* NJW 1997, 3272; *Beuthien* WM 2002, 2261 (2262 ff.).

79 BGHZ 134, 333 (341); Ulmer/*Ulmer*/*Habersack* GmbHG § 11 Rn. 83 f.; *Goette* DStR 2003, 887 (889). Ob es sich hierbei um eine anteilige oder eine gesamtschuldnerische Haftung handelt, ist indes noch ungeklärt; dazu BSG NJW-RR 2000, 1125 (1128); *Ensthaler* BB 1997, 1209 (1210 f.) mwN.

gungsabsicht aufgeben, den Geschäftsbetrieb aber dennoch fortführen. Dann kann der Zusammenschluss nämlich nicht mehr als Vorstufe zur GmbH angesehen werden, sondern unterliegt rückwirkend, also auch hinsichtlich der Altschulden, dem Recht der Personengesellschaften.[80] Dies hat zur Folge, dass die Gesellschafter persönlich für alle entstandenen Schulden der Gesellschaft einstehen müssen. In den anderen Fällen lässt sich die Außenhaftung damit begründen, dass sich die für die Vollstreckung gegen den Gesellschafter erforderliche Pfändung des Verlustdeckungsanspruchs (§§ 829, 835 ZPO) als unnötiger (überflüssiger) Zwischenschritt erweist.

Der wesentliche Unterschied der Innenhaftung gegenüber der Außenhaftung liegt darin, dass sie dem Gläubiger das Durchsetzungsrisiko aufbürdet. Er muss den umständlichen Weg beschreiten, zunächst gegen die Gesellschaft vorgehen zu müssen, um gegebenenfalls anschließend in die Forderung der Gesellschaft gegen den oder die Gesellschafter zu vollstrecken.[81] Indes ist die Bedeutung des Meinungsstreits eher gering. Angesichts der zahlreichen Ausnahmen vom Grundsatz der Innenhaftung führen beide Ansichten häufig ohnehin zu gleichen Ergebnissen.

Ihre Haftung können die Gesellschafter auch nicht wirksam auf das Gesellschaftsvermögen beschränken, wenn sie bei Vertragsschluss als »GmbH« oder »GmbH i. Gr.« auftreten.[82] Unbenommen bleibt ihnen jedoch, eine ausdrückliche individualvertragliche Vereinbarung mit dem Vertragspartner zu treffen, was in der Praxis aber nicht häufig der Fall ist.

In der **1. Abwandlung** von **Fall b** hat L zunächst einen Anspruch auf Lohnzahlung aus § 611 BGB gegen die Vor-GmbH. Diese wurde durch den Gesellschafterbeschluss aufgelöst (§ 60 I Nr. 2 GmbHG). Der Anspruch ist daher im Rahmen der Liquidation der Vor-GmbH nach §§ 65 ff. GmbHG[83] auszugleichen (§ 70 GmbHG). Daneben tritt die Handelndenhaftung des C aus § 611 BGB, § 11 II GmbHG. Insoweit haften der Handelnde und die Vor-GmbH gesamtschuldnerisch (§§ 421 ff. BGB).[84] Kann der Anspruch nicht aus dem bestehenden Vermögen der Vor-GmbH in der Liquidation ausgeglichen werden, greift die Verlustdeckungshaftung der Gründungsgesellschafter. Diesen Anspruch der Gesellschaft auf Ausgleich der Verluste gegen A, B und C kann L pfänden und sich überweisen lassen, um dann daraus zu vollstrecken.

In der **2. Abwandlung** bestand ab dem Zeitpunkt, in dem A, B und C ihre Eintragungsabsicht aufgaben, keine Vor-GmbH mehr (sog. »unechte Vor-GmbH«). Der zunächst gegen die Vor-GmbH bestehende Anspruch des L richtet sich nunmehr direkt gegen die Gesellschafter, die nach allgemeinen personengesellschaftsrechtlichen Grundsätzen, also nach § 611 BGB, § 128 HGB (bzw. § 128 HGB analog, soweit ausnahmsweise kein Handelsgewerbe betrieben wird und eine GbR vorliegt), haften.

---

80 BGHZ 80, 129 (142 f.); 152, 290. Zur Parteifähigkeit in diesem Fall BGH NJW 2008, 2441; *de Lousanoff* NZG 2008, 490 ff.

81 Ausf. mit Beispielsfall *K. Schmidt* GesR § 34 III 3c aa (S. 1023 f.).

82 Die Situation ist mit der ebenfalls nicht anerkannten »GbR mbH« vergleichbar; s. dazu BGHZ 142, 315 (319) und → Rn. 178.

83 Soweit diese passen, BGH NJW 1998, 1079 (1080); Baumbach/Hueck/*Fastrich* GmbHG § 11 Rn. 31; Scholz/*K. Schmidt* GmbHG § 11 Rn. 65; anders die ältere Rspr. (§§ 730 ff. BGB mit der Folge, dass die Gesellschafter gemeinsam als Liquidatoren fungieren), BGHZ 51, 30 (34); 86, 122 (127).

84 Baumbach/Hueck/*Fastrich* GmbHG § 11 Rn. 51.

747 **c)** Zusammenfassend lassen sich die Unterschiede im *Gründungsstadium* zwischen Vorgründungsgesellschaft, Vorgesellschaft und späterer Gesellschaft am Beispiel der GmbH wie folgt darstellen:

	Vorgründungsgesell-schaft	Vor-GmbH	GmbH
Rechtsnatur	GbR, ggf. OHG	eigenständige Organisationsform, die Vorstufe zur GmbH ist	juristische Person (§ 13 I GmbHG)
Rechtsfähigkeit	(teil-)rechtsfähig	vorläufig (teil-)rechtsfähig	rechtsfähig (§ 13 I GmbHG)
Binnenrecht	§§ 705 ff. BGB bzw. §§ 109 ff. HGB	richtet sich nach Gesellschaftsvertrag und Zweck (= Eintragung); einfache Mehrheit (§ 47 I GmbHG) für Beschlüsse, zB Geschäftsführerbestellung erforderlich (Geschäftsführer haftet nach § 43 GmbHG); Einstimmigkeit für Änderung des GesV oder Beitritt (str.)	Gesellschaftsvertrag; GmbHG
Außenbeziehungen: Vertretung und Haftung der Gesellschaft	§§ 714 f. BGB iVm §§ 128 ff. HGB bzw. §§ 109 ff. HGB	wie GmbH, aber Vertretungsmacht durch Gründungszweck begrenzt (str.)	§ 37 II GmbHG § 13 II GmbHG
Haftung der (Gründungs-)Gesellschafter	§§ 714 f. BGB iVm §§ 128 ff. HGB bzw. §§ 109 ff. HGB	bei Scheitern der Eintragung Verlustdeckungshaftung	Unterbilanzhaftung (Vorbelastungshaftung) analog § 9 I GmbHG; ansonsten § 13 II GmbHG
Handelndenhaftung	–	nach § 11 II GmbHG haftet, wer als oder wie ein Geschäftsführer auftritt	–
Beendigung und Liquidation	GbR endet idR gem. § 726 BGB; Liquidation nach §§ 730 ff. BGB; bei OHG ggf. §§ 131 ff. HGB	endet mit Eintragung; str., ob Liquidation nach §§ 730 ff. BGB oder §§ 66 ff. GmbHG	§ 60 GmbHG; §§ 66 ff. GmbHG
Übergang der Rechte und Pflichten	–	Übergang sämtlicher Aktiva und Passiva auf die GmbH	Übernahme sämtlicher Aktiva und Passiva der Vor-GmbH
Sonstiges	–	keine Vor-GmbH, soweit Aufgabe der Eintragungsabsicht, BGHZ 152, 190	–

4. Vorrats- und Mantelgründung

748 Häufig sind Gesellschafter nicht gewillt, den mehrere Wochen oder Monate dauernden Gründungsvorgang abzuwarten. Daher werden in der Praxis Gesellschaften »auf Vorrat« – also unter Einhaltung der maßgeblichen Vorschriften »zur Verwaltung des eigenen Vermögens« – gegründet und zum entsprechenden Zeitpunkt zu dem angestrebten Zweck umgewidmet.[85] Vergleichbar ist die Situation, dass eine GmbH ihre unternehmerische Tätigkeit nach zeitweiliger Unterbrechung in der gleichen oder einer anderen Branche wieder aufnimmt, also eine »leere Hülle« (ein Mantel) wieder verwendet wird (sog. Mantelgründung).[86] Im Gegensatz zur Vorratsgründung, bei der zwar das Stammkapital aufgebracht aber keine unternehmerische Tätigkeit entfaltet wurde, ist die Missbrauchsgefahr bei der Mantelgründung deutlich höher. Denn dabei werden typischerweise kapitalschwache oder sogar vermögenslose Gesellschaften wieder mit einem Unternehmen ausgestattet.[87]

a) Zunächst hatte die *Rechtsprechung* derartige Gründungen wegen der Gefahr der **749** Umgehung der Kapitalaufbringungs- und -erhaltungsvorschriften gänzlich abgelehnt. Inzwischen werden offene Vorratsgründungen und die Reaktivierung eines alten Mantels *zugelassen,* um dem praktischen Bedürfnis nach größtmöglicher Abkürzung der Gründungsphase Rechnung zu tragen. Dabei müssen die Gründer offenlegen, dass sie einen leeren Geschäftsmantel wiederverwenden[88] bzw. die von ihnen gegründete GmbH zunächst nur ihr eigenes Vermögen verwalten soll und ihr Zweck ansonsten darin besteht, zu einem späteren Zeitpunkt ihrem bislang noch nicht bekannten Zweck zugeführt zu werden.[89] Die Rechtsprechung betrachtet derartige Vorrats- und Mantelgründungen als »*wirtschaftliche Neugründung*« und wendet die Gründungsvorschriften, insbesondere die über die registerrechtliche Kontrolle und die Pflicht zur Abgabe der Versicherung nach § 8 II GmbHG, analog an.[90] Auf diese Weise soll einer Umgehung der Kapitalaufbringungsvorschriften vorgebeugt und dem Grundsatz der realen Kapitalaufbringung und -erhaltung (→ Rn. 792 ff.) Geltung verschafft werden. Im Sinne eines effektiven Gläubigerschutzes sollen ebenso die Grundsätze der Unterbilanzhaftung Anwendung finden.[91] Außerdem soll eine Haftung des Geschäftsführers analog § 11 II GmbHG in Betracht kommen, wenn die Gesellschafter der Aufnahme der Geschäfte vor Offenlegung der wirtschaftlichen Neugründung nicht zugestimmt haben.[92] Der Handelndenhaftung kommt dabei aber nur eine Reservefunktion für den Fall zu, dass nicht schon die Gesellschaft oder die Gesellschafter haften.[93]

Die Versicherung nach § 8 II GmbHG muss sich nicht nur auf das Mindeststammkapital, sondern auf das satzungsmäßig festgelegte Stammkapital beziehen.[94] Von diesem

---

85 BGHZ 153, 158; 117, 323 (AG). Diese sog. Vorratsgründungen werden auch als »Neu-Mäntel« bezeichnet, Ulmer/*Ulmer*/*Löbbe* GmbHG § 3 Rn. 133 ff.; zur dogmatischen Einordnung *K. Schmidt* GesR § 4 III (S. 67).
86 BGHZ 155, 318; BGH NJW 2010, 1459 (1460) mAnm *K. Schmidt* JuS 2010, 545.
87 Näher Ulmer/*Ulmer*/*Löbbe* GmbHG § 3 Rn. 134.
88 BGHZ 155, 318 (323).
89 BGHZ 117, 323; 153, 158 (AG).
90 Grdl. BGHZ 153, 158 (Vorratsgründung); 155, 318 (Mantelgründung). Veräußerung und Erwerb eines Mantels sind nach hM jedenfalls nicht wegen Umgehung des Gründungsrechtes nach §§ 134, 138 BGB nichtig, *K. Schmidt* GesR § 4 III 3 a (S. 71) mwN. Zur Frage, inwieweit sich die registerrechtliche Präventivkontrolle trotz Vorverlegung der Haftungszäsur auf den geschäftlichen Neubeginn noch erreichen lässt *Ulmer* ZIP 2012, 1265 (1271 f.).
91 BGHZ 155, 318; noch offen gelassen von BGHZ 153, 158 (162); zust. *Peetz* GmbHR 2003, 1128 (1129 f.); *Schütz* NZG 2004, 746 (749); abl. *Altmeppen* DB 2003, 2050 (2051); *Heidenhain* NZG 2003, 1051 ff.; *K. Schmidt* NJW 2004, 1345 (1352).
92 BGHZ 155, 318 (319); aA *K. Schmidt* NJW 2004, 1345 (1349 f.); *Ulmer* ZIP 2012, 1265 (1271).
93 BGH NZG 2011, 1066 (1067).
94 BGHZ 155, 318 (325 f.); aA *K. Schmidt* GesR § 4 III 3 d (S. 72 f.) mwN.

muss der nach § 7 II GmbHG geforderte Betrag eingezahlt sein.[95] Maßgeblicher Zeitpunkt für das Eingreifen der Unterbilanzhaftung ist anders als bei der Vor-GmbH nicht der Eintragungszeitpunkt, sondern der Zeitpunkt der Offenlegung der wirtschaftlichen Neugründung gegenüber dem Handelsregister.[96] Fehlt hingegen eine (ordnungsgemäße) Offenlegung, haften die Gesellschafter nicht etwa im Rahmen einer Verlustdeckungshaftung zeitlich und umfänglich unbegrenzt.[97] Es verbleibt vielmehr bei einer Unterbilanzhaftung, wobei diese auf den Umfang einer Unterbilanz begrenzt ist, die in dem Zeitpunkt besteht, zu dem die wirtschaftliche Neugründung erstmals nach außen in Erscheinung tritt.[98] Allerdings trifft dann – anders als bei erfolgter Offenlegung – ausnahmsweise die Gesellschafter die Darlegungs- und Beweislast dafür, dass im maßgeblichen Zeitpunkt das Stammkapital vorhanden war, also keine Unterbilanz bestand.[99] Im Übrigen ist die Verpflichtung des Gesellschafters, eine zum Zeitpunkt einer wirtschaftlichen Neugründung bestehende Unterbilanz auszugleichen, eine auf den Geschäftsanteil rückständige Leistung, für die auch ein Erwerber des Geschäftsanteils haftet.[100]

750 **b)** In der *Literatur* hat die Auffassung des BGH erhebliche *Kritik* erfahren.[101] Diese bezieht sich auf die Gleichbehandlung von Vorrats- und Mantelgründungen, die wegen der unterschiedlichen Motive und unterschiedlichen Schutzwürdigkeit der Gläubiger für unsachgemäß befunden wird.[102] Ebenso seien Zeiträume für die Unternehmenslosigkeit der GmbH nicht definiert und dieses Kriterium daher ebenfalls mit Unsicherheit behaftet. Nachdem die Haftung auf den Zeitpunkt beschränkt wird, in dem die wirtschaftliche Neugründung nach außen in Erscheinung tritt, kann der Rechtsprechung zwar nicht mehr vorgeworfen werden, eine mit § 13 II GmbHG nicht zu vereinbarende unbegrenzte Haftung der Gesellschafter herbeizuführen. Jedoch kann es nun zu einer Schlechterstellung der Gesellschafter kommen, welche die wirtschaftliche Neugründung offengelegt haben.[103]

751 **c)** Abzugrenzen ist die wirtschaftliche Neugründung von der *Sanierung* oder Umstrukturierung einer GmbH. Dabei kommt es darauf an, ob »in irgendeiner wirtschaftlich gewichtbaren Weise« noch ein Unternehmen betrieben wird oder nicht.[104] Denn die Regeln der wirtschaftlichen Neugründung sind nur anwendbar, wenn die Gesellschaft eine »leere Hülse« ist.[105] Die Beantwortung dieser Frage kann sich im Einzelfall schwierig gestalten. Als Indizien können eine Änderung des Unternehmensgegenstands, eine Sitzverlegung, Neufassung der Firma, Bestellung eines neuen Geschäfts-

---

95 BGHZ 155, 318 (325).
96 BGHZ 155, 318 (326f.); *Peetz* GmbHR 2003, 1128 (1130).
97 Für eine solche Haftung aber OLG München NZG 2010, 544; *Lieder* DStR 2012, 137 (140f.).
98 BGHZ 192, 341 = NJW 2012, 1875 (1876ff.). Zu Einzelheiten *Horn* DB 2012, 1255; krit. *Geißler* DZWIR 2017, 151 (159).
99 BGHZ 192, 341 = NJW 2012, 1875 (1880f.). Zur grds. Beweislastverteilung bei der Unterbilanzhaftung BGH NJW 1998, 233.
100 BGHZ 192, 341 = NJW 2012, 1875 (1879f.).
101 Ulmer/*Ulmer/Löbbe* GmbHG § 3 Rn. 148; *Altmeppen* DB 2003, 2050 (2051ff.); *K. Schmidt* NJW 2004, 1345 (1349ff.).
102 Dazu iE *Ulmer* ZIP 2012, 1265 (1269).
103 *Tavakoli* NJW 2012, 1855 (1856) mit Fallbeispielen.
104 BGHZ 155, 318 (324); hingegen auf die wirtschaftliche Identität abstellend *Peetz* GmbHR 2003, 1128 (1129).
105 BGH NJW 2010, 1459 (1460).

führers sowie die Veräußerung der Geschäftsanteile dienen.[106] Keine »leere Hülse« liegt vor, wenn die Gesellschaft nach Gründung und Eintragung damit befasst ist, die Aufnahme ihrer nach außen gerichteten Tätigkeit vorzubereiten,[107] oder wenn die »alte« Gesellschaft noch ihren Geschäftsbetrieb abwickelt.[108] Bei der sog. verdeckten Vorratsgründung,[109] bei der ein fiktiver Unternehmensgegenstand angegeben wird, ist diese Satzungsbestimmung gem. § 117 BGB nichtig. Die Gesellschafter können Nichtigkeitsklage nach § 75 GmbHG erheben, woraufhin die Gesellschaft nach § 397 FamFG von Amts wegen gelöscht wird.

III. Mitgliedschaft

1. Inhalt

Die Mitgliedschaft des Gesellschafters bezeichnet seine gesamten korporativ begründeten Rechte und Pflichten. Verkörpert wird sie durch den Geschäftsanteil an der Gesellschaft. Dessen Nennbetrag wird wiederum im Gesellschaftsvertrag festgelegt (§ 3 I Nr. 4 GmbHG) und stimmt mit der zu leistenden Einlage überein (§ 14 GmbHG). Anders als etwa bei den Personenhandelsgesellschaften werden die Mitglieder nicht selbst ins Handelsregister eingetragen. Vielmehr sorgt die Gesellschafterliste, die bei der Anmeldung beim Registergericht einzureichen und bei Veränderungen entsprechend zu aktualisieren ist, für die nötige Offenkundigkeit der Mitgliedschaft (§§ 8 I Nr. 3, 40 GmbHG). Diese ist für die Ausübung der Gesellschafterrechte maßgeblich. **752**

a) Hinsichtlich der *Gesellschafterrechte* ist wiederum zwischen Vermögensrechten und Verwaltungsrechten, also Mitwirkungsrechten, zu unterscheiden. **753**

aa) Das wichtigste Vermögensrecht ist der Anspruch auf den erzielten *Reingewinn*, der nach dem Verhältnis der Geschäftsanteile zu verteilen ist (§ 29 I GmbHG). Aus betriebswirtschaftlichen Gründen, insbesondere zur Bildung von Rücklagen, wird jedoch regelmäßig im Gesellschaftsvertrag eine hiervon abweichende Vereinbarung getroffen. Neben dem Gewinnanspruch besteht nach § 72 GmbHG ein Anspruch auf einen Anteil am *Liquidationserlös*. Sowohl der Gewinnanspruch als auch der Anspruch auf den Anteil am Liquidationserlös können jeweils für einzelne Geschäftsanteile und damit für einzelne Gesellschafter ausgeschlossen werden. Indes dürfen einem Gesellschafter nicht zugleich beide Ansprüche genommen werden.[110] Nur bei einer gemeinnützigen GmbH können die Gesellschafter auf Zahlungen aus dem Gesellschaftsvermögen verzichten bzw. von diesen befreit werden. Ein solcher Verzicht ist sogar Voraussetzung für die Anerkennung als steuerbegünstigte gemeinnützige GmbH.[111] Von Bedeutung sind daneben das Verfügungsrecht des Gesellschafters über seinen Anteil (§ 15 I GmbHG, → Rn. 756 ff.) sowie der Abfindungsanspruch bei Ausscheiden (→ Rn. 767).

---

106 BGHZ 155, 318 (325).
107 BGH NJW 2010, 1459.
108 KG DStR 2012, 1817.
109 Ausf. Ulmer/*Ulmer*/*Löbbe* GmbHG § 3 Rn. 154; *K. Schmidt* GesR § 4 III 2b aa (S. 69f.).
110 BGHZ 14, 264 (271 ff.).
111 §§ 55 I Nr. 4, 61 AO.

bb) Dem Gesellschafter stehen daneben (Mit-)Verwaltungs- oder Mitwirkungsrechte zu. Da die Angelegenheiten der Gesellschaft von den Gesellschaftern im Wege der Beschlussfassung geregelt werden, sind das Recht zur *Teilnahme* an der Gesellschafterversammlung (§ 48 GmbHG) sowie das *Stimmrecht* (§ 47 GmbHG) die maßgeblichen Mitwirkungsrechte. Soweit nichts anderes bestimmt ist (§ 45 II GmbHG), hängt der Umfang des Stimmrechts von der Höhe des Geschäftsanteils ab (§ 47 II GmbHG). Die im GmbH-Recht vorherrschende Gestaltungsfreiheit ermöglicht freilich auch die Einrichtung stimmrechtsloser Anteile.[112] Im Fall einer Interessenkollision darf der Gesellschafter sein Stimmrecht nicht ausüben (§ 47 IV GmbHG; zu Beschlussfassung und Stimmverbot im Einzelnen → Rn. 781 ff.).

Um seine Interessen informiert wahrnehmen zu können, hat der Gesellschafter nach § 51 a GmbHG einen umfassenden *Auskunftsanspruch* und einen *Anspruch auf Einsicht in die Geschäftsbücher und Schriften*.[113] Dieser kann jederzeit und – anders als bei der AG – nicht nur in der Gesellschafterversammlung ausgeübt werden. Eine Versagung kommt nur in Betracht, wenn Gefahr besteht, dass Interessen der Gesellschaft gefährdet werden (§ 51 a II GmbHG). Auch eine Beschränkung ist nicht möglich (§ 51 a III GmbHG). Durchgesetzt wird dieser Anspruch nach § 51 b GmbHG in einem besonderen gerichtlichen Verfahren.

Weiterhin steht dem Gesellschafter ein *Recht zur Anfechtung von Gesellschafterbeschlüssen* zu (ausführlich → Rn. 787). Minderheitenschutz wird zum einen durch die *Gesellschafterklage (actio pro socio)* gewährleistet. Danach steht jedem Gesellschafter das Recht zu, von seinen Mitgesellschaftern zu verlangen, die ihnen gegenüber der Gesellschaft obliegenden Leistungs- und Verhaltenspflichten einzuhalten (ausführlich bei der GbR, → Rn. 165). Zudem kann eine Minderheit von 10 % der Gesellschafter von dem Geschäftsführer die *Einberufung der Gesellschafterversammlung* verlangen (§ 50 I GmbHG).

cc) Schließlich lassen sich die dem Gesellschafter zustehenden Rechte in die allen Gesellschaftern gleichermaßen zustehenden allgemeinen Mitgliedschaftsrechte und die einzelnen Gesellschaftern zustehenden Sonderrechte unterteilen. Letztere werden durch den Gesellschaftsvertrag eingeräumt und gewähren einem oder einzelnen Gesellschaftern Sonderstellungen. Sie können analog § 35 BGB nur mit Zustimmung des betroffenen Gesellschafters entzogen werden. Ohne diese Zustimmung ist der entsprechende Gesellschafterbeschluss schwebend unwirksam.[114]

> **Beispiele:** Eine Verstärkung des Stimmrechts, ein Vetorecht für bestimmte Entscheidungen, das Recht zur Bestimmung eines Geschäftsführers oder das Geschäftsführeramt selbst.[115]

754 **b)** Neben Rechten begründet die Mitgliedschaft auch einige wichtige *Gesellschafterpflichten.*

---

112 BGHZ 14, 264 (273).
113 Ausf. und krit. zum Informationsanspruch Baumbach/Hueck/*Zöllner/Noack* GmbHG § 51 a Rn. 4 ff. mwN; MüKoGmbHG/*Hillmann* § 51 a Rn. 4 ff. mwN; *K. Schmidt* GesR § 35 I 4 (S. 1039 ff.).
114 BGHZ 15, 177 (181).
115 *K. Schmidt* GesR § 35 I 3 b (S. 1038). Weitere Beispiele bei Michalski/*Ebbing* GmbHG § 14 Rn. 79 und MüKoGmbHG/*Reichert/Weller* § 14 Rn. 98 f.

aa) Da nach § 13 II GmbHG den Gläubigern nur das Gesellschaftsvermögen haftet, besteht die Hauptpflicht der Gesellschafter darin, ihre *Stammeinlage* zu erbringen und diese der Gesellschaft zu belassen (Grundsatz der Kapitalaufbringung und Kapitalerhaltung, → Rn. 792 ff.).

bb) Allerdings kann der Vertrag eine *Nachschusspflicht* vorsehen (§ 26 GmbHG) und den Gesellschaftern im Beschlusswege die Einforderung von Nachschüssen gestatten. Die Nachschusspflicht kann beschränkt (§§ 26 III, 28 GmbHG) oder unbeschränkt (§ 27 GmbHG) ausgestaltet sein. Ihre nachträgliche Einführung bedarf nach § 53 III GmbHG der Zustimmung aller Gesellschafter. Damit die Gesellschafter keine für sie unüberschaubaren Risiken eingehen, räumt § 27 GmbHG ihnen im Fall der unbeschränkten Nachschusspflicht ein Recht zur Befreiung in der Form ein, dass sie der Gesellschaft ihren Geschäftsanteil zur Befriedigung zur Verfügung stellen (sog. Recht zum Abandon).[116] Der Geschäftsanteil wird dann seitens der Gesellschaft in einem besonderen Verfahren (§ 27 II, III GmbHG) veräußert.

cc) Weiterhin kann nach dem Gesellschaftsvertrag eine Pflicht zur Erbringung von *Nebenleistungen* bestehen (§ 3 II GmbHG). Anders als bei § 55 I AktG, der nur wiederkehrende, nicht in Geld bestehende Leistungen zulässt, ist deren Art nicht festgelegt, weshalb ein weiter Gestaltungsspielraum eröffnet wird. Nebenleistungen können etwa in einer Nachschusspflicht (§§ 26, 27 GmbHG), besonderen Handlungspflichten wie der Übernahme einer Geschäftsführertätigkeit oder auch Unterlassungspflichten wie Wettbewerbsverboten bestehen. Ebenso ist die Pflicht zur Gebrauchsüberlassung von Sachen, beispielsweise Maschinen oder einem Grundstück, oder die Verpflichtung zur Darlehensgewährung oder zur Bestellung von Sicherheiten möglich.

dd) Ähnlich wie bei den Personengesellschaften haben auch die GmbH-Gesellschafter untereinander sowie gegenüber der Gesellschaft zum Schutz vor unzulässiger Rechtsausübung gewisse *Treuepflichten* zu beachten (bei der GbR → Rn. 131 f.).[117] Hieraus können Zustimmungspflichten folgen, etwa zu einer Änderung des Gesellschaftsvertrags,[118] zu Maßnahmen der Geschäftsführung[119] oder zur Abberufung eines Geschäftsführers,[120] wobei aber eine restriktive Handhabung geboten ist.[121]

Ebenso wie im Personengesellschaftsrecht gilt auch bei der GmbH das *Gleichbehandlungsgebot*. Es ist – anders als im Aktienrecht (§ 53a AktG) – nicht ausdrücklich normiert und wird teilweise als spezielle Ausformung der Treuepflicht angesehen,[122] teils aus dem Minderheitenschutz[123] hergeleitet. Das Gleichbehandlungsgebot verbietet eine willkürliche und sachlich nicht gerechtfertigte Ungleichbehandlung.[124] Damit geht allerdings kein Verbot einher, den Gesellschaftern im Gesellschaftsvertrag unterschiedliche Rechte zu gewähren. Vielmehr ist die Möglichkeit einer Ungleichbehand-

---

116 Vgl. zu diesem »Preisgaberecht des Gesellschafters« Henssler/Strohn/*Verse* GmbHG § 27 Rn. 1; MüKoGmbHG/*Schütz* § 27 Rn. 1; Roth/Altmeppen/*Altmeppen* GmbHG § 27 Rn. 2.
117 BGHZ 65, 15 (18); 98, 276.
118 BGHZ 98, 276 (279 ff.).
119 BGH NJW 2016, 2739.
120 BGH NJW 1991, 846.
121 BGHZ 44, 40; 64, 253 (257) (»besonders gelagerte Ausnahmefälle«); OLG München ZIP 2016, 1832 ff. Dazu auch *Hippeli* GmbHR 2016, 1257 mit weiteren Beispielen aus der Rechtsprechung.
122 Scholz/*Seibt* GmbHG § 14 Rn. 41.
123 *Raiser/Veil* KapGesR § 28 Rn. 56; § 11 Rn. 69; *K. Schmidt* GesR § 16 II 4 (S. 416).
124 BGHZ 116, 359 (360).

lung vom Vorliegen eines sachlichen Grundes abhängig. Im Übrigen würde ein solches Verbot auch dem weitgehend dispositiven Charakter des GmbH-Rechts, wie er etwa in § 45 II GmbHG zum Ausdruck kommt, widersprechen.

ee) Zur Vermeidung von Missbräuchen erstreckt § 15 a III InsO die früher nur die Geschäftsführer treffende Insolvenzantragspflicht auf Gesellschafter der GmbH, sofern diese führungslos ist. Nach der Legaldefinition des § 10 II InsO ist dies der Fall, wenn die Gesellschaft keinen organschaftlichen Vertreter hat. Nach § 15 a III aE InsO entfällt die Antragspflicht, wenn der Gesellschafter entweder von dem Insolvenzgrund oder von der Führungslosigkeit keine Kenntnis hat. Hierfür trägt jedoch der Gesellschafter die Beweislast, weil nach der Formulierung »es sei denn« die Kenntnis vermutet wird. Dass der Geschäftsführer nicht handeln möchte oder nicht zu erreichen ist, dürfte für die Annahme der Führungslosigkeit mit Blick auf den Wortlaut der entsprechenden Vorschriften[125] nicht ausreichen. Soweit man in diesen Fällen eine konkludente Amtsniederlegung annimmt,[126] trägt dies zwar Sinn und Zweck der Antragspflicht Rechnung, schafft jedoch gleichwohl Rechtsunsicherheit.

755 **c)** Eng mit den Pflichten ist die *zivilrechtliche Gesellschafterhaftung* verknüpft.

aa) Bereits im Stadium zwischen Abschluss des Gesellschaftsvertrags und Eintragung haften die Gesellschafter für Verbindlichkeiten der Vorgesellschaft. Gelangt die Gesellschaft zur Eintragung, haften die Gesellschafter auf Ausgleich der im Eintragungszeitpunkt bestehenden Unterbilanz (sog. *Unterbilanzhaftung*). Wird die Gesellschaft nicht eingetragen, haften die Gesellschafter für sämtliche Verluste der Vorgesellschaft, auch wenn diese das vorgesehene Stammkapital überschreiten (sog. *Verlustdeckungshaftung*). Es handelt sich dabei jeweils um eine Haftung gegenüber der Gesellschaft, also eine Innenhaftung (ausführlich zum Ganzen → Rn. 746).

Im Zusammenhang mit der Gründung der Gesellschaft kann sich eine Haftung zudem aus §§ 9, 9a GmbHG ergeben. Ein Gesellschafter, dessen Sacheinlage nicht den Nennbetrag des dafür übernommenen Geschäftsanteils erreicht, haftet nämlich nach § 9 I 1 GmbHG der Gesellschaft auf die Differenz (→ Rn. 794). § 9a I, II GmbHG normieren Schadensersatzansprüche der Gesellschaft im Fall falscher Gründungsangaben oder einer Schädigung durch Einlagen. Für alle Haftungstatbestände im Zusammenhang mit der Erbringung der Stammeinlage, also auch die Differenzhaftung nach § 9 GmbHG oder die Unterbilanzhaftung, haften nach § 24 GmbHG jeweils die übrigen Gesellschafter in Form einer anteiligen Ausfallhaftung.[127]

Ein ausgeschlossener Gesellschafter (Kaduzierung, → Rn. 764, 793) haftet nach § 21 III GmbHG auch weiterhin für etwaige Zahlungsausfälle bis zur Höhe seiner ehemaligen Einlage. Überlassen die Gesellschafter vorsätzlich oder grob fahrlässig einer gem. § 6 II GmbHG von der Geschäftsführung ausgeschlossenen Person die Führung der Geschäfte, haften sie gem. § 6 V GmbHG für daraus entstehende Schäden.

bb) § 15 a IV, V InsO normieren eine *strafrechtliche Verantwortlichkeit* der Gesellschafter. Weil § 15 a III InsO iVm § 35 I 2 GmbHG die Gesellschafter bei Führungslosigkeit der Gesellschaft zur Stellung des Insolvenzantrags verpflichtet, ist die Verlet-

---

125 § 10 II InsO, § 35 I 2 GmbHG.
126 So *Gehrlein* BB 2008, 846 (848).
127 Näher Baumbach/Hueck/*Fastrich* GmbHG § 24 Rn. 2; Ulmer/*Müller* GmbHG § 24 Rn. 16 ff.

zung dieser Pflicht konsequenterweise ebenso wie eine entsprechende Pflichtverletzung der Geschäftsführer (→ Rn. 778) unter Strafe gestellt.

cc) Eine Außenhaftung der Gesellschafter mit Gläubigerschutzbezug kommt beispielsweise bei sittenwidriger Schädigung oder schuldhaften Verstoßes gegen Schutzgesetze nach allgemeinen Grundsätzen und vor allem gem. §§ 823 ff. BGB in Betracht.[128] Der Ausgleich im Innenverhältnis, also zwischen GmbH und Gesellschaftern, findet dann nach deren Vereinbarungen statt. Nach den Grundsätzen der *Handelndenhaftung* (→ Rn. 745) trifft eine Außenhaftung bis zur Eintragung überdies denjenigen Gesellschafter, der als oder wie ein Geschäftsführer auftritt (§ 11 II GmbHG). Zudem kann die Verletzung des gläubigerschützenden § 15a InsO iVm § 823 II BGB Schadensersatzansprüche der Gläubiger auslösen (sog. *Insolvenzverschleppungshaftung*).

Eine persönliche Haftung der Gesellschafter den Gläubigern gegenüber für Verbindlichkeiten der Gesellschaft ist nach dem Trennungsprinzip (§ 13 II GmbHG) nicht vorgesehen. Eine solche *Durchgriffshaftung* kommt aber nach dem Rechtsgedanken der §§ 242, 826 BGB in Betracht, wenn sich die Berufung auf die Verschiedenheit der Rechtssubjekte (Gesellschaft und Gesellschafter) als rechtsmissbräuchlich darstellt (im Einzelnen → Rn. 805).

dd) Zudem kann eine Haftung der Gesellschafter in Betracht kommen, wenn diese zugleich Geschäftsführer sind und als solche ihre Pflichten verletzen. Die Haftung der Gesellschafter-Geschäftsführer entspringt indes ihrer Stellung als Organ der Gesellschaft und wird daher unter → Rn. 777 f. näher behandelt.

2. Erwerb und Übertragung

Die Mitgliedschaft in der GmbH wird entweder durch Beteiligung an der Gründung   **756** oder durch spätere Erlangung eines Geschäftsanteils erworben. Der spätere Erwerb eines Geschäftsanteils kann durch rechtsgeschäftliche Veräußerung seitens eines Gesellschafters, durch Erbfolge oder auch durch Übernahme eines Geschäftsanteils bei einer Kapitalerhöhung erfolgen. § 15 I GmbHG bestimmt ausdrücklich, dass die Geschäftsanteile grundsätzlich veräußerlich und vererblich sind. Im Übrigen sind Geschäftsanteile unter Beachtung des Mindestnennbetrags von 1 EUR (§ 5 II 1 GmbHG) ohne Beschränkung teilbar, wobei hierüber ebenso wie über eine Zusammenlegung die Gesellschafterversammlung entscheidet (§ 46 Nr. 4 GmbHG).

a) Die rechtsgeschäftliche Übertragung der Anteile bedarf nach § 15 III, IV GmbHG   **757** der *notariellen Form* (§ 128 BGB) sowohl des Verpflichtungs- als auch des Verfügungsgeschäfts.[129] Letzteres besteht in der Abtretung der Anteile (§§ 413, 398 BGB) und vermag eine formunwirksame Verpflichtungsvereinbarung zu heilen (§ 15 IV 2 GmbHG). Mit der Formbedürftigkeit soll die Verkehrsfähigkeit von GmbH-Anteilen mit Blick auf die personalistische Struktur eingeschränkt und spekulativer Handel ausgeschlossen werden. Eine Warnfunktion wie etwa bei § 311b I BGB soll nicht erfüllt werden.[130] Daher sind mittelbare Übertragungsverpflichtungen, beispielsweise bei Treuhand- und

---

128 HK-GmbHG/*Saenger* § 13 Rn. 90 ff.

129 Zur Formbedürftigkeit eines Treuhandvertrags bei rechtlicher Einheit zwischen Treuhandvertrag und Verpflichtungsgeschäft zur Übertragung eines GmbH-Geschäftsanteils BGH NJW 2016, 3525.

130 RGZ 135, 70 (71); BGHZ 13, 49 (51 f.).

Auftragsverhältnissen, nicht formbedürftig.[131] Gleiches gilt für die Übertragung der Anteile einer GbR, deren ganzes Vermögen aus einem GmbH-Geschäftsanteil besteht, wenn keine Umgehungsabsicht vorliegt.[132] Ebenso wie bei der Veräußerung eines Grundstücks erfolgen Übertragungsvereinbarung und Abtretung in der Praxis häufig in einer Urkunde. Über die Geschäftsanteile können Anteilsscheine ausgestellt werden. Im Gegensatz zu den Aktien einer AG (→ vor Rn. 547) stellen diese allerdings keine Inhaberpapiere, sondern lediglich Beweisurkunden dar[133] und haben deshalb bei der Übertragung keine Funktion.

Bei einer Anteilsübertragung im Ausland[134] stellt sich vor allem die Frage, ob eine dort vorgenommene Beurkundung den Anforderungen des deutschen Rechts (§ 128 BGB, BeurkG) entspricht und daher als gleichwertig anerkannt werden kann. Dass die Gleichwertigkeit nicht von vornherein abgelehnt werden kann, hat der BGH klargestellt.[135] Danach kommt es darauf an, ob »[...] die ausländische Urkundsperson nach Vorbildung und Stellung im Rechtsleben eine der Tätigkeit des deutschen Notars entsprechende Funktion ausübt und für die Errichtung der Urkunde ein Verfahrensrecht zu beachten hat, das den tragenden Grundsätzen des deutschen Beurkundungsrechts entspricht« (dazu auch → Rn. 1075).[136]

Dem Schutz der Gesellschaft bei der Übertragung von Anteilen und der Transparenz der Anteilseignerstrukturen dient die Regelung des § 16 I 1 GmbHG, die sich an § 67 II AktG anlehnt. Danach gilt der Gesellschaft gegenüber derjenige als Gesellschafter, der in der in das Handelsregister aufgenommenen Gesellschafterliste (§ 40 GmbHG) eingetragen ist.[137] So wird verhindert, dass die Gesellschaft einen ihr unbekannten Gesellschafter nicht zur Gesellschafterversammlung einlädt und Beschlüsse aus diesem Grunde rechtswidrig und somit anfechtbar sind. Wie der Wortlaut »gilt« verdeutlicht, ist die Eintragung indes keine Wirksamkeitsvoraussetzung der Übertragung. Allerdings entsteht erst durch Aufnahme der entsprechend geänderten Liste in das Handelsregister die mitgliedschaftliche Rechtsbeziehung zwischen GmbH und Gesellschafter.

Der einzelne Gesellschafter hat gegen die Gesellschaft einen einklagbaren Anspruch auf Einreichung einer aktuellen Liste zum Handelsregister. Dies ist für § 67 II AktG, das aktienrechtliche Vorbild von § 16 I GmbHG, anerkannt.[138] Des Weiteren besteht zwischen eintretendem Gesellschafter und der Gesellschaft ein gesetzliches Schuldverhältnis, weshalb sich nach allgemeinem Leistungsstörungsrecht (§§ 280ff. BGB) bei Verletzung der Einreichungspflicht entsprechende Schadensersatzansprüche ergeben können. § 40 III GmbHG (ausführlich → Rn. 777) hat diesbezüglich lediglich klarstellende Funktion.[139]

Nach § 16 I 2 GmbHG sind die vom Erwerber in Bezug auf das Gesellschaftsverhältnis vorgenommenen Handlungen zunächst schwebend unwirksam, werden aber mit ex tunc-Wirkung als wirksam fingiert, wenn die Gesellschafterliste unverzüglich

---

131 BGHZ 19, 69 (70 f.).
132 BGH NJW-RR 2008, 773.
133 RGZ 53, 107 (109).
134 Dazu ausf. *Herrler* GmbHR 2014, 225 ff. sowie *Odendahl* RIW 2014, 189 ff.
135 BGH NJW 2014, 2026; früher bereits BGHZ 80, 76.
136 BGH NJW 2014, 2026 (2027).
137 Auf die Legitimationswirkung können sich selbst solche Personen berufen, die zwar der Satzung nach als ausgeschieden gelten, aber in einer Gesellschafterliste noch als Gesellschafter eingetragen sind, OLG Düsseldorf NZG 2017, 264.
138 Begr. RegE BT-Drs. 16/6140, 38.
139 Begr. RegE BT-Drs. 16/6140, 38.

(§ 121 I 1 BGB) nach Vornahme der Rechtshandlung in das Gesellschaftsregister aufgenommen wird. Für rückständige Einlageleistungen haften Erwerber und Veräußerer nach § 16 II GmbHG gemeinsam. Der Gesellschaft steht frei, wen sie in Anspruch nehmen möchte.[140] Auch die Anfechtung des Erwerbs beseitigt diese Haftung nicht.[141]

b) Der Erwerb und die Veräußerung eines Anteils durch einen beschränkt Geschäfts-   **758**
fähigen oder Betreuten können nach § 1822 Nr. 3 BGB (gegebenenfalls in Verbindung mit §§ 1643 I, 1908i BGB) der *Genehmigung des Familien- oder Vormundschaftsgerichts* bedürfen. Dies ist der Fall, wenn ein Erwerbsgeschäft entgeltlich erworben oder veräußert werden soll (Alt. 1) oder der Abschluss eines Gesellschaftsvertrags zum Betrieb eines Erwerbsgeschäfts infrage steht (Alt. 2). Letzterem sind der Erwerb und die Veräußerung einer maßgeblichen Beteiligung gleichzustellen.[142] Der Schutzzweck ist immer betroffen, wenn der neue Gesellschafter das Unternehmerrisiko trägt, nicht hingegen bei einer bloßen Kapitalbeteiligung.[143] Eine Genehmigungspflicht kann zudem nach § 1822 Nr. 10 BGB (gegebenenfalls in Verbindung mit §§ 1643 I, 1908i BGB) bestehen, wenn der beschränkt Geschäftsfähige gem. § 16 I GmbHG für rückständige Leistungen des Veräußerers haftet oder ihn eine Ausfallhaftung für rückständige Leistungen anderer Gesellschafter gem. §§ 24, 31 III GmbHG trifft. Dabei muss eine solche Haftung im Zeitpunkt des Erwerbs »sicher drohen« und nicht nur theoretisch möglich sein.[144]

c) Obwohl der Gesellschafter grundsätzlich über seinen Geschäftsanteil frei verfügen   **759**
darf (§ 15 I GmbHG), kann die Abtretung nach § 15 V GmbHG unter Durchbrechung von § 137 BGB im Gesellschaftsvertrag an weitere Voraussetzungen geknüpft und insbesondere von der Genehmigung der Gesellschaft abhängig gemacht werden *(Vinkulierung)*. Dabei meint § 15 V GmbHG mit »Genehmigung« die Zustimmung iSd §§ 182ff. BGB.[145] Ebenso kann die Abtretung an die Zustimmung der anderen Gesellschafter geknüpft werden, wobei gegebenenfalls durch Auslegung des Gesellschaftsvertrags zu ermitteln ist, ob ein Mehrheitsbeschluss oder die Zustimmung jedes einzelnen Gesellschafters gefordert ist.[146] Auch kann die Veräußerung durch den Gesellschaftsvertrag vollständig untersagt werden. Da es sich hierbei um einen tiefgreifenden Eingriff in das mitgliedschaftliche Veräußerungsrecht des Gesellschafters handelt, muss ihm jedoch ein Recht zum Austritt aus wichtigem Grund eingeräumt werden, wenn die dauerhafte Bindung an die Gesellschaft unzumutbar ist.[147] Vereinbart werden kann ebenfalls ein Übernahmerecht zugunsten der Gesellschaft oder anderer Gesellschafter bei Ausscheiden eines Gesellschafters. Vinkulierungsklauseln ermöglichen den Gesellschaftern, auf die Gesellschafterstruktur Einfluss zu nehmen, was insbesondere bei Familienunternehmen und anderen Unternehmen mit engen persönlichen Bindungen bedeutsam ist. Soll eine Vinkulierungsklausel nachträglich eingefügt

---

140 BGHZ 68, 191 (197).
141 BGHZ 84, 47.
142 BGH DNotZ 2004, 152 (153) spricht von Mehrheitsbeteiligung, nach Michalski/*Ebbing* GmbHG
     § 15 Rn. 168 müssen (nahezu) sämtliche Anteile entgeltlich erworben oder veräußert werden.
143 BGH DNotZ 2004, 152 (153); JZ 1957, 382; KG NJW 1976, 1946.
144 BGHZ 107, 23 (25ff.).
145 BGHZ 13, 179 (184f.).
146 Dazu RGZ 159, 272 (278).
147 Ulmer/*Löbbe* GmbHG § 15 Rn. 4.

oder eine Ausnahmeregelung geändert werden, bedarf es der Zustimmung aller Gesellschafter.[148]

760 **d)** Ein *gutgläubiger Erwerb* war im bürgerlichen Recht nach §§ 932ff. BGB bzw. § 892 BGB ursprünglich nur in Bezug auf Sachen, aber (abgesehen vom Sonderfall der Abtretung unter Urkundenvorlegung nach § 405 BGB) nicht für Forderungen oder sonstige Rechte vorgesehen. Sinn und Zweck des durch die Möglichkeit eines gutgläubigen Erwerbs bewirkten Vertrauensschutzes ist es, die Verkehrsfähigkeit der entsprechenden Erwerbsgegenstände sicherzustellen.[149] Anknüpfungspunkt für einen gutgläubigen Erwerb ist stets das Vertrauen auf die Wirkung des entsprechenden Publizitätsträgers. Bei beweglichen Sachen ist dies, wie sich aus § 1006 BGB ergibt, der Besitz (§§ 854ff. BGB). Bei unbeweglichen Sachen wird an die Eintragung im Grundbuch angeknüpft (§§ 891, 892 BGB). Indes ist es oft aufwändig und teilweise unmöglich, die Wirksamkeit einer Kette von Abtretungen bis zur Gründungsurkunde zurückzuverfolgen. Deshalb wurde lange gefordert, einen gutgläubigen Erwerb von GmbH-Anteilen zu ermöglichen. § 16 III GmbHG eröffnet seit Inkrafttreten des MoMiG diese Möglichkeit.[150] Bezugspunkt des Rechtsscheins ist dabei die Gesellschafterliste, deren Richtigkeit § 40 GmbHG durch die schadensersatzbewährte Pflicht der Geschäftsführer und eines gegebenenfalls mitwirkenden Notars zur Einreichung einer jeweils aktualisierten Liste beim Handelsregister sicherstellt. Der Rechtsschein bezieht sich aber nur auf die Gesellschafterstellung[151] und nicht auf die Existenz des Geschäftsanteils, dessen Lastenfreiheit oder die (unbeschränkte) Verfügungsbefugnis des Inhabers. Deshalb ist die Gesellschafterliste auch nicht geeignet, einen Rechtsschein dafür zu erzeugen, dass seitens des eingetragenen Inhabers nicht bereits aufschiebend bedingt über den Geschäftsanteil verfügt wurde. Dies schließt die Möglichkeit eines gutgläubigen Zweiterwerbs eines aufschiebend bedingt abgetretenen Geschäftsanteils vor Bedingungseintritt nach § 161 III BGB iVm § 16 III GmbHG aus.[152] Auch eine gefälschte Gesellschafterliste[153] kann aus Gründen des Verkehrsschutzes bei Einhaltung der äußeren Formalia wirksamer Rechtsscheinträger sein.[154] Die Gegenansicht verweist darauf, dass ein gutgläubiger Erwerb nur in Betracht komme, wenn die Unrichtigkeit der Liste von einer zur Einreichung berechtigten Person zurechenbar veranlasst worden sei.[155]

Voraussetzung für den gutgläubigen Erwerb eines GmbH-Anteils ist nach § 16 III 2 GmbHG, dass die Gesellschafterliste drei Jahre lang unrichtig ist. Diese Frist dient als Ausgleich dafür, dass die Gesellschafterliste, anders als etwa ein Grundbucheintrag,

---

148 OLG Dresden GmbHR 2004, 1080; Baumbach/Hueck/*Fastrich* GmbHG § 15 Rn. 40; Lutter/Hommelhoff/*Bayer* GmbHG § 15 Rn. 73.

149 *Ziemons* BB-Special 7/2006 (zu Heft 37), 9 (11).

150 S. auch Begr. RegE BT-Drs. 16/6140, 38f. Zur Kritik an der Vorschrift, insbes. wegen der fehlenden Möglichkeit eines gutgläubigen lastenfreien Erwerbs *Eidenmüller* ZGR 2007, 168 (201 f.).

151 BGHZ 191, 84 = NZG 2011, 1268 (1270).

152 BGHZ 191, 84 = NZG 2011, 1268, (1269f.); HK-GmbHG/*Pfisterer* § 16 Rn. 34; aA Gehrlein/Ekkenga/Simon/*Winter* GmbHG § 16 Rn. 38; Scholz/*Seibt* GmbHG § 16 Rn. 80ff., die darauf abstellen, dass es einen Wertungswiderspruch darstellen würde, wenn ein gutgläubiger Erwerb vom gänzlich Nichtberechtigten möglich wäre, vom (noch) Berechtigten hingegen nicht.

153 Dazu *Lieder* JURA 2010, 801 (804).

154 Henssler/Strohn/*Verse* GmbHG § 16 Rn. 52; Michalski/*Ebbing* GmbHG § 16 Rn. 198; MüKoGmbHG/*Heidinger* § 16 Rn. 255; HK-GmbHG/*Pfisterer* § 16 Rn. 32.

155 Sog. Veranlasserprinzip, vgl. dazu Roth/Altmeppen/*Altmeppen* GmbHG § 16 Rn. 20, 75.

nicht auf ihre materielle Richtigkeit hin überprüft wird. Dies gibt dem wahren Berechtigten ausreichend Zeit, Einsicht zu nehmen und einen Gutglaubenserwerb durch einen Widerspruch oder das Hinwirken auf die Berichtigung der Liste zu verhindern.[156] Aber auch schon vor Ablauf der Dreijahresfrist ist der Gutglaubenserwerb möglich, wenn die Unrichtigkeit des Listeneintrags dem wahren Berechtigten zuzurechnen ist.[157] Dies ist etwa der Fall, wenn zunächst ein Scheinerbe des früheren Gesellschafters in die Liste eingetragen wird und sich der wahre Erbe nicht um die Einreichung einer korrigierten Liste bemüht.[158] Kenntnis und grob fahrlässige Unkenntnis der Unrichtigkeit der Liste schließen einen gutgläubigen Erwerb ebenso aus wie ein Widerspruch (§ 16 III 3 GmbHG).

e) Die Gesellschafterstellung ist *vererblich*. Anders als im Personengesellschaftsrecht gibt es aber keine Sondererbfolge mittels »qualifizierter Nachfolgeklausel«. Stattdessen geht der Anteil als solcher und ungeteilt im Wege der Gesamtrechtsnachfolge nach § 1922 BGB auf den Erben oder die Erbengemeinschaft über. Wegen der personalistischen Struktur und des damit zusammenhängenden Vertrauensverhältnisses der Gesellschafter untereinander kann aus deren Sicht ein Bedürfnis bestehen, sich vor dem »Eindringen« unbekannter oder jedenfalls nicht ausgesuchter Gesellschafter zu schützen. Die Beteiligung einer Erbengemeinschaft erschwert die Beschlussfassung und die Verfolgung gemeinsamer Interessen zusätzlich. Eine solche ist nämlich häufig von unterschiedlichen Interessen geprägt, obgleich es zur gemeinschaftlichen Rechtsausübung der Erbengemeinschaft nach § 18 GmbHG des Konsenses bedarf. Dem können die Gesellschafter durch Gestaltung des Gesellschaftsvertrags entgegenwirken. Einen Ausschluss der Vererblichkeit oder Vererbung sieht § 15 GmbHG allerdings nicht vor. Ein solcher wäre wie eine automatische Einziehung unzulässig, weil der Gesellschaftsanteil nach der Konzeption des GmbHG nicht ohne weiteres »verfallen« oder erlöschen kann.[159] Der Gesellschaftsvertrag kann jedoch eine Übertragungspflicht des Erben oder der Erbengemeinschaft[160] sowie – unter Wahrung der Voraussetzungen des § 34 GmbHG – die Einziehung der Geschäftsanteile nach der Vererbung vorsehen.[161] Denkbar ist auch eine aufschiebend bedingte Abtretung zu Lebzeiten des Erblassers oder entsprechende testamentarische Vorsorge im Wege eines Vermächtnisses oder einer Teilungsanordnung. **761**

3. Beendigung

Naturgemäß endet die Mitgliedschaft in der GmbH mit deren Auflösung oder Liquidation (→ Rn. 813 ff.), bei Veräußerung des Geschäftsanteils oder mit dem Tod des Gesellschafters. Daneben sieht das GmbHG noch weitere Möglichkeiten der Beendigung der Mitgliedschaft vor, die teilweise durch den Gesellschaftsvertrag modifiziert und näher ausgestaltet werden können. **762**

a) Der Anteil eines Gesellschafters kann nach § 34 I GmbHG aufgrund eines entsprechenden Gesellschafterbeschlusses (§ 46 Nr. 4 3. Var. GmbHG) *eingezogen* werden **763**

---

156 Begr. RegE BT-Drs. 16/6140, 39.
157 HK-GmbHG/*Pfisterer* § 16 Rn. 41 f.
158 Begr. RegE BT-Drs. 16/6140, 39.
159 Baumbach/Hueck/*Fastrich* GmbHG § 15 Rn. 12; Scholz/*Seibt* GmbHG § 15 Rn. 27; Ulmer/*Löbbe* GmbHG § 15 Rn. 11 f.; Lutter/Hommelhoff/*Bayer* GmbHG § 15 Rn. 1.
160 Zur Übertragungspflicht der Erbengemeinschaft auf einen Miterben BGHZ 92, 386 (390 f.),
161 Scholz/*Seibt* GmbHG § 15 Rn. 29.

(Amortisation), wenn dies im Gesellschaftsvertrag vorgesehen ist. Ohne Zustimmung des Berechtigten ist die Einziehung also nur zulässig, wenn ihre Voraussetzungen bereits bei Erwerb des Geschäftsanteils im Gesellschaftsvertrag festgelegt waren (§ 34 II GmbHG). Dadurch soll der Gesellschafter davor geschützt werden, nachträglich unter ihm nicht bekannten Voraussetzungen aus der Gesellschaft ausgeschlossen zu werden. Die nachträgliche Einführung einer Zwangseinziehung oder die Erweiterung ihrer Voraussetzungen bedürfen deshalb der Zustimmung aller Gesellschafter.[162]

Regelmäßig wird etwa bestimmt, dass eine Zwangseinziehung beim Erwerb von Todes wegen, im Insolvenzfall oder bei schweren Pflichtverletzungen möglich ist. Hingegen ist eine in das Belieben der Gesellschafter gestellte Einziehung (Hinauskündigungsklausel) wegen des damit verbundenen andauernden Drucks auf den betroffenen Gesellschafter grundsätzlich sittenwidrig.[163] Die Zwangseinziehung schützt die Gesellschaft bei Zahlungsunfähigkeit eines Gesellschafters vor der Pfändung des Geschäftsanteils und den daraus resultierenden Folgen, wie etwa der möglichen Auflösung der Gesellschaft.

Die Einziehung bewirkt, dass der Gesellschaftsanteil einschließlich etwaiger Sicherungsrechte untergeht[164] und der Gesellschafter aus der Gesellschaft ausscheidet. Die mit dem Geschäftsanteil verknüpften Mitgliedschaftsrechte, insbesondere der Gewinnanspruch, wachsen den verbleibenden Gesellschaftern im Verhältnis ihrer Anteile an. Dementsprechend muss nach §§ 5 III 2, 14 GmbHG eine Anpassung entweder des Stammkapitals oder der verbliebenen Geschäftsanteile erfolgen. Als Ausgleich für den Verlust des Geschäftsanteils wird dem Gesellschafter ein Abfindungsanspruch (→ Rn. 767) gewährt. Soweit im Gesellschaftsvertrag nicht anders vorgesehen, wird die Einziehung bereits mit der Mitteilung des Beschlusses an den Gesellschafter wirksam und nicht erst im Zeitpunkt der Leistung der Abfindung.[165]

764 b) Die Möglichkeit der *Kaduzierung* eines Anteils nach § 21 GmbHG dient der Durchsetzung des Prinzips der Kapitalaufbringung. Dabei kann der Gesellschafter seines Anteils bei Vorliegen bestimmter Voraussetzungen verlustig erklärt werden, insbesondere wenn er seine Einlage trotz Aufforderung,[166] Nachfristsetzung und Androhung der Kaduzierung nicht erbringt (§ 21 I GmbHG). Wegen ihres Schutzzwecks handelt es sich um eine zwingende Regelung, die allerdings im Gesellschaftsvertrag an geringere Voraussetzungen geknüpft werden kann. Auch bei der verzögerten Einzahlung von Nachschüssen im Fall der beschränkten Nachschusspflicht findet das Kaduzierungsverfahren nach § 28 I 1 GmbHG entsprechende Anwendung. Die Mitgesellschafter können im Wege der Ausfallhaftung nach § 24 GmbHG für einen verbleibenden Fehlbetrag erst dann in Anspruch genommen werden, wenn das Kaduzierungsverfahren vollständig durchlaufen ist.[167] Ebenfalls der Sicherung der Kapitalaufbringung dient die Möglichkeit des *Abandon* nach § 27 GmbHG. Dabei kann sich

162 Mit unterschiedlicher Begr. BGH NJW 1977, 2316; BGHZ 116, 359 (363). Näher MüKoGmbHG/ *Strohn* § 34 Rn. 14 f.
163 *Lutter* DStR 1996, 1174 (1175).
164 OLG Dresden ZIP 2016, 720; aA *Stehmann* GmbHR 2013, 574 ff.
165 BGHZ 192, 236 (Rn. 8 ff.), dazu *Schmidt* GmbHR 2013, 953 ff.
166 Ein Einwurf-Einschreiben der Deutschen Post AG wahrt die Voraussetzung der Erklärung mittels eingeschriebenen Briefs nach § 21 I 2 GmbHG, BGH NJW 2017, 68.
167 BGH DStR 2003, 650 (652) mAnm *Goette*.

der Gesellschafter von der Leistung einer im Vertrag vereinbarten Nachschusspflicht befreien, indem er seinen Geschäftsanteil zur Verfügung stellt.

c) Gesetzlich nicht geregelt, aber den Rechtsgedanken von § 737 BGB, § 140 HGB **765** und § 68 GenG entsprechend zugelassen, ist der *Ausschluss eines Gesellschafters* aus wichtigem Grund. Dieser ist auch möglich und gerade dann bedeutsam, wenn im Gesellschaftsvertrag keine Einziehung vorgesehen ist. Die Möglichkeit des Ausschlusses beruht auf dem Gedanken, dass eine Auflösung der Gesellschaft mit ihren weitreichenden Folgen keine angemessene Lösung darstellt, wenn Schwierigkeiten ihre Ursache nur in der Person eines Gesellschafters und nicht im Gesellschaftsverhältnis insgesamt haben.[168] Wegen der Treuepflicht der Gesellschafter untereinander kommt die Ausschließung jedoch nur als letztes und äußerstes Mittel in Betracht.

Um Ungewissheit über Bestehen oder Nichtbestehen von Gesellschafterrechten und -pflichten zu vermeiden, erfolgt der Ausschluss nicht im Wege einfacher Beschlussfassung, sondern aufgrund Erhebung einer Ausschlussklage der Gesellschaft als Gestaltungsklage entsprechend § 140 HGB.[169] Da die Ausschließung anders als die Kaduzierung nach § 21 GmbH keinen Strafcharakter hat und dem Gesellschafter wie bei der Einziehung seines Geschäftsanteils ein Abfindungsanspruch zusteht, ergeht das Urteil üblicherweise unter der aufschiebenden Bedingung der Abfindungszahlung.[170] Die Satzung kann allerdings anderes vorsehen, etwa einen rechtsgestaltenden Gesellschafterbeschluss. Hinsichtlich des Schicksals des Geschäftsanteils (Abtretung an die Gesellschaft oder Einziehung) steht der Gesellschaft ein Wahlrecht zu.[171] Fasst die Gesellschafterversammlung den Beschluss, einen Mitgesellschafter auszuschließen und seinen Geschäftsanteil einzuziehen, ist auch die Ausschließung nichtig, wenn zugleich die Einziehung wegen Verstoßes gegen §§ 34 III, 30 I GmbHG nichtig ist.[172]

Der wichtige Grund liegt regelmäßig in der Person des auszuschließenden Gesellschafters, aber auch Situation und Verhalten der anderen Gesellschafter sind zu berücksichtigen. Eine Pflichtverletzung oder ein Verschulden sind jedoch nicht Voraussetzung. Vielmehr kann ein wichtiger Grund ebenso in Eigenschaften eines Gesellschafters oder in von ihm gesetzten äußeren Umständen begründet sein, die das Verbleiben dieses Gesellschafters in der GmbH unhaltbar erscheinen lassen und eine gewinnbringende Fortführung des Unternehmens infrage stellen.[173]

d) Das Gegenstück zur Ausschlussmöglichkeit eines Gesellschafters ist dessen freiwil- **766** liger *Austritt*. Eine Regelung wurde insoweit für nicht erforderlich gehalten, da die gesetzgeberische Konzeption von einer freien Veräußerbarkeit der Anteile ausgeht (§ 15 I 1. Var. GmbHG). Weil der Gesellschafter sich einer ihm unzumutbaren oder gar unerträglichen Dauerbindung entziehen können muss, ist jedenfalls bei Vorliegen eines wichtigen Grundes auch die Möglichkeit des Austritts aus der Gesellschaft spiegelbildlich zum Ausschluss anerkannt.[174] Ein solcher wichtiger Grund liegt vor, wenn

---

168 BGHZ 9, 157 (158 ff.); 80, 346 (349 f.).
169 *Lutter* DStR 1996, 1774 (1776); dort auch zum str. Mehrheitserfordernis.
170 So schon BGHZ 9, 157 (164 ff.). Vgl. aber auch BGH NZG 2012, 259 und dazu *Schockenhoff* NZG 2012, 449.
171 Instruktiv BGHZ 9, 157 (166 ff.).
172 BGH NJW 2011, 2294.
173 BGHZ 9, 157 (164); 32, 17 (35). Zur umfangreichen Kasuistik *Schwab* DStR 2012, 707 (709 f.).
174 BGHZ 116, 359 (369).

durch Maßnahmen der Gesellschaft in tatsächliche oder rechtliche Verhältnisse des Gesellschafters eingegriffen wird. Indes ist ein Austritt erst zulässig, nachdem die Einlage erbracht ist, und auch nur, wenn die Zahlung der Abfindung nicht Kapitalerhaltungsvorschriften widerspricht. Andernfalls bestünde die Gefahr, dass die entsprechenden Beschränkungen der §§ 33 I, 34 III GmbHG durch das Austrittsrecht umgangen würden.

767 e) Selbst wenn im Gesellschaftsvertrag keine entsprechende Regelung enthalten ist, steht dem Gesellschafter bei seinem Ausscheiden – sei es im Wege von Einziehung, Austritt oder des Ausschlusses – ein *Abfindungsanspruch* gegen die Gesellschaft zu. Dessen Höhe bestimmt sich regelmäßig nach dem Wert, dem der Anteil zum Zeitpunkt des Ausscheidens entspricht, also dem Verkehrswert des betreffenden Geschäftsanteils.[175] Er kann im Vertrag zwar beschränkt, aber nicht völlig ausgeschlossen werden.[176] Eine Ausnahme gilt für die Einziehung bei Tod eines Gesellschafters und bei Gesellschaften mit ideellem Zweck.[177] § 34 III GmbHG stellt klar, dass bei der Auszahlung das Verbot der Rückzahlung der Stammeinlagen (§ 30 I GmbHG) zu beachten ist. Sachlich gerechtfertigte Staffelungen, etwa nach der Dauer der Gesellschafterstellung, sind zulässig und verletzen auch nicht das Gleichbehandlungsgebot.[178]

In der Praxis erfolgt eine *Beschränkung* des Abfindungsanspruchs häufig durch Vereinbarung der *Buchwertklausel.* Danach wird der Berechnung des Anspruchs des Gesellschafters lediglich der in der Regel deutlich unter dem Marktwert liegende Buchwert des Unternehmens zugrunde gelegt, bei dem stille Reserven und ein etwaiger Firmenwert unberücksichtigt bleiben.[179] Buchwertklauseln haben den ökonomisch verständlichen Zweck, Liquidität und Fortbestand des von der Gesellschaft getragenen Unternehmens nicht durch zu hohe Abfindungen zu gefährden. Zudem vereinfachen sie die Abrechnung. Grundsätzlich sind derartige Beschränkungen daher als zulässig anzusehen.[180]

Grenzen setzen jedoch § 138 BGB und § 242 BGB. Dabei setzt die Nichtigkeit der Klausel nach § 138 BGB voraus, dass die Höhe des nach dem Gesellschaftsvertrag vorgesehenen (beschränkten) Abfindungsanspruchs schon bei Gründung der GmbH bzw. Einfügung der Klausel in den Gesellschaftsvertrag vollkommen außer Verhältnis zu einer hypothetischen Beschränkung steht, die erforderlich wäre, um im Interesse der verbleibenden Gesellschafter den Fortbestand der Gesellschaft und die Fortführung des Unternehmens zu sichern.[181] Andererseits kann aber auch ein im Laufe der Zeit eingetretenes, außergewöhnlich weitgehendes Auseinanderfallen von vereinbartem Abfindungs- und tatsächlichem Anteilswert dazu führen, dass dem betroffenen

---

175 BGHZ 116, 359 (365, 370f., 375); Roth/Altmeppen/*Altmeppen* GmbHG § 34 Rn. 47ff. Zur Berechnung des Verkehrswertes und zu einzelnen Berechnungsmethoden MüKoGmbHG/*Strohn* § 34 Rn. 208ff.
176 BGH NZG 2014, 820.
177 Lutter/Hommelhoff/*Lutter* GmbHG § 34 Rn. 98f. für grds. möglichen Ausschluss bei Einziehung *Lutter* DStR 1996, 1174 (1175).
178 BGHZ 116, 359 (360).
179 Der Buchwert des Geschäftsanteils errechnet sich allein aus dem Einlagebetrag abzüglich der auf den Anteil entfallenden Schulden der Gesellschaft zuzüglich anteiliger offener Rücklagen und vorgetragener Gewinne, vgl. auch → Rn. 217.
180 BGHZ 116, 359 (368); 123, 281 (286). Näher zu einzelnen Abfindungsklauseln MüKoGmbHG/ *Strohn* § 34 Rn. 244ff.
181 BGHZ 116, 359 (368).

Gesellschafter unter Berücksichtigung aller Umstände des Einzelfalls nicht mehr zugemutet werden kann, sich mit dem entsprechenden Betrag zufriedenzugeben.[182] Denn bei einem derart groben Missverhältnis wird das unverzichtbare Austrittsrecht des Gesellschafters aus wichtigem Grund faktisch ausgehebelt. Um dies zu verhindern, tritt an die Stelle des vorgesehenen Abfindungsanspruchs ein Anspruch auf angemessene Abfindung.[183] Zu beachten ist dabei, dass eine Abfindungsklausel, die ursprünglich wirksam war und bei der sich ein Missverhältnis erst im Laufe der Zeit durch den wirtschaftlichen Erfolg des Unternehmens gebildet hat, nicht der strengen Nichtigkeitssanktion unterworfen werden soll. In diesem Fall sind vielmehr die Grundsätze der ergänzenden Vertragsauslegung anzuwenden und ist ein Betrag zu ermitteln, den die Gesellschafter bei Kenntnis der entsprechenden Umstände nach Treu und Glauben festgesetzt hätten.[184]

Auch Gesichtspunkte des Gläubigerschutzes können einer Beschränkung des Abfindungsanspruchs entgegenstehen. Ist etwa die Einziehung des Geschäftsanteils gegen eine geringe Abfindung nur für den Fall der Pfändung durch den Gläubiger eines Gesellschafters vorgesehen, würde ihm die Pfändung kaum Befriedigung verschaffen und der Anteil so in der Hand des Gläubigers entwertet. Der BGH macht die Wirksamkeit der Abfindungsklausel daher davon abhängig, dass die Einziehung des Geschäftsanteils so auch bei vergleichbaren Sachverhalten wie dem Ausschluss des Gesellschafters aus wichtigem Grund erfolgt.[185]

4. Belastung des GmbH-Anteils und Zwangsvollstreckung

Nutzungs- und Verwertungsrechte an einem GmbH-Anteil können einem Dritten entweder rechtsgeschäftlich durch den Gesellschafter eingeräumt werden oder gesetzlich im Rahmen der Zwangsvollstreckung entstehen. Anders als bei der Sicherungsabtretung behält der Gesellschafter sowohl bei Pfandrechts- oder Nießbrauchbestellung als auch bei Pfändung seines Anteils seine Gesellschafterstellung.[186] Dennoch erlangt ein an sich unbeteiligter Dritter Einflussmöglichkeiten auf die Gesellschaft, die die Mitgesellschafter nicht vorgesehen haben und nur begrenzt kontrollieren können. **768**

a) Der Gesellschafter kann einem Dritten in zweifacher Weise Nutzungs- und Verwertungsrechte an seinem GmbH-Anteil verschaffen. Zum einen kann er seinen Geschäftsanteil durch notariellen Vertrag verpfänden (§§ 1273, 1274 I 1 BGB, § 15 III GmbHG). Hierbei handelt es sich um ein in der Praxis wichtiges Instrument zur Sicherung von Kreditforderungen. Nach § 1274 II BGB ist die *Verpfändung* aber ausgeschlossen, soweit der Anteil nicht übertragen werden kann (§ 15 V GmbHG, zB bei Vinkulierungsklauseln). Die Rechtsfolgen der rechtsgeschäftlichen Verpfändung, insbesondere die Erstreckung des Pfandrechts auf den Gewinnanspruch und die Frage eines Stimmrechts des Pfandgläubigers, sind wie beim Pfändungspfandrecht (→ Rn. 770) im Einzelnen noch nicht geklärt.[187] Wird die durch das Pfandrecht ge- **769**

---

182 BGH NJW 1993, 2101.
183 BGHZ 116, 359 (360); BGH NJW 1993, 2101.
184 BGHZ 123, 281 (284 ff.); BGH NJW 1993, 2101.
185 BGHZ 65, 22 (26 f.); enger noch BGHZ 32, 151 (157 f.) (Nichtigkeit, wenn nicht Leistung des vollen Gegenwertes); ebenso *Heuer* ZIP 1998, 405 (412 f.).
186 *Heuer* ZIP 1998, 405 (407) für das Pfändungspfandrecht.
187 Näher *Roth* ZGR 2000, 187 (219 f.), MüKoGmbHG/*Reichert/Weller* § 15 Rn. 290 ff.

sicherte Forderung trotz Fälligkeit nicht erfüllt, bleibt dem Pfandgläubiger die Möglichkeit der Verwertung nach § 1277 BGB.

Der GmbH-Anteil kann aber auch mit einem *Nießbrauch* (§§ 1030 I, 1068 BGB) belastet werden. Die Einräumung eines Nießbrauchs ist häufig bei Familienunternehmen anzutreffen, weil auf diese Weise die Leitung eines Unternehmens allmählich auf einen Nachfolger übertragen werden kann, während der Nießbrauchbesteller durch die Vermögenssubstanz abgesichert bleibt.[188] Im Gegensatz zum Pfandrecht gewährt der Nießbrauch dem Berechtigten keine Verwertungs-, sondern eine Nutzungsbefugnis. Das Nutzungsrecht erfasst insbesondere den anteiligen, von der Gesellschaft ausgeschütteten Gewinn und Surrogate wie den Abfindungsanspruch.[189] Das Stimmrecht als Verwaltungsrecht kann jedoch der Gesellschafter weiterhin ausüben. Dabei hat er auf die Interessen des Nießbrauchers Rücksicht zu nehmen.[190]

770 b) Für die *Zwangsvollstreckung* in GmbH-Geschäftsanteile hält die ZPO anders als für die Pfändung von Gesamthandsanteilen (bei der GbR → Rn. 130, 244) keine ausdrückliche Regelung bereit. Obwohl die dogmatische Einordnung des Geschäftsanteils im Einzelnen umstritten ist und dieser die Verkörperung der gesamten Mitgliedschaftsrechte darstellt, besteht Einigkeit, dass Geschäftsanteile als »andere Vermögensrechte« iSv § 857 I ZPO einzuordnen sind.[191] Deshalb finden die Vorschriften über die Pfändung von Forderungen (§§ 828 ff. ZPO) entsprechende Anwendung. Demnach ist für die Pfändung des GmbH-Anteils ein Beschluss des Vollstreckungsgerichts erforderlich (§§ 857 I, 828 I ZPO), der gem. § 829 III ZPO der GmbH als Drittschuldnerin[192] zuzustellen ist. Die anschließende Verwertung erfolgt auf gerichtliche Anordnung nach §§ 857 I, V, 844 I ZPO entweder im Wege der Versteigerung oder des freihändigen Verkaufs. Die Überweisung nach § 835 ZPO ist unzulässig.[193]

Die Einzelheiten des *Umfangs* und der *Wirkung der Pfändung* eines Gesellschaftsanteils sind umstritten. Es besteht jedoch Einigkeit, dass der Gläubiger durch die Pfändung nicht Gesellschafter wird, sondern der Schuldner seine Gesellschafterstellung behält.[194] Des Weiteren erstreckt sich die Pfändung nur auf die Vermögensrechte, also etwa den Gewinn (§ 29 GmbHG), und deren Surrogate wie den Liquidationserlös (§ 72 GmbHG). Dies ergibt sich aus dem Wortlaut des § 857 I ZPO und der Regelung des § 851 ZPO. Nicht der Pfändung unterliegen dagegen die sog. Nichtvermögensrechte, also die Verwaltungsrechte (→ Rn. 753) wie das Stimmrecht.[195]

Die Pfändung bewirkt ein *relatives Verfügungsverbot* des Schuldners (§§ 857 I, 829 S. 1 ZPO iVm §§ 135, 136 BGB). Dieses entfaltet nur Wirkung, soweit die Verfügung das Verwertungsrecht beeinträchtigt. Das ist gerade bei einer dem Wert des Anteils entsprechenden Veräußerung nicht der Fall, weil das Pfändungspfandrecht fortbesteht

---

188 *Milatz/Sonnenborn* DStR 1999, 137.
189 HK-GmbHG/*Pfisterer* § 15 Rn. 90; Baumbach/Hueck/*Fastrich* GmbHG § 15 Rn. 54.
190 Näher Lutter/Hommelhoff/*Bayer* GmbHG § 15 Rn. 119; *Goette* DStR 1996, 714.
191 BGHZ 104, 351 (353); Baumbach/Hueck/*Fastrich* GmbHG § 15 Rn. 60; Thomas/Putzo/*Seiler* ZPO § 857 Rn. 2.
192 Heute hM; Baumbach/Hueck/*Fastrich* GmbHG § 15 Rn. 60; verneinend noch BGHZ 49, 197 (203 f.).
193 BGHZ 104, 351 (353).
194 *Heuer* ZIP 1998, 405 (407) mwN.
195 BGH NJW 1987, 780 (AG). Zum Umfang der Pfändung iE *Heuer* ZIP 1998, 405 (407 ff.).

und sich am Erlös fortsetzt.[196] Auf die Ausübung des Stimmrechts kann das in § 829 S. 1 ZPO enthaltene Verfügungsverbot nicht entsprechend angewendet werden, da Verwaltungsrechte schon vom Wortlaut des § 857 ZPO nicht erfasst werden. Zudem ist das Stimmrecht als Mitgliedschaftsrecht mit dem Gesellschaftsanteil verbunden und nicht von der Mitgliedschaft trennbar (sog. Abspaltungsverbot).[197]

IV. Organe

Als juristische Person handelt die GmbH durch ihre Organe. Notwendige Organe sind mindestens ein Geschäftsführer (§§ 35 ff. GmbHG) sowie die Gesellschafterversammlung (§§ 45 ff. GmbHG). Daneben können weitere Organe bestellt werden, etwa ein Beirat oder ein (fakultativer) Aufsichtsrat (§ 52 GmbHG). Ab einer bestimmten Betriebsgröße kann unter besonderen Voraussetzungen die Bestellung eines Aufsichtsrats verpflichtend sein (obligatorischer Aufsichtsrat in der mitbestimmten GmbH, → Rn. 1060 ff.). Anders als bei der AG sind Organisationsstruktur und Kompetenzverteilung bei der GmbH weitgehend nicht zwingend festgelegt und können den Bedürfnissen der Gesellschaft entsprechend individuell durch die Satzung geregelt werden.

771

1. Geschäftsführer

Als handelnde Organe vertreten die Geschäftsführer die Gesellschaft nach Maßgabe der §§ 35 ff. GmbHG als gesetzliche Vertreter nach außen und führen die Geschäfte im Innenverhältnis. Ihre Kompetenzen im Verhältnis zur Gesellschafterversammlung bestimmen sich nach dem Gesellschaftsvertrag (§ 45 I GmbHG), weil das GmbHG anders als das Aktienrecht keine ausdrücklichen Vorgaben zur Kompetenzverteilung macht.

772

a) Die *Bestellung* der Geschäftsführer erfolgt entweder durch den Gesellschaftsvertrag oder Beschlussfassung der Gesellschafterversammlung (§ 46 Nr. 5 GmbHG). Der Beschluss wird durch Mitteilung an den Geschäftsführer und dessen Annahme umgesetzt. Die *Bestellung* durch die Gesellschafterversammlung ist jedoch nicht zwingend, weshalb diese Kompetenz auf ein anderes Gremium – mit Ausnahme der Geschäftsführer selbst – übertragen werden kann. Anders als im Personengesellschaftsrecht, das vom Grundsatz der Selbstorganschaft geprägt wird (→ Rn. 14, 146), gilt im Recht der Kapitalgesellschaften der Grundsatz der Fremdorganschaft. Der Geschäftsführer muss also nicht zum Kreis der Gesellschafter gehören (§ 6 III 1 2. Var. GmbHG). Ebenso ist es möglich, sämtliche Gesellschafter von der Geschäftsführung auszuschließen. Nach § 6 II 1 GmbHG kann jede natürliche, unbeschränkt geschäftsfähige Person zum Geschäftsführer bestellt werden. Anders als bei der AG gibt es keine zeitliche Beschränkung für die Bestellung. § 6 II 2 GmbHG regelt, unter welchen Voraussetzungen eine Bestellung zum Geschäftsführer ausscheidet, so etwa für eine gewisse Dauer nach der Verurteilung wegen einer Insolvenzstraftat oder wegen eines Verstoßes gegen sonstige zentrale Bestimmungen des Wirtschaftsstrafrechts (§§ 265 b, 266 oder § 266 a StGB) sowie bei Bestehen eines Berufsverbots.

773

---

196 Baumbach/Hueck/*Fastrich* GmbHG § 15 Rn. 62 mwN; aA *Heuer* ZIP 1998, 405 (408).
197 BGHZ 43, 261 (267); *K. Schmidt* GesR § 19 III 4 (S. 560 f.).

Ist die Bestellung unwirksam oder nichtig, treffen den *fehlerhaften Geschäftsführer* mit Übernahme des Amtes aus Gründen des Schutzes des Rechtsverkehrs die gleichen Pflichten wie einen ordnungsgemäß bestellten Geschäftsführer.[198] Von einem fehlerhaft bestellten Geschäftsführer zu unterscheiden ist der *faktische Geschäftsführer*. Er übt, ohne dass ein (fehlerhafter) Bestellungsakt gegeben ist, rein tatsächlich Geschäftsführerkompetenzen in der Gesellschaft aus, wird aber nicht als Organ der Gesellschaft behandelt.[199]

Auch die *Abberufung* (Entlassung) des Geschäftsführers erfolgt aufgrund eines dem Geschäftsführer mitzuteilenden Beschlusses und ist, anders als bei der AG, nach § 38 I GmbHG jederzeit möglich.[200] So soll der Geschäftsführer nach der gesetzgeberischen Vorstellung zur Disziplin angehalten und die Durchsetzung von Weisungen der Gesellschafterversammlung gesichert werden.[201] Freilich kann – und wird in der Praxis häufig bei Bestellung eines Gesellschafter-Geschäftsführers – der Widerruf im Gesellschaftsvertrag auf Fälle des Vorliegens eines wichtigen Grundes beschränkt werden (§ 38 II GmbHG).[202] Möchten die Gesellschafter von dieser Möglichkeit Gebrauch machen, ist aufgrund einer Gesamtwürdigung der Umstände zu ermitteln, ob ihnen und der Gesellschaft nicht länger zugemutet werden kann, den entsprechenden Geschäftsführer in seinem Amt zu belassen. Schuldhaftes Handeln des Gesellschafters ist hierfür jedoch keine Voraussetzung.[203] Als wichtige Gründe werden in § 38 II GmbHG beispielhaft die grobe Pflichtverletzung des Geschäftsführers oder die Unfähigkeit zur ordnungsgemäßen Geschäftsführung genannt, ohne dass diese Aufzählung abschließend ist.[204] So kann ein wichtiger Grund auch darin liegen, dass der Geschäftsführer mehrfach versucht hat, sich mit körperlicher Gewalt durchzusetzen, und es zu Tätlichkeiten gegenüber den Mitgesellschaftern oder zu Einschüchterungen gekommen ist. Dies gilt umso mehr, wenn dies vor Betriebsangehörigen geschehen ist.[205] Als wichtiger Grund kommt ebenso eine Veruntreuung von Geldern der Gesellschaft für eigene Zwecke in Betracht.[206] Nicht ausreichend sind hingegen Meinungsverschiedenheiten über die Geschäftspolitik, da diese in die ausschließliche Zuständigkeit der Gesellschafterversammlung fällt.[207] Weiterhin kann die organschaftliche Vertretung durch einen Aufhebungsvertrag oder eine Amtsniederlegung seitens des Geschäftsführers beendet werden. Letztere bedarf keiner Angabe von Gründen und wird sofort wirksam.[208] Wird die

---

198 Baumbach/Hueck/*Zöllner/Noack* GmbHG § 35 Rn. 8. Zur vergleichbaren Lage bei der AG BGHZ 41, 282 (287).
199 Michalski/*Lenz* GmbHG § 35 Rn. 28.
200 Zu Fällen der automatischen Beendigung der Geschäftsführerstellung *Goette* DStR 1998, 939.
201 *Goette* DStR 1998, 938 (940).
202 Weitergehende Einschränkungen der Abberufung sind hingegen unzulässig, BGHZ 86, 177 (181).
203 BGH NJW-RR 1992, 993 (994); *Goette* DStR 1998, 938 (940).
204 Zur umfangreichen Kasuistik Baumbach/Hueck/*Zöllner/Noack* GmbHG § 38 Rn. 12f.; der wichtige Grund zur Beendigung der Organstellung iSv § 38 II GmbHG rechtfertigt nicht ohne Weiteres zugleich die außerordentliche Kündigung des Anstellungsvertrags nach § 626 BGB, auch wenn dies gleichwohl häufig der Fall sein mag, s. Baumbach/Hueck/*Zöllner/Noack* GmbHG § 35 Rn. 222 mwN.
205 BGH DStR 1994, 1743 (1746) mAnm *Goette*.
206 BGH WM 1984, 29f.; OLG Düsseldorf GmbHR 1999, 543 (546); OLG Koblenz GmbHR 2014, 599.
207 BGH GmbHR 1992, 299ff.
208 BGHZ 121, 257ff., insbes. 262; zur rechtsmissbräuchlichen Amtsniederlegung OLG Köln ZIP 2008, 646.

Rechtmäßigkeit des Abberufungsbeschlusses angezweifelt, kommt zur gerichtlichen Klärung regelmäßig die Feststellungsklage in Betracht.[209]

Bestellung und Abberufung der Geschäftsführer sind in das *Handelsregister einzutragen* (§§ 10 I 1, 39 I GmbHG).[210] Zudem sind die Geschäftsführer auf den Geschäftsbriefen anzugeben (§ 35 a I 1 GmbHG). Die Eintragung hat indes nur deklaratorische Wirkung, weshalb beide Akte bereits vor der Eintragung wirksam sind. Bei fehlerhaften Eintragungen kann es zu einer Rechtsscheinhaftung der Gesellschaft nach § 15 HGB kommen.[211]

Zwischen der Berufung zum Geschäftsführer (Organisationsakt) und dem Abschluss des damit verbundenen Dienstvertrags *(Anstellung im Gegensatz zur Bestellung)* ist klar zu unterscheiden. In den meisten Fällen wird bei der Berufung eines Geschäftsführers auch ein Dienstvertrag geschlossen. Beide Rechtsverhältnisse stehen aber selbstständig nebeneinander und können ein völlig verschiedenes Schicksal erleiden. So bleibt von dem Widerruf der Bestellung zum Geschäftsführer der Dienstvertrag unberührt (§ 38 I GmbHG) und ist dieser nach den allgemeinen zivilrechtlichen Bestimmungen gesondert zu kündigen.[212] Allerdings ist es zulässig, die Dauer des Anstellungsverhältnisses von der Dauer der Organstellung abhängig zu machen.[213] Enden Bestellung und Anstellung eines Geschäftsführers infolge Befristung, sind gem. § 6 III AGG die Vorschriften des 2. Abschnitt des AGG und § 22 AGG entsprechend anwendbar, wenn dieser sich erneut um das Amt des Geschäftsführers bewirbt.[214] In der mitbestimmten GmbH (dazu § 35) erfolgen Bestellung und Abberufung durch den obligatorischen Aufsichtsrat (§§ 25 I, 31 MitbestG). Gleiches gilt für die schuldrechtlichen Anstellungsverträge.[215]

b) Im Außenverhältnis stellt sich vor allem die Frage nach der Vertretung der Gesell- **774** schaft. Nach § 35 I 1 GmbHG wird die Gesellschaft durch die *Geschäftsführer* gerichtlich und außergerichtlich *vertreten.* Dabei kommt es nicht darauf an, dass die Geschäftsführer ausdrücklich im Namen der Gesellschaft auftreten. Es genügt, dass sich dies aus den Umständen ergibt (§ 164 I 2 BGB). Das Gesetz geht in § 35 II 1 GmbHG grundsätzlich von Gesamtvertretung aus. Der Gesellschaftsvertrag kann jedoch Ausnahmen zulassen. In der Regel ist vorgesehen, dass entweder ein Geschäftsführer allein oder jeweils zwei Geschäftsführer gemeinsam die Gesellschaft vertreten können.[216] Es muss allerdings immer gewährleistet sein, dass die Geschäftsführer nicht nur mit weiteren Personen, etwa Prokuristen, handlungsfähig sind. Denn die organschaftliche Vertretung durch die Geschäftsführer ist unverzichtbares Merkmal der GmbH. Für die Passivvertretung, also die Entgegennahme von Willenserklärungen, gilt nach § 35 II 2 GmbHG hingegen Einzelvertretung. Fällt von zwei gesamtvertretungsberechtigten Geschäftsführern einer aus tatsächlichen Gründen aus, führt dies nicht ohne weiteres zur Einzelvertretungsbefugnis des verbleiben-

---

209 *Fischer* BB 2013, 2819 (2821 ff.) mit Überblick über den Meinungsstand.
210 Zur Eintragung eines stellvertretenden Geschäftsführers BGH NJW 1998, 1071.
211 BGHZ 78, 82 (91).
212 BGH NJW 2003, 351. Zur Streitfrage, ob die Kündigung nach § 621 oder § 622 BGB zu erfolgen hat, Baumbach/Hueck/*Zöllner/Noack* GmbHG § 35 Rn. 243 mwN.
213 BGH NJW 1995, 2850; OLG Saarbrücken GmbHR 2013, 758 ff.
214 BGHZ 193, 110 = NJW 2012, 2346.
215 BGHZ 89, 48.
216 Näher zu den verschiedenen Arten der Vertretung BGHZ 62, 166; 99, 76 (78 ff.).

den Geschäftsführers.[217] Von der Rechtsprechung noch nicht abschließend entschieden und in der Literatur kontrovers beantwortet ist die Frage, ob etwas anderes gilt, wenn die Vertretungsmacht des einen Geschäftsführers aus rechtlichen Gründen wegfällt, etwa wegen Abberufung oder Tod.[218]

Die *Vertretungsmacht* der Geschäftsführer erstreckt sich auf sämtliche Rechtsgeschäfte sowie die Prozessvertretung. Hiervon ausgenommen sind die Bestellung und die Abberufung der Geschäftsführer selbst sowie die Geltendmachung von Ersatzansprüchen gegen diese. Die Gesellschaft wird hierbei von den Gesellschaftern vertreten (§ 46 Nr. 5 und 8 GmbHG).[219] Auch bei *Führungslosigkeit* der Gesellschaft gelten seit Inkrafttreten des MoMiG besondere Vertretungsregeln. Mit der Einfügung von § 35 I 2 GmbHG ist der Gesetzgeber dem früher nicht selten erfolgreichen Versuch von Gesellschaftern entgegengetreten, durch Abberufung der Geschäftsführer Zustellungen und den Zugang von Erklärungen an die Gesellschaft zu vereiteln. Deshalb ist nunmehr jeder einzelne Gesellschafter zur Entgegennahme von Willenserklärungen befugt. Der Verhinderung von Missbräuchen dienen auch entsprechende weitere Zustellungserleichterungen in § 35 II 2 und 3 GmbHG. Nach § 170 I 2 ZPO ist nämlich eine Zustellung an die Gesellschaft selbst mangels Prozessfähigkeit nicht möglich und bedarf es einer Zustellung an ihre Vertreter, die früher bei Führungslosigkeit nicht vorhanden und Zustellungen deshalb unmöglich waren. Kann auch nach § 35 II 2 und 3 GmbHG nicht an die Gesellschaft zugestellt werden, ermöglicht § 185 Nr. 2 ZPO (gegebenenfalls iVm § 15a HGB) sogar die Zustellung im Wege öffentlicher Bekanntgabe. Die Gesellschaft kann jedoch nach § 10 II GmbHG eine weitere Empfangsperson ins Handelsregister eintragen lassen, die vor der öffentlichen Bekanntgabe zu benachrichtigen ist.

775 Die Vertretungsmacht kann auch nicht mit Wirkung gegen Dritte beschränkt werden (§ 37 II 1 GmbHG). Daher sind entsprechende Klauseln im Gesellschaftsvertrag, in einem Gesellschafterbeschluss oder im Anstellungsvertrag des Geschäftsführers Dritten gegenüber unwirksam. Dritte sollen sich gerade keine Gedanken darüber machen müssen, ob die Handlung eines Geschäftsführers von seinen im Innenverhältnis der Gesellschaft bestehenden Befugnissen gedeckt ist.[220] Die Gesellschafter selbst fallen nicht unter den Begriff des Dritten iSd § 37 II GmbHG, sodass sich ihnen gegenüber *Beschränkungen im Innenverhältnis* als Beschränkungen der Vertretungsmacht auswirken.[221] Dies entspricht dem gläubigerschützenden Zweck der Vorschrift. Da die Kenntnis des Gesellschafters vom Gesellschaftsvertrag, aber auch von Beschlüssen und Weisungen, in der von der gesetzgeberischen Konzeption personalistisch ausgestalteten GmbH vorausgesetzt werden darf, kommt es auf konkrete Kenntnis der Beschränkung nicht an.[222]

---

217 BGHZ 34, 27 (tatsächlicher Grund war hier die Einziehung zur Wehrmacht); 121, 263 (264) (für einen Liquidator nach Amtsniederlegung); dazu *Blasche* GmbHR 2017, 123 ff.
218 Dazu *Goette* DStR 1998, 938 (943); MüKoGmbHG/*Stephan/Tieves* § 35 Rn. 138 ff. Eine Einzelfallentscheidung stellt BGH NJW-RR 2007, 1260 (1261) dar.
219 Näher zum Umfang der Vertretungsmacht MüKoGmbHG/*Stephan/Tieves* § 35 Rn. 95 ff.
220 BGH NJW 1984, 1461 (1462).
221 BGHZ 38, 26 (33 ff.) (OHG, indes unter ausdr. Erwähnung der §§ 35, 37 GmbHG); BGH NJW 1997, 2678; BAG NJW 1994, 3117 (3119); Baumbach/Hueck/*Zöllner/Noack* GmbHG § 37 Rn. 41; Scholz/*Schneider/Schneider* GmbHG § 35 Rn. 27.
222 So auch Scholz/*Schneider/Schneider* GmbHG § 35 Rn. 27; zurückhaltender (abhängig von Kenntnis bzw. Kennenmüssen) Baumbach/Hueck/*Zöllner/Noack* GmbHG § 37 Rn. 41.

Nach dem Grundsatz über den *Missbrauch der Vertretungsmacht* fehlt eine wirksame Vertretungsmacht und wird keine Verpflichtung der Gesellschaft begründet, wenn Geschäftsführer und Vertragspartner zum Nachteil der Gesellschaft zusammenwirken (Kollusion).[223] Ein solcher Missbrauch ist allerdings nicht schon gegeben, wenn interne Weisungen überschritten werden (arg. ex § 37 II, III GmbHG). Vielmehr ist Voraussetzung, dass der Vertragspartner weiß oder es sich ihm hätte aufdrängen müssen, dass der Geschäftsführer die Grenzen seiner Vertretungsbefugnis überschreitet (objektive Evidenz). Nicht erforderlich ist, dass der Geschäftsführer (bewusst) zum Nachteil der Gesellschaft handelt.[224] Allerdings wird man bei einem nachteiligen Geschäft eher auf die Erkennbarkeit für den Vertragspartner schließen können. Mangels Vertretungsmacht ist das Geschäft schwebend unwirksam, kann jedoch gem. § 177 BGB genehmigt werden. Eine persönliche Haftung des Geschäftsführers scheidet gem. § 179 III BGB aus.

Eine weitere Beschränkung der Vertretungsmacht ergibt sich aus § 181 BGB. Die Geschäftsführer dürfen nicht mit sich selbst Verträge schließen *(Verbot des Selbstkontrahierens)* und auch nicht die Gesellschaft und einen Dritten bei einem Vertragsabschluss mit der Gesellschaft vertreten *(Verbot der Mehrvertretung)*. Von dieser Beschränkung kann jedoch in der Satzung oder durch Gesellschafterbeschluss befreit werden, was in der Praxis regelmäßig geschieht. Auch bei der Einpersonen-GmbH (→ Rn. 816ff.) ist die Anwendung des § 181 BGB auf den Alleingesellschaftergeschäftsführer ausdrücklich vorgesehen (§ 35 III 1 GmbHG).[225] Für die Beschlussfassung, die als körperschaftlicher Akt nicht von § 181 BGB erfasst wird,[226] trifft § 47 IV GmbHG eine entsprechende Regelung zur Vermeidung von Interessenkollisionen.

c) Für das Innenverhältnis gilt, dass die Geschäftsführer die Geschäfte der Gesellschaft **776** führen *(Geschäftsführungsbefugnis)*. Dies beinhaltet alle Maßnahmen zur Verfolgung des durch den Gesellschaftsvertrag festgelegten Zwecks, insbesondere die Leitung und den bestmöglichen Einsatz vorhandener Mittel. Beschränkungen können den Gesellschaftern dabei durch Satzung, Beschlüsse der Gesellschafterversammlung und Aufsichtsrat auferlegt sein (§ 37 I GmbHG). Die Gesellschafter sind den Geschäftsführern gegenüber umfassend weisungsbefugt. Hierin liegt ein bedeutender Unterschied zur eigenverantwortlichen Leitung durch den Vorstand bei der AG (§ 76 AktG). Weisungen der Gesellschafterversammlung haben die GmbH-Geschäftsführer auch dann umzusetzen, wenn sie wirtschaftliche Nachteile für die Gesellschaft bergen. Eine Grenze bilden insoweit nur Satzungsvorgaben und zwingende gesetzliche Vorschriften, insbesondere § 138 BGB.[227]

Während die Geschäftsführung bei der AG zwingend dem Vorstand zugewiesen ist (→ Rn. 575), sind bei der GmbH weitgehende Einschränkungen fast bis hin zum völ-

223 BGH NJW-RR 2004, 247 (248).
224 BGH NJW 2006, 2776. Anders noch BGHZ 50, 112 (zur Prokura).
225 Anders noch die frühere Rspr. BGHZ 56, 97. Im Fall einer GmbH-Gründung im vereinfachten Verfahren gilt § 181 BGB bei der Bestellung weiterer Geschäftsführer aber nicht fort, OLG Nürnberg NZG 2015, 153 (154f.).
226 BGHZ 52, 316 (318).
227 BGHZ 31, 258 (278); Baumbach/Hueck/Zöllner/Noack GmbHG § 37 Rn. 22. Die Gesellschafter können sich durch die Weisungserteilung bei Verletzung der Treuepflicht schadensersatzpflichtig machen, BGHZ 65, 15, 18ff. unter Aufgabe seiner engeren früheren Rspr. (BGHZ 31, 258 [278]), die auf § 826 BGB abstellte.

ligen Entzug zulässig.[228] Ein weisungsfreier Mindestbereich von Geschäftsführungs-kompetenzen steht den Geschäftsführern nicht zu.[229] Zwar entfalten solche im Innen-verhältnis getroffenen Beschränkungen keine Wirkungen nach außen (§ 37 II GmbHG). Diese können aber zu einer Schadensersatzpflicht des Geschäftsfüh-rers gegenüber der Gesellschaft führen. Die Geschäftsführer trifft außerdem eine Treuepflicht, die sich insbesondere in der Pflicht zur Verschwiegenheit und einem Wettbewerbsverbot[230] konkretisiert. Sie sind zur Überwachung der weiteren Ge-schäftsführer sowie zur Kooperation mit diesen verpflichtet. Daneben trifft sie eine Organisationspflicht hinsichtlich der wirtschaftlichen und finanziellen Situation der Gesellschaft, mit der die Pflicht zur ordnungsgemäßen Buchführung und Bilanzierung (§§ 41 ff. GmbHG) einhergeht. Bei Zahlungsunfähigkeit oder Überschuldung haben sie nach § 15 a I InsO das Insolvenzverfahren zu beantragen. Besondere Anforderun-gen stellt das Gesetz zudem an den Alleingesellschafter-Geschäftsführer der Einper-sonen-GmbH (etwa § 35 III 2 GmbH, ausführlich → Rn. 816 ff.).

777 **d)** Den Geschäftsführern droht unter verschiedenen Gesichtspunkten eine persön-liche Haftung. Nach § 43 II GmbHG haften Geschäftsführer gegenüber der Gesell-schaft für *Pflichtverletzungen*. Es handelt sich um eine der Haftung aus § 280 I BGB wegen Verletzung des Geschäftsführervertrags vorrangige Regelung.[231] Der in diesem Zusammenhang vom Gesetz verwendete Begriff der Obliegenheit ist irreführend. Der Unterschied zwischen Obliegenheit und Pflicht besteht gerade darin, dass erstere keine Schadensersatzpflicht, sondern nur den Verlust eigener Rechte auslöst.[232] Entspre-chend § 93 II 2 AktG gilt dabei eine Beweislastumkehr, sodass der Geschäftsführer Be-weis erbringen muss, dass er »die Sorgfalt eines ordentlichen und gewissenhaften Ge-schäftsleiters« angewandt hat.[233] Keine Pflichtverletzung liegt vor, wenn sich der Geschäftsführer bei alternativem Handeln schadensersatzpflichtig machen würde[234] oder wenn er im Rahmen des grundsätzlich weiten unternehmerischen Ermessens-spielraums gehandelt hat.[235] Bei der Bestimmung der Pflichtverletzung ist zu beachten, dass der Wille der GmbH durch denjenigen ihrer Gesellschafter gebildet wird. Eine Haftung kommt daher nicht in Betracht, wenn die Gesellschafterversammlung eine ge-plante oder eine bereits ausgeführte Maßnahme des Geschäftsführers billigt. So ist bei-spielsweise eine Scheckveruntreuung, die mit Einverständnis aller Gesellschafter er-folgte, nicht als Pflichtverletzung zu werten.[236] Ebenso lässt sich aus § 43 III 3 GmbH rückschließen, dass eine Haftung gegenüber der Gesellschaft ausscheidet, soweit auf

---

228 Näher Ulmer/*Paefgen* GmbHG § 37 Rn. 24 ff. So auch Scholz/*Schneider/Schneider* GmbHG § 37 Rn. 45, wenn die GmbH mehrere Geschäftsführer hat.

229 Scholz/*Schneider/Schneider* GmbHG § 37 Rn. 46; Ulmer/*Paefgen* GmbHG § 37 Rn. 28; aA Baum-bach/Hueck/*Zöllner/Noack* GmbHG § 37 Rn. 21.

230 BGHZ 49, 30 (31).

231 BGH NJW 1997, 741 (742); Baumbach/Hueck/*Zöllner/Noack* GmbHG § 43 Rn. 4; für Anspruchs-konkurrenz *K. Schmidt* GesR § 36 II 4 a (S. 1078).

232 HK-BGB/*Schulze* Vor 241–853 Rn. 23; *Brox/Walker* Rn. 616.

233 BGHZ 152, 280 (283); BGH NJW-RR 2008, 905.

234 BGH NJW 2007, 2118 (2120) mAnm *Altmeppen* zur Abführung von Sozialversicherungsbeiträgen bei insolvenzreifer Gesellschaft unter Aufgabe seiner früheren Rspr. BGHZ 146, 264 (274 f.); s. auch *Goette* ZInsO 2007, 1177 (1180 f.).

235 BGHZ 152, 280 (284 f.).

236 BGH NJW-RR 2003, 895. Zu den einzelnen Pflichten des Geschäftsführers *Lutter* GmbHR 2000, 301 (302 ff.); zu Anforderungen an unternehmerische Entscheidungen grdl. BGHZ 135, 244 (253 f.) – ARAG: »weiter Handlungsspielraum«.

einen entsprechenden Gesellschafterbeschluss hin gehandelt wurde.[237] Darüber hinaus muss die Einforderung des Schadensersatzanspruchs nach § 46 Nr. 6, 8 GmbH von der Gesellschafterversammlung beschlossen werden, sodass die Gesellschafter selbst entscheiden können, ob ein Geschäftsführer für etwaige Pflichtverletzungen zur Rechenschaft gezogen werden soll.[238] Dieses Recht stößt erst im unabdingbaren Schutz der GmbH und der Gläubiger an seine Grenzen, wie etwa bei Stammkapitalverletzungen und existenzvernichtenden Eingriffen (→ Rn. 807 ff.).[239]

§ 40 III GmbHG ordnet eine Schadensersatzpflicht bei verschuldeter Verletzung der in § 40 I GmbHG normierten Pflichten zur unverzüglichen Einreichung einer neuen Gesellschafterliste bei Veränderungen im Gesellschafterbestand an. Anspruchsberechtigt sind sowohl Alt- oder Neugesellschafter als auch Gesellschaftsgläubiger. Die Haftung entfaltet ihre Relevanz hauptsächlich bei kollusivem Zusammenwirken zwischen Veräußerer oder Erwerber und Geschäftsführer zu Lasten des wahren Berechtigten.[240] In diesem Fall tritt sie neben die Haftung aus § 826 BGB. So kann etwa einem in der Gesellschafterliste fälschlicherweise nicht eingetragenen Gesellschafter ein Schaden erwachsen, weil er gem. § 16 III GmbHG seinen Geschäftsanteil aufgrund gutgläubigen Erwerbs eines Dritten vom Nichtberechtigten verliert.[241] Weitere spezielle Haftungstatbestände finden sich in §§ 9 a I, 43 III GmbHG und § 15 a I InsO. So haften die Geschäftsführer für Schäden aus Falschangaben bei der Gründung sowie für grob fahrlässige oder vorsätzliche Schäden im Zusammenhang mit der Einlageerbringung (§ 9 a I GmbHG), Verstößen gegen das Auszahlungsverbot oder dem Erwerb von Geschäftsanteilen durch die Gesellschaft entgegen § 30 GmbHG (§ 43 III GmbHG) sowie gegen die Insolvenzantragspflicht und insolvenzverursachenden Zahlungen an die Gesellschafter (§ 15 a InsO). § 69 GmbHG erstreckt die Pflichten und die Haftung auch auf den Zeitraum der Liquidation.

Des Weiteren kann den Geschäftsführer eine Haftung nach § 64 GmbHG treffen. Nach § 64 S. 1 GmbHG hat der Geschäftsführer der Gesellschaft Zahlungen zu erstatten, die nach Eintritt der Zahlungsunfähigkeit oder Überschuldung an die Gesellschafter geleistet wurden. § 64 S. 3 GmbHG hingegen kennzeichnet die sog. *Insolvenzverursachungshaftung*, wonach der Geschäftsführer der Gesellschaft auch Ersatz für solche Zahlungen zu leisten hat, wenn diese Zahlungen zur Zahlungsunfähigkeit oder Überschuldung der Gesellschaft führen mussten. In dem Zusammenhang stellt sich für den Geschäftsführer die Schwierigkeit, dass er einerseits zur Sanierung der Gesellschaft innerhalb von drei Wochen bis zur Pflicht zur Insolvenzantragstellung gem. § 15 a I InsO verpflichtet ist, andererseits aber gem. § 64 S. 3 GmbHG dem präventiv ausgestalteten Zahlungsverbot unterliegt.[242] Letztlich kann diese Kollision dahingehend gelöst werden, dass Zahlungen zur Sanierung, wenn sie nach sorgfältiger Prüfung des Geschäftsführers notwendig und erfolgversprechend erscheinen, keine Haftung nach § 64 S. 3 GmbHG auszulösen vermögen.

---

237 BGHZ 31, 258 (278).
238 Die prozessuale Geltendmachung von Schadensersatzansprüchen wegen Schädigung des Gesellschaftsvermögens gegen den Gesellschafter-Geschäftsführer bedarf jedenfalls keines vorherigen Beschlusses nach § 46 Nr. 8 GmbHG, OLG Düsseldorf DStR 2012, 1350.
239 BGHZ 142, 92; BGH NJW 2002, 3777 f. Zur Haftung des Alleingesellschafter-Geschäftsführers → Rn. 819.
240 BT-Drs. 16/6140, 39.
241 *Ulmer/Paefgen* Erg.-Band MoMiG § 40 Rn. 98.
242 *Poertzgen* NZI 2007, 15 (16). Vgl. zu § 64 S. 3 GmbHG auch *Haas* NZG 2013, 41.

Die Gesellschafterversammlung entscheidet über die Entlastung der Geschäftsführer (§ 46 Nr. 5 3. Var. GmbHG). Anders als bei der AG werden die GmbH-Geschäftsführer mit der Entlastung von ihren zum Zeitpunkt der Beschlussfassung erkennbaren Verbindlichkeiten gegenüber der Gesellschaft befreit. Ein Gesellschafter-Geschäftsführer darf über seine Entlastung nach § 47 IV GmbHG nicht mit beschließen.[243] Die Entlastung kann sich sogar auf bereicherungsrechtliche Ansprüche erstrecken.[244] Ein Anspruch auf Entlastung besteht indes nicht.[245]

778   Eine *strafrechtliche Verantwortlichkeit* trifft die Geschäftsführer etwa, wenn sie es versäumen, die Gesellschafter zu informieren, obgleich die Hälfte des Stammkapitals aufgezehrt ist (§ 84 I GmbHG), oder wenn sie nicht rechtzeitig die Insolvenz anmelden (§ 15a IV, V InsO). Daneben können sie sich nach §§ 283–283d StGB wegen Insolvenzstraftaten und nach allgemeinen Strafrechtstatbeständen wie §§ 263, 266, 266a StGB strafbar machen. Haftungsvorschriften für die *Verletzung steuerlicher Pflichten* beinhalten §§ 69, 34 I AO.

Auch gegenüber den *Gläubigern der Gesellschaft* kommt eine persönliche Haftung der Geschäftsführer in Betracht. Zu denken ist an eine Haftung des Vertreters ohne Vertretungsmacht nach § 179 BGB, auch aus §§ 280 I, 311 III, 241 II BGB (culpa in contrahendo), aus Rechtsscheinsgesichtspunkten sowie aus unerlaubter Handlung (§§ 823ff. BGB). Diese Haftung trifft iVm § 31 BGB auch die GmbH selbst, die unabhängig vom Innenverhältnis mit den Gesellschaftern gesamtschuldnerisch (§§ 421ff. BGB) haftet. Die deliktische Haftung setzt keine eigene aktive Handlung des Geschäftsführers voraus und kann folglich auch auf die Verletzung von Verkehrssicherungs- oder Organisationspflichten gestützt werden.[246] Allerdings ergibt sich allein aus § 43 I GmbHG keine für eine Haftung wegen Unterlassens erforderliche Garantenpflicht des Geschäftsführers zur Verhinderung von Vermögensschäden gegenüber außenstehenden Dritten.[247] Im Rahmen einer Haftung aus § 823 II BGB iVm Vorschriften des GmbHG oder der InsO ist stets zu prüfen, ob es sich bei der entsprechenden Norm um ein Schutzgesetz handelt. Dies wird für §§ 30, 41 I, 43 GmbHG verneint,[248] für § 15a I, IV, V InsO hingegen bejaht.[249] Bis zur Eintragung kommt auch die Handelndenhaftung nach § 11 II GmbHG (→ Rn. 745) in Betracht.

Eine persönliche Haftung des Geschäftsführers gegenüber Dritten kann auch wegen Verschuldens bei Vertragsverhandlungen nach §§ 280 I, 311 III, 241 II BGB in Betracht kommen, wobei wohl allein die Fallgruppe der Inanspruchnahme besonderen persönlichen Vertrauens von Bedeutung ist.[250] Um das Haftungsrisiko der Gesellschafter-Geschäftsführer nicht über Gebühr auszudehnen, verlangt die Rechtsprechung

---

243 BGHZ 97, 28 (33); 108, 21.
244 BGHZ 97, 382.
245 BGHZ 94, 324.
246 Etwa BGHZ 109, 297ff. (rechtswidrige und schuldhafte Vereitelung des Anwartschaftsrechts eines Lieferanten – sog. Baustoffentscheidung); BGH NJW 1996, 1535 (1537); dazu *Groß* ZGR 1998, 550 (564ff.); krit. *Baumbach/Hueck/Zöllner/Noack* GmbHG § 43 Rn. 77f.
247 BGH NJW 2012, 3439 (3441f.).
248 BGHZ 110, 342 (360); 125, 366 (375ff.).
249 BGHZ 171, 46 (49); *Kübler/Assmann* GesR § 18 V 2b bb (S. 228); zu weiteren Schutzgesetzen *Groß* ZGR 1998, 550 (557ff.).
250 BGHZ 126, 181 (186ff.) zum Fall der Bestellung dinglicher Sicherheiten für Gesellschaftsverbindlichkeiten aus dem Vermögen des Alleingesellschafter-Geschäftsführers; BGH NJW-RR 1992, 1061f. zur Umsatzbeteiligung des Geschäftsführers im Zusammenhang mit dem Geschäftsabschluss.

vielmehr einen über das »normale Verhandlungsvertrauen« hinausgehenden Vertrauenstatbestand, der einer Garantiezusage gleichkommt. Für eine Vertrauenshaftung ist aber etwa bei Formulierungen wie »Sie können sich auf mich verlassen« oder »Sie können mir doch vertrauen« Raum.[251]

Eine Haftung der Geschäftsführer *gegenüber den Gesellschaftern* sieht § 31 VI GmbHG in Fällen der Erstattung vorschriftswidriger Zahlungen vor. Im Übrigen kommt eine Haftung nach den allgemeinen schuld- und deliktsrechtlichen Bestimmungen in Betracht. Häufig wird ein Gesellschafter jedoch nur mittelbar durch die Wertminderung seines Anteils geschädigt. In diesen Fällen findet der Ausgleich durch Leistung in das Vermögen der Gesellschaft statt.[252]

> In **Fall c** hat die GmbH einen Anspruch gegen Z und Y aus § 43 II GmbHG, da diese ihre Pflicht schuldhaft verletzt haben, die Erfüllung öffentlich-rechtlicher Verpflichtungen der Gesellschaft – insbesondere die Zahlung von Steuern und die Abführung der Sozialversicherungsbeiträge – sicherzustellen. Die Krankenkasse als Einzugsstelle für Sozialversicherungsbeiträge (§ 28h I SGB IV) hat einen Anspruch auf Zahlung aus § 28e SGB IV. Einen etwaigen Schaden wie einen Zinsverlust kann sie möglicherweise nach § 823 II BGB iVm § 266a StGB von Y und Z ersetzt verlangen. Bei § 266a StGB handelt es sich um ein Schutzgesetz,[253] dessen objektiver Tatbestand durch die Nichtzahlung der fälligen Arbeitnehmerbeiträge erfüllt ist. Dabei trifft die Beitragsabführungspflicht zwar grundsätzlich die GmbH als Arbeitgeberin, diese handelt jedoch durch ihre Organe (vgl. auch § 14 I Nr. 1 StGB). Eine Aufgabenteilung innerhalb der Geschäftsführung ist zwar möglich und auch üblich, entbindet die einzelnen Geschäftsführer aber nicht von ihrer grundsätzlichen Allzuständigkeit und Pflicht zur gesamten Geschäftsführung. Deshalb lässt § 37 GmbHG eine Beschränkung der Vertretungsmacht im Außenverhältnis nicht zu. Im Bereich der deliktischen Haftung kann die Verantwortlichkeit durch Zuständigkeitsregelungen jedoch eingeschränkt werden, da ein berechtigtes Vertrauen darauf besteht, dass jeder Geschäftsführer und weitere mit Aufgaben betraute Personen, wie hier P, ihren Pflichten ordnungsgemäß nachkommen. Dennoch trifft die Geschäftsführer immer eine Überwachungspflicht, die vor allem in Krisensituationen zum Tragen kommt.[254] Dieser Pflicht sind Y und Z nicht in hinreichendem Maße nachgekommen, als sie trotz Kenntnis von der Krise die Abführung der Sozialversicherungsbeiträge allein dem P überlassen haben. Die GmbH war zu diesem Zeitpunkt auch noch zahlungsfähig, sodass die Tatbestandsmäßigkeit nicht mangels tatsächlicher Unmöglichkeit der Pflichterfüllung entfällt.[255] Für den Vorsatz reicht insoweit aus, dass Y und Z die Umstände kannten, die ihre Handlungspflichten begründeten. Der BGH lässt es ausreichen, wenn es Geschäftsführer für möglich halten und billigend in Kauf nehmen, dass die Gesellschaft nicht mehr in der Lage sein wird, die Sozialversicherungsbeiträge zu zahlen und dass dies die Folge ihres aktuellen Verhaltens sein wird.[256] Dies ist aufgrund der Kenntnis der Krise der Fall. Da auch die weiteren Voraussetzungen vorliegen, haften Y und Z der Krankenkasse nach § 823 II BGB iVm § 266a StGB auf Schadensersatz.
>
> In der **Abwandlung** kommen jeweils Ansprüche von S und B aus § 823 II BGB iVm § 15a I 1 InsO in Betracht. § 15a I 1 InsO, ein Schutzgesetz iSd § 823 II BGB, ist weit zu verstehen: Es haften nicht nur die formell bestellten Geschäftsführer, sondern auch solche Personen, die tatsächlich wie geschäftsführende Organe tätig werden, ohne ein solches Amt zu bekleiden (sog. faktische Geschäftsführer),[257] und damit auch X. Dieser hätte bereits im November die Eröffnung des Insolvenzverfahrens beantra-

---

251 *Lutter* GmbHR 2000, 301 (309).

252 Baumbach/Hueck/*Zöllner*/*Noack* GmbHG § 43 Rn. 64.

253 BGHZ 133, 370 (374).

254 BGHZ 133, 370 (374ff.).

255 Dazu BGH NJW 1997, 133 (134).

256 BGHZ 134, 304 = NJW 1997, 1237 (1239). S. auch *Ast/Klocke* DZWiR 2015, 491 (495).

257 BGHZ 104, 44 = NJW 1988, 1789 (noch zu § 64 I GmbHG aF); die Übernahme in die InsO sollte ausweislich der Regierungsbegründung hieran jedoch nichts ändern, Stellungnahme BR BT-Drs. 16/6140, 72.

gen müssen. Nach früherer Rechtsprechung[258] konnten Gesellschaftsgläubiger im Fall der Insolvenzverschleppung vom Geschäftsführer lediglich Ersatz ihres Quotenschadens verlangen, also des jeweiligen Betrags, der bei ordnungsgemäßem Insolvenzverfahren auf sie entfallen wäre. Inzwischen können jedoch Gläubiger, die erst nach dem Zeitpunkt der Insolvenzreife der GmbH mit dieser einen Vertrag geschlossen haben (Neugläubiger), den Schaden geltend machen, der dadurch entstanden ist, dass sie in Rechtsbeziehungen zu einer überschuldeten GmbH getreten sind (Kontrahierungsschaden).[259] Dieser auf Ersatz des negativen Interesses gerichtete Schadensersatzanspruch aus § 823 II BGB iVm § 15a I 1 InsO verjährt nach den allgemein gültigen Vorschriften für deliktische Ansprüche.[260] B kann also von X 5.000 EUR verlangen, L hingegen nur den Betrag, der im Vergleich zur hypothetischen Lage von November 2008 im Februar 2009 weniger auf seine Quote entfällt. Ein Anspruch des B aus § 823 II BGB iVm § 263 StGB scheitert am fehlenden Vorsatz des X. Im Übrigen ist immer auch an eine (Mit-)Haftung der GmbH über § 31 BGB zu denken.

2. Gesellschafterversammlung

779 **a)** In der Gesellschafterversammlung erfolgt die *Willensbildung* der GmbH. Hier hat die Gesamtheit der Gesellschafter die ihr im Gesellschaftsvertrag aufgeführten Aufgaben zu erfüllen. Soweit der Gesellschaftsvertrag keine abweichende Regelung enthält (vgl. § 45 II GmbHG), ist die Gesellschafterversammlung für die in § 46 GmbHG aufgezählten Belange *zuständig*. Dies betrifft etwa die Einforderung von Einlagen und die Kontrolle der Geschäftsführer. Anders als die mit Geschäftsführungsbelangen kaum betraute Hauptversammlung in der AG (vgl. § 119 II AktG) kann die Gesellschafterversammlung grundsätzlich sämtliche Zuständigkeiten an sich ziehen. Sie kann jederzeit durch Weisungen (§ 37 I GmbHG) unmittelbar Einfluss auf die Geschäftsführung des Unternehmens nehmen. Außerdem kann sie neue Gremien einrichten und mit umfassenden Kompetenzen ausstatten. Einige Angelegenheiten sind ausschließlich der Gesellschafterversammlung vorbehalten und können nicht delegiert werden. Zu den unübertragbaren Kernkompetenzen zählen die Änderung des Gesellschaftsvertrags (§ 53 GmbHG, → Rn. 783), die Einforderung von Nachschüssen (§ 26 I GmbHG, → Rn. 754), Kapitalmaßnahmen (§§ 53 ff. GmbHG), die Beschlussfassung über die Auflösung der Gesellschaft (§ 60 I Nr. 2 GmbHG) sowie umwandlungsrechtliche Maßnahmen (§§ 13 I, 50 I 1, 193 I 1 UmwG). Darüber hinaus besteht eine ungeschriebene ausschließliche Kompetenz für Grundlagenentscheidungen wie etwa die Festlegung der Grundlagen der Geschäftspolitik.[261]

780 **b)** Die Gesellschafterversammlung ist gem. § 49 I GmbHG durch die Geschäftsführer *einzuberufen,* und zwar mindestens einmal jährlich zur Verabschiedung der Bilanz und sonst, wenn es die Satzung vorsieht oder die Einberufung im Interesse der Gesellschaft erforderlich erscheint (§ 49 II GmbHG).[262] Eine Gesellschafterversammlung hat auch stattzufinden, wenn die Hälfte des Stammkapitals verlorengegangen ist (§ 49 III GmbHG) oder eine Minderheit von Gesellschaftern, deren Anteile zusammen mindestens zehn Prozent des Stammkapitals ausmachen, die Einberufung verlangt (§ 50 I

---

258 Grdl. BGHZ 29, 100.
259 BGHZ 126, 181; 164, 50 (60); 171, 46 (51 f.). Ist dem Neugläubiger durch Vertragsschluss mit der insolventen Gesellschaft ein Gewinn entgangen, den er sonst hätte erzielen können, ist dieser nach § 252 BGB zu ersetzen, BGH NZG 2009, 750 (751).
260 BGH NJW 2011, 2427 (2428).
261 BGH NJW 1991, 1681.
262 Abberufene aber noch im Handelsregister eingetragene Geschäftsführer sind, anders als bei der AG nach § 121 II 2 AktG, nicht zur Einberufung befugt, BGH NJW 2017, 1471 (1472 f.).

GmbHG). Im Hinblick auf das *Verfahren* haben die Geschäftsführer die Tagesordnung der Versammlung festzusetzen und die Gesellschafter unter Einhaltung einer Frist von einer Woche mittels eingeschriebenem Brief einzuladen (§ 51 I GmbHG). Ist keine ordnungsgemäße Einberufung erfolgt, kann die Gesellschafterversammlung nur wirksam Beschlüsse fassen, wenn sämtliche Gesellschafter anwesend sind (§ 51 III GmbHG) und der Beschlussfassung nicht widersprechen.[263]

c) Die Entscheidungsfindung erfolgt durch *Beschlussfassung* in der Gesellschafterversammlung (§ 48 I GmbHG). Auf die Abhaltung der Gesellschafterversammlung kann verzichtet werden, wenn sich alle Gesellschafter in Textform (§ 126 b BGB) entweder mit dem zu fassenden Beschluss oder mit einem schriftlichen Abstimmungsverfahren einverstanden erklärt haben (§ 48 II GmbHG). **781**

aa) Die Beschlussfassung erfolgt grundsätzlich mit *einfacher Stimmenmehrheit,* wobei § 47 I GmbHG ausdrücklich bestimmt, dass es auf die Mehrheit der abgegebenen Stimmen ankommt. Bei Stimmengleichheit ist ein Antrag abgelehnt.[264] Das Stimmrecht des Gesellschafters regelt § 47 GmbHG. Soweit nichts Abweichendes vereinbart ist, gewährt jeder Euro eines Geschäftsanteils eine Stimme (§ 47 II GmbHG). Anders als bei der AG ist auch die Vereinbarung von Höchst- oder Mehrfachstimmrechten zulässig.[265] Das Stimmrecht als solches ist nicht übertragbar (Abspaltungsverbot).[266] Jedoch kann der Gesellschafter einen Dritten in Textform zur Stimmrechtsausübung bevollmächtigen (§ 47 III GmbHG, § 126 b BGB). Die Beschlussfähigkeit der Gesellschafterversammlung unterliegt keiner gesetzlichen Regelung. Mangels näherer Bestimmung im Gesellschaftsvertrag ist Beschlussfähigkeit gegeben, soweit eine ordnungsgemäße Ladung erfolgt ist. Deshalb kann sogar ein allein anwesender Gesellschafter wirksam Beschlüsse fassen. **782**

bb) Gesellschaftsvertrag oder Gesetz können besondere Mehrheitserfordernisse voraussetzen. So ist der Beschluss über eine Änderung des Gesellschaftsvertrags – beispielsweise gerichtet auf die Herauf- oder Herabsetzung des Stammkapitals (§§ 55 ff. GmbHG, → Rn. 802 f.) nach § 53 II 1 GmbHG statt mit einfacher Mehrheit mit *Dreiviertelmehrheit* zu fassen und notariell zu beurkunden.[267] Nach § 54 I 1, III GmbHG muss der *satzungsändernde Beschluss* zu seiner Wirksamkeit zudem in das Handelsregister eingetragen werden. Im Übrigen bewirkt die Eintragung entsprechend § 242 I AktG auch die Heilung unwirksamer Beschlüsse,[268] die nur durch rechtzeitige Erhebung der Nichtigkeitsklage verhindert werden kann. Allerdings stellt nicht jede Änderung einer im Gesellschaftsvertrag enthaltenen Regelung zugleich eine Satzungsänderung dar. Vielmehr ist zwischen körperschaftlichen Regelungen, die »echte« Satzungsbestandteile sind, und schuldrechtlichen Nebenabreden im Gesellschaftsvertrag zu unterscheiden. Einer Dreiviertelmehrheit bedarf weiterhin auch der Beschluss über die Auflösung der Gesellschaft (§ 60 I Nr. 2 aE GmbHG, → Rn. 813). **783**

---

263 BGHZ 100, 264 (269 f.).
264 Baumbach/Hueck/*Zöllner/Noack* GmbHG § 47 Rn. 3. Zum Sonderfall der sog. stimmlosen Beschlüsse, bei denen alle abgegebenen Stimmen nichtig sind, *Semler/Asmus* NZG 2004, 881 ff.
265 Zu abw. Satzungsbestimmungen iE Baumbach/Hueck/*Zöllner/Noack* GmbHG § 47 Rn. 67 ff., 106.
266 BGHZ 43, 261 (267).
267 Setzt der Vertrag für einen Beschluss die Zustimmung aller Gesellschafter voraus, gilt dies auch für die Änderung dieser Klausel, OLG Hamm RNotZ 2016, 188 (191 f.).
268 BGH NJW 1996, 257.

784 **cc)** Aus Gründen des Minderheitenschutzes erfordern bestimmte Beschlüsse die *Zustimmung der betroffenen Gesellschafter.* Dies trifft insbesondere auf die Erhöhung der den Gesellschaftern nach dem Gesellschaftsvertrag obliegenden Leistungen (§ 53 III GmbHG), den Entzug von Sonderrechten (§ 35 BGB) und Vinkulierungsklauseln (→ Rn. 759) zu. Die Zustimmung ist als weitere Wirksamkeitsvoraussetzung des Gesellschafterbeschlusses von der Mitwirkung an der Beschlussfassung abzugrenzen. Allerdings liegt idR in einer positiven bzw. negativen Stimmabgabe zugleich die konkludente Zustimmung bzw. Verweigerung der Zustimmung.[269]

785 **dd)** Zur Vermeidung von Interessenkonflikten besteht gem. § 47 IV GmbHG ein *Stimmverbot,* soweit der Beschluss eigene Interessen des Gesellschafters berührt.[270] Indes kommt ein Ausschluss von der Teilnahme nicht in Betracht. Beteiligt sich ein Gesellschafter gleichwohl an der Beschlussfassung, wird seine Stimme nicht berücksichtigt.[271] Wird das Ergebnis eines Beschlusses durch Mitzählen von verbotswidrig abgegebenen Stimmen beeinflusst, kann zur Klärung eine Feststellungsklage erhoben bzw. nach bereits erfolgter verbindlicher Feststellung des Beschlussergebnisses Anfechtungsklage erhoben werden.[272] Darüber hinaus handelt es sich bei Stimmverboten um Schutzgesetze, weshalb ihre Verletzung eine Schadensersatzpflicht des Abstimmenden nach sich ziehen kann.[273]

Dieses Stimmverbot gilt grundsätzlich für sämtliche und damit auch für einseitige Rechtsgeschäfte und ebenso für rechtsgeschäftsähnliche Handlungen. Nach seinem Sinn und Zweck ist § 47 IV GmbH jedoch nicht auf Beschlüsse anwendbar, die innere Angelegenheiten der Gesellschaft betreffen (sog. Sozialakte bzw. korporative Geschäfte).[274] Dabei steht der Gesellschafter der Gesellschaft nämlich nicht wie ein außenstehender Dritter gegenüber, sondern übt das ihm aufgrund seiner Gesellschafterstellung zustehende Mitbestimmungsrecht in Verbandsangelegenheiten aus.[275] So hat beispielsweise bei der Beschlussfassung über die Kündigung eines Beherrschungs- und Gewinnabführungsvertrags als körperschaftlichem Sozialakt durch die beherrschte Gesellschaft der herrschende Gesellschafter entgegen § 47 IV 2 1. Var. GmbHG ein Stimmrecht.[276] Auch insoweit unterliegt der Gesellschafter freilich der gesellschaftsrechtlichen Treuepflicht und kann ein gesellschaftsschädliches

---

269 HK-GmbHG/*Inhester* § 53 Rn. 40.
270 Das ist bspw. auch der Fall, wenn der Beschluss ein Rechtsgeschäft mit einer anderen Gesellschaft betrifft, an welcher der Gesellschafter ein besonderes unternehmerisches Interesse hat, etwa weil er sie so beherrscht, dass er dort eher Zugriff auf die mit dem Rechtsgeschäft verbundene Leistung hat als in der abstimmenden Gesellschaft, vgl. OLG Brandenburg GmbHR 2017, 408 (416) = BeckRS 2016, 111779.
271 OLG Brandenburg NJW-RR 2001, 1185 (1187); Baumbach/Hueck/*Zöllner/Noack* GmbHG § 47 Rn. 104.
272 Baumbach/Hueck/*Zöllner/Noack* GmbHG § 47 Rn. 104 und Anh. § 47 Rn. 118.
273 Baumbach/Hueck/*Zöllner/Noack* GmbHG § 47 Rn. 105; Michalski/*Römermann* GmbHG § 47 Rn. 322; aA aber Ulmer/*Hüffer/Schürnbrand* GmbHG § 47 Rn. 196 ff.; Scholz/*K. Schmidt* GmbHG § 47 Rn 176.
274 RGZ 138, 106 (111); BGHZ 18, 205 (210); 51, 209 (215 f.) (Bestellung zum Geschäftsführer und ihm zu gewährende Vergütung); 48, 163 (167) (Genehmigungen der Veräußerung eines vinkulierten Anteils); BGH DB 1977, 342 ff. (Einziehungsbeschlüsse); NJW 1991, 172 (173 f.) (Beschluss über Einforderung der Stammeinlage). Ausf. Scholz/*K. Schmidt* GmbHG § 47 Rn. 110 ff., der sich für eine Differenzierung nach Wertungsgesichtspunkten ausspricht.
275 BGH NJW 1991, 172 (173 f.).
276 BGHZ 190, 45 = NJW-RR 2011, 1117 (1118) mAnm *K. Schmidt* JuS 2011, 1129 ff.

Verhalten einen wichtigen Grund zur Auflösung der Gesellschaft (§ 61 GmbHG) begründen.[277]

ee) Durch einen *Stimmbindungsvertrag*[278] mit einem Gesellschafter, der Gesellschaft oder einem Dritten[279] kann sich ein Gesellschafter verpflichten, von seinem Stimmrecht nur in bestimmter Weise Gebrauch zu machen. Ein solcher Vertrag, der in den Grenzen der §§ 134, 138 BGB wirksam ist, entfaltet aber nur schuldrechtliche Wirkung zwischen den beteiligten Parteien. Eine vertragswidrig abgegebene Stimme ist gleichwohl gültig und hat keinen Einfluss auf die Wirksamkeit des Gesellschafterbeschlusses. **786**

Eine positive Stimmpflicht kann sich zudem aus der gesellschaftlichen Treuepflicht oder unmittelbar aus dem Gesellschaftsvertrag ergeben. Das ist etwa der Fall, wenn eine Maßnahme zur Erhaltung wesentlicher von den Gesellschaftern geschaffener Werte oder zur Vermeidung erheblicher Verluste objektiv erforderlich und den Gesellschaftern unter Berücksichtigung ihrer eigenen schutzwürdigen Belange auch zumutbar ist.[280] Anders als im Fall eines Stimmbindungsvertrags ist eine treuwidrig abgegebene bzw. gegen die körperschaftsrechtliche Stimmbindung erfolgte Stimmabgabe nichtig und darf nicht mitgezählt werden.[281]

ff) Als Willenserklärung bzw. Rechtsgeschäft sind Stimmabgabe und Beschlussfassung grundsätzlich an §§ 104ff. BGB zu messen. Um Rechtsunsicherheit zu vermeiden und einen Gleichlauf mit dem Aktienrecht zu erreichen, sind die von der Gesellschaft getroffenen Beschlüsse jedoch grundsätzlich *wirksam,* selbst wenn diese *fehlerhaft* sind. Nach einhelliger Auffassung sind auf fehlerhafte Beschlüsse die aktienrechtlichen Vorschriften (§§ 241ff. AktG; ausführlich → Rn. 618ff.) entsprechend anzuwenden,[282] soweit diese mit der Regelungsstruktur der GmbH vereinbar sind.[283] Danach ist ein Beschluss nur in seltenen, abschließend aufgezählten Fällen nichtig und im Übrigen lediglich anfechtbar. **787**

(1) Leidet ein Beschluss unter einem besonders schweren Mangel, ist dieser entsprechend § 241 AktG nichtig. Ein zur *Nichtigkeit* führender Mangel liegt etwa vor, wenn Gesellschafter nicht geladen und deshalb nicht an der Beschlussfassung beteiligt werden (§ 241 Nr. 1 AktG analog),[284] der Beschluss nicht ordnungsgemäß beurkundet ist (§ 241 Nr. 2 AktG analog), eine zum Schutz öffentlicher Interessen erlassene Vorschrift durch den Beschluss verletzt wird (§ 241 Nr. 3 AktG analog) oder der Beschluss nach seinem Inhalt »für sich allein betrachtet« – und nicht nur nach Zweck sowie Art und Weise seines Zustandekommens[285] – oder wegen der Schädigung Dritter gegen die gu-

---

277 RGZ 138, 106 (111); BGH NJW 1991, 172 (173) für die Weigerung, trotz Liquiditätsschwierigkeiten der Einforderung der restlichen Stammeinlagen zuzustimmen.
278 Ausf. Baumbach/Hueck/*Zöllner/Noack* GmbHG § 47 Rn. 113ff.; *K. Schmidt* GesR § 21 II 4 (S. 616ff.); *D. Mayer* GmbHR 1990, 61ff.
279 Str., bejahend Baumbach/Hueck/*Zöllner/Noack* GmbHG § 47 Rn. 113.
280 BGH NJW 2016, 2739f.
281 BGHZ 102, 172 (176).
282 Grdl. *Fleischer* GmbHR 2013, 1289ff.
283 Die Beurteilung kann im Einzelfall schwierig sein, zB hinsichtlich des Freigabeverfahrens nach § 246a AktG. Gegen eine analoge Anwendung KG BB 2011, 2114; *Meuer* GmbHR 2013, 729ff.; Baumbach/Hueck/*Zöllner/Noack* GmbHG § 54 Rn. 28. AA aber *Bayer/Lieder* NZG 2011, 1170ff.
284 Hingegen sind Gesellschafterbeschlüsse, die in Räumen eines verfeindeten Gesellschafters gefasst werden, in der Regel wirksam aber anfechtbar, BGH NZI 2016, 702 (704f.).
285 BGHZ 101, 113 (116f.).

ten Sitten verstößt (§ 241 Nr. 4 AktG analog). Die Nichtigkeit wirkt unmittelbar und ohne gerichtliche Feststellung gegenüber jedermann.[286] Im Streitfall ist diese mit einer Nichtigkeitsfeststellungsklage geltend zu machen. Diese ist entsprechend §§ 249 I 1, 246 II 1, III 1 AktG gegen die Gesellschaft zu richten und bei dem Landgericht zu erheben, in dessen Bezirk die Gesellschaft ihren Sitz hat. Wird der Klage stattgegeben, stellt das Gericht die Nichtigkeit (deklaratorisch) fest. Die Geltendmachung der Nichtigkeit ist bei eintragungspflichtigen Beschlüssen entsprechend § 242 II 1 AktG nicht mehr möglich, wenn seit der Eintragung ins Handelsregister drei Jahre verstrichen sind.[287] Der Fehler ist dann geheilt. Eintragungsfreie Beschlüsse sind indes nicht heilbar.

(2) Ein *Anfechtungsgrund* ist insbesondere bei einem Verstoß gegen die Satzung oder gesetzliche Vorschriften gegeben (§ 243 I AktG analog). Wie bei der AG (→ Rn. 621 ff.) muss die Anfechtung entsprechend § 243 AktG im Klagewege erfolgen.[288] Die Anfechtungsklage ist innerhalb angemessener Frist zu erheben, die sich nach den Umständen des Einzelfalls bemisst. In Anlehnung an § 246 I AktG kann dabei von etwa einem Monat ausgegangen werden.[289] Ist die Anfechtungsklage begründet, erklärt das Gericht den Beschluss analog § 241 Nr. 5 AktG rückwirkend (ex tunc) für unwirksam.

(3) Umstritten ist die Rechtslage hinsichtlich *satzungsdurchbrechender* Beschlüsse. Dabei handelt es sich um Beschlüsse, welche die Satzung zwar nicht für die Zukunft ändern sollen, aber eine Regelung für einen Einzelfall treffen, die im Widerspruch zur Satzung steht.[290] Satzungsverletzende Beschlüsse sind lediglich anfechtbar, satzungsändernde hingegen unwirksam, solange sie nicht eingetragen sind (§ 54 III GmbHG). Uneinigkeit besteht hinsichtlich der Frage, wann eine Satzungsänderung in diesem Sinne vorliegt. Der BGH differenziert hierbei nach der Wirkung des Beschlusses. Handelt es sich lediglich um einen »punktuellen« Beschluss, dessen Wirkung sich »in der betreffenden Maßnahme erschöpft«, sei dieser zulässig. Unwirksam seien jedoch Beschlüsse mit zustandsbegründender »Dauerwirkung«, wenn die entsprechenden Voraussetzungen der §§ 53, 54 GmbH fehlten.[291] Die Gegenansicht stellt zur Abgrenzung auf den Willen der Gesellschafter ab, die Satzung zu ändern.[292] Ein solcher Wille lässt sich jedoch nur schwer feststellen und muss auch nicht bei allen Gesellschaftern übereinstimmend vorhanden sein. Die analog anzuwendende Vorschrift des § 243 I AktG steht einer grundsätzlichen Unwirksamkeit eines jeden gegen die geltende Satzung verstoßenden Beschlusses entgegen. Im Ergebnis wird man unter Heranziehung sowohl objektiver als auch subjektiver Kriterien eine Einzelfallentscheidung treffen müssen, obgleich dies der Rechtssicherheit wenig zuträglich ist.

In **Fall d** könnten J und O gegen das Stimmverbot des § 47 IV 1 GmbHG verstoßen haben. Dies ist zweifelhaft. Denn weder hat J bei der Entlastung des O mitgestimmt noch ist dies im gegenteiligen Fall erfolgt. Andererseits sollte über die Entlastung »der Geschäftsführung« abgestimmt werden und

---

286 HK-GmbHG/*Puszkajler* Anh. § 47 Rn. 10.
287 BGHZ 80, 212.
288 BGHZ 104, 66 (69).
289 BGHZ 111, 224; 116, 359 (375).
290 BGHZ 123, 15 (19); Baumbach/Hueck/*Zöllner/Noack* GmbHG § 53 Rn. 40; ausf. *Priester* ZHR 151 (1987), 40.
291 BGHZ 123, 15 (19); zust. Michalski/*Hoffmann* GmbHG § 53 Rn. 39 f.; gegen diese Unterscheidung *Habersack* ZGR 1994, 354 (360 ff.).
292 So *Habersack* ZGR 1994, 354 (361 ff.).

konnten die Geschäftsführer nur gemeinsam handeln. Ebenso wie das Stimmverbot beim Vorwurf gemeinsam begangener Pflichtverletzungen die Abstimmung über das Verhalten aller daran Beteiligten erfasst, weil dieses in einem solchen Fall nur einheitlich beurteilt werden kann,[293] dürfen die Organe nicht mitstimmen, wenn ihre Tätigkeit im Ganzen zu beurteilen ist.[294] Deshalb haben J und O gegen § 47 IV 1 GmbHG verstoßen.

Die Satzung könnte allerdings beide von diesem Verbot entbunden haben. Wie sich aus § 45 II GmbHG ergibt, sind §§ 46–51 GmbHG dispositiv. Mit einer Regelung wie im Beispielfall begeben sich die Gesellschafter allerdings in die Hand eines potentiellen Schädigers. Daher ist die Abbedingung des Stimmverbots jedenfalls hinsichtlich einer Entlastung nicht möglich und die Klausel gem. § 138 I BGB nichtig.[295] J und O sind folglich nicht wirksam von ihrem Stimmverbot entbunden worden. Die Folge ist, dass ihre Stimme jeweils nicht mitgezählt wird. Im Fall der Entlastung des J würde die Stimmabgabe des O auch bei ihrer Wirksamkeit ohne Folgen bleiben. Denn die Mehrheit der Stimmen hatte D (30.000), der gegen eine Entlastung gestimmt hat. Anders verhält es sich mit der Entlastung des O. Diese wäre bei unterstellter Wirksamkeit der Stimmen des J erfolgt (50.000 Stimmen zu 30.000 Stimmen). D kann in diesem Fall Klärung des Ergebnisses durch Feststellungsklage beantragen. In der **Abwandlung** existiert auch hinsichtlich der Entlastung des O durch die förmliche Beschlussfeststellung zunächst ein wirksamer Beschluss, der im Wege der Anfechtungsklage analog § 243 AktG beseitigt werden kann.[296]

3. Weitere Organe

a) Im Gesellschaftsvertrag kann für die Gesellschaft als beratendes und kontrollierendes Organ ein Aufsichtsrat bestellt werden (§ 52 GmbHG). Die Rechtsverhältnisse (Bestellung, Abberufung, Aufgaben) richten sich in erster Linie nach dem Gesellschaftsvertrag. Für einen solchen *fakultativen Aufsichtsrat* gelten ergänzend eine Reihe aktienrechtlicher Vorschriften, insbesondere § 105 AktG, wonach eine Personenidentität in Aufsichtsrat und Geschäftsführung ausgeschlossen ist. Weitere Funktionen des Aufsichtsrats können in der Überwachung der Geschäftsführung, Prüfung der Bücher (§ 52 I GmbHG iVm § 111 I, II AktG) und der außergerichtlichen Vertretung der Gesellschaft gegenüber den Geschäftsführern (§ 52 I GmbHG iVm § 112 AktG) bestehen. Die Einordnung als Aufsichtsrat und die Anwendung von § 52 GmbHG sind unabhängig von der verwendeten Bezeichnung im Gesellschaftsvertrag. Vielmehr kommt es auf die übertragenen Zuständigkeiten und insbesondere die Überwachung der Geschäftsführung an.[297] **788**

Bei *Pflichtverletzungen* haften die Aufsichtsratsmitglieder der Gesellschaft nach § 52 I GmbHG iVm §§ 116 S. 1, 93 AktG.[298] Für Schäden, die bei gesellschaftsfremden Dritten entstanden sind, hat der fakultative Aufsichtsrat dagegen – anders als der obligatorische – nicht einzustehen. Denn regelmäßig wollen die Gesellschafter allein mit der Bildung eines fakultativen Aufsichtsrats nicht von der dualistischen Struktur der GmbH und ihrem charakteristischen Weisungsrecht gegenüber den Geschäftsführern

---

293 BGHZ 97, 28 (33 f.).
294 BGHZ 108, 21 (25).
295 BGHZ 108, 21 (27 f.). Die hM differenziert hinsichtlich der Abdingbarkeit nach dem jeweiligen Schutzzweck der Norm. Zu den einzelnen Fallgruppen Michalski/*Römermann* GmbHG § 47 Rn. 336 ff.
296 Dazu BGHZ 97, 28 (30); 104, 66 (69).
297 *Müller/Wolff* NZG 2003, 751 (755).
298 Näher zur Haftung wegen Verletzung der Überwachungspflicht BGHZ 187, 60 = NJW 2011, 221 (??? ff.) – Doberlug.

abweichen. In der Regel soll nur ein Gremium geschaffen werden, das für die Gesellschafterversammlung als maßgeblichem Willensbildungs- und Kontrollorgan Teilaufgaben der Überwachung der Geschäftsführer übernimmt und sicherstellt, dass diese die Geschäfte so führen, wie es dem wohlverstandenen Interesse der Gesellschafter entspricht. Darüber hinausgehende öffentliche Belange hat der fakultative Aufsichtsrat deshalb nicht zu wahren und kann folglich auch nicht im Interesse der Allgemeinheit in die Pflicht genommen werden.[299]

789 b) Die Vertragsfreiheit der Gesellschafter, die ihnen die Bildung eines Aufsichtsrates freistellt, stößt dort an ihre Grenzen, wo ein Mitbestimmungsgesetz die Bildung eines *obligatorischen Aufsichtsrats* vorschreibt (§§ 3 I, 1 MontanMitbestG, §§ 6 I, 1 I MitbestG, § 1 I Nr. 3 DrittelbG). Dies kann ab einer bestimmten Betriebsgröße (500,[300] 1000[301] bzw. 2000[302] Arbeitnehmer) der Fall sein (ausführlich zur Mitbestimmung § 35). Einem solchen Aufsichtsrat muss ein bestimmter Anteil an Arbeitnehmern angehören. Je nach Betriebsgröße kann er unterschiedlichen Einfluss auf die Unternehmensleitung nehmen und etwa für die Bestellung und Abberufung der Geschäftsführer zuständig sein. Soweit gesetzlich nichts anderes vorgeschrieben ist, gelten für den obligatorischen Aufsichtsrat zwingend die aktienrechtlichen Bestimmungen (§ 3 II MontanMitbestG, § 25 I 1 Nr. 2 MitbestG).

790 c) Neben dem fakultativen Aufsichtsrat können die Gesellschafter auch *sonstige freiwillige Organe* wie einen Beirat, Verwaltungsrat oder auch Gesellschafterausschüsse im Gesellschaftsvertrag vorsehen. Für den Begriff des häufig in einer GmbH anzutreffenden Beirats gibt es im GmbH-Recht weder eine gesetzliche Definition noch eine feste Aufgabenbeschreibung.[303] Teilweise wird der Begriff synonym zum fakultativen Aufsichtsrat verwendet. Andererseits können einem Beirat die unterschiedlichsten Funktionen bis hin zur Stellung als bloßes funktionsloses Honoratiorengremium zukommen. In der Regel wird der Aufsichtsrat eher ein Kontrollorgan sein, während der Beirat vor allem beratend tätig wird.[304] Je nach Zuständigkeit und Funktion der einzelnen Gremien kann eine entsprechende Anwendung von § 52 GmbHG geboten sein.[305]

V. Finanzverfassung

1. Grundlagen

791 Die Gesellschafter bringen bei der Gründung das Stammkapital auf (Kapitalaufbringung), und zwar in Form von Bareinlagen in Geld oder Sacheinlagen. Das Vorhandensein des Stammkapitals gleicht die grundsätzlich fehlende unbeschränkte Haftung wenigstens einer natürlichen Person aus. Demzufolge bedarf es besonderer Regelungen,

---

299 BGHZ 135, 48 (53 ff.); 187, 60 = NJW 2011, 221 (223 f.) – Doberlug, mAnm *K. Schmidt* JuS 2011, 75.
300 § 1 I Nr. 3 DrittelbG.
301 § 1 II MontanMitbestG.
302 § 1 I Nr. 2 MitbestG.
303 *K. Schmidt* GesR § 36 IV 3. (S. 1110).
304 Zum Verhältnis freiwillig geschaffener Organe untereinander Baumbach/Hueck/*Zöllner/Noack* GmbHG § 45 Rn. 19; *Müller/Wolff* NZG 2003, 751 ff.
305 Baumbach/Hueck/*Zöllner/Noack* GmbHG § 52 Rn. 22.

welche die *Aufbringung des Stammkapitals* (unter 2.) und seine *Erhaltung* (unter 3.) gewährleisten. Zwar ist das Stammkapital eine feste Größe, es kann bei Einhaltung bestimmter Regularien aber auch erhöht oder herabgesetzt werden (unter 4.). Überdies können die Gesellschafter ihrer Gesellschaft weiteres Eigenkapital überlassen oder, ebenso wie Dritte, auch Fremdkapital, vor allem in Form von Darlehen, zur Verfügung stellen (unter 5.). Schließlich können Gesellschafter aus Gründen des Gläubigerschutzes in Ausnahmefällen zur persönlichen Haftung verpflichtet sein (unter 6.).

2. Kapitalaufbringung

Mit Rücksicht darauf, dass Gläubiger nur auf das Gesellschaftsvermögen als Haftungsmasse zugreifen können (§ 13 II GmbHG), ist Vorsorge zu treffen, dass (mindestens) das im Handelsregister eingetragene Stammkapital auch tatsächlich zur Verfügung steht. Das Kapital kann durch Geld- oder Sacheinlagen aufgebracht werden. Dementsprechend wird zwischen Bar- und Sachgründung unterschieden. Für Letztere bestehen Sondervorschriften, die im Interesse der Gläubiger insbesondere eine angemessene Bewertung der Sache sicherstellen sollen. Obwohl in der Praxis häufig Sachmittel, insbesondere Betriebe, in eine GmbH eingebracht werden, geht das GmbHG von der *Bargründung* als Regelfall aus. Denn nach § 5 IV 1 GmbHG muss die Einlage in Geld erbracht werden, soweit im Gesellschaftsvertrag nicht ausdrücklich eine Sacheinlage vorgesehen ist. Die Gesellschafter (Inferenten) müssen ihre im Rahmen der Gründung übernommenen Einlageverpflichtungen erfüllen und sind zur Leistung des auf ihren GmbH-Anteil entfallenden Nennbetrages verpflichtet (§ 19 I, II GmbHG). Eine Unterpari-Emission ist unzulässig.[306] Ebenso wie die Gesamtsumme des Stammkapitals ist der Nennbetrag eines Geschäftsanteils in der Satzung zu bestimmen (§ 3 I Nr. 3, 4 GmbHG). Die Gesamtsumme entspricht den addierten Nennbeträgen aller Geschäftsanteile der GmbH (§ 5 III 2 GmbHG). Für die Höhe des Stammkapitals sieht § 5 I GmbHG einen Mindestbetrag *von 25.000 EUR (Mindeststammkapital)* vor, soweit es sich nicht um eine haftungsbeschränkte Unternehmergesellschaft nach § 5a GmbHG handelt. Dies ist keine eigene Rechtsform, sondern eine GmbH, die ohne nennenswertes Mindestkapital (mindestens aber 1 EUR, vgl. § 5 II 1, III 2 GmbHG) gegründet werden kann, § 5a I GmbHG (im Einzelnen → Rn. 820ff.).

a) Vor der Anmeldung der Gesellschaft zum Handelsregister muss eine Mindesteinzahlung auf die Einlagen erbracht werden. Dabei ist auf jede *Bareinlage* zumindest ein Viertel des Nennbetrages des Geschäftsanteils zu zahlen (§ 7 II 1 GmbHG). Sacheinlagen sind stets vollständig zu erbringen (§ 7 III GmbHG). Insgesamt muss eine Mindestgesamteinlage in Höhe der Hälfte des Mindeststammkapitals aufgebracht werden (§ 7 II 2 GmbHG). Hinsichtlich der noch nicht eingezahlten Teile der Stammeinlagen verfügt die Gesellschaft über entsprechende Forderungen gegen die Gesellschafter. In der Satzung kann ein fester Zahlungstermin für die Fälligkeit der Resteinlagen vereinbart werden. Ebenso kann die Fälligstellung durch eine Klausel erfolgen, wonach die Einlage »sofort« zu erbringen ist. Enthält der Gesellschaftsvertrag keine solche Bestimmung, wird die Resteinlage in einem zweistufigen Verfahren festgesetzt. Zunächst ist ein Gesellschafterbeschluss zu fassen (§ 46 Nr. 2 GmbHG). Hierbei sind auch die betroffenen Gesellschafter stimmberechtigt und nicht durch § 47 IV GmbHG beschränkt, weil es sich bei der Einforderung um einen körperschaftlichen Sozialakt han-

792

793

---

306 BGHZ 68, 191 (195).

delt.[307] Sodann muss der Geschäftsführer die Zahlung bei dem Gesellschafter entsprechend dem Gesellschafterbeschluss anfordern.[308]

Nach § 16 II GmbHG trifft die Haftung für die offenen Einlageforderungen auch einen Erwerber des Geschäftsanteils. Die Forderungen werden gemäß den Bestimmungen in der Satzung bzw. aufgrund des Gesellschafterbeschlusses fällig und sind durch den Geschäftsführer geltend zu machen. Bei Verzug sind diese zu verzinsen (§ 20 GmbHG). Erbringt ein Gesellschafter seine Bareinlage trotz Nachfristsetzung mit Androhung des Ausschlusses nicht, kann er im Wege der *Kaduzierung* gem. § 21 GmbHG ausgeschlossen werden (→ Rn. 764). »Sein« Geschäftsanteil existiert aber fort. Sowohl er als auch seine eventuellen Rechtsvorgänger haften nach §§ 21 III, 22 GmbHG für die offene Einlageforderung. Wird sie von einem Rechtsvorgänger erfüllt, fällt der Geschäftsanteil an diesen. Andernfalls muss der Geschäftsanteil gem. § 23 GmbHG öffentlich versteigert werden. Aus Gründen des Gläubigerschutzes trifft die übrigen Gesellschafter nach § 24 GmbHG eine subsidiäre Ausfallhaftung, wenn die Erfüllung einer Einlagepflicht mit anderen Mitteln nicht erreicht werden konnte. Für die offene Forderung haften die Gesellschafter gemäß dem Verhältnis ihrer Geschäftsanteile. Von der Verpflichtung zur Leistung der Einlage können sie sich grundsätzlich nicht durch eine *Erlassvereinbarung* oder *Aufrechnung* befreien (§ 19 II GmbHG). Eine Befreiung durch eine Kapitalherabsetzung ist gem. § 19 III GmbHG aber ebenso möglich wie eine Aufrechnung des Gesellschafters mit einer Forderung aus der Überlassung von Vermögensgegenständen, deren Anrechnung auf die Einlage gem. § 5 IV 1 GmbHG vereinbart wurde. Die Gesellschaft kann ihrerseits mit einer unbestrittenen, vollwertigen, liquiden und fälligen (Einlage-)Forderung gegen den Gesellschafter aufrechnen, wenn sie selbst zahlungsfähig und nicht überschuldet ist.[309]

794 **b)** Wird einem Gesellschafter im Gesellschaftsvertrag gestattet, seine Einlage durch die Leistung eines Vermögensgegenstandes zu erbringen, handelt es sich um eine *Sachgründung*. Dabei kann es sich um das Eigentum an beweglichen und unbeweglichen Sachen ebenso handeln wie um obligatorische Nutzungsrechte (etwa an Grundstücken und Gebäuden) sowie Anlagen, Patente, Warenzeichen, Forderungen (nicht aber solche gegen den Inferenten selbst oder gegen Mitgesellschafter) oder ganze Unternehmen. Nicht sacheinlagefähig sind hingegen entsprechend § 27 II AktG Verpflichtungen zu Dienstleistungen.[310] Dabei muss sichergestellt werden, dass die Sachwerte auch tatsächlich den Wert verkörpern, mit dem sie dem Gesellschafter auf die Einlageverpflichtung angerechnet werden sollen (§§ 9ff. GmbHG). Im Einzelnen gilt:

- Der Gegenstand der Sacheinlage und der für sie angesetzte Wert müssen im *Gesellschaftsvertrag* festgelegt werden (§§ 5 IV 1, 19 IV GmbHG).
- Die Angemessenheit der Bewertung der Sacheinlage ist nach § 5 IV 2 GmbHG in einem *Sachgründungsbericht* darzulegen.
- Die Sacheinlagen müssen den Geschäftsführern endgültig zur freien Verfügung stehen (§§ 7 III, 8 II 1 GmbHG) und sind vor der Anmeldung voll zu bewirken. Dabei meint Bewirken die Vornahme des jeweiligen abstrakten Geschäfts, also etwa die

307 BGH NJW 1991, 172 (173).
308 BGH BB 1961, 953.
309 BGHZ 152, 37.
310 Dazu BGHZ 180, 38 Rn. 9 = NJW 2009, 2375 (2376) – Qivive. Näher zur Sacheinlagefähigkeit MüKoGmbHG/*Schwandtner* § 5 Rn. 78 ff.

Forderungsabtretung oder Übereignung. Der Geschäftsführer muss bei der Anmeldung die Verträge über die Sacheinlagen mit dem Sachgründungsbericht und mit den den Wert der Sacheinlagen betreffenden Unterlagen einreichen (§ 8 I Nr. 4, 5 GmbHG).

Nicht selten kommt es zu einer *verdeckten Sacheinlage*. Dabei leistet der Gesellschafter zwar einen Betrag in bar als Einlage an die Gesellschaft. Seine Einlagesumme fließt aber entsprechend einer vorherigen Absprache sofort an ihn zurück, etwa als Kaufpreis für einen Vermögensgegenstand (zB ein Grundstück), den die Gesellschaft von ihrem Gesellschafter erworben hat. Wirtschaftlich betrachtet, erbringt der Gesellschafter dann »verdeckt« einen Gegenstand als Einlage. Wird dieser zudem zu einem überhöhten Preis erworben, fließt der Gesellschaft wirtschaftlich kein Wert in Höhe der Einlageverpflichtung zu. Hintergrund einer solchen Vorgehensweise ist meist die (un-)bewusste Umgehung der strengen Anforderungen, welche das Gesetz an die Einbringung einer Sacheinlage stellt. Wird ein Vermögensgegenstand verdeckt eingebracht, der einen höheren Wert als der Bareinlageanspruch hat, handelt es sich um eine verdeckte gemischte Sacheinlage. Eine solche ist wie eine »normale« verdeckte Sacheinlage zu behandeln, sofern es sich bei dem eingebrachten Vermögensgegenstand um eine unteilbare Leistung handelt.[311]

Früher hatte die verdeckte Sacheinlage keine Erfüllungswirkung. Sowohl das zur Erbringung geschlossene Verpflichtungs- als auch das Verfügungsgeschäft wurden als nichtig angesehen.[312] Heute definiert § 19 IV 1 GmbHG die verdeckte Sacheinlage als Geldeinlage eines Gesellschafters, die bei wirtschaftlicher Betrachtung und aufgrund einer im Zusammenhang mit der Übernahme der Geldeinlage getroffenen Abrede vollständig oder teilweise als Sacheinlage zu bewerten ist. Sie ist in Höhe ihres tatsächlichen Wertes, der wirtschaftlich zu ermitteln ist und für den der Gesellschafter die Beweislast trägt, *auf die Bareinlageverpflichtung des Gesellschafters anzurechnen,* § 19 IV 3 GmbHG. Die Anrechnung erfolgt erst nach Eintragung der Gesellschaft in das Handelsregister, § 19 IV 4 GmbHG. Bei einer verdeckten gemischten Sacheinlage darf die Anrechnung wegen des Grundsatzes der realen Kapitalaufbringung nicht zu Lasten des übrigen Vermögens der Gesellschaft gehen.

> **Beispiel:**[313] Der Gesellschafter A der B-GmbH (B) zahlt seine Einlage iHv 700.000 EUR bar auf das Gesellschaftskonto. Zugleich schließt A mit der B-GmbH wie zuvor geplant einen Kaufvertrag über Lizenzen zum Kaufpreis von 3,9 Mio. EUR. Im Gegenzug für die Lizenzen zahlt die B-GmbH den vereinbarten Preis an A. Verabredungsgemäß werden die Barmittel dem A gegen Zuführung der Lizenzen als Teil des Kaufpreises zurückgewährt. Zwar ist in diesem Fall eine Bareinlage vereinbart, wirtschaftlich betrachtet erhält die Gesellschaft aber »verdeckt« die Lizenzen als Einlage. Da der vereinbarte Preis der Lizenzen den Bareinlageanspruch übersteigt, handelt es sich um eine verdeckte gemischte Sacheinlage. Eine solche ist zumindest dann nach § 19 IV GmbHG zu beurteilen, wenn eine kraft Parteivereinbarung unteilbare Leistung in Rede steht.[314] Folglich ist der tatsächliche Wert der Lizenzen zu ermitteln und auf die Bareinlageverpflichtung anzurechnen. Allerdings darf wegen des Grundsatzes der realen Kapitalaufbringung die Anrechnung nicht zu Lasten des übrigen Gesellschaftsvermögens erfolgen. Ist der tatsächliche Wert der Lizenzen geringer als der vereinbarte Kaufpreis,

---

311 BGHZ 185, 44 = NZG 2010, 702 (704) – AdCoCom.
312 So noch BGHZ 155, 329 (338).
313 Nach BGHZ 185, 44 = NZG 2010, 702 – AdCoCom.
314 Vgl. BGHZ 170, 47 (zur AG).

darf eine Anrechnung nur insoweit erfolgen, wie der ermittelte tatsächliche Wert den Kaufpreis unter Abzug des Nominalwerts der Bareinlage (hier 3,2 Mio. EUR) übersteigt.[315] Beträgt der tatsächliche Wert zB nur 3,5 Mio. EUR, findet eine Anrechnung auf die Bareinlageverpflichtung nur iHv 300.000 EUR statt.

Hat die erbrachte verdeckte Sacheinlage nicht den wirtschaftlichen Wert, der als Stammeinlage nach der Satzung vom Gesellschafter in die Gesellschaft einzubringen ist, hat der Gesellschafter nach § 9 GmbHG in Höhe des Fehlbetrages, also der Differenz zwischen übernommener Einlagepflicht und Wert des eingebrachten Sachgegenstandes, weiterhin eine Einlage in Geld zu leisten. Diese Differenzhaftung wird durch die Regelungen der §§ 9a, 24 GmbHG zusätzlich abgesichert.

795 c) Die *Bareinlage* muss gem. § 8 II 1 GmbHG zur *freien Verfügung des Geschäftsführers* der Gesellschaft erbracht werden. Dies ist unproblematisch der Fall, wenn ein Geldbetrag in der Kasse oder auf dem Konto der (Vor-)Gesellschaft[316] vorhanden ist. Auch eine Einzahlung auf ein Konto, das sich bei der Zahlung im Debet befindet, vermag die Einlageschuld zu tilgen, wenn ein Geschäftsführer über den entsprechenden Betrag verfügen kann, die Bank also nicht den Kredit gekündigt hat.[317] Schuldrechtliche Verwendungsabreden, etwa dass die Einlage zum Erwerb bestimmter Betriebsmittel von Dritten zu verwenden ist, sind grundsätzlich zulässig.[318] Für Sacheinlagen gilt § 7 III GmbHG.

Unzulässig war bis zum Inkrafttreten des MoMiG eine Gestaltung, wonach die Einlage sofort als Darlehen an den einlegenden Gesellschafter zurückgezahlt wurde. In diesem *Hin- und Herzahlen* wurde keine Leistung zur freien Verfügung des Geschäftsführers gesehen, weshalb die Einlagepflicht nicht erfüllt war. Diese Fälle ähneln denen der verdeckten Sacheinlage.[319] Wirtschaftlich gesehen bringt der Gesellschafter nämlich eine Darlehensforderung einschließlich eines Zinszahlungsanspruchs gegen sich selbst als Einlage in die Gesellschaft ein. Da aber Forderungen gegen Inferenten nicht einlagefähig sind, liegt gerade keine (verdeckte) Sacheinlage vor. Gleichwohl kann eine solche Gestaltung, die wirtschaftlich einer Einlagenrückgewähr entspricht, nach § 19 V GmbHG zulässig sein. Danach ist die Einlageverpflichtung allerdings nur erfüllt, wenn der Darlehens- und Zinsanspruch der Gesellschaft gegen den Gesellschafter *vollwertig* ist.[320] Ist der Anspruch nur zu einem Teil werthaltig, tritt insgesamt keine Erfüllungswirkung nach § 19 V GmbHG ein. Die Einlagepflicht wird also anders als bei § 19 IV GmbHG nicht erfüllt, »soweit« die Einlage werthaltig ist. Vielmehr besteht die Verpflichtung zur Erbringung der Einlage in voller Höhe fort, wenn die Forderung nicht vollwertig ist.[321] Sie wird aber durch spätere Zahlungen des Gesell-

---

315 BGHZ 185, 44 Rn. 57 – AdCoCom; Scholz/*Veil* GmbHG § 19 Rn. 33 ff., 45 ff.; HK-GmbHG/ *Saenger* § 19 Rn. 82; aA Baumbach/Hueck/*Fastrich* GmbHG § 19 Rn. 58.
316 Diese ist kontofähig, BGHZ 45, 338 (347).
317 BGHZ 150, 197; BGH NJW 1991, 226 (227) für die Kapitalerhöhung; BGH NJW 1991, 1294; NZG 2005, 180; BayObLG BB 1998, 1496.
318 BGH NJW 1991, 226 (227) (für die Kapitalerhöhung); Baumbach/Hueck/*Fastrich* GmbHG § 7 Rn. 10.
319 Zur Abgrenzung BGH NJW 2012, 3035 (3036 f.); *Priester* DStR 2010, 494 (500). Zum Verhältnis von verdeckter Sacheinlage und Hin- und Herzahlen MüKoGmbHG/*Schwandtner* § 19 Rn. 333 ff.
320 Zur Frage, welche Nachw. das Registergericht verlangen kann, OLG München ZIP 2011, 567; Kritik übt daran *Komo* BB 2011, 2307.
321 Krit. ggü. dieser Unterscheidung *Kallmeyer* DB 2007, 2755 (2756); *Wirsch* GmbHR 2007, 736 (739); aA *Gesell* BB 2007, 2241 (2246 f.).

schafters an die Gesellschaft erfüllt.[322] Gemäß § 19 V 2 und § 8 GmbHG muss in der Handelsregisteranmeldung zudem das Hin- und Herzahlen offengelegt werden. Hierin sieht der BGH eine zwingende Voraussetzung für die Erfüllungswirkung.[323] Der Geschäftsführer muss nach § 8 II 1 GmbHG *versichern*, dass die Mindestleistungen auf die Einlagen zur freien Verfügung des Geschäftsführers erfolgt sind. Dies ist zudem problematisch, weil dieser bei einer Rückgewähr der Gesellschaftereinlage als Darlehen feststellen muss, ob der Rückzahlungsanspruch der Gesellschaft vollwertig ist. Nur dann darf er die Versicherung abgeben. Dies festzustellen, wird aber häufig schwierig sein. Deshalb ist der Geschäftsführer mit einem erheblichen Haftungsrisiko aus §§ 9a, 43 GmbHG belastet[324] und kann zudem wegen zumindest bedingt vorsätzlicher falscher Versicherung einer Strafbarkeit nach § 82 I Nr. 1 GmbHG ausgesetzt sein.

Auch eine *Leistung an Erfüllungs statt* kann, entsprechend § 19 IV GmbHG zulässig sein. Dies kommt aber nur in Betracht, wenn die Gesellschaft aufgrund einer bereits im Zusammenhang mit der Übernahme der Einlage und nicht erst zu einem späteren Zeitpunkt getroffenen Vereinbarung einen Sachwert erhalten soll.[325] Denn dabei fließt der Gesellschaft ein bestimmter Wert zu. Dies steht in Einklang mit der Konzeption des Gesetzes, wonach einer werthaltigen verdeckten Sacheinlage Erfüllungswirkung zukommen soll.[326] Zwar entspricht diese Gestaltung nicht den zivilrechtlichen Erfüllungsvorschriften (§ 362 I BGB). Wenn eine Bareinlage vereinbart ist, aber eine verdeckte Sacheinlage geleistet wird, kommt es nämlich nicht zur Bewirkung der »geschuldeten Leistung« und ist der Gesellschafter auch nicht berechtigt, im Sinne einer Leistung an Erfüllungs statt von der in der Satzung vereinbarten Bareinlage abzuweichen.[327] Diese wird aber im Hinblick auf die Konzeption des Gesetzes für zulässig zu erachten sein. Auch wenn § 19 IV, V GmbHG erhebliche und wirtschaftlich nicht nachvollziehbare Konsequenzen der früheren Rechtslage bei verdeckten Sacheinlagen vermeiden und das insbesondere in der Konzernfinanzierung bedeutsame Hin- und Herzahlen ermöglichen will, weist die gesetzliche Regelung doch auch Schwächen auf. Während das Gesetz formal an der strengen Unterscheidung von Bareinlagen und Sacheinlagen festhält, führt § 19 IV GmbHG zu deren praktischer Aufhebung.[328] Kaum ein Gesellschaftsgründer wird den korrekten, aber höchst aufwändigen und zudem teuren Weg der Sachgründung wählen, wenn er dasselbe Ziel durch eine verdeckte Sacheinlage erreichen kann.[329] Zwar trägt er die Beweislast für die Werthaltigkeit der Einlageleistung. Dies wird er aber wohl in vielen Fällen auf sich nehmen.[330] Insoweit ist die heutige Rechtslage inkonsequent und führt zu *Wertungswidersprüchen*, wenn sie einerseits die Trennung von Bar- und Sacheinlage beibehält, andererseits diese Trennung aber gerade infrage stellt. Auch der formal in § 7 II, III GmbHG aufrechterhaltene Grundsatz der realen Kapitalaufbringung wird durch die Zulassung des Hin- und Herzahlens in den §§ 8 II 2, 19 V GmbHG praktisch ausgehöhlt.[331]

---

322 BGHZ 165, 113 (116); 165, 352 (356).
323 BGHZ 180, 38 Rn. 16 = NJW 2009, 2375 (2377) – Qivive; BGHZ 182, 103 (Rn. 25) – Cash Pool II.
324 *K. Schmidt* GmbHR 2008, 449 (452); *Ulmer* ZIP 2008, 45 (51); *Veil* ZIP 2007, 1241 (1244).
325 HK-GmbHG/*Saenger* § 19 Rn. 23; MüKoGmbHG/*Schwandtner* § 19 Rn. 220.
326 *Gesell* BB 2007, 2241 (2245); *Veil* ZIP 2007, 1241 (1246).
327 *Ulmer* ZIP 2008, 45 (51).
328 Hierzu *Priester* ZIP 2008, 55 (56); *Ulmer* ZIP 2008, 45 (50 f.); *Veil* ZIP 2007, 1241 (1243 f.).
329 *Wirsch* GmbHR 2007, 736 (737 ff.).
330 *Kallmeyer* DB 2007, 2755 (2757).
331 *Bormann/Urlichs* GmbHR 2008, 119 (120); *Ulmer* ZIP 2008, 45 (53 f.).

In **Fall e** bestehen die Einlageverpflichtungen von A, B und C fort, wenn sie nicht erfüllt wurden. Vereinbart waren Bareinlagen. A und B haben jedoch verdeckte Sacheinlagen (§ 19 IV GmbHG) erbracht. Diese befreien die Gesellschafter zwar nicht von ihrer Einlageverpflichtung, werden aber darauf angerechnet, soweit sie tatsächlich werthaltig sind. Mit der AB-Backstube ist der GmbH ein wirtschaftlicher Wert in Höhe der Bareinlageverpflichtung des A zugeflossen, die somit wegen Erfüllung erloschen ist.[332] Die Einlageforderung gegen B ist nur in Höhe des tatsächlichen Wertes der von ihm eingebrachten verdeckten Sacheinlage, also iHv 30.000 EUR, erloschen. IHv 20.000 EUR besteht sie fort. B ist gem. § 9 GmbHG insoweit weiterhin zur Leistung verpflichtet. Subsidiär haften gem. §§ 9a, 24 GmbHG auch A und C für die Forderung von 20.000 EUR. Die Einlageverpflichtung von C ist nach §§ 8 II 2, 19 V GmbHG nicht erfüllt worden, weil die Darlehensforderung gegen ihn wegen seiner Überschuldung wirtschaftlich nicht vollwertig war (Hin- und Herzahlen). Seine Einlageverpflichtung besteht fort. Allerdings hat er in der Zwischenzeit 10.000 EUR an die GmbH geleistet. Diese Zahlungen werden als Leistungen auf die Einlage gewertet, wenn sie auch als Rückzahlung des Darlehens bezeichnet waren. Somit besteht seine Einlageverpflichtung iHv 40.000 EUR fort. Subsidiär haften gem. § 9a, 24 GmbHG hierfür auch A und B. Zudem kann D gegebenenfalls gem. § 9a, 43 II GmbHG in Anspruch genommen werden.

3. Kapitalerhaltung

796 Das von den Gesellschaftern aufgebrachte Stammkapital soll den Gläubigern der GmbH als Haftungsmasse zur Verfügung stehen und darf daher weder offen noch verdeckt an die Gesellschafter zurückfließen *(Ausschüttungsverbot)*. Nur Gewinne, die die Gesellschaft erwirtschaftet hat und die über das Stammkapital hinausgehen, können an die Gesellschafter ausgeschüttet werden. Indes sollen die Vorschriften zur Kapitalerhaltung nur verhindern, dass das Stammkapital an die Gesellschafter zurückfließt. Diese schützen nicht davor, dass das Stammkapital bei ungünstigem Geschäftsverlauf aufgezehrt wird und den Gläubigern auf diese Weise als Haftungsmasse verloren geht. Das dauerhafte Vorhandensein von Vermögen in Höhe des Stammkapitals garantieren die Vorschriften zur Kapitalerhaltung nämlich gerade nicht. Daher besteht insbesondere auch keine Verpflichtung der Gesellschafter, das Stammkapital wieder aufzufüllen, wenn die Gesellschaft Verluste erwirtschaftet. Dem Gläubigerschutz tragen insoweit die Insolvenzantragspflicht bei Zahlungsunfähigkeit und Überschuldung sowie die damit einhergehenden Ansprüche Rechnung.

797 **a)** Als *Zentralnorm* des GmbH-rechtlichen Kapitalschutzes bestimmt *§ 30 I 1 GmbHG*, dass das zur Erhaltung des Stammkapitals erforderliche Vermögen nicht an die Gesellschafter ausgezahlt werden darf. Das Gesellschaftsvermögen soll zum Zeitpunkt der Eintragung und jederzeit danach das Stammkapital der Gesellschaft decken. Dabei wird das Stammkapital nicht in seiner gegenständlichen Zusammensetzung geschützt, sondern bloß ein entsprechender rechnerischer Vermögensteil.[333] Es ist gem. § 42 I GmbHG, §§ 272, 266 III A I HGB auf der Passivseite der Bilanz einzustellen. Über den Wortlaut hinaus und im Umkehrschluss aus § 30 II GmbHG greift § 30 I 1 GmbHG auch ein, wenn Leistungen an den Gesellschafter zu einem Zeitpunkt erfolgen, zu dem die Gesellschaft überschuldet ist.[334] Gleichwohl reicht das Ausschüttungsverbot des § 30 I GmbHG weniger weit als die entsprechenden Regelungen des Ak-

---

332 Zur dogmatischen Begr. Scholz/*Veil* GmbHG § 19 Rn. 139f., 144f.

333 BGHZ 157, 72 (75); *K. Schmidt* GesR § 37 III 1b (S. 1132); *Fleck,* FS 100 Jahre GmbHG, 1992, 391 (393); *Joost* ZHR 148 (1984), 27 (28).

334 BGHZ 76, 326 (335); 81, 252 (259).

tienrechts. Während bei der GmbH nur das Gesellschaftsvermögen in Höhe des reinen Stammkapitals geschützt wird, darf bei der AG eine Ausschüttung erst erfolgen, wenn auch gesetzliche und satzungsmäßige Rücklagen gebildet sind.

b) Das Auszahlungsverbot des § 30 I GmbH erfasst *alle Leistungen an einen Gesell-* **798** *schafter* als solchen, die das Vermögen der Gesellschaft verringern und dazu führen, dass das zur Erhaltung des in der Satzung festgelegten *Stammkapitals* erforderliche Vermögen der Gesellschaft *beeinträchtigt* wird.[335] Um festzustellen, ob durch eine Leistung das zur Erhaltung des Stammkapitals notwendige Gesellschaftsvermögen angegriffen wird, ist gegebenenfalls eine Zwischenbilanz aufzustellen.[336] Von § 30 GmbHG werden etwa Gewinnausschüttungen oder Abfindungen für einen Ausschluss aus der Gesellschaft umfasst. Ebenso können »normale« Verkehrsgeschäfte zwischen Gesellschaft und Gesellschafter erfasst sein, wenn die Gesellschaft aufgrund des Geschäfts keine marktübliche Gegenleistung erhält, also wenn etwa ein Gegenstand unter Wert an einen Gesellschafter veräußert wird. In Höhe der Differenz zwischen Wert und Preis liegt dann eine verbotene verdeckte Gewinnausschüttung vor.

Auch Darlehen an Gesellschafter – obwohl bilanzrechtlich als bloßer Aktivtausch (Forderungszuwachs gegen Bar-/Buchgeld) zunächst neutral – sind ebenso wie vom Gesellschafter veranlasste Leistungen an seine Angehörigen oder an mit ihm verbundene Unternehmen grundsätzlich unzulässig, sofern eine Unterbilanz bereits besteht oder durch die Zahlung entsteht. Hingegen sind Drittgeschäfte mit dem Gesellschafter, also Geschäfte zu marktüblichen Bedingungen, und Leistungen (auch Darlehen) an den Gesellschafter, bei denen die Gesellschaft eine vollwertige Gegenleistung bzw. -forderung erhält, nach der zweiten Alternative des § 30 I 2 GmbHG möglich. Vollwertig ist die Gegenleistung insbesondere, wenn der Gesellschafter zum Zeitpunkt der Leistung der Gesellschaft wirtschaftlich voll leistungsfähig ist, mithin kein Ausfallrisiko besteht. Insoweit ist das Gesetz zu einer bilanziellen Betrachtungsweise zurückgekehrt und kommt es deshalb darauf an, ob der Gegenleistungsanspruch zum vollen Wert in die Bilanz eingestellt werden kann *(Vollwertigkeitsgebot)*. Auch muss die Gegenleistung des Gesellschafters dem Marktwert des an ihn geleisteten Gegenstandes entsprechen und darf nicht nur dessen Bilanzwert decken *(Deckungsgebot)*.[337] Weiterhin sind nach der letzten Alternative von § 30 I 2 GmbHG Leistungen an einen Gesellschafter vom Verbot des § 30 I 1 GmbHG ausgenommen, wenn die Gesellschaft und der betreffende Gesellschafter einen Vertragskonzern (§ 291 AktG) bilden.

Bestimmte Fälle sind aufgrund *vorrangiger Rechtsnormen* von § 30 I 1 GmbHG ausgenommen, sodass die Leistung an den Gesellschafter zulässig ist. Dies ist etwa der Fall, wenn der Gläubiger eines Gesellschafters die Einlage des Gesellschafters in die Gesellschaft nach dem Anfechtungsgesetz anficht und die Einlage entsprechend § 11 I 1 AnfG zurückverlangt. Insoweit setzt sich das Anfechtungsrecht gegen die Kapitalerhaltungsvorschriften durch. Andernfalls könnte ein Schuldner nämlich versuchen, sein Vermögen durch Einbringung in eine GmbH dem Zugriff seiner Gläubi-

---

335 Selbst ein Beschluss über die Ausschließung eines Gesellschafters und die Einziehung seines Geschäftsanteils kann wegen eines Verstoßes gegen §§ 34 III, 30 I GmbHG unwirksam sein, wenn seine Abfindung nicht aus freiem Vermögen der Gesellschaft gezahlt werden kann, BGH NJW 2011, 2294 (2295).
336 BGH NJW 2009, 68 (69).
337 Begr. RegE zu § 30 GmbHG, BR Drs. 354/07, 94; *Kallmeyer* DB 2007, 2755 (2757); *Winter* DStR 2007, 1484 (1487); aA *Drygala/Kremer* ZIP 2007, 1289 (1293).

ger zu entziehen.[338] Ebenso unterfallen Schadensersatzleistungen der Gesellschaft an einen Gesellschafter wegen einer kapitalmarktrechtlichen Haftung nicht dem Verbot des § 30 I GmbHG. Auch insoweit geht diese Haftung der Kapitalerhaltung vor.[339]

799 c) Liegt ein Verstoß gegen das Verbot des § 30 I 1 GmbHG vor, steht der Gesellschaft nach § 31 I GmbHG gegen den betreffenden Gesellschafter ein *Anspruch auf Erstattung* zu, der mit besonderen »Sicherungen« ausgestattet ist. Der Gesellschafter kann gegen den Anspruch grundsätzlich nicht aufrechnen (§ 19 II 2 GmbHG).[340] Auch kann der Anspruch nicht erlassen werden und verjährt erst zehn Jahre nach seiner Entstehung (§ 31 IV, V 1 GmbHG). Zudem haften subsidiär die übrigen Gesellschafter im Verhältnis ihrer Anteile (§ 31 III GmbHG). Es haftet ebenfalls der Geschäftsführer, der entgegen dem Verbot des § 30 I GmbHG Leistungen an einen Gesellschafter vorgenommen hat, sowohl gegenüber der Gesellschaft als auch gegenüber in Anspruch genommenen anderen Gesellschaftern nach § 43 III GmbHG auf Schadensersatz. Darüber hinaus kann die Haftung des Geschäftsführers nach § 64 S. 1 und 3 GmbHG eingreifen. Auch insoweit ist der Geschäftsführer also mit einem erheblichen Haftungsrisiko belastet, weil er die schwer festzustellende Vollwertigkeit des Rückzahlungsanspruchs der Gesellschaft zu prüfen hat.[341]

Der Erstattungsanspruch entfällt auch nicht, wenn das Gesellschaftsvermögen nach der gegen § 30 I 1 GmbHG verstoßenden Leistung aus anderen Quellen wieder in ausreichender Weise aufgefüllt wird.[342] Nur Gewinnanteile, die der Gesellschafter in gutem Glauben erhalten hat, und andere Leistungen, die er gutgläubig erhalten hat und die nicht zur Befriedigung von Gläubigern der Gesellschaft erforderlich sind, muss der Gesellschafter nicht erstatten. Indes ist eine gegen § 30 I 1 GmbHG verstoßende Leistung, also das diese ausmachende Verpflichtungs- und Verfügungsgeschäft, nicht nach § 134 BGB nichtig; § 31 GmbHG ist insoweit lex specialis.[343] Der Erstattungsanspruch trifft grundsätzlich die Gesellschafter. Hat ein dem Gesellschafter nahe stehender Dritter, etwa ein Angehöriger, die verbotswidrige Leistung erhalten, kann ausnahmsweise auch dieser erstattungspflichtig sein.[344] Für die Frage, ob eine Person, die eine das Stammkapital angreifende Leistung der Gesellschaft erhalten hat, zu dieser Zeit Gesellschafter war und folglich zur Erstattung verpflichtet ist, ist der Zeitpunkt maßgeblich, zu dem die Rückzahlungsverpflichtung begründet wurde. Der Zeitpunkt des Leistungserhalts ist irrelevant.[345] Dem Schutz des zur Erhaltung des Stammkapitals notwendigen Vermögens der Gesellschaft dient schließlich auch § 43a GmbHG, der eine Darlehensgewährung an Geschäftsführer und sonstige Vertreter der Gesellschaft aus Mitteln, die zur Erhaltung des Stammkapitals notwendig sind, verbietet.

800 d) Auch der *Erwerb eigener Anteile* durch die Gesellschaft kann eine Gefährdung des Stammkapitals begründen und ist daher nur eingeschränkt möglich. Freilich ist das GmbH-Recht in dieser Hinsicht liberaler als das Aktienrecht. Die Gesellschaft kann

338 BGHZ 128, 184 (193 ff.).
339 BGH NJW 2005, 2450 (2452).
340 BGHZ 146, 105 (107).
341 *K. Schmidt* GmbHR 2008, 449 (453).
342 BGHZ 144, 336 (340 f.).
343 Näher Scholz/*Verse* GmbHG § 30 Rn. 120.
344 Zu den engen Voraussetzungen Baumbach/Hueck/*Fastrich* GmbHG § 31 Rn. 13; MüKoGmbHG/*Ekkenga* § 31 Rn. 28.
345 BGHZ 81, 252 (258).

eigene Geschäftsanteile erwerben, wenn die Einlage auf diese vollständig gezahlt ist, sie die finanziellen Mittel zum Erwerb der Anteile aus Gesellschaftsvermögen aufbringt, das nicht zur Erhaltung des Stammkapitals benötigt wird, also über »freies« Vermögen verfügt, und eine Rücklage für eigene Anteile bilden kann, ohne das Stammkapital zu beeinträchtigen (§ 33 I, II 1 GmbHG). Aus den eigenen Geschäftsanteilen kann die Gesellschaft aber weder Gewinn- noch Stimmrechte geltend machen.[346]

e) Eine gesonderte Problematik bilden im Zusammenhang mit der Kapitalerhaltung **801** sog. *Upstream-Finanzierungen,*[347] bei denen die Gesellschaft einem Gesellschafter Darlehen oder Sicherheiten für Darlehen, die er von Dritten erhält, zur Verfügung stellt. Solche Konstellationen sind vor allem im Rahmen des sog. Cash-Pooling im Konzern oder aber auch bei Unternehmensübernahmen anzutreffen. Ein solcher Austausch von liquider Haftungsmasse der Gesellschaft gegen einen bloß schuldrechtlichen (Rückzahlungs-)Anspruch ist nach § 30 I 2 GmbHG dann nicht als verbotene Auszahlung zu qualifizieren, wenn der Rückzahlungsanspruch vollwertig ist, wobei dies aufgrund einer bilanziellen Betrachtung zu beurteilen ist.[348]

Auch bei der Bestellung von Sicherheiten an Vermögensgütern der Gesellschaft zugunsten eines Gläubigers des Gesellschafters kann sich die Frage stellen, ob und vor allem wann eine Auszahlung gegeben ist. Insoweit kommen mehrere Zeitpunkte in Betracht, nämlich die Verpflichtung zur Bestellung der Sicherheit, die Bestellung selbst, der Moment der drohenden Verwertung oder aber erst die tatsächliche Verwertung. Der BGH hat diese lange streitige Frage dahingehend entschieden, dass für die Einhaltung der Kapitalerhaltungsvorschriften ausschließlich auf den Zeitpunkt der Bestellung der Sicherheit abzustellen ist.[349] Die Bestellung wird aber nicht wegen des dann gegebenen Verstoßes gegen § 30 I 1 GmbHG unwirksam oder die Sicherheit unverwertbar. Denn dem Sicherungsnehmer kann der Verstoß gegen § 30 I 1 GmbHG nicht entgegen gehalten werden.[350]

> In **Fall f** hat die X-GmbH einen Anspruch gegen A und B aus § 31 I GmbHG auf Erstattung von 50.000 EUR. Denn die Auszahlung verstieß gegen die Ausschüttungssperre des § 30 I GmbHG. Sie führte dazu, dass das Stammkapital zuzüglich der Summe der Verbindlichkeiten der X-GmbH nicht mehr durch das Gesellschaftsvermögen gedeckt war (100.000 EUR zzgl. 250.000 EUR > 200.000 EUR Grundstück zzgl. 100.000 EUR Fuhrpark). Die Auszahlung führte zu einer Unterbilanz. Somit besteht der Erstattungsanspruch aus § 31 I GmbHG. A und B haben jeweils den Anteil an den 50.000 EUR, den jeder von ihnen erhalten hat, an die X-GmbH zu erstatten. Nach § 31 III GmbHG haftet zudem A subsidiär für den Erstattungsanspruch gegen B und umgekehrt. Auch der Geschäftsführer der X-GmbH haftet gem. § 43 III GmbHG auf Schadensersatz.

346 Lutter/Hommelhoff/*Lutter* GmbHG § 33 Rn. 39.
347 Hierzu iE *Dampf* Der Konzern 2007, 157ff.; *Drygala/Kremer* ZIP 2007, 1289 (1295); *Winter* DStR 2007, 1484 (1488f.).
348 Dies entspricht dem ausdr. Willen des MoMiG-Gesetzgebers, nachdem der BGH mit dem sog. Novemberurteil (BGHZ 157, 72; dazu *Saenger/R. Koch* NZG 2004, 271ff.) vorübergehend von der herkömmlichen bilanziellen Betrachtungsweise abgewichen war.
349 BGH NJW-RR 2017, 1069 (1070f.); dazu auch *Nordholtz/Hupka* DStR 2017, 1999; *Séché/Theusinger* BB 2017, 1550.
350 BGHZ 138, 291 (298); *Dampf* Der Konzern 2007, 157 (171f.); diff. Roth/Altmeppen/*Altmeppen* GmbHG § 30 Rn. 149.

4. Kapitalerhöhung und -herabsetzung

Das in der Satzung festgelegte Stammkapital der GmbH kann durch eine entsprechende Satzungsänderung, die den Erfordernissen der §§ 53, 54 GmbHG genügen muss, erhöht oder herabgesetzt werden.

802 a) Eine *Kapitalerhöhung*[351] kann zum einen gegen Einlagen (*effektive* Kapitalerhöhung) erfolgen. Indem bestehende Geschäftsanteile im Nennwert heraufgesetzt oder zusätzliche Geschäftsanteile geschaffen werden, wird das Stammkapital aufgrund eines mit qualifizierter Mehrheit gefassten Beschlusses erhöht (§ 55 II, III GmbHG). Die bisherigen Gesellschafter haben entsprechend § 186 AktG einen Anspruch darauf, neu geschaffene Geschäftsanteile angeboten zu bekommen (*Bezugsrecht*).[352] Neue bzw. heraufgesetzte Geschäftsanteile müssen übernommen werden. Die entsprechenden Erklärungen bedürfen gem. § 55 I GmbHG der notariellen Beurkundung (§ 128 BGB). Auf die übernommenen Geschäftsanteile ist die entsprechende Stammeinlage an die Gesellschaft zu leisten (§§ 56 ff. GmbHG), wobei die Grundsätze gelten, die auch für die Kapitalaufbringung maßgeblich sind. Seit Inkrafttreten des MoMiG besteht – ebenso wie zuvor nur im Aktienrecht (→ Rn. 660) – auch bei der GmbH die Möglichkeit einer Kapitalerhöhung in Form genehmigten Kapitals nach § 55a GmbHG. Danach kann der Gesellschaftsvertrag die Geschäftsführer ermächtigen, innerhalb von längstens fünf Jahren nach Eintragung der Gesellschaft das Stammkapital zu einem bestimmten Nennbetrag um höchstens 50 % durch Ausgabe neuer Geschäftsanteile gegen Einlagen zu erhöhen.

Daneben kommt auch eine Kapitalerhöhung aus Gesellschaftsmitteln (*nominelle* Kapitalerhöhung) gem. §§ 57c ff. GmbHG in Betracht. Dabei wandeln die Gesellschafter durch Beschluss bilanziell ausgewiesene Rücklagen (§ 57d I GmbHG) in Stammkapital um. Diese Rücklagen unterfallen nach der Kapitalerhöhung den Vorschriften zum Schutz des Stammkapitals und können folglich nicht mehr ausgeschüttet werden. Entsprechend der Kapitalerhöhung werden die Nennwerte der bestehenden Geschäftsanteile erhöht oder neue Geschäftsanteile geschaffen (§ 57h I 1 GmbHG), die den bisherigen Gesellschaftern im Verhältnis ihrer Geschäftsanteile zustehen (§ 57j S. 1 GmbHG).

803 b) Die *effektive Herabsetzung des Stammkapitals* gem. § 58 GmbHG vermindert das den Kapitalerhaltungsvorschriften unterworfene Kapital und somit die Haftungsmasse der GmbH, indem ein Teil des zunächst gebundenen Gesellschaftsvermögens an die Gesellschafter ausgeschüttet wird. Der damit verbundenen Gefahr der Gläubigerbenachteiligung soll ein in § 58 GmbHG besonders geregeltes Verfahren zur Befriedigung und zum Schutz der Gläubiger begegnen.

Für die Sanierung einer Gesellschaft ungleich bedeutsamer ist dagegen die *nominelle* Kapitalherabsetzung (§§ 58a ff. GmbHG). Hierbei fließt tatsächlich kein Gesellschaftsvermögen aus der Gesellschaft ab. Vielmehr wird das Stammkapital nur dem bereits durch Verluste zurückgegangenen Gesellschaftsvermögen angepasst. So werden die Verluste auf die Altgesellschafter verteilt, was die Gesellschaft wiederum für neue

---

351 Dazu ausf. *Saß* RNotZ 2016, 213.
352 Baumbach/Hueck/*Zöllner/Fastrich* GmbHG § 55 Rn. 20 ff.; Lutter/Hommelhoff/*Bayer* GmbHG § 55 Rn. 19 ff.; *K. Schmidt* GesR (S. 1174 ff.); ein Bezugsrechtsausschluss kann, wie im Aktienrecht, nur mit sachlicher Rechtfertigung erfolgen.

Investoren attraktiv machen kann. Steht die Sanierung an und kommt es zur Kapitalerhöhung, um neues Eigenkapital zu erlangen, haben diese Geschäftsanteile einen größeren Wert. Sie können – was angesichts des Verbots der Unterpariemission zwingend ist – mindestens zu ihrem Nennwert ausgegeben werden. Hingegen ließen sich ohne die nominelle Kapitalherabsetzung neue Geschäftsanteile, deren Wert ohne Kapitalherabsetzung unter dem Nennwert läge, nicht erfolgreich platzieren und wäre eine Sanierung gar nicht möglich. Deshalb sehen §§ 58 a ff. GmbHG diese Form der *vereinfachten* Kapitalherabsetzung vor, die eine Sanierung erlaubt und im Interesse der Gläubiger zugleich verhindert, dass die nach der Sanierung erwirtschafteten Gesellschaftsgewinne sofort an die Gesellschafter abfließen.

5. Gesellschafterdarlehen

Ebenso wie Dritte können auch Gesellschafter Geschäfte mit der Gesellschaft tätigen, die nicht in Zusammenhang mit der Gesellschafterstellung stehen. Dies gilt insbesondere für die Darlehensgewährung. Für den Gesellschafter ist es von Vorteil, wenn er der Gesellschaft, statt diese mit höherem Stammkapital auszustatten, einen Kredit einräumt und hierfür auch dann Zinszahlungen erhält, wenn die Gesellschaft keine Gewinne erwirtschaftet. Auch genießen »normale« Darlehensgeber in der Insolvenz grundsätzlich einen besseren Schutz als Gesellschafter, die Stammkapital zur Verfügung gestellt haben. Dies ändert aber nichts daran, dass Gesellschafter die GmbH in adäquatem Umfang mit Stammkapital auszustatten haben und in der Insolvenz nicht zu Lasten anderer Drittgläubiger besser gestellt sein dürfen. Deshalb treten Gesellschafterdarlehen in der Insolvenz der Gesellschaft im Rang zurück und werden erst zurückgezahlt, wenn die anderen Gläubiger befriedigt sind (§ 39 I Nr. 5 InsO). Auch der Darlehensrückzahlungsanspruch eines früheren Gesellschafters ist im Insolvenzverfahren nachrangig, wenn er im letzten Jahr vor dem Eröffnungsantrag oder gar erst danach ausgeschieden ist.[353]

804

Wird das Darlehen eines Gesellschafters innerhalb eines Jahres vor Stellung des Insolvenzantrages oder danach zurückgezahlt, ist die Rückzahlung in der Insolvenz anfechtbar (§ 135 I Nr. 2 InsO) und der Gesellschafter nach § 143 I InsO zur Rückgewähr verpflichtet. Ebenso ist eine Rechtshandlung anfechtbar, mit der für die Rückforderung eines Gesellschafterdarlehens innerhalb der letzten zehn Jahre vor dem Antrag auf Eröffnung des Insolvenzverfahrens oder nach diesem Antrag Sicherheit gewährt wurde (§ 135 I Nr. 1 InsO). Gleiches gilt für die Bestellung zusätzlicher Sicherheiten für Forderungen Dritter gegen die Gesellschaft, für die der Gesellschafter als Bürge haftet oder eine andere Sicherheit bestellt hat (§ 135 II InsO). Eine entsprechende Anfechtungsmöglichkeit von solchen Leistungen an Gesellschafter mit daraus folgender Rückgewährpflicht regeln §§ 6, 6a, 11 AnfG, die eingreifen, wenn kein Insolvenzverfahren eröffnet wird. Ausnahmen vom Rangrücktritt und den weiteren genannten Rechtsfolgen sieht § 39 IV 2, V InsO für Darlehen vor, die in einer akuten Krise der Gesellschaft von einem Gesellschafter zur Sanierung gewährt werden *(Sanierungsprivileg)*, und zum anderen für solche von nicht geschäftsführenden Gesellschaftern, deren Beteiligung nicht mehr als zehn Prozent des Haftkapitals beträgt *(Kleinbeteiligungsprivileg)*.

---

353 Aufgrund einer entsprechenden Anwendung von § 135 I Nr. 2 InsO, BGH NJW 2012, 682 (683).

Anders als nach früherem Recht kommt es für die Frage der Nachrangigkeit heute nicht mehr darauf an, ob ein Gesellschafter das Darlehen zu einem Zeitpunkt gewährt hat, zu dem ein ordentlicher Kaufmann der GmbH Eigenkapital zugeführt hätte, und dieses deshalb als *eigenkapitalersetzendes Gesellschafterdarlehen* zu qualifizieren ist. Vielmehr vereinfacht der pauschale Rangrücktritt aller Gesellschafterdarlehen die früher recht unübersichtliche Rechtslage. Dies soll vor allem die Kreditvergabe im Konzern (Cash-Pooling) ermöglichen,[354] die keinen Verstoß gegen §§ 30, 31 GmbHG begründet, solange nur der Gegenleistungsanspruch vollwertig ist. Gleichwohl ist die Vergabe von Krediten der Mutter an die Tochter unattraktiv geworden. Während früher ein Gesellschafterdarlehen bei Eintritt der Krise noch binnen kurzer Frist abgezogen und für das Darlehen bestellte Sicherheiten verwertet werden konnten, tritt heute ein solches in der Insolvenz der Tochter im Rang zurück.[355] Dies hat auch Konsequenzen in Fällen der *Nutzungsüberlassung.* Musste früher ein Gesellschafter, der seiner Gesellschaft einen Gegenstand zur entgeltlichen Nutzung in der Krise überlassen oder belassen hatte, der Gesellschaft den Gegenstand in der Insolvenz unentgeltlich bis zum vereinbarten Vertragsende weiter belassen,[356] ist dies nunmehr nach § 30 I 3 GmbHG nicht mehr erforderlich. Für die Nutzung von zur Betriebsfortführung erforderlichen Gegenständen räumt § 135 III InsO vielmehr ein zeitlich beschränktes Nutzungsrecht ein, für das der Gesellschafter im Gegenzug eine Vergütung erhält. Zwar sind bis zur Insolvenzeröffnung entstandene Mietverbindlichkeiten nachrangige Insolvenzverbindlichkeiten. Hingegen stellen durch Weiternutzung der Sache entstehende Mietforderungen Masseverbindlichkeiten dar, denen der Insolvenzverwalter nur entgehen kann, indem er das Nutzungsrecht aufgibt bzw. den zugrunde liegenden Vertrag kündigt (§§ 103 ff. InsO).

Obwohl der Gesetzeswortlaut von § 39 I Nr. 5 InsO[357] Rechtshandlungen Dritter nicht ausdrücklich einbezieht, umfasst der Rangrücktritt auch solche Darlehen oder entsprechende Finanzierungen, welche die Gesellschaft von Dritten erhält, die als Mittelsmänner für den Gesellschafter auftreten oder auf Rechnung des Gesellschafters im eigenen Namen handeln. Auch weitere Dritte, die einem Gesellschafter vergleichbar am Vermögen der Gesellschaft beteiligt sind, können erfasst sein.[358] Voraussetzung ist stets, dass die Rechtshandlungen seitens Dritter der Darlehensgewährung eines Gesellschafters wirtschaftlich entsprechen.[359] Nicht ausreichend ist hingegen, dass es sich bei dem Dritten bloß um eine dem Insolvenzschuldner nahestehende Person iSd § 138 InsO handelt.[360]

6. Haftung der Gesellschafter

805 a) Die Praxis zeigt, dass allein die Publizität des Handelsregisters sowie das detailliert geregelte Verfahren der Kapitalaufbringung und die Haftung der GmbH allein nicht

---

354 *Hangebrauck* JA 2008, 125 (127).
355 *Burg/Westerheide* BB 2008, 62 (65); *Kallmeyer* DB 2007, 2755 (2758).
356 Vgl. nur BGHZ 127, 1 (10 ff.); BGH ZIP 2005, 660.
357 Anders als die frühere Regelung des § 32a III 1 GmbHG aF.
358 Für eine Begrenzung des persönlichen Anwendungsbereiches nach Inkrafttreten des MoMiG *Habersack* ZIP 2007, 2145 (2150) mwN.
359 Begr. RegE, BT-Drs. 16/6140, 56; BGHZ 188, 363 (366 f.); BGH NJW 2012, 3443 (3444 f.) zum Nachrang des atypisch stillen Gesellschafters. Noch zu § 32a GmbHG aF BGH NJW-RR 2008, 1134 (1135).
360 BGHZ 188, 363 (367 ff.).

ausreichen, um den Gläubigern hinreichenden Schutz zu bieten. In Ausnahmefällen verwehrt die Rechtsprechung deshalb Gesellschaftern, sich auf das Trennungsprinzip sowie die Haftungsbeschränkung des § 13 II GmbHG zu berufen. Dazu haften diese den Gesellschaftsgläubigern auch persönlich und unmittelbar mit ihrem gesamten Vermögen. Diese *Durchgriffshaftung,* die auf dem Rechtsgedanken der §§ 242, 826 BGB beruht, wurde zunächst für die Fallgruppe des *Rechtsformmissbrauchs* anerkannt. Missbräuchlich ist etwa die Gründung einer Einpersonen-GmbH, mit der die dahinter stehende Person lediglich bezweckt, unter der Firma der Gesellschaft unangefochten und ohne das Risiko einer persönlichen Haftung Geschäfte tätigen zu können.[361] Ähnlich ist die Situation bei sog. *Strohmann-Geschäften,* bei denen ein vermögensloser Gesellschafter eingesetzt wird, die Geschäfte aber von dem im Hintergrund bleibenden wirtschaftlichen Inhaber geleitet werden, weshalb dieser auch in allen anderen Beziehungen wie ein Gesellschafter behandelt wird.

Umstritten ist hingegen, ob eine Durchgriffshaftung auch in Fällen zuzulassen ist, in denen Gesellschafter die GmbH bewusst mit einem für den Gesellschaftszweck unzureichendem Stammkapital ausstatten *(Unterkapitalisierung).*[362] Dies ist abzulehnen, weil der Begriff der Unterkapitalisierung nicht nur wenig konkret ist, sondern der Gläubigerschutz auch überdehnt würde. Denn der Betrag des Stammkapitals ist im Handelsregister vermerkt und für jedermann einsehbar. Ein Vertragschließender, der stets das Insolvenzrisiko seines Vertragspartners trägt, hat es selbst in der Hand, sich ausreichend zu informieren. Ob Gesellschafter aber wegen vorsätzlich sittenwidriger Schädigung gem. § 826 BGB in Anspruch genommen werden können, hat die Rechtsprechung dagegen bislang offen gelassen.[363]

Weiterhin kommt ein Durchgriff bei einer *Vermögens- und Sphärenvermischung* in Betracht. Dabei ist an Situationen zu denken, in denen Gesellschafts- und Privatvermögen nicht klar getrennt, sondern vermischt werden,[364] wofür wiederum die Einpersonen-GmbH anfällig ist. In einem solchen Fall vermögen nämlich die Kapitalerhaltungsvorschriften, welche den Ausgleich für die Haftungsbeschränkung bezwecken, ihren Zweck nicht zu erfüllen. Indes reicht eine bloße Unklarheit über die Zuordnung einzelner Gegenstände zur Rechtfertigung eines Durchgriffs nicht aus. Vielmehr bedarf es deutlicher Indizien, wie etwa einer undurchsichtigen Buchführung oder fehlender Bilanzen. In Anspruch genommen werden können auch nur die Gesellschafter, die Einfluss auf die Buchführung und das Vermögen haben.[365] Eine Vermögensvermischung ist auch im Konzernverbund denkbar. Diese liegt vor, wenn die Vermögen des herrschenden und des beherrschten Unternehmens irreführend vermischt werden. Dieser Durchgriff beruht auf dem Rechtsgedanken widersprüchlichen Verhaltens (venire contra factum proprium). Wer Vermögensmassen nicht getrennt hält, kann sich bei der Haftung auch nicht auf den Trennungsgrundsatz berufen.

b) Ein weiterer Fall persönlicher Haftung der Gesellschafter ist die sog. *Existenzvernichtungshaftung.* Denn die dem Kapitalerhalt dienenden Bestimmungen der §§ 30, 31

806

---

361 BGHZ 22, 226 (230); 115, 187 (189ff.).
362 Dies wird verneint von BGHZ 176, 204 (Rn. 17ff., 24) – GAMMA, hingegen befürwortet von BSG NJW 1984, 2117 (2119). Einen Überbl. über den Streitstand gibt Scholz/*Bitter* GmbHG § 13 Rn. 143ff.
363 BGHZ 176, 204 Rn. 25 – GAMMA; näher dazu Baumbach/Hueck/*Fastrich* GmbHG § 5 Rn. 6.
364 BGHZ 125, 366 (368); 95, 330ff. – Autokran; *Steffek* JZ 2009, 77 (81).
365 BGHZ 125, 366 (368).

GmbHG bieten Gläubigern nicht in allen Fällen den erforderlichen Schutz, wenn Gesellschafter zum Nachteil der Gesellschaft auf das Gesellschaftsvermögen zugreifen und die Insolvenz der Gesellschaft verursachen. Dies gilt vor allem, wenn der Gesellschaft notwendiges Vermögen entzogen wird, ohne dass das Stammkapital angegriffen wird, nämlich stille Reserven oder freie Rücklagen in maßgeblichem Umfang abgezogen werden.

> **Beispiel:** Eine GmbH hat ein bilanziell recht knapp gedecktes Stammkapital von 30.000 EUR. Zum Vermögen der Gesellschaft gehört ein Patentrecht, das in der Bilanz mit 15.000 EUR bewertet, aber tatsächlich inzwischen mit 1 Mio. EUR zu veranschlagen ist. Bei dessen Veräußerung zum Preis von 15.000 EUR wird das Stammkapital der Gesellschaft zwar nicht angegriffen. Denn bilanziell wird lediglich ein Aktivtausch (Patentrecht gegen Bargeld) vorgenommen. Gleichwohl wird der Gesellschaft aber in großem Umfang Vermögen entzogen und diese angesichts des knapp bemessenen Stammkapitals und einer entsprechenden wirtschaftlichen Lage diesen Vermögensabzug nicht überleben.

807 **aa)** Zunächst wurde die Haftung für existenzvernichtende Eingriffe als konzernrechtliches Problem der Haftung im sog. »qualifiziert faktischen Konzern« behandelt, wenn ein herrschendes Unternehmen das beherrschte Unternehmen in die Insolvenz trieb.[366] Freilich vermag auch ein Gesellschafter, der keine anderweitigen unternehmerischen Interessen verfolgt, seine Gesellschaft in die Insolvenz zu treiben. Deshalb nahm die Rechtsprechung später auch außerhalb des Konzernrechts eine persönliche Haftung der Gesellschafter gegenüber den Gläubigern der Gesellschaft im Rahmen einer Durchgriffshaftung an, wenn diese Vermögen abzogen, das zur Befriedigung der Gesellschaftsgläubiger notwendig und gebunden war, und die einzelnen Vermögensabflüsse nicht durch die Realisierung der Ansprüche des Kapitalerhaltungsrechts kompensiert werden konnten.[367]

808 **bb)** Seit der »*Trihotel*«-Entscheidung[368] besteht weitgehende Einigkeit,[369] dass es sich bei der Existenzvernichtungshaftung nicht um eine Durchgriffshaftung, sondern um einen Fall der Haftung nach § 826 BGB handelt.[370] Diese erfasst »die sittenwidrige, weil insolvenzverursachende oder -vertiefende ›Selbstbedienung‹ des Gesellschafters vor den Gläubigern der Gesellschaft«.[371] Voraussetzung ist, dass ein oder mehrere nach Absprache handelnde Gesellschafter einen Eingriff in das Gesellschaftsvermögen vornehmen, das als Haftungsfonds für die Gesellschaftsgläubiger dient, dieser Eingriff nicht durch eine werthaltige Gegenleistung kompensiert wird[372] und zur Insolvenz der Gesellschaft führt bzw. diese vertieft.[373] Befindet sich die GmbH bereits in Liquidation, reicht es aus, dass der Vermögensentzug einen Verstoß gegen die Auszahlungs-

---

366 BGHZ 95, 330; 122, 123.
367 BGHZ 149, 10 – Bremer Vulkan.
368 BGHZ 173, 246.
369 *Dauner-Lieb* DStR 2006, 2034 (2041); *Kleindiek* ZGR 2007, 276 (301); *Weller* ZIP 2007, 1681 (1689).
370 Dabei vermag die Verortung im allgemeinen Deliktsrecht – anders als eine gesellschaftsrechtliche Begr. – auch ausländische Kapitalgesellschaften und deren Gesellschafter zu erfassen, die in Deutschland tätig werden; vgl. *K. Schmidt* GmbHR 2008, 449 (458); *Vetter* BB 2007, 1965.
371 BGHZ 173, 246 (258).
372 Dabei ist nicht zwingend der Buchwert maßgeblich, sondern der (Markt-)Wert, der in der konkreten wirtschaftlichen Lage hätte erzielt werden können, BGHZ 193, 96 Rn. 20.
373 BGHZ 173, 246 (256).

sperre des § 73 GmbHG begründet und kommt es auf eine Insolvenzverursachung oder -vertiefung nicht an.[374]

Beispiele für das Vorliegen eines existenzvernichtenden Eingriffs sind der Abzug von Finanzmitteln oder von Vermögensgegenständen und unternehmerischer Teilfunktionen, die Verlagerung von Geschäftsvorteilen und Erwerbschancen sowie die Eingehung unvertretbarer Risiken.[375] In Ermangelung eines Eingriffs in das Stammkapital wird von der Existenzvernichtungshaftung hingegen nicht die Unterkapitalisierung erfasst, wobei der BGH in der »*GAMMA*«-Entscheidung aber offen gelassen hat, ob diesbezüglich im Rahmen von § 826 BGB eine neue Fallgruppe der vorsätzlich sittenwidrigen Schädigung zu schaffen ist.[376]

Die Gesellschafter müssen sich zudem bewusst sein, dass das Gesellschaftsvermögen durch ihr Handeln sittenwidrig geschädigt wird, wobei es ausreicht, dass sie die relevanten Tatsachen kennen. Ein Bewusstsein der Sittenwidrigkeit als solcher ist nicht notwendig. Es genügt, wenn die handelnden Gesellschafter erkennen, dass die faktische dauerhafte Beeinträchtigung der Erfüllung der Verbindlichkeiten der Gesellschaft die voraussehbare Folge des Eingriffs ist und dies billigend in Kauf nehmen.[377] Der Vorsatz muss auch den Schaden der Gesellschaft umfassen, einer Schädigungsabsicht bedarf es jedoch nicht.

Die deliktsrechtliche Begründung der Existenzvernichtungshaftung ist nicht ganz stimmig. Denn zwischen Gesellschafter und Gesellschaft besteht in Form des Mitgliedschaftsverhältnisses eine schuldrechtliche Sonderverbindung, die dem allgemeinen Deliktsrecht grundsätzlich vorgeht. Die Verletzung einer Pflicht aus der Sonderverbindung müsste zur Haftung des Gesellschafters nach § 280 I BGB führen, womit jede Form der Fahrlässigkeit relevant und zudem zu Lasten des Gesellschafters die Vermutung des § 280 I 2 BGB gelten würde. Diese Konsequenz hat der BGH aber zu Recht vermeiden wollen.[378] Eine so weitgehende Haftung hätte das Trennungsprinzip infrage gestellt und die Attraktivität der GmbH erheblich reduziert, weshalb die dogmatische Widersprüchlichkeit hinzunehmen ist.[379]

cc) Indes ist die Rechtsfolge der Existenzvernichtungshaftung – die im Übrigen nicht subsidiär zur Haftung aus §§ 30, 31 GmbHG, sondern daneben besteht – lediglich eine *Innenhaftung* des handelnden Gesellschafters gegenüber der Gesellschaft.[380] Eine direkte Haftung gegenüber Gesellschaftsgläubigern kommt nicht in Betracht.[381] Geschädigte ist die Gesellschaft, in deren Vermögen eingegriffen wird. Deren Gläubiger sind nur mittelbar betroffen. So wird zudem ein Gleichlauf der Haftung mit §§ 30, 31 GmbHG erreicht.[382] Die Existenzvernichtungshaftung ist daher regelmäßig vom Insolvenzverwalter der Gesellschaft geltend zu machen.[383]

809

---

374 BGHZ 179, 344 (Rn. 35 ff.) – Sanitary.
375 Näher *Hermann/v. Woedtke* BB 2012, 2255 (2258); *Kölbl* BB 2009, 1194 (1196).
376 BGHZ 176, 204 – GAMMA.
377 BGHZ 173, 246 (259).
378 Angedeutet in BGHZ 173, 246 (256 f.).
379 AA *Schwab* ZIP 2008, 341 (343 ff.), der auch die Beschränkung auf eine Innenhaftung kritisiert.
380 BGHZ 173, 246 (252).
381 Diese wurde früher bejaht, BGHZ 151, 181 (187 f.), und ist in Ausnahmefällen auf der Grundlage von § 826 BGB weiterhin denkbar, sofern Gläubiger von der Schädigungshandlung unmittelbar betroffen sind, vgl. *Hermann/v. Woedtke* BB 2012, 2255 (2261); offen gelassen in BGHZ 173, 246 (Rn. 33).
382 BGHZ 173, 246 (260).
383 Zu Problemen bei masseloser Insolvenz *Schwab* ZIP 2008, 341 (347 f.); *Vetter* BB 2007, 1965 (1968).

Während die Haftung aus § 31 GmbHG auf die Rückgewähr des konkreten § 30 I GmbHG zuwider entnommenen Geldwerts beschränkt ist, ist die Existenzvernichtungshaftung nach § 826 BGB auf Schadensersatz gerichtet. Der kausal durch den Eingriff entstandene Schaden ist zu ersetzen. Die Differenzhypothese und die Figur des rechtmäßigen Alternativverhaltens kommen zur Anwendung. Der Wert des durch den Eingriff entzogenen Vermögensgegenstandes sowie daraus folgende Kollateralschäden, etwa entgangener Gewinn und die Kosten des Insolvenzverfahrens, sind ersatzfähig. Ziel ist es aber nicht, die Gesellschaft wiederherzustellen. Vielmehr ist die Ersatzleistung auf den Betrag begrenzt, der notwendig ist, um die Gesellschaftsgläubiger zu befriedigen und das Insolvenzverfahren durchzuführen. Neben dem Gesellschafter können nach §§ 826, 830 II, 840 BGB auch Geschäftsführer, Anwälte, Berater oder Finanzinstitutionen als Gesamtschuldner in Haftung genommen werden, wenn sie Vorsatz bezüglich der Verwirklichung des Tatbestands des § 826 BGB durch den Gesellschafter haben und ihm vorsätzlich Beihilfe leisten oder dazu anstiften.[384]

810 **dd)** Schließlich erfasst auch die Regelung des § 64 S. 3 GmbHG einen Teilbereich des existenzvernichtenden Eingriffs. Danach sind Geschäftsführer der Gesellschaft gegenüber zum Ersatz verpflichtet, wenn sie Zahlungen an Gesellschafter vornehmen, obwohl bei Anwendung der Sorgfalt ordentlicher Geschäftsleute erkennbar ist, dass diese zur Zahlungsunfähigkeit der Gesellschaft führen müssen. Indes ist kein Schadensersatz zu leisten, sondern der Wert der Zahlung zu ersetzen.

> In **Fall g**[385] haftet die Betriebs-GmbH grundsätzlich nur selbst für ihre Verbindlichkeiten. Ihre Gesellschafter haften regelmäßig nicht. Eine Gesellschafterhaftung kommt nur unter dem Gesichtspunkt der Existenzvernichtung nach § 826 BGB in Betracht. Sie besteht nur gegenüber der Gesellschaft, nicht unmittelbar gegenüber den Gläubigern B und F. Die Haftung ist vom Insolvenzverwalter der Betriebs-GmbH gegenüber A und seiner Mutter geltend zu machen. Die Gläubiger können aber einen Anspruch der GmbH gegen A bzw. seine Mutter pfänden.
> Ein Anspruch der Betriebs-GmbH gegen die Mutter des A besteht, wenn die Sicherungsübereignung einen sittenwidrigen existenzvernichtenden Eingriff darstellt. Insoweit kann nur die Mutter der A haften, denn A war zur Zeit der Sicherungsübereignung nicht Gesellschafter der Betriebs-GmbH. Es müsste ein Entzug von Vermögenswerten der GmbH ohne Kompensation oder Rechtfertigung vorliegen, durch den die Insolvenz ausgelöst wird und ein Schaden der GmbH entsteht. Die Sicherungsübereignung stellt einen Entzug von Vermögenswerten dar, erfolgte jedoch zur Sicherung eines Darlehens, also eines Vermögenszuflusses. Da nicht ersichtlich ist, dass die Sicherungsübereignung zu der Darlehensgewährung außer Verhältnis stand, liegt eine Kompensation für den Entzug von Vermögenswerten vor. Zudem durfte die GmbH die sicherungsübereigneten Gegenstände weiter nutzen. Die Mutter des A haftet demnach nicht wegen Existenzvernichtung.
> Hingegen erfolgte die Aufhebung des lukrativen Pachtvertrags zu der Zeit, als A Gesellschafter der Betriebs-GmbH war. Dies geschah ohne Kompensation bzw. Rechtfertigung und entzog der GmbH den Pachtanspruch aus § 581 BGB. Somit wurden der GmbH wesentliches Tätigkeitsfeld und einzige Einnahmequelle entzogen und die Insolvenz ausgelöst. Diese Umstände kannte A, der das lukrative Geschäft auf seine neue GmbH übertrug und so aus egoistischen Motiven der Betriebs-GmbH die wirtschaftliche Grundlage entzog. Er handelte objektiv und subjektiv sittenwidrig. Die Vermögenslage der Betriebs-GmbH hätte sich besser entwickelt, wenn der Pachtvertrag nicht aufgehoben worden wäre, weshalb auch ein Schaden entstand. Dieser entspricht mangels anderer Anhaltspunkte dem voraussichtlichen Gewinn aus dem Betrieb des gepachteten Hotels während der noch ausstehenden Laufzeit des Pachtvertrags. Deshalb hat die Betriebs-GmbH insoweit einen vom Insolvenzverwalter geltend zu machenden Anspruch gegen A.

---

384 *Weller* ZIP 2007, 1681 (1687); einschr. *Vetter* BB 2007, 1965 (1968 f.).
385 Fall nach BGHZ 173, 246 – Trihotel.

7. Jahresabschluss

Für die GmbH als Kapitalgesellschaft gelten die Regelungen der §§ 264 ff. HGB über **811**
Jahresabschluss, Lagebericht und Abschlussprüfung. Insoweit kann auf die Ausführungen zur AG verwiesen werden (→ Rn. 682 ff.). Doch ist zu beachten, dass zahlreiche
GmbHs als »kleine Kapitalgesellschaften« iSv § 267 I HGB geringeren Berichts- und
Prüfungspflichten unterliegen. In diesem Fall muss weder ein Lagebericht erstellt
(§ 264 I 4 HGB) noch eine Abschlussprüfung veranlasst werden (§ 316 I 1 HGB). Der
oder die Geschäftsführer sind gem. § 41 GmbHG zur Buchführung verpflichtet. Der
erstellte und gegebenenfalls durch Abschlussprüfer geprüfte Jahresabschluss und auch
der Lagebericht sind nach § 42a I 1 GmbHG unverzüglich den Gesellschaftern zur
Feststellung des Jahresabschlusses (vgl. § 46 Nr. 1 GmbHG) vorzulegen, welche aber
nicht an den vorgelegten Abschluss gebunden sind.

8. Gewinnverwendung

Nach §§ 42a II 1, 46 Nr. 1 GmbHG entscheiden die Gesellschafter auch über die Ver- **812**
wendung des Gewinns. Dabei sind sie grundsätzlich frei und unterliegen nicht solchen
Beschränkungen wie der Aktionär (→ Rn. 689), haben aber die Ausschüttungssperre des
§ 30 I GmbHG zu beachten. Nach § 29 I 1 GmbHG haben die Gesellschafter, sofern im
Gesellschaftsvertrag oder im Gesetz nichts anderes festgelegt ist, einen Anspruch auf
das positive Jahresergebnis.[386] Der Anspruch bemisst sich im Zweifel nach dem Verhältnis der Geschäftsanteile (§ 29 III GmbHG), wobei allein die Nennbeträge maßgeblich
sind.[387] Die Gesellschafter können aber nach § 29 II GmbHG durch Beschluss mit einfacher Mehrheit festlegen, dass der Gewinn in die Rücklagen eingestellt oder in das
kommende Jahr vorgetragen wird. Unzulässig ist es, dass eine Mehrheit der Gesellschafter zu Lasten einer Minderheit die Ausschüttung des Gewinns verhindert, wenn
diese Nichtausschüttung kaufmännisch nicht vertretbar ist.[388] An einer solchen Verhinderung kann die Mehrheit insbesondere dann ein Interesse haben, wenn sie zugleich die
Aufgaben der Geschäftsführung wahrnimmt und hierfür oder hierdurch unabhängig
von der Gewinnausschüttung eine erhebliche Vergütung oder sonstige Vorteile erhält.

VI. Beendigung und Liquidation

Die GmbH wird bei Vorliegen eines der in §§ 60 ff. GmbHG geregelten Gründe aufgelöst und im Anschluss liquidiert.

1. Beendigungsgründe

Nach § 60 GmbHG wird die Gesellschaft entweder aufgrund eines grundsätzlich mit **813**
Dreiviertelmehrheit zu fassenden Gesellschafterbeschlusses (§ 60 I Nr. 2 GmbHG),
durch richterliches Gestaltungsurteil (§ 60 I Nr. 3 iVm § 61 GmbHG) oder durch Eröffnung des Insolvenzverfahrens (§ 60 I Nr. 4 Hs. 1 GmbHG) aufgelöst. Zudem können
im Gesellschaftsvertrag weitere Auflösungsgründe festgelegt werden (§ 60 II GmbHG).

---

386 Zur Terminologie Lutter/Hommelhoff/*Hommelhoff* GmbHG § 29 Rn. 2.
387 Scholz/*Verse* GmbHG § 29 Rn. 72.
388 OLG Hamm DB 1991, 2477; Roth/Altmeppen/*Roth* GmbHG § 29 Rn. 20 f.; Lutter/Hommelhoff/
Hommelhoff GmbHG § 29 Rn. 21 ff.

Von besonderer Bedeutung ist die Auflösungsklage gem. § 60 I Nr. 3 iVm § 61 GmbHG. Diese setzt einen wichtigen Grund in den Verhältnissen der Gesellschaft voraus. Als Beispiel hierfür nennt § 61 I GmbHG den Fall, dass der Gesellschaftszweck nicht erreicht werden kann, wobei der durch die Satzung bestimmte Unternehmensgegenstand maßgeblich ist. Hinsichtlich sonstiger Gründe ist zu beachten, dass die Auflösung immer nur »ultima ratio« sein kann. Maßstab sind die Verhältnisse der Gesellschaft und der Gesellschafter, sofern Letztere sich auf die Gesellschaft auswirken. Ein wichtiger Grund liegt etwa bei einem tiefgreifenden Zerwürfnis in einer Zwei-Personen-GmbH vor.[389] Anders verhält es sich, wenn die Ausschließung eines Gesellschafters aus wichtigem Grund möglich ist; diese geht einer Auflösungsklage vor.

Die Auflösungsklage richtet sich gegen die Gesellschaft (§ 61 II 1 GmbHG). Sie kann von einem oder mehreren Gesellschaftern erhoben werden, wenn ihre Geschäftsanteile mindestens ein Zehntel des Stammkapitals ausmachen (§ 61 II 2 GmbHG). Ausschließlich zuständig ist das Landgericht, in dessen Bezirk die Gesellschaft ihren Sitz hat (§ 61 III GmbH). Kann die Gesellschaft im Auflösungsprozess nicht von ihren Geschäftsführern vertreten werden, weil diese selbst Kläger sind, ist ein Notgeschäftsführer entsprechend § 29 BGB oder ein Prozesspfleger nach § 57 I ZPO zu bestellen. Ist die GmbH bereits aufgelöst, aber noch nicht liquidiert, kann sie fortgesetzt werden. Dazu muss der Auflösungsgrund behoben und ein entsprechender Gesellschafterbeschluss gefasst werden.[390]

2. Nichtigkeitsklage

814   Sind Höhe des Stammkapitals oder Unternehmensgegenstand nicht festgelegt oder die entsprechenden Bestimmungen nichtig, kann eine Nichtigkeitsklage nach § 75 GmbHG erhoben werden. Klagebefugt ist jeder Gesellschafter, Geschäftsführer und jedes Aufsichtsratsmitglied, § 75 I aE GmbHG. Die Nichtigkeitsklage ist eine Gestaltungsklage, die sich gegen die Gesellschaft richtet.[391] Im Erfolgsfall wird die Nichtigkeit ins Handelsregister eingetragen und die Gesellschaft nach § 77 I GmbHG iVm §§ 66 ff. GmbHG liquidiert. Auch dabei tritt keine rückwirkende Nichtigkeit ein und bleiben insbesondere sämtliche mit Dritten vorgenommenen Rechtsgeschäfte wirksam (§ 77 II GmbHG). Unter den gleichen Voraussetzungen kann das Registergericht die Löschung von Amts wegen vornehmen (§ 397 FamFG iVm § 75 GmbHG).

3. Liquidation

815   An die Auflösung schließt sich die Auseinandersetzung (Liquidation) an, soweit die GmbH nicht vermögenslos und aus diesem Grund nach § 399 FamFG gelöscht worden ist. Art und Durchführung der Liquidation erfolgen nach §§ 66 ff. GmbHG. Die Schulden der GmbH sind zu berichtigen. Etwa verbleibendes Vermögen darf erst nach Ablauf eines Sperrjahres (§ 73 I GmbHG) verteilt werden. Der Abschluss der Abwicklung ist zur Eintragung in das Handelsregister anzumelden und die Gesellschaft zu löschen (§§ 6, 29, 31 II 1 HGB), die damit beendet ist.

---

389 BGH NJW 1985, 1901.
390 Näher *Gehrlein* DStR 1997, 31 ff.
391 Lutter/Hommelhoff/*Kleindiek* GmbHG § 75 Rn. 2.

VII. Sonderformen

1. Einpersonen-GmbH

Anders als eine Personengesellschaft kann die GmbH auch existieren, wenn sich alle **816** Geschäftsanteile in der Hand eines einzigen Gesellschafters befinden (Einpersonen-GmbH). An der Zulässigkeit bestehen angesichts der Regelung des § 1 GmbHG sowie der Einpersonen-Gesellschafts-RL 1989[392] keine Zweifel. Denn »Organisation und Mitgliedschaft sind bei [der GmbH] durch [den] engen Bezug zum Gesellschaftsvermögen und dessen satzungsmäßig formalisierter Kapitalgrundlage so sehr verselbstständigt, dass ihre Existenz nicht vom Vorhandensein eines Personenverbands abhängig ist.«[393] Als Alleingesellschafter kommen sowohl natürliche als auch juristische Personen sowie Gesamthandsgemeinschaften in Betracht. So kommt der Einpersonen-GmbH insbesondere Bedeutung bei der Bildung von Konzernunternehmen zu, bei denen die Muttergesellschaft nicht selten Alleingesellschafterin der Tochterunternehmen ist. Um eine Einpersonen-GmbH handelt es sich auch, wenn neben dem einzigen Gesellschafter die Gesellschaft selbst eigene Anteile hält (vgl. § 33 GmbHG). Nicht möglich ist es dagegen, sämtliche Geschäftsanteile auf die Gesellschaft zu übertragen (»Keinpersonen«-GmbH). Vielmehr ist die Gesellschaft in diesem Fall in Anwendung der §§ 60 ff. GmbHG aufzulösen.[394] Interessant ist die Gründung einer Einpersonen-GmbH insbesondere für Einzelunternehmer, denen auf diese Weise die Möglichkeit eröffnet wird, die mit dem jeweiligen Geschäftsbetrieb verbundenen Haftungsrisiken auf die Gesellschaft zu übertragen (vgl. § 13 II GmbHG). Rechtlich richtet sich die Behandlung der Einpersonen-GmbH überwiegend nach den allgemeinen Vorschriften, die durch Sonderregelungen ergänzt werden.

a) Zur *Entstehung* einer Einpersonen-GmbH kommt es, wenn sich sämtliche Ge- **817** schäftsanteile der Gesellschaft in der Hand eines einzigen Gesellschafters vereinigen. Dies ist etwa beim Erwerb bzw. der Übertragung von Geschäftsanteilen im Wege der (vorweggenommenen) Erbfolge sowie dem Ausscheiden von Gesellschaftern durch Kaduzierung (§ 21 GmbHG), Einziehung (§ 34 GmbHG), Ausschluss oder Austritt der Fall. Nach § 1 GmbHG kann eine Gesellschaft aber auch von vornherein als Einpersonen-GmbH gegründet werden. Diese durch die GmbH-Novelle 1980 geschaffene Möglichkeit machte die bis dahin gängige Praxis der Strohmanngründung durch mehrere Gesellschafter, die unmittelbar nach der Eintragung im Handelsregister ihre Anteile auf einen einzigen übertragen, entbehrlich (wenngleich nicht unzulässig).[395] An die Stelle des Gesellschaftsvertrags tritt bei der Einpersonengründung die einseitige Errichtungserklärung des Gründers (Organisationsakt), bei der es sich um eine einseitige nicht empfangsbedürftige Willenserklärung handelt.[396] Diese bedarf ebenfalls der notariellen Beurkundung gem. § 2 I GmbHG. Inhaltlich entspricht die Erklärung weitgehend dem Inhalt des Gesellschaftsvertrags, weshalb die Anforderungen des § 3 GmbHG zu beachten sind. Auch die übrigen Gründungsvorschriften des GmbH-Rechts sind auf die Einpersonen-GmbH anwendbar. Ergänzt wurden diese lange Zeit

---

392 Zwölfte RL 89/667/EWG auf dem Gebiet des Gesellschaftsrechts betreffend Gesellschaften mit beschränkter Haftung mit einem einzigen Gesellschafter v. 21.12.1989, ABl. 1989 L 395, 40 ff.
393 Baumbach/Hueck/*Fastrich* GmbHG § 1 Rn. 51.
394 Roth/Altmeppen/*Roth* GmbHG § 1 Rn. 56.
395 Lutter/Hommelhoff/*Lutter*/*Bayer* GmbHG, 16. Aufl. 2004, § 2 Rn. 2.
396 Baumbach/Hueck/*Fastrich* GmbHG § 2 Rn. 7.

durch spezielle Regelungen zur Sicherung der Kapitalaufbringung durch den Allein-gesellschafter, die jedoch mit Inkrafttreten des MoMiG aufgehoben wurden.

Umstritten ist, ob auch bei der Einpersonengesellschaft bereits mit der Errichtung (das heißt vor Eintragung in das Handelsregister) ein eigenständiger, von der Person des Gründers zu unterscheidender Rechtsträger entsteht. Dies wird teilweise abgelehnt.[397] Nach anderer Auffassung führt die Errichtung der Einpersonengesellschaft zur Bil-dung eines Sondervermögens, das weiterhin dem Gründer zugeordnet wird, dabei aber rechtlich und wirtschaftlich getrennt von dessen übrigem Vermögen ist.[398] Jedoch ist, entsprechend der zur Mehrpersonengesellschaft entwickelten Grundsätze, auch bei der Einpersonengründung von der Entstehung einer Vorgesellschaft (»Einpersonen-Vor-GmbH«) auszugehen, die bereits Trägerin von Rechten und Pflichten sein kann und selbst handlungsfähig ist.[399] So unterscheidet sich die Einpersonen-Vorgesellschaft lediglich in ihrer Organisationsstruktur von der Mehrpersonen-Vorgesellschaft, ihre Rechtsnatur ist jedoch dieselbe.[400] Demgemäß sind die zur (Mehrpersonen-)Vor-GmbH entwickelten Grundsätze auch auf die »Einpersonen-Vor-GmbH« anwendbar (→ Rn. 738 ff.).

818 **b)** Die *Organisation* der Einpersonen-GmbH ist mit derjenigen der GmbH identisch. Besonderheiten ergeben sich lediglich in einzelnen Punkten.

aa) Auch bei der Einpersonen-GmbH ist die *Gesellschafterversammlung* notwendi-ges Organ. Ihre Befugnisse nimmt der Alleingesellschafter als einziges Mitglied wahr. Eine Sonderregelung enthält § 48 III GmbHG. Danach ist über die Gesellschafter-beschlüsse im Interesse der Rechtssicherheit unverzüglich nach der Beschlussfassung eine Niederschrift aufzunehmen und zu unterschreiben. Eine Verletzung dieser Vor-schrift hat allerdings nicht die Nichtigkeit des Beschlusses zur Folge.[401] Vielmehr sind auch mündliche Beschlüsse grundsätzlich wirksam.[402] Allerdings kann die fehlende Niederschrift Schadensersatzpflichten des Alleingesellschafters gegenüber der GmbH bzw. späteren anderen Gesellschaftern auslösen.[403]

bb) Die *Geschäftsführung und Vertretung* erfolgt auch bei der Einpersonen-GmbH grundsätzlich durch den Geschäftsführer (§ 35 I 1 GmbHG). Ist dieser zugleich der Alleingesellschafter (»Gesellschafter-Geschäftsführer«), ist zu beachten, dass seine Vertretungsmacht grundsätzlich dem Verbot des Selbstkontrahierens nach § 181 BGB unterliegt. Geschäfte, die er als Vertreter der GmbH mit sich selbst vornimmt, sind schwebend unwirksam. Dies wird durch § 35 III 1 GmbHG noch einmal klargestellt, entspricht im Übrigen aber auch allgemeinen Grundsätzen (→ Rn. 775). Eine Be-sonderheit gilt im Hinblick auf die Möglichkeit, den Geschäftsführer von den Be-schränkungen des § 181 BGB zu befreien. So ist ein einfacher Befreiungsbeschluss der Gesellschafterversammlung anders als bei der Mehrpersonengesellschaft nicht ausrei-

---

397 *Hüffer* ZHR 145 (1981), 521 ff.; *Ulmer/Ihrig* GmbHR 1988, 376 ff.
398 *Flume* BGB AT I/2 § 5 IV (S. 169 ff.); *Flume* ZHR 149 (1982), 205 ff.; *Ulmer/Ulmer/Habersack* GmbHG § 11 Rn. 25; *Roth/Altmeppen/Roth* GmbHG § 11 Rn. 82; *Fezer* JZ 1981, 608 ff.
399 OLG Dresden GmbHR 1997, 215 (217); *Scholz/K. Schmidt* GmbHG § 11 Rn. 169; *K. Schmidt* GesR § 40 II 2a (S. 1247 ff.); *K. Schmidt* NJW 1980, 1769 (1774 f.); *K. Schmidt* ZHR 145 (1981), 540 ff.; *Raiser/Veil* KapGesR § 35 Rn. 89 ff.
400 *Scholz/K. Schmidt* GmbHG § 11 Rn. 169.
401 *Lutter/Hommelhoff/Bayer* GmbHG § 48 Rn. 36.
402 *Baumbach/Hueck/Zöllner* GmbHG § 48 Rn. 48.
403 *Roth/Altmeppen/Roth* GmbHG § 48 Rn. 44.

chend.[404] Vielmehr kann eine Befreiung des Gesellschafter-Geschäftsführers vom Verbot des Selbstkontrahierens in der Einpersonen-GmbH nur in der Satzung erfolgen, was regelmäßig vorgesehen wird.[405]

In **Fall h** erstreckt sich die Vertretungsmacht des A gem. § 35 I 1 GmbHG zwar auf sämtliche gerichtliche und außergerichtliche Geschäfte der B-GmbH. Allerdings ist A gem. § 35 III 1 GmbHG iVm § 181 BGB nicht berechtigt, als Stellvertreter der B-GmbH Geschäfte mit sich selbst vorzunehmen. Der über den Pkw geschlossene Kaufvertrag war demgemäß schwebend unwirksam. Daran hat auch der nachträgliche Gesellschafterbeschluss nichts geändert. Zwar kann eine Genehmigung des schwebend unwirksamen Geschäfts (§§ 182, 184 BGB) bei der Mehrpersonengesellschaft durch die Gesellschafterversammlung erfolgen. Bei der Einpersonen-GmbH besteht aber die Möglichkeit, dass der Alleingesellschafter-Geschäftsführer in der Satzung von den Beschränkungen des § 181 BGB befreit wird und das Geschäft sodann mit ex tunc-Wirkung nachträglich genehmigt.[406] Da eine Befreiung des A bislang nicht erfolgt ist, bleibt der Kaufvertrag weiterhin schwebend unwirksam.

Auch in der **Abwandlung** liegt ein wirksamer Kaufvertrag zwischen der B-GmbH und der C-GmbH nicht vor. Denn § 181 BGB erfasst auch das Verbot der Mehrvertretung.[407] Danach ist der A nicht berechtigt, beim Abschluss des Kaufvertrags sowohl als Stellvertreter der B-GmbH als auch der C-GmbH aufzutreten. Rechtsfolge ist auch hier die schwebende Unwirksamkeit des Geschäfts.

c) Auch bei der Einpersonen-GmbH gilt mit Blick auf die *Haftung* das Trennungsprinzip des § 13 II GmbHG. Für die Verbindlichkeiten der Gesellschaft haftet nur das Gesellschaftsvermögen. Eine Inanspruchnahme des Alleingesellschafters durch die Gläubiger der Gesellschaft ist grundsätzlich ausgeschlossen. Das gilt auch, wenn dieser die Geschicke der Gesellschaft als Gesellschafter-Geschäftsführer im Wesentlichen allein bestimmt. **819**

In **Fall i** steht U ein Anspruch auf Zahlung des Werklohns gem. § 631 I BGB gegen die B-GmbH zu. Fraglich ist, von wem U den durch die verspätete Überweisung entstandenen Verzugsschaden ersetzt bekommt. Insoweit ist zu beachten, dass U den Werkvertrag mit der B-GmbH geschlossen hat. Eine vertragliche Verbindung zu A besteht nicht. Daran ändert auch die Tatsache nichts, dass A Alleingesellschafter der B-GmbH ist. Mangels Schuldverhältnisses kann U seinen Schaden somit nicht nach §§ 280 I, II, 286 BGB von A ersetzt verlangen. Vielmehr ist die von A verschuldete Verzögerung gem. § 31 BGB der B-GmbH zuzurechnen. Nur diese kann U gem. §§ 280 I, II, 286 BGB auf Schadensersatz in Anspruch nehmen.

In der **1. Abwandlung** stellt sich die Frage, ob U ein Schadensersatzanspruch gegen A gem. §§ 311 III, 280 I, 241 II BGB zusteht. Denn ein Schuldverhältnis kann gem. § 311 III 1 BGB auch zu Personen entstehen, die nicht selbst Vertragspartei werden sollen. Dabei kommt eine Haftung entweder in Betracht, wenn der Dritte in besonderem Maße Vertrauen für sich in Anspruch nimmt oder wenn er ein unmittelbares wirtschaftliches Eigeninteresse an dem Vertragsschluss hat.[408] Mithin ist zu klären, ob das wirtschaftliche Interesse des Alleingesellschafters am Geschäftserfolg »seiner« GmbH ausreicht, um eine Eigenhaftung nach §§ 311 III, 280 I, 241 II BGB zu begründen. Dies wurde von der Rechtsprechung früher teilweise angenommen.[409] Es ist allerdings zu beachten, dass die Anwendung von § 311 III BGB nicht dazu führen darf, die gesetzlich angeordnete Haftungsbeschränkung des § 13 II GmbHG zu unterlaufen.[410] Aus diesem Grund ist in Übereinstimmung mit der neueren Rechtsprechung davon auszugehen, dass das wirtschaftliche Interesse des Alleingesellschafters als solches nicht

---

404 BGHZ 87, 59 (60).
405 Baumbach/Hueck/*Zöllner/Noack* GmbHG § 35 Rn. 140; aA *Altmeppen* NJW 1995, 1182 (1185); *Bachmann* ZIP 1999, 85 (88).
406 Roth/Altmeppen/*Altmeppen* GmbHG § 35 Rn. 90ff.
407 Baumbach/Hueck/*Zöllner/Noack* GmbHG § 35 Rn. 128.
408 Bamberger/Roth/*Sutschet* BGB § 311 Rn. 114; HK-BGB/*Schulze* § 311 Rn. 19.
409 BGHZ 87, 27 (32ff.); BGH NJW 1983, 676; 1984, 2284 (2286).
410 MüKoBGB/*Emmerich* BGB § 311 Rn. 188ff.

> ausreicht, eine Haftung gem. §§ 311 III, 280 I, 241 II BGB anzunehmen.[411] Hier kann U deshalb den ausstehenden Werklohn nicht von A ersetzt verlangen.

Eine eigene Haftung des Gesellschafters kann allerdings ausnahmsweise anzunehmen sein, wenn die Auslegung eines mit der GmbH geschlossenen Vertrags ergibt, dass eine (konkludente) Mitverpflichtung des Gesellschafters vorliegt. So können insbesondere Wettbewerbsverbote und andere Unterlassungspflichten sowie Auskunftspflichten nach dem konkreten Zweck der Vereinbarung auch den Gesellschafter persönlich treffen.[412] Dabei handelt es sich jedoch um Ausnahmen, die nur unter engen Voraussetzungen vorliegen. Ferner kann es auch in der Einpersonen-GmbH zu einer Durchgriffshaftung gegenüber dem Gesellschafter nach allgemeinen Grundsätzen kommen (→ Rn. 805 ff.). Das gilt insbesondere im Fall der Vermögensvermischung zwischen Gesellschaft und Alleingesellschafter.[413] Dabei reicht allein der Umstand, dass es sich um eine Einpersonen-GmbH handelt, als solcher keinesfalls aus, einen Durchgriff zu rechtfertigen.[414]

> In der **2. Abwandlung** von **Fall i** stellt sich die Frage, ob U seinen Anspruch aus § 631 I BGB gegen A geltend machen kann. Dem steht an sich das Trennungsprinzip gem. § 13 II GmbHG entgegen. Für die Verbindlichkeiten der Gesellschaft haftet den Gläubigern nur das Gesellschaftsvermögen, nicht hingegen das Privatvermögen des Gesellschafters. Es erscheint allerdings fraglich, ob sich A unter den genannten Umständen auf die Haftungsbeschränkung des § 13 II GmbHG berufen kann. So hat er durch die Vermischung seines Privatvermögens mit dem Gesellschaftsvermögen selbst das Trennungsprinzip missachtet. Durch die unzureichende Buchführung war eine Abgrenzung der unterschiedlichen Vermögensmassen nicht mehr möglich. Aus diesem Grund ist eine Inanspruchnahme des A im Wege der Durchgriffshaftung gerechtfertigt. U kann seinen Anspruch aus § 631 I BGB daher gegenüber A geltend machen.

2. Unternehmergesellschaft (haftungsbeschränkt)

820 Mit dem MoMiG wurde in § 5 a GmbHG die Unternehmergesellschaft eingeführt. Damit reagierte der Gesetzgeber auf den durch die EuGH-Rechtsprechung zur Niederlassungsfreiheit (→ Rn. 842 ff.) entstandenen Wettbewerb zwischen den europäischen Gesellschaftsformen. Denn die Errichtung haftungsbeschränkter Gesellschaften ist im europäischen Ausland nicht selten auch ohne die Aufbringung nennenswerten Stammkapitals möglich. Namentlich die britische Limited (Ltd.) hat aus diesem Grund in Deutschland gewisse Beliebtheit erlangt. Gegenüber diesen ausländischen Gesellschaften, die wegen der Niederlassungsfreiheit des Art. 49 AEUV ihren Sitz in jeden anderen Mitgliedstaat der Europäischen Union verlegen können, erschien die GmbH im Nachteil, die ein Stammkapital von mindestens 25.000 EUR voraussetzt. Insoweit ist die Unternehmergesellschaft als »Konkurrenzangebot« zu verstehen. Vor allem Existenzgründer sollen so leichter ihre unternehmerischen Ziele in Angriff nehmen können.[415] Seit Einführung der UG hat die Gründung der Ltd. rapide abgenommen, wobei die Zahl der Unternehmergesellschaften gleichzeitig deutlich zugenommen hat.[416]

---

411 BGHZ 126, 181 (183 ff.); BGH ZIP 1995, 31; Roth/Altmeppen/*Altmeppen* GmbHG § 13 Rn. 71.
412 Baumbach/Hueck/*Fastrich* GmbHG § 13 Rn. 42.
413 Lutter/Hommelhoff/*Bayer* GmbHG § 13 Rn. 18 f.
414 Roth/Altmeppen/*Altmeppen* GmbHG § 13 Rn. 138.
415 Begr. RegE, BT-Drs. 16/6140, 31.
416 *Kornblum* GmbHR 2012, 728 (729), auch → Rn 879.

a) Materiell-rechtlich handelt es sich bei der Unternehmergesellschaft nicht um eine 821
eigenständige Gesellschaftsform, sondern um eine Sonderform der GmbH.[417] Ihre
Rechtsnatur verdeutlicht bereits der Wortlaut von § 5a I GmbHG, wonach die Gesellschaft die *Bezeichnung*[418] – und nicht den Rechtsformzusatz[419] – Unternehmergesellschaft (haftungsbeschränkt) oder UG (haftungsbeschränkt) in ihrer Firma führen
muss. Im Grundsatz gelten für die Unternehmergesellschaft daher die Vorschriften
des GmbHG sowie alle sonstigen Vorschriften, welche die GmbH betreffen.[420]

Wird die Bezeichnung nach § 5a I GmbHG weggelassen, die dem Geschäftspartner verdeutlichen soll,
dass er mit einer (Unternehmer-)Gesellschaft kontrahiert, die nur über ein sehr geringes Stammkapital
verfügt, trifft den Handelnden eine Rechtsscheinhaftung entsprechend § 179 BGB.[421] Umstritten ist, ob
diese auch eingreift, wenn eine Unternehmergesellschaft unter der Bezeichnung »GmbH« kontrahiert,
ohne ihren eigentlichen Charakter zu erkennen zu geben. Dies wird teilweise mit der Begründung abgelehnt, dass auch bei einer GmbH nur im Zeitpunkt der Gründung das Stammkapital aufzubringen
sei.[422] Ganz überwiegend wird jedoch eine Rechtsscheinhaftung wenigstens bis zur Höhe der Differenz
zwischen tatsächlichem Stammkapital und Mindeststammkapital der GmbH von 25.000 EUR angenommen.[423] Dies erscheint aus Gründen des Gläubigerschutzes geboten, aber auch ausreichend. Da dem Geschäftspartner aufgrund des zwar unrichtigen, aber dennoch erfolgten Zusatzes »GmbH« bekannt war,
mit einer Kapitalgesellschaft zu kontrahieren, wäre eine unbeschränkte Haftung des Handelnden unbillig.

Die Gesellschaft ist gem. § 13 I, II GmbHG rechtsfähig und die Haftung für ihre
Verbindlichkeiten auf das Gesellschaftsvermögen beschränkt. Die Gesellschafter
sind in Form von veräußerlichen Geschäftsanteilen an der Unternehmergesellschaft
beteiligt. Die Angelegenheiten der Gesellschaft regeln grundsätzlich der Geschäftsführer, der die Gesellschaft gem. § 35 I 1 GmbHG vertritt, und die Gesellschafterversammlung nach Maßgabe der Satzung iVm § 48 GmbHG. Abweichungen gegenüber
der GmbH ergeben sich nur aus den ausdrücklichen Sonderregelungen des § 5a
GmbHG.

b) Die Unternehmergesellschaft ist einigen *Sonderregelungen* unterworfen.

aa) Die kennzeichnende Besonderheit der Unternehmergesellschaft besteht darin, 822
dass sie anders als die »normale« GmbH auch mit einem geringeren Stammkapital als
25.000 EUR *gegründet* werden kann (§ 5a I GmbHG). Erforderlich ist lediglich ein
Stammkapital von 1 EUR, da mindestens ein Geschäftsanteil zu zeichnen ist (§ 5 II 1,
III 2 GmbHG).[424] Nach dem Wortlaut des § 5a I GmbHG kann die Unternehmergesellschaft nur im Wege einer Neugründung entstehen.[425] Eine Zurückstufung der
GmbH in eine Unternehmergesellschaft im Wege der Kapitalherabsetzung ist wegen
§ 58 II 1 GmbHG ausgeschlossen.[426]

---

417 *Bormann* GmbHR 2007, 897 (898); *Joost* ZIP 2007, 2242 (2243); *Seibert* GmbHR 2007, 673; *Kha-
rag* KSzW 2013, 83.
418 Begr. Beschlussempfehlung und Bericht des Rechtsausschusses, BT-Drs. 16/9737, 95.
419 So noch (irreführend) § 5a I RegE.
420 Begr. RegE, BT-Drs. 16/6140, 31; *Seibert* GmbHR 2007, 673 (675); *Wilhelm* DB 2007, 1510.
421 BGH NZG 2012, 989 (990); dazu *Beck/Schaub* GmbHR 2012, 1331 ff.
422 *Römermann* NJW 2010, 905 (907).
423 BGH NZG 2012, 989 (990); Baumbach/Hueck/*Fastrich* GmbHG § 5a Rn. 9; HK-GmbHG/*Pfisterer* § 5a Rn. 8; *Miras* NZG 2012, 486 (489).
424 *Hirte* ZInsO 2008, 933 (934); *Seibert* GmbHR 2007, 673 (675).
425 Lutter/Hommelhoff/*Lutter/Kleindiek* GmbHG § 5a Rn. 13; MüKoGmbHG/*Rieder* § 5a Rn. 9.
426 Michalski/*J. Schmidt* GmbHG § 5a Rn. 42; *Freitag/Riemenschneider* ZIP 2007, 1485 (1486).

Zweifelhaft erscheint die Möglichkeit der Errichtung einer Unternehmergesellschaft durch Umwandlung.[427] Zwar könnte sich auch diese Sonderform der GmbH grundsätzlich an Umwandlungsvorgängen nach dem UmwG beteiligen.[428] Dabei wäre aber vor allem das Sacheinlageverbot des § 5a II 2 GmbHG zu beachten. Deshalb müssen von vornherein sämtliche Umwandlungsformen außer Betracht bleiben, bei denen das Stammkapital der Unternehmergesellschaft durch Einbringung des Vermögens der umzuwandelnden Gesellschaft als Sacheinlage aufgebracht wird, namentlich die Verschmelzung und die Aufspaltung zur Neugründung.[429] Ebenso ist die Neugründung einer Unternehmergesellschaft im Wege der Abspaltung ausgeschlossen.[430] Ebenfalls scheidet ein Formwechsel aus der GmbH aus, da §§ 190ff. UmwG einen Rechtsformwechsel nur zwischen Rechtsträgern anderer Rechtsformen, nicht aber innerhalb ein und derselben Rechtsform vorsehen.[431] Zu beachten ist schließlich auch, dass die Anmeldung der Gesellschaft beim Handelsregister abweichend von § 7 II GmbHG erst erfolgen darf, wenn das Stammkapital in voller Höhe eingezahlt ist (§ 5a II 1 GmbHG).

Fraglich ist, welche Rechtsfolgen die Vereinbarung von Sacheinlagen nach sich zieht. So wird zum Teil vertreten, eine solche Vereinbarung führe gem. § 134 BGB iVm § 5a II 2 GmbHG zur Unwirksamkeit des gesamten Gesellschaftsvertrags.[432] Dies erscheint jedoch zu weitgehend, zumal es sonst ohnehin zur Anwendung der Grundsätze über die fehlerhafte Gesellschaft käme (bei der GbR → Rn. 79ff.). Vielmehr dürfte es ausreichen, auf die zum früheren Recht anerkannten Rechtsfolgen unzulässiger Sacheinlagen zurückzugreifen (→ Rn. 794). Dabei folgt jedoch aus dem Verbot des § 5a II 2 GmbHG welches sowohl offene als auch verdeckte Sacheinlagen erfasst, dass die durch das MoMiG eingeführte, privilegierende Regelung des § 19 IV GmbHG auf die Unternehmergesellschaft nicht anwendbar ist.[433] Die Gesellschafter kommen mithin nicht in den Genuss des für die »normale« GmbH bei verdeckten Sacheinlagen geltenden Anrechnungsverfahrens (→ Rn. 734). Vielmehr bleiben sie ohne Rücksicht auf die bereits erbrachten Sacheinlagen zur Einzahlung der vollständigen Bareinlage verpflichtet.[434] In Bezug auf die Sacheinlagen erhalten sie lediglich einen (im Insolvenzfall regelmäßig wertlosen) Rückforderungsanspruch nach § 812 BGB gegen die Gesellschaft. Hingegen hat der BGH für den Fall einer Kapitalerhöhung, durch die die Mindeststammkapitalgrenze erreicht wird, festgestellt, dass diese nach Sinn und Zweck von § 5a II 2, V Hs. 1 GmbHG auch in Form von Sacheinlagen vorgenommen werden kann.[435]

823 **bb)** Kehrseite des geringen finanziellen Gründungsaufwands bei der Unternehmergesellschaft ist die Pflicht zur *Bildung einer gesetzlichen Rücklage* gem. § 5a III GmbHG. Die Möglichkeit der Gesellschafterversammlung, frei über die Verwendung des Gesellschaftsgewinns zu bestimmen, wird also eingeschränkt. So soll sichergestellt werden, dass die Eigenkapitalausstattung der Unternehmergesellschaft im Laufe der

---

427 Dazu näher *Miras,* Die neue Unternehmergesellschaft, 2. Aufl. 2011, Rn. 18ff.; Scholz/*Westermann* GmbHG § 5a Rn. 35ff.; *Heinemann* NZG 2008, 820.

428 *Meister* NZG 2008, 767; MüKoGmbHG/*Rieder* § 5a Rn. 49.

429 Baumbach/Hueck/*Fastrich* GmbHG § 5a Rn. 17; Michalski/*J. Schmidt* GmbHG § 5a Rn. 47; aA *Hennrichs* NZG 2009, 1161 (1163f.).

430 BGH NJW 2011, 1883 (1884).

431 *Freitag/Riemenschneider* ZIP 2007, 1485; *Miras,* Die neue Unternehmergesellschaft, 2. Aufl. 2011, Rn. 14.

432 *Freitag/Riemenschneider* ZIP 2007, 1485 (1486). Nach *Gehrlein* Der Konzern 2007, 771 (779) soll der Mangel durch die Handelsregistereintragung geheilt werden.

433 Baumbach/Hueck/*Fastrich* GmbHG § 5a Rn. 12;; *Bormann* GmbHR 2007, 897 (901); *Hirte* ZInsO 2008, 933 (935); aA aber HK-GmbHG/*Pfisterer* § 5a Rn. 14; MüKoGmbHG/*Rieder* § 5a Rn. 23; Michalski/*J. Schmidt* GmbHG § 5a Rn. 11; *Gehrlein* Der Konzern 2007, 771 (779).

434 *Freitag/Riemenschneider* ZIP 2007, 1485 (1486).

435 BGHZ 189, 254 = NJW 2011, 1881 (1882) mAnm *Gasteyer* NZG 2011, 693.

Zeit kontinuierlich steigt.[436] Einzustellen in die gesetzliche Rücklage ist ein Viertel des (um den Verlustvortrag aus dem Vorjahr geminderten) Jahresüberschusses der Unternehmergesellschaft. Diese Mittel dürfen nur für die in § 5a III 2 GmbHG aufgeführten Zwecke verwendet werden. Dabei handelt es sich zum einen um die Erhöhung des Stammkapitals aus Gesellschaftsmitteln nach § 57c GmbHG. Zum anderen kann die Rücklage auch zur Deckung eines Jahresfehlbetrags oder Verlustvortrags eingesetzt werden (§ 5a III 2 Nr. 2 und 3 GmbHG).[437]

Unzulässig ist demgegenüber die Ausschüttung der zurückgestellten Mittel an die Gesellschafter.[438] Damit geht das Gebot des § 5a III GmbHG noch über die Ausschüttungssperre des § 30 GmbHG hinaus.[439] Aufgrund der sachlichen Nähe und der vergleichbaren Interessenlage des § 5a III GmbHG zum Kapitalerhaltungsrecht erscheint es aber konsequent, auch in diesem Fall den Erstattungsanspruch der Gesellschaft gegen die Gesellschafter auf § 31 GmbHG zu stützen.[440] Unterbleibt die Bildung der Rücklage gem. § 5a III GmbHG ganz, hat dies die Nichtigkeit der Feststellung des Jahresabschlusses analog § 256 I Nr. 4 AktG und damit die Nichtigkeit des von den Gesellschaftern getroffenen Gewinnverwendungsbeschlusses entsprechend § 253 AktG zur Folge.[441] Auch in diesem Fall können Rückzahlungsansprüche gegen die Gesellschafter nach § 812 BGB entstehen. Bei Zahlungen aus dem Stammkapital oder der zu bildenden Rücklage greift zudem § 31 GmbHG entsprechend ein.[442] Auch kann sich der Geschäftsführer durch eine Mitwirkung an der Auszahlung nach § 43 GmbHG schadensersatzpflichtig machen.[443]

Das Thesaurierungsgebot des § 5a III GmbHG gilt, bis die Gesellschaft ihr Stammkapital durch Umwandlung der Rücklage gem. § 57c GmbHG oder durch effektive Kapitalerhöhung nach §§ 55ff. GmbHG auf den allgemeinen Mindestbetrag von 25.000 EUR erhöht. Wird die Kapitalerhöhung unterlassen, besteht die Pflicht zur Rücklagenbildung weiter, sodass diese das gesetzliche Stammkapital der normalen GmbH sogar deutlich übersteigen kann.[444]

824 cc) Als Folge der geringen Kapitalausstattung ist die *Pflicht zur Verlustanzeige* bei der Unternehmergesellschaft gem. § 5a IV GmbHG nicht an den Verlust der Hälfte des Stammkapitals geknüpft.[445] Vielmehr ist die Gesellschafterversammlung abweichend von § 49 III GmbHG bereits bei drohender Zahlungsunfähigkeit (§ 18 II InsO) unver-

---

436 Baumbach/Hueck/*Fastrich* GmbHG § 5a Rn. 21; HK-GmbHG/*Pfisterer* § 5a Rn. 19.
437 Begr. Beschlussempfehlung und Bericht des Rechtsausschusses, BT-Drs. 16/9737, 95; *Fliegner* DB 2008, 1668 (1669); *Seibert/Decker* ZIP 2008, 1208 (1209).
438 AA *Noack* DB 2007, 1395 (1396).
439 HK-GmbHG/*Pfisterer* § 5a Rn. 21; *Hirte* ZInsO 2008, 933 (935). Nach Ansicht von *Joost* ZIP 2007, 2242 (2247) soll der Schutz der gesetzlichen Rücklage nach § 5a III GmbHG sogar unmittelbar vom Schutz des Auszahlungsverbots nach § 30 GmbHG erfasst sein.
440 *Neideck* GmbHR 2010, 624 (626ff.); so wohl auch *Joost* ZIP 2007, 2242 (2247), der bereits das Auszahlungsverbot der nach § 5a III GmbHG zurückgestellten Mittel aus § 30 GmbHG herleitet.
441 Begr. RegE, BT-Drs. 16/6140, 32; *Freitag/Riemenschneider* ZIP 2007, 1485 (1488); *Hirte* ZInsO 2008, 933 (935); zu den Rechtsfolgen → Rn. 620.
442 *Freitag/Riemenschneider* ZIP 2007, 1485 (1488); *Gehrlein* Der Konzern 2007, 771 (780).
443 Begr. RegE, BT-Drs. 16/6140, 32; *Gehrlein* Der Konzern 2007, 771 (780); *Hirte* ZInsO 2008, 933 (935).
444 *Gehrlein* Der Konzern 2007, 771 (780); *Hirte* ZInsO 2008, 933 (935); *Veil* GmbHR 2007, 1080 (1083).
445 *Joost* ZIP 2007, 2242 (2248); *Seibert* GmbHR 2007, 673 (676).

züglich einzuberufen. Dabei ist zu beachten, dass der Insolvenzgrund der Überschuldung (§ 19 II 1 InsO) und die damit verbundene Insolvenzantragspflicht für die Unternehmergesellschaft uneingeschränkt gelten.[446] Eine aufgrund des geringen Stammkapitals schnell drohende Überschuldung kann allerdings durch die Gewährung von nachrangigen Gesellschafterdarlehen gem. § 39 I Nr. 5 InsO regelmäßig ohne größere Schwierigkeiten verhindert werden.[447]

825   **dd)** *Anwendbar* sind die für die Unternehmergesellschaft geltenden Sonderregeln gem. § 5a V GmbHG bis das *Stammkapital der Gesellschaft* (nicht die gesetzliche Rücklage) auf den in § 5 I GmbH vorgesehen *Mindestbetrag* von 25.000 EUR erhöht wird. Die Bezeichnung »Unternehmergesellschaft« darf in diesem Fall allerdings als Teil der Firma beibehalten werden. Möglich ist es aber auch, die Gesellschaft durch schlichte Firmenänderung in eine normale GmbH »umzuwandeln«.[448]

826   **c)** Von ihrer praktischen Bedeutung dürfte die Unternehmergesellschaft insbesondere für junge Unternehmen zu Beginn ihrer Geschäftstätigkeit interessant sein.[449] Das gilt vor allem, wenn es sich um weniger kapitalintensive Geschäfte handelt.[450] Vereinfacht wird die Gründung zudem, wenn auf das in der Anlage zu § 2 Ia GmbHG normierte Musterprotokoll zurückgegriffen wird. Weiterhin wird erwogen, die Unternehmergesellschaft könne sich auch zur Durchführung einzelner besonders riskanter Geschäfte eignen.[451] Reizvoll kann die Unternehmergesellschaft zudem im Zusammenhang mit der Gründung von Vorratsgesellschaften sein. So lässt sich der benötigte Kapitalaufwand im Vergleich zur Verwendung einer »normalen« GmbH, die nach § 7 II GmbHG die Einzahlung der Hälfte des Mindeststammkapitals erfordert, erheblich reduzieren. Zugleich kann die Vorratsunternehmergesellschaft gem. § 5a V GmbHG ohne besonderen Aufwand jederzeit in eine GmbH »umgewandelt« werden.

Einsetzbar ist die Unternehmergesellschaft auch als Komplementärin einer KG.[452] Es entsteht eine Unternehmergesellschaft (haftungsbeschränkt) & Co. KG. Voraussetzung ist aber, dass die Beteiligung nach der Satzung der Unternehmergesellschaft zulässig ist.[453] Mit Blick auf den Zwang zur Rücklagenbildung nach § 5a III GmbHG wird zum Teil gefordert, dass die Unternehmergesellschaft am Gewinn der KG beteiligt sein müsse.[454] Dies findet aber weder im Gesetzeswortlaut noch in den Materialien zum Gesetzgebungsverfahren eine Stütze[455] und verkennt zudem, dass aus der Pflicht zur Rücklagenbildung nicht automatisch auch eine Pflicht zur Gewinnerzielung folgt.[456]

---

446 *Gehrlein* Der Konzern 2007, 771 (780); *Hirte* ZInsO 2008, 933 (935).

447 Handelsrechtsausschuss des DAV NZG 2007, 735 (743); *Gehrlein* Der Konzern 2007, 771 (780); *Hirte* ZInsO 2008, 933 (935); aA *Drygala* NZG 2007, 561 (563).

448 *Baumbach/Hueck/Fastrich* GmbHG § 5a Rn. 35; *Fliegner* DB 2008, 1668 (1669); *Seibert* GmbHR 2007, 673 (676).

449 Begr. RegE, BT-Drs. 16/6140, 31; *Seibert/Decker* ZIP 2008, 1208.

450 *Hirte* ZInsO 2008, 933 (935); *Seibert/Decker* ZIP 2008, 1208.

451 *Gehrlein* Der Konzern 2007, 771 (779).

452 MüKoGmbHG/*Rieder* § 5a Rn. 53; *Hennrichs* NZG 2009, 1161 (1166); *Hirte* ZInsO 2008, 933 (935).

453 *Bormann* GmbHR 2007, 897 (899).

454 *Wachter* GmbHR-Sonderheft 2008, 25 (33); *Veil* ZGR 2009, 623 (641).

455 Michalski/*J. Schmidt* GmbHG § 5a Rn. 52f.; MüKoGmbHG/*Rieder* § 5a Rn. 54.

456 *Hirte* ZInsO 2008, 933 (935), der zudem auf die Situation bei der AG verweist, die nach § 150 II AktG ebenfalls zur Bildung einer gesetzlichen Rücklage verpflichtet ist, ohne dass sich daraus Beschränkungen für die Beteiligung an einer KG ergeben würden.

Eine Beteiligung der Unternehmergesellschaft am Gewinn der KG ist daher grundsätzlich nicht erforderlich.

Abzuwarten bleibt, welche Bedeutung die Unternehmergesellschaft im Konzern erlangen wird. Diese kann grundsätzlich sowohl herrschendes als auch abhängiges Unternehmen in Konzernverbindungen sein.[457] Sie kann sich insbesondere als Verwaltungsgesellschaft ohne operative Geschäftstätigkeit eignen. Schließt die Unternehmergesellschaft als abhängige Gesellschaft einen Unternehmensvertrag (§§ 291 ff. AktG), entsteht jedoch ein Spannungsverhältnis zwischen Thesaurierungs- und Gewinnabführungsgebot.[458] Aus Gründen des Gläubigerschutzes ist entsprechend § 300 AktG eine vorrangige Verpflichtung zur Rücklagebildung anzunehmen.[459]

---

457 Baumbach/Hueck/*Fastrich* GmbHG § 5a Rn. 37.
458 Näher hierzu *Miras*, Die neue Unternehmergesellschaft, 2. Aufl. 2011, Rn. 402 ff.
459 MüKoGmbHG/*Rieder* § 5 a Rn. 56; Baumbach/Hueck/*Fastrich* GmbHG § 5 a Rn. 37.

5. Teil. Grenzüberschreitende Kooperationen

§ 18 Grundlagen

Literatur: *Grundmann*, Europäisches Gesellschaftsrecht, 2. Aufl. 2011; *Habersack/Verse*, Europäisches Gesellschaftsrecht, 4. Aufl. 2011; *Schwarz*, Europäisches Gesellschaftsrecht, 2000; *Spahlinger/Wegen*, Internationales Gesellschaftsrecht in der Praxis, 2005.

Fälle: 827
a) A und B gründen in England eine *private company limited by shares (Ltd.)*. Als Sitz der Gesellschaft wird in der Satzung London vorgesehen. Kurze Zeit nach der Gründung eröffnet die Ltd. eine Zweigniederlassung in Deutschland und verlegt dorthin auch die Geschäftsleitung. Kann die Gesellschaft in Deutschland weiterhin als Ltd. tätig werden?
b) Nach einem halben Jahr erfolgreicher Geschäftstätigkeit ausschließlich in Deutschland fragt sich die Gesellschaft, in welchem Land die Unternehmensgewinne zu versteuern sind.

I. Allgemeines

Grenzüberschreitende Kooperationen gewinnen stetig an Bedeutung. Deregulierung,   828 Erschließung von »emerging markets« und Standortoptimierung im Produktions- und Absatzbereich erfordern eine Anpassung der Unternehmensstrategie. Gesellschaften stehen dabei vor der Wahl, im Alleingang oder aber in Kooperation mit in- oder ausländischen Partnern grenzüberschreitend tätig zu werden. Um einen geeigneten rechtlichen Rahmen bereitzustellen, bedarf es einer verstärkten Einbeziehung der internationalen Dimension in das nationale Gesellschaftsrecht. Dabei geraten insbesondere das Europäische und das Internationale Gesellschaftsrecht in den Blick. Das *Internationale Gesellschaftsrecht* bestimmt, welches nationale Recht auf einen grenzüberschreitenden Sachverhalt mit gesellschaftsrechtlichen Bezügen anzuwenden ist (§ 21). Das *Europäische Gesellschafts- und Kapitalmarktrecht* ist geprägt durch die Zielvorstellung eines gemeinsamen Binnenmarktes und drängt auf eine Überwindung der Unterschiede in den nationalen Gesellschaftsrechten durch die Beseitigung von Handelsschranken (§ 20). Bereits frühzeitig wurde eine Harmonisierung in Angriff genommen. Heute haben natürliche und juristische Personen Zugang zu sämtlichen Gesellschaftsformen der Mitgliedstaaten. Daneben hat der Gemeinschaftsgesetzgeber im Verordnungswege neue *europäische Rechtsformen* geschaffen, welche die Bildung von Unternehmensgruppen mit Unternehmen aus verschiedenen Mitgliedstaaten erleichtern (§ 19).

II. Gesellschaftsstatut

Bei Sachverhalten mit internationalem Bezug stellen sich regelmäßig die Frage nach der auf die betreffende Gesellschaft anwendbaren Rechtsordnung (1.) und die, ob eine ausländische Gesellschaft im Inland anzuerkennen ist (2.).

1. Einheitliches Gesellschaftsstatut

829   Die Zuordnung einer Gesellschaft zu einer bestimmten Rechtsordnung beurteilt sich nach dem *Gesellschaftsstatut.* Hierunter versteht man allgemein das Recht, das die Rechtsstellung einer Gesellschaft und ihre Binnenstruktur regelt. Im Grundsatz werden alle gesellschaftsrechtlich zu qualifizierenden Fragen, die das *Innen- wie das Außenverhältnis* betreffen, einer einzigen Rechtsordnung unterstellt (Einheitslehre). So vermeidet man Abgrenzungs- und Harmonisierungsschwierigkeiten, die mit der Sonderanknüpfung von Teilfragen verbunden wären.[1] Nach dem einheitlichen Gesellschaftsstatut (auch als Personalstatut der Gesellschaft bezeichnet) beurteilen sich beispielsweise Gründung und Fortbestand, Rechtsfähigkeit, Verfassung und Beendigung – kurz: das »Entstehen, Leben und Vergehen«[2] der Gesellschaft. Bei der kollisionsrechtlichen Bestimmung des Gesellschaftsstatuts sind alle in- und ausländischen Gesellschaftsformen – juristische Personen (insbesondere Kapitalgesellschaften) ebenso wie Personengesellschaften (unabhängig von der Frage ihrer Rechtsfähigkeit) – gleich zu behandeln.

2. Bestimmung des Gesellschaftsstatuts

830   Seit langem wird um die Frage des richtigen Anknüpfungspunktes zur Bestimmung des Gesellschaftsstatuts gestritten.[3] Geprägt wird dieser Streit durch die Diskussion um die Gründungs- bzw. Inkorporationstheorie einerseits und die Sitztheorie andererseits. In Deutschland folgte die Rechtsprechung traditionell der *Sitztheorie,* welche an den *tatsächlichen (effektiven) Verwaltungssitz* – im Gegensatz zum satzungsmäßigen Sitz – anknüpft. Danach ist die Gesellschaft dem Recht des Staates unterworfen, in dem sie ihren tatsächlichen Verwaltungssitz hat. Dieser wird als der Tätigkeitsort der Geschäftsführung und der dazu berufenen Vertretungsorgane definiert, also als der Ort, an dem »die grundlegenden Entscheidungen der Unternehmensleitung effektiv in laufende Geschäftsführungsakte umgesetzt werden«.[4] Die Bestimmung des tatsächlichen Verwaltungssitzes erfolgt in der Rechtsprechung oft anhand unterschiedlicher, leicht feststellbarer Indizien, etwa dem ständigen Aufenthalt eines Geschäftsführers im In- oder Ausland. Mit der Anknüpfung an den tatsächlichen Verwaltungssitz hat die Verlegung des Sitzes ins Ausland einen Wechsel des Gesellschaftsstatuts und damit grundsätzlich die Auflösung und Neugründung der Gesellschaft zur Folge.[5]

Sozusagen den Gegenpol zur Sitztheorie bildet die *Gründungstheorie.* Diese verweist hinsichtlich der Außen- und Innenbeziehungen einer Gesellschaft auf das Recht des Gründungsstaates, selbst wenn die Gesellschaft keinerlei Beziehungen zu diesem Staat (mehr) aufweist.[6] Der Gründungstheorie folgen vor allem das anglo-amerikanische Recht sowie etwa die Rechtsordnungen der Schweiz, Spaniens, Dänemarks und der Niederlande.[7] Der Vorzug gegenüber der Sitztheorie besteht darin, dass das Gründungsstatut in der Regel leicht festzustellen ist und auch später keinen Änderungen

1 S. nur MüKoBGB/*Kindler* IntGesR Rn. 521 f.
2 BGHZ 25, 134 (144).
3 Ausf. zum Streitstand Staudinger/*Großfeld,* 1998, IntGesR Rn. 26 ff.; MüKoBGB/*Kindler* IntGesR Rn. 351 ff.; *Schwarz* EuropGesR Rn. 159 ff.
4 BGHZ 97, 269 (272).
5 Staudinger/*Großfeld,* 1998, IntGesR Rn. 610; *Schwarz* EuropGesR Rn. 170.
6 *Schwarz* EuropGesR Rn. 161.
7 Vgl. die Länderübersicht bei *Spahlinger/Wegen* IntGesR Rn. 1462–1465.

unterliegt. Von Nachteil ist, dass mitunter ein Recht zur Anwendung kommt, zu welchem die Gesellschaft keine tatsächlichen Bezüge aufweist, und Möglichkeiten zur missbräuchlichen Wahl des Gesellschaftsstatuts eröffnet werden.

Vermittelnde Ansätze wie die Überlagerungstheorie[8] oder die Kombinationslehre[9] konnten sich in Deutschland nicht durchsetzen. Meist führen diese zu einer problematischen Vermischung verschiedener Normenkomplexe.

III. »Anerkennung« von Gesellschaften

Praktische Bedeutung erlangt der Streit zwischen Gründungs- und Sitztheorie in Konstellationen, in denen sich der tatsächliche Verwaltungssitz nicht (mehr) im Staat der Gesellschaftsgründung befindet. Die wichtigste Fallgruppe in der deutschen Rechtspraxis ist die Anerkennung einer im Ausland gegründeten Gesellschaft, die ihren tatsächlichen Sitz von vornherein in Deutschland nimmt oder ihn später dorthin verlegt (sog. *»Scheinauslandsgesellschaften«*, dazu § 22). Die Anerkennung einer ausländischen Gesellschaft bezieht sich dabei auf die Rechtsfähigkeit und die Rechte und Verpflichtungen nach demjenigen Recht, aus dem die Gesellschaft die Rechtsstellung herleitet.

831

> In **Fall a** verweist die Gründungstheorie für die Ltd. auf das Recht Englands als Gründungsstaat. Da das englische Kollisionsrecht seinerseits der Gründungstheorie folgt, also die Verweisung annimmt, und das somit anzuwendende englische Gesellschaftsrecht dem ausländischen Verwaltungssitz keine Bedeutung beimisst, ist die Ltd. bei Anwendung der Gründungstheorie auch hierzulande als solche anzuerkennen. Die Sitztheorie hingegen verweist den deutschen Rechtsanwender wegen des eindeutig in Deutschland liegenden Verwaltungssitzes auf deutsches Sachrecht. Der Numerus clausus der Gesellschaftsformen im deutschen Gesellschaftsrecht kennt diese Rechtsform aber nicht, weshalb die Gesellschaft hier nicht als Ltd. englischen Rechts Anerkennung findet. Eine Behandlung der Gesellschaft als GmbH scheidet ebenfalls aus, da es jedenfalls an der nach § 11 I GmbHG für die GmbH erforderlichen konstituierenden Eintragung in das deutsche Handelsregister fehlt.

Bis 2002[10] versagte der BGH Scheinauslandsgesellschaften auf der Grundlage der Sitztheorie jegliche Anerkennung. Mangels Rechtsfähigkeit konnten diese weder wirksam am Rechtsverkehr teilnehmen noch vor deutschen Gerichten klagen – wohl aber entsprechend § 50 II ZPO verklagt werden. Heute werden Scheinauslandsgesellschaften entsprechend dem von ihnen verfolgten Zweck regelmäßig als OHG oder GbR mit entsprechender Rechts- und Parteifähigkeit, aber auch unbeschränkter persönlicher Haftung der Gesellschafter, angesehen. Erhebliche Einschränkungen hat die Sitztheorie für *EU-interne* Sachverhalte in jüngerer Zeit durch eine Reihe von Entscheidungen des EuGH zur Niederlassungsfreiheit (Art. 49, 54 AEUV, ex Art. 43, 48 EG) erfahren (→ Rn. 843 ff.). Aufgrund dessen sind im Inland ansässige EU-Auslandsgesellschaften unter Respektierung ihres Gründungsstatuts anzuerkennen.[11]

> Wegen der gemeinschaftsweit geltenden Niederlassungsfreiheit kann die Sitztheorie in **Fall a** keine Anwendung finden. Vielmehr müssen deutsches Kollisions- und Sachrecht die vom tatsächlichen Verwaltungssitz unabhängige Anerkennung der Ltd. durch die Rechtsordnung des (Noch-) EU-Mitglieds England respektieren.

---

8 Hierzu eindrucksvoll *Sandrock* BB 1999, 1337.
9 Dazu MüKoBGB/*Kindler* IntGesR Rn. 411 ff.; Staudinger/*Großfeld*, 1998, IntGesR Rn. 34 ff.
10 BGHZ 151, 204 (206 f.).
11 Entsprechendes gilt für Gesellschaften aus EWR-Staaten.

In Bezug auf Drittstaaten hält die deutsche Rechtsprechung jedoch an der Sitztheorie fest.[12] Gleichwohl enthalten bilaterale und multilaterale Staatsverträge oft eine Sonderregelung über die »gegenseitige Anerkennung von Gesellschaften«.[13]

Eine Einschränkung erfährt die Sitztheorie unter anderem durch den deutsch-amerikanischen Freundschafts-, Handels- und Schiffahrtsvertrag vom 29.10.1954,[14] dessen Art. XXV Abs. 5 zufolge Gesellschaften, die gemäß den Vorschriften des einen Vertragsteils wirksam errichtet sind, im Gebiet des anderen Vertragsteils anzuerkennen sind. Nach der Rechtsprechung sind damit in den USA gegründete Gesellschaften unabhängig vom tatsächlichen Verwaltungssitz nach dem Recht des Gründungs-Bundesstaates zu beurteilen.[15] Ungeklärt ist bislang, ob und in welchem Ausmaß ein fortbestehender Bezug der Gesellschaft zu den USA, ein sog. *genuine link*, Voraussetzung der Anerkennung in Deutschland ist.[16] Ausreichend ist nach Auffassung des BGH jedenfalls eine geringfügige wirtschaftliche Aktivität in den USA.[17]

Strikt zu trennen ist die Anerkennung einer Gesellschaft von der Bestimmung des anzuwendenden Sachrechts. So bezieht sich die Anerkennung lediglich auf das Gesellschaftsstatut, also die Rechtsstellung und Binnenstruktur einer Gesellschaft. Das anwendbare materielle Recht ist unabhängig davon anhand von Kollisionsregeln zu bestimmen.

> In **Fall b** ist die Ltd. nach der in England geltenden Gründungstheorie als inländische Gesellschaft zu werten und dort grundsätzlich steuerpflichtig. Ihren Verwaltungssitz hat die Gesellschaft in Deutschland, woran § 1 I Nr. 1 KStG eine unbeschränkte Steuerpflicht gleichfalls in Deutschland knüpft. Zur Vermeidung einer Doppelbesteuerung verschiebt ein Doppelbesteuerungsabkommen die Steuerpflicht der laufenden Unternehmensgewinne von England nach Deutschland. Steuerrechtlich ist das »registered office« in London als Stammhaus und der Verwaltungssitz in Deutschland als Betriebsstätte zu werten. Der Betriebsstättengewinn unterliegt nach dem Doppelbesteuerungsabkommen der Steuerpflicht im Belegenheitsstaat der Betriebsstätte, sodass der Gewinn der deutschen Niederlassung der Ltd. der deutschen Körperschaftsteuerpflicht unterliegt.

IV. Perspektive

832   Die Entwicklung eines Internationalen Unternehmensrechts steht weiterhin auf der Agenda. Sonderregelungen für Einzelbereiche wie die Unternehmensmitbestimmung oder die Verschmelzung bzw. Umwandlung führen mitunter zur Überlagerung der allgemeinen gesellschaftsrechtlichen Anknüpfung. Daneben hat ein sich herausbildendes internationales Kapitalmarktrecht Auswirkungen auf die nationalen Gesellschaftsrechte. Von Aktualität sind vor allem international anerkannte Standards der Unternehmensführung, auch der Verantwortlichkeit von Gesellschaftsorganen und deren Kontrolle *(Corporate Governance)*. Aber auch auf nationaler Ebene hat sich der Gesetzgeber den neuen Herausforderungen der grenzüberschreitenden Wirtschaftstätigkeit gestellt. So wurde in Deutschland das Zweite Gesetz zur Änderung des Umwandlungsgesetzes erlassen,[18] durch das grenzüberschreitende Fusionen deutscher Kapitalgesellschaften erleichtert und Verschmelzungen nach Deutschland hinein ermöglicht wurden. Im Kontext mit der Konkurrenz ausländischer Rechtsformen ist auch das Gesetz zur Modernisie-

---

12 BGHZ 178, 192 (197) = NJW 2009, 289 (290) (Trabrennbahn) für den Fall einer schweizerischen Aktiengesellschaft, die nach Verlegung ihres Verwaltungssitzes in Deutschland als GbR qualifiziert wird; ebenso BGH NJW-RR 2010, 1364; NJW 2011, 3372 (3373).

13 MüKoBGB/*Kindler* IntGesR Rn. 326 ff.

14 BGBl. 1956 II 487.

15 BGHZ 153, 353 (355).

16 Bejahend OLG Düsseldorf NJW-RR 1995, 1124 (1125); insgesamt hierzu MüKoBGB/*Kindler* IntGesR Rn. 342 ff.

17 BGH ZIP 2004, 2230 (2231 f.) (Telefonanschluss in den USA, Lizenzverträge mit US-amerikanischen Partnern); BGH NJW-RR 2004, 1618 (Aktiendepot in den USA).

18 BGBl. 2007 I 542.

rung des GmbH-Rechts und zur Bekämpfung von Missbräuchen (MoMiG) zu sehen, mit dem vor allem eine Vereinfachung und Beschleunigung der Gründung von GmbHs einherging.[19] Im Zusammenhang mit dieser Gesetzesreform erfolgte auch eine Streichung der Bestimmungen, wonach bis dahin in der Satzung einer AG bzw. dem Gesellschaftsvertrag einer GmbH ein inländischer Verwaltungssitz festzulegen war (§ 5 II AktG aF, § 4a GmbHG aF). Deshalb ist es (nur) diesen Gesellschaften inzwischen gestattet, einen Verwaltungssitz zu wählen, der nicht notwendig mit dem Satzungssitz übereinstimmt. Dies lässt – trotz Festhalten an der Sitztheorie im Übrigen – einen Wegzug ohne Auflösung zu und eröffnet damit die Möglichkeit einer grenzüberschreitenden Verwaltungssitzverlegung auch über die Grenzen von EU und EWR hinaus. De lege ferenda wird ganz allgemein, also auch im Verhältnis zu Drittstaaten, der Übergang zur Gründungstheorie erwogen.[20] Ein seit Januar 2008 vorliegender Referentenentwurf eines Gesetzes zum Internationalen Privatrecht der Gesellschaften, Vereine und juristischen Personen sieht insoweit vor, dass allein das Recht des Staates maßgeblich ist, in dem die Gesellschaft in ein öffentliches Register eingetragen ist.[21]

§ 19 Europäische Rechtsformen

Literatur: *Bayer/Fleischer/Hommelhoff* (Hrsg.), Die Europäische Gesellschaft, 2005; *Braun,* Die Europäische Aktiengesellschaft: nach »Inspire Art« bereits ein Auslaufmodell?, JURA 2005, 150; *Bungert/ Gotsche,* Die deutsche Rechtsprechung zur SE, ZIP 2013, 649; *Grundmann,* Europäisches Gesellschaftsrecht, 2. Aufl. 2011; *Habersack/Drinhausen,* SE-Recht, 2. Aufl. 2016; *Habersack/Verse,* Europäisches Gesellschaftsrecht, 4. Aufl. 2011; *Hirte/Teichmann,* The European Private Company – Societas Privata Europaea (SPE), 3. Aufl. 2013; *Hirte,* Die Europäische Aktiengesellschaft, NZG 2002, 1; *Hommelhoff/Schubel/Teichmann,* Societas Privata Europaea (SPE) – die europäische Kapitalgesellschaft für mittelständische Unternehmen, 2014; *Jung,* Die Entwicklung der Europäischen Stiftung (FE), ZStV 2014, 7; *Lingl,* Die Europäische Aktiengesellschaft – Societas Europaea (SE), JA 2006, 304; *Schulze,* Die Europäische Genossenschaft (SCE), NZG 2004, 792; *van Hulle/Maul/Drinhausen,* Handbuch zur Europäischen Gesellschaft (SE), 2007.

Fälle: 833

a) Auf einem Fortbildungsseminar zum Europäischen Gesellschaftsrecht in Brügge trifft der deutsche Rechtsanwalt D auf 22 Kollegen aus Italien, Frankreich, Polen, Spanien, Großbritannien und den USA. Gemeinsam schmieden sie Karrierepläne und beraten, wie sie ihre jeweiligen Kenntnisse in eine gemeinsame Anwaltssozietät einbringen könnten. Welche europäische Rechtsform kommt dabei für sie in Betracht?

b) Die Schwarzwälder Kuckucksuhren GmbH ist ein florierendes Unternehmen und beschließt in ihrem Expansionsdrang, sich mit der Klompen B. V., dem führenden niederländischen Hersteller für Holzschuhe, zusammenzuschließen. Die Geschäftsanteile an den Gesellschaften sollen in eine neu zu gründende Holding in Form einer Europäischen Gesellschaft, die Holzwaren SE mit Sitz in Freiburg i. Br. eingebracht werden. Dies geschieht auch nach Annahme und materieller Beurkundung des Gründungsplans. Auch wird A vom Aufsichtsrat zum Vorstand bestellt. Da beide Gründergesellschaften der Geschäftsaufnahme zustimmen, beginnt A noch vor der Eintragung ins Handelsregister mit der Bestellung von Werbematerial im Namen der Holzwaren SE. Nachdem der Schwarzwald von einer Holzwurmplage befallen wird, geben die Gründungsgesellschaften auf Drängen der Klompen B. V. die Eintragungsabsicht wieder auf und stellen die Vorbereitungsgeschäfte ein. Der Lieferant des Werbematerials fragt nun, an wen er sich zwecks Zahlung wenden kann.

---

19 Ausf. zu den Änderungen durch das MoMiG *Hirte* NZG 2008, 761; zu den Bezügen zum internationalen Gesellschaftsrecht *Kindler* AG 2007, 721.
20 *Behrens* IPrax 2003, 193 (205f.); *Eidenmüller* JZ 2003, 526 (528); *Spindler/Berner* RIW 2003, 949 (956).
21 Dazu *Franz* BB 2009, 1250.

I. Europäische Wirtschaftliche Interessenvereinigung (EWIV)

834 Erste supranationale Rechtsform auf europäischer Ebene ist seit 1985 die *Europäische Wirtschaftliche Interessenvereinigung* (EWIV, auch European Economic Interest Grouping – EEIG). Diese beruht auf dem Vorbild der französischen groupement d'intérêt économique (G. i. e.) und kann in Deutschland seit 1989 eingetragen werden. Sie hat den Zweck, die wirtschaftliche Tätigkeit ihrer Mitglieder zu erleichtern oder zu entwickeln. Hingegen ist sie nicht auf die eigene Gewinnerzielung ausgerichtet, auch wenn eine tatsächliche Gewinnerzielung nicht untersagt ist. An der EWIV müssen mindestens zwei Gesellschafter aus unterschiedlichen Mitgliedstaaten beteiligt sein. Rechtsgrundlage der EWIV ist die unmittelbar anwendbare VO (EWG) Nr. 2137/85 (EWIV-VO).[1] Die Modalitäten der in Art. 6, 10 EWIV-VO vorgesehenen Eintragung und Anerkennung im nationalen Recht wurden in Deutschland in dem Ausführungsgesetz vom 14.4.1988 geregelt (EWIVAG).[2] Nach § 1 EWIVAG ist die EWIV eine Handelsgesellschaft, auf die subsidiär das Recht der OHG (§§ 105–160 HGB – und über § 105 III HGB auch das Recht der GbR der §§ 705–740 BGB) Anwendung findet.

Die Gründung einer EWIV erfolgt nach Art. 1 I EWIV-VO durch Abschluss eines Gründungsvertrags und Eintragung in ein im Sitzstaat geführtes Register. Mit Eintragung ist die EWIV eigenständige Trägerin von Rechten wie Pflichten und auch parteifähig. In ihrer Firma muss die Bezeichnung EWIV in abgekürzter oder ausgeschriebener Form enthalten sein.[3] Vertreten wird die EWIV nach Art. 20 I EWIV-VO durch ihren *Geschäftsführer*. Bei mehreren Geschäftsführern besteht Einzelvertretungsmacht. Beschränkungen der Vertretungsmacht bedürfen zur Wirksamkeit gegenüber Dritten der Eintragung in das Handelsregister. Die Willensbildung erfolgt nach Art. 16 II EWIV-VO durch Beschlussfassung der Gemeinschaft der Mitglieder. Veränderungen im Mitgliederbestand sind durch die Übertragung der Beteiligung (Art. 22 EWIV-VO), die Aufnahme neuer Mitglieder (Art. 26 EWIV-VO) und das Ausscheiden eines Mitglieds (Art. 28ff. EWIV-VO) möglich. Die Auflösung und Abwicklung der EWIV erfolgt nach den Vorschriften der Art. 31f., 35 EWIV-VO, des § 10 EWIVAG und der §§ 145ff. HGB.

Ende 2017 bestanden unionsweit 2.128 EWIV, wovon jeweils 369 EWIV auf Deutschland und ebenso auf Belgien entfielen, was auch die Bedeutung dieser Gesellschaftsform als Vehikel europäischer Lobbyistenverbände belegt.[4] Begrenzungen für die Ausbreitung und Attraktivität dieser Gesellschaftsform resultieren neben der Beschränkung des Vereinigungszwecks aus den Verboten der Art. 3 II, 23 EWIV-VO. Hiernach darf die EWIV weder unmittelbar noch mittelbar die Leitungs- oder Kontrollmacht über die eigenen Tätigkeiten ihrer Mitglieder oder die Tätigkeiten eines anderen Unternehmens ausüben (*Konzernleitungsverbot*, Art. 3 II lit. a EWIV-VO), Aktien oder Anteile gleich welcher Form an einem Mitgliedsunternehmen halten (*Holdingverbot*, Art. 3 II lit. b EWIV-VO) und nicht mehr als 500 Arbeitnehmer be-

---

1 ABl. 1985 L 199, 1.
2 BGBl. 1988 I 514.
3 EuGH Urt. v. 18.12.1997 – C-402/96, Slg. 1997, I-7515 = NJW 1998, 972 – EWIV.
4 Vgl. die Statistik der Libertas – Europäisches Institut GmbH auf dem Stand Oktober 2017, http://www.libertas-institut.com/wp-content/uploads/2017/10/ewiv-statistik.pdf (zuletzt abgerufen am 1.12.2017).

schäftigen (*Beschäftigungsverbot*, Art. 3 II lit. c EWIV-VO). Auch darf die EWIV nicht dazu benutzt werden, einem Leiter eines Mitgliedsunternehmens oder einer mit ihm verbundenen Person Darlehen zu gewähren oder ähnliche Geschäfte vorzunehmen, wenn solche Rechtsgeschäfte nach den für die Gesellschaften geltenden Gesetzen der Mitgliedstaaten einer Einschränkung oder Kontrolle unterliegen (*Kreditgewährungsverbot*, Art. 3 II lit. d EWIV-VO). Eine EWIV darf nicht Mitglied einer anderen EWIV sein (*Beteiligungsverbot*, Art. 3 II lit. e EWIV-VO) und sich nicht öffentlich an den Kapitalmarkt wenden (*Kapitalmarktverbot*, Art. 23 EWIV-VO). Zu beachten ist im Rahmen von Kooperationen auch das Verbot wettbewerbsbeschränkender Vereinbarungen und Verhaltensweisen nach Art. 101 I AEUV, weil die Wahl der Rechtsform EWIV keine generelle Freistellung vom Kartellverbot zur Folge hat.

Vorteile der EWIV gegenüber anderen Rechtsformen sind der verhältnismäßig unkomplizierte Gründungsvorgang und das fehlende Erfordernis eines Stammkapitals. Dem steht nach Art. 24 EWIV-VO eine gesamtschuldnerische und unbeschränkte Haftung der Mitglieder für Verbindlichkeiten der EWIV gegenüber, nämlich die akzessorische Haftung nach § 128 HGB. Es müssen weder Gewerbe- noch Körperschaftsteuer abgeführt und es können Reserven gebildet werden. Die Buchhaltung beschränkt sich in der Regel auf eine einfache Einnahme-/Überschussrechnung und einen Jahresabschluss. Eine Einschränkung der grenzüberschreitenden Kooperation ergibt sich aus Art. 4 I EWIV-VO, wonach Mitglieder einer EWIV nur natürliche und juristische Personen aus Mitgliedstaaten sein können. Partner aus Drittstaaten können lediglich als assoziiertes Mitglied ohne vollwertige Mitgliedstellung aufgenommen werden.

> In **Fall a** könnten die Rechtsanwälte eine EWIV gründen. Tatsächlich hat diese Rechtsform in der Praxis vor allem bei grenzüberschreitenden Kooperationen von Freiberuflern wie Steuerberatern, Wirtschaftsprüfern und Anwälten Bedeutung. Diese nutzen die EWIV zur Erleichterung des Marktzugangs, die Schaffung grenzüberschreitender Infrastrukturen und das Pooling von Wissen und Ressourcen. D und seine Kollegen aus Italien, Frankreich, Polen, Spanien und Großbritannien üben eine freiberufliche Tätigkeit in mindestens zwei verschiedenen Mitgliedstaaten aus und erfüllen so die Voraussetzungen von Art. 4 I und II EWIV-VO. Die Rechtsanwälte aus den USA könnten lediglich als assoziierte Mitglieder aufgenommen werden, da sie keine Tätigkeit innerhalb der Gemeinschaft ausüben. Bei Gründung einer EWIV haben die Rechtsanwälte jedoch den Vereinigungszweck aus Art. 3 I EWIV-VO zu beachten. Wegen der Beschränkung auf Hilfstätigkeiten im Zusammenhang mit der wirtschaftlichen Tätigkeit ihrer Mitglieder dürfte eine von den Rechtsanwälten gegründete EWIV nicht selbst rechtsberatend tätig sein.

II. Europäische Gesellschaft (SE)

Als praktisch wichtigste grenzüberschreitende Gesellschaftsform gilt die *Europäische Gesellschaft* (»Societas Europaea« – SE), sozusagen eine europäische Aktiengesellschaft.[5] Sie wurde durch die VO (EG) Nr. 2157/2001 (SE-VO)[6] als Europäische Gesellschaft sui generis geschaffen, um Gesellschaften aus verschiedenen Mitgliedstaaten die Gründung einer Holdinggesellschaft oder einer gemeinsamen Tochtergesellschaft

835

---

5 Einen Überbl. über die Motive für die Rechtsformwahl geben *Eidenmüller/Engert/Hornuf* AG 2009, 845.
6 ABl. 2001 L 294, 1.

ohne die rechtlichen und praktischen Zwänge der unterschiedlichen nationalen Gesellschaftsrechte zu ermöglichen. Ergänzt wird die Verordnung durch die RL 2001/86/
EG (SE-RL)[7] über die Arbeitnehmerbeteiligung (Art. 1 IV SE-VO). Nach Art. 9 SE-
VO ergibt sich der Rechtsrahmen der SE aus der Verordnung selbst, ihrer verord-
nungskonformen Satzung sowie – subsidiär – den Rechtsvorschriften des jeweiligen
Sitzstaates über die SE und die Aktiengesellschaft.[8] In Deutschland sind dies vor allem
die gesellschaftsrechtlichen Bestimmungen des SE-Ausführungsgesetzes (SEAG)[9] und
das SE-Beteiligungsgesetzes (SEBG)[10] zur Arbeitnehmermitbestimmung sowie allgemein die für die Aktiengesellschaft geltenden Vorschriften. Mitte 2017 bestanden
2.828 SE europaweit,[11] davon 462 in Deutschland, von denen allerdings nur 243 mit
mindestens fünf Arbeitnehmern operativ tätig waren.[12]

Die SE ist *juristische Person*, die mit Registereintragung (in Deutschland in das Handelsregister, § 3 SEAG)[13] Rechtsfähigkeit erlangt (Art. 1 III, 16 I SE-VO). Ihr Grundkapital ist in Aktien zerlegt und muss mindestens 120.000 EUR betragen (Art. 1 II, 4 II
SE-VO). Für die Kapitalaufbringung und
-erhaltung enthält Art. 5 SE-VO einen Generalverweis auf das nationale Recht.[14] Die
Zulässigkeit von Sacheinlagen und der Erwerb eigener Aktien richten sich daher nach
deutschem Recht (§§ 27, 71 AktG). Die Gesellschafter der SE *haften* nach Art. 1 II 2
SE-VO nur bis zur Höhe des von ihnen gezeichneten Kapitals. Die Möglichkeit einer
Durchgriffshaftung sowie die Behandlung kapitalersetzender Gesellschafterdarlehen
(→ Rn. 650, 647) beurteilen sich aufgrund von Art. 9 I lit. c SE-VO nach dem nationalen
Recht des Sitzstaats. Vor Eintragung haften die handelnden Personen gem. Art. 16 II
SE-VO unbegrenzt und gesamtschuldnerisch.

Die *Gründung* ist nach Art. 2 SE-VO in vier Varianten möglich, denen jeweils ein
grenzüberschreitender Bezug zu zwei oder mehr EU-Mitgliedstaaten gemeinsam ist:
- Gründung durch Verschmelzung (Abs. 1),
- Gründung durch Errichtung einer Holding-SE (Abs. 2),
- Gründung in Form einer gemeinsamen Tochter-SE (Abs. 3) sowie
- Gründung durch Umwandlung einer Aktiengesellschaft nationalen Rechts (Abs. 4).

Während sich die Verschmelzung auf Aktiengesellschaften verschiedener Mitgliedstaaten beschränkt (Art. 17–31 SE-VO, §§ 5–8 SEAG), steht die Gründung einer Holding-SE allen Aktiengesellschaften und Gesellschaften mit beschränkter Haftung offen, wenn mindestens zwei von ihnen dem Recht unterschiedlicher Mitgliedstaaten
unterliegen oder Tochtergesellschaften bzw. Niederlassungen in einem anderen Mit-

---

7 ABl. 2001 L 294, 22.
8 Hierzu Lutter/Hommelhoff/*Hommelhoff* Die europäische Gesellschaft 5 ff.; *Wagner* NZG 2002,
   985; *Nagel* NZG 2004, 833. Zu den mitgliedstaatlichen Regelungen zur Einführung der SE s. *Oplu-
   stil/Teichmann,* The European Company – all over Europe, 2004.
9 BGBl. 2004 I 3675.
10 BGBl. 2004 I 3675, 3686.
11 *Bayer/Schmidt* BB 2017, 2114.
12 Nach den Angaben der Hans-Böckler-Stiftung auf dem Stand v. 1.7.2017, https://www.boeckler.de/
   pdf/pb_mitbestimmung_se_2017_6.pdf; ein Überblick über die Bestandsentwicklung findet sich
   unter https://www.boeckler.de/34750.htm (zuletzt abgerufen am 1.12.2017).
13 Zur Eintragung der SE in Deutschland Lutter/Hommelhoff/*Kleindiek* Die europäische Gesellschaft
   95 ff.
14 Hierzu Lutter/Hommelhoff/*Fleischer* Die europäische Gesellschaft 169 ff.

gliedstaat haben (Art. 32–34 SE-VO, §§ 9–11 SEAG).[15] Gleiches gilt für die Gründung einer SE in Form einer gemeinsamen Tochtergesellschaft durch juristische Personen des öffentlichen oder privaten Rechts (Art. 35 und 36 SE-VO). Die Gründung durch formwechselnde Umwandlung einer nationalen Aktiengesellschaft setzt voraus, dass diese seit mindestens zwei Jahren eine Tochtergesellschaft in einem anderen Mitgliedstaat hat. Als weitere Möglichkeit der Errichtung einer SE sieht Art. 3 II SE-VO die Gründung einer Tochter-SE durch eine bereits bestehende SE vor. Nach Art. 7 SE-VO muss der *Sitz* der SE in der Gemeinschaft liegen, und zwar in dem Mitgliedstaat, in dem sich die Hauptverwaltung befindet. Die Gründung einer »Briefkasten-SE« scheidet damit aus.[16] Die SE kann ihren Sitz jedoch nach Art. 8 SE-VO jederzeit in einen anderen Mitgliedstaat verlegen, ohne dass dies ihre Auflösung und Neugründung zur Folge hätte.[17]

> In **Fall b** können die Schwarzwälder Kuckucksuhren GmbH und die Klompen B. V. als zwei Gesellschaften mit beschränkter Haftung aus unterschiedlichen Mitgliedstaaten die »Holzwaren SE« als gemeinsame Holding SE nach Art. 2 II SE-VO gründen. Die Entstehung einer Europäischen Gesellschaft setzt zwingend die Handelsregistereintragung nach Art. 1 III, 16 I SE-VO, § 3 SEAG voraus. Vor Eintragung haften nach Art. 16 II SE-VO die Handelnden unbegrenzt und gesamtschuldnerisch. Nach überwiegender Auffassung[18] kann aber auch eine Vor-SE Trägerin von Rechten und Pflichten sein, deren Existenz und Rechtsnatur sowie Gründerhaftung sich aufgrund Art. 15 I SE-VO nach nationalem Recht richtet. Da im deutschen Aktienrecht die rechtsfähige Vorgesellschaft anerkannt ist, kommt auch diese als Haftungssubjekt in Betracht. A hat die in Gründung befindliche Holzwaren SE wirksam vertreten, sodass der Lieferant des Werbematerials neben dem A als Handelnden auch die Holzwaren Vor-SE in Anspruch nehmen kann. Daneben kommt nach hM[19] eine Verlustdeckungshaftung der Gründungsgesellschaften in Betracht. Diese soll nach richtiger Ansicht nicht durch Art. 16 II SE-VO ausgeschlossen werden und wäre vorliegend zu bejahen, da beide Gründungsgesellschaften der Geschäftsaufnahme vor Eintragung zugestimmt haben. Diese Haftung besteht jedoch nur im Innenverhältnis zur Vor-SE, sodass der Lieferant der Werbematerialien hieraus keinen unmittelbaren Anspruch gegen die Schwarzwälder Kuckucksuhren GmbH und die Klompen B. V. hat.

Die Satzung der SE sieht als Organe zum einen die Hauptversammlung der Aktionäre sowie zum anderen entweder ein Leitungsorgan sowie ein Aufsichtsorgan (dualistisches System) oder aber ein einheitliches Verwaltungsorgan (monistisches System) vor (vgl. Art. 38 SE-VO),[20] welches in Deutschland nur 36 % der operativ tätigen SE mit mindestens fünf Arbeitnehmern aufweisen.[21] Nach dem *dualistischen System*[22] (Art. 39–42 SE-VO, §§ 15–19 SEAG), das weitgehend den aktienrechtlichen Bestimmungen der §§ 76 ff. AktG entspricht, führt das Leitungsorgan die Geschäfte der SE in eigener Verantwortung. Seine Mitglieder vertreten die SE gerichtlich und außergerichtlich. Sie werden vom Aufsichtsorgan bestellt und abberufen. Das Aufsichtsorgan überwacht die Führung der Geschäfte durch das Leitungsorgan. Seine Mitglieder

---

15 Allg. zur Gründung einer SE mit Sitz in Deutschland Lutter/Hommelhoff/*Bayer* Die europäische Gesellschaft 25 ff.; van Hulle/Maul/*Drinhausen*, Handbuch zur Europäischen Gesellschaft (SE), 2007, 4. Abschnitt; *Stöber* AG 2013, 110.
16 MüKoBGB/*Kindler* IntGesR Rn. 77; aA *Hirte* NZG 2002, 1,4.
17 Dazu *Oechsler* AG 2005, 373.
18 MüKoAktG/*Schäfer* SE-VO Art. 16 Rn. 4 mwN.
19 Vgl. nur MHdB-GesR IV/*Austmann* § 84 Rn. 77.
20 Zur Satzungsgestaltung Lutter/Hommelhoff/*Seibt* Die europäische Gesellschaft 67 ff.
21 Vgl. die Angaben der Hans-Böckler-Stiftung auf dem Stand v. 1.7.2017, https://www.boeckler.de/pdf/pb_mitbestimmung_se_2017_6.pdf (zuletzt abgerufen am 1.12.2017).
22 van Hulle/Maul/*Drinhausen,* Handbuch zur Europäischen Gesellschaft (SE), 2007, 122 ff.

werden von der Hauptversammlung bestellt. Mitgliederzahl und Zusammensetzung von Leitungs- und Aufsichtsorgan sind in §§ 16 und 17 SEAG geregelt. Nach dem *monistischen System*[23] (Art. 43–45 SE-VO, §§ 20–49 SEAG) werden die Geschäfte der SE vom Verwaltungsorgan (»Verwaltungsrat«, § 20 SEAG) geführt, dessen Mitglieder die gerichtliche und außergerichtliche Vertretungsbefugnis haben. Die innere Organisation und die Befugnisse des Verwaltungsrats sind in §§ 22ff. SEAG konkretisiert. Für die Haftung der Organe verweist Art. 51 SE-VO auf das nationale Recht der Mitgliedstaaten, in Deutschland auf §§ 93, 116 AktG.

> In **Fall b** handelt es sich bei der ins Auge gefassten Holzwaren SE um eine dualistisch strukturierte Europäische Gesellschaft, weil diese Aufsichtsrat und Vorstand aufweist. Die Mitglieder des Aufsichtsrats werden zwar grundsätzlich von der Hauptversammlung bestellt. Nach Art. 40 II 2 SE-VO können die Mitglieder des ersten Aufsichtsorgans aber bereits durch die Satzung bestellt werden. Nach § 16 SEAG ist die Bestellung nur eines Vorstands zulässig, wenn die Satzung dies vorsieht oder die SE ein Grundkapital von höchstens 3 Mio. EUR besitzt.

Die Organisation der Hauptversammlung, ihr Ablauf sowie die Abstimmungsverfahren sind in Grundzügen in den Art. 52–60 SE-VO geregelt.[24] Subsidiär gilt das Aktienrecht des jeweiligen Sitzstaats. Satzungsänderungen fallen in die Zuständigkeit der Hauptversammlung, wobei die Einzelheiten etwa einer Kapitaländerung oder der Einführung von Wandelschuldverschreibungen und Optionen ausschließlich nationalem Recht unterliegen. Der Mindestinhalt der Satzungen ist europaweit bereits durch gesellschaftsrechtliche Richtlinien vorgeprägt (→ Rn. 857). Hinsichtlich Auflösung, Liquidation, Zahlungsunfähigkeit und Zahlungseinstellung gilt nach Art. 63 SE-VO weiterhin nationales Recht.

Die SE stellt einen *Jahresabschluss* auf, der aus der Bilanz, der Gewinn- und Verlustrechnung, dem Anhang zum Jahresabschluss sowie dem Bericht über den Geschäftsverlauf und die Lage der Gesellschaft besteht. Eine Harmonisierung der *steuerlichen Behandlung* der SE ist bislang nicht erfolgt. Die SE unterliegt den nationalen Steuervorschriften, die auf der Ebene der Gesellschaft und ihrer Zweigniederlassungen gelten. Sie ist daher in Mitgliedstaaten, in denen sie Betriebsstätten unterhält, steuer- und abgabenpflichtig.

Hinsichtlich der Beteiligung der Arbeitnehmer unterscheidet die SE-RL zwischen einer betrieblichen Mitbestimmung in Gestalt einer Unterrichtung und Anhörung (Art. 2 lit. i und j SE-RL) und einer unternehmerischen Mitbestimmung (Art. 2 lit. k SE-RL).[25] Für die jeweilige Ausgestaltung ist vorrangig der Abschluss einer »Vereinbarung über die Beteiligung der Arbeitnehmer in der SE« zwischen Leitungs- bzw. Verwaltungsorganen der Gründungsgesellschaften und Arbeitnehmern vorgesehen, die hierfür nach Art. 3 SE-RL ein besonderes Verhandlungsgremium einsetzen (*»Verhandlungsverfahren«*). Kommt es innerhalb der in Art. 5 SE-RL vorgesehenen Sechs- bzw. Zwölfmonatsfrist nicht zu einer Einigung zwischen den betroffenen Parteien, greift nach Art. 7 SE-RL eine *Auffangregelung*, welche im Anhang der SE-RL näher konkretisiert ist. Danach ist auf »betrieblicher Ebene« ein Organ zur Vertretung der Arbeitnehmer zu bilden, das umfassende Unterrichtungs- und Anhörungsrechte gegenüber dem Vertretungsorgan der SE hat. Können sich die Parteien nicht auf eine »unternehmerische« Mitbestimmung im Aufsichts- oder Verwaltungsorgan einigen, ist unter den Voraussetzungen des Art. 7 II SE-RL die Auffangregelung nach Teil 3 des Anhangs zur SE-RL heranzuziehen. Die Festlegung eines in der SE-RL vorgesehenen Mitbestimmungsmodells ist Gründungsvoraussetzung für eine SE. Auch müssen den Arbeitnehmervertretern die für die Aufgabenwahrnehmung erforderlichen Räumlichkeiten sowie finanziellen und materiellen Mittel und sonstigen Hilfsmittel zur Verfügung gestellt werden.

> Grundsätzlich können die Rechtsanwälte in **Fall a** – ebenso wie eine nationale Aktiengesellschaft gegründet werden könnte – auch eine Rechtsanwalts-SE errichten. Der Gründungsvorgang nach Art. 2 SE-VO würde jedoch zunächst die Errichtung nationaler Gesellschaften voraussetzen. Auch die hohe Mindestkapitalausstattung von 120.000 EUR sowie die innere Organisation der SE lassen diese Rechtsform für die Rechtsanwälte eher ungeeignet erscheinen.

---

23 Lutter/Hommelhoff/*Teichmann* Die europäische Gesellschaft 195 ff.; van Hulle/Maul/*Drinhausen*, Handbuch zur Europäischen Gesellschaft (SE), 2007, 132 ff.
24 Lutter/Hommelhoff/*Spindler* Die europäische Gesellschaft 223 ff.; van Hulle/Maul/*Drinhausen*, Handbuch zur Europäischen Gesellschaft (SE), 2007, 148 ff.
25 Lutter/Hommelhoff/*Oetker* Die europäische Gesellschaft 277 ff.

III. Europäische Genossenschaft (SCE)

Die Besonderheiten der Genossenschaften, die als eigenständige und freiwillige Verei- **836**
nigungen von Personen der Wahrnehmung gemeinsamer wirtschaftlicher, gesellschaftlicher sowie kultureller Interessen und Bedürfnisse mittels eines im Gemeineigentum
befindlichen und demokratisch gelenkten Unternehmens dienen, erfordern eine eigenständige europäische Rechtsform für die länderübergreifende Verwirklichung genossenschaftlicher Zwecke. Dies wurde mit der VO (EG) Nr. 1435/2003 über das Statut
der *Europäischen Genossenschaft* (SCE-VO)[26] geschaffen. Ergänzt wird die VO nach
Art. 1 VI SCE-VO durch die RL 2003/72/EG zur Beteiligung der Arbeitnehmer.[27]
Hierdurch ist gewährleistet, dass die Gründung einer Europäischen Genossenschaft
(EuGen bzw. SCE – Societas Cooperativa Europaea) nicht zur Beseitigung oder Beschränkung der bei den Beteiligten praktizierten Arbeitnehmerbeteiligung führt. Im
deutschen Recht treten neben die sekundärrechtlichen Vorschriften insbesondere das
SCE-Ausführungsgesetz (SCEAG)[28] und das Beteiligungsgesetz zur Umsetzung der
Mitbestimmungs-RL (SCEBG).[29] Diese Rechtsvorschriften ermöglichen die *Gründung* einer SCE durch natürliche oder juristische Personen, die ihren Wohnsitz oder
Sitz in mindestens zwei Mitgliedstaaten haben. Daneben ist nach Art. 2 I SCE-VO
eine *Verschmelzung* von Genossenschaften aus verschiedenen Mitgliedstaaten oder
die *Umwandlung* einer nationalen Genossenschaft, die neben dem Staat, in dem sie ihren Sitz hat, auch in einem anderen Mitgliedstaat tätig ist, in die Rechtsform der SCE
möglich. Insgesamt führt die SCE ein Schattendasein. Eine Statistik verzeichnet für
Juli 2017 europaweit 34 bestehende SCE, wovon nur sieben auf Deutschland entfallen
sollen,[30] in den Genossenschaftsregistern aber tatsächlich 13 verzeichnet sind.[31]

Die SCE besitzt nach Art. 1 V SCE-VO eigene Rechtspersönlichkeit. § 3 SCEAG sieht
für den Erwerb der Rechtspersönlichkeit einer SCE mit Sitz in Deutschland im Einklang mit Art. 11 I, 18 I SCE-VO die *Eintragung* in das Genossenschaftsregister vor.[32]
Die Mitgliederzahl und das Grundkapital der SCE sind veränderlich, wobei die Min-
destkapitalausstattung 30.000 EUR beträgt. Ihr Grundkapital ist in Geschäftsanteile
zerlegt. Der *Zweck* der SCE entspricht dem jeder anderen Genossenschaft und besteht
in der Förderung der wirtschaftlichen und/oder sozialen Tätigkeiten ihrer Mitglieder
sowie in der Befriedigung von Mitgliederbedürfnissen (vgl. Art. 1 III SCE-VO). Die
Haftung der Mitglieder beschränkt sich grundsätzlich auf die Höhe des eingezahlten
Geschäftsanteils, wobei die Satzung eine abweichende Bestimmung treffen kann. Die
Satzung der SCE muss zwingend den Anforderungen des Art. 5 IV SCE-VO genügen
und unter anderem Angaben zu Firmenbezeichnung (mit dem Zusatz »SCE« sowie
gegebenenfalls mit dem Zusatz »mit beschränkter Haftung«), Genossenschaftszweck,
Gründungsmitgliedern, Grundkapital, Organen, Beschlussfassung und Mitgliedsrech-

---

26 ABl. 2003 L 207, 1.
27 RL Nr. 2003/72/EG v. 22.7.2003 zur Ergänzung des Statuts der Europäischen Genossenschaft hin-
    sichtlich der Beteiligung der Arbeitnehmer, ABl. 2003 L 207, 25.
28 BGBl. 2006 I 1911.
29 BGBl. 2006 I 1917.
30 Statistik der Libertas – Europäisches Institut GmbH, https://ewivinfo.files.wordpress.com/2017/
    07/sce-list.pdf (zuletzt abgerufen am 1.12.2017).
31 Nach einer Abfrage auf dem Gemeinsamen Registerportal des Bundes und der Länder www.handels
    register.de unter der Registerart GnR mit dem Suchbegriff SCE (zuletzt abgerufen am 1.12.2017).
32 *Habersack/Verse* EuropGesR § 14 Rn. 10; *Schulze* NZG 2004, 792 (794).

ten enthalten. Der Sitz der SCE muss stets in dem Mitgliedstaat liegen, in dem sich die Hauptverwaltung befindet (Art. 6 S. 1 SCE-VO). Nach Art. 7 SCE-VO kann der Satzungssitz in einen anderen Mitgliedstaat verlegt werden.

Die Organisationsstruktur der SCE entspricht weitgehend derjenigen der Europäischen Gesellschaft (SE). Im Gegensatz zum deutschen Recht (vgl. § 9 II 1 GenG) gilt für die SCE nicht zwingend das Prinzip der Selbstorganschaft.[33] Nach Art. 36 lit. a SCE-VO ist zunächst eine *Generalversammlung* vorgesehen, die mindestens einmal jährlich binnen sechs Monaten nach Abschluss des Geschäftsjahres einberufen werden muss (vgl. Art. 54 I SCE-VO). In dieser hat jedes Mitglied sowie unter den Voraussetzungen des Art. 59 IV SCE-VO auch jeder Arbeitnehmervertreter grundsätzlich eine Stimme (Kopfprinzip). Nach Art. 63 SCE-VO kann die Satzung für große Genossenschaften auch Sektor- oder Sektionsversammlungen vorsehen.

Neben der Generalversammlung verfügt die SCE gem. Art. 36 lit. b SCE-VO entweder über ein Aufsichtsorgan und ein Leitungsorgan *(dualistisches System)* oder ein Verwaltungsorgan *(monistisches System).* Beim dualistischen System führt das Leitungsorgan die Geschäfte der SCE und vertritt diese nach außen (Art. 37 I 1, 47 SCE-VO). Dem Aufsichtsorgan obliegen Bestellung und Abberufung der Mitglieder des Leitungsorgans sowie die Überwachung der Geschäftsführung. Das Leitungsorgan unterrichtet das Aufsichtsorgan mindestens alle drei Monate über den Gang der Geschäfte (Art. 40 I SCE-VO). Die Mitglieder des Aufsichtsorgans werden durch die Generalversammlung bestellt und abberufen. Nach §§ 14 f. SCEAG muss das Leitungsorgan aus mindestens zwei, das Aufsichtsorgan aus mindestens drei Personen bestehen. Hingegen besteht nach dem monistischen System nur ein Verwaltungsorgan (Verwaltungsrat, § 17 I SCEAG), welches die Geschäfte der SCE führt und die SCE nach außen vertritt (Art. 42 I 1, 47 SCE-VO). Die Mitglieder des Verwaltungsorgans werden von der Generalversammlung bestellt, wobei nach § 19 I SCEAG mindestens fünf und bei bis zu 20 SCE-Mitgliedern mindestens drei Personen erforderlich sind. Das Verwaltungsorgan tritt in regelmäßigen Abständen, mindestens jedoch alle drei Monate zusammen, um über den Gang der Geschäfte zu beraten (Art. 43 I SCE-VO).

Die Auflösung der SCE erfolgt nach den Art. 72 ff. SCE-VO entweder durch Beschluss der Generalversammlung oder durch Gerichtsbeschluss. Nach Art. 76 SCE-VO kann die SCE auch ohne Auflösung in eine nationale Genossenschaft umgewandelt werden.

> Eine Gründung einer SCE scheidet für die Rechtsanwälte im **Fall a** aus, da diese keine genossenschaftlichen Zwecke verfolgen.

IV. Europäische Privatgesellschaft (SPE)

837 Bislang nicht erfolgreich war hingegen die Initiative zur Schaffung einer Europäischen Privatgesellschaft (EPG bzw. gebräuchlicher Societas Privata Europaea – SPE). Diese Rechtsform soll, vergleichbar einer GmbH, vor allem kleineren und mittleren Unternehmen grenzüberschreitende Aktivitäten erleichtern und eine Ergänzung zu der SE darstellen. Das Europäische Parlament nahm 2007 einen Initiativbericht zum Statut einer Europäischen Privatgesellschaft an und forderte die Kommission auf, einen Legislativvorschlag vorzulegen. Das Parlament formulierte dabei elf Empfehlungen unter anderem zur gemein-

---

33 *Schulze* NZG 2004, 792 (795).

schaftsrechtlichen Ausgestaltung der Unternehmensform, zu Gründungsmodalitäten, Stammkapital, Geschäftsführerhaftung, Jahresabschlüssen, Auflösung, Liquidation, Insolvenz und Zahlungseinstellung. Die Vorgaben für das Statut schlossen die Möglichkeit der Umwandlung nationaler Gesellschaften in die EPG ebenso ein wie die Formulierung von Mustersatzungen, welche die Gesellschafter ganz oder teilweise übernehmen können. Arbeitnehmermitbestimmungsrechte sollten nicht angetastet werden. Der Aufforderung des Parlaments kam die Kommission nach und legte 2008 einen Vorschlag für eine VO über das Statut der Europäischen Privatgesellschaft vor.[34] Diesem folgten 2009 Entschließungen des Europäischen Parlaments, insbesondere zum Gläubigerschutz und zur unternehmerischen Mitbestimmung der Arbeitnehmer.[35] Nachdem zuvor bereits Kompromissvorschläge der Ratspräsidentschaften Frankreichs, der Tschechischen Republik und Schwedens gescheitert waren, konnte der Rat auch 2011 keine Einigung über den zuletzt vorliegenden Kompromissvorschlag der ungarischen Ratspräsidentschaft erzielen.[36] Bedenken wurden nicht zuletzt von Deutschland und Schweden formuliert, insbesondere mit Blick auf die mitbestimmungsrechtlichen Regelungen. Die Kommission verwarf daraufhin im Rahmen des REFIT-Programms[37] zur Vermeidung von Bürokratie im Mai 2014 dieses Vorhaben.[38] Mit der Einführung einer Europäischen Privatgesellschaft ist daher vorerst nicht zu rechnen.

V. Europäische Einpersonengesellschaft (SUP)

Auch der im April 2014 von der Kommission als Alternative zur gescheiterten SPE vorgelegte Vorschlag für eine Europäische Einpersonengesellschaft (Societas Unius Personae – SUP)[39] wird vom Europäischen Parlament derzeit nicht weiterverfolgt.[40] Der Vorschlag hatte im Schrifttum eine Reihe kritischer Stellungnahmen hervorgerufen.[41] Die SUP sollte keine supranationale Rechtsform darstellen, sondern im Rahmen der Neufassung der Einpersonengesellschafts-RL (2009/102/EG) eine Unterform der inländischen GmbH ohne Mindestkapital bilden. Die Rechtsform sollte als rechtsfähige Körperschaft mit nur einem Gesellschafter konzipiert sein und auf kleinere und mittlere Unternehmen (KMU) abzielen, um diesen die Gründung von Gesellschaften im Ausland zu erleichtern. Hierzu sollte insbesondere ein auch vom Ausland her zugängliches Online-Gründungsverfahren dienen.[42]   **837a**

VI. Weitere europäische Rechtsformen

Daneben wird auf europäischer Ebene die Schaffung weiterer supranationaler Gesellschaftsformen angestrebt. Dabei ist allen der Sitz innerhalb der Gemeinschaft, eine konstituierende Registereintragung in einem Mitgliedstaat und ein grenzüberschreitendes Element gemeinsam. Der oder die Gründer müssen also bereits Anknüpfungspunkte zu mindestens zwei Mitgliedstaaten aufweisen und die Gesellschaft effektiv und tatsächlich einer länderübergreifenden Tätigkeit nachgehen.   **838**

---

34 KOM(2008) 396 endg.; abrufbar unter http://eurlex.europa.eu/LexUriServ/LexUriServ.do?uri=CE LEX:52008PC0396:DE:HTML (zuletzt abgerufen am 5.10.2017); weiterführend *Hommelhoff/ Teichmann* GmbHR 2008, 897; *Peters/Wüllrich* NZG 2008, 807; *Hadding/Kießling* WM 2009, 4.

35 Legislative Entschließung des Europäischen Parlaments v. 10.3.2009, EP-Dokument P6_TA(2009) 0094; dazu *Kuck* Der Konzern 2009, 131 ff.

36 Sämtliche Materialien zur SPE werden von *Teichmann* auf der Internetseite http://www.european-privatecompany.eu (zuletzt abgerufen am 23.11.2017) gesammelt.

37 Kommission, Mitt. v. 2.10.2013 KOM(2013) 685 endg.

38 ABl. 2014 C 153, 6.

39 Vorschlag vom 9.4.2014 KOM(2014) 212, http://eur-lex.europa.eu/legal-content/DE/TXT/HTML/? uri=CELEX:52014PC0212&from=DE (zuletzt abgerufen am 23.11.2017).

40 *Hirte* NJW 2017, 1213 (1215); *Bayer/Schmidt* BB 2017, 2114 (2118).

41 Siehe *Wicke* ZIP 2014, 1414; *Jung* GmbHR 2014, 579; *Drygala* EuZW 2014, 491; *Omlor* NZG 2014, 1137; *Dreher* NZG 2014, 967; *Ries* NZG 2014, 569; zum Stand vgl. *Bayer/Schmidt* BB 2015, 1731 (1733 f.).

42 Dazu *Drygala* EuZW 2014, 491 (493 f.).

1. Europäischer Verein (EuV)

839 Bereits im Vorschlagstadium befand sich eine VO über das Statut des Europäischen Vereins[43] sowie eine ergänzende Richtlinie hinsichtlich der Rolle der Arbeitnehmer.[44] Ziel dieser Regelungen war die Einführung eines europäischen Statuts, das Vereinen und Stiftungen erlaubt, im Gebiet der Gemeinschaft tätig zu werden und ihnen angemessene rechtliche Instrumente zur Verfügung stellt. Nach dem Verordnungsvorschlag sollte der Europäische Verein (EuV) eine Rechtsform darstellen, in der die Mitglieder ihre Kenntnisse oder Tätigkeiten entweder zu gemeinnützigen Zwecken oder zur mittelbaren oder unmittelbaren Förderung ihrer sektoralen und/oder beruflichen Interessen zusammenlegen. Der erste Vorschlag der Kommission zur Errichtung eines europäischen Vereinsstatuts datiert aus dem Jahr 1991. Nachdem seit der Bestätigung des Vorschlags durch das Europäische Parlament 1999 keine Fortschritte im Gesetzgebungsverfahren erzielt wurden, nahm die Kommission im Rahmen der Initiative für bessere Rechtsetzung den Verordnungsvorschlag wieder zurück.[45]

2. Europäische Gegenseitigkeitsgesellschaft (ME)

840 Vorschläge für eine VO über das Statut der Europäischen Gegenseitigkeitsgesellschaft[46] sowie für eine ergänzende RL hinsichtlich der Rolle der Arbeitnehmer[47] hatte die Kommission im März 2006 zurückgenommen, nachdem im Rat keine Mehrheit für eine Verordnung zu erreichen war.[48] Im November 2012 veröffentlichte die Kommission eine von ihr in Auftrag gegebene Studie über die gegenwärtige Lage und die Zukunft von Gegenseitigkeitsgesellschaften im Binnenmarkt.[49] Die anschließende, von der Kommission initiierte öffentliche Konsultation über die Ergebnisse der Studie fand ein überwiegend positives Echo.[50] Die Fortsetzung der Arbeit am Statut der Europäischen Gegenseitigkeitsgesellschaft wurde sodann in das Arbeitsprogramm 2014 der Kommission aufgenommen.[51]

3. Europäische Stiftung

841 Nach einer öffentlichen Konsultation 2009[52] und einer Studie zur Machbarkeit[53] legte die Europäische Kommission im Februar 2012 einen Verordnungsvorschlag über das Statut der Europäischen Stiftung (Fundatio Europaea – FE) vor.[54] Ziel war die Schaffung einer einheitlichen europäischen Rechtsform mit eigener Rechtspersönlichkeit, die in allen EU-Mitgliedstaaten uneingeschränkt rechts- und handlungsfähig ist.[55] Auswertungen ergaben, dass die unterschiedlichen rechtlichen und administrativen Vorgaben der Mitgliedstaaten Stiftungen gegenwärtig davon abhalten, ihr Betätigungsfeld europaweit auszubauen.[56] Zivil- und steuerrechtliche Hindernisse erschweren den grenzüberschreitenden Geldmit-

---

43 KOM(1991) 273 endg., ABl. 1992 C 99, 1 sowie KOM(1993) 252 endg., ABl. 1993 C 236, 1.

44 KOM(1991) 273 endg., ABl. 1992 C 99, 14 sowie KOM(1993) 252 endg., ABl. 1993 C 236, 14.

45 ABl. 2006 C 64, 3.

46 KOM(1991) 273 endg., ABl. 1992 C 99, 40 sowie KOM(1993) 252 endg., ABl. 1993 C 236, 40.

47 KOM(1991) 273 endg., ABl. 1992 C 99, 57 sowie KOM(1993) 252 endg., ABl. 1993 C 236, 56.

48 ABl. 2006 C 64, 3.

49 Study on the current situation and prospects of mutuals in Europe, final report v. 12.11.2012, https://www.panteia.com/uploads/2017/01/Study-prospects_mutuals_fin_en.pdf (zuletzt abgerufen am 23.11.2017).

50 Der Bericht über die Ergebnisse der Konsultation ist abrufbar unter http://ec.europa.eu/DocsRoom/documents/12924/attachments/1/translations/en/renditions/native (zuletzt abgerufen am 23.11.2017).

51 Kommission, Mitt. v. 22.10.2013 KOM(2013) 739 endg., 7.

52 Abrufbar unter http://ec.europa.eu/internal_market/consultations/docs/2009/foundation/consultation_doc_en.pdf (zuletzt abgerufen am 23.11.2017).

53 Machbarkeitsstudie abrufbar unter http://ec.europa.eu/internal_market/company/docs/eufoundation/feasibilitystudy_en.pdf (zuletzt abgerufen am 23.11.2017).

54 KOM(2012) 35 endg., abrufbar unter http://eur-lex.europa.eu/LexUriServ/LexUriServ.do?uri=COM:2012:0035:FIN:DE:PDF (zuletzt abgerufen am 23.11.2017).

55 FE-VO-E, S. 3 sowie Folgenabschätzung, SWD(2012) 1 final, S. 28f., abrufbar unter http://ec.europa.eu/internal_market/company/docs/eufoundation/impact_assesment_en.pdf (zuletzt abgerufen am 23.11.2017).

56 Dazu die Folgenabschätzung, SWD(2012) 1 final, S. 13ff.

teltransfer und haben wegen der notwendigen Rechtsberatung einen hohen Kostenaufwand zur Folge.[57] Mit Einführung der FE sollte deshalb die Geltung unionsweit gleicher Regelungen sichergestellt und Stiftungen so die grenzüberschreitende Tätigkeit erleichtert werden. Der Verordnungsentwurf enthielt unter anderem einen abschließenden Katalog von Stiftungszwecken, sah einen Grundstock von mindestens 25.000 EUR vor, legte den Mindestinhalt der Satzung sowie das Erfordernis der Registereintragung fest und definierte die Organisationsverfassung der FE.[58] Im Juli 2013 wurde der Verordnungsvorschlag vom Plenum des Europäischen Parlaments angenommen, zugleich aber eine Reihe von Änderungen vorgeschlagen.[59]

Da in den Verhandlungen im Rat bislang keine Einigung erzielt werden konnte und auch keine Aussicht auf die erforderliche Einstimmigkeit bestand, wurde der Vorschlag im Arbeitsprogramm der Europäischen Kommission für 2015 zurückgezogen.[60] Das Vorhaben des Statuts einer Europäischen Stiftung wird somit in absehbarer Zeit nicht umgesetzt werden.

§ 20 Europäisches Gesellschafts- und Kapitalmarktrecht

> **Literatur – zum Europäischen Gesellschaftsrecht:** *Bayer/Schmidt,* BB-Gesetzgebungs- und Rechtsprechungsreport Europäisches Unternehmensrecht 2016/17, BB 2017, 2114; *Eidenmüller* (Hrsg.), Ausländische Kapitalgesellschaften im deutschen Recht, 2004; *Forsthoff,* Die Bedeutung der Rechtsprechung des EuGH zur Mobilität von Gesellschaften über das Gesellschaftsrecht hinaus, EuZW 2015, 248; *Grundmann,* Europäisches Gesellschaftsrecht, 2. Aufl. 2011; *Habersack/Verse,* Europäisches Gesellschaftsrecht, 4. Aufl. 2011; *Kumpan/Pauschinger,* Entwicklung des europäischen Gesellschaftsrechts 2016, EuZW 2017, 327; *Lutter* (Hrsg.), Europäische Auslandsgesellschaften in Deutschland, 2005; *Lutter/Bayer/Schmidt,* Europäisches Unternehmens- und Kapitalmarktrecht, 5. Aufl. 2012; *Mellert,* Ausländische Kapitalgesellschaften als Alternative zu AG und GmbH – eine Synopse, BB 2006, 8; *Mellert/Verfürth,* Wettbewerb der Gesellschaftsformen, 2005; *Schwarz,* Europäisches Gesellschaftsrecht, 2000; *van Hulle/Gesell* (Hrsg.), European Corporate Law, 2006; *Veil* (Hrsg.), Europäisches Kapitalmarktrecht, 2. Aufl. 2014; *Verse,* Niederlassungsfreiheit und grenzüberschreitende Sitzverlegung – Zwischenbilanz nach »National Grid Indus« und »Vale«, ZEuP 2013, 458 – zu europäischen Gesellschaftsformen: *Dornseifer* (Hrsg.), Corporate Business Forms in Europe, 2005.

Fälle: 842

a) B möchte in Deutschland unternehmerisch tätig sein, ohne persönlich haften zu müssen. Er scheut die Investition des Stammkapitals von 25.000 EUR für eine GmbH. Deshalb favorisiert er die Gesellschaftsform der britischen Private Company Limited by Shares (Ltd.).

b) Wegen des aufwendigen Gründungsvorgangs in Deutschland entscheidet sich B schließlich für die Gründung einer Ltd. in London. Er will sich aber, auch angesichts seiner eingeschränkten Sprachkenntnisse, vollständig aus Großbritannien zurückziehen und den Verwaltungs- und Satzungssitz der Gesellschaft nach Berlin verlegen.

---

57 Vgl. die Machbarkeitsstudie, S. 106 ff., 165 ff.

58 Näher zum Verordnungsvorschlag vgl. *Stöber* DStR 2012, 804; *Weitemeyer* NZG 2012, 1001; *Zimmermann* NJW 2012, 3277.

59 Entschließung des Europäischen Parlaments v. 2.7.2013, A7-0223/2013, abrufbar unter http://www.europarl.europa.eu/sides/getDoc.do?pubRef=-//EP//TEXT+TA+P7-TA-2013-0293+0+DOC+XML+V0//DE (zuletzt abgerufen am 23.11.2017), dazu *Jung* ZStV 2014, 7.

60 Vgl. Nr. 61 der Liste der zurückgezogenen Vorschläge https://ec.europa.eu/info/sites/info/files/cwp_2015_annex_ii_de.pdf (zuletzt abgerufen am 23.11.2017).

I. Niederlassungsfreiheit (Art. 49, 54 AEUV)

843   Ein einheitliches europäisches Gesellschaftsrecht wurde bislang nicht verwirklicht. Gleichwohl sind die verschiedenen gesellschaftsrechtlichen Materien Gegenstand zahlreicher Regelungen. In ihrem Kern sind diese sämtlich auf die Schaffung eines einheitlichen Binnenmarktes gerichtet. In der europäischen Union ansässigen Unternehmen soll es möglich sein, unabhängig von nationalen Regelungen ihren Sitz frei zu wählen und ihre Tätigkeit auf Basis gleicher Rahmenbedingungen zu entfalten. Das europäische Gesellschaftsrecht ist deshalb in erster Linie in den Bestimmungen der Art. 49 ff. AEUV (ex Art. 43 ff. EG) über die Niederlassungsfreiheit und dem entsprechenden Sekundärrecht verankert. Hiervon ist das Kapitalmarktrecht zu unterscheiden, welches vor allem der Verwirklichung der Kapitalverkehrs- und Dienstleistungsfreiheit (Art. 63 ff. und 56 ff. AEUV, ex Art. 56 ff. und 49 ff. EG) dient. Gleichwohl kommt es bei der sekundärrechtlichen Ausgestaltung der Grundfreiheiten zu vielfältigen Überschneidungen. Art. 49 II AEUV erklärt insoweit einen Vorbehalt zugunsten des Kapitels über den Kapitalverkehr, sodass zur Gründung einer Niederlassung notwendige Investitionen, Finanzierungen und sonstige Kapitaltransfers ausschließlich nach Art. 63–66, 75 AEUV zu beurteilen sind. Im Gegensatz zu dem Begriffspaar Niederlassung und Dienstleistung, das sich insbesondere durch Dauerhaftigkeit, Umfang und Schwerpunkt der Tätigkeit unterscheidet, schließen sich Niederlassung und Kapitalverkehr nicht aus. So sind Niederlassungs- und Kapitalverkehrsfreiheit zwei rechtlich zu trennende Aspekte eines meist unternehmerisch einheitlichen Vorgangs.

Der Begriff der Niederlassung erfordert die »tatsächliche Ausübung einer wirtschaftlichen Tätigkeit mittels einer festen Einrichtung in einem anderen Mitgliedstaat auf unbestimmte Zeit«.[1] Deshalb ist die bloße Beteiligung an einer Kapitalgesellschaft, mit der keine unternehmerische Funktion verbunden ist, grundsätzlich keine Niederlassung, sondern ausschließlich als Direktinvestition zu qualifizieren. Hingegen stellt der Erwerb einer unternehmerischen Beteiligung in einem anderen Mitgliedstaat, die einen solchen Einfluss auf die Entscheidungen der Gesellschaft verleiht, dass der Erwerber deren Tätigkeiten bestimmen kann (Kontrollerwerb), zugleich eine Niederlassung iSv Art. 49 ff. AEUV dar.[2] Dabei kann im Einzelfall – vor allem bei breiter Streuung des Gesellschaftskapitals unter einer großen Zahl von Aktionären – bereits eine Beteiligung von 5 % ausreichen, um einen sicheren Einfluss zu begründen.[3] Andererseits muss eine Beteiligung von mindestens 10 % des Kapitals oder der Stimmrechte nicht zwingend einen sicheren Einfluss vermitteln.[4] Auch das Verhältnis von Kapitalverkehrs- und Niederlassungsfreiheit hat der EuGH inzwischen präzisiert. Im Grundsatz ist von der parallelen Anwendbarkeit der Grundfreiheiten auszugehen.[5] Eine nationale Regelung, die auf alle Arten von Direktinvestitionen anwendbar ist und unabhängig vom Umfang der Beteiligung eines Aktionärs an einer Gesellschaft gilt, kann sowohl unter Art. 63 AEUV als auch unter Art. 49 AEUV fallen.[6] Betrifft eine Regelung oder Maßnahme aber allein eine Beteiligung, die dem Anteilseigner einen »bestimmenden Einfluss« in der betroffenen Gesellschaft ermöglicht, ist dagegen ausschließlich eine Prüfung im Hinblick auf Art. 49 AEUV vorzunehmen.[7]

1 EuGH Urt. v. 25.7.1991 – C-221/89, Slg. 1991, I-3905 = EuZW 1991, 764 Rn. 20 – Factortame.
2 EuGH Urt. v. 13.4.2000 – C-251/98, Slg. 2000, I-2787 = NZG 2000, 731 Rn. 22 – Baars; EuGH Urt. v. 21.10.2010 – C-81/09 = EuZW 2011, 149 Rn. 47 mwN aus der Rspr.
3 EuGH Urt. v. 26.3.2009 – C-326/07, Slg. 2009, I-2291 = EuZW 2009, 458 Rn. 38 – Kommission/Italien.
4 EuGH Urt. v. 3.10.2013 – C-282/12 = NZG 2013, 1273 – Itelcar; EuGH Urt. v. 11.9.2014 – C-47/12 = EuZW 2015, 61; anders noch BFH NZG 2012, 1354.
5 Etwa EuGH Urt. v. 1.6.1999 – C-302/97, Slg. 1999, I-3099 = EuZW 1999, 635 Rn. 22 – Konle.
6 EuGH Urt. v. 26.3.2009 – C-326/07, Slg. 2009, I-2291 = EuZW 2009, 458 Rn. 36 – Kommission/Italien.
7 EuGH Urt. v. 21.10.2010 – C-81/09 = EuZW 2011, 149 Rn. 47 – Idryma Typou AE.

1. Allgemeines

Art. 49 ff. AEUV regeln das Recht auf freie Niederlassung im gesamten Gemeinschafts- **844** gebiet (und den EFTA-Staaten).[8] Nach Art. 49, 54 AEUV können Gesellschaften, die satzungsmäßigen Sitz, Hauptverwaltung oder Hauptniederlassung innerhalb der Gemeinschaft haben, in jedem Mitgliedstaat eine selbstständige, auf Dauer angelegte Erwerbstätigkeit aufnehmen und ausüben. Der Begriff der Gesellschaft umfasst nach Art. 54 II AEUV unabhängig von der Rechtsform alle Wirtschaftssubjekte, die keine natürlichen Personen sind. Der Schutzbereich beschränkt sich also nicht auf juristische Personen, sondern bezieht alle Personenvereinigungen und andere organisierte nicht rechtsfähige Einheiten ein.[9] Diese haben nach Art. 49 I 1, 54 AEUV zunächst das Recht, die Hauptniederlassung in dem Gebiet eines anderen Mitgliedstaates neu zu gründen oder dorthin zu verlegen *(primäre Niederlassungsfreiheit).* Weiterhin haben Gesellschaften nach Art. 49 I 2, 54 AEUV das Recht, ihre unternehmerische Betätigung durch Gründung rechtlich selbstständiger Tochtergesellschaften oder unselbstständiger Agenturen oder Zweigniederlassungen auf das Gebiet eines oder mehrerer anderer Mitgliedstaaten auszudehnen *(sekundäre Niederlassungsfreiheit).*

Art. 49 AEUV reicht dabei weiter als ein bloßes Verbot von offenen und versteckten Diskriminierungen und beinhaltet ein umfassendes Beschränkungsverbot.[10] Nach ständiger Rechtsprechung des EuGH sind Beschränkungen der Niederlassungsfreiheit durch Maßnahmen nationalen Rechts nur zu rechtfertigen, wenn sie (1) in *nicht diskriminierender Weise* angewandt werden, (2) aus *zwingenden Gründen des Allgemeininteresses* geboten sind, (3) zur Erreichung des verfolgten Zieles *geeignet* sind und (4) nicht über das *Erforderliche* hinausgehen.[11] Eine Einschränkung dieses Grundsatzes ist nach der »Keck«-Rechtsprechung[12] nur denkbar, soweit die staatliche Maßnahme die *Ausübung* eines Gewerbes im Inland betrifft und dort für alle Wirtschaftsteilnehmer gleichermaßen gilt. Behinderungen, die sich aus nicht diskriminierenden Vorschriften des nationalen Gewerbe-, Wettbewerbs- oder Arbeitsrechts ergeben, fallen demnach nicht in den Schutzbereich der Niederlassungsfreiheit. Gewährleistet ist nach Art. 49, 54 AEUV lediglich der freie *Marktzugang* und damit die Niederlassung als solche. Deshalb darf das nationale Gesellschaftsrecht insbesondere nicht die Gründung von Tochtergesellschaften und den Zuzug von bereits bestehenden Gesellschaften erschweren. Reine Inländerdiskriminierungen werden in Ermangelung eines *grenzüberschreitenden Elements* nicht erfasst.[13] Inländer können sich gegenüber dem eigenen Staat auf die Niederlassungsfreiheit nur berufen, wenn die Niederlassung in anderen Staaten behindert wird oder sie nach der Niederlassung in einem Mitgliedstaat in ihren Herkunftsstaat zurückkehren wollen (wirtschaftliche Rückwanderung).

---

8 Die Anwendbarkeit der Grundsätze über die Niederlassungsfreiheit ergibt sich für die EFTA-Staaten Island, Liechtenstein und Norwegen aus Art. 31, 34 EWR-Abkommen v. 2.5.1992 (BGBl. 1993 II 267); vgl. auch BGHZ 164, 148.

9 Näher *Schwarz,* Europäisches Gesellschaftsrecht, 2000, Rn. 148 f.

10 Calliess/Ruffert/*Korte* AEUV Art. 49 Rn. 46 ff.; *Habersack/Verse* EuropGesR § 3 Rn. 3 ff.; *Schwarz,* Europäisches Gesellschaftsrecht, 2000, Rn. 131 f.

11 EuGH Urt. v. 30.11.1995 – C-55/94, Slg. 1995, I-4165 = NJW 1996, 579 Rn. 37 – Gebhard; hierzu *Eidenmüller* in Eidenmüller, Ausländische Kapitalgesellschaften im deutschen Recht, 2004, § 3 Rn. 20 ff.

12 EuGH Urt. v. 24.11.1993 – C-268/91, Slg. 1993, I-6097 = NJW 1994, 121, Rn. 16 f. – Keck.

13 Calliess/Ruffert/*Korte* AEUV Art. 49 Rn. 22; *Schwarz,* Europäisches Gesellschaftsrecht, 2000, Rn. 141 f.

Das Recht der freien Niederlassung des Art. 49 AEUV besitzt *unmittelbare Drittwirkung,* sodass sich auch gegenüber privatrechtlichen Organisationen wie etwa Kammern und Berufsverbänden auf die Niederlassungsfreiheit berufen werden kann, wenn dies für die Berufsausübung wesentlich ist.[14]

2. Gründung

845 Die Gründung einer Gesellschaft unterliegt allein dem *Recht des Gründungsstaates.* Die Erlangung der Rechtsfähigkeit ist an die Einhaltung der zwingenden nationalen Vorgaben für den Gründungsprozess geknüpft. Die Rechtsformwahl begrenzt sich dabei auf das jeweilige nationale Gesellschaftsrecht. Dieses wird um die Gesellschaftsformen erweitert, die nach europäischem Einheitsrecht gegründet werden. Nach Sinn und Zweck der Niederlassungsfreiheit ist Art. 54 I AEUV dahingehend zu verstehen, dass sich auch die nach europäischem Einheitsrecht in einem Mitgliedstaat gegründeten Gesellschaften auf die Rechte aus Art. 49ff. AEUV berufen können.

> In **Fall a** ist es B nicht möglich, in Deutschland wirksam eine britische Ltd. zu errichten. Die Umgehung der für eine Gesellschaft deutschen Rechts geltenden zwingenden Regeln des Anleger- und Gläubigerschutzes sowie des aufwendigen Gründungsprozesses würde zunächst die wirksame Errichtung einer Gesellschaft im europäischen Ausland und sodann die aufgrund der Niederlassungsfreiheit mögliche Verlegung des Sitzes nach Deutschland erfordern.

3. Sitzverlegung und grenzüberschreitende Verschmelzung

846 Beabsichtigt eine Gesellschaft die Verlegung ihres Sitzes in das Ausland, werden die Gesellschafter entweder an der Beibehaltung der bisherigen Rechtsform oder an einem Wechsel in eine Rechtsform des neuen Sitzlandes ohne vorherige Auflösung der Gesellschaft interessiert sein. Die Niederlassungsfreiheit beinhaltet nach gefestigter Ansicht ein weitgehendes Recht der Gesellschaften zur identitätswahrenden Sitzverlegung. Zu unterscheiden ist jedoch zwischen dem *Wegzug* einer inländischen Gesellschaft und dem *Zuzug* einer ausländischen Gesellschaft.

847 **a)** Die Möglichkeiten und Folgen des *Wegzugs* einer inländischen Gesellschaft in das europäische Ausland sind seit Langem Gegenstand lebhafter Diskussionen in Rechtsprechung und Schrifttum. In der frühen Grundsatzentscheidung *»Daily Mail«* erklärte der EuGH nationale Beschränkungen des Rechts auf identitätswahrende Verlegung des Sitzes von Gesellschaften für zulässig.[15] Dabei war die Zulässigkeit einer Wegzugsbesteuerung im Fall der aus steuerlichen Gründen erfolgten Verlegung des Verwaltungssitzes von England in die Niederlande zu beurteilen. Der EuGH folgerte aus Art. 54 AEUV (ex Art. 48 EG), dass die in den nationalen Rechtsordnungen bestehenden Unterschiede in Bezug auf die Verknüpfung von Gesellschaft und Gründungsstaat anzuerkennen seien. Die Regelung der Beibehaltung der Rechtspersönlichkeit bei Verlegung des Sitzes in einen anderen Mitgliedstaat stehe aber nach dem früheren Art. 293 EG unter dem Vorbehalt eines Übereinkommens unter den Mitgliedstaaten. Den Anwendungsbereich der primären Niederlassungsfreiheit aus Art. 49 I 1 AEUV (ex Art. 43 I 1 EG) beschränkte der EuGH also auf natürliche Personen. Damit wurde die Sitztheorie – nach der die Existenz einer Gesellschaft davon abhängig ist, dass sie in einer Rechtsform des Sitzstaates besteht, und der Beschluss über die Verlegung des

---

14 *Schwarz,* Europäisches Gesellschaftsrecht, 2000, Rn. 143.
15 EuGH Urt. v. 27.9.1988 – C-81/87, Slg. 1988, 5505 = NJW 1989, 2186 Rn. 20ff. – Daily Mail.

Verwaltungssitzes zugleich ihre Auflösung beinhaltet – als europarechtskonform bestätigt.

b) In den späteren Entscheidungen *»Centros«*, *»Überseering«*, *»Inspire Art«* und *»Sevic«* unterstrich der EuGH dagegen die Bedeutung der Niederlassungsfreiheit für den *Zuzug* ausländischer Gesellschaften.   **848**

aa) In der Rechtssache *»Centros«*[16] erklärte der EuGH die Ablehnung der Eintragung der Zweigniederlassung, einer nach dem Recht eines anderen Mitgliedstaates gegründeten und dort ansässigen Gesellschaft, als mit der Niederlassungsfreiheit unvereinbar. Die Gesellschaft entfaltete am Sitz selbst keine Geschäftstätigkeit. Die Zweigniederlassung wurde in der Absicht errichtet, dort die gesamte Geschäftstätigkeit zu betreiben, aber durch Beibehaltung des (Haupt-)Sitzes die Kapitalaufbringungsvorschriften des Zuzugsstaates zu umgehen. Nach der Rechtsprechung des EuGH ist ein Mitgliedstaat zwar berechtigt, Maßnahmen zu treffen, um die Umgehung nationaler Vorschriften unter Missbrauch des Europarechts zu verhindern.[17] Sich einer ausländischen Gesellschaftsform allein ihrer betriebswirtschaftlichen Vorteile wegen zu bedienen, ist jedoch ein legitimes und zu respektierendes Motiv. Tatsächlich tat der EuGH mit dieser Entscheidung einen wichtigen Schritt hin zur Umsetzung eines europäischen Gesellschaftsrechts, indem die Anwendung inländischen Gesellschaftsrechts auf Auslandsgesellschaften mit Verwaltungssitz im Inland eingeschränkt wurde.   **849**

> In **Fall a** reicht es daher aus, wenn B in Großbritannien eine »Briefkastengesellschaft« gründet und sämtliche Geschäftstätigkeit von Anfang an über eine in Deutschland eingetragene Zweigniederlassung erfolgt. Sämtliche gesellschaftsrechtliche Fragen sind dann weiterhin nach dem Recht Großbritanniens zu beantworten.

bb) Die nachfolgende *»Überseering«*-Entscheidung[18] betraf den Zuzug einer niederländischen Gesellschaft mit beschränkter Haftung nach Deutschland durch tatsächliche Verlegung des Verwaltungssitzes. Nach der in Deutschland geltenden Sitztheorie wäre die Gesellschaft damit nicht mehr als rechtsfähige niederländische B. V., sondern allenfalls als deutsche GbR anzusehen gewesen. Dem widersprach der EuGH und entschied, dass es die Niederlassungsfreiheit gebietet, die Rechts- und Parteifähigkeit einer in einem Mitgliedstaat gegründeten Gesellschaft im Inland nach dem Recht des Gründungsstaates zu beurteilen. Zwar ist nicht auszuschließen, dass zwingende Gründe des Gemeinwohls, wie der Schutz der Interessen der Gläubiger, der Minderheitsgesellschafter, der Arbeitnehmer oder auch des Fiskus, unter bestimmten Umständen eine Beschränkung der Niederlassungsfreiheit rechtfertigen können. Dies darf jedoch nicht zu einer Verweigerung der Anerkennung der Rechts- und Parteifähigkeit EU-ausländischer Gesellschaften führen.   **850**

> Gründet B in **Fall a** eine Ltd. und verlegt anschließend (nur) den Verwaltungssitz nach Deutschland, unterliegt die Ltd. grundsätzlich weiterhin ihrem Gründungsrecht. Die Rechts- und Parteifähigkeit der Gesellschaft beurteilt sich auch dann weiterhin nach britischem Recht. Voraussetzung ist jedoch, dass die Ltd. ihren Satzungssitz im Gründungsstaat behält.

---

16 EuGH Urt. v. 9.3.1999 – C-212/97, Slg. 1999, I-1459 = NJW 1999, 2027 Rn. 24, 26 f – Centros; dazu *Saenger* (Hrsg.), Casebook Europäisches Gesellschafts- und Unternehmensrecht, 2002, 84 ff.
17 EuGH Urt. 2.7.1979 – C-115/78, Slg. 1979, 399 Rn. 25 = NJW 1979, 1761 (1762); EuGH Urt. v. 3.12.1974 – C-33/74, Slg. 1974, 1299 Rn. 13 = NJW 1975, 1095.
18 EuGH Urt. v. 5.11.2002 – C-208/00, Slg. 2002, I 9919 = NJW 2002, 3614 Rn. 52, 59, 92 ff. – Überseering.

Anders als bei Verlegung lediglich des *Verwaltungssitzes* geht der EuGH bei der Verlegung des *Satzungssitzes* in **Fall b** jedoch weiterhin von der Zulässigkeit von Wegzugsbeschränkungen im Gründungsrecht der Gesellschaft aus. Mangels sekundärrechtlicher Regelungen enthält die Niederlassungsfreiheit nach dem AEUV derzeit keine Vorgaben für das mitgliedstaatliche internationale Privatrecht, weshalb zu unterscheiden ist: Folgt der Wegzugstaat der Sitztheorie, ist die bloße Verlegung des Satzungssitzes für die Anknüpfung an den tatsächlichen Verwaltungssitz ohne Bedeutung. Die Rechtsfolgen der Satzungssitzverlegung folgen dann aus dem Sachrecht des Wegzugstaats. Dieser kann die Verlegung des Satzungssitzes beispielsweise als Nichtigkeits- oder Auflösungstatbestand behandeln.[19] Großbritannien folgt kollisionsrechtlich der Gründungstheorie. Diese lässt zwar grundsätzlich eine fiktive Änderung des Satzungssitzes zu. Tatsächlich ist in Großbritannien nach sect. 9 des Companies Act 2006 eine Verlegung des Satzungssitzes aber nur innerhalb Englands, Schottlands und Wales zulässig, um die Gesellschaft nicht der staatlichen Kontrolle im Gründungsstaat zu entziehen. Eine solche Beschränkung der europarechtlich garantierten Niederlassungsfreiheit ist nach »Daily Mail« zulässig und als zwingendes Erfordernis des Allgemeinwohls gerechtfertigt.[20] Nach hM ist daher eine identitätswahrende Verlegung des Satzungssitzes in einen anderen EU-Mitgliedstaat nicht zulässig. B müsste eine Gründung einer neuen Gesellschaft unter einem anderen Sachrecht vornehmen und auf diese das Unternehmen der Ltd. übertragen.

851 cc) In der Rechtssache *»Inspire Art«*[21] bestätigte der EuGH schließlich, dass in einem Staat der Europäischen Union wirksam gegründete Gesellschaften in jedem anderen Mitgliedstaat uneingeschränkt anzuerkennen sind. Deshalb sind staatliche Maßnahmen mit Art. 49, 54 AEUV unvereinbar, welche die Errichtung einer Zweitniederlassung in diesem Staat durch eine EU-ausländische Gesellschaft von bestimmten Voraussetzungen abhängig machen, die im innerstaatlichen Recht für die Gründung von Gesellschaften bezüglich des Mindestkapitals und der Haftung der Geschäftsführer vorgesehen sind.

852 dd) Konsequenterweise bezog der EuGH in der Rechtssache *»Sevic«*[22] in den Anwendungsbereich von Art. 49, 54 AEUV auch grenzüberschreitende Verschmelzungen als besondere, für das reibungslose Funktionieren des Binnenmarktes wichtige Modalitäten der Niederlassungsfreiheit ein. Ein Mitgliedstaat kann danach nicht die Eintragung einer Verschmelzung durch Auflösung ohne Abwicklung einer Gesellschaft und durch Übertragung ihres Vermögens als Ganzes auf eine andere Gesellschaft in das nationale Handelsregister generell verweigern, wenn eine der beiden Gesellschaften ihren Sitz in einem anderen Mitgliedstaat hat.[23] Mit der Verabschiedung der RL über die grenzüberschreitende Verschmelzung, die inzwischen auch in Deutschland umgesetzt wurde,[24] ist dies positiv geregelt und hat sich die Problematik somit weitgehend erledigt.[25]

853 c) Im Lichte der Rechtsprechung des EuGH zur Zuzugs-Problematik wurde bezweifelt, dass die *»Daily Mail«*-Entscheidung in Wegzugsfällen weiterhin von Relevanz ist. Vielfach wurde von einer generellen Wende hin zur Gründungstheorie aus-

---

19 Lutter/*Roth*, Europäische Auslandsgesellschaften in Deutschland, 392 ff.
20 *Rehm* in Eidenmüller, Ausländische Kapitalgesellschaften im deutschen Recht, 2004, § 10 Rn. 31.
21 EuGH Urt. v. 30. 9. 2003 – C-167/01, Slg. 2003, I-10155 = NJW 2003, 3331 Rn. 105 – Inspire Art; zu den Auswirkungen in Deutschland *Wachter* GmbHR 2004, 88.
22 EuGH Urt. v. 13. 12. 2005 – C-411/03, Slg. 2005, I-10805 = NJW 2006, 425 Rn. 16, 19 – Sevic.
23 EuGH Urt. v. 13. 12. 2005 – C-411/03, Slg. 2005, I-10805 = NJW 2006, 425 Rn. 31 – Sevic.
24 RL 2005/56/EG über die Verschmelzung von Kapitalgesellschaften aus verschiedenen Mitgliedstaaten v. 26. 10. 2005, ABl. 2005 L 310, 1, inzwischen in der GesRRL aufgegangen (→ Rn. 857); hierzu *Grohmann/Gruschinske* GmbHR 2006, 191; *Nagel* NZG 2006, 97; zur Umsetzung in Deutschland *Müller* NZG 2006, 286.
25 *Habersack/Verse* EuropGesR § 8 Rn. 52 ff.; *Spahlinger/Wegen* NZG 2006, 721.

gegangen.[26] Weil den Entscheidungen »*Centros*«, »*Überseering*« und »*Inspire Art*« jedoch nicht eindeutig zu entnehmen war, ob der EuGH eine generelle Anwendung der Gründungstheorie befürwortete, war lange Zeit nicht abschließend geklärt, ob auch Wegzugsfälle dem sachlichen Anwendungsbereich der Niederlassungsfreiheit zuzuordnen sind. Diesen Rückschluss ließ aber die Bezugnahme auf die »*De Lasteyrie du Saillant*«-Rechtsprechung in den Gründen der Entscheidung »*Sevic*« zu, wonach auch Hinausverschmelzungen, und damit Wegzugs-Sachverhalte, primärrechtlichen Schutz der Art. 49 und 54 AEUV genießen.[27]

Solchen Erwägungen trat der EuGH aber in der Rechtssache »*Cartesio*« deutlich entgegen.[28] Die Entscheidung betraf eine ungarische Gesellschaft. Das ungarische Handelsregister lehnte deren Antrag auf Verlegung des Sitzes nach Italien ab. Eine solche Verlegung sei mit geltendem ungarischem Recht unvereinbar, weil die Sitzverlegung erfordere, dass die Gesellschaft zunächst zu bestehen aufhöre und sodann nach dem Recht des Zielstaates neu gegründet werden müsse. Dazu stellte der EuGH fest, dass Art. 49, 54 AEUV beim gegenwärtigen Stand des Gemeinschaftsrechts dahin auszulegen sind, dass diese nicht solchen Rechtsvorschriften eines Mitgliedstaates entgegenstehen, die es einer nach dessen nationalem Recht gegründeten Gesellschaft verwehren, ihren Sitz unter Beibehaltung ihrer bisherigen Rechtsform in einen anderen Mitgliedstaat zu verlegen.[29] Das Gericht bestätigte damit seine zwanzig Jahre zuvor in der Sache »*Daily-Mail*« ergangene Rechtsprechung.

Nachdem der EuGH bereits 2005 in der zuvor genannten Entscheidung »*Sevic*« hinsichtlich grenzüberschreitender Verschmelzungen den Anwendungsbereich der Niederlassungsfreiheit für eröffnet erklärt hatte, hielt er inzwischen in der Rechtssache »*VALE*«[30] auch den grenzüberschreitenden Formwechsel für zulässig, der im Ergebnis der Verlegung des Satzungssitzes entspricht, und stärkte damit die Mobilität von Gesellschaften innerhalb Europas. Schon in der Rechtssache »*Cartesio*« hatte der EuGH obiter dictum klargestellt, dass der Herkunftsstaat Gesellschaften den formwechselnden Wegzug nicht verbieten könne, soweit dies nach dem Recht des Aufnahmestaates möglich sei.[31] In der Entscheidung »*VALE*« hatte es der Aufnahmestaat Ungarn abgelehnt, den Zuzug einer nach italienischem Recht gegründeten Gesellschaft als identitätswahrenden Formwechsel einzutragen. Der Gerichtshof sah hierin eine unzulässige Beschränkung der Niederlassungsfreiheit. Das ungarische Recht nehme eine unterschiedliche Behandlung der Gesellschaften vor, abhängig davon, ob es sich um eine innerstaatliche oder grenzüberschreitende Umwandlung handele.[32] Der Aufnahmestaat sei zwar mangels europäischen Sekundärrechts auch im Rahmen einer grenzüberschreitenden Umwandlung zur Anwendung nationaler Regelungen über innerstaatliche Umwandlungen befugt, müsse aber stets die unionsrechtlichen Grundsätze der Äquivalenz und Effektivität beachten.

---

26 Befürwortend etwa Schlussanträge des Generalanwalts *Tizzano* – C-411/03 – Sevic, Der Konzern 2006, 513 Rn. 44 f.; abl. dagegen BayObLG BB 2004, 570.
27 EuGH Urt. v. 13.12.2005 – C-411/03, Slg. 2005, I-10805 = NJW 2006, 425 Rn. 23 – Sevic. Dies befürwortet auch Generalanwalt Poiares Maduro in seinen Schlussanträgen in der Rechtssache Cartesio (folgende Fn.), Eur-dex CELEX number 62 006C0210.
28 EuGH Urt. v. 16.12.2008 – C-210/06, Slg. 2008, I-9641 = NJW 2009, 569 – Cartesio.
29 EuGH Urt. v. 16.12.2008 – C-210/06, Slg. 2008, I-9641 = NJW 2009, 569 Rn. 110 – Cartesio.
30 EuGH Urt. v. 12.7.2012 – C-378/10 = NJW 2012, 2715 – VALE.
31 EuGH Urt. v. 16.12.2008 – C-210/06, Slg. 2008, I-9641 = NJW 2009, 569 Rn. 111 f. – Cartesio.
32 EuGH Urt. v. 12.7.2012 – C-378/10 = NJW 2012, 2715 Rn. 36 – VALE.

Die Entscheidung »*Polbud*«[33] hat das Potential, den Wettbewerb der Gesellschaftsrechte Europas weiter zu befeuern.[34] Seit »*VALE*« und »*Cartesio*« vermag ein Herkunftsstaat den grenzüberschreitenden Formwechsel nicht zu verhindern, wenn der Zielstaat eine Hereinumwandlung ermöglicht. Allerdings bezogen sich diese Entscheidungen bislang auf Fälle der Verlegung nicht nur – wie in »*Centros*«, »*Überseering*«, »*Inspire Art*« – des tatsächlichen (Verwaltungs-)Sitzes, sondern zugleich auch des Satzungssitzes. Ungeklärt war dagegen die Zulässigkeit der Verlegung allein des Satzungssitzes, also die Frage, ob auch der Wechsel in das Rechtskleid einer Gesellschaft des Zielstaats unter Beibehaltung des tatsächlichen Sitzes im Herkunftsstaat der Niederlassungsfreiheit unterfällt.[35] Dies bejahte der EuGH in »*Polbud*«[36] und erkannte die Wahl der Rechtsform eines anderen Staates auch unabhängig von einer wirtschaftlichen Tätigkeit im Aufnahmemitgliedstaat als Form der Ausübung der Niederlassungsfreiheit an. Das ist insofern bemerkenswert, als diese Grundfreiheit nicht die freie Wahl der anwendbaren Rechtsordnung, sondern gerade die Möglichkeit der Ausübung wirtschaftlicher Tätigkeit in jedem Mitgliedstaat gewährleistet.[37]

Aber auch, wenn man dem EuGH auf dem mit der jüngsten Entscheidung »*Polbud*« und der Ausweitung des Freizügigkeitsrechts kontinuierlich beschrittenen Weg einer weiteren Vereinigung Europas folgen will, bleiben doch viele drängende Fragen offen. Dies gilt insbesondere mit Blick auf die Schutzbedürftigkeit Dritter, wie von Gläubigern, Arbeitnehmern und auch Minderheitsgesellschaftern.[38] Angesichts der in den Mitgliedstaaten sehr unterschiedlich ausgestalteten Umwandlungsrechte und der sich daraus ergebenden Schwierigkeiten bei der praktischen Umsetzung grenzüberschreitender Umwandlungsvorhaben ist eine Harmonisierung des rechtlichen Rahmens durch den Unionsgesetzgeber zu erwarten.

4. Auswirkungen auf das deutsche Recht

854 Aufgrund der europäischen Rechtsentwicklung zur Niederlassungsfreiheit hat die Sitztheorie eine erhebliche Einschränkung für *EU-interne* Sachverhalte erfahren. Das deutsche Recht muss unabhängig vom Verwaltungssitz im Inland ansässige EU-Auslandsgesellschaften unter Respektierung ihres Gründungsstatuts anerkennen. Folgerichtig hat der BGH inzwischen festgestellt, dass im Fall einer Insolvenz einer englischen Ltd. mit tatsächlichem Verwaltungssitz in Deutschland englisches Recht anzuwenden ist.[39] Während die deutsche Rechtsprechung im Hinblick auf *Zuzugsfälle* innerhalb Europas mittlerweile der Gründungstheorie folgt,[40] wird über Einzelfragen wie etwa die Anknüpfung der Haftung wegen existenzvernichtenden Eingriffs oder die Qualifikation der Insolvenzverschleppungshaftung noch gestritten. So wird diskutiert, ob das Recht am Sitz der Hauptverwaltung über eine deliktsrechtliche oder insolvenzrechtliche Qualifikation zur Anwendung gelangen kann und ob dies eine eventu-

---

33 EuGH Urt. v. 25.10.2017 – C-106/16 = NJW 2017, 3639 – Polbud.
34 Dazu *Kieninger* NJW 2017, 3624 (3627); *Wachter* NZG 2017, 1308 (1312); *Bayer/Schmidt* ZIP 2017, 2225.
35 Zum bisherigen Meinungsstand in Deutschland *Kieninger* NJW 2017, 3624 (3626).
36 EuGH Urt. v. 25.10.2017 – C-106/16 = NJW 2017, 3639 – Polbud.
37 Zur Kritik etwa *Stelmaszczyk* EuZW 2017, 890 (893).
38 Darauf weisen auch *Kieninger* NJW 2017, 3624 (3627) und *Stelmaszczyk* EuZW 2017, 890 (893 f.) hin.
39 BGH NJW 2005, 1648.
40 BGHZ 154, 185 (188 f.); BGH NJW 2005, 1648; BayObLG ZIP 2003, 398 (399 f.); OLG Zweibrücken WM 2003, 1329.

elle Beschränkung der Niederlassungsfreiheit darstellt.[41] Ebenso ist die Anwendung der Mitbestimmungsregeln auf tatsächlich in Deutschland ansässige Scheinauslandsgesellschaften noch nicht geklärt.[42]

Soweit die nationale Rechtsprechung[43] und Literatur[44] in Bezug auf Kapitalgesellschaften die Möglichkeit des identitätswahrenden *Wegzugs* verneint, wird dies regelmäßig mit Interessen von Gläubigern, Minderheitsaktionären, Arbeitnehmern und Fiskus gerechtfertigt. Ein inländischer Sitz soll für Gesellschaften deutschen Rechts als Vertrauensgrundlage für Öffentlichkeit und Gesellschafter erforderlich sein. Mangels Involvierung ausländischer Rechtsträger soll, anders als in Fällen der grenzüberschreitenden Verschmelzung, die Verlegung des Verwaltungs- oder Satzungssitzes einer nach deutschem Recht gegründeten Gesellschaft in das Ausland nicht der Niederlassungsfreiheit unterfallen. Umstritten ist hierbei, ob ein Verlegungsbeschluss in das Ausland als Auflösungsbeschluss zu bewerten oder aber nichtig sei. Diese Ansichten werden durch die jüngste Rechtsprechung des EuGH zur Niederlassungsfreiheit in der Rechtssache »*Cartesio*« gestützt.

Gleichwohl scheint es überzeugender, den identitätswahrenden Wegzug einer deutschen Kapitalgesellschaft *uneingeschränkt* zuzulassen. Jeder Wegzugs-Fall stellt zugleich auch einen Zuzugs-Fall dar, für den dieselben Rahmenbedingungen gelten müssen. Auch der deutsche Gesetzgeber hat sich inzwischen dieser Sichtweise angeschlossen. Durch die Neufassung von § 4a GmbHG und § 5 AktG ist es GmbH und AG nunmehr möglich, ihren effektiven Verwaltungssitz ins Ausland zu verlegen, womit die gesellschaftsrechtlichen Wegzugsbeschränkungen aufgehoben wurden.[45] In die gleiche Richtung zielt der im Januar 2008 vorgelegte Referentenentwurf des BMJ für ein Gesetz zum Internationalen Privatrecht der Gesellschaften, Vereine und juristischen Personen. Damit soll die Anwendung des Gründungsrechts im deutschen Recht verankert und grenzüberschreitende Umstrukturierungen sowie Sitzverlegungen ermöglicht werden. Dieser Entwurf harrt seiner Umsetzung. Bis dahin bleibt insbesondere die Frage des Wegzugs von Personengesellschaften offen. Beschränkungen sollten insoweit ebenfalls nicht anerkannt werden.[46] Soweit deutsche Personengesellschaften im Gegensatz zu Kapitalgesellschaften neben dem effektiven Verwaltungssitz über keinen weiteren statutarischen Sitz verfügen,[47] ergeben sich hieraus keine Besonderheiten. Bei der Verlegung des tatsächlichen Verwaltungssitzes aus Deutschland in einen anderen EU-Staat bleibt es daher bei der Anwendung deutschen Sachrechts.

5. Niederlassungsfreiheit und Steuerrecht

Einen bedeutenden Gesichtspunkt bei der Ausübung der Niederlassungsfreiheit stellen die nationalen Steuerrechte dar. Gemeinschaftsrechtliche Regelungskompetenzen bestehen in diesem Bereich nur beschränkt nach Art. 113, 115 AEUV. Aber auch wenn die Regelung der direkten Steuern in den *Zuständigkeitsbereich der Mitglied-* **855**

---

41 *Eidenmüller* in Eidenmüller, Ausländische Kapitalgesellschaften im deutschen Recht, 2004, § 4 Rn. 17 ff. und § 9 Rn. 31 ff.; *Kieninger* ZEuP 2004, 685, 696 ff..

42 *Rehberg* in Eidenmüller, Ausländische Kapitalgesellschaften im deutschen Recht, 2004, § 6 Rn. 31 ff.

43 Seit RGZ 7, 68 (69 f.); vgl. im Übrigen nur BGHZ 30, 320 (328) und aus jüngerer Zeit OLG Brandenburg GmbHR 2005, 484 mit zustimmender Anm. *Ringe* BayObLG BB 2004, 570; OLG Hamm NJW 2001, 2183; OLG Düsseldorf NJW 2001, 2184.

44 Vgl. nur Staudinger/*Großfeld* IntGesR, 1998, Rn. 608 ff., 650 ff., 664 ff., 679 f.; MüKoBGB/*Kindler* IntGesR Rn. 818 ff., 831 ff. jeweils mwN.

45 Vor diesem Hintergrund dürften die praktischen Auswirkungen des Cartesio-Urteils des EuGH für Deutschland, jedenfalls in Bezug auf die wichtigen Kapitalgesellschaftsformen, relativ gering sein.

46 Eing. zum Wegzug von Personengesellschaften *Saenger,* FS P+P Pöllath + Partners, 2008, 295 ff; *Stiegler* ZGR 2017, 312 (325 ff.).

47 MüKoBGB/*Kindler* IntGesR Rn. 456 ff.

staaten fällt, müssen diese ihre Befugnisse unter Wahrung des Gemeinschaftsrechts ausüben und jede offensichtliche oder versteckte Diskriminierung aufgrund der Staatsangehörigkeit unterlassen.[48] Kein Verstoß gegen die Niederlassungsfreiheit stellt es hingegen dar, wenn § 10 AO für die Besteuerung der Einkünfte an den »Mittelpunkt der geschäftlichen Oberleitung« anknüpft. Ausländische Gesellschaften, deren Geschäftsführung allein im Inland ausgeübt wird, sind demnach in Deutschland uneingeschränkt steuerpflichtig.

Der EuGH berücksichtigt zwar mitgliedstaatliche Fiskalinteressen, jedoch sind nach ständiger Rechtsprechung Steuermindereinnahmen kein zwingender Grund des Allgemeininteresses, der zur Rechtfertigung einer grundsätzlich gegen die Niederlassungsfreiheit verstoßenden Maßnahme angeführt werden könnte.[49] Besondere Relevanz erlangt das Diskriminierungsverbot bei der steuerlichen Berücksichtigung von Verlustvorträgen von Zweigniederlassungen, der Besteuerung grenzüberschreitender Umwandlungen und den steuerlichen Auswirkungen der Verbringung von Wirtschaftsgütern über die Grenze eines Mitgliedstaats.[50] Beispielsweise sah der EuGH in der Entscheidung *»Marks & Spencer«*[51] einen unzulässigen Eingriff in die Niederlassungsfreiheit darin, dass das britische Steuerrecht einen Abzug der von Tochtergesellschaften erwirtschafteten Verluste vom Gewinn der inländischen Mutter (Konzernabzug) nur bei inländischen, nicht aber bei im europäischen Ausland niedergelassenen Tochtergesellschaften zuließ. Dies setze jedoch voraus, dass die Tochtergesellschaft alle Möglichkeiten der Verlustberücksichtigung im Sitzstaat ausgeschöpft hat und keine Möglichkeit besteht, dass die Verluste für künftige Zeiträume von ihr selbst oder von einem Dritten noch einmal in Ansatz gebracht werden.[52]

II. EU-Recht im Bereich des Gesellschaftsrechts

856   Das europäische Primärrecht erfordert keine Angleichung der mitgliedstaatlichen Gesellschaftsrechte, sondern beschränkt lediglich die Gestaltungsfreiheit der nationalen Gesetzgeber. Eine Rechtsangleichung und -vereinheitlichung erfolgt vielmehr auf der Ebene des Sekundärrechts. Ein Tätigwerden der Gemeinschaft bedarf nach dem Prinzip der begrenzten Einzelermächtigung aus
Art. 5 I EUV jedoch einer entsprechenden Ermächtigung. Eine solche findet sich für die Angleichung der mitgliedstaatlichen Gesellschaftsrechte in Art. 50 II lit. g, Art. 114 AEUV (ex Art. 44 II lit. g, 95 EG). Daneben steht Art. 352 I 1 AEUV, welcher als »Auffangkompetenz« oder »Flexibilitätsklausel« vor allem bei der Schaffung supranationaler Gesellschaftsformen an Bedeutung gewinnt. Als Rechtsinstrumente kommen nach Art. 288 I AEUV Verordnungen, Richtlinien und Entscheidungen sowie unverbindliche Empfehlungen und Stellungnahmen in Betracht.

1. Richtlinien

857   Hauptinstrument zur Harmonisierung der nationalen Gesellschaftsrechte ist die Richtlinie. Diese ist nach Art. 288 III AEUV für die Mitgliedstaaten, an die sie gerich-

---

48 EuGH Urt. v. 13.4.2000 – C-251/98, Slg. 2000, I-2787 = NZG 2000, 731 Rn. 17 – Baars.
49 EuGH Urt. v. 15.7.2004 – C-315/02, Slg. 2004, I-7063 = EuZW 2004, 594 Rn. 40 – Lenz mwN.
50 Hierzu insgesamt Calliess/Ruffert/*Korte* AEUV Art. 49 Rn. 93 ff.
51 EuGH Urt. v. 13.12.2005 – C-446/03, Slg. 2005, I-10837 = EUZW 2006, 85 – Marks & Spencer.
52 EuGH Urt. v. 13.12.2005 – C-446/03, Slg. 2005, I-10837 = EuZW 2006, 85 Rn. 59 – Marks & Spencer; hierzu *Raupach/Pohl* NZG 2005, 489; EuGH Urt. v. 3.2.2015 – C-172/13 = EuZW 2015, 324 – Kommission/Vereinigtes Königreich; krit. im Hinblick auf die Rechtssache *»X-Holding«* (EuGH Urt. v. 25.2.2010 – C-337/08, Slg. 2010, I-1215 = EuZW 2010, 512) *Mitschke* IStR 2011, 185 (187 f.); *Eisenbarth/Hufeld* IStR 2010, 309.

tet ist, nur hinsichtlich des zu erreichenden Ziels verbindlich und überlässt diesen im Rahmen ihres *Umsetzungsspielraums* die Wahl der geeigneten Form und Mittel. Die eigenständige Ermächtigungsgrundlage im Bereich der Niederlassungsfreiheit in Art. 50 II lit. g AEUV (ex Art. 44 II lit. g EG) soll im Wettbewerb der nationalen Gesellschaftsrechte zur Erreichung eines gleichwertigen Schutzes der Interessen der Gesellschafter sowie Dritter in allen Mitgliedstaaten dienen. Diese Rechtsgrundlage ist weit auszulegen,[53] sodass Art. 50 II lit. g AEUV inhaltlich zur *Angleichung des gesamten Gesellschaftsrechts* einschließlich der Frage der Mitbestimmung der Arbeitnehmer, des Bilanz- und des Kollisionsrechts berechtigt und damit der *Herstellung gleichartiger Rahmenbedingungen* dient.[54]

Grundsätzlich zulässig ist eine überschießende Umsetzung von Richtlinien durch die Mitgliedstaaten. Bezüglich des überschießenden Teils der nationalen Norm besteht keine Pflicht zur richtlinienkonformen Auslegung und findet eine Überprüfung im Wege des Vorabentscheidungsverfahrens nach Art. 267 AEUV (ex Art. 234 EG) nicht statt. Beispiele finden sich im deutschen Gesellschaftsrecht in § 15 III HGB, der neben dem Fall des Art. 16 VI 2 der GesRRL auch die Unrichtigkeit von Eintragung *und* Bekanntmachung erfasst, und in §§ 238–263 HGB, die neben Kapitalgesellschaften auch Einzelkaufleute und Personenhandelsgesellschaften einbeziehen. Auch finden die Vorschriften des deutschen Umwandlungsgesetzes entgegen der Art. 87–117 und Art. 135–160 der GesRRL nicht nur auf Aktiengesellschaften, sondern auch auf weitere Rechtsformen Anwendung. Strengere nationale Vorschriften sind nur zulässig, soweit gemeinschaftsrechtlich ein einheitlicher Mindestschutz und nicht zugleich eine Höchstregelung bezweckt ist.

Das ursprüngliche Harmonisierungskonzept der Kommission verfolgte die Ziele einer möglichst *vollständigen Angleichung des Aktienrechts* in den Mitgliedstaaten und der gemeinschaftsweiten Durchsetzung des *Publizitätsgrundsatzes*. Das Gesetzgebungsprogramm im Bereich des Art. 50 II lit. g AEUV sah insgesamt vierzehn Richtlinien vor, von denen bislang elf erlassen wurden (die zahlreichen Änderungsvorschriften nicht mitgezählt). Ergänzt wurden diese durch die Richtlinien zur Arbeitnehmerbeteiligung in der SE und der SCE. Weitere sieben Richtlinien befinden sich derzeit im Entwurfs- oder Vorentwurfsstadium.

Im Bereich des Gesellschaftsrechts wurden bisher folgende Richtlinien erlassen:[55]

- Mit Wirkung zum 20.7.2017 ist die Gesellschaftsrechts-RL[56] in Kraft getreten. Diese fasst verschiedene Richtlinien im Bereich des Gesellschaftsrechts aus »Gründen der Klarheit und Übersichtlichkeit« zusammen. Sie tritt an die Stelle der bisherigen Bestimmungen
  - der (Ersten) RL 2009/101/EG v. 16.9.2009 (Publizitäts-RL),[57]
  - der (Zweiten) RL 2012/30/EU v. 25.10.2012 (Kapital-RL),[58]
  - der (Dritten) RL 2011/35/EU v. 5.4.2011 (Verschmelzungs-RL),[59]
  - der (Sechsten) RL 82/891/EWG v. 17.12.1982 (Spaltungs-RL),[60]

---

53 EuGH Urt. v. 4.12.1997 – C-97/96, Slg. 1997, I-6843 = NJW 1998, 129 Rn. 18ff. – Daihatsu.
54 *Habersack/Verse* EuropGesR § 3 Rn. 42f.
55 Ausf. zu den einzelnen Richtlinien *Habersack/Verse* EuropGesR §§ 5–11, die allerdings noch nicht die Änderungen aufgrund der Gesellschaftsrechts-RL von 2017 (dazu sogleich) berücksichtigen.
56 RL (EU) 2017/1132 des Europäischen Parlaments und des Rates über bestimmte Aspekte des Gesellschaftsrechts v. 14.6.2017, ABl. 2017 L 169, 46.
57 ABl. 2009 L 258, 11.
58 ABl. 2012 L 315, 74.
59 ABl. 2011 L 110, 1.
60 ABl. 1982 L 378, 47.

– der (Zehnten) RL 2005/56/EG v. 26.10.2005 (RL über grenzüberschreitende Verschmelzungen)[61] und
– der (Elften) RL 89/666/EWG v. 21.12.1989 (Zweigniederlassungs-RL),[62]
ohne diese jedoch inhaltlich zu ändern. Zur besseren Orientierung enthält Anhang 4 der Gesellschaftsrechts-RL eine »Entsprechungstabelle«, aus der sich entnehmen lässt, welche neueingeführte Norm derjenigen der ersetzten Richtlinie entspricht.

Diese »Rahmenrichtlinie« flankiert eine Reihe weiterer im Bereich des Gesellschaftsrechts erlassener Richtlinien. Dabei handelt es sich um folgende:

- Die (neue) Bilanz-RL, nämlich die RL 2013/34/EU über den Jahresabschluss, den konsolidierten Abschluss und damit verbundene Berichte von Unternehmen bestimmter Rechtsformen v. 26.6.2013,[63] welche die damit aufgehobene
  – (Vierte) RL 78/660/EWG v. 25.7.1978 (Bilanz-RL 1978)[64] und die
  – (Siebente) RL 83/349/EWG v. 13.6.1983 (Konzernabschluss-RL 1983)[65]
  zusammenführt und damit eine einheitliche und abschließende Grundlage für die Rechnungslegung in der EU bildet,
- (Achte) RL 2006/43/EG v. 17.5.2006 (Abschlussprüfer-RL),[66]
- (Zwölfte) RL 2009/102/EG v. 16.9.2009 (Einpersonen-Gesellschafts-RL),[67]
- (Dreizehnte) RL 2004/25/EG v. 21.4.2004 (Übernahme-RL),[68]
- RL 2001/86/EG v. 8.10.2001 zur Ergänzung des Statuts der Europäischen Gesellschaft hinsichtlich der Beteiligung der Arbeitnehmer (Beteiligungs-RL),[69]
- RL 2003/72/EG v. 22.7.2003 zur Ergänzung des Statuts der Europäischen Genossenschaft hinsichtlich der Beteiligung der Arbeitnehmer (SCE-Ergänzungs-RL),[70]
- RL 2007/36/EG v. 11.7.2007 über die Ausübung bestimmter Rechte von Aktionären in börsennotierten Gesellschaften (Aktionärsrechte-RL),[71]
- RL 2014/59/EU v. 15.5.2014 zur Festlegung eines Rahmens für die Sanierung und Abwicklung von Kreditinstituten und Wertpapierfirmen (Bankenabwicklungs-RL),[72]
- RL 2014/95/EU v. 22.10.2014 zur Änderung der Richtlinie 2013/34/EU im Hinblick auf die Angabe nichtfinanzieller und die Diversität betreffender Informationen durch bestimmte große Unternehmen und Gruppen (*Corporate Social Responsibility*- bzw. CSR-RL).[73]

---

61 ABl. 2005 L 310, 1.
62 ABl. 1989 L 395, 36.
63 ABl. 2013 L 182, 19, zuletzt geändert durch RL 2014/95/EU v. 22.10.2014, ABl L 330, 1 und RL 2017/828/EU v. 17.5.2017, ABl. 2017 L 132, 1; dazu etwa *Zwirner* DStR 2014, 439, *Verse/Wiersch* EuZW 2014, 375 (378); *Luttermann* NZG 2013, 1128.
64 ABl. 1978 L 222, 11.
65 ABl. 1983 L 193, 1.
66 ABl. 2006 L 157, 87; zuletzt geändert durch die RL 2014/56/EU v. 16.4.2014, ABl. 2014 L 158, 196. Mit dieser RL wurde die frühere RL 84/253/EWG v. 10.4.1984, ABl. 1984 L 126, 20, aufgehoben.
67 ABl. 2009 L 258, 20, kodifizierte Neufassung der mehrfach geänderten RL 89/667/EWG v. 21.12.1989, ABl. 1989 L 395, 40.
68 ABl. 2004 L 142, 12.
69 ABl. 2001 L 294, 22.
70 ABl. 2003 L 207, 05.
71 ABl. 2007 L 184, 17, zuletzt geändert durch die RL 2017/828/EU v. 17.5.2017; zu den Änderungen *Bayer/Schmidt* BB 2017, 2114 (2115ff.).
72 ABl. 2014 L 173, 190.
73 ABl. 2014 L 330/1. In Umsetzung dessen wurden §§ 289b–289e HGB geschaffen (Art. 1, 2 CSR-Richtlinie-UmsetzungsG v. 11.4.2017 [BGBl. 2017 I 802]). Zudem hat die Kommission Leitlinien

Im Stadium des Vorschlags oder der Entwicklung befinden sich weiterhin:[74]

- Dritter geänderter Vorschlag einer Fünften Richtlinie v. 20.11.1991 (Struktur-RL),[75]
- Vorentwurf einer Neunten Richtlinie von 1984 (Konzernrechts-RL),[76]
- Vorentwurf einer Vierzehnten Richtlinie v. 22.4.1997 (Sitzverlegungs-RL),[77]
- Überarbeiteter Vorentwurf einer Richtlinie zur Liquidation,[78]
- Vorschlag einer Richtlinie zur Geschlechterbalance,[79]
- Vorschlag für eine RL über Gesellschaften mit beschränkter Haftung mit einem einzigen Gesellschafter,[80]
- Vorschlag für eine Richtlinie zur Änderung der RL 2013/36/EU im Hinblick auf von der Anwendung ausgenommene Unternehmen, Finanzholdinggesellschaften, gemischte Finanzholdinggesellschaften, Vergütung, Aufsichtsmaßnahmen und -befugnisse und Kapitalerhaltungsmaßnahmen.[81]

2. Verordnungen

Gemeinschaftsrechtliche Verordnungen haben nach Art. 288 II AEUV allgemeine **858** Geltung, sind in allen ihren Teilen *verbindlich* und gelten *unmittelbar* in jedem Mitgliedstaat, ohne dass es weiterer mitgliedstaatlicher Umsetzungsakte bedürfte. Von ihrer Rechtsnatur zielen sie auf die *Vereinheitlichung* des Rechts ab und verdrängen entgegenstehende nationale Vorschriften. Daher eignen sie sich insbesondere für die Schaffung der supranationalen Gesellschaftsformen. Die europäischen Rechtsformen bestehen regelmäßig als Ergänzung neben nationalen Gesellschaftsformen und lassen die mitgliedstaatlichen Gesellschaftsrechte unverändert. Ihre Rechtsgrundlage finden diese in Art. 352 I 1 AEUV (ex Art. 308 EG) und nicht in Art. 114 AEUV.[82]

Neben der Schaffung von EWIV, SE, SCE und künftig SUP (zum Ganzen § 19) erfolgte im Verordnungswege ebenfalls eine Harmonisierung der Finanzinformationen börsennotierter Gesellschaften durch die VO (EG) Nr. 1606/2002 v. 19.7.2002 betreffend die Anwendung internationaler Rechnungslegungsgrundsätze.[83] Die Verabschiedung dieser VO auf Grundlage von Art. 114 I AEUV war notwendig, um zu garantieren, dass alle börsennotierten EU-Unternehmen im Hinblick auf ihre Glaub-

---

zur Methode der Berichterstattung über nichtfinanzielle Informationen erlassen (C[2017] 4234 final v. 26.6.2017, ABl. 2017 C 215, 1); hierzu *Hennrichs* NZG 2017, 841; *Mock* ZIP 2017, 1195.

74 *Habersack/Verse* EuropGesR § 4 Rn. 3.

75 ABl. 1972 C 131, 49.

76 Abgedruckt in ZGR 1985, 446ff. (RL-Entwurf nicht weiter verfolgt).

77 Abgedruckt in ZIP 1997, 1721ff. Auch wenn die Arbeiten an dieser RL seitens der Kommission Ende 2007 eingestellt wurden, hat inzwischen selbst der EuGH ein Tätigwerden angeregt (EuGH NJW 2012, 2715 Rn. 38 – VALE), auch → Rn. 853; zu Notwendigkeit, Hintergründen und möglichen Regelungsgegenständen s. *Kiem* ZHR 2016, 289.

78 Dok. Nr. XV/43/87-DE.

79 Vorschlag für eine RL zur Gewährleistung einer ausgewogeneren Vertretung von Frauen und Männern unter den nicht geschäftsführenden Direktoren/Aufsichtsratsmitgliedern börsennotierter Gesellschaften und über damit zusammenhängende Maßnahmen, KOM(2012) 614 endg., dazu *Teichmann/Langes* EWS 2013, 175; *Jung* BB 2013, 387.

80 KOM(2014) 212 endg.

81 KOM(2016) 854 endg.

82 EuGH Urt. v. 2.5.2006 – C-436/03, Slg. 2006, I-3733 = EuZW 2006, 380 Rn. 35ff. – SCE.

83 ABl. 2002 L 243, 1.

würdigkeit, Bewertung und Wettbewerbsfähigkeit ab 2005 tatsächlich die von der Kommission anerkannten IAS- bzw. nunmehr IFRS-Standards anwenden.[84]

Noch im Vorschlagsstadium befindet sich unter anderem eine Verordnung zur Änderung der VO 575/ 2013/EU in Bezug auf die Verschuldungsquote, die strukturelle Liquiditätsquote, Anforderungen an Eigenmittel und berücksichtigungsfähige Verbindlichkeiten, das Gegenparteiausfallrisiko, das Marktrisiko, Risikopositionen gegenüber zentralen Gegenparteien, Risikopositionen gegenüber Organismen für gemeinsame Anlagen, Großkredite, Melde- und Offenlegungspflichten und zur Änderung der VO 648/2012/EU.[85]

3. Empfehlungen und Stellungnahmen

859 Die Kommission, der Rat und in bestimmten Fällen auch die Europäische Zentralbank sind zum Erlass von Empfehlungen und Stellungnahmen befugt (vgl. etwa Art. 126f., 292 AEUV). Diese bezwecken, den Adressaten ein bestimmtes Verhalten nahe zu legen. Zwar sind sie nach Art. 288 V AEUV *nicht verbindlich*, besitzen aber eine erhebliche politische Wirkung. Innerstaatliche Gerichte sind verpflichtet, Empfehlungen und Stellungnahmen bei der Auslegung nationaler Rechtsvorschriften zu berücksichtigen.[86]

Empfehlungen im Bereich des Gesellschaftsrechts ergingen beispielsweise zu Mindestanforderungen an Qualitätssicherungssysteme für die Abschlussprüfung in der EU,[87] zur Berücksichtigung von Umweltaspekten in Jahresabschluss und Lagebericht von Unternehmen[88] und zu Grundprinzipien der Unabhängigkeit des Abschlussprüfers in der EU.[89] Auch gab die Kommission Empfehlungen zu den Aufgaben der Mitglieder des Aufsichtsrats und der nicht geschäftsführenden Direktoren[90] sowie zur Vergütung der Unternehmensleiter ab.[91]

III. Perspektiven des Europäischen Gesellschaftsrechts

860 Eine weitere Harmonisierung des Gesellschaftsrechts muss stets das *Subsidiaritätsprinzip* des
Art. 5 I 2 EUV beachten. Vor allem die Kompromissfähigkeit stellt hohe Hürden an Gesetzesvorhaben. Daher sind eher punktuelle Weiterentwicklungen des Europäischen Gesellschaftsrechts zu erwarten. Gewichtige Angleichungsvorhaben und die Schaffung weiterer supranationaler Rechtsformen sind in naher Zukunft wenig wahrscheinlich. Im Rahmen der Initiative für bessere Rechtsetzung, welche allgemein auf eine Vereinfachung der Rechtsvorschriften im Binnenmarkt abzielt, wurden bereits Reformen im Gesellschaftsrecht umgesetzt und Vorschläge zu supranationalen Rechtsformen zurückgenommen (→ Rn. 838ff.).[92]

Annähernd zehn Jahre nach dem ersten Aktionsplan im Bereich Corporate Governance und Gesellschaftsrecht[93] hatte die Kommission 2012 einen weiteren Aktionsplan

---

84 Hierzu *Habersack/Verse* EuropGesR § 9 Rn. 67f.
85 KOM(2016) 850 endg.
86 EuGH Urt. v. 13.12.1989 – C-322/88, Slg. 1989, I-4407 Rn. 18 = NZA 1991, 283 Rn. 18 – Grimaldi/ Fonds des maladies professionnelles.
87 ABl. 2001 L 91, 91.
88 ABl. 2001 L 156, 33.
89 ABl. 2002 L 191, 22.
90 ABl. 2005 L 52, 51.
91 ABl. 2004 L 385, 55.
92 Vorschläge zur Vereinfachung des Gesellschaftsrechts abgedruckt in ZIP 1999, 1944.
93 KOM(2003) 284 endg.; hierzu *Habersack* NZG 2004, 1.

Europäisches Gesellschaftsrecht und Corporate Governance[94] vorgelegt. Dieser folgte einem längeren Konsultationsprozess, in dem Verbesserungsmöglichkeiten von Wettbewerbsfähigkeit und Nachhaltigkeit der europäischen Unternehmen identifiziert wurden. Mit den darin angekündigten Änderungen und Initiativen waren weitere Erleichterungen für grenzüberschreitende Tätigkeiten im europäischen Gesellschaftsrecht bezweckt. Im Bereich Corporate Governance standen die Erhöhung der Transparenz zwischen Unternehmen und Aktionären sowie die Ausweitung der Kontrollrechte der Aktionäre im Vordergrund. Auf dieser Grundlage hat die Kommission am 9.4.2014 ein Maßnahmenpaket zur Verbesserung der Unternehmensführung verabschiedet.[95] Mit der bis Juni 2019 in nationales Recht umzusetzenden Änderung der Aktionärsrechte-RL,[96] die maßgeblich die Ziele im Bereich Corporate Governance fördern soll,[97] sind wesentliche Teile dieses Pakets bereits verwirklicht. Es verbleibt der Vorschlag für eine Neufassung der (Zwölften) Einpersonengesellschafts-RL, die zur Schaffung einer Societas Unius Personae (SUP) (→ Rn. 837) führen soll.[98]

Zudem hatte die Kommission bereits 2015 einen umfassenden Legislativentwurf zu grenzüberschreitenden Verschmelzungen, Spaltungen und Formwechseln sowie zum Gesellschaftskollisionsrecht in Aussicht gestellt.[99] Diese auch vom Europäischen Parlament[100] unterstützte Initiative hat 2017 ein Konsultationsverfahren durchlaufen.[101]

Schließlich schreitet auch die Registervernetzung voran. Seit 2017 sind die Unternehmensregister von bereits 23 EU- bzw. EWR-Mitgliedstaaten über das BRIS-System[102] online zugänglich.[103]

---

94 KOM(2012) 740 endg., hierzu *Hupka* GWR 2013, 59; *Hopt* ZGR 2013, 165.

95 Dazu die Pressemitteilung der Kommission v. 9.4.2014, http://europa.eu/rapid/press-release_IP-14-396_de.htm (zuletzt abgerufen am 1.12.2017).

96 RL 2017/828/EU v. 17.5.2017 zur Änderung der RL 2007/36/EG im Hinblick auf die Förderung der langfristigen Mitwirkung der Aktionäre, ABl. 2017 L 132, 1.

97 Insbes. mittels einer Ausweitung der Überwachung der Vergütungspolitik durch die Aktionäre, der Kontrolle von Transaktionen mit nahestehenden Personen, der für institutionelle Anleger, Vermögensverwalter und Stimmrechtsberater geltenden Transparenzregeln sowie der Beteiligungstransparenz; s. dazu *Bayer/Schmidt* BB 2017, 2114 (2115 ff.).

98 Ausf. zum Optimierungspaket etwa *Bayer/Schmidt* BB 2014, 1219.

99 COM(2015) 550 final, S. 6, 8 und 25; https://ec.europa.eu/transparency/regdoc/rep/1/2015/DE/1-2015-550-DE-F1-1.PDF (zuletzt abgerufen am 5.11.2017).

100 Entschließung des Europäischen Parlaments v. 13.6.2017 zur Durchführung grenzüberschreitender Unternehmensverschmelzungen und -spaltungen (2016/2065(INI)), P8_TA-PROV(2017)0248, http://www.europarl.europa.eu/sides/getDoc.do?pubRef=-//EP//NONSGML+TA+P8-TA-2017-0248+0+DOC+PDF+V0//DE (zuletzt abgerufen am 5.11.2017).

101 http://ec.europa.eu/newsroom/just/item-detail.cfm?item_id=58190 (zuletzt abgerufen am 5.11.2017).

102 Dem Europäischen Unternehmensregister *Business Registers Interconnection System*, https://e-justice.europa.eu/content_business_registers_at_european_level-105-de.do?init=true (zuletzt abgerufen 1.12.2017), liegen die BRIS-RL in Bezug auf die Verknüpfung von Zentral-, Handels- und Gesellschaftsregistern (RL 2012/17/EU v. 13.6.2012, ABl. 2012 L 156, 1) und die BRIS-VO (Durchführungs-VO 2015/884/EU v. 8.6.2015 zur Festlegung technischer Spezifikationen und Verfahren für das System der Registervernetzung, ABl. 2015 L 144, 1) zugrunde.

103 Abfragen sind unter https://e-justice.europa.eu/content_find_a_company-489-de.do?init=true möglich (zuletzt abgerufen am 1.12.2017).

§ 21 Internationales Gesellschaftsrecht

Literatur: *Eidenmüller* (Hrsg.), Ausländische Kapitalgesellschaften im deutschen Recht, 2004; *Spahlinger/Wegen*, Internationales Gesellschaftsrecht in der Praxis, 2005; *Lutter* (Hrsg.), Europäische Auslandsgesellschaften in Deutschland, 2005.

861 **Fälle:**

a) Die deutsche Chip & Löt GmbH steht als mittelständisches Elektronikunternehmen vor dem internationalen Durchbruch. Die Gesellschafter fragen sich, was bei der Vollmachtserteilung zu beachten ist, damit der Vertriebsleiter V uneingeschränkt europaweit tätig werden und Verträge für das Unternehmen abschließen kann.

b) Kaum hat der britische Flugzeugbauer Fly Good plc einen Großteil der Produktion nach Sachsen verlegt, gibt es erste Probleme. Einige wenige der über 3.000 dortigen Arbeitnehmer fordern die Einrichtung eines Betriebsrats. Das Board of Directors ist empört und fragt sich, ob die Arbeitnehmer in Sachsen demnächst auch noch in die Unternehmensführung hineinreden können.

I. Begriff und Funktion

862 Das Internationale Gesellschaftsrecht im weiteren Sinne umfasst die *Gesamtheit der kollisions-, verfahrens- und materiell-rechtlichen Regeln,* die für internationale gesellschaftsrechtliche Sachverhalte von Bedeutung sind. Das Internationale Gesellschaftsrecht im engeren Sinne ist Teil des Internationalen Privatrechts *(Kollisionsrecht)* und bestimmt bei Sachverhalten mit Auslandsbezug, welche nationale Rechtsordnung auf die Innen- und Außenbeziehungen der Gesellschaft anzuwenden ist (vgl. Art. 3 I 1 EGBGB). Die Rechtsanwendung ist vor allem durch die Diskussion um die Geltung der Sitz- und der Gründungstheorie (→ Rn. 830) und den Einfluss der europarechtlichen Niederlassungsfreiheit (→ Rn. 843 ff.) gekennzeichnet. Besondere Problemfelder des Internationalen Gesellschaftsrechts sind die Anerkennung der Rechtsfähigkeit ausländischer Gesellschaften, die Möglichkeit identitätswahrender grenzüberschreitender Sitzverlegung und die grenzüberschreitende Fusion.

II. Anknüpfungsgegenstand und Anknüpfungspunkt

863 Inhaltlich spricht das Internationale Gesellschaftsrecht eine *Verweisung* aus, indem bestimmte Rechtsfragen *(Anknüpfungsgegenstände)* mithilfe von *Anknüpfungspunkten* einer Rechtsordnung zur Regelung zugewiesen werden. Wichtigste Anknüpfungspunkte des Internationalen Gesellschaftsrechts sind die Hauptverwaltung und die Gründung nach dem Recht eines bestimmten Staates. Das auf den Anknüpfungsgegenstand anzuwendende Sachrecht wird als *Statut* bezeichnet. Bei der Bestimmung des einheitlichen Gesellschaftsstatuts, das heißt des auf alle gesellschaftsrechtlich zu qualifizierenden Fragen anwendbaren Rechts, ist der Streit zwischen der Sitz- und der Gründungstheorie um den richtigen Anknüpfungspunkt bedeutsam (→ Rn. 830). Daneben geht es um die Zuordnung einer Rechtsfrage zu einem Anknüpfungsgegenstand, das heißt die Festlegung, welche gesellschaftsbezogenen Vorgänge und Verhältnisse der Anknüpfungsnorm unterfallen und folglich nach dem Gesellschaftsstatut zu beurteilen sind *(Qualifikation).* Nicht gesellschaftsrechtliche Fragen sind gesondert zu

qualifizieren und anzuknüpfen. So richtet sich insbesondere die rechtliche Bewertung der von der Gesellschaft eingegangenen Verträge nach dem Vertragsstatut, welches anhand der Rom I-VO[1] zu ermitteln ist. Die Abgrenzung kann indes im Einzelfall erhebliche Probleme bereiten.

III. Rechtsquellen

Im Gegensatz zu anderen Rechtsordnungen ist das Internationale Gesellschaftsrecht in Deutschland *gesetzlich nicht geregelt*. Ein dahingehender politischer Vorstoß ist bislang noch nicht über das Stadium eines Referentenentwurfs hinausgekommen (→ Rn. 854). Das Brüsseler EWG-Übereinkommen über die gegenseitige Anerkennung von Gesellschaften und juristischen Personen v. 29.2.1968 ist nie in Kraft getreten und gilt heute als gescheitert.[2] Kraft Gewohnheitsrecht herrscht im deutschen internationalen Gesellschaftsrecht die Sitztheorie, die eine Gesellschaft der Rechtsordnung unterwirft, die am Ort ihres tatsächlichen Verwaltungssitzes gilt. Mit Anerkennung der Rechts- und Parteifähigkeit von Gesellschaften, die nach dem Recht eines anderen EG-Mitgliedstaates oder eines EWR-Staates gegründet sind und dort ihren Satzungssitz haben, ist auch in Deutschland neben die Anknüpfung an den Verwaltungssitz die Gründungsanknüpfung getreten.[3] Vorrangig Anwendung finden im Einzelfall Kollisionsnormen in *Staatsverträgen*,[4] wie Art. XXV Abs. 5 Deutsch-amerikanischer Freundschafts-, Handels- und Schiffahrtsvertrag v. 29.10.1954.[5]

864

IV. Einzelfragen

1. Rechtsfähigkeit

Die Rechtsfähigkeit einer Gesellschaft ist anhand des Gesellschaftsstatuts zu bestimmen. Soweit zur Anwendung berufenes ausländisches Recht die – gegebenenfalls beschränkte – Rechtsfähigkeit ab- oder anerkennt, gilt dies auch für die Tätigkeit der betroffenen Gesellschaft in Deutschland.

865

Zu beachten ist die angloamerikanische *ultra vires-Lehre,* derzufolge die Rechtsfähigkeit einer Gesellschaft im Außenverhältnis auf ihren satzungsmäßigen Gegenstand beschränkt ist und Rechtsgeschäfte jenseits dieses Geschäftsfeldes nichtig sind. Dieser dem deutschen (Gesellschafts-)Recht fremde Grundsatz beeinträchtigt inländische Verkehrsschutzinteressen, weshalb die herrschende Lehre[6] die Schutzvorschrift des Art. 12 S. 1 EGBGB entsprechend anwenden will. Demzufolge kann sich eine angloamerikanische Gesellschaft bei Vertragsschluss in Deutschland auf die ultra vires-Lehre nur berufen, wenn der Vertragspartner die entsprechende Beschränkung der Rechtsfähigkeit kannte oder kennen musste. Der BGH hat die Frage der analogen Anwendbarkeit bislang offen gelassen.[7]

1 VO (EG) Nr. 593/2008 des Europäischen Parlaments und des Rates über das auf vertragliche Schuldverhältnisse anzuwendende Recht v. 17.6.2008, ABl. 2008 L 177, 6.
2 Hierzu MüKoBGB/*Kindler* IntGesR Rn. 4, 98f.
3 *Wagner in* Lutter Europäische Auslandsgesellschaften in Deutschland, 2005, 226ff.
4 Überbl. bei MüKoBGB/*Kindler* IntGesR Rn. 326ff.; vgl. auch *Eidenmüller/Rehm,* Ausländische Kapitalgesellschaften im deutschen Recht, 2004, § 2 Rn. 12ff.
5 BGBl. 1956 II 487 (500); *Jayme/Hausmann,* Internationales Privat- und Verfahrensrecht, 17. Aufl. 2014, Nr. 134, 229, 243.
6 S. nur Palandt/*Thorn* Anh. EGBGB 12 (IPR) Rn. 16
7 BGH NJW 1998, 2452 (2453) mwN.

2. Vertretung

866 Nach dem Gesellschaftsstatut richtet sich auch die *organschaftliche* Vertretungsmacht, insbesondere deren Umfang, Beginn und Ende sowie etwaige Beschränkungen durch ein Gesamtvertretungserfordernis oder eine vorgeschriebene Vertretungsform.

Für die *Vollmacht* ist nach der Rechtsprechung hingegen nicht auf das Gesellschaftsstatut, sondern grundsätzlich auf das Recht des Staates abzustellen, in dem das Vertretergeschäft nach dem Willen des Vollmachtgebers vorgenommen werden sollte oder tatsächlich vorgenommen wurde.[8] Eine Ausnahme bildet die Prokura, für die das Recht des tatsächlichen Sitzes der vertretenen Gesellschaft gilt.[9] Für die Rechtsscheinvollmacht ist auf das Recht des Staates abzustellen, in dem der Rechtsschein entstanden ist und sich ausgewirkt hat.[10]

In **Fall a** können die Gesellschafter dem V Prokura erteilen. Aufgrund des inländischen Sitzes der Chip & Löt GmbH ist hierfür allein deutsches Recht maßgeblich. Die Gesellschafter erteilen nach § 46 Nr. 7 GmbHG die Prokura, welche sich ihrerseits nach §§ 48 ff. HGB richtet.

3. Gesellschafterhaftung

867 Die *Haftung* der Gesellschafter für Gesellschaftsverbindlichkeiten richtet sich ebenfalls nach dem Gesellschaftsstatut und nicht nach dem Statut der fraglichen Verbindlichkeit (Vertragsstatut, Bereicherungsstatut etc.). Zu beachten ist, dass bei mehrstufigen Beteiligungsverhältnissen jede Haftungsebene kollisions- wie sachrechtlich gesondert beurteilt werden muss.

Wohl jedes ausländische Gesellschaftsrecht kennt die Unterscheidung zwischen unbegrenzter, begrenzter und ausgeschlossener Gesellschafterhaftung. Daneben ist in vielen Rechtsordnungen auch eine außerordentliche, der Gesellschaftsverfassung widersprechende *»Durchgriffshaftung«* in bestimmten Ausnahmekonstellationen anerkannt. Im Gegensatz zu den verschiedenen in der Literatur vertretenen Ansätzen[11] hat sich die Rechtsprechung, soweit ersichtlich, diesbezüglich bislang stets für eine Anknüpfung an das Gesellschaftsstatut entschieden.[12]

4. Mitbestimmung

868 Die *betriebliche* Mitbestimmung nach dem Betriebsverfassungsgesetz beurteilt sich allein nach dem Standort des Betriebes. Hingegen richtet sich die *unternehmerische* Mitbestimmung der Arbeitnehmer nach ganz überwiegender Meinung nach dem Statut der fraglichen Gesellschaft.[13]

In **Fall b** muss die Fly Good plc nach dem BetrVG einen Betriebsrat einrichten. Aufgrund der Anknüpfung an den Standort des Betriebes gilt das deutsche Mitbestimmungsrecht in allen deutschen Betrieben ausländischer Unternehmen, nicht hingegen in ausländischen Betrieben deutscher Unternehmen. Die deutschen Regeln der Unternehmensmitbestimmung finden hingegen keine Anwendung. Da diese nicht zum deutschen ordre public zählen, sind im Inland ansässige EU-Auslandsgesellschaften, die aufgrund der Niederlassungsfreiheit in ihrer Gründungsrechtsform anzuerkennen sind, auch nicht gezwungen, ab einer bestimmten Arbeitnehmerzahl einen zum Teil mit Arbeitnehmervertretern besetzten Aufsichtsrat nach dem MitbestG, dem Montan-MitbestG oder dem DrittelbG einzurichten.

---

8 BGHZ 128, 41 (47) (designierter Gebrauchsort); NJW 1990, 3088 (tatsächlicher Gebrauchsort).
9 BGH NJW 1992, 618.
10 BGHZ 43, 21 (27).
11 Ausf. MüKoBGB/*Kindler* IntGesR Rn. 629 ff.; *Spahlinger/Wegen* IntGesR Rn. 328 ff.
12 BGH WM 1957, 1047 (1049); OLG Düsseldorf NJW-RR 1995, 1124. S. auch BGHZ 78, 318 (334) zum »umgekehrten Durchgriff«.
13 BGH IPRax 1983, 70 (71).

5. Konzernrecht

Besondere Regeln für internationale Konzernsachverhalte bestehen weder im deut- **869**
schen Recht noch auf europäischer oder internationaler Ebene. In grenzüberschreitenden (auch faktischen) *Unterordnungskonzernen* bestimmt sich grundsätzlich das Statut der abhängigen Gesellschaft über das Verhältnis zur herrschenden Gesellschaft. So
wird nationalen Bestimmungen zum Schutz der untergeordneten Gesellschaft, ihrer
(Minderheits-)Gesellschafter und Gläubiger im Konzern effektiv Geltung verschafft.
Dasselbe gilt für grenzüberschreitende *Beherrschungs- und Gewinnabführungsverträge* gem. §§ 291 ff. AktG, die ebenfalls gesellschaftsrechtlich zu qualifizieren sind.[14]
Nach wohl herrschender Auffassung in der Literatur ist es jedoch Voraussetzung für
die Wirksamkeit derartiger Verträge zwischen einer (künftig) abhängigen deutschen
und einer (künftig) herrschenden ausländischen Gesellschaft, dass die Geltung deutschen Rechts ausdrücklich vereinbart wird.[15]

6. Handelsregisterrecht

Für die (öffentlich-rechtliche) Pflicht zur Anmeldung bestimmter Rechtstatsachen **870**
beim deutschen *Handelsregister* knüpfen §§ 13 I 1, 13 d I HGB an den Ort der betroffenen kaufmännischen Niederlassung an. Ausländische Zweigniederlassungen deutscher Unternehmen sind demnach nicht in das deutsche Register einzutragen. Für
deutsche Zweigniederlassungen ausländischer Unternehmen gelten §§ 13 d–13 g HGB.
Voraussetzung für die Eintragung ist jedoch die Anerkennung des ausländischen Trä-
gers der Niederlassung im Inland.

7. Name und Firma

Die Grundsätze des deutschen Firmenrechts (etwa Firmenwahrheit, -klarheit, -unter- **871**
scheidbarkeit gem. § 18 HGB) gelten auch für inländische Zweigniederlassungen ausländischer Gesellschaften.[16] Allerdings kann der Vertrag über die Arbeitsweise der Europäischen Union (AEUV) die Eintragung trotz eines Verstoßes gegen § 18 I HGB
gebieten.[17] Unterscheidet sich die Firma der Zweigniederlassung von der der Hauptniederlassung, muss die Zusammengehörigkeit jedoch deutlich gemacht werden.[18]
Ausländische Rechtsformzusätze sind in der Originalsprache anzugeben.

8. Formerfordernisse

Nach Art. 11 I EGBGB müssen gesellschaftsrechtliche Akte, die bestimmten Form- **872**
erfordernissen unterliegen (etwa der Gesellschaftsvertrag und die Übertragung von
Gesellschaftsanteilen, vgl. §§ 2 I 1, 15 III, IV 1 GmbHG), entweder die vom Gesellschaftsstatut geforderte Form oder aber die Ortsform wahren.

Die (wahlweise) Geltung der Ortsform für gesellschaftsrechtliche Vorgänge ist jedoch auch innerhalb
der Rechtsprechung umstritten.[19] Jedenfalls findet das Ortsrecht dann keine Anwendung, wenn es ein
vergleichbares Rechtsgeschäft gar nicht kennt und dementsprechend keine Formvorschriften aufstellt

---

14 Näher dazu sowie zu den Ausnahmen *Spahlinger/Wegen* IntGesR Rn. 365 ff.
15 Staudinger/*Großfeld*, 1998, IntGesR Rn. 575 mwN.
16 BayObLG NJW 1986, 3029 (3030) (zur Firmenwahrheit).
17 Dazu *Wachter* GmbHR 2007, 980.
18 EBJS/*Reuschle* HGB Anh. nach § 17 Rn. 27.
19 Eing. MüKoBGB/*Kindler* IntGesR Rn. 532 ff. mN aus der Rspr.

(»Normenleere«). Daher ist wegen der unsicheren Rechtslage stets die Erfüllung der Formerfordernisse des Gesellschaftsstatuts empfehlenswert.

9. Identitätswahrende Sitzverlegung

873 Die Verlegung des Verwaltungs- und/oder Satzungssitzes einer Gesellschaft in einen anderen Staat ohne Auflösung im Herkunftsstaat und Neugründung im Zielstaat ist für EU-interne Sachverhalte am Maßstab der Niederlassungsfreiheit zu beurteilen (→ Rn. 846 ff.).

Vorbehaltlich staatsvertraglicher Sonderregelungen findet auf die Verlegung des *Verwaltungssitzes* einer in Deutschland gegründeten Gesellschaft in das Ausland herkömmlich die Sitztheorie Anwendung. Diese verweist auf das Recht des Zuzugsstaats. Folgt dessen Kollisionsrecht seinerseits der Sitztheorie, findet ab dem Zuzug das ausländische Sachrecht auf die Gesellschaft Anwendung. Da dieses unter der Sitztheorie regelmäßig bestimmt, dass die nach deutschen Vorschriften gegründete Gesellschaft als solche keine Anerkennung findet, ist eine identitätswahrende Sitzverlegung nicht möglich. Folgt das Kollisionsrecht des Zielstaats hingegen der Gründungstheorie, kommt es zu einer Zurückverweisung *(renvoi)* auf das deutsche Recht und damit gem. Art. 4 I 2 EGBGB zur Anwendung deutschen Sachrechts. Erkennt der neue Sitzstaat die so mit der Gründung erworbene Rechtsfähigkeit an, steht der Verlegung des tatsächlichen Verwaltungssitzes in das Ausland IPR-rechtlich nichts entgegen.[20] Dessen ungeachtet stand früher – jedenfalls bei Kapitalgesellschaften – das Sachrecht einer solchen Sitzverlegung entgegen. Danach ist die Verlegung des Verwaltungssitzes ein zwingender Grund für die Liquidation der Gesellschaft, die regelmäßig Ausprägung einer spezifischen Gesellschaftsrechtsordnung ist.[21] Indes ist es aufgrund von § 4a GmbHG und § 5 AktG inzwischen zumindest der GmbH und der AG möglich, den effektiven Verwaltungssitz ins Ausland zu verlegen, womit insoweit die gesellschaftsrechtlichen Wegzugsbeschränkungen aufgehoben sind.[22]

Die Verlegung des *Satzungssitzes* einer deutschen Gesellschaft in das Ausland ist im Ergebnis nicht identitätswahrend möglich.[23] Gleiches gilt für die Verlegung des Verwaltungssitzes aus dem Ausland – soweit es sich nicht um einen EU-Mitgliedstaat, einen EWR-Staat oder die USA handelt – nach Deutschland. Denn das nach der Sitztheorie anwendbare deutsche Sachrecht verwehrt ausländischen Gesellschaftsformen die Anerkennung.[24] Ob hingegen eine Verlegung allein des Satzungssitzes nach Deutschland zulässig ist, kann nur das anzuwendende ausländische Sachrecht beantworten.

10. Grenzüberschreitende Verschmelzung und Spaltung

874 Im Fall einer grenzüberschreitenden Gesellschaftsverschmelzung oder -spaltung (dazu im Einzelnen § 27) sind nach hM[25] die Statute aller betroffenen Gesellschaften zu berücksichtigen. Die Verschmelzung ist nur zulässig, wenn alle beteiligten Gesell-

---

20 OLG Hamm NJW 2001, 2183 (obiter); MüKoBGB/*Kindler* IntGesR Rn. 823.
21 MüKoBGB/*Kindler* IntGesR Rn. 825.
22 Vor diesem Hintergrund dürften die praktischen Auswirkungen des Cartesio-Urteils des EuGH (EuGH Urt. v. 16.12.2008 – C-210/06, Slg. 2008, I-9641 = NJW 2009, 569) für Deutschland relativ gering sein.
23 Eing. *Spahlinger/Wegen* IntGesR Rn. 453 ff.
24 Näher *Spahlinger/Wegen* IntGesR Rn. 461 ff.
25 Semler/Stengel/*Drinhausen* UmwG § 122a Rn. 2.

schaftsstatute sie zulassen. Mit der RL 2005/56/EG über die Verschmelzung von Kapitalgesellschaften aus verschiedenen Mitgliedstaaten[26] wurden die nationalen Verschmelzungsrechte innerhalb der EU angeglichen. In Deutschland wurde die Verschmelzungs-RL durch §§ 122a ff. UmwG umgesetzt, die für die auf deutscher Seite beteiligten Gesellschaften gelten.[27]

Nach § 122b UmwG ist nur die grenzüberschreitende Umwandlung von Kapitalgesellschaften zulässig. Der grenzüberschreitenden Verschmelzung liegt als Vertragswerk der Verschmelzungsplan zugrunde, der alle wesentlichen Informationen über die beteiligten Gesellschaften und die rechtliche Struktur des Verschmelzungsvorgangs enthält (§ 122c UmwG). Zudem haben die Vertretungsorgane der beteiligten Gesellschaften einen Verschmelzungsbericht nach § 8 UmwG zu verfassen (§ 122e UmwG), der im Gegensatz zu nationalen Verschmelzungen auch die Auswirkungen der Verschmelzung auf die Arbeitnehmer erläutern muss. Dem Verschmelzungsplan müssen die Anteilsinhaber nach §§ 122g I, 13 UmwG mit einer Mehrheit von drei Vierteln der abgegebenen Stimmen zustimmen. Regelungen über die Eintragung der Verschmelzung ins Handelsregister sind in §§ 122k und 122l UmwG enthalten. Ergänzt werden die §§ 122a ff. UmwG durch das Gesetz über die Mitbestimmung der Arbeitnehmer bei einer grenzüberschreitenden Verschmelzung (MgVG).[28]

Für die grenzüberschreitende Spaltung besteht noch keine gesetzliche Regelung. Die bisherige hM[29] hielt diese auf Grundlage von § 1 UmwG für unzulässig. Die Entscheidungsgründe des *»Sevic«*-Urteils des EuGH[30] sprechen jedoch insbesondere im Hinblick auf *»VALE«*[31] dafür, diese auch in den Schutzbereich der Niederlassungsfreiheit einzubeziehen.[32] Entgegen der bisher vorherrschenden Meinung ist § 1 UmwG insoweit europarechtskonform zu reduzieren und die grenzüberschreitende Spaltung unter Beteiligung von Gesellschaften aus anderen Mitgliedstaaten, welche den in §§ 3 I, 124 UmwG genannten deutschen Rechtsträgern entsprechen, zuzulassen.[33]

11. Insolvenz

Die internationale gerichtliche Zuständigkeit und das anwendbare Sach- und Verfahrensrecht in einem (möglichen) Insolvenzfall ergeben sich bei grenzüberschreitend tätigen oder sonst auslandsberührenden Gesellschaften aus dem Internationalen Insolvenzrecht. Hier ist ein Auseinanderfallen von Gesellschafts- und Insolvenzstatut möglich.[34] Die wichtigsten Rechtsquellen des Internationalen Insolvenzrechts sind die VO 1346/2000/EG des Rates v. 29.5.2000 über Insolvenzverfahren (EuInsVO),[35] mittlerweile durch VO (EU) 2015/848 ersetzt[36] und – nachrangig – §§ 335–358 InsO. 875

12. Internationale gerichtliche Zuständigkeit

In gesellschaftsrechtlichen Streitigkeiten mit Auslandsberührung folgt die internationale gerichtliche Zuständigkeit aus dem nationalen Recht des Gerichtsorts. Das insoweit maßgebliche Internationale Zivilprozessrecht ist EU weit durch die Brüssel Ia- 876

---

26 ABl. 2005 L 310, 1, zwischenzeitlich in der Gesellschaftsrechts-RL (RL 2017/1132/EU v. 14.6.2017 über bestimmte Aspekte des Gesellschaftsrechts, ABl. 2017 L 169, 46) aufgegangen (→ Rn. 857).
27 Hierzu *Müller* NZG 2006, 286; *Rubner* NJW-Spezial 2007, 219.
28 BGBl. 2006 I 3332; dazu *Grobys* NJW-Spezial 2007, 134.
29 MüKoAktG/*Ego* Europäisches Niederlassungsrecht Rn. 330.
30 EuGH Urt. v. 13.12.2005 – C-411/03, Slg. 2005, I-10805 = NJW 2006, 425 – Sevic.
31 EuGH Urt. v. 12.7.2012 – C-378/10 = NJW 2012, 2715 – Vale.
32 So auch *Wöhlert/Degen* GWR 2012, 432 (433).
33 So *Kallmeyer/Kappes* AG 2006, 224 (226); *Spahlinger/Wegen* NZG 2006, 721 (725, 727).
34 Vgl. *Riedemann* GmbHR 2004, 345.
35 ABl. 2000 L 160, 1.
36 VO (EU) 2015/848 des Europäischen Parlaments und des Rates v. 20.5.2015 über Insolvenzverfahren, ABl. 2015 L 141, 19.

VO[37] und im Verhältnis zu Norwegen, Island und der Schweiz durch das inhaltlich vergleichbare Lugano-Übereinkommen[38] vereinheitlicht.

Für Klagen betreffend die Gültigkeit, die Nichtigkeit oder die Auflösung einer Gesellschaft oder die Gültigkeit von Gesellschafterbeschlüssen sind gem. Art. 24 Nr. 2 Brüssel Ia-VO *ausschließlich* die Gerichte des Staates zuständig, in dem die Gesellschaft nach dem Verständnis der lex fori ihren Sitz hat. Daneben enthält die Brüssel Ia-VO verschiedene *besondere* Gerichtsstände (insbesondere Art. 7 Nr. 1, 2, 5 Brüssel Ia-VO betreffend Erfüllungsort, unerlaubte Handlung und Niederlassung). Der *allgemeine* nationale Gerichtsstand einer Gesellschaft befindet sich nach Art. 4 I Brüssel Ia-VO an deren Sitz, der sich nach Art. 63 Brüssel Ia-VO bestimmt.

Soweit keine vorrangigen internationalen Vorschriften eingreifen, folgt die internationale Zuständigkeit der Gerichte aus dem autonomen Internationalen Zivilprozessrecht des angerufenen Forums. Deutsche Gerichte wenden die Vorschriften der ZPO zur örtlichen Zuständigkeit entsprechend an, wobei die besonderen Gerichtsstände der Niederlassung und der Mitgliedschaft (§§ 21 f. ZPO) sowie der »exorbitante« Gerichtsstand des Vermögens (§ 23 ZPO) besonders zu erwähnen sind. Besteht die Wahl zwischen mehreren internationalen Gerichtsständen, kann der Kläger unter Umständen durch sog. *forum shopping* die Anwendung eines ihm im konkreten Streitfall besonders günstigen Sachrechts herbeiführen.[39]

Für Gerichtsstandsvereinbarungen ist insbesondere Art. 23 Brüssel Ia-VO zu beachten, der in seinem Anwendungsbereich §§ 38–40 ZPO verdrängt, soweit der Fall einen grenzüberschreitenden Gemeinschaftsbezug aufweist.

§ 22 »Scheinauslandsgesellschaften«

Literatur: *Bascopé/Hering,* Die spanische Gesellschaft mit beschränkter Haftung (Sociedad de Responsabilidad Limitada, SRL) – Errichtung, Organisation, Liquidation und Besteuerung, GmbHR 2005, 609; *Eidenmüller* (Hrsg.), Ausländische Kapitalgesellschaften im deutschen Recht, 2004; *Lutter* (Hrsg.), Europäische Auslandsgesellschaften in Deutschland, 2005; *Mankowski,* Die deutsche Ltd.-Zweigniederlassung im Spannungsverhältnis von Gewerbe- und Registerrecht, BB 2006, 1173; *Mellert,* Ausländische Kapitalgesellschaften als Alternative zur AG und GmbH – eine Synopse, BB 2006, 8; *Peifer,* Finanz- und Haftungsverfassung der SARL. Alternative Rechtsform zu GmbH und Limited?, GmbHR 2007, 1208; *Recq/Hoffmann,* Die französische S. A. R. L. als GmbH-Ersatz?, GmbHR 2004, 1070; *Römermann,* Die Limited in Deutschland – eine Alternative zur GmbH?, NJW 2006, 2065; *van Hulle/Gesell* (Hrsg.), European Corporate Law, 2006; *Volb,* Die Limited, 2. Aufl. 2010; *Wachter,* Wettbewerb des GmbH-Rechts in Europa, GmbHR 2005, 717.

877 **Fall:** Der Informatikstudent I hat eine bahnbrechende Idee, die den Bereich des E-Commerce revolutionieren kann. Nun gilt es, möglichst rasch eine lauffähige Software zu entwickeln und die Rechte an der Geschäftsidee zu sichern. Dies alles ist mit erheblichem personellem und finanziellem Aufwand verbunden. I verfügt über keine eigenen Mittel. Auch die risikobewussten Banken stehen dem Vorhaben skeptisch gegenüber. Welche Gesellschaftsform wäre I zu empfehlen?

---

37 VO (EU) Nr. 1215/2012 über die gerichtliche Zuständigkeit und die Anerkennung und Vollstreckung von Entscheidungen in Zivil- und Handelssachen (Neufassung) v. 12.12.2012, ABl. 2012 L 351, 1.

38 Übereinkommen von Lugano über die gerichtliche Zuständigkeit und die Anerkennung und Vollstreckung von Entscheidungen in Zivil- und Handelssachen v. 30.10.2007, ABl. 2007 L 339, 3.

39 Zu den Grenzen des »forum shopping« *Saenger/Klockenbrink* DZWiR 2006, 183.

I. Grundlagen

Das deutsche Kapitalgesellschaftsrecht ist maßgeblich von den Grundsätzen der Kapi-   **878**
talaufbringung und Kapitalerhaltung geprägt. Aus Gründen des Anleger- und Gläubigerschutzes sind bei der Gründung strenge Vorgaben zu beachten. Damit ist nicht nur
ein relativ hoher Kapitalaufwand verbunden. Der Gründungsvorgang selbst ist zeit-
und kostenaufwendig. Gesellschaftsformen anderer europäischer Staaten können demgegenüber den Gründungsprozess erleichtern. So lässt sich eine britische Limited
(Ltd.) binnen ein bis zwei Wochen errichten, während die Gründung einer herkömmlichen GmbH – auch der UG haftungsbeschränkt – in der Regel längere Zeit in
Anspruch nimmt. Auch fallen die Gründungkosten für die Ltd. mit etwa 100 EUR gegenüber denen für eine GmbH von 1.500 bis 2.000 EUR wesentlich geringer aus. Vor
diesem Hintergrund hat die Anerkennung der sog. Gründungstheorie durch den
EuGH (→ Rn. 846 ff.) eine *erhöhte Mobilität der Gesellschaften und Gesellschaftsformen* nach sich gezogen. Eine innerhalb der Europäischen Union rechtmäßig gegründete Gesellschaft, die ihren Sitz in einen anderen Mitgliedstaat verlagert, kann grundsätzlich im Zuzugsstaat die Anerkennung ihrer Rechtsfähigkeit beanspruchen. Damit
ist zugleich der Wettbewerb unter den europäischen Rechtssystemen eröffnet. Unter
Einbeziehung der Länder des europäischen Wirtschaftsraums (EWR), für welche diese
Grundsätze ebenfalls Geltung beanspruchen,[1] umfasst die Angebotspalette ausländischer Kapitalgesellschaften immerhin 30 Staaten. Tatsächlich werden von Deutschen
immer häufiger Gesellschaften im europäischen Ausland gegründet, ohne dass diese
dort eine Tätigkeit entfalten sollen. Vielmehr wird aus (finanziellen oder zeitlichen
Gründen) eine ausländische Rechtsform gewählt, um innerhalb kürzester Zeit eine
Körperschaft zu installieren, die sogleich ihren Sitz in Deutschland begründet und
dort ihre Geschäftstätigkeit entfaltet. Da es sich also letztlich um eine »inländische«
Rechtsperson handelt, die lediglich im ausländischen Gewand daherkommt, spricht
man insoweit von »Scheinauslandsgesellschaften«.

> Im **Fall** könnte I also innerhalb eines Tages unter Einsatz nur eines britischen Pfundes eine Ltd. in Groß-
> britannien registrieren lassen und diese Gesellschaft als »Plattform« für seine Geschäftsidee nutzen.

Unterschiedliche Anforderungen an den Gründungsvorgang bergen naturgemäß die
Gefahr, dass sich die »weichesten« Vorgaben durchsetzen. Zu einem solchen *»race to
the bottom«* muss es jedoch nicht kommen. Das europäische Regelungssystem auf
dem Gebiet des Gesellschaftsrechts wird fortlaufend verfeinert. Der Vereinheit-
lichungsprozess hat sich, auch unter dem vermehrten Rückgriff auf das Rechtset-
zungsinstrument der Verordnung, erheblich beschleunigt und erfordert eine fortlau-
fende Anpassung der Rahmenbedingungen bis hin zu solchen Gebieten wie dem
Insolvenzrecht. Die Frage nach der »günstigsten« Rechtsform lässt sich vor diesem
Hintergrund nur schwer beantworten und dürfte auch von den individuellen Gegebenheiten abhängen. Ein vermeintlicher zeitlicher Vorzug bei der Gründung im
Ausland kann sich rasch als Nachteil erweisen, wenn strengere und kostenaufwendige
Rechnungslegungsvorschriften außer Acht gelassen werden. Die »günstige« Variante
einer Gründung ohne Kapital kann sich für den oder die Gesellschafter rächen, wenn

---

1 Die Anwendbarkeit der Grundsätze über die Niederlassungsfreiheit ergibt sich für die EFTA-Staaten
Island, Liechtenstein und Norwegen aus Art. 31, 34 EWR-Abkommen v. 2.5.1992 (BGBl. 1993 II 266
[2/1]).

damit im Fall der Insolvenz ein erhöhtes Haftungsrisiko der Gründer oder der handelnden Personen einhergeht.

II. Beispiele

879 Die Zahl der Scheinauslandsgesellschaften geht seit Einführung der GmbH in Form der Unternehmergesellschaft (haftungsbeschränkt) kontinuierlich zurück.[2] Gleichwohl soll ein kurzer Blick auf die praktisch bedeutsamen ausländischen Rechtsformen erfolgen. Jedoch kann und soll keine vertiefte Darstellung, sondern lediglich ein erster und auch nur ausschnittweiser Einblick gegeben werden, der sich auf Großbritannien, Frankreich und Spanien beschränkt.[3] Ebenso wie das deutsche unterscheiden die europäischen Gesellschaftsrechte zwischen Personen- und Kapitalgesellschaften. Da es deutschen Unternehmern meist um die Einschränkung der persönlichen Haftung geht, stehen nachfolgend vor allem die ausländischen Kapitalgesellschaften als Alternative zu GmbH und AG im Mittelpunkt.[4]

1. Großbritannien

880 Das britische Kapitalgesellschaftsrecht wurde zuletzt mit dem *Companies Act 2006 (CA 2006)* modernisiert,[5] welcher weitgehend den *Companies Act 1985* ersetzt. Dieser geht von einer Grundgesellschaftsform aus, die nach sect. 3 CA 2006 entweder als

- *company limited by shares,* bei der die Haftung der Gesellschafter auf die Anteile einzuzahlender Einlagen beschränkt ist,
- *company limited by guarantee,* bei der die Haftung auf die in der Liquidation bzw. Auflösung zu erbringende Einlage beschränkt ist oder
- *unlimited company* ohne Haftungsbeschränkung ausgestaltet werden kann.

Bei der erstgenannten *company limited by shares* ist wiederum zu unterscheiden zwischen

- einer der GmbH ähnlichen *private company limited by shares* (ltd., sect. 59 CA 2006) und
- einer *public company limited by shares* (plc, sect. 58 CA 2006), welche einer deutschen AG ähnelt (sect. 4 CA 2006).

Da es sich um zwei Varianten einer Gesellschaftsform handelt, sind die anwendbaren Vorschriften im Companies Act 2006 gemeinsam geregelt, wobei einige Sonderregelungen für die jeweilige Ausprägung bestehen. Unter diesen Gesellschaftsformen erfreute sich vor allem die Ltd. im Zuge der Liberalisierung des europäischen Gesellschaftsrechts großer Beliebtheit. Es kennzeichnet sie, dass das britische Recht *keine Mindeststammeinlage* und keine Mindestnennbeträge für Anteile vorsieht, sodass die Errichtung bereits mit einem Stammkapital von einem britischen Pfund oder gar einem Penny möglich ist.[6] Die *Organe* der Gesellschaft sind sowohl bei der Ltd. als auch der

2 Waren Anfang 2010 noch 17.551 Ltd. mit Verwaltungssitz in Deutschland registriert, betrug deren Zahl Anfang 2016 nur noch 8.968, vgl. Baumbach/Hueck/*Fastrich* Einl. Rn. 17.
3 Ein umfassender Überbl. findet sich bei *van Hulle/Gesell,* European Corporate Law, 2006.
4 Allg. *Wachter* GmbHR 2005, 717 sowie die Gegenüberstellung bei *Mellert* BB 2006, 8.
5 Hierzu *Meyer* RIW 2007, 645; *Torwegge* GmbHR 2007, 195.
6 *Rehm* in Eidenmüller, Ausländische Kapitalgesellschaften im deutschen Recht, 2004, § 10 Rn. 35ff.

plc das *general meeting* (die Hauptversammlung), das *board of directors* (die Geschäftsführung bzw. der Vorstand) sowie der *secretary* (der Gesellschaftssekretär).[7] Grundsätzlich *haften* die Gesellschafter sowohl der Ltd. als auch der plc nur für die Erbringung der von ihnen geschuldeten Einlage. Daneben besteht bei Rechtsformmissbrauch die Möglichkeit einer Durchgriffshaftung (*»lifting the corporate veil«*).[8] Die *directors* haften im Außenverhältnis nicht persönlich für Gesellschaftsverbindlichkeiten. Im Innenverhältnis können sie sich bei Überschreitung der Geschäftsführungsbefugnis gegenüber der Gesellschaft schadensersatzpflichtig machen (vgl. sect. 232 CA 2006). Daneben kommt bei Überschreitung eines objektiven Sorgfaltsmaßstabs eine Haftung für sonstige Pflichtverletzungen wie beispielsweise unerlaubte Handlungen oder gesetzwidrige Dividendenausschüttungen in Betracht (s. etwa sect. 369 CA 2006). Außerdem haften die *directors* im Insolvenzfall für Schäden des Gesellschaftsgläubigers im Rahmen des *fraudulent trading* und des *wrongful trading*.[9] Ebenso haftet der *secretary* für etwaige Pflichtverletzungen.

Neben der Ltd. und der plc bestehen im britischen Gesellschaftsrecht weitere Gesellschaftsformen. Zu erwähnen sind insbesondere die *Limited Liability Partnership* (LLP), welche vor allem als Rechtsform für die anwaltliche Berufsausübung an Bedeutung gewinnt.[10] Diese vereinigt Elemente von Personen- und Kapitalgesellschaft und ist durch eine beschränkte Haftung gekennzeichnet.

2. Frankreich

Der deutschen GmbH und Aktiengesellschaft entsprechen im französischen Gesell- 881
schaftsrecht weitgehend die *Société à Responsabilité Limitée* (SARL) und die *Société Anonyme* (SA). Vorteile der SARL sind vor allem das fehlende Erfordernis notarieller Beurkundung und das in der Satzung frei vereinbare Mindeststammkapital.[11] Bei der SA ist ein Grundkapital von 37.000 EUR bei fehlender Börsennotierung und von 225.000 EUR im Fall der Börsennotierung zu beachten. Daneben besteht seit 1994 die Möglichkeit zur Gründung einer *Société par Actions simplifée* (SAS), einer Gesellschaftsform, die sowohl Merkmale einer GmbH als auch einer AG aufweist und ein Mindeststammkapital von 37.000 EUR voraussetzt. Die gesetzlichen Grundlagen des französischen Gesellschaftsrechts finden sich vor allem im *Code Civil* (C. Civ.) und dem *Code de Commerce* (C. Com.) sowie ergänzenden Einzelgesetzen.

Hauptorgan von SARL und SA ist die *assemblée d'associés* bzw. *assemblée d'actionnaires* (die Gesellschafterversammlung). Vertreten wird die SARL durch einen oder mehrere *gérants* (Geschäftsführer), die durch die Gesellschafterversammlung bestellt und abberufen werden. Bei der SA besteht hinsichtlich der Vertretungs- und Aufsichtsorgane hingegen eine Wahlmöglichkeit zwischen einer klassischen monistischen Verfas-

---

7 *Rehm* in Eidenmüller, Ausländische Kapitalgesellschaften im deutschen Recht, 2004, § 10 Rn. 52 ff.
8 *Rehm* in Eidenmüller, Ausländische Kapitalgesellschaften im deutschen Recht, 2004, § 10 Rn. 65 ff.; *Happ/Holler* DStR 2004, 730 (734); *Schröder/Schneider* GmbHR 2005, 1288 (1289); vgl. auch LG Stuttgart NJW-RR 2002, 463 (466).
9 Zur Haftungsverfassung der Ltd. Lutter/*Fleischer*, Europäische Auslandsgesellschaften in Deutschland, 2005, 49, 57 ff.; zum Existenzvernichtungsschutz auch *Burg* GmbHR 2004, 1379; zur Anwendbarkeit von § 64 S. 1 GmbHG in einem solchen Fall BGH NJW 2016, 2660.
10 *Triebel/Otte/Kimpel* BB 2005, 1233.
11 Ausf. *Meyer/Ludwig* GmbHR 2005, 346; *Meyer/Ludwig* GmbHR 2005, 459; *Recq/Hoffmann* GmbHR 2004, 1070 (1071).

sung mit einem Verwaltungsrat oder der praktisch weniger bedeutsamen dualistischen Verfassung mit Vorstand und Aufsichtsrat.[12]

3. Spanien

882 Ebenso wie im deutschen Recht findet sich in Spanien keine einheitliche Kodifikation des Rechts der Kapitalgesellschaften, sondern eine Vielzahl rechtsformbezogener Sondergesetze.[13] Die größte Bedeutung erlangen die Gesellschaft mit beschränkter Haftung (*Sociedad Limitada*, SL bzw. SRL) und die Aktiengesellschaft (*Sociedad Anónima*, SA). Das *Mindeststammkapital* der SRL beträgt 3.006 EUR, das der SA 60.102 EUR.[14] Im Rahmen einer umfassenden Reform des spanischen GmbH-Rechts ist 2003 zudem eine Sonderform der SRL, nämlich die *Sociedad Limitada Nueva Empresa* (SLNE), für kleine und mittelgroße Unternehmen eingeführt worden. Die gesetzlich vorgesehenen *Gesellschaftsorgane* sind bei der SRL und der SA die *Junta General* (die Hauptversammlung) und ein Geschäftsführungsorgan bestehend aus einem oder mehreren *Administradores* (Verwaltern) oder alternativ einem *Consejo de Administración* (Verwaltungsrat).[15]

> Im **Fallbeispiel** lässt sich die Frage nach der zu empfehlenden Gesellschaftsform nicht allgemeingültig beantworten. Von der Vielzahl der zur Verfügung stehenden Auslandsgesellschaften, über die nur ein kleiner Überblick gegeben werden konnte, hat sich in der Praxis vor allem die englische Ltd. als Scheinauslandsgesellschaft durchgesetzt. Zulässig sind auch Mischformen wie beispielsweise eine Ltd. & Co. KG, eine Ltd. & Still[16] oder eine spanische SL & Co. KG.[17] Aktiengesellschaften eignen sich im Allgemeinen weniger als Scheinauslandsgesellschaften, da deren Formalien und Kosten innerhalb der Europäischen Union weitgehend harmonisiert sind und nur geringe Unterschiede bestehen.[18] Gleichwohl können ausländische Aktiengesellschaften in Einzelfällen beispielsweise im Hinblick auf die Anteilsrechte, die Unternehmensverfassung oder eine mögliche Umgehung der Mitbestimmung Vorzüge gegenüber einer deutschen Aktiengesellschaft aufweisen. Lohnenswerter erscheint insoweit der Vergleich zwischen den kleinen Kapitalgesellschaften, deren Rechtsangleichung nicht so weit vorangeschritten ist. Entscheidend können für den Gründer Gesichtspunkte sein wie Gründungsaufwand (etwa die Erforderlichkeit einer notariellen Beurkundung) und Gründungskosten,[19] Mindeststammkapital, laufender Aufwand und laufende Kosten, Kapitalaufbringung und -erhaltung, Registerpublizität, Ausgestaltung der Anteile und deren Übertragbarkeit, Buchführung und Rechnungslegung, Haftungsrisiken für die Gründer, Gläubigerschutz, Möglichkeiten der Kapitalbeschaffung, anwendbares Insolvenzrecht, steuerliche Behandlung, Arbeitsrecht etc.[20] Hat I sämtliche dieser Gesichtspunkte abgewogen, kann er seine Entscheidung über die zweckmäßigste Gesellschaftsform treffen. Handelt es sich hier um einen typisch gelagerten Fall, wird I angesichts der geringen Gründungskosten und des fehlenden Mindestkapitalerfordernisses eine britische Ltd. errichten.

---

12 *Mellert/Verfürth*, Wettbewerb der Gesellschaftsformen, 2005, 132 ff.
13 Ausf. *Bascopé/Hering* GmbHR 2005, 609.
14 *Dorfmeister* in Ars Legis (Hrsg.), Das Recht der Kapitalgesellschaften in Europa, 343.
15 *Bascopé/Hering* GmbHR 2005, 609 (611 f.).
16 Zur Ltd. *Volb*, Die Limited, 2. Aufl. 2010, 152 ff. und 180 ff.; zur Ltd. & Co. KG *Werner* GmbHR 2005, 288.
17 *Schmidt/Abegg* GmbHR 2005, 1602.
18 *Mellert/Verfürth*, Wettbewerb der Gesellschaftsformen, 2005, 241 ff.
19 Zu bedenken ist jedoch, dass im Regelfall die mangelnde Rechtskenntnis im Ausland die Inanspruchnahme eines Dienstleisters für die Gesellschaftsgründung erforderlich macht. Soll eine Tätigkeit in Deutschland über eine Zweigniederlassung erfolgen, ist auch das Errichten der Zweigniederlassung zum deutschen Handelsregister anzumelden, wofür Gebühren anfallen.
20 Dazu insgesamt *Mellert/Verfürth*, Wettbewerb der Gesellschaftsformen, 2005, 244 ff.; s. auch die Überbl. bei *Wachter* GmbHR 2005, 717 und *Müller/Müller* GmbHR 2006, 583 und 641; zur Handelndenhaftung bei europäischen Auslandsgesellschaften analog § 11 II GmbHG BGH NJW 2005, 1648; *Paefgen* GmbHR 2005, 957; *Schröder/Schneider* GmbHR 2005, 1288.

6. Teil. Umwandlung

§ 23 Grundlagen

Literatur: *Heinze,* Einführung in das Umwandlungsgesetz (UmwG), notar 2015, 215; *Hofmann/Rieth-müller,* Einführung in das Umwandlungsrecht, JA 2009, 481; *Kallmeyer,* Das neue Umwandlungsgesetz – Verschmelzung, Spaltung und Formwechsel von Handelsgesellschaften, ZIP 1994, 1746; *Schaumburg/Rödder,* Umwandlungsgesetz, Umwandlungssteuergesetz, 1995.

I. Umwandlung als Alternative zu Liquidation und Neugründung

Unternehmensgründern steht eine Vielzahl von Gesellschaftsformen offen, zwischen **883** denen sie weitgehend frei wählen können. Ausschlaggebend werden dabei regelmäßig haftungs- und steuerrechtliche Kriterien sein. Auch der organisatorische Aspekt ist nicht zu unterschätzen, der letztlich maßgeblich dafür ist, wer im Unternehmen die Herrschaft ausübt. Daneben ist entscheidend, ob die Gründer in der Lage sind, erforderliches Haftkapital aufzubringen. Veränderungen der unternehmerischen und rechtlichen Rahmenbedingungen können dazu führen, dass die Frage nach der optimalen Gesellschaftsform im Laufe der Zeit eine abweichende Beurteilung erhält. Eine Reaktion hierauf kann die Veränderung des Gesellschaftsvertrags sein. Reicht dies nicht aus, stellt sich die Frage eines Wechsels der Gesellschaftsform. Dies ist stets durch Liquidation und Neugründung möglich. Mit der Liquidation und der damit verbundenen Absicherung von Vermögensgegenständen einer Gesellschaft gehen aber regelmäßig erhebliche Wertverluste einher. Diese entstehen auch durch Aufdeckung stiller Reserven und damit verbundenen Steuerbelastungen. Des Weiteren fallen durch die erforderlichen Einzelübertragungen Kosten an, etwa bei der Auflassung und Eintragung von Grundstücken. Zur Vermeidung dieser Nachteile eröffnet das UmwG die Möglichkeit der Gesamtrechtsnachfolge oder partiellen Sonderrechtsnachfolge. Ein Formwechsel ist – selbst bei Wechsel des Vermögensträgers – ohne jede Vermögensübertragung möglich (§ 202 I Nr. 1 UmwG). Insgesamt sind nach den Regelungen des UmwG 119 Möglichkeiten der Umwandlung denkbar. Zugleich soll das UmwG den angemessenen Schutz der betroffenen Gläubiger und Minderheitsgesellschafter sowie der Arbeitnehmer gewährleisten.

II. Umwandlungsarten

Das UmwG sieht vier Arten der Umwandlung von inländischen Rechtsträ- **884** gern vor (§ 1 I UmwG). Danach können Rechtsträger durch Verschmelzung (§§ 2– 122 UmwG), Spaltung (§§ 123–173 UmwG), Vermögensübertragung (§§ 174–189 UmwG) oder Formwechsel (§§ 190–304 UmwG) umgewandelt werden. Anknüpfungspunkt ist dabei jeweils der Rechtsträger und nicht etwa das von diesem betriebene Unternehmen.

Im Fokus stehen insbesondere Verschmelzung, Spaltung und Formwechsel.[1] Die Aufzählung der Umwandlungsarten in § 1 I UmwG hat keinen abschließenden Charakter. Vielmehr sind nach § 1 II UmwG Umwandlungen iSd Abs. 1 auch möglich, wenn sie durch andere Bundes- oder Landesgesetze ausdrücklich vorgesehen sind, wie etwa die hier nicht näher zu behandelnden Vorschriften zur Umwandlung öffentlich-rechtlicher Körperschaften. Die eingrenzende Formulierung macht aber deutlich, dass eine Umwandlung nur in einer beschränkten Anzahl von Fällen zulässig ist (numerus clausus). Andere, sich aus dem allgemeinen Gesellschaftsrecht ergebende Möglichkeiten, die Rechtsform einer Gesellschaft zu verändern, sollen ausweislich der Gesetzesbegründung[2] und des Wortlauts von § 1 II UmwG nicht eingeschränkt werden. Die Zulassung anderer Umwandlungen als der in § 1 I UmwG genannten Varianten zielt darauf ab, Umwandlungen im Personengesellschaftsrecht zu ermöglichen (beispielsweise die Umwandlung einer GbR in eine OHG oder KG). Diese Möglichkeiten der Umwandlung ergeben sich aus der Systematik von HGB und BGB.

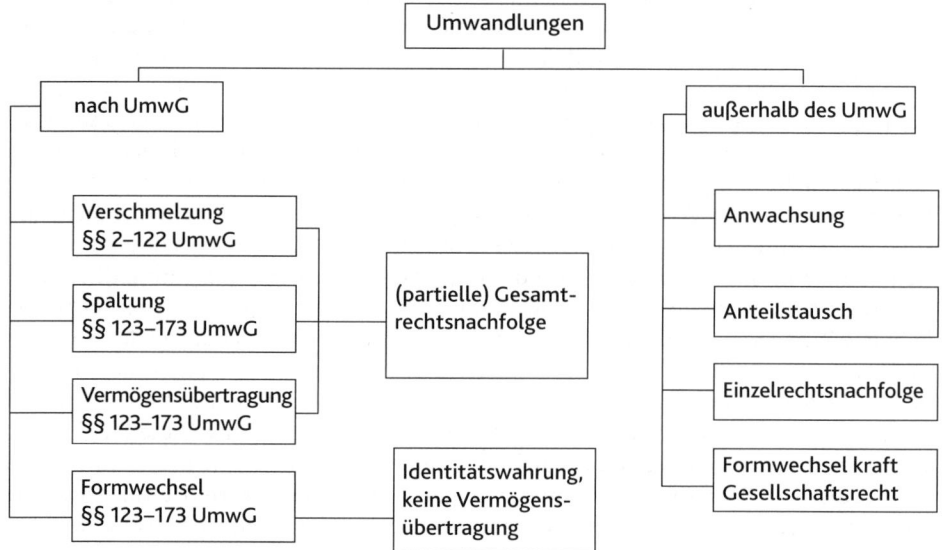

Abb. 1: Systematik der Umwandlungsarten

---

1 *Kallmeyer* ZIP 1994, 1746 ff. Da eine *Vermögensübertragung* für Handelsgesellschaften nur in zwei Sonderfällen (Vermögensübertragungen von Kapitalgesellschaften auf die öffentliche Hand sowie zwischen Versicherungsgesellschaften) und für natürliche Personen gar nicht in Betracht kommt, soll diese Form hier nicht weiter vertieft werden. Hinzuweisen ist lediglich darauf, dass die Vermögensübertragung die Verschmelzung zur Aufnahme, die Auf- und Abspaltung zur Aufnahme und die Ausgliederung zur Aufnahme umfasst. Die Gegenleistung besteht jedoch nicht in Anteilen oder Mitgliedschaften an dem übernehmenden Rechtsträger (§ 174 I UmwG), sondern regelmäßig in Barzahlungen.
2 Begr. zum RegE, BT-Drs. 12/6699, 80; zum Beispiel für »wirtschaftliche Umwandlungen« außerhalb des UmwG vgl. *Kallmeyer* ZIP 1994, 1746 (1747 ff.).

Aufgrund des durch das UmwG bezweckten Gläubiger-, Arbeitnehmer- und Minderheitenschutzes stehen dessen Regelungen grundsätzlich nicht zur Disposition der Beteiligten (§ 1 III UmwG). Einschränkungen sollen nach § 1 III 1 UmwG nur möglich sein, wenn diese vom UmwG ausdrücklich zugelassen werden (vgl. §§ 5 II, 8 II, 9 II, 40 II UmwG) oder wenn die Bestimmungen zu einer Erhöhung des Schutzniveaus führen. Ergänzende Bestimmungen in Verträgen, Satzungen, Statuten oder Willenserklärungen sind zulässig, wenn das UmwG keine abschließende Regelung trifft (§ 1 III 2 UmwG).

III. Regelungssystematik

Die Systematik des UmwG gleicht einem verschachtelten Baukastenprinzip. Das **885** erste Buch mit nur einem Paragraphen steckt den Anwendungsbereich des gesamten Gesetzes ab. Das zweite, dritte und fünfte Buch sind jeweils in einen allgemeinen und einen besonderen Teil gegliedert. Der allgemeine Teil des zweiten und dritten Buches weist jeweils drei Abschnitte auf. Im ersten Abschnitt werden die Möglichkeiten der Verschmelzung und Spaltung sowie die umwandlungsfähigen Rechtsträger vorgestellt. In den beiden folgenden sind die verschiedenen Arten der Verschmelzung und Spaltung geregelt, wobei aus dem jeweils dritten Abschnitt auf die Vorschriften des zweiten verwiesen wird. Aus dem besonderen Teil des jeweiligen Buches ist auf die allgemeinen Vorschriften zurückzugreifen. Während die Vorschriften der allgemeinen Teile rechtsformunabhängig ausgestaltet sind, gliedern sich die besonderen Teile danach, welche Gesellschaftstypen an der Umwandlung beteiligt sind.[3] Die umfangreiche Verweisungssystematik umfasst auch die vorhergehenden Bücher. So sind etwa auf die Spaltung (drittes Buch) gem. § 125 UmwG die Vorschriften des zweiten Buches (zur Verschmelzung) entsprechend anzuwenden. Der Formwechsel ist dagegen abschließend im fünften Buch geregelt. Jedoch wird auch hier innerhalb der speziellen Abschnitte und Unterabschnitte verwiesen (vgl. nur §§ 260 II 1, 238 S. 1 UmwG).

---

3 Die rechtsformabhängigen Untergliederungen differenzieren im Verschmelzungsrecht teilweise noch einmal nach Verschmelzung durch Aufnahme und Verschmelzung durch Neugründung. Dabei wird für die Verschmelzung durch Neugründung auf die Vorschriften zur Verschmelzung durch Aufnahme verwiesen, vgl. §§ 46–55, 56–59; 60–72, 73–77; 79–95, 96–98; 110–117, 118–119 UmwG.

IV. Umwandlungsverfahren

Die einzelnen Umwandlungsarten (Verschmelzung, Spaltung und Formwechsel) weisen in den einzelnen Verfahrensschritten ihrer jeweiligen Durchführung Gemeinsamkeiten auf:[4]

	Rechtsgeschäfliche Grundlage			Beschlussfassung nach hinreichender Information der Anteilseigner						Eintragung/ Wirkung
				Bericht	Prüfung		Beschluss			
	Normative Anknüpfung	Inhalt	Form		Allgemein	Prüfungsbericht	Normative Anknüpfung	Beschlussfassung	Form	
Verschmelzung	§ 4 Verschmelzungsvertrag	§ 5	§ 6 notarielle Beurkundung	§ 8 Verschmelzungsbericht	§§ 9–11	§ 12	§§ 13–15	§ 13 I 2	§ 13 III 1 notarielle Beurkundung	§§ 16–20
Spaltung	§§ 126 bzw. 135, 136 Spaltungs-/Übernahmevertrag bzw. Spaltungsplan	§ 126	§§ 125 (1) iVm 6 notarielle Beurkundung	§§ 127, 135 Spaltungsbericht	§§ 125 (1) iVm 9–11 § 125 (2) erklärt §§ 9–12 für nicht anwendbar	§§ 125 (1) iVm 12	§§ 125 (1) iVm 13–15 beachte § 125 (1) aE für Ausgliederung	§§ 125 (1) iVm 13 I 2	§§ 125 (1) iVm 13 III 1 notarielle Beurkundung	§§ 125 (1) iVm 16; §§ 130, 131
Formwechsel	§§ 190, 193 Umwandlungsbeschluss	§ 194	§ 193 III 1 notarielle Beurkundung	§ 192 Umwandlungsbericht			§ 193	§ 193 I 2	§ 193 III 1 notarielle Beurkundung	§§ 198, 202

Abb. 2: Allgemeine Verfahrensschritte bei den einzelnen Umwandlungsarten

§ 24 Verschmelzung

Literatur: *Bayer,* 1000 Tage neues Umwandlungsrecht – eine Zwischenbilanz, ZIP 1997, 1613; *Bayer/Schmidt/Hoffmann,* Verschmelzungen nach Inkrafttreten des 2. UmwÄndG, Der Konzern 2012, 225; *Heckschen,* Die Entwicklung des Umwandlungsrechts aus Sicht der Rechtsprechung und Praxis, DB 1998, 1385; *Heckschen,* Verschmelzung von Kapitalgesellschaften, 1989; *Ihrig,* Gläubigerschutz durch Kapitalaufbringung bei Verschmelzung und Spaltung nach neuem Umwandlungsrecht, GmbHR 1995, 622; *Kallmeyer,* Das neue Umwandlungsgesetz – Verschmelzung, Spaltung und Formwechsel von Handelsgesellschaften, ZIP 1994, 1746; *Körner/Rodewald,* Bedingungen, Befristungen, Rücktritts- und Kündigungsrechte in Verschmelzungs- und Spaltungsverträgen, BB 1999, 853; *Limmer,* Handbuch der Unternehmensumwandlung, 4. Aufl. 2012.

886

Fälle:

a) Ein elektronisches Spielzeug (»Tamagotchi«) findet gerade reißenden Absatz. Zur Produktion dieses Modeartikels wird die A-OHG gegründet. Weil jede Modewelle einmal abebbt, wird die Gesellschaft von vornherein auf den 31.12. befristet. Indes hält der Trend länger an als erwartet. Nach Ablauf des 31.12. zeigt sich die B-AG an dem Geschäft der A-OHG interessiert. Kann die A-OHG zu diesem Zeitpunkt noch auf die B-AG verschmolzen werden?

b) Wie verhält es sich, wenn die A-OHG nicht befristet gegründet wurde, aber wegen Überschuldung ein Insolvenzverfahren über ihr Vermögen eröffnet worden ist?

---

4 Hierzu iE → Rn. 889–897, 905, 910.

I. Verschmelzungsarten

Die Verschmelzung kann auf zwei unterschiedliche Weisen erfolgen (§ 2 UmwG). Das **887** Vermögen eines oder mehrerer Rechtsträger (übertragender Rechtsträger) kann als Ganzes auf einen anderen bestehenden Rechtsträger (übernehmender Rechtsträger) übertragen werden (*Verschmelzung durch Aufnahme:* aus A und B wird B). Alternativ kann das Vermögen mehrerer Rechtsträger (übertragende Rechtsträger) jeweils als Ganzes auf einen neuen, von den übertragenden Rechtsträgern dadurch gegründeten Rechtsträger übertragen werden (*Verschmelzung durch Neugründung:* aus den Rechtsträgern A und B wird Rechtsträger C).[1] Gesellschafter, die an einer übertragenden Gesellschaft beteiligt waren, verlieren durch das Erlöschen der Gesellschaft bei einer Verschmelzung ihre Gesellschafterstellung. Dieser Rechtsverlust wird gem. § 2 UmwG dadurch kompensiert, dass ihnen – rechtsformabhängig – Anteile oder Mitgliedschaften am übernehmenden oder neuen Rechtsträger eingeräumt werden.

II. Verschmelzungsfähige Rechtsträger

Welche Rechtsträger in welcher Rolle an einer Verschmelzung beteiligt sein können, ist **888** abschließend in § 3 UmwG geregelt (numerus clausus der Verschmelzungsberechtigten). Als übertragender, übernehmender oder neuer Rechtsträger kann gem. § 3 I UmwG eine Personenhandelsgesellschaft, Partnerschaft, Kapitalgesellschaft, e. G., ein e. V. (§ 21 BGB), genossenschaftlicher Prüfungsverband und ein VVaG beteiligt sein.

Wirtschaftliche Vereine (§ 22 BGB) kommen hingegen nur als übertragende Rechtsträger in Betracht (§ 3 II Nr. 1 UmwG). Natürliche Personen können das Vermögen einer Kapitalgesellschaft übernehmen, wenn sie Alleingesellschafter sind (§ 3 II Nr. 2 UmwG). Es kommt nicht darauf an, ob die an der Verschmelzung beteiligten Rechtsträger dieselbe oder unterschiedliche Rechtsformen aufweisen (§ 3 IV UmwG). Einschränkungen für eine Mischverschmelzung können sich jedoch aus dem besonderen Teil des zweiten Buches zum Verschmelzungsrecht ergeben (vgl. §§ 99 II, 105, 109 UmwG). § 3 III UmwG erlaubt, dass selbst aufgelöste Rechtsträger als übertragende Rechtsträger beteiligt sein können. Die Regelung zielt auf eine Erleichterung von Sanierungsverschmelzungen ab.[2] Voraussetzung ist, dass alternativ zur Verschmelzung auch noch die Fortsetzung des aufgelösten Rechtsträgers beschlossen werden könnte. Nicht geregelt ist der Fall, dass der übernehmende oder neue Rechtsträger aufgelöst ist. Eine solche Verschmelzung ist möglich,[3] wenn der Rechtsträger in der Lage ist, die nach § 22 UmwG erforderlichen Sicherheiten zu leisten.

> Die A-OHG wurde in **Fall a** mit Ablauf der Zeit, für die sie eingegangen worden ist, aufgelöst (§ 131 I Nr. 1 HGB). Trotz Fristablaufs kann die A-OHG aber nach § 3 III UmwG auf die B-AG (§ 3 I Nr. 1, 2, IV UmwG) verschmolzen werden, da die Gesellschafter der A-OHG wegen fehlender Vollbeendigung (Abschluss der Abwicklung) alternativ auch noch einen Fortsetzungsbeschluss fassen könnten. Einschränkungen, die sich aus §§ 39, 45e S. 1 UmwG für die Verschmelzung aufgelöster Personengesellschaften ergeben, stehen nicht entgegen.

---

1 Eine Verbindung mehrerer Verschmelzungen auf einen übernehmenden Rechtsträger, bei dem gleichzeitig Auf- oder Abspaltungen vorgenommen werden, ist aufgrund übermäßiger verfahrensrechtlicher Probleme unzulässig, vgl. *Kallmeyer/Marsch-Barner* UmwG § 3 Rn. 30; Lutter/*Drygala* UmwG § 3 Rn. 41.
2 Begr. zum RegE, BT-Drs. 12/6699, 82.
3 *Bayer* ZIP 1997, 1613 (1614); *Heckschen* DB 1998, 1385 (1387); Schmitt/Hörtnagel/Stratz/*Stratz* UmwG § 3 Rn. 47; aA OLG Naumburg NJW-RR 1998, 178 (179); AG Erfurt Rpfleger 1996, 163; Lutter/*Drygala* UmwG § 3 Rn. 31, wonach das UmwG nur Sanierungsfusionen aber keine Abwicklungsfusionen ermögliche.

In **Fall b** ergibt sich der Auflösungsgrund aus § 131 I Nr. 3 HGB. Bei Insolvenz des übertragenden Rechtsträgers muss der Grund für die Eröffnung des Insolvenzverfahrens beseitigt werden, bevor eine Fortsetzung und damit eine Verschmelzung möglich ist.[4]

III. Verschmelzungsverfahren

889 Das Verschmelzungsverfahren ist vor allem im Abschnitt zur Verschmelzung durch Aufnahme geregelt. Bei der Verschmelzung durch Neugründung ist gem. § 36 I 1 UmwG entsprechend auf die Vorschriften zur Verschmelzung durch Aufnahme zurückzugreifen. Neben den allgemeinen Voraussetzungen des Verschmelzungsverfahrens sind die speziellen Regelungen im besonderen Teil des zweiten Buches einzuhalten (→ Rn. 898 ff.).

1. Verschmelzungsvertrag

890 Im Mittelpunkt des Verschmelzungsverfahrens steht der von den Vertretungsorganen der an der Verschmelzung beteiligten Rechtsträger zu erstellende[5] und zu schließende sowie notariell zu beurkundende Verschmelzungsvertrag (§§ 4 I 1, 6 UmwG).

Dabei handelt es sich um kein höchstpersönliches Rechtsgeschäft. Deshalb können sich die Organe vertreten lassen. Eine Prokura reicht aber nicht aus. Denn es ist keine Rechtshandlung iSd § 49 I HGB, die der Betrieb eines Handelsgewerbes mit sich bringt.[6] Die Bevollmächtigung bedarf gem. § 167 II BGB grundsätzlich nicht der Form des § 6 UmwG. Umfasst die Vollmacht aber auch die Befugnis zur Feststellung einer Satzung, was insbesondere bei einer Verschmelzung zur Neugründung der Fall sein kann, müssen die hinsichtlich der Satzung geltenden Formvorschriften (§§ 36 II 1, 37 UmwG iVm § 2 II GmbHG, §§ 23 I 2, 280 I 3 AktG) eingehalten werden.

891 **a)** Der *Mindestinhalt* für einen Verschmelzungsvertrag ergibt sich aus § 5 UmwG. Dazu zählen insbesondere Angaben zu Namen oder Firma der beteiligten Rechtsträger, zum Umtauschverhältnis der Anteile sowie gegebenenfalls zur Höhe zusätzlicher Barzahlungen, Gewinnberechtigung im Zeitablauf sowie Verschmelzungsstichtag. Bei einer Verschmelzung durch Neugründung muss im Verschmelzungsvertrag auch der Gesellschaftsvertrag des neuen Rechtsträgers enthalten sein oder festgestellt werden (§ 37 UmwG).[7] Dabei sind die sich aus den jeweiligen gesetzlichen Bestimmungen ergebenden Gründungsvoraussetzungen einzuhalten (§ 36 II 1 UmwG). Im Fall der Verschmelzung eines Rechtsträgers mit einem Rechtsträger anderer Rechtsform (Mischverschmelzung[8]) hat der übernehmende Rechtsträger im Verschmelzungsvertrag nach §§ 29 f. UmwG eine angemessene Barabfindung für diejenigen Anteilsinhaber anzubieten, die gegen den Verschmelzungsbeschluss des übertragenden Rechtsträgers Wider-

---

4 Vgl. zur GmbH BayObLG NJW-RR 1998, 902 f.; Lutter/Hommelhoff/*Kleindiek* GmbHG § 60 Rn. 33 sowie allg. Kallmeyer/*Marsch-Barner* UmwG § 3 Rn. 23; Schmitt/Hörtnagel/Stratz/*Stratz* UmwG § 3 Rn. 57.

5 Kallmeyer/*Marsch-Barner* UmwG § 4 Rn. 7 f.; Lutter/*Drygala* UmwG § 4 Rn. 15.

6 Semler/Stengel/*Schröer* UmwG § 4 Rn. 8; Schmitt/Hörtnagl/Stratz/*Stratz* UmwG § 4 Rn. 14; *Melchior* GmbHR 1999, 520 (523).

7 Zu dem Zeitpunkt, ab dem der Verschmelzungsvertrag wirksam wird und die Parteien bindet, entsteht bei einer Verschmelzung durch Neugründung eine Vorgesellschaft, vgl. Lutter/*Drygala* UmwG § 4 Rn. 24; *Ihrig* GmbHR 1995, 622 (633 f.). Zur Vorgesellschaft → Rn. 539 ff. (AG) und → Rn. 740 ff. (GmbH).

8 AG und KGaA gelten insoweit nicht als Rechtsträger unterschiedlicher Form (§ 78 S. 4 UmwG).

spruch zu Protokoll erklären.[9] Die Anteilsinhaber können das Angebot unter Beachtung der zweimonatigen Frist des § 31 UmwG annehmen. Dasselbe gilt, wenn bei einer Verschmelzung zweier Rechtsträger identischer Rechtsform die Anteile oder Mitgliedschaften an dem übernehmenden Rechtsträger Verfügungsbeschränkungen (Vinkulierungen) unterworfen sind. Aus Transparenzgesichtspunkten müssen die Vorteile angegeben werden, die den Personen gewährt werden, welche mittelbar oder unmittelbar am Verschmelzungsverfahren mitwirken (§ 5 I Nr. 8 UmwG). Auf dieser Grundlage sollen die Anteilsinhaber beurteilen können, ob diese Personen in ihrer Objektivität eingeschränkt sind. Des Weiteren müssen die Folgen der Verschmelzung für die Arbeitnehmer und ihre Vertretungen sowie die insoweit vorgesehenen Maßnahmen im Verschmelzungsvertrag genannt werden (§ 5 I Nr. 9 UmwG). So soll deren frühzeitige Information hinsichtlich individual- und kollektivarbeitsrechtlicher Folgen der Verschmelzung gewährleistet werden.[10]

b) Der Verschmelzungsvertrag ist nach seiner *Rechtsnatur* ein körperschaftlicher Organisationsakt,[11] weil hierdurch die Strukturen der beteiligten Rechtsträger neu geordnet werden. Durch die gegenseitige Verpflichtung der Rechtsträger zur Durchführung der Verschmelzung beinhaltet der Vertrag zugleich schuldrechtliche Wirkungen. Dazu zählt die Pflicht zur Vermögensübertragung gegen Gewährung von Anteilen am neuen oder übernehmenden Rechtsträger sowie die zur registergerichtlichen Anmeldung der Verschmelzung gem. §§ 16, 38 UmwG. Dingliche Wirkungen entfaltet der Verschmelzungsvertrag nicht.[12] Diese ergeben sich bei der Eintragung unmittelbar aus dem Gesetz (vgl. § 20 I Nr. 1 UmwG). Wegen seines organisationsrechtlichen Charakters ist der Verschmelzungsvertrag nicht nach dem subjektiven Verständnis der am Vertragsschluss beteiligten Organe, sondern nach objektiven Gesichtspunkten auszulegen.[13] **892**

Ein wesentlicher Unterschied zwischen Verschmelzungsverträgen und anderen Verträgen ist, dass erstere nicht bereits mit (formgerechtem) Abschluss bindend werden, sondern bis zur Fassung sämtlicher Verschmelzungsbeschlüsse schwebend unwirksam sind (§ 13 I 1 UmwG). Folglich können sie während der Schwebezeit von den beteiligten Vertretungsorganen beliebig geändert oder aufgehoben werden. Sind in dieser Zeit jedoch bereits Verschmelzungsbeschlüsse gefasst worden, wird die Änderung oder Aufhebung nur durch entsprechenden Beschluss der Anteilsinhaberversammlungen wirksam. Die Änderung des Verschmelzungsvertrags bedarf anders als die Aufhebung[14] der notariellen Form (§ 6 UmwG).

c) Wurde die Verschmelzung noch nicht eingetragen, kann ein Rechtsträger den Verschmelzungsvertrag gem. § 7 UmwG *kündigen*, wenn der Vertrag unter einer Bedingung (zB Kapitalerhöhung des übernehmenden Rechtsträgers) geschlossen wurde und diese nicht innerhalb von fünf Jahren nach Abschluss des Vertrags eingetreten ist. Die Kündigung kann ohne Beschluss einer Anteilsinhaberversammlung erfolgen. Da eine Bedingung mitunter nicht eindeutig von einer Befristung zu unterscheiden ist, greift die Re- **893**

---

9 Ein Verzicht auf die Barabfindung bedarf dabei der notariellen Form, *Heinze* notar 2015, 215 (218); aA Lutter/*Grunewald* UmwG § 29 Rn. 19 mwN.

10 Kallmeyer/*Willemsen* UmwG § 5 Rn. 49; krit. zu dieser Vorschrift Lutter/*Drygala* UmwG § 5 Rn. 87 ff.

11 Henssler/Strohn/*Heidinger* UmwG § 4 Rn. 2; Kallmeyer/*Marsch-Barner* UmwG § 4 Rn. 2; Schmitt/Hörtnagel/Stratz/*Stratz* UmwG § 4 Rn. 7; Semler/Stengel/*Schröer* UmwG § 4 Rn. 4; *Heinze* notar 2015, 215 (217).

12 *Limmer,* Handbuch der Unternehmensumwandlung, 4. Aufl. 2012, Teil 2 Rn. 53; *Kallmeyer* ZIP 1994, 1746 (1754).

13 Kallmeyer/*Marsch-Barner* UmwG § 4 Rn. 10; aA für einen Ausgliederungsvertrag BGH NJW-RR 2004, 123 (124).

14 Die Warnfunktion greift mangels dinglichen Vollzugs des Vertrags vor Eintragung nicht; vgl. auch Kallmeyer/*Marsch-Barner* UmwG § 4 Rn. 18; Kallmeyer/*Zimmermann* UmwG § 6 Rn. 9; aA *Hachenschen* Verschmelzung von Kapitalgesellschaften S. 64.

gelung auch bei Vereinbarung einer Befristung ein. Hiermit soll die Dispositionsfreiheit der beteiligten Rechtsträger gewahrt werden, weil sich die Umstände, unter denen der Verschmelzungsvertrag geschlossen wurde, im Zeitablauf verändern. Das gilt insbesondere für das dem Vertrag zugrunde liegende Umtauschverhältnis. Daher ist die Regelung auch ungeachtet der möglichen Verkürzung der Frist (§ 7 S. 1 Hs. 2 UmwG) nicht dispositiv.[15] Tritt eine aufschiebende Bedingung noch im Lauf der halbjährigen Kündigungsfrist des § 7 S. 1 UmwG ein, wird der Verschmelzungsvertrag wirksam und die Kündigung hinfällig.[16]

2. Verschmelzungsbericht

894 Die Vertretungsorgane aller an der Verschmelzung beteiligten Rechtsträger haben einzeln oder gemeinsam einen schriftlichen Verschmelzungsbericht zu erstatten, in dem die Verschmelzung und insbesondere das Umtauschverhältnis der Anteile oder die Angabe über die Mitgliedschaft bei dem übernehmenden Rechtsträger sowie die Höhe einer Barabfindung rechtlich und wirtschaftlich erläutert werden (§ 8 UmwG). Tatsachen, die geeignet sind, einem beteiligten Rechtsträger nicht unerhebliche Nachteile zuzufügen, müssen bei entsprechender Begründung nicht aufgenommen werden (§ 8 II UmwG). Im Fall eines notariell beurkundeten Verzichts aller Anteilsinhaber ist die Erstattung eines Verschmelzungsberichts nicht erforderlich. Das Gleiche gilt, wenn sich alle Anteile des übertragenden Rechtsträgers in der Hand des übernehmenden Rechtsträgers befinden (§ 8 III UmwG).

3. Prüfung der Verschmelzung

895 Jeder Anteilsinhaber einer an der Verschmelzung beteiligten Personenhandelsgesellschaft oder GmbH kann auf Kosten der Gesellschaft die Prüfung des Verschmelzungsvertrags oder des Entwurfs nach §§ 9–12 UmwG verlangen (§§ 44, 48 UmwG). Bei Beteiligung einer AG oder KGaA ist der Vertrag oder Entwurf von Gesetzes wegen zu prüfen (§§ 60, 78 UmwG). Von der Prüfung kann nur unter den Voraussetzungen abgesehen werden, unter denen auch auf den Verschmelzungsbericht verzichtet werden kann (§ 9 III iVm § 8 III UmwG).

4. Verschmelzungsbeschlüsse

896 Der Verschmelzungsvertrag wird nur wirksam, wenn die Anteilsinhaber der beteiligten Rechtsträger dem Vertrag durch Beschluss in einer Versammlung der Anteilsinhaber zustimmen (§ 13 I UmwG). Die frühzeitige Information der Anteilsinhaber wird dadurch sichergestellt, dass ihnen der Verschmelzungsvertrag selbst oder sein Entwurf spätestens einen Monat vor der Versammlung zuzuleiten ist (§ 5 III UmwG).[17] Beschluss und Zustimmungserklärungen müssen notariell beurkundet werden (§ 13 III UmwG).

Bei Personengesellschaften ist für das Wirksamwerden des Verschmelzungsvertrags ein einstimmiger Zustimmungsbeschluss erforderlich (§ 43 I UmwG). Bei allen anderen Gesellschaftsformen ist grundsätzlich eine Mehrheit von mindestens drei Viertel der abgegebenen Stimmen bzw. des bei der Beschlussfassung vertretenen Grundkapitals Voraussetzung (§§ 50 I 1, 65 I 1, 84 S. 1, 103 S. 1 UmwG). Bei einer KGaA bedarf es gem. § 78 S. 3 UmwG zusätzlich der Zustimmung aller persönlich haftenden Gesell-

---

15 Henssler/Strohn/*Heidinger* UmwG § 7 Rn. 3; Semler/Stengel/*Schröer* UmwG § 7 Rn. 8; aA Schmitt/Hörtnagel/Stratz/*Stratz* UmwG § 7 Rn. 9f., jedoch zum Kündigungsrecht aus wichtigem Grund.

16 Kallmeyer/*Marsch-Barner* UmwG § 7 Rn. 5; Lutter/*Drygala* UmwG § 7 Rn. 6.

17 Für von der Geschäftsführung ausgeschlossene Gesellschafter finden sich Sondervorschriften in §§ 42, 45c S. 2 UmwG. Vgl. auch § 47 UmwG.

schafter, sofern die Satzung keine Mehrheitsentscheidung genügen lässt. Unabhängig von der Rechtsform des Rechtsträgers können höhere Mehrheiten und weitere Erfordernisse gesellschaftsvertraglich vereinbart werden.

Klagen gegen die Wirksamkeit des Verschmelzungsbeschlusses können nur innerhalb eines Monats nach Beschlussfassung erhoben werden (§ 14 I UmwG).[18] Die Klage kann nicht darauf gestützt werden, dass das Umtauschverhältnis der Anteile oder der Gegenwert für die Übertragung der Anteile oder Mitgliedschaft zu niedrig bemessen ist (§ 14 II UmwG). Die Klage kann auch nicht auf Mängel des Abfindungsangebots im Verschmelzungsvertrag (§ 29 UmwG) gestützt werden (§ 32 UmwG). Insoweit können die Anteilsinhaber nach §§ 15, 34 UmwG nur bare Zuzahlung verlangen, deren Höhe in einem Spruchverfahren bestimmt wird (§§ 1 ff. SpruchG).

5. Eintragung der Verschmelzung

Die Verschmelzung ist von den zuständigen Vertretungsorganen zur Eintragung in das entsprechende Register am Sitz des Rechtsträgers anzumelden (§§ 16 I, 36 I, 38 UmwG). Dabei sind verschiedene Anlagen einzureichen, wie Verschmelzungsvertrag, Verschmelzungsbericht, Prüfungsbericht, Verschmelzungsbeschlüsse, erforderliche Zustimmungserklärungen sowie Schlussbilanzen der übertragenden Rechtsträger (§ 17 UmwG). **897**

Grundsätzlich dürfen im Zeitpunkt der Antragstellung keine Klagen gegen die Wirksamkeit eines Verschmelzungsbeschlusses erhoben worden sein (§ 16 II, III UmwG). Enthält der Verschmelzungsvertrag eine aufschiebende Bedingung oder Befristung, muss diese bis zur Eintragung eingetreten sein. Andernfalls fehlt es an einem wirksamen Verschmelzungsvertrag. Auch eine auflösende Bedingung oder Befristung im Verschmelzungsvertrag kann nur bis zur Eintragung der Verschmelzung eintreten.[19] Ein späterer Eintritt ist unbeachtlich.

Nach Eintragung der Verschmelzung in die Register am Sitz der übertragenden Rechtsträger erfolgt die Eintragung der Verschmelzung in das Register des Sitzes des übernehmenden Rechtsträgers (§ 19 I 1 UmwG). Die Eintragungen werden durch die eintragenden Gerichte von Amts wegen in der Form des § 10 HGB ihrem ganzen Inhalt nach bekannt gemacht (§ 19 III UmwG).

IV. Rechtsformabhängige Voraussetzungen des Verschmelzungsverfahrens

Rechtsformabhängige Voraussetzungen ergänzen oder modifizieren die allgemeinen Voraussetzungen der Verschmelzung.

1. Inhalt des Verschmelzungsvertrags

Bei Beteiligung einer Personengesellschaft hat der Verschmelzungsvertrag weitere personenbezogene Angaben zu enthalten. Insbesondere bedarf es einer Bestimmung zur Haftung der Anteilsinhaber in dem übernehmenden oder neuen Rechtsträger (§ 40 UmwG). Bei einer Partnerschaftsgesellschaft sind Angaben zum Beruf der Anteilsinhaber erforderlich (§ 45b UmwG). Übernimmt eine GmbH oder Genossenschaft **898**

---

18 Nach Eintragung der Verschmelzung in das Register am Sitz des übernehmenden Rechtsträgers sind Klagen gegen den übernehmenden Rechtsträger zu richten (§ 28 UmwG)
19 Lutter/*Drygala* UmwG § 4 Rn. 35; *Körner/Rodewald* BB 1999, 853 (856).

einen Rechtsträger, bedarf es der in §§ 46, 80 UmwG benannten Angaben zu den Geschäfts- bzw. Genossenschaftsanteilen, die den Anteilsinhabern des übertragenden Rechtsträgers gewährt werden. § 110 UmwG reduziert die inhaltlichen Anforderungen an einen Verschmelzungsvertrag, an dem nur VVaGs beteiligt sind.

2. Verschmelzungsberichte/Verschmelzungsbeschlüsse/Eintragung

899 Ein *Verschmelzungsbericht* ist für eine an einer Verschmelzung beteiligte Personengesellschaft nicht erforderlich, wenn alle Gesellschafter zur Geschäftsführung berechtigt sind (§§ 41, 45 c S. 1 UmwG). Die Übersendung der Verschmelzungsberichte an nicht geschäftsführungsbefugte Gesellschafter sowie an Gesellschafter einer GmbH hat spätestens mit der Einberufung zur Versammlung der Anteilsinhaber zu erfolgen, in der über die Zustimmung zum Verschmelzungsvertrag beschlossen werden soll (§§ 42, 45 c S. 2, 47 UmwG).

Auch für die Vorbereitung und Durchführung der Anteilsinhaberversammlungen finden sich rechtsformabhängige Spezialnormen (etwa §§ 49 f., 62–65, 82–84, 101–103, 106, 112 UmwG). Von Brisanz ist dabei § 62 I UmwG, wonach ein *Verschmelzungsbeschluss* bei einer übernehmenden AG nicht erforderlich ist, wenn sich mindestens neun Zehntel des Stamm- oder Grundkapitals einer übertragenden Kapitalgesellschaft in der Hand der übernehmenden AG befinden. Mit § 62 IV UmwG, eingeführt durch das Dritte Gesetz zur Änderung des Umwandlungsgesetzes vom 11.7.2011,[20] verzichtet der Gesetzgeber auch auf einen Verschmelzungsbeschluss der übertragenden Gesellschaft, wenn sich deren gesamtes Stamm- oder Grundkapital in der Hand der übernehmenden AG befindet. Umstritten ist, ob der Vorstand verpflichtet ist, nach den Grundsätzen der »*Holzmüller*«-Rechtsprechung des BGH (→ Rn. 566) einen Hauptversammlungsbeschluss herbeizuführen, wenn die Verschmelzung für die übernehmende AG von wesentlicher Bedeutung ist.[21] Aufgrund seines Spezialcharakters ist § 62 UmwG insoweit als abschließend anzusehen. Sofern eine Kapitalerhöhung für die Verschmelzung erforderlich ist, muss diese jedenfalls durch die Hauptversammlung beschlossen werden.

Kernstück des Dritten Gesetzes zur Änderung des Umwandlungsgesetzes ist die Einführung des umwandlungsrechtlichen Squeeze-out nach § 62 V UmwG.[22] Dieser ist dem aktienrechtlichen Squeeze-out gem. §§ 327 a ff. AktG nachgebildet, jedoch im UmwG geregelt, weil hiermit die anschließende Konzernverschmelzung vorbereitet wird. Der umwandlungsrechtliche Squeeze-out zeichnet sich gegenüber dem aktien- und dem übernahmerechtlichen (§ 39 a WpÜG) Squeeze-out dadurch aus, dass eine Beteiligung des Hauptaktionärs iHv bereits 90 % ausreicht.

Eine Verschmelzung durch Aufnahme setzt regelmäßig eine Kapitalerhöhung des übernehmenden Rechtsträgers voraus. Nach §§ 53, 66 UmwG darf die *registergerichtliche Eintragung* erst nach Eintragung der Erhöhung des Stamm- bzw. Grundkapitals erfolgen. So soll sichergestellt werden, dass die den Anteilsinhabern des übertragenden Rechtsträgers zu gewährenden Anteile an dem übernehmenden Rechtsträger auch tatsächlich verfügbar sind.

---

20 BGBl. 2011 I 1338.
21 Befürwortend OLG Köln NJW-RR 1993, 804 (806); aA Kallmeyer/*Marsch-Barner* UmwG § 62 Rn. 3; Lutter/*Grunewald* UmwG § 62 Rn. 9.
22 Ausf. *Kiefner/Brügel* AG 2011, 525; *Mayer* NZG 2012, 561; *Schockenhoff/Lumpp* ZIP 2013, 749.

3. Sonstige rechtsformabhängige Spezialvorschriften

Bei einer Verschmelzung zur Neugründung sind hinsichtlich der Gründung des   900
neuen Rechtsträgers gem. § 36 II 1 UmwG die rechtsformabhängigen Gründungsvoraussetzungen einzuhalten. Dazu zählen nicht nur die Form-, sondern auch die
Kapitalaufbringungs-, Berichts- und Prüfungsvorschriften. Die sich daraus ergebenden Pflichten werden umwandlungsrechtlich modifiziert. Zudem finden sich Sonderbestimmungen für die Kapitalerhöhung bei einer Verschmelzung zur Aufnahme
(vgl. §§ 54 f., 68 f. UmwG). § 45 UmwG sieht eine dem § 160 HGB vergleichbare
Nachhaftung für persönlich haftende Gesellschafter eines übertragenden Rechtsträgers vor, wenn die Anteilsinhaber des übernehmenden Rechtsträgers nicht unbeschränkt haften. Die Nachhaftung greift innerhalb einer Frist von fünf Jahren seit
Ablauf des Tages, an dem die Eintragung der Verschmelzung nach § 19 III UmwG als
bekannt gemacht gilt. Aus § 45a UmwG ergibt sich eine Einschränkung für Verschmelzungen auf Partnerschaftsgesellschaften, die nur möglich sind, wenn alle Anteilsinhaber der übertragenden Rechtsträger natürliche Personen sind, die einen
freien Beruf ausüben.

V. Rechtswirkungen der Verschmelzung

Die Rechtsfolgen einer Verschmelzung treten mit Eintragung der Verschmelzung in   901
das Register des Sitzes des übernehmenden Rechtsträgers ein (§ 20 UmwG). Mit der
Eintragung gehen alle Aktiva und Passiva der übertragenden Rechtsträger auf den
übernehmenden Rechtsträger über (Universalsukzession). Ein gutgläubiger Erwerb
findet nicht statt.[23] Der übertragende Rechtsträger erlischt. Seine Anteilsinhaber
werden Anteilsinhaber des übernehmenden Rechtsträgers. Das gilt jedoch ausnahmsweise nicht, wenn der übernehmende Rechtsträger rechtlich oder wirtschaftlich Anteilsinhaber an dem übertragenden Rechtsträger ist (kein Erwerb eigener
Anteile). Sofern Rechte Dritter an den Anteilen oder der Mitgliedschaft des übertragenden Rechtsträgers bestehen, setzen sich diese Rechte an den Anteilen oder
Mitgliedschaften des übernehmenden Rechtsträgers fort. Etwaige Mängel der
Verschmelzung werden geheilt (§ 20 I Nr. 4 UmwG) oder lassen die nach § 20 I
UmwG eintretenden Wirkungen der Verschmelzung zumindest unberührt (§ 20 II
UmwG).

Die Rechtsbeziehungen zwischen übertragenden Rechtsträgern und übernehmendem erlöschen durch
Konfusion. Eine Sonderregelung enthält § 21 UmwG für bestimmte Verträge mit Dritten.[74] Gegenseitige
Verträge der Rechtsträger, die eine Abnahme-, Lieferungs- oder ähnliche Pflicht enthalten und die zum
Zeitpunkt der Eintragung der Verschmelzung am Sitz des übernehmenden Rechtsträgers noch von keiner Seite vollständig erfüllt sind, können an die neuen Gegebenheiten angepasst werden. Voraussetzung
ist, dass die Verpflichtungen, die mit den Verträgen verbunden sind, nicht miteinander vereinbar sind (zB
der übernehmende Rechtsträger darf nur an A, der übertragende nur an B liefern) oder die Erfüllung
beider Verpflichtungen eine schwere Unbilligkeit für den übernehmenden Rechtsträger bedeuten
würde. Hierzu ist es erforderlich, dass der übernehmende Rechtsträger durch die Verpflichtung weit

---

23 Kallmeyer/*Marsch-Barner* UmwG § 20 Rn. 4; Lutter/*Grunewald* UmwG § 20 Rn. 10; *K. Schmidt*
   AcP 191 (1991), 495 (517 ff.).
24 Kallmeyer/*Marsch-Barner* UmwG § 21 Rn. 2; Schmitt/Hörtnagel/Stratz/*Stratz* UmwG § 21 Rn. 2;
   Semler/Stengel/*Leonard* UmwG § 21 Rn. 1, wobei aus dem Wortlaut der Vorschrift nicht deutlich
   wird, dass nur Drittverträge erfasst werden.

mehr belastet wird als bei Vertragsschluss absehbar war und im Zeitpunkt der Verschmelzung interessengerecht ist.[25]

Die Gläubiger aller an der Verschmelzung beteiligten Rechtsträger können, soweit sie nicht Befriedigung fordern können (bei Fälligkeit), binnen einer sechsmonatigen Frist die Leistung einer Sicherheit für ihre Forderung verlangen (§ 22 I UmwG). Sie müssen hierzu glaubhaft machen, dass die Erfüllung der Forderung durch die Verschmelzung gefährdet wird (insbesondere wegen Hinzutreten weiterer Gläubiger). Die Forderung muss vor Beginn der Sechs-Monats-Frist begründet worden sein.[26] Den Inhabern bestimmter Sonderrechte am übertragenden Rechtsträger sind gleichwertige Rechte vom übernehmenden Rechtsträger zu gewähren (§ 23 UmwG).

Dem übertragenden Rechtsträger (das Fortbestehen wird für diesen Fall fingiert) sowie dessen Anteilsinhabern und Gläubigern steht ein verschuldensabhängiger Schadensersatzanspruch gegen die Mitglieder des Vertretungsorgans und des Aufsichtsorgans des übertragenden Rechtsträgers zu (§ 25 UmwG). Die Ansprüche sind nach Maßgabe von § 26 UmwG durch einen Vertreter geltend zu machen. Für Schäden, die von den Mitgliedern des Verwaltungs- oder Aufsichtsorgans des übernehmenden Rechtsträgers durch die Verschmelzung verursacht worden sind, sieht § 27 UmwG eine von §§ 195 ff. BGB abweichende Verjährungsregelung vor.

§ 25 Spaltung

Literatur: *Kallmeyer*, Das neue Umwandlungsgesetz – Verschmelzung, Spaltung und Formwechsel von Handelsgesellschaften, ZIP 1994, 1746; *Rieble*, Verschmelzung und Spaltung von Unternehmen und ihre Folgen für Schuldverhältnisse mit Dritten, ZIP 1997, 301; *H. Schmidt*, Totalausgliederung nach § 123 III UmwG, AG 2005, 26.

902 **Fälle:**

a) Der Einzelkaufmann A betreibt seit langem einen Obstgroßhandel. Nun ist ihm der Handel mit den Früchten »zu heiß« geworden. Er überlegt, das Geschäft auf eine GmbH oder KG zu übertragen. Kann er sich dabei der Vorzüge des Umwandlungsrechts bedienen?

b) Die HG-OHG produziert in einem Werk Handschuhe und in einem anderen Gummistiefel. Die Gesellschafter der OHG (H und G) haben sich zerstritten. Daher will H, der die Handschuhproduktion leitet, das Werk an eine noch nicht existierende GmbH übertragen. G will die Gummistiefelproduktion in der bereits bestehenden F-OHG zweier Freunde weiter unternehmerisch betreiben. Wie können H und G die Umgestaltung vornehmen?

I. Spaltungsarten

903 § 123 UmwG differenziert zwischen sechs Möglichkeiten der Spaltung:

- Ein Rechtsträger kann sein gesamtes Vermögen auf andere Rechtsträger aufspalten (*Aufspaltung*, Abs. 1). Der übertragende Rechtsträger wird dabei ohne Abwicklung aufgelöst. Den Anteilsinhabern dieses Rechtsträgers sind dabei Anteile oder Mitgliedschaften an den Rechtsträgern einzuräumen, die das Vermögen übernehmen.

---

25 Lutter/*Grunewald* UmwG § 21 Rn. 5; vgl. auch Kallmeyer/*Marsch-Barner* UmwG § 21 Rn. 5. Eine Intensität der Beeinträchtigung wie bei der Störung der Geschäftsgrundlage (§ 313 BGB) muss aber nicht erreicht werden.

26 Schmitt/Hörtnagel/Stratz/*Stratz* UmwG § 22 Rn. 6: ab Zeitpunkt der Eintragung; Kallmeyer/*Marsch-Barner* UmwG § 22 Rn. 3: ab Zeitpunkt der Bekanntmachung (hM).

- Weiterhin kann ein Rechtsträger von seinem Vermögen einen Teil oder mehrere Teile durch Übertragung auf einen oder mehrere andere Rechtsträger abspalten (*Abspaltung*, Abs. 2). Aufspaltung und Abspaltung unterscheiden sich darin, dass bei der Abspaltung Vermögen bei dem übertragenden Rechtsträger verbleibt (ein Vermögensteil von A geht auf B über, wobei A bestehen bleibt) und bei der Aufspaltung nicht (Vermögen von A geht auf B und C über, wobei A untergeht).
- Schließlich kann ein Rechtsträger aus seinem Vermögen einen Teil oder mehrere Teile durch Übertragung auf andere Rechtsträger ausgliedern (*Ausgliederung*, Abs. 3). Insoweit bestehen keine Unterschiede zur Abspaltung (ein Vermögensteil von A geht auf B über, wobei A bestehen bleibt). Jedoch erfolgt die Übertragung des Vermögensteils anders als bei der Abspaltung nicht gegen Gewährung von Anteilen oder Mitgliedschaften an die Anteilsinhaber des übertragenden Rechtsträgers (Anteilsinhaber von A), sondern an den übertragenden Rechtsträger (A) selbst. Die Rechtsstellung der Anteilsinhaber am übertragenden Rechtsträger bleibt mithin unberührt. Bei der Ausgliederung kann das gesamte Vermögen des übertragenden Rechtsträgers auf einen oder mehrere andere Rechtsträger übertragen werden.[1] Das Vermögen des übertragenden Rechtsträgers besteht nach einer solchen Ausgliederung in den Anteilen oder Mitgliedschaften an den Rechtsträgern, die das Vermögen übernommen haben. Es entsteht mithin eine reine Holding.
- Zudem differenzieren die drei dargestellten Spaltungsmöglichkeiten (Aufspaltung, Abspaltung und Ausgliederung) jeweils in einer Nr. 1 und Nr. 2 weiter danach, ob das Vermögen auf bereits bestehende Rechtsträger (übernehmende Rechtsträger) oder aber auf durch die Spaltung neu entstehende Rechtsträger (neue Rechtsträger) übertragen wird. Nach diesem Kriterium untergliedern sich auch die allgemeinen Vorschriften des dritten Buches zur Spaltung (§§ 126–134, 135–137 UmwG). Dabei wird entsprechend der Untergliederung im Verschmelzungsrecht von einer Spaltung *zur Aufnahme* und einer Spaltung *zur Neugründung* gesprochen. Gegebenenfalls sind auf eine Spaltung sowohl die Vorschriften zur Aufnahme als auch die zur Neugründung anzuwenden, wenn Vermögen zugleich auf bestehende und neue Rechtsträger übertragen wird (§ 123 IV UmwG).

II. Spaltungsfähige Rechtsträger

904 Welche Rechtsträger an einer Spaltung beteiligt sein können, ergibt sich aus § 124 UmwG, der auf § 3 UmwG im Abschnitt über die »Verschmelzung« verweist (zu den verschmelzungsfähigen Rechtsträgern → Rn. 888). An einer Ausgliederung können darüber hinaus Einzelkaufleute, Stiftungen, Gebietskörperschaften sowie Zusammenschlüsse aus Gebietskörperschaften als übertragende Rechtsträger beteiligt sein (§ 124 I UmwG).

---

1 Kallmeyer/*Sickinger* UmwG § 123 Rn. 12; Schmitt/Hörtnagel/Stratz/*Hörtnagl* UmwG § 123 Rn. 22; *H. Schmidt* AG 2005, 26 ff.; vgl. dagegen noch *Kallmeyer* ZIP 1994, 1746 (1749 f.).

III. Spaltungsverfahren

905 Auf das Spaltungsverfahren sind gem. § 125 UmwG grundsätzlich die Vorschriften des Verschmelzungsrechts entsprechend anzuwenden (→ Rn. 889),[2] sofern sich nicht aus §§ 126 ff. UmwG etwas anderes ergibt.

Eine Sachverständigenprüfung des Spaltungsvertrags oder seines Entwurfs hat selbst dann zu erfolgen, wenn sich alle Anteile eines übertragenden Rechtsträgers in der Hand des übernehmenden Rechtsträgers befinden (§ 125 S. 1 iVm § 9 II UmwG). Die Prüfung kann mithin nur unterbleiben, wenn alle Anteilsinhaber sämtlicher beteiligter Rechtsträger auf eine Prüfung verzichten (§ 125 S. 1 iVm §§ 9 III, 8 III UmwG). Bei einer Ausgliederung ist die Sachverständigenprüfung dagegen nicht erforderlich (§ 125 S. 2 UmwG). Da bei einer Ausgliederung kein Anteilstausch zugunsten außenstehender Anteilsinhaber des übertragenden Rechtsträgers stattfindet, gelten bei der Ausgliederung nicht die Vorschriften zur Bemessung des Umtauschverhältnisses und zum Abfindungsangebot (§ 125 S. 1 iVm §§ 14, 15 bzw. §§ 29–34, 71 UmwG). Des Weiteren sind die Vorschriften zur Kapitalerhöhung bei Kapitalgesellschaften in der Rolle des übernehmenden Rechtsträgers nicht anzuwenden (§ 125 S. 1 iVm §§ 54, 68 UmwG).

An die Stelle des Verschmelzungsvertrags tritt bei einer Spaltung zur Aufnahme ein Spaltungs- und Übernahmevertrag mit dem in § 126 UmwG festgelegten Inhalt. Bei der Spaltung zur Neugründung tritt ein Spaltungsplan an die Stelle des Spaltungs- und Übernahmevertrags (§ 136 UmwG). Der Spaltungsplan hat aufgrund des Verweises in § 135 I UmwG die inhaltlichen Voraussetzungen eines Spaltungs- und Übernahmevertrags aus § 126 UmwG zu erfüllen. Erforderlich ist danach vor allem eine genaue Bezeichnung und Aufteilung der Gegenstände des Aktiv- und Passivvermögens, die an die übernehmenden oder neuen Rechtsträger übergehen. Des Weiteren hat eine genaue Zuordnung der übergehenden Betriebe und Betriebsteile zu erfolgen (§ 126 I Nr. 9 UmwG).

Bei Auf- oder Abspaltungen hat der Spaltungs- und Übernahmevertrag bzw. der Spaltungsplan auch die Aufteilung der Anteile oder Mitgliedschaften jedes der beteiligten Rechtsträger auf die Anteilsinhaber des übertragenden Rechtsträgers sowie den Maßstab für die Aufteilung zu enthalten (§ 126 I Nr. 10 gegebenenfalls iVm § 135 I UmwG). Auch wenn dafür regelmäßig das Verhältnis der Beteiligung der Anteilsinhaber am übertragenden Rechtsträger maßgeblich sein wird, können die Anteile doch auch anders verteilt werden (nicht verhältniswahrende Spaltung).[3] Im Extremfall kann auf eine (weitere) Beteiligung am übertragenden bzw. eine (künftige) Beteiligung am übernehmenden Rechtsträger sogar verzichtet werden (»Spaltung zu Null«), was in einem gewissen Rahmen eine Neustrukturierung ermöglicht.[4] Zum Schutz von Minderheitsgesellschaftern wird der Spaltungs- und Übernahmevertrag im Fall einer un-

---

2 § 125 S. 3 UmwG überwindet bei dem Verweis das terminologische Problem, dass an einer Spaltung anders als bei einer Verschmelzung nur ein übertragender, dafür aber möglicherweise mehrere übernehmende oder neue Rechtsträger beteiligt sein können. Danach tritt an die Stelle der *übertragenden* Rechtsträger der *übertragende* Rechtsträger; an die Stelle *des* übernehmenden oder neuen Rechtsträgers treten *die* übernehmenden oder neuen Rechtsträger.

3 *Kallmeyer* ZIP 1994, 1746 (1748).

4 OLG München NZG 2013, 951; *Weiler* NZG 2013, 1326 (1328ff.); *Lutz* notar 2015, 134ff.

verhältnismäßigen Zuteilung aber nur wirksam, wenn alle Anteilsinhaber des übertragenden Rechtsträgers zustimmen (§ 128 UmwG).

An die Stelle des Verschmelzungsberichts treten bei einer Spaltung die von den Vertretungsorganen der beteiligten Rechtsträger zu erstellenden Spaltungsberichte (§ 127 gegebenenfalls iVm § 135 I UmwG). Die Anmeldung der Spaltung zur Aufnahme kann gem. § 129 UmwG nicht nur von den Vertretungsorganen des übertragenden Rechtsträgers, sondern auch von den Vertretungsorganen jedes der übernehmenden Rechtsträger vorgenommen werden. Eine Spaltung zur Neugründung ist dagegen von den Vertretungsorganen des übertragenden Rechtsträgers anzumelden (§§ 135 I, 137 II UmwG).

IV. Rechtsformabhängige Voraussetzungen der Spaltung

Der Verweis in § 125 S. 1 UmwG bringt im Spaltungsverfahren auch die rechtsformabhängigen Verschmelzungsregelungen in §§ 39–122 UmwG zur Anwendung. Daher sind nur vom Verschmelzungsrecht abweichende rechtsformabhängige Spaltungsvoraussetzungen geregelt (§§ 138–173 UmwG).   906

Dazu zählen insbesondere die Vereinfachung der Herabsetzung des Grund- oder Stammkapitals für übertragende Rechtsträger (§§ 139, 145 UmwG) sowie etwaige rechtsformabhängige Einschränkungen der Spaltbarkeit (§§ 147, 150–152, 161, 168 UmwG). Die Spaltung einer AG oder KGaA ist ausgeschlossen, wenn die Gesellschaft noch keine zwei Jahre existiert (§ 141 UmwG).
Von praktischer Bedeutung sind die Spezialvorschriften der §§ 152–160 UmwG, wonach ein Einzelkaufmann sein Unternehmen oder Teile davon ausgliedern kann. Eine Ausgliederung hat gegenüber der zeitlich nacheinander erfolgenden Gesellschaftsgründung und späteren Einbringung der Sacheinlage den Vorteil, dass das Vermögen in einem Akt übergehen kann und keine Einzelübertragungen erforderlich sind. Übernehmende Rechtsträger können Personenhandelsgesellschaften, Kapitalgesellschaften oder Genossenschaften sein. Eine Ausgliederung zur Neugründung ist dagegen nur unter Übertragung des Vermögens auf eine Kapitalgesellschaft als neuem Rechtsträger möglich (§ 152 S. 1 UmwG). Die Ausgliederung ist ausgeschlossen, wenn die Verbindlichkeiten des Einzelkaufmanns sein Vermögen übersteigen (§ 152 S. 2 UmwG). Ein Ausgliederungsbericht für den Einzelkaufmann muss nicht erstellt werden (§ 153 UmwG). Eine Ausgliederung zur Neugründung setzt in Abhängigkeit von der Rechtsform des neuen Rechtsträgers jedoch einen Gründungs- oder Sachgründungsbericht sowie eine Gründungsprüfung voraus (§ 159 UmwG).

> In Fall a kann A den Obstgroßhandel also mittels Ausgliederung zur Neugründung auf eine GmbH übertragen (§§ 152 S. 1 Var. 2, 123 III Nr. 2 UmwG). Die Ausgliederung auf eine KG ist dagegen nur als Ausgliederung zur Aufnahme, das heißt auf eine bereits bestehende KG möglich (§§ 152 S. 1 Var. 1, 123 III Nr. 1 UmwG).

V. Rechtswirkungen der Spaltung

Mit Eintragung der Spaltung in das Register des übertragenden Rechtsträgers geht sein Vermögen entsprechend der im Spaltungs- und Übernahmevertrag bzw. im Spaltungsplan vorgesehenen Aufteilung als Gesamtheit auf die übernehmenden oder neuen Rechtsträger über (§ 131 I Nr. 1 gegebenenfalls iVm § 135 I UmwG, sog. partielle Gesamtrechtsnachfolge). Diese haften gesamtschuldnerisch für die Verbindlichkeiten des übertragenden Rechtsträgers (§ 133 UmwG). Bei der Abspaltung und der Ausgliederung finden die Schuldnerschutzvorschriften der §§ 406, 407, 409, 410 BGB Anwendung.[5]

---

5 Kallmeyer/*Sickinger* UmwG § 131 Rn. 9; *Rieble* ZIP 1997, 301 (309 f.).

Höchstpersönliche Rechte und Pflichten sind von der Übertragung ausgeschlossen.[6] Bei einer Aufspaltung erlischt der übertragende Rechtsträger (§ 131 I Nr. 2 UmwG). Nicht im Vertrag oder Spaltungsplan zugeteilte Gegenstände gehen durch verhältnismäßige Zuteilung auf die übernehmenden und neuen Rechtsträger über (§ 131 III UmwG). Die Anteilsinhaber des übertragenden Rechtsträgers werden bei der Aufspaltung und Abspaltung wie bei einer Verschmelzung Anteilsinhaber der anderen beteiligten Rechtsträger (§ 131 I Nr. 3 UmwG). Bei einer Ausgliederung wird der übertragende Rechtsträger Anteilsinhaber am übernehmenden oder neuen Rechtsträger (§ 131 I Nr. 3 UmwG). Die Eintragung hat dieselbe heilende Wirkung auf Beurkundungs- und sonstige Mängel der Spaltung wie bei einer Verschmelzung (§ 131 I Nr. 4, II UmwG). Die Gläubigerinteressen der Arbeitnehmerschaft des übertragenden Rechtsträgers werden bei Übertragung betriebsnotwendiger Vermögensteile bei der Spaltung durch § 134 UmwG in besonderer Weise geschützt.

In **Fall b** können H und G die HG-OHG auflösen und liquidieren. Die einzelnen Sachwerte können dann auf die jeweiligen Gesellschaften übertragen werden, freilich ohne die Vorzüge des UmwG zu nutzen. Nachteilig ist, dass etwa vorhandene stille Reserven aufzulösen und gegebenenfalls zu versteuern sind, mit der Einzelübertragung von Vermögensgegenständen erheblicher Aufwand verbunden ist und Forderungen gegen die zu liquidierende Gesellschaft durch Schuldübernahme nach §§ 414, 415 BGB übergeleitet werden müssen. Letzteres setzt die Mitwirkung der Gläubiger voraus. Sofern eine Beteiligung an anderen Gesellschaften besteht, müssen die Voraussetzungen für eine Übertragung eingehalten werden (beispielsweise § 15 GmbHG).

H und G können diese Nachteile durch gleichzeitige (vgl. § 123 IV UmwG) Aufspaltung zur Aufnahme (§ 123 I Nr. 1 UmwG) und Aufspaltung zur Neugründung (§ 123 I Nr. 2 UmwG) vermeiden. Die HG-OHG ist ein spaltungsfähiger Rechtsträger, die F-OHG kann übernehmender Rechtsträger und die GmbH neuer Rechtsträger sein (§ 124 I iVm § 3 I Nr. 1 und 2 UmwG). Durch die Eintragung der Aufspaltung in das Register erlischt die HG-OHG (§ 131 I Nr. 2 UmwG). Ihre Aktiva und Passiva gehen gemäß dem Spaltungs- und Übernahmevertrag (§ 126 UmwG) nach § 131 I Nr. 1 UmwG auf die F-OHG und gemäß dem Spaltungsplan (§ 136 UmwG) nach §§ 135 I, 131 I Nr. 1 UmwG auf die GmbH über. H wird Anteilsinhaber der GmbH (§§ 135 I, 131 III 1 UmwG) und G der F-OHG (§ 131 III 1 UmwG).

§ 26 Formwechsel

Literatur: *Böhringer,* Grundbuchberichtigung bei Umwandlungen nach dem Umwandlungsgesetz, Rpfleger 2001, 59; *Heidinger,* Haftung der BGB-Gesellschafter beim Formwechsel aus einer GmbH, GmbHR 1996, 890; *D. Mayer,* Erste Zweifelsfragen bei der Unternehmensspaltung, DB 1995, 861; *K. Schmidt,* Gesetzliche Gestaltung und dogmatisches Konzept eines neuen Umwandlungsgesetzes, ZGR 1990, 580.

907

Fälle:

a) A und B gründen eine kleine Näherei in der Rechtsform einer GbR. Aufgrund guter Positionierung am Markt muss der Geschäftsbetrieb schon bald in kaufmännischer Weise eingerichtet werden. Später vereinbaren A und B, dass B für die Verbindlichkeiten der Gesellschaft in Zukunft nicht mehr persönlich haften soll.

b) C und D gründen ein Start-Up-Unternehmen in Form einer GbR. Als sie von dem möglichen Prestigegewinn bei Wahl der Rechtsform der AG erfahren, beschließen sie den Rechtsformwechsel. Kön-

---

6 Kallmeyer/*Sickinger* UmwG § 131 Rn. 2; Schmitt/Hörtnagel/Stratz/*Hörtnagel* UmwG § 131 Rn. 11.

nen sie sich dabei die Vorzüge des UmwG zunutze machen? Wie wäre es bei einem Wechsel von einer AG in eine GbR?

I. Möglichkeiten

Die Gesellschafter können grundsätzlich ihre Gesellschaft liquidieren und in anderer   **908** Rechtsform neu gründen. Bei Personengesellschaften kann sich der Wechsel auch kraft Gesetzes vollziehen, ohne dass es eines Beschlusses über den Formwechsel bedarf. Hierbei sind die Vorschriften des UmwG grundsätzlich nicht zu berücksichtigen (§ 190 II UmwG). Das UmwG eröffnet aber weitere Möglichkeiten, die Rechtsform eines Rechtsträgers in eine andere Rechtsform zu verändern (§ 190 I UmwG).

> **Fall a** beschreibt zwei Fälle des gesetzlich bedingten Formwechsels. Zunächst wird die GbR aufgrund des Betriebs eines Handelsgewerbes zur OHG (§ 105 I HGB iVm § 1 II HGB). Die Vereinbarung einer Haftungsbeschränkung für B macht aus der OHG sodann eine KG (§ 161 I HGB).

II. Formwechselfähige Rechtsträger

An einem Formwechsel ist aufgrund der Identität des Rechtsträgers vor und nach der   **909** Umwandlung (§ 202 I Nr. 1 UmwG) nur ein einziger Rechtsträger beteiligt. § 191 UmwG zählt abschließend auf, welche Rechtsträger ihre Rechtsform wechseln und welche neue Rechtsform diese annehmen können. Danach können eine Personenhandelsgesellschaft (§ 3 I Nr. 1 UmwG), Partnerschaftsgesellschaft, Kapitalgesellschaft (§ 3 I Nr. 2 UmwG), e. G., e. V., VVaG sowie Körperschaft und Anstalt des öffentlichen Rechts formwechselnde Rechtsträger sein (§ 191 I UmwG). Als neue Rechtsformen kommen nur die GbR, eine Personenhandels- und Partnerschaftsgesellschaft, Kapitalgesellschaft und Genossenschaft in Betracht (§ 191 II UmwG). Ein Formwechsel einer GbR in eine Kapitalgesellschaft ist also nicht möglich. Das UmwG sieht lediglich den umgekehrten Fall vor.

> In **Fall b** können C und D den Formwechsel von einer GbR in eine AG daher nicht mithilfe des UmwG bewerkstelligen. Eine Umwandlung einer AG in eine GbR wäre dagegen möglich.

III. Verfahren des Formwechsels

Auch der Formwechsel setzt die Erstellung eines entsprechenden Berichts voraus. Der   **910** Umwandlungsbericht ist von den Vertretungsorganen des formwechselnden Rechtsträgers zu erstatten (§ 192 I 1 UmwG). Die künftige Beteiligung der Anteilsinhaber ist in rechtlicher und wirtschaftlicher Hinsicht zu erläutern (§ 192 I iVm § 8 I 2–4, II UmwG). Eines Umwandlungsberichts bedarf es gem. § 192 II UmwG nicht, wenn an dem formwechselnden Rechtsträger nur ein Anteilsinhaber beteiligt ist oder alle Anteilsinhaber auf seine Erstattung verzichten. Auf der Grundlage des im Umwandlungsbericht enthaltenen Entwurfs des Umwandlungsbeschlusses (§ 192 I 3 UmwG) haben die Anteilsinhaber des formwechselnden Rechtsträgers sodann in einer Anteilsinhaberversammlung (§ 193 I 2 UmwG) über die Umwandlung zu entscheiden. Der Mindestinhalt des Umwandlungsbeschlusses ergibt sich aus § 194 UmwG. Danach muss dieser bestimmen, welche Rechtsform der formwechselnde Rechtsträger erlangen soll und welchen Namen oder Firma der Rechtsträger haben soll. Die bisher geführte Firma kann mit einem Rechtsformzusatz weitergeführt werden (§ 200 UmwG). Des Weiteren sind Angaben zu den Beteiligungsverhältnissen und Sonderrechten der Anteilsinhaber zu machen. Sofern der Beschluss nicht der Zustimmung aller Anteilsinhaber bedarf oder an dem formwechselnden Rechtsträger nur ein Anteilsinhaber beteiligt ist, muss den Anteilsinhabern, die gegen den Umwandlungsbeschluss Widerspruch zu Protokoll erklären, ein Barabfindungsangebot unterbreitet werden (§ 207 UmwG).

Der Umwandlungsbeschluss bleibt gem. § 193 II UmwG schwebend unwirksam, wenn diesem nicht sämtliche Anteilsinhaber zugestimmt haben, von deren Genehmigung auch die Abtretung der Anteile des formwechselnden Rechtsträgers abhängt (vinkulierte Anteile). Beruht das Genehmigungserfordernis für die Anteilsübertragung statt auf dem Gesellschaftsvertrag nur auf einer schuldrechtlichen Abrede mit anderen Anteilsinhabern oder Dritten, führt dies nicht zu einem Zustimmungserfordernis.[1] Die Anfechtung des Umwandlungsbeschlusses ist nur binnen eines Monats und nur aus bestimmten Gründen zulässig (§ 195 UmwG).

Der Formwechsel ist zur Eintragung bei dem Register anzumelden, in dem der formwechselnde Rechtsträger eingetragen ist (§§ 198 f. UmwG). Ist dieser Rechtsträger nicht in einem Register eingetragen, hat die Anmeldung bei dem Gericht zu erfolgen, das für die Eintragung des Rechtsträgers neuer Rechtsform zuständig ist (§ 198 II 1 UmwG). Dies gilt auch, wenn sich durch den Formwechsel die Art des für den Rechtsträger maßgebenden Registers ändert oder mit dem Formwechsel eine Sitzverlegung verbunden ist (§ 198 II 2 UmwG). In diesen Fällen sind also zwei Anmeldungen erforderlich (§ 198 II 3 UmwG). Die Reihenfolge der Anmeldungen ist dabei gleichgültig. Bei einem Wechsel innerhalb des Handelsregisters zwischen Abteilung A und B liegt keine Änderung der Art des Registers vor. Nach der Eintragung wird der Formwechsel durch das zuständige Gericht gem. § 201 UmwG iVm § 10 HGB bekannt gemacht.

IV. Rechtsformabhängige Voraussetzungen des Formwechsels

911 Auch bei einem Formwechsel müssen die rechtsformabhängigen Gründungsvoraussetzungen eingehalten werden, die für den Rechtsträger neuer Rechtsform gelten (§ 197 S. 1 UmwG).

Allerdings sind die Vorschriften, die für die Gründung eine Mindestanzahl der Gründer vorschreiben, sowie die Vorschriften über die Bildung und Zusammensetzung des Aufsichtsrats nicht anzuwenden (§ 197 S. 2 UmwG). Diese Regelung führt aber nicht dazu, dass der Rechtsträger neuer Rechtsform gar keinen Aufsichtsrat bilden muss; dies bestimmt sich etwa nach Mitbestimmungsrecht. Jedoch finden insbesondere §§ 30 f. AktG keine Anwendung. Deshalb muss zum Beispiel der Aufsichtsrat des Rechtsträgers neuer Rechtsform anders als bei der Neugründung einer AG bereits im Zeitpunkt des Formwechsels paritätisch besetzt sein. Die Aufsichtsratsmitglieder des formwechselnden Rechtsträgers bleiben im Aufsichtsrat des Rechtsträgers neuer Rechtsform im Amt (§ 203 UmwG).
Personenhandelsgesellschaften können ihre Rechtsform nur in eine *Kapitalgesellschaft* oder e. G. wechseln (§ 214 I UmwG). Dies beruht darauf, dass sich der Wechsel zwischen den Personengesellschaftsformen außerhalb des UmwG vollzieht (s. dazu bereits oben Fall a). Ein Umwandlungsbericht ist nicht er-

---

1 Kallmeyer/*Zimmermann* UmwG § 193 Rn. 16; Palandt/*Ellenberger* BGB § 35 Rn. 1; Semler/Stengel/*Bärwaldt* UmwG § 193 Rn. 25. Gleiches gilt, wenn die Übertragung der Anteile nur an eine Genehmigung der Gesellschafterversammlung oder anderer Organe gebunden ist, Kallmeyer/*Zimmermann* UmwG § 193 Rn. 18; Lutter/*Decher* UmwG § 193 Rn. 16 ff.; Semler/Stengel/*Bärwaldt* UmwG § 193 Rn. 23; D. *Mayer* DB 1995, 861 (865).

forderlich, wenn alle Gesellschafter des formwechselnden Rechtsträgers zur Geschäftsführung berechtigt sind (§ 215 UmwG). Der Umwandlungsbeschluss bedarf bei Personengesellschaften grundsätzlich der Zustimmung aller Gesellschafter (§ 217 I 1 UmwG). Im Gesellschaftsvertrag des formwechselnden Rechtsträgers können aber auch Mehrheitsbeschlüsse zugelassen werden, wobei die Mehrheit mindestens drei Viertel der abgegebenen Stimmen betragen muss (§ 217 I 2, 3 UmwG). Im Fall einer Umwandlung in eine KGaA müssen jedenfalls alle Gesellschafter zustimmen, die in der KGaA die Stellung eines persönlich haftenden Gesellschafters haben (§ 217 III UmwG).

Eine *Kapitalgesellschaft* kann die Rechtsform einer *Personenhandelsgesellschaft* nur annehmen, wenn der Zweck der Gesellschaft im Zeitpunkt des Wirksamwerdens des Formwechsels auf den Betrieb eines Handelsgewerbes gerichtet ist (§ 228 I UmwG iVm §§ 105 I und II, 1 II HGB). Ein grundsätzlich ebenfalls möglicher Rechtsformwechsel in eine GbR (vgl. § 226 UmwG) ist dagegen nur möglich, wenn der Rechtsträger neuer Rechtsform kein kaufmännisches Gewerbe betreibt. Entsprechend müssen bei einem Rechtsformwechsel in eine Partnerschaftsgesellschaft die Anteilseigner freie Berufe ausüben (§ 228 II 1 UmwG iVm § 1 I PartGG). Der Umwandlungsbeschluss für einen Formwechsel in eine GbR, OHG oder PartG bedarf aufgrund des daraus resultierenden Haftungsrisikos für die Gesellschafter der Zustimmung aller Anteilsinhaber des formwechselnden Rechtsträgers (§ 233 I UmwG). Bei einer Umwandlung in eine KG muss mindestens eine Mehrheit von drei Viertel zustande kommen und müssen sämtliche Komplementäre zustimmen (§ 233 II 1, 3 UmwG).

Bei dem Formwechsel einer *Kapitalgesellschaft* in eine andere *Kapitalgesellschaft* ist für den Umwandlungsbeschluss mindestens eine Mehrheit von drei Viertel erforderlich (§ 240 I 1 UmwG). Lediglich der Formwechsel einer KGaA in eine AG kann auch mit geringerer Mehrheit beschlossen werden (§ 240 I 2 UmwG). Die persönlich haftenden Gesellschafter müssen bei einem Formwechsel in oder aus einer KGaA jedoch zustimmen (§ 240 II und III UmwG). Weitere Zustimmungserfordernisse für Sonderkonstellationen enthalten §§ 241 f. UmwG.

Eine e. G. kann gem. § 258 I UmwG nur in eine *Kapitalgesellschaft* umgewandelt werden. Bei rechtsfähigen Vereinen besteht neben der Möglichkeit des Formwechsels in eine Kapitalgesellschaft auch die des Formwechsels in eine e. G. (§ 272 I UmwG).

Der Umwandlungsbeschluss muss bei einem Formwechsel in Abhängigkeit von der Rechtsform des neuen Rechtsträgers dessen Gesellschaftsvertrag oder Statut sowie Angaben über die zukünftigen Beteiligungsverhältnisse enthalten (§§ 218, 234 Nr. 3, 253, 263, 276, 294 UmwG).

V. Rechtswirkungen des Formwechsels

Der Formwechsel wird grundsätzlich *mit Eintragung* in das Register des formwechselnden Rechtsträgers *wirksam* (§§ 202 I, II, 198 II UmwG). Der formwechselnde Rechtsträger besteht in der in dem Umwandlungsbeschluss bestimmten Rechtsform weiter (§ 202 I Nr. 1 UmwG). Die Eintragung des Formwechsels führt kraft Gesetzes nur zu einem Austausch des gesellschaftsrechtlichen Normsystems. Übertragungsakte finden nicht statt. Dies ist ein grundlegender Unterschied zu den Parallelregelungen in §§ 20, 131, 155 UmwG.

912

Sofern bei einem Formwechsel Grundbuchumschreibungen erforderlich werden, haben diese lediglich richtig stellenden Charakter.[2]

Die *Anteilsinhaber* des formwechselnden Rechtsträgers sind an dem Rechtsträger neuer Rechtsform beteiligt, soweit ihre Beteiligung nicht entfällt (§ 202 I Nr. 2 S. 1 UmwG). Rechte Dritter an den Anteilen oder Mitgliedschaften des formwechselnden Rechtsträgers bestehen an den Anteilen oder Mitgliedschaften des Rechtsträgers neuer Rechtsform weiter (§ 202 I Nr. 2 S. 2 UmwG), notarielle Beurkundungsmängel werden geheilt (§ 202 I Nr. 3 UmwG). Auch sonstige Mängel des Formwechsels lassen die Wirkungen der Eintragung des Formwechsels unberührt (§ 202 III UmwG).

Die persönlich haftenden Gesellschafter einer formwechselnden Personengesellschaft haften unter den Voraussetzungen von § 224 I, II UmwG auch nach einem Formwechsel in eine Kapitalgesellschaft weiterhin persönlich für bestehende Verbindlichkeiten. Schwieriger ist die *Haftungssituation* bei dem Formwechsel einer Kapitalgesellschaft in eine Gesellschaft mit persönlich haftenden Gesellschaftern zu beurteilen. Jeden-

---

2 *Böhringer* Rpfleger 2001, 59 (66).

falls lässt sich dem Umwandlungsbeschluss keine Art Schuldbeitritt der Gesellschafter für die Altverbindlichkeiten der Kapitalgesellschaft entnehmen.[3] Jedoch kann auf den vom BGH entsprechend auch auf die GbR angewandten § 130 iVm § 128 HGB zurückgegriffen werden.[4] Die persönlich haftenden Gesellschafter einer formwechselnden KGaA haften für die Altverbindlichkeiten nach Maßgabe des § 237 UmwG nur zeitlich begrenzt, wenn sie in der neuen KG die Rechtsstellung eines Kommanditisten haben. Wird eine KGaA in eine GmbH oder AG umgewandelt, bemisst sich ihre Haftung nach §§ 249, 224 UmwG.

Gläubiger können nach § 204 iVm § 22 UmwG Sicherheitsleistung verlangen (→ Rn. 888, 901). Inhabern von Sonderrechten im formwechselnden Rechtsträger sind gleichwertige Rechte im Rechtsträger neuer Rechtsform einzuräumen (§ 204 iVm § 23 UmwG). Der Rechtsträger (Rechtsträgeridentität), seine Anteilsinhaber und die Gläubiger können den Schaden, den sie durch den Formwechsel erleiden, von den Mitgliedern des Vertretungsorgans oder – wenn vorhanden – von den Mitgliedern des Aufsichtsorgans verlangen (§§ 205 f. UmwG).

§ 27 Internationales Umwandlungsrecht

Literatur: *Bayer/Schmidt*, Gläubigerschutz bei (grenzüberschreitenden) Verschmelzungen, ZIP 2016, 841; *Bayer/Schmidt*, Die neue Richtlinie über die grenzüberschreitende Verschmelzung von Kapitalgesellschaften, NJW 2006, 401; *Drygala*, Gegenwart und Zukunft grenzüberschreitender Verschmelzungen und Spaltungen, NZG 2016, 1161; *Ege/Klett*, Praxisfragen der grenzüberschreitenden Mobilität von Gesellschaften, DStR 2012, 2442; *Franz*, Grenzüberschreitende Sitzverlegung und Niederlassungsfreiheit – eine systematische Betrachtung offener und geklärter Fragen, EuZW 2016, 930; *Heckschen*, Grenzüberschreitender Formwechsel, ZIP 2015, 2049; *Krebs*, Grenzüberschreitender Formwechsel nach Deutschland – Einordnung, Voraussetzungen und Praxisfolgen, GWR 2014, 144; *Schaper*, Grenzüberschreitender Formwechsel und Sitzverlegung: Die Umsetzung der VALE-Rechtsprechung des EuGH, ZIP 2014, 810; *Spahlinger/Wegen*, Deutsche Gesellschaften in grenzüberschreitenden Umwandlungen nach »Sevic« und der Verschmelzungsrichtlinie in der Praxis, NZG 2006, 721; *Weiss/Wöhlert*, Die »Sevic-Entscheidung« des EuGH – »sudden death« für Societas Europaea und Richtlinie zur grenzüberschreitenden Verschmelzung und Wegbereiter für grenzüberschreitende Spaltungen?, WM 2007, 580; *Winter/Marx/De Decker*, Von Frankfurt nach Rom – Zur Praxis grenzüberschreitender »Hinausformwechsel« – Zugleich eine Anmerkung zu OLG Frankfurt a. M. v. 3.1.2017 – 20 W 88/15.

913 **Fall:** Die L-Limited mit Sitz in London und Zweigniederlassung in Münster ist alleinige Gesellschafterin der G-GmbH. L meldet beim Handelsregister des AG Münster an, dass G auf L verschmolzen wird. Wie wird das Handelsregister reagieren?

I. Überblick und rechtlicher Rahmen

914 Grenzüberschreitende Umwandlungen waren im deutschen Recht weder »positiv« noch »negativ« geregelt – der Anwendungsbereich beschränkte sich nach § 1 UmwG auf Rechtsträger »mit Sitz im Inland«.[1] In seiner Entscheidung in der Rechtssache »Sevic« (→ Rn. 852) hatte sich der EuGH[2] 2005 mit der Frage zu befassen, ob nicht bereits

---

3 Lutter/*Happ*/*Göthel* UmwG § 228 Rn. 15; *Heidinger* GmbHR 1996, 890 (894 f.).
4 BGHZ 154, 370 (373); ähnlich Lutter/*Happ*/*Göthel* UmwG § 228 Rn. 16; Semler/Stengel/*Ihrig* UmwG § 228 Rn. 41; *K. Schmidt* ZGR 1990, 580 (583 f. [erstes Beispiel]).
1 So jedenfalls die früher hM, vgl. *Kiem* WM 2006, 1091 in Fn. 2.
2 EuGH Urt. v. 13.12.2005 – C-411/03, Slg. 2005, I-10805 = NJW 2006, 425 ff. – Sevic.

das europäische Primärrecht – also die Niederlassungsfreiheit der Art. 49, 54 AEUV (ex Art. 43, 48 EG) – eine allgemeine Möglichkeit zur Verschmelzung und Umwandlung innerhalb der Gemeinschaft gebietet. Der EuGH stellte fest, dass die grenzüberschreitende Verschmelzung eine Form der Teilnahme am Wirtschaftsleben eines anderen Mitgliedstaates ist und damit unter den Anwendungsbereich der Niederlassungsfreiheit fällt. Eine generelle Ablehnung grenzüberschreitender Verschmelzungen, wie dies § 1 UmwG vorsah, war daher nicht zu rechtfertigen.

Im Bereich des europäischen Sekundärrechts trat nahezu zeitgleich am 15.12.2005 die RL über die Verschmelzung von Kapitalgesellschaften aus verschiedenen Mitgliedstaaten in Kraft (Verschmelzungs-RL).[3] Der gesellschaftsrechtliche Teil[4] wurde mit Wirkung zum 24.4.2007 vor allem im Zehnten Abschnitt des Zweiten Buches in §§ 122a–l UmwG umgesetzt.[5]

II. Deutsches Internationales Umwandlungsrecht

1. Systematik und Anwendungsbereich

Die Regelungen in §§ 122a–l UmwG erfassen die Besonderheiten des grenzüberschreitenden Charakters von Verschmelzungen. Im Übrigen finden aber die innerstaatlichen Normen über die Verschmelzungen Anwendung (§ 122a II UmwG). Anwendbar sind §§ 122a ff. UmwG jedoch nur auf die grenzüberschreitenden Verschmelzungen, an denen Gesellschaften beteiligt sind, die dem deutschen Recht unterliegen. Das entspricht im Ergebnis der sog. Vereinigungstheorie, nach der auf kollisionsrechtlicher Ebene auf jeden an einer grenzüberschreitenden Umwandlung beteiligten Rechtsträger das für ihn maßgebliche Sachrecht anwendbar ist.[6]

»Grenzüberschreitende Verschmelzungen« sind solche, bei denen mindestens eine der beteiligten Gesellschaften dem Recht eines Mitgliedstaates der EU oder des EWR-Abkommens unterliegt (§ 122a I UmwG). Hierbei sind sowohl Hinein- wie auch Hinausverschmelzungen geregelt.[7] Als übertragende, übernehmende oder neue Gesellschaften kommen allerdings nur Kapitalgesellschaften iSv Art. 2 Nr. 1 Verschmelzungs-RLiVm Art. 1 Transparenz-RL in Betracht (§ 122b I UmwG). Ausgenommen sind Genossenschaften[8] (§ 122b II Nr. 1 UmwG) und Kapitalanlagegesellschaften (§ 122b II Nr. 2 UmwG, vgl. KAGG).

915

---

3 RL 2005/56/EG v. 26.10.2005, ABl. 2005 L 310, 1, zwischenzeitlich in der Gesellschaftsrechts-RL (RL 2017/1132/EU v. 14.6.2017 über bestimmte Aspekte des Gesellschaftsrechts, ABl. 2017 L 169, 46) aufgegangen (→ Rn. 857).

4 Die in der RL vorgesehenen Bestimmungen zur Mitbestimmung der Arbeitnehmer wurde in einem gesonderten Gesetz umgesetzt (MgVG) – Gesetz v. 21.12.2006 (BGBl. 2006 I 3332) (dazu → Rn. 1063). Zu beachten sind auch die steuerrechtlichen Regelungen durch das SEStEG v. 7.12.2006 (BGBl. 2006 I 2782).

5 Gesetz v. 25.4.2007 (BGBl. 2007 I 542).

6 Kallmeyer/Marsch-Barner UmwG Vor § 122a–122l Rn. 2; Drygala NZG 2016, 1161 (1162); Simon/Rubner Der Konzern 2006, 835 (836); Spahlinger/Wegen NZG 2006, 721.

7 Ob beides von der Niederlassungsfreiheit umfasst ist, war str., vgl. Simon/Rubner Der Konzern 2006, 835 (836). Der grenzüberschreitende Bezug fehlt, wenn nur die neu zu gründende Gesellschaft dem Recht eines anderen Mitgliedstaates unterliegt, die übertragenden Rechtsträger aber demselben Staat angehören, Spahlinger/Wegen NZG 2006, 721 (722) mwN.

8 Bei der Genossenschaft hielt der Gesetzgeber die Möglichkeit der Schaffung einer Europäischen Genossenschaft für ausreichend, Kiem WM 2006, 1091 (1093).

Problematisch ist, ob die SE sich umfassend – also vergleichbar mit der AG – an Verschmelzungen beteiligen kann oder insoweit die SE-VO abschließend ist. Bei einer Verschmelzung zur Neugründung sind die Normen der SE-VO (Art. 17 ff.) leges speciales. Für die Verschmelzung auf eine bestehende SE enthält die SE-VO aber keine Norm, sodass von einer Anwendbarkeit der §§ 122a ff. UmwG auszugehen ist.[9] Problematischer erscheint hingegen der Fall der Verschmelzung einer im EU-Ausland ansässigen SE auf eine deutsche Kapitalgesellschaft. Art. 66 SE-VO regelt hierbei nur den Formwechsel. §§ 122a ff. UmwG sind indes auch im Fall einer SE als übertragendem Rechtsträger anwendbar. Allerdings ist die zweijährige Sperrfrist des Art. 66 I 2 SE-VO entsprechend anzuwenden.[10] Die schon durch die »Sevic«-Entscheidung festgestellte Möglichkeit der grenzüberschreitenden Umwandlung in allen Formen kann darüber hinaus auch Einfluss auf die Attraktivität der SE haben,[11] die als Vorreiter für grenzüberschreitende Verschmelzungen anzusehen ist.

2. Verfahren

Das Verfahren der grenzüberschreitenden Verschmelzung entspricht weitgehend dem der innerstaatlichen Verschmelzung.

916 **a)** Die Vertretungsorgane der beteiligten Gesellschaften haben einen gemeinsamen *Verschmelzungsplan* zu erstellen (§ 122c I UmwG). Dessen Inhalt ist in § 122c II UmwG geregelt und entspricht weitgehend dem Inhalt des Verschmelzungsvertrags (vgl. § 5 I UmwG) für nationale Verschmelzungen. Zusätzlich sind Angaben zu machen zum Verfahren, das die Mitbestimmung der Arbeitnehmer regelt (§ 122c II Nr. 10 UmwG), zur Bewertung des Aktiv- und Passivvermögens (Nr. 11) sowie zum Stichtag der Jahresabschlüsse (Nr. 12).[12] Entsprechend § 6 UmwG ist der Verschmelzungsplan notariell zu beurkunden (§ 122c IV UmwG). Möglich und auch zweckmäßig ist eine einheitliche Beurkundung für alle beteiligten Rechtsträger.[13] § 122c III UmwG enthält Erleichterungen für Konzernverschmelzungen (vgl. § 5 II UmwG). Schließlich ist der erstellte Verschmelzungsplan spätestens einen Monat vor Versammlung der Anteilseigner zum Register einzureichen (§ 122d UmwG). Diese Regelung ist an § 61 UmwG angelehnt und nennt in § 122d Nr. 2–4 UmwG weitere erforderliche Angaben.

917 **b)** Die Pflicht zur Erstellung des *Verschmelzungsberichts* folgt aus der Verweisung des § 122a II iVm § 8 UmwG. § 122e UmwG regelt darüber hinaus nur die Abweichungen bei einer grenzüberschreitenden Verschmelzung. So sind die rechtlichen und wirtschaftlichen Auswirkungen auf Gläubiger und Arbeitnehmer zu erläutern und zu begründen (S. 1). Die Möglichkeit des Verzichts durch alle Anteilseigner auf Erstellung des Berichts ist nicht gegeben (S. 3 schließt die Anwendbarkeit von § 8 III UmwG aus). Ein Verstoß gegen § 122e UmwG berechtigt aber nicht zur Anfechtung,[14] soweit überhaupt ein formgerechter Bericht erstellt wird.[15] Der Verschmelzungsbericht ist Anteilseignern und Betriebsrat bzw. Arbeitnehmern spätestens einen Monat vor der über die Verschmelzung beschließenden Gesellschafterversammlung zugänglich zu machen (§ 122e S. 2 iVm § 63 I Nr. 4 UmwG). Zugänglichmachen bedeutet dabei, dass

---

9 *Simon/Rubner* Der Konzern 2006, 835 (837).
10 *Simon/Rubner* Der Konzern 2006, 835 (837).
11 *Weiss/Wöhlert* WM 2007, 580 (581).
12 Die beiden letzten Angaben sind freilich inhaltlich schwer verständlich, da sich schon im Verschmelzungsbericht Angaben zur Unternehmensbewertung befinden, vgl. *Kiem* WM 2006, 1094 (1095).
13 Kallmeyer/*Marsch-Barner* UmwG § 122c Rn. 41; *Simon/Rubner* Der Konzern 2006, 835 (837).
14 *Grunewald* Der Konzern 2007, 106 (108).
15 Kallmeyer/*Marsch-Barner* UmwG § 122e Rn. 10.

ein Entwurf des Berichts im Geschäftsraum der Gesellschaft zur Einsichtnahme auszulegen ist[16] bzw. im Internet bereitgestellt werden muss (entsprechend § 63 IV UmwG).[17] Eine solche Pflicht gegenüber den Arbeitnehmern besteht bei innerstaatlichen Verschmelzungen nicht (§§ 63 I Nr. 4, 78 S. 1, 47 UmwG); in diesen Fällen ist hingegen der Verschmelzungsvertrag dem Betriebsrat vorzulegen (§ 5 III UmwG).[18]

c) Der Verschmelzungsplan ist von Verschmelzungsprüfern nach §§ 9–12 UmwG zu **918** *prüfen* (§ 122f S. 1 UmwG) und spätestens einen Monat vor der Versammlung der *Anteilsinhaber vorzulegen* (§ 122f S. 2 UmwG). Ein gemeinsamer Verschmelzungsprüfer für alle beteiligten Rechtsträger (§ 10 I 2 UmwG) ist ebenso möglich wie ein Verzicht auf die Prüfung (§§ 9 III, 8 III UmwG); anderes gilt in Bezug auf den Verschmelzungsbericht (§ 122e S. 3 UmwG). Die Prüfung stellt insoweit eine Verschärfung dar, als diese auch für die GmbH den Regelfall darstellt und nicht erst auf ausdrückliches Verlangen der Gesellschafter erfolgt (§ 122f S. 1 Hs. 2 UmwG, der § 48 UmwG für unanwendbar erklärt).

d) Grundsätzlich keine Besonderheiten bestehen bei Vorbereitung und Durchführung **919** der Gesellschafterversammlung (vgl. dazu §§ 13, 50f., 64f., 78 UmwG). Die *Zustimmung der Anteilseigner* kann aber davon abhängig gemacht werden, dass die Art und Weise der Arbeitnehmermitbestimmung von diesen ausdrücklich bestätigt wird (§ 122g I UmwG). Bei 100%igen Tochtergesellschaften ist gem. § 122g II UmwG eine Zustimmung auf der Ebene der Tochtergesellschaft entbehrlich (sog. »Up-Stream-Verschmelzung«).

e) Vor Eintragung der Verschmelzung findet eine zweistufige *Rechtmäßigkeitsprü-* **920** *fung* statt. Sofern eine deutsche Gesellschaft *übertragender Rechtsträger* ist, erfolgt eine Überprüfung der Rechtmäßigkeit der Verfahrensschritte mit anschließender Erteilung einer Vorabbescheinigung durch das Gericht (§ 122k UmwG). Diese ist sodann der zuständigen Stelle des anderen Staates vorzulegen (Abs. 3). Im *Register* der übertragenden Gesellschaft wird gegebenenfalls die *Verschmelzung* mit dem Vermerk *eingetragen*, dass diese unter den Voraussetzungen des Rechts des Staates wirksam ist, dem die übernehmende oder neue Gesellschaft unterliegt (§ 122k II 3 UmwG). Soweit die deutsche Gesellschaft *aufnehmende oder neue Gesellschaft* ist, erstreckt sich die Überprüfung auf die Durchführung der Verschmelzung und gegebenenfalls auf die Gründung der Gesellschaft (§ 122l UmwG). Im Fall der Hineinverschmelzung überprüft das deutsche Registergericht die Gesetzmäßigkeit des Verfahrens, soweit es sich um eine aufnehmende oder neue Gesellschaft deutschen Rechtes handelt. Im Hinblick auf die übertragende (ausländische) Gesellschaft lässt sich das Registergericht den Verschmelzungsplan sowie die Verschmelzungsbescheinigungen vorlegen (§ 122l I 2 UmwG). Die Wirkungen der Verschmelzung richten sich für eine aufnehmende oder neue Gesellschaft mit Sitz in Deutschland nach §§ 122a II, 20 UmwG.

> Im **Fall** handelt es sich um eine sog. »Hinausverschmelzung«. Hierzu hat sich der EuGH in der »*Sevic*«-Entscheidung nicht direkt geäußert. Das OLG München[19] lehnte dementsprechend vor Geltung der §§ 122a ff. UmwG die Eintragung ab. Nach hM sind aber auch »Hinausverschmelzungen« von der Niederlassungsfreiheit der Art. 49, 54 AEUV (ex Art. 43, 48 EG) umfasst. Heute gelten §§ 122a ff.

---

16 Semler/Stengel/*Drinhausen* UmwG § 122e Rn. 17.
17 Kallmeyer/*Marsch-Barner* UmwG § 122e Rn. 6.
18 Kallmeyer/*Marsch-Barner* UmwG § 122e Rn. 5; Semler/Stengel/*Drinhausen* UmwG § 122e Rn. 17.
19 OLG München ZIP 2006, 1049f.

UmwG. Das AG Münster wird unter den Voraussetzungen des § 122 k UmwG daher die Vorabbescheinigung erteilen.

3. Schutz von Minderheitsgesellschaftern und Gläubigern

921 Zum Schutz von *Minderheitsgesellschaftern* sieht § 122 i UmwG ein *Austrittsrecht gegen Barabfindung* vor, wenn die übernehmende oder neue Gesellschaft nicht dem deutschen Recht unterliegt. Diese Vorschrift entspricht § 29 UmwG. Der Anspruch ist aber zunächst gegen den übertragenden Rechtsträger gerichtet, weil der deutsche Gesetzgeber dem ausländischen Rechtsträger keine originären Pflichten auferlegen kann,[20] und geht schließlich im Wege der Universalsukzession über.[21] Da nicht feststeht, wie viele Anteilsinhaber von dem Barabfindungsrecht Gebrauch machen, kann es zu Liquiditätsengpässen für das Unternehmen kommen.[22]

Zur Überprüfung der *Umtauschrelation oder der Barabfindung* findet nur dann ein *Spruchverfahren* statt, wenn die jeweiligen nationalen Rechte ein solches vorsehen oder ein Spruchverfahren bei Zustimmung zum Verschmelzungsplan ausdrücklich akzeptiert wird (§§ 122 h, 14 II, 15 UmwG). Sofern weder ein Spruchverfahren statthaft noch eine Zustimmung gegeben ist, bleibt die Möglichkeit der Anfechtungsklage, was die Regel sein wird.[23]

Im Fall einer *Hinausverschmelzung* ist § 122 h I UmwG zu beachten. Für die Beurteilung der Zuständigkeit nach Art. 7 Nr. 1 lit. a Brüssel Ia-VO[24] – der den Zuständigkeitsregeln des SpruchG vorgeht – ist auf den Erfüllungsort abzustellen. Im Rahmen der *Hineinverschmelzung* nach § 122 h II UmwG mit einem deutschen Unternehmen als übernehmendem Rechtsträger sind schließlich zur Bestimmung der Gerichtszuständigkeit Art. 4 I, 63 I Brüssel Ia-VO maßgeblich.

§ 122 j UmwG sieht in Anlehnung an § 22 UmwG zugunsten von *Gläubigern* übertragender deutscher Gesellschaften einen *Anspruch auf Sicherheitsleistung* vor, wenn wiederum die übernehmende oder neue Gesellschaft nicht dem deutschen Recht unterliegt. Im Unterschied zu § 22 UmwG kann die Sicherheitsleistung aber schon vor Eintragung der Verschmelzung, nämlich bereits binnen zwei Monaten nach der Bekanntmachung des Verschmelzungsplans verlangt werden,[25] was bei grenzüberschreitenden Sachverhalten einen stärkeren Gläubigerschutz begründet. Eine solche Ungleichbehandlung ist aber insbesondere mit der zugrunde liegenden Richtlinie unvereinbar, weshalb § 122 j UmwG nicht anzuwenden und durch § 22 UmwG zu ersetzen ist.[26]

---

20 Begr. zum RegE, BT-Drs. 16/2919, 38.
21 Semler/Stengel/*Drinhausen* UmwG § 122 i Rn. 7.
22 So auch Kallmeyer/*Marsch-Barner* UmwG § 122 i Rn. 2; *Kiem* WM 2006, 1091 (1098).
23 Kritik am Minderheitenschutz, welcher als überzogen angesehen wird, äußert *Drygala* NZG 2016, 1161 (1162 f.).
24 VO 1215/2012/EU über die gerichtliche Zuständigkeit und die Anerkennung und Vollstreckung von Entscheidungen in Zivil- und Handelssachen (Neufassung) v. 12.12.2012, ABl. 2012 L 351, 1.
25 Krit. zu dieser Norm *Grunewald* Der Konzern 2007, 106 (107).
26 Dies folgt aus den Erwägungen des EuGH Urt. v. 7.4.2016 – C-483/14 = NZG 2016, 513 (516) Rn. 60 ff. – KA Finanz; *Bayer/Schmidt* ZIP 2016, 841 (847); *Drygala* NZG 2016, 1161 (1163).

III. Verbleibender Regelungsbedarf und offene Fragen

Nach der Begründung der Entscheidung des EuGH zur Sache »Sevic« werden alle **922** Umwandlungsarten von der Niederlassungsfreiheit erfasst.[27] Die grenzüberschreitende *Spaltung* wurde durch §§ 122a ff. UmwG indes nicht geregelt. Auch verweist § 125 UmwG nicht etwa auf diese Normen. Eine grenzüberschreitende Spaltung – sowohl Hinein- als auch Hinausspaltung[28] – muss aber aufgrund der Niederlassungsfreiheit möglich sein.[29] Das konkrete Verfahren ist jedoch – auch unter Berücksichtigung der »Sevic«-Entscheidung – ungeklärt. Einen Ausweg bietet aber die analoge Anwendung der §§ 122a und 122c–122l UmwG.[30]

Grenzüberschreitende *Formwechsel* wurden dagegen zunächst funktionell nicht mit einer Gesellschaftsgründung, sondern mit einer Sitzverlagerung verglichen. So war der Formwechsel »hinaus« ebenso wie der »Wegzug« durch Sitzverlagerung ins Ausland nach der »*Daily Mail*«-Entscheidung[31] nicht von der Niederlassungsfreiheit geschützt.[32] Nichts anderes gilt nach der Entscheidung des EuGH in der Rechtssache »*Cartesio*«[33] für den Fall der grenzüberschreitenden Sitzverlegung unter Beibehaltung der bisherigen Rechtsform (→ Rn. 853). Indes hat der EuGH in dieser Entscheidung zugleich klargestellt, dass eine nationale Regelung, die eine Umwandlung in eine Gesellschaft des nationalen Rechts eines anderen Mitgliedstaates hemmt, eine Beschränkung der Niederlassungsfreiheit begründet.[34] Damit steht nicht nur der Formwechsel »hinein«, den der EuGH in der Entscheidung »*VALE*«[35] (→ Rn. 853) ausdrücklich dem Schutz der Niederlassungsfreiheit unterstellt hat, sondern ebenso der Formwechsel »hinaus«, unter dem Vorbehalt der Vereinbarkeit mit den Grundfreiheiten. Die Sitzverlegung ist dabei nicht mehr Schwerpunkt, sondern notwendige Begleiterscheinung des grenzüberschreitenden Formwechsels.[36] § 191 UmwG ist insoweit europarechtskonform auszulegen[37] und §§ 190ff. UmwG Ausgangspunkt auch für den grenzüberschreitenden Formwechsel.[38]

Schließlich ist auch die Beteiligung von *Personengesellschaften* aus EU-Ländern bei grenzüberschreitenden Umwandlungen ungeklärt. Auch diese müssen zur Vermeidung von Diskriminierungen von der Niederlassungsfreiheit erfasst werden.[39] Dabei sind die Grundsätze der Vereinigungstheorie zu berücksichtigen. Soweit die Regelun-

---

27 EuGH Urt. v. 13.12.2005 – C-411/03, Slg. 2005, I-10805 = NJW 2006, 425ff. – Sevic: »grenzüberschreitende Verschmelzungen [...] wie andere Gesellschaftsumwandlungen [...] Ausübung der Niederlassungsfreiheit dar(stellen) [...]«.
28 HM, vgl. *Weiss/Wöhlert* WM 2007, 580 (584).
29 *Simon/Rubner* Der Konzern 2006, 835 (843).
30 So ausf. *Drygala* NZG 2016, 1161 (1165f.).
31 EuGH Urt. v. 27.9.1988 – C-81/87, Slg. 1988, 5505 = NJW 1989, 2186 Rn. 20ff. – Daily Mail.
32 *Spahlinger/Wegen* NZG 2006, 721 (725).
33 EuGH Urt. v. 16.12.2008 – C-210/06, Slg. 2008, I-9641 = NJW 2009, 569 – Cartesio, Rn. 110.
34 EuGH Urt. v. 16.12.2008 – C-210/06, Slg. 2008, I-9641 = NJW 2009, 569 – Cartesio, Rn. 111–113. So auch OLG Frankfurt NZG 2017, 423 (426); OLG Düsseldorf DStR 2017, 2345 (2346); *Winter/Marx/De Decker* DStR 2017, 1664 (1665).
35 EuGH Urt. v. 12.7.2012 – C-378/10 = NJW 2012, 2715 – VALE.
36 *Winter/Marx/De Decker* DStR 2017, 1664 (1666).
37 KG NZG 2016, 834 mAnm *Stiegler;* OLG Nürnberg NZG 2014, 349 mAnm *Bungert/De Raet* DB 2014, 761; vgl. auch *Spahlinger/Wegen* NZG 2006, 721 (727).
38 Ausf. zu den anwendbaren Vorschriften *Winter/Marx/De Decker* DStR 2017, 1664 (1666f.).
39 *Drygala* NZG 2016, 1161; *Spahlinger/Wegen* NZG 2006, 721 (727).

gen in §§ 122a ff. UmwG nicht speziell die Beteiligung von Kapitalgesellschaften im Blick haben, ist deshalb auch auf diese Normen entsprechend zurückzugreifen.[40]

Die EU-Kommission hatte bereits 2015 einen umfassenden Legislativentwurf in Aussicht gestellt[41] und 2017 entsprechende Konsultationen durchgeführt.[42] Abzuwarten bleibt, ob dieses auch vom Europäischen Parlament[43] unterstützte Vorhaben Erfolg haben wird und welche Konzepte für grenzüberschreitende Verschmelzungen, Spaltungen und Formwechsel letztlich verwirklicht werden.[44]

---

40 *Simon/Rubner* Der Konzern 2006, 835 (843).
41 COM(2015) 550 final, S. 6, 8 und 25; https://ec.europa.eu/transparency/regdoc/rep/1/2015/DE/1-2015-550-DE-F1-1.PDF (zuletzt abgerufen am 5.11.2017).
42 http://ec.europa.eu/newsroom/just/item-detail.cfm?item_id=58190 (zuletzt abgerufen am 5.11.2017).
43 Entschließung des Europäischen Parlaments v. 13.6.2017 zur Durchführung grenzüberschreitender Unternehmensverschmelzungen und -spaltungen (2016/2065(INI)), P8_TA-PROV(2017)0248, http://www.europarl.europa.eu/sides/getDoc.do?pubRef=-//EP//NONSGML+TA+P8-TA-2017-0248+0+DOC+PDF+V0//DE (zuletzt abgerufen am 5.11.2017).
44 Dazu etwa *Bayer/Schmidt* BB 2017, 2114 (2118).

7. Teil. Verbundene Unternehmen – Konzernrecht

§ 28 Grundlagen (AG- und GmbH-Konzern)

Literatur: *Emmerich/Habersack,* Konzernrecht, 10. Aufl. 2013; *Emmerich/Habersack,* Aktien- und GmbH-Konzernrecht, 8. Aufl. 2016; *Luttermann,* Juristische Personen, Konzern und Existenzvernichtungshaftung, JA 2008, 833; *Staake,* Das Recht der Aktie, JA 2004, 247; *Schön,* Abschied vom Vertragskonzern?, ZHR 168 (2004), 629; *Timm,* Grundfälle zum Konzernrecht, JuS 1999, 553, 656, 760, 876, 966; *Zöllner,* Einführung in das Konzernrecht, JuS 1968, 297.

I. Grundlagen

Das »klassische« Aktien- und GmbH-Recht ist auf die unabhängige Gesellschaft zugeschnitten und geht von ihr als Regelfall aus.[1] Rechtstatsächlich dürften jedoch ca. 75 % der Aktiengesellschaften und ca. 50 % der Gesellschaften mit beschränkter Haftung mit anderen Gesellschaften verbunden und damit Teil von Unternehmensgruppen sein.[2] Diese Verbindung wird als Konzernierung bezeichnet. Das Konzernrecht ist damit das Recht der verbundenen Unternehmen.   **923**

II. Gründe einer Unternehmensverbindung

Die Gründe für die Verbindung unabhängiger Gesellschaften sind vielfältig und in erster Linie wirtschaftlicher Natur. Kostentheoretisch sind die mit Mengendegressionseffekten verbundenen Einsparungspotenziale *(economies of scale)* oder Kostensenkungspotenziale durch gebündelte Warenbeschaffung *(economies of scope)* von Bedeutung. Organisationstheoretisch kann eine Bündelung von Entscheidungskompetenzen in der Konzernmutter bei gleichzeitiger lokaler Flexibilität der Töchter von Vorteil sein. Eine Rolle spielen auch die Diversifikation geschäftlicher Risiken, die Abstimmung mit Konkurrenten im selben Markt und die zunehmende Internationalisierung, die zum Markteintritt in ausländische Märkte über Beteiligung an dortigen Gesellschaften führt.   **924**

Hierbei kann die Verflechtung durch Unternehmensverträge oder eine Kapitalbeteiligung gegenüber einer Verschmelzung Vorteile bieten. So bleibt die Zielgesellschaft rechtlich selbstständig. Firmenname, Vorstands- und Aufsichtsratsposten bleiben erhalten. Der »Konzern selbst« wird nicht Träger von Rechten oder Pflichten.[3] Zudem muss zur Erlangung der faktischen Herrschaft über eine Gesellschaft, anders als im Rahmen einer Verschmelzung, nicht die ganze Gesellschaft, sondern nur eine maßgebliche bzw. eine Mehrheitsbeteiligung erworben werden. Dies führt zu einem reduzier-

---

1 *K. Schmidt* GesR § 17 I 1 a (S. 486 f.); *Timm* JuS 1999, 553.
2 *Emmerich/Habersack* KonzernR § 1 Rn. 8 ff. (S. 4).
3 *Kuhlmann/Ahnis* Konzern- und UmwandlungsR Rn. 3: »Entgegen verbreitetem Sprachgebrauch kann ein Konzern keine Arbeitnehmer, Schuldner, Forderungen oder sonstige Rechtspositionen haben.«

ten Kapitalaufwand. Freilich kann eine Pflicht zur Abgabe eines Übernahmeangebots an die übrigen Aktionäre nach WpÜG entstehen (→ Rn. 1108). Zudem bleibt die Haftung grundsätzlich auf das Vermögen der jeweiligen Gesellschaft beschränkt, wenn nicht ausnahmsweise ein Tatbestand der Durchgriffshaftung gegeben ist (bei der GmbH → Rn. 805). Ein weiterer Vorteil ist die größere Flexibilität der Verbindung. Denn es ist einfacher, einen Unternehmensvertrag oder eine Beteiligung aufzulösen bzw. zu veräußern als eine einmal verschmolzene Gesellschaft wieder zu spalten.[4]

Zu den entscheidenden Gründen für eine Konzernbildung kann schließlich ein »Liquiditätsschulterschluss«[5] im Sinne eines Cash-Poolings gehören, durch welches die liquiden Mittel verbundener Unternehmen gebündelt werden, um Finanzierungskosten im Konzern einzusparen und steuerliche Vorteile zu nutzen. Mit dem »Gesetz zur Modernisierung des GmbH-Rechts und zur Bekämpfung von Missbräuchen« (MoMiG) hat der Gesetzgeber gerade dies aufgegriffen und § 30 GmbHG entsprechend angepasst, um das Cash-Pooling im Konzern zu fördern.[6]

III. Regelungsbedarf wegen konzernspezifischer Gefahren- und Interessenlagen

925   Aktien- und GmbH-Recht gehen vom Leitbild der unabhängigen Gesellschaft aus. Spezielle Regelungen für verbundene Unternehmen sind deshalb nur gerechtfertigt, wenn es spezifische Gefahren- und Interessenlagen zu bewältigen gilt, für die die Regelungen des »allgemeinen« Gesellschaftsrechts nicht ausreichen. Beispielsweise nützt den Gesellschaftern einer konzernverbundenen Gesellschaft die Ausübung ihrer mitgliedschaftlichen Rechte in der Hauptversammlung wenig, wenn dort keine wesentlichen Entscheidungen, sondern diese bei der Konzernmutter gefällt werden.[7] Die Verbindung von Unternehmen iSd §§ 15 ff. AktG schafft also besondere Problemlagen und Gefahren, die einer spezifischen Regelung bedürfen.[8] Gefahrenpotential besteht aber nicht nur, wie das obige Beispiel vermuten lässt, in der beherrschten Gesellschaft. Vielmehr kann die Konzernierung auch Minderheitenrechte in der herrschenden Gesellschaft berühren.

1. Schutzbedürfnis in der beherrschten Gesellschaft

926   In der beherrschten, also abhängigen Gesellschaft, sind insbesondere zwei Gruppen von der konzernspezifischen Gemengelage betroffen: Die (Minderheits-)Gesellschafter und die Gläubiger der abhängigen Gesellschaft. Idealerweise sind alle Beteiligten am wirtschaftlichen Erfolg »ihrer« Gesellschaft interessiert. Im Konzern tritt nun aber ein – unter Umständen divergierendes – Interesse der Muttergesellschaft hinzu, die aufgrund ihrer beherrschenden Stellung eigene, möglicherweise mit jenen der Tochter kollidierende Interessen zu deren Lasten durchzusetzen versucht. Zu denken ist an den Verzicht auf lukrative Aufträge zugunsten des herrschenden Unternehmens oder

---

4 Zu weiteren Vorteilen der Verbindung *Kübler/Assmann* GesR § 29 I 2 (S. 416 f.).
5 Begriff bei *Schmelz* NZG 2006, 456.
6 Begr. RegE BT-Drs. 16/6140, 34 f.; s. zu Inhalt und Bedeutung des Cash Pooling auch MüKoAktG/*Altmeppen* § 311 Rn. 225 ff.
7 *Emmerich/Habersack* KonzernR § 1 Rn. 25 (S. 10).
8 *Hirte* KapGesR Rn. 8.9 ff.; *Koch* GesR § 38 Rn. 2 ff.

die Zahlung überhöhter Preise an das herrschende Unternehmen für von diesem bezogene Waren oder Dienstleistungen. Durch solche Geschäfte wird die beherrschte Gesellschaft finanziell geschwächt, was eine Benachteiligung der Minderheitsgesellschafter nach sich zieht. Ähnlich misslich gestaltet sich die Situation der Gläubiger der abhängigen Gesellschaft aufgrund der allgemeinen Kapitalschutzregeln, die zwar Stamm- bzw. Grundkapital zu erhalten vermögen, aber nicht verhindern können, dass die Konzernmutter darüber hinaus alle Gewinne vereinnahmt und die abhängige Gesellschaft so »austrocknet«.[9]

2. Schutzbedürfnis in der herrschenden Gesellschaft

Die These, dass auch in der herrschenden Gesellschaft ein über das allgemeine Gesell- **927** schaftsrecht hinausgehendes Schutzbedürfnis besteht, mag zunächst befremdlich anmuten. Gleichwohl bestehen Gefahren durch die Konzernierung auch für Gläubiger und Gesellschafter bzw. Aktionäre der herrschenden Gesellschaft.[10] Zum einen können sie auf beherrschte Gesellschaften keinen direkten Einfluss über die Haupt- oder Gesellschafterversammlung ausüben, was vielleicht nur mittelbar über die Organe der herrschenden Gesellschaft geschehen kann. Zudem vermögen Gläubiger der herrschenden Gesellschaft nicht unmittelbar auf das Vermögen der beherrschten Gesellschaften zuzugreifen, da dieses Vermögen primär den Gläubigern der jeweiligen beherrschten Gesellschaft zur Verfügung steht. Wird also etwa Vermögen von der Mutter zu Tochtergesellschaften verlagert – man denke im Extremfall an eine Übertragung des gewinnbringendsten Unternehmensteils von der Mutter auf die Tochter – sind Gläubiger der Mutter im Insolvenzfall benachteiligt.

3. Problematik der Konzernleitungsmacht: Konzernrecht als Organisationsrecht

Neben dem Bedürfnis nach einem »Schutzrecht« stellt sich die Frage nach der kon- **928** zerninternen Organisation. Die Einflussnahmemöglichkeiten der Muttergesellschaft erscheinen dann nicht selbstverständlich, wenn das in § 76 I AktG verankerte Prinzip der eigenverantwortlichen Leitung der – auch beherrschten – Gesellschaft ernst genommen wird. Eine Konzernierung erscheint aber nur begrenzt sinnvoll, wenn nicht ein »von oben« steuerndes Element dafür sorgen kann, dass zur Ausnutzung der beschriebenen ökonomischen Vorteile eine gewisse Koordination erfolgt. Damit ist das Konzernrecht nicht nur Schutzrecht, sondern auch Organisationsrecht, soweit es rechtliche Vorgaben für die Organisation des Konzerns und seine Leitung macht.[11]

Das Recht der verbundenen Unternehmen greift erst ein, wenn bereits eine Verflechtung zwischen Unternehmen besteht. Die Verhinderung einer Verflechtung zum Schutz des Wettbewerbs bezweckt indes das Kartellrecht (Kartellverbot, Fusionskontrolle). Daneben greift zum Zeitpunkt der Verflechtung börsennotierter Gesellschaften zum Schutz von Minderheitsgesellschaftern auch das Übernahmerecht (vor allem das WpÜG; → Rn. 1104) ein. Zumindest bei GmbHs können in gewissem Umfang auch

---

9 *Schneider* ZGR 1984, 497.
10 *Emmerich/Habersack* KonzernR § 1 Rn. 28 (S. 12).
11 *K. Schmidt* GesR § 17 II 1 (S. 491 f.). So wird das Prinzip der eigenverantwortlichen Leitung der Gesellschaft in § 76 I AktG durch das Weisungsrecht des herrschenden Unternehmens in §§ 308, 323 I AktG verdrangt.

Satzungsbestimmungen der beteiligten Unternehmen, wie Wettbewerbsverbote und Vinkulierungen, eine Verbindung verhindern oder erschweren.[12]

IV. Rechtsgrundlagen des Konzerngesellschaftsrechts

929 Allgemeine Bestimmungen des Konzernrechts finden sich in §§ 15–19 AktG. Diese sind rechtsformneutral formuliert und daher – mit Ausnahme von § 19 AktG, der nur für kapitalgesellschaftliche Rechtsformen gilt – auf alle Rechtsformen anwendbar. Diese Normen können daher auch auf konzernrechtliche Fragen bei Personengesellschaften, Vereinen oder Genossenschaften angewendet werden.[13] In speziellen Regelungsbereichen muss auch das Konzernrecht rechtsformspezifischen Besonderheiten Rechnung tragen. Hierfür finden sich kodifizierte Regeln jedoch nur in §§ 20–22 AktG (Mittelungspflichten über Beteiligungen), §§ 291–328 AktG, die eine möglichst umfassende Regelung des AG-Konzernrechts versuchen,[14] sowie §§ 290–315 HGB für das Bilanzrecht. Die sich hieraus ergebenden Lücken für die verbleibenden Gesellschaftsformen müssen von Literatur und Rechtsprechung geschlossen werden, wobei gerade im Bereich der Personengesellschaften aber auch bei der GmbH allgemeinen gesellschaftsrechtlichen Prinzipien, insbesondere der Treuepflicht, große Bedeutung zukommt.[15]

V. Begrifflichkeiten

930 In §§ 15 ff. AktG wird der Begriff der »verbundenen Unternehmen« festgelegt. Der Unternehmensbegriff ist vom Gesetzgeber bewusst nicht definiert worden[16] und damit der Ausgestaltung durch Rechtsprechung und Schrifttum überlassen. Aus der rechtsformneutralen Formulierung (»Unternehmen«) und unter Berücksichtigung des Schutzzwecks des Konzernrechts folgt aber die Anwendbarkeit sowohl auf Aktiengesellschaften wie auch auf Gesellschaften mbH und Personengesellschaften.[17] Prüfungstechnisch sind die dort angesprochenen Vorfragen zunächst zwingend zu klären, da der Begriff des Unternehmens über Anwendbarkeit und Reichweite des Konzernbegriffs entscheidet,[18] bevor daran anknüpfende, spezifische Rechtsfolgen auslösende Normen (insbesondere §§ 291 ff. AktG) angesprochen werden.

1. Unternehmensbegriff (§§ 15 ff. AktG)

931 a) In seinen Einzelheiten ist der Unternehmensbegriff bis heute nicht abschließend geklärt.[19] Inzwischen wird jedoch von einem teleologischen Unternehmensbegriff aus-

---

12 *Habersack* in Emmerich/Habersack Aktien- und GmbH-KonzernR Vor § 311 Rn. 2f.; *Hirte* KapGesR Rn. 8.57ff.

13 Hüffer/Koch/*Koch* AktG § 15 Rn. 6.

14 *Kuhlmann/Ahnis* Konzern- und UmwandlungsR Rn. 20.

15 *Hirte* KapGesR Rn. 8.9; *Koch* GesR § 38 Rn. 5f. Ausf. *Emmerich/Habersack* KonzernR § 33 Rn. 1ff. (S. 574).

16 AmtlBegr zum RegE, abgedr. in *Kropff,* Aktiengesetz, 1965, 27.

17 *Timm* JuS 1999, 656.

18 Hüffer/Koch/*Koch* AktG § 15 Rn. 22.

19 Zu Einzelheiten Emmerich/Habersack/*Emmerich* Aktien- und GmbH-KonzernR § 15 Rn. 6ff.; zur Entwicklung des Unternehmensbegriffs auch *K. Schmidt*, FS Koppensteiner, 2001, 191.

gegangen, der sich an der beschriebenen Konzerngefahr orientiert und dazu dienen soll, diese so weit wie möglich einzudämmen.[20] Besteht insoweit über das Ziel und damit die Grundzüge des Unternehmensbegriffs Einigkeit, ist der Weg zu seiner Definition nach wie vor nicht eindeutig. Die Rechtsprechung versucht sich an einer positiven Definition, wobei einem Gesellschafter Unternehmensqualität zugeschrieben wird, wenn er außerhalb der Gesellschaft, deren Anteile er hält, noch anderweitig »unternehmerisch«, dh selbstständig wirtschaftlich tätig ist. Die Unternehmereigenschaft eines Gesellschafters setzt danach voraus, dass wirtschaftliche Interessenbindungen außerhalb der Gesellschaft hinzutreten, die stark genug sind, um die ernste Besorgnis einer Interessendurchsetzung zum Nachteil der Gesellschaft zu begründen.[21]

In der Literatur findet sich demgegenüber eine negative Definition des Unternehmensbegriffs. Diese orientiert sich am gesetzgeberischen Willen, reine Privataktionäre aus dem Anwendungsbereich des Konzernrechts auszuklammern. So sind – statt Aufstellung einer »Positivliste« für Gesellschafter mit Unternehmenseigenschaft – vielmehr alle Gesellschafter daraufhin zu untersuchen, ob von ihnen die Konzerngefahr ausgeht oder nicht, sodass letztlich nach Ausscheiden der reinen Privataktionäre ohne konzernrechtlichen Interessenkonflikt alle verbleibenden Gesellschafter als Unternehmensaktionäre, also Unternehmen im Sinne des Konzernrechts zu qualifizieren sind.[22] Diese Vorgehensweise entspricht der vom BGH bei der Frage nach der Unternehmensqualität der öffentlichen Hand praktizierten Vorgehensweise und kann für sich als Vorteil in Anspruch nehmen, zahlreiche der »subtilen Unterscheidungen«[23] bei der Bestimmung des Unternehmensbegriffs überflüssig zu machen. Für die Unternehmenseigenschaft kommt es jedenfalls nicht auf die Rechtsform des betreffenden Gesellschafters an, sodass alle potentiellen Träger von Rechten und Pflichten als Unternehmen in Betracht kommen, neben Kapitalgesellschaften zB auch Einzelkaufleute, Genossenschaften sowie Stiftungen oder Vereine.[24]

b) Bei der Bestimmung des Unternehmensbegriffs sind drei weitere Punkte von Bedeutung. Zunächst ist zu fragen, ob an die wirtschaftliche Interessenbindung außerhalb der Gesellschaft bestimmte intensitätsmäßige Anforderungen zu stellen sind. Weiterhin ist zu klären, ob bei Beteiligungen der öffentlichen Hand oder von Holdinggesellschaften besondere Regeln gelten müssen. **932**

aa) Die Unternehmensdefinition lässt den Maßstab für die »wirtschaftliche Interessenbindung außerhalb der Gesellschaft« offen und damit auch die Frage, ob diese eine gewisse Intensität erreichen muss. Die Rechtsprechung hält das Kriterium der gesellschaftsfremden maßgeblichen Beteiligung für ausschlaggebend, da erst eine solche die Möglichkeit der Einflussnahme in einer der betrachteten Gesellschaft fremden Interessensgemeinschaft ermöglicht.[25] Sie liegt vor, wenn eine unmittelbare Mehrheitsbeteiligung an einer anderen Gesellschaft gegeben ist,[26] bei geringerer Beteiligung durch **933**

---

20 Kölner KommAktG/*Koppensteiner* § 15 Rn. 15 ff.; *Emmerich/Habersack* KonzernR § 2 Rn. 5 ff. (S. 28).
21 StRspr, BGHZ 69, 334 (337f.) – VEBA-Gelsenberg; BGHZ 95, 330 (337) – Autokran.
22 *Emmerich* in Emmerich/Habersack Aktien- und GmbH-KonzernR § 15 Rn. 9a.
23 *Emmerich* in Emmerich/Habersack Aktien- und GmbH-KonzernR § 15 Rn. 9b; ebenso Spindler/Stilz/*Schall* AktG § 15 Rn. 15 ff.
24 *Timm* JuS 1999, 656.
25 BGHZ 148, 123 (**125**) – MLP, Hüffer/Koch/*Koch* AktG § 15 Rn. 10f.
26 BGHZ 148, 123 (**125**) – MLP mAnm *Bayer* ZGR 2002, 933.

niedrige Präsenzen in Gesellschafter- bzw. Hauptversammlung eine dauerhafte Mehrheit aber gleichwohl möglich ist[27] oder durch Stimmverträge die Möglichkeit der Beeinflussung der Leitungsorgane der Gesellschaft besteht.[28]

934 **bb)** Unter einer *Holdinggesellschaft* ist eine Gesellschaft zu verstehen, die für einen Gesellschafter dessen Anteilsbesitz an anderen Gesellschaften verwalten.[29] Es stellt sich die Frage, ob ein Gesellschafter weiter als Unternehmensgesellschafter zu qualifizieren ist, wenn er seine Anteile in einer solchen Holdinggesellschaft »parkt«. Hier gilt es hinsichtlich der Unternehmensqualität der Holding zu unterscheiden. Verwalten weiterhin ihre Gesellschafter die Beteiligung und treffen damit die Entscheidungen selbst, bleiben auch die Holdinggesellschafter Unternehmen hinsichtlich der betrachteten Gesellschaft, damit sie sich nicht durch eine solche Zwischenschaltung ihrer Konzernhaftung entziehen können.[30] Verwaltet die Holding allein die Beteiligungen, so ist sie selbst als Unternehmen im konzernrechtlichen Sinne anzusehen und nicht mehr die hinter ihr stehenden Gesellschafter.[31]

935 **cc)** Seit der Entscheidung BGHZ 69, 334 – »*VEBA/Gelsenberg*« steht fest, dass auch die öffentliche Hand Unternehmen im Sinne des Konzernrechts sein kann.[32] Wichtig ist, dass ihre Unternehmenseigenschaft auch dann zu bejahen ist, wenn sie keine anderen Interessenbindungen wirtschaftlicher Art aufweist. Als die Konzerngefahr begründende Interessenkollision genügt auch die Verfolgung anderweitiger *öffentlicher* (zB arbeitsmarktpolitischer) Interessen.

936 **c)** Der Regelungszweck des Konzernrechts führt zur Unterscheidung zwischen herrschendem und abhängigem Unternehmen. Bedarf es zur Definition des herrschenden Unternehmens einigen Begründungsaufwands (s. oben), so gestaltet sich die Definition des abhängigen Unternehmens mit Blick auf den konzernrechtlichen Regelungszweck einfacher. Dienen konzernrechtliche Vorschriften dem Schutz des Rechtssubjekts, das herrschendem Einfluss ausgesetzt ist, ist das zu schützende Unternehmen möglichst weit zu definieren. Daher ist *abhängiges Unternehmen* jede rechtlich besonders organisierte, selbstständige Vermögenseinheit ohne Rücksicht auf Rechtsform oder Geschäftsbetrieb.[33] Aufgrund ihrer mitgliederlosen Rechtspersönlichkeit stellt sich jedoch die Frage, inwieweit Einzelkaufleute und Stiftungen abhängige Konzernunternehmen sein können. Beides wird heute – jedenfalls in bestimmten Fällen – bejaht.[34]

---

27 BGHZ 135, 107 (114) – VW/Niedersachsen (dort angenommen für eine Beteiligung von 20 % bei regelmäßiger HV-Präsenz von 37 %).

28 BGHZ 148, 123 (125) – MLP; ausf. *Emmerich* in Emmerich/Habersack Aktien- und GmbH-KonzernR § 15 Rn. 14; *Cahn* AG 2002, 30 (32 f.).

29 *Emmerich* in Emmerich/Habersack Aktien- und GmbH-KonzernR § 15 Rn. 15; *Kuhlmann/Ahnis* Konzern- und UmwandlungsR Rn. 38.

30 MüKoAktG/*Bayer* § 15 Rn. 31.

31 Hüffer/Koch/*Koch* AktG § 15 Rn. 12.

32 Zu beachten ist freilich die gesetzgeberische Freistellung der Bundesanstalt für vereinigungsbedingte Sonderaufgaben durch § 28a S. 1 EGAktG.

33 Hüffer/Koch/*Koch* AktG § 15 Rn. 19; *Timm* JuS 1999, 657.

34 Für den Einzelkaufmann MüKoAktG/*Bayer* § 15 Rn. 48; aA OLG Stuttgart NZG 2005, 432 (435 f.); krit. zur Stiftung MüKoAktG/*Bayer* § 17 Rn. 127 ff.

2. Abhängigkeit (§ 17 AktG)

a) Die weitreichendste Anwendungsvorgabe für konzernrechtliche Vorschriften **937** knüpft § 17 I AktG an die *Abhängigkeit*, also die Möglichkeit beherrschenden Einflusses des herrschenden auf das abhängige Unternehmen. Wichtig ist, dass es nicht auf tatsächliche Ausübung von Einfluss, sondern allein die hierzu bestehende Möglichkeit ankommt.[35] Dabei muss sich diese Möglichkeit jedoch insoweit verdichten, dass dem herrschenden Unternehmen fortdauernd und organisatorisch abgesicherte Mittel zur Verfügung stehen, um dem abhängigen Unternehmen Konsequenzen für den Fall einer Verweigerung gegenüber dem geltend gemachten Einfluss androhen zu können.[36]

b) Dieses *Abhängigkeits- bzw. Beherrschungsverhältnis* ist im Recht der verbundenen **938** Unternehmen von zentraler Bedeutung. Nach § 17 II AktG wird bei Vorliegen einer Mehrheitsbeteiligung iSv § 16 AktG die Abhängigkeit des in Mehrheitsbesitz stehenden Unternehmens von dem an ihm mehrheitlich beteiligten Unternehmen vermutet.[37] Kann jedoch bei Vorliegen einer Mehrheitsbeteiligung die Vermutung der Abhängigkeit widerlegt werden, so mag Abhängigkeit umgekehrt auch bestehen, obgleich keine Mehrheitsbeteiligung vorliegt. Dies ist der Fall, wenn neben einer Minderheitsbeteiligung weitere Umstände gegeben sind, die eine Einflussnahme ermöglichen. Ist etwa ein Großteil der Anteile in der Hauptversammlung in der Regel nicht vertreten (zB weil es sich um reine »Anlegeraktionäre« handelt) und sichert deshalb bereits eine Minderheitsbeteiligung eine faktische Hauptversammlungsmehrheit, ist Abhängigkeit gegeben.[38] Gleiches gilt, wenn von zwei verschiedenen Unternehmen gehaltene Minderheitsbeteiligungen etwa über Konsortialverträge oder gar nur faktisch koordiniert werden (sog. Mehrmütterherrschaft).[39] Auch Personenidentität der Vorstände oder aber Satzungsbestimmungen, die einem Minderheitsgesellschafter einen besonderen Einfluss etwa auf wichtige Personalentscheidungen sichern, vermögen im Zusammenspiel mit einer Minderheitsbeteiligung eine Abhängigkeit zu begründen.[40] Rein wirtschaftliche oder vertragliche Beziehungen, wie Kredit- oder Lieferverträge, begründen für sich genommen hingegen keine konzernrechtliche Abhängigkeit. Eine solche muss »gesellschaftsrechtlich bedingt oder vermittelt«[41] sein. Derartige Verträge können aber einen bestehenden gesellschaftsrechtlichen Einfluss aus einer Minderheitsbeteiligung verstärken und so zu einem beherrschenden Einfluss und damit zu einer Abhängigkeit fuhren.[42]

Bei der Beurteilung der Frage der Abhängigkeit ist stets die Struktur der übrigen Anteilseigner zu beachten.[43] Ein Minderheitsaktionär wird trotz Hinzutretens weiterer Umstände in der Regel dann keinen maßgeblichen Einfluss gewinnen können, wenn

---

35 BGHZ 62, 193 (201) – Seitz; *Timm* JuS 1999, 657; *Kübler/Assmann* GesR § 29 II 3 a (S. 422)
36 BGHZ 121, 137 (146) – WAZ/IKZ I; insoweit zu eng *Timm* JuS 1999, 657, der noch von der grundlegenden Annahme nach RGZ 167, 40 (49) ausgeht, die eine Möglichkeit zum »Aufzwingen des Willens« voraussetzte.
37 Zur Bestimmung der Abhängigkeit bei einer GmbH & Co. KG vgl. BAG NZG 2012, 754.
38 BGHZ 69, 334 (347); 135, 107 (114).
39 BGHZ 62, 193 (196); Heidel/*Peres/Walden* AktG § 17 Rn. 13 ff.; MüKoAktG/*Bayer* § 17 Rn. 76 ff.
40 Kölner KommAktG/*Koppensteiner* § 17 Rn. 21 f.; MüKoAktG/*Bayer* § 17 Rn. 33.
41 BGHZ 121, 137 (145); MüKoAktG/*Bayer* § 17 Rn. 21 (29); *Emmerich/Habersack* KonzernR § 3 Rn. 21 ff. (S. 45).
42 BGHZ 90, 381 (397) – BuM.
43 MüKoAktG/*Bayer* § 17 Rn. 35; *Emmerich/Habersack* KonzernR § 3 Rn. 29 ff. (S. 48).

ihm nur noch ein weiterer großer Anteilseigner gegenübersteht, der seinerseits beherrschenden Einfluss auf das fragliche Unternehmen ausübt. Anders ist dies, wenn einem »großen Minderheitsaktionär« eine Vielzahl von Kleinaktionären gegenübersteht. Die wichtigsten Rechtsfolgen der Abhängigkeit als solcher finden sich in § 18 I 3 AktG (Konzernvermutung), §§ 311ff. AktG (faktischer Konzern), § 100 II Nr. 2 AktG (gesetzlicher Vertreter der abhängigen Gesellschaft kann nicht Aufsichtsrat des herrschenden Unternehmens werden) und § 136 II AktG (Nichtigkeit von Stimmbindungen).

3. Einheitliche Leitung

Dritte Voraussetzung des Konzerns ist nach § 18 I AktG die *einheitliche Leitung*. Dieser Begriff ist Anknüpfungspunkt für die Frage nach einem engen oder weiten Konzernverständnis.

939   **a)** Das *enge Konzernverständnis* orientiert sich an einem wirtschaftswissenschaftlich geprägten Konzernbegriff und versteht den Konzern als wirtschaftliche Einheit, die nur vorliegt, wenn von der Konzernspitze für (fast) alle zentralen Bereiche im beherrschten Unternehmen eine einheitliche Planung ausgeht, die bei den Konzernuntergesellschaften ohne Rücksicht auf deren rechtliche Selbstständigkeit durchgesetzt wird.[44] Nur auf dieser Grundlage sei ein über das Schutzkonzept des geltenden Rechts hinausgehendes Konzernorganisationsrecht zu entwickeln.[45]

940   **b)** Der *weite Konzernbegriff* lässt demgegenüber im Einzelfall auch eine einheitliche Planung in einem anderen zentralen Unternehmensbereich (zB Produktion, Verkauf) ausreichen.[46] Hierfür wird angeführt, dass ein umfassender und tatsächlicher Einfluss auf die Personalpolitik genügen muss, der bereits bei Vorliegen dieser Voraussetzungen gegeben ist, zumal nur ein weiter Konzernbegriff den wenigen, unmittelbar an den Konzernbegriff anknüpfenden Vorschriften einen nennenswerten Anwendungsbereich zu sichern vermag.[47]

941   **c)** Zwar hat der Streit nur begrenzte praktische Bedeutung. So wird etwa im Rahmen der Konzernmitbestimmung im Arbeitnehmerinteresse dem weiten Begriff gefolgt.[48] Aber auch wenn bezüglich konzernrechtlicher Rechtsfolgen im Wesentlichen an andere Tatbestandsmerkmale, insbesondere die Abhängigkeit nach § 17 AktG, angeknüpft wird, liefert dies allein kein Argument für ein weites Verständnis. Zwar ist nach der Änderung der §§ 290ff. HGB durch das Bilanzmodernisierungsgesetz v. 25.9.2009 (BGBl. 2009 I 1102) das bislang ausschlaggebende Argument für den *engen* Konzernbegriff entfallen.[49] § 290 I, II HGB knüpft nämlich im Rahmen der Konzernrechnungslegung nicht länger an das Vorliegen eines Konzerns an, sondern begnügt sich mit dem Bestehen beherrschenden Einflusses. Dennoch setzt der Konzern als wirtschaftliche Einheit bei rechtlicher Vielfalt eine funktionale Wirtschaftseinheit voraus, für die eine wirtschaftliche Einheit nach außen bei innerer rechtlicher Vielfalt

---

44 Hüffer/Koch/*Koch* AktG § 18 Rn. 9 mwN.
45 Hüffer/Koch/*Koch* AktG § 18 Rn. 9 mwN.
46 *Emmerich* in Emmerich/Habersack Aktien- und GmbH-KonzernR § 18 Rn. 11; für ein solch weites Verständnis auch MüKoAktG/*Bayer* § 18 Rn. 33; Spindler/Stilz/*Schall* AktG § 18 Rn. 18.
47 MüKoAktG/*Bayer* § 18 Rn. 33.
48 MüKoAktG/*Bayer* § 18 Rn. 32.
49 Hüffer/Koch/*Koch* AktG § 18 Rn. 10 unter Verweis auf Spindler/Stilz/*Schall* AktG Vor § 15 Rn. 17.

kennzeichnend ist. Eine solche funktionale Wirtschaftseinheit erfordert aber eine einheitliche Leitung in allen relevanten Unternehmensbereichen und nicht lediglich in einigen Teilbereichen, weshalb im Rahmen von § 17 AktG weiterhin von einem engen Konzernverständnis auszugehen ist.

d) Die Vermutung einheitlicher Leitung iSv § 18 I 2 AktG bei Vorliegen eines *Beherr-* 942 *schungsvertrags* (§ 291 I 1 AktG) oder einer *Eingliederung* (§§ 319, 320 AktG) ist unwiderleglich.[50] Hingegen kann die in § 18 I 3 AktG aufgestellte Konzernvermutung (bei Vorliegen von Abhängigkeit nach § 17 AktG) widerlegt werden. Dafür ist erforderlich, dass trotz Abhängigkeit vom herrschenden Unternehmen tatsächlich keine einheitliche Leitung praktiziert wird.[51]

4. Gleichordnungskonzern und wechselseitige Beteiligung

a) Die zuvor beschriebenen Konzerne aus herrschenden und abhängigen Unterneh- 943 men werden als *Unterordnungskonzerne* bezeichnet. § 18 II AktG behandelt demgegenüber *Gleichordnungskonzerne*. Demnach bilden auch rechtlich selbstständige Unternehmen einen Konzern, wenn sie unter einheitlicher Leitung zusammengefasst sind, ohne dass jedoch das eine von dem anderen Unternehmen abhängig ist.[52] Ergänzt wird diese Regelung durch § 291 II AktG, der klarstellt, dass in einem solchen Verhältnis eine einheitliche Leitung begründende Verträge keine Beherrschungsverträge iSv § 291 I AktG darstellen.

b) Der Tatbestand der verbundenen Unternehmen in Form wechselseitig beteiligter 944 Unternehmen ist gegeben, wenn zwei inländische Kapitalgesellschaften wechselseitig jeweils mindestens 25 % der Anteile der anderen Gesellschaft halten. Wechselseitige Beteiligungen begründen neben dem allgemeinen konzernspezifischen Interessenkonflikt die Gefahr, dass das Verbot des Erwerbs eigener Aktien umgangen und der Grundsatz der Kapitalerhaltung ausgehöhlt wird. Zudem kann eine wechselseitige Beteiligung außenstehende Aktionäre weitgehend ihrer Mitwirkungs- und Kontrollmöglichkeiten berauben.[53]

§ 19 AktG unterscheidet danach, ob nur die wechselseitige Beteiligung oder darüber hinaus auch ein einseitiges oder beiderseitiges Abhängigkeitsverhältnis aufgrund einer Mehrheitsbeteiligung oder sonstigen beherrschenden Einflusses gegeben ist. Anders als bei § 17 II AktG wird im Rahmen von § 19 II, III AktG im Fall einer Mehrheitsbeteiligung das Vorliegen einer Abhängigkeit unwiderlegbar angenommen (»… ist als … anzusehen«). Ist eine einseitige Mehrheitsbeteiligung (A hält 54 % an B, B hält 26 % an A) oder sonstige einseitige Möglichkeit gegeben, beherrschenden Einfluss auszuüben, ist das eine Unternehmen (hier B) abhängig, das andere (hier A) herrschendes Unternehmen. Besteht eine beiderseitige Mehrheitsbeteiligung (C hält 76 % an D, D hält 63 % an C) oder sonstige beiderseitige Möglichkeit, beherrschenden Einfluss zu nehmen, sind beide Unternehmen jeweils abhängig und zugleich beherrscht. Bei einem solchen Abhängigkeitsverhältnis greifen die allgemein bei Abhängigkeitslagen vor-

---

50 *Emmerich* in Emmerich/Habersack Aktien- und GmbH-KonzernR § 18 Rn. 20.
51 Vgl. BayObLG NZG 1998, 509; BAGE 110, 100 (118 ff.). – Bofrost.
52 Instruktiv BGHZ 121, 137 (146 f.) – WAZ/IKZ; krit. dazu *K. Schmidt* ZHR 155 (1991), 417. Ferner gilt es, vertragliche und faktische Gleichordnungskonzerne zu unterscheiden.
53 Heidel/*Wagner* AktG § 19 Rn. 8 ff.; MüKoAktG/*Bayer* § 19 Rn. 1 ff.; *Kübler/Assmann* GesR § 29 III 1 b (S. 424).

gesehenen konzernrechtlichen Schutzvorschriften ein, vor allem der Stimmrechtsausschluss gem. §§ 71d S. 4, 71b AktG sowie die §§ 311ff., 18 I 3 AktG.[54] Nach § 19 IV AktG wird § 328 AktG insoweit verdrängt. Auch ringförmige wechselseitige Beteiligungen sind, sofern Mehrheitsbeteiligungen oder Abhängigkeitsverhältnisse gegeben sind, erfasst (§ 19 I 2 iVm § 16 IV AktG).[55]

5. Mitteilungspflichten (§§ 20 ff. AktG)

945 Während die übrigen konzernrechtlichen Schutzvorschriften Rechtsfolgen erst anordnen, wenn verbundene Unternehmen bereits entstanden sind, lassen sich die Mitteilungspflichten der §§ 20 ff. AktG als Form einer Konzernbildungskontrolle verstehen,[56] da die Bestimmungen bereits vor einer konzernrechtlich relevanten Verbindung eingreifen können.

Erwirbt ein Unternehmen eine Beteiligung von 25 bzw. 50 % an einer inländischen AG oder fällt eine solche zuvor bestehende Beteiligung weg, begründet § 20 I–V AktG die Pflicht, diese Tatsache der betreffenden AG mitzuteilen. Dieser Umstand ist durch diese Gesellschaft gem. § 20 VI AktG unverzüglich in ihren Gesellschaftsblättern bekannt zu machen und in den Geschäftsbericht aufzunehmen (§ 160 I Nr. 8 AktG), um Gläubiger und Aktionäre zu informieren. Vor der Mitteilung an die AG kann der Erwerber die Rechte aus der Beteiligung nicht ausüben, wobei die Rechte auf Dividendenzahlungen und den Liquidationserlös nur bei vorsätzlicher Unterlassung der Mitteilung ausgeschlossen sind (§ 20 VII AktG). § 21 AktG enthält eine weitgehend entsprechende Regelung für den Fall, dass eine Gesellschaft eine Beteiligung an einer anderen Kapitalgesellschaft erwirbt oder veräußert. § 22 AktG sieht vor, dass das Unternehmen, dem eine entsprechende Mitteilung gemacht wird, den Nachweis des Bestehens der Beteiligung verlangen kann. Freilich gelten die Mitteilungspflichten aus §§ 20, 21 AktG gem. §§ 20 VIII, 21 V AktG nicht für Aktien einer börsennotierten Aktiengesellschaft. Für diese greifen die in mehrfacher Hinsicht schärferen Mitteilungspflichten der §§ 33 ff. WpHG (§§ 21 ff. WpHG aF) ein (→ Rn. 1127). §§ 20, 21 AktG betreffen also nur nicht börsennotierte Gesellschaften.

Über die Mitteilungspflichten hinaus wird eine gewisse Konzernbildungskontrolle auf der Ebene der potentiell herrschenden Gesellschaft durch eine Beschränkung der Vorstandskompetenzen beim Erwerb von Beteiligungen oder Ausgliederungen und Maßnahmen mit vergleichbarer Wirkung erreicht. Gläubiger der potentiell herrschenden Gesellschaft schützen sich häufig mit vertraglichen Abreden vor Verlagerungen von haftendem Vermögen auf Tochtergesellschaften. Des Weiteren gewährleistet das Übernahmerecht einen gewissen Schutz außenstehender Aktionäre.

54 Zu weiteren Rechtsfolgen MüKoAktG/*Bayer* § 19 Rn. 40 ff.

55 *Emmerich* in Emmerich/Habersack Aktien- und GmbH-KonzernR § 19 Rn. 10; Kölner Komm-AktG/*Koppensteiner* § 19 Rn. 22 f.; MüKoAktG/*Bayer* § 19 Rn. 36–39.

56 MüKoAktG/*Bayer* § 20 Rn. 1; *Hirte* KapGesR Rn. 8.44, 8.51.

§ 29 Faktischer Konzern

Literatur: *Emmerich/Habersack*, Konzernrecht, 10. Aufl. 2013; *Emmerich/Habersack*, Aktien- und GmbH-Konzernrecht, 8. Aufl. 2016; *Timm*, Grundfälle zum Konzernrecht, JuS 1999, 553, 656, 760, 876, 966.

Fall: Die A-GmbH ist mit 67% an der B-AG beteiligt. Sie hält zudem Mehrheitsbeteiligungen an vier anderen Aktiengesellschaften in verwandten Branchen. Der Geschäftsführer der A-GmbH drängt den Vorstand der B-AG dazu, Produkte von einer der vier anderen AGs zu über dem Marktpreis liegenden Preisen zu beziehen, obwohl sie bei anderen Lieferanten billiger zu bekommen wären, sowie die lukrative Produktion eines Produkts einzustellen, das mit einem ähnlichen Produkt einer der vier AGs in Konkurrenz steht. Der Vorstand folgt dem Drängen des Geschäftsführers und unternimmt sonst nichts weiter. Auch die A-GmbH ergreift nach Ende des Geschäftsjahres keine Maßnahmen in der Sache. Welche Ansprüche hat C, der 5% an der B-AG hält?

946

Das in §§ 311 ff. AktG geregelte Abhängigkeitsverhältnis erfasst den in der Praxis häufigen Fall, dass zwischen Unternehmen ein konzernrechtliches Abhängigkeitsverhältnis besteht, ohne dass ein Beherrschungsvertrag geschlossen wurde oder eine Eingliederung vorliegt.[1] In einer solchen Konstellation kann das herrschende Unternehmen regelmäßig über eine Mehrheitsbeteiligung auf Personalentscheidungen einwirken und damit herrschenden Einfluss auf das abhängige Unternehmen ausüben. Wegen dieser faktischen Einflussmöglichkeit spricht man vom *»faktischen«* Konzern.

I. Aktiengesellschaft

§§ 311–318 AktG finden Anwendung, wenn zwischen einem herrschenden Unternehmen und einer AG oder KGaA Abhängigkeit iSv § 17 I AktG besteht, ohne dass ein Beherrschungsvertrag oder eine Eingliederung vorliegen. Wesentliche Rechtsfolgen sind das an das herrschende Unternehmen gerichtete grundsätzliche Verbot, der abhängigen Gesellschaft für diese nachteilige Weisungen ohne Gewährung eines entsprechenden Nachteilsausgleichs zu erteilen (§ 311 AktG), und die Pflicht zur Erstellung eines Abhängigkeitsberichts (§ 312 AktG). Anders als beim Vertragskonzern bleiben im faktischen Konzern die Pflichten der Organe und die Regelungen zum Kapitalerhalt grundsätzlich bestehen und werden lediglich ergänzt (etwa durch §§ 311, 318 AktG). Ebenso bleibt § 117 AktG anwendbar, weshalb auch die Einflussnahme eines Nichtunternehmens eine Haftung auslösen kann.

947

1. Nachteilsausgleich (§ 311 II AktG)

Die Konzerngefahr soll durch bestimmte Verhaltenspflichten für das herrschende Unternehmen sowie dessen Geschäftsleitung und das beherrschte Unternehmen und dessen Aufsichtsrat eingedämmt werden.[2] Daher verbietet § 311 I AktG dem herrschenden Unternehmen, die abhängige Gesellschaft zu für sie nachteiligen Rechtsgeschäften zu veranlassen oder Maßnahmen zur ihrem Nachteile zu treffen oder zu unterlassen, wenn diese Nachteile nicht ausgeglichen werden. Nach § 311 II AktG muss dies spä-

---

1 Zur vermeintlich schwindenden Bedeutung des Vertragskonzerns s. *Schön* ZHR 168 (2004), 629

2 *Habersack* in Emmerich/Habersack Aktien- und GmbH-KonzernR § 311 Rn. 1.

testens bis zum Ende des Geschäftsjahres erfolgen,[3] wobei bereits der Beschluss selbst den Nachteilsausgleich vorsehen muss.[4]

948 **a)** Zu klären ist daher insbesondere, wann ein *Nachteil* in diesem Sinne vorliegt. Mit Blick auf das Regelungsziel, das abhängige Unternehmen vermögensmäßig in die Stellung eines unabhängigen Unternehmens zu bringen,[5] ist eine Differenzhypothese aufzustellen. Es ist zu fragen, wie sich die Vermögenslage des Unternehmens infolge der potentiell nachteiligen Maßnahme entwickelt hat. Dies ist mit der Vermögenslage bei hypothetischer Unabhängigkeit zu vergleichen.[6] Demnach ist unter *Nachteil* jede Minderung der Vermögens- oder Ertragslage zu verstehen, wenn und soweit sie auf die Abhängigkeit zurückzuführen ist, wobei bereits eine konkrete Gefährdung ausreicht.[7] Insbesondere ist ein Nachteilsausgleich nur möglich, wenn der Nachteil auch quantifizierbar ist. Weil die Vermögens- oder Ertragslage *infolge* der Abhängigkeit gemindert sein muss, liegt ein Nachteil dann nicht vor, wenn ein ordentlicher und gewissenhafter Geschäftsleiter einer unabhängigen Gesellschaft sich ebenso verhalten hätte wie der Vorstand der abhängigen Gesellschaft.[8] Dies bedeutet vor allem, dass die abhängige Gesellschaft (und damit letztlich auch deren Aktionäre und Gläubiger) das Risiko einer unternehmerischen Entscheidung zu tragen haben.[9]

949 **b)** Der Nachteilsausgleich nach § 311 II AktG setzt voraus, dass die abhängige Gesellschaft zu dem Nachteil *veranlasst* wurde, also ein aus ihrer Sicht einflusskonformes Verhalten zu einem Nachteil geführt hat. Die Veranlassung kann aus Anregungen, Weisungen oder sonstigen Verhaltensweisen des herrschenden Unternehmens resultieren.[10] Das veranlassende Unternehmen handelt in der Regel durch seine gesetzlichen Vertreter. Da es für den Begriff der Veranlassung auf die Sicht des abhängigen Unternehmens ankommt, können unter diesem Gesichtspunkt auch Angestellte Veranlasser im konzernrechtlichen Sinne sein, soweit deren Verhalten den Eindruck erweckt, es repräsentiere den Unternehmenswillen.[11]

950 **c)** Der Nachteilsausgleich kann durch Leistung von Vermögensgegenständen oder durch Einräumung eines Rechtsanspruchs auf eine zum Ausgleich geeignete Vorteilsleistung an das abhängige Unternehmen erfolgen. Jedoch müssen Art und Weise des Ausgleichs bis Jahresende feststehen, um die Schadensersatzfolge des § 317 I AktG auszuschließen. Die Rechtsnatur der Vorschrift des § 311 II AktG wird unterschiedlich beurteilt. Da das abhängige Unternehmen kein Tun oder Unterlassen vom herrschenden Unternehmen verlangen kann, handelt es sich jedenfalls um keinen durchsetzbaren Ausgleichs- oder gar Schadensersatzanspruch. Deshalb wird von einer »Kompensationsleistung sui generis« oder einer »Rechtspflicht minderer

---

3 Heidel/*Schödel/Schatz* AktG § 311 Rn. 64 ff.; MüKoAktG/*Altmeppen* § 311 Rn. 2; *Hirte* KapGesR Rn. 8.135.

4 BGH NZG 2012, 1030 (1031).

5 BGHZ 141, 79 (84, 88) – Metallgesellschaft; Hüffer/Koch/*Koch* AktG § 311 Rn. 34.

6 Kölner KommAktG/*Koppensteiner* § 311 Rn. 38; *Habersack* ZIP 2006, 1327 (1329).

7 BGHZ 141, 79 (84) – Metallgesellschaft.

8 LG Bonn NZG 2005, 856 (857); Kölner KommAktG/*Koppensteiner* § 311 Rn. 37 f.

9 So auch *Habersack* in Emmerich/Habersack Aktien- und GmbH-KonzernR § 311 Rn. 40. Anders ist dies nur zu beurteilen, wenn man §§ 311, 317 AktG als Verschuldenshaftung für fehlerhafte Fremdgeschäftsführung ansieht, so MüKoAktG/*Altmeppen* § 311 Rn. 158 ff., 163 ff.; *Altmeppen* NJW 2008, 1553 (1554).

10 Hüffer/Koch/*Koch* AktG § 311 Rn. 13.

11 Hüffer/Koch/*Koch* AktG § 311 Rn. 14; MüKoAktG/*Altmeppen* § 311 Rn. 81 f.

Zwangsintensität«[12] ausgegangen. Da Ziel der Kompensation letztlich die Vermeidung des Schadensersatzanspruchs aus § 317 I AktG ist und die Vorschrift damit den Schutz einer eigenen Rechtsposition bezweckt, liegt es nahe, von einer Art Obliegenheit auszugehen, weshalb das abhängige Unternehmen jedenfalls keinen Ausgleich *verlangen* kann.[13]

Die Leistung des Nachteilsausgleichs kann nach dem Rechtsgedanken des § 267 I 1 BGB auch durch Dritte erfolgen. Seine Höhe bemisst sich aufgrund eines vorausschauenden Vergleichs der Vermögenslagen zur Zeit der Vornahme der nachteiligen Maßnahme auf Basis des gegebenen Informationsstandes. Im Gegensatz dazu ist im Rahmen des § 317 I AktG iVm §§ 249ff. BGB eine *ex post*-Betrachtung anzustellen.

d) Nach § 312 I AktG muss der Vorstand einer abhängigen Gesellschaft einen Abhängigkeitsbericht über ihre Beziehungen zum herrschenden Unternehmen erstellen. Dieser soll der Information der Aktionäre, der Selbstkontrolle des Vorstands und der ordnungsgemäßen Durchführung des Nachteilsausgleichs dienen.[14] Der Bericht ist vom Vorstand der abhängigen Gesellschaft in den ersten drei Monaten des Geschäftsjahres für das abgelaufene Geschäftsjahr zu erstellen und muss nach § 312 I 2 AktG Angaben zu allen Rechtsgeschäften mit dem herrschenden oder anderen Konzernunternehmen sowie zu sonstigen Rechtsgeschäften und Maßnahmen enthalten, zu deren Vornahme bzw. Unterlassung die abhängige Gesellschaft durch das herrschende Unternehmen veranlasst wurde. Leistung und Gegenleistung bei Rechtsgeschäften sowie Vor- und Nachteile bei Maßnahmen sind gem. § 312 I 3 AktG ebenso anzugeben wie Gründe für die Durchführung oder Unterlassung von Maßnahmen. Der Vorstand der abhängigen Gesellschaft muss darüber berichten, ob aus den genannten Geschäften und Maßnahmen Nachteile für die Gesellschaft entstanden sind sowie ob und wie diese ausgeglichen wurden (§ 312 I 4 AktG). Der Abhängigkeitsbericht ist von Abschlussprüfern sowie durch den Aufsichtsrat der abhängigen Gesellschaft zu prüfen, welcher der Hauptversammlung auch über das Ergebnis seiner Prüfung berichtet (§§ 313, 314 AktG). Der Bericht wird nicht in Gänze veröffentlicht, sodass er vollständig erstellt werden kann, ohne Geheimhaltungsinteressen zu verletzen. Freilich ist die Information der schutzbedürftigen Gläubiger und Minderheitsaktionäre so nur bedingt gewährleistet.[15] Jeder Aktionär kann unter den in § 315 S. 1 AktG genannten Voraussetzungen eine vom Gericht zu verfügende Sonderprüfung der geschäftlichen Verbindungen zwischen den verbundenen Unternehmen verlangen. Ansonsten bedarf es für eine Sonderprüfung des Antrags einer Minderheit, die wenigstens ein Prozent des Grundkapitals bzw. Anteile im Wert von 100.000 EUR hält (§§ 315 S. 2, 142 II AktG). **951**

2. Haftung

Erfolgt trotz Einflussnahme durch das herrschende Unternehmen kein erforderlicher Nachteilsausgleich, haften gem. § 317 I, III AktG das herrschende Unternehmen und seine gesetzlichen Vertreter der abhängigen Gesellschaft und gegebenenfalls deren Ak- **952**

---

12 Hüffer/Koch/*Koch* AktG § 311 Rn. 38.
13 Kölner KommAktG/*Koppensteiner* § 311 Rn. 122.
14 *Kübler/Assmann* GesR § 31 II 4 (S. 445).
15 *Hirte* KapGesR Rn. 8.139; zu der dahinter stehenden Interessenabwägung MüKoAktG/*Altmeppen* § 312 Rn. 9 und zur Bewertung des Gesamtkonzeptes Rn. 18ff.

tionären gegenüber auf Schadensersatz.[16] Dieselbe Haftung trifft auch Vorstand und Aufsichtsrat des abhängigen Unternehmens, wenn nicht pflichtgemäß über Einflussnahme, Nachteile und Nachteilsausgleich berichtet bzw. der Abhängigkeitsbericht nicht ordnungsgemäß geprüft wurde (§ 318 AktG). Da offenbar weder Aktionäre noch Gläubiger der abhängigen Gesellschaft bereit sind, die Kosten und Risiken konzernhaftungsrechtlicher Schadensersatzprozesse zu tragen, hält sich die praktische Bedeutung der §§ 317, 318 AktG in engen Grenzen.[17]

953 **a)** Der Anspruch der abhängigen Gesellschaft gegen das herrschende Unternehmen aus § 317 I 1 AktG entsteht in dem Zeitpunkt, in dem der Nachteilsausgleich zum Schluss des Geschäftsjahres nicht mehr möglich ist. Hat ein durch das herrschende Unternehmen veranlasster Nachteil zum Schadenseintritt geführt, ist dieser Schaden zu ersetzen. Auf ein Verschulden kommt es ausweislich des Wortlauts von § 317 I 1 AktG nicht an. Nach § 317 IV iVm § 309 IV 3 AktG können auch Gläubiger der abhängigen Gesellschaft, die von dieser keine Befriedigung erlangen können, den Anspruch geltend machen. Die Geltendmachung des Anspruchs ist auch nicht von dem Nachweis abhängig, dass der Vorstand der abhängigen Gesellschaft das ihm zustehende unternehmerische Ermessen (§ 93 I AktG) überschritten hat (§ 317 II AktG).

954 **b)** Ansprüche der abhängigen Gesellschaft können zudem gegen die *gesetzlichen Vertreter* des herrschenden Unternehmens auf der Grundlage von § 317 III AktG bestehen. Die Vertreter haften hierbei als Gesamtschuldner iSv § 421 BGB der abhängigen Gesellschaft, sofern sie die abhängige Gesellschaft zu einer für diese nachteiligen Maßnahme veranlasst haben. Wegen des klaren und auf gesetzliche Vertreter zugeschnittenen Wortlauts des § 317 III AktG kann diese Vorschrift nicht auf andere handelnde Personen im herrschenden Unternehmen übertragen werden.[18]

955 **c)** Soweit ein Verwaltungsmitglied der beherrschten Gesellschaft beeinflusst worden ist, ist auch an einen Anspruch der abhängigen Gesellschaft gegen das herrschende Unternehmen und dessen Vertreter aus § 117 AktG zu denken. Dabei handelt es sich aber um keine konzernrechtliche Norm, sondern um einen speziellen aktienrechtlichen Deliktrechtstatbestand.

> Im **Fall** kann C gegen die A-GmbH und ihren Geschäftsführer Schadensersatzansprüche aus § 317 I, III AktG geltend machen. Der Anspruch aus § 317 I 1 AktG steht der B-AG zu. C kann diesen Anspruch gem. §§ 317 IV, 309 IV AktG geltend machen, muss aber Leistung an die B-AG verlangen (§ 309 IV 2 AktG). Mögliche eigene, zusätzliche Schäden kann er selbst gem. § 317 I 2 AktG geltend machen. Die A-GmbH ist aufgrund der vielfältigen Beteiligungen Unternehmen und die B-AG von der A-GmbH wegen der Mehrheitsbeteiligung gem. § 17 I, II AktG abhängig und beherrscht. Ein Unternehmensvertrag liegt nicht vor. Die A-GmbH hat die B-AG zu nachteiligen Geschäften und Maßnahmen veranlasst, die eine unabhängige, gewissenhaft geführte Gesellschaft nicht vorgenommen hätte (§ 317 II AktG). Die A-GmbH hat die entstandenen Nachteile bis zum Ende des Geschäftsjahres nicht ausgeglichen. Damit haftet diese auf Schadensersatz. Daneben haftet gesamtschuldnerisch der Geschäftsführer der A-GmbH gem. § 317 III AktG. Zudem haftet auch der Vorstand der B-AG gegenüber der B-AG gem. § 318 I AktG, da dieser es pflichtwidrig unterlassen hat, über die nachteiligen Geschäfte und Maßnahmen und ihren »Nicht-Ausgleich« zu berichten.

---

16 BGHZ 190, 7.
17 *Emmerich/Habersack* KonzernR § 27 Rn. 1 (S. 511).
18 Hierzu Hüffer/Koch/*Koch* AktG § 317 Rn. 13f. mwN.

3. Eingliederung

Die *Eingliederung* ist in §§ 319ff. AktG geregelt. Hiermit wird die organisatorische **956** Einordnung einer Gesellschaft in ihre Alleinaktionärin bzw. ihre mit mindestens 95% am Grundkapital beteiligte Mutter bezeichnet. Die Eingliederung begründet ein besonders stark ausgeprägtes konzernrechtliches Unterordnungsverhältnis (vgl. § 18 I 2 AktG) und kommt der Verschmelzung nahe, wenn auch die eingegliederte Gesellschaft rechtlich selbstständig bleibt. Mit Vollzug der Eingliederung gehen die Anteile außenstehender Aktionäre gegen eine Abfindung auf die Muttergesellschaft über (§§ 320a, 320b AktG). Diese erhält die unbeschränkte Leitungsmacht über die eingegliederte AG, muss aber zum Schutz der Gläubiger der eingegliederten AG gesamtschuldnerisch für deren Verbindlichkeiten mithaften (§§ 322, 323 AktG).[19]

Eine ähnliche aber nicht speziell konzernrechtliche Möglichkeit des Ausschlusses von Minderheitsaktionären (hier muss die Mutter nicht Unternehmen im konzernrechtlichen Sinne sein) sehen §§ 327a–327f AktG und im Zusammenhang mit einem Übernahmeverfahren auch §§ 39a–c WpÜG mit dem *»squeeze-out«* vor (→ Rn. 554). Damit soll gerade auch im Hinblick auf Pflichtangebote nach § 35 II WpÜG allen Mehrheitsaktionären mit mindestens 95% des Grundkapitals ermöglicht werden, Kleinaktionäre, deren Schutz nach dem AktG unverhältnismäßigen Aufwand erfordert und die die Unternehmensleitung und Umstrukturierungen behindern können, gegen Abfindung auszuschließen.[20]

II. GmbH

Vergleichbar mit der Ausgangslage im faktischen Aktienkonzern spricht man von **957** einem faktischen *GmbH-Konzern,* wenn ohne Vorliegen eines Beherrschungsvertrags eine GmbH von einem herrschenden Unternehmen im konzernrechtlichen Sinne nach Maßgabe des § 17 AktG abhängig ist. Die GmbH weist als Konzerngesellschaft besondere Vorteile auf, da wegen der im Gegensatz zu § 23 V AktG vorhandenen Satzungsfreiheit und der Weisungsbefugnis der Gesellschafter gegenüber der Geschäftsleitung (vgl. §§ 37 I, 45 I, 46 Nr. 6 GmbHG) Vorgaben der Konzernspitze bis ins Detail durchgesetzt werden können.[21]

1. Keine analoge Anwendung von §§ 311ff. AktG

Zur Bewältigung der in entsprechender Weise wie bei der Aktiengesellschaft bestehen- **958** den konzerntypischen Interessenlage steht für den faktischen GmbH-Konzern kein kodifiziertes Konzernrecht zur Verfügung. Es läge deshalb nahe, das umfassende Regelungsmodell der §§ 311ff. AktG auch im faktischen GmbH-Konzern anzuwenden. Dem stehen jedoch Unterschiede im Minderheiten- und Gläubigerschutz sowie insbesondere die unterschiedliche Grundkonzeption der Geschäftsleitung in AG und GmbH entgegen. Leitet der Vorstand der Aktiengesellschaft diese gem. § 76 I AktG in eigener Verantwortung, unterliegt der Geschäftsführer einer GmbH hingegen detaillierten Weisungen der Gesellschafter. Diese Weisungsabhängigkeit lässt sich mit dem

---

19 *K. Schmidt* GesR § 30 III (S. 922ff.); *Wilhelm* KapGesR Rn. 1285ff.
20 *Kübler/Assmann* GesR § 30 VII 1b (S. 439ff.).
21 *Habersack* in Emmerich/Habersack Aktien- und GmbH-KonzernR Anh. § 318 Rn. 4.

Hintergrund der Regelung des § 311 AktG nicht in Einklang bringen, der gerade davon ausgeht, dass der Vorstand die Entscheidungsbefugnis hat, Veranlassungen durch das herrschende Unternehmen Folge zu leisten oder nicht.[22]

2. Treuepflicht und Rechtsfolgen ihrer Verletzung

959 Hauptinstrument zur Eindämmung der Konzerngefahr im faktischen GmbH-Konzern ist daher die alle Gesellschafter bindende *Treuepflicht* gegenüber der Gesellschaft und den Mitgesellschaftern.[23] Diese zielt darauf ab, dass Mehrheitsgesellschafter auf die Interessen der Minderheitsgesellschafter Rücksicht zu nehmen haben.[24] Dieses ursprünglich personengesellschaftsrechtliche Instrument wurde im Recht der Körperschaften erst spät anerkannt[25] und beruht auf der Annahme, dass in beiden Gesellschaftstypen Treuepflichten zwar unter anderen rechtlichen Voraussetzungen bestehen, sich aber in der Sache gleichen. Anknüpfungspunkt ist dabei ein Vertrag zwischen den Gesellschaftern »in Sachen der Gesellschaft«, wobei bei Körperschaften die juristische Person der Gesellschaft selbst zwischen die Gesellschafter tritt, was die Besonderheit von Bindungen aus Treuepflicht im Recht der Körperschaften ausmacht.

Die Treuepflicht in der GmbH begründet unter anderem ein umfassendes Verbot jeder schädlichen Einflussnahme auf die abhängige Gesellschaft, ohne dass es auf die Art der Einflussnahme ankäme.[26] Es sind Treuepflichtverletzungen aufgrund von Weisungen an die Geschäftsführer, bei Beschlüssen oder bei der Geltendmachung von Ersatzansprüchen denkbar. Werden diese Pflichten verletzt, steht den Minderheitsgesellschaftern ein direkter Schadensersatzanspruch gegen den Mehrheitsgesellschafter zu. Auch Unterlassungsansprüche können eingreifen, wenn der Mehrheitsgesellschafter die Grenzen der zulässigen nachteiligen Einflussnahme überschreitet. Mögliche Ansprüche, die sich aus einer Verletzung der Treuepflicht ergeben, sind Unterlassungsansprüche, Schadensersatzansprüche, Anfechtungsrechte oder positive Stimmpflichten. Grundlage etwaiger Schadensersatzansprüche ist dabei § 280 I BGB.

3. Minderheiten- und Gläubigerschutz

960 Der *Minderheitenschutz* fußt in erster Linie auf dem Grundsatz der Gleichbehandlung.[27] Dieser verbietet sachlich nicht gerechtfertigte Bevorzugungen eines Gesellschafters und findet insbesondere Anwendung, wenn ein Gesellschafter über eine beherrschende Stellung verfügt. Von besonderer Bedeutung sind ferner Stimmverbote nach § 47 IV GmbH. Ein Austrittsrecht haben außenstehende Gesellschafter jedoch erst, wenn das herrschende Unternehmen die GmbH in qualifizierter, also den Einzelausgleich nicht mehr ermöglichender Weise schädigt.[28] Auch der Gläubigerschutz wird im faktischen GmbH-Konzern über die allgemeinen Kapitalaufbringungs- und

---

22 So die ganz hM, BGHZ 149, 10 – Bremer Vulkan; *Habersack* in Emmerich/Habersack Aktien- und GmbH-KonzernR Anh. § 318 Rn. 6; aA etwa *Wilhelm* KapGesR Rn. 1317 ff.

23 *Timm* JuS 1999, 868; krit. dazu *Bälz* AG 1992, 277 (293 f.).

24 BGHZ 65, 15 (18 ff.) – ITT; *Habersack* in Emmerich/Habersack Aktien- und GmbH-KonzernR Anh. § 318 Rn. 27 ff.; *K. Schmidt* GesR § 39 III 2 (S. 1220 ff.).

25 Für die GmbH durch BGHZ 65, 15 (18 ff.) – ITT, für die AG durch BGHZ 129, 136 – Girmes anerkannt.

26 BGHZ 65, 15 – ITT.

27 Näher Ulmer/*Raiser* GmbHG § 14 Rn. 113 ff.

28 OLG Saarbrücken AG 1980, 26 (28).

-erhaltungsregeln der §§ 30, 31 GmbH realisiert. Zudem werden die Gläubiger über das aus der Treuepflicht resultierende Schädigungsverbot geschützt.[29]

III. Qualifizierte Eingriffe im faktischen AG- und GmbH-Konzern

Das System des Einzelausgleichs der §§ 311ff. AktG als konzernrechtlicher Schutzme- **961** chanismus versagt nach hA, wenn sich die Nachteilszufügungen des herrschenden Unternehmens nicht mehr isolieren und damit in ihren nachteiligen Folgen für die abhängige Gesellschaft bewerten lassen.[30] Es stellt sich dann die Frage, welche Rechtsfolgen eine solch qualifizierte Nachteilszufügung nach sich zieht.

1. Grundlagen

Es besteht Einigkeit, dass eine so qualifizierte Leitungsausübung grundsätzlich nur auf **962** der Grundlage eines Beherrschungsvertrags oder im Fall einer Eingliederung zulässig ist. Vergleicht man die Situation qualifizierter Einflussnahme im Rahmen eines Beherrschungsvertrags, der zur Anwendung der §§ 302ff. AktG führt, mit der Situation qualifiziert faktischer Einflussnahme, ergibt sich eine Privilegierung des herrschenden Unternehmens, welches sich statt des vom Gesetz als Regelfall angesehenen Weges über einen Beherrschungsvertrag des Mittels der faktischen Herrschaftsausübung bedient. Die Problematik des »*qualifiziert faktischen Konzerns*«[31] ist primär eine GmbH-Problematik, da sich die Aktiengesellschaft aufgrund spezieller aktienrechtlicher Schutzmechanismen wie strenger Kapitalaufbringung und -erhaltung oder einem obligatorischen Aufsichtsrat als weniger insolvenzanfällig erweist.[32]

2. Haftungskonzepte im GmbH-Recht

Die rechtliche Handhabung des Phänomens »qualifiziert faktischer Konzern« unterlag einem stetigen Wandel, wenngleich dieser stets – jedoch auf unterschiedlicher Haftungsgrundlage – als Konzernhaftungstatbestand anerkannt war.[33]

a) Der BGH erkannte den qualifiziert faktischen Konzern als Haftungstatbestand **963** erstmals in der »*Autokran*«-Entscheidung[34] an und bejahte in entsprechender Anwendung des § 303 AktG eine Ausfallhaftung gegenüber den Gläubigern der abhängigen GmbH. Den Weg über eine analoge Anwendung von §§ 302ff. AktG bestätigte der BGH in der »*Tiefbau*«-Entscheidung,[35] um schließlich in der »*Video*«-Entscheidung[36] die Haftung nach §§ 302, 303 AktG auch auf Sachverhalte auszudehnen, in denen ein geschäftsführender Alleingesellschafter der GmbH ein einzelkaufmännisches Unternehmen betrieb und zugleich weitere GmbH-Beteiligungen hielt.

---

29 *Emmerich/Habersack* KonzernR § 30 Rn. 6 (S. 534).
30 *Habersack* in Emmerich/Habersack Aktien- und GmbH-KonzernR Anh. § 317 Rn. 1; *Stimpel* AG 1986, 117 (122); krit. MüKoAktG/*Altmeppen* Anh. § 317 Rn. 14ff.
31 Der Begriff wurde geprägt durch Arbeitskreis GmbH-Reform, Thesen und Vorschläge zur GmbH-Reform Bd. II, 1972, S. 49ff.
32 *Emmerich/Habersack* KonzernR § 28 Rn. 1 (S. 517).
33 *Habersack* ZGR 2008, 533 (535ff.).
34 BGHZ 95, 330 (339ff.) – Autokran.
35 BGHZ 107, 7 (15ff.) – Tiefbau.
36 BGHZ 115, 187 (189) – Video.

Herausragende Bedeutung kam dem »*TBB*«-Urteil zu, mit dem die Konzernhaftung nun nicht mehr auf die dauernde und umfassende Leitung der Gesellschaft, sondern auf einen objektiven Missbrauch der Leitungsmacht gestützt wurde.[37] Dieser sollte vorliegen, wenn Konzernleitungsmacht in einer Weise ausgeübt wird, die keine angemessene Rücksicht auf die Belange der abhängigen Gesellschaft nimmt, sodass sich zugefügte Nachteile nicht mehr im Wege des Einzelausgleichs kompensieren lassen.

964 **b)** Mit der Entscheidung »*Bremer Vulkan*«[38] löste sich der BGH vom dogmatischen Ansatz der analogen Anwendung der §§ 302, 303 AktG und stützte die Konzernhaftung zunächst auf den Gedanken einer Durchgriffshaftung im Sinne einer »*Existenzvernichtungshaftung*«. Danach richtet sich der Schutz der abhängigen GmbH vor ihrem Mehrheitsgesellschafter nicht nach dem Haftungssystem des Konzernrechts, sondern beschränkt sich auf die Erhaltung des Stammkapitals der abhängigen GmbH nach §§ 30, 31 GmbHG und ihres Bestandes. Bei Eingriffen in das Vermögen und die Geschäftschancen der abhängigen GmbH hat der Alleingesellschafter auf die seiner Disposition entzogenen Belange der GmbH Rücksicht zu nehmen.

Die »*Trihotel*«-Entscheidung[39] modifizierte die Konzernhaftungsgrundlage nochmals und stützte sie auf die deliktsrechtliche Generalklausel des § 826 BGB. Gemein ist den Ansätzen außerhalb der analogen Anwendung von §§ 302 ff. AktG, dass es sich nicht mehr um eine konzernrechtliche Haftung handelt. Haftungsgrund ist vielmehr der zur Insolvenz der abhängigen Gesellschaft führende Vermögensabzug.

3. Haftungskonzepte im Aktienrecht

965 Auch bei der Aktiengesellschaft vermag das konzernrechtliche Ausgleichssystem nur Wirkung zu entfalten, solange die nachteilige Einflussnahme dem Einzelausgleich der §§ 311 II, 317 AktG zugänglich ist. Daran fehlt es auch im Fall einer beherrschten AG, wenn die Konzernleitung so intensiv betrieben wird, dass sich die Nachteile nicht mehr isolieren lassen oder ihrer Art nach diesem Ausgleich nicht mehr zugänglich sind.[40] Die Grundsätze zur GmbH-Konzernhaftung wurden – auch wegen ihrer Wurzeln in einer analogen Anwendung der §§ 302 ff. AktG sowie den Grundsätzen der Existenzvernichtungshaftung – als auf das Aktienrecht übertragbar angesehen. Deshalb mag man zumindest unter dem Gesichtspunkt des Gläubigerschutzes fragen, ob eine entsprechende Anwendung von §§ 302 ff. AktG im faktischen AG-Konzern daneben erforderlich ist.[41] Weil aber das Aktienrecht anders als das GmbH-Recht – vorbehaltlich des existenzvernichtenden Eingriffs – nicht für kompensationslose Nachteilszufügungen offen ist und ohne den Abschluss eines Beherrschungsvertrags kein Weisungsrecht der Gesellschafter gegenüber dem Vorstand kennt, ist der Schutz durch das Rechtsinstitut des existenzvernichtenden Eingriffs für die AG nicht ausreichend.[42] Zum Schutz von Gläubigern und Minderheitsaktionären der AG sind die Rechtsfigur des »qualifiziert faktischen Konzerns« und die entsprechende Anwendung der §§ 302 ff. AktG also weiterhin sinnvoll. Für die AG verbleibt es deshalb dabei, dass

---

37 BGHZ 122, 123 (130) – TBB.
38 BGHZ 149, 10 (16) – Bremer Vulkan.
39 BGHZ 173, 246 – Trihotel.
40 *Stimpel* AG 1986, 117 (122); *Emmerich/Habersack* KonzernR § 28 Rn. 6 (S. 519).
41 Gegen die Notwendigkeit Kölner KommAktG/*Koppensteiner* Anh. § 318 Rn. 73 ff.
42 *Habersack* in Emmerich/Habersack Aktien- und GmbH-KonzernR Anh. § 317 Rn. 5 a.

das herrschende Unternehmen in entsprechender Anwendung der §§ 302 ff. AktG haftet, wenn es der Gesellschaft Nachteile zufügt, die dem Einzelausgleich nicht zugänglich sind. Nur so ist sichergestellt, dass der Schutz nicht erst bei einem existenzvernichtenden Eingriff, sondern bereits bei jedem durch umfassende Einflussnahme verursachten und nicht im Wege des Einzelausgleichs zu kompensierenden Nachteil einsetzt.[43] Darüber hinaus kann es jedoch in Fällen der Existenzvernichtung geboten sein, auch im Aktienrecht für die Haftung des Gesellschafters auf die für das GmbH-Recht entwickelten Grundsätze zurückzugreifen.[44]

4. Rechtsfolgen

Liegt der Konzernhaftungstatbestand vor, ist der Verlustausgleich des herrschenden Unternehmens gegenüber der abhängigen Gesellschaft die zentrale Rechtsfolge. Daneben haben die Gläubiger der Gesellschaft die Möglichkeit, deren Anspruch auf Verlustausgleich zu pfänden oder Sicherheitsleistung vom herrschenden Unternehmen zu verlangen. Die Minderheitsaktionäre haben zudem Abwehr- und Beseitigungsansprüche sowie einen Anspruch auf Abfindung und Ausgleich.[45]   **966**

§ 30 Vertragskonzern

Literatur: *Emmerich/Habersack,* Konzernrecht, 10. Aufl. 2013; *Emmerich/Habersack,* Aktien- und GmbH-Konzernrecht, 8. Aufl. 2016; *Schön,* Abschied vom Vertragskonzern?, ZHR 168 (2004), 629.

Fälle: **967**
a) Die E-AG hat sich in einem uneingeschränkten Beherrschungs- und Gewinnabführungsvertrag der selbst nicht abhängigen F-AG, ihrer Mehrheitsaktionärin, unterworfen. Die F-AG erteilt dem Vorstand der E-AG nach Vertragsschluss die Anweisung, ab sofort der F-AG die fertigen Produkte der E-AG zum Selbstkostenpreis zu liefern. Die E-AG würde infolge dieser Maßnahmen Verlust erleiden. Muss der Vorstand der E-AG der Anweisung Folge leisten? Welche Ansprüche haben die E-AG und ihre Aktionäre gegen die F-AG?
b) Hätte die E-AG in **Fall a** im fünften Jahr nach Vertragsschluss einen Anspruch aus § 302 I AktG, wenn der Unternehmensvertrag von Anfang an nicht ins Handelsregister der E-AG eingetragen, aber ansonsten ordnungsgemäß abgeschlossen worden ware und die F-AG in den vergangenen Jahren die Verluste der E-AG jeweils ausgeglichen hat?

I. Aktiengesellschaft

1. Allgemeines

Nach § 15 AktG können Unternehmen durch einen Unternehmensvertrag iSd §§ 291,   **968**
292 AktG verbunden werden. Die entstehende Unternehmensverbindung wird als

---

43 *Habersack* in Emmerich/Habersack Aktien- und GmbH-KonzernR Anh. § 317 Rn. 5 f., 23 ff. mwN auch zur Gegenauffassung; *Hirte* KapGesR Rn. 8.156; *Kübler/Assmann* GesR § 31 II 6 a (S. 448).
44 Ausf. *Emmerich/Habersack* KonzernR § 28 Rn. 10 (S. 520); aA MüKoAktG/*Altmeppen* Anh. § 317 Rn. 10 ff.
45 Dazu *Habersack* in Emmerich/Habersack Aktien- und GmbH-KonzernR Anh. § 317 Rn. 27 ff.; gegen einen Verlustausgleichsanspruch und wohl nur für einen Unterlassungsanspruch MüKoAktG/ *Altmeppen* Anh. § 317 Rn. 55 ff.

Vertragskonzern bezeichnet. Unternehmensverträge haben nicht nur schuldrechtliche, sondern auch organisationsrechtliche Wirkung, da sie eine Satzungs-[1] bzw. Status-änderung zur Folge haben.[2] Nach der Grundkonzeption des AktG sollte bei Abhängigkeit eines Unternehmens von einem anderen in der Regel ein solcher Unternehmensvertrag abgeschlossen bzw. das abhängige Unternehmen gem. §§ 319 ff. AktG in das herrschende Unternehmen eingegliedert werden.[3] Dies hat vor allem steuerliche Vorteile in Form der Organschaft.[4] In der Praxis werden jedoch bei Abhängigkeitsverhältnissen Unternehmensverträge häufig nicht geschlossen, da die an sie anknüpfenden Rechtsfolgen für die beteiligten Unternehmen eine größere Belastung darstellen als die Rechtsfolgen des faktischen Konzerns.[5] Tatsächlich ist der faktische Konzern deshalb in der Praxis häufiger anzutreffen, wenngleich aus verschiedenen Gründen ein vollständiger Abschied vom Vertragskonzern nicht zu erwarten ist.[6]

§§ 291, 292 AktG unterscheiden zwischen Beherrschungs- (§ 291 I 1 Alt. 1 AktG) und Gewinnabführungsvertrag (§ 291 I 1 Alt. 2 AktG) einerseits sowie sonstigen Unternehmensverträgen (Gewinngemeinschafts-, Teilgewinnabführungs-, Betriebspacht-bzw. Betriebsüberlassungsvertrag, § 292 I Nr. 1–3 AktG) andererseits. Beherrschungs-und Gewinnabführungsvertrag sind primär Organisationsverträge, die das Kompetenzgefüge der beherrschten Gesellschaft verändern, wohingegen die in § 292 AktG genannten Verträge in erster Linie schuldrechtliche Verbindlichkeiten begründen.[7] §§ 293–299 AktG, die Abschluss, Änderung und Beendigung dieser Verträge regeln, sind auf alle Unternehmensverträge, die besonderen Schutzvorschriften der §§ 300–310 AktG hingegen nur auf Beherrschungs- und Gewinnabführungsvertrag anwendbar. Die sonstigen Unternehmensverträge sind in Rechtsprechung und Praxis von untergeordneter Bedeutung und sollen hier entsprechend nicht weiter beleuchtet werden.[8] Hinsichtlich der Formulierung von §§ 291 ff. AktG ist festzuhalten, dass diese Bestimmungen aus dem Blickwinkel der beherrschten Gesellschaft heraus abgefasst sind, also mit »dem Vorstand der Gesellschaft« oder »der Aktiengesellschaft« stets die Untergesellschaft bezeichnet wird.[9]

2. Beherrschungs- und Gewinnabführungsvertrag, § 291 AktG

969 Mit Abschluss eines Beherrschungsvertrags unterstellt eine AG oder eine KGaA »die Leitung ihrer Gesellschaft einem anderen Unternehmen«. Durch einen Gewinnabführungsvertrag verpflichtet sich eine solche Gesellschaft, ihren ganzen Gewinn an ein anderes Unternehmen abzuführen. In der Vergangenheit wurden beide Verträge aus steuerlichen Gründen meist kombiniert (§ 14 KStG). Zudem war der isolierte Gewinnabführungsvertrag von geringer Bedeutung, weil auch der Beherrschungsvertrag be-

---

1 *K. Schmidt* GesR § 31 III 1 a (S. 948).
2 *Wilhelm* KapGesR Rn. 1259; MüKoAktG/*Altmeppen* § 291 Rn. 1 (»rechtliche Struktur«).
3 *K. Schmidt* GesR § 17 III 1 a (S. 499 f.).
4 S. nur im Körperschaft- bzw. Umsatzsteuerrecht die § 14 KStG und § 2 II Nr. 2 UStG.
5 *Hirte* KapGesR Rn. 8.152.
6 *Schön* ZHR 168 (2004), 629 (633 ff.).
7 So die amtlBegr zum RegE, abgedr. bei *Kropff*, Aktiengesetz, 1965, S. 378; *Emmerich* in Emmerich/Habersack Aktien- und GmbH-KonzernR § 292 Rn. 4 ff. Zu den dennoch gravierenden Einwirkungen auf die Organisationsverfassung des beherrschten Unternehmens Spindler/Stilz/*Veil* AktG § 292 Rn. 1.
8 Dazu iE etwa *Veil*, Unternehmensverträge, 2003.
9 *Kuhlmann/Ahnis* Konzern- und UmwandlungsR Rn. 469.

reits zu Weisungen hinsichtlich der Gewinnabführung berechtigt. Mit Wegfall der steuerlichen Vorteile einer Verbindung beider Verträge dürften nun isolierte Gewinnabführungsverträge größere Bedeutung erlangen.[10] Demgegenüber ist ein Vertrag zwischen Unternehmen, die nicht in einem Abhängigkeitsverhältnis zueinander stehen und sich einer einheitlichen Leitung unterstellen, kein Beherrschungsvertrag (§ 291 II AktG – Gleichordnungskonzernverträge).

a) Der Unternehmensvertrag ist an *formelle Voraussetzungen* gebunden. Er wird 970 schriftlich durch die Vertretungsorgane der beteiligten Unternehmen geschlossen (§ 293 III AktG) und bedarf zu seiner Wirksamkeit der Eintragung ins Handelsregister der abhängigen Gesellschaft (§ 294 AktG). Bei fehlerhaft geschlossenen Unternehmensverträgen finden die Grundsätze über die fehlerhafte Gesellschaft Anwendung (bei der GbR → Rn. 90 ff.).[11] Die Vorstände der an einem Unternehmensvertrag beteiligten Unternehmen sind zur schriftlichen Berichterstattung über diesen verpflichtet (§ 293 a AktG), wobei der Unternehmensvertrag durch unabhängige, sachverständige Prüfer zu prüfen ist, die einen schriftlichen Bericht erstellen (§§ 293 b ff. AktG). Diese Berichte sind den Aktionären vor der Entscheidung über den Abschluss eines Unternehmensvertrags zur Verfügung zu stellen (§§ 293 ff. AktG). Sie stehen in unmittelbarem Zusammenhang mit dem bedeutsamsten Erfordernis für den Abschluss eines Unternehmensvertrags, dem Zustimmungsbeschluss der Hauptversammlung, der wegen der quasi satzungsändernden Wirkung eine qualifizierte Mehrheit erfordert. Die Hauptversammlung der sich unterwerfenden bzw. sich verpflichtenden Aktiengesellschaft muss dem Abschluss eines Unternehmensvertrags daher stets mit mindestens Dreiviertelmehrheit des bei der Beschlussfassung vertretenen Grundkapitals zustimmen (§ 293 I AktG). Ist die herrschende Gesellschaft eine AG oder KGaA, muss auch deren Hauptversammlung mit entsprechender Mehrheit zustimmen (§ 293 II AktG). Auch für die Änderung, vertragliche Aufhebung oder Kündigung eines Unternehmensvertrags bestehen entsprechende gesonderte Regelungen (§§ 295–299 AktG).[12]

b) Ein Beherrschungs- und Gewinnabführungsvertrag hat erhebliche Auswirkungen 971 auf die beherrschte Gesellschaft. Vor allem wird die eigenverantwortliche Leitung der Gesellschaft durch ihren Vorstand (§ 76 I AktG) durch ein *Weisungsrecht* des herrschenden Unternehmens gegenüber dem Vorstand des beherrschten Unternehmens gem. § 308 AktG ersetzt. Fehlt die für bestimmte Geschäfte notwendige Zustimmung des Aufsichtsrates des beherrschten Unternehmens, ist diese bei Wiederholung der Weisung durch das herrschende Unternehmen entbehrlich (§ 308 III AktG). Es können auch für das beherrschte Unternehmen nachteilige Weisungen erteilt werden, wenn diese den Konzerninteressen dienen. Nur wenn dies offensichtlich nicht der Fall ist, ist der Vorstand des beherrschten Unternehmens berechtigt, die Befolgung der Weisung zu verweigern (§ 308 I, II AktG). Die Eigeninteressen der beherrschten Gesellschaft werden also den Konzerninteressen untergeordnet. Die Grenzen des Weisungsrechts sind im Einzelnen unscharf. Überschritten sind sie jedenfalls, wenn die Satzungskompetenz der Hauptversammlung betroffen ist, das wirtschaftliche Überleben der beherrschten Gesellschaft gefährdet oder §§ 300, 301 AktG verletzt werden.[13] Bei Erteilung der Wei-

---

10 *Kübler/Assmann* GesR § 30 II 2 (S. 429).
11 BGHZ 103, 1 (4).
12 Zum Ganzen *Emmerich/Habersack* KonzernR §§ 16, 18, 19.
13 Heidel/*Peres* AktG § 308 Rn. 17 ff.

sungen unterliegen die gesetzlichen Vertreter des herrschenden Unternehmens der Sorgfaltspflicht des § 309 I AktG (»Sorgfalt eines ordentlichen und gewissenhaften Geschäftsleiters«). Bei Verletzung dieser Pflicht sind sie (und über § 31 BGB auch das herrschende Unternehmen) der beherrschten Gesellschaft gegenüber gem. § 309 II AktG zum Schadensersatz verpflichtet. Auch Vorstands- und Aufsichtsratsmitglieder der beherrschten Gesellschaft können gem. § 310 AktG gegenüber der Gesellschaft schadensersatzpflichtig werden, etwa wenn sie unzulässige Weisungen befolgen, die sie nach § 308 II AktG nicht hätten befolgen müssen. Auch insoweit gilt der Sorgfaltsmaßstab des § 309 I AktG.

972   c) Schließlich führt ein Beherrschungs- oder Gewinnabführungsvertrag gem. § 291 III AktG zur *Entbindung* des beherrschten Unternehmens von den Vorschriften über die *Kapitalerhaltung* (§§ 57, 58, 60 AktG). Daher sind beispielsweise auch Weisungen zulässig, die zu einer verdeckten Einlagenrückgewähr führen.

3. Minderheiten- und Gläubigerschutz durch Haftung des herrschenden Unternehmens und seiner Geschäftsleiter

973   Da bei Bestehen eines Beherrschungs- und Gewinnabführungsvertrags Weisungen zulässig sind, die zwar im Konzerninteresse liegen, gleichwohl aber für die beherrschte Gesellschaft nachteilig sind, können sowohl Gewinne als auch das Kapital der beherrschten Gesellschaft gefährdet sein. Dies kann die Interessen von Gläubigern wie außenstehenden Aktionäre beeinträchtigen, deren Schutz §§ 300–307 AktG bezwecken.

974   a) Im Interesse des *Gläubigerschutzes* begründet § 300 AktG die Pflicht der beherrschten Gesellschaft zur Bildung einer gesetzlichen Rücklage. Gegen die Regel des § 150 II AktG gilt dies selbst für den Fall, dass aufgrund des Unternehmensvertrags kein Jahresüberschuss erzielt wurde. Daneben begrenzt § 301 AktG die Höhe des maximal an die herrschende Gesellschaft abzuführenden Gewinns. Größte Bedeutung für den Gläubigerschutz hat die in § 302 I AktG normierte Pflicht des herrschenden Unternehmens, während der Vertragsdauer entstehende Jahresfehlbeträge bei der beherrschten Gesellschaft auszugleichen, also insoweit für einen *Verlustausgleich* zu sorgen. Wie dieser Verlust entstanden ist, ist unerheblich. Er muss also nicht auf Weisungen der herrschenden Gesellschaft beruhen. Der Anspruch entsteht – unabhängig von der richtigen oder pünktlichen Erstellung des Jahresabschlusses – am Stichtag der Jahresbilanz des beherrschten Unternehmens in der Höhe, die sich bei zutreffender Ermittlung des Fehlbetrages ergibt, und ist sofort fällig.[14] Dieser steht der beherrschten Gesellschaft zu, kann aber von ihren Gläubigern gepfändet werden. Der Anspruch ist nicht auf eine anhaltende Versorgung mit Liquidität gerichtet. Bei Beendigung des Unternehmensvertrags wird daneben nach § 303 I AktG den Gläubigern, deren Forderungen vor dem Zeitpunkt begründet wurden, ab dem die Beendigung des Unternehmensvertrags nach § 10 HGB als bekanntgemacht gilt, und die typisiertes Vertrauen auf den Fortbestand des Unternehmensvertrags hatten,[15] ein Anspruch gegen das vormals herrschende Unternehmen auf Sicherheitsleistung eingeräumt, wenn das ehemals beherrschte Unternehmen noch leistungsfähig ist. Ist die ehemals beherrschte Gesellschaft endgültig nicht mehr leistungsfähig, ist also etwa das Insolvenzverfahren über

---

14 BGHZ 142, 382 (385 ff.); MüKoAktG/*Altmeppen* § 302 Rn. 68 ff.
15 BGHZ 116, 37 (44 ff.).

die ehemals beherrschte Gesellschaft mangels Masse abgelehnt oder eingestellt worden, ist ein solcher Anspruch auf Sicherheitsleistung für den Gläubiger nicht zielführend. Der Anspruch wandelt sich in diesem Fall entsprechend § 322 I AktG in einen unmittelbaren Zahlungsanspruch gegen das ehemals herrschende Unternehmen um.[16]

b) Die Interessen der *außenstehenden Aktionäre* können vor allem durch die Verlagerung von Gewinnen und Vermögen von der Ebene des beherrschten auf die Ebene des herrschenden Unternehmens gefährdet werden. Ihre Interessen schützen Ausgleichs- und Abfindungsansprüche nach §§ 304, 305 AktG. Hinsichtlich des Ausgleichsanspruchs differenziert § 304 I AktG danach, ob ein Gewinnabführungsvertrag oder ein isolierter Beherrschungsvertrag vorliegt. Ist die Gesellschaft zur vollständigen Gewinnabführung verpflichtet, muss der Unternehmensvertrag »einen angemessenen Ausgleich für die außenstehenden Aktionäre durch eine auf die Anteile am Grundkapital bezogene wiederkehrende Geldleistung (Ausgleichszahlung) vorsehen« (§ 304 I 1 AktG). Ist das herrschende Unternehmen ebenfalls eine AG oder KGaA, kann der Ausgleich variabel und in Abhängigkeit von der Dividende des herrschenden Unternehmens und dem Wertverhältnis der Aktien beider Gesellschaften gestaltet werden (§ 304 II 2, 3 AktG). Bei einem isolierten Beherrschungsvertrag muss das herrschende Unternehmen den außenstehenden Aktionären der beherrschten Gesellschaft eine Dividende im Umfang der für die Ausgleichszahlung bestimmten Höhe garantieren (§ 304 I 2 AktG). Die Höhe der angemessenen Ausgleichszahlung berechnet sich nach § 304 II 1 AktG. Diese muss mindestens den Betrag erreichen, »der nach der bisherigen Ertragslage der (beherrschten) Gesellschaft und ihren künftigen Ertragsaussichten (…) voraussichtlich als durchschnittlicher Gewinnanteil auf die einzelne Aktie verteilt werden könnte«. Die künftigen Gewinnaussichten werden also in einen festen, in regelmäßigen Abständen an die außenstehenden Aktionäre zu zahlenden Betrag umgerechnet bzw. die Zahlung an die außenstehenden Aktionäre wird von den Gewinnen der herrschenden Gesellschaft abhängig gemacht. Der Unternehmensvertrag muss eine Ausgleichszahlung vorsehen und ist andernfalls nach § 304 III 1 AktG nichtig. Die Angemessenheit der im Vertrag festgelegten Ausgleichszahlung kann in einem Spruchverfahren nach dem Spruchverfahrensgesetz gerichtlich überprüft werden (§ 304 III 3 AktG).

Des Weiteren muss der Beherrschungs- oder Gewinnabführungsvertrag ein Recht der außenstehenden Aktionäre auf eine angemessene Abfindung (§ 305 AktG) beinhalten. Denn auch die Ausgleichzahlungen können eine mögliche Entwertung der Anteile an der beherrschten Gesellschaft durch Auszehrung nicht verhindern. Deshalb besteht neben dem Ausgleichsanspruch ein Abfindungsanspruch, der außenstehende Aktionäre berechtigt, ihre Anteile gegen Zahlung einer Abfindung an das herrschende Unternehmen zu veräußern (§ 305 I AktG). Die Abfindung ist in Aktien des herrschenden Unternehmens zu gewähren, soweit es als AG bzw. KGaA verfasst ist (§ 305 II Nr. 1 AktG). Ist das herrschende Unternehmen selbst von einer Muttergesellschaft abhängig oder steht es im Mehrheitsbesitz, ist die Abfindung in Form von Aktien der Muttergesellschaft oder als Barabfindung zu leisten (§ 305 II Nr. 2 AktG). In allen anderen Fällen ist zwingend eine Barabfindung vorzusehen (§ 305 II Nr. 3 AktG). Die Höhe der Abfindung in Aktien ist angemessen, wenn »die Aktien in dem Verhältnis gewährt

975

---

16 *Emmerich* in Emmerich/Habersack Aktien- und GmbH-KonzernR § 303 Rn. 24 f. mwN; Spindler/Stilz/*Veil* AktG § 303 Rn. 24.

werden, in dem bei einer Verschmelzung auf eine Aktie der Gesellschaft Aktien der anderen (herrschenden) Gesellschaft zu gewähren wären« *(Verschmelzungsfiktion)*. Die Barabfindung muss für ihre Angemessenheit der Höhe nach »die Verhältnisse der Gesellschaft im Zeitpunkt der Beschlussfassung ihrer Hauptversammlung über den Vertrag berücksichtigen« (§ 305 III 2 AktG). Grundsätzlich ist der Börsenkurs (Mittelwert der letzten drei Monate vor dem relevanten Datum) als Mindesthöhe für die Abfindung anzusehen. Indes ist der geschätzte Ertragswert maßgeblich, soweit dieser höher liegt oder keine Börsenkurse bestehen.[17] Sieht der Vertrag keine Abfindung vor, ist dieser – anders als im Fall der fehlenden Regelung zur Ausgleichszahlung – nicht nichtig, sondern hat das zuständige Gericht nach § 305 V 2 AktG im Spruchverfahren eine angemessene Abfindung festzusetzen. Auch die Angemessenheit der Abfindung kann im Spruchverfahren gerichtlich überprüft werden. Zu beachten ist, dass das Recht, die Anteile an der beherrschten Gesellschaft gegen eine Abfindung an das herrschende Unternehmen zu veräußern, befristet werden kann (§ 305 IV AktG).

> Der Vorstand muss der Anweisung in **Fall a** Folge leisten, da ein Beherrschungsvertrag vorliegt, der auch nachteilige Weisungen erlaubt (§ 308 I AktG), und die Weisung hier den Interessen der F-AG dient, also auch kein ausnahmsweise eingreifendes Recht die Befolgung der Weisung zu verweigern gegeben ist (§ 308 II AktG). Macht die E-AG wegen der Lieferung zum Selbstkostenpreis Verlust, steht ihr ein Anspruch auf Verlustausgleich gem. § 302 I AktG zu. Den Aktionären muss gem. §§ 304, 305 AktG aus dem Unternehmensvertrag ein Ausgleichsanspruch und ein Abfindungsanspruch zustehen. Da das herrschende Unternehmen hier eine selbst nicht abhängige bzw. in Mehrheitsbesitz stehende AG ist, kann ein Ausgleich in Abhängigkeit von der Dividende der F-AG bzw. eine Abfindung in Aktien der F-AG gewährt werden (§§ 304 II 2, 305 II Nr. 1 AktG).
> In **Fall b** ist der Vertrag gem. § 294 II AktG mangels Eintragung in das Handelsregister unwirksam. Er wurde jedoch durchgeführt, indem die F-AG die Verluste übernahm. Die Grundsätze über die fehlerhafte Gesellschaft greifen ein, sodass ein Anspruch der E-AG aus § 302 I AktG gegeben ist.

4. Minderheiten- und Gläubigerschutz durch Haftung der Geschäftsleitung der Untergesellschaft

976 Es haftet auch die Geschäftsleitung der Untergesellschaft nach § 310 AktG gegenüber der Untergesellschaft selbst, wenn sie sich während der vertraglichen Herrschaft pflichtwidrig verhalten hat. Diese gegenüber §§ 93, 116 AktG speziellere Anspruchsgrundlage soll lediglich die gesamtschuldnerische Haftung der Organvertreter einerseits und der gesetzlichen Vertreter des herrschenden Unternehmens andererseits sicherstellen. So werden Aktionären wie Gläubigern nach §§ 310 IV, 309 III–V AktG eigenständige Klagerechte gesichert.[18]

II. GmbH

977 Die Geschäftsführung einer GmbH kann in allen Angelegenheiten Weisungen der Gesellschafterversammlung entgegennehmen und muss diesen Folge leisten (§ 37 I GmbH). So vermag in einem faktischen Konzern der Mehrheitsgesellschafter die GmbH zu beherrschen, ohne einen Beherrschungsvertrag abschließen zu müssen.

---

17 BVerfGE 100, 289; BGHZ 147, 108; *Emmerich* in Emmerich/Habersack Aktien- und GmbH-KonzernR § 305 Rn. 36, 38 ff.; Kölner KommAktG/*Koppensteiner* § 305 Rn. 50 ff.
18 MüKoAktG/*Altmeppen* § 310 Rn. 1.

GmbH-Vertragskonzerne sind folglich selten. Dass es diese dennoch gibt, war bislang vor allem auf die Vorteile der körperschaftsteuerlichen Organschaft zurückzuführen.[19] Diese bestand nach §§ 14, 17 KStG aF nur bei »organisatorischer Eingliederung« in die herrschende Gesellschaft, was bei Vorliegen eines Beherrschungsvertrags unwiderleglich vermutet werden konnte.[20] Indes genügt[21] inzwischen neben dem Vorliegen eines Gewinnabführungsvertrags die bloß *finanzielle* Eingliederung.[22] Der Beherrschungsvertrag hat damit besonders im GmbH-Konzern erheblich an Bedeutung verloren. Als Motiv für seinen Abschluss bleibt nunmehr allein die Tatsache, dass der Beherrschungsvertrag ein *direktes* Weisungsrecht des herrschenden Unternehmens gewährt, was bei der Einflussnahme auf die Tochtergesellschaft den »Umweg« über die Gesellschafterversammlung entbehrlich macht.[23]

Der konzernrechtliche Interessenkonflikt und die für ihn typische Gefährdungslage bestehen auch, wenn sich eine GmbH durch Vertrag einem anderen Unternehmen unterwirft. Zwar finden die rechtsformneutral formulierten §§ 15 ff. AktG auch für die GmbH Anwendung, §§ 291 ff. AktG betreffen hingegen unmittelbar nur den Fall einer sich unterwerfenden AG oder KGaA. Die GmbH ist nach dem gesetzlichen Wortlaut nur als herrschendes, nicht aber als beherrschtes Unternehmen erfasst. Das GmbHG enthält keine konzernrechtlichen Regelungen, weshalb die Rechtsprechung aufgrund der vergleichbaren Interessen- und Gefährdungslage anerkennt, dass bestimmte Rechtsgedanken der §§ 291 ff. AktG im Einzelfall entsprechende Anwendung auf die sich unterwerfende GmbH finden.[24] Im Einzelnen ist aber noch vieles ungeklärt und umstritten.[25]

1. Vertragsabschluss und Vertragsbeendigung

Die formellen Voraussetzungen des Abschlusses eines Beherrschungs- bzw. Gewinn- **978** abführungsvertrags mit einer GmbH als beherrschtem Unternehmen hat der BGH in einer Leitentscheidung[26] umrissen. Danach ist der Vertrag schriftlich zu schließen und bei der sich unterwerfenden Gesellschaft in das Handelsregister einzutragen. Der dem Vertrag zustimmende Beschluss der Gesellschafterversammlung der sich unterwerfenden GmbH bedarf entsprechend § 53 II GmbHG der notariellen Beurkundung. Ob für diesen Beschluss Einstimmigkeit erforderlich ist oder eine qualifizierte Mehrheit ausreicht, ist weiter ungeklärt.[27] Überwiegend wird Einstimmigkeit verlangt, was angesichts des mit einem solchen Vertrag verbundenen massiven Eingriffs in die Organisation der GmbH, der im Gegensatz zur AG personalisierteren Struktur der GmbH und der Änderung des Verbandszwecks (Ausrichtung am Konzerninteresse) gerechtfertigt erscheint. Die missbräuchliche Weigerung eines Gesellschafters, dem Vertrag zuzustimmen, kann aufgrund der gesellschaftsrechtlichen Treuepflicht »neutralisiert«

---

19 Dazu *Timm* JuS 1999, 760 (763).
20 *Wilhelm* KapGesR Rn. 1254.
21 Aufgrund der Änderungen des Gesetzes zur Änderung und Vereinfachung der Unternehmensbesteuerung und des steuerlichen Reisekostenrechts v. 20.2.2013 (BGBl. 2013 I 285 ff.).
22 Hüffer/Koch/*Koch* AktG § 291 Rn. 38 f.; Gosch/*Neumann* KStG § 14 Rn. 125.
23 So *Zöllner* ZGR 1992, 173; *Timm* JuS 1999, 760 (763).
24 BGHZ 95, 330 (345 f.); 105, 324 (336); *Emmerich* in Emmerich/Habersack Aktien- und GmbH-KonzernR Vorbem. § 291 Rn. 8, § 302 Rn. 25, § 303 Rn. 3.
25 Dazu *Hirte* KapGesR Rn. 8.116 ff.; *K. Schmidt* GesR § 39 II (S. 1215 ff.); *Wilhelm* KapGesR Rn. 1294 ff.
26 BGHZ 105, 324 ff.
27 Für Einstimmigkeit zB *Emmerich* in Emmerich/Habersack Aktien- und GmbH-KonzernR § 293 Rn. 43a (mit dem Hinweis, dass die Unterschiede »vernachlässigenswert« seien); *K. Schmidt* GesR § 38 III 2a (S. 1192); *Altmeppen* DB 1994, 1273; aA für qualifizierte Mehrheit zB Lutter/Hommelhoff/*Hommelhoff* GmbHG Anh. zu § 13 Rn. 63 ff.; *Hirte* KapGesR Rn. 8.117.

werden.[28] Da der Abschluss eines Unternehmensvertrags auch für eine herrschende GmbH – etwa wegen der Verlustausgleichshaftung – ein Risiko darstellt, muss auch die Gesellschafterversammlung des herrschenden Unternehmens dem Vertrag mit einer sich unterwerfenden GmbH zustimmen, und zwar mit Dreiviertelmehrheit (§ 293 II AktG analog).[29]

Offen ist, wie ein Gewinnabführungs- bzw. Beherrschungsvertrag bei einer beherrschten GmbH aufzuheben ist, ob das Spruchverfahren entsprechend anzuwenden ist, wenn man eine qualifizierte Mehrheit für den Zustimmungsbeschluss ausreichen lässt und ob der Unternehmensvertrag mit einer beherrschten GmbH in das Handelsregister des herrschenden Unternehmens einzutragen ist.[30]

2. Haftung des herrschenden Unternehmens

979 Hat sich eine GmbH in einem Gewinnabführungs- oder Beherrschungsvertrag einem herrschenden Unternehmen unterworfen, kommt es entsprechend § 291 III AktG zu einer Entbindung der beherrschten GmbH von den Kapitalerhaltungsvorschriften (§ 30 I 2 GmbHG). Als Ausgleich wird der Gläubigerschutz im Einzelfall im Wege einer entsprechenden Anwendung der §§ 302, 303 AktG sichergestellt.[31] Ein Verstoß gegen die Pflicht zur ordnungsgemäßen Konzernleitung führt zu einem Anspruch der abhängigen GmbH auf Schadensersatz wegen Verletzung des Beherrschungsvertrags aus § 280 I BGB iVm § 278 BGB oder – nach anderer Auffassung – aus § 309 II, I AktG analog iVm § 31 BGB.[32]

Der Schutz von Minderheitsgesellschaftern der beherrschten GmbH ist nach der überwiegenden Auffassung, die einen einstimmig gefassten Zustimmungsbeschluss aller Gesellschafter zum Unternehmensvertrag verlangt, nicht notwendig, da diese jeweils einzeln einen Unternehmensvertrag verhindern können. Hält man eine qualifizierte Mehrheit beim Zustimmungsbeschluss für ausreichend, wären die aktienrechtlichen Regelungen der §§ 304, 305 AktG entsprechend anzuwenden, um Minderheitsgesellschafter zu schützen.[33]

3. Haftung von Geschäftsleitern der Untergesellschaft

980 Die Geschäftsleiter der Untergesellschaft haften gegenüber ihrer Gesellschaft sowie deren Gesellschaftern und Gläubigern entsprechend § 310 I AktG. Zudem trifft sie gegebenenfalls eine Haftung gegenüber dem herrschenden Unternehmen wegen Verletzung des Beherrschungsvertrags aus § 280 I BGB iVm § 308 II AktG analog, sofern sie ihrer Pflicht zur Befolgung ordnungsgemäßer Weisungen des herrschenden Unternehmens nicht nachkommen.[34]

---

28 *Kübler/Assmann* GesR § 30 V 3 b (S. 436).
29 BGHZ 105, 324 (336); aA *Wilhelm* KapGesR Rn. 1297 ff.
30 *Emmerich* in Emmerich/Habersack Aktien- und GmbH-KonzernR § 304 Rn. 11 f., § 296 Rn. 7 ff.
31 BGHZ 95, 330 (345 f.); 116, 37 (39); OLG München GmbHR 2014, 535; *Emmerich* in Emmerich/ Habersack Aktien- und GmbH-KonzernR § 302 Rn. 25, § 303 Rn. 3; aA zu § 303 AktG *Wilhelm* KapGesR Rn. 1316.
32 Ausführlicher *Emmerich/Habersack* KonzernR § 32 Rn. 38 (S. 567); *Kuhlmann/Ahnis* Konzern- und UmwandlungsR Rn. 855 f.
33 *Emmerich* in Emmerich/Habersack Aktien- und GmbH-KonzernR § 304 Rn. 11 f.; ebenso *Hoffmann-Becking* WiB 1994, 57 (59 f.); *Kleindiek* ZIP 1988, 613 (617 f.).
34 Dazu *Eschenbruch*, Konzernhaftung, 1995, Rn. 4130.

8. Teil. Steuer und Bilanz

§ 31 Bilanzierung und Rechnungslegung

Literatur: *Baetge/Kirsch/Thiele*, Bilanzen, 14. Aufl. 2017; *Coenenberg/Haller/Schultze*, Jahresabschluss und Jahresabschlussanalyse: Betriebswirtschaftliche, handelsrechtliche, steuerrechtliche und internationale Grundsätze – HGB, IFRS, US-GAAP, DRS, 24. Aufl. 2016; *Großfeld/Luttermann*, Bilanzrecht, 4. Aufl. 2005; *Schruff/Melcher*, DB Beilage Nr. 5/2009 zu Heft 23, Umsetzung der HGB-Modernisierung; *Wöhe/Mock*, Die Handels- und Steuerbilanz, 6. Aufl. 2010.

I. Komponenten des Jahresabschlusses

Jeder Kaufmann im Sinne des HGB muss gem. § 242 I HGB zu Beginn seiner Geschäftstätigkeit und zum Ende eines jeden Geschäftsjahres eine Bilanz aufstellen. Zudem ist er nach § 242 II HGB verpflichtet, eine Gewinn- und Verlustrechnung (GuV) zu erstellen. Die Bilanz stellt eine Gegenüberstellung von Vermögen und Schulden eines Kaufmanns dar, während die GuV seine Erträge und Aufwendungen dokumentiert.[1] Eine Bilanz wird grundsätzlich auf einen bestimmten *Zeitpunkt* erstellt, ihre Positionen sind Bestandsgrößen. Die Gewinn- und Verlustrechnung wird hingegen für einen *Zeitraum* erstellt und enthält daher Stromgrößen. Nach § 242 III HGB bilden die Bilanz und die Gewinn- und Verlustrechnung den Jahresabschluss. Die Vorschriften der §§ 238–263 HGB gelten dabei für alle Kaufleute. Ergänzende Vorschriften für Kapitalgesellschaften enthalten §§ 264 ff. HGB. Alle Kapitalgesellschaften müssen gem. § 264 I 1 HGB den Jahresabschluss um einen Anhang erweitern, nur für große und mittelgroße Kapitalgesellschaften kommt nach § 264 I 1, 4 HGB die Verpflichtung zur Aufstellung eines Lageberichtes hinzu.[2]

981

II. Grundsätze ordnungsmäßiger Buchführung

§ 243 I HGB bestimmt, dass der Jahresabschluss nach den Grundsätzen ordnungsmäßiger Buchführung (GoB) aufzustellen ist. Dabei handelt es sich um einen unbestimmten Rechtsbegriff, der durch Auslegung zu konkretisieren ist. Zahlreiche Grundsätze ordnungsmäßiger Buchführung sind (inzwischen) kodifiziert und finden sich in Gliederungs-, Ansatz- und Bewertungsvorschriften für den Jahresabschluss. Der Gesetzgeber vermag jedoch nicht jeden Einzelsachverhalt durch Detailvorschriften zu erfassen. Die GoB sollen deshalb helfen, die gesetzlichen Einzelvorschriften zu konkretisieren und gegebenenfalls zu ergänzen, wenn für einen bei der Jahresabschlussaufstellung zu berücksichtigenden Einzelfall keine einschlägige Spezialvorschrift besteht.[3] Die wichtigsten Grundsätze ordnungsmäßiger Buchführung lassen sich mit den Begriffen Wahrheit, Klarheit, Stetigkeit und Vorsicht zusammenfassen.

982

---

1 *Großfeld/Luttermann* Bilanzrecht, Rn. 28–31 und 37–38.
2 Zur Reform des Bilanzrechts durch das Bilanz-RL-Umsetzungsgesetz (BilRUG [BGBl. 2015 I 1245])
   s. *Bolik/Kindler* SteuK 2015, 109.
3 *Baetge/Kirsch/Thiele* Bilanzen Kap. II 21 (S. 104 f.).

Der *Grundsatz der Wahrheit* ist sprachlich ungenau, da es eine objektive Wahrheit nicht gibt. Aus diesem Grunde sollte der Begriff Wahrheit deshalb mit »Richtigkeit« ersetzt werden. Er untersagt alle Manipulationen, die zu einer sachlichen Verfälschung des Jahresabschlusses führen. Der *Grundsatz der Klarheit* findet seinen Niederschlag in § 243 II HGB, wonach der Jahresabschluss klar und übersichtlich sein muss. Alle Vorfälle und Positionen sind eindeutig anzugeben, wobei deren Ordnung in der Weise vorzunehmen ist, dass sowohl die Bücher als auch die Abschlüsse übersichtlich und verständlich sind.[4] Dem Grundsatz der Bilanzklarheit wird vor allem durch die umfangreichen Gliederungsvorschriften für Bilanz (§ 266 HGB) und GuV (§ 275 HGB) Rechnung getragen. Der *Grundsatz der Stetigkeit* erfordert in formeller Hinsicht, dass die Darstellungsform, also Bezeichnung, Gliederung und Ausweis der Jahresabschlusspositionen, beibehalten wird. In materieller Hinsicht gebietet er Bewertungsstetigkeit, also die Einhaltung der einmal angewandten Bewertungsmethoden. Nach dem *Grundsatz der Vorsicht* müssen bei der Verbuchung aller Vermögenswerte und Geschäftsvorfälle mögliche Wertverluste und Risiken voll erfasst werden. In Zweifelsfällen werden daher Vermögenswerte eher niedrig und Verbindlichkeiten und Risiken eher hoch angesetzt.

III. Bilanz

1. Gliederung

983   Die Bilanz stellt nach § 242 I 1 HGB die Gegenüberstellung von Vermögen und Schulden zu einem bestimmten Zeitpunkt dar. Nach § 247 I HGB sind die Posten Anlagevermögen, Umlaufvermögen, Eigenkapital, Schulden sowie Rechnungsabgrenzungsposten in jede Bilanz aufzunehmen und hinreichend aufzugliedern.

Aktiva	Passiva
A. Anlagevermögen	A. Eigenkapital
B. Umlaufvermögen	B. Verbindlichkeiten/Schulden
C. Aktive Rechnungsabgrenzungsposten	C. Passive Rechnungsabgrenzungsposten

Tabelle: Gliederungsvorschriften der Bilanz für alle Kaufleute

Für Kapitalgesellschaften gelten die besonderen Untergliederungsvorschriften des § 266 I HGB, wobei große und mittelgroße Kapitalgesellschaften gem. § 266 II und III HGB noch weitere festgelegte Unterpunkte bilden müssen.

Aktiva	Passiva
A. Anlagevermögen	A. Eigenkapital
I. Immaterielle Vermögensgegenstände	I. Gezeichnetes Kapital
II. Sachanlagen	II. Kapitalrücklage
III. Finanzanlagen	III. Gewinnrücklagen
	IV. Gewinnvortrag/Verlustvortrag
	V. Jahresüberschuss/Jahresfehlbetrag
B. Umlaufvermögen	B. Rückstellungen
I. Vorräte	
II. Forderungen und sonstige Vermögensgegenstände	
III. Wertpapiere	
IV. Liquide Mittel (Kassenbestand, Bundesbankguthaben, Guthaben bei Kreditinstituten, Schecks)	

---

4 *Coenenberg/Haller/Schultze* Jahresabschluss S. 41.

Aktiva	Passiva
C. Aktive Rechnungsabgrenzungsposten	C. Verbindlichkeiten
D. Aktive latente Steuern	D. Passive Rechnungsabgrenzungsposten
E. Aktiver Unterschiedsbetrag aus der Vermögensverrechnung	E. Passive latente Steuern

Tabelle: Mindestgliederung für kleine Kapitalgesellschaften gem. § 266 I HGB

a) Auf der *Aktivseite der Bilanz* gehören nach § 247 II HGB zunächst die Vermögens- **984** gegenstände zum *Anlagevermögen,* die dazu bestimmt sind, dauernd dem Geschäftsbetrieb zu dienen. Die wirtschaftliche Zweckbestimmung des Vermögensgegenstandes resultiert aus dessen Art sowie aus dem Willen des Kaufmanns und ist für die Zuordnung zum Anlagevermögen maßgeblich.[5] Das *Umlaufvermögen* ist gesetzlich nicht definiert, wobei aus dem Umkehrschluss zum Anlagevermögen folgt, dass es nicht dazu bestimmt ist, dauernd dem Geschäftsbetrieb zu dienen.[6] Neben dem Anlage- und Umlaufvermögen sind auf der Aktivseite nach § 250 I HGB *aktive Rechnungsabgrenzungsposten* für Ausgaben vor dem Abschlussstichtag auszuweisen, die jedoch erst nach dem Abschlussstichtag aufwandswirksam werden (sog. transitorische Rechnungsabgrenzung). Ziel der Rechnungsabgrenzung ist die periodengerechte Erfolgsermittlung.

b) Eine Bilanz muss immer ausgeglichen sein, das heißt Aktiv- und *Passivseite der Bi-* **985** *lanz* müssen sich zu jedem Zeitpunkt entsprechen. Dies wird dadurch erreicht, dass der Posten *Eigenkapital* als Saldo aus Vermögensgegenständen und Schulden ermittelt wird. Ist dieser Saldo positiv, erscheint er auf der Passivseite. Es ist aber auch möglich, dass das Vermögen geringer als die Schulden ist. In diesen Fällen ist das Eigenkapital negativ und befindet sich auf der Aktivseite der Bilanz. Es liegt dann eine Überschuldung vor. Da der Gesetzgeber ein positives Eigenkapital als Regelfall ansieht (vgl. § 266 III HGB), erfolgt auch an dieser Stelle die Einordnung auf der Passivseite. Außerdem sind in jeder kaufmännischen Bilanz *Verbindlichkeiten* auszuweisen. Unter Verbindlichkeiten versteht man »Verpflichtungen eines Unternehmens zur Erbringung einer vermögensmindernden Leistung, die dem Grunde und der Höhe nach gewiss sind«[7] und deren Fälligkeit feststeht.[8] Kapitalgesellschaften müssen darüber hinaus nach § 266 III HGB *Rückstellungen* bilden und als Bilanzposten ansetzen. Rückstellungen sind Passivposten für bestimmte Verpflichtungen eines Unternehmens, die zu künftigen Ausgaben führen und deren zugehöriger Aufwand der Verursachungsperiode zugerechnet werden muss bzw. sollte. Im Gegensatz zu Verbindlichkeiten sind diese ihrer Höhe beziehungsweise ihrer Ursache nach unsicher.[9] Außerdem sind gem. § 250 II HGB *passive Rechnungsabgrenzungsposten* auszuweisen. Diese stellen das Spiegelbild zu den aktiven Rechnungsabgrenzungsposten dar. Es handelt sich um Einnahmen vor dem Abschlussstichtag, die erst nach diesem Zeitpunkt ertragswirksam werden.

---

5 *Baetge/Kirsch/Thiele* Bilanzen Kap. V 1 (S. 237).
6 MüKoHGB/*Ballwieser* § 247 Rn. 37.
7 *Baetge/Kirsch Thiele* Bilanzen Kap. VIII 1 (S. 391).
8 *Coenenberg/Haller/Schultze* Jahresabschluss S. 117.
9 *Baetge/Kirsch/Thiele* Bilanzen Kap. IX 1 (S. 417).

2. Ansatzvorschriften

Ansatzvorschriften regeln die Bilanzierung dem Grunde nach, das heißt die Frage, ob ein Ansatzgebot oder ein Ansatzverbot besteht.

986 **a)** Welche *Ansatzgebote* bestehen, ergibt sich aus § 246 I HGB. Die Vorschrift bestimmt, dass die Bilanz grundsätzlich sämtliche Vermögensgegenstände, Schulden, Rechnungsabgrenzungsposten sowie Aufwendungen und Erträge zu enthalten hat (*Vollständigkeitsgrundsatz*). Ob ein Gegenstand als Vermögensgegenstand aktivierungsfähig ist, richtet sich danach, ob dieser selbstständig bewertbar und verwertbar ist.[10] Für die Zuordnung eines Vermögensgegenstandes zum Vermögen des Bilanzierenden ist nach § 246 I 2 HGB nicht das zivilrechtliche, sondern das wirtschaftliche Eigentum maßgeblich. Unter Eigentumsvorbehalt erworbene Gegenstände werden deshalb vom Erwerber, sicherungsübereignete Gegenstände und verpfändete Gegenstände vom Sicherungsgeber bzw. Verpfänder angesetzt. Außerdem sind in einer Bilanz gem. § 249 I 1 HGB Rückstellungen für ungewisse Verbindlichkeiten und für drohende Verluste aus schwebenden Geschäften zu bilden. Für unterlassene Instandhaltung, sofern die Aufwendungen im folgenden Geschäftsjahr innerhalb von 3 Monaten nachgeholt werden (§ 249 I 2 Nr. 1 Alt. 1 HGB), für Abraumbeseitigung, die im folgenden Geschäftsjahr nachgeholt wird (§ 249 I 2 Nr. 1 Alt. 2 HGB), und für Gewährleistungen, die ohne rechtliche Verpflichtungen erbracht werden (§ 249 I 2 Nr. 2 HGB), sind ebenfalls Rückstellungen in die Bilanz aufzunehmen.

987 **b)** Ein *Ansatzverbot* besteht nach § 248 I HGB für die zur Gründung und Eigenkapitalbeschaffung sowie für den Abschluss von Versicherungsverträgen erforderlichen Aufwendungen. Aus der nicht selbstständigen Verwertbarkeit dieser Aufwendungen selbst folgt bereits, dass sie nicht als Vermögensgegenstände aktivierungsfähig sind, sodass die Norm des § 248 I HGB lediglich deklaratorisch ist.[11] Seit der Neufassung von § 248 II HGB durch das Bilanzrechtsmodernisierungsgesetz (BilMoG)[12] besteht ein Aktivierungswahlrecht hinsichtlich selbst geschaffener immaterieller Vermögenswerte (§ 248 II 1 HGB). Damit wird vor allem der Bedeutung von Know-how, Patenten, Lizenzrechten und anderen gewerblichen Schutzrechten speziell für innovative Unternehmen sowie für Start up-Unternehmen Rechnung getragen.[13] Lediglich selbst geschaffene Marken, Drucktitel, Verlagsrechte, Kundenlisten oder vergleichbare immaterielle Vermögensgegenstände des Anlagevermögens dürfen nicht aufgenommen werden (§ 248 II 2 HGB).[14] Sie entfallen auf den selbst geschaffenen (originären) Geschäfts- oder Firmenwert, bei dem es sich um einen nicht aktivierungsfähigen immateriellen Vermögenswert handelt.[15]

Im Gegensatz zum originären Firmenwert, bestehen beim derivativen Geschäftswert keine Zurechnungs- und Manipulationsgefahren. Deshalb fingiert § 246 I 4 HGB den entgeltlich erworbenen Geschäfts- oder Firmenwert als »zeitlich begrenzt nutzbaren Vermögensgegenstand«. Er ist zu aktivieren und beim Anlagevermögen im Rahmen der immateriellen Vermögensgegenstände gesondert auszuweisen (vgl. § 266 II A. I. 3. HGB).

---

10 Näher MüKoHGB/*Ballwieser* § 246 Rn. 19 ff.

11 *Baetge/Kirsch/Thiele* Bilanzen Kap. III 222 (S. 167).

12 BGBl. 2009 I 1102.

13 *Burwitz* NZG 2008, 694 (695).

14 Zur Abgrenzung der aktivierungsfähigen Aufwendungen *Laubach/Kraus/Bornhofen* DB Beilage 5/2009, 19, (20 f.).

15 *Meyer* DStR 2009, 762 (763).

3. Bewertungsvorschriften

Bewertungsvorschriften treffen Regelungen hinsichtlich der Höhe der Bilanzierung der einzelnen Bilanzpositionen. Bewertungsregelungen für alle Kaufleute finden sich in §§ 252–256 a HGB.

a) Die *allgemeinen Bewertungsgrundsätze* sind in § 252 I HGB geregelt. Nach dem *Grundsatz der Bilanzidentität* (§ 252 I Nr. 1 HGB) müssen die Wertansätze in der Schlussbilanz des Vorjahres und in der Eröffnungsbilanz des nächsten Geschäftsjahres identisch sein, womit eine lückenlose Rechnungslegung gewährleistet ist.[16] § 252 I Nr. 2 HGB beinhaltet den *Grundsatz der Unternehmensfortführung* (sog. »Going-Concern« Prinzip). Bei der Bewertung der Vermögensgegenstände ist danach grundsätzlich von der Fortführung der Unternehmenstätigkeit auszugehen. Nur soweit tatsächliche oder rechtliche Gegebenheiten einer Fortsetzung der Geschäftstätigkeit entgegenstehen, bilden die voraussichtlichen Liquidationserlöse ausnahmsweise die Bewertungsgrundlage. Nach § 252 I Nr. 3 HGB sind die Vermögensgegenstände und Schulden zum Abschlussstichtag *(Grundsatz der Stichtagsbewertung)* einzeln *(Grundsatz der Einzelbewertung)* zu bewerten. Durch die getrennte Auflistung soll die Saldierung von Wertsteigerungen und -minderungen unterbunden und so der Grundsatz der Klarheit gewährleistet werden.[17] Aufgabe des Stichtagsprinzips ist es, durch eine periodengerechte Abgrenzung die Vergleichbarkeit der Jahresabschlüsse zu gewährleisten.[18]

Der wohl bedeutendste Bewertungsgrundsatz ist der in § 252 I Nr. 4 HGB geregelte *Grundsatz der Vorsicht*. Seine wichtigsten Ausprägungen sind das Realisationsprinzip und das Imparitätsprinzip. Nach dem in § 252 I Nr. 4 Hs. 2 HGB kodifizierten *Realisationsprinzip* sind Gewinne nur zu berücksichtigen, wenn sie am Abschlussstichtag realisiert sind. Noch nicht realisierte, aber bereits vorhersehbare Risiken und Verluste sind hingegen nach § 252 I Nr. 4 Hs. 1 HGB zu berücksichtigen. Diese ungleiche (= imparitätische) Behandlung nicht realisierter Gewinne und Verluste wird als *Imparitätsprinzip* bezeichnet. Nach dem in § 252 I Nr. 5 HGB festgelegten *Grundsatz der Periodenabgrenzung* sind Aufwendungen und Erträge unabhängig vom Zeitpunkt der Zahlung in dem Geschäftsjahr zu erfassen, in welchem sie wirtschaftlich begründet sind. Der in § 252 I Nr. 6 HGB kodifizierte *Stetigkeitsgrundsatz* verlangt, die auf den vorherigen Jahresabschluss angewandten Bewertungsmethoden beizubehalten. Dadurch soll die Vergleichbarkeit aufeinander folgender Jahresabschlüsse gewährleistet werden.[19]

b) Hinsichtlich der Bewertung der einzelnen Bilanzpositionen gilt das Folgende:

aa) Den Ausgangspunkt der Bewertung von *Anlage- und Umlaufvermögen* bilden bei entgeltlich erworbenen Vermögensgegenständen die Anschaffungskosten, bei selbst erstellten Vermögensgegenständen die Herstellungskosten, § 253 I 1 HGB. Nach der Legaldefinition des § 255 I HGB sind *Anschaffungskosten* die Aufwendungen, die geleistet werden, um einen Vermögensgegenstand zu erwerben und ihn in einen betriebsbereiten Zustand zu versetzen, soweit sie dem Vermögensgegenstand einzeln zugerechnet werden können. Demgegenüber sind *Herstellungskosten* nach § 255 II HGB Aufwendungen, die durch den Verbrauch von Gütern und die Inanspruchnahme von Diensten für die Herstellung eines

988

989

---

16 MüKoHGB/*Ballwieser* § 252 Rn. 5.
17 Baumbach/Hopt/*Merkt* HGB § 252 Rn. 9; EBJS/*Böcking/Gros* HGB § 252 Rn. 20.
18 Vgl. *Baetge/Kirsch/Thiele* Bilanzen Kap. II 232.15 (S. 122 f.).
19 MüKoHGB/*Ballwieser* § 252 Rn. 78.

Vermögensgegenstandes, seine Erweiterung oder für eine über seinen ursprünglichen Zustand hinausgehende wesentliche Verbesserung entstehen.

(1) Ist die Nutzungsdauer der Vermögensgegenstände des Anlagevermögens zeitlich begrenzt, sind die Anschaffungs- oder Herstellungskosten (AHK) gem. § 253 III 1 HGB um *planmäßige Abschreibungen für Abnutzung* (AfA) zu vermindern. Der Abschreibungsplan muss dabei die Anschaffungs- oder Herstellungskosten auf die Geschäftsjahre verteilen, in denen der Vermögensgegenstand voraussichtlich genutzt werden kann.[20] Die gängigsten Abschreibungsmethoden sind die lineare AfA und die geometrisch-degressive AfA. Bei der linearen AfA teilt man die AHK durch die voraussichtliche Nutzungsdauer und erhält auf diese Weise eine jährlich gleichbleibende Abschreibungsrate. Bei der geometrisch-degressiven AfA wird mit einem konstanten Prozentsatz vom sinkenden Restbuchwert abgeschrieben. Konsequenz ist, dass die Abschreibungsrate mit zunehmender Zeitdauer sinkt.

(2) Sowohl bei abnutzbaren als auch bei nicht abnutzbaren Vermögensgegenständen des *Anlagevermögens* sind gem. § 253 III 5 HGB bei voraussichtlich dauernder Wertminderung *außerplanmäßige Abschreibungen* vorzunehmen, um diese mit dem niedrigeren Wert anzusetzen, der ihnen am Abschlussstichtag beizulegen ist *(gemildertes Niederstwertprinzip)*. Vermögensgegenstände des Umlaufvermögens sind hingegen gem. § 253 IV 1 HGB – unabhängig davon, ob die Wertminderung von Dauer ist – immer auf den Wert abzuschreiben, der sich aus einem niedrigeren Börsen- oder Marktpreis am Abschlussstichtag ergibt *(strenges Niederstwertprinzip)*. Ist ein Börsen- oder Marktpreis nicht feststellbar und übersteigen die Anschaffungs- oder Herstellungskosten den Wert, der den Vermögensgegenständen am Abschlusstag beizulegen ist, ist gem. § 253 IV 2 HGB auf den beizulegenden Wert abzuschreiben. Ob zur Bestimmung dieses Wertes die Wiederherstellungs- oder Wiederbeschaffungskosten oder der Veräußerungspreis das ausschlaggebende Kriterium darstellen, ist davon abhängig, ob der Absatz- oder der Beschaffungsmarkt maßgeblich ist.[21]

(3) Nach § 253 V 1 HGB ist die Beibehaltung der aufgrund außerplanmäßiger Abschreibungen entstandenen niedrigeren Wertansätze nicht mehr möglich, wenn der Wert des Vermögensgegenstandes wieder gestiegen ist. Allein ein niedrigerer Wertansatz eines entgeltlich erworbenen Geschäfts- oder Firmenwertes ist beizubehalten (§ 253 V 2 HGB).

990 **bb)** Nach § 253 I 2 HGB sind *Verbindlichkeiten* zu ihrem Erfüllungsbetrag anzusetzen. Liegt die aus der Verbindlichkeit resultierende Belastung am Bilanzstichtag über dem bisher angesetzten Erfüllungsbetrag, ist die Verbindlichkeit mit dem höheren Bilanzstichtagswert anzusetzen *(Höchstwertprinzip)*. Das Höchstwertprinzip ergibt sich als Pendant zum Niederstwertprinzip für passive Bilanzposten aus dem Vorsichtsprinzip. Praktische Relevanz erlangte es früher vor allem bei Fremdwährungsverbindlichkeiten. Stieg der Fremdwährungskurs, war die Verbindlichkeit am Bilanzstichtag zum höheren Kurs in der Bilanz auszuweisen. Bei einem Absinken des Fremdwährungskurses hingegen durfte der Erfüllungsbetrag nicht niedriger angesetzt werden, da ein Ausweis nicht realisierter Gewinne nach dem *Realisationsprinzip* unzulässig war. Nach der Einführung von § 256a S. 1 HGB durch das BilMoG sind auf fremde Währung lautende Vermögensgegenstände und Verbindlichkeiten zum Devisenkassamittelkurs am Abschlussstichtag umzurechnen. Bei einer Restlaufzeit von einem Jahr oder weniger erfolgt die Umrechnung zum aktuellen Devisenkassamittelkurs (§ 256a S. 2 HGB).

cc) *Rückstellungen* sind gem. § 253 I 2 HGB in Höhe des Betrages anzusetzen, der nach vernünftiger kaufmännischer Beurteilung zu ihrer Erfüllung notwendig ist. Dabei müssen künftige Preis- und Kostensteigerungen berücksichtigt werden.[22] Im Rahmen von Rückstellungen für ungewisse Verbindlichkeiten muss der Erfüllungsbetrag der Verbindlichkeit nach diesem Maßstab geschätzt werden. Bei Rückstellungen für drohende Verluste aus schwebenden Geschäften ist der Betrag anzusetzen, um den die eigene Verpflichtung die zu erwartende Gegenleistung übersteigt. Der Maßstab vernünftiger kaufmännischer Beurteilung ist zudem bei der Schätzung des Verpflichtungsüberschusses anzuwenden.[23] Rückstellungen mit einer Restlaufzeit von mehr als einem Jahr sind mit dem ihrer Restlaufzeit entsprechenden durchschnittlichen Marktzinssatz der vergangenen sieben Geschäftsjahre abzuzinsen (§ 253 II 1 HGB).

---

20 *Großfeld/Luttermann* Bilanzrecht Rn. 565f.
21 MüKoHGB/*Ballwieser* § 253 Rn. 57.
22 *Meyer* DStR 2009, 762 (763).
23 Baumbach/Hopt/*Merkt* HGB § 253 Rn. 3.

IV. Prinzip der doppelten Buchführung – Auflösung der Bilanz in Konten

Würde jeder Geschäftsvorfall in der Bilanz selbst festgehalten, wäre diese schon nach   **991**
kurzer Zeit kaum lesbar. Die Alternative, nach jedem Geschäftsvorfall eine neue Bilanz
zu erstellen, ist zwar grundsätzlich möglich, aber sehr aufwendig. Hinzu kommt, dass
dann die einzelnen Geschäftsvorfälle nur mühevoll nachzuvollziehen wären. Um diese
Schwierigkeiten zu vermeiden, wird die Bilanz in einzelne Konten aufgelöst, wobei jeder einzelne Bilanzposten ein eigenes Bestandskonto erhält. Aufgrund ihres äußeren
Erscheinungsbildes werden die Konten T-Konten genannt. Die Posten auf der Aktivseite der Bilanz gehen in *aktive Bestandskonten ein,* die Konten auf der Passivseite in
passive Bestandskonten. Jedes Konto besteht aus einer Soll- und einer Haben-Seite.
Die Aktivkonten verzeichnen Anfangsbestand und Zugänge auf der Soll-Seite und
Abgänge und den Endbestand auf der Haben-Seite, bei den Passivkonten verhält es
sich genau umgekehrt.

Aktives Bestandskonto

Soll	Haben
Anfangsbestand	Abgänge
Zugänge	Soll-Saldo (Endbestand)

Passives Bestandskonto

Soll	Haben
Abgänge	Anfangsbestand
Haben-Saldo (Endbestand)	Zugänge

Das Prinzip der doppelten Buchführung (Doppik) erfordert, dass jeder Geschäftsvorfall im Soll mindestens eines Kontos und im Haben mindestens eines anderen Kontos
erfasst wird, wobei die Summe der im Soll und der im Haben gebuchten Beträge gleich
ist (»keine Buchung ohne Gegenbuchung«). Auf diese Weise wird gewährleistet, dass
in der Bilanz die Summe der Aktiva weiterhin stets der Summe der Passiva entspricht.
Ein Buchungsvorgang erfolgt immer von »Soll an Haben«. Der Endbestand der Konten errechnet sich aus Anfangsbestand plus Zugänge minus Abgänge. Ist am Ende des
Geschäftsjahrs die Soll-Seite größer als die Haben-Seite, liegt als Endbestand ein Soll-
Saldo vor. Dieser wird, um das Konto auszugleichen, auf der Haben-Seite ausgewiesen. Umgekehrt handelt es sich um einen auf der Soll-Seite ausgewiesenen Haben-
Saldo, wenn die Haben-Seite die Soll-Seite übersteigt. Zum Ende des Geschäftsjahres –
nach Abschluss aller Buchungen auf den Konten – gehen die Endbestände der Konten
dann in die neue Bilanz ein. Soll-Saldi erscheinen auf der Aktivseite der Bilanz, Haben-
Saldi auf der Passivseite. Diese theoretischen Überlegungen sollen anhand typischer
Geschäftsvorfälle verdeutlicht werden.

1. Erfolgsneutrale Geschäftsvorfälle

Erfolgsneutrale Geschäftsvorfälle verändern das Eigenkapital nicht. Man unterscheidet   **992**
Aktiv- und Passivtausch sowie Bilanzverlängerung und Bilanzverkürzung.

993 **a)** Ein *Aktivtausch* ist dadurch gekennzeichnet, dass sich ein Aktivposten in der Bilanz erhöht und sich mindestens ein anderer Aktivposten in derselben Höhe vermindert. Die Bilanzsumme bleibt mithin in ihrer Höhe unverändert.

> **Beispiel:** Verkauf von Waren im Wert von 100 zum Preis von 100, Zahlung durch den Kunden erfolgte per Banküberweisung. Der zugehörige Buchungssatz lautet dann: Bank an fertige Erzeugnisse/Waren 100.

Bank		Waren	
Soll	**Haben**	**Soll**	**Haben**
AB 1.500		AB 500	(1) 100
(1) 100	EB 1.600		EB 400
1.600	**1.600**	**500**	**500**

b) Bei einem *Passivtausch* vermindert sich ein Passivposten, während sich ein anderer Passivposten um denselben Betrag erhöht. Auch in diesem Fall bleibt die Bilanzsumme demzufolge gleich.

> **Beispiel:** Ausstellung eines Wechsels iHv 1.000 zur Begleichung einer Verbindlichkeit gegenüber einem Lieferanten in gleicher Höhe. Der dazugehörige Buchungssatz würde lauten: Verbindlichkeiten aus Lieferungen und Leistungen an Wechselverbindlichkeiten 1.000.

Verbindlichkeiten aus L + L		Wechselverbindlichkeiten	
Soll	**Haben**	**Soll**	**Haben**
(2) 1.000	AB 4.000		AB 6.000
EB 3.000		EB 7.000	(2) 1.000
4.000	**4.000**	**7.000**	**7.000**

994 **c)** Unter einer *Bilanzverlängerung (Aktiv-/Passivmehrung)* versteht man die Fälle, in denen sich gleichzeitig ein Aktivposten und ein Passivposten erhöhen. Die Bilanzsumme erhöht sich dadurch ebenfalls um den gleichen Betrag.

> **Beispiel:** Kauf einer Maschine im Wert von 10.000 auf Ziel. Der zugehörige Buchungssatz würde dann lauten: Maschinen an Verbindlichkeiten gegenüber Lieferanten 10.000.

Maschinen		Verbindlichkeiten gegenüber Lieferanten	
Soll	**Haben**	**Soll**	**Haben**
AB 100.000			AB 30.000
(3) 10.000	EB 110.000	EB 40.000	(3) 10.000
110.000	**110.000**	**40.000**	**40.000**

995 **d)** Das Pendant zur Bilanzverlängerung stellt die *Bilanzverkürzung (Aktiv-/Passivminderung)* dar, bei der sich gleichzeitig ein Aktivposten und ein Passivposten und damit auch die Bilanzsumme vermindern.

> **Beispiel:** Tilgung einer Bankverbindlichkeit iHv 2.500 durch Barzahlung. Der Buchungssatz in einem solchen Fall lautet: Verbindlichkeiten an Kasse 2.500.

Bankverbindlichkeiten		Kasse	
Soll	**Haben**	**Soll**	**Haben**
(4) 2.500	AB 20.000	5.000	(4) 2.500
EB 17.400			EB 2.500
20.000	**20.000**	**5.000**	**5.000**

2. Erfolgswirksame Geschäftsvorfälle

Erfolgswirksame Geschäftsvorfälle verändern hingegen das Eigenkapital. Man unter- **996** scheidet zwischen Erträgen und Aufwendungen. Erträge führen zu einer Vermehrung, Aufwendungen zu einer Verminderung des Eigenkapitals innerhalb einer bestimmten Periode. Aufgrund der Tatsache, dass ein positives Eigenkapital auf der Passivseite der Bilanz aufgeführt wird, gehört zum Eigenkapital ein passives Bestandskonto, über das die erfolgswirksamen Buchungen abgewickelt werden können.

> **Beispiele:** Ein *Ertrag* liegt vor, wenn die Bank dem Unternehmen Zinsen iHv 500 gutschreibt. Der zugehörige Buchungssatz würde dann lauten: Bank an Eigenkapital 500. Einen *Aufwand* stellt die Barzahlung von Büromieten iHv 1.500 dar: Buchungssatz Eigenkapital an Kasse 4.000.

Bank			Eigenkapital	
Soll	Haben		Soll	Haben
AB 1.600			(6) 1.500	AB 50.000
(5) 500	EB 2.100		EB 49.000	(5) 500
2.100	2.100		50.500	50.500

Kasse	
Soll	Haben
AB 2.500	(6) 1.500
	EB 1.000
2.500	2.500

3. Verbuchung über Aufwands- und Ertragskonten

In der Praxis erfolgt die Verbuchung von Aufwendungen und Erträgen jedoch in aller **997** Regel nicht direkt über das Eigenkapitalkonto, weil dieses aufgrund der zahlreichen Aufwands- und Ertragsbuchungen schnell unübersichtlich werden würde und die Erfolgsquellen nicht direkt zu erkennen wären.[24] Um diese Nachteile zu vermeiden, wird das Eigenkapitalkonto in Unterkonten aufgeteilt. Für jede Aufwandsart wird ein eigenes Aufwandskonto, für jede Ertragsart ein eigenes Ertragskonto eingerichtet.

Aufwandskonto (zB Mietaufwendungen)			Ertragskonto (zB Zinserträge)	
Soll	Haben		Soll	Haben
Aufwendungen (aufsummiert)	Endbestand/Saldo		Endbestand/Saldo	Erträge (aufsummiert)

Die Salden aller Aufwands- und Ertragskonten werden auf ein Sammelkonto gebucht, welches man üblicherweise als Gewinn- und Verlustkonto (GuV-Konto) bezeichnet.

GuV-Konto	
Soll	Haben
Salden aller Aufwandskonten	Salden aller Ertragskonten

Am Jahresende wird das GuV-Konto abgeschlossen. Übersteigen die Erträge die Aufwendungen, ist ein Gewinn erwirtschaftet worden, der als Saldo auf der Soll-Seite des GuV-Kontos ausgewiesen wird. Im umgekehrten Fall ist ein Verlust entstanden, des-

---

24 *Buchner*, Buchführung und Jahresabschluss, 7. Aufl. 2005, 119f.

sen Saldo auf der Haben-Seite erscheint. Der Gewinn bzw. Verlust wird nunmehr auf das Eigenkapitalkonto gebucht. Gewinne erscheinen dabei als Reinvermögensmehrung im Haben des Eigenkapitalkontos, während Verluste im Soll des Eigenkapitalkontos ausgewiesen werden.

V. Gewinn- und Verlustrechnung

998   Wie die Ausführungen zu den erfolgswirksamen Buchungen gezeigt haben, ist der Gewinn bzw. Verlust eines Geschäftsjahres leicht anhand des GuV-Kontos zu ermitteln. Die Gewinn- und Verlustrechnung kann von Einzelkaufleuten und Personenhandelsgesellschaften, in denen mindestens eine natürliche Person unbeschränkt haftet, auf diese Weise in *Kontenform* durchgeführt werden.[25]

Für Kapitalgesellschaften und haftungsbeschränkte Personenhandelsgesellschaften ist hingegen gem. § 275 I 1 HGB die GuV zwingend in *Staffelform* zu erstellen. Die Staffelform verlangt, dass Erträge und Aufwendungen nicht wie bei der Kontenform getrennt gegenübergestellt, sondern untereinander angeordnet und saldiert werden. Die Anordnung der Erträge und Aufwendungen ist nach § 275 II und III HGB wahlweise nach dem Gesamtkosten- oder dem Umsatzkostenverfahren durchzuführen, wobei jeweils die dort genannten aussagekräftigen Zwischenergebnisse gebildet werden müssen. Beide Verfahren führen letztlich zum gleichen Endergebnis (Jahresüberschuss bzw. Jahresfehlbetrag) und unterscheiden sich nur in der Art der Darstellung.

Beim *Gesamtkostenverfahren (GKV)* wird der Jahresüberschuss (= Gewinn) bzw. der Jahresfehlbetrag (= Verlust) dadurch ermittelt, dass man von der Gesamtleistung des Unternehmens (diese besteht aus Umsatzerlösen, Bestandsänderungen bei den Erzeugnissen, anderen aktivierten Eigenleistungen und sonstigen betrieblichen Erträgen) die gesamten Periodenaufwendungen abzieht. Die Aufwendungen werden dabei nach Aufwandsarten (zB Material, Personal, Abschreibungen) gegliedert.

Beim *Umsatzkostenverfahren (UKV)* ermittelt man den Jahresüberschuss/Jahresfehlbetrag, indem den Umsatzerlösen nur die Kosten gegenübergestellt werden, die für die verkauften Produkte ursächlich waren (Umsatzaufwendungen). Die Gliederung der Kosten erfolgt beim UKV nach betrieblichen Funktionen (zB Herstellungskosten, Vertriebskosten, allgemeine Verwaltungskosten).

VI. Anhang

999   Für Kapitalgesellschaften und haftungsbeschränkte Personengesellschaften (§ 264 a HGB) besteht nach § 264 I 1 HGB die Pflicht, den Jahresabschluss um einen Anhang zu erweitern. Dieser hat die Funktion, Bilanz und GuV zu erläutern sowie diese gegebenenfalls zu korrigieren und zu vervollständigen, wobei auch bestimmte Angaben in den Anhang aufgenommen werden können, um so Bilanz und GuV zu entlasten.[26] *Interpretationsfunktion* besitzen die Informationen des Anhangs, die die Posten der

---

25 *Baetge/Kirsch/Thiele* Bilanzen Kap. XII 33 (S. 609); *Wöhe/Mock,* Die Handels- und Steuerbilanz, 6. Aufl. 2010, 30.

26 *Baetge/Kirsch/Thiele* Bilanzen Kap. XIV 11 (S. 701f.); *Coenenberg/Haller/Schultze* Jahresabschluss S. 855f.

Bilanz kommentieren und interpretieren, wie zum Beispiel die Angabe von Bilanzierungs- und Bewertungsmethoden (§ 284 II Nr. 1 HGB).[27] Die *Korrekturfunktion* des Anhangs hat ihren gesetzlichen Niederschlag in § 264 II 2 HGB gefunden. Vermitteln Bilanz und GuV ein nicht den tatsächlichen Verhältnissen entsprechendes Bild der Vermögens-, Finanz- und Ertragslage, kann dies durch zusätzliche Angaben im Anhang korrigiert werden. Durch die gesetzlichen Möglichkeiten zur Verlagerung bestimmter Informationen in den Anhang wird die Aussagefähigkeit und Übersichtlichkeit von Bilanz und GuV erhöht. Dem Anhang kommt dadurch eine *Entlastungsfunktion* zu. Außerdem werden Informationen, die zwar nicht bilanzierungsfähig, für die Beurteilung der Vermögens-, Finanz- und Ertragslage jedoch von Bedeutung sind, im Anhang veröffentlicht (*Ergänzungsfunktion* des Anhangs).

VII. Lagebericht

Große und mittelgroße Kapitalgesellschaften sowie Personengesellschaften, bei denen **1000** keine natürliche Person persönlich haftet, müssen gem. §§ 264 I 1 und 4, 264a HGB neben dem Anhang auch einen Lagebericht gem. § 289 HGB aufstellen. Während der Anhang Bestandteil des Jahresabschlusses ist, stellt der Lagebericht einen selbstständigen Bestandteil der Rechnungslegung dar. Seine Aufgabe ist es – losgelöst von den einzelnen Positionen des Jahresabschlusses –, ein den tatsächlichen Verhältnissen entsprechendes Bild der Gesellschaft zu vermitteln, wobei auch auf die Risiken der zukünftigen Entwicklung eingegangen werden soll.[28]

§ 32 Grundlagen der Unternehmensbesteuerung

Literatur: *Birk/Desens/Tappe*, Steuerrecht, 20. Aufl. 2017; *Knobbe-Keuk*, Bilanz- und Unternehmenssteuerrecht, 9. Aufl. 1993; *Kraft/Kraft*, Grundlagen der Unternehmensbesteuerung, 4. Aufl. 2014; *Scheffler*, Besteuerung von Unternehmen I, 13. Aufl. 2016; *Tipke*, Die Steuerrechtsordnung, Band II, 2. Aufl. 2003; *Tipke/Lang*, Steuerrecht, 22. Aufl. 2015.

Fälle: **1001**
a) A und B betreiben gemeinsam einen Friseursalon in der Rechtsform einer OHG (A&B-OHG) und erzielen hieraus gewerbliche Einkünfte. Beide sind zu je 50 % beteiligt. Hingegen gehören der R+S-Partnerschaftsgesellschaft 50 Rechtsanwälte und Steuerberater an, die Einkünfte aus selbstständiger Arbeit erzielen. Man überlegt, sich künftig in einer R+S-GmbH zusammenzuschließen. Welchen Ertragsteuern unterliegen in jedem dieser Fälle die beteiligten Rechtssubjekte?
b) In Fall a gehörten das Grundstück und der darauf befindliche Friseursalon bislang A. Nun verkauft und übereignet A das Grundstück an die OHG. Welche Steuern löst die Transaktion aus?

---

27 *Baetge/Kirsch/Thiele* Bilanzen Kap. XIV 3 (S. 708ff.); *Coenenberg/Haller/Schultze* Jahresabschluss S. 856.
28 *Rinker/Ditges/Arendt,* Bilanzen, 15. Aufl. 2016, 232.

I. Bedeutung des Steuerrechts für das Gesellschaftsrecht

1002 Steuerrechtliche Auswirkungen sind bei gesellschaftsrechtlichen Vorgängen von entscheidender Bedeutung. So beteiligen Einzelunternehmer durch die Gründung einer Gesellschaft ihre Kinder am Unternehmen, um den erwirtschafteten Gewinn zu verteilen und die Progression (→ Rn. 1019, → Rn. 1038, → Rn. 1040) zu mildern. Das Steuerrecht ist aber nicht nur für die Beratungspraxis bedeutsam. Es nimmt auch maßgeblichen Einfluss auf die Entwicklung des objektiven Gesellschaftsrechts. Steuerlich motivierte Gestaltungen waren ausschlaggebend für die Entwicklung der erst im Nachhinein von Rechtsprechung und Gesetzgebung anerkannten Rechtsformen GmbH & Co. KG und Publikums-KG (→ Rn. 420f.). Eine Publikums-KG bietet trotz kapitalistischer Organisation die steuerlichen Vorteile einer Personengesellschaft und insbesondere die Möglichkeit, Gesellschaftsverluste bei den Gesellschaftern zu berücksichtigen (→ Rn. 1044). Die GmbH & Co. KG verknüpft diese Vorteile mit der Haftungsbeschränkung aller Gesellschafter. Weitere Beispiele für den Einfluss des Steuerrechts auf das Gesellschaftsrecht finden sich im Konzernrecht, welches maßgeblich durch die steuerrechtliche Figur einer Organschaft (→ Rn. 1044) geprägt wurde.

II. »Unternehmenssteuerrecht«

1003 Das deutsche Steuersystem kennt *kein einheitliches und in sich geschlossenes »Unternehmenssteuerrecht«.* Vielmehr sind die einschlägigen Rechtsvorschriften über verschiedene Steuergesetze verteilt, wobei Unternehmen in Abhängigkeit von ihrer Verfassung als Personen- oder Kapitalgesellschaften besteuert werden. Die steuerliche Gesamtbelastung ergibt sich aus der Kumulation verschiedener Steuern[1] und ist aus diesem Grund nicht einfach zu erkennen. Das Steuerrecht erweist sich insgesamt als komplexe und vor allem »kurzlebige« Materie. Einem prinzipiengeleiteten Steuerrecht steht nicht selten eine Gesetzgebung im Wege, die neben der Deckung des steigenden Finanzbedarfs des Staates wechselnde wirtschafts- und sozialpolitische Gestaltungsziele verfolgt. So wird eine immer wieder geforderte Systematisierung und Neuordnung des Steuerrechts im Allgemeinen und des Unternehmenssteuerrechts im Besonderen durch den parteipolitischen Wettbewerb erschwert.

III. Überblick über relevante Steuern

1004 Als Fundamentalprinzip der gerechten Besteuerung gilt das aus Art. 3 I GG abgeleitete *Leistungsfähigkeitsprinzip*,[2] wonach jeder nach seiner Zahlungsfähigkeit (wirtschaftlicher Leistungsfähigkeit) besteuert werden soll. Da wirtschaftliche Leistungsfähigkeit entweder im Einkommen, im Vermögen oder in deren Verwendung zum Ausdruck kommt und folglich nur dort abgeschöpft werden kann, lassen sich Steuern auf Einkommen, auf Vermögen und Vermögenstransfer sowie auf die Verwendung von Ein-

---

1 Zur Gesamtsteuerbelastung *Kraft/Kraft* Unternehmensbesteuerung 222ff., 246 (249f.); Tipke/Lang/ *Montag* SteuerR § 13 Rn. 21.
2 *Birk/Desens/Tappe* SteuerR Rn. 35ff.; Tipke/Lang/*Hey* SteuerR § 3 Rn. 40ff.

kommen und Vermögen unterscheiden.[3] Im Zusammenhang mit der Besteuerung von Gesellschaften sind hauptsächlich die folgenden Steuerarten relevant.

1. Einkommen- und Körperschaftsteuer (Dualismus der Unternehmensbesteuerung)

Das am Markt erwirtschaftete Einkommen von Personengesellschaften wird durch die **1005** Einkommensteuer (dazu § 33), dasjenige von Kapitalgesellschaften und sonstigen erwerbstätigen Körperschaften durch die Körperschaftsteuer (dazu § 34) erfasst. Die *Zuordnung* zu der Einkommen- oder Körperschaftsteuer *korrespondiert streng mit der zivilrechtlichen Rechtsform* der Gesellschaften. So unterliegen auch kapitalistische Publikums-Personengesellschaften nicht etwa der Körperschaftsteuer, sondern werden nach dem Einkommensteuergesetz (EStG) besteuert.[4] Steuersubjekt der Einkommensteuer ist trotz ihrer zivilrechtlichen Verselbstständigung nicht die Personengesellschaft, sondern jeder einzelne Gesellschafter, sofern es sich um natürliche Personen handelt. Die Personengesellschaft als solche ist lediglich bei Ermittlung und Qualifikation der Einkünfte relevant, welche sodann den Anlegern zugerechnet und bei ihnen besteuert werden. Mithin ist die Personengesellschaft steuerlich transparent *(Transparenzprinzip)*. Demgegenüber sind Kapitalgesellschaften und andere erwerbstätige Körperschaften Steuersubjekte der Körperschaftsteuer. Die rechtlichen Sphären der Kapitalgesellschaften und ihrer Anteilseigner werden dabei getrennt betrachtet *(Trennungsprinzip)*.

> In **Fall a** unterliegt das von der A&B-OHG erwirtschaftete Einkommen der Einkommensteuer bei den Gesellschaftern A und B. Das Einkommen der R+S-Partnerschaftsgesellschaft wird ebenfalls bei den Partnern der Einkommensteuer unterworfen. Hingegen unterliegt das Einkommen einer R+S-GmbH der Körperschaftsteuer. Schüttet die R+S-GmbH ihren Gewinn aus, stellen die Ausschüttungen bei den Gesellschaftern Einkünfte aus Kapitalvermögen (§ 20 I Nr. 1 S. 1 EStG) dar und unterliegen als solche wiederum der Einkommensteuer (→ Rn. 1054f.).

2. Gewerbesteuer[5]

a) Die Gewerbesteuer gehört ebenso wie Einkommen- und Körperschaftsteuer zur **1006** Gruppe der Ertragsteuern. Anders als Einkommen- und Körperschaftsteuer ist sie jedoch nicht Personen-, sondern Objektsteuer *(Realsteuer)*. Zudem basierte sie ursprünglich nicht auf dem Leistungsfähigkeitsprinzip. Historisch liegt ihr vielmehr das *Äquivalenzprinzip* zugrunde, wonach Gewerbetreibende ohne Rücksicht auf persönliche Verhältnisse zu den Lasten — vor allem für die Bereitstellung der Infrastruktur — beizutragen haben, die der Gewerbebetrieb der Gemeinde verursacht. Alleiniger Anknüpfungspunkt der Besteuerung ist die objektive Ertragskraft des Unternehmens, die durch den Gewerbeertrag abgebildet wird. Hingegen spielen die früher ebenfalls als Besteuerungsgrundlage herangezogenen Merkmale, Lohnsumme und Gewerbeka-

---

3 Vgl. zur Klassifizierung der verschiedenen Steuerarten *Birk/Desens/Tappe* SteuerR Rn. 72ff.; Tipke/ Lang/*Hey* SteuerR § 7 Rn. 29.
4 BFH BStBl. 1984 II 751; 1995 II 794.
5 Ausf. dazu *Birk/Desens/Tappe* SteuerR Rn. 1313ff.; *Knobbe-Keuk,* Bilanz- und UnternehmenssteuerR, 9. Aufl. 1993, § 21; *Kraft/Kraft* Unternehmensbesteuerung 191ff.; Tipke/Lang/*Montag* SteuerR § 12.

pital, die ein konjunkturabhängiges Gewerbesteueraufkommen sichern sollten,[6] keine Rolle.

Ungeachtet ihrer rechtlichen Eigenständigkeit ist die Gewerbesteuer keine eigenständige Unternehmenssteuer, sondern stellt wirtschaftlich einen Bestandteil der nach der gesetzgeberischen Konzeption einheitlich betrachteten ertragsteuerlichen Belastung dar. So kann die von gewerblichen Personengesellschaften entrichtete Gewerbesteuer gem. § 35 EStG in pauschalierter Form auf die Einkommensteuer der Gesellschafter angerechnet werden (→ Rn. 1035 ff.). Bei der Besteuerung von Kapitalgesellschaften wird die Belastung der Gewinne mit Gewerbesteuer bereits beim Körperschaftsteuersatz berücksichtigt. Dieser wurde auf 15 % festgesetzt (§ 23 I KStG), um eine steuerliche Gesamtbelastung der Gewinne mit ca. 29 % zu erreichen.[7]

Die vom BVerfG[8] mehrfach bejahte Verfassungsmäßigkeit der Gewerbesteuer wird im Schrifttum[9] bezweifelt und ihre Abschaffung seit langem gefordert. Strittig ist, ob das Äquivalenzprinzip überhaupt ein verfassungskonformes Verteilungsprinzip darstellt. Im Hinblick auf den allgemeinen Gleichheitssatz (Art. 3 I GG) ist zudem problematisch, dass die Gewerbesteuer nur Einkünfte aus Gewerbebetrieb belastet, während andere Einkunftsarten[10] verschont werden. Kritikwürdig ist schließlich die durch die Kombination von Einkommen- bzw. Körperschaftsteuer einerseits und die Gewerbesteuer andererseits drohende ertragsteuerliche Doppelbelastung der gewerblichen Einkünfte. Zwar wird die gewerbesteuerliche Belastung durch ihre Anrechnung auf die Einkommensteuer bzw. im Körperschaftsteuersatz berücksichtigt. Indes führen diese gesetzlichen Mechanismen ihrerseits zu systematischen Ungereimtheiten.

> In **Fall a** wird der Gewinn der A&B-OHG mit der Gewerbesteuer belastet, weil die OHG gewerbliche Einkünfte erzielt. Hingegen erzielt die R+S-Partnerschaftsgesellschaft ausschließlich Einkünfte aus selbstständiger Arbeit und ist folglich – obwohl sie infolge des Mandantenverkehrs die Infrastruktur der Gemeinde möglicherweise stärker beansprucht als die A&B-OHG – nicht gewerbesteuerpflichtig.

Das Aufkommen der Gewerbesteuer steht nach Art. 106 VI GG den Gemeinden zu, die ihre Höhe mittels des Hebesatzes selbst festlegen können. Damit ist die Gewerbesteuer die einzige den Gemeinden durch Art. 28 II 3 Hs. 2 GG garantierte *»wirtschaftsbezogene Steuerquelle mit Hebesatzrecht«* und verwirklicht die in Art. 28 II 3 GG verankerte Finanzautonomie der Gemeinden. Deshalb könnte die Gewerbesteuer nicht ersatzlos gestrichen werden und begegnen Pläne zu ihrer Reform oder gar Abschaffung in besonderem Maße politischem Widerstand.

1007 b) Gegenstand der Besteuerung *(Steuerobjekt)* ist nach § 2 I 1 GewStG ein stehender Gewebebetrieb, soweit dieser im Inland betrieben wird. Der Begriff des Gewerbebetriebs stimmt mit der Legaldefinition eines Gewerbebetriebs iSv § 15 II EStG überein (§ 2 I 2 GewStG), sodass unter anderem auch alle gewerblichen Personengesellschaften (→ Rn. 1021 ff.) einen Gewerbebetrieb im Sinne des Gewerbesteuergesetzes unterhalten. Die Tätigkeit unter anderem der Kapitalgesellschaften gilt gem. § 2 II GewStG kraft Rechtsform stets als Gewerbebetrieb.
Steuerschuldner *(Steuersubjekt)*, also derjenige, gegen den sich der Steueranspruch richtet, ist der Unternehmer (§ 5 I 1 GewStG). Unternehmer ist nach § 5 I 2 GewStG derjenige, für dessen Rechnung der Gewerbebetrieb unterhalten wird. Wird der Gewerbebetrieb von einer Gesellschaft unterhalten, ist diese Steuerschuldnerin. Dies gilt auch, wenn es sich um eine (gewerbliche) Personengesellschaft handelt (§ 5 I 3 GewStG). Somit wird Personengesellschaften für Zwecke der Gewerbesteuer – anders als bei der Einkommensteuer – die steuerliche Rechtsfähigkeit zuerkannt.

---

6 RT-Drs. 1937, Nr. 42; RStBl. 1937, 693.
7 *Streck* NJW 2007, 3176 (3177).
8 BVerfGE 26, 1 (7); 46, 224 (233).
9 Tipke/Lang/*Montag* SteuerR § 12 Rn. 1 f.; *Djanani/Brähler/Lösel* BB 2003, 1254; *Wendt* BB 1987, 1257.
10 Zu den verschiedenen Einkunftsarten → Rn. 1016.

Steuersubjekt der Gewerbesteuer sind in **Fall a** deshalb die A&B-OHG sowie die R+S-GmbH. Die R +S-PartG ist hingegen kein Steuersubjekt der Gewerbesteuer, da es sich bei ihr um keine gewerblich, sondern eine freiberuflich tätige Personengesellschaft handelt.

c) Der *Gewerbeertrag*, mithin die Bemessungsgrundlage der Gewerbesteuer, ist mit dem Einkommen **1008** verwandt. Der Gewerbeertrag unterscheidet sich vom Einkommen aber dadurch, dass er nicht die Leistungsfähigkeit einer Person, sondern dasjenige umschreibt, was die wirtschaftliche Einheit eines Gewerbebetriebs abwirft, wenn sie losgelöst von den Beziehungen zu dem jeweiligen Rechtsträger betrachtet wird.[11] Den Ausgangspunkt bei der Ermittlung des Gewerbeertrags bildet gem. § 7 GewStG der nach den steuerbilanzrechtlichen Regeln für die Einkommen- bzw. Körperschaftsteuer ermittelte Gewinn (→ Rn. 1046 ff.), der durch Hinzurechnungen (§ 8 GewStG) und Kürzungen (§ 9 GewStG) sowie weitere allgemeine Modifikationen korrigiert wird, um – entsprechend dem Objektsteuercharakter der Gewerbesteuer – die objektive Ertragskraft des Betriebs zu ermitteln. Freilich lassen sich nicht alle Modifikationen mit dem Objektsteuercharakter der Gewerbesteuer erklären, was insgesamt zu einer kaum überschaubaren Kasuistik führt.

d) Die *geschuldete Gewerbesteuer* wird in zwei oder drei Schritten festgesetzt. Ausgehend von dem nach **1009** §§ 7–9 GewStG ermittelten und eventuell um den nach § 10a GewStG berücksichtigungsfähigen Gewerbeverlust gekürzten Gewerbeertrag wird zunächst dem. § 11 GewStG der Steuermessbetrag festgesetzt. Dieser ergibt sich durch Anwendung eines Hundertsatzes *(Steuermesszahl)* auf den auf volle 100 EUR nach unten abgerundeten, um bestimmte Freibeträge gekürzten Gewerbeertrag, § 11 I GewStG. Die Freibeträge sind bei natürlichen Personen und Personengesellschaften erheblich höher als bei Kapitalgesellschaften, wodurch Letztere benachteiligt werden. Die Steuermesszahl beträgt seit 2008 einheitlich 3,5 %, § 11 II GewStG. Hat ein Gewerbebetrieb Betriebsstätten in mehreren Gemeinden, wird in einem zweiten Schritt der Steuermessbetrag in die auf die Gemeinden entfallenden Anteile zerlegt (§§ 28–34 GewStG, §§ 185–190 AO). Schließlich wird die Gewerbesteuer von der Gemeinde festgesetzt, nachdem diese gem. § 16 I GewStG ihren *Hebesatz* auf den Messbetrag angewendet hat, dh das Produkt aus beiden Größen gebildet hat. Um der Entstehung von sog. Gewerbesteueroasen entgegenzuwirken, legt § 16 IV 2 GewStG einen Mindesthebesatz von 200 % fest.[12]

3. Erbschaft- und Schenkungsteuer[13]

Mit der Erbschaft- und Schenkungsteuer wird der unentgeltliche Transfer von Vermö- **1010** gen steuerlich erfasst und teilweise abgeschöpft. Die Erbschaft- und Schenkungsteuer folgt dem Modell der Erbanfallsteuer. Der steuerpflichtige Erwerb, der die Steuerbemessungsgrundlage darstellt (vgl. § 19 I 1 ErbStG), richtet sich dementsprechend nach der Bereicherung bei jedem einzelnen Erben (und nicht nach der Höhe des Nachlasses) abzüglich bestimmter sachlicher und persönlicher Befreiungen (vgl. § 10 ErbStG). Die Bereicherung des Erben ist die Differenz zwischen dem steuerbaren Vermögensanfall und den Nachlassverbindlichkeiten iSd § 10 III–IX ErbStG (§ 10 I 2 ErbStG). Die Vorschriften des Erbschaft- und Schenkungsteuergesetzes gelten auch für Schenkungen unter Lebenden (§ 1 I Nr. 2 ErbStG). Damit wird eine Umgehung der Steuer durch eine vorweggenommene Erbfolge verhindert.

Bei der Vererbung von Betriebsvermögen sieht das ErbStG Begünstigungen vor, um eine Fortführung des Unternehmens nicht durch übermäßigen Liquiditätsentzug zu gefährden (§§ 13a–13c ErbStG). Infolgedessen wird es in vielen Fällen überhaupt nicht oder nur in geringem Umfang zur Erbschaft- und Schenkungsteuer herangezogen. Nachdem das BVerfG §§ 13a, 13b ErbStG für verfassungswidrig erklärt und den Gesetzgeber zu einer Neuregelung bis zum 30.6.2016 verpflichtet hatte,[14] wurde mit der Erbschaftsteuerreform vom

---

11 *Knobbe-Keuk*, Bilanz- und UnternehmenssteuerR, 9. Aufl. 1993, 733.
12 Wegen des damit verbundenen Eingriffs in die finanzielle Eigenverantwortung der Gemeinden krit. *Jochum* StB 2005, 254; Tipke/Lang/*Montag* SteuerR § 12 Rn. 43.
13 Ausf. zur Erbschaft- und Schenkungsteuer *Birk/Desens/Tappe* SteuerR Rn. 1503 ff.; *Knobbe-Keuk*, Bilanz- und UnternehmenssteuerR, 9. Aufl. 1993, § 27; Tipke/Lang/*Seer* SteuerR § 15.
14 BVerfGE 138, 136 = NJW 2015, 303.

4.11.2016[15] die Besteuerung bei der Vererbung von Betriebsvermögen an die Rechtsprechung des BVerfG angepasst. Das Gesetz ist rückwirkend für alle Erwerbe ab dem 1.7.2016 in Kraft getreten. Nach § 12 V ErbStG ist das Betriebsvermögen mit dem gemeinen Wert (§ 109 I BewG) anzusetzen. Dies gilt auch für nicht börsennotierte Anteile an Kapitalgesellschaften. Wie der gemeine Wert zu ermitteln ist, ergibt sich aus § 11 BewG. Bei nicht börsennotierten Unternehmen ist der gemeine Wert vorrangig aus Vergleichsverkäufen abzuleiten (§ 11 II 2 BewG).[16] Börsennotierte Aktien werden mit ihrem Börsenkurs angesetzt (§ 11 I BewG). Auf der Grundlage des gemeinen Wertes können, abhängig von der Höhe des begünstigten Vermögens, verschiedene Begünstigungsmodelle in Anspruch genommen werden.[17]

Das *Grundmodell* sieht einen Verschonungsabschlag iHv 85 % der Bemessungsgrundlage vor (§ 13 a I ErbStG), wenn der Erwerb begünstigten Vermögens insgesamt 26 Mio. EUR nicht übersteigt. Das begünstigte Vermögen ermittelt sich gem. § 13 b II 1 ErbStG aus dem Wert des begünstigungsfähigen Vermögens (§ 13 b I ErbStG) gekürzt um den Nettowert des Verwaltungsvermögens. Um der vom BVerfG beanstandeten Möglichkeit der Nutzung von mehrstufigen Gesellschaftsstrukturen zur steuerfreien Übertragung entgegenzuwirken, sieht der neu geschaffene § 13 b IX ErbStG eine Verbundvermögensaufstellung vor. Danach sind nunmehr sämtliche Verwaltungsvermögen einer Unternehmensgruppe konsolidiert zu ermitteln.[18] Anteile an Kapitalgesellschaften gehören nur dann zum begünstigten Vermögen, wenn der Erblasser oder Schenker am Nennkapital dieser Gesellschaft zu mehr als 25 % unmittelbar beteiligt war (§ 13 b IV Nr. 2 ErbStG). Begünstigt wird nur der Teil des Betriebsvermögens, der im Besteuerungszeitpunkt seit mindestens zwei Jahren dem Betrieb zuzurechnen ist (§ 13 b VII 2 ErbStG). Der Abschlag geht mit der Folge einer Nachversteuerung verloren, wenn eine Behaltensfrist von fünf Jahren (§ 13 a VI ErbStG) nicht eingehalten oder eine Mindestlohnsumme von 400 % (bei nur geringer Beschäftigtenanzahl 250 % bzw. 300 %, § 13 a III 4 ErbStG) der Ausgangslohnsumme innerhalb von fünf Jahren nach dem Erwerb (§ 13 a III 1 ErbStG) nicht erreicht wird. Neben dem Verschonungsabschlag gewährt § 13 a II ErbStG bei Kleinbetrieben zusätzlich einen Abzugsbetrag iHv höchstens 150.000 EUR; bei Familienunternehmen gewährt § 13 a IX ErbStG in Abhängigkeit von der Ausgestaltung des Gesellschaftsvertrags einen Vorabschlag von maximal 30 %.[19] Zudem sieht § 19 a ErbStG für den nicht steuerfreien Teil des begünstigungsfähigen Vermögens in den Steuerklassen II und III eine Tarifbegrenzung vor, die durch den Abzug eines Entlastungsbetrages verwirklicht wird.[20]

Das *Optionsmodell* (§ 13 a X ErbStG) sieht einen Verschonungsabschlag iHv 100 % vor, stellt daran aber strenge Voraussetzungen. Zum einen darf der Anteil des Verwaltungsvermögens am Betriebsvermögen nicht mehr als 20 % betragen, zum anderen gelten eine Behaltensfrist von sieben Jahren sowie eine Mindestlohnsumme von 700 % der Ausgangslohnsumme innerhalb dieser Frist. Das Optionsmodell findet Anwendung, wenn der Erwerber eine entsprechende unwiderrufliche Erklärung abgibt.[21]

Das *Abschmelzmodell* (§ 13 c ErbStG) kann für begünstigte Vermögen über 26 Mio. EUR in Anspruch genommen werden. Der Verschonungsabschlag verringert sich hierbei schrittweise für jede weiteren 750.000 EUR um jeweils einen Prozentpunkt. Der Verschonungsabschlag wird jedoch nur für begünstigtes Vermögen von bis zu 90 Mio. EUR weiterhin gewährt (§ 13 c I 2 ErbStG); darüber hinaus kommt nur noch das Erlassmodell in Betracht.

Das *Erlassmodell* des § 28 a ErbStG sieht für begünstigte Vermögen über 26 Mio. EUR eine Verschonungsbedarfsprüfung vor. Im Rahmen dessen muss der Erwerber nachweisen, dass er persönlich nicht in der Lage ist, die Steuer aus seinem verfügbaren Vermögen (§ 28 a II ErbStG) zu begleichen.

4. Grunderwerbsteuer

1011 Die Grunderwerbsteuer knüpft an den inländischen Grundstücksverkehr an und bezweckt, die wirtschaftliche Leistungsfähigkeit von Veräußerer und Erwerber zu erfassen, die in dem Rechtsakt des Grundstückserwerbs zum Ausdruck kommt. Steuerschuldner sind regelmäßig der Käufer und der Verkäufer als Gesamtschuldner (§ 13

---

15 BGBl. 2016 I 2464.
16 Zu den Bewertungsmethoden eing. *Piltz* Ubg 2009, 13; *Richter/Viskorf/Philipp* DB Beilage Nr. 2/2009, 1 (7 f.).
17 Dazu ausf. *Viskorf/Löcherbach/Jehle* DStR 2016, 2425; *Holtz* NJW 2016, 3750.
18 *Viskorf/Löcherbach/Jehle* DStR 2016, 2425 (2426).
19 S. dazu *Wartenburger* MittBayNot 2017, 220 (225 f.).
20 *Scholten/Korezkij* DStR 2009, 73 (78).
21 *Richter/Viskorf/Philipp* DB Beilage Nr. 2/2009, 1 (7).

Nr. 1 GrEStG), wobei die Grunderwerbsteuer infolge vertraglicher Vereinbarung meistens vom Käufer getragen wird.

Die steuerbaren Transaktionsvorgänge werden in § 1 GrEStG enumerativ aufgezählt. Der zentrale Tatbestand (§ 1 I Nr. 1 GrEStG) umfasst Verpflichtungsgeschäfte, die auf die Übereignung eines Grundstücks gerichtet sind. Daneben besteht eine Vielzahl weiterer Tatbestände, die im Wesentlichen dazu dienen, eine Umgehung der Grunderwerbsteuer zu verhindern. Auch Grundstückstransaktionen zwischen einer Gesellschaft und ihren Gesellschaftern lösen eine Grunderwerbsteuerpflicht aus. Ist die Gesellschaft in der Rechtsform einer Personengesellschaft verfasst, wird sie als Gesamthand allerdings so behandelt, als seien die Gesellschafter als Gesamthänder an dem Grundstücksvermögen bruchteilsmäßig beteiligt. In dem Umfang, in dem Bruchteilseigentum eines Gesellschafters in Gesamthandseigentum oder *vice versa* überführt wird, wird die Grunderwerbsteuer nicht erhoben (§§ 5, 6 GrEStG).[22] Weitere Steuerbefreiungen gewährt das Grunderwerbsteuergesetz in § 3. Beispielhaft ist § 3 Nr. 2 GrEStG zu nennen, wonach der Grundstückserwerb von Todes wegen sowie Grundstücksschenkungen befreit sind, um eine Doppelbelastung mit der Erbschaft- und Schenkungsteuer einerseits und der Grunderwerbsteuer andererseits zu vermeiden.

> In **Fall b** löst der Verkauf des Grundstücks durch A an die A&B-OHG die Grunderwerbsteuer aus (§ 1 I Nr. 1 GrEStG). Da A bei wirtschaftlicher Betrachtung (aufgrund seiner 50 %igen Beteiligung an der OHG) auch nach der Transaktion zur Hälfte Eigentümer des Grundstücks ist, wird die Grunderwerbsteuer zur Hälfte nicht erhoben (§ 5 II GrEStG).

Neben Transaktionen über einzelne Grundstücke kann auch ein *Unternehmenskauf* einen grunderwerbsteuerlich relevanten Erwerbvorgang darstellen, wenn zum Betriebsvermögen inländische Grundstücke gehören. Im Fall eines Asset Deals, dh bei Veräußerung der einzelnen Wirtschaftsgüter, liegt in Bezug auf die Grundstücke des Betriebsvermögens ein gewöhnlicher, die Grunderwerbsteuer auslösender Erwerbvorgang vor. Einen grunderwerbsteuerpflichtigen Erwerbvorgang stellt ferner die Veräußerung einer mindestens 95 %igen Beteiligung an einem Unternehmen (Share deal) dar, soweit zum Betriebsvermögen Grundstücke gehören (§ 1 IIa, III GrEStG).

IV. Steuerliche Behandlung der Umwandlung von Gesellschaften

Das Umwandlungsgesetz, das die zivilrechtliche Seite von Umwandlungen regelt 1012 (→ § 23), wird in steuerlicher Hinsicht durch das Umwandlungssteuergesetz flankiert. Während jedoch die Vorschriften des Umwandlungsgesetzes die zivilrechtlichen Aspekte von Umwandlungen weitgehend umfassend regeln, ist Regelungsgegenstand des Umwandlungssteuergesetzes lediglich die ertragsteuerliche Behandlung von Umwandlungen. Sonstige steuerliche Aspekte, zB die grunderwerbsteuerliche oder umsatzsteuerliche Behandlung, unterliegen hingegen den allgemeinen Regeln.

Sinn und Zweck des Umwandlungssteuergesetzes ist es, eine ertragsteuerlich neutrale Umstrukturierung von Unternehmen zu ermöglichen. Hierzu gewährt es die Möglichkeit, stille Reserven (→ Rn. 1038) oder Verluste des bisherigen Unternehmensträgers auf den neuen Rechtsträger überzuleiten, was nach den allgemeinen steuerlichen Regeln nicht oder nicht in gleichem Umfang möglich wäre. Die Systematik des Umwandlungssteuergesetzes unterscheidet sich von der des Umwandlungsgesetzes. Anders als Letzteres orientiert es sich nicht an den Umwandlungsformen, sondern knüpft an die Rechtsform der beteiligten Rechtsträger an. Entsprechend seiner Zwecksetzung behandelt das Umwandlungssteuergesetz nur mit einem Vermögensübergang verbundene Umwandlungen. Indes wird – insoweit abweichend vom Umwandlungsgesetz (vgl. → § 26) – auch der Formwechsel einer Personengesellschaft in eine Kapitalgesell-

---

22 Dazu iE *Hofmann* BB 2000, 2605.

schaft (§ 1 III Nr. 3 UmwStG) als ein Vermögensübergang behandelt, da in diesen Fällen das Steuersubjekt wechselt (→ Rn. 1005 ff.).

Bei der Verschmelzung einer Körperschaft auf eine Personengesellschaft sind gem. § 3 UmwStG Wirtschaftsgüter in der Steuerbilanz der übertragenden Körperschaft mit dem gemeinen Wert (Ausnahmen: § 3 II UmwStG) anzusetzen. Die übernehmende Personengesellschaft hat den gewählten Wert sodann in ihre Bilanz zu übernehmen (§ 4 UmwStG). Damit wird ein *Wahlrecht* eingeräumt, ob und inwieweit stille Reserven aufgedeckt und Verluste übernommen werden. Ähnliche Regelungen existieren für die Vermögensübertragung auf eine Körperschaft (§§ 11 f. UmwStG) sowie die Einbringung eines Betriebs, Teilbetriebs oder Mitunternehmeranteils in eine Kapital- (§§ 20 f. UmwStG) oder Personengesellschaft (§ 24 UmwStG).

§ 33 Besteuerung von Personengesellschaften

Literatur: S. zunächst § 32; weiterhin: *Birk/Desens/Tappe*, Klausurenkurs im Steuerrecht, 4. Aufl. 2015, insbesondere Fall 6 (→ Rn. 369 ff.) und Fall 7 (Rn. 423 ff.); *Niehus/Wilke*, Die Besteuerung der Personengesellschaften, 7. Aufl. 2015.

1013 **Fälle:**

a) A erwirbt ein Grundstück. Darauf befindet sich ein Gebäude. Die Wohnungen vermietet er. Nach Ablauf von elf (Abwandlung: neun) Jahren veräußert er das Grundstück mit Gewinn. Welche steuerbaren Einkünfte erzielt A?

b) B erwirbt eine Vielzahl von bebauten Grundstücken. Die Wohnungen werden vermietet und vier dieser Grundstücke innerhalb von fünf Jahren wieder veräußert. Welche steuerbaren Einkünfte erzielt B?

c) In Fall b ist B weiterhin an einer aus ihm und C bestehenden Immo-GbR beteiligt. Die Geschäftstätigkeit der GbR erschöpft sich in der Vermietung mehrerer Immobilien. Welche Einkünfte erzielen B und C? Ist die GbR gewerbesteuerpflichtig?

d) A und B, beide Augenärzte, betreiben eine gemeinsame Praxis in der Form einer GbR. Sie erwägen, (1) in dem Wartezimmer einen Getränkeautomaten aufzustellen bzw. (2) Kontaktlinsenflüssigkeit samt zugehöriger Lösungsmittel zu verkaufen. Welche Einkünfte erzielen A und B? Was sollten sie in steuerlicher Hinsicht berücksichtigen?

e) X und Y betreiben gemeinsam eine Kfz-Werkstatt als OHG. Das Grundstück mit dem Werkstattgebäude sowie eine in der Werkstatt eingesetzte Hebebühne gehören X, der diese Gegenstände an die XY-OHG vermietet. Welche Einkünfte erzielt X? Wie sind das Grundstück und das Gebäude bilanziell zu erfassen?

f) X möchte in Fall e die Hebebühne, die inzwischen abgeschrieben wurde und in der Bilanz mit einem Erinnerungswert von 1 EUR ausgewiesen ist, aber noch einen Verkehrswert von 5.000 EUR hat, schenkungsweise an die OHG übereignen. Hat die Übereignung Auswirkungen auf die Höhe des steuerpflichtigen Gewinns?

I. Allgemeines zum Einkommensteuergesetz

1014 Steuersubjekt der Einkommensteuer ist die natürliche Person (§ 1 EStG), Steuerobjekt das zu versteuernde Einkommen. Wie das zu versteuernde Einkommen zu bestimmen ist, wird ausführlich in § 2 EStG geregelt.

1. Steuerbare Einkünfte

§ 2 I EStG legt sieben Arten von Einkünften fest, die der Einkommensteuer unterlie- **1015** gen. Hierzu zählen Einkünfte aus Land- und Forstwirtschaft, Gewerbebetrieb, selbstständiger Arbeit, nichtselbstständiger Arbeit, Kapitalvermögen, Vermietung und Verpachtung sowie schließlich sonstige Einkünfte iSd § 22 EStG. Nur Einnahmen, die sich unter eine dieser Einkunftsarten, die in §§ 13–24 EStG präzisiert werden, subsumieren lassen, sind steuerbar. Lassen sich Einnahmen keiner der Einkunftsarten zuordnen (zB ein Lottogewinn), sind sie nicht steuerbar. Einige der grundsätzlich steuerbaren Einnahmen werden in §§ 3 und 3b EStG steuerfrei gestellt. Diese Steuerfreistellungen haben unterschiedliche Zwecke. Im Kontext der Unternehmensbesteuerung ist die 40 % ige Steuerfreistellung gem. § 3 Nr. 40 EStG beachtenswert. Hiernach wird, vereinfacht dargestellt, 40 % von aus Beteiligungen an Kapitalgesellschaften bezogenen Einnahmen steuerfrei gestellt, wodurch pauschal berücksichtigt wird, dass die Einnahmen aus dem Gewinn einer Kapitalgesellschaft stammen und daher bereits auf der Ebene der Kapitalgesellschaft der Körperschaftsteuer unterlegen haben (zu diesem sog. *Teileinkünfteverfahren* noch → Rn. 1054f.).

2. Gewinn- und Überschusseinkünfte

§ 2 II EStG regelt, was unter Einkünften zu verstehen ist. Bei den unternehmerischen **1016** Einkünften, dh bei Land- und Forstwirtschaft, Gewerbebetrieb und selbstständiger Arbeit, ist es der Gewinn, bei den übrigen (nichtunternehmerischen) Einkunftsarten der Überschuss der Einnahmen über die Werbungskosten. Rechtstheoretisch liegt den Gewinneinkünften die *Reinvermögenszugangstheorie* zugrunde, wonach Einkünfte sämtliche Vermögensmehrungen (dh insbesondere auch realisierte Wertveränderungen im zur Einkünfteerzielung eingesetzten Betriebsvermögen) innerhalb einer bestimmten Zeitspanne sind. In diesem Zusammenhang wird häufig von *Steuerverhaftung* des Betriebsvermögens gesprochen. Dementsprechend definiert § 4 I 1 EStG den Gewinn als den Unterschiedsbetrag zwischen dem Betriebsvermögen am Schluss des Wirtschaftsjahres und dem am Schluss des vorangegangenen Jahres (zur steuerlichen Gewinnermittlung → Rn. 1031ff.), korrigiert um den Wert der Entnahmen und Einlagen. Die *Überschusseinkünfte* basieren hingegen grundsätzlich auf dem Konzept der *Quellentheorie*. Hiernach sind lediglich die aus einem Stammvermögen fließenden Einkünfte als Einkommen anzusehen, während das Stammvermögen (die »Quelle«) Privatvermögen ist und als solches steuerlich unberücksichtigt bleibt. Dementsprechend sind Gewinne aus Veräußerungen von Vermögensgegenständen des Privatvermögens, auch wenn dieses zur Einkünfteerzielung eingesetzt wird, grundsätzlich nicht steuerbar und nur ausnahmsweise, nämlich wenn die Voraussetzungen der §§ 17, 23 EStG erfüllt sind, steuerpflichtig. Letzteres ist insbesondere der Fall, wenn Beteiligungen an Kapitalgesellschaften von über einem Prozent veräußert werden (§ 17 EStG) oder die Veräußerungen innerhalb bestimmter Haltefristen erfolgen (§ 23 I EStG). Nach § 20 II EStG sind auch Veränderungen auf der Vermögensebene unabhängig von einer Haltedauer steuerbar.

Das Nebeneinander der Gewinneinkünfte und der Überschusseinkünfte, also der *Dualismus der Einkunftsarten,* der ein Strukturmerkmal des deutschen Einkommensteuerrechts darstellt, hat vor allem rechtshistorische Ursachen. Er trägt maßgeblich zur Kompliziertheit des Steuerrechts bei und ist für viele Steuervermeidungsgestaltungen sowie Streitigkeiten bezüglich der Einkünftequalifikation ursächlich. Probleme bereitet vor allem die Abgrenzung zwischen privater Vermögensverwaltung und Gewerbebetrieb. Quelleneinkünfte (und damit keine Einkünfte aus Gewerbebetrieb) liegen nach der Rechtsprechung des Bundesfinanzhofes (BFH) vor, solange die Ausnutzung von Substanzwertsteigerungen durch Anschaffungs- und Veräußerungsgeschäfte gegenüber der reinen Fruchtziehung nicht entscheidend in den Vordergrund tritt.[1] Hierzu hat der BFH im Hinblick auf die Veräußerung von bebauten Grundstücken die sog. *Drei-Objekt-Grenze* entwickelt. Danach ist der Bereich der privaten Vermögensverwaltung in der Regel erst verlassen, wenn der Steuerpflichtige mehr als drei »Objekte« innerhalb von etwa fünf Jahren erwirbt oder errichtet und wieder veräußert.[2] Zu beachten ist allerdings, dass die Drei-Objekt-Grenze lediglich indizielle Bedeutung hat und das Gesamtbild der Betätigung unter Berücksichtigung der Verkehrsauffassung eine hiervon abweichende Qualifikation gebieten kann.[3]

> In **Fall a** erwirtschaftet A Einkünfte aus Vermietung und Verpachtung. Der Gewinn aus der Veräußerung nach Ablauf von elf Jahren ist nicht steuerbar. In der Abwandlung erfolgt die Veräußerung dagegen innerhalb der für Immobilien maßgeblichen Haltefrist von zehn Jahren und ist damit als ein privates Veräußerungsgeschäft iSd §§ 22 Nr. 2, 23 I 1 Nr. 1 EStG zu qualifizieren. Bei dem Veräußerungsgewinn handelt es sich also um sonstige Einkünfte, die steuerpflichtig sind.
>
> In **Fall b** erzielt B aus der laufenden Vermietung ebenso wie aus den Veräußerungsgeschäften steuerpflichtige Einkünfte aus Gewerbebetrieb.

3. Objektives Nettoprinzip

1017 Ungeachtet der aus dem Dualismus der Einkunftsarten resultierenden Unterschiede bei der Ermittlung der Einkünfte stellen sämtliche Einkünfte eine Nettogröße dar, die sich durch Abzug der bei der Einnahmenerzielung angefallenen Aufwendungen von den Einnahmen ergibt. Die Aufwendungen werden bei den Gewinneinkünften als Betriebsausgaben (§ 4 IV EStG), bei den Überschusseinkünften als Werbungskosten (§ 9 EStG) bezeichnet. Allerdings sind sie nur abziehbar, wenn die mit ihnen korrespondierenden Einnahmen steuerpflichtig sind. Sind die Einnahmen dagegen steuerfrei, ordnet § 3 c I EStG ein Abzugsverbot an. Damit bestätigt diese Norm einen von der Rechtsprechung herausgearbeiteten allgemeinen Rechtsgrundsatz, wonach bei steuerfreien Einnahmen kein doppelter steuerlicher Vorteil durch den zusätzlichen Abzug damit unmittelbar zusammenhängender Aufwendungen erzielt werden soll[4] (sog. *Korrespondenzprinzip*). Somit ist nur der Teil der Einnahmen steuerpflichtig, der dem Steuerpflichtigen tatsächlich zur Verfügung steht. § 2 II EStG normiert damit das *objektive Nettoprinzip*, welches das *Leistungsfähigkeitsprinzip* konkretisiert. Aus den innerhalb jeder Einkunftsart ermittelten Einkünften wird gem. § 2 III EStG die Summe der Einkünfte gebildet, welche durch Abzug bestimmter weiterer Beträge wiederum zum Gesamtbetrag der Einkünfte wird. Sowohl bei der Ermittlung der Einkünfte innerhalb einer Einkunftsart als auch im Rahmen der anschließenden Bildung der Summe der Einkünfte werden eventuelle Verluste mit Gewinnen verrechnet. Dieser sog. *horizontale und vertikale Verlustausgleich* trägt ebenfalls dem objektiven Nettoprinzip Rechnung. Da die grundsätzliche Abziehbarkeit von Betriebsausgaben bzw. Werbungskosten sowie der Ausgleich von Verlusten zahlreiche, vom Gesetzgeber als missbräuchlich angesehene Gestaltungsmöglichkeiten eröffnet, enthält das Gesetz an mehreren Stellen Abzugs- und Verlustverrechnungsverbote (zB § 15 a EStG, → Rn. 1036).

---

1 BFHE 180, 121; 201, 264.
2 BFHE 197, 240; 196, 59.
3 BFH/NV 2004, 781.
4 BFH BStBl. 2002 II 823.

4. Subjektives Nettoprinzip

Anders als erwerbsbezogene Aufwendungen können private Vermögensverwendun- 1018
gen grundsätzlich nicht von der Bemessungsgrundlage abgezogen werden und sind
steuerlich unbeachtlich. Dieser Grundsatz wird im Fall von Sonderausgaben (§§ 10–
10c EStG) und außergewöhnlichen Belastungen (§§ 33–33b EStG) durchbrochen.
Diese sind vom Gesamtbetrag der Einkünfte abzuziehen. Die sich hierbei ergebende
Differenz ist das Einkommen (§ 2 IV EStG). Bei Sonderausgaben und außergewöhnlichen Belastungen handelt es sich überwiegend um Aufwendungen, die für den
Steuerpflichtigen unvermeidbar und existenzsichernd sind. Ihre Abziehbarkeit trägt
dazu bei, dass im Ergebnis nur das disponible Einkommen des Steuerpflichtigen besteuert wird, und setzt das subjektive Nettoprinzip um, welches ebenfalls Ausfluss
des Leistungsfähigkeitsprinzips ist.

5. Progressiver Steuertarif

Das um den Kinderfreibetrag und weitere Freibeträge verminderte Einkommen ergibt 1019
das *zu versteuernde Einkommen* (§ 2 V EStG), auf welches der Einkommensteuertarif
(§§ 32a ff. EStG) anzuwenden ist. Dieser ist *progressiv* ausgestaltet, dh dass höheres Einkommen prozentual stärker belastet wird als niedrigeres, wobei jedoch die wachsende
Prozentbelastung nicht das ganze Einkommen, sondern nur die Einkommenszuwächse
betrifft. Das Gesetz kennt allerdings auch besondere Steuersätze. Ab dem Veranlagungs-
zeitraum 2009 gilt für Einkünfte aus Kapitalvermögen grundsätzlich ein Sondertarif
(§ 32d EStG; sog. *Abgeltungsteuer*) iHv einheitlich 25 % (»flat tax«). Besondere Steuersätze sehen des Weiteren § 34 EStG (→ Rn. 1040) und § 34a EStG (→ Rn. 1042) vor.

II. Stellung der Personengesellschaft im Einkommensteuergesetz

Die Personengesellschaft ist weder Einkommensteuer- noch Körperschaftsteuersub- 1020
jekt. Vielmehr werden die (positiven oder negativen) Einkünfte der Gesellschaft unmittelbar und unabhängig davon, ob sie ausgeschüttet oder thesauriert werden, den
Gesellschaftern zugerechnet und bei diesen besteuert. Dieses *Transparenzprinzip* hat
zur Folge, dass die Gewinne der Gesellschaft im Jahr ihrer Entstehung und damit zeit-
nah besteuert werden. Für thesaurierte Gewinne kann freilich nach § 34a EStG ein besonderer Steuersatz in Anspruch genommen werden (→ Rn. 1042).

Die zivilrechtliche Verselbständigung der Personengesellschaft wurde ursprünglich mittels der Bilanzbündeltheorie vollständig hinweggedacht. Nach dem Konzept der »Vielfalt der Gesellschafter« sollte jeder Gesellschafter einer (gewerblichen) Personengesellschaft so behandelt werden, als unterhalte er
selbst einen seinem Gesellschaftsanteil entsprechenden Gewerbebetrieb. Inzwischen berücksichtigt der
BFH und ihm folgend die herrschende Auffassung im Schrifttum stärker die zivilrechtliche Verselbstständigung der Personengesellschaft (»Einheit der Personengesellschaft«) und misst ihr ungeachtet der
»Vielfalt der Gesellschafter« *partielle Steuerrechtsfähigkeit* (auch: partielle Steuersubjekteigenschaft)
bei. Zwar ist die Personengesellschaft nach wie vor kein Besteuerungssubjekt, jedoch ist sie »Steuer-
rechtssubjekt bei der Feststellung der Einkunftsart und der Einkünfteermittlung«.[5] Dies hat den verfahrensrechtlichen Vorteil, dass die von der Gesellschaft erzielten Einkünfte (zunächst) auf Ebene der Gesellschaft mit Bindungswirkung für die anschließende Steuerveranlagung bei den Gesellschaftern
festgestellt werden (einheitliche und gesonderte Feststellung, §§ 179 II 2, 180 I Nr. 2 lit. a AO)[6] und so

---

5 BFH BStBl. 1995 II 617 (621).
6 Vgl. hierzu *Birk/Desens/Tappe* SteuerR Rn. 530 ff.

mehrfache, mit der Gefahr von Divergenzen und Qualifikationskonflikten verbundene Feststellungen vermieden werden.

Ungeachtet der Anerkennung der partiellen Steuerrechtsfähigkeit der Personengesellschaft verwirklichen nur die Gesellschafter selbst in ihrer gesamthänderischen Verbundenheit den Steuertatbestand. Die von der Personengesellschaft erzielten Einkünfte werden ihnen als originär eigene Einkünfte zugerechnet. Daher ist die Qualifikation auf der Ebene der Gesellschaft nicht abschließend, und es kann ausnahmsweise, um eine »sachlich richtige Besteuerung«[7] zu gewährleisten, auf der Ebene der Gesellschafter eine abweichende Qualifikation geboten sein.[8] Im Ergebnis ergibt sich damit eine zweistufige Einkünftequalifikation und -ermittlung, und die Einordnung der Personengesellschaft bleibt dogmatisch ambivalent.

III. Besteuerung von Mitunternehmerschaften

1021 In der Terminologie des Einkommensteuergesetzes werden gewerblich tätige Personengesellschaften als Mitunternehmerschaften und ihre Gesellschafter als Mitunternehmer bezeichnet.

1. Besteuerung der laufenden Einkünfte von Mitunternehmern

1022 Die Voraussetzungen für das Vorliegen einer solchen Mitunternehmerschaft sowie ihre wichtigsten Rechtsfolgen enthält § 15 I 1 Nr. 2 EStG. Dessen erster Satz lautet:

Einkünfte aus Gewerbebetrieb sind die Gewinnanteile der Gesellschafter einer Offenen Handelsgesellschaft, einer Kommanditgesellschaft und einer anderen Gesellschaft, bei der der Gesellschafter als Unternehmer (Mitunternehmer) des Betriebs anzusehen ist, *und* die Vergütungen, die der Gesellschafter von der Gesellschaft für seine Tätigkeit im Dienst der Gesellschaft oder für die Hingabe von Darlehen oder für die Überlassung von Wirtschaftsgütern bezogen hat.

Mithin setzen sich gewerbliche Einkünfte, die für einen Gesellschafter (Mitunternehmer) aus der Beteiligung an einer gewerblichen Personengesellschaft (Mitunternehmerschaft) resultieren, aus zwei Bestandteilen zusammen, nämlich aus dem auf den einzelnen Gesellschafter entfallenden Anteil am Gewinn der Gesellschaft und den sog. Sondervergütungen, die der Gesellschafter für seine Tätigkeit für die Gesellschaft und Überlassung von Kapital oder Wirtschaftsgütern erhält. Im Hinblick auf die Sondervergütungen ist § 15 I 1 Nr. 2 EStG damit nicht nur eine Zurechnungsnorm (mithilfe derer die Einkünfte der Gesellschaft den Gesellschaftern zugerechnet werden), sondern auch eine Qualifikationsnorm. Denn ohne diese Vorschrift wären die Sondervergütungen als Einkünfte aus unselbstständiger Arbeit oder aus Kapitalvermögen, mithin als Überschusseinkünfte zu qualifizieren. Dies hat zur Folge, dass der – auch für die Gewerbesteuer relevante – Gewinn der Personengesellschaft, der anteilig bei den Gesellschaftern besteuert wird, nicht aufgrund von vertraglichen Beziehungen zwischen der Gesellschaft und den Gesellschaftern gemindert werden kann (→ Rn. 1035 ff.). Auch stellt das Vermögen der Personengesellschaft Betriebsvermögen dar, weshalb realisierte Wertveränderungen steuerlich beachtlich sind. Damit wird ein Mitunternehmer einem Einzelunternehmer gleichgestellt. Denn auch Letzterer kann seinen gewerblichen Gewinn nicht dadurch mindern, dass er sich selbst Entgelt für

---

7 BFH BStBl. 1995 II 617 (622).

8 Zu der sich dann ergebenden sog. Zebra-Gesellschaft → Rn. 1030.

seine Arbeit oder die Überlassung von Kapital oder Grundstücken aus seinem Privatvermögen zahlt.

> In **Fall e** ist X zum einen der nach der Maßgabe des Gesellschaftsvertrags auf ihn entfallende Anteil am Gewinn der XY-OHG zuzurechnen. Darüber hinaus bezieht er von der OHG Mietzins für das Grundstück mit der Werkstatthalle und für die Hebebühne. Beide Komponenten, der Gewinnanteil und die Sondervergütungen (Mietzins), stellen Einkünfte aus Gewerbetrieb iSd § 15 I 1 Nr. 2 EStG (zu den Tatbestandsvoraussetzungen im Engeren sogleich) dar.

Ein Gesellschafter einer Personengesellschaft erzielt gewerbliche Einkünfte iSd § 15 I 1 Nr. 2 EStG, wenn er als Mitunternehmer anzusehen ist und die Gesellschaft als Mitunternehmerschaft gewerbliche Einkünfte erzielt. Der Begriff des Mitunternehmers ist ein sog. Typusbegriff, dh er hat keine abschließende Definition, sondern weist charakteristische Merkmale auf, von denen einzelne fehlen oder von untergeordneter Bedeutung sein können.[9]

a) Ein Gesellschafter ist als Mitunternehmer anzusehen, wenn die folgenden Merkmale vorliegen. 1023

aa) § 15 I 1 Nr. 2 EStG setzt grundsätzlich die Existenz eines Gesellschaftsverhältnisses voraus. In Betracht kommen neben OHG und KG alle anderen Personengesellschaften, zB GbR, Stille Gesellschaft und Partnerschaftsgesellschaft. Darüber hinaus werden Gemeinschaften erfasst, die zivilrechtlich nicht als Gesellschaften eingeordnet werden, diesen aber wirtschaftlich vergleichbar und daher in steuerlicher Hinsicht gleichzustellen sind (wie eheliche Gütergemeinschaften, Erben- und Bruchteilsgemeinschaften).[10] Keine Mitunternehmerschaften sind Kapitalgesellschaften. Auch die Bündelung von schuldrechtlichen Verträgen (etwa Dienst-, Miet-, Darlehensverträge) stellt keine Mitunternehmerschaft dar. Hiervon macht die Rechtsprechung jedoch eine Ausnahme, wenn das Verhalten der Beteiligten auf den Willen zum Abschluss eines Gesellschaftsverhältnisses schließen lässt (*verdeckte Mitunternehmerschaft*). Das kann insbesondere zwischen Angehörigen der Fall sein, wenn die Verträge dem sog. Fremdvergleich nicht standhalten, daher steuerlich nicht anzuerkennen sind und eine Gewinnbeteiligung vorliegt. 1024

Gesellschafter einer Personengesellschaft können zivilrechtlich nicht nur natürliche Personen, sondern auch andere Gesellschaften sein. Steuerrechtlich hätte die Zwischenschaltung einer weiteren Personengesellschaft (Obergesellschaft) zur Folge, dass als Gesellschafter und gegebenenfalls Mitunternehmer der Untergesellschaft die Obergesellschaft, nicht aber deren Gesellschafter anzusehen wäre. Der Gesellschafter der Obergesellschaft (natürliche Person) könnte damit die Rechtsfolgen des § 15 I 1 Nr. 2 EStG umgehen. Er könnte Sondervergütungen von der Untergesellschaft beziehen, ohne dass das zur Einkünfteerzielung eingesetzte Vermögen als Betriebsvermögen steuerverhaftet und die Vergütungen als Einkünfte aus Gewerbebetrieb anzusehen wären.[11] Um dieses Ergebnis zu vermeiden, stellt § 15 I 1 Nr. 2 2 EStG den mittelbar über eine oder mehrere Personengesellschaften (sog. *mehrstöckige Personengesellschaft*) beteiligten Gesellschafter einem unmittelbar beteiligten Gesellschafter gleich.

bb) Mitunternehmer ist nur, wer Mitunternehmerinitiative entfaltet und Mitunternehmerrisiko trägt. Letzteres ist gegeben, wenn der Gesellschafter am Erfolg oder Misserfolg des Unternehmens beteiligt ist. Kennzeichnend ist neben der Beteiligung am Gewinn und Verlust die Beteiligung an den stillen Reserven (→ Rn. 1038) des Unter- 1025

---

9 Allg. zum Typusbegriff Tipke/Lang/*Englisch* SteuerR § 5 Rn. 53 f.; spezifisch zum Mitunternehmerbegriff als Typusbegriff *Knobbe-Keuk*, Bilanz- und Unternehmenssteuerrecht, 9. Aufl. 1993, 381 ff.
10 BFH BStBl. 1984 II 751; 1990 II 837; 1995 II 617.
11 Zur Rechtslage vor Einfügung des § 15 I 1 Nr. 2 S. 2 EStG BFH BStBl. 1991 II 691.

nehmens, die durch einen Abfindungs- bzw. Auseinandersetzungsanspruch im Fall des Ausscheidens aus der Gesellschaft oder deren Auflösung verwirklicht wird. Folglich trägt ein typisch stiller Gesellschafter (→ Rn. 380), da er bei einer Auseinandersetzung der Gesellschaft lediglich seine Einlage zurückerhält (§ 235 I HGB), kein Unternehmensrisiko. Er ist somit kein Mitunternehmer. Seine Gewinnanteile sind nicht als Einkünfte aus Gewerbebetrieb, sondern als solche aus Kapitalvermögen (§ 20 I Nr. 4 EStG) zu qualifizieren.

Mitunternehmerinitiative bedeutet die Teilhabe an unternehmerischen Entscheidungen, die sich vor allem in Geschäftsführungs- und Vertretungsbefugnissen sowie Stimm-, Widerspruchs- und Kontrollrechten äußert. Da § 15 I 1 Nr. 2 EStG die KG als Beispiel einer Mitunternehmerschaft nennt, genügen insoweit bereits die – schwach ausgeprägten – Mitwirkungsrechte, die gem. §§ 164 ff. HGB einem Kommanditisten eingeräumt werden.[12] Aus dem Wesen des Unternehmerbegriffs als Typusbegriff folgt, dass die Merkmale des Mitunternehmerrisikos und der Mitunternehmerinitiative unterschiedlich stark ausgeprägt sein können und ein Weniger an Risiko durch ein Mehr an Initiative (und umgekehrt) kompensiert werden kann.

1026 **b)** § 15 I 1 Nr. 2 EStG setzt weiterhin grundsätzlich (zur sog. Zebra-Gesellschaft → Rn. 1030) voraus, dass die Personengesellschaft gewerblich tätig ist. Erzielt die Personengesellschaft keine Einkünfte aus Gewerbetrieb, kann eine Mitunternehmerschaft vorliegen, die Einkünfte aus Land- und Forstwirtschaft (vgl. § 13 VII EStG) oder aus selbstständiger Arbeit (vgl. § 18 IV 2 EStG) erzielt. In diesem Fall gelten die Regeln für gewerbliche Mitunternehmerschaften entsprechend. Erfüllt die Personengesellschaft auch die Voraussetzungen dieser Einkunftsarten nicht, kann sie Einkünfte aus Vermietung und Verpachtung oder aus Kapitalvermögen erzielen (→ Rn. 1030).

1027 **aa)** Die Personengesellschaft kann Einkünfte aus Gewerbebetrieb erzielen, indem sie originär gewerblich tätig ist. Die Definition eines Gewerbebetriebs enthält § 15 II EStG. Hiernach ist unter einem Gewerbebetrieb eine mit Gewinnerzielungsabsicht[13] unternommene, selbstständige und nachhaltige Betätigung zu verstehen, die sich als Beteiligung am allgemeinen wirtschaftlichen Verkehr darstellt und keine freiberufliche oder land- und forstwirtschaftliche Tätigkeit oder andere selbstständige Arbeit ist. Aus der Systematik des Einkommensteuergesetzes folgt, dass die Tätigkeit darüber hinaus keine private Vermögensverwaltung darstellen darf.[14] Ebenso wie der Begriff einer Mitunternehmerschaft ist auch der Begriff des Gewerbebetriebs ein *Typusbegriff*, sodass letztlich das »Gesamtbild der Betätigung« und die »Verkehrsauffassung« entscheidend sind.[15]

1028 **bb)** Um die Abgrenzung der verschiedenen Tätigkeiten und damit verbundene Schwierigkeiten bei der Einkünfteermittlung zu vermeiden und das Gewerbesteueraufkommen zu sichern, ist nach § 15 III Nr. 1 EStG eine Personengesellschaft,[16] die neben einer gewerblichen Tätigkeit eine andere (steuerbare) Tätigkeit ausübt, in vollem Umfang als Gewerbebetrieb anzusehen (sog. *Infektions- oder Abfärbetheorie*).[17] Diese Rechtsfolge tritt auch ein, wenn die gewerbliche Tätigkeit von nur untergeordneter Bedeutung ist. Lediglich bei vernachlässigbar geringem Umfang der gewerblichen Tätigkeit verneint der BFH unter Hinweis auf den Verhältnismäßigkeitsgrundsatz eine »Abfärbung«.[18] Nach § 15 III Nr. 1 Hs. 2 EStG gilt

---

12 *Birk/Desens/Tappe* SteuerR Rn. 1141.
13 Absicht, innerhalb einer Gesamtperiode (nicht zwingend in der Anlaufphase) Gewinn zu erzielen.
14 Tipke/Lang/*Hey* SteuerR § 8 Rn. 417.
15 BFH BStBl. 1984 II 751 (763); 2003, 520.
16 Insoweit genügt, anders als für die Bejahung einer Mitunternehmerschaft, eine wirtschaftlich vergleichbare Gemeinschaft (zB Erbengemeinschaft) nicht.
17 S. hierzu *Birk/Desens* KK SteuerR Fall 7 Rn. 423 ff.
18 Nach BFH BStBl. 2015 II 1002 kommt es zu keiner gewerblichen Infektion, wenn die originär gewerblichen Nettoumsatzerlöse 3 % der Gesamtnettoumsatzerlöse und den Betrag von 24.500 EUR nicht übersteigen.

die Tätigkeit einer Personengesellschaft weiterhin auch dann in vollem Umfang als Gewerbebetrieb, wenn die Gesellschaft Einkünfte iSd § 15 I 1 Nr. 2 EStG bezieht. Für eine gewerbliche Infektion genügt jedoch nicht das bloße Halten einer Beteiligung an einer gewerblichen Personengesellschaft. Erforderlich ist der Bezug von Gewinnanteilen iSd § 15 I 1 Nr. 2 EStG.[19]

> In **Fall d** sind A und B Freiberufler (vgl. § 18 I Nr. 1 EStG). Folglich erzielen die GbR (Mitunternehmerschaft, vgl. § 18 IV 2 EStG) und damit A und B als ihre Gesellschafter Einkünfte aus selbstständiger Arbeit. Im Hinblick auf den geplanten Verkauf von Getränken sowie von Kontaktlinsen samt zugehörigen Lösungsmitteln sollten A und B bedenken, dass diese Tätigkeiten gewerblichen Charakters sind und gem. § 15 III Nr. 1 EStG die gesamte Tätigkeit der GbR »infizieren« könnten. Eine derartige Infektionswirkung würde durch den Verkauf von Kontaktlinsen und Lösungsmitteln ausgelöst werden. Hingegen dürfte das Aufstellen eines Getränkeautomaten im Ergebnis zu vernachlässigen sein und die sonstige Tätigkeit der GbR nicht als gewerblich »infizieren«.

cc) Gemäß § 15 III Nr. 2 EStG ist schließlich als Gewerbebetrieb in vollem Umfang die mit Einkünfteerzielungsabsicht unternommene Tätigkeit einer Personengesellschaft anzusehen, die keine gewerbliche Tätigkeit ausübt, bei der aber ausschließlich eine oder mehrere Kapitalgesellschaften persönlich haftende Gesellschafter und nur diese Personen oder Personen, die nicht Gesellschafter sind, zur Geschäftsführung befugt sind. Ein typisches Beispiel für eine solche sog. gewerblich geprägte Personengesellschaft ist eine GmbH & Co. KG. § 15 III Nr. 2 EStG kodifiziert die frühere, der Bilanzbündeltheorie folgende sog. Gepräge-Rechtsprechung,[20] die davon ausging, eine Komplementär-Kapitalgesellschaft, die kraft Rechtsform ausschließlich gewerbliche Einkünfte erziele (§ 8 II KStG), präge die KG hinsichtlich der Art ihrer Einkünfte. Vor dem Hintergrund der nunmehr für Zwecke der Einkünftequalifikation anerkannten partiellen Steuerrechtsfähigkeit der Personengesellschaft vermag die Norm systematisch nicht zu überzeugen. Insoweit wäre es vielmehr folgerichtig, auf die Verhältnisse der KG selbst abzustellen. **1029**

dd) Stellt die Personengesellschaft keine Mitunternehmerschaft dar, kann es sich um eine vermögensverwaltende Gesellschaft handeln. Eine solche kann insbesondere Einkünfte aus Kapitalvermögen oder Vermietung und Verpachtung erzielen. Sie besitzt kein Betriebsvermögen, sodass realisierte Wertsteigerungen der zur Einkünfteerzielung eingesetzten Vermögensgegenstände nur als sonstige Einkünfte (§ 2 I Nr. 7 iVm §§ 22 Nr. 2, 23 EStG), dh im Wesentlichen nur bei Veräußerungen innerhalb bestimmter Haltefristen (zehn Jahre bei Immobilien, ein Jahr bei sonstigen Wirtschaftsgütern) steuerbar sind. Der auf der Ebene der Gesellschaft zu ermittelnde Überschuss der Einnahmen über die Werbungskosten wird den Anlegern entsprechend ihrer Beteiligungsquote zugerechnet. **1030**

Die endgültige Qualifikation der Einkünfte kann nur auf der Ebene der Anleger ermittelt werden, da nur diese, wenn auch gemeinschaftlich, den Steuertatbestand verwirklichen. Halten einzelne Gesellschafter ihre Anteile an einer vermögensverwaltenden Personengesellschaft im Betriebsvermögen, werden die auf der Ebene der Gesellschaft als Überschusseinkünfte qualifizierten und ermittelten Einkünfte der Gesellschaft bei diesen Anlegern in Einkünfte aus Gewerbebetrieb umqualifiziert. Es entsteht dann eine sog. *Zebra-Gesellschaft*. Die Umqualifizierung vollzieht sich außerhalb der sog. Zebragesellschaft im ESt-Bescheid des Gesellschafters.[21]

> In **Fall c** erzielt die GbR Einkünfte aus Vermietung und Verpachtung. Diese Einkünfte werden C anteilig zugerechnet. Die GbR ist eine vermögensverwaltende Personengesellschaft und als solche nicht gewerbesteuerpflichtig. Eine Gesamtbetrachtung der eigenen Tätigkeit des B sowie der ihm zuzurechnende Tätigkeit der Gesellschaft ergibt jedoch, dass B insgesamt gewerblichen Grundstückshandel betreibt. Daher ist ein »Durchgriff« durch die Personengesellschaft geboten und sind die auf B entfallenden Einkünfte in gewerbliche Einkünfte umzuqualifizieren.

---

19 BFH BStBl. 2014 II 972; § 15 III Nr. 1 Hs. 2 EStG ist als Reaktion des Gesetzgebers auf die geänderte BFH-Rspr. zu verstehen, nach der die bloße Beteiligung an einer gewerblichen Personenuntergesellschaft nicht zu einer Umqualifizierung bei der vermögensverwaltenden Obergesellschaft führt, BFH BStBl. 2005 II 383; zur Kritik Tipke/Lang/*Hennrichs* SteuerR § 10 Rn. 63.
20 BFH BStBl. 1972 II 799; 1973, 405; Aufgabe dieser Rspr. durch BFH BStBl. 1984 II 751 (762).
21 BFH BStBl. 2005 II 679.

2. Steuerliche Ermittlung der Gewinne aus Mitunternehmerschaft

1031 **a)** Einkünfte aus Gewerbebetrieb und damit auch die Einkünfte einer gewerblichen Personengesellschaft sind als Gewinn zu ermitteln (§ 2 II Nr. 2 EStG). Das Einkommensteuergesetz kennt vier Gewinnermittlungsmethoden, wobei für die meisten gewerblichen Personengesellschaften der *Betriebsvermögensvergleich* gem. §§ 4 I, 5 I EStG relevant ist.[22] Einen solchen Betriebsvermögensvergleich haben Gewerbetreibende durchzuführen, die aufgrund gesetzlicher Vorschriften verpflichtet sind, Bücher zu führen und regelmäßig Abschlüsse zu erstellen, oder dies freiwillig tun. Die den Personenhandelsgesellschaften handelsrechtlich obliegende Pflicht, Bücher zu führen und regelmäßig Abschlüsse zu erstellen (§§ 238 I 1, 6 HGB), gilt gem. § 140 AO auch für die Steuerbilanz (derivative Buchführungspflicht). Darüber hinaus können aber auch Personengesellschaften, die handelsrechtlich mangels Kaufmannseigenschaft nicht buchführungspflichtig sind (Gesellschaften, deren Unternehmen keinen nach Art und Umfang in kaufmännischer Weise eingerichteten Geschäftsbetrieb erfordert und die auch nicht freiwillig in das Handelsregister eingetragen sind), nach § 141 I 1 Nr. 1 oder Nr. 4 AO originär steuerrechtlich buchführungspflichtig und infolgedessen zur Gewinnermittlung durch einen Betriebsvermögensvergleich gem. §§ 4 I, 5 I EStG verpflichtet sein. Dies ist bei einem Umsatz von mehr als 600.000 EUR im Kalenderjahr oder einem Gewinn von mehr als 60.000 EUR im Wirtschaftsjahr der Fall. Lediglich Gesellschaften, die auch diese Voraussetzungen nicht erfüllen und auch nicht freiwillig Bücher führen sowie nicht regelmäßig Abschlüsse erstellen, ermitteln ihren Gewinn durch die einfachere Einnahmen-Überschussrechnung gem. § 4 III EStG.

1032 **aa)** § 4 I 1 EStG definiert den Gewinn als den Unterschiedsbetrag zwischen Betriebsvermögen am Schluss des Wirtschaftsjahres und dem am Schluss des vorangegangenen Jahres, vermehrt um den Wert der Entnahmen und vermindert um den Wert der Einlagen. Eine Entnahme oder Einlage liegt vor, wenn ein Wirtschaftsgut aus dem Betriebs- in das Privatvermögen bzw. umgekehrt überführt wird (vgl. § 4 I 2 EStG bzw. § 8 EStG). Mithin gilt als Gewinn die Vermehrung des Betriebsvermögens (Eigenkapitals), soweit sie auf betriebliche Vorgänge zurückzuführen ist, keine Steuerbefreiungen gelten oder der Abzug von Ausgaben versagt wird. Die Ermittlung des Betriebsvermögens oder des Eigenkapitals zum Schluss eines jeden Wirtschaftsjahres erfolgt durch die Steuerbilanz, welche im Verlaufe des Wirtschaftsjahres mithilfe der doppelten Buchführung fortgeschrieben wird (→ Rn. 991 ff.).

1033 **bb)** Bei einem Betriebsvermögensvergleich gem. §§ 4 I, 5 I EStG muss keine eigenständige Steuerbilanz erstellt werden. Vielmehr folgt aus § 5 I 1 EStG der sog. *Maßgeblichkeitsgrundsatz*, wonach auch bei der Steuerbilanz grundsätzlich die handelsrechtlichen GoB zu berücksichtigen sind. Praktisch geschieht dies, indem eine Einheitsbilanz erstellt und die sich aus den handels- und steuerrechtlichen Ansatz- und Bewertungsvorschriften ergebenden Unterschiede in einer Mehr-oder-Weniger-Rechnung wiedergegeben werden.[23]
Entscheidend für die Höhe des steuerpflichtigen Gewinns ist, welche Wirtschaftsgüter mit welchem Wert in der Bilanz anzusetzen sind. Gemäß § 5 I 1 EStG ist das Betriebsvermögen anzusetzen, das nach den handelsrechtlichen Grundsätzen der ordnungsgemäßen Buchführung (GoB) auszuweisen ist. Insoweit wird von der materiellen Maßgeblichkeit der Handelsbilanz gesprochen. Zu den wichtigsten materiellen GoB zählen die Prinzipien der Wahrheit und Vollständigkeit der Bilanz, der Bilanzidentität und -kontinuität sowie das Verursachungs-, Vorsichts- und Stichtagsprinzip (→ Rn. 982). Freilich wird die materielle Maßgeblichkeit der Handelsbilanz durch eine in jüngerer Zeit gewachsene Vielzahl steuerrechtlicher Sondervorschriften durchbrochen (zB §§ 5 I–VI, 6 I Nr. 1–3a, 6a, 7 I 4 EStG). Die Durchbrechungen erklären sich überwiegend aus den unterschiedlichen Zwecken der Handelsbilanz und der Steuerbilanz. Während der Sinn der Steuerbilanz darin liegt, den vollen Gewinn zu erfassen, und sich der Kaufmann folglich nicht ärmer rechnen darf als er ist, dient die handelsrechtliche Bilanz vor allem

---

22 S. hierzu *Birk/Desens* KK SteuerR Fall 6 Rn. 369 ff.

23 *Scheffler*, Besteuerung von Unternehmen I, 13. Aufl. 2016, 103 f.; *Niehus/Wilke*, Die Besteuerung der Personengesellschaften, 7. Aufl. 2015, 92 ff.

dem Gläubigerschutz und einer kritischen Selbstkontrolle des Kaufmanns, weshalb sich dieser nicht reicher rechnen darf.[24] Aus dem Sinn und Zweck der steuerrechtlichen Gewinnermittlung sowie aus dem Grundsatz der Gleichmäßigkeit der Besteuerung (Art. 3 I GG) folgert der BFH weitere Einschränkungen. So werden handelsrechtliche Aktivierungswahlrechte zu steuerrechtlichen Aktivierungsgeboten und handelsrechtliche Passivierungswahlrechte zu steuerrechtlichen Passivierungsverboten. Die weitreichenden Durchbrechungen der Maßgeblichkeit der Handelsbilanz, die aufgrund der zunehmenden Bedeutung von internationalen Rechnungslegungsgrundsätzen (insbesondere IAS/IFRS und US-GAAP) noch weiter zunehmen dürften, führen zu zahlreichen praktischen Schwierigkeiten.[25] Teilweise wird daher die vollständige Abschaffung des ursprünglich mit Praktikabilitäts- und Vereinfachungserwägungen gerechtfertigten[26] Maßgeblichkeitsgrundsatzes und die Einführung eines gänzlich eigenständigen Steuerbilanzrechts befürwortet.[27] Zu einer weiteren Aushöhlung des Maßgeblichkeitsgrundsatzes hat das am 29. 5. 2009 in Kraft getretene Bilanzrechtsmodernisierungsgesetz (BilMoG)[28] geführt.[29] Die Kritik an der Einheitsbilanz wird daher zunehmen.[30]

cc) In der Steuerbilanz sind neben weiteren Positionen (Eigenkapital, Rechnungsabgrenzungsposten,[31] **1034** steuerfreie Rücklagen[32]) Wirtschaftsgüter anzusetzen. Der Begriff des Wirtschaftsguts entspricht weitgehend dem handelsrechtlichen Begriff eines Vermögensgegenstands (→ Rn. 984). Der BFH definiert als Wirtschaftsgüter (extensiv) alle Sachen und Rechte im Sinne des Zivilrechts sowie sonstige vermögenswerte Vorteile einschließlich tatsächlicher Zustände und konkreter Möglichkeiten, deren Erlangung der Kaufmann sich etwas kosten lässt, die nach der Verkehrsauffassung einer gesonderten Feststellung zugänglich sind und die einzeln oder im Zusammenhang mit dem Betrieb übertragbar sind.[33] Damit ein Wirtschaftsgut von einem bestimmten Steuerpflichtigen dem Grunde nach angesetzt werden kann, muss es ihm subjektiv zuzurechnen sein und zum Betriebsvermögen[34] gehören. Die subjektive Zurechnung eines Wirtschaftsguts setzt voraus, dass es sich im wirtschaftlichen Eigentum (§ 39 AO) des Steuerpflichtigen befindet. Dieses entspricht dabei der handelsbilanzrechtlich maßgeblichen wirtschaftlichen Vermögenszugehörigkeit (→ Rn. 986). Ein Wirtschaftsgut ist Teil des Betriebsvermögens, wenn es aus betrieblicher Veranlassung angeschafft, hergestellt oder eingelegt worden ist.[35] Es kann sich dabei um notwendiges oder gewillkürtes Betriebsvermögen handeln. Der Begriff des *notwendigen* Betriebsvermögens umschreibt Wirtschaftsgüter, die dem Betrieb derart unmittelbar dienen, dass sie objektiv erkennbar zum unmittelbaren Einsatz im Betrieb bestimmt sind[36] (zB Produktionsmaschinen). *Gewillkürtes* Betriebsvermögen sind Wirtschaftsgüter, die objektiv geeignet und infolge eines Widmungsakts des Unternehmers subjektiv bestimmt sind, den Betrieb zu fördern (zB betrieblich genutzte Kfz oder Wertpapiere).

Für die Bilanzierung der Höhe nach gilt der sog. steuerrechtliche Bewertungsvorbehalt. Daher enthalten §§ 6ff. EStG eine Vielzahl speziell steuerrechtlicher Bewertungsvorschriften. Den planmäßigen Abschreibungen nach Handelsrecht entsprechen die Abschreibungen für Abnutzung (AfA). Sie bewirken, dass sich der Aufwand für die Herstellung oder Anschaffung eines Wirtschaftsguts bilanziell nicht vollständig im ersten Jahr auswirkt, sondern über mehrere Jahre verteilt wird. AfA kommt nur bei abnutzbaren Wirtschaftsgütern des Anlagevermögens in Betracht, deren Verwendung oder Nutzung sich erfahrungsgemäß auf mehr als ein Jahr erstreckt (§§ 6 I Nr. 1, 7 EStG). § 7 EStG sieht unterschiedliche Abschreibungsmethoden vor. Grundsätzlich ist die AfA linear vorzunehmen (gleiche Jahresbeträge), für bewegliche Wirtschaftsgüter des Anlagevermögens kann sie aber auch nach Maßgabe der Leistung (Leistungs-AfA) vorgenommen werden. Eine degressive AfA (gleicher Prozentsatz vom verbleibenden

---

24 *Birk/Desens/Tappe* SteuerR Rn. 865.
25 Ausf. zur Rechtfertigung und Zukunft des Maßgeblichkeitsgrundsatzes Tipke/Lang/*Hennrichs* SteuerR § 9 Rn. 40ff.
26 *Tipke,* Die Steuerrechtsordnung II, 2. Aufl. 2003, 688 f.
27 *Weber-Grellet* DStR 1998, 1343; *Weber-Grellet* StuB 2002, 700.
28 Gesetz zur Modernisierung des Bilanzrechts (BilMoG) v. 25.5.2009 (BGBl. 2009 I 1102).
29 *Herzig/Briesemeister* DB 2009, 926 (927ff.).
30 Dazu nur *Herzig/Briesemeister* DB 2009, 926 (931).
31 *Birk/Desens/Tappe* SteuerR Rn. 899ff.; Tipke/Lang/*Hennrichs* SteuerR § 9 Rn. 200ff.
32 *Birk/Desens/Tappe* SteuerR Rn. 902ff.
33 BFH BStBl. 1987 II 14.
34 Der in diesem Sinne verwendete Begriff des Wirtschaftsguts ist vom Eigenkapital des Betriebs zu unterscheiden, welches ebenfalls als »Betriebsvermögen« bezeichnet wird.
35 BFH BStBl. 1991 II 829.
36 BFH BStBl. 1991 II 829.

Buchwert) ist nur für bewegliche Wirtschaftsgüter zulässig, die nach dem 31.12.2008 und vor dem 1.1.2011 angeschafft oder hergestellt wurden. Für Gebäude und selbstständige Gebäudeteile beinhalten § 7 IV, V, Va EStG Sonderregelungen.

1035   **b)** Die Einkünfte aus einer Mitunternehmerschaft werden zweistufig ermittelt. In der ersten Stufe wird der Gewinn der Personengesellschaft ermittelt, in der zweiten Stufe die von den Gesellschaftern bezogenen Sondervergütungen. Aus der Aggregation der einzelnen Bilanzen ergibt sich sodann der Gesamtgewinn der Gesellschaft und aus der anschließenden Verteilung auf die einzelnen Gesellschafter deren gewerbliche Einkünfte.[37] Soweit sie auf gewerbliche Einkünfte entfällt, wird auf die tarifliche Einkommensteuer pauschal die Gewerbesteuer in Höhe des 3,8-fachen des anteiligen Gewerbesteuermessbetrags angerechnet (§ 35 I 1 Nr. 2 EStG), um eine Doppelbelastung mit der Gewerbesteuer zu vermeiden. Der pauschale Anrechnungsbetrag geht von einem Hebesatz von ca. 400 % aus. Bei einem niedrigeren Satz kann es zu einer Überkompensation kommen, bei einem höheren Hebesatz wird eine Doppelbelastung nicht vollständig beseitigt. Zudem können die vor der Anrechnung vorzunehmenden Verlustausgleiche dazu führen, dass eine Anrechnung der Gewerbesteuer im Ergebnis versagt bleibt.

1036   **aa)** Der gesamthänderisch erwirtschaftete Gewinn der Gesellschaft ist nach den allgemeinen Gewinnermittlungsregeln der §§ 4–7i EStG zu ermitteln. Es wird eine Gesellschaftsbilanz erstellt und darin das Betriebsvermögen der Gesellschaft selbst erfasst. Der ermittelte Gewinn wird nach Maßgabe des Gesellschaftsvertrags auf die einzelnen Gesellschafter verteilt, und zwar unabhängig davon, ob er ausgeschüttet wird oder in der Gesellschaft verbleibt (dh thesauriert wird). In bestimmten Fällen sind die sich aus der Gesellschaftsbilanz ergebenden Wertansätze bei einzelnen Gesellschaftern mithilfe von sog. Ergänzungsbilanzen zu korrigieren. Einer Ergänzungsbilanz bedarf es, wenn die bilanzierten Wirtschaftsgüter (zB aufgrund späteren Eintritts eines neuen Gesellschafters oder aufgrund personenbezogener Steuervergünstigungen) einzelnen Gesellschaftern mit anderen als den in der Gesellschaftsbilanz ausgewiesenen Anteilswerten zuzurechnen sind. Die Ergänzungsbilanz ist Teil der Gesellschaftsbilanz und wird bei der Ermittlung des Gewinnanteils berücksichtigt.
Die unmittelbare Zurechnung der Ergebnisse der Gesellschaft an deren Gesellschafter hat den Vorteil, dass nicht nur Gewinne, sondern auch Verluste an die Gesellschafter weitergereicht werden und deren steuerpflichtige Einkünfte mindern. Die Möglichkeit der Zurechnung von Verlusten zog in den siebziger Jahren die Gründung vieler sog. Verlustzuweisungs- oder Abschreibungsgesellschaften nach sich, die primär den Zweck hatten, buchmäßige Anfangsverluste ihren beschränkt haftenden Gesellschaftern zuzurechnen. Um die hiermit verbundenen Steuerausfälle und ineffizienten Kapitalallokationen zu unterbinden, wird der Verlustausgleich und -abzug durch § 15a EStG eingeschränkt, soweit bei dem beschränkt haftenden Gesellschafter (zB Kommanditist, § 167 III HGB) durch die Verlustzurechnung ein negatives Kapitalkonto entsteht oder sich erhöht. Dies ist der Fall, soweit der zuzurechnende Verlust die Haftsumme des Gesellschafters übersteigt. Ein nicht ausgleichs- bzw. abzugsfähiger Verlust kann nach § 15a II EStG mit zukünftigen Gewinnen aus der Gesellschaft verrechnet werden.

1037   **bb)** Auf der zweiten Stufe wird – ebenfalls im Wege eines Betriebsvermögensvergleichs gem. §§ 4 I, 5 I EStG – der außerhalb der Gesamthand erwirtschaftete Gewinn ermittelt. In den Sonderbilanzen werden zum einen die von der Gesellschaft an die Gesellschafter gezahlten Sondervergütungen erfasst, die im Rahmen der Gesellschaftsbilanzen als Betriebsausgaben angesetzt werden. Damit gehen die Sondervergütungen über die Sonderbilanzen in den Gesamtgewinn der Gesellschaft ein und mindern nicht die gewerblichen Einkünfte der Mitunternehmer oder die Bemessungsgrundlage für die Gewerbesteuer. Darüber hinaus werden in den Sonderbilanzen Wirtschaftsgüter bilanziert, die der Vermögenssphäre des Gesellschafters zuzuordnen sind und zur Erwirtschaftung von Einkünften aus der Mitunternehmerschaft eingesetzt werden. Im Rahmen dieses sog. Sonderbetriebsvermögens unterscheidet der BFH[38] zwei Kategorien von Wirtschaftsgütern. Zum einen solche, die dem Betrieb der Gesellschaft dienen (zB vom Gesellschafter an die Gesellschaft vermietete Grundstücke – Sonderbetriebsvermögen I), und zum anderen Wirtschaftsgüter, die der Beteiligung des Mitunternehmers dienen, dh die der Mitunternehmer

---

37 BFH BStBl. 1986 II 58; 1992 II 797.
38 BFH BStBl. 1993 II 328 (329); 1998 II 383 (385).

zur Begründung oder Stärkung seiner Beteiligung einsetzt (zB vom Kommanditisten einer GmbH & Co. KG gehaltene Anteile an der Komplementär-GmbH – Sonderbetriebsvermögen II[39]).

> Das Grundstück und das Werkstattgebäude in **Fall e** sind als Sonderbetriebsvermögen I des X zu erfassen.

3. Besteuerung von Sondervorgängen

Die gewerbliche Tätigkeit endet erst mit der letzten Abwicklungshandlung, die zur Auflösung des Betriebs führt. Folglich stellen sämtliche Gewinne aus der Veräußerung einzelner Wirtschaftsgüter, aber auch die aus der (Voll- oder Teil-)Veräußerung eines gesamten Betriebs oder eines Mitunternehmeranteils, grundsätzlich laufende Gewinne aus gewerblicher Tätigkeit dar. Gleiches gilt bei der unentgeltlichen Übertragung von Betrieben und Mitunternehmeranteilen sowie bei der Aufgabe eines Betriebes, weil das Vermögen dann aus der Erwerbssphäre des Steuerpflichtigen ausscheidet.[40] Alle diese Sondervorgänge werfen die Frage nach der Behandlung von stillen Reserven auf. Unter stillen Reserven werden Wertsteigerungen des Betriebsvermögens verstanden, die eintreten, ohne dass der Steuerpflichtige weitere Aufwendungen auf das Wirtschaftsgut tätigt. Sie bleiben im Wirtschaftsgut »gespeichert«, sind mithin steuerverhaftet, wirken sich aber auf den Gewinn nicht aus, solange das Wirtschaftsgut im Betriebsvermögen verbleibt. Zu einer Besteuerung der stillen Reserven kommt es grundsätzlich, wenn sie durch einen Sondervorgang (Realisationstatbestand) aufgedeckt werden. Die steuerliche Erfassung stiller Reserven kann in mehrfacher Hinsicht problematisch sein. So könnte die drohende Steuerpflicht, zumal die Aufdeckung stiller Reserven zeitlich geballt erfolgt und daher wegen der Progression regelmäßig einen hohen Steuersatz zur Folge hätte, ökonomisch sinnvolle Umstrukturierungen von Personengesellschaften verhindern. Bei unentgeltlichen Vorgängen wäre zudem eine ungemilderte Besteuerung mangels Liquiditätszuflusses unbillig. Aus diesem Grund werden Sondervorgänge in unterschiedlicher Weise begünstigt, allerdings ohne dass dabei ein klares Gesamtsystem erkennbar ist.[41]

1038

a) *Übertragungen von Wirtschaftsgütern* innerhalb einer Personengesellschaft zwischen einzelnen Gesellschaftern, zwischen der Gesellschaft und einem Gesellschafter oder im Verhältnis zu Dritten werden steuerlich anerkannt (dh die Veräußerungserlöse werden nicht als Sondervergütungen behandelt), wenn sie einem Fremdvergleich standhalten.[42] Sie werden aber unter bestimmten Voraussetzungen nach § 6 V EStG privilegiert. Dabei ist nach den Beteiligten, nach dem Vermögen, welchem die Wirtschaftsgüter vor und nach der Transaktion zuzurechnen sind, und schließlich danach zu differenzieren, ob die Übertragung entgeltlich oder unentgeltlich erfolgt.

1039

Wird ein Wirtschaftsgut zwischen zwei verschiedenen Betriebsvermögen desselben Steuerpflichtigen oder zwischen einem eigenen Betriebsvermögen des Steuerpflichtigen und dessen Sonderbetriebsvermögen bei einer Mitunternehmerschaft übertragen, sind gem. § 6 V 1 und 2 EStG in der Steuerbilanz des Veräußerers und des Erwerbers die Buchwerte anzusetzen, sofern die Besteuerung stiller Reserven sichergestellt ist (Buchwertverknüpfung). Mithin kommt es trotz Vorliegens eines Realisationstatbestands

---

39 Da sich die Erfassung des Sonderbetriebsvermögens II nicht aus § 15 I 1 Nr. 2 EStG ergibt, wird sie im Schrifttum als Verstoß gegen den Grundsatz der Tatbestandsmäßigkeit der Besteuerung kritisiert; *Birk/Desens/Tappe* SteuerR Rn. 1179f.; Tipke/Lang/*Hennrichs* SteuerR § 10 Rn. 137.
40 *Birk/Desens/Tappe* SteuerR Rn. 718.
41 Krit. daher Tipke/Lang/*Hennrichs* SteuerR § 10 Rn. 150.
42 BFH BStBl. 1991 II 691 (699); 2002 II 420 (422).

zu keiner Aufdeckung stiller Reserven. Deren Besteuerung wird vielmehr in die Zukunft verschoben. Die Regelung lässt sich mit dem Steuersubjektprinzip erklären, wonach die Einkommensteuerpflicht an die einzelne natürliche Person anknüpft. Denn in den genannten Fällen sind die Wirtschaftsgüter nach ihrer Übertragung derselben Person wie davor zuzurechnen und können bei dieser auch zukünftig steuerlich erfasst werden.

Darüber hinaus lässt § 6 V 3–6 EStG aber auch eine intersubjektive Verschiebung stiller Reserven zu, dh eine Buchwertverknüpfung trotz Rechtsträgerwechsels. Voraussetzung hierfür ist, vereinfacht dargestellt, dass das Wirtschaftsgut auch nach der Übertragung einem Betriebsvermögen angehört, mithin steuerverhaftet bleibt und die Übertragung der Wirtschaftsgüter unentgeltlich oder gegen Gewährung oder Minderung von Gesellschaftsrechten, dh ohne Liquiditätszufluss, erfolgt.

Hingegen kommt es bei entgeltlicher Übertragung zu einer vollen Gewinnrealisierung (Aufdeckung stiller Reserven). Da nach der gesetzgeberischen Konzeption § 6 V EStG lediglich die steuerneutrale Umstrukturierung von Unternehmen unter Fortführung des unternehmerischen Engagements ermöglichen und nicht zur Vorbereitung einer Veräußerung oder Entnahme missbraucht werden soll,[43] sieht § 6 V 4 EStG eine rückwirkende Aufdeckung der stillen Reserven vor, wenn die zum Buchwert übertragenen Wirtschaftsgüter innerhalb einer dreijährigen Sperrfrist veräußert oder entnommen werden. Gleiches gilt, wenn die stillen Reserven innerhalb einer siebenjährigen Sperrfrist auf eine Kapitalgesellschaft und damit in den Anwendungsbereich des Teileinkünfteverfahrens (→ Rn. 1054f.) übergeleitet werden, § 6 V 6 EStG.

> In **Fall f** hat X vor, ein Wirtschaftsgut (Hebebühne) unentgeltlich aus seinem Sondervermögen in der Mitunternehmerschaft in das Gesamthandsvermögen derselben Mitunternehmerschaft zu übertragen. Gemäß § 6 V 3 Nr. 2 iVm S. 1 EStG ist in der Gesellschaftsbilanz der Wert (1 EUR) aus der Sonderbilanz des X zu übernehmen. Mithin werden die in der Hebebühne gespeicherten stillen Reserven iHv 4.999 EUR auf die XY-OHG übergeleitet.

Eine Buchwertverknüpfung ist ferner bei einer *Realteilung* möglich. Unter einer Realteilung wird die Auflösung einer Mitunternehmerschaft unter Verteilung des Betriebsvermögens auf die bisherigen Gesellschafter verstanden.[44] Werden dabei Wirtschaftsgüter in ein anderes Betriebsvermögen überführt, bleiben mithin die stillen Reserven steuerverhaftet und ihre steuerliche Erfassung in der Zukunft damit gesichert, sind gem. § 16 III 2 EStG die Buchwerte fortzuführen. Nach § 6b EStG können Steuerpflichtige Gewinne aus der Veräußerung von Wirtschaftsgütern im Ergebnis unversteuert vereinnahmen (keine Aufdeckung stiller Reserven), wenn sie die Gewinne zur Neuanschaffung von Wirtschaftsgütern verwenden. Damit werden stille Reserven auf neu angeschaffte Wirtschaftsgüter übergeleitet.

1040 **b)** Der Gewinn (vgl. § 16 II EStG) aus der *Veräußerung eines Betriebs oder eines Mitunternehmeranteils* (§ 16 I Nr. 1 bzw. 2 EStG) gehört zu den Einkünften aus Gewerbebetrieb. Gleiches gilt gem. § 16 III 1 EStG für eine Betriebsaufgabe, da sie als eine Sonderform der Entnahme angesehen wird.[45] Eine Betriebsaufgabe liegt vor, wenn die gewerbliche Tätigkeit infolge eines Entschlusses zur endgültigen Einstellung der gewerblichen Tätigkeit aufgegeben wird und alle wesentlichen Betriebsgrundlagen innerhalb kurzer Zeit in das Privatvermögen oder ein anderes Betriebsvermögen überführt werden.[46] Um eine übermäßige Belastung des Steuerpflichtigen infolge der geballten Realisierung der stillen Reserven zu vermeiden, werden die Veräußerung und die Aufgabe eines Betriebs oder einer Mitunternehmerschaft zweifach begünstigt. Zunächst wird dem Steuerpflichtigen (Mitunternehmer) unter bestimmten Voraussetzungen ein Freibetrag eingeräumt (§ 16 IV EStG). Darüber hinaus gilt für den Veräußerungs- oder Aufgabegewinn gem. § 34 EStG ein besonderer Steuersatz, der die Progression abmildert.

---

43 *Birk/Desens/Tappe* SteuerR Rn. 1193 f.

44 Zur Erweiterung des Begriffs der Realteilung auf das Ausscheiden eines Mitunternehmers aus einer ansonsten fortgeführten Gesellschaft gegen Abfindung mit einem Teilbetrieb s. BFH BStBl. 2017 II 37.

45 BFH BStBl. 1984 II 474.

46 Schmidt/*Wacker*, Einkommensteuergesetz, 36. Aufl. 2017, § 16 Rn. 173.

Wird ein Betrieb oder eine Mitunternehmerschaft unentgeltlich übertragen, ordnet § 6 III 1 Hs. 1 EStG aufgrund derselben Erwägung wie im Fall unentgeltlicher Übertragung einzelner Wirtschaftsgüter (kein Liquiditätszufluss) eine Buchwertverknüpfung an. Hauptanwendungsfälle sind hierbei der Erbfall oder die vorweggenommene Erbfolge.[47] Wird der Mitunternehmeranteil des verstorbenen Gesellschafters dagegen nicht vererbt (oder wurde er vor dem Erbfall nicht unentgeltlich übertragen) und wird die Gesellschaft gegen Zahlung von Abfindungen an die Erben unter den verbleibenden Gesellschaftern fortgesetzt, liegt im Hinblick auf den Mitunternehmeranteil des verstorbenen Gesellschafters ein gewöhnlicher, gem. § 16 I 1 Nr. 2 EStG steuerbarer Veräußerungsvorgang vor. Es kommt mithin zur vollen Besteuerung der in dem Mitunternehmeranteil gespeicherten stillen Reserven.

c) Der Eintritt eines neuen Gesellschafters in eine Personengesellschaft gilt steuerrechtlich als Gründung einer neuen Personengesellschaft unter gleichzeitiger Einbringung des bestehenden Unternehmens. Die bisherigen Gesellschafter übertragen einen Teil ihres Mitunternehmeranteils auf den neuen Gesellschafter. Wird der eintretende Gesellschafter ohne Einlage oder sonstige Leistung in die Gesellschaft aufgenommen, übertragen die alten Gesellschafter ihren Teil-Anteil also unentgeltlich, werden die darin gespeicherten stillen Reserven nicht aufgedeckt, sondern – wie im Fall einer unentgeltlichen Übertragung eines gesamten Mitunternehmeranteils – auf den eintretenden Gesellschafter übergeleitet (§ 6 III 1 Hs. 2 EStG).

Wird der neue Gesellschafter gegen eine Bar- oder Sacheinlage aufgenommen, ist danach zu unterscheiden, ob diese in das Gesellschaftsvermögen oder das Privatvermögen der Gesellschafter geleistet wird. Im erstgenannten Fall greift die Rechtsfolge des § 24 UmwStG ein (→ Rn. 1012). Leistet der Eintretende die Einlage dagegen in das Privatvermögen der bisherigen Gesellschafter, liegt aus deren Sicht eine Teil-Anteilsveräußerung vor. Da die (entgeltliche) Veräußerung eines Teils eines Mitunternehmeranteils – anders als die Veräußerung des gesamten Anteils (→ Rn. 1040) – nicht privilegiert wird (vgl. § 16 I 2 EStG), kommt es zur vollen Besteuerung der in den veräußerten Teil-Mitunternehmeranteilen gespeicherten stillen Reserven.

1041

4. Begünstigung nicht entnommener Gewinne

Durch das Unternehmensteuerreformgesetz 2008[48] wurde in § 34a EStG eine Tarifbegünstigung für nicht entnommene Gewinne eingeführt (sog. *Thesaurierungsbegünstigung*). Danach ist die Einkommensteuer für nicht entnommene Gewinne aus Land- und Forstwirtschaft, Gewerbebetrieb oder selbstständiger Arbeit auf Antrag des Steuerpflichtigen ganz oder teilweise mit einem Steuersatz von 28,25 % zu berechnen. Mit der Vorschrift will der Gesetzgeber Belastungsidentität zwischen den unterschiedlichen Rechtsformen – Personenunternehmen (Einzelunternehmen und Personengesellschaften) auf der einen und Kapitalgesellschaften auf der anderen Seite – herstellen und zudem die Eigenkapitalbildung in Personenunternehmen fördern.[49] Bei Kapitalgesellschaften werden thesaurierte Gewinne zunächst nur auf der Ebene der Gesellschaft und erst bei der Ausschüttung auf der Ebene der Anteilseigner, wenn diese keine Körperschaft sind, besteuert. Bei Personenunternehmen kam es nach früherer Rechtslage – aufgrund des Transparenzprinzips – unabhängig von der Ausschüttung zu einer Besteuerung auf der Ebene der Gesellschafter mit ihrem individuellen Steuersatz. Durch die Neuregelung schafft der Gesetzgeber zwar nicht das Transparenzprinzip ab, versucht aber, über eine tarifliche Begünstigung von thesaurierten Ge-

1042

---

47 Tipke/Lang/*Hennrichs* SteuerR § 10 Rn. 187f.
48 Unternehmensteuerreformgesetz 2008 v. 14.8.2007 (BGBl. 2007 I 1912ff.)
49 *Bäumer* DStR 2007, 2089; *Pohl* BB 2008, 1536.

winnen bei Personenunternehmen eine Steuersatzneutralität zwischen den verschiedenen Rechtsformen zu schaffen.[50]

Die Angleichung erfolgt auf zwei Ebenen. Erstens unterliegen nicht entnommene Gewinne dem begünstigten Steuersatz iHv 28,25 % (§ 34a I 1 EStG) zuzüglich Solidaritätszuschlag und gegebenenfalls Kirchensteuer. Erforderlich ist ein entsprechender Antrag, den bei Mitunternehmerschaften grundsätzlich jeder Mitunternehmer stellen kann.[51] Der begünstigte Steuersatz entspricht annähernd der Gesamtsteuerbelastung (Körperschaft- und Gewerbesteuer sowie Solidaritätszuschlag) von nicht ausgeschütteten Gewinnen bei Kapitalgesellschaften (= 29,83 %).[52] Unter dem nicht entnommenen Gewinn ist der nach § 4 I 1 EStG oder § 5 EStG ermittelte Gewinn vermindert um den positiven Saldo der Entnahmen und Einlagen zu verstehen (§ 34a II EStG). Bei Mitunternehmerschaften gehören zu dem begünstigungsfähigen Gewinn sowohl der Anteil am Gewinn der Gesellschaft als auch der Gewinn aus etwaigen Ergänzungs- und Sonderbilanzen.[53] Zweitens erfolgt bei Ausschüttung eine Nachversteuerung iHv 25 % (§ 34a IV 2 EStG), was wiederum dem Abgeltungsteuersatz für Dividenden (§ 32d I 1 EStG) entspricht.

§ 34 Besteuerung von Kapitalgesellschaften

Literatur: S. zunächst § 32; weiterhin: *Gosch*, Körperschaftsteuergesetz Kommentar, 3. Aufl. 2015; *Birk/Desens*, Klausurenkurs im Steuerrecht, 4. Aufl. 2015, insbesondere Fall 8 (Rn. 491 ff.) und Fall 9 (Rn. 546 ff.).

1043 **Fälle:**

a) Die aus A und B bestehende Immo-GmbH befasst sich mit der Vermietung von in ihrem Eigentum stehenden Mietshäusern. Sie vermietet unter anderem ein Appartement an A zu einer monatlichen Miete von 500 EUR. Die marktübliche Miete für vergleichbare Appartements beträgt 1.000 EUR. Die Ehefrau des B ist im Büro der Immo-GmbH als Sekretärin beschäftigt und verdient im Jahr 80.000 EUR. Ein für diese Tätigkeit üblicher Verdienst beträgt 40.000 EUR. Wie sind die Mietzahlungen des A und die Gehaltszahlungen an die Ehefrau des B bei der Immo-GmbH steuerlich zu behandeln?

b) Die Z-AG schüttet an ihre Aktionäre Jahresdividenden von insgesamt 1 Mio. EUR aus. A hält 1 % der Aktien der Z-AG und erhält dementsprechend Dividenden iHv 10.000 EUR. Für die Depotverwahrung der Aktien sowie die Anreise zu einer Hauptversammlung der Z-AG sind A Kosten von insgesamt 1.000 EUR entstanden. Die mit 10 % an der Z-AG beteiligte Y-GmbH erhält Dividenden iHv 100.000 EUR. Sie musste im selben Jahr für einen zwecks Finanzierung des Beteiligungserwerbs aufgenommenen Kredit Zinsen iHv 15.000 EUR zahlen.

Abwandlung: Der Y-GmbH sind keinerlei Aufwendungen in Zusammenhang mit der Beteiligung an der Z-AG entstanden. – Wie werden A und die Y-GmbH besteuert?

---

50 Kirchhof/*Reiß*, Einkommensteuergesetz, 16. Aufl. 2017, § 34a Rn. 2.
51 Voraussetzung ist, dass die Beteiligung am Gewinn mehr als 10 % oder mehr als 10.000 EUR beträgt, § 34a I 3 EStG; dazu BMF DStR 2008, 1637 (1638 Rn. 9).
52 *Gragert/Wißborn* NWB 2007 Fach 3, 14621 (14622).
53 BMF DStR 2008, 1637 (1638 Rn. 12).

I. Allgemeines zum Körperschaftsteuergesetz

Der von in Deutschland ansässigen Kapitalgesellschaften erwirtschaftete Gewinn unterliegt der Körperschaftsteuer. Anders als Personengesellschaften sind Kapitalgesellschaften selbstständige Steuersubjekte und werden unabhängig von ihren Gesellschaftern besteuert. Die Körperschaftsteuer ist für Kapitalgesellschaften die wichtigste[1] Ertragsteuer und entspricht insoweit der Einkommensteuer bei natürlichen Personen. Neben den hier interessierenden Kapitalgesellschaften zählen zu den körperschaftsteuerpflichtigen Subjekten auch andere juristische Personen und darüber hinaus bestimmte Rechtsgebilde ohne zivilrechtliche Rechtspersönlichkeit, wie zB der nicht rechtsfähige Verein (vgl. § 1 I KStG). Entsprechend dem Trennungsprinzip (→ Rn. 1005) wird die Ebene der Kapitalgesellschaft getrennt von derjenigen der Gesellschafter besteuert. Der Gewinn der Kapitalgesellschaft unterliegt unabhängig davon, wie er verwendet wird (insbesondere unabhängig davon, ob er an die Gesellschafter ausgeschüttet oder – etwa zwecks Reinvestition – thesauriert wird), der Körperschaftsteuer. Wird der Gewinn an die einkommen- oder körperschaftsteuerpflichtigen Gesellschafter ausgeschüttet, unterliegt er bei ihnen als Teil deren eigenen Einkommens erneut der Einkommen- bzw. Körperschaftsteuer (vgl. aber sogleich unter IV. zum sog. Teileinkünfteverfahren).

1044

Aufgrund der getrennten Betrachtung der Ebene der Kapitalgesellschaft und ihrer Anteilseigner können Verluste der Kapitalgesellschaft nicht mit Gewinnen der Anteilseigner verrechnet werden. Eine Gewinn- und Verlustverrechnung zwischen Gesellschaft und Gesellschafter ist nur durch Bildung einer Organschaft iSd § 14 I KStG möglich.[2] Eine Organschaft liegt vor, wenn eine Kapitalgesellschaft (Organgesellschaft) mit Geschäftsführung im Inland und Sitz in einem Mitgliedstaat der Europäischen Union oder in einem Vertragsstaat des EWR-Abkommens durch einen Gewinnabführungsvertrag verpflichtet ist, ihren ganzen Gewinn an ein anderes unbeschränkt (körper- oder einkommen-[3])steuerpflichtiges Unternehmen (Organträger) abzuführen und in dieses finanziell eingegliedert ist. Eine finanzielle Eingliederung setzt voraus, dass der Organträger die Mehrheit der Stimmrechte an der Organgesellschaft innehat. Ziel der Organschaftsbesteuerung ist es, die wirtschaftliche Verbundenheit von rechtlich selbstständigen Unternehmen steuerlich zu berücksichtigen. Der zentrale Vorteil einer solchen Gestaltung liegt darin, dass dem Organträger auch Verluste der Organgesellschaft zugerechnet werden. Infolgedessen verbleiben sie nicht steuerlich ungenutzt auf der Ebene der Organgesellschaft, sondern werden mit sonstigen positiven Einkünften des Organträgers, der sie allerdings auch tatsächlich übernehmen muss, verrechnet.

---

1 Daneben ist als zweite Ertragsteuer die Gewerbesteuer zu nennen;. → Rn. 1006 ff.
2 Vgl. zum Ganzen *Birk/Desens/Tappe* SteuerR Rn. 1219–1228; *Knobbe-Keuk* Bilanz- und UnternehmenssteuerR § 20; *Kraft/Kraft* Unternehmensbesteuerung 182 ff.
3 Als Organträger kommt auch eine Personengesellschaft iSd § 15 I 1 Nr. 2 EStG, also eine Mitunternehmerschaft, in Betracht, vgl. § 14 I 1 Nr. 2 S. 2 und 3 KStG. Steuerpflichtig ist dann nicht die Personengesellschaft selbst, sondern deren Gesellschafter (Mitunternehmer).

II. Objekt und Bemessungsgrundlage der Körperschaftsteuer

1045 Bemessungsgrundlage der Körperschaftsteuer ist – ebenso wie bei der Einkommensteuer – das zu versteuernde Einkommen (§ 7 I KStG), das mit einem einheitlichen Steuersatz von 15 % (§ 23 I KStG) besteuert wird.[4] Gemäß § 7 II KStG ist das zu versteuernde Einkommen das Einkommen iSd § 8 I KStG abzüglich bestimmter Freistellungen, die allerdings nicht Kapitalgesellschaften, sondern nur bestimmten anderen Körperschaftsteuersubjekten, wie etwa Stiftungen, eingeräumt werden. Was als Einkommen gilt, richtet sich gem. § 8 I KStG nach dem Einkommensteuergesetz, soweit keine Sondervorschriften des Körperschaftsteuergesetzes eingreifen. Infolge des Verweises auf das Einkommensteuergesetz gelten dessen Regelungen zur Steuerbarkeit, Qualifikation und Ermittlung des Einkommens auch für Kapitalgesellschaften und sonstige körperschaftsteuerpflichtige Subjekte. Dementsprechend können Körperschaften grundsätzlich Einkünfte aller Einkunftsarten erzielen. In Abweichung hiervon bestimmt jedoch § 8 II KStG für Steuerpflichtige, die nach Handelsrecht buchführungspflichtig sind, mithin für Kapitalgesellschaften (§§ 238 I 1, 6 I HGB iVm § 13 III GmbHG oder § 3 AktG [gegebenenfalls iVm § 278 III AktG], § 17 II GenG), dass bei diesen sämtliche Einkünfte als solche aus Gewerbebetrieb zu behandeln sind.

III. Ermittlung des Gewinns

1. Gewinn gemäß §§ 4 I, 5 I EStG iVm § 8 I 1 KStG als Ausgangsgröße

1046 Infolge der Qualifikation sämtlicher Einkünfte einer Kapitalgesellschaft als gewerbliche Einkünfte wird das Einkommen als Gewinn durch einen Betriebsvermögensvergleich nach §§ 4 I, 5 I EStG iVm § 8 I 1 KStG ermittelt (zur steuerlichen Gewinnermittlung → Rn. 1031 ff.). Mithin ist auch hierfür die Steuerbilanz der handelsrechtlichen GoB maßgeblich. Sämtliche Vermögensgegenstände sind steuerverhaftet und zählen zum Betriebsvermögen. Realisierte Wertsteigerungen sind grundsätzlich steuerpflichtig.

2. Spezielle körperschaftsteuerrechtliche Vorschriften zur Einkommensermittlung

1047 Unbeschadet des Verweises auf die Regelungen des Einkommensteuergesetzes enthält das Körperschaftsteuergesetz selbst eine Reihe von Normen, die die Gewinnermittlung regeln.

1048 a) Von zentraler Bedeutung bei der Gewinnermittlung ist § 8b KStG. Die Vorschrift regelt die steuerliche Behandlung von Einnahmen einer Kapitalgesellschaft (oder einer anderen Körperschaft) aus der Beteiligung an einer anderen Kapitalgesellschaft. Sie betrifft damit die Ermittlung der Einkünfte einer Kapitalgesellschaft im Hinblick auf deren Stellung als Gesellschafter einer anderen Kapitalgesellschaft. Aus Gründen besserer Verständlichkeit wird sie daher im Zusammenhang mit der Besteuerung der Gesellschafter unter IV. dargestellt.

---

4 S. zur Ermittlung *Birk/Desens* KK SteuerR Fall 8 Rn. 491 ff.

b) Nach § 9 KStG sind bestimmte Aufwendungen abzuziehen, die den Gewinn iSd   **1049**
§§ 4 I, 5 I EStG nicht mindern. Die Tatbestände ähneln den einkommensteuerrecht-
lichen Sonderausgaben (§§ 10 ff. EStG). So können beispielsweise bestimmte Spenden,
obwohl sie nicht betrieblich veranlasst und folglich keine Betriebsausgaben sind, in
Abzug gebracht werden (§ 9 I Nr. 2 KStG). § 10 KStG nennt dagegen eine Reihe von
Aufwendungen, die im Rahmen der Handelsbilanz erfasst werden, aber bei der Ermittlung des Einkommens vom Abzug ausgeschlossen werden. Die Nichtabziehbar-
keit erklärt sich daraus, dass entsprechende Aufwendungen den steuerpflichtigen Gewinn eines Einzel- oder Mitunternehmers ebenfalls nicht mindern würden und
körperschaftsteuerpflichtige Subjekte insoweit gleich behandelt werden sollen. So
sind beispielsweise die gezahlten Steuern, die handelsrechtlich Betriebsausgaben darstellen, korrespondierend mit der Parallelregelung des § 12 Nr. 3 EStG gem. § 10 Nr. 2
KStG vom Einkommen nicht abziehbar. Vom Abzug ausgeschlossen sind ferner Geldbußen und andere Zahlungsverpflichtungen mit überwiegend strafrechtlichem Charakter (§ 10 Nr. 3 KStG; vgl. auch § 12 Nr. 4 EStG).

Durch das Unternehmensteuerreformgesetz 2008 wurden § 4h EStG, § 8a KStG neu eingefügt, durch
die der Abzug von Zinsaufwendungen beschränkt wird. Diese sog. *Zinsschranke* soll in erster Linie verhindern, dass in Deutschland erwirtschaftete Gewinne durch übermäßige Zinszahlungen von einer deutschen an eine ausländische Konzerngesellschaft in das Ausland verlagert und damit dem Zugriff des
deutschen Fiskus entzogen werden.[5] Nach § 4h EStG, § 8a KStG sind Zinsaufwendungen nur in Höhe
des Zinsertrages abziehbar, darüber hinaus nur bis zur Höhe des verrechenbaren EBITDA, das 30 % des
nach § 8a I 2 KStG maßgeblichen Einkommens darstellt. Die Abzugsbeschränkung gilt nicht in den in
§ 4h II EStG geregelten Ausnahmefällen (Zinssaldo weniger als 3 Mio. EUR, fehlende Konzernzugehö-
rigkeit des Betriebes, Eigenkapitalvergleich).[6] Diese Ausnahmen gelten bei Kapitalgesellschaften jedoch
wiederum nur, wenn keine schädliche Gesellschafterfremdfinanzierung nach § 8a II, III KStG vorliegt.
Nicht abziehbare Zinsaufwendungen sind nach § 4h I 3 EStG in die folgenden fünf Wirtschaftsjahre
vorzutragen (Zinsvortrag). Die Zinsschranke findet nicht nur bei Kapitalgesellschaften, sondern mit gewissen Modifikationen auch bei Personenunternehmen Anwendung.[7] Die Neuregelung wird vor allem
wegen ihrer Komplexität, wegen eines möglichen Verstoßes gegen das objektive Nettoprinzip
(→ Rn. 1017) und die Niederlassungsfreiheit heftig kritisiert.[8]

c) Grundsätzlich können Verluste auch bei Körperschaften nach Maßgabe des § 10d   **1050**
EStG intertemporär abgezogen werden. Der durch das Unternehmensteuerreformgesetz 2008 eingeführte § 8c KStG sieht allerdings vor, dass der Verlustabzug im Fall
eines Anteilseignerwechsels oder eines diesem gleichgestellten Vorgangs entweder anteilig oder vollständig untergeht. Zu einem anteiligen Untergang kommt es, soweit innerhalb von fünf Jahren mittelbar oder unmittelbar mehr als 25 % des gezeichneten
Kapitals an einen Erwerber oder diesem nahestehende Personen übertragen werden
(§ 8c I 1 KStG). Ein vollständiger Untergang tritt bei der Übertragung von mehr als
50 % der Anteile ein (§ 8c I 2 KStG). Neben der Anteilsübertragung gelten auch die
Übertragung von Beteiligungs- oder Stimmrechten sowie vergleichbare Sachverhalte
als schädlicher Beteiligungserwerb.[9] Ein schädlicher Beteiligungserwerb liegt nach

---

5 *Rödder/Stangl* DB 2007, 479.

6 Blümich/*Heuermann*, Einkommensteuergesetz, Körperschaftsteuergesetz, Gewerbesteuergesetz,
132. EL 05/16, § 4h EStG Rn. 52 ff.

7 Zu den Besonderheiten bei der Anwendung der Zinsschranke auf Personengesellschaften vgl. *Kuss-
maul/Ruiner/Schappe* DStR 2008, 904.

8 Verfassungswidrigkeit bejahend BFHE 252, 44; Vorlage an das BVerfG unter 2 BvL 1/16 anhängig;
Tipke/Lang/*Hey* SteuerR § 11 Rn. 56 mwN.

9 Blümich/*Brandis*, Einkommensteuergesetz, Körperschaftsteuergesetz, Gewerbesteuergesetz, 131. EL
03/16, § 8c KStG Rn. 40 ff.

§ 8c I 5 KStG nicht vor, wenn an dem übertragenden und an dem übernehmenden Rechtsträger dieselbe Person zu jeweils 100 % mittelbar oder unmittelbar beteiligt ist. Die Vorgängervorschrift machte den Verlustabzug nach § 10d EStG davon abhängig, dass die Körperschaft nach dem Anteilseignerwechsel rechtlich und wirtschaftlich mit der Körperschaft identisch ist, die den Verlust erlitten hat, und wollte damit dem missbräuchlichen Kauf von verlustbehafteten Gesellschaften zwecks Verrechnung mit zukünftigen Gewinnen entgegenwirken (sog. *Mantelkauf*). Die Neuregelung geht über diese Missbrauchsbekämpfung weit hinaus. Das BVerfG hatte § 8c I 1 KStG mit Art. 3 I GG für unvereinbar erklärt und die rückwirkende Änderung für den Zeitraum vom 1.1.2008 bis 31.12.2015 angeordnet.[10] Ob durch die Einführung von § 8d KStG[11] mit Wirkung zum 1.1.2016 der Anwendungsbereich des § 8c I 1 KStG soweit reduziert wurde, dass er nunmehr mit Art. 3 I GG vereinbar ist, wurde ausdrücklich offen gelassen. Die Regelung des § 8d KStG lässt den Verlustvortrag zu, sofern der Geschäftsbetrieb erhalten bleibt und eine anderweitige Nutzung der Verluste ausgeschlossen ist.[12]

3. Verdeckte Gewinnausschüttungen und verdeckte Einlagen

1051 Zu den praktisch wichtigsten und zugleich streitträchtigsten Bereichen des Körperschaftsteuerrechts gehört die Behandlung der Beziehungen zwischen Gesellschaft und Anteilseignern.[13] Die Hauptfrage, die sich in diesem Zusammenhang stellt, ist, ob diese Beziehungen ihre Grundlage in einem schuldrechtlichen Vertrag oder dem Gesellschaftsverhältnis haben.

Da die Ebenen der Gesellschaft und die der Gesellschafter entsprechend dem Trennungsprinzip (vgl. oben I.) grundsätzlich getrennt betrachtet werden, können Anteilseigner einer Kapitalgesellschaft mit dieser ebenso wie Dritte schuldrechtliche Verträge schließen, die auch steuerlich als solche anerkannt werden. So kann ein Anteilseigner der Gesellschaft ein Grundstück vermieten oder von dieser als Arbeitnehmer beschäftigt werden. Dies hat aus Sicht der Gesellschaft den wirtschaftlichen Vorteil, dass die an den Gesellschafter gezahlten Vergütungen (etwa Mietzins oder Arbeitslohn) Betriebsausgaben darstellen und deshalb den Gewinn der Gesellschaft mindern, der Bemessungsgrundlage für die Körperschaftsteuer, den Solidaritätszuschlag und die Gewerbesteuer ist. Dagegen sind Zahlungen der Gesellschaft an ihre Gesellschafter, wenn sie ihre Grundlage in dem Gesellschaftsverhältnis haben (zB Zahlungen von Dividenden), für den Gewinn der Gesellschaft unbeachtlich. Denn insoweit handelt es sich um einen Vorgang der Gewinnverwendung, die sich gem. § 8 III 1 KStG auf die Ermittlung des Einkommens der Gesellschaft nicht auswirken darf.

Aus wirtschaftlicher Sicht ist es wegen der Steuerersparnis auf der Ebene der Gesellschaft in der Regel günstiger, wenn eine Zahlung der Gesellschaft an die Anteilseigner bei ihr als Betriebsausgabe qualifiziert wird. Zwar unterliegt eine solche Zahlung bei einem einkommensteuerpflichtigen Anteilseigner in der Regel der Einkommensteuer, während eine Dividende nach dem Teileinkünfteverfahren zu 40 % steuerfrei wäre. Dieser »Nachteil« auf der Ebene des Anteilseigners wiegt jedoch regelmäßig weniger schwer als der »Vorteil« auf der Ebene der Gesellschaft.

---

10 BVerfG NZG 2017, 828.
11 BGBl. 2016 I 2998.
12 Ausf. *Förster/von Cölln* DStR 2017, 8.
13 S. dazu *Birk/Desens* KK SteuerR Fall 9 Rn. 546 ff.

Dementsprechend kann für Kapitalgesellschaften ein Anreiz bestehen, einen Teil des erwirtschafteten Gewinns den Gesellschaftern (oder diesen nahestehenden Personen) außerhalb der förmlichen Gewinnverteilung als Leistungsvergütungen im Rahmen von schuldrechtlichen Verträgen zu gewähren. Erfolgen die Leistungen ohne äquivalente Gegenleistung seitens der Anteilseigner, dh sind diese nur als vertragliche Leistungsvergütungen »getarnt«, werden sie steuerlich nicht als solche anerkannt. Es handelt sich dann vielmehr um sog. *verdeckte Gewinnausschüttungen*, die gem. § 8 III 2 KStG ebenso wie sonstige Vorgänge der Gewinnverteilung das Einkommen der Gesellschaft nicht mindern dürfen.[14] § 8 III 2 KStG regelt lediglich die Rechtsfolgen, nicht aber die Voraussetzungen einer verdeckten Gewinnausschüttung. Die ständige Rechtsprechung definiert diese als »Vermögensminderung oder verhinderte Vermögensmehrung, die durch das Gesellschaftsverhältnis veranlasst ist, sich auf die Höhe des Unterschiedsbetrags iSd § 4 I 1 EStG auswirkt und in keinem Zusammenhang mit einer offenen Ausschüttung steht«.[15] Entscheidendes Kriterium bei der Frage, ob es sich bei einer Minderung des Betriebsvermögens um eine verdeckte Gewinnausschüttung handelt, ist ihre Veranlassung durch das Gesellschaftsverhältnis. Hierbei werden verschiedene und im Einzelnen umstrittene Fallgruppen unterschieden, denen Indizwirkung für die Bejahung einer verdeckten Gewinnausschüttung zukommt.[16] So wird das Vorliegen einer verdeckten Gewinnausschüttung insbesondere bejaht, wenn ein ordentlicher und gewissenhafter Geschäftsleiter (§ 93 I 1 AktG, § 43 I GmbHG) die Vermögensminderung gegenüber einer dritten Person, die nicht Gesellschafter ist, unter sonst gleichen Umständen nicht hingenommen hätte, die Vermögensminderung also einem *Drittvergleich* nicht standhält.[17] Gleiches gilt, wenn der Begünstigte beherrschender Gesellschafter ist und es an einer zivilrechtlich wirksamen, klaren und im Voraus abgeschlossenen Vereinbarung fehlt.[18]

> In **Fall a** erhält A von der Immo-GmbH einen vermögensrechtlichen Vorteil iHv monatlich 500 EUR, der seine Ursache im Gesellschaftsvertrag hat. Denn ein ordentlicher und gewissenhafter Geschäftsleiter hätte das Appartement zu einer Monatsmiete von 1.000 EUR vermietet. Die unterlassene Vermögensmehrung von 6.000 EUR (500 EUR x 12 Monate) ist eine verdeckte Gewinnausschüttung an A. Das Einkommen der Immo-GmbH muss daher um 6.000 EUR erhöht werden. Von den Gehaltszahlungen an die Ehefrau des B sind lediglich 40.000 EUR betrieblich veranlasst. Die verbleibenden 40.000 EUR stellen verdeckte Gewinnausschüttungen an B dar. Da diese zunächst als Betriebsausgabe gewinnmindernd berücksichtigt wurden, sind sie außerhalb der Steuerbilanz dem Einkommen der Immo-GmbH wieder hinzuzurechnen.

Spiegelbildlich zu einer verdeckten Gewinnausschüttung verhält sich eine verdeckte Kapitaleinlage (kurz: verdeckte Einlage). Eine solche Einlage liegt vor, wenn ein Gesellschafter aufgrund des Gesellschaftsverhältnisses der Gesellschaft einen Vermögensvorteil einräumt und diese Vorteilsgewährung nicht nach den hierfür vorgesehenen gesellschaftsrechtlichen Regeln (Kapitalausstattung und Kapitalerhöhung, → Rn. 626 ff., → Rn. 802 ff.) erfolgt. Eine Veranlassung durch das Gesellschaftsverhältnis liegt vor, wenn ein Nichtgesellschafter den Vermögensvorteil der Gesellschaft nicht eingeräumt hätte *(Fremdvergleich)*. Die Rechtsfolgen ergeben sich aus § 8 III 3–6 KStG. Bei der Gesellschaft ist die verdeckte Einlage außerbilanziell wieder abzuziehen, da sie das Einkommen nicht erhöhen darf. Bei dem einlegenden Gesellschafter sind verdeckte Einlagen als (nachträgliche) Anschaffungskosten zu behandeln.[19]

---

14 *Birk/Desens/Tappe* SteuerR Rn. 1256 ff.; *Kraft/Kraft* Unternehmensbesteuerung 172 ff.
15 BFH BStBl. 2003 II 329; 2004 II 131; s. hierzu *Gosch,* Körperschaftsteuergesetz Kommentar, 3. Aufl. 2015, § 8 Rn. 166 ff.
16 Ausf. zu diesen Fallgruppen *Birk/Desens/Tappe* SteuerR Rn. 1256 ff.; Tipke/Lang/*Hey* SteuerR § 11 Rn. 70 ff.
17 BFH BStBl. 2005 II 664.
18 BFHE 206, 131 (132).
19 *Birk/Desens/Tappe* SteuerR Rn. 1272; Tipke/Lang/*Hey* SteuerR § 11 Rn. 93.

IV. Die Besteuerung der Gesellschafter

1052 Der Gewinn einer Kapitalgesellschaft unterliegt, wenn er an die Gesellschafter weitergeleitet, also ausgeschüttet wird, bei diesen grundsätzlich erneut der Einkommen- oder Körperschaftsteuer. Dementsprechend würde – betrachtet man die Ebene der Gesellschaft und der Gesellschafter zusammen (wirtschaftliche Betrachtungsweise) – der operativ nur einmal erzielte Gewinn doppelt besteuert werden. Zwar ließe sich zur Rechtfertigung dieser Doppelbelastung einwenden, dass Gegenstand der Besteuerung zwei rechtlich selbstständige Steuersubjekte mit jeweils eigener wirtschaftlicher Leistungsfähigkeit sind (rechtliche Betrachtungsweise). Jedoch besteht dem Grunde nach Einigkeit, dass eine ungemilderte Doppelbelastung weder sachgerecht noch ökonomisch sinnvoll wäre. Die daher gebotene Vermeidung einer steuerlichen Doppelbelastung operativ einmal erzielter Gewinne mit der Einkommensteuer einerseits und der Körperschaftsteuer andererseits ist ein seit Existenz der Körperschaftsteuer bekanntes Phänomen.

1. Einkommensteuerpflichtige Gesellschafter

1053 Bei einkommensteuerpflichtigen Gesellschaftern, also bei natürlichen Personen, ist danach zu unterscheiden, ob sie ihre Beteiligung im Privat- oder Betriebsvermögen halten.

1054 a) Hält eine natürliche Person die Beteiligung an einer Kapitalgesellschaft im Privatvermögen, stellen die an sie ausgeschütteten Gewinne Einkünfte aus Kapitalvermögen (§ 20 I Nr. 1 EStG) dar. Als solche unterfallen sie grundsätzlich in voller Höhe der Abgeltungsteuer von 25 % (§ 32d I 1 EStG). Auf Antrag wird allerdings der individuelle Steuersatz des jeweiligen Steuerpflichtigen angewendet, wenn dies zu einer niedrigeren Einkommensteuer führt (Günstigerprüfung nach § 32d VI EStG). Die Besonderheit der Abgeltungsteuer besteht darin, dass die Einkommensteuer mit dem Einbehalt der Kapitalertragsteuer abgegolten ist (§ 43 V 1 EStG). Einer Veranlagung bedarf es in diesem Fall nicht mehr. Zudem ist nach § 20 IX 1 EStG der Abzug der tatsächlich entstandenen Werbungskosten ausgeschlossen. Lediglich ein Sparer-Pauschbetrag iHv 801 EUR (bei zusammen veranlagten Ehegatten 1.602 EUR) wird berücksichtigt.

Eine wichtige Ausnahme zur Abgeltungsteuer regelt § 32d II Nr. 3 EStG. Danach findet auf Antrag das Teileinkünfteverfahren Anwendung, wenn der Steuerpflichtige unmittelbar oder mittelbar entweder zu mindestens 25 % an der Kapitalgesellschaft beteiligt oder zu mindestens 1 % an der Kapitalgesellschaft beteiligt und beruflich für diese tätig ist (sog. *unternehmerische Beteiligung*). In diesem Fall sind die ausgeschütteten Gewinne zu 40 % steuerfrei, unterfallen dem individuellen Steuersatz des Steuerpflichtigen, und die tatsächlich entstandenen Werbungskosten können iHv 60 % (§ 3c II EStG) abgezogen werden (§ 32d II Nr. 3 S. 2 EStG).

Gewinne aus der Veräußerung von Kapitalgesellschaftsanteilen, die nach dem 31.12.2008 erzielt wurden, sind stets, also unabhängig von der Haltedauer, steuerbar nach § 20 II 1 Nr. 1 EStG. Als Einkünfte aus Kapitalvermögen unterfallen sie ebenfalls der Abgeltungsteuer iHv 25 %. Wenn der Veräußerer allerdings innerhalb der letzten fünf Jahre am Kapital der Gesellschaft unmittelbar oder mittelbar zu mindestens 1 % beteiligt war, fällt der Veräußerungsgewinn unter die Einkünfte aus Gewerbebetrieb nach § 17 EStG und damit unter das Teileinkünfteverfahren (§ 3 Nr. 40 lit. c EStG).

Nach dem Abgeltungsteuersystem wird folglich eine ungemilderte Doppelbelastung dadurch verhindert, dass Gewinne auf der Ebene der Kapitalgesellschaft mit einem relativ niedrigen Steuersatz von 15 % und Ausschüttungen sowie Veräußerungsgewinne auf der Ebene der Anteilseigner mit dem relativ niedrigen Abgeltungsteuertarif von 25 % belastetet werden.[20]

> Hält A in **Fall b** die Aktien im Privatvermögen, unterfallen die an ihn ausgeschütteten Dividenden von 10.000 EUR der Abgeltungsteuer iHv 25 %. Das Teileinkünfteverfahren findet wegen § 3 Nr. 40 S. 2 EStG keine Anwendung. Die mit den Dividenden in Zusammenhang stehenden Aufwendungen (Werbungskosten) von 1.000 EUR können nach § 20 IX 1 EStG nicht von der Bemessungsgrundlage abgezogen werden. Berücksichtigung findet lediglich der Sparer-Pauschbetrag iHv 801 EUR. Die Ausnahmeregel des § 32d II Nr. 3 EStG findet keine Anwendung, da A keine unternehmerische Beteiligung innehat.

b) Hält eine natürliche Person die Beteiligung an einer Kapitalgesellschaft im Betriebsvermögen, stellen die an sie ausgeschütteten Gewinne wegen der Subsidiaritätsregel des § 20 VIII EStG keine Einkünfte aus Kapitalvermögen, sondern Einkünfte aus Land- und Forstwirtschaft (§ 13 EStG), Gewerbebetrieb (§ 15 EStG) oder selbstständiger Arbeit (§ 18 EStG) dar. Als solche unterfallen sie dem Teileinkünfteverfahren. Durch das Teileinkünfteverfahren wird die Vorbelastung dieser Kapitaleinkünfte mit der Körperschaftsteuer typisierend dadurch berücksichtigt, dass die Ausschüttungen zu 40 % steuerfrei gestellt werden (§ 3 Nr. 40 S. 1 lit. d EStG). Gleiches gilt, wenn Gesellschafter der Kapitalgesellschaft eine Mitunternehmerschaft ist und die Dividenden durch diese hindurch an deren (einkommensteuerpflichtige) Gesellschafter (Mitunternehmer) geleitet und ihnen als Einkünfte aus Gewerbebetrieb zugerechnet werden. **1055**

Eine 40 %ige Steuerfreiheit wird darüber hinaus im Hinblick auf einen steuerpflichtigen Gewinn aus der Veräußerung von Anteilen an einer Kapitalgesellschaft gewährt (§ 3 Nr. 40 S. 1 lit. c EStG). Die Steuerfreistellung beruht auf der sog. *Totalausschüttungsthese*, wonach im Kaufpreis für eine Beteiligung an einer Kapitalgesellschaft die bereits mit der Körperschaftsteuer belasteten Gewinnrücklagen sowie die zukünftig erwarteten Dividenden vergütet werden. Nach dem Teileinkünfteverfahren wird folglich eine ungemilderte Doppelbelastung dadurch vermieden, dass Gewinne auf der Ebene der Kapitalgesellschaft mit einem relativ niedrigen Steuersatz von 15 % belastet werden und Ausschüttungen sowie Veräußerungsgewinne auf der Ebene der Anteilseigner zu 40 % steuerfrei sind. Korrespondierend (zum sog. Korrespondenzprinzip → Rn. 1017) zu der 40 %igen Steuerfreiheit können Betriebsausgaben nur zu 60 % in Abzug gebracht werden (§ 3c II EStG).

> Hält A in **Fall b** die Aktien im Betriebsvermögen, sind die an ihn ausgeschütteten Dividenden iHv 10.000 EUR zu 40 % steuerfrei, § 3 Nr. 40 S. 1 lit. d EStG. Folglich gehen die Dividenden nur iHv 6.000 EUR in das zu versteuernde Einkommen ein. Allerdings sind die mit den Dividenden in Zusammenhang stehenden Aufwendungen (Werbungskosten) iHv 1.000 EUR gem. § 3c II EStG nur zu 60 % abziehbar. Im Ergebnis entstehen bei A also steuerpflichtige Einkünfte iHv 5.400 EUR.

2. Körperschaftsteuerpflichtige Gesellschafter

Die von einer Kapitalgesellschaft erwirtschafteten Gewinne unterliegen auf der Ebene der Gesellschaft der (definitiven) 15 %igen Körperschaftsteuer und anschließend auf **1056**

---

20 BR-Drs. 220/07, 74; krit. dazu *Englisch* StuW 2007, 221 (230 ff.).

der Ebene der einkommensteuerpflichtigen Gesellschafter entweder der Abgeltung-steuer oder dem Teileinkünfteverfahren. Ist eine Kapitalgesellschaft selbst Anteilseigner einer anderen (Tochter-)Kapitalgesellschaft, bleiben bei ihr die von der Tochtergesell-schaft ausgeschütteten Dividenden sowie Gewinne aus Veräußerungen von Beteiligun-gen an der Tochtergesellschaft grundsätzlich vollständig steuerfrei (§ 8b I, II KStG). Dadurch wird eine Kumulierung der körperschaftsteuerlichen Belastung vermieden. Der von der Tochtergesellschaft operativ erzielte Gewinn kann somit durch die Mut-tergesellschaft (und bei längeren Beteiligungsketten durch weitere Obergesellschaften) »durchgeschüttet« werden und wird erst bei Ausschüttung an einkommensteuer-pflichtige Personen erneut mit der Einkommensteuer besteuert.

Jeweils 5 % der grundsätzlich steuerfreien Einnahmen aus Beteiligungen an anderen Gesellschaften gel-ten als Ausgaben, die nicht als Betriebsausgaben abgezogen werden dürfen (§ 8b III 1, V 1 KStG). Diese Regelung verdrängt das allgemeine Abzugsverbot des § 3c I EStG (§ 8b III 2, V 2 KStG) und greift un-abhängig davon ein, ob und in welcher Höhe Aufwendungen in Zusammenhang mit den steuerfreien Beteiligungserträgen stehen.[21] Im Ergebnis wird damit die Steuerfreiheit für Ausschüttungen und Ver-äußerungsgewinne auf 95 % beschränkt. Damit sind 5 % der Ausschüttungen und Veräußerungs-gewinne steuerpflichtig. Tatsächlich angefallene Betriebsausgaben bleiben daneben in voller Höhe ab-zugsfähig.

Eine weitere bedeutende Ausnahme enthält § 8b IV KStG. Die Steuerbefreiung von Gewinnausschüt-tungen gilt danach nicht für sog. Streubesitzbeteiligungen unterhalb von 10 %. Dies beruht auf der Um-setzung einer EuGH-Entscheidung und soll durch eine höhere Besteuerung inländischer Streubesitzdi-videnden zur Gleichbehandlung mit der Ausschüttung an EU-ausländische Kapitalgesellschaften führen.[22]

In **Fall b** sind die Dividenden (100.000 EUR) der Z-AG bei der Y-GmbH steuerfrei, jedoch werden 5 % der Dividenden, also 5.000 EUR, als nicht abziehbare Betriebsausgaben fingiert. Die Kreditzinsen (15.000 EUR) stellen Betriebsausgaben dar und sind als solche abziehbar. Folglich betragen die Ein-künfte der Y-GmbH aus der Beteiligung an der Z-AG -10.000 EUR (= 5.000 EUR./.15.000 EUR). In der Abwandlung betragen die steuerpflichtigen Einkünfte 5.000 EUR. Sie werden mit der KSt iHv 15 % be-lastet.

---

21 Zur grds. Kritik dieser Regelung in der Lit. Tipke/Lang/*Hey* SteuerR § 11 Rn. 42 mwN.
22 EuGH Urt. v. 20.10.2011 – C-284/09, Slg. 2011, I-9879 = NZG 2011, 1313; krit. zur Umsetzung *Birk/Desens/Tappe* SteuerR Rn. 1240f.; Tipke/Lang/*Hey* SteuerR § 11 Rn. 42.

9. Teil. Mitbestimmung

§ 35 Mitbestimmungsrecht

Literatur: *Adams,* Das Ende der Mitbestimmung, ZIP 2006, 1561; *Hellwig/Behme,* Gemeinschaftsrechtliche Probleme der deutschen Unternehmensmitbestimmung, AG 2009, 261; *Hirdina,* Neuordnung der Unternehmensmitbestimmung, NZA 2010, 683; *Hommelhoff,* Mitbestimmungsvereinbarungen zur Modernisierung der deutschen Unternehmensmitbestimmung, ZGR 2010, 48; *Krause,* Zur Bedeutung des Unionsrechts für die unternehmerische Mitbestimmung, AG 2012, 485; *Lambrich/Reinhard,* Schwellenwerte bei der Unternehmensmitbestimmung – Wann beginnt die Mitbestimmung?, NJW 2014, 2229; *Ulmer/Habersack/Henssler,* Mitbestimmungsrecht, 3. Aufl. 2013; *Wlotzke/Wißmann/Koberski/Kleinsorge,* Mitbestimmungsrecht, 4. Aufl. 2011; *Ziegler/Grey,* Arbeitnehmermitbestimmung im Aufsichtsrat der Europäischen Gesellschaft (SE) im Vergleich zum Mitbestimmungsgesetz, BB 2009, 1750.

Fälle:　　　　　　　　　　　　　　　　　　　　　　　　　　　　　　　　　　　　1057

a) A ist Angestellter der Y-Möbel-GmbH. Er möchte, dass auch ein Vertreter der Arbeitnehmer an den Sitzungen der Geschäftsführung teilnimmt. Macht es insoweit einen Unterschied, ob die Gesellschaft 501, 1.001 oder mehr als 2.000 Arbeitnehmer beschäftigt?
Abwandlung: Wie ist diese Frage zu beantworten, wenn die GmbH eine Zeche betreibt?

b) Die »Holzwurm-Verlag« AG hat 3.000 Arbeitnehmer. Die AG hält 100 % der Anteile der »Drucker«-GmbH, die mit 700 Arbeitnehmern eine Druckerei betreibt. Wie ist der Sachverhalt unter dem Gesichtspunkt der unternehmerischen Mitbestimmung zu beurteilen?

c) Den Anteilseigner-Vertretern im Aufsichtsrat der X-Bank ist die Überwachung der Investitionsentscheidungen des Vorstands auch durch Arbeitnehmer-Vertreter im Aufsichtsrat schon seit längerem ein Dorn im Auge. Mit den Stimmen der Anteilseigner-Vertreter richtet der Aufsichtsrat deshalb einen Investitions- und Finanzierungsausschuss ein, der aus drei Anteilseigner-Vertretern besteht. Ist dies rechtmäßig?

I. Überblick

Im Mitbestimmungsrecht ist zwischen betrieblicher und unternehmerischer Mitbestimmung zu unterscheiden. Unter *betrieblicher Mitbestimmung* versteht man die Mitwirkung des Betriebsrates bei sozialen und personellen Angelegenheiten. Dies ist als Teil des Arbeitsrechts und Arbeitnehmerschutzes im Betriebsverfassungsgesetz geregelt (§§ 87ff., 92ff. BetrVG). Ergänzenden Schutz gewährt das Sprecherausschußgesetz[1] für leitende Angestellte (vgl. § 5 III 2 BetrVG), das den Sprecherausschuss als weiteres Organ der betrieblichen Mitbestimmung neben dem Betriebsrat installiert. Jedoch bleibt die Leitungs- und Organisationsmacht des Unternehmens von der betrieblichen Mitbestimmung unberührt. Die *Unternehmensmitbestimmung* will hingegen der Arbeitnehmerseite Einfluss auf die Planungs- und Entscheidungsprozesse des Unternehmens verschaffen. Sie setzt an den Organen der jeweiligen Gesellschaft an und ist unterschiedlich ausgestaltet.

1058

---

1 v. 20.12.1988 (BGBl. 1988 I 2312 [2316]).

II. Historische Entwicklung

1059 Im Zuge der Industrialisierung und als Reaktion auf deren soziale Folgen wurde zunächst eine *betriebliche Mitbestimmung* eingeführt. Nach einer Novelle zur Gewerbeordnung von 1891[2] und einem Reichsgesetz von 1916[3] wurde 1920 das Betriebsrätegesetz[4] beschlossen und unter national-sozialistischer Herrschaft wieder aufgehoben. Nachdem zwischenzeitlich alliiertes Besatzungsrecht galt, wurde 1952 das Betriebsverfassungsgesetz (BetrVG 1952) erlassen, das wiederum durch das Betriebsverfassungsgesetz von 1972 (BetrVG 1972) ersetzt wurde. Die *unternehmerische Mitbestimmung* ist demgegenüber jüngerer Natur. Unter dem Eindruck des Zweiten Weltkrieges wurden 1951 zunächst das Montanmitbestimmungsgesetz und 1956 das Montanmitbestimmungsergänzungsgesetz erlassen (→ Rn. 1060 ff.). Es folgte das Mitbestimmungsgesetz aus dem Jahre 1976 (→ Rn. 1063 ff.). Schließlich wurden 2004 die bis dahin fortgeltenden Normen des BetrVG 1952[5] von dem Drittelbeteiligungsgesetz abgelöst (→ Rn. 1066 ff.). Die Mitbestimmungsregelungen sollten dabei im »Sozialverband Unternehmen« das unternehmerische Machtpotential kontrollieren, den Arbeitnehmerschutz optimieren sowie eine Kooperation von Kapital und Arbeit hervorrufen. Die heutige Rechtslage ist Ergebnis einer durch erhebliche Kontroversen gekennzeichneten Entwicklung und Kompromisslösung. Die Verfassungsmäßigkeit der Unternehmensmitbestimmung steht seit einer Entscheidung des Bundesverfassungsgerichts,[6] in der dieses unter Berücksichtigung von Art. 14 I, 9 und 12 GG die wirtschaftspolitische Neutralität des Grundgesetzes betonte, außer Zweifel.

III. Normative Grundlagen

1. Montanmitbestimmungsgesetz[7]

1060 a) Das Montanmitbestimmungsgesetz findet in den Unternehmen des Bergbaus sowie der Eisen und Stahl erzeugenden Industrie seit 1952 seinen Anwendungsbereich. Die Anwendbarkeit des Gesetzes setzt gem. § 1 Montan-MitbestG voraus, dass die jeweiligen Unternehmen die *Rechtsform* einer AG oder GmbH haben (§ 1 II Montan-MitbestG). Ferner muss das Unternehmen in der Regel mehr als *1.000 Arbeitnehmer* beschäftigen oder eine »Einheitsgesellschaft« sein (§ 1 II Montan-MitbestG). Der Begriff der Einheitsgesellschaft geht auf die alliierte Gesetzgebung nach Ende des Zweiten Weltkriegs zurück und bezeichnet die im Zuge der Konzernentflechtung gebildeten Gesellschaften.[8] Schließlich muss ein überwiegender *Betriebszweck* im Montanbereich (§ 1 I Montan-MitbestG) bestehen. Hierbei ist die Umschreibung des Begriffs »Montanbereich« in § 1 Montan-MitbestG mit der Zeit aufgrund der Umschichtungen in diesem Industriebereich immer komplizierter geworden.[9]

Nach § 1 IV Montan-MitbestG muss ein dem Montan-MitbestG unterliegendes Unternehmen als herrschendes Konzernunternehmen iSv § 18 I AktG, bei dem ein Konzernbetriebsrat besteht, die Arbeitnehmer der Tochterunternehmen an der Wahl zum Aufsichtsrat des Konzerns beteiligen *(Konzernwahlklausel).* Zur Sicherung der Montan-Mitbestimmung legt § 1 III Montan-MitbestG zudem fest, dass auch nach Wegfall der gesetzlichen Anwendungsvoraussetzungen für sechs Geschäftsjahre die Normen des Montan-MitbestG anwendbar bleiben *(Fortgeltungsklausel).* Dem allgemeinen Problem, dass Gesellschaften durch Änderungen der Arbeitnehmerzahl oder Branche der unternehmerischen Tätigkeit aus dem Anwendungsbereich bestimmter Gesetze entfliehen, begegnet der Gesetzgeber also mit der be-

---

2 Gesetz v. 1.6.1891 (RGBl. 1891 I 261).
3 Gesetz v. 5.12.1916 (RGBl. 1916 I 1333).
4 Gesetz v. 4.2.1920 (RGBl. 1920 I 147).
5 §§ 76 ff. BetrVG 1952 galten gem. § 129 BetrVG 1972 fort.
6 BVerfGE 50, 290 ff. (Entscheidung erging zum MitbestG).
7 Gesetz v. 21.5.1951 (BGBl. 1951 I 347).
8 ErfK/*Oetker* Montan-MitbestG § 1 Rn. 15.
9 ErfK/*Oetker* Montan-MitbestG § 1 Rn. 3 f.

grenzten Fortgeltung des alten Mitbestimmungsstatuts.

Das Montan-MitbestG geht den übrigen Ordnungskomplexen zum Mitbestimmungsrecht vor (§ 1 II MitbestG, § 1 II Nr. 1 DrittelbG) und ist auch gegenüber den Regelungen des AktG und des GmbHG vorrangig (§ 2 Montan-MitbestG). Bereits 1956 wurde der Anwendungsbereich des Gesetzes durch das *Montanmitbestimmungsergänzungsgesetz*[10] auf Konzernobergesellschaften erweitert, die zwar selbst keine Montanproduktion haben und deshalb nicht dem ursprünglichen Anwendungsbereich des Montan-MitbestG unterfallen, aber einen Konzern beherrschen, der wesentlich von den dem Montan-MitbestG unterfallenden Tochtergesellschaften geprägt ist. Der Anwendungsbereich ist überschaubar, denn diesen Gesetzen unterfallen nur etwa 50 Unternehmen.[11]

Für diese Gesellschaften hat das Montan-MitbestErgG in § 3 eine besondere Zurechnungsregel geschaffen, wobei § 3 II Nr. 1 Montan-MitbestErgG auf die Umsätze abstellt *(Wertschöpfungsquote).* Das zusätzliche Kriterium des § 3 II Nr. 2 Montan-MitbestErgG – die Zusammenrechnung der Arbeitnehmer – hatte in einer früheren Fassung einer Überprüfung vor dem BVerfG nicht standgehalten.[12] Der Gesetzgeber reagierte darauf mit einer entsprechenden Gesetzesänderung, sodass die Vorschrift nunmehr verfassungsgemäß auf eine relative Zahl anstatt auf eine absolute Arbeitnehmerzahl als Bezugsgröße abstellt.

b) Nach dem Montan-MitbestG ist zwingend ein *Aufsichtsrat* zu bilden und grundsätzlich paritätisch zu besetzen (§§ 3, 4 Montan-MitbestG). Dieser besteht aus elf Mitgliedern, nämlich je vier Vertretern der Anteilseigner[13] und der Arbeitnehmer sowie jeweils einem weiteren Mitglied, welches im Gesetz (§ 4 II Montan-MitbestG) näher bezeichnete Eigenschaften nicht aufweisen darf, und einem weiteren, von beiden Seiten zu bestimmenden, neutralen Mitglied. Die Arbeitnehmer-Vertreter im Aufsichtsrat sind hinsichtlich aller Rechte und Pflichten gleichberechtigt (§ 4 III Montan-MitbestG). **1061**

Handelt es sich hingegen um eine dem Montan-MitbestErgG unterfallende Obergesellschaft oder um eine Gesellschaft mit einem Nennkapital von mehr als 10 Mio. EUR, setzt sich der Aufsichtsrat in vergleichbarer Weise aus 15 Personen zusammen (§ 5 Montan-MitbestErgG, § 9 I Montan-MitbestG; im zweiten Fall fakultativ). Bei einem Nennkapital von mehr als 25 Mio. EUR kann der Aufsichtsrat schließlich auch aus 21 Personen bestehen (§ 9 II Montan-MitbestG).

Noch unter dem Eindruck des nationalsozialistischen Regimes verwirklichte das Montan-MitbestG also eine paritätische – damit auch im Vergleich zu den anderen »Mitbestimmungsgesetzen« für die Arbeitnehmer inhaltlich am weitesten gehende – Mitbestimmung. Zudem ist diese Regelung im Zusammenhang mit der Entflechtung der Montanindustrie nach dem Zweiten Weltkrieg zu sehen.[14] Die Wahl der Vertreter der Anteilseignerseite wird durch den Gesellschaftsvertrag bestimmt, die der Arbeitnehmervertreter hingegen von § 6 Montan-MitbestG.

---

10 Gesetz v. 7.8.1956 (BGBl. 1956 I 707).

11 *Bertelsmann-Stiftung/Hans-Böckler-Stiftung* (Hrsg.), Mitbestimmung und neue Unternehmenskulturen, Gütersloh 1998, 43, verzeichnet 1997 45 Unternehmen, die dem Montan-MitbestG unterfallen; 2004 wird die Zahl für beide Mitbestimmungsformen mit ca. 50 Unternehmen angegeben, Unternehmen & Gesellschaft 38, 2004, Heft 3, S. 32.

12 BVerfGE 99, 367 – Mannesmann.

13 Der Begriff »Arbeitgebervertreter« ist unzutreffend. Arbeitgeber ist die Gesellschaft. In deren Organ (Aufsichtsrat) sind lediglich Vertreter verschiedener Gruppen und nicht die Gesellschaft selbst vertreten; so ausdr. *Windbichler* GesR § 28 Rn. 3 Fn. 8.

14 Hierbei ist nur auf das Entstehen der Europäischen Gemeinschaft für Kohle und Stahl (EGKS) hinzuweisen.

Nach dem gesetzlichen Grundmodell kann die GmbH zwar einen (fakultativen) Aufsichtsrat haben. Sie muss aber einen solchen (zwingend) nur im Fall der Mitbestimmung bilden (vgl. § 52 GmbHG). Vom Aufsichtsrat ist der *Beirat* zu unterscheiden. Dies ist ein fakultatives Organ im GmbH-Recht. Der Beiratsbegriff ist aufgrund vielfältiger Erscheinungsformen schillernd[15] – dementsprechend variieren die Rechtsprobleme der Beiratsverfassung. Im Allgemeinen hat er nur beratende Funktion und kann die Stellung eines Aufsichtsrats, Ausschusses oder nur eines funktionslosen Honoratiorengremiums haben.[16] Hingegen sind in der mitbestimmten GmbH die Befugnisse des Aufsichtsrats zwingend und können nicht auf ein anderes Organ verlagert werden.[17]

1062 **c)** Dem *Vorstand* der AG sowie der *Geschäftsführung* der GmbH – also dem zur gesetzlichen Vertretung berufenen Organ – gehört bei Montanunternehmen ein *Arbeitsdirektor* als gleichberechtigtes Mitglied an (§ 13 Montan-MitbestG, § 13 Montan-MitbestErgG). Das Gesetz regelt die Aufgaben des Arbeitsdirektors nicht näher. Einigkeit besteht darüber, dass dieser in ausschließlicher Zuständigkeit mit dem Personal- und Sozialwesen im Unternehmen betraut ist.[18]

2. Mitbestimmungsgesetz[19]

1063 **a)** Der *Anwendungsbereich* des Mitbestimmungsgesetzes erstreckt sich auf alle Unternehmen, die in der *Rechtsform* einer AG, KGaA, GmbH oder eingetragenen Genossenschaft organisiert sind und in der Regel mehr als *2.000 Arbeitnehmer* (§ 1 I MitbestG) haben. Ende 2013 bestanden 651 Unternehmen mit einem nach dem MitbestG zusammengesetzten Aufsichtsrat.[20] Vom Anwendungsbereich ausgenommen sind Unternehmen, die dem Montanmitbestimmungsgesetz oder dem Montanmitbestimmungsergänzungsgesetz unterliegen sowie sog. Tendenzunternehmen, also solche, die überwiegend politischen, koalitionspolitischen, konfessionellen, karitativen, erzieherischen, wissenschaftlichen oder künstlerischen Bestimmungen oder Zwecken der Meinungsäußerung oder der Berichterstattung dienen (§ 1 II und IV MitbestG). Gegenüber den Regelungen des Drittelbeteiligungsgesetzes sind die des MitbestG vorrangig (§ 1 III MitbestG).

Grundsätzlich fallen Personengesellschaften nicht unter das MitbestG und unter die unternehmerische Mitbestimmung im Allgemeinen. Mittelbar gilt eine Ausnahme für die Kapitalgesellschaft & Co. KG.[21] Wie § 4 MitbestG zeigt, werden hierbei die Arbeitnehmer der KG der Komplementär-Gesellschaft zugerechnet. So kann es zur Anwendung der Mitbestimmungsnormen bei der Kapitalgesellschaft als Komplementär kommen – nicht jedoch bei der KG. Dies gilt aber auch nur, wenn der Komplementär in einer der in § 1 MitbestG vorausgesetzten Rechtsformen organisiert ist und sich in mehrheitlichem Anteilsbesitz der Kommanditisten befindet. Diese Norm findet in keinem der anderen Mitbestimmungsgesetze eine Entsprechung.
Die Mitwirkungsrechte des Aufsichtsrats laufen beim *Vertragskonzern* (s. dazu § 30) aufgrund des Weisungsrechts des herrschenden Unternehmens im Wesentlichen leer (vgl. insbesondere § 308 III AktG). Auch im faktischen Konzern (dazu § 29) muss der gegebenenfalls mitbestimmte Aufsichtsrat aufgrund der Einflussmöglichkeiten des herrschenden Unternehmens einen Kompetenzverlust hinnehmen.[22] § 5

---

15 *K. Schmidt* GesR § 36 IV 3 (S. 1110).
16 Ausf. zum Beirat der GmbH *Reuter*, FS 100 Jahre GmbHG, 1992, 631 ff.
17 *K. Schmidt* GesR § 36 IV 3 (S. 1110).
18 ErfK/*Oetker* Montan-MitbestG § 13 Rn. 1.
19 Gesetz v. 4.5.1976 (BGBl. 1976 I 1153).
20 Davon 253 AG (101 börsennotiert), 11 SE und 343 GmbH (Angaben der Hans-Böckler-Stiftung, https://www.boeckler.de/pdf/mbf_mitbestimmung_in_d.pdf; zuletzt abgerufen am 19.10.2017).
21 Hierbei handelt es sich nach hM um eine besondere Personengesellschaft in Form der KG (→ Rn. 420); aA nur *Kübler/Assmann* GesR § 22 III (S. 353 ff.); *Raiser/Veil* KapGesR § 1 Rn. 5 (als Kapitalgesellschaft qualifiziert).
22 *Hirte* KapGesR Rn. 8.170.

MitbestG – der nur für inländische Konzerne gilt[23] – reagiert auf dieses Problem damit, dass bei der Berechnung der Arbeitnehmerzahl bei herrschenden Konzernunternehmen auch die Arbeitnehmer der abhängigen Unternehmen mitzuzählen sind. Hierbei läuft § 5 I MitbestG leer, wenn die Konzernspitzengesellschaft, der alle Arbeitnehmer zugerechnet werden, selbst nicht unter ein Mitbestimmungsstatut fällt, also etwa eine Personengesellschaft ist. Im Fall eines »Konzerns im Konzern«[24] führt dies gem. § 5 III MitbestG dazu, dass die Zurechnung zur nächsthöheren – der Mitbestimmung potentiell unterfallenden – Konzerntochter erfolgt. Die Zurechnung kann auch dazu führen, dass sowohl herrschendes als auch abhängiges Unternehmen der Mitbestimmung unterfallen.[25] Das Problem der Kumulation von Mitbestimmungsrechten im Konzern versucht § 32 MitbestG zu lösen.

Dagegen unterliegt die typische GmbH & Co. KG nicht automatisch der Konzernmitbestimmung nach § 5 MitbestG, sodass die GmbH als herrschendes, die KG dagegen als abhängiges Unternehmen anzusehen wäre.[26] Dies kann lediglich der Fall sein, wenn die GmbH nicht nur bloße Komplementärin, sondern auch ihrerseits unternehmenstragend ist. Umstritten ist dabei, ob diese Norm entsprechend auch auf die Kapitalgesellschaft & Co. KGaA anwendbar ist, was aufgrund der gleichen Interessenlage zu bejahen ist.[27]

b) Die Zahl der *Aufsichtsratsmitglieder* in den vom MitbestG erfassten Unternehmen **1064** hängt von der Beschäftigtenzahl ab. Der Aufsichtsrat kann aus je sechs (bei Unternehmen mit weniger als 10.000 Arbeitnehmern), je acht (zwischen 10.000 und 20.000) oder je zehn (bei mehr als 20.000) Vertretern der Anteilseigner und der Arbeitnehmer bestehen (§ 7 I MitbestG). Auch hierbei sind die Arbeitnehmer-Vertreter gleichberechtigte Aufsichtsratsmitglieder.[28] Die Vertreter der Anteilseigner werden vom gesetzlichen Wahlorgan – der Hauptversammlung bzw. der Gesellschafterversammlung – *gewählt* (§ 8 MitbestG). Die Vertreter der Arbeitnehmer werden bei Unternehmen mit bis zu 8.000 Arbeitnehmern unmittelbar von der Belegschaft gewählt (§§ 9 II, 18 MitbestG); bei größeren Unternehmen erfolgt dies mittels Wahlmännern (§§ 9 I, 10 MitbestG). Zu den Arbeitnehmervertretern müssen zwingend Gewerkschaftsvertreter (auch von außerhalb des Unternehmens) gehören (§ 7 II, IV MitbestG).

Das relativ komplizierte Verfahren betreffend die Bestimmung der Wahlmänner ist in §§ 10, 11 MitbestG geregelt. Arbeiter, Angestellte und leitende Angestellte müssen entsprechend ihrer zahlenmäßigen Verhältnisse im Unternehmen repräsentiert sein. Die Vertretung der Gruppe der leitenden Angestellten (§ 15 I 2 MitbestG) stellt aufgrund deren Nähe zur Arbeitgeberseite eine Besonderheit dar.[29]

Der *Aufsichtsratsvorsitzende* wird von dem Aufsichtsrat mit einer Mehrheit von zwei Dritteln seiner Mitglieder gewählt (§ 27 I MitbestG). Kommt seine Wahl im ersten Wahlgang nicht zustande, wählen im zweiten Wahlgang die Vertreter der Anteilseigner den Vorsitzenden und die Vertreter der Arbeitnehmerseite seinen Stellvertreter (§ 27 II MitbestG). Diese Regelung hat wegen der Sonderstellung des Aufsichtsratsvorsitzenden im Abstimmungsprozess große Bedeutung. Bei zweimaliger Stimmengleichheit hat der Vorsitzende des Aufsichtsrats nämlich zwei Stimmen (§ 29 II MitbestG). Hiermit wird zum einen die vorhandene Pattsituation aufgelöst und zum anderen sichergestellt, dass sich im Zweifel die Kapitalseite durchsetzt (sog. *»hinkende Parität«*[30]). Dies war auch für das die Verfassungsgemäßheit des Mitbestimmungsrechts feststellende Urteil des BVerfG maß-

23 *Windbichler* GesR § 28 Rn. 19; aA LG Frankfurt a. M. DStR 2015, 1065; dazu *Hellwig/Behme* AG 2015, 333.
24 ErfK/*Oetker* MitbestG § 5 Rn. 8; *Ulmer/Habersack/Henssler,* 3. Aufl. 2013, MitbestG § 5 Rn. 35.
25 Zum sich hieraus ergebenen »Kaskadeneffekt« vgl. *Hirte* KapGesR Rn. 8.173; *Kübler/Assmann* GesR § 33 V 1 c (S. 533).
26 *K. Schmidt* GesR § 56 IV 5b (S. 1652).
27 *Raiser/Veil* KapGesR § 31 Rn. 13; aA OLG Celle GWR 2014, 527 mAnm *Kessler.*
28 Dies ist auch ohne konkrete normative Anknüpfung wie in § 4 III Montan-MitbestG allgM, vgl. nur *Windbichler* GesR § 28 Rn. 13 mwN.
29 *Windbichler* GesR § 28 Rn. 21.
30 *K. Schmidt* GesR § 16 IV 3b (S. 484).

geblich.[31] Von dem Recht des Vorsitzenden wird in der Praxis aber selten Gebrauch gemacht, da seine bloße Existenz schon einen Zwang zur Einigung mit sich bringt.[32] Ansonsten werden Beschlüsse des gem. § 28 MitbestG[33] beschlussfähigen Aufsichtsrats mit einfacher Mehrheit der abgegebenen Stimmen gefasst (§ 108 AktG).

Das *Organisationsrecht* des Aufsichtsrats ist in §§ 25 ff. MitbestG geregelt und entspricht grundsätzlich den aktienrechtlichen Regelungen (§ 25 I MitbestG; vgl. §§ 107–110 AktG). Allerdings gibt es Abweichungen (§§ 27 II, 29 II, 31 IV MitbestG), die ein Übergewicht der Anteilseignerseite gewährleisten[34] und die Funktionsfähigkeit des Aufsichtsrats sicherstellen sollen.

Mitbestimmungsregelungen vermögen über die gesetzliche Anordnung hinaus nicht die *Verfassung* der Gesellschaft zu ändern.[35] Die Frage, ob und inwieweit die Verfassung des mitbestimmten Aufsichtsrats der *Gestaltungsfreiheit* unterliegt, ist umstritten.[36] Jedenfalls sind die Gruppen der Arbeitnehmer- und Anteilseignerseite diskriminierungsfrei gleich zu behandeln.[37] Ebenfalls umstritten ist die Zusammensetzung von *Aufsichtsrats-Ausschüssen* in einem mitbestimmten Aufsichtsrat. Da nicht ausdrücklich im MitbestG geregelt (vgl. aber § 107 III AktG), könnte man sowohl der Ansicht sein, dass zur grundsätzlichen Satzungsautonomie zurückzukehren ist,[38] als auch eine entsprechende Anwendung der Regeln über die Zusammensetzung des Aufsichtsrats auf die Ausschüsse erwägen. Nach einer vermittelnden Ansicht ist nur der diskriminierende Ausschluss einer Gruppe unzulässig.[39]

Die unternehmerische Mitbestimmung setzt also beim Aufsichtsrat an. Dieser ist aber bei der AG von der Geschäftsführung ausgeschlossen (§ 111 IV iVm § 23 V AktG) und hat typischerweise eine eher schwächere Stellung. Das Aktienrecht sieht die Aufgabe des Aufsichtsrats zuvorderst in der Kontrolle des Vorstands. Bei der GmbH obliegt die Geschäftsführung hingegen den Geschäftsführern (§ 35 GmbHG). Hierbei kann die Gesellschafterversammlung der Geschäftsführung Weisungen erteilen (§ 37 iVm §§ 45, 46 Nr. 6 GmbHG). Die wichtigste Modifikation der GmbH-Verfassung im Rahmen der Mitbestimmung besteht in der Kompetenz des Aufsichtsrats zur Besetzung der Unternehmensleitung. Nach §§ 31, 25 MitbestG ist der mitbestimmte Aufsichtsrat nämlich zuständig für die Bestellung und Abberufung der Geschäftsführer.[40] Dies erfasst auch die Anstellungsverträge.[41]

1065 c) Dem *Vorstand* bzw. der *Geschäftsführung* wird gem. § 33 I MitbestG ein *Arbeitsdirektor* als gleichberechtigtes Mitglied zugeteilt, der in erster Linie den Arbeits- und Sozialbereich betreuen soll.[42] Dadurch werden die Arbeitnehmer auch an der Unternehmensleitung (vgl. § 76 AktG) beteiligt. Diese Regelung des MitbestG gilt allerdings

---

31 BVerfGE 50, 290 (351 f.).
32 *Hirte* KapGesR Rn. 3.161.
33 Die Bestimmung geht § 108 II 1 AktG vor – es ist hierbei etwas anderes »gesetzlich geregelt«; vgl. auch § 10 Montan-MitbestG und BGH NJW 1982, 1530 – Bilfinger & Berger.
34 *K. Schmidt* GesR § 28 III 4 b (S. 835).
35 Zur konkreten Frage, ob die Geschäftsführer in der mitbestimmten GmbH entgegen dem Grundmodell des GmbHG von Weisungen der Gesellschafter frei sind, vgl. *K. Schmidt* GesR § 36 IV 2 b (S. 1110).
36 *K. Schmidt* GesR § 28 III 4 c (S. 835 f.).
37 BGHZ 83, 106 – Siemens; BGHZ 83, 144 – Dynamit Nobel; BGHZ 83, 151 – Bilfinger & Berger; BGHZ 122, 342 (357 f.) – Hamburg-Mannheimer.
38 Dagegen BGHZ 83, 106 (112 f.) – Siemens.
39 *K. Schmidt* GesR § 28 III 4 d (S. 836).
40 *K. Schmidt* GesR § 36 IV 2 b (S. 1109).
41 BGHZ 89, 48 (50 ff.).
42 *K. Schmidt* GesR § 16 IV 3 b (S. 484); besondere Vorschriften über Wahlmodus oder Aufgaben bestehen nicht.

nicht für die KGaA (vgl. §§ 31 I 2, 33 I 2 MitbestG). Dort ist der persönlich haftende Gesellschafter geborenes Leitungsorgan, dem es aufgrund seiner persönlichen Haftung nicht zugemutet werden kann, Leitentscheidungen nicht selbst treffen zu dürfen.[43] Die Vorstandsmitglieder werden wiederum durch den Aufsichtsrat mit einer Mehrheit von zwei Drittel der Mitglieder bestellt (§ 31 II MitbestG). Die Befugnis bzw. Aufgabe zur Bestellung des Leitungsorgans entspricht der des Aktienrechts (vgl. § 84 AktG).

3. Drittelbeteiligungsgesetz[44]

a) Das DrittelbG, das die unternehmerische Mitbestimmung nach §§ 76ff. BetrVG 1952 abgelöst hat, ist anwendbar, wenn eine AG, KGaA, GmbH, VVaG oder eG in der Regel mehr als 500 Arbeitnehmer beschäftigt (§ 1 I DrittelbG).   **1066**

Zudem gilt dieses Gesetz für vor dem 10.8.1994 eingetragene AGs, die keine Familiengesellschaften sind (§ 1 Nr. 1 DrittelbG). Deren Arbeitnehmerzahl ist unerheblich.[45] Wiederum nicht anwendbar ist das DrittelbG hingegen auf Tendenzunternehmen (§ 1 II Nr. 2 DrittelbG). Es ist schließlich subsidiär zum Montan-MitbestG und zum MitbestG (§ 1 II Nr. 1 DrittelbG).

Ebenso wie die übrigen »Mitbestimmungsgesetze« sieht auch das DrittelbG eine Zurechnung der Arbeitnehmerzahl zur Obergesellschaft in § 2 DrittelbG vor. Dies gilt allerdings nur bei Bestehen eines Beherrschungsvertrags oder gesellschaftsrechtlicher Eingliederung (§ 2 II DrittelbG).

b) Der *Aufsichtsrat* ist zu einem Drittel mit Arbeitnehmervertretern zu besetzen (§ 4 I DrittelbG). Die Aufsichtsratsmitglieder der Arbeitnehmerseite haben auch hier die gleichen Rechte und Pflichten wie die von der Anteilseignerseite bestellten Aufsichtsratsmitglieder. Gewählt wird nach den Grundsätzen der Mehrheitswahl in allgemeiner, geheimer, gleicher und unmittelbarer Wahl (§§ 5ff. DrittelbG). Wegen der nur geringen Beteiligung von einem Drittel haben die Arbeitnehmer keinen entscheidenden Einfluss, sofern die Anteilseigner-Vertreter im Aufsichtsrat einheitlich abstimmen. Der Aufsichtsrat einer GmbH, welche unter das Drittelbeteiligungsgesetz fällt, hat nicht die Kompetenz, die Geschäftsführer zu bestellen oder abzuberufen. Denn § 1 I Nr. 3 S. 2 Hs. 2 DrittelbG verweist nicht auf § 84 AktG. Insoweit entscheiden die Gesellschafter bzw. gilt eine etwaige gesellschaftsvertragliche Regelung.   **1067**

c) Auf die Leitungsebene des Unternehmens und somit auf *Vorstand* bzw. *Geschäftsführung* hat das DrittelbG also keine Auswirkungen.   **1068**

In **Fall a** ist unterhalb der Schwelle von 2.000 Arbeitnehmern das DrittelbG anwendbar, das ohne Konsequenzen für die Geschäftsführung der GmbH ist. Bei mehr als 2.000 Arbeitnehmern gilt das MitbestG, das gem. § 33 I einen Arbeitsdirektor vorschreibt. In der **Abwandlung** ist bereits ab 1.001 Arbeitnehmern gem. § 13 Montan-MitbestG ein solcher Arbeitsdirektor einzusetzen.
In **Fall b** verfügt die AG alleine schon über 2.000 Arbeitnehmer. Somit ist das MitbestG anzuwenden und eine etwaige Zurechnung der Arbeitnehmer der GmbH insoweit irrelevant. Der Aufsichtsrat setzt sich aus zwölf Mitgliedern zusammen (§ 7 I Nr. 1 MitbestG).
Schließlich ist die in **Fall c** beschriebene Praxis nach hM rechtswidrig, weil gar keine Arbeitnehmer-Vertreter im Aufsichtsratsausschuss vertreten sind.

---

43 *K. Schmidt* GesR § 16 IV 3b (S. 484).
44 Gesetz v. 18.5.2004 (BGBl. 2004 I 974).
45 Die Regelung ist verfassungsgemäß, BVerfG ZIP 2014, 464; krit. dazu *Latzel* AG 2014, 395.

IV. Mitbestimmungserhaltung

1069 *Umstrukturierungsvorgänge* können sowohl zu Mitbestimmungsgewinnen als auch zu -verlusten führen.[46] Der Gesetzgeber hat in bestimmten Fällen der Unternehmensumwandlung – namentlich für die Abspaltung und Ausgliederung gem. § 123 II, III UmwG – in § 325 I UmwG eine Regelung getroffen, nach der das bis dahin geltende Mitbestimmungsregime des übertragenden Rechtsträgers für fünf Jahre aufrechterhalten wird, sofern die direkten Anwendungsvoraussetzungen des jeweiligen Mitbestimmungsgesetzes durch die Umwandlung entfallen sein sollten. Vergleichbares bestimmen § 1 III Montan-MitbestG, § 16 II Montan-MitbestErgG. Bei grenzüberschreitenden Sachverhalten ist für das im Inland zurückbleibende Unternehmen das Mitbestimmungs-Beibehaltungsgesetz[47] (insbesondere § 1) zu beachten.

Die Frage der »Mitbestimmungserhaltung« kann sich auch im Zusammenhang mit der *Arbeitnehmerfreizügigkeit* innerhalb der Union stellen. Der EuGH hatte zu entscheiden, ob Mitbestimmungsrechte auf im Inland tätige Konzernbeschäftigte beschränkt werden können und diese solche Rechte bei einer Versetzung zu einer Konzerntochter im EU-Ausland verlieren. Konkret war zu beurteilen, ob bei inländischen Betrieben eines Konzerns Beschäftigten das aktive und passive Wahlrecht bei Wahlen der Arbeitnehmervertreter im Aufsichtsrat der dort ansässigen Konzern-Mutter sowie das Recht auf Ausübung eines Aufsichtsratsmandats verlieren können, wenn sie auf eine Stelle bei einer EU-ausländischen Konzerntochter wechseln. Das Gericht hat eine solche Beschränkung des aktiven und passiven Wahlrechts auf im Inland beschäftigte Arbeitnehmer für mit der Grundfreiheit der Arbeitnehmerfreizügigkeit des Art. 45 AEUV vereinbar erachtet.[48] Zur Begründung hat es darauf verwiesen, dass das Primärrecht der Union einem Arbeitnehmer nicht garantiere, dass der Umzug in einen anderen Mitgliedstaat in sozialer Hinsicht neutral sei. Den Mitgliedstaaten stehe es frei, entsprechende nationale (Mitbestimmungs-)Regelungen auf bei inländischen Betrieben tätige Arbeitnehmer zu beschränken, sofern allein objektive und nicht diskriminierende Kriterien hierfür maßgeblich seien.[49] Zugleich hat der EuGH hervorgehoben, dass aus der Perspektive der EU-ausländischen Konzernbeschäftigten eine Beschränkung des aktiven und passiven Wahlrechts auf im Inland beschäftigte Arbeitnehmer keine unzulässige Diskriminierung iSd Art. 18 AEUV darstellt. Denn der Anwendungsbereich der Grundfreiheiten ist von vornherein nicht eröffnet, wenn bislang und auch künftig in einem anderen Mitgliedstaat tätige Konzernbeschäftigte gar nicht von ihrer Freizügigkeit innerhalb der Union Gebrauch gemacht haben und auch keinen Gebrauch machen wollen.[50]

V. Internationale Mitbestimmung

1. Ausländische Mitbestimmungsregeln

1070 Innerhalb der EU ist die unternehmerische Mitbestimmung sehr unterschiedlich ausgeprägt. Das deutsche Mitbestimmungsrecht ist dabei für die Arbeitnehmer vergleichsweise vorteilhaft.[51] Ein ähnlich hohes Niveau weisen Dänemark, Luxemburg, Österreich und die Niederlande auf, ein niedrigeres Niveau etwa Frankreich und Portugal. Gar keine unternehmerische Mitbestimmung kennen Großbritannien und Italien.[52]

2. Mitbestimmung in der Europäischen Aktiengesellschaft (SE)

1071 Gesetzliche Anknüpfungspunkte für die Mitbestimmung in der Europäischen Aktiengesellschaft (SE) finden sich in der ergänzenden SE-RL[53] und dem Gesetz zur Einfüh-

---

46 Hirte/Bücker/*Müller-Bonanni*, Grenzüberschreitende Gesellschaften, 2. Aufl. 2006, § 13 Rn. 12.
47 v. 23.8.1994 (BGBl. 1994 I 2228).
48 EuGH NJW 2017, 2603 (2604) – Erzberger.
49 EuGH NJW 2017, 2603 (2604 f.); krit. insoweit aber *Habersack* NZG 2017, 1021.
50 EuGH NJW 2017, 2603 f.
51 Hirte/Bücker/*Müller-Bonanni*, Grenzüberschreitende Gesellschaften, 2. Aufl. 2006, § 13 Rn. 26.
52 *Raiser/Veil* KapGesR § 6 Rn. 11 f.
53 RL 2001/86/EG, ABl. 2001 L 294, 22 ff.

rung der europäischen Gesellschaft (SEEG),[54] bestehend aus dem SE-Ausführungsgesetz (SEAG)[55] und dem die SE-RL umsetzenden SE-Beteiligungsgesetz[56] (SEBG).
Hierbei werden nicht nur Beteiligungsrechte für Arbeitnehmer bei inländischen SE-
Gründungen, sondern auch die Mitwirkung deutscher Arbeitnehmer bei SE-Gründungen im Ausland erfasst (§ 3 I 2 SEBG). Ausgangspunkt ist dabei das Prinzip der
Besitzstandswahrung, also der Beibehaltung des bisherigen Mitbestimmungsniveaus
(§ 1 I 2 SEBG).

a) Zunächst haben Unternehmensleitung und Arbeitnehmervertretung die Möglichkeit, sich auf ein angemessenes Mitbestimmungsmodell durch Verhandlungen *zu einigen* (§ 1 II 1 SEBG). Gegenstand dieser Verhandlungen kann insbesondere eine Regelung über den Umfang der Arbeitnehmer-Beteiligung im Aufsichtsrat – hierbei auch
mittels Festlegung einer absoluten Zahl von Aufsichtsratsmitgliedern – sein.[57] Auch
ist eine Mitbestimmung in einem ganz anderen Gesellschaftsorgan möglich.[58] Zur
Vorbereitung der Verhandlungen ist ein »besonderes Verhandlungsgremium« für die
Arbeitnehmer zu schaffen, an dem Arbeitnehmer aller an der SE-Gründung beteiligten
Gesellschaften vertreten sind (§ 5 SEBG). Das Verhandlungsgremium kann dabei mit
einer qualifizierten Mehrheit von zwei Dritteln seiner Mitglieder eine Aufnahme von
Verhandlungen ablehnen oder begonnene Verhandlungen abbrechen (§ 16 SEBG).
Die Rechtsnatur der Beteiligungsvereinbarung ist dabei unklar.[59] Scheitern die
Verhandlungen aus einem anderen Grund, kommt die in jedem EU-Staat vorzusehende Auffanglösung[60] zum Zuge, sofern das Eintragungsverfahren fortgesetzt wird
(§§ 22 ff., 34 ff. SEBG).

b) Das Eingreifen der Auffanglösung hat auch *Konsequenzen* für die *Leitung* der SE.
Bei dualistischer Verfassung (§§ 15–19 SEAG) sind mindestens zwei Vorstandsmitglieder zu bestellen, von denen einer für den Bereich »Arbeit und Soziales« zuständig ist.
Bei monistischer Verfassung (§§ 20–49 SEAG) sind entsprechend zwei Geschäftsführende Direktoren (vgl. § 38 II SEBG) zuständig. Bei SE-Gründung mit erheblicher
deutscher Beteiligung gilt in der Regel das deutsche Mitbestimmungsrecht fort. Staaten, die bislang keine Mitbestimmung kannten, sind gezwungen, zumindest Auffangmitbestimmungsregelungen zu kodifizieren.

3. Mitbestimmung bei der Europäischen Genossenschaft (SCE)

Der bei der SE erzielte Kompromiss hat Vorbildcharakter auch für die SCE[61] und   **1072**
wurde entsprechend übernommen (§§ 34 ff. SCEBG).

---

54 Gesetz v. 22.12.2004 (BGBl. 2004 I 3675 ff.) (Artikelgesetz).
55 Gesetz v. 22.12.2004, (BGBl. 2004 I 3675).
56 Gesetz v. 22.12.2004, (BGBl. 2004 I 3686).
57 *Hirte* KapGesR Rn. 3.169a.
58 *Hirte* KapGesR Rn. 3.169a.
59 Dazu und zu weiteren Problemen der Mitbestimmung kraft Vereinbarung *Oetker,* FS Konzen, 2006,
    615 ff.
60 Hierzu *Ulmer/Habersack/Henssler,* 3. Aufl. 2013, Einl. SEBG Rn. 158.
61 Gesetz zur Einführung der Europäischen Genossenschaft und zur Änderung des Genossenschaftsrechts v. 14.8.2006 (BGBl. 2006 I 1911).

VI. Kritik

1073 Ob sich das System der deutschen Mitbestimmung bewährt hat, ist nach wie vor umstritten.[62] Kritikpunkte sind unter anderem die zwingende Größe und die ineffiziente Arbeitsweise des Aufsichtsrats,[63] die Verankerung der Mitbestimmung im Aufsichtsrat im Allgemeinen, der rechtsformspezifische Regelungsansatz,[64] die historisch bedingte Aufsplitterung in mehrere nicht aufeinander abgestimmte Gesetze, die großen Möglichkeiten der Einflussnahme im Rahmen des Montan-MitbestG und des MitbestG,[65] die Beteiligung unternehmensfremder Gewerkschaftsmitglieder[66] und ein fehlendes Wahlrecht für ausländische Arbeitnehmer,[67] aus dem teilweise ein Verstoß gegen Unionsrecht gefolgert wird.[68] Andererseits kommt der Besetzung des Aufsichtsrats auch mit gleichberechtigten Arbeitnehmer-Vertretern ein nicht unerheblicher Symbolwert zu. Gleichwohl vermochte das deutsche Modell sich auf europäischer Ebene nicht durchzusetzen.[69] Nicht allein deshalb, sondern auch vor dem Hintergrund seiner internationalen Sonderstellung ist die Zukunft des deutschen Mitbestimmungsmodells deshalb derzeit zumindest offen.[70] Weil deutsche Aktiengesellschaften vermehrt in die Rechtsform der SE umgewandelt wurden, wird eine Reform des deutschen Mitbestimmungsrechts gefordert, welche die Größe des Aufsichtsrats reduziert und auch für AG und GmbH eine Verhandlungslösung zulässt.[71]

---

62 Vgl. die ergebnisoffene Diskussion auf dem Deutschen Juristentag 2006.
63 *Kübler/Assmann* GesR § 33 VI 3 b (S. 535).
64 *Kübler/Assmann* GesR § 33 VI 1 (S. 534).
65 *Adams* ZIP 2006, 1561 ff.
66 Arbeitskreis Externe und Interne Überwachung der Unternehmung der Schmalenbach-Gesellschaft für Betriebswirtschaft e. V. (AKEIÜ) DB 2007, 177 (178 f.).
67 Arbeitskreis Externe und Interne Überwachung der Unternehmung der Schmalenbach-Gesellschaft für Betriebswirtschaft e. V. (AKEIÜ) DB 2007, 177 (179).
68 *Hellwig/Behme* AG 2009, 261 (270); *Hellwig/Behme* AG 2011, 740 (742 f.) mwN; aA *Teichmann* ZIP 2010, 874 f.; *Krause* AG 2012, 485 (497).
69 *Windbichler* GesR § 28 Rn. 10.
70 So auch *Raiser/Veil* KapGesR § 13 Rn. 23; *K. Schmidt* GesR § 16 IV 1 h (S. 481).
71 Vgl. den Gesetzesentwurf des Arbeitskreises »Unternehmerische Mitbestimmung« ZIP 2009, 885 und die Diskussion auf der entsprechenden Tagung »Auslaufmodell AG? – Reform der unternehmerischen Mitbestimmung« ZIP 2009, Beilage zu Heft 48. Zum Reformbedarf s. auch *Hommelhoff* ZGR 2010, 49.

Rechts-grund-lage	Anwendungsbereich		Aufsichtsrat				Unterneh-mens-leitung
	Unter-neh-mens-form	Unterneh-mensgröße	Zusammensetzung				
			Zahl AR-Mit-glieder	davon ANVer-treter	AN d. Unter-neh-mens	Gewerk-schafts-vertreter	
Drit-telbG	AG KGaA GmbH VVaG eG	AN-Zahl > 500 aber ≤ 2.000 (für vor dem 10.8.1994 eingetragene AGs, die keine Familien-gesellschaften sind: AN-Zahl > 0 und ≤ 2000)	mind. 3	1/3	gestaffelt	–	keine Mit-bestim-mung in Vorstand bzw. Geschäfts-führung
Mit-bestG	AG KGaA GmbH VVaG eG	AN-Zahl > 2.000 (bei einem Konzern zäh-len die AN des Unterord-nungskon-zerns zum herrschenden Unterneh-men)	– AN-Zahl ≤ 10.000: → 12 (ins-gesamt) – AN-Zahl > 10.000 und ≤ 20.000: → 16 (ins-gesamt) – AN-Zahl > 20.000: → 20 (ins-gesamt)	6 8 10	– – 7	– – –	»Arbeits-direktor« als gleich-berechtig-tes Mitglied in Vorstand bzw. Ge-schäftsfüh-rung (außer bei KGaA)
Montan-Mit-bestG/ Mitbest-ErgG	AG GmbH in der Montan-industrie	AN-Zahl > 1.000	11 (davon ein neutrales Mit-glied) [bei Anwen-dung des Montan-Mitb-ErgG: 15]	4 [7]	2 [5]	2 [2]	»Arbeits-direktor« als gleich-berechtig-tes Mitglied in Vorstand bzw. Geschäfts-führung

10. Teil. Mergers & Acquisitions

§ 36 Grundzüge des Unternehmenskaufs

Literatur: *Beisel/Klumpp*, Der Unternehmenskauf, 7. Aufl. 2016; *Gomille*, Das Schuldrecht des Unternehmenskaufs, JA 2012, 487; *Grunewald*, Rechts- und Sachmängelhaftung beim Kauf von Unternehmensanteilen, NZG 2003, 372; *Hölters*, Handbuch des Unternehmens- und Beteiligungskaufs, 6. Aufl. 2005; *Holzapfel/Pöllath*, Unternehmenskauf in Recht und Praxis, 15. Aufl. 2017; *Kindl*, Unternehmenskauf und Schuldrechtsmodernisierung, WM 2003, 409; *Knott*, Unternehmenskauf und Schuldrechtsreform, NZG 2002, 249; *Picot*, Handbuch Mergers & Acquisitions – Planung, Durchführung, Integration, 5. Aufl. 2012; *Rödder/Hötzel/Mueller-Thuns*, Unternehmenskauf – Unternehmensverkauf. Zivil- und steuerliche Gestaltungspraxis, 2003; *Tüxen/Mentzel*, Die Veräußererhaftung im Unternehmenskauf unter besonderer Berücksichtigung der Gewährleistungsversicherung, KSzW 2016, 49; *Wächter*, M&A Litigation, Transaktionsstreitigkeiten, 2. Aufl. 2014; *Wolf/Kaiser*, Die Mängelhaftung beim Unternehmenskauf nach neuem Recht, DB 2002, 411.

I. Wirtschaftliche Bedeutung von Mergers & Acquisitions

Mergers & Acquisitions (M&A), zu Deutsch Fusionen und (Unternehmens-)Übernahmen, steht für alle Aktivitäten, die im Zusammenhang mit Unternehmenskäufen, -verkäufen und -fusionen anfallen. Dabei macht es keinen Unterschied, ob es sich um den Übergang von ganzen Unternehmen, größeren Minderheitsbeteiligungen, Teilbetrieben oder Tochtergesellschaften handelt. Dementsprechend gibt es kein abgeschlossenes Teilrechtsgebiet »M&A«. Vielmehr sind Vorschriften aus ganz unterschiedlichen Rechtsbereichen zu beachten, was zu einem hohen Beratungsbedarf führt. Die Motivation für M&A-Aktivitäten kann vielgestaltig sein. Die Praxis differenziert auf Käuferseite grob zwischen zwei Käufergruppen. Strategische Investoren wollen durch eine Übernahme etwa Synergiepotentiale heben, neue Märkte erschließen, ihr Risiko diversifizieren oder Know-how erwerben. Ihnen geht es um die Wertschaffung durch eine Zusammenführung von Unternehmen. Finanzinvestoren wollen dagegen Unternehmen (oftmals unter Beteiligung des Managements der Zielgesellschaft; → Rn. 1095) erwerben, um sie später zu einem höheren Verkaufspreis wieder zu veräußern. Beide Investorengruppen entfalten ihre Aktivitäten entlang des gesamten Lebenszyklus einer Unternehmung, von der Gründungsphase bis zu Krise oder Insolvenz. Lediglich die Begrifflichkeiten verändern sich (Venture Capital, Buy-Out, Restrukturierung). Die Verkaufsmotive sind ebenso vielgestaltig. Nur beispielhaft sind die Konzentration auf Kernkompetenzen, das Abstoßen unrentabler Geschäftszweige, die Regelung der Nachfolge (insbesondere bei Familienunternehmen) sowie die Desinvestition einer Finanzanlage zu nennen. Die Vielschichtigkeit der umfassten Bereiche belegt die große wirtschaftliche Bedeutung des M&A-Markts.

1074

Im Bereich der Unternehmenserwerbe lassen sich gewisse Zyklen beobachten. Zwischen den Jahren 1897 und 2000 wurden fünf große »M&A-Wellen« mit jeweils ganz unterschiedlichen Auslösern und Gesetzmäßigkeiten ausgemacht,[1] auf die Anfang des 21. Jahrhunderts eine sechste Welle folgte.

---

1 *Picot*, Handbuch Mergers & Acquisitions – Planung, Durchführung, Integration, 5. Aufl. 2012, 6 ff.

II. Unterscheidung von Asset Deal und Share Deal

1. Kaufgegenstand

1075   Die Veräußerung eines Unternehmens kann technisch auf zwei Wegen erfolgen. Bei einem *Asset Deal* ist das Unternehmen als Gesamtheit von Sachen und Rechten Gegenstand des schuldrechtlichen Kaufvertrags (§ 453 I Alt. 2 BGB). Dinglich werden die einzelnen Wirtschaftsgüter der Unternehmung nach den jeweils einschlägigen Vorschriften (§§ 929, 873, 925, 398 BGB) übertragen. Dabei ist das sachenrechtliche Bestimmtheitsgebot zu beachten. Gehört zu den übergehenden Wirtschaftsgütern ein Grundstück, ist in der Regel der gesamte Kaufvertrag nach § 311b I 1 BGB formbedürftig. Umstritten ist, ob sich bei der Verpflichtung zur Übertragung des gesamten gegenwärtigen Vermögens ein Beurkundungserfordernis auch aus § 311b III BGB ergeben kann.[2]

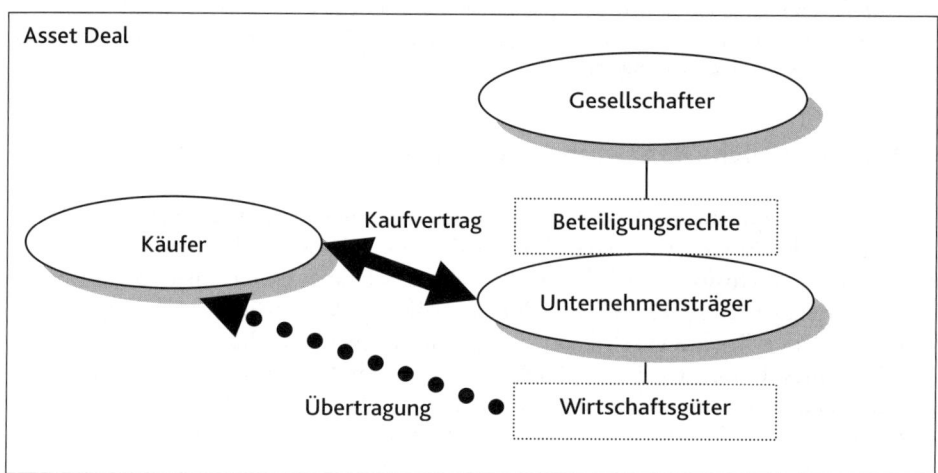

Bei einem *Share Deal* werden dagegen Anteile (Aktie, Geschäftsanteil, Mitgliedschaft) an der Zielgesellschaft veräußert. Es handelt sich also um einen Rechtskauf (§ 453 I Alt. 1 BGB). Je nach der Rechtsnatur der zu übertragenden Mitgliedschaftsrechte ergeben sich dabei Formerfordernisse. Nach § 15 IV 1 GmbHG bedarf ein Kaufvertrag über GmbH-Geschäftsanteile ebenso wie deren Abtretung (§ 15 III GmbHG) der notariellen Beurkundung. Dieses Formerfordernis erstreckt sich auf den gesamten Unternehmenskaufvertrag.

Aufgrund der anfallenden Notarkosten wurden die Beurkundungen nicht selten im Ausland, vor allem in der Schweiz, vorgenommen. Freilich ist Voraussetzung für eine nach dem GmbHG erforderliche Beurkundung durch einen ausländischen Notar, dass die ausländische Beurkundung der deutschen gleichwertig ist.[3] Ungeachtet der guten Gründe, welche überwiegend für die Zulässigkeit der Auslandsbeurkundung von Ab-

---

2 Dazu OLG München BeckRS 2012, 04413; OLG Hamm NZG 2010, 1189; *Gomille* JA 2012, 487 (489); *Hüren* RNotZ 2014, 77; *Böttcher/Fischer* NZG 2010, 1332; *Heckschen* NZG 2006, 772; *Morshäuser* WM 2007, 337; *Werner* GmbHR 2008, 1135.
3 BGH NJW 2014, 2026 (2027 f.).

tretungen deutscher GmbH-Geschäftsanteile in der Schweiz angeführt werden,[4] haben vor allem von notarieller Seite[5] vorgebrachte Bedenken[6] die Praxis so verunsichert, dass aus anwaltlicher Vorsicht inzwischen zur Beurkundung in Deutschland geraten wird.[7]

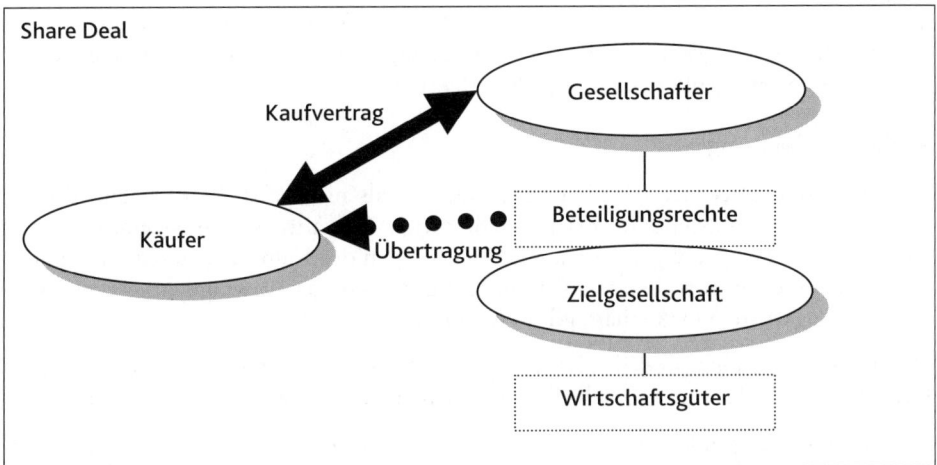

Die Strukturierung des Unternehmenskaufs durch die Beteiligten als Asset Deal oder als Share Deal richtet sich meist nach steuerrechtlichen Gesichtspunkten. Vereinfacht kann festgehalten werden, dass sich bei einem Asset Deal ein größeres Abschreibungspotential für den Käufer ergibt, welches zur Refinanzierung des Kaufpreises genutzt werden kann. Der Share Deal kann dagegen eine Reduzierung der Steuerlast des Verkäufers bewirken, wenn eine Kapitalgesellschaft den Gewinn aus der Veräußerung von Kapitalgesellschaftsanteilen zum Großteil steuerfrei vereinnahmen kann (§ 8b II, III KStG).

2. Beteiligte

Die auf *Veräußererseite* beteiligten Personen unterscheiden sich bei Share Deal und **1076** Asset Deal. Bei einem Share Deal verkauft ein Anteilseigner (Gesellschafter, Aktionär) seine Anteile an der Gesellschaft, im Fall des Asset Deals veräußert der Unternehmensträger (Einzelkaufmann, Personen- oder Kapitalgesellschaft) die wesentlichen Wirtschaftsgüter. Auf der *Seite des Erwerbers* ist häufig zwischen rechtlichem und wirtschaftlichem Käufer (etwa einer Konzernobergesellschaft) zu unterscheiden. Teilweise wird eigens für die Transaktion eine gesonderte Erwerbergesellschaft (»NewCo«) gegründet, was vor allem steuerliche und haftungsrechtliche Gründe haben kann. Oft ist bei einem Unternehmenskauf auch die *Mitwirkung Dritter* erforderlich, etwa die Freigabe durch Kartellbehörden oder, vor allem im Bereich des Mittelstands, die Zustimmung des Ehegatten des Veräußernden nach § 1365 BGB. Beim Share Deal können Dritten Vorkaufsrechte bezüglich der betroffenen Geschäftsanteile zustehen oder kann zur Anteilsübertragung die Zustimmung der Gesellschafter oder der Gesellschaft

---

4 S. nur MüKoGmbHG/*Reichert/Weller* § 15 Rn. 158; Roth/Altmeppen/*Altmeppen* GmbHG § 15 Rn. 94; Michalski/*Ebbing* GmbHG § 15 Rn. 126; ebenso bereits *Saenger/Scheuch* BB 2008, 65 (67 ff.).
5 Lutter/Hommelhoff/*Bayer* GmbHG § 15 Rn. 30.
6 Dazu HK-GmbHG/*Pfisterer* § 15 Rn. 68 ff.; Lutter/Hommelhoff/*Bayer* GmbHG § 15 Rn. 27 ff.; *Müller* NJW 2014, 1994.
7 *Beckmann/Fabricius* GWR 2016, 375 (377).

(bei Vinkulierung) erforderlich sein. Die Rechtsbeziehungen der Gesellschaft zu Außenstehenden bleiben bei dieser Veräußerungsform allerdings unberührt, da lediglich in Reihen der Gesellschafter ein Wechsel stattfindet. Auch beim Asset Deal können Optionsrechte Dritter hinsichtlich einzelner Gegenstände eine Rolle spielen. Dort bedarf, im Gegensatz zum Share Deal, zudem die Überleitung von Dauerschuldverhältnissen (zB von Mietverträgen) auf den Käufer der Zustimmung des jeweiligen Vertragspartners des Verkäufers. Für Arbeitsverträge sieht § 613a BGB freilich einen gesetzlichen Vertragsübergang vor (→ Rn. 1097 ff.).

3. Gewährleistung

1077 Die Parteien schaffen sich sowohl beim Asset Deal als auch beim Share Deal im Vertrag regelmäßig ein umfassendes, in sich geschlossenes Gewährleistungssystem. In diesen Fällen kommt es auf die gesetzlichen Bestimmungen des Kaufrechts nicht an. Fehlt es jedoch an einer entsprechenden Vereinbarung oder ist das vertraglich geregelte Gewährleistungssystem lückenhaft, gilt Folgendes:

1078 a) Auf den *Asset Deal* sind als »Kauf eines sonstigen Gegenstands« gem. § 453 I Alt. 2 BGB die Gewährleistungsvorschriften des Sachkaufs entsprechend anzuwenden.

Als Anknüpfungspunkt kommt ein *Mangel des Unternehmens als solches* in Betracht, etwa wenn immaterielle, nicht verrechtlichte Vermögenswerte (zB der Ruf des Unternehmens[8]) beeinträchtigt sind. Zudem können auch fehlerhafte Abschlussangaben einen Mangel begründen, wenn der Verkäufer unrichtige Auskünfte über den gegenwärtigen Umsatz oder Ertrag des Unternehmens erteilt.[9] Da § 434 BGB der subjektive Fehlerbegriff zugrunde liegt, können die Vertragsparteien vereinbaren, dass derartige Angaben zur Beschaffenheit des Unternehmens zählen.

Umstritten ist dagegen, welche Auswirkungen *Mängel einzelner Wirtschaftsgüter* haben. Teilweise wird angenommen, dass auch solche bereits die Gewährleistungsrechte auslösen,[10] wobei freilich wegen der Einschränkungen durch §§ 281 I 3, 323 V 2 BGB ein Schadensersatzanspruch statt der ganzen Leistung oder der Rücktritt vom gesamten Vertrag in der Regel ausscheiden. Allerdings kann nach dieser Ansicht der Erwerber bezüglich des einzelnen Gegenstands immerhin Nacherfüllung verlangen. Die Gegenansicht widerspricht dem und will dem Unternehmenskäufer die Rechte aus § 437 BGB nur gewähren, wenn die Mängel an den einzelnen Wirtschaftsgütern so gravierend sind, dass das Unternehmen in seiner funktionellen Einheit als mangelbehaftet anzusehen ist.[11] Dies überzeugt, da der Kaufgegenstand das Unternehmen als Ganzes ist und folglich schon bei der Feststellung seiner Mangelhaftigkeit als solches erfasst werden muss.

---

8 MüKoBGB/*Westermann* § 453 Rn. 24; *Wolf/Kaiser* DB 2002, 411 (413 f.).

9 MüKoBGB/*Westermann* § 453 Rn. 31 f.; *Hölters/Semler*, Handbuch des Unternehmens- und Beteiligungskaufs, 6. Aufl. 2005, Rn. 148 f.; *Gruber* MDR 2002, 433 ff.; *Knott* NZG 2002, 249 (251); einschr. *Kindl* WM 2003, 409 (411 f.).

10 Erman/*Grunewald* BGB § 434 Rn. 44; Staudinger/*Matusche-Beckmann*, 2013, BGB § 434 Rn. 183 f.; *Wolf/Kaiser* DB 2002, 411 (414 f.).

11 OLG Köln ZIP 2009, 2063 (2065); Bamberger/Roth/*Faust* BGB § 453 Rn. 27; *Rödder/Hötzel/Mueller-Thuns*, Unternehmenskauf – Unternehmensverkauf. Zivil- und steuerliche Gestaltungspraxis, 2003, § 9 Rn. 34; *Gaul* ZHR 166 (2002), 35 (40); *Hilgard* BB 2012, 852 (853). So iErg auch *Picot* DB 2009, 2587 (2591 f.), der es aber für möglich hält, dass die Parteien die Wesentlichkeit eines Einzelgegenstandes privatautonom festlegen.

b) Der *Share Deal* ist ein Rechtskauf iSd § 453 I Alt. 1 BGB, weshalb auch in diesem **1079** Fall die Vorschriften zum Sachkauf Anwendung finden. Ein Mangel liegt jedenfalls vor, wenn das *Beteiligungsrecht selbst mangelhaft* ist (§ 435 S. 1 BGB). Schwieriger ist die Frage zu beantworten, ob (wie beim Asset Deal, → Rn. 1078) *Mängel des von der Gesellschaft betriebenen Unternehmens* an sich bzw. mangelhafte Wirtschaftsgüter der Gesellschaft im Rahmen eines Share Deals einen Mangel begründen können. Der Verweis des § 453 I Alt. 1 BGB auf die Regeln zum Sachkauf kann nämlich nicht bedeuten, dass beispielsweise ein Aktionär, der lediglich eine unbedeutende Anzahl von Aktien erwirbt, Mängelgewährleistungsrechte in Bezug auf das Unternehmen selbst geltend machen kann. Vielmehr ist erforderlich, dass der Share Deal bei wirtschaftlicher Betrachtung einem Asset Deal gleichsteht. Der Erwerber muss also die »Herrschaft« über das Unternehmen erlangen. Ab welcher Anteilshöhe davon gesprochen werden kann, ist mit Blick auf den Einzelfall zu beurteilen.[12]

c) Bezüglich der einzelnen *Gewährleistungsrechte*, die dem Erwerber im Fall eines **1080** Mangels nach § 437 BGB zustehen, ist zu beachten, dass deren Anwendung auf den Unternehmenskauf teilweise nicht ohne Weiteres möglich ist und zu erheblichen Abwicklungsproblemen führen kann.[13] Ob und inwieweit dem Unternehmenskäufer neben den Mängelrechten auch ein Anspruch aus §§ 280 I, 241 II, 311 II BGB zustehen kann, ist umstritten.[14]

§ 37 Ablauf und Elemente des Unternehmenskaufs

Literatur: *Beisel/Klumpp,* Der Unternehmenskauf, 7. Aufl. 2016; *Berens/Brauner/Strauch/Knauer,* Due Diligence bei Unternehmensakquisitionen, 7. Aufl. 2013; *Bergjan,* Die Haftung aus culpa in contrahendo beim Letter of Intent nach neuem Schuldrecht, ZIP 2004, 395; *Gran,* Abläufe bei Mergers & Acquisitions, NJW 2008, 1409; *Hasselbach/Ebbinghaus,* Vorvertragliche Pflichtverletzung als Haftungsfalle beim Unternehmenskauf, DB 2012, 216; *Hohaus/Inhester,* Rahmenbedingungen von Management-Beteiligungen, DStR 2003, 1765; *Hohaus/Weber,* Aktuelles zu Managementbeteiligungen in Private-Equity-Transaktionen 2010/2011, BB 2012, 23; *Holzapfel/Pöllath,* Unternehmenskauf in Recht und Praxis, 15. Aufl. 2017; *Weitnauer,* Handbuch Venture Capital, 5. Aufl. 2016; *Westermann,* Due Diligence beim Unternehmenskauf, ZHR 169 (2005), 248.

Die Komplexität einer Unternehmensübernahme zwingt zu einer Strukturierung der **1080a** vorzunehmenden Schritte. Grob kann zwischen der Analyse- und Konzeptionsphase im Vorfeld, der Transaktionsphase sowie der Integrationsphase im Anschluss an den Erwerb unterschieden werden. Wie sich ein M&A-Prozess im Einzelnen weiter untergliedert, hängt von den individuellen Übernahmebedingungen ab, insbesondere davon, ob die Initiative vom Kaufinteressenten oder vom Verkäufer ausgeht. Bei öffentlichen Übernahmeangeboten für börsennotierte Unternehmen wird der Übernahmeprozess wesentlich durch die festen Vorgaben des WpÜG beeinflusst (→ Rn. 1104 ff.).

---

12 MüKoBGB/*Westermann* § 453 Rn. 21 f.; *Grunewald* NZG 2003, 372 f.
13 Dazu *Kleinhenz/Junk* JuS 2009, 787 (789 ff.); *Picot* DB 2009, 2587 (2592 ff.).
14 Näher OLG Köln ZIP 2009, 2063 (2065 f.); Bamberger/Roth/*Faust* BGB § 453 Rn. 29 f.; *Kleinhenz/ Junk* JuS 2009, 787 (791 f.).

I. Vorbereitungsphase

1081 Die Vorbereitungsphase eines Unternehmenskaufs beginnt auf Käuferseite mit der Festlegung einer M&A-Strategie. An die Bestimmung einer Sollsituation (etwa Diversifikation oder Branchenführerschaft) schließt sich die Suche nach geeigneten Akquisitionskandidaten an *(Screening)*. Nach Ermittlung eines Zielunternehmens wird der potentielle Verkäufer kontaktiert. Wird die Transaktion dagegen vom Verkaufswilligen initiiert, ist es zunächst an diesem, Kaufinteressen ausfindig zu machen. Potentiellen Erwerbern wird daraufhin eine grobe Beschreibung des zu verkaufenden Unternehmens übermittelt, ohne dass dieses bereits namentlich genannt wird *(Blind Letter)*. Auf diese Weise soll verhindert werden, dass bereits in der Frühphase des Verkaufsprozesses zu viele Informationen über das Unternehmen nach außen dringen. Mit denjenigen Adressaten, die sich für das Übernahmeobjekt interessieren, wird sodann eine Verschwiegenheitsvereinbarung getroffen. Daran schließt sich die Zusendung eines *Information Memorandum* an, in dem das Zielunternehmen näher beschrieben wird und seine positiven Seiten herausgestellt werden (auch »Schmücken der Braut« genannt). Den danach verbliebenen Interessenten stellen regelmäßig die Manager das Unternehmen persönlich vor. Ein Verkaufsprozess kann zwar von Anfang an exklusiv mit nur einem Käufer durchgeführt werden. In der Regel hat der Verkäufer aber ein Interesse daran, möglichst lange einen gewissen Konkurrenzdruck zwischen den Bietern aufrechtzuerhalten, um so den Kaufpreis in die Höhe zu treiben. Eine *Controlled Auction* mit einer überschaubaren Anzahl an Kaufinteressenten bietet insoweit einen Mittelweg.

II. Letter of Intent

1082 Da sich Vertragsverhandlungen beim Unternehmenskauf langwierig gestalten können, besteht häufig ein Bedürfnis der Vertragsparteien, bereits vor einer endgültigen, bindenden Einigung Absichten und Teilergebnisse festzuhalten. Die hierzu vorhandenen Instrumente sind äußerst vielseitig, und die Terminologie ist keineswegs einheitlich. Unter einem *Letter of Intent* versteht man die kurz gefasste Absichtserklärung, Vertragsverhandlungen zu führen, an deren Ende eine Unternehmensübernahme stehen soll.[1] Häufig soll die Wirkung eines solchen »LoI« vor allem im verhandlungspsychologischen Bereich liegen. Faktisch hält er bereits erreichte Übereinkünfte fest und bildet die Grundlage für zukünftige Maßnahmen der Parteien.[2] Rechtlich verbindlich ist eine Absichtserklärung im Regelfall aber nicht, was von den Verhandlungspartnern oft ausdrücklich festgehalten wird.[3] Bindungswirkung kommt allenfalls einzelnen »Vorfeldvereinbarungen« zu, etwa zur Informationsgewährung (vor allem innerhalb einer *Due Diligence*), Kostentragung oder Verhandlungsexklusivität. Eine Haftung kann sich allerdings aus § 311 II BGB ergeben, wenn Schutz-, Sorgfalts- oder Aufklärungspflichten iSd § 241 II BGB verletzt werden.[4] Wann dies der Fall ist, hängt vor allem von der konkreten Ausgestaltung der Absichtserklärung ab. Eine Partei kann sich bei-

---

1 *Beisel/Klumpp* Unternehmenskauf Kap. 1 Rn. 83; *Holzapfel/Pöllath* Unternehmenskauf Rn. 661.
2 *Holzapfel/Pöllath* Unternehmenskauf Rn. 662.
3 MüKoBGB/*Busche* Vor § 145 Rn. 58; *Beisel/Klumpp* Unternehmenskauf Kap. 1 Rn. 84 ff.; *Holzapfel/Pöllath* Unternehmenskauf Rn. 662.
4 *Bergjan* ZIP 2004, 395; *Beisel/Klumpp* Unternehmenskauf Kap. 1 Rn. 72 f.

spielsweise schadensersatzpflichtig machen, wenn sie die Vertragsverhandlungen ohne triftigen Grund abbricht, obwohl bei der Gegenseite ein berechtigtes Vertrauen auf das Zustandekommen des Vertrags geweckt und diese so zu konkreten Aufwendungen veranlasst wurde.[5]

Für Absichtserklärungen ebenfalls gebräuchlich ist der Begriff des *Memorandum of Understanding* (MoU). Häufig werden Zwischenergebnisse der Verhandlungen auch in einer *Punktation* festgehalten. Dass einer solchen Aufzeichnung keine rechtliche Verbindlichkeit zukommt, ergibt sich schon aus § 154 I 2 BGB. Zu beachten ist allerdings, dass nicht die Grenze zu einem (bindenden) Vorvertrag überschritten wird, aus dem, sofern er bestimmt genug ist, auf Abschluss des Hauptvertrags geklagt werden kann.[6]

III. Due Diligence

1. Begriff und Interessenlage

Bei Übernahmeprozessen sind die Informationen über das Zielunternehmen *(Target)* meist ungleich zwischen Käufer und Verkäufer verteilt. Um diese Informationsasymmetrie auszugleichen, hat sich in der Praxis die Durchführung einer Unternehmensprüfung, der *Due Diligence,* eingebürgert. Der Begriff stammt aus dem anglo-amerikanischen Sprachgebrauch (»erforderliche Sorgfalt«).[7] In einer Due Diligence wird den Kaufinteressenten für eine begrenzte Zeit in einem (zunehmend aus elektronisch verfügbar gemachten Unterlagen bestehenden und rein virtuell angelegten) Datenraum die Einsichtnahme in wesentliche Informationen über das Zielunternehmen ermöglicht. Die Käufer reichen im Vorfeld regelmäßig eine Liste ein, in der sie die gewünschten Unterlagen aufzählen. Des Weiteren werden dem Verkäufer bestimmte Stellungnahmen abverlangt, insbesondere eine Erklärung dazu, dass alle relevanten Informationen vollständig und richtig zur Verfügung gestellt wurden.

1083

Der Umfang und die zu untersuchenden Themenfelder unterscheiden sich von Transaktion zu Transaktion erheblich. Von zentraler Bedeutung ist die *Financial Due Diligence,* bei der in der Regel Wirtschaftsprüfer die Vermögens-, Finanz- und Ertragslage eines Unternehmens untersuchen. In der *Legal Due Diligence* ermitteln Rechtsanwälte die im Unternehmen verborgenen Rechtsrisiken (Gesellschaftsvertrag, Kapitalaufbringung und -erhaltung, Verträge mit Kunden und Lieferanten, kollektiv- und individualarbeitsrechtliche Verträge usw). In der *Tax Due Diligence* untersuchen Steuerspezialisten das *Target.* In Abhängigkeit vom Übernahmeobjekt kommen weitere Themenfelder hinzu.[8] Um bei einer Due Diligence nichts Relevantes zu übersehen, werden standardisierte Checklisten abgearbeitet, die im Vorfeld auf den Einzelfall angepasst werden. Ihren Abschluss findet die *Due Diligence* in einem *Report* der Berater für den Kaufinteressenten.

An der Durchführung einer Due Diligence hat neben dem Käufer auch der Verkäufer ein Interesse. Zwar können in der Due Diligence konkrete Problemfelder aufgedeckt werden, die der Käufer durch eine entsprechende Kaufpreisreduktion oder Garantien berücksichtigt sehen möchte. Würden ihm die Informationen jedoch nicht zur Verfügung gestellt, könnte er die mit der Transaktion verbundenen Risiken kaum kalkulie-

---

5 Eine solche Haftung kommt indes nur in begrenzten Ausnahmefällen in Betracht, vgl. MüKoBGB/ *Emmerich* § 311 Rn. 162 ff.

6 Zum Vorvertrag *Beisel/Klumpp* Unternehmenskauf Kap. 1 Rn. 89 ff.

7 Zur Entwicklung des Begriffs vgl. *Berens/Brauner/Strauch/Knauer,* Due Diligence bei Unternehmensakquisitionen, 7. Aufl. 2013, 6 ff.

8 Näher *Berens/Brauner/Strauch/Knauer,* Due Diligence bei Unternehmensakquisitionen, 7. Aufl. 2013, 393 ff.

ren und wäre daher gezwungen, von vornherein einen größeren Risikoabschlag vom Kaufpreis vorzunehmen. Die Due Diligence dient somit auch der Erzielung eines möglichst hohen Verkaufserlöses. Zudem ist eine Due Diligence durch den Käufer für den Veräußerer interessant, weil dadurch möglicherweise kaufrechtliche Gewährleistungsrechte ausgeschlossen werden können. Schließlich lässt sich anhand der Ergebnisse der Tax Due Diligence eine für beide Parteien steuerrechtlich optimale Transaktionsstruktur gestalten.

2. Berechtigung der Zielgesellschaft zur Gestattung einer Due Diligence?

1084   Eine Due Diligence stellt den *Vorstand einer AG* als Zielgesellschaft regelmäßig vor schwierige rechtliche Probleme. Das Management hat bei seiner Entscheidung über die Zulassung der Due Diligence nämlich darüber zu entscheiden, ob es die entsprechenden Informationen überhaupt herausgeben darf. Grundsätzlich ist der Vorstand nämlich zur Verschwiegenheit verpflichtet (§ 93 I 3 AktG). Da ein absolutes Verbot einer Due Diligence bei AGs jedoch nicht im Interesse des Unternehmens liegt, ist anerkannt, dass der Vorstand über die Zulassung einer Due Diligence sowie deren Zeitpunkt und Umfang nach pflichtgemäßem Ermessen in Abhängigkeit vom Unternehmensinteresse entscheiden kann.[9] Zu berücksichtigende Faktoren sind dabei unter anderem die Gewährleistung der Vertraulichkeit, die Ernsthaftigkeit der Kaufabsicht des Erwerbsinteressenten und das Interesse der AG an einer Stabilisierung des Gesellschafterkreises. Art. 14 lit. c iVm Art. 10 I MAR,[10] die für börsennotierte Gesellschaften die Weitergabe von Insiderinformationen weitgehend verbieten, stehen einer Due Diligence regelmäßig nicht entgegen (→ Rn. 1123). Einfacher stellt sich die Rechtslage für den *Geschäftsführer einer GmbH* dar. Dieser ist an rechtmäßige Weisungen der Gesellschafterversammlung gebunden. Ein verkaufswilliger Gesellschafter kann daher durch einen entsprechenden Gesellschafterbeschluss eine Due Diligence zugunsten potentieller Erwerber herbeiführen.[11]

3. Anspruch des Veräußerers auf Gestattung einer Due Diligence?

1085   Ein Aktionär oder Gesellschafter, der seine Aktien bzw. Geschäftsanteile im Wege des Share Deals veräußern möchte, kann daran interessiert sein, von der Zielgesellschaft die Gestattung einer Due Diligence zugunsten des potentiellen Erwerbers verlangen zu können. Die *Aktionäre einer AG* haben indes nur ein auf die Hauptversammlung beschränktes Auskunftsrecht (§ 131 AktG), weshalb sie den Vorstand nicht anweisen können, eine Due Diligence zu ermöglichen. Zwar wird die Ansicht vertreten, das Ermessen des Vorstands könne im Einzelfall derart reduziert sein, dass im Unternehmensinteresse die Zulassung einer Due Diligence zwingend sei, doch ist umstritten, ob daraus ein Anspruch eines Aktionärs erwachsen kann.[12] Ein *GmbH-Gesellschafter*

9 *Holzapfel/Pöllath* Unternehmenskauf Rn. 775 f.; *Hemeling* ZHR 169 (2005), 274 (279 f.); *Mielke/Molz* DB 2008, 1955 (1957); *Müller* NJW 2000, 3452 ff.; *Rittmeister* M&A Review 2008, 528 (529 f.); restriktiver *Ziemons* AG 1999, 492 (495 ff.); noch enger *Lutter* ZIP 1997, 613 (617).

10 VO (EU) Nr. 596/2014 des Europäischen Parlaments und des Rates v. 16.4.2014 über Marktmissbrauch (Marktmissbrauchsverordnung), ABl. 2016 L 173, 1 ff.

11 *Mielke/Molz* DB 2008, 1955 (1958); *Rittmeister* M&A Review 2008, 528 (532). Umstr. ist, welche Mehrheitsanforderungen gelten, vgl. Lutter/Hommelhoff/*Kleindiek* GmbHG § 43 Rn. 21; *Götze* ZGR 1999, 202 (227 ff.); *Oppenländer* GmbHR 2000, 535 (540).

12 Dafür *Mielke/Molz* DB 2008, 1955 (1959); dagegen *Hemeling* ZHR 169 (2005), 274 (291); generell für einen Anspruch des Aktionärs unter gewissen Umständen *Krömker* NZG 2003, 418 ff.

kann dagegen, sofern er einen entsprechenden Gesellschafterbeschluss initiiert, die Geschäftsführung zur Gestattung einer Due Diligence verpflichten (→ Rn. 1084). Teilweise wird darüber hinaus angenommen, auf die Zustimmung der Gesellschafterversammlung könne ein (Minderheits-)Gesellschafter gegebenenfalls wegen der gesellschaftlichen Treuepflicht einen Anspruch haben.[13]

4. Pflicht des Erwerbers zur Durchführung einer Due Diligence?

a) Nach § 442 I BGB (bzw. einer entsprechenden Klausel im Unternehmenskaufvertrag) haftet ein Verkäufer nicht, wenn der Käufer den Mangel im Zeitpunkt des Vertragsschlusses kannte oder infolge grober Fahrlässigkeit nicht kannte.[14] Sofern entsprechende Informationen im Datenraum zur Einsichtnahme auslagen und der Käufer die Unterlagen in der Due Diligence prüfen konnte, kann dies durchaus den *Vorwurf einer grob fahrlässigen Unkenntnis* begründen. Verzichtet dagegen der Käufer, etwa aus Kosten- oder Zeitgründen, auf eine Due Diligence, ist fraglich, ob dies ebenfalls zu einer grob fahrlässigen Unkenntnis eines Mangels führen kann. Richtigerweise ist dies zu verneinen. Im Kaufrecht gilt der Grundsatz, dass den Käufer keine Pflicht oder Obliegenheit trifft, die Kaufsache auf Mängel zu untersuchen. Zwar wird teils behauptet, die Durchführung einer Due Diligence entspräche inzwischen einer »Verkehrssitte«,[15] doch wird auch daraus kein Schluss auf eine grobe Fahrlässigkeit im Fall des Unterlassens gezogen.[16] **1086**

b) Eine andere Frage ist, ob sich die Geschäftsleitung des Käufers nach § 93 II AktG bzw. § 43 II GmbHG *schadensersatzpflichtig* machen kann, wenn sie keine Due Diligence durchführt. Da § 93 I 2 AktG sogar ausdrücklich Vorstandsentscheidungen »auf Grundlage angemessener Informationen« verlangt, erscheint dies naheliegend. Insbesondere wenn keine ausreichend klaren Erkenntnisse über das Zielunternehmen vorhanden sind, kann insoweit die Pflicht zu einer umfassenden Due Diligence bestehen.[17] **1087**

IV. Unternehmenskaufvertrag

1. Notwendigkeit vom Gesetz abweichender Regelungen

Der Unternehmenskaufvertrag *(Sales And Purchase Agreement – SPA)* ist das Herzstück einer Unternehmensübertragung. Er ist zwar im Kern Kaufvertrag iSv §§ 433 ff. BGB, regelt aber die Rechte und Pflichten der Parteien zumeist umfassend und abschließend. Die gesetzlichen Regelungen sind dann nur bei Lücken im Vertragswerk heranzuziehen. Diese Vorgehensweise erklärt sich daraus, dass das Kaufrecht keine vollständig brauchbaren gesetzlichen Regelungen für Unternehmenserwerbe enthält und es eine gefestigte Rechtsprechung zu Unternehmenskäufen kaum gibt, da Streitig- **1088**

---

13 So *Mielke/Molz* DB 2008, 1955 (1960 f.).
14 Zur Bedeutung von § 442 I BGB beim Unternehmenskauf *Hilgard* BB 2013, 963 ff.
15 *Böttcher* ZGS 2007, 20 (24); *Krömker* M&A Review 2008, 201 (202); anders die hM: MüKoBGB/ *Westermann* § 453 Rn. 53 f.; *Beisel/Klumpp* Unternehmenskauf Kap. 2 Rn. 9; *Müller* NJW 2004, 2196 (2198); *Rittmeister* M&A Review 2008, 578 (579); *Schiffer/Bruß* BB 2012, 847 (848).
16 *Böttcher* ZGS 2007, 20 (25); *Krömker* M&A Review 2008, 201 (202).
17 OLG Oldenburg NZG 2007, 434; *Krömker* M&A Review 2008, 201 (202 f.); *Hemeling* ZHR 169 (2005), 274 (277); *Schiffer/Bruß* BB 2012, 847 (848 f.).

keiten aus diesen Geschäften überwiegend vor Schiedsgerichten ausgetragen werden. Des Weiteren haben M&A-Transaktionen oft eine internationale Komponente, weshalb sich die Parteien eine Unabhängigkeit vom jeweiligen staatlichen Recht wünschen.

2. Regelungsgegenstände

1089 a) Vor dem eigentlichen Vertragstext findet sich oft eine *Präambel,* die den (wirtschaftlichen) Hintergrund der Transaktion zusammenfasst. Zwar sind Sinn und Zweck des Vertrags ohnehin nach §§ 133, 157 BGB zu berücksichtigen, jedoch erleichtert diese Einleitung Dritten die teleologische Auslegung. Ferner kann sich aus der Präambel auch die Geschäftsgrundlage iSv § 313 BGB ergeben.[18] Zu Beginn des eigentlichen Vertrags werden die Parteien aufgeführt und der Kaufgegenstand definiert, wobei sich die nähere Ausgestaltung von Asset Deal und Share Deal unterscheidet (→ Rn. 1075).

1090 b) Bezüglich Art und Höhe der zu zahlenden Gegenleistung besteht ein erheblicher Gestaltungsspielraum. So kann der *Kaufpreis* bar oder in Aktien[19] zu entrichten sein. Für die Höhe des Kaufpreises gibt vor allem eine Unternehmensbewertung wichtige Anhaltspunkte, doch auch strategische Erwägungen und Risiken des Käufers können Einfluss haben. Häufig wird im Kaufvertrag die endgültige Höhe der Gegenleistung offen gelassen und von der Entwicklung der Zielgesellschaft bis zum später liegenden dinglichen Vollzug des Geschäfts abhängig gemacht. Des Weiteren ist auch eine Verknüpfung mit dem Erfolg des Unternehmens in der Zeit nach dem Übergang möglich (*Earn-Out*-Klauseln[20]), wobei dann durch Informationsrechte für den Verkäufer sicherzustellen ist, dass der Käufer nicht die Erträge durch Manipulation absichtlich gering hält, um den Kaufpreis zu drücken. Zentraler Regelungspunkt des Kaufvertrags ist auch die *Gewährleistung* (ausführlich → Rn. 1077 ff.). Die dazu getroffenen Abreden können sich wiederum auf den Kaufpreis auswirken. Je niedriger die Haftung der Veräußerer ausgestaltet ist, desto geringer fällt der Preis aus. Zur Absicherung von Gewährleistungsansprüchen wird teilweise auch vereinbart, dass der Kaufpreis in Raten zu leisten ist, oder es werden Teilbeträge zunächst auf ein Treuhandkonto eingezahlt.

1091 c) Der *Vollzug des Unternehmenskaufvertrags* wird in der englischen Fachsprache als *Closing* bezeichnet. Da zwischen der Einigung über den Kaufvertrag *(Signing)* und dem Closing regelmäßig ein gewisser Zeitraum verstreicht, empfiehlt es sich, für diese Zwischenperiode Bestimmungen zu treffen. Typischerweise verpflichtet sich etwa der Verkäufer, bis zum Closing keine außergewöhnlichen Geschäfte mehr ohne Einverständnis des Erwerbers zu tätigen. Des Weiteren werden Bedingungen für den Vollzug (etwa Zustimmungen Dritter, → Rn. 1076) formuliert. Dass sich auch außerhalb des Zielunternehmens liegende Umstände verändern können, kann durch vertragliche Rücktrittsrechte, auch *Material Adverse Change (MAC)*-Klauseln genannt, berücksichtigt werden.

1092 d) Oft besteht der Käufer darauf, dass der Veräußerer auf absehbare Zeit nicht in Konkurrenz zu dem übergegangenen Unternehmen tritt. Dies lässt sich durch *Wett-*

---

18 Näher *Knöfel* JA 2002, 810 ff.
19 *Wienecke* NZG 2004, 61 ff.
20 Dazu *Werner* DStR 2012, 1662; *Fisseler/Weißhaupt* DB 2006, 431 ff.; *Hilgard* BB 2010, 2912 ff.

bewerbsverbote sicherstellen. Die Wirksamkeit ist unter Berücksichtigung der gegenständlichen, örtlichen und zeitlichen Grenzen des Verbots anhand der Sittenwidrigkeitsvorschriften und des Kartellverbots zu prüfen. Dabei führt ein Verstoß gegen § 1 GWB aufgrund des räumlichen und/oder zeitlichen Ausmaßes nicht zur Nichtigkeit des Verbots, sondern lediglich zu einer Reduktion auf das zulässige Maß.[21] Regelmäßig lässt sich der Verkäufer das Wettbewerbsverbot vergüten, während er sich zu einer Vertragsstrafenzahlung im Fall einer Zuwiderhandlung verpflichtet.

Weitere Regelungsgegenstände in Unternehmenskaufverträgen sind Vertraulichkeitsverpflichtungen, Kostenabreden und Rechtswahlvereinbarungen (Art. 3 I Rom I-VO). Vollständigkeitserklärungen machen außerhalb des Vertrags getroffene Abreden für die Auslegung unerheblich, und Schriftformklauseln (§ 127 BGB) sorgen dafür, dass der Vertrag nur formgerecht geändert werden kann. Von großer Bedeutung sind auch Schiedsklauseln (§ 1029 II Alt. 2 ZPO), die Streitigkeiten aus dem Vertrag unter Ausschluss der staatlichen Gerichtsbarkeit einem Schiedsgericht zuweisen. Am Ende des Vertragswerks findet sich nahezu immer eine salvatorische Klausel, die bewirken soll, dass eine Teilnichtigkeit entgegen § 139 BGB nicht zur Gesamtnichtigkeit der Vereinbarung führt.

V. Finanzierung und Private Equity

Neben strategischen Investoren stellen Finanzinvestoren die wichtigste Gruppe von Unternehmenserwerbern dar (→ Rn. 1074). In diesem Zusammenhang trifft man oft auf den Begriff *Private Equity*. Er steht für die Eigenkapitalbeteiligung *(Equity)* an Unternehmen, die nicht börsennotiert (also »Private«) sind. Ein Private Equity-Fonds sammelt zunächst Finanzmittel verschiedener Investoren, um damit anschließend Unternehmen zu erwerben, die nach Ablauf von regelmäßig drei bis fünf Jahren mit Gewinn veräußert werden sollen. Private Equity-Fonds sind aus Gründen der Haftungsbeschränkung häufig als GmbH & Co. KG organisiert (→ Rn. 420 ff.). Als Investoren treten neben vermögenden Privatpersonen vor allem Institutionen (etwa Versicherungen, Banken) auf. Bei den Zielunternehmen handelt es sich meist um am Markt bereits etablierte Gesellschaften (zur Investition in junge Unternehmen → Rn. 1096). Der Erwerb eines Unternehmens erfolgt regelmäßig durch eine ausschließlich zu diesem Zweck geschaffene Gesellschaft *(NewCo)*. Für den Rückzug eines Private Equity-Investors aus einem Unternehmen *(Exit)* kommen verschiedene Wege in Betracht. Neben dem Verkauf an einen strategischen Investor oder einen weiteren Private Equity-Fonds *(Secondary Buy-Out)* besteht die Möglichkeit eines Börsengangs. Die Investoren des Fonds erhalten in der Regel zunächst ihre Einlage zuzüglich einer Mindestverzinsung zurück. An einem darüber hinausgehenden Gewinn partizipieren auch die Fonds-Manager in Höhe eines bestimmten Prozentsatzes *(Carried Interest)*, sodass für sie ein starker Erfolgsanreiz besteht.

1093

1. Leveraged Buy-Out und Management Buy-Out

a) Private Equity-Fonds streben bei ihren Investitionen die Erzielung einer hohen Rendite auf das eingesetzte Kapital der Investoren an. Diese Eigenkapitalrendite steigt mit zunehmender Fremdfinanzierung, solange die Rendite auf das insgesamt im Unternehmen eingesetzte Eigen- und Fremdkapital höher ist als der für das Fremdkapital zu zahlende Zins.[22] Dieser Zusammenhang wird gemeinhin als *Leverage*-Effekt be-

1094

---

21 Immenga/Mestmäcker/*Zimmer*, Wettbewerbsrecht, Band 2: GWB, Kommentar zum Deutschen Kartellrecht, 5. Aufl. 2014, § 1 Rn. 194.
22 *Holzapfel/Pöllath* Unternehmenskauf Rn. 1450.

zeichnet, da das Fremdkapital wie ein Hebel *(leverage)* wirkt. Folglich nennt man den Unternehmenserwerb unter Einsatz eines großen Anteils an Fremdkapital *Leveraged Buy-Out (LBO)*. Als Kreditsicherheit dient in diesem Rahmen das Vermögen der Zielgesellschaft, aus deren Erträgen auch die Zins- und Tilgungszahlungen für die Darlehen stammen.[23] Dies birgt zum einen wirtschaftliche Risiken für die Beteiligten, da sicherzustellen ist, dass stets genügend liquide Mittel für die Tilgung vorhanden sind.[24] Zum anderen ist das Vorgehen auch aus gesellschaftsrechtlicher Sicht mit Blick auf die Kapitalerhaltungsregeln (vor allem § 30 GmbHG) nicht unproblematisch.[25]

1095 **b)** Häufig anzutreffen ist im Zusammenhang mit Unternehmenskäufen auch der Begriff *Management Buy-Out (MBO)*. Darunter versteht man den Erwerb eines Unternehmens durch oder gemeinsam mit den vorhandenen Managern. Auch die Bezeichnung »Managementbeteiligung« findet sich häufig, wobei die Grenzen zum MBO fließend sind[26] – letztlich handelt es sich stets um Situationen, in denen die Manager auch als Gesellschafter an einem Unternehmen beteiligt sind. Private Equity-Fonds sind darauf angewiesen, dass die erworbenen Unternehmen kompetent und erfolgsorientiert geführt werden. Sie räumen daher dem Management eines Zielunternehmens in der Regel als Anreiz eine Gesellschafterstellung in der Erwerbsgesellschaft *(NewCo)* ein, um einen »Interessengleichlauf«[27] zu gewährleisten. Die Geschäftsführer sollen in gleicher Weise wie der Finanzinvestor an einer Steigerung des Unternehmenswerts interessiert sein.

Der Private Equity-Fonds möchte selbstverständlich im Fall seines Ausstiegs aus dem Unternehmen die Manager dazu zwingen können, ihre Beteiligung gemeinsam mit der des Investors an einen Dritten zu veräußern. Zudem ist dem Finanzinvestor daran gelegen, dass ein aus der Unternehmensführung ausscheidender Manager zugleich seine Gesellschafterstellung verliert, damit der Geschäftsanteil für dessen Nachfolger zur Verfügung steht.[28] Der Entzug der Beteiligung bringt allerdings gesellschaftsrechtliche Probleme mit sich. Der BGH hält nämlich Vertragsklauseln, die den Ausschluss eines Gesellschafters ohne wichtigen Grund zulassen (»Hinauskündigungsklauseln«), grundsätzlich für sittenwidrig und damit nach § 138 I BGB nichtig (→ Rn. 213).[29] Allerdings erkennt der BGH unter besonderen Umständen Ausnahmen von diesem Grundsatz an. So ist der freie Ausschluss eines Gesellschafters möglich, wenn ihm die Gesellschafterstellung nur im Hinblick auf seine Position als Geschäftsführer eingeräumt wurde, und zwar gegen ein Entgelt in Höhe des Anteilsnennwerts.[30] Obwohl der Sachverhalt des vom BGH entschiedenen Falls nicht identisch mit der Konstellation von Managementbeteiligungen bei Private Equity-Investitionen war, wird überwiegend auch für diesen Bereich von einer Zulässigkeit der Ausschlussregelungen ausgegangen.[31]

Nicht selten ergreifen leitende Angestellte eines Unternehmens selbst die Initiative und entscheiden sich, die Gesellschaft zu übernehmen. Die Motive hierfür sind vielfältig. So mag sich bei Familienunternehmen kein geeigneter Nachfolger finden, eine Konzerngesellschaft sich wieder auf ihr Hauptgeschäft konzentrieren wollen oder ein Unternehmen schlicht in eine Krise geraten sein, was die bisherigen Gesellschafter veranlasst, ihre Stellung aufzugeben.[32] In allen diesen Fällen hat ein Kauf durch die Manager

---

23 *Beisel/Klumpp* Unternehmenskauf Kap. 13 Rn. 12; *Holzapfel/Pöllath* Unternehmenskauf Rn. 1747.
24 *Beisel/Klumpp* Unternehmenskauf Kap. 13 Rn. 33.
25 Dazu *Dampf* Der Konzern 2007, 157ff.; *Winter* DStR 2007, 1484ff.
26 *Hohaus/Inhester* DStR 2003, 1765.
27 *Holzapfel/Pöllath* Unternehmenskauf Rn. 1848f.
28 *Schockenhoff* ZIP 2005, 1009 (1016).
29 BGHZ 68, 212; 112, 103 (zur GmbH).
30 BGHZ 164, 98.
31 *Hohaus/Weber* NZG 2005, 961 (962); *Sigle,* FS Mailänder, 2006, 365 (378); *Sosnitza* DStR 2006, 99 (102).
32 *Beisel/Klumpp* Unternehmenskauf Kap. 13 Rn. 2.

den Vorteil, dass diese bereits bestens mit dem Unternehmen vertraut sind. Häufig ist auch in diesen Konstellationen ein Vorgehen zu beobachten, das dem beim LBO beschriebenen entspricht. Zur Finanzierung sind die Manager im Regelfall auf Kapitalgeber angewiesen, sodass eine Erwerbsgesellschaft errichtet wird, an der sich neben den Managern ein Finanzinvestor beteiligt. Daneben wird auf Fremdkapital zurückgegriffen, wobei wiederum die Ressourcen des Unternehmens zur Besicherung eingesetzt werden. Wird ein Unternehmen nicht von der eigenen Führung, sondern von externen Managern übernommen (in der Regel auch hier mithilfe eines Finanzinvestors), spricht man von einem *Management Buy-In (MBI)*.

2. Venture Capital

Unternehmen, die sich noch in der Aufbauphase befinden (*Start Up*-Unternehmen), verfügen häufig noch nicht über ausreichende Vermögensgegenstände, um Banken angemessene Kreditsicherheiten zu bieten. Aus diesem Grund sind sie in besonderem Maße auf Eigenkapitalgeber angewiesen. Diese Rolle übernehmen *Venture Capital*-Investoren, die sich langfristig ohne Einräumung von Sicherheiten zur Finanzierung durch Eigenkapital bereit erklären.[33] Insoweit spricht man von Wagnis- oder Risikokapital, weil die Investitionen mit erheblichen Gefahren verbunden sind. Der Erfolg eines jungen Unternehmens ist kaum absehbar, sodass das Verlustrisiko hoch ist. Zugleich bietet der Einstieg bei einem Start-Up aber auch die Chance einer enormen Rendite. Auf *Venture Capital*-Beteiligungen trifft man vor allem in bestimmten Branchen, insbesondere im Bereich der Informationstechnologie. Neben dem finanziellen Engagement leisten *Venture Capital*-Geber zumeist aktive Unterstützung der Unternehmensführung, lassen sich im Gegenzug aber auch Kontroll- und Mitspracherechte einräumen.[34] Der Rückzug des Investors erfolgt in der Regel nach drei bis sieben Jahren. Denkbare Ausstiegsszenarien sind ein Verkauf an Investoren, ein Rückkauf durch den Unternehmer oder ein Börsengang. | 1096

VI. Betriebsübergang

Bei einem Unternehmenserwerb stellt sich die Frage des Schicksals der bestehenden Arbeitsverträge. Einerseits kann es den Käufer belasten, wenn er Arbeitnehmer übernehmen muss, andererseits kann er ein großes Interesse daran haben, dass Arbeitsverträge mit wichtigen Kräften fortbestehen. Im Blickpunkt steht insoweit die Regelung des § 613a BGB. | 1097

1. Anwendungsbereich von § 613a BGB

Der von europarechtlichen Vorgaben geprägte § 613a I 1 BGB ordnet für den Fall, dass ein Betrieb oder Betriebsteil den Inhaber wechselt, den Übergang der bestehenden Arbeitsverhältnisse auf den neuen Inhaber an. Es handelt sich somit um eine gesetzlich geregelte Sonderrechtsnachfolge, die den Schutz bestehender Arbeitsplätze, den Fortbestand kollektivrechtlich geschaffener Bedingungen sowie die angemessene Information der Arbeitnehmer über den Inhaberwechsel zum Ziel hat.[35] § 613a BGB enthält | 1098

---

33 Zu den verschiedenen Gruppen s. *Weitnauer* HdB Venture Capital A. Rn. 5 ff.
34 *Weitnauer* HdB Venture Capital A. Rn. 3.
35 MüKoBGB/*Müller-Glöge* § 613a Rn. 6 f.

im Wesentlichen zwingendes Recht, kann also im Voraus nicht abbedungen oder modifiziert werden. Nicht ausgeschlossen sind aber Individualvereinbarungen mit den betroffenen Arbeitnehmern (etwa Aufhebungsverträge) im Hinblick auf den konkreten Betriebsübergang, solange diese keine Umgehung von § 613a BGB darstellen,[36] sowie Abreden über Verpflichtungen zwischen Betriebsveräußerer und -erwerber (etwa zur Kostenaufteilung).[37] Da die Norm einen Inhaberwechsel voraussetzt, kommt sie beim Unternehmenskauf nicht zur Anwendung, wenn die Transaktion so ausgestaltet ist, dass der Rechtsträger des Betriebs(teils) erhalten bleibt. Relevant ist § 613a BGB daher nur beim Asset Deal, denn beim Share Deal wird lediglich die Beteiligung an der fortbestehenden Rechtsträger-Gesellschaft auf den Erwerber übertragen (→ Rn. 1075).

2. Voraussetzungen

1099 Gegenstand einer Übertragung iSd § 613a BGB muss ein Betrieb oder zumindest ein Betriebsteil sein. Insoweit ist der Übergang einer ihre Identität bewahrenden wirtschaftlichen Einheit zu verlangen, also einer auf Dauer angelegten, organisierten Gesamtheit von Personen und Sachen zur Ausübung einer wirtschaftlichen Tätigkeit mit eigener Zielsetzung.[38]

Das Vorliegen dieser Voraussetzungen kann nur mit Blick auf den Einzelfall beurteilt werden, wozu eine Fülle von Kriterien entwickelt wurden.[39] Der Anwendungsbereich des § 613a BGB erfasst jedenfalls nicht Konstellationen, in denen ein Auftrag schlicht entzogen und anderweitig vergeben wird.[40] Die Arbeitsverhältnisse von Arbeitnehmern des ehemaligen Auftragnehmers gehen dann nicht auf den neuen Auftragsinhaber über. Auch die erstmalige Auslagerung von Aufgaben aus einem Unternehmen (Outsourcing) stellt keinen Betriebsübergang dar, solange weder Arbeitsmittel noch Personal übernommen werden.[41] Prüft man den Übergang lediglich eines Betriebsteils, kommen die gleichen Kriterien zur Anwendung. Das Vorliegen eines Betriebsteils ist zu bejahen, wenn es sich um eine selbstständige, abtrennbare organisatorische Teileinheit des Betriebs handelt, die innerhalb des betrieblichen Gesamtzwecks einen Teilzweck erfüllt.[42]

Neben dem Vorliegen eines Betriebs(teils) ist Voraussetzung für die Anwendung von § 613a BGB, dass ein Inhaberwechsel stattfindet. Davon kann man nur sprechen, wenn der bisherige Inhaber seine wirtschaftliche Betätigung im Betrieb einstellt und der Erwerber den Betrieb tatsächlich führt.[43] § 613a BGB setzt schließlich voraus, dass der Übergang durch Rechtsgeschäft stattfindet, wobei dieses Geschäft nicht notwendigerweise wirksam sein muss.[44]

---

36 BAGE 90, 260.
37 *Holzapfel/Pöllath* Unternehmenskauf Rn. 1579ff.
38 EuGH Urt. v. 11.3.1997 – C-13/95, Slg. 1997, I-1259 = NJW 1997, 2039; vgl. Art. 1 I b RL 2001/23/ EG des Rates zur Angleichung der Rechtsvorschriften der Mitgliedstaaten über die Wahrung von Ansprüchen der Arbeitnehmer beim Übergang von Unternehmen, Betrieben oder Unternehmens- oder Betriebsteilen v. 12.3.2001, ABl. 2001 L 82, 16.
39 S. nur EuGH NJW 1997, 2039; BAG NZA 2006, 31 (32f.).
40 EuGH NJW 1997, 2039; BAG ZIP 2007, 2233 (2234).
41 BAG NJW 1998, 2994.
42 BAG NZA 2003, 315 (317).
43 BAGE 90, 163.
44 BAG NJW 1986, 453.

3. Rechtsfolgen

a) Bei Vorliegen der genannten Voraussetzungen wird der Erwerber unabhängig vom **1100**
Willen der Beteiligten anstelle des ehemaligen Inhabers nach § 613 a I 1 BGB *Partei des*
Arbeitsverhältnisses und tritt in vollem Umfang in dessen Rechte und Pflichten ein.
Der neue Inhaber wird somit auch Schuldner von rückständigen Gehaltsforderungen.
Zum Schutz der Arbeitnehmer haftet daneben der ehemalige Arbeitgeber nach § 613 a
II 1 BGB als Gesamtschuldner – dies allerdings nur zeitanteilig für Verpflichtungen,
die vor dem Betriebsübergang entstanden sind und innerhalb eines Jahres danach fällig
werden. Auch in die Versorgungsanwartschaften von noch betriebszugehörigen Arbeitnehmern tritt der Erwerber ein, nicht jedoch in die Ruhestandsverhältnisse zu den
bereits Pensionierten.[45] Eine Haftung gegenüber Letzteren kann sich allerdings aus
§ 25 HGB ergeben.[46]

b) Die Auswirkungen eines Betriebsübergangs auf bestehende *kollektivarbeitsrecht-* **1101**
liche Regelungen bestimmt § 613 a I 2–4 BGB. Satz 2 ordnet an, dass bis dahin in Tarif-
verträgen oder Betriebsvereinbarungen enthaltene Rechte und Pflichten ab Übergang
als Teil des Arbeitsverhältnisses fortgelten und innerhalb einer Jahresfrist – vorbehaltlich Satz 4 – nicht zum Nachteil des Arbeitnehmers geändert werden dürfen. Eine
Ausnahme von diesem Grundsatz gilt nach Satz 3 nur, wenn diese Rechte und Pflichten auch beim Erwerber (in gleicher Weise[47]) kollektivrechtlich geregelt sind. Dann
kann der übergegangene Arbeitnehmer auch ungünstigere Bedingungen in Kauf nehmen müssen. Jedoch verbleibt es bei der individualrechtlichen Weitergeltung iSv
Satz 2, soweit der Tarifvertrag bzw. die Betriebsvereinbarung beim neuen Inhaber zu
einem Bereich überhaupt keine Regelung enthält.[48] Die arbeitsvertragliche Fortgeltung
ist nach dem Schutzzweck des § 613 a BGB dort überflüssig, wo die Betriebsidentität
im Sinne des BetrVG trotz des Übergangs erhalten bleibt und somit die Betriebsvereinbarung ohnehin grundsätzlich fortgilt.[49]

c) Wegen des Betriebsübergangs dürfen weder der ehemalige Inhaber noch der Be- **1102**
triebserwerber einem Arbeitnehmer *kündigen* (§ 613 a IV 1 BGB). Ein Verstoß gegen
diese Regelung zieht die Nichtigkeit jeder Art von Kündigung nach sich, selbst wenn
auf den betroffenen Arbeitnehmer das KSchG keine Anwendung findet.[50] Kündigun-
gen aus anderen Gründen bleiben aber zulässig (§ 613 a IV 2 BGB), was zu Abgrenzungsschwierigkeiten führt. Damit die Kündigungssperre greift, muss der Betriebsübergang nicht lediglich Anlass, sondern »tragender Grund« für die Kündigung sein.
Es darf also kein anderer Grund vorliegen, der für sich allein die Kündigung rechtfertigen könnte.[51]

---

45 BAGE 29, 94.
46 *Lieb/Jacobs,* Arbeitsrecht, 9. Aufl. 2006, Rn. 312.
47 So ist eine »Über-Kreuz-Ablösung« von Tarifnormen durch eine Betriebsvereinbarung nicht möglich, BAG ZIP 2008, 710 (713).
48 BAG ZIP 1994, 1797 (1800).
49 BAGE 102, 356; Überbl. bei *Niklas/Mückl* DB 2008, 2250 ff.
50 *Zöllner/Loritz/Hergenröder,* Arbeitsrecht, 7. Aufl. 2015, § 23 Rn. 48.
51 BAGE 43, 13 (21); BAG ZIP 1996, 2028 (2029).

4. Widerspruchsrecht

1103 Nach § 613a VI BGB kann ein Arbeitnehmer dem Übergang des Arbeitsverhältnisses innerhalb einer Frist von einem Monat mit der Folge widersprechen, dass das Arbeitsverhältnis zum bisherigen Arbeitgeber fortbesteht. Die Monatsfrist beginnt allerdings erst zu laufen, sobald dem Arbeitnehmer die Unterrichtung nach § 613a V BGB zugegangen ist. Diese Unterrichtung, die durch den bisherigen oder den neuen Inhaber erfolgen kann, muss über Zeitpunkt, Grund und Folgen des Übergangs aufklären sowie die Maßnahmen nennen, die im Hinblick auf die Arbeitnehmer vorgesehen sind. Nach überwiegender Ansicht setzt eine unvollständige Unterrichtung die Entscheidungsfrist für den Arbeitnehmer nicht in Gang, sodass dieser auch noch nach erheblicher Zeit – soweit nicht zwischenzeitlich Verwirkung eingetreten ist[52] – widersprechen kann.[53] Dies birgt entsprechende Risiken für die Parteien eines Unternehmenskaufvertrags. So wird der Kaufpreis beispielsweise häufig wegen der Übernahme von Pensionsverpflichtungen durch den Erwerber niedriger angesetzt. Im Fall eines Widerspruchs verbleibt ein Teil dieser Verpflichtungen aber entgegen dieser ursprünglichen Kalkulation letztlich beim Verkäufer. Um solchen Problemen vorzubeugen, können Unternehmensveräußerer und -erwerber Vereinbarungen zur Risikoverteilung, etwa Freistellungsabreden, treffen und müssen größte Sorgfalt bei der oft schwierigen Formulierung der Unterrichtung walten lassen.[54] Rechtssicherheit ließe sich zwar im Wege eines Verzichts der Mitarbeiter auf das Widerspruchsrecht erzielen; indes kann auf das Widerspruchsrecht nicht generell, sondern nur in Bezug auf einen konkreten Betriebsübergang verzichtet werden.[55] Letztlich ist aber zu bedenken, dass sich Arbeitnehmer, die dem Übergang ihres Arbeitsverhältnisses widersprechen, der Gefahr aussetzen, dass ihnen der ehemalige Unternehmensinhaber betriebsbedingt kündigen kann (vgl. § 1 II 1 Var. 3 KSchG).[56]

§ 38 Kapitalmarktrechtliches (WpÜG, WpHG, MAR)

Literatur: *Bank,* Das Insiderhandelsverbot in M&A-Transaktionen, NZG 2012, 1337; *Bühren,* Auswirkungen des Insiderhandelsverbots der EU-Marktmissbrauchsverordnung auf M&A-Transaktionen, NZG 2017, 1172; *Cascante/Tyrolt,* 10 Jahre WpÜG – Reformbedarf im Übernahmerecht?, AG 2012, 97; *Diekmann,* Änderungen im Wertpapiererwerbs- und Übernahmegesetz anlässlich der Umsetzung der EU-Übernahmerichtlinie in das deutsche Recht, NJW 2007, 17; *Ekkenga/Hofschroer,* Das Wertpapiererwerbs- und Übernahmegesetz, DStR 2002, 724 und 768; *Frhr. v. Falkenhausen,* Übernahmeprophylaxe – Die Pflichten des Vorstandes der Zielgesellschaft, NZG 2007, 97; *Harbarth,* Ad-hoc-Publizität beim Unternehmenskauf, ZIP 2005, 1898; *Hasselbach/Peters,* Entwicklung des Übernahmerechts 2016/2017 – Aktuelle Themen des Rechts der börsennotierten Unternehmen, einschließlich der Auseinandersetzung mit sog. »Activist Shareholders«, BB 2017, 1347; *Klöhn,* Ad-hoc-Publizität und Insiderverbot im neuen Marktmissbrauchsrecht, AG 2016, 423; *Merkt/Binder,* Änderungen im Übernahmerecht nach Umsetzung der EG-Übernahmerichtlinie: Das deutsche Umsetzungsgesetz und verbleibende

---

52 ErfK/*Preis* BGB § 613a Rn. 93; *Kittner* NJW 2012, 1180 (1181 ff.).
53 ErfK/*Preis* BGB § 613a Rn. 93, 101 f.; MüKoBGB/*Müller-Glöge* § 613a Rn. 120 f.; *Willemsen/ Lembke* NJW 2002, 1159 (1164); aA *Pröpper* DB 2003, 2011 (2012).
54 *Holzapfel/Pöllath* Unternehmenskauf Rn. 1587 ff.
55 BAG BB 2007, 1675 (1680); MüKoBGB/*Müller-Glöge* § 613a Rn. 115, 121; ausf. *Pils* BB 2014, 185 ff.
56 MüKoBGB/*Müller-Glöge* § 613a Rn. 124; *Lieb/Jacobs,* Arbeitsrecht, 9. Aufl. 2006, Rn. 295; *Zöllner/ Loritz/Hergenröder,* Arbeitsrecht, 7. Aufl. 2015, § 23 Rn. 49.

Problemfelder, BB 2006, 1285; *Mülbert/Kiem/Witting,* 10 Jahre Wertpapiererwerbs- und Übernahmegesetz, 2011; *Poelzig,* Insider- und Marktmanipulationsverbot im neuen Marktmissbrauchsrecht, NZG 2016, 528; *Retsch,* Die Selbstbefreiung nach der Marktmissbrauchsverordnung, NZG 2016, 1201; *Schanz,* Verteidigungsmechanismen gegen feindliche Übernahmen nach Umsetzung der Übernahmerichtlinie im deutschen Recht, NZG 2007, 927; *Seibt,* Reform der EU-Übernahmerichtlinie und des deutschen Übernahmerecht, ZIP 2012, 1.

I. WpÜG

1. Regelungsziele

Das Wertpapiererwerbs- und Übernahmegesetz (WpÜG) gilt seit dem 1.1.2002. Seine **1104** Verabschiedung bildete den Schlusspunkt einer bewegten Gesetzgebungsgeschichte.[1] Nachdem mit der Übernahme-RL[2] auch auf europäischer Ebene eine Regelung getroffen worden war, erlebte das deutsche Übernahmerecht 2006 durch die Anpassung an die Richtlinie nochmals bedeutende Änderungen. Das WpÜG ist im Wesentlichen anwendbar auf öffentliche Angebote zum Erwerb von Aktien und begegnet Gefahren, die sich im Rahmen eines solchen Übernahmeverfahrens für die Anleger ergeben können. Das Gesetz soll Gleichbehandlung (§ 3 I WpÜG) und Minderheitenschutz (§§ 31 ff. WpÜG) gewährleisten, Transparenz schaffen (durch die in § 3 II WpÜG geregelte Angebotsunterlage) sowie Marktverzerrungen verhindern (§ 3 V WpÜG). Es ist durch ein geordnetes Verfahren gekennzeichnet (§§ 10–28 WpÜG) und regelt die Neutralitätspflicht des Vorstands (§§ 3 III, 33 WpÜG).

2. Systematik

Das WpÜG enthält sowohl materielles Übernahmerecht als auch Verfahrensrecht. Der **1105** erste Abschnitt regelt den Anwendungsbereich und enthält Definitionen sowie allgemeine Grundsätze. Die für sämtliche öffentliche Angebote geltenden Vorschriften finden sich im dritten Abschnitt, während Abschnitt vier nur auf »Übernahmeangebote« Anwendung findet (wobei die Vorschriften des dritten Abschnitts subsidiär gelten, § 34 WpÜG). § 29 I WpÜG definiert Übernahmeangebote als solche, die auf einen Kontrollerwerb gerichtet sind. Die Kontrollschwelle setzt § 29 II WpÜG starr bei (nur) 30 % der Stimmrechte an. Dies erklärt sich aus der regelmäßig geringen Hauptversammlungspräsenz, die es gestattet, Mehrheitsentscheidungen auch mit einem relativ geringen Anteil der Stimmrechte herbeizuführen. Die Bestimmungen zum Übernahmeangebot greifen freilich nicht ein, wenn der Unternehmenskäufer nicht auf einmal mehr als 30 % der Stimmrechte erwirbt, sondern durch mehrere Käufe kleinerer Aktienpakete die Kontrolle erlangt. Da auf diesem Wege der Minderheitenschutz umgangen werden könnte, statuiert der fünfte Abschnitt des WpÜG in solchen Fällen eine Pflicht zur Abgabe eines Angebots.

Flankiert werden die materiellen Vorgaben von verfahrensrechtlichen Normen. Zuständige Aufsichtsbehörde bei Angeboten nach dem WpÜG ist nach Abschnitt zwei die Bundesanstalt für Finanzdienstleistungsaufsicht (BaFin), deren Befugnisse im sechsten Abschnitt niedergelegt sind. In den Abschnitten sieben bis neun finden sich schließlich Vorschriften zum gerichtlichen Verfahren und zu Sanktionen. Das

---

1 Dazu APS/*Pötzsch* WpÜG Einl. Rn. 17 ff.
2 RL 2004/25/EG des Europäischen Parlaments und des Rates betreffend Übernahmeangebote v. 21.4.2004, ABl. 2004 L 142, 12.

WpÜG enthält allerdings nicht das gesamte deutsche Übernahmerecht. Einige Bereiche sind in Rechtsverordnungen ausgelagert, deren wohl bedeutendste die auf Grundlage von § 11 IV WpÜG erlassene Angebotsverordnung[3] ist. Diese trifft detaillierte Anordnungen zum Inhalt der nach § 11 I 1 WpÜG zu veröffentlichenden Angebotsunterlage.

3. Anwendungsbereich

1106 Das WpÜG ist nach § 1 I WpÜG »auf Angebote zum Erwerb von Wertpapieren, die von einer Zielgesellschaft ausgegeben wurden und zum Handel an einem organisierten Markt zugelassen sind«, anzuwenden. Erfasst werden nach § 2 I WpÜG nur öffentliche Angebote. Ob ein Angebot als »öffentlich« anzusehen ist, ist durch eine Einzelfallbetrachtung unter Berücksichtigung der Schutzziele des WpÜG zu bestimmen.[4] Dabei ist neben der Anzahl und Bestimmtheit der angesprochenen Wertpapierinhaber vor allem zu beachten, ob das Angebot über die Börse erfolgt und durch welches Medium es verbreitet wird.[5] Der Begriff des »Wertpapiers« wird in § 2 II WpÜG definiert. »Zielgesellschaft« kann nach § 2 III Nr. 1 WpÜG eine inländische AG oder KGaA sein. Sind Gesellschaften mit Sitz in einem anderen Staat des Europäischen Wirtschaftsraums betroffen (Nr. 2), findet das WpÜG nur unter den weiteren Voraussetzungen des § 1 III WpüG Anwendung. Mit »organisierten Märkten« sind hauptsächlich inländische regulierte Märkte gemeint. Fehlt eine Börsenzulassung im Inland, ist das WpÜG nach § 1 II WpÜG nur eingeschränkt anwendbar.

4. Übernahmeverfahren

1107 a) Das WpÜG sieht für die Übernahme einer Zielgesellschaft die Einhaltung eines formalisierten Verfahrens vor. Eingeleitet wird dieses durch die *Entscheidung des Bieters* zur Abgabe eines Angebots. Diesen Entschluss hat er gem. § 10 WpÜG unverzüglich der BaFin sowie den Geschäftsführungen der relevanten Börsen mitzuteilen und sodann im Internet und in einem elektronischen Informationsverbreitungssystem (zB Bloomberg oder Reuters) zu veröffentlichen. Zudem muss der Bieter dem Vorstand der Zielgesellschaft schriftlich Mitteilung machen. Die Entscheidung zur Abgabe eines Angebots ist noch kein verbindliches Angebot iSd § 145 BGB.[6]

Mangels genauer gesetzlicher Bestimmung kann vor allem bei mehrstufigen Entscheidungsprozessen innerhalb des Bieterunternehmens fraglich sein, ab welchem Zeitpunkt eine Veröffentlichungspflicht besteht. Nach hM löst nicht schon der Vorstandsbeschluss, sondern erst die Zustimmung des Aufsichtsrats diese Verpflichtung aus.[7]

1108 b) Nach Ankündigung des Angebots hat der Bieter eine *Angebotsunterlage* zu erstellen, welche die Informationen enthalten muss, »die notwendig sind, um in Kenntnis der Sachlage über das Angebot entscheiden zu können« (§ 11 I 2 WpÜG). Einzelheiten bestimmen § 11 II, III WpÜG sowie die WpÜG-AngebotsVO. Angegeben werden müssen unter anderem Beginn und Ende der Annahmefrist, Absichten des Bieters hinsichtlich der zukünftigen Geschäftstätigkeit der Zielgesellschaft sowie Art und Höhe der Gegenleistung. Insoweit trifft § 31 WpÜG eine Mindestpreisregelung. Ist diese nicht angemessen, haben Aktionäre, die das Übernahmeangebot angenommen haben,

---

3 WpÜG-Angebotsverordnung v. 27.12.2001 (BGBl. 2001 I 4263).
4 Kölner Komm WpÜG/*Versteegen* § 2 Rn. 51.
5 Näher Steinmeyer/*Santelmann* WpÜG § 1 Rn. 14, 17.
6 Angerer/Geibel/Süßmann/*Geibel* WpÜG § 10 Rn. 139.
7 EEO/*Oechsler* WpÜG § 10 Rn. 7; Angerer/Geibel/Süßmann/*Geibel* WpÜG § 10 Rn. 18.

einen Anspruch gegen den Bieter auf Zahlung der angemessenen Gegenleistung.[8] Die BaFin kontrolliert die Angebotsunterlage vor ihrer Veröffentlichung auf formelle Vollständigkeit, nicht jedoch auf inhaltliche Richtigkeit. Für unrichtige Angaben haftet der Bieter nach § 12 WpÜG. Die Angebotsunterlage enthält ein bindendes Angebot iSv § 145 BGB.[9] Zur Schaffung einer ausgewogenen Entscheidungsgrundlage für die Angebotsadressaten[10] haben Vorstand und Aufsichtsrat der Zielgesellschaft im Anschluss eine begründete Stellungnahme zu dem Angebot zu veröffentlichen (§ 27 WpÜG). Mit der Veröffentlichung der Angebotsunterlage beginnt eine vier- bis zehnwöchige Annahmefrist (§ 16 I WpÜG), die sich unter bestimmten Voraussetzungen noch verlängern kann (§§ 21 V, 22 II WpÜG). Unverzüglich nach Ablauf der Frist hat der Bieter die Zahl der von ihm gehaltenen Anteile zu veröffentlichen (§ 23 I Nr. 2 WpÜG), was bei Übernahmeangeboten eine zweiwöchige »weitere Annahmefrist« in Gang setzt (§ 16 II WpÜG). Verfügt der Bieter infolge des Angebotsverfahrens über Aktien der Zielgesellschaft iHv mindestens 95 % des stimmberechtigten Grundkapitals, kann er nach §§ 39a ff. WpÜG beantragen, dass ihm auch die übrigen stimmberechtigten Aktien gegen eine Abfindungszahlung übertragen werden (»übernahmerechtlicher Squeeze-out«; näher dazu und zum »aktienrechtlichen Squeeze-out« nach §§ 327a ff. AktG → Rn. 554ff.).

5. Zulässigkeit von Maßnahmen der Zielgesellschaft zur Abwehr einer Übernahme

Die Frage, welche Abwehrmaßnahmen die Verwaltung der Zielgesellschaft gegen ein **1109** »feindliches« Übernahmeangebot einsetzen darf, gehört zu den zentralen Problemen des Übernahmerechts. Die dazu erlassenen deutschen Regelungen beruhen maßgeblich auf der europäischen Übernahme-RL. Diese normiert den Grundsatz einer strikten Neutralitätspflicht des Vorstands, wobei bestimmte Schutzmaßnahmen zulässig bleiben. Von der strikten Neutralitätspflicht können die Mitgliedstaaten ihre nationalen Gesellschaften allerdings befreien *(opting-out)*. In diesem Fall haben die Aktionäre wiederum das Recht, sich freiwillig dem europäischen Standard zu unterwerfen *(opting-in)*.

a) Deutschland hat von dieser Befreiungsmöglichkeit Gebrauch gemacht. Die zentrale **1110** Norm des § 33 I 1 WpÜG statuiert deshalb keine allgemeine Neutralitätspflicht, sondern lediglich ein enger gefasstes *Behinderungsverbot*.[11] Grundsätzlich darf der Vorstand keine *Poison Pills* (»Giftpillen«) zur Übernahmeverhinderung einsetzen. Darunter fallen etwa die Ausübung genehmigten Kapitals, ein Aktienrückkauf oder die Veräußerung wichtiger Unternehmensteile (der »Kronjuwelen«, daher *Crown Jewel Defence* genannt). Eine denkbare Abwehrmaßnahme ist auch die *Pac Man*-Verteidigung, bei der in einem Gegenangriff die Zielgesellschaft Aktien am Bieter erwirbt, um die Wirkung des § 328 AktG herbeizuführen. Diese Vorschrift bestimmt, dass die Ausübung von Stimmrechten wechselseitig beteiligter Unternehmen auf 25 % beschränkt ist. Praktikabel ist ein solches Gegenangebot aufgrund der Fristvorgaben des WpÜG und des enormen Kapitalbedarfs indes nur selten.[12]

---

8 BGH NZG 2014, 985 – Postbank.
9 Angerer/Geibel/Süßmann/*Geibel* WpÜG § 11 Rn. 2; EEO/*Oechsler* WpÜG § 11 Rn. 1.
10 APS/*Krause/Pötzsch* WpÜG § 27 Rn. 4.
11 Angerer/Geibel/Süßmann/*Brandi* WpÜG § 33 Rn. 10.
12 MüKoAktG/*Schlitt* WpÜG § 33 Rn. 112; *Schanz* NZG 2007, 927 (932).

1111 **b)** § 33 I 2 WpÜG statuiert Ausnahmen von dem Behinderungsverbot. Zulässig sind danach Maßnahmen im Tagesgeschäft, die zwar Abwehrwirkung haben, aber nicht auf eine solche gerichtet sind (Fall 1), weiterhin die Suche nach einem konkurrierenden Angebot, dem »weißen Ritter« (Fall 2) sowie Maßnahmen, die mit Zustimmung des Aufsichtsrats erfolgen (Fall 3). Daneben regelt § 33 II WpÜG die Zulässigkeit von Vorratsbeschlüssen der Hauptversammlung.

Tagesgeschäfte sind zulässig, soweit ein ordentlicher und gewissenhafter Geschäftsleiter einer fiktiven Vergleichsgesellschaft, die sich abgesehen von dem Übernahmeangebot in derselben Situation befindet, diese ebenfalls vorgenommen hätte. Die Suche nach einem weiteren Bieter ist schon deshalb unbedenklich, weil die Aktionäre der Zielgesellschaft dadurch eine für sie günstige weitere Alternative erhalten. Legitimiert sind sämtliche Maßnahmen zur Vorbereitung eines Unternehmenskaufs, wie zum Beispiel die Durchführung einer Due Diligence. § 33 I 2 WpÜG rechtfertigt jedoch keine bevorzugte Behandlung eines »weißen Ritters«.

Der dritte Ausnahmetatbestand, also das Handeln unter Zustimmung des Aufsichtsrats, hat einen ganz erheblichen Anwendungsbereich und kann das grundsätzliche Behinderungsverbot aus § 33 I 1 WpÜG weitgehend aushöhlen. Mögen Vorstand und Aufsichtsrat im Alltag der Gesellschaft teils gegenläufige Interessen haben, sitzen sie in einer Übernahmesituation regelmäßig »in einem Boot«,[13] weshalb die Zustimmung des Aufsichtsrats wahrscheinlicher wird. Dass Aufsichtsratsbeschlüsse im Rahmen des § 33 I 2 WpÜG legitimierende Wirkung haben, stellt zudem eine Besonderheit gegenüber dem allgemeinen Gesellschaftsrecht dar, wonach allein Beschlüsse der Hauptversammlung diesen Effekt haben können (§ 93 IV AktG). In einem Erst-recht-Schluss zu § 93 IV 1 AktG, der für eine Legitimationswirkung von Hauptversammlungsbeschlüssen deren Gesetzmäßigkeit verlangt, wird man jedenfalls für solche Aufsichtsratsbeschlüsse fordern müssen, dass diese rechtmäßig sind. Hierdurch kann sich auch das weite Anwendungsgebiet des § 33 I 2 Var. 3 WpÜG einschränken lassen, wenn man zugleich erhöhte Anforderungen an die Bindungen stellt, denen die Aufsichtsratsmitglieder bei einem Zustimmungsbeschluss unterliegen. Zu denken ist vor allem an die organschaftliche Treuepflicht und den in § 3 III WpÜG für den Aufsichtsrat normierten Grundsatz des Handelns im Interesse der Gesellschaft. Zudem ist zu beachten, dass der Beschluss des Aufsichtsrats die geplanten Maßnahmen genau bezeichnen muss.

Da sich nicht selten eine Ermächtigung durch den Aufsichtsrat problemlos einholen lässt, tritt die durch § 33 II WpÜG eröffnete Möglichkeit etwas in den Hintergrund. Danach sind Handlungen des Vorstands erlaubt, die von einem Hauptversammlungsbeschluss gedeckt sind. An Vorratsbeschlüsse, die Maßnahmen bereits geraume Zeit vor der voraussichtlichen Umsetzung genehmigen, stellt das Gesetz freilich besondere Anforderungen. So sind die Maßnahmen zumindest ihrer Art nach zu bezeichnen und kann die Ermächtigung nur mit einer Dreiviertel-Mehrheit für höchstens 18 Monate im Voraus erteilt werden.

1112 **c)** § 33 WpÜG ist in seinem Anwendungsbereich abschließend, sodass ein Rückgriff auf andere Vorschriften insoweit ausscheidet.[14] Der von § 33 WpÜG erfasste Bereich ist aber vor allem in zeitlicher Hinsicht ganz erheblich eingeschränkt, da die Norm erst ab Veröffentlichung der Entscheidung zur Abgabe eines Angebots (§ 10 I WpÜG) eingreift. Rein präventive Abwehrmaßnahmen ohne Bezug zu einem existenten Angebot sind daher nach den allgemeinen Vorschriften zu beurteilen (etwa §§ 93 I,

---

13 *Hopt*, FS Lutter, 2000, 1361 (1382).
14 MüKoAktG/*Schlitt* WpÜG § 33 Rn. 51; Steinmeyer/*Steinmeyer* WpÜG § 33 Rn. 6.

53a AktG), wonach regelmäßig weniger strenge Maßstäbe für das Vorstandsverhalten gelten. Im Übrigen ist zu beachten, dass auch bei Zulässigkeit einer Abwehrmaßnahme nach § 33 WpÜG stets die ihr zugrunde liegenden Bestimmungen eingehalten werden müssen. So kann die Veräußerung wichtiger Bestandteile (»Kronjuwelen«) einer Gesellschaft der Regelung des § 179a AktG (→ Rn. 607) oder einem »Holzmüller-Vorbehalt« (→ Rn. 607) unterliegen. Beim Rückerwerb eigener Aktien sind §§ 71ff. AktG zu beachten (→ Rn. 549) und bei der Ausgabe neuer Aktien enthalten §§ 182ff. AktG nähere Vorgaben (→ Rn. 651ff.).

d) § 33 WpÜG ist Verhaltens- statt Kompetenznorm,[15] weshalb ein Verstoß die Wirksamkeit von Rechtsgeschäften im Außenverhältnis nicht berührt, solange dieser nicht für den anderen Teil offensichtlich ist und somit ein Fall des Missbrauchs der Vertretungsmacht vorliegt.[16] Dem handelnden Vorstandsmitglied drohen aber im Verhältnis zur Gesellschaft Sanktionen. Vor allem können Schadensersatzansprüche nach § 93 II 1 AktG bestehen.[17] Zudem liegt eine Ordnungswidrigkeit nach § 60 I Nr. 8, III WpÜG vor.

e) Das in der Übernahme-RL vorgesehene Recht der Aktionäre, sich freiwillig den europäischen Regeln zu unterwerfen, hat in §§ 33a ff. WpÜG Niederschlag gefunden. **1113**

aa) So kann nach § 33a I 1 WpÜG die Hauptversammlung anstelle von § 33 WpÜG die Geltung des strengeren »europäischen Verhinderungsverbots« bestimmen. Geschieht dies, gilt fortan für den Vorstand der Zielgesellschaft eine strikte Neutralitätspflicht. Hiervon macht § 33a II 2 WpÜG Ausnahmen, insbesondere sind Handlungen im Rahmen des normalen Geschäftsbetriebs (Nr. 2) und die Suche nach einem »weißen Ritter« (Nr. 4) auch hier erlaubt. Allerdings ist es bei Geltung des Verhinderungsverbotes nicht möglich, Abwehrmaßnahmen mit der Zustimmung des Aufsichtsrats zu rechtfertigen. Ebenso sind Vorratsbeschlüsse unzulässig, da die Ermächtigung durch die Hauptversammlung nach § 33a II 2 Nr. 1 WpÜG erst *nach* Veröffentlichung der Entscheidung zur Angebotsabgabe erfolgen darf. **1114**

bb) Auch § 33b WpÜG bietet den Aktionären die Möglichkeit zu einem *Opt-In*. Danach kann die Satzung die Anwendung der »europäischen Durchbrechungsregel« und somit die Ausschaltung bestimmter Abwehrmechanismen vorsehen. So gelten während der Annahmefrist für ein Übernahmeangebot Übertragungsbeschränkungen von Aktien nicht gegenüber dem Bieter (§ 33b II 1 Nr. 1 WpÜG) und bei Hauptversammlungsbeschlüssen zu Abwehrmaßnahmen entfallen bestimmte Stimmrechtsbeschränkungen (§ 33b II 1 Nr. 2 WpÜG). Nach erfolgreichem Abschluss einer Übernahme entfalten bei der ersten auf Verlangen des Bieters einberufenen Hauptversammlung Stimmbindungsverträge, Entsendungsrechte und Mehrstimmrechte keine Wirkung (§ 33b II 1 Nr. 3 WpÜG), um dem Bieter die Besetzung der Gesellschaftsorgane mit eigenen Repräsentanten zu ermöglichen. **1115**

cc) Eine freiwillige Unterwerfung unter die europäischen Regeln kann für eine Gesellschaft vor allem sinnvoll sein, wenn sie ihre Attraktivität als Übernahmeziel (und somit in der Regel ihren Börsenkurs) steigern oder – im Gegenteil – deutlich machen möchte, dass sie sich auch ohne den Schutz des § 33 WpÜG nicht vor einer Übernahme fürchten muss.[18] Zur Herstellung von Waffengleichheit kann die Hauptversammlung einer Zielgesellschaft, deren Satzung eigentlich die Anwendbarkeit von europä- **1116**

---

15 AA *Winter/Harbarth* ZIP 2002, 1 (17).
16 APS/*Krause/Pötzsch/Stephan* WpÜG § 33 Rn. 303; Angerer/Geibel/Süßmann/*Brandi* WpÜG § 33 Rn. 81.
17 FK-WpÜG/*Röh* § 33 Rn. 134; Angerer/Geibel/Süßmann/*Brandi* WpÜG § 33 Rn. 93.
18 MuKoAktG/*Schlitt* WpÜG § 33a Rn. 10.

ischem Verhinderungsverbot und/oder Durchbrechungsregel vorsieht, nach § 33 c WpÜG beschließen, dass es bei der gesetzlich vorgesehenen Regelung des § 33 WpÜG verbleibt, wenn der Bieter seinerseits dem europäischen Standard nicht unterliegt *(Vorbehalt der Gegenseitigkeit)*.

II. WpHG und MAR

1. Regelungsziele und Systematik

1117 Das 1994 geschaffene Wertpapierhandelsgesetz (WpHG) hat als »Grundgesetz des deutschen Kapitalmarktrechts« zur Angleichung an internationale Standards geführt.[19] Große Teile des Gesetzes lassen sich auf europarechtliche Vorgaben zurückführen. Maßgebliche Änderungen erfuhr das WpHG zunächst durch das Anlegerschutzverbesserungsgesetz.[20] Sodann wurde mit der unmittelbar geltenden EU-Marktmissbrauchs-VO *(Market Abuse Regulation – MAR)*[21] vor allem das Insiderrecht[22] vereinheitlicht und sodann das WpHG mit dem Ersten Finanzmarktnovellierungsgesetz[23] angepasst. Konnte dabei noch weitgehend an den bisherigen Rechtsstand angeknüpft werden,[24] haben sich schließlich wesentliche Änderungen aufgrund des Zweiten Finanzmarktnovellierungsgesetzes[25] ergeben, das in großen Teilen zum 3.1.2018 in Kraft getreten ist und das WpHG grundlegend neugestaltet und erweitert hat.[26]

Die wesentlichen Regelungsbereiche von MAR und WpHG gestalten sich wie folgt:[27]
- In der MAR finden sich das
  - Insiderrecht (Art. 7 ff. MAR, zuvor §§ 12 ff. WpHG aF) mit den Insiderverboten (Art. 14 MAR, zuvor § 14 WpHG aF) und den Regeln zur Ad-hoc-Publizität (Art. 17 MAR, zuvor § 15 WpHG aF) sowie die Regelungen zur
  - Marktmanipulation (Art. 15 MAR, zuvor § 20a WpHG aF) und zu den
  - Eigengeschäften von Führungskräften (Art. 19 MAR, zuvor § 15a WpHG aF).
- Im WpHG verblieben sind dagegen die Bestimmungen über
  - Mitteilungs- und Veröffentlichungspflichten beim Erreichen bedeutender Beteiligungsschwellen an einer Gesellschaft (§§ 33 ff. WpHG, zuvor §§ 21 ff. WpHG aF) sowie zu den
  - Verhaltenspflichten für Wertpapierdienstleistungsunternehmen (§§ 63 ff. WpHG, zuvor §§ 31 ff. WpHG aF).

---

19 Ausf. *Hopt* ZHR 159 (1995), 135 ff.
20 Gesetz zur Verbesserung des Anlegerschutzes (AnSVG) v. 28.10.2004 (BGBl. 2004 I 2630).
21 VO (EU) Nr. 596/2014 des Europäischen Parlaments und des Rates v. 16.4.2014 über Marktmissbrauch, ABl. 2014 L 173, 1.
22 Zuvor in §§ 12 ff. WpHG aF geregelt.
23 Erstes Gesetz zur Novellierung von Finanzmarktvorschriften auf Grund europäischer Rechtsakte (1. FiMaNoG) v. 30.6.2016 (BGBl. 2016 I 1514.)
24 Zu den Änderungen durch die MAR im Überblick *Krause* CCZ 2014, 248 ff. und *Graßl* DB 2015, 2066 ff.
25 Zweites Gesetz zur Novellierung von Finanzmarktvorschriften auf Grund europäischer Rechtsakte (2. FiMaNoG) v. 23.6.2017 (BGBl. 2017 I 1693.)
26 S. auch BR-Drs. 813/16 und 18/10936.
27 Wegen der Aktualität der Neuregelungen werden in dieser Auflage – auch zum erleichterten Auffinden von Literaturstellen – die bislang geltenden Bestimmungen des WpHG weitgehend mit angegeben.

Gemeinsames Ziel dieser Vorschriften ist es, die Funktionsfähigkeit der Finanzmärkte sicherzustellen, wofür das Vertrauen der Anleger von zentraler Bedeutung ist.[28] Dazu trägt die Gewährleistung von Gleichbehandlung, insbesondere des gleichberechtigten Zugangs zu Informationen über marktrelevante Umstände, und die Verfolgung unrechtmäßiger Verwendung von Informationen bei. Für die Praxis ist zudem der von der BaFin herausgegebene Emittentenleitfaden, der die Rechtsauffassung der Bundesanstalt widerspiegelt, von großer Bedeutung.[29]

2. Anwendungsbereich bei M&A-Transaktionen

Die Regelungen der MAR werfen im Zusammenhang mit M&A-Transaktionen zahlreiche Probleme auf. Fraglich ist vor allem, ob einem potentiellen Erwerber während einer Due Diligence Insiderinformationen zugänglich gemacht werden dürfen und es dem Bieter nach Kenntnisnahme dieser Tatsachen noch erlaubt ist, Aktien des Zielunternehmens zu erwerben (→ Rn. 1123). Ebenso ist problematisch, zu welchem Zeitpunkt der Erwerber bzw. die Zielgesellschaft die Tatsache veröffentlichen muss, dass Verhandlungen über den Kauf des Unternehmens geführt werden (→ Rn. 1125). Auch den Regeln des WpHG zur Beteiligungspublizität (→ Rn. 1127) kommt im M&A-Bereich Bedeutung zu. Denn das Erreichen bestimmter Stimmrechtsanteilsschwellen löst Mitteilungspflichten aus. **1118**

3. Verbot von Insidergeschäften

Art. 14 MAR verbietet das Tätigen von Insidergeschäften und den Versuch hierzu (lit. a), die Empfehlung gegenüber Dritten bzw. die Anstiftung Dritter, Insidergeschäfte zu tätigen (lit. b) sowie die unrechtmäßige Offenlegung von Insiderinformationen (lit. c). Den Begriff des Insidergeschäfts konkretisiert Art. 8 MAR. Die unrechtmäßige Offenlegung von Insiderinformationen definiert Art. 10 MAR. **1119**

Die Überwachung des Insidermarktes obliegt der BaFin (§§ 6ff. WpHG). Diese Kontrolle wird maßgeblich durch die »Vorfeldtatbestände« der Art. 18, 19 MAR (zuvor §§ 15a–16 WpHG aF) ermöglicht. So müssen Führungspersonen von Emittenten[30] sowie ihnen nahestehende Personen nach Art. 19 MAR Eigengeschäfte (*Managers' Transactions*, zuvor *Directors' Dealings*) der BaFin melden und veröffentlichen.[31] Führungspersonen von Emittenten sind nach Art. 19 XI MAR jegliche Eigengeschäfte während 30 Tagen vor Ankündigung eines Zwischenberichts bzw. eines Jahresabschlussberichts untersagt *(closed periods)*. Darüber hinaus sind Emittenten und alle in ihrem Auftrag oder für ihre Rechnung handelnden Personen nach Art. 18 MAR verpflichtet, eine Liste derjenigen Personen aufzustellen, die Zugang zu Insiderinformationen haben und Tätigkeiten für den Emittenten wahrnehmen, aufgrund dessen sie Zugang zu Insiderinformationen haben. Verstöße gegen Insiderverbote stellen Straftaten bzw. Ordnungswidrigkeiten nach §§ 119, 120 WpHG dar.

a) Grundvoraussetzung für Insiderverbote ist das Vorliegen einer »Insiderinformation« in Bezug auf Finanzinstrumente (Art. 2 MAR) oder deren Emittenten. Dabei handelt es sich nach Art. 7 I lit. a MAR zum einen um nicht öffentlich bekannte präzise **1120**

---

28 Art. 1 MAR; s. auch BT-Drs. 12/6679, 33.
29 Der bislang noch verfügbare Emittentenleitfaden der BaFin von 2013 (https://www.bafin.de/Shared Docs/Downloads/DE/Leitfaden/WA/dl_emittentenleitfaden_2013.pdf?__blob=publicationFi le&v=4) soll überarbeitet werden, sobald sich eine Verwaltungspraxis zu den Neuregelungen herausgebildet hat; bis dahin gibt die BaFin eine »Orientierungshilfe« auf ihrer Website https://www.bafin.de/SharedDocs/Veroeffentlichungen/DE/Leitfaden/info_neuemittenten.html (abgerufen 1.12.2017).
30 »Emittenten« bezeichnet die Aussteller von Finanzinstrumenten, vgl. Art. 3 I Nr. 21 MAR.
31 *Poelzig* NZG 2016, 761 (767ff.); *Stuber* DStR 2016, 1221ff.

Informationen über bereits gegebene Umstände. Ebenso werden zukünftige Umstände erfasst, deren Eintritt vernünftigerweise erwartet werden kann (Art. 7 II 1 MAR).[32] Bei einem zeitlich gestreckten Vorgang kann auch jeder Zwischenschritt eine Insiderinformation sein, sofern er für sich genommen die Kriterien einer Insiderinformation erfüllt (Art. 7 III MAR).[33] Nicht ausreichend sind dagegen bloße Überlegungen, die nicht über den engen persönlichen Bereich hinausgelangen, wie der Rücktrittsgedanke eines Vorstandsvorsitzenden.[34] Das *Frontrunning*, bei dem ein Wertpapierdienstleister die Kenntnis von Kundenaufträgen vor Ausführung der entsprechenden Kundenordner zum Kauf oder Verkauf eigener Wertpapiere ausnutzt (§ 13 I 4 Nr. 1 WpHG aF), ist in der MAR nicht mehr ausdrücklich als Insiderinformation geregelt. Die Unzulässigkeit eines solchen Vorgehens ergibt sich aber aus einem Umkehrschluss zu Art. 9 II lit. a MAR, wonach nur »normale« Handlungen legitim sind. Öffentlich bekannt, und somit kein Insiderwissen, ist ein Umstand, von dem eine unbestimmte Anzahl von Personen aus dem Kreis der Marktteilnehmer Kenntnis nehmen kann (»Bereichsöffentlichkeit«).[35] So handelt es sich etwa bei einer von einer Bank erstellten und nur einem begrenzten Personenkreis bekannten Bewertung um keine Insiderinformation, solange sie ausschließlich auf öffentlich bekannten Umständen beruht (Erwägungsgrund 28 MAR, zuvor § 13 II WpHG aF).[36]

1121 b) Eine Information ist nur dann Insiderinformation iSv 7 I lit. a MAR, wenn sie zudem direkt oder indirekt einen oder mehrere Emittenten oder ein oder mehrere Finanzinstrumente betrifft und, wenn sie öffentlich bekannt würde, geeignet wäre, deren Kurs oder den damit verbundener derivativer Finanzinstrumente erheblich zu beeinflussen. Dies ist nach Art. 7 IV MAR zu bejahen, wenn ein verständiger Anleger die Information bei seiner Investitionsentscheidung wahrscheinlich berücksichtigen würde. Bei der ex ante-Beurteilung kommt es auf den Zeitpunkt des maßgeblichen Verhaltens (beispielsweise des Erwerbs) an. Deshalb ist es unerheblich, ob die betroffene Information bei Bekanntwerden den Kurs tatsächlich beeinflusst.[37] Freilich kann dem Kursverlauf nach Veröffentlichung aber Indizwirkung zukommen.[38] Das Kriterium der Erheblichkeit soll Bagatellfälle ausschließen. Die Regelung, die keine festen Werte nennt, wird aber wegen des für die strafrechtlichen Sanktionen des § 119 WpHG relevanten Bestimmtheitsgrundsatzes (Art. 103 II GG) teilweise als bedenklich erachtet.[39]

1122 c) Nach Art. 14 lit. a MAR iVm Art. 8 I 1 MAR liegt ein verbotenes Insidergeschäft vor, wenn eine Person über Insiderinformationen verfügt und unter Nutzung dersel-

---

32 Hinsichtlich der Eintrittswahrscheinlichkeit künftiger Umstände will BGH NJW 2013, 2114 (2118) im Anschluss an EuGH NZG 2012, 784, in Abkehr von einer reinen Wahrscheinlichkeitsprüfung, anhand einer umfassenden Würdigung aller bereits verfügbaren Anhaltspunkte prüfen, ob nach den Regeln allgemeiner Erfahrung eher mit deren Eintreten als mit dem Ausbleiben zu rechnen ist. Eine hohe Wahrscheinlichkeit wird nicht gefordert. Zur Kritik s. *Wilsing/Goslar* DStR 2013, 610.
33 Zuvor bereits EuGH NZG 2012, 784 – Markus Geltl/Daimler AG; nachfolgend BGH NJW 2013, 2114 (2116).
34 BGH NJW 2013, 2114.
35 *Klöhn* ZHR 180 (2016), 707ff.; bereits zur früheren Rechtslage Fuchs/*Mennicke/Jakovou* WpHG § 13 Rn. 82ff.
36 Ausf. *Klöhn* WM 2016, 1665ff.
37 Erwägungsgrund 14 MAR; s. auch BGH NZG 2012, 263 (267) – IKB.
38 Erwägungsgrund 15 MAR.
39 *Holzborn/Israel* WM 2004, 1948 (1951) zu § 38 WpHG aF.

ben für eigene oder fremde Rechnung direkt oder indirekt Finanzinstrumente erwirbt oder veräußert, auf die sich die Informationen beziehen (Handelsverbot). Als Insidergeschäft kann gem. Art. 8 I 2 MAR aber auch die Stornierung oder Änderung eines Erwerbsauftrags anzusehen sein. Maßgeblicher Zeitpunkt für das Vorliegen der Tatbestandsvoraussetzungen ist die Ausführung der Kauf- bzw. Verkaufsorder.[40] Darüber hinaus findet sich in Art. 9 MAR ein nicht abschließender Katalog legitimer Handlungen, bei denen kein verbotenes Insidergeschäft vorliegt.[41]

Art. 14 lit. c MAR verbietet es, Insiderinformationen »unrechtmäßig« offenzulegen (Weitergabeverbot). Nach Art. 10 I MAR ist die Weitergabe von Insiderinformationen grundsätzlich unrechtmäßig, es sei denn, die Offenlegung erfolgt im Zuge der normalen Ausübung einer Beschäftigung oder eines Berufs oder der normalen Erfüllung von Aufgaben. Eine Weitergabe, die aus rechtlich bzw. betrieblich notwendigen Gründen erfolgt, etwa an das eigene Büropersonal, ist somit grundsätzlich rechtmäßig.[42]

d) Bei *M&A-Transaktionen* wird regelmäßig eine Due Diligence durchgeführt (→ Rn. 1038 ff.). Problematisch ist, ob der Vorstand der Zielgesellschaft im Hinblick auf das Weitergabeverbot des Art. 14 lit. c MAR rechtskonform handelt, wenn er dem potentiellen Erwerber dabei Insiderinformationen zugänglich macht. Bereits vor der Neuregelung war diese Informationsgewährung nach hM zulässig. Dies ist damit zu begründen, dass sie im Unternehmensinteresse liegt und nicht »unbefugt« erfolgt. Insbesondere kann die Gewährung einer Due Diligence verhindern, dass der neue Aktionär nach seinem Erwerb »böse Überraschungen« in Bezug auf den Zustand des Unternehmens erlebt und schädliche Korrekturmaßnahmen vornehmen muss.[43] Zudem ist der Schutzzweck der Verhaltenspflichten, nämlich der Erhalt des öffentlichen Vertrauens in die Kapitalmärkte (§ 14 WpHG aF), in solchen Konstellationen nicht berührt.[44] An diesen Grundsätzen kann festgehalten werden, wobei weiterhin ein enger Zusammenhang zwischen Offenlegung der Insiderinformation und ausgeübter Tätigkeit iSv Art. 10 I MAR erforderlich ist.[45] **1123**

Es ist jedoch auch zu fragen, ob Organe des Bieters beim anschließenden Erwerb von Aktien des Zielunternehmens gegen das Insiderhandelsverbot des Art. 14 lit. a MAR verstoßen.[46] Maßgeblich ist, ob die Transaktion »unter Nutzung« des Insiderwissens erfolgt, was der EuGH widerleglich vermutet.[47] Die Vermutung wird widerlegt, wenn der Transaktionsentschluss bereits vor Durchführung der Due Diligence feststand und danach ohne Abweichungen durchgeführt wird (»Masterplan-Ausnahme«).[48] In diesem Fall wird das Insiderwissen nämlich nicht für die Kaufentscheidung kausal. Erforderlich ist deshalb eine sorgfältige Dokumentation der Entscheidungsprozesse. Indes dürfte eine Anpassung der Vertragskonditionen nach erfolgter Due Diligence aufgrund der Masterplan-Ausnahme wegen des Änderungs- bzw. Stornierungsverbots des Art. 8 I 2 MAR inzwischen nicht mehr möglich sein.[49] Erst recht liegt ein verbotenes Insidergeschäft vor, wenn erst die im Rahmen der Due Diligence erlangten Infor-

40 *Assmann/Schneider* WpHG § 14 Rn. 12 f.
41 *Seibt/Wollenschläger* AG 2014, 593 (597 f.); *Klöhn* AG 2016, 423 (433 f.).
42 *Poelzig* NZG 2016, 528 (534); *Zetzsche* NZG 2015, 817 ff.
43 *Assmann/Schneider* WpHG § 14 Rn. 164; *Cahn* Der Konzern 2005, 5 (8).
44 *Hemeling* ZHR 169 (2005), 274 (283 f.); *Krömker* M&A Review 2008, 201 (204); so auch die BaFin, Emittentenleitfaden 2013 (https://www.bafin.de/SharedDocs/Downloads/DE/Leitfaden/WA/dl_emittentenleitfaden_2013.pdf?__blob=publicationFile&v=4) soll überarbeitet werden, sobald sich eine Verwaltungspraxis zu den Neuregelungen herausgebildet hat; bis dahin gibt die BaFin eine »Orientierungshilfe« auf ihrer Website https://www.bafin.de/SharedDocs/Veroeffentlichungen/DE/Leitfaden/info_neuemittenten.html (zuletzt abgerufen am 1.12.2017), S. 37 f.
45 *Veil* ZBB 2014, 85 (91 f.); *Krause* CCZ 2014, 248 (253); *Poelzig* NZG 2016, 528 (534).
46 Ausf. *Bühren* NZG 2017, 1172 ff.
47 EuGH C-45/08 = NZG 2010, 107 – Spector Photo – im Fall eines (Primär-)Insiders, der in Kenntnis von einer Insiderinformation in engem Zusammenhang damit Wertpapiergeschäfte tätigte.
48 *Bühren* NZG 2017, 1172 (1175); *Poelzig* NZG 2016, 528 (533); *Seibt/Wollenschläger* AG 2014, 593 (598).
49 *Bühren* NZG 2017, 1172 (1175 f.).

mationen den Entschluss hervorgerufen haben, über den ursprünglich geplanten Umfang hinaus weitere Aktien über die Börse zu erwerben.[50]

Schwierig gestaltet sich auch die Due Diligence vor einem öffentlichen Übernahmeangebot. Während früher eine umfassende Bereichsausnahme für öffentliche Übernahmen angenommen wurde,[51] trifft Art. 9 IV MAR nunmehr eine weiter einschränkende Regelung. Danach ist es zwar zulässig, erlangte Insiderinformationen für die Weiterführung der Übernahme im Wege eines öffentlichen Übernahmeangebots zu nutzen, wobei die Insiderinformation aber vor Annahme des Angebots öffentlich gemacht werden oder anderweitig ihren Charakter als Insiderinformation verlieren muss. Problematisch gestaltet sich dabei vor allem die Veröffentlichungspflicht. Denn der Bieter kann die Insiderinformation infolge des Weitergabeverbots nicht ohne Weiteres veröffentlichen und ist somit von dem Zielunternehmen abhängig (»Insiderfalle«).[52] Die Regelung des Art. 9 IV MAR kann daher nicht als besonders gelungen angesehen werden.

4. Ad-hoc-Publizität

1124 **a)** Insiderinformationen, die einen Emittenten unmittelbar betreffen, hat dieser nach Art. 17 I MAR (§ 15 I 1 WpHG aF) unverzüglich zu veröffentlichen. Zweck dieser Ad-hoc-Publizität ist es, dass Insiderwissen frühzeitig an die Öffentlichkeit gerät und Insidergeschäfte somit verhindert werden.[53] Eine unmittelbare Betroffenheit der Gesellschaft ist vor allem zu bejahen, wenn sich die Insiderinformation auf Umstände bezieht, die in ihrem Tätigkeitsbereich eingetreten sind.[54] Darunter fällt etwa die Tatsache, dass die Gesellschaft bei einer M&A-Transaktion auf der Veräußerer- oder Erwerberseite steht.[55] Unmittelbar betroffen ist eine Gesellschaft auch von der Übermittlung eines Übernahmeangebots iSv § 29 WpÜG, obwohl dieser Umstand »von außen« kommt.[56] Für den Erwerbsinteressenten gilt im Hinblick auf die Entscheidung zur Abgabe eines solchen Angebots Art. 17 MAR nicht, da insoweit bereits das WpÜG die Veröffentlichung vorschreibt (s. § 10 VI WpÜG und → Rn. 1107).

Verstöße gegen die Vorschriften zur Ad-hoc-Publizität stellen Ordnungswidrigkeiten dar (§ 120 XV Nr. 6–11 WpHG). Es können aber auch Schadensersatzpflichten der Gesellschaft entstehen, soweit eine Veröffentlichung unterlassen wurde (§ 97 WpHG) oder falsch war (§ 98 WpHG). Daneben können bei fehlerhaften Informationen auch Schadensersatzansprüche gegen die Organe, insbesondere aus § 826 BGB, in Betracht kommen.[57]

---

50 So bereits die hM zur früheren Rechtslage, s. *Hasselbach* NZG 2004, 1087 (1091) und BaFin, Emittentenleitfaden 2013 (https://www.bafin.de/SharedDocs/Downloads/DE/Leitfaden/WA/dl_emittentenleitfaden_2013.pdf?__blob=publicationFile&v=4, zuletzt abgerufen am 1.12.2017). Dieser soll überarbeitet werden, sobald sich eine Verwaltungspraxis zu den Neuregelungen herausgebildet hat; bis dahin gibt die BaFin eine »Orientierungshilfe« auf ihrer Website https://www.bafin.de/SharedDocs/Veroeffentlichungen/DE/Leitfaden/info_neuemittenten.html (zuletzt abgerufen am 1.12.2017), S. 37f.

51 *Bank* NZG 2012, 1337 (1339); *Hemeling* ZHR 169 (2005), 274 (284), teilweise relativierend BaFin, Emittentenleitfaden 2013 (https://www.bafin.de/SharedDocs/Downloads/DE/Leitfaden/WA/dl_emittentenleitfaden_2013.pdf?__blob=publicationFile&v=4) soll überarbeitet werden, sobald sich eine Verwaltungspraxis zu den Neuregelungen herausgebildet hat; bis dahin gibt die BaFin eine »Orientierungshilfe« auf ihrer Website https://www.bafin.de/SharedDocs/Veroeffentlichungen/DE/Leitfaden/info_neuemittenten.html (zuletzt abgerufen am 1.12.2017), S. 39.

52 Hierzu und zu Lösungsmöglichkeiten *Bühren* NZG 2017, 1172 (1177).

53 Erwägungsgrund 49 MAR; s. auch *Hopt* ZHR 159 (1995), 135 (147).

54 *Klöhn* AG 2016, 423 (429ff.); *Poelzig* NZG 2016, 761 (764ff.); ebenso zuvor § 15 I 3 WpHG aF.

55 *Harbarth* ZIP 2005, 1898 (1903).

56 BT-Drs. 15/3174, 35.

57 Zur Haftung für fehlerhafte oder fehlende Kapitalmarktinformationen *Buck-Heeb* NZG 2016, 1125ff.

b) Im Rahmen eines Unternehmenskaufs ist häufig fraglich, ob und ab welchem Zeit-   **1125**
punkt eine konkrete Information vorliegt, die zu einer erheblichen Beeinflussung des
Börsenkurses geeignet ist. Allgemeine Antworten darauf lassen sich kaum finden. Indes können bei mehrstufigen Entscheidungsprozessen auch Vorgänge in frühen Ver-
handlungsstadien bereits konkret genug sein und die erforderliche Kursrelevanz besitzen. Dies kann je eher bejaht werden, desto bedeutender die anstehende Transaktion ist
(Probability/Magnitude-Test).[58] Weil nach Art. 7 II MAR Insiderinformationen auch
in Bezug auf künftige Umstände vorliegen können, deren Eintritt vernünftigerweise
erwartet werden kann, kann es Konstellationen geben, in denen bereits die Möglichkeit
des anstehenden Vertragsschlusses eine solche Information darstellt.

c) Dies alles bedeutet aber nicht, dass damit stets eine sofortige Publizitätspflicht ein-   **1126**
hergeht. Art. 17 IV 1 MAR (zuvor § 15 III 1 WpHG aF) bietet dem Emittenten näm-
lich die Möglichkeit, sich von der Pflicht zur Veröffentlichung selbst zu befreien.[59] Die
kumulativen Voraussetzungen hierfür sind, dass die unverzügliche Offenlegung geeignet wäre, die berechtigten Interessen des Emittenten zu gefährden (lit. a), das Auf-
schieben der Offenlegung nicht zur Irreführung der Öffentlichkeit geeignet ist (lit. b)
und der Emittent die Geheimhaltung dieser Informationen sicherstellen kann (lit. c).[60]
Bei Wegfall dieser Umstände ist die Veröffentlichung so schnell wie möglich nachzu-
holen (Art. 17 VII MAR). Nähere Regelungen hierzu finden sich in der WpAV[61] sowie
in der Durchführungs-VO 2016/1055/EU.[62] Weiterhin hat die Europäische Wert-
papier- und Marktaufsichtsbehörde ESMA auf Basis von Art. 17 XI MAR nicht abschließende Leitlinien zum Aufschub der Offenlegung von Insiderinformationen her-
ausgegeben.[63]

(1) Die berechtigten Interessen iSv Art. 17 IV MAR werden in Erwägungsgrund 50 MAR nicht abschließend umrissen. Von deren Vorliegen ist auszugehen, wenn eine Veröffentlichung den normalen Ablauf
oder das Ergebnis von Verhandlungen wahrscheinlich beeinträchtigen würde. Entsprechendes gilt, wenn
die von einem Geschäftsführungsorgan getroffene Entscheidung noch der Zustimmung eines anderen
Organs bedarf. Der erste Fall kann etwa bei Verhandlungen über einen Unternehmenskauf einschlägig
sein, wenn aufgrund einer Veröffentlichung Kostensteigerungen oder Wettbewerbsnachteile (beispielsweise dadurch, dass Bieterkonkurrenz auf den Plan gerufen wird) zu befürchten sind oder »Störmanöver«
Dritter (etwa der Arbeitnehmerseite) drohen.[64] Eine vergleichbare Situation liegt vor, wenn aufgrund der
Ad-hoc-Mitteilung bei Kaufverhandlungen für eine Partei ein faktischer Abschlusszwang entsteht, weil
sie sich mit Blick auf das öffentliche Ansehen ein Scheitern nicht mehr leisten kann.[65]

---

58 Der Probability/Magnitude-Test ist nur bei der Kursrelevanz heranzuziehen. Bezüglich der Eintrittswahrscheinlichkeit spricht sich Erwägungsgrund 16 S. 3 MAR ausdrücklich gegen diese Formel
aus, *Klöhn* AG 2016, 423 (428); *Seibt/Wollenschläger* AG 2014, 593 (597).
59 Ausf. zu den Kriterien der Selbstbefreiung *Retsch* NZG 2016, 1201 ff.
60 Weiterführend *Retsch* NZG 2016, 1201 (1203).
61 VO zur Konkretisierung von Anzeige-, Mitteilungs- und Veröffentlichungspflichten nach dem
Wertpapierhandelsgesetz (WpAV) v. 13.12.2004 (BGBl. 2004 I 3376), die zuletzt durch Art. 1 der
VO v. 2.11.2017 (BGBl. 2017 I 3727) geändert worden ist.
62 Durchführungs-VO 2016/1055/EU der Kommission v. 29.6.2016 zur Festlegung technischer
Durchführungsstandards hinsichtlich der technischen Mittel für die angemessene Bekanntgabe von
Insiderinformationen und den Aufschub der Bekanntgabe von Insiderinformationen gem. VO 596/
2014/EU des Europäischen Parlaments und des Rates, ABl. 2016 L 173, 47.
63 ESMA, MAR-Leitlinien, Aufschub der Offenlegung von Insiderinformationen v. 20.10.2016
(ESMA/2016/1478 DE), https://www.esma.europa.eu/system/files_force/library/esma-2016-1478
_de.pdf (zuletzt abgerufen am 30.11.2017).
64 *Brandi/Süßmann* AG 2004, 642 (654); *Harbarth* ZIP 2005, 1898 (1904 f.).
65 *Harbarth* ZIP 2005, 1898 (1905).

(2) Einer Irreführung des Anlegerpublikums bei Zurückhalten der Information kann begegnet werden, indem während des Befreiungszeitraums keine widersprüchlichen Signale aktiv ausgesendet werden. Für die Organe der Gesellschaft empfiehlt sich deshalb, eine »Kein-Kommentar«-Politik zu betreiben.[66]
(3) Die erforderlichen Maßnahmen zur Gewährleistung von Vertraulichkeit lassen sich indirekt aus Art. 4 I lit. c Durchführungs-VO 2016/1055/EU ableiten.[67] Entgegen der früheren Rechtslage[68] bestimmt Art. 17 VII MAR eine Veröffentlichungspflicht bei Gerüchten in Bezug auf Insiderinformationen, die ausreichend präzise sind, dass zu vermuten ist, die Vertraulichkeit sei nicht mehr gewährleistet.[69]

5. Beteiligungspublizität

1127   Wer Stimmrechte an einer börsennotierten Gesellschaft erwirbt und dadurch mit seiner Beteiligung eine der in § 33 I 1 WpHG (zuvor § 21 I 1 WpHG aF) genannten Schwellen (3, 5, 10, 15, 20, 25, 30, 50 oder 75 % der Stimmrechte) erreicht, muss dies unverzüglich der Gesellschaft und der BaFin melden. Bei der Ermittlung des Stimmrechtsanteils sind unter den Voraussetzungen des § 34 WpHG (zuvor § 22 WpHG aF) auch Stimmrechte Dritter zuzurechnen, etwa bei mit diesen abgestimmtem Verhalten *(acting in concert).*[70] Die betroffene Gesellschaft hat daraufhin die Mitteilung zu veröffentlichen (§ 40 WpHG, zuvor 26 WpHG aF). Zudem verpflichtet § 43 WpHG (zuvor § 27a WpHG aF) Personen ab Erreichen der 10 %-Schwelle grundsätzlich dazu, die mit dem Stimmrechtserwerb verfolgten Ziele sowie dessen Finanzierung mitzuteilen.

Werden Mitteilungspflichten nicht befolgt, stellt dies zum einen eine Ordnungswidrigkeit dar (§ 120 II Nr. 2, 4, 10 WpHG). Noch schwerer wiegt daneben jedoch der in § 44 I 1 WpHG (zuvor § 28 WpHG aF) angeordnete Rechtsverlust. Für die Zeit, in der Mitteilungspflichten nicht erfüllt werden, verliert der Meldepflichtige die Rechte aus seinen Aktien, einschließlich der Vermögensrechte. Der Rechtsverlust ist für diesen Zeitraum grundsätzlich endgültig, die Nachholung der Mitteilung hat also keine Rückwirkung (zu beachten ist allerdings die Ausnahme in § 44 I 2 WpHG, vor allem für Dividendenansprüche). Nach § 44 I 3 WpHG tritt bei vorsätzlicher oder grob fahrlässiger Verletzung der Mitteilungspflicht eine weitere Sperrfrist von sechs Monaten ein.

---

66 BaFin, Emittentenleitfaden 2013 (https://www.bafin.de/SharedDocs/Downloads/DE/Leitfaden/ WA/dl_emittentenleitfaden_2013.pdf?__blob=publicationFile&v=4) soll überarbeitet werden, sobald sich eine Verwaltungspraxis zu den Neuregelungen herausgebildet hat; bis dahin gibt die BaFin eine »Orientierungshilfe« auf ihrer Website https://www.bafin.de/SharedDocs/Veroeffentlichun gen/DE/Leitfaden/info_neuemittenten.html (zuletzt abgerufen am 1.12.2017), S. 61; für die MAR ebenso *Retsch* NZG 2016, 1201 (1204).
67 *Retsch* NZG 2016, 1201 (1204).
68 BaFin, Emittentenleitfaden 2013 (https://www.bafin.de/SharedDocs/Downloads/DE/Leitfaden/ WA/dl_emittentenleitfaden_2013.pdf?__blob=publicationFile&v=4) soll überarbeitet werden, sobald sich eine Verwaltungspraxis zu den Neuregelungen herausgebildet hat; bis dahin gibt die BaFin eine »Orientierungshilfe« auf ihrer Website https://www.bafin.de/SharedDocs/Veroeffentlichun gen/DE/Leitfaden/info_neuemittenten.html (zuletzt abgerufen am 1.12.2017), S. 61 f.
69 *Klöhn* AG 2016, 423 (431); *Poelzig* NZG 2016, 761 (765); *Retsch* NZG 2016, 1201 (1205).
70 Bereits zu § 22 WpHG aF *Saenger/Kessler* ZIP 2006, 837 ff.; *Hitzer/Hauser* NZG 2016, 1365 ff.

Anhang – 58 Entscheidungen zum Gesellschaftsrecht

I. Gesellschaft bürgerlichen Rechts/Offene Handelsgesellschaft/Verein

BGH Urt. v. 2.7.1962 – II ZR 204/60

BGHZ 37, 299 = NJW 1962, 1863

Aufwendungsersatzanspruch eines Gesellschafters nach Befriedigung eines Gesellschaftsgläubigers

Grundsätzlich kann der Gesellschafter, der aufgrund seiner nach § 128 HGB bestehenden persönlichen Haftung eine gegen die Gesellschaft bestehende Forderung erfüllt hat, den gem. § 110 HGB bestehenden Erstattungsanspruch nur *gegen die Gesellschaft* selbst geltend machen. Nur wenn deren Vermögen nicht zur Befriedigung des Gesellschafters ausreicht, kann er *von den Mitgesellschaftern* Ersatz pro rata verlangen. Dieser Anspruch resultiert aus der persönlichen Haftung aller Gesellschafter gegenüber den Gläubigern der Gesellschaft, wobei die Subsidiarität den Schutz der Mitgesellschafter vor einer eigenen Leistung bezweckt, welche die Gesellschaft aus ihrem Vermögen erbringen kann.

▶ Ausgleichsanspruch bei Inanspruchnahme

BGH Urt. v. 2.7.1979 – II ZR 132/78 – *Altmarkt*

BGH NJW 1980, 339

Gesamtschuldausgleich und Aufwendungsersatz in der BGB-Gesellschaft

Die subsidiäre Haftung der Mitgesellschafter für den Ausgleich von im Gesellschaftsinteresse gemachten Aufwendungen besteht nicht erst bei der Uneinbringlichkeit im Wege der Zwangsvollstreckung. Sie ist bereits zu bejahen, *wenn der Gesellschaft keine frei verfügbaren Mittel zur Verfügung stehen.*

Der *Geschäftsführer* kann von ihm getätigte Aufwendungen nur aus dem Gesellschaftsvermögen verlangen, weil die Gesellschafter hierfür nicht haften. Denn der Geschäftsführer einer Personengesellschaft darf nur solche Aufwendungen tätigen, die aus dem Gesellschaftsvermögen gedeckt werden können. Eine weitergehende Haftung der Gesellschafter kann sich aber aus einem besonderen Verpflichtungsgrund ergeben.

▶ Aufwendungsersatz

BGH Urt. v. 20.9.1993 – II ZR 104/92 – *Abfindungs-Entscheidung*

BGHZ 123, 281 = NJW 1993, 3193

Wirksamkeit gesellschaftlicher Abfindungsklauseln bei grobem Missverhältnis von Abfindungswert und realem Anteilswert

Eine gesellschaftsvertragliche Abfindungsklausel, die eine unter dem Verkehrswert des Anteils liegende Abfindung vorsieht, wird nicht nichtig, wenn sich aufgrund der zeitlichen Entwicklung eine *erhebliche Diskrepanz zwischen Verkehrswert und vertraglich vereinbartem Betrag* ergibt. Vielmehr ist die Regelung im Sinne der Vertragsparteien zu ergänzen, wobei ein Rückgriff auf das dispositive Gesetzesrecht nur im Ausnahmefall vorzunehmen ist.

Maßstab ist dabei, ob die Gesellschafter diese Entwicklung durch eine anders lautende Regelung berücksichtigt oder es bei der vorhandenen Regelung belassen hätten. Nach den Grundsätzen von Treu und Glauben ist das *Interesse des ausscheidenden Gesellschafters an einer ihm zumutbaren Abfindung* mit dem *der Gesellschaft am Erhalt des Vermögens* in Einklang zu bringen. Entscheidend sind stets die Umstände des Einzelfalles unter Berücksichtigung der veränderten Verhältnisse, wobei zur Berechnung der Abfindung ein Betrag zwischen Buch- und Verkehrswert als Anhalt genommen werden kann.

▶ Abfindungsregelungen

BGH Urt. v. 10.2.1977 – II ZR 120/75 – *Hermann*

BGHZ 68, 225 = NJW 1977, 1339

Erbrechtliche Nachfolgeklausel im Gesellschaftsvertrag über den Anteil eines Komplementärs

Eine gesellschaftsvertragliche Nachfolgeklausel ist im Zweifel dahingehend auszulegen, dass der *Gesellschaftsanteil vererblich* gestellt wird. Rechtsgeschäftliche Nachfolgeklauseln sind als Vertrag zu Lasten Dritter anzusehen, weil die Anteilsübertragung weitreichende Pflichten begründet; ohne *Beteiligung des Betroffenen* sind diese deshalb unwirksam. Es kommt aber die *Umdeutung in eine Eintrittsklausel* in Betracht, um dem Willen der Gesellschafter Geltung zu verschaffen. Die Eintrittsklausel gewährt einem Dritten lediglich die Möglichkeit, anstelle des verstorbenen Gesellschafters in die Gesellschaft einzutreten. Es handelt sich um einen Vertrag zugunsten Dritter auf den Todesfall, der zu einem originären Anteilserwerb führt. Eine Übertragung auf einen Mitgesellschafter durch rechtsgeschäftliche Nachfolgeklausel ist dagegen unproblematisch.

Eine *Erbengemeinschaft* kann als solche keinen Gesellschaftsanteil erwerben. Vielmehr geht dieser im Wege der Einzelrechtsnachfolge nur auf einen auch im Gesellschaftsvertrag berücksichtigten *Miterben* über, der allein Gesellschafter wird. Eine den Anteilswert nicht erreichende Erbquote steht dem Erwerb des Anteils im Wege der Einzelrechtsnachfolge nicht entgegen. Vielmehr bestimmt diese nur den Wert am Gesamt-nachlass und hat Ausgleichszahlungen an die Miterben zur Folge.

▶ Nachfolgeklauseln

BGH Urt. v. 14.4.1975 – II ZR 147/73

BGHZ 64, 238 = NJW 1975, 1318

Inhaltskontrolle von Gesellschaftsverträgen bei Publikumsgesellschaften

Personen, die einer Publikumsgesellschaft als Gesellschafter beitreten, unterzeichnen einen *vorformulierten Gesellschaftsvertrag*, der nicht individuell abänderbar ist und deshalb Einzelinteressen unberücksichtigt lässt. Um einen etwaigen Missbrauch zu verhindern, sind solche Verträge deshalb, ähnlich allgemeinen Geschäftsbedingungen, einer am Maßstab von Treu und Glauben (§ 242 BGB) orientierten Inhaltskontrolle zu unterziehen. Dabei ist der Vertrauensschutz von an der Formulierung des Gesell-schaftsvertrages nicht beteiligten Gesellschaftern in besonderem Maße zu berücksich-tigen.

▶ Inhaltskontrolle von Gesellschaftsverträgen

BGH Urt. v. 21.10.2014 – II ZR 84/13

BGHZ 203, 77 = NJW 2015, 859

Mehrheitsklauseln und Mehrheitsbeschlüsse

Soll im Gesellschaftsvertrag durch *Mehrheitsklausel* vom personengesellschaftsrecht-lichen Einstimmigkeitsprinzip abgewichen werden, bedarf es einer zweistufigen Prü-fung. Zunächst ist auf der ersten Stufe *formell* zu prüfen, ob ein Beschlussgegenstand der Mehrheitsentscheidung unterliegt. Dies ist – unter Aufgabe des früheren Be-stimmtheitsgrundsatzes – auch für außergewöhnliche und Grundlagengeschäfte durch Auslegung des Gesellschaftsvertrags nach allgemeinen Auslegungsgrundsätzen festzu-stellen.

Auf der zweiten Stufe erfolgt die *materielle* Kontrolle, ob sich der Beschluss als treu-widrige Ausübung der Mehrheitsmacht darstellt. Die Unwirksamkeit des Beschlusses kann sich dabei – unabhängig davon, ob ein Eingriff in den Kernbereich nach der Kernbereichslehre vorliegt – entweder wegen eines Eingriffs in ein absolut oder relativ unentziehbares Mitgliedschaftsrecht ergeben. Absolut unentziehbare, also schlechthin unverzichtbare Mitgliedschaftsrechte sind solche, die durch Vertrag weder aufgehoben noch eingeschränkt werden können, sodass dies auch nicht durch Mehrheitsbeschluss möglich ist. Relativ unentziehbare Mitgliedschaftsrechte können nur mit (gegebenen-falls antizipierter) Zustimmung des einzelnen Gesellschafters entzogen werden.

Der BGH hat damit – nachdem sich dies bereits in den Entscheidungen BGHZ 170, 283 (Otto) und BGHZ 179, 13 (Schutzgemeinschaftsvertrag II) angedeutet hatte, sowohl den Bestimmtheitsgrundsatz aufgegeben als sich auch von der Kernbereichslehre distanziert.

▶ Mehrheitsklauseln und -beschlüsse

BGH Urt. v. 29.1.2001 – II ZR 331/00 – *ARGE Weißes Ross*

BGHZ 146, 341 = NJW 2001, 1056

Rechts- und Parteifähigkeit der GbR und persönliche Haftung der Gesellschafter

Der BGH erkennt die *Rechtsfähigkeit* der Gesellschaft bürgerlichen Rechts an. Gesichtspunkte hierfür sind, dass nur dieses Verständnis der Rechtsnatur der gesellschaftsrechtlichen Gesamthandsgemeinschaft ein praktikables und weitgehend widerspruchsfreies Modell für die vom Gesetz in §§ 718–720 BGB gewollte rechtliche Absonderung des Gesellschaftsvermögens vom Privatvermögen der Gesellschafter bietet. Zudem hat die nach außen bestehende Rechtssubjektivität der GbR den Vorzug, dass ein Wechsel im Mitgliederbestand keinen Einfluss auf den Fortbestand der mit der Gesellschaft bestehenden Rechtsverhältnisse hat und die Haftung neu eintretender Gesellschafter wie auch identitätswahrende Umwandlungen von Gesellschaften bürgerlichen Rechts in andere Rechtsformen und aus anderen Rechtsformen zu erklären vermag. Das Ausmaß der Rechtsfähigkeit bestimmt sich danach, in welchem Maße die GbR am Rechtsverkehr teilnimmt und eigene Rechte und Pflichten begründet. Jedoch handelt es sich bei der GbR nicht um eine juristische Person.

Aus der Anerkennung der Rechtsfähigkeit folgt, dass die GbR im Rahmen eines Prozesses *aktiv- und passivlegitimiert* sein kann, wobei die aus dem fehlenden Registereintrag resultierenden Schwierigkeiten kein Argument gegen die Parteifähigkeit darstellen. Vielmehr ist die GbR selbst Inhaberin der Rechte bzw. Schuldnerin, weshalb sie Partei eines Rechtsstreits ist.

Maßgeblich für die persönliche Haftung des Gesellschafters für Verbindlichkeiten der Gesellschaft ist der Bestand der Gesellschaftsschuld, was der *akzessorischen Haftung* aus §§ 128f. HGB gleich kommt, weshalb die für die OHG geltenden Bestimmungen entsprechend heranzuziehen sind.

▶ Rechtsfähigkeit der GbR

▶ Haftung der Gesellschafter

BGH Urt. v. 27.9.1999 – II ZR 371/98 – *Betonbrecher*

BGHZ 142, 315 = NJW 1999, 3483

Ausschluss der persönlichen Haftung eines GbR-Gesellschafters durch Namenszusatz oder sonstigen Hinweis

Für Personengesellschaften ist die *persönliche Haftung* ihrer Gesellschafter bezeichnend, die aus deren gemeinsamer Verpflichtung folgt. Ein *Haftungsausschluss* durch einen Zusatz oder den diesen Willen verdeutlichenden Hinweis ist nicht möglich. Vielmehr bedarf es hierfür einer *individualvertraglichen Vereinbarung.*

▶ Haftungsausschluss

BGH Urt. v. 21.1.2002 – II ZR 2/00 – *Immobilienfonds*

BGHZ 150, 1 = NJW 2002, 1642

Haftungsbeschränkung für Anlagegesellschafter bereits existierender geschlossener Immobilienfonds

Regelmäßig kann ein *Ausschluss* der unbeschränkten persönlichen Haftung der Gesellschafter nicht im Gesellschaftsvertrag, sondern nur *individualvertraglich* mit dem Vertragspartner vereinbart werden. Indes ist bei geschlossenen Immobilienfonds, die lediglich als Kapitalanlage dienen, eine persönliche Haftung der Beteiligten unzumutbar und vom Rechtsverkehr auch nicht zu erwarten. Deshalb ist in einem solchen Fall ausnahmsweise der *Ausschluss der Haftung im Gesellschaftsvertrag sowie formularmäßig im Vertrag mit dem Gläubiger möglich,* ohne dass dies eine gegen Treu und Glauben verstoßende unangemessene Benachteiligung des Vertragspartners iSv § 307 BGB darstellt.

▶ Haftungsbeschränkung beim Immobilienfond

BGH Urt. v. 7.4.2003 – II ZR 56/02 – *Sozietäten*

BGHZ 154, 370 = NJW 2003, 1803

Haftung eines GbR-Gesellschafters für Altverbindlichkeiten

Wegen der akzessorischen Haftung der GbR-Gesellschafter entsprechend §§ 128ff. HGB *haften neu eintretende Gesellschafter gesamtschuldnerisch* mit den übrigen Gesellschaftern für Altverbindlichkeiten *entsprechend § 130 HGB.* Dies folgt auch aus der Identität der Personengesellschaften und des sich unter Umständen unmerklich vollziehenden Wechsels einer GbR in eine OHG. Eine unterschiedliche Behandlung würde zu Rechtsunsicherheit führen, welche es zu verhindern gilt. Zudem kommen dem eintretenden Gesellschafter auch Vorteile aus dem Vermögen und den bestehenden Vertragsbindungen der GbR sowie unbeschränkte Zugriffsmöglichkeiten auf das Kapital zugute, was die Haftung ebenfalls zumutbar macht.

Ob beim *Zusammenschluss Angehöriger freier Berufe* eine Ausnahme von der Einstandspflicht für Verbindlichkeiten aus beruflichen Haftungsfällen nach dem Vorbild von § 8 II PartGG zu machen ist, hat der BGH offen gelassen.

▶ Haftung für Altverbindlichkeiten

BGH Urt. v. 23.10.2001 – XI ZR 63/01 – *Rotplombe*

BGHZ 149, 80 = NJW 2002, 368

GbR als Verbraucher

Der Zusammenschluss mehrerer natürlicher Personen zur Verwirklichung eines gemeinsamen Zwecks ändert nichts an deren Schutzwürdigkeit. Insbesondere kommt es bei der Beurteilung, ob es sich um einen Verbraucher handelt, nicht auf die interne Struktur der GbR an. Diese ist dem Vertragspartner in der Regel unbekannt, sodass eine unterschiedliche Behandlung vielmehr zu erheblicher Rechtsunsicherheit führen würde. Es ist bezüglich der Beurteilung der Verbrauchereigenschaft daher auf den Zeitpunkt des Vertragsschlusses abzustellen, wobei spätere Ereignisse unbedeutend sind.

▶ Verbrauchereigenschaft der GbR

BGH Beschl. v. 4.12.2008 – V ZB 74/08

BGHZ 179, 102 = NJW 2009, 594

Grundbuchfähigkeit der Gesellschaft bürgerlichen Rechts

Als Folge der Rechtsfähigkeit der *GbR* ist das *Gesellschaftsvermögen* dieser und nicht den Gesellschaftern *zuzuordnen.* Deshalb ist auch die Gesellschaft *selbst in das Grundbuch einzutragen,* das die Aufgabe hat, die materielle Rechtslage widerzuspiegeln. Die Grundbuchfähigkeit ist nicht wegen der aus der fehlenden Registereintragung resultierenden Schwierigkeiten abzulehnen. Einzutragen ist die GbR in einer diese von anderen Gesellschaften unterscheidenden Form, wozu *der ihr verliehene Name zu verwenden* ist. Wenn ein solcher nicht vorhanden ist, wird sie als »*Gesellschaft bürgerlichen Rechts, bestehend aus...*« eingetragen, wobei die unter Umständen große Zahl von Gesellschaftern, vor allem bei Publikumsgesellschaften, hinzunehmen ist.

Liegt eine Gerichtsentscheidung vor, die der GbR ein Recht verleiht, kann sie ihre *Identität* mit einer vollstreckbaren Ausfertigung *nachweisen.*

▶ Grundbuchfähigkeit der GbR

BGH Urt. v. 2.7.2007 – II ZR 111/05 – *Sportverein*

BGH NJW 2008, 69

Aktive Parteifähigkeit des nicht rechtsfähigen Vereins

§ 54 S. 1 BGB verweist für den nicht rechtsfähigen Verein ergänzend *auf die Geltung der Vorschriften über die Gesellschaft bürgerlichen Rechts.* Weil dieser infolge der Anerkennung der Rechtsfähigkeit sowohl aktive als auch passive Parteifähigkeit iSv § 50 II ZPO zusteht, kann auch dem nicht rechtsfähigen Verein die *aktive Parteifähigkeit* nicht vorenthalten werden.

▶ Parteifähigkeit des Vereins

BGH Urt. v. 11.12.1978 – II ZR 235/77 – *Bauten*

BGHZ 73, 217 = NJW 1979, 1361

Haftung der Gesellschafter von Personengesellschaften

Der persönlich haftende Gesellschafter ist neben der Gesellschaft in gleicher Weise zur Erfüllung der Verbindlichkeiten verpflichtet und nur im Ausnahmefall zur Leistung von Wertersatz berechtigt. Denn gegen die sog. Haftungstheorie spricht das Sicherungsinteresse der Gesellschaftsgläubiger, welche in Ermangelung eines Haftungskapitals der Personengesellschaft auf die persönliche Haftung der Gesellschafter vertrauen. Letzteren ist die Erfüllung auch nicht unzumutbar, weil von ihnen lediglich verlangt wird, das zu leisten, was der Gläubiger notfalls tun müsste, um den Leistungserfolg selbst herbeizuführen.

Zudem folgt aus der akzessorischen Haftung nach §§ 128 ff. HGB, dass die *Gesellschaftsverbindlichkeiten sowie darauf bezogene Einwendungen mit der Haftung der Gesellschafter übereinstimmen.* Daher hat der in Anspruch genommene Gesellschafter auch die Verjährung unterbrechende Maßnahmen gegen sich gelten zu lassen.

▶ Gesellschafterhaftung

▶ Verjährungsunterbrechung

BGH Urt. v. 27.9.1999 – II ZR 356/98 – *Vergütung*

BGHZ 142, 324 = NJW 2000, 208

Nachhaftung ausgeschiedener Gesellschafter einer Personengesellschaft

Dauerschuldverhältnisse sind ohne Unterscheidung nach gewissem oder ungewissem zukünftigen Verlauf als Verbindlichkeiten iSv § 160 I HGB anzusehen. Diese Norm soll einen Ausgleich zwischen dem Interesse der Gläubiger an einer umfassenden Haftung des Gesellschafters einerseits und dem Schutz des Gesellschafters vor zeitlich unbegrenzter Nachhaftung andererseits schaffen. Dabei stellen insbesondere Dauer-schuldverhältnisse Verbindlichkeiten iSd § 160 I HGB dar, denn die *Rechtsgrundlage der Verpflichtung resultiert bereits aus dem Vertrag selbst;* lediglich die Fälligkeit tritt verzögert ein.

▶ Nachhaftung

BGH Beschl. v. 16.05.2017 – II ZB 7/16 – *Kita*

BGH NJW 2017, 1943

Abgrenzung wirtschaftlichem Verein und Idealverein

Als e.V. nach § 21 BGB eintragungsfähig sind nur Vereine, deren wirtschaftliche Betä-tigung ausschließlich Nebenzweck und dem ideellen Hauptzweck untergeordnet ist. Dem steht es entgegen, wenn der Vereinszweck hauptsächlich darauf gerichtet ist, mit Hilfe eines wirtschaftlichen Geschäftsbetriebs, also einer nach außen gerichteten, plan-mäßigen und dauernden Tätigkeit, Gewinne zu erzielen, die Verein oder Mitgliedern zufließen sollen. Mit ihren vielfältigen Aktivitäten und Angeboten bewegen sich nicht nur Fußballvereine oder Automobilclubs insoweit im Grenzbereich und müssen des-halb die Löschung im Vereinsregister befürchten. Entsprechendes kann auch für eine im Vereinsmodell betriebene Kindertagesstätte gelten.

In dieser für die Abgrenzung von wirtschaftlichem Verein und Idealverein wichtigen Entscheidung weist der BGH darauf hin, dass der historische Gesetzgeber den ge-meinnützigen Verein als einen Regelfall des Idealvereins angesehen hat. Der steuer-rechtlichen Anerkennung eines Vereins als gemeinnützig iSd §§ 51 ff. AO, der eine ent-sprechende Prüfung vorausgeht, kommt deshalb Indizwirkung zu, dass dieser nicht auf einen wirtschaftlichen Geschäftsbetrieb gerichtet ist und folglich in das Vereins-register eingetragen werden kann. Dem Nebenzweckprivileg stehen auch nicht Größe und Umfang der hier vom Verein betriebenen Kindertagesstätten entgegen. Denn nach dem Willen des Gesetzgebers soll ein Verein dazu berechtigt sein, die zur Verwirk-lichung seiner ideellen Zwecke erforderlichen Mittel zu erwirtschaften.

▶ wirtschaftliche Betätigung eines Vereins

II. Kommanditgesellschaft

BGH Urt. v. 17.3.1966 – II ZR 282/63 – *Schneiderei*

BGHZ 45, 204 = WM 1966, 471

Haftung des Kommanditisten bei Vorschieben einer vermögenslosen Person als persönlich haftender Gesellschafter

Eine unbeschränkte Haftung des Kommanditisten ergibt sich nicht daraus, dass der Komplementär mittellos ist. Dies gilt selbst, wenn der Kommanditist wirtschaftlich ge-sehen alleiniger Inhaber des Handelsgeschäfts ist. Denn ein Rechtsmissbrauch kann sich nicht allein aus der Nutzung einer gesetzlich vorgesehenen Gestaltungsmöglichkeit ergeben. Vielmehr bedarf es hierfür zusätzlicher einzelfallabhängiger Umstände, wie zum Beispiel der Verwendung der Gesellschaftsform zu rechtsformwidrigen Zwecken oder zur Täuschung des Rechtsverkehrs.

▶ Haftung der Kommanditisten

BGH Urt. v. 6.2.1958 – II ZR 210/56 – *Synthetische Diamanten*

BGHZ 26, 330 = WM 1958, 355

Rechtsstellung des Kommanditisten bei durch Täuschung entstandener Kommanditgesellschaft

Der Beitritt in eine durch betrügerisches Verhalten eines Gesellschafters entstandene Kommanditgesellschaft kann entsprechend der für fehlerhafte Gesellschaften geltenden Grundsätze *nicht mit ex tunc-Wirkung angefochten* werden. Wird die Gesellschaft abgewickelt, hat der dem Betrug erlegene Kommanditist seine Einlage gleichwohl zu erbringen, um eine gleichmäßige Verteilung des Vermögensverlustes auf alle Betroffenen zu ermöglichen.

▶ Erbringung der Einlage

BGH Urt. v. 28.10.1981 – II ZR 129/80 – *Unfallversicherung*

BGHZ 82, 209 = NJW 1982, 883

Haftung der Kommanditisten für Schuld der KG

Für vor seinem Eintritt begründete Verbindlichkeiten haftet der eintretende Kommanditist lediglich beschränkt nach Maßgabe der §§ 171 ff. HGB. Seine *Haftung* zwischen Eintritt in die Kommanditgesellschaft und Eintragung in das Handelsregister iSv § 176 II HGB *ist weder von seinem Einverständnis mit der Weiterführung der Geschäfte noch davon abhängig, dass der Gläubiger Kenntnis von der Gesellschaftszugehörigkeit hat.* Die unbeschränkte Haftung für aus unerlaubter Handlung resultierende Schadenersatzansprüche wird vom Zweck des § 176 II HGB hingegen nicht gedeckt, weshalb es bezüglich der nach Eintritt des Kommanditisten aus diesem Grund entstandenen Verbindlichkeiten bei der beschränkten Haftung bleibt.

▶ Kommanditistenhaftung

BGH Urt. v. 1.3.2011 – II ZR 83/09

NJW 2011, 2578

Geltendmachung der Nichtigkeit von Gesellschafterbeschlüssen

Die Nichtigkeit von Beschlüssen der Gesellschafterversammlung einer KG wird durch Feststellungsklage *gegen die Mitgesellschafter* geltend gemacht, wenn nicht der Gesellschaftsvertrag bestimmt, dass der Streit *mit der Gesellschaft* auszutragen ist. Die Auslegung des Vertrages richtet sich nach §§ 133, 157 BGB, sodass ein übereinstimmender Parteiwille dem Vertragswortlaut oder einer anderweitigen Auslegung vorgeht. Die Übernahme des eher kapitalgesellschaftsrechtlichen Klagesystems – mit der Gesellschaft als Klagegegner – ist dabei nicht auf Publikumsgesellschaften beschränkt.

▶ Passivlegitimation bei »Anfechtungsklage«

III. Aktiengesellschaft

BGH Urt. v. 1.2.1988 – II ZR 75/87 – *Linotype*

BGHZ 103, 184 = NJW 1988, 1579

Treuepflicht der Aktionäre untereinander; Anfechtung des Auflösungsbeschlusses

Auch in der AG besteht eine Treuepflicht zwischen den Gesellschaftern. Denn auch bei dieser Gesellschaftsform hat ein Mehrheitsgesellschafter die Möglichkeit, Interessen einer Minderheit zu beeinträchtigen, sodass ihm eine *Rücksichtnahmepflicht* aufzuerlegen ist. Für das *Bestehen einer Treuepflicht* ist demnach nicht die Rechtsform, sondern *die innere Struktur der Gesellschaft entscheidend.*

Mehrheitsbeschlüsse, die in Interessen einer Minderheit eingreifen, unterliegen nicht stets einer Kontrolle hinsichtlich Erforderlichkeit und Verhältnismäßigkeit. Vielmehr ist die *Rechtsmissbräuchlichkeit der Ausübung durch Satzung gegebener Rechte einzelfallbezogen festzustellen.* Ein Auflösungsbeschluss der Mehrheit ist aber anfechtbar, wenn der Mehrheitsaktionär durch Absprachen und Einflussnahmen im Vorfeld die Minderheit zu benachteiligen und dieser gegenüber Sondervorteile zu erlangen versucht.

▶ Treuepflicht in der AG

▶ Anfechtbarkeit von Mehrheitsbeschlüssen

BGH Urt. v. 21.4.1997 – II ZR 175/95 – *ARAG/Garmenbeck*

BGHZ 135, 244 = NJW 1997, 1926

Pflicht des Aufsichtsrats zur Geltendmachung von Schadensersatzansprüchen gegen Vorstandsmitglieder

Aus der Überwachungs- und Kontrollfunktion des Aufsichtsrates folgt dessen *Pflicht, das Bestehen von Schadenersatzansprüchen gegen Vorstandsmitglieder eigenverantwortlich zu prüfen,* wobei er die dem Vorstand zustehende Handlungsfreiheit im Rahmen der unternehmerischen Tätigkeit zu beachten hat. Bejaht der Aufsichtsrat das Bestehen eines Ersatzanspruchs, hat er diesen bei positiver Risikoanalyse der Erfolgschancen auch zu verfolgen. Eine Ausnahme von dieser Pflicht bilden lediglich im Unternehmenswohl liegende Umstände. Vorstandsmitglieder betreffende Gesichtspunkte haben dabei jedoch außer Betracht zu bleiben.

▶ Rechtsverfolgungspflicht

BGH Urt. v. 13.3.1978 – II ZR 142/76 – *Kali & Salz*

BGHZ 71, 41 = NJW 1978, 1316

Kapitalerhöhung durch Sacheinlage unter Ausschluss des Bezugsrechts der Aktionäre

Hat die Gesellschaft an einem Gegenstand nach vernünftigen kaufmännischen Erwägungen ein dringendes Erwerbsinteresse, kann dieser im Wege einer Kapitalerhöhung durch Sacheinlage in die Gesellschaft eingebracht werden. Es muss dabei aber ein *Nutzen* zu erwarten sein, *der den durch diese Form der Kapitalerhöhung bedingten Bezugsrechtsausschluss,* der zu einem Stimmrechtsverlust führt, *ausgleicht.* Denn nur dieser Vorteil vermag den Ausschluss des Bezugsrechtes, welches dem Aktionär das Recht gibt, neu emittierte Aktien in Höhe seiner vorherigen Beteiligung zu erwerben, um eine Verwässerung des Anteils zu verhindern, zu rechtfertigen. Beweispflichtig hierfür ist der den Beschluss anfechtende Aktionär, wobei die Gesellschaft die für den Beschluss maßgeblichen Gründe darzulegen hat.

▶ Kapitalerhöhung

BGH Urt. v. 25.2.1982 – II ZR 174/80 – *Holzmüller*

BGHZ 83, 122 = NJW 1982, 1703

Ausgliederung des wertvollsten Teilbetriebs ohne Zustimmung der Hauptversammlung

Wegen einer Maßnahme, welche die Rechte und Interessen der Aktionäre in erheblichem Maße betrifft, kann der Vorstand verpflichtet sein, eine *Entscheidung der Hauptversammlung entsprechend § 119 II AktG* herbeizuführen. Dies ist der Fall, wenn die Maßnahme den *Kernbereich* der Tätigkeit des Unternehmens betrifft und daher über den gewöhnlichen Handlungsbereich hinausgeht.

Bleibt die Obergesellschaft trotz Übertragung des wertvollsten Betriebsteils in der Lage, die in der Satzung festgelegten Unternehmensziele eigenständig zu verfolgen, liegt keine Vermögensübertragung iSv § 361 AktG vor. Auch eine entsprechende Anwendung scheidet in dieser Konstellation aus. Erforderlich ist aber, dass die Ausgliederung noch im Rahmen der Satzung liegt. Im Fall einer Kapitalerhöhung der 100 %igen Tochtergesellschaft hat der Vorstand in der Hauptversammlung der Obergesellschaft die Zustimmung der Mehrheit einzuholen, um die betroffenen Aktionäre vor benachteiligenden Maßnahmen zu schützen. Nicht entschieden hat der BGH, ob dies auch bei einer vorherigen Zustimmung der Hauptversammlung zur Ausgliederung gilt.

▶ Mitwirkungsbefugnis

BGH Urt. v. 26.4.2004 – II ZR 155/02 – *Gelatine I*

BGHZ 159, 30 = NJW 2004, 1860

Ungeschriebene Mitwirkungsbefugnisse der Hauptversammlung

Im Anschluss an die »*Holzmüller*«-Entscheidung bestätigt der BGH, dass die *gesetzlich nicht normierten Mitwirkungsbefugnisse der Hauptversammlung* nur *ausnahmsweise und in engen Grenzen* greifen. Erforderlich ist, dass die betreffende Maßnahme Veränderungen nach sich zieht, die solchen nahekommen, die lediglich durch Satzungsänderung möglich sind. Eine Zustimmung der Hauptversammlung bedarf in diesem Fall der *Dreiviertel-Mehrheit*. Kritik der Literatur an dieser Auffassung begegnet der BGH mit dem Hinweis, dass die Grundlage dieser besonderen Hauptversammlungszuständigkeit das Ergebnis einer offenen Rechtsfortbildung sei.

▶ Mitwirkungsbefugnisse der Hauptversammlung

BGH Urt. v. 19.4.1982 – II ZR 55/81 – *Holzmann*

BGHZ 83, 319 = NJW 1982, 2444

Ermächtigung des Vorstands zum Bezugsrechtsausschluss bei Barkapitalerhöhung

Der *Ausschluss des Bezugsrechts* greift erheblich in die Rechte der Aktionäre ein, deren Beteiligung bei der Kapitalerhöhung zu verwässern droht. Dieser ist deshalb nur ausnahmsweise zulässig, wenn die im Gesellschaftsinteresse liegenden Ziele nicht anders zu erreichen sind. Gleichwohl muss es dem Vorstand möglich sein, flexibel auf die jeweilige Geschäftslage zu reagieren. Daher ist es für die *im Vorfeld getroffene Entscheidung der Hauptversammlung* über die Ermächtigung des Vorstands zum Bezugsrechtsausschluss ausreichend, wenn diese *Maßnahme* nach den gegenwärtigen Umständen und Zukunftsplänen innerhalb der dem Vorstand gewährten Frist als *notwendig und* mit Blick auf die Aktionärsinteressen auch *vertretbar erscheint.* Diese Ermächtigung ist zudem durch sachliche Gründe zu rechtfertigen.

▶ Bezugsrechtsausschluss

BGH Urt. v. 23.6.1997 – II ZR 132/93 – *Siemens/Nold*

BGHZ 136, 133 = NJW 1997, 2815

Kapitalerhöhung unter Bezugsrechtsausschluss der Aktionäre

In Aufgabe der *»Holzmann«*-Entscheidung (BGHZ 83, 319) passt der BGH seine Rechtsprechung den Gegebenheiten und Erfordernissen der Praxis an. Um schnelle und flexible Handlungsmöglichkeiten zu gewährleisten, reicht es aus, dass die *Maßnahme,* zu der der Vorstand ermächtigt werden soll, lediglich *allgemein umschrieben und der Hauptversammlung in dieser Form bekannt gegeben werden muss.* Ist der Vorstand zum Ausschluss des Bezugsrechts ermächtigt, hat er im Rahmen seines unternehmerischen Ermessens *eigenverantwortlich* zu prüfen, ob die Durchführung dieser Maßnahme im konkreten Fall mit dem nach der Satzung vorgeschriebenen Unternehmensgegenstand übereinstimmt, der abstrakten Umschreibung entspricht und auch im Gesellschaftsinteresse liegt. In der nächsten Hauptversammlung hat der Vorstand dann über den Gebrauch dieser Ermächtigung Bericht zu erstatten.

▶ Bezugsrechtsausschluss

BGH Urt. v. 25.11.2002 – II ZR 133/01 – *Macrotron*

BGHZ 153, 47 = NJW 2003, 1032

BGH Beschl. v. 8.10.2013 – II ZB 26/12 – *Frosta*

BGH NJW 2014, 146

Schutz der Minderheitsaktionäre bei regulärem Delisting

Nach dem *Macrotron*-Urteil bedurfte die *Entscheidung über das Delisting,* also die Einstellung der Börsennotierung einer AG, wegen der einschneidenden Auswirkungen auf die Verkehrsfähigkeit und den daraus resultierenden geringeren Wert der Aktien eines Hauptversammlungsbeschlusses. Weil hierfür eine einfache Mehrheit ausreicht, genügte dies allein nicht zum Schutz der Rechte von Minderheits- und Kleinaktionären. Vielmehr war den betroffenen Aktionären ein *Pflichtangebot* in Höhe des Anteilswertes zu unterbreiten, wobei auch die Möglichkeit zur Überprüfung der Richtigkeit der Wertbemessung entsprechend den Regelungen des Spruchverfahrens bestand. Diese Rechtsprechung wurde mit der *Frosta*-Entscheidung aufgegeben. Der BGH geht nunmehr davon aus, dass die Aktionäre bei einem von der Gesellschaft veranlassten Widerruf der Zulassung der Aktie zum Handel im regulierten Markt keinen Anspruch auf eine Barabfindung haben und es weder eines Beschlusses der Hauptversammlung noch eines Pflichtangebots bedarf. Dem ging eine Entscheidung des BVerfG (NJW 2013, 3081) voraus, wonach der Widerruf der Börsenzulassung für den regulierten Markt auf Antrag des Emittenten grundsätzlich nicht den Schutzbereich des Eigentumsgrundrechts des Aktionärs berührt.

▶ Minderheitenschutz

BGH Urt. v. 10.10.2005 – II ZR 148/03 – *Mangusta/Commerzbank I*

BGHZ 164, 241 = NJW 2006, 371

Keine Begründungspflicht vor Ausübung der Ermächtigung zur Kapitalerhöhung unter Bezugsrechtsausschluss

In Weiterführung der »*Macroton*«-Entscheidung hat der BGH bestimmt, dass Aktionäre vor Ausübung des auf einer Ermächtigung der Hauptversammlung beruhenden Rechts zum Ausschluss des Bezugsrechts im Rahmen einer Kapitalerhöhung *nicht schriftlich zu benachrichtigen sind,* weil hierdurch die erforderliche Flexibilität verloren ginge. Vielmehr reicht eine nachträgliche Berichterstattung auf der nächsten Hauptversammlung.

▶ Bezugsrechtsausschluss

BGH Urt. v. 10.10.2005 – II ZR 90/03 – *Mangusta/Commerzbank II*

BGHZ 164, 249 = NJW 2006, 374

Rechtsmittel gegen pflichtwidriges Organhandeln bei Ausnutzung genehmigten Kapitals mit Bezugsrechtsausschluss

Im Anschluss an »*Holzmüller*« (BGHZ 83, 122) und »*Siemens/Nold*« (BGHZ 136, 133) hält der BGH gegen pflichtwidriges, kompetenzüberschreitendes Handeln von Vorstand und Aufsichtsrat in Bezug auf die Ausübung der Ermächtigung zum Bezugsrechtsausschluss im Rahmen einer Kapitalerhöhung *die allgemeine Feststellungsklage* iSv § 256 ZPO für *statthaft*. Wegen der Übertragung der Geschäftsführung auf Vorstand und Aufsichtsrat ist den Aktionären die Mitwirkung entzogen. Hier bietet die Feststellungsklage dem Aktionär die Möglichkeit, seine Rechte zu wahren und das Organhandeln zu kontrollieren. Weiterhin erlaubt die bloße Feststellung der Nichtigkeit im Rahmen der allgemeinen Feststellungsklage die Selbstregulierung durch die Gesellschaft und entspricht am besten den betroffenen Interessen.

▶ Rechtsmittel bzgl. Bezugsrechtsausschluss

BGH Urt. v. 20.3.1995 – II ZR 205/94 – *Girmes*

BGHZ 129, 136 = NJW 1995, 1739

Treuepflicht der Minderheitsaktionäre einer AG und Haftung des Stimmrechtsvertreters

Weil auch *Minderheitsgesellschaftern* bei Erreichen einer bestimmten einflussreichen Position die Möglichkeit zur Beeinträchtigung gesellschaftsbezogener Interessen von Mitaktionären, seien es Mehrheits- oder Kleinaktionäre, zukommt, *obliegt* auch diesen eine *Treuepflicht*. Dies kommt insbesondere bei Stimmbindung oder Stimmrechtbündelung zum Tragen. Im Fall der Treuepflichtverletzung durch Stimmrechtsausübung kommt ein *Schadenersatzanspruch* aus § 117 AktG jedoch nur bei Vorsatz des Aktionars in Bezug auf die Erlangung eines Sondervorteils in Betracht, um die freie Ausübung des Aktionärsrechts zu gewährleisten. Bezüglich der Schadensberechnung ist der Verkehrswert des Anteils, also der Börsenwert, heranzuziehen. Ein am Gesellschaftsvermögen eingetretener Schaden, der sich im Wert der Beteiligung lediglich als Reflex darstellt, kann nur als Leistung an die Gesellschaft ersetzt verlangt werden.

Von Aktionären bevollmächtigte *Stimmrechtsvertreter* trifft selbst keine gesellschaftsrechtliche Treuepflicht, die sich nur aus der Beteiligung an der Gesellschaft ergeben kann. Sie unterliegen bei der Stimmrechtsausübung aber den aus der Treuepflicht folgenden Einschränkungen.

Erbietet sich ein Stimmrechtsvertreter geschäftsmäßig iSd § 135 IX 1 Nr. 3 AktG zur Stimmrechtsausübung, scheidet trotz seiner Unkenntnis des von ihm Vertretenen seine Inanspruchnahme nach § 179 BGB aus. Denn in diesem Fall steht ihm ein Geheimhaltungsrecht zu, das eine *Bekanntgabepflicht* des vertretenen Aktionärs *ausschließt*. Vielmehr handelt er im Namen dessen, den es angeht. Auch die Haftung nach den Grundsätzen der culpa in contrahendo (heute § 311 II BGB) gegenüber nicht von ihm vertretenen Aktionären scheidet aus. Zudem liegt kein Vertrag mit Schutzwirkung zugunsten Dritter vor.

▶ Treupflicht

▶ Stimmrechtsvertreter

BGH Urt. v. 1.2.2010 – II ZR 173/08 – *Eurobike*

BGHZ 184, 158 = NJW 2010, 1747

Nichteinlagefähigkeit von Dienstleistungen bei der AG

Der Grundsatz, dass Dienstleistungen nicht einlagefähig sind (für die GmbH in der *Qivive*-Entscheidung BGHZ 180, 38 bestätigt), gilt auch für die AG. Die Grundsätze der verdeckten Sacheinlage finden auf entgeltliche (Beratungs-)Dienstleistungen der Bezieher neuer Aktien keine Anwendung, weil andernfalls die Gefahr bestünde, dass § 27 II Hs. 2 AktG leerliefe. Entgeltliche Dienstverträge mit einem Inferenten sind im Aktienrecht aber nicht verboten. Die Gesellschaft wird bei einem Missverhältnis zwischen dem Wert einer im zeitlichen Zusammenhang mit dem originären Erwerb von Aktien erbrachten Dienstleistung und ihrer Vergütung durch die Gesellschaft durch die Regelungen über die Unwirksamkeit der Einlageleistung bei Hin- und Herzahlen bzw. durch das Verbot der Einlagenrückgewähr ausreichend geschützt.

▶ Einlagefähigkeit

IV. Gesellschafter mit beschränkter Haftung

BGH Urt. v. 5.6.1975 – II ZR 23/74 – *ITT*

BGHZ 65, 15 = NJW 1976, 191

Verletzung der gesellschaftlichen Rechtspflicht zur Rücksichtnahme

Die gesellschaftsrechtliche *Treuepflicht bezieht sich grundsätzlich nur auf Gesellschafter* innerhalb einer Gesellschaft. Wird eine Gesellschaft hingegen zur *Leitung eines Verbundes* eingesetzt und verwirklicht sich ihre Geschäftstätigkeit auch in diesem, ist eine *Ausnahme* zu machen. Im Fall der Treuepflichtverletzung kann ein Minderheitsgesellschafter einer angeschlossenen Gesellschaft von einem Mehrheitsgesellschafter der leitenden Gesellschaft einen Schadensersatzanspruch auf Leistung an die Gesellschaft geltend machen.

▶ Treuepflichtverletzung

BGH Urt. v. 9.3.1981 – II ZR 54/80 – *Bauunternehmen*

BGHZ 80, 129 = NJW 1981, 1373

Persönliche Haftung bei der Vor-GmbH

Die *Vor-GmbH* ist auf die künftige juristische Person ausgerichtet und somit *bereits körperschaftlich strukturiert.* Diese kann daher, durch ihre Geschäftsführer vertreten, nach außen auftreten, was ihr auch ermöglicht, Komplementärin einer KG zu sein. Von der Vor-GmbH eingegangene Verbindlichkeiten gehen auf die GmbH in Gänze über, auch wenn die Geschäfte, aus denen sie resultieren, nicht durch die Satzung gedeckt sind. Zudem wird die Verpflichtung der Vorgesellschaft nicht dadurch gehindert, dass ausschließlich Bareinlagen vereinbart sind. Für die Aufzehrung des Stammkapitals durch Eingehung der Verbindlichkeiten haften die Gesellschafter anteilig. Nach Eintragung der GmbH erlischt die Haftung der Gründer für Verbindlichkeiten. Wird die Gesellschaft hingegen nicht eingetragen, sondern liquidiert, haften die Gesellschafter nur bis zur Höhe ihrer Einlageverpflichtung.

▶ Haftung in der Vor-GmbH

BGH Urt. v. 27.1.1997 – II ZR 123/94

BGHZ 134, 333 = NJW 1997, 1507

Verlustdeckungs- und Vorbelastungshaftung bei der Vor-GmbH

In Abänderung des *»Bauunternehmen«*-Urteils (BGHZ 80, 129) bejaht der BGH bei der Vor-GmbH eine *einheitliche Gründerhaftung,* die sich in Vorbelastungs- und Verlustdeckungshaftung gliedert, aber den gleichen Voraussetzungen unterliegt. Diese besteht als eine *unbeschränkte Innenhaftung.*

▶ Gründerhaftung

BGH Urt. v. 4.11.2002 – II ZR 204/00 – *Gründung*

BGHZ 152, 290 = NJW 2003, 429

Verlustdeckungshaftung bei gescheiterter GmbH-Grundung

Im Anschluss an BGHZ 134, 333 bejaht der BGH die eine *Innenhaftung* darstellende Verlustdeckungshaftung *nur, wenn* die vor Handelsregistereintragung aufgenommene *Geschäftstätigkeit* nach Aufgabe der Eintragungsabsicht *umgehend eingestellt wird* und *eine Abwicklung stattfindet.* Führen die Gesellschafter die Geschäfte dennoch fort, entspricht die Situation der, dass die Gesellschafter zu keiner Zeit die Absicht hatten, eine Eintragung vornehmen zu lassen. In diesem Fall müssen sie sich deshalb so behandeln lassen, als seien sie in einer Personengesellschaft miteinander verbunden.

Die Gesellschafter haften dann persönlich und gesamtschuldnerisch für die begründeten Verbindlichkeiten.

▶ Gründerhaftung

BGH Urt. v. 16.2.2009 – II ZR 120/07 – *Qivive*

BGHZ 180, 38 = NJW 2009, 2375 = BB 2009, 973

Nichteinlagefähigkeit von Dienstleistungen

Wegen der Durchsetzungsschwierigkeiten sind *Dienstleistungen nicht einlagefähig* und die Grundsätze der verdeckten Sacheinlage auf diese daher nicht anwendbar. Es handelt sich auch nicht um ein Hin- und Herzahlen der Einlagemittel, wenn der Gesellschafter diese nicht für die Vergütung der von ihm erbrachten Dienstleistung zurückhält. Es liegt nämlich weder eine verdeckte Finanzierung noch ein Austausch der Einlageforderung gegen eine andere schuldrechtliche Forderung der Gesellschaft vor. Eigenkapitalersetzenden Charakter kann hingegen ein Vergütungsanspruch erlangen, der stehen gelassen wird.

▶ Einlagefähigkeit

BGH Beschl. v. 17.12.2013 – II ZB 6/13

BGHZ 199, 270 = NJW 2014, 2026

Erfüllung der Formvorschriften bei Beurkundung durch einen ausländischen Notar

Auch die Beurkundung durch einen im Ausland ansässigen Notar genügt den Formvorschriften des deutschen Rechts, wenn das Beurkundungsverfahren dem deutschen *gleichwertig* ist. Voraussetzung dafür ist insbesondere, dass die *rechtliche Stellung* und *Vorbildung* der ausländischen Urkundsperson der eines deutschen Notars entspricht und die *wesentlichen Prinzipien* des deutschen Beurkundungsverfahrens auch im Land der Beurkundung gelten. An dieser Beurteilung hält das Gericht auch nach Einführung des MoMiG fest.

▶ Beurkundung

BGH Beschl. v. 20.9.2011

BGHZ 191, 84 = NZG 2011, 1268

Ein aufschiebend bedingt abgetretener Geschäftsanteil kann nicht nach § 161 III BGB in Verbindung mit § 16 III GmbHG vor Bedingungseintritt von einem Zweiterwerber gutgläubig erworben werden.

▶ Gutgläubiger Erwerb von GmbH-Anteilen

BGH Urt. v. 16.9.1985 – II ZR 275/84 – *Autokran*

BGHZ 95, 330 = NJW 1986, 188

Konzernhaftung bei Vermögenslosigkeit einer abhängigen GmbH

Vermischt der Gesellschafter einer GmbH Gesellschafts- und Privatvermögen, haftet er unbeschränkt. Dabei kann er sich in entsprechender Anwendung von § 129 HGB nur auf solche Einwendungen berufen, die auch der Gesellschaft zustünden.

Entsprechend §§ 303, 322 II, III AktG *haftet der Gesellschafter bei Vermögenslosigkeit einer abhängigen Gesellschaft persönlich,* wenn er deren Geschäfte dauernd und umfassend geführt hat, jedoch nicht darlegen kann, dass diese von einem pflichtgemäß handelnden Geschäftsführer einer selbstständigen Gesellschaft ebenso geführt worden wären.

▶ Konzernhaftung

BGH Urt. v. 29.3.1993 – II ZR 265/91 – *TBB*

BGHZ 122, 123 = NJW 1993, 1200

Haftungsvoraussetzungen im qualifiziert faktischen Konzern

In einem faktischen GmbH-Konzern können sich für die beherrschten Unternehmen und deren Gesellschafter besondere Gefahren ergeben, wenn die Interessen der Beteiligten nicht gleich laufen und ein Gesellschafter seine Einflussmöglichkeit zugunsten eigener unternehmerischer Interessen nutzt. Die gesellschafts- und zivilrechtlichen Haftungsnormen genügen dem Schutz der Betroffenen nicht. Beeinträchtigt der beherrschende Gesellschafter bei Ausübung der Leitungsmacht die Interessen der abhängigen Gesellschaft und ihrer Anteilseigner, ohne dass der Nachteil durch Einzelmaßnahmen ausgeglichen wird, *haftet er entsprechend §§ 302, 303 AktG.* Die Beeinträchtigung wird dabei nicht allein aufgrund der Leitungsmacht vermutet, sondern ist vom Anspruchsteller darzulegen. Sind maßgebliche Umstände jedoch nur der herrschenden Gesellschaft bekannt, kommt bezüglich der Substantiierungslast eine Erleichterung in Betracht.

▶ Haftung im faktischen Konzern

BGH Urt. v. 17.9.2001 – II ZR 178/99 – *Bremer Vulkan*

BGHZ 149, 10 = NJW 2001, 3622

Schutz der abhängigen GmbH gegen Eingriffe des Alleingesellschafters

Bei einer beherrschten Gesellschaft obliegt dem beherrschenden Alleingesellschafter die Pflicht zur Rücksichtnahme auf die Eigenbelange der abhängigen GmbH. Es ist ihm untersagt, der abhängigen Gesellschaft Mittel zu entziehen, die diese zur Erfüllung ihrer Verbindlichkeiten benötigt. Bringt die abhängige GmbH auf Veranlassung des sie beherrschenden Alleingesellschafters *liquide Mittel* in einen konzernierten Liquiditätsverbund ein, *darf der Gesellschafter die Existenz der GmbH nicht gefährden.* Besteht die Gefahr der Existenzvernichtung durch Verlust des Stammkapitals, hat der Alleingesellschafter die beherrschte GmbH darüber aufzuklären. Bei Verletzung dieser Pflichten kommt ein Verstoß gegen § 266 I StGB in Betracht.

▶ Existenzvernichtungshaftung

BGH Urt. v. 24.6.2002 – II ZR 300/00 – *KBV*

BGHZ 151, 181 = NJW 2002, 3024

Haftung der GmbH-Gesellschafter bei existenzvernichtendem Eingriff

In Fortführung des Urteils »*Bremer Vulkan*« (BGHZ 149, 10) wird der durch Gesellschafter erfolgende rücksichtslose *Entzug von Gesellschaftsvermögen,* das zur Erfüllung der Verbindlichkeiten der GmbH erforderlich ist, als Missbrauch dieser Rechtsform qualifiziert. Dies führt zum Verlust des Haftungsprivilegs, weshalb Gläubiger in der Insolvenz der Gesellschaft ihre Forderungen unmittelbar gegen die Gesellschafter geltend machen können.

▶ Existenzvernichtungshaftung

BGH Urt. v. 16.7.2007 – II ZR 3/04 – *Trihotel*

BGHZ 173, 246 = NJW 2007, 2689

Änderung des Haftungskonzepts zum existenzvernichtenden Eingriff

Der BGH bestätigt die *Notwendigkeit einer Existenzvernichtungshaftung.* Unter Aufgabe der vormaligen Qualifizierung als eigenständige Haftungsfigur wird diese aber als eigenständige Fallgruppe der sittenwidrigen vorsätzlichen Schädigung iSv § 826 BGB verstanden. Es handelt sich um eine schadenersatzrechtliche Innenhaftung gegenüber der Gesellschaft. Dem Gesellschafter wird eine persönliche Haftung auferlegt, wenn er der Gesellschaft Vermögenswerte entzieht, ohne auf die Zweckbindung des Vermögens Rücksicht zu nehmen oder für einen angemessenen Ausgleich zu sorgen. Dabei ist der Anspruch aus § 826 BGB einem solchen aus §§ 31, 30 GmbHG gegenüber nicht subsidiär, sondern es besteht Anspruchskonkurrenz.

▶ Existenzvernichtungshaftung

BGH Urt. v. 28.4.2008 – II ZR 264/06 – *GAMMA*

BGHZ 176, 204 = NJW 2008, 2437

Existenzvernichtungshaftung des Gesellschafters

Im Anschluss an »*Trihotel*« (BGHZ 173, 246) wird eine Unterkapitalisierung in Ermangelung eines Eingriffs in das Stammkapital der Gesellschaft *nicht der Existenzvernichtungshaftung nach § 826 BGB unterstellt*. Der BGH lässt allerdings offen, ob insoweit eine neue Fallgruppe der Haftung aus § 826 BGB wegen Unterkapitalisierung der GmbH in Betracht kommt. Hingegen bleibt eine Haftung nach § 826 BGB aufgrund anderer Umstände oder aus § 43 II GmbHG unberührt.

▶ Existenzvernichtungshaftung

BGH Urt. v. 28.6.1999 – II ZR 272/98 – *Altlastenentsorgung*

BGHZ 142, 116 = NJW 1999, 2809

»Finanzplankredit« und Eigenkapitalersatz

Die Verpflichtung zur Gewährung eines sog. Finanzplankredits, welcher ein im Rahmen der Finanzplanung der Gesellschaft fest vorgesehenes Gesellschafterdarlehen darstellt, richtet sich nach den zwischen Gesellschaftern und Gesellschaft getroffenen Vereinbarungen. Für die Umqualifizierung zur eigenkapitalersetzenden Leistung sind die allgemeinen Grundsätze maßgeblich. Die Eigenkapitalersatzregeln erfassen jedoch *nur tatsächlich erbrachte Leistungen*, begründen hingegen keine Pflicht zur Gewährung weiterer. Von der Erfüllung seines Versprechens kann der Gesellschafter nur außerhalb einer Krise der Gesellschaft im Wege der Änderung der als Einlageverpflichtung wirkenden Vereinbarung befreit werden. Befindet sich die Gesellschaft in der Krise, hat der Gesellschafter sein Versprechen zu erfüllen, ohne sich auf die Verschlechterung der Vermögensverhältnisse berufen zu können.

▶ Kapitalersatz

BGH Urt. v. 24.11.2003 – II ZR 171/01 – *November-Urteil*

BGHZ 157, 72 = NJW 2004, 1111

BGH Urt. v. 1.12.2008 – II ZR 102/07 – *MPS*

BGHZ 179, 71 = NJW 2009, 850

Nachteilsausgleich im faktischen Aktienkonzern

Im »*November-Urteil*« (BGHZ 157, 72) ging der BGH davon aus, dass aus dem gebundenen Gesellschaftsvermögen an einen Gesellschafter gewährte Darlehen trotz Werthaltigkeit des Rückzahlungsanspruches einen Verstoß gegen das Kapitalerhaltungsgebot darstellen. Die »*MPS*«-Entscheidung brachte mit der *Rückkehr zur bilanziellen Betrachtungsweise* die Kehrtwende. Für einen Verstoß ist nicht allein die Tatsache maßgeblich, dass die Gesellschaft unter normalen Umständen an einen Dritten kein Darlehen vergeben hätte. Voraussetzung ist vielmehr ein Nachteil in Form einer Gefährdung der Vermögens- oder Ertragslage. Dieser ist zu bejahen, wenn der Rückforderungsanspruch nicht werthaltig ist. Um Änderungen des Kreditrisikos frühzeitig zu erkennen, ist bei einem Upstream-Darlehen zudem ein Informationssystem zwischen Mutter- und Tochtergesellschaft einzurichten, wenn langfristige Darlehen vergeben werden oder ein Cash-Management vorliegt. Dies entspricht der heute geltenden Regelung von § 57 I 3 2. Hs. AktG über die *Zulässigkeit des Abführens liquider Mittel bei Deckung der Leistung durch einen vollwertigen Rückzahlungsanspruch.*

▶ Kapitalerhaltung

BGH Urt. v. 20.9.2010 – II ZR 78/09 – *DOBERLUG*

BGHZ 187, 60 = NJW 2011, 221

Haftung des fakultativen Aufsichtsrats

Bei der GmbH haften die Mitglieder eines fakultativen Aufsichtsrats wegen einer Verletzung ihrer Überwachungspflicht hinsichtlich der Beachtung des Zahlungsverbots bei Zahlungsunfähigkeit oder Überschuldung aus § 64 S. 1 GmbHG nur dann der Gesellschaft gegenüber nach §§ 93 II, 116 AktG, § 52 GmbHG, wenn die GmbH durch die regelwidrigen Zahlungen in ihrem Vermögen iSd §§ 249 ff. BGB geschädigt worden ist. Hingegen haften die Aufsichtsratsmitglieder nicht, wenn eine solche Zahlung – was die Regel darstellt – nur zu einer Verminderung der Insolvenzmasse und damit zu einem Schaden allein der Insolvenzgläubiger geführt hat.

▶ Haftung des Aufsichtsrats

V. Europarecht

EuGH Urt. v. 27.9.1988 – 81/87 – *Daily Mail*

Slg. 1988, 5483 = NJW 1989, 2186

EuGH Urt. v. 9.3.1999 – C-212/97 – *Centros*

Slg. 1999, I-1459 = NJW 1999, 2027

EuGH Urt. v. 5.11.2002 – C-208/00 – *Überseering*

Slg. 2002, I-9919 = NJW 2002, 3614

EuGH Urt. v. 30.9.2003 – C-167/01 – *Inspire Art*

Slg. 2003, I-10155 = NJW 2003, 3331

EuGH Urt. v. 13.12.2005 –C-411/03 – *Sevic*

Slg. 2005, I-10805 = NJW 2006, 425

EuGH Urt. v. 16.12.2008 – C-210/06 – *Cartesio*

Slg. 2008, I-9641 = NJW 2009, 569

EuGH Urt. v. 12.7.2012 – C-378/10 – *VALE*

NJW 2012, 2715

Niederlassungsfreiheit (Art. 49 und 54 AEUV, ex Art. 43, 48 EG)

In mehreren Entscheidungen nimmt der EuGH zur Sitzverlegung von Gesellschaften Stellung. *»Daily Mail« verneint das Recht von Gesellschaften, ihren Sitz in einen anderen Mitgliedstaat zu verlegen* (Wegzugssituation). Hingegen erkennen *»Centros«, »Überseering«* und *»Inspire Art« das Recht einer Gesellschaft an, Zweigniederlassungen in einem anderen Mitgliedstaat zu errichten,* ohne ihren Sitz im Gründungsstaat aufzugeben. Dabei sind die Rechts- und Parteifähigkeit der Gesellschaft vom Zuzugsstaat anzuerkennen (Zuzugssituation). Zudem darf die Niederlassung einer in ihrem

Gründungsstaat wirksam errichteten Gesellschaft in einem anderen Mitgliedstaat nicht von bestimmten Voraussetzungen abhängig gemacht werden, soweit kein Fall des Missbrauchs nachgewiesen werden kann. Auch *»Sevic«,* eine Entscheidung zur *grenz-überschreitenden Verschmelzung* von Gesellschaften, bestätigt im Sinne der Niederlassungsfreiheit die Möglichkeit der Vermögensübertragung als Ganzes auf eine Gesellschaft, die ihren Sitz in einem anderen Mitgliedstaat hat, ohne dass es einer Abwicklung der übertragenden Gesellschaft bedarf. *»Cartesio«* bestätigt für die Fälle des Zuzugs schließlich die frühe *»Daily Mail«*-Entscheidung, wonach die Niederlassungsfreiheit eine Verlegung des Verwaltungssitzes einer Gesellschaft in einen anderen Mitgliedstaat unter Beibehaltung der Rechtsform des Gründungsmitgliedstaates nicht deckt. Regelungen, die dies untersagen, verstoßen deshalb nicht gegen Art. 49 und 54 AEUV (ex Art. 43, 48 EG). *»Vale«* unterstellt hingegen den rechtsformwechselnden Zuzug ausdrücklich dem Schutz der Niederlassungsfreiheit.

▶ Niederlassungsfreiheit

EuGH Urt. v. 26.3.2009 – C-326/07 – *Kommission/Italien*

Slg. 2009, I-2291 = EuZW 2009, 458 Rn. 36

Im Verhältnis von Kapitalverkehrs- und Niederlassungsfreiheit ist von der parallelen Anwendbarkeit der Grundfreiheiten auszugehen. Eine nationale Regelung, die auf alle Arten von Direktinvestitionen anwendbar ist und unabhängig vom Umfang der Beteiligung eines Aktionärs an einer Gesellschaft gilt, kann deshalb sowohl unter Art. 63 AEUV als auch unter Art. 49 AEUV fallen.

▶ Niederlassungsfreiheit

Entscheidungsverzeichnis

Gericht	Datum	Aktenzeichen	Fundstelle	LB-Standort (Rn.)
AG Erfurt	1995-10-25	HRB 1870	Rpfleger 1996, 163	888
BAG	1977-03-24	3 AZR 649/76	BAGE 29, 94	1100
	1983-05-26	2 AZR 477/81	BAGE 43, 13	1102
	1985-02-06	5 AZR 411/83	NJW 1986, 453	1099
	1994-04-20	4 AZR 342/93	ZIP 1994, 1797	1101
	1994-04-28	2 AZR 730/93	NJW 1994, 3117	774
	1996-07-18	8 AZR 127/94	ZIP 1996, 2028	1102
	1997-01-29	2 AZR 472/96	NJW 1997, 1940	175
	1998-01-22	8 AZR 243/95	NJW 1998, 2994	1099
	1998-11-12	8 AZR 282/97	BAGE 90, 163	1099
	1998-12-10	8 AZR 324/97	BAGE 90, 260	1098
	2002-08-08	8 AZR 583/01	NZA 2003, 315	1099
	2002-09-18	1 ABR 54/01	BAGE 102, 356	1101
	2004-03-30	I ABR 61/01	BAGE 110, 100	942
	2004-12-01	5 AZR 117/04	ZIP 2005, 350	542, 543
	2004-12-01	5 AZR 597/03	NJW 2005, 1004	53
	2005-05-24	8 AZR 333/04	NZA 2006, 31	1099
	2007-02-15	8 AZR 431/06	BB 2007, 1675	1103
	2007-03-01	2 AZR 525/05	NJW 2007, 2877	407
	2007-08-14	8 AZR 1043/06	ZIP 2007, 2233	1099
	2007-11-06	1 AZR 862/06	ZIP 2008, 710	1101
BayObLG	1969-02-04	2 Z 81/68	BayObLGZ 1969, 33	454
	1972-10-25	BReg 2 Z 56/72	NJW 1973, 249	477, 482
	1986-03-21	BReg 3 Z 148/85	NJW 1986, 3029	871
	1988-02-25	BReg 3 Z 165/87	NJW 1988, 1599	628
	1994-08-01	3Z BR 157/94	NJW-RR 1995, 31	729
	1994-11-24	3Z BR 115/94	NJW 1995, 199	400
	1995-06-22	3Z BR 71/95	NJW-RR 1996, 413	729
	1997-11-26	3Z BR 279/97	NJW 1998, 1158	63
	1998-02-04	3Z BR 462/97	NJW-RR 1998, 902	888
	1998-03-24	3Z BR 236/96	NZG 1998, 509	942
	1998-03-31	1Z BR 174/97	FamRZ 1999, 170	55
	1998-05-27	3Z BR 110/98	BB 1998, 1496	733, 795

Gericht	Datum	Aktenzeichen	Fundstelle	LB-Standort (Rn.)
	2000-03-27	3Z BR 331/99	NJW 2000, 1647	19
	2001-09-14	3Z BR 290/01	NJW-RR 2002, 456	454
	2002-12-19	2Z BR 7/02	ZIP 2003, 398	854
	2004-02-11	3Z BR 175/03	BB 2004, 570	853, 854
BFH	1972-08-03	IV R 235/67	BStBl. II 1972, 799	1029
	1972-11-22	I R 252/70	BStBl. II 1973, 405	1029
	1978-02-10	III R 115/76	NJW 1978, 1280	389
	1983-12-13	VIII R 90/81	BStBl. II 1984, 474	1040
	1984-06-25	GrS 4/82	BStBl. II 1984, 751	1005, 1024, 1027, 1029
	1985-11-14	IV R 63/83	BStBl. II 1986, 58	1035
	1986-07-09	I R 218/82	BStBl. II 1987, 14	1034
	1990-07-05	GrS 2/89	BStBl. II 1990, 837	1024
	1991-02-25	GrS 7/89	BStBl. II 1991, 691	1024, 1039
	1991-03-06	X R 57/88	BStBl. II 1991, 829	1024
	1992-03-11	XI R 38/89	BStBl. II 1992, 797	1035
	1992-07-07	VIII R 2/87	BStBl. II 1993, 328	1037
	1995-07-03	GrS 1/93	BStBl. II 1995, 617	1020, 1024
	1995-07-25	VIII R 54/93	BStBl. II 1995, 794	1005
	1996-03-07	IV R 2/92	BFHE 180, 121	1016
	1997-12-16	VII R 30/97	NJW-RR 1998, 1187	147
	1998-03-03	VIII R 66/96	BStBl. II 1998, 383	1037
	1998-04-07	VII R 82/97	NJW 1998, 2926	543
	1999-08-11	XI R 12/98	BStBl. II 2000, 229	1028
	2001-06-21	III R 27/98	BFHE 196, 59	1016
	2001-12-10	GrS 1/98	BFHE 197, 240	1016
	2001-12-11	VIII R 58/98	BStBl. II 2002, 420	1039
	2002-03-26	VI R 26/00	BStBl. II 2002, 823	1017
	2002-06-05	I R 69/01	BStBl. II 2003, 329	1051
	2002-08-07	I R 2/02	BStBl. II 2004, 131	1051
	2002-09-18	X R 4/02	HFR 2003, 219	1030
	2003-01-22	X R 37/00	BFHE 201, 264	1016
	2003-04-09	X R 21/00	BStBl. II 2003, 520	1027
	2004-01-23	IV B 3/03	BFH/NV 2004, 781	1016
	2004-03-31	I R 65/03	BStBl. II 2005, 664	1051
	2004-07-14	I R 57/03	BFHE 206, 431	1051

Gericht	Datum	Aktenzeichen	Fundstelle	LB-Standort (Rn.)
	2004-10-06	IX R 53/01	BStBl II 2005, 383	1028
	2005-04-11	GrS 2/02	BStBl II 2005, 679	1030
	2005-10-19	I R 48/04	BB 2006, 253	389
	2012-08-29	I R 7/12	NZG 2012, 1354	843
	2014-06-26	IV R 5/11	BStBl. 2014 II, 972	1028
	2014-08-27	VIII R 6/12	BStBl. 2015 II, 1002	1028
	2015-02-11	X R 36/11	DStRE 2015, 715	497
	2015-09-17	III R 49/13	BStBl. 2017 II, 37	1039
	2015-10-14	I R 20/15	BFHE 252, 44	1049
	2017-01-25	II R 26/16	NZG 2017, 474	489
BGH	1951-01-29	IV ZR 171/50	NJW 1951, 308	71, 270
	1951-10-24	II ZR 109/50	BGHZ 3, 248	451
	1951-10-24	II ZR 18/51	BGHZ 3, 285	79, 81, 85, 90, 91, 271, 328
	1951-11-10	II ZR 111/50	BGHZ 3, 354	125
	1951-11-30	II ZR 109/51	BGHZ 4, 108	213, 241, 316
	1952-02-08	I ZR 92/51	NJW 1952, 537	291
	1952-09-24	II ZR 136/51	BGHZ 7, 174	394
	1952-11-12	II ZR 260/51	BGHZ 8, 35	75, 156
	1952-11-29	II ZR 15/52	BGHZ 8, 157	84, 382
	1952-12-20	II ZR 44/52	BGHZ 8, 249	46
	1953-01-28	II ZR 265/51	BGHZ 8, 348	581
	1953-04-01	II ZR 235/52	BGHZ 9, 157	550, 553, 569, 765
	1953-05-13	II ZR 157/52	BGHZ 10, 44	125
	1953-05-27	II ZR 171/52	NJW 1953, 1220	87, 271
	1953-06-17	II ZR 205/52	BGHZ 10, 91	165, 243, 283
	1953-07-11	II ZR 126/52	BGHZ 10, 187	581
	1953-11-28	II ZR 188/52	BGHZ 11, 190	67, 79, 80, 271
	1954-01-13	II ZR 6/53	BB 1954, 143	273b
	1954-03-24	II ZR 23/53	BGHZ 13, 49	757
	1954-04-28	II ZR 8/53	BGHZ 13, 179	235, 759
	1954-05-12	II ZR 167/53	BGHZ 13, 320	82, 89, 90, 545, 546
	1954-06-09	II ZR 70/53	BGHZ 14, 25	569, 730
	1954-07-14	II ZR 342/53	BGHZ 14, 264	158, 753
	1954-11-10	II ZR 299/53	BGHZ 15, 177	753
	1955-02-17	II ZR 316/53	BGHZ 16, 317	553

Gericht	Datum	Aktenzeichen	Fundstelle	LB-Standort (Rn.)
	1955-03-10	II ZR 309/53	BGHZ 16, 394	148, 176
	1955-03-11	I ZR 82/53	BGHZ 17, 13	202, 271
	1955-04-21	II ZR 227/53	BGHZ 17, 130	133, 217
	1955-04-30	II ZR 202/53	BGHZ 17, 160	81, 88, 91
	1955-05-04	IV ZR 185/54	BGHZ 17, 181	147, 268
	1955-05-21	IV ZR 7/55	BGHZ 17, 299	118, 152
	1955-06-06	II ZR 233/53	BGHZ 17, 340	49, 173, 252
	1955-06-15	IV ZR 304/54	NJW 1955, 1228	745
	1955-06-27	II ZR 232/54	BGHZ 17, 392	341, 351
	1955-09-29	II ZR 225/54	BGHZ 18, 205	730, 785
	1955-10-27	II ZR 310/53	BGHZ 18, 350	569
	1955-11-17	II ZR 222/54	BGHZ 19, 69	757
	1955-11-28	II ZR 16/54	WM 1956, 29	71, 72
	1956-03-03	IV ZR 314/55	BGHZ 20, 149	454
	1956-05-14	II ZR 229/54	BGHZ 20, 363	160, 282
	1956-07-12	II ZR 218/54	BGHZ 21, 242	541, 741, 742
	1956-10-09	II ZB 11/56	BGHZ 21, 378	546
	1956-11-29	II ZR 156/55	BGHZ 22, 226	805
	1956-11-29	II ZR 282/55	BGHZ 22, 240	265
	1956-11-29	II ZR 32/56	BGHZ 22, 234	271
	1956-12-05	V ZR 61/56	BGHZ 22, 312	270
	1957-01-28	III ZR 155/55	JZ 1957, 382	758
	1957-02-14	II ZR 190/55	BGHZ 23, 302	297
	1957-02-14	VII ZR 250/56	BGHZ 23, 307	49, 173
	1957-04-11	II ZR 182/55	BGHZ 24, 106	42
	1957-04-11	VII ZR 280/56	BGHZ 24, 91	329
	1957-05-23	II ZR 250/55	BGHZ 24, 279	245
	1957-06-27	II ZR 15/56	BGHZ 25, 47	165
	1957-06-27	II ZR 37/56	WM 1957, 1128	281
	1957-07-08	II ZR 54/56	BGHZ 25, 115	163
	1957-07-11	II ZR 318/55	BGHZ 25, 134	829
	1957-07-11	VII ZR 226/56	WM 1957, 1047	867
	1957-11-28	II ZR 55/57	BGHZ 26, 126	257, 329
	1958-01-13	II ZR 136/56	WM 1958, 216	326
	1958-02-06	II ZR 210/56	BGHZ 26, 330	223, 274, 285, 286, 351, 436, 438

Gericht	Datum	Aktenzeichen	Fundstelle	LB-Standort (Rn.)
	1958-03-20	II ZR 2/57	BGHZ 27, 51	220
	1958-05-22	II ZR 316/56	BGHZ 27, 297	517
	1958-10-30	II ZR 253/56	NJW 1959, 192	134
	1958-11-06	II ZR 146/57	WM 1959, 53	71, 72, 270
	1958-12-16	VI ZR 245/57	BGHZ 29, 100	778
	1959-02-19	II ZR 22/58	BGHZ 30, 320	854
	1959-05-11	II ZR 2/58	WM 1959, 719	67
	1959-06-15	II ZR 44/58	BGHZ 30, 195	316, 328
	1959-10-28	IV ZR 91/59	BGHZ 31, 197	46
	1959-11-30	II ZR 145/58	NJW 1960, 433	253
	1959-12-14	II ZR 187/57	BGHZ 31, 258	776, 777
	1959-12-17	II ZR 32/59	BGHZ 31, 295	241, 316, 328
	1959-12-17	II ZR 81/59	NJW 1960, 434	324
	1960-01-25	II ZR 22/59	BGHZ 32, 17	553, 765
	1960-04-07	II ZR 143/58	BGHZ 32, 159	564
	1960-04-07	II ZR 69/58	BGHZ 32, 151	767
	1960-05-19	II ZR 72/59	BGHZ 32, 307	62, 215, 221, 272
	1960-07-11	II ZR 260/59	BGHZ 33, 105	146, 151, 285, 287
	1960-07-14	II ZR 188/58	WM 1960, 1121	254
	1960-10-06	II ZR 150/58	BGHZ 33, 175	557
	1960-10-28	V ZR 71/59	BB 1961, 6	300
	1960-11-07	II ZR 216/59	WM 1961, 32	135
	1960-11-14	II ZR 55/59	WM 1961, 303	107
	1960-12-12	II ZR 255/59	BGHZ 34, 27	774
	1961-02-16	III ZR 71/60	BGHZ 34, 293	263, 268, 288, 333
	1961-11-23	II ZR 4/60	BGHZ 36, 121	564, 621
	1961-12-07	II ZR 117/60	BGHZ 36, 142	581
	1962-01-22	II ZR 11/61	BGHZ 36, 292	125, 146, 151, 182, 273a
	1962-05-24	KZR 10/61	BGHZ 37, 160	512
	1962-05-28	II ZR 156/61	WM 1962, 883	163
	1962-06-28	VII ZR 31/61	WM 1962, 1086	45
	1962-07-02	II ZR 204/60	BGHZ 37, 299	166, 167, 253, 261, 277, 299, 302, 321
	1962-07-12	II ZR 13/61	BGHZ 37, 381	138
	1962-09-20	II ZR 209/61	BGHZ 38, 26	176, 286, 774
	1962-12-06	KZR 4/62	BGHZ 38, 306	281

Gericht	Datum	Aktenzeichen	Fundstelle	LB-Standort (Rn.)
	1962-12-20	VII ZR 264/60	WM 1963, 728	252
	1963-01-10	II ZR 95/61	BGHZ 39, 14	147
	1963-05-09	II ZR 124/61	BGHZ 39, 319	166, 220, 277, 295, 302
	1964-04-06	II ZR 75/62	BGHZ 41, 282	454
	1964-05-25	II ZR 42/62	BGHZ 41, 367	175, 182, 287, 351
	1964-10-06	VI ZR 176/63	BGHZ 42, 210	475
	1964-12-09	VIII ZR 304/62	BGHZ 43, 21	866
	1964-12-14	VIII ZR 119/63	BGHZ 42, 396	304
	1965-02-25	II ZR 287/63	BGHZ 43, 261	770, 782
	1965-03-25	II ZR 148/62	WM 1965, 746	255
	1965-04-01	II ZR 182/62	WM 1965, 793	45
	1965-04-15	II ZR 73/62	WM 1965, 795	69
	1965-06-10	II ZR 6/63	BGHZ 44, 40	137, 754
	1965-07-08	II ZR 143/63	WM 1965, 1037	213
	1965-09-27	II ZR 186/63	WM 1965, 1284	112
	1965-09-27	II ZR 239/64	BB 1965, 1167	314
	1965-11-08	II ZR 223/64	BGHZ 44, 229	107, 234, 235, 236, 295, 320
	1965-11-08	II ZR 267/64	BGHZ 44, 235	79, 93, 301
	1965-11-11	II ZR 122/63	BGHZ 44, 245	563, 609
	1966-03-17	II ZR 282/63	BGHZ 45, 204	341
	1966-04-14	II ZR 34/64	WM 1966, 706	330
	1966-04-21	II ZR 74/64	WM 1966, 736	271
	1966-05-02	II ZR 219/63	BGHZ 45, 338	733, 741, 795
	1966-06-02	VII ZR 292/64	BGHZ 45, 282	268, 333
	1966-06-30	II ZR 149/64	WM 1966, 1036	112
	1966-06-30	VII ZR 23/65	BGHZ 45, 311	186, 195, 290, 291
	1966-07-11	II ZR 147/64	WM 1966, 1051	326
	1966-07-14	II ZB 2/66	BGHZ 45, 395	443, 444
	1966-12-12	II ZR 41/65	BGHZ 46, 291	332
	1966-12-20	VI ZR 53/65	BGHZ 46, 313	140
	1966-12-21	VIII ZR 195/64	NJW 1967, 821	264
	1967-01-19	II ZR 27/65	WM 1967, 315	240, 241, 243
	1967-01-26	II ZR 122/64	BGHZ 47, 25	745
	1967-01-26	II ZR 127/65	WM 1967, 346	260
	1967-02-16	II ZR 171/65	WM 1967, 419	72, 270

Gericht	Datum	Aktenzeichen	Fundstelle	LB-Standort (Rn.)
	1967-02-22	IV ZR 309/65	NJW 1967, 1081	72
	1967-03-06	II ZR 231/64	BGHZ 47, 172	448
	1967-03-06	II ZR 257/64	WM 1967, 682	258
	1967-03-30	II ZR 102/65	BGHZ 47, 293	77, 328
	1967-04-20	II ZR 220/65	BGHZ 47, 376	295
	1967-05-29	II ZR 105/66	BGHZ 48, 163	126, 785
	1967-07-06	II ZR 218/65	WM 1967, 1099	279
	1967-07-13	II ZR 268/64	BGHZ 48, 203	318
	1967-07-13	II ZR 72/67	BGHZ 48, 251	156, 282
	1967-11-09	II ZR 64/67	BGHZ 49, 30	776
	1967-12-14	II ZR 30/67	BGHZ 49, 197	770
	1968-01-29	II ZR 126/66	WM 1968, 430	326
	1968-02-05	II ZR 85/67	BGHZ 49, 364	77, 380
	1968-03-25	II ZR 208/64	BGHZ 50, 112	775
	1968-03-27	VIII ZR 10/66	BGHZ 50, 32	265
	1968-06-28	I ZR 142/67	BB 1968, 1053	268
	1968-07-11	II ZR 179/66	BGHZ 50, 316	238
	1968-07-11	VII ZR 63/66	BGHZ 50, 325	41, 58, 473, 474, 475
	1968-10-24	II ZR 216/66	BGHZ 51, 30	746
	1968-12-09	II ZR 33/67	BGHZ 51, 198	182, 285, 287, 341
	1968-12-09	II ZR 42/67	BGHZ 51, 204	212, 213
	1968-12-09	II ZR 57/67	BGHZ 51, 209	785
	1969-02-24	II ZR 123/67	BGHZ 51, 350	398
	1969-04-14	II ZR 142/67	NJW 1969, 1483	211
	1969-09-22	II ZR 144/68	BGHZ 52, 316	157, 775
	1969-11-10	II ZR 40/67	WM 1970, 280	300
	1969-12-01	II ZR 14/68	NJW 1970, 706	158
	1969-12-15	II ZR 69/67	NJW 1970, 468	158
	1970-02-09	II ZR 76/68	NJW 1970, 1540	86
	1970-03-16	II ZR 58/68	MDR 1970, 913	465
	1970-06-29	II ZR 158/69	BGHZ 55, 5	5, 78, 84, 286, 380
	1970-07-08	VIII ZR 28/69	BGHZ 54, 222	469
	1970-07-13	VIII ZR 230/68	BGHZ 54, 251	305
	1970-09-21	II ZR 13/69	BB 1970, 1460	584
	1970-10-26	II ZR 4/69	WM 1971, 20	316
	1970-12-21	II ZR 258/67	BGHZ 55, 267	200, 226, 302

Gericht	Datum	Aktenzeichen	Fundstelle	LB-Standort (Rn.)
	1971-01-11	II ZR 143/68	NJW 1971, 802	250
	1971-04-19	II ZR 159/68	WM 1971, 819	148, 274
	1971-04-19	II ZR 98/68	BGHZ 56, 97	775
	1971-05-10	II ZR 177/68	NJW 1971, 1698	264
	1971-07-06	VI ZR 94/69	BGHZ 56, 355	195
	1971-07-14	III ZR 91/70	WM 1971, 1338	225
	1971-12-09	II ZR 33/68	NJW 1972, 480	77, 91
	1972-01-24	II ZR 3/69	NJW 1972, 862	118, 142
	1972-02-07	II ZR 169/69	BGHZ 58, 115	286
	1972-03-20	II ZR 160/69	WM 1972, 1121	276
	1972-04-20	II ZR 143/69	BGHZ 58, 316	278
	1972-05-09	II ZR 108/70	WM 1973, 170	273b
	1972-06-07	VIII ZR 175/70	BGHZ 59, 64	297
	1972-06-22	II ZR 67/70	WM 1972, 1229	281
	1972-07-13	II ZR 111/70	BGHZ 59, 179	339
	1972-07-13	II ZR 55/70	NJW 1972, 1892	466
	1972-11-09	II ZR 63/71	BGHZ 59, 369	463
	1972-12-14	II ZR 82/70	NJW 1973, 1604	438
	1973-03-29	II ZR 25/70	BGHZ 60, 324	431
	1973-06-25	II ZR 133/70	BGHZ 61, 59	197, 271, 339, 355, 421
	1973-07-02	II ZR 94/71	NJW 1973, 2198	165
	1973-10-15	II ZR 149/71	BGHZ 61, 338	188, 195
	1973-11-09	I ZR 83/72	WM 1974, 253	297
	1973-12-03	II ZR 144/72	WM 1974, 153	290, 291
	1973-12-10	II ZR 53/72	BGHZ 62, 20	79
	1974-02-14	II ZB 6/73	BGHZ 62, 166	774
	1974-02-14	II ZR 83/72	NJW 1974, 899	216
	1974-03-04	II ZR 89/72	BGHZ 62, 193	937, 938
	1974-03-25	II ZR 63/72	BGHZ 62, 234	79, 84, 380
	1974-05-02	II ZR 111/71	NJW 1974, 1284	745
	1974-05-09	II ZR 84/72	NJW 1974, 1555	158, 282
	1974-05-29	IV ZR 210/72	NJW 1974, 1554	46
	1974-07-05	IV ZR 203/72	NJW 1974, 2045	46
	1974-07-08	II ZR 180/72	BGHZ 63, 45	339
	1974-10-09	IV ZR 164/73	NJW 1974, 2278	46

Gericht	Datum	Aktenzeichen	Fundstelle	LB-Standort (Rn.)
	1974-11-18	II ZR 70/73	NJW 1975, 166	320
	1974-12-02	II ZR 78/72	BGHZ 63, 282	464
	1974-12-05	II ZR 24/73	WM 1975, 325	133
	1974-12-19	II ZR 27/73	BGHZ 63, 338	89, 271, 301, 312, 439
	1975-02-03	II ZR 128/73	BGHZ 64, 11	729
	1975-02-27	II ZR 111/72	BGHZ 64, 52	530, 544, 630
	1975-02-27	II ZR 77/73	NJW 1975, 1700	439
	1975-03-06	II ZR 80/73	BGHZ 64, 72	180, 286
	1975-04-14	II ZR 147/73	BGHZ 64, 238	37, 335, 434, 436
	1975-04-28	II ZR 16/73	BGHZ 64, 253	158, 275, 316, 754
	1975-06-05	II ZR 156/73	BGHZ 64, 325	595, 604
	1975-06-05	II ZR 23/74	BGHZ 65, 15	754, 776, 959
	1975-06-12	II ZB 12/73	BGHZ 65, 22	767
	1975-09-18	II ZB 6/74	BGHZ 65, 93	155, 158
	1975-11-24	II ZR 89/74	BGHZ 66, 82	133, 156, 436
	1975-12-15	II ZR 95/73	BGHZ 65, 378	746
	1976-02-09	II ZR 65/75	NJW 1976, 894	439
	1976-02-16	II ZR 171/74	BGHZ 66, 79	439
	1976-03-04	II ZR 178/74	DB 1976, 909	436
	1976-05-24	II ZR 16/75	WM 1976, 1026	81, 271
	1976-05-24	II ZR 207/74	WM 1976, 972	272
	1976-06-14	II ZR 105/74	WM 1976, 1053	133, 135
	1976-10-18	II ZR 102/75	WM 1976, 1307	69
	1976-10-18	II ZR 98/75	BGHZ 68, 81	158, 275, 316, 318
	1976-12-20	II ZR 115/75	DB 1977, 342	785
	1977-01-20	II ZR 217/75	BGHZ 68, 212	213, 315, 316, 1095
	1977-02-10	II ZR 120/75	BGHZ 68, 225	227, 228, 229
	1977-03-14	II ZR 156/75	BGHZ 68, 191	757, 792
	1977-03-28	II ZR 230/75	NJW 1977, 1820	77, 81, 91, 362
	1977-05-04	VIII ZR 298/75	BGHZ 68, 312	805
	1977-05-12	II ZR 89/75	BGHZ 69, 160	312, 326, 439
	1977-06-13	II ZR 232/75	BGHZ 69, 95	62, 339, 745
	1977-07-04	II ZR 150/75	BGHZ 69, 207	437
	1977-07-04	II ZR 91/76	WM 1977, 1140	74
	1977-09-19	II ZR 11/76	NJW 1977, 2316	763
	1977-09-29	II ZR 157/76	BGHZ 69, 274	431

Gericht	Datum	Aktenzeichen	Fundstelle	LB-Standort (Rn.)
	1977-09-29	II ZR 214/75	NJW 1978, 264	230
	1977-10-13	II ZR 123/76	BGHZ 69, 334	931, 938
	1977-11-14	II ZR 35/77	WM 1978, 114	220, 302
	1977-11-14	II ZR 95/76	NJW 1978, 1000	436
	1977-11-28	II ZR 235/75	BGHZ 70, 61	440
	1977-12-19	II ZR 136/76	BGHZ 70, 117	622
	1978-01-19	II ZR 33/76	WM 1978, 514	127
	1978-01-24	VI ZR 264/76	BGHZ 70, 247	202
	1978-02-09	III ZR 59/76	BGHZ 70, 313	497
	1978-02-21	KZR 6/77	BGHZ 70, 331	281
	1978-03-13	II ZR 142/76	BGHZ 71, 40	658
	1978-03-13	II ZR 63/77	BGHZ 71, 53	75, 133, 156, 436
	1978-04-10	II ZR 61/77	NJW 1978, 2505	67, 82, 270
	1978-04-24	II ZR 172/76	BGHZ 71, 284	167, 335, 438
	1978-05-29	II ZR 52/77	NJW 1979, 104	213
	1978-06-15	II ZR 205/76	BGHZ 72, 45	745
	1978-10-26	II ZR 119/77	WM 1979, 72	286
	1978-11-08	VIII ZR 190/77	BGHZ 72, 267	172, 184, 193
	1978-11-23	II ZR 20/78	NJW 1979, 1705	265
	1978-12-11	II ZR 235/77	BGHZ 73, 217	297, 304
	1979-02-19	II ZR 225/77	WM 1979, 889	272
	1979-04-02	II ZR 141/78	NJW 1979, 2304	473
	1979-04-30	II ZR 137/78	BGHZ 74, 240	173, 184, 193, 198
	1979-05-28	II ZR 172/78	WM 1979, 1058	158
	1979-06-18	II ZR 194/77	NJW 1980, 54	430
	1979-06-21	IX ZR 69/75	NJW 1979, 1987	321, 330
	1979-06-26	KZR 25/78	NJW 1980, 186	464
	1979-07-02	II ZR 132/78	NJW 1980, 339	135, 152, 166, 167, 220, 277, 299, 302
	1979-09-24	II ZR 95/78	BGHZ 75, 214	86
	1979-10-08	II ZR 257/78	BGHZ 75, 178	248, 322, 325
	1979-11-12	II ZR 174/77	BGHZ 75, 321	140
	1979-11-26	II ZR 256/78	NJW 1980, 784	271
	1979-11-26	II ZR 87/79	NJW 1980, 1744	258
	1980-01-14	II ZR 218/78	NJW 1980, 1628	250
	1980-01-28	II ZR 250/78	BGHZ 76, 127	277

Gericht	Datum	Aktenzeichen	Fundstelle	LB-Standort (Rn.)
	1980-02-11	II ZR 41/79	BGHZ 76, 160	145, 165, 273b
	1980-03-24	II ZR 213/77	BGHZ 76, 326	426, 797
	1980-07-14	II ZR 161/79	BGHZ 78, 82	773
	1980-10-06	II ZR 60/80	BGHZ 79, 337	438
	1980-10-20	II ZR 257/79	NJW 1981, 1095	167, 220
	1980-11-03	II ZB 1/79	BGHZ 78, 311	727
	1980-11-05	VIII ZR 230/79	BGHZ 78, 318	867
	1980-12-15	II ZR 52/80	BGHZ 79, 374	49, 96, 172, 184, 216
	1981-01-29	II ZR 92/80	BGHZ 79, 291	584
	1981-02-09	II ZR 38/80	NJW 1981, 2251	440
	1981-02-16	II ZR 168/79	BGHZ 80, 69	281
	1981-02-16	II ZB 8/80	BGHZ 80, 76	757
	1981-02-23	II ZR 229/79	BGHZ 80, 346	553, 765
	1981-03-09	II ZR 54/80	BGHZ 80, 129	61, 268, 541, 543, 628, 735, 741, 743, 746
	1981-03-16	II ZR 59/80	BGHZ 80, 182	745
	1981-03-23	II ZR 27/80	BGHZ 80, 212	61, 742, 787
	1981-04-27	II ZR 177/80	NJW 1981, 2579	304
	1981-05-20	V ZB 25/79	NJW 1982, 170	5, 46
	1981-06-22	II ZR 94/80	NJW 1982, 99	45, 250
	1981-06-29	II ZR 142/80	BGHZ 81, 82	235, 320, 374, 375, 376
	1981-06-29	II ZR 165/80	NJW 1981, 2802	255
	1981-07-13	II ZR 256/79	BGHZ 81, 252	797, 799
	1981-07-13	II ZR 56/80	BGHZ 81, 263	156, 213, 315, 316
	1981-10-05	II ZR 203/80	NJW 1982, 1817	273a
	1981-10-26	II ZR 31/81	NJW 1982, 932	541
	1981-10-28	II ZR 129/80	BGHZ 82, 209	362, 365, 372
	1981-11-16	II ZR 150/80	IPRax 1983, 70	868
	1981-11-16	II ZR 213/80	NJW 1982, 877	146, 182, 273a
	1982-01-25	II ZR 164/81	BGHZ 83, 35	460
	1982-02-08	II ZR 235/81	NJW 1982, 2443	304
	1982-02-25	II ZR 102/81	BGHZ 83, 144	1064
	1982-02-25	II ZR 123/81	BGHZ 83, 106	1064
	1982-02-25	II ZR 145/80	BGHZ 83, 151	1064
	1982-02-25	II ZR 174/80	BGHZ 83, 122	566, 607, 613, 716

Gericht	Datum	Aktenzeichen	Fundstelle	LB-Standort (Rn.)
	1982-03-04	I ZR 107/80	NJW 1983, 1188	71
	1982-04-19	II ZR 55/81	BGHZ 83, 319	658, 660
	1982-05-03	II ZR 78/81	BGHZ 84, 11	434, 436
	1982-05-10	II ZR 89/81	BGHZ 84, 47	757
	1982-05-13	V BLw 22/80	NJW 1982, 2251	440
	1982-05-24	II ZR 124/81	BGHZ 84, 141	438
	1982-07-08	IX ZR 99/80	BGHZ 84, 361	5
	1982-07-12	II ZR 157/81	BGHZ 84, 379	241, 245
	1982-07-12	II ZR 263/81	BGHZ 84, 388	47
	1982-09-27	II ZR 241/81	NJW 1983, 164	135
	1982-09-29	I ZR 88/80	BGHZ 85, 84	444, 445
	1982-09-30	III ZR 58/81	NJW 1983, 748	88, 90
	1982-10-27	VIII ZR 187/81	NJW 1983, 676	819
	1982-10-28	I ZR 134/80	NJW 1983, 1191	65
	1982-11-15	II ZR 62/82	BGHZ 85, 350	75, 156 160, 282, 312
	1982-11-29	II ZR 88/81	BGHZ 86, 1	564
	1982-12-01	VIII ZR 206/81	NJW 1983, 749	139, 300
	1982-12-06	II ZR 70/82	DB 1983, 489	436
	1982-12-13	II ZR 282/81	BGHZ 86, 122	746
	1982-12-20	II ZR 110/82	BGHZ 86, 177	275, 773
	1982-12-22	V ZR 315/81	WM 1983, 220	297
	1983-01-20	II ZR 243/81	NJW 1983, 1910	616
	1983-01-26	VIII ZR 257/81	BGHZ 86, 340	52
	1983-01-31	II ZR 288/81	BGHZ 86, 367	235
	1983-02-23	VIII ZR 325/81	BGHZ 87, 27	819
	1983-02-28	II ZB 8/82	BGHZ 87, 59	818
	1983-03-21	II ZR 113/82	NJW 1983, 2258	430
	1983-04-25	II ZR 170/82	NJW 1984, 173	275
	1983-05-02	II ZR 148/82	NJW 1983, 2375	250
	1983-06-20	II ZR 200/82	NJW 1983, 2822	60
	1983-06-20	II ZR 85/82	WM 1983, 910	163, 276
	1983-10-10	II ZR 181/82	WM 1983, 1279	127
	1983-10-10	II ZR 213/82	ZIP 1984, 59	159
	1983-10-17	II ZR 31/83	WM 1984, 29	773
	1983-11-14	II ZR 33/83	BGHZ 89, 48	773, 1064
	1983-11-21	II ZR 27/83	NJW 1984, 865	438

Gericht	Datum	Aktenzeichen	Fundstelle	LB-Standort (Rn.)
	1983-12-05	II ZR 242/82	BGHZ 89, 162	137, 281, 349
	1983-12-05	II ZR 252/82	BGHZ 89, 153	468
	1983-12-05	II ZR 56/82	NJW 1984, 1461	286, 775
	1984-01-16	II ZR 36/83	NJW 1984, 2470	344
	1984-01-25	VIII ZR 227/82	NJW 1984, 2284	819
	1984-03-01	IX ZR 34/83	NJW 1984, 1953	288
	1984-03-26	II ZR 171/83	BGHZ 90, 381	645, 938
	1984-05-07	II ZR 276/83	BGHZ 91, 148	60, 541, 739
	1984-06-04	II ZR 230/83	NJW 1985, 1898	321
	1984-10-22	II ZR 2/84	WM 1984, 1640	437
	1984-11-05	II ZR 111/84	NJW 1985, 974	156, 158, 282
	1984-11-05	II ZR 147/83	BGHZ 92, 386	761
	1984-11-19	II ZR 102/84	NJW 1985, 972	75, 158
	1984-12-10	II ZR 91/84	BGHZ 93, 151	464
	1985-01-29	X ZR 54/83	BGHZ 93, 327	323, 565
	1985-02-25	II ZR 99/84	WM 1985, 997	175
	1985-04-15	II ZR 274/83	NJW 1985, 1901	813
	1985-05-13	II ZR 170/84	NJW 1985, 2830	282
	1985-05-20	II ZR 165/84	BGHZ 94, 324	777
	1985-07-08	II ZR 269/84	BGHZ 95, 188	355
	1985-07-08	II ZR 4/85	NJW 1986, 844	148, 274
	1985-09-16	II ZR 275/84	BGHZ 95, 330	805, 807, 931, 963, 977, 979
	1985-09-23	II ZR 246/84	NJW 1986, 585	589
	1985-09-23	II ZR 257/84	NJW 1986, 584	137, 138, 281
	1985-10-21	II ZR 57/85	NJW-RR 1986, 256	324
	1985-10-24	VII ZR 337/84	BGHZ 96, 151	248, 325
	1985-11-11	II ZB 5/85	BGHZ 96, 245	446
	1986-01-20	II ZR 73/85	BGHZ 97, 28	777, 787
	1986-03-21	V ZR 10/85	BGHZ 97, 269	830
	1986-03-25	VI ZR 90/85	BGHZ 97, 273	195
	1986-04-21	II ZR 165/85	BGHZ 97, 382	282, 777
	1986-05-05	II ZR 163/85	WM 1986, 1314	107
	1986-05-14	Iva ZR 155/84	BGHZ 98, 48	227
	1986-09-25	II ZR 262/85	BGHZ 98, 276	137, 754
	1986-09-29	II ZR 285/85	WM 1986, 1556	158

Gericht	Datum	Aktenzeichen	Fundstelle	LB-Standort (Rn.)
	1986-10-09	II ZR 284/85	ZIP 1986, 1381	576
	1986-10-20	II ZR 86/85	NJW 1987, 952	137, 158
	1986-11-06	V ZB 8/86	BGHZ 99, 76	774
	1986-11-17	II ZR 96/86	NJW 1987, 780	770
	1986-12-01	II ZR 306/85	NJW 1987, 1194	637
	1986-12-15	II ZR 18/86	BGHZ 99, 211	600
	1987-01-12	II ZR 152/86	NJW 1987, 2430	460
	1987-01-19	II ZR 158/86	NJW 1987, 1262	159
	1987-01-26	II ZR 50/86	FamRZ 1987, 676	65
	1987-02-09	II ZR 119/86	BGHZ 101, 1	564
	1987-03-30	II ZR 180/86	BGHZ 100, 264	780
	1987-04-01	VIII ZR 15/86	NJW 1987, 2367	297
	1987-05-25	II ZR 195/86	NJW-RR 1987, 989	230
	1987-06-01	II ZR 128/86	BGHZ 101, 113	787
	1987-06-01	II ZR 259/86	NJW 1987, 3184	355
	1987-06-29	II ZR 295/86	BGHZ 101, 193	464
	1987-09-21	II ZR 16/87	NJW-RR 1988, 288	540, 739
	1987-09-21	II ZR 265/86	NJW-RR 1988, 161	72, 223
	1987-10-07	Iva ZR 67/86	NJW 1988, 556	276
	1987-10-12	II ZR 21/87	NJW 1988, 1585	165
	1987-10-12	II ZR 251/86	NJW 1988, 1321	79, 93, 301
	1987-10-19	II ZR 43/87	BGHZ 102, 265	465
	1987-10-28	VIII ZR 383/86	NJW-RR 1988, 417	140
	1987-10-30	V ZR 174/86	BGHZ 102, 152	165
	1987-11-02	II ZR 50/87	NJW-RR 1988, 19	235
	1987-11-09	II ZR 100/87	BGHZ 102, 172	151, 158, 160, 786
	1987-12-14	II ZR 170/87	BGHZ 103, 1	640, 970
	1987-12-14	II ZR 53/87	NJW-RR 1988, 745	468
	1988-01-11	II ZR 192/87	NJW-RR 1988, 995	140, 148, 153, 274
	1988-01-15	V ZR 183/86	BGHZ 103, 72	167, 220, 261, 277, 299
	1988-02-01	II ZR 75/87	BGHZ 103, 184	520, 546, 553, 569, 693
	1988-02-08	II ZR 228/87	BGHZ 103, 219	516
	1988-03-14	II ZR 211/87	NJW 1988, 2241	286
	1988-03-21	II ZR 135/87	BGHZ 104, 50	436
	1988-03-21	II ZR 194/87	BGHZ 104, 44	580, 590, 778

Gericht	Datum	Aktenzeichen	Fundstelle	LB-Standort (Rn.)
	1988-03-21	II ZR 308/87	BGHZ 104, 66	787
	1988-03-22	X ZR 64/87	BGHZ 104, 76	204, 304
	1988-05-03	KZR 17/87	BGHZ 104, 246	281
	1988-05-16	II ZR 316/87	NJW-RR 1988, 1379	89
	1988-05-16	II ZR 375/87	BGHZ 104, 351	770
	1988-09-19	II ZR 255/87	BGHZ 105, 168	979
	1988-09-19	II ZR 329/87	BGHZ 105, 213	213, 315
	1988-10-24	II ZB 7/88	BGHZ 105, 324	977, 978, 979
	1988-10-24	II ZR 311/87	BGHZ 105, 306	449, 512
	1989-02-20	II ZR 148/88	BGHZ 107, 23	758
	1989-02-20	II ZR 167/88	BGHZ 107, 7	286, 963
	1989-03-13	II ZR 193/88	NJW-RR 1989, 993	158
	1989-04-10	II ZR 158/88	WM 1989, 1021	299
	1989-05-08	II ZR 229/88	NJW 1989, 2687	137, 281
	1989-05-22	II ZR 206/88	BGHZ 107, 296	569, 624
	1989-06-05	II ZR 227/88	BGHZ 107, 351	77, 275, 315
	1989-06-12	II ZR 246/88	BGHZ 108, 21	282, 777, 787
	1989-06-12	II ZR 334/87	NJW-RR 1989, 1255	153, 281
	1989-06-26	II ZR 128/88	NJW 1990, 573	45, 140, 250
	1989-10-06	V ZR 152/88	BGHZ 109, 15	475
	1989-12-05	VI ZR 335/88	BGHZ 109, 297	778
	1989-12-08	V ZR 246/87	BGHZ 109, 327	187, 454, 577
	1989-12-11	II ZR 61/89	NJW-RR 1990, 474	159
	1989-12-11	II ZR 78/89	BGHZ 109, 334	348, 355
	1990-01-15	II ZR 164/88	BGHZ 110, 47	633
	1990-01-22	II ZR 25/89	NJW 1990, 1915	93
	1990-02-05	II ZR 94/89	NJW 1990, 2684	75
	1990-02-19	II ZR 268/88	BGHZ 110, 342	431, 778
	1990-02-19	II ZR 42/89	NJW-RR 1990, 798	283
	1990-03-12	II ZR 179/89	BGHZ 110, 323	468, 546
	1990-03-14	XII ZR 98/88	NJW-RR 1990, 736	121
	1990-04-26	VII ZR 218/89	NJW 1990, 3088	866
	1990-05-14	II ZR 126/89	BGHZ 111, 224	787
	1990-07-02	II ZB 1/90	BGHZ 112, 9	623
	1990-07-02	II ZR 243/89	BGHZ 112, 40	67
	1990-07-09	II ZR 194/89	BGHZ 112, 103	1095

Gericht	Datum	Aktenzeichen	Fundstelle	LB-Standort (Rn.)
	1990-07-09	II ZR 9/90	NJW 1991, 172	785, 793
	1990-09-24	II ZR 203/89	NJW 1991, 226	733, 795
	1990-10-29	II ZR 241/89	NJW 1991, 699	281
	1990-11-13	KZR 2/89	NJW-RR 1991, 1002	2, 87
	1990-11-19	II ZR 88/89	NJW 1991, 846	754
	1990-12-03	II ZR 215/89	NJW 1991, 1294	733, 795
	1990-12-10	II ZR 256/89	BGHZ 113, 132	318
	1991-01-28	II ZR 48/90	NJW-RR 1991, 1049	257
	1991-02-18	II ZR 104/90	BGHZ 113, 335	628
	1991-02-25	II ZR 60/90	NJW 1991, 1608	167, 438
	1991-02-25	II ZR 76/90	NJW 1991, 1681	779
	1991-03-25	II ZR 188/89	BGHZ 114, 127	595
	1991-06-24	II ZR 293/90	NJW 1991, 2627	729
	1991-09-23	II ZR 135/90	BGHZ 115, 187	805, 963
	1991-10-08	XI ZR 64/90	NJW 1992, 618	866
	1991-10-14	II ZR 212/90	NJW 1992, 1501	81, 82, 178
	1991-10-14	II ZR 249/90	NJW 1992, 569	624
	1991-11-04	II ZB 10/91	BGHZ 116, 86	49, 184, 513
	1991-11-11	II ZR 287/90	BGHZ 116, 37	974, 979
	1991-12-05	IX ZR 270/90	BGHZ 116, 222	244
	1991-12-09	II ZR 87/91	NJW-RR 1992, 543	139, 208
	1991-12-16	II ZR 58/91	BGHZ 116, 359	217, 243, 550, 754, 766, 767, 787
	1992-02-10	II ZR 54/91	BGHZ 117, 168	200, 201
	1992-02-17	II ZR 100/91	NJW 1992, 1503	88
	1992-02-24	II ZR 79/91	NJW-RR 1992, 993	773
	1992-03-16	II ZB 17/91	BGHZ 117, 323	541, 741, 748, 749
	1992-03-16	II ZR 152/91	NJW-RR 1992, 1061	778
	1992-03-23	II ZR 128/91	NJW 1992, 1890	162
	1992-04-13	II ZR 277/90	BGHZ 118, 83	49, 530, 630
	1992-06-22	II ZR 178/90	NJW 1992, 3167	546, 569
	1992-06-25	I ZR 120/90	NJW 1992, 3037	197
	1992-06-29	II ZR 284/91	NJW 1992, 2696	240
	1992-07-13	II ZR 263/91	BGHZ 119, 177	628
	1992-10-12	II ZR 208/91	BGHZ 119, 379	454, 455
	1992-10-29	I ZR 264/90	BGHZ 120, 103	741

Gericht	Datum	Aktenzeichen	Fundstelle	LB-Standort (Rn.)
	1992-11-09	II ZR 230/91	BGHZ 120, 141	557
	1992-12-07	II ZR 248/91	NJW 1993, 1194	219
	1993-01-11	II ZR 227/91	NJW 1993, 1002	244
	1993-01-19	KVR 32/91	BGHZ 121, 137	937, 938, 943
	1993-02-01	II ZR 106/92	NJW-RR 1993, 774	47
	1993-02-08	II ZR 24/92	NJW-RR 1993, 607	730
	1993-02-08	II ZR 58/92	BGHZ 121, 257	773
	1993-02-08	II ZR 62/92	BGHZ 121, 263	774
	1993-03-29	II ZR 265/91	BGHZ 122, 123	807, 963
	1993-04-05	II ZR 238/91	BGHZ 122, 211	624
	1993-05-06	IX ZR 73/92	NJW 1993, 1917	318
	1993-05-10	II ZR 111/92	NJW-RR 1993, 1187	253
	1993-05-17	II ZR 89/92	BGHZ 122, 342	602, 1064
	1993-05-24	II ZR 36/92	NJW 1993, 2101	217, 767
	1993-06-07	II ZR 81/92	BGHZ 123, 15	613, 787
	1993-09-20	II ZR 104/92	BGHZ 123, 281	217, 767
	1993-09-20	II ZR 204/92	WM 1994, 237	146, 182
	1993-09-22	IV ZR 183/92	NJW-RR 1993, 1443	221
	1993-11-15	II ZR 207/92	DStR 1994, 32	200
	1993-11-15	II ZR 235/92	BGHZ 124, 111	575, 596, 687
	1993-11-25	I ZR 281/91	BGHZ 124, 224	400, 729
	1994-02-07	II ZR 191/92	BGHZ 125, 74	45, 213
	1994-04-13	II ZR 16/93	BGHZ 125, 366	593, 778, 805
	1994-06-06	II ZR 292/91	BGHZ 126, 181	778, 819
	1994-06-13	II ZR 259/92	NJW 1994, 2886	238
	1994-06-13	II ZR 38/93	BGHZ 126, 226	217
	1994-07-04	II ZR 114/93	ZIP 1994, 1171	611
	1994-07-04	II ZR 197/93	BGHZ 126, 340	595
	1994-07-11	II ZR 146/92	BGHZ 127, 1	804
	1994-09-19	II ZR 248/92	BGHZ 127, 107	569, 773
	1994-10-07	V ZR 58/93	NJW 1995, 196	325
	1994-10-10	II ZR 18/94	NJW 1995, 194	75, 156, 158
	1994-10-10	II ZR 32/94	BGHZ 127, 176	65, 273a, 389
	1994-10-10	II ZR 95/93	NJW 1995, 130	436
	1994-10-24	II ZR 231/93	NJW 1995, 188	253, 321
	1994-11-07	II ZR 138/92	ZIP 1995, 31	819

Gericht	Datum	Aktenzeichen	Fundstelle	LB-Standort (Rn.)
	1994-11-14	II ZR 160/93	NJW 1995, 1353	159, 468
	1994-11-17	III ZR 70/93	BGHZ 128, 41	866
	1994-11-28	II ZR 11/94	BGHZ 128, 93	465
	1994-12-12	II ZR 206/93	NJW 1995, 597	316
	1994-12-15	IX ZR 153/93	BGHZ 128, 184	798
	1995-01-09	II ZR 24/94	NJW 1995, 596	286
	1995-01-30	II ZR 45/94	NJW 1995, 1027	559
	1995-02-13	II ZR 225/93	NJW 1995, 1358	275
	1995-03-20	II ZR 205/94	BGHZ 129, 136	520, 546, 569, 615, 959
	1995-03-27	II ZR 3/94	NJW-RR 1995, 1182	93, 253
	1995-04-26	XII ZR 132/93	NJW 1995, 3383	5
	1995-05-17	VIII ZR 70/94	NJW 1995, 2159	187, 288
	1995-06-19	II ZR 255/93	NJW 1995, 2843	250, 253, 321
	1995-06-26	II ZR 109/94	NJW 1995, 2850	773
	1995-07-10	II ZR 102/94	BGHZ 130, 243	512
	1995-09-21	II ZR 273/93	NJW 1995, 3314	246
	1995-09-28	II ZR 87/94	NJW 1995, 3313	74
	1995-11-06	II ZR 181/94	NJW 1996, 257	783
	1995-11-13	II ZR 113/94	NJW 1996, 589	286, 637
	1996-01-10	IV ZB 21/94	NJW 1996, 1284	227
	1996-02-02	V ZR 239/94	BGHZ 132, 30	288, 577
	1996-02-06	XI ZR 121/95	NJW-RR 1996, 673	179
	1996-02-07	IV ZR 335/94	WM 1996, 722	60
	1996-02-13	XI ZR 239/94	NJW 1996, 1279	67
	1996-02-26	II ZR 77/95	BGHZ 132, 84	517
	1996-03-04	II ZR 89/95	BGHZ 132, 133	633
	1996-03-12	VI ZR 90/95	NJW 1996, 1535	778
	1996-03-29	II ZR 263/94	BGHZ 132, 263	75, 145, 156, 279
	1996-06-10	II ZR 102/95	NJW 1996, 2573	241
	1996-07-08	II ZR 258/95	NJW 1996, 2645	729
	1996-10-15	VI ZR 319/95	BGHZ 133, 370	778
	1996-10-15	VI ZR 327/95	NJW 1997, 133	778
	1996-11-04	II ZR 48/95	NJW 1997, 314	153
	1996-12-09	II ZR 240/95	NJW 1997, 741	777
	1996-12-16	II ZR 242/95	BGHZ 134, 224	197

Gericht	Datum	Aktenzeichen	Fundstelle	LB-Standort (Rn.)
	1997-01-27	II ZR 123/94	BGHZ 134, 333	61, 543, 746
	1997-02-03	II ZR 71/96	NJW-RR 1997, 925	316
	1997-02-24	II ZB 11/96	BGHZ 134, 392	706, 708, 712, 723
	1997-03-06	II ZB 4/96	BGHZ 135, 48	788
	1997-03-17	II ZB 3/96	BGHZ 135, 107	933, 938
	1997-04-21	II ZR 175/95	BGHZ 135, 244	587, 591, 597, 604, 777
	1997-04-28	II ZR 162/96	DStR 1997, 1336	552
	1997-06-02	II ZR 81/96	BGHZ 135, 387	69, 213, 217
	1997-06-09	II ZR 303/95	NJW 1997, 3368	465
	1997-06-23	II ZR 132/93	BGHZ 136, 133	587, 660
	1997-06-23	II ZR 353/95	NJW 1997, 2678	774
	1997-07-15	XI ZR 154/96	BGHZ 136, 254	49, 184, 193
	1997-09-15	II ZR 97/96	NJW 1998, 146	275, 328
	1997-09-29	II ZR 245/96	NJW 1998, 233	749
	1997-10-02	II ZR 249/96	NJW 1998, 376	66
	1997-11-03	II ZR 353/96	NJW 1998, 1225	223, 275
	1997-11-10	II ZB 6/97	NJW 1998, 1071	773
	1997-11-28	V ZR 178/96	NJW 1998, 1079	746
	1997-12-08	II ZR 203/96	NJW 1998, 1314	559
	1998-01-26	II ZR 279/96	NJW 1998, 1646	511
	1998-02-09	II ZR 278/96	BGHZ 138, 71	664, 665
	1998-03-09	II ZR 366/96	NJW 1998, 1645	541, 739
	1998-03-19	IX ZR 22/97	BGHZ 138, 291	801
	1998-04-23	III ZR 194/96	NJW 1998, 2452	865
	1998-06-15	II ZR 318/96	BGHZ 139, 89	584
	1998-07-09	IX ZR 272/96	BGHZ 139, 214	304
	1998 09 14	II ZR 172/97	BGHZ 139, 299	559
	1998-11-12	IX ZR 145/98	BGHZ 140, 54	187, 288
	1998-11-23	II ZR 54/98	NJW 1999, 1326	464
	1999-03-01	II ZR 312/97	BGHZ 141, 79	948
	1999-05-03	II ZR 32/98	NJW 1999, 2438	257, 278
	1999-06-07	II ZR 278/98	NJW 1999, 3113	159
	1999-06-21	II ZR 47/98	BGHZ 142, 92	777
	1999-06-30	XII ZR 230/96	BGHZ 142, 137	46, 47
	1999-07-05	II ZR 126/98	BGHZ 142, 167	520, 569

Gericht	Datum	Aktenzeichen	Fundstelle	LB-Standort (Rn.)
	1999-09-27	II ZR 356/98	BGHZ 142, 324	200, 302
	1999-09-27	II ZR 371/98	BGHZ 142, 315	15, 51, 176, 178, 194, 197, 364, 746
	1999-10-11	II ZR 120/98	BGHZ 142, 382	974
	1999-10-15	V ZR 141/98	NJW 2000, 291	53
	1999-11-08	II ZR 197/98	NJW 2000, 505	71, 165
	1999-11-25	IX ZR 40/98	NJW 2000, 362	22
	2000-01-18	XI ZR 71/99	BGHZ 143, 314	199, 541
	2000-02-24	I ZR 168/97	NJW-RR 2001, 114	55
	2000-05-02	XI ZR 108/99	NJW 2000, 2270	439
	2000-05-15	II ZR 6/99	NJW 2000, 2586	253
	2000-05-29	II ZR 118/98	BGHZ 144, 336	799
	2000-06-19	II ZR 73/99	BGHZ 144, 365	737
	2000-06-27	XI ZR 174/99	NJW 2000, 3558	91
	2000-07-03	II ZR 282/98	NJW 2000, 2983	581
	2000-10-13	V ZR 349/99	NJW 2001, 359	187, 288
	2000-11-27	II ZR 83/00	BGHZ 146, 105	799
	2001-01-08	II ZR 88/99	BGHZ 146, 264	777
	2001-01-29	II ZR 331/00	BGHZ 146, 341	15, 49, 53, 95, 104, 164, 169, 172, 184, 194, 195, 204, 205, 207
	2001-03-12	II ZB 15/00	BGHZ 147, 108	975
	2001-04-02	II ZR 331/99	NJW-RR 2001, 1450	81
	2001-06-18	II ZR 212/99	BGHZ 148, 123	933
	2001-07-02	II ZR 304/00	BGHZ 148, 201	89, 217, 439
	2001-07-16	II ZB 23/00	BGHZ 148, 291	332
	2001-09-17	II ZR 178/99	BGHZ 149, 10	650, 807, 958, 964
	2001-10-23	XI ZR 63/01	BGHZ 149, 80 = NJW 2002, 368	49, 51
	2001-11-09	LwZR 4/01	NJW 2002, 1194	172
	2001-11-12	II ZR 225/99	BGHZ 149, 158	621
	2001-12-10	II ZR 139/00	NJW-RR 2002, 540	274, 275, 287
	2001-12-10	II ZR 89/01	BGHZ 149, 273	507
	2001-12-17	II ZR 288/99	DStR 2002, 1310	579
	2001-12-17	II ZR 382/99	NJW-RR 2002, 455	299, 368
	2002-01-18	V ZR 68/01	NZG 2002, 467	200

Gericht	Datum	Aktenzeichen	Fundstelle	LB-Standort (Rn.)
	2002-01-21	II ZR 2/00	BGHZ 150, 1	194, 197
	2002-01-28	II ZR 239/00	NJW-RR 2002, 704	238
	2002-02-18	II ZR 331/00	NJW 2002, 1207	49, 169
	2002-02-25	II ZR 196/00	BGHZ 150, 61	580, 590, 650, 778
	2002-02-25	II ZR 236/00	NJW-RR 2002, 965	426
	2002-03-18	II ZR 103/01	NZG 2002, 519	253
	2002-03-18	II ZR 363/00	BGHZ 150, 197	628, 655, 733, 795
	2002-04-18	IX ZR 72/99	BGHZ 150, 319	217
	2002-05-14	XI ZR 50/01	BGHZ 151, 34	22
	2002-06-18	VIII ZB 6/02	NJW 2002, 2958	206
	2002-06-24	II ZR 300/00	BGHZ 151, 181	650, 809
	2002-07-01	II ZR 380/00	BGHZ 151, 204	831
	2002-09-09	II ZR 198/00	NJW-RR 2003, 169	250
	2002-09-11	XII ZR 187/00	NJW 2002, 3389	10
	2002-09-16	II ZR 1/00	BGHZ 152, 37	793
	2002-09-16	II ZR 107/01	NJW 2002, 3777	777
	2002-10-28	II ZR 146/02	NJW 2003, 351	773
	2002-11-04	II ZR 204/00	BGHZ 152, 290	541, 746
	2002-11-04	II ZR 224/00	BGHZ 152, 280	587, 777
	2002-11-25	II ZR 133/01	BGHZ 153, 47	546, 607
	2002-12-02	II ZR 194/00	ZIP 2003, 435	235
	2002-12-09	II ZB 12/02	BGHZ 153, 158	748, 749
	2002-12-16	II ZR 109/01	BGHZ 153, 214	86, 90, 91, 239
	2003-01-13	II ZR 227/00	BGHZ 153, 285	553
	2003-01-28	X ZR 113/02	BGHZ 153, 329	734
	2003-01-28	X ZR 199/99	DnotZ 2004, 152	758
	2003-01-29	VIII ZR 155/02	BGHZ 153, 353	831
	2003-02-17	II ZR 281/00	DStR 2003, 650	764
	2003-02-24	II ZR 385/99	BGHZ 154, 88	49, 186, 194, 195, 291
	2003-03-13	VII ZR 370/98	BGHZ 154, 185	854
	2003-03-24	II ZR 4/01	NJW 2003, 1729	212
	2003-03-31	II ZR 8/01	WM 2003, 1084	213, 316
	2003-04-07	II ZR 193/02	NJW-RR 2003, 895	777
	2003-04-07	II ZR 56/02	BGHZ 154, 370	194, 195, 198, 912
	2003-05-26	II ZR 169/02	ZIP 2003, 1498	517
	2003-06-23	II ZR 46/02	NJW-RR 2003, 1392	125

Gericht	Datum	Aktenzeichen	Fundstelle	LB-Standort (Rn.)
	2003-06-24	VI ZR 434/01	BGHZ 155, 205	186, 195, 204, 291
	2003-06-30	II ZR 153/02	NJW-RR 2003, 1265	474, 552
	2003-07-07	II ZB 4/02	BGHZ 155, 318	543, 748, 749, 751
	2003-07-07	II ZR 235/01	BGHZ 155, 329	633, 794
	2003-07-21	II ZR 249/01	NJW-RR 2003, 1658	47
	2003-07-23	XII ZR 16/00	WM 2003, 2194	197
	2003-07-24	VII ZR 209/01	BauR 2003, 1758	206
	2003-10-08	XII ZR 50/02	NJW-RR 2004, 123	892
	2003-10-09	IX ZB 34/03	NJW-RR 2004, 258	741
	2003-11-05	VIII ZR 218/01	NJW-RR 2004, 247	775
	2003-11-24	II ZR 171/01	BGHZ 157, 72	638, 797, 801
	2003-12-01	II ZR 216/01	NJW-RR 2004, 900	468
	2003-12-10	IV ZR 249/02	BGHZ 157, 178	496
	2003-12-15	II ZR 194/01	BGHZ 157, 206	622
	2003-12-15	II ZR 358/01	NJW-RR 2004, 472	245
	2004-01-22	IX ZR 65/01	BGHZ 157, 361	194, 199, 292
	2004-03-16	VIII ZB 114/03	NJW-RR 2004, 1006	10
	2004-04-26	II ZR 120/02	ZIP 2004, 1208	283
	2004-04-26	II ZR 154/02	NZG 2004, 575	566, 607
	2004-04-26	II ZR 155/02	BGHZ 159, 30	566, 607
	2004-06-14	II ZR 47/02	NJW 2004, 2519	541, 745
	2004-07-05	II ZR 389/02	NJW-RR 2004, 1618	831
	2004-07-16	IXa ZB 288/03	NJW 2004, 3632	54, 207
	2004-07-19	II ZR 218/03	BGHZ 160, 134	593
	2004-07-19	II ZR 354/02	NJW-RR 2004, 1407	84
	2004-07-19	II ZR 402/02	BGHZ 160, 149	593
	2004-09-20	II ZR 288/02	BGHZ 160, 253	537
	2004-10-04	II ZR 356/02	NJW-RR 2005, 39	275
	2004-10-13	I ZR 245/01	ZIP 2004, 2230	831
	2004-11-08	II ZR 362/02	NZG 2005, 180	733, 795
	2004-11-24	XII ZR 113/01	NJW-RR 2005, 400	197
	2004-12-13	II ZR 409/02	NJW-RR 2005, 469	742
	2005-01-10	AnwZ (B) 27/03, AnwZ (B) 28/03	NJW 2005, 1568	19
	2005-02-14	II ZR 11/03	WM 2005, 563	172
	2005-02-28	II ZR 103/02	ZIP 2005, 660	804

Gericht	Datum	Aktenzeichen	Fundstelle	LB-Standort (Rn.)
	2005-03-14	II ZR 5/03	NJW 2005, 1648	854, 882
	2005-03-21	II ZR 310/03	NJW 2005, 1784	79
	2005-04-18	II ZR 55/03	NJW-RR 2005, 1195	75
	2005-05-09	II ZR 287/02	NJW 2005, 2450	798
	2005-07-25	II ZR 327/03	NZG 2006, 117	555
	2005-07-25	II ZR 390/03	BGHZ 164, 50	593, 650, 778
	2005-09-19	II ZR 173/04	BGHZ 164, 98	1095
	2005-09-19	II ZR 372/03	BGHZ 164, 148	844
	2005-09-22	IX ZB 55/04	NJW 2006, 917	268
	2005-09-26	II ZR 314/03	NJW-RR 2006, 178	81, 84
	2005-09-28	XII ZR 189/02	BGHZ 165, 1	46, 47
	2005-10-10	II ZR 148/03	BGHZ 164, 241	660
	2005-10-10	II ZR 90/03	BGHZ 164, 249	660
	2005-10-24	II ZR 129/04	NZG 2006, 64	543
	2005-11-21	II ZR 140/04	BGHZ 165, 113	795
	2005-11-21	II ZR 79/04	NJW-RR 2006, 471	659
	2005-12-12	II ZR 283/03	NJW 2006, 765	198
	2005-12-21	3 StR 470/04	NJW 2006, 522	581, 593
	2006-01-09	II ZR 72/05	BGHZ 165, 352	734, 795
	2006-01-23	II ZR 126/04	NJW-RR 2006, 829	135
	2006-01-23	II ZR 306/04	NJW-RR 2006, 827	135
	2006-04-10	II ZR 337/05	NJW 2006, 2776	775
	2006-09-18	II ZR 225/04	NJW-RR 2007, 99	555
	2006-09-25	II ZR 218/05	NJW 2006, 3716	55
	2006 10 09	II ZR 46/05	BGHZ 169, 221	555
	2006-10-17	XI ZR 19/05	NJW 2007, 1813	54, 207
	2006-11-20	II ZR 176/05	BGHZ 170, 47	633, 794
	2006-11-20	II ZR 226/05	NZG 2007, 234	607
	2007-01-15	II ZR 245/05	BGHZ 170, 283 = NJW 2007, 1685	145, 156, 368
	2007-02-05	II ZR 84/05	NJW 2007, 1529	729
	2007-02-05	II ZR 234/05	BGHZ 171, 46	778
	2007-03-05	II ZR 282/05	NJW-RR 2007, 757	135
	2007-05-04	II ZR 330/05	NJW-RR 2007, 1260	774
	2007-05-14	II ZR 48/06	NJW 2007, 2118	777
	2007-07-02	II ZR 111/05	NJW 2008, 69	459, 463, 475

Gericht	Datum	Aktenzeichen	Fundstelle	LB-Standort (Rn.)
	2007-07-09	II ZR 62/06	BGHZ 173, 145	633
	2007-07-16	II ZR 3/04	BGHZ 173, 246	650, 808, 809, 810, 964
	2007-09-24	II ZR 284/05	BGHZ 174, 7	302
	2007-10-15	II ZR 136/06	NJW-RR 2008, 256	167
	2007-11-13	XI ZR 294/07	NJW-RR 2008, 421	643
	2008-01-07	II ZR 314/05	NJW-RR 2008, 629	650
	2008-01-25	V ZR 63/07	NJW 2008, 1378	55
	2008-02-11	II ZR 67/06	NJW-RR 2008, 704	151
	2008-02-18	II ZR 62/07	NJW-RR 2008, 905	777
	2008-02-25	II ZB 9/07	NJW-RR 2008, 865	1120
	2008-03-04	KVZ 55/07	WuW/E DE-R 2361	87
	2008-03-10	II ZR 312/06	NJW-RR 2008, 773	235, 757
	2008-03-31	II ZR 308/06	NJW 2008, 2441	746
	2008-04-16	VIII ZR 230/07	NJW 2008, 2330	202
	2008-04-28	II ZR 264/06	BGHZ 176, 204	805, 808
	2008-05-05	II ZR 108/07	NJW-RR 2008, 1134	804
	2008-07-09	XII ZR 179/05	BGHZ 177, 193	47
	2008-09-29	II ZR 234/07	NJW 2009, 68	798
	2008-10-27	II ZR 158/06	BGHZ 178, 192 = NJW 2009, 289	831
	2008-11-24	II ZR 116/08	BGHZ 179, 13 = NJW 2009, 669	75
	2008-12-01	II ZR 102/07	BGHZ 179, 71	638
	2008-12-04	V ZB 74/08	BGHZ 179, 102	55
	2009-01-21	Xa ARZ 273/08	BeckRS 2009, 05200 = NJW-Spezial 2009, 173	43
	2009-02-09	II ZR 292/07	BGHZ 179, 344	808
	2009-02-16	II ZR 120/07	BGHZ 180, 38 = NJW 2009, 2375	630, 734, 794, 795
	2009-03-16	II ZR 302/06	BGHZ 180, 154	555
	2009-04-20	II ZR 88/08	NJW 2009, 2126	356
	2009-04-27	II ZR 253/07	NZG 2009, 750	778
	2009-06-15	II ZR 242/08	NJW-RR 2009, 1697	255
	2009-07-20	II ZR 273/07	BGHZ 182, 103	795
	2009-09-21	II ZR 264/08	NJW 2010, 439	163
	2009-10-07	Xa ZR 8/08	NJW 2010, 234	483

Gericht	Datum	Aktenzeichen	Fundstelle	LB-Standort (Rn.)
	2009-10-19	II ZR 240/08	NJW 2010, 65	137, 158
	2009-11-25	XII ZR 92/06	BGHZ 183, 242	47
	2010-01-18	II ZR 61/09	NJW 2010, 1459	748, 751
	2010-01-24	II ZR 109/11	BGHZ 192, 236	763
	2010-02-08	II ZR 94/08	BGHZ 184, 239 = NJW 2010, 1604	563, 565
	2010-03-15	II ZR 27/09	NJW-RR 2010, 1364	831
	2010-03-22	II ZR 12/08	BGHZ 185, 44	794
	2010-06-01	XI ZR 389/09	NJW 2011, 66	80, 202
	2010-06-21	II ZR 219/09	NZG 2010, 1430	459
	2010-07-12	II ZR 292/06	BGHZ 186, 167	81
	2010-07-19	II ZB 18/09	BGHZ 186, 229	555
	2010-07-19	II ZR 56/09	NJW 2010, 2886	206
	2010-07-19	II ZR 23/09	NJW 2010, 3521	448
	2010-07-20	XI ZR 465/07	BGHZ 186, 253	93
	2010-09-20	II ZR 78/09	BGHZ 187, 60	788
	2010-09-20	II ZR 17/09	DStR 2010, 2319	514
	2010-11-22	II ZB 7/09	NJW 2011, 309	1120
	2011-01-11	II ZR 187/09	NJW 2011, 921	163
	2011-01-25	II ZR 122/09	NJW 2011, 1667	158
	2011-02-08	II ZR 263/09	NJW 2011, 2040	187, 197, 204
	2011-02-17	IX ZR 131/11	BGHZ 188, 363	804
	2011-02-22	II ZR 158/09	NJW 2011, 1730	277
	2011-03-01	II ZB 6/10	NJW 2011, 1809	736
	2011-03-01	II ZR 83/09	NJW 2011, 2578	160
	2011-03-15	II ZR 204/09	NJW 2011, 2427	778
	2011-03-22	II ZR 249/09	NJW 2011, 2048	207
	2011-04-05	II ZR 263/08	NJW 2011, 2294	765, 798
	2011-04-19	II ZB 25/10	BGHZ 189, 254	822
	2011-04-28	V ZB 194/10	BGHZ 189, 274	55
	2011-05-17	II ZR 285/09	NJW 2011, 2355	217
	2011-05-31	II ZR 109710	BGHZ 190, 45	786
	2011-06-21	II ZB 12/10	NZG 2011, 1069	512
	2011-06-30	III ZB 33/10	NJW-RR 2011, 1185	499
	2011-07-05	II ZR 199/10	NJW 2011, 3087	252
	2011-07-12	II ZR 28/10	NJW 2011, 3372	831

Gericht	Datum	Aktenzeichen	Fundstelle	LB-Standort (Rn.)
	2011-07-12	II ZR 58/10	NZG 2011, 950	560
	2011-07-12	II ZR 71/11	NZG 2011, 1066	749
	2011-07-18	AnwZ (Brfg) 18/10	NJW 2011, 3036	19, 725
	2011-07-19	II ZR 300/08	NZG 2011, 1023	166
	2011-09-20	II ZB 17/10	BGHZ 191, 84	760
	2011-11-15	II ZR 6/11	NJW 2012, 682	804
	2011-11-17	IX ZR 161/09	NJW-RR 2012, 239	199, 202
	2011-12-13	XI ZR 51/10	NZG 2012, 263	1121
	2012-01-17	II ZR 197/10	ZIP 2012, 369	202
	2012-02-07	II ZR 230/09	ZIP 2012, 917	158
	2012-03-06	II ZR 56/10	BGHZ 192, 341 = NJW 2012,1875	749
	2012-04-23	II ZR 163/10	BGHZ 193, 110	773
	2012-04-23	II ZR 252/10	BGHZ 193, 96	808
	2012-05-10	IX ZR 125/10	NJW 2012, 2435	197, 198
	2012-05-22	II ZR 205/10	NJW-RR 2012, 1242	240
	2012-06-12	II ZR 256/11	NZG 2012, 989	821
	2012-06-28	IX ZR 191/11	NJW 2012, 3443	804
	2012-07-10	II ZR 212/10	NJW 2012, 3035	795
	2012-07-10	VI ZR 341/10	NJW 2012, 3439	778
	2012-07-17	II ZR 55/11	NZG 2012, 1027	580
	2012-09-19	XII ZR 136/10	NJW 2012, 3374	46
	2012-10-16	II ZR 239/11	NZG 2013, 63	75, 135, 368
	2012-10-16	II ZR 251/11	NZG 2013, 57	156, 368
	2012-11-27	XI ZR 144/11	NJW 2013, 1089	178, 197
	2012-12-04	II ZR 159/10	NZG 2013, 216	137, 253
	2013-02-05	II ZR 134/11	ZIP 2013, 570	346, 434
	2013-02-05	II ZR 136/11	ZIP 2013, 619	346
	2013-03-12	II ZR 73/11	NJW 2013, 2278	348, 356
	2013-03-12	II ZR 179/12	NZG 2013, 496	640
	2013-04-23	II ZB 7/09	NJW 2013, 2114	1120
	2013-05-14	II ZB 1/11	AG 2013, 562	576
	2013-05-14	II ZR 196/12	NZG 2013, 783	589
	2013-07-23	II ZR 143/12	NJW-RR 2013, 1373	82
	2013-09-17	II ZR 68/11	NZG 2014, 302	75, 156, 252
	2013-09-24	II ZR 391/12	NJW 2013, 3572	140

Gericht	Datum	Aktenzeichen	Fundstelle	LB-Standort (Rn.)
	2013-09-24	II ZB 6/12	NZG 2013, 1258	163
	2013-10-08	II ZR 310/12	NZG 2013, 1334	208, 300
	2013-11-19	II ZR 383/12	BGHZ 199, 104	380
	2013-12-17	II ZB 6/13	NJW 2014, 2026	757, 1075
	2013-12-17	II ZR 121/12	NZG 2014, 696	198
	2014-01-21	II ZR 87/13	DStR 2014, 1404	217
	2014-02-18	II ZR 174/11	NZG 2014, 541	217, 243
	2014-03-11	II ZR 24/13	NZG 2014, 621	159
	2014-04-29	II ZR 216/13	NZG 2014, 820	767
	2014-07-15	II ZB II/13	NZG 2014, 1179	19
	2014-07-29	II ZR 353/12	NZG 2014, 985	1108
	2014-09-23	II ZB 4/14	NJW 2014, 3779	147
	2014-10-21	II ZR 84/13	BGHZ 203, 77 = NJW 2015, 859	75, 147, 156, 282
	2014-10-21	II ZR 330/13	NJW 2015, 336	610
	2014-11-20	III ZR 509/13	NZG 2015, 38	499
	2015-02-03	II ZR 335/13	NJW 2015, 1956	257
	2015-04-28	II ZR 63/14	NZG 2015, 792	597
	2015-06-09	II ZR 420/13	NJW 2015, 2882	137, 158
	2015-10-13	II ZR 214/13	NZG 2016, 218	253
	2015-10-27	II ZR 296/14	NZG 2016, 264	581
	2015-11-03	II ZR 446/13	NZG 2016, 221	206, 207, 209, 235, 236
	2016-03-15	II ZR 119/14	NJW 2016, 2260	880
	2016-03-24	IX ZB 32/15	GmbHR 2016, 587	787
	2016-04-05	II ZR 268/14	NZG 2016, 1182	549
	2016-04-12	II ZR 275/14	NJW 2016, 2739	786
	2016-04-26	XI ZR 108/15	NJW 2016, 2569	595
	2016-05-11	XII ZR 147/14B	NJW 2016, 2492	82
	2016-05-20	V ZB 142/15	NZG 2016, 1223	55
	2016-06-14	II ZB 10/15	NZG 2016, 1102	347
	2016-07-12	II ZR 74/14	NJW 2016, 3597	217
	2016-10-12	5 StR 134/15	NJW 2017, 578	587
	2016-11-08	II ZR 304/15	NJW 2017, 1471	780
	2016-12-15	I ZR 63/15	NZG 2017, 268	496
	2017-01-10	II ZR 94/15	NZG 2017, 344	638
	2017-03-21	II ZR 93/16	GmbHR 2017, 643	801

Gericht	Datum	Aktenzeichen	Fundstelle	LB-Standort (Rn.)
	2017-03-30	VII ZR 269/15	NJW 2017, 2752	51
	2017-05-16	II ZB 7/16	NJW 2017, 1943	444, 445
BPatG	2004-08-20	25 W (pat) 232/03	GRUR 2004, 1030	55
BSG	1983-12-07	7 Rar 20/82	NJW 1984, 2117	805
	1999-12-08	B 12 KR 10/98 R	NJW-RR 2000, 1125	746
BVerfG	1969-05-13	1 BvR 25/65	BVerfGE 26, 1	1006
	1977-10-25	1 BvR 15/75	BVerfGE 46, 224	1006
	1979-03-01	1 BvR 532/77, 1 BvR 533/77, 1 BvR 419/78, 1 BvL 21/78	BverfGE 50, 290	1059, 1064
	1999-03-02	1 BvL 2/91	BverfGE 99, 367	1060
	1999-04-27	1 BvR 1613/94	BverfGE 100, 289	546, 975
	1999-09-20	1 BvR 636/95	NJW 2000, 349	563, 606
	1999-11-23	I BvF 1/94	NJW 2000, 413	658
	2000-08-23	1 BvR 68/95, 1 BvR 147/97	NJW 2001, 279	555, 693
	2001-01-19	1 BvR 1759/91	NJW 2001, 2617	512
	2002-09-02	1 BvR 1103/02	NJW 2002, 3533	49, 55, 172
	2006-06-21	2 BvL 2/99	NJW 2006, 2757	705
	2007-09-19	1 BvR 2984/06	ZIP 2007, 2121	555
	2012-05-16	1 BvR 96/09	NZG 2012, 907	556
	2012-07-11	1 BvR 3142/07	NJW 2012, 3081	546
	2012-10-18	1 BvR 2366/11	NZG 2013, 96	198
	2014-01-09	1 BvR 2344/11	ZIP 2014, 464	1066
	2014-12-17	1 BvL 21/12	NJW 2015, 303	1010
	2016-01-12	1 BvL 6/13	NJW 2016, 700	400
	2017-03-29	2 BvL 6/11	NZG 2017, 828	1050
BVerwG	1968-04-26	VII C 103.66	BVerwGE 29, 314	497
	1979-04-24	I C 8.74	NJW 1979, 2261	443
	1997-11-06	1 C 18/95	NJW 1998, 1166	444
	1998-02-12	3 C 55/96	BverwGE 106, 177	477, 487
EuGH	1974-12-03	C-33/74	Slg. 1974, 1299 = NJW 1975, 1095	849
	1979-07-02	C-115/78	Slg. 1979, 399 = NJW 1979, 1761	849
	1988-09-27	C-81/87	Slg. 1988, 5505 = NJW 1989, 2186	847, 922
	1989-12-13	C-322/88	Slg. 1989, I-4407 = NZA 1991, 283	859

Gericht	Datum	Aktenzeichen	Fundstelle	LB-Standort (Rn.)
	1990-11-13	C-106/89	Slg. 1990, I-4135 = DB 1991, 157	697
	1991-07-25	C-221/89	Slg. 1991, I-3905 = EuZW 1991, 764	843
	1993-11-24	C-268/91	Slg. 1993, I-6097 = NJW 1994, 121	844
	1995-11-30	C-55/94	Slg. 1995, I-4165 = NJW 1996, 579	844
	1997-03-11	C-13/95	Slg. 1997, I-1259 = NJW 1997, 2039	1099
	1997-12-04	C-97/96	Slg. 1997, I-6843 = NJW 1998, 129	857
	1997-12-18	C-402/96	Slg. 1997, I-7515 = NJW 1998, 972	64, 834
	1999-03-09	C-212/97	Slg. 1999, I-1459 = NJW 1999, 2027	849
	1999-06-01	C-302/97	Slg. 1999 I-3099 = EuZW 1999, 635	843
	2000-04-13	C-251/98	Slg. 2000, I-2787 = NZG 2000, 731	843, 855
	2002-06-04	C-367/98	Slg. 2002, I-4731 = WM 2002, 1402	558
	2002-06-04	C-483/99	Slg. 2002, I-4781 = NJW 2002, 2305	558
	2002-06-04	C-503/99	Slg. 2002, I-4809 = NJW 2002, 2303	558
	2002-11-05	C-208/00	Slg. 2002, I-9919 = NJW 2002, 3614	699, 729, 850
	2003-05-13	C-463/00	Slg. 2003, I-4581 = NJW 2003, 2663	558
	2003-05-13	C-98/01	Slg. 2003, I-4641 = NJW 2003, 2666	558
	2003-09-30	C-167/01	Slg. 2003, I-10155 = NJW 2003, 3331	699, 729, 851
	2004-07-15	C-315/02	Slg. 2004, I-7063 = EuZW 2004, 594	855
	2005-06-02	C-174/04	Slg. 2005, I-4933 = ZIP 2005, 1225	558
	2005-12-13	C-411/03	Slg. 2005, I-10805 = NJW 2006, 425	852, 853, 874, 914, 922
	2005-12-13	C-446/03	Slg. 2005, I-10837 = EuZW 2006, 85	855
	2006-05-02	C-436/03	Slg. 2006, I-3733 = EuZW 2006, 380	858

Gericht	Datum	Aktenzeichen	Fundstelle	LB-Standort (Rn.)
	2006-09-28	C-282/04 und C-283/04	Slg. 2006, I-9141 = ZIP 2007, 221	558
	2007-10-23	C-112/05	Slg. 2007, I-8995 = EuZW 2007, 697	558
	2007-12-06	C-463/04 und C-464/04	Slg. 2007, I-10419 = ZIP 2008, 21	558
	2007-12-11	C-438/05	Slg. 2007, I-10779 = DB 2008, 298	558
	2008-12-16	C-210/06	Slg. 2008, I-9641 = NJW 2009, 569	699, 853, 873, 922
	2009-03-26	C-326/07	Slg. 2009, I-2291 = EuZW 2009, 458	843
	2009-10-15	C-101/08	ZIP 2009, 2241	555
	2009-12-23	C-45/08	NZG 2010, 107	1123
	2010-02-25	C-337/08	Slg. 2010, I-1215 = EuZW 2010, 512	855
	2010-04-15	C-215/08	Slg. 2010, I-2990 = NJW 2010, 1511	81
	2010-10-21	C-81/09	EuZW 2011, 149	843
	2011-10-20	C-284/09	Slg. 2011, I-9879 = NZG 2011, 1313	1056
	2012-06-28	C-19/11	NZG 2012, 784	1120
	2012-07-12	C-378/10	NJW 2012, 2715	853, 857, 874, 922
	2013-10-03	C-282/12	NZG 2013, 1273	843
	2014-09-11	C-47/12	EuZW 2015, 61	843
	2015-02-03	C-172/13	EuZW 2015, 324	855
	2016-04-07	C-483/14	NZG 2016, 513	921
	2017-07-18	C-566/15	NJW 2017, 2603	1069
	2017-10-25	C-106/16	NJW 2017, 3639	853
FG Baden-Württemberg	2011-02-08	4 K 4080/09	DStRE 2012, 537	497
FG Schleswig-Holstein	2012-03-08	3 K 118/11	DStRE 2012, 945	494
KG	1976-01-20	1 W 1341/75	NJW 1976, 1946	758
	1998-07-27	26 U 4853/97	NZG 1999, 199	140
	2002-12-20	14 U 5141/00	NJW-RR 2003, 542	549
	2004-06-03	12 U 51/03	NZG 2004, 714	197
	2004-11-18	1 W 185/04	NZG 2005, 319	591
	2009-09-09	1 W 244/09	NZG 2009, 1159	420
	2011-01-18	25 W 14/10	ZStV 2012, 62	444, 445

Gericht	Datum	Aktenzeichen	Fundstelle	LB-Standort (Rn.)
	2011-06-23	23 AktG 1/11	BB 2011, 2114	787
	2012-04-26	23 U 197/11	DStR 2012, 1817	751
	2016-03-21	22 W 64/15	NZG 2016, 834	922
LG Arnsberg	2017-03-02	1 O 151/16	NJW 2017, 2421	43
LG Bonn	2005-04-27	16 O 13/04	NZG 2005, 856	948
LG Detmold	2015-07-08	10 S 27/15	NZG 2015, 951	43
LG Duisburg	2002-05-29	21 O 106/02	NZG 2002, 643	566
LG Düsseldorf	2004-07-22	XIV 5/03	NJW 2004, 3275	581, 593
LG Essen	2007-06-29	45 O 15/07	AG 2007, 797	558
LG Frankfurt	1984-02-22	3/9 O 123/83	AG 1984, 192	563
	1993-06-07	3/1 O 10/93	ZIP 1994, 784	565
	2007-10-02	3–5 O 177/07	BB 2007, 2362	624
	2015-02-16	3/16 O 1/14	DStR 2015, 1065	1063
LG Heidelberg	1994-03-01	O 63/93 KfH I	ZIP 1994, 780	565
LG Köln	2011-06-30	6 S 252/10	NZG 2011, 1193	518
LG München	2012-03-01	5 HK O 12377/09	AG 2012, 423	658
LG Münster	2016-12-12	024 O 47/16	BeckRS 2016, 118841	584
LG Stuttgart	2001-08-10	5 KfH O 76/01	NJW-RR 2002, 463	880
OLG Branden-burg	2000-09-20	7 U 71/00	NJW-RR 2001, 1185	785
	2004-11-30	6 Wx 4/04	GmbHR 2005, 484	699, 854
	2017-01-05	6 U 21/14	GmbHR 2017, 408	785
OLG Celle	1980-05-08	1 Wx 1/80	OLGZ 81, 1	292
	1999-11-10	9 U 53/99	NZG 2000, 586	239
	2001-07-17	9 U 172/00	WM 2001, 2444	166
	2002 05 29	9 U 310/01	NZG 2002, 862	217
	2002-12-10	9 W 168/01	IPRax 2003, 245	854
	2010-11-10	9 U 65/10	NZG 2011, 261	312
	2010-12-20	20 W 17/10	Rpfleger 2011, 278	459
	2014-10-09	9 W 116/14	GWR 2014, 527	721, 1063
OLG Dresden	1996-12-19	7 U 872/96	GmbHR 1997, 215	817
	1999-09-08	19 U 101/99	NZG 2000, 302	65
	2000-02-24	16 U 2939/99	NZG 2000, 782	159
	2002-05-02	7 U 2905/01	NJW 2002, 3181	496
	2004-05-10	2 U 0286/04, 2 U 286/04	GmbHR 2004, 1080	759
OLG Düssel-dorf	1984-03-22	U (Kart) 2/82	WM 1983, 1320	167

Gericht	Datum	Aktenzeichen	Fundstelle	LB-Standort (Rn.)
	1987-01-23	7 U 244/85	ZIP 1987, 227	549
	1991-07-17	19 W 2/91, 19 W 2/91	WM 1991, 2148	562, 564
	1994-12-15	6 U 59/94	NJW-RR 1995, 1124	831, 867
	1995-06-22	6 U 104/94	NJW-RR 1995, 1371	604
	1996-05-02	6 U 8/95	ZIP 1996, 1749	108
	1998-10-22	6 U 78/97	GmbHR 1999, 543	773
	2001-03-26	3 Wx 88/01	NJW 2001, 2184	699, 854
	2011-03-02	3 Wx 236/10	NJW 2011, 1370	1075
	2011-05-20	14 U 36/11	DStR 2012, 1350	777
	2012-05-15	24 U 250/11	NZG 2012, 1148	165
	2015-01-15	I-6 U 48/14	AG 2016, 410	587
	2017-07-19	I-3 Wx 171/16	DStR 2017, 2345	922
OLG Frankfurt	1979-08-30	20 W 49/79	DB 1980, 75	729
	1982-07-15	20 W 797/81	BB 1982, 1689	433
	1991-06-24	11 U 18/91	AG 1991, 402	628
	1995-06-16	24 U 388/93	NJW-RR 1996, 101	82
	1996-04-15	20 W 516/94	NJW-RR 1996, 1123	67
	1996-11-26	5 U 111/95	NJW-RR 1997, 612	552
	2005-04-06	23 U 151/00	NZG 2005, 712	217
	2006-09-19	20 W 55/05	AG 2007, 451	564
	2007-05-09	13 U 195/06	NZG 2007, 625	430
	2010-10-15	4 U 134/10	ZEV 2011, 605	494
	2017-01-03	20 W 88/15	NZG 2017, 423	922
OLG Hamburg	1992-03-06	11 U 134/91	ZIP 1992, 1310	602
OLG Hamm	1978-02-10	20 W 39/77	NJW 1979, 51	305
	1984-12-07	20 U 151/84	NJW 1985, 1846	261
	1986-03-13	4 W 43/86	NJW-RR 1986, 1487	1, 87
	1988-10-26	8 U 21/88	DB 1989, 815	324
	1991-07-03	8 U 11/91	DB 1991, 2477	812
	1999-11-10	8 U 31/99	NJW-RR 2000, 1565	69
	2000-04-06	27 U 78/99	NJW-RR 2001, 109	549
	2001-02-01	15 W 390/00	NJW 2001, 2183	854, 873
	2002-02-07	27 U 127/01	NZG 2002, 419	217
	2003-03-05	8 U 130/02	NZG 2003, 627	158
	2007-09-06	15 W 129/07	RNotZ 2008, 92	444
	2010-03-26	19 U 145/09	NZG 2010, 1189	1075

Gericht	Datum	Aktenzeichen	Fundstelle	LB-Standort (Rn.)
	2010-06-29	15 Wx 312/09	NZG 2011, 1232	510
	2010-09-06	8 U 8/10	NJW-RR 2011, 472	464
	2010-11-23	15 W 419/10	NJW-RR 2011, 395	459
	2011-09-27	27 W 106/11	NJW 2012, 940	458
	2015-07-30	I-27 W 70/15	NZG 2016, 73	416
	2015-12-21	8 U 67/15	GmbHR 2016, 358	783
OLG Jena	2007-04-25	6 U 947/05	ZIP 2007, 1314	638
	2014-12-10	7 U 344/14	DStR 2015, 306	512
OLG Karlsruhe	1998-11-25	6 U 39/98	NZG 1999, 249	57
OLG Koblenz	1989-01-12	U 1053/87	NJW-RR 1989, 1057	549
	1994-12-15	6 U 289/91	NJW-RR 1995, 486	368
	1995-07-19	6 W 274/95	NJW-RR 1995, 1378	565
	2002-02-07	5 U 1170/01	NJW-RR 2002, 827	252
	2010-08-05	5 U 267/10	ZIP 2011, 85	137
	2013-07-11	6 U 1359/12	GmbHR 2014, 599	773
OLG Köln	1960-12-20	9 U 106/60	BB 1961, 953	343, 793
	1988-03-18	2 Wx 9/88	NJW-RR 1988, 875	628
	1991-09-20	2 Wx 64/90	NJW 1992, 1048	448
	1992-11-24	22 U 72/92	NJW-RR 1993, 804	899
	1994-02-16	2 U 186/92	NJW-RR 1995, 547	153
	1997-04-16	13 U 228/94	NZG 1998, 767	75
	1999-02-02	22 U 116/98	NJW-RR 1999, 1262	633
	2000-03-15	13 U 134/99	NZG 2000, 834	142
	2001-01-17	13 U 82/00	NZG 2001, 467	217
	2008-02-01	2 Wx 3/08	ZIP 2008, 646	773
	2009-01-29	12 U 20/08	ZIP 2009, 2063	1078, 1079
OLG München	1949-08-10	3 W 349/49	DRZ 1950, 280	151
	1987-12-22	5 U 3944/87	NJW-RR 1988, 1268	170
	1993-03-17	7 U 5382/92	WM 1993, 1285	659
	1995-03-17	23 U 5930/94	NJW-RR 1996, 159	607
	1996-04-26	23 U 4586/95	EwiR 1997, 1109	607
	2000-07-28	23 U 4359/99	ZIP 2000, 2255	71, 134
	2002-03-08	21 U 1929/01	NZG 2002, 623	67
	2003-12-10	21 U 2392/03	NJW 2004, 224	577
	2006-05-02	31 Wx 9/06	ZIP 2006, 1049	920
	2007-10-04	31 Wx 36/07, 31 Wx 036/07	NZG 2007, 915	699

Gericht	Datum	Aktenzeichen	Fundstelle	LB-Standort (Rn.)
	2007-11-28	7 U 4498/07	ZIP 2008, 73	591
	2010-03-11	23 U 2814/09	NZG 2010, 544	749
	2011-02-17	31 Wx 246/10	ZIP 2011, 567	795
	2011-03-11	31 Wx 162/10	NZG 2011, 473	760
	2012-02-15	3 U 3885/11	BeckRS 2012, 04413	1075
	2013-07-10	31 Wx 131/13	NZG 2013, 951	906
	2015-10-14	7 U 995/15	NZG 2016, 71	514
	2017-01-12	23 U 3582/16	WM 2017, 1415	580
OLG Naumberg	1997-02-12	10 Wx 1/97	NJW-RR 1998, 178	888
	1999-11-10	7 Wx 7/99, 7 Wx 07/99	ZIP 2000, 622	579
	2006-01-17	9 U 86/05	NZG 2006, 711	199
OLG Nürnberg	1999-02-04	8 U 3465/98	NZG 1999, 441	51
	2012-08-15	12 W 1474/12	Rpfleger 2013, 36	462
	2013-06-19	12 W 520/13	NZG 2014, 349	922
	2014-02-05	12 W 351/14	NZG 2014, 422	414
OLG Oldenburg	2006-06-22	1 U 34/03	NZG 2007, 434	1087
OLG Rostock	2000-04-05	6 U 242/98	NZG 2000, 930	77
OLG Saarbrücken	1979-07-12	8 U 14/78	AG 1980, 26	960
	2002-04-10	1 U 740/01 – 169, 1 U 740/01	NZG 2002, 669	121
	2006-02-25	5 W 42/06	NJW-RR 2006, 902	334
	2013-05-08	1 U 154/12	GmbHR 2013, 758	773
OLG Schleswig	2001-01-12	1 U 13/00	NZG 2001, 796	66, 109
	2001-07-20	14 U 187/00	FamRZ 2002, 884	47, 258
	2002-09-10	3 U 10/01	GesR 2003, 29	63
	2012-01-25	2 W 57/11	NJW 2012, 2524	459
OLG Stuttgart	1964-02-12	8 W 229/63	NJW 1964, 1231	482
	2001-01-10	20 U 91/99	NJW-RR 2001, 970	624
	2002-02-27	9 U 205/01	NZG 2002, 910	60
	2003-05-14	20 U 31/02	NZG 2003, 778	566, 716
	2004-11-10	20 U 16/03	NZG 2005, 432	936
	2009-06-10	8 W 501/08	ZEV 2010, 200	494
	2012-02-29	20 W 5/11	ZIP 2012, 970	562
OLG Zweibrücken	1989-12-11	3 W 148/89	WM 1990, 185	563
	2003-03-26	3 W 21/03	WM 2003, 1329	854

Gericht	Datum	Aktenzeichen	Fundstelle	LB-Standort (Rn.)
OVG Münster	1995-12-08	25 A 2431/94	NVwZ 1996, 913	487
RG	1882-06-05	I 291/82	RGZ 7, 68	854
	1897-10-30	I 219/97	RGZ 40, 29	329
	1902-12-02	II 405/02	RGZ 53, 107	757
	1904-05-16	I 153/03	RGZ 57, 292	546
	1905-01-28	V 251/04	RGZ 59, 400	288
	1906-09-17	VI 584/05	RGZ 64, 77	373
	1909-02-19	II 401/08	RGZ 70, 296	745
	1912-02-19	VI 291/11	RGZ 78, 347	577
	1912-02-21	I 134/11	RGZ 78, 303	71
	1912-04-13	IV 353/11/5	LZ 1912, 545	136
	1912-10-05	155/12 VI.	JW 1913, 29	136
	1913-01-17	III 264/12	RGZ 81, 206	452
	1914-06-16	III 37/13	RGZ 85, 157	139
	1914-09-22	VII 137/14	RGZ 85, 327	548
	1916-06-20	II 439/15	RGZ 88, 319	549
	1917-03-09	II 516/16	RGZ 90, 19	129
	1917-11-23	II ZR 242/17	RGZ 91, 166	282
	1918-10-22	II 158/18	RGZ 94, 61	548, 629
	1920-11-26	VII 286/20	RGZ 100, 274	546
	1921-10-07	II 169/21	RGZ 102, 410	150
	1922-06-13	II 771/21	RGZ 104, 413	159
	1924-12-23	II ZR 422/24	RGZ 109, 375	133
	1925-05-26	II 355/24	RGZ 111, 77	97
	1927-06-14	II 394/26	RGZ 117, 238	278
	1928-11-23	II 221/28	RGZ 122, 312	328
	1928-12-04	II 360/28	RGZ 122, 367	159
	1930-03-04	II 207/29	RGZ 128, 172	362
	1931-12-04	II 135/31	RGZ 134, 262	629
	1931-12-22	II B 30/31	RGZ 134, 303	286
	1932-01-26	II 221/31	RGZ 135, 70	757
	1932-05-03	II 438/31	RGZ 136, 236	282
	1932-10-18	II 91/32	RGZ 138, 106	785
	1934-01-18	IV 369/33	RGZ 143, 212	140
	1934-12-11	II 148/34	RGZ 146, 169	316
	1935-04-05	II 327/34	RGZ 147, 340	71

Gericht	Datum	Aktenzeichen	Fundstelle	LB-Standort (Rn.)
	1935-07-16	II 379/34	RGZ 148, 278	163
	1937-01-05	II 182/36	RGZ 153, 305	139, 300
	1938-09-21	II 183/37	RGZ 158, 248	546
	1938-10-22	II 58/38	RGZ 158, 302	153, 274, 341
	1938-12-23	II 102/38	RGZ 159, 272	759
	1939-12-20	II 88/39	RGZ 162, 370	145
	1940-01-27	II 151/39	RGZ 163, 35	274
	1940-04-13	II 143/39	RGZ 163, 385	71, 282
	1940-11-13	II 44/40	RGZ 165, 193	79, 546
	1941-04-21	II 128/40	RGZ 167, 40	937

Paragrafenverzeichnis

§§	Rn.
400	593
405	616

Aktionärsrechterichtlinie

9a	581
9b	581

AnfG

6	648, 804
6a	648, 804
7	798
11	798, 804

AO

10	855
34	778
39	1034
52	486
53	486
54	486
69	778
140	1031
141	1031
179	1020
180	1020
185	1009
186	1009
187	1009
188	1009
189	1009
190	1009

BetrVG

5	1058
76ff.	1066
87ff.	1058
92ff.	1058

BewG

11	1010
109	1010

BGB

13	51
14	49, 268, 333
21	445, 452, 473, 484, 888
21ff.	11, 16, 41, 58, 442f.
22	443, 445, 452, 473, 484, 518, 888
26	448, 454, 499
27	448, 453, 455, 457f.
29	147, 813
31	179, 185ff., 195, 198, 204, 255, 288, 290f., 426, 467, 474, 523, 577, 778, 819, 971, 979
31a	474
32	14, 448, 458, 460
33	446, 458, 462, 612

§§	Rn.
34	282, 460
35	451, 753, 784
37	459
38	461, 466
39	466, 473
40	446, 454, 462, 466
41	458, 471
42	471, 500
43	446, 470, 473
46	471, 500
47	500
47ff.	471
48	500
49	500
50	500
51	500
52	500
53	500
54	41, 58, 442, 447, 473f.
56	452
57	446, 448
58	448, 452, 459
59	448, 452
60	448
61	473
68	454
70	454
73	470
77	452
80	484, 487f., 492, 497f.
80ff.	9, 477
81	483, 492ff.
82	492
83	492, 494
84	492
85	492
86	492, 499f.
87	477, 492, 497, 500, 502
88	500
89	467
91	133
92	133
99	99
104ff.	81, 88, 158, 787
106	68
107	68
117	87, 271, 751
119	81, 187, 737
119ff.	304
121	757
122	81
123	81, 89, 187, 439, 737
125	77, 81, 91, 304, 728, 737
126	654
126b	617, 781f.
127	1092
128	611, 728

§§	Rn.
158	906
159	906
161	906
163	501
164	501
168	906
174 ff.	607, 884
176	623, 625, 698
176 ff.	612
177	623, 625
190	885, 908
190 ff.	336, 607, 884, 922
191	49, 67 (Fn. 85), 710, 909, 922
192	885, 910
193	779, 885, 910
194	910
195	621, 910
196	559
197	526, 626, 911
198	885, 910, 912
199	910
200	910
201	910
202	49, 883, 885, 909, 912
203	911
204	912
205	912
207	551, 559, 910, 912
210	621
214	710, 911
215	911
217	911
218	911
221	710
224	912
225 a ff.	413
226	710, 911
228	911
228 ff.	336
233	612, 710, 911
234	911
237	912
238	885
240	911
241	911
242	612, 911
245	710
249	912
253	911
258	911
260	885
263	911
272	911
276	911
294	911
325	1069

§§	Rn.
UmwStG	
1	1012
3 f.	1012
11 f.	1012
20 f.	1012
24	1012, 1041
VAG	
7	16
15	518
15 ff.	16, 518
20	518
22	518
34	518
37	518
VermAnlG	
20	438
VVG	
113 ff.	414
WG	
Art. 12 f.	537, 549
Art. 14	537
Art. 16	537, 549
Art. 18 f.	537
WpAIV	
6	1126
WpHG	
2	593, 705
6 ff.	1119
33	549, 1127
33 ff.	575, 945, 1117
34	1127
40	1127
43	1127
44	549, 615, 1127
63 ff.	1117
97	1124
98	593, 1124
119	1119, 1121
120	1119, 1124, 1127
WPO	
27	19
54	416
WpÜG	
1	1106
2	1106
3	1104, 1111
10	1107, 1112, 1124
10 ff.	1104
11	1105, 1108

Sachverzeichnis

Die Zahlen verweisen auf die Randnummern des Buches.